Das Lukas-Evangelium

EUGEN DREWERMANN

Das Lukas-Evangelium

Bilder erinnerter Zukunft

Band 1: Lukas 1,1–12,1

Patmos

Bibliographische Information der Deutschen Nationalbibliothek

Die Deutsche Nationalbibliothek verzeichnet diese Publikation
in der Deutschen Nationalbibliographie;
detaillierte bibliographische Daten sind im Internet
über http://dnb.d-nb.de abrufbar.

Printed in Germany
ISBN 978-3-491-21006-6
www.patmos.de

«nur die Wahrheit,
die erbaut,
ist Wahrheit für dich.»

SÖREN KIERKEGAARD:
Entweder – Oder, 2. Teil, Ultimatum

Inhalt

Abkürzungen

		Eugen Drewermann
SdB III xy	=	Strukturen des Bösen, 3. Bd., S. uv
TE II xy	=	Tiefenpsychologie und Exegese, 2. Bd., S. uv
Mk II xy	=	Das Markus-Evangelium, 2. Bd., S. uv
Mt III xy	=	Das Matthäus-Evangelium, 3. Bd., S. uv
Joh II xy	=	Das Johannes-Evangelium, 2. Bd., S. uv
J v N xy	=	Jesus von Nazaret, S. uv
Str.B. V xy	=	Strack-Billerbeck: Kommentar zum Neuen Testament, 5. Bd., S. uv
ThWNT VI xy	=	Theologisches Wörterbuch zum Neuen Testament, 6. Bd., S. uv

Vorwort

In seinem Doppelwerk des *Evangeliums* und der *Apostelgeschichte* hat der Autor, den wir *Lukas* nennen[1], eine Frage zu beantworten versucht, die sich jeder stellen muß, der die Botschaft Jesu ernst nimmt: Wie läßt sich etwas, das in einer vergangenen Zeit gelebt und gesagt wurde, verbindlich in unsere Zeit hineinstellen? Wie können Worte, die in einer fremden Sprache, in

[1] Der Autor «*Lukas*» wird im Text nirgends mit Namen genannt; «‹Lukas› ist ein Kunstwort. Wir kennen den realen Autor ... nicht», meint deshalb GÜNTER WASSERBERG: *Aus Israels Mitte – Heil für die Welt*, 42, Anm. 35; IRENÄUS: *Gegen die Häresien*, III 1,1, Bd. 1, 209, schrieb – Ende des 2. Jhs. –, daß «Lukas, der Begleiter Pauli, das von diesem verkündete Evangelium in einem Buche niedergelegt» habe. Diesen Angaben folgte noch FRITZ RIENECKER: *Das Evangelium des Lukas*, 1. Demnach wäre der Verfasser des dritten Evangeliums der in Phm 24 und Kol 4,14 von Paulus erwähnte «Mitarbeiter» und «Arzt». So sahen es denn auch z.B. JULES DE VAUX und RAYMOND DEVILLE: *Die Zeugen des Gottessohnes*, 61–71. – «Da aber die Apg in manchen Punkten nicht mit dem aus den Paulusbriefen Bekannten übereinstimmt, auch über den langen Aufenthalt in Ephesus, bei dem Lukas dabei war, sehr wenig weiß, ist das unwahrscheinlich. Denkbar ist hingegen, daß die mit ‹wir› formulierten kurzen Abschnitte in der Apg (und die Schilderung der Reise nach Rom?) auf eine Aufzeichnung der Reisestationen mit knappen Zusatzbemerkungen durch Lukas zurückgehen, so daß das später verfaßte Doppelwerk des Evangeliums mit der Apostelgeschichte dann auch auf ihn zurückgeführt wurde.» EDUARD SCHWEIZER: *Das Evangelium nach Lukas*, 4. FRANÇOIS BOVON: *Das Evangelium nach Lukas*, I 22, konstatiert: «Seine (sc. des Lukas, d.V.) gepflegte Sprache weist auf seine Herkunft aus einer höheren Gesellschaftsschicht und eine gute Ausbildung hin, die sowohl die griechische Rhetorik als auch die Methoden der jüdischen Schriftauslegung umfaßt. Lukas ist m. E. von Geburt aus ein Grieche, der sich jedoch früh der jüdischen Religion zuwandte. Er gehört zum Kreis jener Sympathisanten, die man ‹Gottesfürchtige› nannte. In diesem Milieu vernahm er die Botschaft des Evangeliums und wurde Christ. Wie er selbst im Prolog (Lk 1,1-4) betont, gehört er der zweiten oder dritten Generation der Kirche an, hat also keinen unmittelbaren Zugang oder direkten Kontakt zu den Ereignissen, die er erzählt.» Die *Abfassungszeit* des Evangeliums ist nach 70 (der Zerstörung Jerusalems) anzusetzen, wie Lk 19,43-44 und Lk 23,28-31 zeigt, doch *vor* der Apg, in der die Paulus-Briefe noch nicht bekannt sind; Ende des 1. Jhs. dürfte mithin als spätester Termin gelten. So bereits THEODOR ZAHN: *Das Evangelium des Lukas*, 35. Abweichend davon datiert neuerdings ALEXANDER MITTELSTAEDT: *Lukas als Historiker*, 244, die Abfassung des LkEv's auf die Zeit zwischen 57–59 und hält Caesarea als Abfassungsort für wahrscheinlich; doch setzt er dabei gerade voraus, daß *Lukas* «mit Paulus in Caesarea» zusammen war (S. 240). GERD THEISSEN: *Das Neue Testament*, 76, verweist auf die lukanische Kritik an der Apotheose von Herrschern» (vgl. Apg 5,29; 4,19) und meint: «Am ehesten konnte er (sc. Lk, d.V.) mit solchen Tönen nach dem Sturz des Domitians 96 n. Chr. Resonanz finden, als die römische Aristokratie aufatmete, weil dieser Tyrann ein Ende gefunden hatte.» – Die *Einheit des lukanischen Doppelwerks* ergibt sich aus *literarischen Aspekten*; vgl. THOMAS BERGHOLZ: *Der Aufbau des lukanischen Doppelwerkes*, 138-139, der den Aufbau von Lk und Apg auf diese Weise parallelisiert:

Lk	*Apg*
1-2: Vorgeschichte	1-2: Vorgeschichte
3-9,50: Wirksamkeit Jesu in Galiläa	2,42-8,1a: Wirksamkeit der Jünger in Jerusalem
4,14-5,26: Erstes Auftreten Jesu	3,1-6,7: Erste Taten der Jünger
9,51-19,44: Wirksamkeit Jesu auf der Reise	8,1b-21,14: Wirksamkeit der Jünger auf Reisen
19,45-24,53: Jesus in Jerusalem	21,15-26,32: Paulus in Jerusalem:
19,45-21,38: Wirksamkeit	Wirksamkeit und Prozeß
22-23: Prozeß und Passion	
24,1-51: Auferstehung und Himmelfahrt	27,1-28,15: Romfahrt
24,52-53: Epilog: Die Jünger in Jerusalem	28,16-31: Epilog: Paulus in Rom

Auch *die Parallelität mancher Perikopen* fällt auf, etwa in der Heilung des Gelähmten in Lk 5,17-26 und in Apg 3,1-10 und in Apg 14,8-18; vgl. GUDRUN MUHLACK: *Die Parallelen von Lukas-Evangelium und Apostelgeschichte*, 15-38, oder in der Geschichte vom Hauptmann in Kapharnaum (Lk 7,1-6) und von dem Centurio Cornelius in Caesarea (Apg 10,1-6); vgl. a. a .O., 39-54, oder in der Totenauferweckung der Tochter des Jairus (Lk 8,40-56) und der Jüngerin Tabitha (Apg 9,36-43) bzw. der Auferweckung des Eutychos in Troas (Apg 20,7-12); vgl. a. a. .O., 55-71. – Insbesondere ERNST KÄSEMANN: *Der Ruf der Freiheit*, 168, hielt der lukanischen Konzeption entgegen, es werde hier Jesus «als ... Beginn der Heilsgeschichte in ihrer letzten Phase betrachtet» und damit «eingeordnet» und letztlich relativiert. HANS CONZELMANN: *Die Mitte der Zeit*, 140, stellte die – seither immer wieder umstrittene – These auf, daß in der Darstellung des *Lukas* die Geschichte in drei Stadien verlaufe: die Zeit Israels, die Zeit Jesu (die «Mitte der Zeit») und die Zeit der Kirche. Damit reagiere der Evangelist auf das «Verzögerungs»problem, indem er «auf das Festhalten der Naherwartung entschlossen verzichtet» und statt dessen einen «Entwurf von der gegliederten Kontinuität der Heilsgeschichte nach Gottes Plan» (a. a. .O., 127) erstellt. «Lukas stellt sich der Lage, in welche die Kirche durch das Ausbleiben der Parusie und die Entstehung einer innerweltlichen Geschichte gekommen ist. Er versucht sie zu bewältigen durch das Faktum seiner Geschichtsschreibung.» (A. a. .O., 6) Auf die «Erfüllung» der Schrift in Lk wie Apg verweist DIETRICH RUSAM: *Alles muss(te) erfüllt werden. Intertextualität im lukanischen Doppelwerk*, Evangelisch-theologische Fakultät der Universität Bonn, 2001. – Im Sinne des *Lukas* soll also von Jesus so die Rede sein, wie in ihm selber sich «Moses und die Propheten» (Lk 16,31) «erfüllten»: es ist seine Wahrheit, die sich bewahrheiten soll im Leben aller, die an ihn «glauben». Dementsprechend kann keine Auslegung des LkEv's genügen, die nicht Schritt für Schritt aufzeigt, was die Worte und Taten Jesu in unserem gegenwärtigen Leben bedeuten. TRAUGOTT HOLTZ: *Untersuchungen über die alttestamentlichen Zitate bei Lukas*, 170, stellt fest, daß «das Interesse des Lukas um die ... drei Bücher, Kleine Propheten, Jesaja und Psalmen, zentriert ist. Mit dieser positiven Auswahl steht Lukas in dem größeren Kreis einer bestimmten Frömmigkeit des Spätjudentums.» Und S. 171: «Ganz oder doch fast singulär steht Lukas jedoch mit seiner Unkenntnis der Thora da», was noch einmal für die heidenchristliche Herkunft des *Lukas* spricht. Gleichwohl verweist PETR POKORNÝ: *Theologie der lukanischen Schriften*, 17, zu Recht auf die «guten Kenntnisse jüdischer Frömmigkeit» bei *Lukas*. So unterscheidet er in Lk 11,37-53 sachlich zwischen den Pharisäern und Schriftgelehrten» – anders als Mt 23. «Das bedeutet nicht,

einer fremden Kultur, in einer entlegenen Epoche der Menschheitsgeschichte gesprochen wurden, in unseren Tagen, unter den veränderten kulturellen Gegebenheiten, unter denen wir leben, unter den Voraussetzungen des gegenwärtigen Bewußtseins in ihrem Wesen bewahrt bleiben und bewahrheitet werden? Das *Markus*-Evangelium, das *Lukas* als schriftliche Quelle vorlag, glaubte das Ende der Welt als dicht bevorstehend[2]; das *Johannes*-Evangelium setzte alle Hoffnung in den Augenblick der gelebten

daß er ein Jude war, aber daß ... er zumindest zu den Gottesfürchtigen gehört hat, die mit der Synagoge sympathisiert haben und in seinem Werk eine besondere Rolle spielen (Act 10,2; 13,43; 16,14; 17,4.17). Sie verkörpern die neue Menschheit, die sich den Weg zu Gott nicht durch ihre Hartherzigkeit verbaut hat.»

2 Zur Naherwartung des Mk's vgl. RUDOLF PESCH: *Naherwartungen. Tradition und Redaktion in Mk 13*, 228: «Die Tempelzerstörung ist nicht das Zeichen der Endvollendung, sie ist nur ein Zeichen der Nähe des Endes». JOSEF ERNST: *Das Evangelium nach Lukas*, 16, meint: «Die Kategorie ‹Zeit› ... hat neben dem heilsgeschichtlichen auch einen pastoral-paränetischen Aspekt. Mit dem Nachlassen der eschatologischen Hochspannung tauchen ‹weltliche› Probleme auf, die bewältigt werden müssen. Die Zeit wird so zum Prüfstand des christlichen Lebens.» «Die größte Gefahr erwuchs aus der lähmenden Erfahrung der Parusieverzögerung.» – Wie es mit rein philologischen Mitteln möglich ist, für Mt und Lk eine «Schicht» zu erschließen, «die vor Mt und Lk lag, aber später war als der kanonische Mk-Text», hat z.B. ALBERT FUCHS: *Sprachliche Untersuchungen zu Matthäus und Lukas*, 190, anhand der Untersuchung von Mt 9,27-31 (20,29-34) und Lk 21,14-15 (12,11-12) zu zeigen versucht. – Zu der Logientradition (Q), die *Lukas* neben dem Mk-Evgl. verwendet, vgl. HEINZ SCHÜRMANN: *Traditionsgeschichtliche Untersuchungen zu den synoptischen Evangelien*, 39–65: Die vorösterlichen Anfänge der Logientradition; 111–156: Auf der Suche nach der Redequelle; vgl. bes. auch HEINZ SCHÜRMANN: *Zur Kompositionsgeschichte der Redenquelle*, in: Claus Bussmann – Walter Radl (Hg.): Der Treue Gottes trauen, 325–342; vgl. auch PAUL HOFFMANN: *Studien zur Theologie der Logienquelle*, 1971. Eine Zusammenstellung der Logienquelle im LkEv versucht KLAUS GAMBER: *Jesus Worte*, der (S. 10) darauf hinweist, daß in Lk 1,1 womöglich ähnliche Sammlungen von «Logien des Herrn» gemeint sein könnten. «Solche Logien-Sammlungen dienten vor allem katechetischen Zwecken, besonders aber zur Unterweisung innerhalb der gottesdienstlichen Versammlungen. In der liturgischen Unterweisung erhielten die von den Aposteln frei vorgetragenen Worte Jesu ihre feste Form, die dann schließlich schriftlich niedergelegt wurde.» (S. 6) JOACHIM JEREMIAS: *Zur Hypothese einer schriftlichen Logienquelle Q*, in: Abba, 92, kommt allerdings «zu dem Schluß: die Hypothese, daß der *gesamte* gemeinsame Logienstoff des Matthäus und Lukas aus einer gemeinsamen *schriftlichen* Quelle (Q) stamme, ist nicht zu halten.» – Zu der Art, wie *Lukas* Q redaktionell verarbeitet, vgl. CHRISTOPH HEIL: *Lukas und Q*, 358–359, der resümiert: «Zunächst scheint die lukanische Präferenz für die Stadt gegenüber dem Land wichtig ... Die ursprünglichen Logiensammlungen in Q gehen auf das Milieu galiläischer ‹Dorflehrer› zurück, bei denen die jüdischen weisheitlichen wie prophetischen Traditionen lebendig waren. Demgegenüber war Lukas wohl ein städtischer ‹Intellektueller› und ‹Amateur-Literat›. Er schreibt für Leser ..., die gewisse Kenntnisse der heidnisch-hellenistischen und jüdisch palästinensischen Umwelt haben, ohne aber in jedem Fall detailliert informiert zu sein. Die Ausgangsthese, daß vor allem aufgrund der lückenhaften Kenntnis Palästinas davon ausgegangen werden kann, daß Lukas weder in Palästina aufge-

Existenz jetzt[3]; *Lukas* hingegen begreift wie kein anderer der Evangelisten die verlaufende Geschichte als ein zentrales Problem in dem Bemühen, die Bedeutung des Mannes aus Nazaret zu verstehen: er spürt, daß die Zeit wie Treibsand zwischen dem, was einmal war, und dem, was jetzt ist, verrieselt, und obwohl der historische Abstand für ihn nur erst wenige Jahrzehnte beträgt, merkt er doch deutlich, daß sich die Botschaft Jesu nicht lebendig weitersagen läßt, indem man immer von neuem den Versuch unternimmt, sie wie ein archäologisches Denkmal aus dem Sand zu graben. Um zu zei-

wachsen ist noch dort seine Bücher verfaßte ..., wurde durch die Einzeluntersuchungen ... bestätigt. – Aufgrund der großen geographischen und kulturellen Unterschiede von Q und lukanischem Doppelwerk kann mit einiger Wahrscheinlichkeit davon ausgegangen werden, daß die lukanischen Adressaten Q nicht kannten ... – Lukas ist wohl durch eigene Recherchen auf Q gestoßen und hat es als wertvolle Quelle in sein Evangelium aufgenommen.» – Zum *Sondergut* des *Lukas* vgl. u. a. HEINZ SCHÜRMANN: *Traditionsgeschichtliche Untersuchungen zu den synoptischen Evangelien*, 159–247: Zu lukanischen Sondertraditionen, wo er besonders Lk 22,19b-20 sowie die Vorgeschichte in Lk 1-2 untersucht.

3 Vor allem C. H. DODD: *The Interpretation of the Fourth Gospel*, London 1963, hat die Theologie des Joh.-Evgl.'s als «realized eschatology" betrachtet; vgl. DERS.: *The Parables of the Kingdom*, 198. WALTER RADL: *Das Lukas-Evangelium*, 38–39, meint richtig: «Zu den allgemeinen Merkmalen der beiden Evangelien (sc. Lk und Joh, d.V.) gehören die geringere Bedeutung der futurischen Eschatologie, das Fehlen der Sühnetodvorstellung, die Sicht der Passion Jesu als eines Erfüllungsgeschehens und die universalistische Perspektive des Werkes Jesu.» Vgl. auch ANTON DAUER: *Johannes und Lukas*, Würzburg 1984. PETR POKORNÝ: *Theologie der lukanischen Schriften*, 96, spricht von einer «teleskopischen» Eschatologie des Lukas: «In der Sicht des Glaubens überdecken sich zwei Äonen. Mit dem christlichen Messias kam nicht die messianische Zeit und die Christen müssen bis jetzt in der Spannung zwischen dem Schon des Kommens des Messias und dem Noch-nicht der ausbleibenden Präsenz des Reiches Gottes leben. Dies war der tiefste Grund sowohl für ihre Austreibung aus der Synagoge als auch für die christlichen Versuche, die Geschichte Jesu und die Anfänge der Kirche als Anfang einer Zwischenzeit darzustellen.»

4 Vgl. HEINZ SCHÜRMANN: *Traditionsgeschichtliche Untersuchungen zu den synoptischen Evangelien*, 251–252: «Sein (sc. des Lukas, d.V.) Buch will anscheinend nicht nur der kirchlichen Unterweisung dienen ... Mit seinem Buch will er die Interessen der Kirche auch nach außen vertreten ... In ihm geht es zunächst um Sein oder Nichtsein der Kirche ... Lukas sieht für die nachapostolische Kirche die Gefahr der alles auflösenden Lehrunsicherheit ... heraufsteigen ... So schafft er ein Buch, das mit Hilfe des apostolischen Identitätsbeweises die Richtigkeit der kirchlichen Unterweisung nach außen dokumentiert, dem Glaubensleben der Christen aber ... vom apostolischen Kerygma her neue Überzeugungskraft zu geben vermag.» Die «Vergegenwärtigung der apostolischen Paradosis» (a. a. .O., 253) ist also das Hauptanliegen des Lk-Evgl.'s. – WALTER SCHMITHALS: *Das Evangelium nach Lukas*, 13, verweist auf «die Situation einer verfolgten Christenheit». So führe «Lukas seine Gemeinden in das angemessene Ertragen der Verfolgung bis hin zum Martyrium ein, lehrt sie, die Verfolgungszeiten durchzustehen und ihre Folgen zu bewältigen, sowie denen sachgemäß zu antworten, welche die Christen des politischen Aufruhrs anklagen.» In gleichem Sinne schreibt HANS-JÜRGEN VAN DER MINDE: *Geschichtliches Denken und theologische Implika-*

gen, wie die Wirkung, die von dem Mann aus Nazaret ausgeht, sich fortsetzt, schildert er beides: was Jesus tat und gesagt hat und wie, gestützt darauf, die Menschen, die ihm vertrauten, ihr Leben einzurichten suchten – modellhaft, beispielgebend für alle Zeit[4]; ja, er beschreibt, wie das Evangelium die Welthauptstadt Rom erreicht und sich die Botschaft von dem Gekreuzigten und Auferstandenen im Zentrum der herrschenden Macht ausbreitet[5]. Die Zuversicht spricht sich in dieser Konzeption aus, es könnte die Gestalt des «Christus» sich als die des *wahren* Königs erweisen auch vor den Augen derer, die ganz im Gegenteil eben dabei sind, die Caesaren-Macht zu vergöttlichen[6].

tionen bei Lukas und in den Damaskusschriften, in: Claus Bussmann – Walter Radl (Hg.): Der Treue Gottes trauen, 344: «Die Frage nach dem Sinn einer historischen Aufarbeitung des überlieferten Stoffes im Evangelium und in der Apostelgeschichte läßt sich wohl zu Recht mit der ‹Erfassung der eigenen Situation› beantworten. Und umgekehrt wird man formulieren müssen: Die Erfassung der eigenen Situation kann sich für Lukas nur geschichtlich ereignen, d.h. im Verstehen der Treue Gottes oder der Kontinuität seines geschichtlichen Handelns in Vergangenheit und Gegenwart» – eine «theologische» Konzeption, die sich, wie überzeugend dargestellt, zum Beispiel auch in den Damaskusschriften der Essener geltend macht, und in welch einer wirklich religiösen Vergegenwärtigung von etwas Geschehenem eigentlich nicht?

5 Vgl. KLAUS KLIESCH: *Apostelgeschichte*, 16: «Das Lukasevangelium schildert den Weg Jesu nach Jerusalem (vgl. Lk 13,33), wo sich alles der Schrift gemäß vollenden muß (Lk 19,28-24,53; vgl. 24,37). Die Apostelgeschichte berichtet, wie von Jerusalem aus das Wort Gottes an die Grenzen der Erde geht (vgl. Apg 1,8).» S. 19: «Die Kontinuität des Christusereignisses mit seiner Verkündigung durch die dazu berufenen Zeugen wird von Lukas ... dargestellt ... so, daß Jerusalem, das Ziel des irdischen Weges Jesu, zum Ausgangspunkt des Weges der Apostel zu allen Völkern wird (Lk 24,27); das Wort Gottes bzw. des Herrn (vgl. Apg 6,7; 12,24; 19,20) geht also von Jerusalem aus und nimmt seinen Weg bis zu den Grenzen der Erde (vgl. Apg 1,8)». Vgl. dazu bereits ERNST LOHMEYER: *Galiläa und Jerusalem bei Lukas* (1936), in: Georg Braumann (Hg.): Das Lukas-Evangelium, 7–12.

6 SUETON: Augustus, Kap. 52, *Leben der Caesaren*, S. 88, notiert von *Augustus*: «Obschon ihm bekannt war, daß sogar zu Ehren von Prokonsuln Tempel errichtet zu werden pflegten, ließ er dies für sich in keiner Provinz zu, außer wenn der Name der Göttin Roma zu dem seinen hinzugefügt wurde. In der Hauptstadt lehnte er sogar dies entschieden ab.» Gleichwohl «wurde seit 7 v. Chr. der Genius des Augustus zwischen den Lares compitales verehrt, die nun zu Lares Augusti erklärt wurden. Der Genius des Augustus wurde auch in die Eidesformel aufgenommen und das Kaiserbild Gegenstand kultischer Verehrung ... Nach dem Tode wurden Augustus, dann Claudius, Vespasian, Titus und danach jeder Kaiser, der nicht der *damnatio memoriae* verfiel, durch Consecratio zum Divus erhoben. Selbst nach Anerkennung der christlichen Religion wurden Konstantin und seine Nachfolger bis zu Theodosius I., wenn auch in veränderter Form, durch den heidnischen Senat konsekriert, die Kaiserverehrung als Religion wurde aber durch Konstantin abgeschlossen und in eine Huldigung umgewandelt, an der auch die Christen teilnehmen konnten.» HANS VOLKMANN: *Herrscherkult*, in: Der Kleine Pauly, II 1111–1112.

Freilich, gerade diese Hoffnung des *Lukas* erwies sich als trügerisch – wie alle Erwartungen, die sich mit religiösem Anspruch auf die menschliche Geschichte richten. Nicht «Rom» veränderte sich durch das Christentum, eher umgekehrt: die Botschaft Jesu wurde im 4. Jh. zur Staatsreligion des römischen Reiches und die römische Kirche, wie sie sich seinerzeit bildete, zum Machtinstrument der Regierenden[7]. Doch was folgt daraus? Im Grunde zweierlei:

Um das Anliegen des *Lukas* zu verstehen und weiterzuführen, ist es *zum einen* unerläßlich, einen Auslegungsweg zu beschreiten, der die Aussagen und Aussageabsichten des lukanischen Doppelwerks *existentialisiert*. Es soll und kann im folgenden nicht darum gehen, die Abraumhalde exegetischer Gelehrsamkeit, die sich über die Texte gewölbt hat, um ein weiteres zu erhöhen; was an wissenschaftlichen Einsichten zum Verständnis des *Lukas*-Evangeliums und der *Apostelgeschichte* sowie zur Begründung des eingenommenen Interpretationsansatzes dienlich oder unerläßlich ist, wird in den – oft recht ausführlichen – Fußnoten unterzubringen sein. Dargeboten werden aber soll ein Text, der predigtartig zum Herzen des Lesers spricht

[7] «Die offizielle Erhebung des Christentums, und zwar dogmatisch auf der Grundlage des Konzils von Nizäa im Jahre 325, zur Staatsreligion erfolgte unter Theodosius (347 bis 395) ... Der folgende Erlaß aus dem Jahre 380 nimmt praktisch das Ergebnis des im folgenden Jahr nach Konstantinopel einberufenen 2. ökumenischen Konzils vorweg: ‹Alle Völker, über die wir ein mildes, gnädiges Regiment führen, sollen, das ist unser Wille, die Religion annehmen, die der göttliche Apostel Petrus den Römern gepredigt hat, und der, wie wir sehen, auch Bischof Damasus von Rom sich anschließt... Wer dieses Gesetz befolgt, der soll den Namen eines katholischen Christen führen; die andern aber, die wir für kopflos und verkehrt erklären, sollen die Schmach ketzerischer Lehre tragen. Ihre Versammlungshäuser dürfen nicht Kirchen genannt werden; sie selbst aber unterliegen der göttlichen Strafe, dann aber auch der, die wir nach dem Willen Gottes zu verhängen uns entschließen›.» Im Jahre 392 ergänzte *Theodosius* seinen Erlaß, der das Christentum zur Staatsreligion erhob, durch das Verbot der heidnischen Religion: «Niemand (mag er sein, wer er will) darf an irgendeinem Orte, in irgendeiner Stadt den vernunftlosen Götterbildern ein unschuldiges Opfertier schlachten oder im geheimen zur Sühne seinen Lar mit Feuer, seinen Genius mit Wein, seinen Penaten mit Opferduft verehren oder ihnen Lichter anzünden oder Weihrauch streuen oder Kränze aufhängen. – Wenn nun jemand in der Absicht, ein Tier zu opfern, es mit Opfermehl zu bestreuen oder rauchende Eingeweide zu befragen wagt, gegen den soll allen gestattet sein, eine Klage zu erheben, wie gegen eines des Majestätsverbrechens Schuldigen. Wenn einer aber Götterbilder, die von Menschenhänden gemacht sind und doch einmal der Vernichtung anheimfallen, mit Darbringung von Weihrauch verehrt, der soll, als der Religionsverletzung schuldig, Einbuße leiden an dem Haus oder Besitztum, in dem er erwiesenermaßen in heidnischem Aberglauben seinen Götzendienst verrichtet hat. Denn alle Stätten, die einmal von Weihrauchduft erfüllt gewesen sind – vorausgesetzt, daß sie den Weihrauchspendern rechtmäßig gehörten –, bestimmen wir hiermit zur Einziehung für den Fiskus.» GÜNTER STEMBERGER (Hg.): *2000 Jahre Christentum*, 165–166.

und in Form und Inhalt Stelle für Stelle eine meditative Aneignung beziehungsweise eine persönliche Auseinandersetzung anregt.

Und *zum zweiten*: Es kann nicht angehen, das lukanische Doppelwerk gewissermaßen als Gründungsurkunde (einer bestimmten Form) von «Kirche» zu verstehen. Was Jesus wollte, war – im Rahmen der judäischen Religion[8] – eine Wandlung unserer Lebenseinstellung – die «Erlösung» unserer in Ängsten und Aggressionen aller Art gefangenen Existenz; er wollte damit «Israel» zu einem göttlichen «Licht» zur Erleuchtung der Völker erheben (vgl. Jes 9,2; Lk 1,79). Gerade die Berufung der «Heiden» – *aller* Menschen – ergibt sich für *Lukas* (ähnlich wie für *Paulus*, vgl. Gal 3,28) unmittelbar aus dem Postulat einer universellen Menschlichkeit, das der Person und Botschaft des «Menschensohnes» Jesus von Nazaret innewohnt[9].

[8] Zu Recht schrieb ADOLF VON HARNACK: *Die Mission und Ausbreitung des Christentums*, 39: «Jesus hat seine Botschaft – die Predigt von dem nun kommenden Reiche Gottes und vom Gericht, von Gottes väterlicher Vorsehung, von der Buße, der Heiligkeit und der Liebe – ausschließlich an seine Volksgenossen, die Juden gerichtet. Durch kein Wort hat er diese vom nationalen Boden losgelöst oder die überlieferte Religion für unwert erklärt; im Gegenteil – seine Predigt konnte als ihre stärkste Bekräftigung erscheinen...; er steht ... auf dem Boden der jüdischen Rechten, d.h. der Frömmigkeit, wie sie der Pharisäismus behauptete.»

[9] Vgl. ADOLF VON HARNACK: A.a..O., 39–40, der an gleicher Stelle fortfährt: «Allein er (sc. Jesus, d.V.) zeigte, daß dieser (sc. der Pharisäismus, d.V.) das Gute zwar festhalte, aber verkehre, und daß die Verkehrung zur schlimmsten Sünde geworden sei. Er kämpfte gegen die eigensüchtige und selbstgerechte, im Tiefsten lieblose und gottlose Art, in welcher zahlreiche Pharisäer die Frömmigkeit ausbauten und betrieben. Schon daraus ergab sich eine Loslösung von der nationalen Religion; denn die pharisäische Haltung galt als die nationale und war es. Aber weiter, er durchkreuzte den Anspruch, daß die Abrahamssöhne bereits durch ihre Abstammung des Heiles sicher seien, und stellte den Gedanken der Gottessohnschaft ausschließlich auf die Pfeiler der Buße und der Demut, des Glaubens und der Liebe. Damit löste er die Religion innerlich vom nationalen Boden ab und machte den Menschen, nicht den Juden zu ihrem Träger.» – FRANÇOIS BOVON: *Aktuelle Linien lukanischer Forschung*, in: Lukas in neuer Sicht, 28–29, schreibt über die «Ekklesiologie» des *Lukas*: «Die bei Lukas eher als Gottesvolk denn als Leib Christi gedachte Kirche meint zuerst die lokale, ursprünglich die jerusalemische Gemeinde. Allein Apg 9,31 bezeichnet die Gesamtheit der Gemeinden mit dem Singular *ekklesia* – und darüber hinaus ist dieser Text nicht gesichert. Die lukanische Kirche wird von denen gebildet, die eine innere Änderung mit äußeren Auswirkungen vollzogen haben..., d.h. die dank der Botschaft des Evangeliums Gott und seinem Christus anhangen.» – Bereits in der Kindheitsgeschichte zeigt die Prophetie Simeons (Lk 2,34.35), daß «Jesus als Heil der Heiden» auch die «Krisis Israels als Kehrseite der Heidenmission» bedeuten wird. «Beide Aspekte bestimmen die Dynamik der Apg. In Apg 28,26-28 wird die Erfüllung beider Aussagen Simeons über Jesus öffentlich in der Welthauptstadt durch den von Jesus selbst bestimmten Zeugen Paulus proklamiert. Die Apg erscheint von hier aus als Klärungsprozeß, in dem Jesus als Krisis Israels und Heil der Hei-

Von daher ist es nicht nur möglich, sondern in gewissem Sinne geradezu «notwendig» (in wörtlichem Sinne), das *Lukas*-Evangelium und die *Apostelgeschichte* so auszulegen, daß diese wichtigen Glaubenszeugnisse des Christentums nicht länger mehr nur zu (einer bestimmten Gruppe von) Kirchenfrommen reden, sondern zu allen Menschen unter der Sonne. Für mich als Autor, der ich vor nun schon 15 Jahren von der römisch-katholischen Kirche in Acht und Bann getan ward und seit jetzt zwei Jahren auch formell aus dieser Kirche ausgetreten bin, ist dies ein besonderes Anliegen: auf die Suche zu gehen nach den Schwestern und Brüdern der «unsichtbaren Kirche», die der Vision des «Christus» von der Ankunft der «Gottesherrschaft» um so vieles näher steht, als die verfaßten «Kirchen» in erschreckender Deutlichkeit sich von ihr entfernen.

Abschnitt für Abschnitt wollen wir im folgenden daher miteinander jene uralten Texte lesen, die «heilig» in dem Sinne sind, daß sie unser Leben zu heilen vermögen, «geisterfüllt» in dem Sinne, daß sie unser Herz zu Gedanken und Gefühlen zu leiten vermögen, auf die wir nie sonst gekommen wären, und «von Gott inspiriert» in dem Sinn, daß sie uns zu erfüllen imstande sind mit jener Güte und Menschlichkeit, die wir als innerstes Anliegen wohl immer schon spürten, doch kaum je den Mut besaßen zu leben.

den offenbar ward.» «Das Geschehen der Apg ist keine neue Offenbarung, sondern Durchsetzung der zentralen Offenbarung in Jesus Christus. Die Ekklesiologie ist der Christologie untergeordnet, die Apg Entfaltung und Teil des im Lk grundgelegten Werkes Jesu.» MANFRED KORN: *Die Geschichte Jesu in veränderter Zeit*, 55. MALCOLM TOLBERT: *Die Hauptinteressen des Evangelisten Lukas* (1967), in: Georg Braumann (Hg.): Das Lukas-Evangelium, 340, verweist auf die programmatische Rede Jesu in Nazaret (Lk 4,16-30) und meint, *Lukas* habe sich damit die Möglichkeit verschafft, «zu zeigen, daß Jesus sich mit seiner Botschaft zuallererst an sein eigenes Volk wandte, hier repräsentiert durch die Einwohnerschaft seines Heimatortes. Zum anderen gestattete es ihm, in aller Deutlichkeit herauszustellen, daß die Juden selbst die ihnen von Jesus dargebotene Heilsmöglichkeit verworfen hatten und daß dieses Verhalten im Universalismus seiner Botschaft begründet war.» Als «vier Hauptgesichtspunkte» stellt er dann (S. 342–346) diese Aussagen heraus: «1) Lukas bemühte sich um den Nachweis, daß das Christentum dem Mutterschoß des rechtgläubigen *Judentums* entstammte und daß Jesus der von den Juden selbst erwartete Messias war.» «2) Lukas lag an dem Nachweis, daß die Einbeziehung der *Heiden* in das Christentum bereits im Alten Testament gegründet lag, vom Stifter des Christentums beabsichtigt war und unter Gottes Führung vonstatten ging.» «3) Lukas stellte deutlich heraus, daß weder Jesus noch seine Anhänger *die Juden zurückgewiesen* hatten. Vielmehr hatten diese sich selbst von der Gemeinschaft mit den Christen ausgeschlossen, trotz deren ständiger Bemühungen, sie in diese einzubeziehen.» «4) Schließlich stellte Lukas mit Nachdruck heraus, daß das Christentum keine gegen die *Staatsgewalt* gerichtete Bewegung war.» «Die Verurteilung Jesu ist so dargestellt, daß die Verantwortung dafür vollständig seinen jüdischen Gegnern angelastet wird.»

Es geht um eine Art des Lesens, wie sie HERMANN HESSE (1877–1962), freilich rein säkular, nicht eigentlich religiös, in einem seiner Gedichte unter dem Titel *Bücher* schilderte:

> Alle Bücher dieser Welt
> Bringen dir kein Glück,
> Doch sie weisen insgeheim
> In dich selbst zurück.
>
> Dort ist alles, was du brauchst,
> Sonne, Stern und Mond,
> Denn das Licht, danach du fragst,
> In dir selber wohnt.
>
> Weisheit, die du lang gesucht
> In den Büchereien,
> Leuchtet jetzt aus jedem Blatt –
> Denn nun ist sie dein.[10]

[10] HERMANN HESSE: *Stufen*, 106.

Fragen der Übersetzung

Der Evangelist *Lukas* gilt für gewöhnlich als der am besten griechisch Sprechende unter den Synoptikern[1]. Die Rechtfertigung dieser Ansicht kann man gleich an den ersten Zeilen der kunstvoll formulierten Einleitung (Lk 1,1–4) ablesen; hier spricht der Evangelist selbständig, hier erzeigt er seinen

[1] «Die Sprache wie auch seine (sc. des *Lukas*, d.V.) theologischen Anschauungen weisen den Verfasser des dritten Evangeliums als einen gebildeten Schriftsteller griechischer Muttersprache aus... Auf jeden Fall ist er in der griechisch-hellenistischen Kultur des antiken Mittelmeerraumes verwurzelt.» RAINER DILLMANN – CÉSAR MORA PAZ: *Das Lukas-Evangelium*, 13. GÜNTHER SCHIWY: *Weg ins Neue Testament. Kommentar und Material*, 1. Bd., 287–288, schrieb: «Lukas ist Heidenchrist, der einzige unter den Autoren des Neuen Testamentes, und vorzüglich griechisch gebildet, so daß er mit seinem Evangelium (neben der Apostelgeschichte) nicht nur das längste Buch des Neuen Testamentes überhaupt verfaßt hat, sondern (neben dem Autor des Hebräerbriefes) auch den besten Stil des Neuen Testamentes schreibt. Das Griechische ist seine Muttersprache. – So kommt er seinen Lesern, den literarisch verwöhnten Christen der hellenistischen Welt, durch wohldurchdachte, vorwiegend geographisch orientierte Komposition, historische Angaben, überlegte Parallelen, durch klassische Wendungen, durch Stimmung schaffende Reden, Dialoge, Gesänge entgegen, während er übergeht oder ausfeilt, was ihm in den vorliegenden Quellen (vor allem im Markusevangelium) überflüssig, ungeschickt oder anstößig erscheint.» – Insbesondere *das Gesamtwerk* aus Lk und Apg ist von CHARLES H. TALBERT: *Literary Patterns, Theological Themes, and the Genre of Luke-Actc*, 125–140, in Vergleich zu den Philosophendarstellungen aus dem 3. Jh. in DIOGENES LAERTIOS: *Leben und Meinungen berühmter Philosophen* gestellt worden, indem er auch dort ein dreifaches Schema eingehalten fand: 1) Das Leben des Gründers; 2) Erzählungen über Schüler und Nachfolger; 3) Summarium der Lehre der betreffenden Schule. GERHARD SCHNEIDER: *Der Zweck des lukanischen Doppelwerkes*, 29, meint allerdings: «Der Gattungsvergleich zwischen Lukas und den Philosophenbiographien legt eine Analogie offen, die wohl nicht in literarischer Abhängigkeit begründet ist. Sie ist eher dem analogen ‹Sitz im Leben› zu verdanken.» – Zu der literarischen Qualität des Lk's vgl. auch JOSEF ERNST: *Lukas. Ein theologisches Portrait*, 19–25: Das Evangelium wird Literatur. ANTON DAUER: *Beobachtungen zur literarischen Arbeitstechnik des Lukas*, 148, verweist auf «die lk. Kompositionstechnik, mit ‹Nachträgen›, ‹Ergänzungen›, ‹Variationen› zu arbeiten», und warnt davor, an all den Stellen, «die an sich auf frühere Ereignisse anspielen oder solche (zum besseren Verständnis eigentlich) voraussetzen, ohne daß der Evangelist sie erzählt», stets den «Zwang der Tradition» am Werke zu sehen oder ‹Nachlässigkeit› oder ‹Unachtsamkeit›» zu vermuten. ROBERT MORGENTHALER: *Lukas und Quintilian*, hat (S. 193–229) den Nachweis erbracht, wie stark *Lukas* in seinen Septuaginta-Zitaten sich um Rhetorisierung der Sprache bemüht und wie er in gleicher Weise den Mk-Stoff (S. 229–257), den Q-Stoff (S. 258–281) und das Sondergut (S. 281–309) bearbeitet. Auch in der Übersetzung sollten deswegen vor allem die rhythmischen Gliederungen des Sprechflusses zum Ausdruck kommen. BERNHARD HEININGER: *Metaphorik, Erzählstruktur und szenisch-dramatische Gestaltung in den Sondergutgleichnissen bei Lukas*, 40–46, arbeitet anhand der Gestaltungstechniken im antiken Roman und in der antiken Komödie mit Verweis auf Lk 12,17-19, die Geschichte vom reichen Kornbauern, unter anderem die Stil-

literarischen Stilwillen[2]. Doch – Gott sei Dank, möchte man religiös betrachtet sagen – fügt *Lukas* sich in allem folgenden in die vorgegebenen Texte ein, die ihm als Quellen vorliegen: Das ist zum einen das *Markus*-Evangelium, das er mit nur geringen Streichungen und unterschiedlich motivierten Änderungen übernimmt; das ist zum anderen die sogenannte Q-Quelle, eine Sammlung von Herrenworten, die auch dem *Matthäus*-Evangelium zugrunde liegt, und das ist schließlich das «Sondergut», dem vor allem so wunderbare Gleichnisse entstammen[3] wie die Geschichte von dem gütigen Vater und seinen zwei Söhnen (Lk 15,11–32) oder vom Schalksknecht (Lk 16,1–9), vom reichen Prasser und vom armen Lazarus (Lk 16,19–31) oder vom Pharisäer und vom Zöllner (Lk 18,9–14), von der bittenden Witwe (Lk 18,1–8) oder vom reichen Kornbauern (Lk 12,16–21). Auch in der Passionsgeschichte (Lk 22–24) folgt der Evangelist anscheinend einer eigenen Überlieferung[4]; und in den Auferstehungstexten ist insbeson-

mittel des Monologs und der dramatischen Akzentuierung als besondere lukanische Stilmittel heraus. ECKHARD PLÜMACHER: *Lukas als hellenistischer Schriftsteller*, 80–136, stellt insbesondere den dramatischen Episodenstil etwa in Apg 14,8-14; 16,16-40; 17,16-33 oder 19,23-40 in Beziehung zu der Darstellungsweise des LIVIUS und anderer hellenistischer Autoren.

2 Vgl. GÜNTHER SCHIWY: *Weg ins Neue Testament*, 1. Bd., 288, meint zu Lk 1,1-4: «Durch diesen kunstvollsten Satz des ganzen Neuen Testamentes beweist Lukas, daß er das Griechische beherrscht und sich an die literarischen Regeln seiner Zeit halten will, nach denen ein Vorwort nicht fehlen darf.» Vgl. auch das Vorwort in 2 Makk 2,19-32.

3 EDUARD SCHWEIZER: *Das Evangelium nach Lukas*, 2, meint: «Es gibt nun aber Abschnitte, in denen die verschiedenen Schichten der Überlieferung oder Spannungen zwischen Textvorlage und Deutung erkennbar sind, so in ... Gleichnissen wie 10,25-37; 11,5-8; 16,1-15; 18,1-8; 19,11-27 ... Das kann nicht alles durch mündliche Überlieferung erklärt werden ... Das macht es relativ wahrscheinlich, daß die meisten Sondergut-Abschnitte in einer zusammenhängenden schriftlichen Quelle gestanden haben.»

4 Vgl. EDUARD SCHWEIZER: *Das Evangelium nach Lukas*, 235–237: Sonderquelle (S) in der Passionsgeschichte: «Sonderüberlieferungen, die zusammenhängen und mit vorausstehenden Sondertraditionen verbunden zu sein scheinen, sind: Abendmahl mit Wort an Simon und Schwertwort, Getsemani (Petrusverleugnung), Verhör am Morgen, vor Pilatus und Herodes (vgl. 9,9b; 13,31), Wort über Jerusalem (vgl. 19,41-44), Kreuzigung ..., Frauen vor und nach dem Grabbesuch (vgl. 8,2 f.), Ostererscheinungen (vgl. 24,6): 22,15-17.24-38.39-53 (54-65) 66-71; 23,2.4-16.22 f. 27-32.33b. 34a. 35.39-43.46b (47) 48.55 f.; 24,10b-12.13-53.» (S. 236) – Quantitativ macht das Sondergut bei Lukas «etwa zwei Fünftel des ganzen Werkes» aus und dürfte «sicher nicht einer einzigen, sondern verschiedenen Quellen» entstammen. JOSEF SCHMID: *Das Evangelium nach Lukas*, 13. – Vgl. auch BERTRAM PITTNER: *Studien zum lukanischen Sondergut*, 30–40, der als möglichen Hinweis auf eine Sonderquelle an «lukanischen» Sprachcigentümlichkeiten u. a. aufzählt: den antithetischen Parallelismus, das «und als Antwort», das unbetonte «und er» am Satzanfang, die Semitismen «und er sagte» am Satzbeginn und das «er aber hat ihm gesagt», ferner das «haben» am Gleichnisanfang (wie in Lk 11,5; 13,6; 15,11; 16,1), die rhetorischen Fragen (wie in Lk

dere in der Erscheinung Jesu vor den Jüngern (Lk 24,36–49) die Nähe zum *Johannes*-Evangelium (Joh 20,19–23) unübersehbar[5]. Um diese Abhängigkeiten und Beziehungen leichter einsehen zu können, sind die synoptischen Parallelstellen zu den Abschnitten des *Lukas*-Evangeliums jeweils den Überschriften beigefügt, wobei an den Anfang immer derjenige Evangelist gestellt ist, auf dessen Textvorlage die lukanische Fassung am stärksten zurückgreift.

Verfolgt man so die Arbeitsweise des *Lukas*, findet man bald, daß er den *Markus*-Text verwendet, wenn er muß – wenn ihm mit anderen Worten keine anderen Überlieferungen vorliegen, daß er ansonsten aber den anderen Quellen den Vorzug gibt[6].

7,42; 11,5; 14,5; 18,7), das «da» vor Zahlangaben (vgl. Lk 13,7; 13,16; 15,29) sowie den Nominativ der Zeitdauer, wie in Lk 13,7; 13,16; 15,29. – Untersucht man die Christustitel im lukanischen Sondergut, so «scheint offenbar die Verwendung des Propheten-Titels im Schwinden begriffen zu sein, während die Verwendung des Kyrios-Titels eine zunehmende Tendenz zeigt. Diese Tendenzen scheinen auf den Übergang der Traditionen von den mehr jüdisch geprägten zu den mehr hellenistisch geprägten Gemeinden hinzuweisen.» (57)

[5] EDUARD SCHWEIZER: *Das Evangelium nach Lukas*, 2–3: «Hinter S steht sicher eine Überlieferung, die viele Überlieferungen mit dem vierten Evangelium zeigt, ohne daß an direkte Abhängigkeit des einen vom anderen zu denken wäre. Das gilt für die Passionsgeschichten ..., aber auch für die Abwehr messianischer Verehrung durch den Täufer (Lk 3,15/Joh 1,20), die Namen Maria und Marta (... 8,2), Wunder als Grund des Jubels beim Einzug (Lk 19,37/Joh 12,17 f.). Wichtiger sind die stark auf Israel ausgerichtete Christuslehre, das Fehlen jeder Berührung Jesu mit Heiden vor der Passion trotz ihrer Offenheit für Jesus (Lk 7,3;... 8,39/Joh 12,20-32), der Fall Satans (Lk 10,18/Joh 12,31), die Fürbitte Jesu für seine Jünger (Lk 22,31 f./Joh 17,15), der heilige Geist als Gabe Jesu an sie (Lk 11,13; 24,44/Joh 14,16 f.; 20,21 f.), die Vorstellung vom Tod als Übergang zur Herrlichkeit und die Wichtigkeit der Erhöhung Jesu (Lk 24,26.51; Apg 1,9; 2,33; 5,31). Wie bei Johannes spielt Samaria in S eine Rolle und scheint Jesus längere Zeit dort und in Judäa zu wirken (Lk 9,51 f.; 17,11; 19,47; 21,37 f.; 22,39 ...) ... Sollte hinter dem Sondergut und hinter Johannes eine Tradition von judäischen Jüngern stehen, von denen vielleicht auch die Missionsrede von 10,1-12 erzählt (in S nach dem Aufbruch nach Samarien und Jerusalem), während 9,1-6 eine galiläische Gruppe beträfe, die in Mk und Q zur Sprache kommt? Für S ist inhaltlich auch die besondere Offenheit für Frauen und Arme (freilich auch Q in 6,20; 12,34; Lk in 16,14; 18,22; Apg 16,13-18) typisch, ferner die Vorstellung von einem größeren Jünger(innen)Kreis, der Kampf gegen Verdienstlichkeit (10,20; 15,25-32; 17,5-10) und die Bestimmung des Heils für das Volk (1,68; 2,32.38; 7,16), während Lukas die Entscheidung des Einzelnen betont.» Zu den *ethischen Motiven* des lukanischen Sonderguts (die Einstellung zum Besitz, die Aufnahme der Sünder, die Einbeziehung der Frauen, das Gebet) vgl. BERTRAM PITTNER: *Studien zum lukanischen Sondergut*, 75–89.

[6] JOSEF SCHMID: *Das Evangelium nach Lukas*, 9-12, charakterisiert die Verwertung der Mk-Quelle bei Lk folgendermaßen: «Lukas hat das Werk des Markus ... zur Grundlage für den *Aufbau* seines eigenen Evangeliums gewählt ... nur in einigen wenigen Ausnahmefällen hat er aus Markus übernommene Abschnitte an einen anderen Platz gestellt (so Mk 3,7-12 [= Lk 6,17-19] hinter Mk 3,13-19 [= Lk 6,12-16]; Mk 3,31-35 [= Lk 8,19-21] hinter Mk

Äußerst bemerkenswert erscheint dabei bis in die Details hinein die Treue, mit der *Lukas* sich der Wiedergabe der Jesus-Traditionen verpflichtet fühlt. Insbesondere sprachlich verbietet er es sich geradezu, seine Quellentexte zu «verbessern»; im Gegenteil: er übernimmt Stelle für Stelle die zahlreichen griechischfremden Semitismen und führt sie selbst in seinem eigenen Erzählstil weiter; so etwa das häufige «*und es geschah*» (entsprechend dem hebräischen *wajj^{e}hi*) zur Einleitung einer neuen Geschichte, von Lukas gern ergänzt durch eine Zeitangabe in substantiviertem Infinitiv (z. B.: «und es geschah, indem er irgendwo im Gebet war», Lk 11,1), oder das stereotype «*sprechend*» am Anfang wörtlicher Rede (entsprechend dem hebräischen *le' mor*) oder das häufige «und da» (= «siehe», entsprechend dem hebräischen *w^{e}hinneh*). Wichtiger noch ist die semitisierende Syntax: die Beibehaltung der Parataxe (und... und...) und die Voranstellung des

4,1-25 [= Lk 8,4-18]; ... Lukas hat (aber, d.V.) nicht das vollständige Werk des Markus in sein umfangreicheres Evangelium eingearbeitet. Nur etwa 350 von den 661 Versen des Markus stehen, zum Teil in knapperer sprachlicher Fassung, auch bei Lukas... Lukas hat Markus-Abschnitte übergangen, weil ihr Verständnis seinen Lesern Schwierigkeiten bereiten konnte..., weil er die nämlichen Begebenheiten oder Reden nach einer anderen Quelle in anderem Zusammenhang bringt... Zu dieser Klasse von Markus-Abschnitten, die Lukas übergangen hat, gehören: Mk 1,16-20 (dafür Lk 5,1-11); Mk 3,22-30 (dafür Lk 11,14-23); Mk 4,30-32 (dafür Lk 13,18-21); Mk 6,1-6a (dafür Lk 4,16-30); Mk 6,17-29 (dafür Lk 3,19f); Mk 8,11-13 (dafür Lk 11,29-32); Mk 9,42-48 (dafür Lk 17,1f); Mk 9,49 (dafür Lk 14,34); Mk 10,35-45 (dafür Lk 22,24-27); Mk 12,28-34 (dafür Lk 10,25-28); ... ferner hat Lukas von zwei *gleichartigen Stücken* das eine in einigen Fällen weggelassen, so Mk 8,1-10 wegen 6,30-44; Mk 14,3-9 wegen Lk 7,36-50.» «Abgesehen von der Kindheitsgeschichte (Kap. 1–2) und den Berichten über die Erscheinungen des Auferstandenen (24,13-53), für die der Platz von selbst gegeben war, hat Lukas fast den gesamten nicht aus Markus stammenden Stoff in zwei großen zusammenhängenden Abschnitten, der ‹kleinen› und der ‹großen Einschaltung› (6,20-8,3 hinter Mk 3,12 bzw. 3,19; 9,51-18,24 zwischen Mk 9,50 und 10,13) in den Markus-Rahmen eingefügt. An sonstigen Einfügungen des Lukas sind nur 3,7-14.23-38; 4,1-13 (= Mk 1,12f). 16-30; 5,1-11; 19,1-27.39-44 und ein paar Einschaltungen innerhalb der Leidensgeschichte (22,15-20.24-38; 23,6-16.27-32.34.39-43) zu nennen.» Als einen längeren Markus-Abschnitt hat Lukas fortgelassen Mk 6,45-8,26, was «eine bedeutsame Abweichung von Markus im Gesamtbild des öffentlichen Wirkens Jesu im Gefolge» hat. Denn Lukas erzählt somit «nichts von den Wanderungen Jesu im außergaliläischen Gebiet vor dem Antritt der Jerusalemreise ... so entsteht bei ihm der Eindruck einer ununterbrochenen Tätigkeit Jesu in Galiläa bis zum Antritt der Reise nach Jerusalem.» – ANTON DAUER: *Beobachtungen zur literarischen Arbeitstechnik des Lukas*, 148, faßt seine Untersuchungen an ausgewählten Beispielen im LkEv dahin zusammen, daß Lukas «eine Reihe von Logien o. ä., die an sich auf frühere Ereignisse anspielen oder solche (zum besseren Verständnis eigentlich) voraussetzen», überliefert, «ohne daß der Evangelist sie erzählt. Und zwar trifft das sowohl für Traditionsmaterial als auch für redaktionelle Bildungen zu, so daß man nicht sagen kann, Lukas habe hier eben unter dem Zwang der Tradition gearbeitet.»

Verbs[7]. Da diese Stileigentümlichkeiten bereits dem Griechischen fremd sind, gibt es für eine Übersetzung kein Recht, sie zugunsten eines «guten» Deutschs zurechtzuschleifen; im Gegenteil: gerade wenn man sich bemüht, die Abfolge der Worte so getreu nachzubilden, als es geht, wird man nicht nur die eigenartige expressive Dynamik entdecken, mit der die Evangelientexte erzählen, man wird vor allem die Nähe zum gesprochenen Wort be-

[7] JOACHIM JEREMIAS: *Die Sprache des Lukasevangeliums*, 25–26, bemerkt zu dem «und es geschah», daß dieses «*periphrastische* kaì egéneto (bzw. egéneto dé, sc. und es geschah, es geschah aber, d.V.) ... im NT in folgender Verteilung» vorkommt: Mt 6, Mk 2, Lk 33/Apg 1, also mit ganz großer Häufung im LkEv. Der Kontrast zwischen der großen Zahl der Belege im LkEv einerseits und ihrem Fehlen in der Apg (bis auf Apg 5,7) andererseits könnte auf die Vermutung führen, daß das periphrastische *egéneto* auf die lukanische Quelle zurückgeht. Das wäre jedoch ein Fehlschluß, denn der Umstand, daß Lukas die Konstruktion nicht weniger als 10mal in seinen Markusstoff eingefügt hat, zeigt mit Sicherheit, daß wir es mit einer Eigenart des Evangelisten zu tun haben. Lukas hat die biblische Wendung offenbar mit voller Absicht ... auf das Evangelium beschränkt... Während Lukas im Evangelium seinen Lesern das für griechische Ohren sehr harte, aus der LXX stammenden periphratische *egéneto* mit Verbum fin.(itum, d.V.) als feierliche ‹Sprache Kanaans› zumutet, nimmt er in der Apg auf griechisches Stilempfinden Rücksicht.» – Das pleonastische «*sprechend*» (griech.: légōn) ist ein dem Aramäischen fremder Biblizismus (= lemor), der sich im NT findet: Mt 50, Mk 26, Lk 62/Apg 29, Joh 17, sNT 15. Das LkEv verwendet das pleonastische *légōn* entsprechend der Vorliebe des Lukas für Biblizismen, am häufigsten von allen Schriften des NT. Von den 91 Belegen im Doppelwerk entfällt ein Drittel auf die Apg; in 25 Fällen handelt es sich um lukanische Einfügungen in den Markusstoff. Es ist angesichts dieser beiden Zahlen keine Frage, daß das pleonastische *légōn* eine lukanische Vorzugswendung ist.» JOACHIM JEREMIAS: A.a..O., 67–68. – Zu dem «da», «*und siehe*» (*kaì idoý*) plus Nominativ (bzw. Adverb) *ohne* Verbum finitum bemerkt JEREMIAS (a.a..O., 52–53): «Kein neutestamentlicher Autor schreibt sie (sc. die Ellipse *kaì idoý*, d.V.) so häufig wie Lukas (Mt 12, Lk 20/Apg 6, Offb. 10, sNT 4)... Die Vorliebe des Lukas für das elliptische (*kaì*) *idoý* ist im biblizistischen Klang der Wendung begründet.» – Zur parataktischen Satzfügung heißt es bei FRIEDRICH BLASS – ALBERT DEBRUNNER: *Grammatik des neutestamentlichen Griechisch*, 289: «Der periodische (sc. hypotaktische, d.V.) Stil ist der der entwickelten Kunstprosa, der anfügende der der schlichten, volkstümlichen Sprache aller Zeiten und so auch der ältesten griechischen Prosa und im ganzen auch der Erzählung des NT, die hier mit den semitischen Sprachen übereinstimmt: an den in sich vollständigen ersten Gedanken schließt sich ein ähnlicher zweiter an, am gewöhnlichsten mit *kaí* (hebr. *w*ᵉ) angeknüpft, dann ein dritter und so fort in endloser Reihe, eine Einförmigkeit, die besonders der Erzählung des Marcus ihren Charakter aufprägt, aber auch bei Matthäus, Lukas und Johannes noch häufig hervortritt.» *Zur Anfangsstellung des Verbs* meinen FRIEDRICH BLASS – ALBERT DEBRUNNER: A.a..O., 301: «Im sonstigen Griech. kommt Anfangsstellung des Vb. bei Fortführung der Erzählung auch vor; sehr geläufig ist sie aber nur bei Verben des Sagens; im Sem. dagegen ist sie bei allen Verben Regel, daher auch im NT sehr beliebt, namentlich bei Mc». – Zu den Hebraismen und Aramaismen in den synoptischen Evangelien vgl. die Übersicht bei ADOLF DALMAN: *Die Worte Jesu*, 16–34.

merken; damit zugleich wird mit Selbstverständlichkeit deutlich, daß man Texte wie diese nicht einfach «lesen» kann; um sie zu verstehen, muß man sie sich Wort für Wort, wie in der Antike üblich, laut vorlesen, geführt von dem schwingenden Satzrhythmus, den sich von selbst ergebenden Atemeinheiten und den Akzenten der Hauptbetonstellen.

Immer wieder wird man, tut man so, erschrocken, ergriffen, erschüttert sein von der Wucht der Worte, die selbst bei dem Übersetzungsgriechisch des *Lukas*-Evangeliums spürbar wird, – beispielsweise in der Antwort Jesu an die Pharisäer, die ihn auffordern, seinen Jüngern die (messianische) Akklamation beim Einzug in Jerusalem zu untersagen: «Wenn diese schweigen, schreien die Steine.» (Lk 19,40) Oder die Antwort Jesu, als man ihn fragt, wo denn «der Tag des Menschensohns» sich ereignen werde; sein Kommentar: «Wo ein Aas, da sammeln sich auch Geier.» (Lk 17,37) – In Worten wie diesen glaubt man etwas zu vernehmen von der Stimme, von der Sprachgewalt, von dem Entscheidungsernst des Jesus von Nazaret selbst, und auch wenn vieles dafür spricht, daß der «Einzug in Jerusalem» als eine theologische Erfüllungslegende zu einem Prophetenzitat aus Sach 9,9 zu betrachten ist und «historisch» sich so nie ereignet hat[8] oder daß der ganze Abschnitt von der Ankunft des Menschensohnes in Lk 17,20–37 schon in der «Apokalypse» bei Mk 13,1–37 eine äußerst komplizierte Überlieferungsgeschichte hinter sich hat – die vermutlich auf ein apokalyptisches Flugblatt aus der Zeit um 70 n. Chr. zurückgeht[9] und alles andere darstellt als eine Wiedergabe «echter» Jesus-Worte –, so wird es beim längeren Lesen doch Zug um Zug erstaunlicher, wie gleichgerichtet die zentralen Aussagen des *Lukas*-Evangeliums auf ein einheitliches Sinnzentrum verweisen, – als handelte es sich bei seinen oft aufeinander verweisenden Worten um Strahlen, die von einem einzigen Licht ausgingen und das umliegende Feld in alle Richtungen erhellten. Es genügt, auch nur die paar Leitgedanken aus dem «Sondergut» der lukanischen Gleichnisse auf sich wirken zu lassen: das Mitleid mit den Armen, die Unmöglichkeit, vor Gott «Recht» zu haben, die Evidenz, daß nur die Bereitschaft zu einer universalen Vergebung zu «retten» vermag, die Unsinnigkeit aller irdischen Lebensvorsorge, die Einladung an die Verlorenen und Verlaufenen …, – und man spürt, daß alle diese Aussagen getroffen werden aus einer einzigen alles verändernden Perspek-

[8] Zur Geschichte vom Einzug Jesu in Jerusalem vgl. Mk II 166–187.

[9] Vgl. RUDOLF PESCH: *Naherwartungen*, 207–223: Ein apokalyptisches Flugblatt.

tive[10]; und diese Sichtweise, die sich in all den verschiedenen Situationen, Facettierungen und Fragestellungen durchhält, läßt sich auch historisch nur verstehen durch die Gestalt, auf welche alle Evangelien sie zurückführen: durch den historischen Jesus aus Nazaret. Dieser Mann, der von sich sagte, er sei gekommen, «Feuer auf die Erde zu werfen» (Lk 12,49), hat mit seiner Botschaft in den Herzen derer, die sich von ihm ergreifen ließen, etwas angezündet, das sich selbst in dem fremden, griechischen Kulturkreis ganz offensichtlich lebendig weiterzugeben vermochte und seinen ursprünglichen Sinn trotz aller kulturfremden Übermalungen im wesentlichen rein bewahrt hat.

An solchen «Übermalungen» allerdings gibt es bei *Lukas* nicht wenige. Obwohl der Evangelist die Überlieferungen von den Taten und Worten Jesu, wie im Vergleich mit *Markus* und *Matthäus* immer wieder festzustellen, mit einer geradewegs heiligen Scheu in seinem Evangelium zu verarbeiten sucht, demonstrieren doch eine Reihe sachlicher Änderungen, daß er selber den palästinensischen Kulturraum – die Lebensweise der Menschen, ihren Alltag, ihre Gewohnheiten, ihre Dörfer – niemals kennengelernt hat[11].

[10] Vgl. GERD THEISSEN: *Das Neue Testament*, 78: «In die Mitte des Reiseberichts (und seines Evangeliums) stellt er (sc. Lk, d.V.) ein Kapitel mit drei Gleichnissen vom Verlorenen – gipfelnd im Gleichnis vom verlorenen Sohn (15,11-32), das das Zentrum seiner Theologie enthält: die Zuwendung Gottes zu allen Menschen, die umkehren.» Und S. 79: «Zwei Mal definiert Jesus im LkEv seine Sendung und betont dabei die Umkehr der Verlorenen: ‹Ich bin gekommen, um die Sünder zur Umkehr zu rufen, nicht die Gerechten› (Lk 5,32). ‹Denn der Menschensohn ist gekommen, um zu suchen und zu retten, was verloren ist.› (19,10)» Dieser zweite Gedanke, der am klarsten in dem Gleichnis vom verlorenen Schaf und von der verlorenen Drachme (Lk 15,3-10) zum Ausdruck kommt, geht noch viel weiter als die Geschichte vom «verlorenen Sohn» und macht, wie sich zeigen wird, den eigentlichen Widerspruch zu allem «gesetzlichen» Denken aus.

[11] Leicht läßt sich zeigen, daß *Lukas* kein Palästinenser ist, «denn seine geographischen Kenntnisse Palästinas sind mangelhaft, wie daraus hervorgeht, daß er Judäa und Palästina nicht trennt (1,5; 4,44...).» KARL HEINRICH RENGSTORF: *Das Evangelium nach Lukas*, 11; vgl. EDUARD SCHWEIZER: *Das Evangelium nach Lukas*, 4. Hinzu kommt: «Manche topographischen und geographischen Angaben, die er bei Markus vorfand, hat Lukas offenbar deshalb weggelassen, weil sie für seine mit der Geographie Palästinas nicht vertrauten Leser nichtssagend und unwichtig waren. So übergeht er 5,17 die Angabe des Markus (2,1), daß Jesus sich in Kapharnaum befindet; ebenso 9,46 (= Mk 9,33). Gegen Mk 2,13; 3,7 und 4,1 wird Lk 5,27; 6,17; und 8,4 nichts davon gesagt, daß Jesus sich am See Genesareth befindet, 9,43b läßt Lukas die Angabe von Mk 9,30 weg, daß Jesus Galiläa durchzieht, 8,39 (gegen Mk 5,20) den Namen Dekapolis. Und die wenigen Ortsangaben, die er bringt, zeigen, daß er für Nichtpalästinenser schreibt. Das Land der Gerasener bestimmt er (8,26) näher als ‹Galiläa gegenüberliegend›; vgl. ferner 1,26 ‹Nazareth, eine Stadt Galiläas› (ähnlich 4,31), 23,51 ‹Arimathäa, eine Stadt der Juden›, 7,11 ‹eine Stadt namens Nain›, 9,10 ‹eine Stadt namens Bethsaida› (anders nur bei so bekannten Namen wie Jerusalem und Jericho)

In der Erzählung von der Heilung eines Gelähmten zum Beispiel beschreibt *Markus* (Mk 2,1–12), wie die Leute, um sich zu Jesus Zugang zu verschaffen, einen Kranken durch das Dach des Hauses herablassen, sozusagen gerade vor seine Füße; das Dach eines solchen palästinensischen Hauses besteht aus Reisig, mit Lehm verschmiert, so daß es nicht schwer ist, darin eine Öffnung zu «graben» (Mk 2,4); *Lukas* indessen kann sich die Szene in dieser Weise nicht vorstellen; nach seiner Schilderung steigen die Männer auf das Hausdach und decken die Ziegel ab (Lk 5,19). – Oder: An einer Stelle der Q-Quelle überliefert *Matthäus* (Mt 5,15) ein Wort über das Licht: «Eine Leuchte zündet man nicht an und stellt sie (dann) unter den Scheffel, sondern auf den Leuchter; dann strahlt sie allen im Hause.» Da geht die Rede von dem winzigen Öllämpchen, mit dem man die kleine einkammerige Wohnung eines palästinensischen Hauses mit einer Lichtquelle auszustatten pflegte; auch *Lukas* greift das Wort auf (Lk 11,33), doch denkt er dabei an eine Außenbeleuchtung, die den «Eintretenden» zur Orientierung dienen soll. – Oder: Am Ende der «Bergpredigt» greift *Matthäus* ein Bildwort der Q-Quelle über den Bestand eines gut fundamentierten Hauses während der Regenzeit auf: «Jeder nun, der von mir diese Worte hört und sie tut, läßt sich vergleichen mit einem verständigen Mann, der sein Haus auf Felsen gebaut hat. Da ging ein Wolkenbruch nieder, Wasserströme kamen und Winde schnaubten und fielen jenes Haus an, und es fiel nicht; denn gegründet war es auf Felsen.» (Mt 7,24–25) *Lukas* kennt offensichtlich weder eine Regenzeit noch die Technik des Hausbaus in Palästina; und so macht er sich am Ende der «Feldrede» das Gleichnis auf seine Weise verständlich: «Jeder, der zu mir kommt und hört von mir die Worte und tut sie, – ich will euch zeigen, wem der vergleichbar ist: Er ist vergleichbar einem Hausbauer: er hatte geschachtet und geteuft, um das Fundament auf Felsgrund zu legen (?). Als da Hochwasser kam (?), brandete die Flut an das Haus (?) und war doch nicht stark genug, es zu erschüttern, wegen seiner guten Bauweise.» (Lk 6,47–48) Da braucht der Evangelist ein Hochwasser, um die Standfestigkeit eines tief ausgeschachteten Hauses zu testen, für das aber wiederum kein «Felsgrund» benötigt wird, um architektonisch stabil zu sein...

Wie fremd *Lukas*, der wie kein anderer der Evangelisten sonst die Armut

... Zu all dem paßt auch die dem Sprachgebrauch der antiken und römischen Schriftsteller entsprechende wiederholte Bezeichnung Palästinas als ‹Judäa› = Judenland... Eine genaue persönliche Kenntnis Palästinas scheint Lukas nicht besessen zu haben.» JOSEF SCHMID: *Das Evangelium nach Lukas*, 17.

preist und den Reichtum verdammt (vgl. die scharfen Antithesen der Seligpreisungen in Lk 6,20b–21.24–25 gegenüber Mt 5,3)[12], in Wirklichkeit speziell der Lebensweise der einfachen Leute gegenübersteht, zeigt sein Unverständnis in einem kleinen, doch nicht unwichtigen Beispiel. In Mk 2,21 erklärt Jesus, daß seine Botschaft zu neu, zu revolutionär sei, um sich dem Gewebe aus Tradition und Konvention einzupassen, – verlangt ist ein Entweder–Oder; und er verdeutlicht diese Tatsache mit einem seiner wunderbaren Bildworte: «Niemand», sagt er, «näht einen Flicken ungewalkten Tuchs auf einen alten Mantel; wenn aber doch, so reißt das Füllsel ab, das Neue von dem Alten, und (nur noch) schlimmer wird der Riß.» *Lukas* hat offenbar diesen Notbehelf armer Leute beim Stopfen und Flicken ihrer Kleider (wie teuer kommen sie neue Tuche zu stehen!) niemals miterlebt, und so legt er sich die Vorgehensweise auf seine Art zurecht, wobei sein Wille, das vorgegebene Jesus-Wort zu bewahren und es zugleich (sich selber) «leichter» verständlich zu machen, an dieser Stelle ins vollends Absurde führt. Denn so schreibt er: «Niemand schneidet einen Flicken von

[12] Vgl. RAINER DILLMANN – CÉSAR MORA PAZ: *Das Lukas-Evangelium*: «Weherufe ... sind charakteristisch für die prophetische Gerichtsrede (z.B. Jes 5,8 ff.) und haben eine mahnende und warnende Funktion. Sie weisen auf vorhandene soziale Mißstände hin und drohen den so Handelnden Gottes Gericht an. In gleicher Weise gebraucht sie Lukas als Gerichtsandrohung für die Städte Chorazin und Betsaida (Lk 10,13), gegenüber den Pharisäern und Gesetzeslehrern (Lk 11,42-44.46-47.52), gegenüber denen, die Verführungen verschulden (Lk 17,1), und gegenüber dem, der den Menschensohn ausliefern wird (Lk 22,22). – Die Weherufe (sc. in Lk 6,24-25, d.V.) warnen eindringlich vor dem Reichtum ... – Mit der Verknüpfung von Seligpreisungen und Weherufe entwirft Lukas ein Kontrastbild. Den Armen gehört die Herrschaft Gottes, Hungernden, Weinenden und Verfolgten wird Gottes heilvolle Zukunft verheißen; den Reichen, Satten, Lachenden und unter den von Menschen Geehrten wird dagegen eine marginale Bedeutung der Herrschaft Gottes angesagt.» Das ist noch «zu milde» ausgedrückt: ihnen steht der Ausschluß von Gott bevor, wofern sie bleiben, wie sie sind. – HANS KLEIN: *Lukasstudien*, 29, stellt richtig fest: «Die Reichen teilt er (sc. Lk, d.V.) in zwei Kategorien ein, in solche, die sich den Armen zuwenden, und solche, die dieses nicht tun. Das bedeutet: Lk beurteilt die Armen positiv, die Reichen aber danach, wie sie sich den Armen gegenüber verhalten. Das führt zu dem Schluss: entweder ist Lukas ein Mann wie Zachäus, ein Reicher also, der seine Güter den Armen gibt (Lk 19,8), oder er ist ein Armer. Das zweite ist wahrscheinlicher,» meint er nun, «weil *Reiche* gewöhnlich die sozialen Stände sehr viel differenzierter ansehen.» Dieses «Argument» verfängt ganz und gar nicht, und vollends in die Phantasie geht das Konstrukt von Lukas dem Haussklaven «im Hause eines Mannes ..., der schon seit einiger Zeit Christ geworden war.» (S. 31) Gerade der *moralische* Rigorismus, mit dem *Lukas* die Frage des Besitzes aufgreift, erlaubt keine *sozialen* Differenzierungen; zudem wendet sich das LkEv nicht nur erkennbar an die Oberschicht, – sein Autor kennt sich mit der Lebensweise der Armen nicht aus: er weiß z.B. nicht, wie man Kleider flickt (und Strümpfe stopft). Vgl. Lk 5,36 gegen Mk 2,21!

einem neuen Mantel ab (!) und flickt ihn auf einen alten Mantel; wenn aber doch, wird er auch den neuen (damit) zerschneiden, und zu dem alten wird der Flicken von dem neuen auch nicht passen.» (Lk 5,36) Eine derartige «Verbesserung» verdirbt nicht nur den Realismus auf der Sachebene des Jesus-Wortes, sie verwirrt auch den sinntragenden Bezugspunkt des Vergleichs.

Seine Fremdheit gegenüber dem einfachen Volk zeigt sich auch darin, daß *Lukas* sich erkennbar bemüht, den Wortgebrauch vor allem der markinischen Vorlage «anzuheben». In der soeben erwähnten Erzählung von der Heilung eines Gelähmten zum Beispiel spricht *Markus* von einer «Pritsche» (*krábatton*), auf welcher man den Kranken herabläßt (Mk 2,4); *Lukas* mißfällt offenbar dieser «Gassenausdruck», und so ersetzt er ihn durch den vornehmeren Begriff: «eine kleine Liege» (*klinídion*). Reflektieren die erstgenannten Veränderungen der Darstellungsweise offenbar Unterschiede in Herkunft und Kultur, so weisen die sprachlichen «Korrekturen» jetzt unzweifelhaft auf soziale Ungleichheit zwischen Verfasser und Adressaten des Evangeliums hin. Um es ein wenig provokant zu sagen: die Armutsforderung des Evangelisten *Lukas* trägt in gewissem Sinne «TOLSTOI»sche Züge – sie wird ausgesprochen in begüterten Kreisen, die sich zu einem Dasein in realer Armut verhalten wie die soziale Lage jenes Großgrundbesitzers in Jassnaja Poljana zu der Lebenssituation etwa seines Kontrahenten DOSTOJEWSKI. Erkennen lassen sich solche Zusammenhänge allerdings nur, wenn man verschiedene Worte im Griechischen auch deutlich verschieden ins Deutsche übersetzt und gleiche griechische Worte nach Möglichkeit mit gleichen deutschen Worten wiederzugeben sucht.

Diese Regel aller guten Übersetzungen sollte eigentlich selbstverständlich sein, sie wird aber – aus Gründen vermeintlich «besserer» Lesbarkeit – in der gängigen «*Einheitsübersetzung*» nur selten bzw. fast niemals eingehalten. Am getreuesten ist zweifellos FRIDOLIN STIER (1902–1981) in diesem Punkte gewesen[13]. Doch natürlich hat auch das «Prinzip» der identischen Wortwiedergabe seine Grenzen.

[13] FRIDOLIN STIER: *Das Neue Testament*, ELEONORE BECK – GABRIELE MILLER – EUGEN SITARZ: Nachwort, 574; 575: «Nicht die heutige Sprech- und Schreibsprache ist das Maß, an dem die Übersetzung sich zu messen hat, sondern der in fremder Sprache auf uns gekommene Text.» «Eine Übersetzung, die sich diesen Grundsätzen verpflichtet weiß, muß es sich versagen, die Leitworte, die den Text bestimmen, je nach Kontext anders wiederzugeben (nach dem oft geübten Stil-Prinzip variatio delectat)... Im Gegenteil, sie hat sich zu bemühen, Substantive, Verben und Adjektive einer griechischen Wortfamilie durch eine gleichbleibende deutsche Wortfamilie wiederzugeben.»

Treffend zum Beispiel übersetzt STIER in Lk 4,35 in der Erzählung von der Heilung eines Besessenen in der Synagoge das griechische Wort *epitimân* mit «anherrschen» (wie in der Parallelstelle Mk 1,25), und es dürfte schwerhalten, einen besseren Ausdruck für dieses Wort an dieser Stelle zu finden; auch das Fieber der Schwiegermutter des Petrus (vgl. Mk 1,29–31) «herrscht» Jesus an wie einen «Abergeist» (Lk 4,39); desgleichen bei der Stillung des Sturms (Mk 4,35–41): da «herrscht» Jesus «den Wind an und das Wogen des Wassers» (Lk 8,24); und dasselbe tut er bei der Heilung eines besessenen Knaben (vgl. Mk 9,14–29): als der «Abergeist» den Jungen in konvulsivische Zuckungen versetzt, «herrscht (Jesus) den unreinen Geist an» (Lk 9,42). Böse Geister, Krankheiten, Naturkräfte unterliegen nach Darstellung der Evangelien dem Machtwort, dem «Herrsein» des «Messias» Jesus, – also: er «herrscht (ihn) an». Doch dieselbe Pose souveränen Gebietens verbietet sich geradewegs an anderen Stellen. Als zum Beispiel Petrus sich zu Jesus als dem Messias bekennt (Mk 8,27–30), kann man nicht übersetzen: «Er (Jesus) aber herrschte sie (die Jünger) an und wies an, niemandem das zu sagen», man kann nur sagen: «er verwies es ihnen und gebot» (Lk 9,21). Ebenso als die Jünger nach des Elijas Vorbild Feuer vom Himmel auf die Samariter regnen lassen wollen; auch an dieser Stelle sollte es heißen: «er verwies sie» (oder: «er verwies es ihnen»). (Lk 9,54–55) Geradewegs falsch wird das «anherrschen» in der Mahnung Jesu in Lk 17,3b: «Wenn dein Bruder sich versündigt, – herrsche ihn an»? Das gerade nicht! Wem denn sollte es zustehen, über seinen «Bruder» zu «herrschen»? Es kann vernünftigerweise auch hier nur heißen: «weise ihn zurecht». Und wie gar sollten die Jünger die Frauen «angeherrscht» haben, die ihre kleinen Kinder zu Jesus brachten (Lk 18,15)? Ähnliches gilt bei der «Verweisung» des Blinden am Wege nach Jericho (Lk 18,39) oder bei dem «Verweis», den die Pharisäer von Jesus gegenüber seinen Anhängern fordern (Lk 19,39); undenkbar auch, daß der Mitgekreuzigte auf Golgota, den die Legende als Patron aller Strafgefangenen *Dismas* nennt, jenen anderen «Schächer» «angeherrscht» haben sollte, als dieser Jesus verhöhnte (Lk 23,40). Auch hier sollte man es beim «verweisen» oder beim «zurechtweisen» belassen.

Wie schwierig, ja, unmöglich es sein kann, ein und dasselbe griechische Wort mit dem gleichen deutschen Wort zu übersetzen, läßt sich als einfaches Beispiel an dem Wort *árchesthai* erläutern, das lexikalisch korrekt mit «anfangen» wiedergegeben wird[14]. Diese Bedeutung kann man gelten las-

[14] Zum Problem des «Anfangs» im hebräischen Denken vgl. SdB I, S. XVIII – XXXI: Das Selbstverständnis der Urgeschichte als einer Anfangserzählung.

sen, wenn es etwa in Lk 11,14 anläßlich der Heilung eines von einem stummen Dämon Besessenen heißt: «als der Abergeist ausgefahren war, begann zu reden der Stumme», oder wenn in Lk 11,53 die Schriftgelehrten und Pharisäer «anfangen», Jesus zu bespitzeln, oder wenn in Lk 14,18 die zum Abendmahl Geladenen der Reihe nach «beginnen», sich zu entschuldigen. Aber die Bedeutung von dem, was «Anfang» heißt, ist je nach dem Kontext schillernd, ja, gegensätzlich. Im Deutschen verbinden wir mit der Aussage: jemand *fange an*, dies und das zu tun, die Vorstellung einer sich anschließenden Abfolge der gleichen Tätigkeit in der Zeitreihe, doch diese Auffassung ist an vielen Stellen mit dem griechischen Wort für «anfangen» offenbar nicht vereinbar; die Zeitvorstellung selbst, die dem Wort zugrunde liegt, ist allem Anschein nach im Griechischen eine andere.

Nehmen wir zur Verdeutlichung die Szene in Lk 22,50–51: Da schlägt einer der Jünger Jesu «auf des Hohen Priesters Knecht» mit dem Schwert ein, Jesus aber reagiert darauf mit einem scharfen «Laßt das. Bis hierhin.» Statt «bis hierhin» könnte man auch sagen: «Schluß jetzt.» Die LUTHER-Bibel und, daran angelehnt, auch STIER übersetzt sinngemäß richtig, doch verbal sehr frei: «Nicht weiter». Klar ist in jedem Falle, daß die Kontinuität einer Handlung in der Zeitreihe durch das Verbot «Bis hierhin» unterbrochen werden soll. Genau dieser Akzent aber ist auch dem griechischen Wort für «anfangen» eigentümlich, und es ist nicht selten sogar die einzige Bedeutung, die sich mit dem Wort verbindet: da «fängt» etwas «an» in dem Sinne, daß ein Neues sich an die Stelle des Bisherigen setzt; es ist nicht gemeint, daß es sich in der Zeit fortsetzt, es soll lediglich gesagt werden, daß etwas «plötzlich», «unvermeidbar», «unvorhersehbar», «notgedrungen» eintritt. Dazu ein paar Beispiele.

In dem Gleichniswort von Lk 13,25 etwa, das von der Bereitschaft zum Eintritt in das Königtum Gottes spricht, geht die Rede davon, daß der (ein) Hausherr aufgestanden ist und die Türe verschlossen hat; «fangen» nun die Draußenstehenden «an», «an die Tür zu klopfen»? Gemeint ist offenbar, daß sie «mit Mal (nur noch) an die Tür klopfen (können)»; und dieses «mit Mal» erweist sich eigentlich auch in der eben zitierten Stelle von Lk 11,14 als besser; es sollte heißen: «mit Mal redete der Stumme».

Anders indessen, wenn in Lk 14,9 jemand, der sich auf einen der ersten Plätze gesetzt hat, von dem Hausherrn auf einen der hinteren Ränge zurückversetzt wird; «fängt» er dann «an», «mit Scham den letzten Platz inne(zu)haben»? Gewiß nicht. Man kann aber auch nicht gut sagen, daß er sich «mit Mal» schäme; gemeint ist unzweifelhaft, daß er sich «*dann* schämen *muß*»; will man das Moment des Anfanghaften wiedergeben, mag man, wie in der vorliegenden Übersetzung vorgeschlagen, das griechische «anfangen» an dieser Stelle übersetzen mit: «dann kommst du nicht umhin». Dasselbe kann auch gelten in Lk 19,37, als die Menge der Jünger beim Einzug Jesu in Jerusalem «nicht umhin kommt», «voll Freude Gott zu loben»; – es bleibt ihr gar nichts anderes übrig, sie *muß* so tun, derart überwältigt von Glück und Staunen ist sie.

Noch «enger» wird der «Anfang» in Lk 13,25–26: Wenn der «Herr» beim Eintritt ins Königtum Gottes denen, die den Eintritt zur rechten Zeit verpaßt haben, erklärt, sie durchaus nicht zu kennen (Lk 13,25), kann es nicht wohl sein, daß sie dann «anfangen» zu sagen: «Wir haben gegessen vor deinem Angesicht ...»; gemeint ist: «Dann werdet ihr allenfalls noch sagen ...» (Lk 13,26), – und auch das wird ihnen dann natürlich nichts mehr nutzen.

Eine ganz andere Bedeutung gewinnt das griechische «anfangen» an einer Stelle wie Lk 11,29: Da drängen die Scharen begeistert zu Jesus heran, doch die Gesinnung dieser Leute, dieser «Gattung» Mensch, ist besessen von abergläubiger Wundersucht und Spektakelgier, und so setzt Jesus eine dramatische Zäsur; er «fängt» nicht an zu sagen, die Leute seien «böse», man muß übersetzen: «er unterfing sich», er wagte es in diesem Moment, derart zu schockieren. Ähnlich in Lk 12,1, als Jesus angesichts des «Massenerfolgs» seiner Botschaft «sich unterfängt», die Jünger gerade vor der Gefahr religiöser «Mega-Events» zu warnen: sie besteht in dem Rollenzwang «erfolgsorientierter» «Strategien», und sie verlangt den «Pharisäer»-Preis – die Heuchelei, die Doppelbödigkeit, die hohle «Angeberei».

Und wie steht es dann in dem Gleichnis von dem gütigen Vater und seinen zwei Söhnen in Lk 15,11–32? «Da ging eine starke Hungersnot über jenes Land hin» (Lk 15,14), und jetzt: es ist nicht ganz falsch zu sagen, der junge Mann «fange an, Mangel zu leiden»; doch weit besser und richtiger scheint es, das Überraschende, das völlig Unverhoffte in dem griechischen Wort vom «anfangen» herauszuarbeiten, also zu sagen: «und plötzlich mußte er darben». Die Wendung übrigens: «da *ging* eine Hungersnot über jenes Land» ergibt sich aus zwei Nuancen: der griechische Text besagt deutlich, daß die Hungersnot das ganze Land durchzieht, und so helfen sich die LUTHER-Bibel und STIER mit der Wendung: Es *fiel* eine schwere Hungersnot *über* das Land. Wörtlich aber heißt es: da *entstand*, da *ward* eine Hungersnot, und das griechische *egéneto* hat lautlich wie sachlich seine beste Entsprechung in «da *ging* ...» (vgl. Lk 4,25).

Auch ein solches Bestreben, *den Wortklang* des Urtextes nach Möglichkeit wiederzugeben, verdankt sich alter, guter Übersetzungstradition, wie sie MARTIN BUBER (1878–1965) bereits bei den Rabbinen reklamiert und seiner eigenen Übersetzung des Alten Testamentes zur Pflicht auferlegt hat[15]. Demgemäß ist etwa das griechische Wort *plateîa*, das lexikalisch «Straße» bedeutet, mit «Platz» wiederzugeben, zumal es z. B. in Lk 14,21 auch sachlich besser zu entsprechen scheint: Die Einzuladenden sitzen auf den Plätzen als den öffentlichen Treffpunkten herum, nicht in den Gäßchen. Auch in Lk 23,27 bietet sich Gelegenheit, das griechische Wort *threnízesthai* lautähnlich wiederzugeben; man sollte nicht schreiben, daß die Frauen auf der Via dolorosa Jesus «beweinten», völlig korrekt bietet sich die Übersetzung an: «sie vergossen *Tränen* (um ihn)».

Ein Wort, das als ein theologischer Zentralbegriff gelten muß, ist das griechische Hauptwort *pístis* und, davon abgeleitet, das Adjektiv *pistós*, die beide in den gängigen Übersetzungen ausnahmslos, dem Lexikon folgend, mit «Glaube» und «(ge)treu» wiedergegeben werden[16]. Doch auf diese Weise geht die Beziehung zu dem gemeinsamen Wortstamm verloren. Zudem sollte die griechische *pistis* in den Evangelien, entsprechend dem hebräischen Wort *ämunah*, mit «Vertrauen» wiedergegeben werden, und diese Übersetzung legt im Umgang mit dem Eigenschaftswort *pistós* zugleich die weit richtigere Übersetzung «vertrauenswürdig» nahe[17]. In Lk 12,42 etwa geht es ersichtlich nicht darum, daß der Hausverwalter «treu» wäre, sondern daß er sich korrekt und zuverlässig verhält und somit das «Vertrauen» verdient, das der Hausherr in seine Amtsführung gesetzt hat; desgleichen in Lk 16,10–12, wo vom Umgang mit kleinen und großen Geldbeträgen die Rede ist: auch hier ist nicht «treu», sondern «vertrauenswürdig» das rechte Wort. Doch wieder ziemt sich eines nicht für alle; in Joh 20,27 zum Beispiel ist *pistós* das Gegenteil von «verzweifelt»; hier kann man nicht setzen: «vertrauenswürdig», hier muß es heißen: «vertrauend» (im Gegensatz zu «nichtvertrauend»). Andere Beispiele ließen in Menge sich aufführen, doch sind

15 MARTIN BUBER: *Die Schrift und ihre Verdeutschung* (1936), in: Werke, II 1113: «Zur Verkündigung des Propheten gehören nicht bloß seine Symbole und seine Gleichnisse, sondern auch der Grundstrom althebräischer Sinnlichkeit noch in den geistigsten Begriffen, die straffe Spannung der althebräischen Satz-Architektur, die althebräische Art, nah beieinander stehende, aber auch von einander entfernte Wörter durch Wurzelverwandtschaft oder Gleichklang auf einander zu beziehen, der gewaltige, auch über alle Metrik hinaustreibende Gang althebräischen Rhythmus.»

16 Vgl. RUDOLF BULTMANN: *pisteýō* (glauben), in: ThWNT VI 197–230: Der Glaube im Judentum.

17 Dies in Abweichung von FRIDOLIN STIER: *Das Neue Testament*, etwa in Lk 12,42; 16,10-12.

sie nur für die Griechischkundigen unter den Lesern von Interesse, und diese werden sie leichthin selbst auffinden können.

Wenn wir uns im folgenden also die größte Mühe geben und zu geben haben, den Wortlaut des *Lukas*-Evangeliums so «getreu» wie nur irgend möglich abzubilden, so sollten wir natürlich MARTIN LUTHERS (1483–1546) Warnung vor den «Eseln und Buchstabilisten» beim Übersetzen nicht untergehen lassen[18]: – es muß in sich verständlich sein und bleiben, was da ins «Deutsche» kommen soll; doch auch hier sind von Stelle zu Stelle Unterscheidungen unerläßlich.

Berühmt ist LUTHERS Wiedergabe von Lk 6,45; die Wendung: «Aus dem Überfluß des Herzens redet der Mund» lehnte er ab; denn er fand, das «ist kein Deutsch…, sondern so redet die Mutter im Haus und der Mann auf der Straße: ‹Wes das Herz voll ist, des gehet der Mund über›»[19]. Das ist zweifellos sinngemäß und sprachlich treffend übersetzt, es fügt sich aber nicht in den Kontext, wo es um den «Vorrat an Gutem» geht; diesem Stichwort entspricht der «Überfluß des Herzens», und um der Korrespondenz beider Worte willen ist das eine neben dem anderen stehen zu lassen.

Genial und für alle Zeiten vorbildlich war LUTHER indessen bei der Übersetzung des Grußes, den der Engel Gabriel in Lk 1,28 an Maria richtet. Ein jeder Katholik, wenn er den «Angelus» betet, weiß noch heute, wie der Engel gesprochen hat: «Gegrüßet seist du, Maria, du bist voll der Gnade…», hat vermeintlich der Engel gesagt. Der Reformator aber stieß sich bereits an dem «voll der Gnade»: «welcher Deutsche verstehet, was damit gesagt sei…? Er muß an ein Faß voller Bier oder Beutel voll Geldes denken.» Nun bildet allerdings gerade diese Stelle in der lateinischen Übersetzung – *gratia plena* (= voll der Gnade) – die Grundlage der gesamten dogmatischen Lehre von Maria (der «Mariologie») in der römischen Kirche; denn wenn Maria «*voll* der Gnade» war, so kann eine Beimischung von Sünde nicht in ihr gewesen sein, so war sie daher frei von der «Erbsünde», so ward sie daher «unbefleckt empfangen» (zu feiern als Immaculata Conceptio am 8. Dezember); wenn aber dies, so muß sie auch frei gewesen sein von den Folgen der Sünde, als da sind die böse Begierlichkeit und der Tod – es ist mithin zu überlegen, ob Maria überhaupt gestorben ist; doch wenn sie verstarb, so kann ihr Leib nicht der Verweslichkeit anheimgegeben worden sein, vielmehr muß sie mit Seele und Leib in den Himmel

18 MARTIN LUTHER: *Ein Sendbrief vom Dolmetschen*, in: Die Werke in Auswahl, V 85.
19 A.a..O., V 85.

aufgenommen worden sein[20] (zu feiern als Assumptio Mariae am 15. August); kurz: fast alles, was die katholische Kirche von der «Gottesmutter Maria» zu wissen vorgibt, ergibt sich aus diesem einen Ausdruck: «voll der Gnade»; doch eben: dieses (lateinische) Wort ist nicht nur, wie LUTHER richtig sah, schlechtes Deutsch, es verfälscht vor allem den Sinn des griechischen Originals; das spricht von *kecharitoméne*, einem Partizip Passiv, das von dem Hauptwort *cháris* = «Anmut, Gnade» abgeleitet ist. Wie aber soll man das Wort «Gnade» ins Passiv setzen? «Du begnadete (Maria)» ist unmöglich, denn das würde bedeuten, daß Maria mit besonderen Fähigkeiten und herausragenden Erfolgen «gesegnet» gewesen wäre; «du begnadigte» läßt sich auch nicht sagen, denn dann wäre Maria eigentlich wegen schwerer Schuld verurteilenswert gewesen, aber durch einen «Gnadenakt» (Gottes) gerettet worden; diese Übersetzung gäbe zwar in etwa wieder, was das Dogma von der unbefleckten Empfängnis meint, sie löste sich jedoch vollkommen von dem, was ohne lange Erklärung in einem einfachen Gruß gemeint sein kann. LUTHER setzte deshalb: «du Holdselige», «damit ein Deutscher sich desto besser vorstellen kann, was der Engel mit seinem Gruß meinet»[21]. Doch wußte er selbst, daß dies nicht «das beste Deutsch» sei, und fand, er hätte «den Gruß so verdeutschen sollen: ‹Gott grüße dich, du liebe Maria› ..., denn so viel will der Engel sagen, und so würde er geredet haben, wenn er sie auf deutsch hätte grüßen wollen», nur sollten dann die Katholiken «sich wohl vor großer Schwärmerei für die liebe Maria selbst erhängt haben.»[22] In Wahrheit hätte LUTHER so sagen *müssen*, denn besser ist's nicht wiederzugeben: Die Passivwendung «*gegrüßet seist du*» umschreibt das Tun Gottes und ist dementsprechend zu übersetzen; das Wort «Gnade» aber, das 480 Jahre nach LUTHERS Bibelübersetzung im gegenwärtigen Deutschen zu einem reinen Theologenwort geronnen ist, ist gerade an dieser Stelle unbrauchbar geworden; es kommt vielmehr darauf an, seine Bedeutung aus dem Sakralen ins Alltägliche zu stellen, wie es in LUTHERS Übersetzung geschieht. Und mit Mal versteht man, was der Text wirklich sagt: Selbst wenn ein Engel vom Himmel käme, um mit uns Menschen zu reden, so spräche er mit uns nicht anders als in der Sprache der

20 Vgl. JOHANNES BRINKTRINE: *Die Lehre von der Mutter des Erlösers*, 72–95: Die Himmelfahrt Mariens. «Wir inkurrieren die Erbsünde und werden erst nachträglich von ihr befreit ... Die Muttergottes dagegen inkurriert nach dem Dogma die Sünde überhaupt nicht, und daher bleibt auch kein Raum für die Folgen der Erbsünde.» (S. 91)

21 MARTIN LUTHER: *Ein Sendbrief zum Dolmetschen*, in: Die Werke in Auswahl, V 86.

22 A.a..O., V 86.

Liebe; und umgekehrt: wo irgend ein Mensch zu einem anderen redet in Liebe, wird er ihm zum Sendboten Gottes. Da ist keine Theologenrede mehr, die Gott in Kirchenmauern einschließt, sondern da redet Gott die Sprache aller sich Liebenden in den Gassen und Straßen von Erfurt und Wittenberg und allerorten auf Erden, und jeder Liebende kann sie verstehen. Ein einziges Wort, richtig wiedergegeben, – und es enthält die ganze Reformation, es enthält den ganzen Jesus aus Nazaret!

Zwei letzte Empfehlungen noch: Der Leser sollte die Mühe nicht scheuen, die jeweils in der Überschrift zuerst genannten Parallelstellen zu den einzelnen Textabschnitten im *Markus*- und *Matthäus*-Evangelium nachzuschlagen und sorgfältig mit dem *Lukas*-Text zu vergleichen; dabei sollte er Stelle um Stelle sich die Frage nach dem Sinn der von *Lukas* getroffenen Veränderungen vorlegen.

Ein Grund mancher Abweichungen ergibt sich aus *Übersetzungsvarianten* eines gemeinsamen hebräisch-aramäischen Urtextes, manchmal auch aus einfachen *Fehlübersetzungen*. In der Aussendungsrede etwa heißt es in Lk 10,6, es solle der Frieden(sgruß) der Jünger sich auf sie selbst «zurückbiegen», wenn dort kein Sohn des Friedens (kein friedfertiger Mensch) wohne, in Mt 10,13 aber soll der Friede zu ihnen «zurückkehren»; beide Ausdrücke geben offenbar das hebräisch-aramäische Wort *schub* wieder, das «umkehren» bedeutet; einen Vers später heißt es in Lk 10,7, der Arbeiter sei seines «Lohnes» wert, in Mt 10,10b aber ist die Rede von «Nahrung» oder «Unterhalt» – auch dies ein Unterschied nur der Übersetzung. Stellen wie diese zeigen, daß die gemeinsame Quelle von Wortüberlieferungen Jesu, die *Matthäus* und *Lukas* benutzen, offenbar auf eine semitische Vorlage zurückgeht, und sie erlauben es zudem, Teile des ursprünglichen Wortlauts zu rekonstruieren[23]. In Lk 12,46 zum Beispiel wird ein unzuverlässiger Knecht von seinem Herrn unter die «Ungläubigen» gesetzt, in Mt

[23] Vgl. bereits S. A. RESCH: *Aussercanonische Paralleltexte zu den Evangelien*, IV 224, der den «Lohn» in Mt 10,10 auf hebr. *m^{e}chir* zurückführt, den «Unterhalt» in Lk 10,7 aber auf hebr. michjah, das dann als *m^{e}chir* verlesen worden sei. Das Beispiel zeigt allerdings auch die Schwierigkeit solcher Versuche; schon GUSTAF DALMAN: *Die Worte Jesu*, 36–37, macht geltend, daß der «Lohn» des Tagesarbeiters hebr. nur *achar*, aram. *agar* heiße; «Unterhalt» sei hebr. zwar *michjah*, das spätere Hebräisch verwende aber nach dem Aramäischen *parnasah*. «Somit ist keine Rückführung auf ein beiden Ausdrücken zu Grunde liegendes Wort möglich. Es bedarf deren auch gar nicht. Das von Jesus angewandte Spruchwort redete naturgemäss vom ‹Lohne›, da dieser zum Tagearbeiter gehört. Bei Matthäus ist der ‹Unterhalt› für den ‹Lohn› eingesetzt, weil dem Zusammenhang nach nicht vom ‹Lohn› die Rede sein konnte, welchen Jesu Jünger in Anspruch nehmen könnten, sondern nur von ihrem ‹Unterhalt›.»

24,51 unter die «Angeber»; beides wird auf das Wort *rasch^{c}a* zurückgehen, das soviel bedeutet wie «ruchlos», «gottlos»; «als ruchlos behandeln» ist denn auch der Sinn der Redewendung[24].

Mitunter freilich führen die verschiedenen Übersetzungen zu gegensätzlichen oder gar unsinnigen Wendungen. In Mk 1,41 zum Beispiel wird Jesus «von Mitleid ergriffen»; in einer Lesart des *Codex Cantabrigiensis* aus dem 5. Jh. aber heißt es: «er ward zornig», und diese Lesart, weil sie «schwieriger» ist, könnte für ursprünglich gelten; die Differenz verweist erneut auf eine hebräisch-aramäische Quelle, in der es wohl hieß: *wajjacham* – «er erhitzte sich», «er erwärmte sich» (vgl. 2 Kön 4,34; Jes 44,16) – vor Zorn oder Mitleid[25]. Vollends in die Irre führt offenbar eine Übersetzung wie die in Lk 7,35, es werde die Weisheit als recht erwiesen von allen ihren «Kindern» her; in der Parallelstelle von Mt 11,19 heißt es (natürlich richtiger), Weisheit bestätige sich in ihren «Werken»; sinngemäß folgt der Satz einem Gedanken aus Spr 8,32–36, doch wie kommt es von «Werken» zu «Kindern»? Offenbar nur, wenn man voraussetzt, daß im Hebräisch-Aramäischen die Worte für «Diener» (*^{c}obäd*) und «Tat, Handlung» (*^{c}abad*, vgl. Pred 9,1) sehr ähnlich klingen; «Diener» kann aber im Deutschen mit «Bursche», «Junge» wiedergegeben werden; «Knecht» und «Kind» können auch im Hebräischen *na^{c}ar* mit dem gleichen Wort bezeichnet werden. Man muß also denken, daß in der mündlichen Überlieferung ein semitisches Wort falsch verstanden und dann entsprechend mißverständlich weitergegeben wurde[26].

Stellen dieser Art sind schon deshalb wichtig, weil sie Rückschlüsse auf

24 Vgl. JOACHIM JEREMIAS: *Die Gleichnisse Jesu*, 54, Anm. 6.

25 GUSTAF DALMAN: *Die Worte Jesu*, 51–52, findet, daß Cod. D «sinnloser Weise» «er ward zornig», statt «er ward von Mitleid ergriffen» gesetzt habe; er folgt dann aber J. D. MICHAELIS: *Einleitung in die Schriften des Neuen Bundes*, 1. Bd., 585, der eine Verwechslung von *racham* (sich erbarmen) und *ra^{c}am* (toben, donnern) annahm. HEINRICH ZIMMERMANN: *Neutestamentliche Methodenlehre*, 72, nimmt die Stelle als Beispiel dafür, wie textkritisch die Regel von der «schwierigeren Lesart» zusammen mit der Berücksichtigung des Kontextes es in diesem Falle nahelege, das «er ward zornig» für ursprünglicher zu halten.

26 EDUARD SCHWEIZER: *Das Evangelium nach Lukas*, 89, hält gleichwohl dafür, daß Lukas den Schlußsatz «im ursprünglichen Wortlaut» überliefert: «Die in Johannes wie Jesus wirkende Weisheit wird von ‹allen ihren Kindern› (Spr 8,32; Sir 4,11), von denen, die ihr gleichen, ja von ihr (wieder)geboren sind, anerkannt. Keinesfalls hat also ‹das ganze Volk› Johannes (und Jesus) abgelehnt.» Zu Mt 11,19 meint EDUARD SCHWEIZER: *Das Evangelium nach Matthäus*, 168, Matthäus habe die Stelle neu interpretiert als «... durch ihre Werke», «was durch den Gleichklang der aramäischen Worte für «Kinder» und «Werke» erleichtert gewesen sein könnte. Da er in V. 2 schon von den Werken des Messias sprach (sc. Mt 11,2, d.V.), bilden die beiden Wendungen jetzt die Klammer um den ganzen Abschnitt.»

den Werdegang der Jesus-Überlieferung erlauben; für das Verständnis der Aussageabsicht eines Evangelisten entscheidend aber sind vor allem die *Änderungen*, die er an dem tradierten Material vornimmt; an ihnen läßt sich so etwas erarbeiten, wie eine redaktionsgeschichtliche Einführung in die «Theologie» des jeweiligen Evangelisten.

Was zum Beispiel geschieht, wenn in Lk 23,46 nicht, wie in der Parallelstelle des *Markus*-Evangeliums (Mk 15,34), Jesus im Moment seines Sterbens die Worte aus Ps 22,2: «Mein Gott, mein Gott, warum hast du mich verlassen», in den Mund gelegt werden, sondern, weit tröstlicher, ein Zitat aus Psalm 31,6: «Vater, deinen Händen anheim stelle ich meinen Geist»? Oder: Was zeigt sich, wenn das *Lukas*-Evangelium Jesus häufig mit «der Herr» bezeichnet, einem Wort, das im Alten Testament den Gottesnamen Jahwe als «Adonaj» umschreibt[27]? Fragen dieser Art melden sich stets, wenn man bei synoptischer Lektüre (am besten beim zweiten, dritten Durchgang) auf die Unterschiede achthat, die der *Lukas*-Text gegenüber seinen Vorlagen (dem *Markus*-Evangelium und der Q-Quelle) aufweist.

Hilfreich, ja, unerläßlich zum Verständnis der Eigenart lukanischer Erzählweise ist es schließlich, den zahlreichen Selbstbezüglichkeiten und internen Querverweisen nachzugehen, mit denen das *Lukas*-Evangelium Themen wie Armut, Wachsamkeit, Vertrauen im Gebet, Bereitschaft zum Vergeben, Vertrauenswürdigkeit «im Dienst» (in der Art des Existierens) u. a. m. immer neu hervorhebt und variiert; die angegebenen Stellenhinweise mögen dem Leser helfen, die Botschaft des *Lukas*-Evangeliums zu vernehmen wie eine wohlkomponierte Musik, kreisend um ein und dasselbe Grundmotiv, das sich wie in einer Zusammenfassung ausspricht in den Worten, die bei *Lukas* die beiden Engel am offenen Grab an die Frauen richten: «Was sucht ihr den Lebenden bei den Toten? Er ist nicht hier (vielmehr: auferweckt ward er). Erinnert euch, wie er euch gesagt hat, als er noch in Galiläa war...» (Lk 24,5–6) Denn nichts anderes als eine solche «Erinnerung» an die Person und die Botschaft des Jesus aus Nazaret als eines Lebenden möchte sein seinem ganzen Anliegen nach das Evangelium des *Lukas*. Die Kraft dazu schenkt nach *Lukas* der «Heilige Geist», ein Wort, das, abweichend von den anderen Evangelien, hier großgeschrieben wiedergegeben wird.

[27] Vgl. GUSTAF DALMAN: *Die Worte Jesu*, 146–150: «Der Herr» als Gottesbezeichnung.

Das Lukas-Evangelium
Auslegung Kapitel 1,1–12,1

Einleitung

Lk 1,1–4: Widmung an den Leser oder: Was beglaubigt eine religiöse Wahrheit?

[1] Nachdem schon viele es in die Hand genommen haben, einen Bericht zu erstellen über die von Gott an uns vollführten Taten, [2] wie sie uns die überliefert haben, die von Anfang an Augenzeugen und Diener des Wortes geworden sind, [3] ist es auch mir, der ich von vorn allem genau nachgegangen bin, als richtig erschienen, es der Reihe nach niederzuschreiben, für dich, sehr geehrter Theophilus, [4] damit du die Zuverlässigkeit der Worte erkennen magst, über welche du (bereits) die Katechese empfangen hast.

Zur Feder greift nur, wer, dem Vogel Phönix gleich, sich über Zeit und Raum hinwegzuheben denkt. Da hat in früheren Tagen etwas sich begeben, das dem Vergessen nicht anheim gegeben werden darf; da ist an fernen Orten etwas auszurichten, das, unvermutet oder längst erwartet, von Be-

[1] So sagt GERD THEISSEN: *Das Neue Testament*, 75: «Er (sc. *Lukas*, d.V.) lebte in einer anderen Zeit. In seiner Vorrede (Lk 1,1-4) schaut er auf die Traditionskette der Augenzeugen und Evangelienschreiber zurück und ordnet sich ihr als drittes Glied zu. Die Tempelzerstörung liegt schon länger zurück. Mit ihr begannen die ‹Zeiten der Heiden› (21,24).» Und S. 77: «Während Mt sein Evangelium schrieb, um die Ethik Jesu allen Völkern nahe zu bringen, hat Lk den Ehrgeiz, als Geschichtsschreiber die entscheidende Phase der Weltgeschichte zu erzählen.» «Oft sieht man seine große Leistung darin, dass er angesichts der Parusieverzögerung Jesus nicht mehr als Ende der Zeit betrachtet, sondern als ‹Mitte der Zeit› (H. Conzelmann) – mit einer Zeit der Erwartung und einer Zeit der Kirche nachher. Er habe den verborgenen Fahrplan der göttlichen Heilsgeschichte durch ein dreigliedriges Zeitverständnis neu strukturiert. Aber Lk teilt das dreigliedrige Zeitverständnis des Urchristentums, das nur Erwartung und Erfüllung unterscheidet. Die Zeit seit dem Auftreten des Täufers ist für ihn Erfüllungszeit. Diese gliedert sich jedoch in drei Phasen: in das Präludium der Kindheitsgeschichte, das Wirken Jesu und die Mission. Indem er der Gegenwart eine Aufgabe zuschreibt, kann er die Parusieverzögerung bewältigen. Die Parusie kann jederzeit einbrechen, so dass der Mensch immer bereit sein muss, vor Gott zu treten. Das soll aktivieren. Der Anfang der Apg sagt eindeutig wozu: Anstatt nach dem Ende der Welt zu fragen, sollen die Jünger in der Kraft des Geistes bis an die Grenzen der Erde missionieren.» Mit anderen Worten: es gibt keine «Zeit der Kirche», die sich von der Zeit Jesu unterscheiden dürfte; Jesus brachte die «Erfüllung», und daher gilt es, so zu leben wie er; und was die Jünger Jesu zu tun und zu sagen haben, ist dasselbe, wie bei der Aussendung der Zweiundsiebzig in die Dörfer Galiläas: «Heilt die dort Kranken und sagt ihnen: Genaht ist euch das Königtum Gottes.» (Lk 10,9) Entsprechend meint GERHARD SCHNEIDER: *Der Zweck des lu-*

lang sein sollte. Ein «*Evangelium*» schreibt nur, wer ein Ereignis der Vergangenheit festhalten möchte für die Zukunft, weil es in seinen Augen für den gesamten Lauf der Welt als schlechterdings entscheidend gilt. Mit allen Kräften muß er deshalb zu verhindern suchen, daß die Gegenwart es mit dem Schlick ihrer Alltäglichkeiten überschwemmt und unter sich begräbt; und gerade *die* Gefahr scheint außerordentlich akut dem Mann zu drohen, den wir *Lukas* nennen[1]. Im Vogel Phönix sahen die Alten Ägypter die aufgehende Sonne versinnbildet, wenn nach den Stunden der Nacht ihre Strahlen an den Spitzen der Obelisken von Heliopolis sich zum Himmel zurückwarfen[2]. Gerade so erschien die Person Jesu dem Autor des Dritten Evangeliums.

Zu sagen hat er nur etwas zu denen, die an der «Wirklichkeit» so leiden wie er selber. Zum Beispiel an der Selbstverständlichkeit, mit der die Reichen ungeniert die Armen auspressen, mit der die Mächtigen Rechtstitel dazu verwenden, andere Menschen mitleidlos in den Ruin zu treiben, mit der die Sieger auf den Schlachtfeldern nicht endender Gewalt über die Leichenhaufen ihrer Feinde hin ihre Triumphmärsche antreten. «So war es immer», erklären die Historiker. «So wird es immer sein», sagen die «Realisten». «So darf es aber nicht sein», verlangen alle, die sich von der ge-

kanischen Doppelwerks, in: Lukas, Theologe der Heilsgeschichte, 19: «Der Gegenstand, der die Lehre Jesu mit der Predigt der Apostel verbindet, ist das Reich Gottes!» (Vgl. Lk 26,16; Apg 1,3) – MANFRED KORN: *Die Geschichte Jesu in veränderter Zeit*, 31, schreibt: «Er (sc. *Lukas*, d.V.) will nicht nur die Ereignisse des Lebens Jesu bis zur Himmelfahrt schildern, wie er es in Apg 1,1f als Inhalt des Evangeliums angibt, sondern es geht ihm auch um die Erfüllung dieser Ereignisse, die sich bis in seine Gegenwart erstrecken ... Er geht über seine Vorgänger hinaus, indem er die Erfüllung der im Jesusgeschehen enthaltenen Verheißung nicht nur als Tiefendimension des Evangeliums begreift, sondern es unternimmt, sie in der Apg ausführlich zu schildern.» Auf die «weltgeschichtliche Bedeutung der Ereignisse» verweist HELMUT FLENDER: *Heil und Geschichte in der Theologie des Lukas*, 63, und er setzt dem «die Profaneität der Darstellung» gegenüber; er meint (S. 64): «Im Prolog ist der historische Aspekt allein herausgestellt, der eine genaue Überprüfung ... nach profaner Forschungsweise ermöglicht.» Doch wie sollen «Auferstehung» und «Himmelfahrt» «historisch» nachprüfbar sein?

2 GEORGES POSENER: *Lexikon der ägyptischen Kultur*, 200: «Der Phönix galt als das Abbild des Sonnengottes. So wie dieser erscheint er am Morgen in lichtem Glanz; er soll auch von selbst aus den Urwassern entstanden sein, und so bringt man auch mit ihm die in regelmäßigem Zyklus wiederkehrenden Feste in Verbindung. Diese Vorstellungen wurden erst von den Griechen zur Mythe von dem Wundervogel entwickelt. Aus dem ägyptischen Namen, *boine*, machten sie das Wort *phöinix*, das wir mit Phönix wiedergeben.» Das ägyptische Wort *wbnj* – der Leuchtende, ein Beiwort für den Sonnengott, wird mit dem Determinativ der Vogelhieroglyphie des Vogels geschrieben. Vgl. RAINER HANNIG: *Großes Handwörterbuch Ägyptisch-Deutsch*, 189.

wohnten Grausamkeit der «Geschichte» zutiefst verletzt, entsetzt, ja, angewidert fühlen. Sie sehnen sich nach einer Änderung in allem. «Unmöglich», behaupten die Profiteure des Bestehenden. «Unvermeidlich», entgegnen ihnen die an der Welt Leidenden, und beider Meinungen zerren gleichstark nach vorne wie nach rückwärts an dem Seil der menschlichen Seele. Doch dabei geht es, wohlgemerkt, nicht um den üblichen Kampf der gegensätzlichen Eigeninteressen verschiedener Parteien; die Änderung, auf die es hier ankommt, besteht nicht wieder nur in der Durchsetzung der einen gegen die anderen, – mithin in einem bloßen Wechsel der Verhältnisse; erfordert vielmehr ist ein gänzlich anderer Umgang aller Menschen mit sich selbst und mit den anderen an ihrer Seite, ist eine Perspektivendrehung in der Betrachtung der menschlichen Wirklichkeit, ist ein bedingungsloser Ausgang von der Not der Schwachen. Ob so etwas gelingen kann und wie es möglich ist, steht überraschenderweise indes für *Lukas* ein für allemal nicht länger mehr zur Diskussion. Die Frage ist für ihn in alle Zeit entschieden. Sein Grund:

[3] HEINZ SCHÜRMANN: *Das Lukasevangelium*, 1. Teil, 8, sieht damit die «Zuverlässigkeit ... jener frühen Aufzeichnungen» hervorgehoben, an welcher auch des *Lukas* eigene «Sammlung hängt». EDUARD SCHWEIZER: *Das Evangelium nach Lukas*, 8, führt aus: «Lukas selbst gehört nicht mehr zu den Augenzeugen und kennt kein einem Augenzeugen zugeschriebenes Evangelium. Er bleibt darum angewiesen auf Überlieferung der ‹Ereignisse› eines bestimmten Zeitraums (Apg 1,22: von der Johannestaufe bis zur Auferstehung), also nicht allein auf das heutige Reden des Geistes oder das neue Glaubensverständnis der Apostel. Aber der Apostel ist nicht nur Garant für den historischen Ablauf, sondern ‹Zeuge der Auferstehung› (Apg 1,22; vgl. 4,33 neben 31).» Und so wird es zu der entscheidenden Frage: wie wird man zu einem «Augenzeugen» der «Auferstehung», zu einem «Zeugen» des Lebens gegen den Tod? – MICHAEL DÖMER: *Das Heil Gottes*, 135, betont zu Recht: «Die besondere Hervorhebung der Auferweckung als Inhalt der Bezeugung ist ... so zu verstehen, daß sie sozusagen als Inbegriff des gesamten Jesusgeschehens steht, wie ja überhaupt die Auferweckung als der Erweis der Messianität des Wirkens Jesu das zentrale Ereignis ... darstellt. Von daher ergibt sich dann auch, daß die Ablehnung, auf die die Christusbotschaft besonders auf seiten der Juden trifft, gerade in den Kontroversen um die Auferstehungsverkündigung kulminiert. Insofern ist also für den Zeugen kennzeichnend, daß er für einen auf Widerspruch stoßenden Sachverhalt eintritt und daß dabei die Auferstehungsverkündigung eine besondere Stellung einnimmt.» – ROBERT MORGENTHALER: *Lukas und Quintilian*, 384, meint: «Die Verwendung des Ausdrucks *martys* für die Auferstehungsboten ist und bleibt innerhalb des Neuen Testamentes die Tat des Lukas.» ERNST NELLESSEN: *Zeugnis für Jesus und das Wort*, 106, verweist auf Lk 21,13, auf das Jüngerzeugnis im Verhör, das sie «durch ihr gesamtes Verhalten, auch durch ihr inspiriertes Wort, zu einem Zeugnis» ausgestalten. Lk 24,48 zeige, daß der Kreis der Zeugnisträger nicht auf die zwölf Apostel eingeschränkt ist (S. 107–118).

Da lebte vor nun bereits etlichen Jahrzehnten im fernen Syrien, im römischen Vasallenkönigtum Judäa, ein Mann, der Menschen charismatisch in den Bann zog, indem er sie lehrte, an Güte zu glauben statt an Gewalt, an Gnade statt an Gerechtigkeit, an Vergebung statt an Vergeltung, – an Gott und die Liebe, statt an die Allmacht der Angst und die Herrschaft des Hasses. «Geht», sprach er, «da, ich sende euch wie Schafe inmitten von Wölfen», soll er gesagt haben (Lk 10,3), – und gerade so erlebten es die «Augenzeugen von Anfang an»[3], gerade so sagten es weiter die «Diener des Wortes»[4]. In der Nähe des Mannes aus Nazaret fehlte ihnen nichts in diesem Entscheidungsaugenblick der Geschichte[5], als der Himmel sich hernieder neigte zur nächtlichen Erde und die Sterne hell strahlten in den Augen der Menschen. Die «Wolfzeit» der Welt, die «Beilzeit» der verfeindeten Brüder[6], die monströse Maschinerie des Mordens schien endlich vergangen. Das Feuer war auf der Erde entzündet, der äußerste Widerspruch endlich gewagt (vgl. Lk 12,49–53); und sollten auch Not und Bedrängnis nicht schwinden, *sein* Bild würde nur um so heller erstrahlen (Lk 21,25–28), *sein* Wort würde sich nur als desto wahrer erweisen (Lk 21,33). So dachten die «Zeugen»; so denkt es sich *Lukas*.

Gemessen daran konnte alles, was vordem war, sich nur ausnehmen wie

4 HEINZ SCHÜRMANN: *Das Lukasevangelium*, 1. Teil, 8, überlegt sogar, ob «jene Niederschriften», die *Lukas* als Quelle benutzt, «von jenen verantwortlichen ‹Dienern des Wortes› kontrolliert und autorisiert» worden seien; doch darum geht es nicht, sondern die Frage ist, wie jemand zu einem «Diener des Wortes» eingesetzt werden kann, – ein Ereignis, das «wohl an Ostern» geschah, wie EDUARD SCHWEIZER: *Das Evangelium nach Lukas*, 8, meint. Wie sieht man den «Gekreuzigten» als «Auferstandenen»? Nur wer davon zu künden weiß, taugt als «Verkündiger» der Botschaft Jesu.

5 Der Gegensatz von «damals» und «jetzt» ist formuliert in Lk 22,35.36. HANS CONZELMANN: *Die Mitte der Zeit*, 75, meint dazu, es werde hier die «Jesuszeit» als Bild «einer *idealen* Vergangenheit» beschrieben. «Symbolisiert die Ausrüstung der Ausgesandten ... die eschatologische Bereitschaft angesichts des Endes (als Zeichen für die Menschen), so ist sie bei Lukas als Zeichen des Geborgenseins gedeutet. Sie dient der Darstellung der idealen Zeit Jesu, ist Gegenbild der Gegenwart mit ihrer Not... Hier, im Abendmahl, als die Zeit des Geborgenseins vorbei ist, erschließt Jesus den Heilssinn der damaligen Anweisung.» – GÜNTER KLEIN: *Lukas 1,1-4 als theologisches Programm*, in: Georg Braumann (Hg.): Das Lukas-Evangelium, 202, resümiert: «Lukas ... hat ... das Kontinuum aufgewiesen, das sich als intakte Traditions- und Sukzessionskette von Jesus über die Urkirche bis in die Gegenwart erstreckt... Anders läßt es sich nicht erklären, daß Lukas die Möglichkeit der historischen Gewißheit, die für ihn die Heilsgewißheit fundiert, exklusiv an sein Werk bindet, obwohl sie für ihn doch von der Apostolizität der Tradition verbürgt ist».

6 Vgl. FELIX GENZMER: *Die Edda*, 2. Bd. 5. Der Seherin Gesicht, Str. 32, S. 40: «Brüder kämpfen / und bringen sich Tod, / Brudersöhne / brechen die Sippe; / arg ist die Welt, / Ehbruch furchtbar, / Schwertzeit, Beilzeit, / Schilde bersten, / Windzeit, Wolfzeit, / bis die Welt vergeht – / nicht einer will des andern schönen.»

ein Gewitterdunkel, das schwül und schweflig über der ganzen Menschheit lagerte, nur hin und wieder durchflammt von grell zuckenden Blitzen, in deren Widerschein eine sonderbar zürnend-zärtliche Gottheit sich manifestierte – mit den düsteren Drohungen, mit den tröstlichen Träumen ihrer Propheten, diesen Sehern und Kündern der verborgenen Wahrheit des menschlichen Herzens. Auf der Spitze jenes gewaltigen Gebirges der Zeit, das sie erklommen, hat sich nun Er zu erkennen gegeben, ihre Worte mit Leben erfüllend durch sein eigenes Leben, sie als wahr erweisend durch die Wahrhaftigkeit seines eigenen Wesens, sie läuternd zu der Begegnungsform reinen Vertrauens durch die Lauterkeit seiner eigenen Sanftmut.

Wie spricht man von einer Person, die alles bedeutet, was Leben, was Wahrheit, was Hoffnung heißt, indem sie, entsprechend ihrem eigenen «Programm» (Lk 4,18–19), «Heilsbotschaft Armen zu bringen» verheißt, «Kriegsgefangenen Freilassung und Blinden ein Aufblicken, zu entsenden Unterjochte in Freilassung, anzukünden ein Jahr des Herrn, ein willkommenes»? Unangemessen ist es, eine psychologische Deutung einer solchen historischen Persönlichkeit anzustreben, wie es zeitgleich zu *Lukas* etwa der Philosoph PLUTARCH (um 45–um 125) in seinen *Lebensbeschreibungen* zahlreicher großer Gestalten der griechisch-römischen Antike versucht hat[7]; nicht eine – selbst wieder zeitlich und persönlich bedingte – *Deutung* dessen, was war, ist das Ziel eines «*Evangeliums*»; was es beschreiben und darstellen möchte, ist die Raum und Zeit übergreifende *Bedeutung* eines Ereignisses, das sich, einmal geschehen, fortan in die Gegenwart eines jeden Menschen hinein überall auf Erden und zu allen Zeiten der menschlichen Geschichte zu Wort melden möchte – in einer ständigen geistigen Gegenwart, die Hoffnung schenkt, wo sonst nur Dunkel wäre, die neue Möglichkeiten weist, wo sonst allein der Teufelskreis verhängnisvoller Unentrinnbarkeiten sich stets weiter in den immer schneller sich drehenden

[7] PLUTARCH: *Theseus*, in: Lebensbeschreibungen, 1. Bd., S. 30, schreibt: «Wie die Gelehrten, mein lieber Sozius Senecio, auf den Erddarstellungen das, was sich ihrer Kenntnis entzieht, an den äußersten Rand ihrer Karten drängen und Erklärungen hinzufügen wie ‹was jenseits davon liegt, ist Sandwüste und voll wilder Tiere› oder ‹unzugänglicher Morast› oder ‹skythisches Schneegefilde› oder ‹Eismeer›, so könnte auch ich…, soweit nur historische Wahrscheinlichkeit und auf Tatsachen gegründete Geschichte reicht, von den ältesten Zeiten einfach sagen: ‹Was darüber hinaus ist, ist abenteuerlich und Gegenstand der tragischen Bühne; ein Land, das von Dichtern und Fabelschreibern bewohnt wird; hier fehlt es ganz an Gewißheit und Glaubwürdigkeit.› Indes … hielt ich es für gut, den Erbauer des schönen … Athens dem Vater des unbesiegten … Roms (sc. Theseus dem Romulus, d.V.) gegenüber zu stellen … Es wäre freilich zu wünschen, daß das Fabelhafte sich mit Hilfe der Kritik ganz ausscheiden ließe und die Gestalt der Geschichte annehme.»

Strudel aus Angst und Verzweiflung hineinwirbeln würde, die Mut zu einer Menschlichkeit vermittelt, wie sie als sonst schier unerreichbar erscheinen müßte. Einer solchen Darstellungsabsicht kann nicht gelegen sein an einer Zusammenstellung historisch korrekt *über*mittelter Fakten; was sie anstrebt, ist die *Ver*mittlung eines Eindrucks, der schon das eigene Leben zutiefst verwandelt hat und der nun auch die Daseinsform des Hörers oder Lesers in gleichem Sinn verändern soll. Insofern steht ein «Evangelium» einem Liebesgedicht weit näher als einer geschichtswissenschaftlichen Studie; es ist die subjektive Ergriffenheit, aus der heraus es spricht und die es fortsetzen möchte in der Ergriffenheit eines jeden, der es in sich aufnimmt; es ist ein Zeugnis leidenschaftlicher Betroffenheit, niemals ein Dokument neutraler Tatsachenbeurteilung[8].

Notwendig bedient ein «Evangelium» sich daher eben jener Erzählweisen, denen es eigen ist, Geschehnisse der menschlichen Geschichte nicht als stupende Fakten zu referieren, sondern sie auf die Grundthemen des menschlichen Daseins hin zu reflektieren: der Mythos und die Legende sind als literarische Gattungen von dieser Art, Märchen und Wundererzählungen gleichermaßen. Nicht was irgendwo irgendwann einmal war, gilt es zu schildern, sondern was hier und jetzt sein könnte, sein sollte, sein müßte, wird beschworen. Geschichten, in denen Gott «handelnd» «eingreift» in die menschliche Wirklichkeit, lassen sich nur als *Mythen* erzählen[9]; um sie zu

[8] KARL HEINZ PEISKER: *Texte zur Predigt*, Bd. 3: Lukas – Johannes, 7, verweist deshalb zu Recht auf den Ausspruch von FJODOR MICHAILOWITSCH DOSTOJEWSKI: «Man muß glauben, daß es nichts Vollkommeneres gibt als Christus, ja, ich behaupte mit eifersüchtiger Liebe: auch nichts geben kann. Mehr noch: Wenn mir jemand beweisen könnte, daß Christus außerhalb der Wahrheit sei, so zöge ich vor, lieber mit Christus als mit der Wahrheit, die außer ihm wäre, zu leben.» Vgl. FJODOR MICHAILOWITSCH DOSTOJEWSKI: *Die Dämonen*, 2. Teil, 1. Kap., 7, S. 261: «Aber haben Sie», fragt dort Schatow den ungeduldig-verzweifelten Stawrogin, «nicht selbst zu mir gesagt, daß Sie sogar dann, wenn man Ihnen mit mathematischer Genauigkeit bewiesen hätte, daß die Wahrheit außerhalb Christi liege, dennoch viel lieber mit Christus bleiben würden als bei der Wahrheit?»

[9] Vgl. KURT HÜBNER: *Die Wahrheit des Mythos*, 48–22: Zur Geschichte der Mythos-Deutung. – Recht hat RUDOLF BULTMANN: *Jesus Christus und die Mythologie*, 17, wenn er schreibt: «Mythen sind Ausdruck für die Einsicht, daß der Mensch nicht Herr der Welt und seines Lebens ist». «Man kann sagen, Mythen geben der transzendenten Wirklichkeit eine immanente weltliche Objektivität. Der Mythos objektiviert das Jenseitige zum Diesseitigen.» – In diesem Kontext ist auch die «Augenzeugenschaft» der «Apostel» zu betrachten. EDUARD SCHWEIZER: *Das Evangelium nach Lukas*, 8, hebt den Unterschied zwischen historischer und religiöser Wahrheit zutreffend hervor, indem er feststellt: «Bloße Augenzeugen waren auch Herodes und Pilatus. Beides gehört zusammen: Etwas in der irdischen Geschichte Geschehenes wird als das alles Irdische Geschehen sprengende Handeln Gottes verstanden, nicht nur als Symbol oder Beispiel für eine auch abgesehen davon gültige Wahrheit.» – Zur Interpretation von Mythen vgl. TE I, 132–162.

verstehen, muß man sie in ihrer *symbolischen* Darstellungsweise betrachten; man würde sie mißverstehen, wollte man sie auf die Ebene sachlicher Mitteilungen herunterdrücken und in abergläubiger Manier vergegenständlichen. Aus Bildern und Hinweisen würden dann Begriffe und Beweise zugunsten einer irregeleiteten dogmatischen Doktrin; aus der Sprachform poetischer Verdichtung menschlicher Erfahrungen würde damit eine prosaische Vernichtung all der Visionen und Perspektiven, die auf dem Boden des Neuen Testamentes dazu bestimmt sind, das menschliche Dasein angesichts einer hoffnungslosen Wirklichkeit aufzubrechen zu einer unverbrüchlichen Hoffnung – selbst angesichts des Todes, selbst angesichts der sicheren physischen Zerstörung; aus erbaulichen Performationen des Existierens würden dann bloße Informationen zum Zwecke eines akademischen Lehrbetriebes ohne existentiellen Ernst.

Das hindert nicht, daß *Lukas* sich selbst und seine Leser mit allen Mitteln glauben machen möchte, sein «Evangelium» enthalte nichts als durch «Augenzeugen» beglaubigte «Tatsachen»; jedoch: in welchem Sinne kann und soll es «Augenzeugen» geben für «Taten», «die von Gott an uns» vollführt sind? Jene «Augenzeugen» seien «von Anfang an» dabei gewesen, als Jesus von Nazaret auftrat in Galiläa; doch in einem rein historischen Sinne als «Augenzeugen» dabei waren auch die Pharisäer, die Sadduzäer, die Hohen Priester ... Sie alle sahen und hörten die Werke und die Worte des Mannes aus Nazaret, der ihnen bald schon als todeswürdiger Gegner erschien, eben weil sie in allem, was er wirkte und wollte, nicht Gott, sondern den Satan selber am Werke glaubten (Lk 11,15). Zum Augen«zeugen» im Sinne des *Lukas* wird man offensichtlich nicht schon dadurch, daß man sich rein äußerlich zu einem bestimmten Zeitpunkt an einem bestimmten Ort aufhält und dies und das zu sehen bekommt; – in diesem Betracht verfügten die historischen Zeitgenossen Jesu prinzipiell über ein unendliches Mehr an Informationen, als sich jemals an Resultaten der historisch-kritischen Exegese wird eruieren oder rekonstruieren lassen. Um die Bedeutung eines gegenwärtigen Geschehens zu verstehen, muß man *innerlich*, mit der eigenen Person, sich an die Stelle begeben, an der all die Entscheidungen getroffen werden, welche die Zukunft gestalten, muß man die Ungewißheit, das Wagnis teilen, das darin liegt, nicht wissen zu können, wie das Begonnene enden wird, muß man das Risiko auf sich nehmen, etwas zu *unternehmen*, das in den Augen Gottes als geboten erscheint, auch wenn es in den Augen der anderen als verwerflich gelten mag.

Zu Recht hat deshalb der dänische Religionsphilosoph SÖREN KIERKEGAARD (1813–1855) bereits vor über 150 Jahren hervorgehoben, es gelte, um die Person und die Botschaft des Mannes aus Nazaret zu verstehen, mit ihm selber in existentiellem Sinne *gleichzeitig* zu werden[10]. Im Unterschied zu den Erklärungen der professoralen Theologie, die, rückwärtsschauend, stets von dem Ende des Lebens Jesu ausgehe[11], könne das wirkliche Leben sich nur nach vorne hin gestalten[12]; wer frage, wie etwas ende, um es dann als «richtig» beurteilen zu können, werde nie dahin gelangen, mit dem «Richtigen» *anzufangen* und dafür seine Existenz aufs Spiel zu setzen; doch nur so, in der Gemeinsamkeit derselben Anfechtung und desselben Vertrauens, sei es möglich, mit dem Jesus von Getsemane «gleichzeitig» zu werden.

Ein «Augenzeuge» Jesu im Sinne des *Lukas* kann man in der Tat nur werden mit Augen, die schimmern von *Geist*[13], mit einem Herzen, bebend von Liebe und Schmerz, mit einem Leben, das sich wagt in der Unbedingtheit desselben Glaubens: daß da ein Gott ist, der sich erweist, indem man auf ihn hinweist mit dem Einsatz des ganzen eigenen Daseins. Die historische Differenz, der zeitliche Abstand der 2000 Jahre zwischen der Person Jesu und dem heutigen Leser, hebt sich hinweg in dieser Gleichzeitigkeit des Lebensentwurfs, in dieser Gleichartigkeit des Konflikts wie der Rettung, die zu allen Zeiten und zu allen Orten thematisch dieselben sind.

[10] Vgl. SÖREN KIERKEGAARD: *Philosophische Brosamen*, Kap. 4: Das Verhältnis des gleichzeitigen Schülers, in: Philosophische Brosamen und Unwissenschaftliche Nachschrift, S. 67–85; vgl. DERS.: *Der Augenblick*, Nr. 8,1.: Die Gleichzeitigkeit: was Du in der Gleichzeitigkeit tust, ist das Entscheidende, in: Werkausgabe in 2 Bden, II 503–509.

[11] SÖREN KIERKEGAARD: *Philosophische Brosamen*, Kap. 4, Zwischenspiel, § 4: Die Auffassung des Vergangenen, S. 94–102.

[12] SÖREN KIERKEGAARD: *Der Augenblick*, Nr. 7,5: Daß die «Christenheit» von Geschlecht zu Geschlecht eine Gesellschaft von Nichtchristen ist; und die Formel, nach der das zugeht, in: Werkausgabe in 2 Bden, II 458–463.

[13] Zu Recht weist MICHAEL DÖMER: *Das Heil Gottes*, 139, darauf hin, daß die «Gabe des heiligen Geistes» (Apg 2,38; 10,45; vgl. 11,17) «den eigentlichen Beginn des im zweiten Teil des Doppelwerks darzustellenden Geschehens markiert, d.h. er ist in dieser Hinsicht der maßgebende ‹Anfang›, wie in den Worten des Petrus in (Apg, d.V.) 11,15 nachdrücklich deutlich gemacht wird. Die Pfingsterzählung nimmt damit in bezug auf das zweite Buch vergleichsweise eine ähnliche Stellung ein wie die Nazarethperikope... Ihre Bedeutung wird auch dadurch noch weiter unterstrichen, daß mit ihr die erste und zugleich längste Rede des Petrus verbunden ist (2,14-36), der damit zugleich – und zwar stellvertretend für den ganzen Kreis der Apostel – zum erstenmal die Funktion der Zeugenschaft ausübt.» Ähnlich hebt ULRICH LUCK: *Kerygma, Tradition und Geschichte Jesu bei Lukas*, in: Georg Braumann (Hg.): Das Lukas-Evangelium, 105, mit Bezug auf Apg 5,31f hervor: «Es kommt ... nicht auf die Herkunft und damit auf die ursprüngliche Zugehörigkeit zum Judentum an, sondern auf den Heiligen Geist und den durch ihn bewirkten Gehorsam, der das Sein der Kirche konstituiert... Damit wird doch sichtbar, daß der Geist für Lukas ein Offenbarungsfaktum ist, das das Gesetz in einem entscheidenden Punkte antiquiert.»

Von daher kann man – ebenfalls nach KIERKEGAARD – nicht die Geschichte selber, die Dauer in der Zeit, als ein Argument für die Wahrheit des Evangeliums ausgeben[14], wie es insbesondere die römisch-katholische Kirche bis heute versucht: Die «Überlieferung» der Taten Gottes an den Menschen im Wirken Jesu, von der *Lukas* in der Einleitung seines Evangeliums spricht, wird da quer durch die Jahrhunderte an die Aufeinanderfolge von Amtsträgern gebunden, welche eben als Kirchenbeamte vermöge des sakramental vermittelten Besitzes göttlichen Geistes die «Wahrheit» Gottes zu garantieren imstande sein sollen; die «Überlieferung»[15], von der (römisch-katholischen) Kirche gehütet, wird da für wichtiger genommen als das «Evangelium» selbst: in der Bibel, wenn es so steht, kann an Worten und Taten Jesu aufgezeichnet sein was auch immer, – für maßgebend hat nach dieser Auffassung zu gelten, was die Kirche von Amts wegen in der Person des Bischofs von Rom, des Papstes, im Verein mit den Bischöfen seiner Kirche verkündet. Unmöglich deshalb, diese Kirche an ihrem eigenen Ursprung zu messen. Während die Geschichte sich immer weiter bewegt, sucht man gewissermaßen in den Fluß der Zeit einen Betonklotz institutioneller Starre zu stellen, der in seiner verordneten Unantastbarkeit sich als festes Fundament vermeintlich göttlicher Wahrheiten behaupten soll. In der Tat muß es

[14] SÖREN KIERKEGAARD: *Einübung im Christentum*, Das Halt, IV: Das Christentum als das Unbedingte; die Gleichzeitigkeit mit Christus, Werkausgabe, II 69–74: «Ein historisches Christentum ist Gallimathias und unchristliche Verwirrtheit; denn was es an wahren Christen gibt in jeder Generation, die sind gleichzeitig mit Christus und haben nichts zu schaffen mit den Christen der Generation vorher, und alles mit dem gleichzeitigen Christus. Sein Leben auf Erden geht mit dem menschlichen Geschlecht, geht mit jedem der menschlichen Geschlechter im Besondern, als die ewige Geschichte, sein Leben auf Erden hat eine einzige Gleichzeitigkeit. Und diese wiederum macht alles Dozieren über das Christentum (welches Dozieren sein Diebsversteck und seinen Rückhalt wesentlich darin hat, daß das Christentum etwas Vergangenes ist, an der Geschichte von achtzehnhundert Jahren) zur unchristlichsten von allen Ketzereien, wie jeder einsehen würde und also das Dozieren aufgeben, wenn er es versuchte, sich die mit Christus gleichzeitige Generation – dozierend vorzustellen; aber jede Generation (von Gläubigen) ist ja gleichzeitig.» (S. 72)

[15] Zum «Traditionsprinzip» der römischen Kirche vgl. bereits das 4. Konzil von Konstantinopel (869–870), Canon 1; DENZINGER – SCHÖNMETZER: *Enchiridion Symbolorum*, 650–652. Wenn das «Christentum» erst einmal zu einer Lehre verformt worden ist, wird allerdings die «Tradition» der Lehrmeinungen eine Erkenntnisquelle ersten Ranges. – Zugeben muß man freilich, daß hinter der «Betonung, daß die ganze apostolische Tradition vorgelegt wird,» «eine Unsicherheit» sich verbergen könnte, «die durch Irrlehren hervorgerufen wurde. Möglicherweise haben dabei paulinische Lehren eine Rolle gespielt. Unter diesem Aspekt wäre dann gerade die Apg von großer Bedeutung, indem sie Paulus in die kirchliche Tradition einbindet.» MANFRED KORN: *Die Geschichte Jesu in veränderter Zeit*, 30.

so sein, wenn die «Wahrheit» Gottes nicht länger mehr an das persönliche Leben der Menschen gebunden ist, sondern an die tradierten Rollenzuweisungen einer klerikalen Hierarchie. Doch das Faktum bleibt: der Jude aus Nazaret wollte nicht eine neue «Kirche» gegen die Religion seines eigenen Volkes begründen, er wollte die Grundlage schaffen für die Erneuerung unseres Lebens.

Eine «Überlieferung»[16], die davon «Zeugnis» gibt, kann daher nicht wie ein römischer Aquädukt die Schmelzwasser aus den Alpen über Berge und Täler in die Städte des Tieflandes fließen lassen – ein festgemauertes Verteilungssystem, durch welches das Wasser (des Lebens) zu allen Orten, die es benötigen, kanalisiert werden soll; die Vermittlung einer Botschaft, wie Jesus sie verkörperte und in die Welt brachte, kann nur erfolgen nach Art eines Feuers, das von einer Fackel, die lodert von Licht, eine andere Fackel entzündet. Wichtig bei diesem Übertragungsvorgang ist nicht die «Fackel», sondern allein ihre Entzündungstemperatur, die Weitergabe des «Feuers» in der gleichen Glut und in der gleichen Leidenschaft. Alles, was eine solche «Fackel» vermitteln kann, ist die *Unmittelbarkeit* auch der anderen Fackel zum Feuer ihres Ursprungs[17]; entscheidend ist daher nicht der «Apostel», der «Augenzeuge» an sich selbst; wichtig an ihm ist allein das Mittelbare, ist der Verweis auf jenen anderen im Hintergrund, der als die Grundlage allen neuen Lebens in seiner Existenz aufflammt: die Person des Jesus aus Nazaret.

16 HEINZ SCHÜRMANN: *Das Lukasevangelium*, 1. Teil, 8–9, schreibt: «Sie (sc. die «Heilsereignisse», d.V.) werden ‹übergeben› und bekommen in der apostolischen Paradosis (sc. griech.: Überlieferung, d.V.) eine ansprechende Gegenwärtigkeit.» Doch dieses Verständnis von «Überlieferung» bzw. «Vermittlung» bleibt – ganz und gar katholisch – rein äußerlich. Wie anders da vor bereits über 160 Jahren SÖREN KIERKEGAARD: *Unwissenschaftliche Nachschrift*, 489: «Der Gegenstand des Glaubens ist keine Lehre, denn dann wäre das Verhältnis intellektuell, und es käme dann darauf an, nicht zu pfuschen, sondern das Maximum des intellektuellen Verhältnisses zu erreichen. Der Gegenstand des Glaubens ist kein Lehrer, der eine Lehre hat, denn wenn ein Lehrer eine Lehre hat, ist eo ipso die Lehre wichtiger als der Lehrer und das Verhältnis intellektuell... Aber der Gegenstand des Glaubens ist die Wirklichkeit des Lehrers, daß der Lehrer wirklich da ist.» S. 490: «Glaube ist also keine Sextanerangelegenheit in der Sphäre der Intellektualität, kein Asyl für schwache Köpfe ... und jedes Mißverständnis des Christentums (ist) sofort daran kenntlich, daß es das Christentum in eine Lehre verwandelt.»

17 SÖREN KIERKEGAARD: *Philosophische Brosamen*, Kap. 5: Der Schüler zweiter Hand: «Es gibt keinen Schüler zweiter Hand. Wesentlich gesehen sind der erste und der letzte gleich, nur daß die spätere Generation in dem Bericht des Gleichzeitigen die Veranlassung hat, während die gleichzeitige sie in seiner unmittelbaren Gleichzeitigkeit hat und insofern keiner Generation etwas schuldet.» (S. 123)

Die «Unterweisung», die «Katechese», die *Lukas* bei seinem Leser «Theophilus» exemplarisch voraussetzt, kann eben deswegen so lange nicht an ihr Ziel gelangen, als sie nur in einem lehrhaften Zur-Kenntnis-Geben und -Nehmen besteht. Man kann, wie in dem verordneten Religionsunterricht unserer Tage, alles mögliche über den Mann aus Nazaret gehört haben, ohne doch je jene «Zuverlässigkeit der Worte»[18] erkannt zu haben, die *Lukas* mit seinem «Evangelium» bezeugen möchte. «Zuverlässig», um darauf ein ganzes Leben neu zu begründen, kann nicht die Korrektheit in der Information historischer Fakten sein; «zuverlässig» in der Existenz ist einzig ein Vertrauen, das sich auf die Person richtet, von der hier die Rede geht: Wie er lebte, *ist* es das Leben; wie er starb, löscht es die Todesmacht aus; wie er wirkte, macht es das Herz weit und die Augen hell vor Glück und vor Güte.

Alles an dieser «Zuverlässigkeit» ist deshalb eingesenkt in das persönliche Leben. Jenen «Theophilus», dem das *Lukas*-Evangelium nach Art antiker Literaturwerke gewidmet ist[19], hat es wohl als eine historische Person wirklich gegeben[20], doch darauf kommt es in unserem Zusammenhang nicht wesentlich an. Das «Liebesgedicht» Gottes, das *Lukas* zu schreiben sich anschickt, ist nicht gebunden an eine uns nicht weiter bekannte Person

18 Vgl. auch dazu noch einmal SÖREN KIERKEGAARD: A. a. .O., S. 122: «Wäre das Faktum, von dem wir reden, ein simples geschichtliches Faktum, so wäre die Genauigkeit des Geschichtsschreibers von großer Wichtigkeit. Hier ist das nicht der Fall; denn aus dem allerfeinsten Detail kann man dennoch nicht den Glauben herausdestillieren.»

19 HEINZ SCHÜRMANN: *Traditionsgeschichtliche Untersuchungen zu den synoptischen Evangelien*, 251–271: Evangelienschrift und kirchliche Unterweisung, hält (S. 251) den «Mann», dem das Evangelium dediziert ist, «damaliger Sitte entsprechend», für den Verleger. Vgl. auch JOSEF ERNST: *Lukas*, 16.

20 EDUARD SCHWEIZER: *Das Evangelium nach Lukas*, 9, meint: «Die Bezeichnung ‹verehrter› ist üblich; daraus sind keine Schlüsse zu ziehen, etwa auf einen hohen römischen Beamten (dieselbe Anrede Apg 23,26; 24,3; 26,25) oder auf seinen Eintritt in die christliche Bruderschaft zwischen der Niederschrift von Lk 1,3 und Apg 1,1 (wo das Beiwort fehlt). Den griechischen Namen Theophilus = ‹Gottgeliebter› kann auch ein Jude tragen. Er ist im Evangelium ‹unterrichtet› oder doch mindestens darüber ‹informiert›. Man wird also an einen Glaubensgenossen denken, obgleich die höfliche Anrede dort wohl ungewohnt ist, aber auf den üblichen Stil eines Vorwortes zurückgehen mag.» ROBERT MORGENTHALER: *Lukas und Quintilian*, 395, meint, es sei auf Grund der Etymologie des Namens Theophilos (= Gottesfreund, «Amadeus») und angesichts der hohen Bedeutung von Namensspielen in der Rhetorik damit zu rechnen, «daß Lukas hier einen bedeutungsvollen Namen fingiert.» GÜNTHER WASSERBERG: *Aus Israels Mitte – Heil für die Welt*, 63, stimmt dem indirekt zu: «Hinter Theophilus kann, aber muß nicht zwingend eine historische Persönlichkeit stehen.» Demgegenüber verficht FRANÇOIS BOVON: *Das Evangelium nach Lukas*, I 39, die These: «Theophilus ... ist ... eine historische Persönlichkeit».

der Antike; die Widmung des *Lukas* ergeht am Beispiel dieses einen vielmehr an alle Leser zu allen Zeiten: «Nimm jedes Wort, das Dir im folgenden begegnet», besagt diese Dedikation, «als ganz und gar persönlich an Dich adressiert. Lies es als etwas, das Gott unmittelbar Dir zu sagen hat. Was Dich nicht selber im Herzen berührt, verstehst Du noch nicht als ‹Wort Gottes›; geh weiter, bis Du etwas vernimmst, das imstande ist, Dich von innen her zu verwandeln. Ein solches Wort wird Dich trösten in Traurigkeit, aufrichten in Niedergeschlagenheit, besänftigen in Zornmut und Wut, ernst nehmen in den Gefühlen der Isolation und der Wertlosigkeit, begleiten in den Stunden der Einsamkeit und nach Dir auf der Suche sein in Schuld und Verlorenheit. Wann immer Du liest, vernimm etwas von dem Segen, mit dem Gott all Seine Geschöpfe umfängt. Denn nur zu Dir als Person redet der Gott, der selber Person ist.»[21]

[21] Gerade das meinte SÖREN KIERKEGAARD: *Philosophische Brosamen*, Kap. 5, § 2: Die Frage nach dem Schüler zweiter Hand, 117–129, S. 120: «... dann wird man auch verstehen, daß von einem Schüler zweiter Hand keine Rede ist und sein kann; denn der Glaubende (und nur er ist ja der Schüler) hat immerzu die *Autopsie* des Glaubens, und sieht nicht mit den Augen anderer und sieht nur dasselbe, was jeder Glaubende sieht – mit den Augen des Glaubens.»

Vorgeschichte (Lk 1,5–2,52)

Lk 1,5–25: Ankündigung der Geburt Johannes' des Täufers oder: Das Erbe der Propheten

[5] Es geschah in den Tagen des Herodes, Königs von Judäa: ein Priester mit Namen Zacharias (tat Dienst) in der Wochenschicht Abijas (1 Chr 24,10); zur Frau hatte er eine von den Töchtern Aarons; deren Name war Elisabet. [6] Recht lebend waren beide im Angesicht Gottes, in ihrem Lebensweg entsprechend allen Geboten und Rechtsamen des Herrn untadelig. [7] Doch sie hatten kein Kind, denn es war Elisabet unfruchtbar, und zudem waren beide vorgerückt in ihren Tagen. [8] Es geschah aber: indem er als Priester Dienst tat in der Reihe seiner Wochenschicht vor Gott, [9] zog er nach dem Brauch der Priesterschaft das Los, zu räuchern (Ex 30,7) und sich dazu in den Tempel des Herrn hineinzubegeben; [10] die ganze Menge des Volkes war im Gebet, draußen, zur Stunde des Räucherns. [11] Da ließ sich ihm sehen ein Engel des Herrn, stehend zur Rechten des Opferaltars des Räucherwerks. [12] Erschüttert ward Zacharias, wie er ihn sah, und Furcht fiel auf ihn. [13] Gesagt aber hat zu ihm der Engel: *Fürchte dich nicht* (Jes 41,10.14), Zacharias, denn *erhört worden ist dein Flehen* (Dan 10,12): Deine Frau Elisabet wird gebären, einen Sohn, dir! Und du wirst seinen Namen Johannes rufen. [14] Und sein wird dir Freude und Jubel, und viele ob seiner Geburt werden sich freuen. [15] Groß nämlich sein wird er im Angesicht Gottes. Wein und Rauschmittel trinke er nicht (Ri 13,4–5), vielmehr Heiligen Geistes erfüllt wird er sein bereits vom Leib seiner Mutter an, [16] und viele der Söhne Israels wird er zur Umkehr führen zum Herrn, ihrem Gott, [17] ja, er selbst wird vorhergehen in seinem Angesicht, in Geist und Kraft des Elija zur Umkehr zu führen die Herzen der Väter zu den Kindern (Mal 3,1.23.24) und Unüberzeugte in der Gesinnung der recht (vor Gott) Lebenden, zu bereiten dem Herrn ein gefüges Volk. [18] Und es sprach Zacharias zum Engel: *Woran soll ich das erkennen* (Gen 15,8)? Ich – alt bin ich doch, und auch meine Frau ist vorgerückt in ihren Tagen (Gen 18,11). [19] Doch geantwortet hat da der Engel, er hat ihm gesagt: Ich – ich bin Gabriel, der (sonst) steht im Angesicht Gottes (Dan 8,16); ich wurde gesandt zu sprechen zu dir und als Heilsbotschaft dir das zu verkünden. [20] Du wirst stumm sein und wirst nicht zu reden vermögen bis zu dem Tag, da dies geschieht, dafür daß du nicht vertrauen mochtest meinen Worten, die sich erfüllen werden zu ihrer Zeit.

[21] Das Volk aber war dabei, auf Zacharias zu warten, und so wunderten sie sich über sein Verweilen im Tempel; [22] als er aber herauskam, ver-

mochte er nicht, zu ihnen zu reden. Da erkannten sie, daß er ein Gesicht gesehen hatte im Tempel; er selbst konnte ihnen nur zunicken, er blieb stimmlos. 23 Und es geschah: als erfüllt waren die Tage seines Kultdienstes, ging er nach Hause. 24 Nach diesen Tagen aber empfing Elisabet, seine Frau. Doch sie verbarg sich fünf Monate lang, sprechend: 25 So hat mir getan der Herr in den Tagen, da er beabsichtigte, hinwegzunehmen meine Schmach unter den Menschen (Gen 30,23).

Alles beginnt mit einer Legende[1], die ein Ereignis vorbereiten soll, das sich allein als Mythos weitersagen läßt. Johannes der Täufer kommt zur Welt, einzig um eine Botschaft auszurichten, die notwendig das Auftreten und das Wirken Jesu fordert: Wenn es um den Menschen so steht, wie der Täufer es schildert (Lk 3,7–9), dann nutzen alle Anstrengungen um eine moralisch und rechtlich korrekte Lebensweise am Ende gar nichts mehr; dann bedarf es eines Erbarmens und einer Vergebung, die uns allererst helfen, die eigene Menschlichkeit wiederzufinden. Die Bußpredigt des Johannes muß sich deshalb wandeln in einen Auftrag der Heilung des gesamten menschlichen Daseins (Lk 4,16–21). Selbst das Wort von der Umkehr[2] (Lk 3,3) erhält folg-

[1] Zur Charakterisierung und Auslegung von *Legenden* vgl. TE I 393–482; RENÉ LAURENTIN: *Struktur und Theologie der lukanischen Kindheitsgeschichte*, 106–107, spricht in Lk 1-2 zu Recht von einem *Midrasch* und meint: «Was man später ‹typologischen Sinn› nannte ..., hat sich ... ganz von selbst in der Bibel aus der Entwicklung des Midrasch ergeben»; denn: «Tatsächlich kennzeichnet diese literarische Gattung nichts so sehr wie das ‹Aktualisieren› einer biblischen Gegebenheit in einer *neuen* Situation.» HEINZ SCHÜRMANN: *Das Lukasevangelium*, I 22-23, bezeichnet die Geschichte formal als *Haggada*, betont aber genauso die *typologische* Darstellungsweise.

[2] Bei dem Begriff der *Umkehr* (griech.: *metánoia*) bei Lukas geht JENS-W. TAEGER: *Der Mensch und sein Heil*, 130–147, von Apg 11,18 aus und interpretiert deshalb die Umkehr als «Christwerden als ganzes» (S. 131); auch in Apg 17,30 meine «umkehren» «nichts anderes als die Annahme des christlichen Glaubens» – als «glauben» an Christus (S. 132). In gleichem Sinne versteht er auch die Mission des *Täufers*: «Er wird als Vorläufer Jesu ... Erkenntnis des Heils, das in der Sündenvergebung besteht, vermitteln» (Lk 1,77), «und er verkündet» «eine Umkehrtaufe zum Nachlaß der Sünden» (Lk 3,3). «Der Tätigkeit des Täufers kommt vorbereitender, hinweisender Charakter zu. Dabei sind die beiden Aspekte, zum einen die Vergebung als Folge der Metanoia (mit der Betonung der Änderung des Lebenswandels: 3,3.8.10ff.), zum anderen die Sicht des Heils als in der Sündenvergebung bestehend (1,77), Lukas wichtig, weil sie die Verbindung zur christlichen Verkündigung darstellen.» (S. 32) Und weiter: «Diese Sicht der Sünde legt auch die Verbindung mit der Metanoia nahe, die – soweit sie nicht umfassend den ganzen Bekehrungsvorgang bezeichnet – als moralischer Akt zu verstehen ist.» (S. 33) Wenn es so steht, ist nicht zu erkennen, worin das «Vorläufige» der Täuferbotschaft eigentlich liegen soll – außer in einer rein zeitlichen Voranstellung und in dem Hinweis auf eine im Grunde inhaltsgleiche Botschaft. Diese wird zudem so aufgefaßt, daß sie ganz und gar im Moralischen verbleibt: «Das vorgläubige Sein

des Menschen», resümiert TAEGER denn auch, «ist nicht unausweichlich und substantiell durch das Böse, die Sünde oder den Satan bestimmt. Im Inneren des Menschen spielt sich auch kein Kampf ab zwischen zwei widerstreitenden Mächten. Der Mensch ist ein je und je fehlendes Wesen, dessen Sein nicht seinen Werken voraus ist, sondern das durch seine Taten qualifiziert wird.» (S. 83) Deutlich zeigt sich hier, wie wenig in die Tiefe eine Untersuchung dringen kann, die innerhalb der historisch-kritischen Methode verbleibt, indem sie sich auf Wortstatistik und Semantik beschränkt. Was es bedeutet, wenn Jesus in Lk 5,20-24 einen Kranken heilt, indem er ihm die Sünden vergibt, darauf «liegt keinerlei Gewicht.» (S. 32) Was ein «Bekehrungsvorgang» «umfassend», eben nicht «als moralischer Akt», bedeutet, darüber desgleichen kein Nachdenken. – Demgegenüber meint PETER BÖHLEMANN: *Jesus und der Täufer*, 113–114: «Unter Aufnahme und Modifizierung des Bußverständnisses des Täufers entwickelt Lukas eine eigene ‹Theologie der Umkehr›. Dabei zeigen sich sowohl Gemeinsamkeiten als auch eklatante Unterschiede in dem Verständnis von Umkehr bei Jesus und Johannes. – Gemeinsam ist beiden, daß sie Umkehr als einzige Möglichkeit des Zugangs zum Heil betrachten. Wer nicht ‹radikal› umkehrt, ist dem Gericht verfallen. Beide verstehen den Menschen als sündiges Individuum, dessen Abrahamskindschaft keinerlei Heilsrelevanz mehr besitzt. In der Verkündigung des Johannes liegt aber die Betonung auf dem Zorn Gottes, und die Motivation zur Umkehr wird durch die Aussage des Gerichts bewirkt. Während bei Johannes also die Angst der Menschen vor der Vernichtung im Gericht als Motivation zur Umkehr erscheint, ist es in der Verkündigung Jesu die Erfahrung der gnädigen Zuwendung Gottes.» «Umkehr wird insofern radikaler als bei Johannes verstanden, als sie nicht nur die Abkehr von den Sünden bedeutet, sondern die Befreiung des Sünders von der Macht Satans (13,16) und des Todes (15,32) ist, zu der der Mensch bei Lukas aus eigener Kraft nicht mehr in der Lage ist. In der Verkündigung des Evangeliums an die Armen, Gefangenen und Niedergeschlagenen und durch die Person des Verkünders selbst wird Umkehr zur befreienden Heilstat Gottes, die die Tür zu seinem Reich öffnet.» Wenn das zutrifft, zeigt sich in der Verkündigung Jesu eine vom Täufer diametral verschiedene Sicht auf den Menschen. – Ein Stück weit nahe legt das auch PETR POKORNÝ: *Theologie der lukanischen Schriften*, 122–125, wenn er «Sünde als Entfremdung» bezeichnet und hervorhebt: «Da Jesus im Lukasevangelium von der Buße programmatisch gerade nach der Berufung des Zöllners spricht und sagt, er sei nicht gekommen, die Gerechten, sondern die Sünder zur Buße zu rufen (Lk 5,32), können wir die lukanische Auffassung der Umkehr nicht in den Kategorien des hellenistischen Judentums interpretieren ..., als wäre die christliche Verkündigung nach Lukas eine warnende Werbung, welche der Gnade Gottes Bedingungen stellt.» (S. 124) «Eine kleine Beobachtung über die Rolle des mosaischen Gesetzes bei Lukas kann die ... Überlegungen unterstützen: In Act 15,1-35, dem zentralen Abschnitt der Apostelgeschichte, der den Übergang zur Heidenmission sanktioniert, lesen wir dreimal, daß das Gesetz eine Last ist, welche den direkten Zugang zur ‹Gnade Jesu› verhindern kann: In Act 15,10 sagte Petrus, daß das Gesetz ein Joch ... war, in V. 19 sagt Jakobus, daß man den zu Christus bekehrten Heiden durch die Forderungen des Gesetzes nicht Schwierigkeiten machen soll ..., und in V. 28 ist dasselbe in dem Brief der Apostel und der Ältesten als das Auferlegen einer Last ... definiert. Das ist eine für jüdische Ohren unerträgliche Herabsetzung des Gesetzes ... Überzeugend wird dadurch jedoch die lukanische Auffassung der Priorität der Erbarmung Gottes bei der Rettung des Sünders illustriert.» (S. 124–125) – Gleichwohl wird auch so die eigentliche Thematik noch nicht recht sichtbar: Es geht bei der «Priorität der Erbarmung» (gegenüber dem gesetzlichen Denken in Begriffen der «Gerechtigkeit») um die *Voraussetzung* dafür, daß ein Mensch aus der «Entfremdung» allererst wieder zu sich selber zurückgeführt zu werden vermag, – die gesamte Neurosenlehre der Psychoanalyse sollte hier als Interpretationsinstrument genutzt werden, um zu begreifen, welche menschlichen Erfahrungen sich in den legendären und mythischen Bildern der lukanischen Erzählungen verdichten. Erst so wird das eigentlich «Vorläufige» (oder Hinführende) an der Gestalt des Täufers sichtbar: wo dieser *prophetisch* unter der Drohung des göttlichen Gerichtes zur «Umkehr» im Sinne einer moralischen Besserung der Lebensführung aufruft, versteht Jesus sich als «*Hirte*», der Gott dadurch unter den Menschen offenbar macht, daß er dem Verlorenen nachgeht, um es zurückzuholen (Lk 15,1-7). Der eine beschwört «Umkehr» als Bedingung möglicher Vergebung, der andere bietet die Vergebung bedingungslos an, um die «Umkehr» zu ermöglichen. *Deswegen* ist Jesus «mehr» als ein Prophet: – er ist der «Heiland und das Heil». Vgl. PETR POKORNÝ: *Theologie der lukanischen Schriften*, 118–120. Nicht der Inhalt und der Umfang des Gesetzes sind das Belastende; wirklich unerträglich ist ein Leben, das erst durch die Erfüllung gesetzlicher Bestimmungen seine Berechtigung erhalten soll. Erst an dieser Stelle wird der wesentliche Unterschied von Gesetz und Gnade deutlich und damit auch das eigentliche Thema der Auseinandersetzung zwischen Jesus und den «Schriftgelehrten» und «Pharisäern» seiner Zeit und aller Zeit. – Deshalb ist es zwar richtig, trifft aber nicht den Kern, wenn PAUL S. MINEAR: *Funktion der Kindheitsgeschichten im Werke des Lukas*, in: Georg Braumann (Hg.): *Das Lukasevangelium*, 222 -223, feststellt: «Es besteht eine genuine ‹typologische Entsprechung zwischen Täufer und Jesus›, wobei Johannes zweifellos die Rolle des Elia einnimmt ... Beider Werk wird als wesentlich für die Erfüllung der Verheißung betrachtet, als Grund für die Freude über die Erlösung.» Um klarzustellen, was mit «Erlösung» gemeint ist, sollte man genauer sagen: Indem Johannes mit dem Radikalismus seiner moralischen (gesetzlichen) Vorstellungen von «Umkehr» und «Gericht» das äußerste leistet, was im Rahmen der *Ethik* von Menschen zu erwarten ist, drängt alles zu der Frage hin, wie Menschen zu Gott auf eine Weise (zurück)finden, daß ihnen das Vertrauen (der «Glaube») in (an) die vorbehaltlose Güte Gottes allererst die Fähigkeit zum «Guten» zurückgibt. – Diese Feststellung ist um so nötiger, als der *Parallelismus* zwischen der Überlieferung des Täufers und der Überlieferung Jesu unübersehbar ist. RENÉ LAURENTIN: *Struktur und Theologie der lukanischen Kindheitsgeschichte*, 49, ordnet Lk 1-2 «nach der Art eines Diptychon mit Johannes auf der einen und mit Jesus auf der anderen Tafel» einander zu, und zwar unterscheidet er das Diptychon der Verkündigungen (Lk 1,5-56) von dem Diptychon der Geburten (Lk 1,56-2,52), indem er die folgende Aufteilung vornimmt (S. 38–39):

1) *Diptychon der Verkündigungen (Lk 1,5-56)*

I.	II.
Die Ankündigung der Geburt des Johannes (Lk 1,5-25)	*Die Ankündigung der Geburt Jesu* (Lk 1,26-38)
Vorstellung der Eltern	Vorstellung der Eltern
Erscheinung des Engels	Eintritt des Engels
Erschrecken des Zacharias	Erschrecken Marias
Fürchte dich nicht	Fürchte dich nicht
Ankündigung der Geburt	Ankündigung der Geburt
Frage: Woran soll ich dies erkennen können?	Frage: Wie soll das geschehen?
Antwort – Verweis durch den Engel	Antwort – Offenbarung durch den Engel
Zeichen: Du aber sollst stumm sein	Zeichen: Auch Elisabeth, dein Verwandte
Weggehen des Zacharias	Weggehen des Engels

	III. Ergänzende Episode: Heimsuchung (Lk 1,39-56) Schluß: Rückkehr Marias (Lk 1,56)

2) *Diptychon der Geburten (Lk 1,56-2,52)*

IV.	V.
Geburt des Johannes	*Geburt Jesu*
(Lk 1,57-58)	(Lk 2,1-20)
Freude über die Geburt mit einer Art Lobgesang (Lk 1,58)	Freude über die Geburt im Gesang der Engel und der Botschaft der Hirten
	VI.
Beschneidung und Offenbarung des Johannes	*Beschneidung und Offenbarung Jesu*
(Lk 1,57-80)	(Lk 2,21)
Erste Offenbarung des «Propheten»	Erste Offenbarung des «Retters»
Canticum: Gepriesen sei der Herr (Lk 1,68 ff.)	Canticum: Nun entlässest du (Lk 2,29 ff.)
Schluß: Refrain über das Wachsen (Lk 1,80)	Refrain über das Wachsen (Lk 2,40)
	VII.
	Ergänzende Episode: das Wiederfinden (Lk 2,41-52)
	Schluß: Refrain über das Wachsen (Lk 2,52)

Gerade diese Parallelität dient indes wesentlich der Herausarbeitung eines entscheidenden Kontrastes, den RENÉ LAURENTIN (a.a..O., 40–41) so herausarbeitet: «Die Eltern Johannes des Täufers sind ‹gerecht vor Gott und wandeln untadelig in allen Geboten und Satzungen des Herrn›. Maria ist ... die von Gott Begnadete... Auf der einen Seite wird die Beobachtung des Gesetzes betont, auf der anderen Seite die Begnadigung durch Gott... Es fällt auf, daß die Überlegenheit der Ordnung der Gnade die Überlegenheit in der äußeren Ordnung aufhebt: Zacharias ist Priester, er tut hohe Dienste in der heiligen Stadt, Maria ist eine schlichte Frau, sie lebt verborgen in einem kleinen Flecken einer verachteten Provinz. Im Hause des Priesters galt Unfruchtbarkeit als eine ‹Schmach› (Lk 1,25), die Jungfrau hat sie freiwillig auf sich genommen als Folge ihres Entschlusses, ‹keinen Mann zu erkennen›. Johannes wird auf natürliche und irdische Weise empfangen (Lk 1,23-24), Jesus auf übernatürliche und himmlische Weise (Lk 1,35). Dem entspricht, daß die Freude über die Geburt Johannes des Täufers eine menschliche und irdische ist (Lk 1,58), die Freude über die Geburt Christi kommt vom Himmel, sie wird von Engeln den Menschen verkündet (Lk 2,9-10), während sich die ‹Herrlichkeit› Gottes offenbart (Lk 2,9). – Während Zacharias wegen seines Mangels an Glauben getadelt wird, erhält Maria für ihren Glauben ein Lob.» Man kann auch so sagen: in der Sphäre des «Johannes» geht es um das, was Menschen tun können (und sollen) vor Gott, in der Sphäre «Jesu» geht es um das, was Gott tut vor (und an)

lich einen neuen Sinn, kann doch als Zielort der Wandlung nicht länger mehr das Ringen um eine verbesserte Selbstdisziplin entsprechend den herrschenden Tugendregeln in Religion und Gesellschaft gelten; vorausgesetzt wird vielmehr die Erfahrung eines Umfangenseins in allem, die Begründung eines unbedingten Vertrauens in die Berechtigung unseres Daseins, der Beginn des Zusammenwachsens unserer Seele jenseits all ihrer gewalttätigen Verquerungen und neurotischen Zerquälungen.

Immer wieder mutet es erstaunlich an, mit welch einem psychologischen Gespür Legenden imstande sind, in symbolischen Andeutungen Aussagen zu formen, die über historische Tatsachen wenig oder überhaupt nichts kundtun, dafür aber Grundwahrheiten des Lebens vermitteln, fähig, die gesamte menschliche Geschichte zu deuten und auf eine neue Grundlage zu stellen. Jeder, der die Erzählung von der Geburt des Johannes zum ersten Mal liest, wird sich darüber verwundern, wie merkwürdig sie berichtet: Zwei fromme, gottesfürchtige Menschen aus priesterlichem Geschlechte[3] leiden unter dem Makel der Kinderlosigkeit – unfruchtbar ist Elisabet (1,7),

den Menschen. «Gesetz» und «Gnade», «Prophet» und «Erlöser», «Vorläufer» und «Vollender» sind deshalb die am meisten geeigneten Begriffe, um den (antithetischen!) Parallelismus in der lukanischen Kindheitsgeschichte zwischen dem «Täufer» und dem «Christus» wiederzugeben. Das wird auch in den Namen: Johannes = Jahwe hat Erbarmen gehabt, und Jesus = Jahwe ist der Retter, deutlich. In summa: «Johannes dem Täufer kommt nur rein menschliche Größe zu, Jesus dagegen göttliche.» (A. a..O., 43) Von daher genügt es nicht, die Texte «in überbietender Parallelität einander zugeordnet» zu sehen, wie etwa ULRICH BUSSE: *Jesus zwischen arm und reich*, 14, es versucht; nicht «groß» und «größer» sind hier die Kontrastkategorien, sondern «menschlich» und «göttlich» beziehungsweise «ethisch» und «religiös». Das gilt auch und gerade angesichts der Feststellung von CHRISTOPH GREGOR MÜLLER: *Mehr als ein Prophet*, 145, daß *Lukas* «bemüht ist, beide (sc. Johannes und Jesus, d.V.) in einer theozentrischen Perspektive zu sehen und darzustellen.» Denn es geht um den «Gnaden-Charakter» der Reichs-Gottes-Predigt Jesu. Vgl. HEINZ-DIETRICH WENDLAND: *Ethik des Neuen Testamentes*, 6–22; und dahinter steht die Erfahrung Jesu von der unbedingten «Zuwendung Gottes zu uns Menschen», wie RAINER DILLMANN: *Das Eigentliche der Ethik Jesu*, 37, betont.

3 HEINER GANSER-KERPERIN: *Das Zeugnis des Tempels*, 99, meint: «Der Bezug auf Herodes den Großen (Lk 1,5) als ‹König von Judäa› weist nicht nur auf den Begründer der Herodesdynastie hin, sondern auch auf die Errichtung des herodianischen Reiches mit seiner (relativ) judenfreundlichen Politik. Eine besondere Rolle ... spielt dabei der Tempelbau in Jerusalem.» MICHAEL BACHMANN: *Jerusalem und der Tempel*, 138, hebt hervor, «daß durch die Art der Zueinanderordnung von Jerusalem und Tempel auf diesem besonderes Gewicht liegt. Das zeigt sich eindrucksvoll daran, daß die Darstellung dieser Evangelienschrift nicht nur allgemein mit in Jerusalem spielenden Szenen anhebt und endet, sondern speziell mit solchen, die den Tempel zum Schauplatz haben.» Vgl. Lk 1,9 und Lk 24,53. Zudem (S. 156) zeige sich, daß «jedem der zwei Jerusalem-Abschnitte» der Acta (sc. Apg 1,3-8,3 und Apg 21,15-23,32, d.V.) genau eines des dritten Evangeliums (sc. Lk 1,5-2,52 und Lk 19,45-24,53, d.V.) korrespondiert.» Außerdem (S. 176) werde «sechsmal im dritten Evangelium

und sie schämt sich dessen als einer «Schmach unter den Menschen» (1,25); darüber hin sind sie und ihr Gatte Zacharias nun alt geworden, «vorgerückt in ihren Tagen» (1,18). Alles also spricht dagegen, daß sie je mit einem Kinde gesegnet sein werden, – nur ein Wunder kann ihr Leben noch ändern; doch gerade ein solches geschieht: Gabriel, einer der Engel, die vor dem Angesicht Gottes stehen (1,19)[4], fährt vom Himmel hernieder und verkündet (und bewirkt wohl zugleich auch) das freudige Ereignis: «Elisabet wird gebären, einen Sohn, dir!» (1,13) Zacharias aber wird für seine Zweifel an der göttlichen Wundermacht bis zum Tage der Namengebung seines Sohnes (1,64) mit Stummheit geschlagen ...

All diese Motive bilden gemeinsam ein klassisches Schema in Mythen, Sagen und Legenden, um die Geburt eines besonderen – von Gott gesandten – Gottessohnes, Helden oder Heiligen zu schildern, der in den Tagen der Not, wenn es zum äußersten geht, Heil und Rettung den Menschen bringt[5]. Eine «apokalyptische», endzeitliche Stimmung bescheinigen denn

von jüdischen Priestern geredet», im Markus-Evangelium nur zweimal (Mk 1,44; 2,26). – Zur «Wochenschicht des Abia» (Lk 1,5) erläutert Str. B. II 55: «Die gesamte Priesterschaft zerfiel in 24 Klassen oder Abteilungen ..., von denen jede eine Woche lang, und zwar von Sabbat bis Sabbat, den Tempeldienst zu verrichten hatte ... Die Reihenfolge, in der diese Abteilungen einander ablösten, entsprach den Losnummern in 1 Chr 24,7-18. Hiernach war die Klasse Abia ... die achte Wochenabteilung.» – Zur Heirat mit Elisabet, einer «von den Töchtern Aarons» (Lk 1,5) vgl. Str. B. II 69–70: «Ein Priester durfte nur die Tochter eines Priesters oder eines Leviten oder eines Israeliten legitimer Herkunft heiraten; der Stammbaum seiner Verlobten wurde daraufhin streng geprüft ... Als das Normale galt wohl, daß ein Priester die Tochter eines Priesters zum Weibe nahm.» Der Name Elisabet = «Gottschwur» oder, wahrscheinlicher, «Gott ist Vollkommenheit», ist nach Ex 6,23 auch der Name der Gattin Aarons; vgl. JOSEF SCHMID: *Das Evangelium nach Lukas*, 35. KARL LÖNING: *Das Geschichtswerk des Lukas*, I 68, ergänzt: «Die Erwähnung von Tagesdienstgruppen und aaronitischen Familiennamen hat in Neh 12 auch zu tun mit dem Nachweis der Kontinuität in der Amtssukzession der aaronitischen Priester als Bindeglied zwischen dem salomonischen Tempel und dem nachexilischen Zweiten Tempel, der der Schauplatz der ersten Szene der lukanischen Geschichtsdarstellung ist. Abija wird Neh 12,4 als Priesterfamilie der Exilsgeneration genannt. Ihr damaliges Oberhaupt heißt nach 12,17 Sichri.»

4 Zu *Gabriel* vgl. MARGARET BARKER: *Engel*, 90–92: «Gabriel (‹Mann oder Held Gottes›) ist der Fürst der himmlischen Heerscharen und Herr über den sechsten Himmel.» (90) *Das Buch Henoch*, 20,7, in: E. Kautzsch (Hg.): Die Apokryphen und Pseudepigraphen des Alten Testaments, II 250, sagt von Gabriel, er sei der sechste «der heiligen Engel, der über das Paradies, die Schlangen und die Kerube gesetzt ist.» Und Kap. 54,6, a.a..O., S. 266: «Michael, Gabriel, Raphael und Phanuel werden sie (sc. die Scharen des – bösen Geistes – Asasel, d.V.) an jenem großen Tage (sc. dem Gerichtstag Gottes, d.V.) packen und an jenem Tag in den brennenden Feuerofen werfen, damit der Herr der Geister Rache nehme für ihre Ungerechtigkeit, dafür, daß sie dem Satan unterthan wurden und die Erdenbewohner verführten.» Diese Zeit also ist jetzt angebrochen. Vgl. auch HEINER GANSER-KERPERIN: *Das Zeugnis des Tempels*, 106–113. Zu Namen und Funktion des Engels *Gabriel* vgl. auch Str. B. II 89–97.

auch die Bibelausleger der Geschichte des *Lukas*[6], ohne doch über die theologische Diktion hinaus zu verraten, was denn das «Endgültige» nun sei, das hier gewirkt werden soll, – werden *muß*. Ein Stück in die richtige Richtung indessen begibt man sich, wenn man die «Theologie» zunächst einmal beiseite läßt und sie erst wieder ins Spiel bringt, nachdem man psychologisch die Problemlage durchgearbeitet hat, von der hier menschlich die Rede geht. Sie lautet: Kinderlosigkeit.

Was mit einem solchen Schicksal in alten Tagen gefühlsmäßig verbunden war, begreift man nicht leicht in einer Zeit wie der unsrigen, da die soziale Lage so vieler Paare sowie weltweit die Überbevölkerung den Wunsch nach Kindern schon aus Gründen der Verantwortung in engen Grenzen halten. In der Antike hingegen galt speziell eine Frau als gerad so viel wert, wie sie – neben ihres Nutzwerts als Arbeitskraft – an (männlichen!) Kindern zur Welt brachte; insbesondere auf dem Boden der Bibel erlebte sich eine Frau, die «unfruchtbar» blieb, als eine von Gott verfluchte[7]. Und gerade so hat es

[5] Vgl. OTTO RANK: *Der Mythus von der Geburt des Helden*, 79–80; vgl. TE I 393–397; Sd B. II 322–338.

[6] So meint HEINER GANSER-KERPERIN: *Das Zeugnis des Tempels*, 111, «die Funktion des Johannes in der Engelbotschaft» weise «den eschatologischen Charakter» aus. Und S. 112: «Im biblischen Kontext ist Gabriel aus Daniel als ‹Ankündiger und Deuter der letzten Ereignisse› bekannt.» Sehr pointiert hatte bereits HEINZ SCHÜRMANN: *Das Lukasevangelium*, I 26, erklärt: «Es muß deutlich gemacht werden, daß mit den Lk 1 gegebenen Verheißungen ‹apokalyptische›, d. h. endzeitliche und jenseitige Zuständlichkeiten irdische Wirklichkeit werden sollen. Um das zum Ausdruck zu bringen, hatte die Zeit unter anderem das Mittel der Angelophanie. Das Erscheinen des Engels Gabriel insbesondere bekundet sonst nach haggadischer Erzähltradition die heilsgeschichtliche Fürsorge Gottes für sein Volk. Wenn der Erzähler aber hier speziell vom Auftreten dieses Engels weiß, der im AT sonst nur noch in der Apokalypse des Dn (vgl. 8,15-26; 9,21-27 und 10,5-21) als der Ankündiger und Deuter der letzten Ereignisse auftritt..., dann will er damit mehr sagen: Er will die Erfüllung der Verheißung zum Ausdruck bringen, den Anfang des Endes ankündigen.» Wie also interpretiert man das Auftreten des Täufers so, daß es das *Ende* einer bestimmten Einstellung zu Gott und die Vollendung einer darin angelegten, doch nie erfüllten Sehnsucht deutlich macht?

[7] Mit Recht vermerkt HEINZ SCHÜRMANN: *Das Lukasevangelium*, I 27: «Der Erzähler berichtet im Lichte der Sara-Geschichte Gn 17.18, kennt aber auch die Tradition von Samsons Geburt (Ri 13), ist ferner auch beeinflußt von der Samuelgeschichte (1 Sm 1-3). Durch diese Kumulation von Anspielungen zeigt er, wie nunmehr alles Heilshandeln Gottes endzeitlich auf seinen Höhepunkt kommt.» – So kann man sprechen, um rein «theologisch» im Rahmen der historisch-kritischen Exegese die Aussageabsicht des *Lukas* bezgl. des göttlichen «Heilshandelns» wiederzugeben; doch völlig unklar bleibt, warum immer wieder (auch in der Bibel) das Motiv der «Unfruchtbarkeit» in den Mythen, Sagen und Legenden bei der Geburt einer «Rettergestalt» eine so große Rolle spielt und welche *psychologischen* Bedeutungen die entsprechenden archetypischen Bilder besitzen. Erst vor dem Hintergrund des Verstehens menschlicher (seelischer) Not wird man begreifen, von welchen Erfahrungen die «Tradition» des *Lukas* und er selber reden möchten.

sich in vielen Teilen der Erde bis heute erhalten. In seinem Roman *Der weiße Dampfer* zum Beispiel beschreibt der kirgisische Dichter TSCHINGIS AITMATOW (1928–2008), wie der alte Momun mitansehen muß, daß seine Tochter Bekej Tag um Tag von ihrem nicht selten alkoholisierten Ehemann Oroskul verspottet, beleidigt, verprügelt und mißhandelt wird – «als unfruchtbare Hündin, als dreimal verfluchte gelte (sc. nichttragende, d.V.) Eselin», bis daß sie selber «mit wilder, irrer Stimme ihr Schicksal» verflucht: «Bin ich», spricht sie, «etwa schuld, daß Gott mir verwehrt, ein Kind zu empfangen? Wie viele Frauen gebären wie die Schafe, mich aber hat der Himmel verdammt. Wofür? Was nutzt mir ein solches Leben? Erschlag mich lieber, du Scheusal! Na los, schlag zu, tu's doch!» fordert sie ihren Mann auf[8].

Eine Frau, die in der Ehe kinderlos bleibt, versagt nach diesem durch und durch biologischen Denken an der zentralen Aufgabe ihres Lebens: – ihr Dasein verliert jeden Sinn, es gilt für nutzlos und abgetan, so als sei die Person einer Frau (aber auch die eines Mannes) nichts weiter als ein Mittel zum Zweck der möglichst zahlreichen Weitergabe der Gene und als bestehe auch die Religion, der Glaube an Gott, in nichts anderem als in dem «Segen» einer Vielzahl von Nachkommen. Man muß die Bibel schon lesen mit den kritischen Augen des Autors der «Sündenfallerzählung» in Gen 3,1–7, um zu begreifen, welch ein unsägliches Leid einem solchen Denken innewohnt: Als die ersten Menschen, Adam und Eva, von Gott aus dem Paradies der Welt verstoßen worden sind, erzählt der «Jahwist», «erkannte (sc. liebte, d. V.) Adam seine Frau Eva, und sie ward schwanger und gebar den Kain und sprach: Ich habe einen Mann gewonnen mit Hilfe von Jahwe.» (Gen 4,1) Die Stelle ist im Wortlaut unklar, – sie läßt sich auch übersetzen mit den Worten: «als Mann habe ich gewonnen Jahwe». In jedem Fall deutet sich hier an, daß nach dem Verlust der Nähe Gottes den verbannten Menschen jenseits von Eden die Weitergabe des Lebens als der letzte Rest des gerade noch verbliebenen kreatürlichen «Segens» Gottes erscheint[9] – vor allem aus der Sicht der Frau, und versagt sich ihr dies, so lastet es auf ihr wie ein Verhängnis, wie ein Schicksalsfluch. Noch ein langer Weg wird es sein bis hin zu der Haltung Jesu im Neuen Testament, der den Wert des einzelnen Menschen als individueller Person vor Gott als so unveräußerlich setzte, daß er in vollem Widerspruch zu der Anschauung auch und gerade des «biblischen» Denkens einen Lebensentwurf anemp-

[8] TSCHINGIS AITMATOW: *Der weiße Dampfer*, Kap. 3, S. 47.
[9] SdB I 117–119.

fahl, in dem die Unfruchtbarkeit «um des Königtums der Himmel wegen» frei gewählt ward (Mt 19,12).

Bezeichnend freilich in all den Mythen, Sagen und Legenden von der langjährigen Unfruchtbarkeit der Eltern des Erlösers und Heilbringers ist die Selbstverständlichkeit, mit der die «Schuld» an dem ausbleibenden «Kindersegen» der Frau angelastet wird. Das könnte daran liegen, daß der «Mythos von der Geburt des Helden» bereits in Zeiten geformt wurde, als die Frau im Bilde der Großen Göttin noch ganz allein über die Entstehung von Leben entschied und die Zeugungsfähigkeit des Mannes in ihrer biologischen Bedeutung noch nicht erkannt war[10]; in den Vätergeschichten der Bibel indessen wird daraus eine eindeutige Zuweisung von Macht und Ohnmacht: wenn eine Frau nicht gebiert, so ist sie es, die bei der Erfüllung ihrer zentralen Lebensaufgabe versagt; ein Mann wie Abraham (Gen 16,1–4) oder wie Jakob (Gen 30,1–8) braucht nur eine Sklavin anstelle seiner Frau sich zur Bettgefährtin zu wählen, und schon darf er die ersehnten Vaterfreuden genießen. Freilich bedarf es nicht gerade viel an psychoanalytischem Nachdenken, um zumindest in der Geburtslegende des Johannes auf ein ganz anderes Motiv zu stoßen. Was, muß man sich fragen, soll vor allem die merkwürdige Strafe des Verstummens, mit der Gabriel den zweifelnden Zacharias belegt? Psychologisch sinnvoll wird die Heimsuchung mit einem solchen Symptom erst, wenn man die Sorge des Priesters nicht ursprünglich auf das Vermögen Gottes bei der Erfüllung seines Wortes bezieht, sondern annimmt, dem Manne seien Zweifel gekommen an seinem eigenen Vermögen, ein Kind zu zeugen[11], und dies nur allzu verständlicherweise.

[10] Vgl. ERICH NEUMANN: *Die große Mutter*, 70–71: «So wird in der matriarchalen Welt das Weib als Gefäß nicht vom Manne und nicht aus dem Manne gemacht oder für seine Zeugungsversuche verwendet, sondern umgekehrt läßt dieses Gefäß ... das Männliche in sich und aus sich entstehen.» «Das Große Gefäß zeugt in sich seinen eigenen Samen, es ist urzeugerisch, parthenogenetisch und braucht das Männliche nur als Eröffner, als Pflüger und als Verbreiter des Samens, welcher der weiblichen Erde entstammt.»

[11] ERNEST JONES: *Die Empfängnis der Jungfrau Maria durch das Ohr*, in: Zur Psychoanalyse der christlichen Religion, 91, verweist auf die Bedeutung von Dampf und (Weih)Rauch als den sublimierten Symbolen zur Erzeugung von Fruchtbarkeit; vgl. bes. S. 56–63: Schall: «Vom Klang der *Stimme* ist der Übergang zum Begriffe der *Sprache* leicht... In der Mythologie und in Folklore wird sprechen oft als identisch mit lieben oder leben behandelt, ebenso wie die Stummheit Impotenz oder Tod darstellt; ein Beispiel für letztere Symbolik findet sich in der Geschichte des Neuen Testamentes; um nämlich mehr Nachdruck auf die übernatürliche Empfängnis Johannes des Täufers zu legen, heißt es, daß der irdische Vater (Zacharias) von dem Zeitpunkte unmittelbar vor der Empfängnis bis unmittelbar nach der Geburt stumm (= impotent) gewesen sei.» (S. 61)

In der psychoanalytischen Literatur gelten Unsicherheiten bezüglich der Vaterschaft für gewöhnlich als Folgen des «Ödipuskomplexes» aus der Sicht eines Jungen, der sich selbst als den idealen Geliebten seiner Mutter betrachtet und den Vater am liebsten als Konkurrenten ausschalten möchte[12]; näherliegend in unserer Geschichte aber ist es, die skeptische Haltung des Zacharias als Ausdruck tiefer Selbstzweifel an seiner Rolle als Mann zu verstehen. Man braucht sich nur ein wenig in seine Lage hineinzuversetzen: Was bedeutet es, wenn jemand die Kraft seiner Männlichkeit wesentlich in den Dienst der Zeugung von Nachkommen zu stellen hat? Was bedeutet es insbesondere für einen judäischen Priester, wenn er die ganz normalen körperlichen Funktionen – wenn er im Schlaf oder beim Beischlaf einen Samenerguß erlebt (Lev 15,2–7.16–18) oder wenn seine Frau die Tage hat (Lev 15,19–28) – als einen «unreinen Ausfluß» betrachten soll, der erst am achten Tage danach wieder durch das Opfer von zwei Tauben entsühnt werden kann (Lev 15,14–15.29–30)? Unter solchen Voraussetzungen hängt die ganze Selbstachtung eines Mannes davon ab, als Erzeuger eines Kindes, am besten eines Jungen, erfolgreich zu sein, und so wird ein Geschehen, das überhaupt nur in einem Feld von Vertrauen und Freude zustande kommen kann, in einen anstrengenden Beweis von Potenz und Leistungsfähigkeit verformt. Leicht entsteht auf diese Weise ein Teufelskreis aus Impotenz- und Versagensängsten, aus reaktiv überhöhten Selbstansprüchen und um so tieferen Frustrationen. Hinzu kommt der rituellrechtliche Widerspruch einer religiösen «Ordnung», die zwar die Zeugung von Kindern mit allen Zukunftsverheißungen Gottes (den einzigen, die das Alte Testament zuläßt!) umkleidet, die aber gleichzeitig alles auf dem Gebiete der Sexualität, was nicht diesem Zweck dient (einen «vorschnellen» Samenerguß sowie die Menstruationszeit, also die Tage der Unfruchtbarkeit), mit den Tabuvorschriften kultischer «Unreinheit» belastet. Unter solchen Voraussetzungen kann sich gerade das, was man dem Willen nach am meisten vermeiden will, am ehesten als Zwangssymptomatik heraus-

12 ERNEST JONES: *Die Empfängnis der Jungfrau Maria durch das Ohr*, in: Zur Psychoanalyse der christlichen Religion, 127, führte das Motiv der Unfruchtbarkeit des Vaters auf eine ödipale Wunschphantasie des Sohnes zurück. «Es ist ... durchaus angemessen, daß eine so wichtige Episode wie die Geburt des Heros durch eine Symbolik dargestellt wird, die eine vollkommene Ableugnung der väterlichen Potenz darstellt, aber gleichzeitig in den höchsten denkbaren Bildern unter dem Deckmantel des Vaters die Macht des Sohnes verherrlicht.» So kontrastiert die Unfruchtbarkeit des priesterlichen Vaters in der Erzählung deutlich mit der prophetischen Potenz des Sohnes, vermittelt durch den «Engel», der im Grunde den Mann ersetzt, indem er Gott-Vater vertritt ...

bilden: die weibliche Dysmenorrhöe (die in Lev 15,25–28 ebenfalls als «Unreinheit» betrachtet wird) und die männliche Kohabitationsstörung der Ejaculatio praecox. Die «Strafe» des «Verstummens» infolge mangelnden Vertrauens umschreibt denn auch sehr gut die Situation einer so bedingten «Unfruchtbarkeit»[13].

Da steht vor uns ein Mann, der als Priester korrekt und zuverlässig vor Gott seine Pflichten zu erfüllen sucht, der aber selber nicht lebt und sich außerstande zeigt, Leben weiterzugeben. Verstummt ist er wie ein lebendig Toter, – ein Mann, der nichts mehr zu sagen hat und zu sagen weiß, ein abgetaner Mensch, ein im ganzen Gescheiterter.

Aber muß man wirklich bis in solche Themenstellungen sich hineinarbeiten, um einen heiligen Text – eine Legende – von der Geburt eines gottgesandten Propheten zu verstehen? mag man fragen. Man muß, kann die Antwort nur lauten, vorausgesetzt, man begreift, ganz im Sinne SIGMUND FREUDS (1856–1939), Vorgänge der «Sexualität» selbst als einen symbolischen Hinweis auf einen tiefer liegenden seelischen Konflikt. Dann zeigt sich sehr rasch, daß die Geburtserzählung des Johannes in den Schwierigkeiten des Zeugungsvorgangs ein Problem aufgreift und darstellt, das mit dem Auftreten des «Täufers» wesentlich verknüpft ist: Beginnen soll mit ihm eine neue Zeit – so wie mit der Berufung Abrahams, dessen Geschichte deutlich genug in die Legende hineinspielt (vgl. Gen 15,8; 18,11)[14]; auftre-

[13] Die Mechanik des Jus talionis erlaubt es, von der Strafe her auf die Art der «Schuld» zurück zu schließen. Die theologische Bedeutung der Szene umschreibt KARL HEINRICH RENGSTORF: *Das Evangelium des Lukas*, 22: «Einmal wird am Verstummen des Zacharias und an seinem Angewiesensein auf fremde Hilfe erkennbar, wie gewaltig Gott in ein Menschenleben einzugreifen vermag... Zum andern stellt es den Betroffenen erneut vor die Frage, ob er sich in vollem Vertrauen unter Gottes Wollen und Wirken zu beugen bereit ist ... Vielleicht spielt aber noch ein dritter Gedanke herein. «Der Mund des Vaters des verheißenen Kindes wird von Gott selbst verschlossen. Niemand also soll von dem reden, was Gott zu tun gedenkt. Das kann nur heißen, daß die Geburt dieses Kindes selbst ein ‹Zeichen› von Gott sein soll; hier will Gott selbst durch sein Wirken reden.» Man kann auch sagen: das Priestertum verstummt, und daraus erheben wird sich die Stimme der Prophetie, und aus ihr hervorgehen wird der «Geist», der Jesus (den «Retter») erzeugen wird. Vgl. HANS KLEIN: *Lukasstudien*, 88: «Johannes ist als werdender Priester nicht dazu gerufen, durch das priesterliche Opfer Sühne für das Volk und die Einzelnen zu wirken. Vielleicht wird er in der Taufe Sündenvergebung anbieten. Nicht mehr der sühnewirkende Kultus mit seinen Opfern, sondern die Taufe und das gerechte Leben spielen eine Rolle.»

[14] Vgl. HEINZ SCHÜRMANN: *Das Lukasevangelium*, I 25: «Die beiden Verkündigungsperikopen 1,5-25 und 1,26-38 (39-56) erzählen in mancherlei Hinsicht schematisch nach einer Weise, die schon im AT für Geburtsverheißungen (Isaak: Gn 17,15-22; 18,9-15; 21,1-7; Samson: Ri 13,2-25; Samuel: 1 Sm 1,9-20) und göttliche Sendungen (Moses: Ex 3,1-12; Gideon: Ri 6,11-17) vorgeprägt war.»

ten soll er wie ein «Nasiräer»[15], der sich aller verfeinerten Mittel der Kultur wie Wein oder anderer Rauschtränke enthält – wie Samson (vgl. Ri 13,4–5)[16], dieser heldische Schlagetot der Israeliten, der selbst in den Tod ging, als er den Palast der Philister zum Einsturz brachte und dabei 3000 Männer und Frauen erschlug (Ri 16,4–31), ein biblischer Selbstmordattentäter im Kampf gegen das Böse schlechthin. In der Tat wird der Täufer radikal, asketisch, apokalyptisch auftreten – das Erscheinen Gabriels am Ende der Tage (Dan 8,16)[17] wird in seinem Munde zur Ansage eines allumfassenden Gottesgerichtes, dem nur entgehen kann, wer rigoros «Buße» tut. Wie Jeremia, der Priestersohn aus Anatot (Jer 1,1), den Untergang Jerusalems voraussah, so hält Johannes das Ende der ganzen bestehenden «Welt» für gekommen[18]; und die einzige Rettung erblickt er in einer moralischen Erneuerung, in einer Befolgung des mosaischen Gesetzes, so streng, wie es die Sekte der Essener von Qumran sich vorstellte[19], strenger noch als

[15] Vgl. Str. B. II 80–89: Zur Gestalt des *Nasiräers.*

[16] Vgl. ROLAND DE VAUX: *Das Alte Testament und seine Lebensordnungen*, II 319–321: Das Naziräat. «Nach Am 2,11 f. hat Gott in Israel Propheten und Naziräer erweckt, aber das Volk hat den Naziräern Wein zu trinken gegeben und den Propheten zu reden verboten.» (S. 320)

[17] Vgl. Str. B. II 92–93: «Diese Worte (sc. der Rabbinen, d.V.) zeigen, daß man in G. (sc. Gabriel, d.V.) den Repräsentanten der göttl. Strafgerechtigkeit ..., als auch der göttl. Barmherzigkeit gesehen hat: in jeder Hinsicht ist er der Geist des harten Urteils, der zuschließt, ohne daß ein andrer aufschließt, der Vollstrecker der göttlichen Strafgerichte; in letzter Hinsicht der langmütige Engel, der die Sünden Israels verstopft u. Hilfe und Rettung bringt in Gefahr u. Not.»

[18] Vgl. PETER BÖHLEMANN: *Jesus und der Täufer*, 51, verweist auf die Anrede des Johannes als «Lehrer» (Lk 3,12) und meint: «Die Bezeichnung läßt an die messianische Gestalt des ‹Lehrers der Gerechtigkeit› in Qumran denken, denn wie Johannes ruft dieser zur Umkehr von den Sünden auf und lehrt die Umkehrwilligen, was sie auf ihrem Weg zu tun haben (vgl. 1 QH II, 8f u.ö.; CD I, 7-13).» In der *Damaskusschrift* (CD I 11.12) heißt es: «und Er ließ ihnen (den) Lehrer der Gerechtigkeit erstehen, um sie auf dem Weg Seines Herzens zu führen und kundzutun den letzten Geschlechtern, was Er tun wird mit dem letzten Geschlecht, mit der Gemeinde der Treulosen.» 1 QH II 8.9 lautet: «Du stellst meinen Fuß in der Bosheit Gebiet, und ich werde zum Klappnetz den Frevlern, doch zur Heilung allen, die umkehren von Sünde, den Einfältigen zur Klugheit.» Vgl. JOHANN MAIER: *Die Texte vom Toten Meer*, I 47; 75.

[19] PETER BÖHLEMANN: *Jesus und der Täufer*, 52: «Die Beobachtung, daß sich Johannes in Lk 3 an verschiedene Gruppen und an das ganze Volk Israel wendet, zeigt, daß er anders als etwa die Gruppe in Qumran keine Sekte gründete.» Und S. 53: «Immerhin läßt es die theologische Nähe zu Qumran als wahrscheinlich erscheinen, daß Johannes bei dem von ihm angekündigten Gericht zwischen der durch seine Wassertaufe symbolisch antizipierten Reinigung durch den Geist und dem Verbranntwerden durch Feuer unterschied.»

die gesetzestreue Gruppe der Pharisäer[20]. Doch ob er es will oder nicht, provoziert und dokumentiert er damit eine Konsequenz, an welcher das gesamte moralische Denken zerbrechen wird: Es ist nicht möglich, mit einer noch so großen Willensanstrengung diejenigen Probleme des Lebens zu lösen, die sich gerade daraus ergeben, daß das eigene Dasein bis zur Unlebendigkeit zwangsdirigiert, rigide kontrolliert und überdiszipliniert worden ist. Ein Großteil seelischer Probleme und Erkrankungen hat seine Ursache in neurotischen Konflikten, die ihrerseits auf Verdrängungen und Unterdrückungen elementarer Triebbedürfnisse zurückgehen; Triebfixierungen und -verformungen, Affektdurchbrüche und Ersatzbefriedigungen sowie ausgedehnte Dennochdurchsetzungen des Verdrängten auf der Haltungsseite sind die Folgen[21]. Dagegen mit den Mitteln moralischer Selbstzensur anzugehen, wie es Johannes später empfehlen wird, kann die bestehenden Widersprüche gerade in der Weise verstärken, wie es hier bereits in der quälenden Symptomatik seines Vaters Zacharias zum Ausdruck kommt. All die heiligen Verrichtungen im Tempel mag dieser Mann mit noch so großer Akribie vornehmen[22], – die Furcht vor Gott, der Schrecken, der ihn beim Anblick des Engels überkommt[23], wird seine Probleme nicht lösen: mit

[20] Vgl. MARTIN HENGEL: *Judentum und Hellenismus*, 311–313, verweist auf das ontologische Toraverständnis und meint: «bei ihrer absoluten Bedeutung galt sie (sc. die Tora, d.V.) als das ‹Gute› schlechthin.» «Dadurch erhielten ... ihre 613 Einzelgebote und -verbote eine überindividuelle ‹kosmische› Bedeutung... Jedes einzelne Gebot, ja jeder einzelne Konsonant besaßen absolutes Gewicht, jede bewußte oder unbewußte Verletzung eines Gebotes, jede Weglassung eines Buchstabens beim Abschreiben der Tora bedeutete im Grunde einen Eingriff in die göttliche Weltstruktur...» «Daraus ergab sich mit logischer Konsequenz sowohl die kasuistische Sicherung der Gebote durch die mündliche Tora, den Zaum um das Gesetz, wie auch die minutiöse Fixierung des Textbestandes... Zugleich erklärt sich daraus die wachsende geistige Macht der Schriftgelehrten: sie ... hatten als die ‹Weisen› die Schlüssel zum richtigen Verständnis und damit zu den Geheimnissen der jetzigen und der zukünftigen Welt in der Hand.» (Vgl. Lk 11,52!) – Zu der Bewegung der *Essener* vgl. DERS.: A. a. .O., 394–442: Der frühe Essenismus.

[21] Zur Dialektik von Hemmung und Haltung vgl. WERNER SCHWIDDER: *Hemmung, Haltung und Symptom*, in: Fortschritte der Psychoanalyse, I 115–128.

[22] Zu den vom Gesetz vorgeschriebenen priesterlichen Verrichtungen beim Darbringen des Räucherwerks vgl. Str. B. II 71–75.

[23] Vgl. JOSEF ERNST: *Das Evangelium nach Lukas*, 59: «Wenn Gott oder sein Bote dem Menschen begegnen, überfällt diesen Schrecken, er gerät ob des Einbruchs der Wirklichkeit Gottes in Verwirrung... Die apokalyptisch-endzeitliche Bedeutung des Geschehens ergibt sich deutlich aus dem Vergleich mit dem Danielbuch, dessen Motive hier verwendet werden.» Doch was heißt es, Gott zu «sehen», und was bedeutet es, mit einer bestimmten Einstellung zum Leben ans «Ende» zu geraten, und wie hängt das eine mit dem anderen zusammen?

«Züchtigungen» und «Strafen» heilt man nicht die Resultate blanker Angst. «Fürchte dich nicht» (1,13), – das ist denn auch das erste Wort, das der Engel sagen muß, um diesen Priester des Herrn aus seiner Not zu befreien; es ist das Wort, das jeder wahre «Bote» Gottes sagen wird. Notwendig steht er vor der Aufgabe, die Angst vor Gott in ein Vertrauen umzuwandeln, das die Zerrissenheit der menschlichen Seele zu heilen vermag. Ein langer Prozeß der leisen Worte ist das, geprägt von der Kunst, in das Herz eines Menschen zu sprechen, – eine Wegbegleitung in ruhiger Geduld, ein Umfangenwerden, ein Getragensein in den Armen einer wie überirdisch wirkenden Kraft.

Demgemäß gibt der Engel in Auftrag, das Kind, das auf solche Weise zur Welt kommt, «Johannes» zu nennen – Jo-chanan bedeutet hebräisch «Gott (Jahwe) hat sich erbarmt», und das gerade ist die Botschaft, die in dem Sohne des Zacharias (hebr.: Sachar-ja – «Gott hat gedacht») sich verkörpern wird. Es ist dieser «Name», diese Wesenserfahrung, die allein die Not des Vaters zu enden verspricht – und im gleichen die Not des ganzen Volkes, im gleichen die Not aller Menschen. «Gott hat sich erbarmt» – das ist die Mitteilung, die an jeden Einzelnen ergehen müßte, um ihn aus seiner Versagerrolle, aus seiner Niedergedrücktheit, aus seinen larvierten Depressionen herauszuführen; das ist der Name, auf dem Zacharias bestehen wird und der ihm schließlich seine Kompetenz als Vater, seine Sprachfähigkeit, zurückgeben wird (Lk 1,59–64). Wie Paulus später erst einmal blind werden muß, um die Welt im Licht der Gnade Jesu noch einmal ganz neu wahrzunehmen (Apg 9,8.17–18), so ist dieses kostbare Wort vom Erbarmen Gottes offenbar nur zu erkaufen um den Preis einer längeren Zeit des Verstummens. Es gibt keine Gottesbegegnung, die nicht eine Wandlung der gesamten Lebenseinstellung bewirken würde. So viele Gebote enthalten die Gesetze des Moses; so viele Vorschriften enthalten die Ritualgesetze Israels; so viel ist da zu sagen an all den Anweisungen, wie man Gottes Willen «richtig» erfüllt, wie man durch Opfer ihn «richtig» bedient. Doch nun fallen all diese Forderungen nach Vorleistungen als nichtig, als schädlich dahin. Aus noch so vielen Anstrengungen erwächst nicht das einzig Entscheidende: das Gefühl, leben zu dürfen – umsonst gemocht und geliebt zu sein – gratis geherzt und umfangen zu werden – voraussetzungslos, unbedingt. Dieses Entscheidende ist ein reines Geschenk der Gnade.

Insofern ist es, als wenn die Erzählung von der Ankündigung der Geburt des Johannes, die vielleicht einmal einer eigenen Johannes-Tradition zugehörte[24], zumindest in der Komposition des *Lukas* bereits hier schon über sich selber hinausweisen würde: Auftreten soll den Worten des Engels nach das Kind, das so zur Welt kommen wird, «in Geist und Kraft des Elija ..., zu bereiten dem Herrn ein gefüges Volk» (1,17). Nach biblischer Vorstellung sollte Elija wiederkommen am Ende der Tage[25], und die kämpferisch-gewalttätige Art dieses großen Propheten (vgl. 1 Kg 18,40) entspricht denn auch ganz und gar der rigorosen Redeweise, deren am Rand der judäischen Wüste sich Johannes später befleißigen wird. Und doch enthält der Name «Gott (Jahwe) hat sich erbarmt» bereits ein anderes als das «(nur) Jahwe ist mein Gott» des «Eli-ja», und doch vermittelt die «Umkehrtaufe» seiner Predigt auch noch ein anderes als nur das Versinken in den Fluten des Jordans: beides versinnbildet auch ein Wiederauftauchen, eine Wiedergeburt, eine Lebenserneuerung in der Kraft einer «mütterlichen» Bejahung.

Die entscheidende Frage stellt sich daher, wie es von der «Vaterschaft» der männlichen Welt des Zacharias mit all ihren Geboten, Forderungen und Ängsten zu jener anderen «weiblichen» Welt des Vertrauens kommen kann, in der Gott erscheint als der sich Erbarmende; wie es möglich ist, von «Elija» hinüberzufinden zum «Christus» – von Johannes dem Täufer zu Jesus dem Heiler: von der Ohnmacht des Willens zur Allmacht der Gnade,

[24] KARL HEINRICH RENGSTORF: *Das Evangelium nach Lukas*, 17, verweist darauf, daß in Ephesus «in der Mitte der fünfziger Jahre», sich Anhänger des Täufers finden außerhalb der Jesus-Gemeinde (Apg 19,1 ff), und meint: «Das ist nur möglich, wenn mindestens in einem Teil der Anhängerschaft des Johannes dessen Ankündigung eines Stärkeren nach ihm (Mt 3,11 f. Par.) eben noch nicht als erfüllt galt. In diesen Kreisen zwischen Synagoge und Kirche, zu denen auch Apollos ursprünglich gehört hat (Apg 18,24 ff.), wartete man also nach wie vor auf den Kommenden.» Zur Gestalt des Täufers vgl. auch FLAVIUS JOSEPHUS: *Jüdische Altertümer*, XVIII 5,2, S. 525–526, der die Ermordung des Täufers für den Untergang des Herodes Antipas verantwortlich macht. Aus Kreisen von Johannes-Jüngern könnte auch die Vorgeschichte der Geburt des Täufers stammen, die Lukas als eine «ältere Überlieferung» übernimmt (*Rengstorf*: A. a. O., 18). Dafür könnte sprechen, daß der ganze Abschnitt «in der Sprache und in der Kenntnis der Verhältnisse in Tempel und Priesterschaft palästinensische Herkunft verrät. Eigenartig in ihm ist weiter, daß der Messias mit keinem Wort erwähnt wird... Das spricht dafür, daß wir hier eine Quelle reden hören, an der tiefere Eingriffe von den Evangelisten nicht vorgenommen sind.» (A. a. .O., 22–23) – Daß Johannes der Täufer auch bei den *Mandäern* «nicht als Erlöser betrachtet worden ist, sondern als der große Prophet und Moralprediger, der im Namen eines Höheren auftritt», hat v. SCHOU-PEDERSEN: *Überlieferungen über Johannes den Täufer*, in: Geo Widengren (Hg.): Der Mandäismus, 219, dargetan.

[25] Vgl. JOSEF ERNST: *Das Evangelium nach Lukas*, 61: «Lukas vermeidet zwar eine direkte Gleichsetzung mit dem in den jüdischen Hoffnungen überaus lebendigen Vorläufer und Wegbereiter Gottes (vgl. Mk 9,11-13; Mt 11,14; die Stelle fehlt bezeichnenderweise bei Lk!), aber er überträgt doch dessen Funktionen auf Johannes, wenn er ihm ‹Geist und Kraft des Elija› zuspricht. Die bei Lk geläufige Formel (1,35; 4,14; Apg 1,8) will kaum nach ihrem aktuellen Sinngehalt befragt werden, insbesondere verbietet es sich, an wunderbare Kräfte zu denken, welche spätere Täuferkreise dem Johannes zugesprochen haben.»

vom Scheitern des «Ich will» und «Ich kann» zu dem gelingenden Glück eines sanfteren «Ich möchte» und «Ich darf», von dem starren Reglement strafender «Gerechtigkeit» zu einer Genesung des gesamten Wesens in einer von Grund auf gewährenden Güte. Aufgeworfen worden sein soll diese Frage zum ersten Mal «in den Tagen des Herodes, Königs von Judäa» (1,5)[26], doch beantwortet werden muß sie im Leben eines jeden Menschen.

[26] Vgl. JOSEF ERNST: A. a. .O., 57: «Der Hinweis auf die Tage des Herodes, des Königs von Judäa, steckt den zeitgeschichtlichen Rahmen ab. Eine präzise Datierung kann nicht beabsichtigt sein; die Regierungszeit des Herodes erstreckte sich über die Jahre 37–4 v. Chr. Immerhin gibt der Verfasser doch sein geschichtliches Interesse zu erkennen. Was er zu berichten hat, entspringt nicht der frommen Phantasie, sondern ist historisch verankert. Die heilige Geschichte hat ihren Platz innerhalb der Weltgeschichte.»

Lk 1,26–38: Ankündigung der Geburt Jesu oder: Der Mensch als Gottes Sohn

26 Im sechsten Monat aber ward der Engel Gabriel gesandt von Gott her
in eine Stadt Galiläas namens Nazaret, 27 zu einer Jungfrau, der Ange-
trauten eines Mannes namens Josef (Mt 1,16.18), aus dem Hause David;
der Name der Jungfrau war Maria. 28 Und er trat bei ihr ein und sprach:
Gott grüße dich, du liebe, der Herr ist mit dir. 29 Sie aber ward erschüt-
tert ob dieses Wortes und überlegte, welcher Bewandtnis dieser Gruß sei.
30 Da sagte der Engel ihr: Fürchte dich nicht, Maria; gefunden ja hast du
Huld bei Gott. 31 *Denn du wirst empfangen im Schoß* (Jes 7,14), du wirst
gebären einen Sohn, du wirst seinen Namen rufen: Jesus (Mt 1,21–23).
32 Der wird ein Großer sein, Sohn des Höchsten wird er gerufen sein.
Geben wird ihm der Herr, Gott, *den Thron Davids* (Jes 9,7; 2 Sam 7,12–
16), seines Vaters. 33 *König wird er sein* (Mi 4,7) über dem Haus Jakob
auf Weltzeiten hin; seines Königtums wird kein Ende sein. 34 Gesagt hat
Maria zum Engel: Wie soll das sein, dieweil ich einen Mann nicht er-
kenne? 35 Geantwortet hat der Engel, er hat ihr gesagt: Heiliger Geist
wird kommen auf dich, des Höchsten Kraft wird dich umschatten.
Darum auch wird das so Gezeugte als heilig gerufen werden: Sohn
Gottes. 36 Und da! Elisabet, deine Verwandte, – auch die hat empfangen,
einen Sohn, in ihrem Alter! Und dies ist (bereits) der sechste Monat für
sie, die eine Unfruchtbare gerufen ward. 37 *Denn nichts ist unmöglich von
seiten Gottes* (Gen 18,14), keinerlei Botschaft. 38 Gesagt hat Maria: *Da!
Des Herren Magd* (1 Sam 25,41). Geschehen mag mir nach deiner Bot-
schaft. Und fort ging von ihr der Engel!

Erneut, nach genau einem halben Jahr – entsprechend also dem Zeitpunkt, da der Lauf der Sonne vom Tiefpunkt der Wintersonnenwende hinaufsteigt zum Sommerhöchststand –, tritt Gabriel auf, ganz wie in der Johannes-Legende. Doch lassen wir uns durch diese Parallelisierung nicht täuschen. In der Geburtslegende Jesu geht es nicht mehr um die Ankunft eines (endzeitlichen) Propheten, hier geht es um die Ankunft des endgültigen Heilbringers und Erlösers, des Königs, des Davidssohns, den Jesaja verheißen, des Messias (Christus), des Gottessohns. Nicht geht es deshalb um die Überwindung der Unfruchtbarkeit eines Mannes (bzw. einer Frau) durch ein «Eingreifen» Gottes, – es geht vielmehr um das reine Wunder einer jungfräulichen Geburt. Was uns vorliegt, ist, wenn man so will, eine symbolische Meditation über den göttlichen Ursprung eines wahrhaft «königlichen» Menschen, wie sie über einen Zeitraum von 2000 Jahren zuvor schon in der Königstheologie der Alten Ägypter in großartigen mythischen

Bildern vorbereitet und ausgestaltet worden war. Alles, was sich mit der Gestalt des «Christus» verbindet und durch sie der Menschheit als eine eigene Form des Selbstverständnisses vermittelt werden soll, läßt sich bereits in den Erzählungen an den Ufern des Nils über die Abkunft des «Pharaos» aufzeigen[1]. Selbst die griechische Übersetzung der Bibel, die Septuaginta, die *Lukas* verwendet, dürfte in der Wiedergabe der Weissagung des Jesaja an dieser entscheidenden Stelle «ägyptisch» beeinflußt worden sein[2]: wo der Prophet auf ein «junges Mädchen» hinweist, das einen Sohn gebären soll, mit dem die Dynastie des davidischen Königshauses auf dem Thron Judas ein Ende finden werde[3], spricht die «Übersetzung der Siebzig» (lat.: die Sep-

[1] Zum Mythos der göttlichen Zeugung im Alten Ägypten vgl. HELLMUT BRUNNER: *Die Geburt des Gottkönigs*, Wiesbaden ^{2}1986; JAN ASSMANN: *Die Zeugung des Sohnes*, in: DERS. – W. Burkert – F. Stolz: Funktionen und Leistungen des Mythos, 13–61; EMMA BRUNNER-TRAUT: *Pharao und Jesus als Söhne Gottes*, in: Gelebte Mythen, 34–54; E. DREWERMANN: *Dein Name ist wie der Geschmack des Lebens*, 44–51: Der Mythos von der göttlichen Geburt des Pharao; MANFRED GÖRG: *Mythos, Glaube und Geschichte*, 97–121: «... empfangen durch den Heiligen Geist, geboren von der Jungfrau Maria.» Auch JOACHIM KÜGLER: *Pharao und Christus?*, 131, konstatiert am Ende seiner sorgfältigen Untersuchung bei aller Skepsis und Vorsicht, «daß der historische Befund nicht ausschließt, sondern eher die Annahme nahelegt, daß die kulturellen und religiösen Milieus bei aller Betonung der Differenz voneinander wußten, voneinander lernten und einander beeinflußten.» Natürlich besteht keine «literarische» Abhängigkeit der lukanischen Geburtslegende von den ägyptischen Bildsequenzen und Hymnen von der Geburt des Pharao, doch wäre die gesamte Vorstellung von der Göttlichkeit des Herrschers auf biblischem Boden undenkbar ohne den maßgebenden Einfluß der ägyptischen Königsmythologie; deren Bildern also muß nachträumen, wer die Bilder der Christologie im NT verstehen will. Vgl. auch GERHARD SCHNEIDER: *Jesu geistgewirkte Empfängnis*, in: Lukas, Theologe der Heilsgeschichte, 95, der darauf hinweist, daß die Vorstellung der Geburt großer Männer durch Einwirkung des schöpferischen heiligen Geistes ohne Mitwirkung des Ehemannes im hellenistischen Judentum wohlbekannt war. WALTER RADL: *Der Ursprung Jesu*, 359, verweist darauf, daß PLUTARCH: *Numa*, Kap. 4, in: Lebensbeschreibungen, Bd. 1, S. 145, die Meinung speziell der Ägypter dahin wiedergibt, «daß der Geist Gottes mit einem Weibe Gemeinschaft haben und Lebenskeime in ihr zeugen könne, daß hingegen eine jede körperliche Verbindung Gottes mit einem Manne ganz unmöglich sei.» Insbesondere die LXX, die um 200 v. Chr. in Alexandrien entstand, verstand Jes 7,14 messianisch. «Damit wäre Jes 7,14 LXX ein wichtiger, vielleicht der entscheidende Brückenpfeiler zwischen dem altägyptischen Mythos und der neutestamentlichen Christologie.» (S. 360)

[2] Vgl. M. RÖSEL: *Die Jungfrauengeburt des endzeitlichen Immanuel*, in: Jahrbuch für biblische Theologie, 135–151; vgl. auch SCHALOM BEN-CHORIN: *Mutter Mirjam*, 42–43. FRANÇOIS BOVON: *Das Evangelium nach Lukas*, I 73, hebt hervor, daß das Wort «Jungfrau» voraussetze, «daß Maria in der Zeit der *na^{c}ara* (sc. eines Mädchens zwischen 12 und 12 ½ Jahren, d.V.) steht und mit Josef verlobt ist».

[3] Vgl. MANFRED GÖRG: *Immanuel*, in: M. Görg – B. Lang (Hg.): Neues Bibel-Lexikon, 1992.

tuaginta, LXX)[4] von einer «Jungfrau», von einem Mädchen, das allein von Gott her fruchtbar wird, – wie die Königsgemahlin des Herrschers von Ober- und Unterägypten, wenn sie von Amun-Re den künftigen Pharao empfängt.

Wer immer beschreiben möchte, was ein Mensch wesentlich ist, der darf ihn nicht «definieren» als das bloße Kind seiner Eltern. Wohlgemerkt versuchen es in dieser Weise heute fast alle anthropologisch relevanten Lehrfächer an den Universitäten. Für die Biologen ist ein Mensch wesentlich das Produkt seiner Gene, für die Neurologen das Produkt der plastischen Formung, die auf der Basis genetischer Programmierung und von Einflüssen aus der Umwelt die Entwicklung des Gehirns vorgeburtlich und nachgeburtlich genommen hat, für die Psychoanalytiker ist die Person eines Menschen das Produkt der Verinnerlichungen und Verarbeitungsformen der frühen Kindheitseindrücke unter den biographischen Gegebenheiten seiner Familiensituation, für die Soziologen und Kulturanthropologen ist ein Mensch das Produkt der gesellschaftlichen Standards, die ihm vor allem durch seine Eltern als der für ihn maßgebenden «Kulturagenten» vermittelt wurden ... In all diesen Fällen erscheint der Mensch als ein kausal bedingtes, durch die Umstände festgelegtes Wesen, das man am besten erfaßt, wenn man all die Einzelfaktoren seiner Prägung und Gestaltung miteinander kombiniert. Doch *versteht* man damit einen Menschen? Um die Person eines Menschen kennenzulernen, muß man herausfinden, mit wem er wesentlich spricht, worauf hin er sich wesentlich verhält, was ihm selber wesentlich ist, – dann erst wird man wissen, wer *er selber* wesentlich ist. Um einen Menschen als Person zu verstehen, muß man ihm zuhören im Gespräch mit Gott[5]. Nur von seiner himmlischen Berufung her begreift man das irdische Dasein eines Menschen[6]. In gewisser Weise sprach diese Mei-

4 Vgl. OTTO KAISER: *Der Prophet Jesaja*. Kap. 1-12, 79–84.

5 Vgl. SÖREN KIERKEGAARD: *Die Krankheit zum Tode*, 2. Abschn., 1. Kap., S. 78: «Glauben ist: daß das Selbst, indem es es selbst ist und es selbst sein will, durchsichtig in Gott gründet.»

6 Im Alten Ägypten geht es um den «Anteil» an der «kosmischen Zeit», den «der einzelne Mensch» – im Gegensatz zum König – (erst) «nach dem Tode» gewinnt. Der Pharao war in gewissem Sinne die irdische Verkörperung dessen, was nach dem Tode – wesenhaft – für einen jeden Menschen Gültigkeit erlangen wird: «Nach dem Tode wird der Mensch durch die Riten der Einbalsamierung und Mumifizierung zu einem Osiris, dessen Namen er als Toter wie einen Titel führt ... Als solcher geht er in die djet-Zeit ein. Er legt sich ein steinernes Grab an, worin er seine Biographie aufzeichnet, die Geschichte seines Gewordenseins zu dem, was als Resultat nun fortdauern soll. Entscheidend für diese Fortdauer ist aber nicht die Summe, die er selber zieht, sondern die im Totengericht gezogen wird ... Nur das im Totengericht anerkannte Resultat einer im Tun des Rechten ausgereiften Persön-

nung sich insbesondere in den Bildern aus, die den Erzählungen von der Geburt eines Pharaos zugrunde liegen[7]. (Vgl. Abb. 1, S. 76; S. 903–904) Die (recht komplizierte) Geschichte erzählt sich (vereinfacht) folgendermaßen:

Der Wind- und Geistgott Amun beauftragt den ibisköpfigen Thot, den Gott der Weisheit und der Schreibekunst, eine Frau als die zukünftige Mutter des Thronfolgers auszuerwählen. Thot meldet zurück, die Frau, die er erwählt habe, sei schöner als alle Frauen im Lande, ihr Gemahl aber sei noch nicht mannbar, sie selbst also jungfräulich. Dann führt der Botengott Thot den Gott Amun selbst zu der Erwählten, – ein Vorgang, der geschildert wird in hymnischen Worten:

Es kam dieser herrliche Gott,
Amon, Herr der Throne und Länder,
nachdem er die Gestalt ihres Gatten annahm.
Sie fanden sie in der Schönheit ihres Palastes ruhn.

Sie erwachte vom Duft des Gottes
und lachte vor seiner Majestät.
Er ging sofort zu ihr und entbrannte für sie.
Er verlor an sie sein Herz.

lichkeit lebt in dem durch Mumie und Steingrab bereitgestellten resultativen Aspekt der Zeit weiter. Dem steht … der virtuelle Aspekt gegenüber, in Gestalt eines vitalen Prinzips, das den Körper bewegt und beseelt. Der Ägypter nennt dieses Prinzip ‹Ba› und versteht darunter die Fähigkeit, sich in beliebigen Gestalten zu verkörpern, also Virtualität und Potentialität im reinsten Sinne des Wortes. Im Leben ist dieser Ba in den Körper eingebunden, im Tode aber wird er frei zu beliebiger Gestaltung, während der Körper als Mumie fortdauert.» JAN ASSMANN: *Stein und Zeit*, 51. Diese Vorstellung hat – über PLATON – die christlich-abendländische Vorstellung von der «Unsterblichkeit» der Seele zutiefst geprägt sowie auch den Grundgedanken, im Tode mit Christus zu verschmelzen – mit ihm «aufzuerstehen».

[7] Reliefzyklus in der Geburtshalle im Totentempel der Königin Hatschepsut in Deir-el-Bahari, 15. Jh. v. Chr. Vgl. die Abbildungen bei EMMA BRUNNER-TRAUT: *Pharao und Jesus als Söhne Gottes*, in: Gelebte Mythen, 34–54. Vgl. bes. auch HUGO GRESSMANN: *Das Weihnachtsevangelium auf Ursprung und Geschichte untersucht*, 33–34: «Ägypten … ist das klassische Land der Königsvergötterung, die von dort aus das ganze römische Reich erobert hat. In Ägypten ist ferner seit alten Zeiten der Sonnengott auch als Kind verehrt und abgebildet worden. Und gerade in der hellenistischen Periode ist der Säugling Har-pe-chrot, Horus das Kind, von den Griechen Harpokrates genannt…, der erkorene Liebling des Volkes geworden. Ebenso großer Beliebtheit erfreute sich seine Mutter Isis, die gern mit ihrem Säugling verbunden wird, zuweilen in einer Haltung, die auffällig an unsere Madonnen erinnert. … Es ist kein Zufall, daß die Christuslegende und unabhängig davon die Darstellung der Madonna gerade auf ägyptische Vorbilder zurückgehen.»

Sie konnte ihn schauen
in der Gestalt eines Gottes,
nachdem er ihr nahegekommen war.
Sie jauchzte, seine Schönheit zu sehen.

Seine Liebe drang in ihre Glieder.
Der Palast war überflutet
vom Geruch des Gottes.
Alle seine Düfte waren (Düfte) von Punt (sc. dem Weihrauchland, d. V.).

Die Majestät dieses Gottes
tat an ihr alles, was er wünschte.
Sie erfreute ihn mit sich
und küßte ihn.[8]

Nachdem die königliche Gemahlin die Majestät des herrlichen Gottes Amun dankbar und freudig gebührend gerühmt und nachdem der Gott sie seines täglichen Schutzes versichert hat, erteilt Amun nunmehr dem widderköpfigen Schöpfergott Chnum den Auftrag, das verheißene Kind aus Lehm auf der Töpferscheibe zu bilden und ihm einen ebenbildlichen Leib zu schaffen. So geschieht es denn auch, so daß die froschköpfige Heket ihm das Leben darzureichen vermag. Chnum begleitet sein Werk mit den Worten: «Ich bilde dich mit diesem Gottesleib ... Ich bin zu dir gekommen, um dich vollkommener zu formen als alle Götter (Könige) ... Ich mache, daß du an der Spitze aller Lebenden stehst, wenn du erschienen bist als König von Ober- und Unterägypten, so wie es dein Vater, Amun-Re, der dich liebt, befohlen hat.»[9] Daraufhin wird der Botengott Thot, der «Engel» der Bibel, von Amun entsandt, «um der königlichen Mutter ... die Würden und Titel, die der Himmel für sie festgesetzt hat», zu verkünden: «Er heißt sie die Tochter des Erdgottes (sc. Geb, d. V.), Erbin des Osiris (sc. des Gottes des Tods und der Auferstehung, d. V.), Fürstin von Ägypten.»[10] Chnum und Heket geleiten alsdann die schwangere Königin zu der Geburtsstätte, an welcher die Niederkunft erfolgt.

Zweierlei erfahren wir aus Texten und Bildern wie diesen von dem Wesen eines Pharaos und – idealtypisch – damit über das Wesen eines jeden

[8] SIEGFRIED SCHOTT (Übers.): *Altägyptische Liebeslieder*, 89–90.
[9] EMMA BRUNNER-TRAUT: *Altägyptische Märchen*, 82.
[10] A. a. .O.,

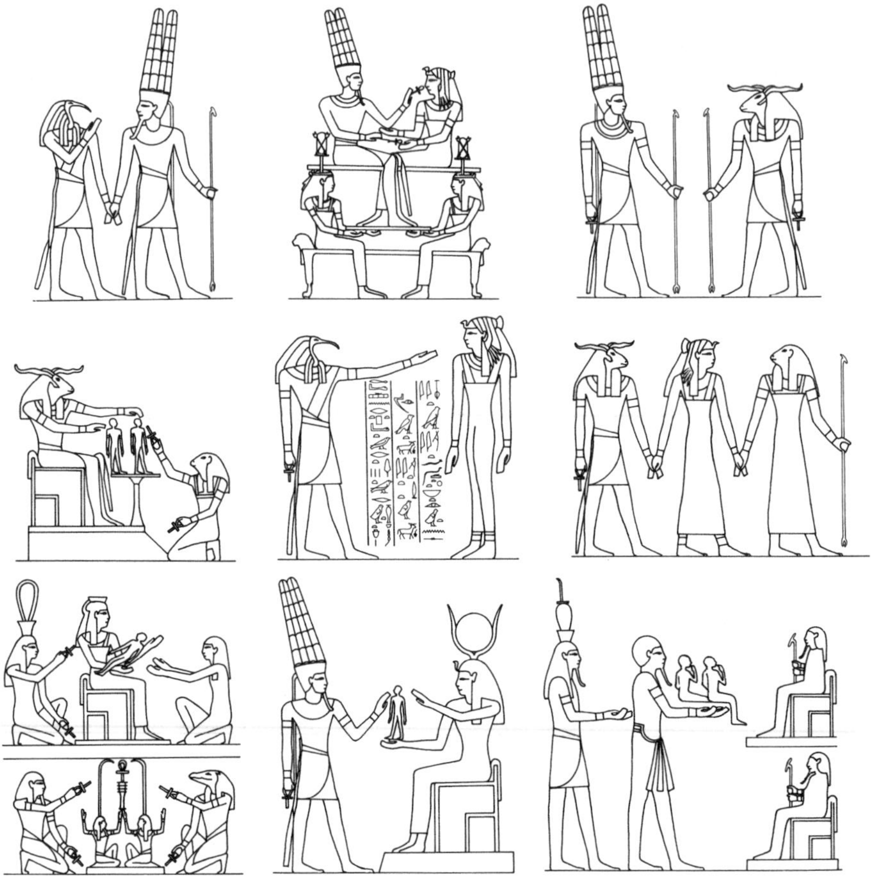

Abb. 1: *Die Geburt des Pharaos* (vgl. S. 903-904)

Menschen, der sich zu diesem Vorbild des Menschseins, das erkennbar auch die lukanische Verkündungsszene nachhaltig geprägt hat, bekennt: Ein Mensch ist zu betrachten gleich einem himmlischen Kunstwerk, dessen irdische Kopie gewissermaßen als eine bloße Leihgabe auf Zeit dem Dasein hienieden zur Verfügung gestellt wird. Einen jeden Menschen zu betrachten wie ein «Königskind» wird denn auch ein Hauptanliegen Jesu sein, dessen Herkunft als «Licht vom Lichte» (mit den Worten des nicaenischen Glaubensbekenntnisses)[11] in der Geschichte von der Ankündigung seiner Geburt berichtet wird. Die ganze Kunst einer gelebten Menschlichkeit wird darin liegen, in dem vermeintlich Niedrigsten neben uns noch die Würde seiner königlichen Abkunft wahrzunehmen und in dem mitunter so offensichtlich Verformten die verborgene Schönheit seines Wesens zu erahnen und nach Möglichkeit aus all ihren Entstellungen wieder herzustellen. – Und ein zweites, das damit schon gegeben ist: Um das wahre (königliche, göttliche) Wesen eines Menschen wieder zum Vorschein zu bringen, muß man es herauslieben aus seinen angstbedingten Verhüllungen und Maskeraden, bis daß alles in der Seele des anderen in Vertrauen widerhallt und mit eigener Liebe antwortet. In einem thebanischen Grab findet sich, um ein Beispiel altägyptischer Poesie dafür zu geben, der folgende Liebesgesang auf den Windgott Amun, wie ihn herbeisehnt nicht nur die Königinmutter des Pharaos, sondern nicht minder ein jeder, der bedürftig göttlichen Beistandes ist:

Ich wünsche dich zu sehen, Herr der Perseabäume,
wenn deine Kehle den Nordwind bringt.
Du gibst Sättigung, ohne daß man ißt.
Du gibst Trunkenheit, ohne daß man trinkt.

Mein Herz möchte auf dich sehen.
Mein Herz ist froh, Amon, du Schützer der Waisen.
Du bist der Vater der Mutterlosen.
Du bist der Gatte der Witwe.

[11] Vgl. DENZINGER-SCHÖNMETZER: *Enchiridion Symbolorum*, Nr. 125, S. 52: phōs ek phōtós. Richtig vermerkt MANFRED GÖRG: *Mythos, Glaube und Geschichte*, 95: «Die Patriarchen von Alexandrien, Athanasius und Kyrillos konnten als Sachwalter ägyptischer Tradition auf einschlägige Modelle zurückgreifen ... Die Mönche wußten, in welchen Bildhorizonten das einfache Volk denken konnte.»

Lieblich ist es, deinen Namen zu nennen.
Es ist wie der Geschmack des Lebens.
Es ist wie der Geschmack von Brot für ein Kind,
wie ein Tuch für einen Nackten.

Du bist wie der Duft eines Baumgartens
zur Zeit der Hitze.
Du bist wie eine Blume ...

Du bist wie der Geschmack des Eides auf den Herrscher,
die Luft für einen, der im Gefängnis ist.

Gib Freude in das Herz der Menschen.
Wie freut sich das Gesicht, das dich sieht.
Amon, es ist täglich ein Fest.[12]

Kann man schöner ausdrücken, was auch in den Psalmengebeten und Prophetentexten immer wieder anklingt: daß Gott die Waisen und Witwen beschützt und die Nackten bekleidet? (Vgl. Ps 10,14; 68,6; Hos 14,3; Jer 49,11 u. ö.) Kann man schöner die Wahrheit ausdrücken, die jede Religion in ihrer Tiefe durchzieht: daß wir «Gottes Geschlecht» sind und in Gott «leben und uns bewegen» wie in der Luft, die wir atmen? (Vgl. Apg 17,28–29.) Und daß wir «Kinder des Lichtes» (Eph 5,8; vgl. Mt 5,14; Joh 12,36; 1 Thess 5,5) sind, die nur in der Heimat des Lichtes wirklich zu Hause zu sein vermögen? Um einen «königlichen» Menschen zu verstehen, muß man ihn betrachten als eine Verschmelzung von Himmel und Erde, geboren aus einer Hochzeit des Lichts, einer Verschmelzung von Wind und Sonne (Amun-Re), von Geist und Schönheit.

Diesem Gedanken nun dient das Mythem von der «jungfräulichen Geburt», das vor allem in seiner buddhistischen Variante der christlichen Überlieferung nahesteht. (Vgl. Abb. 2, S. 79; S. 904) Alle möglichen mondmythologischen[13],

[12] SIEGFRIED SCHOTT (Übers.): *Altägyptische Liebeslieder*, Nr. 58, S. 117.

[13] So etwa hat *Asklepios* in Aigla-Koronis eine hell-dunkle Mutter, mit welcher der Lichtgott Apoll sich verpaart. Vgl. KARL KERÉNYI: *Der göttliche Arzt*, 31. – Pallas Athene wurde «mit dem Neumond geboren» und wohl auch Hera; in der Zeit des neuen Mondes fand auch das Reinigungs- und Brautbad statt, «in dem die Göttin ... ihre Jungfräulichkeit wiedererhielt». KARL KERÉNYI: *Zeus und Hera*, 102.

Abb. 2: oben: *Die Geburt des Buddha,* unten: *Mahamayas Traum* (vgl. S. 904)

machtpolitischen[14] oder «ödipalen» Gründe[15] dürften an seiner Entstehung beteiligt gewesen sein; doch was *Lukas* mit der Übernahme uralter Pharaonenmythologie in die Vorgeschichte des «Christus» gelingt, hat nichts zu tun mit einer biologistischen «Metaphysik» über die historische Wunderbarkeit der Erzeugung Jesu und die «zwei Naturen», die in ihm, dem Gottmenschen, zu einer unbegreifbaren Wesenseinheit geführt hätten, wie das Dogma bis heute zu glauben vorschreibt[16]; worauf *Lukas* das Augenmerk richtet, ist eine Deutung der Person Jesu, vorgenommen in den überkommenen dichterischen Chiffren der Hofrituale des Alten Orients.

«Wenn Du Jesus als den ‹Christus› verstehen willst», besagt diese Folge von Bildern, «so mußt Du ihn sehen als jemanden, der sich nicht ableiten läßt aus dem Gang der menschlichen Geschichte. Er kam wie von einem fremden Stern in diese Welt. Er wählte zum Ausgangspunkt seines Fühlens, Denkens und Handelns nicht, wie sie alle sonst, die Überlebensinteressen im Kampf ums Dasein mit dem ständigen Ringen um Größe und Macht, um Stärke und Sicherheit, um Reichtum und Wohlstand; er ging aus von Gott als seinem wirklichen ‹Vater›, und er stellte die Frage, wie das gedemütigte Antlitz des Schöpfers auf den Gesichtern der Menschen wiedergefunden werden könnte. Auf Angst antwortete er nicht mit Angstverbreitung, sondern mit der Verbreitung eines Klimas der Unbedrohtheit; auf Aggression antwortete er nicht mit Zwangsmaßnahmen von Unterdrückung und Gegengewalt, sondern mit einem ruhigen Erforschen der Gründe von Auflehnung und Widersetzlichkeit; auf die Gottesfurcht der Priester und Tempeldiener antwortete er nicht mit Gehorsam und Unter-

14 Indem der Isis-Sohn Horus den Widersacher seines Vaters, Seth, überwand, «hat die jetzige Zeit der Welt begonnen, denn auf seinem Throne sitzen als Nachfolger die Könige von Ägypten». ADOLF ERMAN: *Die Religion der Ägypter*, 75.

15 Vgl. OTTO RANK: *Der Mythus von der Geburt des Helden*, 60–67: Jesus; ERNEST JONES: *Eine psychoanalytische Studie über den Heiligen Geist*, in: Zur Psychoanalyse der christlichen Religion, 134–135.

16 So, wenn es im *Catéchisme de l'Église Catholique* («Weltkatechismus») von 1992 heißt, daß «Jesus empfangen worden ist vom Heiligen Geist ohne männlichen Samen». Nr. 496, S. 110. – BARBARA ORT: *Die Kindheitsgeschichte Jesu nach Lukas in der Geschichte der Katechese*, 70; 83, zeigt, wie im 19. Jh. die Ankündigung der Geburt Jesu «zu einem Marientext» wird: «Maria war eine arme Jungfrau, die – obwohl aus dem königlichen Geschlecht Davids stammend – still und unbemerkt, von der Arbeit ihrer Hände lebte. Obwohl sie an irdischen Gütern arm war, war sie reich an Tugenden, die reinste Unschuld, die lauterste Demut», – kurz: sie war das ideale Projektionsbild gesellschaftlicher und kirchlicher Unterdrückung. S. 307: «Wie Jesus das große Vorbild in der Übung des Gehorsams ist, so Maria in der Übung der Keuschheit ... Sie wird auch jungfräuliche Reinigkeit oder Unschuld genannt ... Danach ist die Keuschheit die schönste der Tugenden der Gottesmutter. Sie ist der Grund, weshalb sie Mutter Gottes geworden ist.»

werfung, sondern mit dem Mut zur Entwicklung einer eigenen Persönlichkeit im Vertrauen auf Gott, der mochte und möchte, daß es uns gibt. Ein Mensch, der so ist, kann nicht gelten als das Kind von Maria und Josef, – die beiden erklären nichts oder nur wenig an der Art einer solch geheimnisvollen Person; keine Erklärung im üblichen langt aus für das absolut Unübliche: für einen Menschen, der so vollkommen anders ist als alle anderen, der alles anders macht als sie alle, ja, der sich berufen fühlt, den Karren der menschlichen Geschichte nicht immer weiter in den Untergang zu ziehen, sondern den hohen Herren die Spanndienste zu verweigern und mit aller Kraft sich vor den Wagen zu werfen, um ihn zum Halten zu bringen. Einen solchen Mann kann man nur begreifen von der Ordnung einer anderen Welt her, wie sie als Sehnsucht und Hoffnung über dem Haupt eines jeden schwebt, obwohl er von sich selbst her es doch niemals wagen würde, sie zu betreten. *Er* wagte es, das heißt, es blieb ihm gar nichts anderes übrig: wie selbstverständlich griff er nach den Sternen, weil er von dort seinen Ausgang nahm.»

Das Symbol – er kam «jungfräulich» zur Welt, ohne daß Maria einen Mann als den ihren «erkannt», das heißt in ihre Arme geschlossen hätte – verdichtet in dieser Deutung all die Seltsamkeit, all die Unfaßbarkeit, das gesamte unauflösbare Rätsel, das ihn umgab. Er hatte, wortwörtlich, wie er wenig später schon selbst sagen wird, Gott zum Vater (Lk 2,49); so wurde er selber zum «Sohn des Höchsten» (1,32)[17], zum «Davidssohn»[18]. Alle Be-

[17] Zu dem Begriff «Sohn des Höchsten» vgl. EDUARD SCHWEIZER: *hyiós* (Sohn), in: ThWNT VIII 378: «Nur Lk 1,35 ..., nicht Mt 1, ist die Ankündigung der Geburt aus der Jungfrau mit *hyiòs theoỹ* (sc. Sohn Gottes, d.V.) verknüpft. Als der, der keinen menschlichen Vater hat, ist Jesus hier als Gottes Sohn bezeichnet.» Vgl. JvN 607–632: «Und aus der Wolke kam eine Stimme: Dies ist mein geliebter Sohn.» (Mk 9,7)

[18] Zu dem Begriff «Davidsohn» vgl. EDUARD LOHSE: *hyiós* (Sohn), in: ThWNT VIII 361: «Sowohl im Gottesspruch von Ps. 2,7 ..., der den Herrscher als ‹mein Sohn› anredet, als auch in der dem davidischen Geschlecht geltenden Verheißung von 2 S(am) 7,14 ... bedeutet *Sohn Gottes* die Annahme des Herrschers durch Gott und seine Einsetzung in das Amt des Gesalbten, das er kraft göttlicher Vollmacht ausüben soll. Obwohl in diesen Worten des Alten Testamentes die Gottessohnschaft nicht im Sinne physischer Abstammung, sondern als Ausdruck der Legitimation des Herrschers durch Gott ... verstanden wurde, ist das Judentum offenbar besorgt gewesen, es könnte sich mit der Bezeichnung Sohn Gottes das Mißverständnis einer physischen Gottessohnschaft verbinden, von der in der Welt des alten Orients weithin die Rede war, und hat deshalb vom Sohn Gottes nur in Zitaten der messianischen Verheißungen gesprochen, sonst aber diese Bezeichnung des Messias vermieden.» Insofern kann man sagen, daß mit einer Geschichte wie der lukanischen Kindheitsgeschichte der jüdische Vorbehalt in der Messias«theologie» bewußt in Richtung der (ägyptischen) Königsmythologie gesprengt wird. Vgl. auch JvN 589–607: «Hat nicht die Schrift gesagt, daß der Christus aus der Nachkommenschaft Davids und aus Bethlehem kommt?» (Joh 7,42)

griffe und Bilder der altorientalischen Königsmythologie muß man hier übersetzen ins Existentielle, ins persönliche Leben, um eine Persönlichkeit zu beschreiben, die all diese Bezeugungen der Hochachtung aus Gründen der Menschlichkeit in ihr Gegenteil kehrte: «Groß» sein – das war ihm, zu dienen; Erster sein – das war ihm Knechtsein; «führen» – das war für ihn, Menschen zu sich selber hin zu geleiten. (Vgl. Mk 10,42–45.) Als Antikönig ein König, als Verkünder des Gottesreichs «Davids» Vollender, als Herrscher im Reiche der Liebe vollkommen unempfänglich für Herrschaftsposen in Außenlenkung, Entfremdung und Unterdrückung, – so wuchs in ihm alles noch einmal auf, was bis dahin die Herzen der Menschen gefangennahm, nur um in genau die entgegengesetzte Antriebsrichtung hin umgepolt zu werden. Das Neue an ihm waren nicht die altertümlichen Titel, die man ihm verlieh, um ihn einzuordnen, waren nicht die konventionellen Legenden, die man von ihm erzählte, um sich seinem Geheimnis zu nähern, waren nicht die gängigen Vorstellungen der «Königspsalmen», die man auf ihn übertrug, um ihn zu «verherrlichen»; das Neue an ihm war die unerhörte Freiheit, mit der er all diese Inhalte wie einen Handschuh von außen nach innen zog.

Insofern ist die vorbereitende Legende des *Lukas* von der Ankündigung der Geburt Jesu an das Mädchen Maria durch den Engel Gabriel nicht eigentlich eine Einleitung zum Leben Jesu – und noch weniger ist sie eine Darstellung der Gefühle und der Wesensart der «Jungfrau» Maria[19]; im Grunde bietet sie eine Propädeutik für den Leser, der sich von Anfang an darin einüben muß, all das «Großartige», «Göttliche», «Souveräne» an der Person Jesu in den Inhalt zu setzen, den der Mann aus Nazaret damit verknüpft hat; nicht eine historische Erinnerung an die «Familiengeschichte» Jesu[20] liegt hier vor, sondern eine Erneuerung, eine Umprägung des Lesers

[19] Vgl. SCHALOM BEN-CHORIN: *Mutter Mirjam*, 49: «Wir haben es hier mit einem Mythos zu tun... Die Vorstellung des Gottmenschen, der ein Sohn des Höchsten ist, gehört offenbar zu den archetypischen Wunschbildern der Seele, die nicht weniger Wirklichkeit sind als historische Vorgänge, nur in einem anderen Sinne.»

[20] So HEINZ SCHÜRMANN: *Das Lukasevangelium*, I 61: «Es muß ... bedacht werden, daß von dem historischen Faktum der jungfräulichen Empfängnis (sic! d.V.) überhaupt nur als intime Familientradition, letztlich von Maria und Josef selbst, Nachricht zukommen konnte und daß aus der Natur der Sache so ein Faktum zunächst nur mit äußerster Zurückhaltung erzählt und in kleinen Kreisen weitergegeben sein mochte.» So soll die relativ späte Entstehung von Geschichten nach Art der lukanischen Kindheitserzählung verständlich gemacht werden. Auch JOSEF ERNST: *Das Evangelium nach Lukas*, 75–80: Die jungfräuliche Geburt Jesu, verteidigt den Standpunkt der katholischen Kirche, es handle sich hier «um einen biologischen Sachverhalt», nicht um ein «christologisches Interpretament». (S. 75) Genau das aber ist es.

in Richtung eines vollkommen gewandelten Verständnisses der menschheitlichen Symbolsprache bei der Schilderung «göttlicher» Personen. Keine Beamtentitel mehr mit all ihren Eitelkeiten und Anmaßungen lassen sich in Verbindung bringen mit der Person Jesu, vielmehr wird das, worauf jene offiziell und objektiv Anspruch erheben in den vergegenständlichten Rollenzuweisungen ihrer jeweiligen Gesellschaft, bei ihm zu einer Lebensform in der Wahrhaftigkeit und Lauterkeit seiner Person, seiner Subjektivität, – seiner selbst als Mensch.

Besonderer Beachtung wert ist in all dem die bei den Anmerkungen zur rechten Übersetzung des *Lukas*-Evangeliums bereits erwähnte Anrede des Engels an Maria: «Du begnadete (Maria)» oder «du begnadigte» wäre in etwa eine mögliche Wiedergabe des griechischen Wortes, – des Partizips perfekt passiv eines Verbs, das von dem Substantiv «Gnade» abgeleitet ist. Doch wie gesagt: LUTHER (1483–1546) übersetzte hier anders, richtiger, – *viel* richtiger als das katholische «voll der Gnade» (nach der lateinischen Übersetzung); sein «du liebe (Maria)» (1,28) ist wunderbar. So redet Gott zu einem Menschen, in dessen Leben er einen «Engel» entsendet, einen derer, die vor seinem Angesicht stehen (vgl. Lk 1,19), einen, der nur erscheint, wenn etwas Entscheidendes, etwas Endgültiges sich im Leben von Menschen vollzieht. Denn dies ist ja das Eigentliche, das in der Person Jesu in diese Welt kommen soll: eine Anrede, die sich unverbrüchlich bekennt zu der Liebenswürdigkeit jedes Einzelnen, eine Erklärung, daß selbst die Deformationen seiner Leiden nur um so sichtbarer hervortreten lassen, zu welch einer Feinheit und Vornehmheit seines Wesens er von Grund auf berufen ist, – ein Vorsatz, nie mehr davon zu lassen, das Verlorene in dem anderen wiederzusuchen, wie der österreichische Dichter FRANZ WERFEL (1890–1945) es einmal formuliert hat:

Was ein jeder sogleich nachsprechen soll

Niemals wieder will ich
Eines Menschen Antlitz verlachen.
Niemals wieder will ich
Eines Menschen Wesen richten.

Wohl gibt es Kannibalen-Stirnen.
Wohl gibt es Kuppler-Augen.
Wohl gibt es Vielfraß-Lippen.

Aber plötzlich
Aus der dumpfen Rede
Des leichthin Gerichteten,
Aus einem hilflosen Schulterzucken
Wehte mir zarter Lindenduft
Unserer fernen seligen Heimat,
Und ich bereute gerissenes Urteil.

Noch im schlammigsten Antlitz
Harret das Gott-Licht seiner Entfaltung.
Die gierigen Herzen greifen nach Kot –
Aber in jedem
Geborenen Menschen
Ist mir die Heimkunft des Heilands verheißen.[21]

Gewiß, noch einmal mag, wer diese Worte liest, sich gleich dem Mädchen Maria fragen, wie es denn möglich sei, in dieser Weise zu leben. Nicht wie man biologisch ohne einen Mann zu einem Kinde kommt, ist das «Unmögliche», das nur bei Gott nicht unmöglich ist (1,37); was sich hinter der Symbolsprache des Mythos verbirgt, ist nach allem Gesagten ein gänzlich anderes Wunder: wie es denn angehen mag, das «Kind Gottes» in uns, unsere eigene Gotteskindschaft zur Welt zu bringen. «Du mußt dazu Dich nicht anstrengen», sagt indirekt Gabriel zu dem Mädchen in Nazaret; «Du mußt nur der Anrede glauben, mit der Dich selber Gott grüßt: Du liebe! Laß nur geschehen, was in Dir wartet, sich zu entfalten. Folg Deinem Herzen. Geh Deinen Weg. Beginne, an Dich zu glauben, so wie Gott an Dich glaubt.» – Es ist gerade kein Wort des Selbstverzichts und der Selbstunterdrückung, mit welcher Maria dem Engel ihr Einverständnis verspricht: «Geschehen mag mir nach deiner Botschaft.» (1,38) Es ist vielmehr der Beginn eines sich erfüllenden Reifens in Licht und in Liebe. Und selbst wenn der Engel nun fortgeht: in seiner Botschaft, die sich lebendig erhält und gestaltet, bleiben die Schwingen seiner Flügel diesem Kind, das zur Frau wird, und in ihm uns allen doch nach wie vor nah, und er begleitet den, der ihn einmal gesehen, wie der *Engel von Chartres* den Dichter ATANAS DALČEV (1904–1978), der in einem Gedicht auf ihn schrieb:

[21] FRANZ WERFEL: *Das lyrische Werk*, 276.

Ich kenne nicht deinen Rang, nicht den Namen
des Engels in der Reihe,
aber ich weiß, dass du mir in der Nacht
aufs neue den Weg zum Licht enthüllst.

Und heute, gerettet, getröstet, rühme ich dich,
wunderbarer Engel Gottes, Hüter
der Kathedrale zu Chartres
auf dem grünen Vordach.

Du fliegst herab, wie ein Vogel
inmitten von Wolken und Wind
und du trägst in deiner Rechten
nicht Schwert und Tod, sondern die frohe Botschaft.

Du kommst, nicht Seelen zu holen,
du kommst zu segnen,
gleichsam alles: sowohl den Menschen
als auch die zarten Gräser.

Und nun scheint die Sonne: es ist Tag.
Blau leuchtet die still gewordene Höhe.
Das Heilige funkelt, erblüht vor mir
wie Glasmalerei aus alter Zeit.

Mit Stolz breitet die Île de France
die Ebene aus, übervoll mit Hocken,
und jeder Baum ist ein Haus
für einen ausgelassenen Staren-Schwarm.

Ich gehe die alten Mauern
und Brücken der Stadt entlang,
wo die Widerspiegelungen wie Dämpfe
grünes Wasser versprühen.

Und wo ich Halt mache, sehe ich überall dich
auf dem Kirchenvordach:
Aus der blauen Höhe steigst du herab
mit segnender Hand.

Lk 1,39–56: Magnificat oder: Der wahre Umsturz der Gesinnung

(vergleiche 1 Sam 2,1–10 zu *Lk 1,46–55*)

39 Auf machte sich da Maria in diesen Tagen und begab sich auf den Weg
ins Bergland in Eile, in eine Stadt Judas, 40 und sie trat ein in das Haus
des Zacharias und begrüßte herzlich Elisabet. 41 Und es geschah: wie
hörte den Gruß Mariens Elisabet, hüpfte das Ungeborene in ihrem Leib,
und erfüllt ward Heiligen Geistes Elisabet. 42 Sie erhob ihre Stimme mit
mächtigem Laut und sagte: Gepriesen du unter den Frauen! Gepriesen
auch die Frucht deines Leibes! 43 Von woher mir dies, daß da kommt die
Mutter meines Herrn zu mir? 44 Denn da! Wie die Stimme deines Grußes
zu meinen Ohren drang, hüpfte in Jubel das Ungeborene in meinem Leib.
45 Ja, glücklich, die vertraut hat, daß Vollendung beschieden sein wird
dem ihr vom Herrn Gesagten. 46 Da hat Maria gesagt:
Hochpreist *meine Seele den Herrn,*
47 und *es jubelt* mein Geist ob *Gott, meinem Retter* (Hab 3,18; Ps 35,9),
48 weil er *angeblickt hat die Niedrigkeit seiner Magd* (Ps 31,8).
Denn da! Von nun an *preisen mich glücklich alle* Geschlechter, 49 weil
getan hat mir *Großes* der Mächtige (Dtn 10,21; Ps 71,19).
Ja, *heilig sein Name* (Ps 111,9)!
50 Und sein *Erbarmen*: für Geschlecht und Geschlecht
denen, die ihn fürchten (Ps 103,13.17).
51 *Er hat* Kraft *erwiesen mit seinem Arm,*
er hat zerstreut die Überheblichen in der Gesinnung ihres Herzens (Gen 11,8).
52 *Gestürzt hat er* Machthaber *vom Throne, doch* hat er *Niedrige erhöht* (Ps 147,6).
53 *Hungernde hat er mit Gütern erfüllt*, doch Reiche hat er leer fortgeschickt (Ps 34,11; 107,9).
54 *Er hat sich Israels angenommen, seines Knaben und Knechtes, zu gedenken des Erbarmens* (Jes 41,8–13; Ps 98,3),
55 *wie* er zugesprochen hat *unseren Vätern, dem Abraham und seinem Samen auf Weltzeit hin* (Gen 17,7; 18,18).
56 So blieb Maria mit ihr zusammen etwa drei Monate; dann kehrte sie in ihr Haus zurück.

Die Begegnung Mariens mit ihrer Base (Tante) Elisabet mag auf den ersten Blick erscheinen als eine an sich belanglose Episode in einer Familiengeschichte, die auch im *Lukas*-Evangelium später nicht die geringste Rolle mehr spielen wird. All die Versuche, die legendäre Erzählung als biographische Information zu deuten[1] – wie Maria, die «Magd des Herrn» (Lk 1,38), ihrer Verwandten in den Tagen der Schwangerschaft hilfreich habe zur Seite stehen wollen –, greifen ins Leere und werden sehr bald in sich widersprüchlich: nicht «etwa drei Monate» (1,56), sondern, wenn schon, dann bis zu deren Niederkunft hätte sie bei ihrer Base bleiben müssen, um als Frau der werdenden Mutter zur Hand gehen zu können. Eine tiefe symbolische Bedeutung indessen gewinnt die Begebenheit vor dem Hintergrund der beiden vorangegangenen parallel gestellten Verkündigungsszenen[2].

Da erhebt sich auf der einen Seite aus dem dichtesten Erbe der judäischen Frömmigkeitsgeschichte, aus der Mitte des kultisch verfaßten Priestertums, dessen religiös äußerster Kontrast: die Gestalt eines Propheten[3], der das letzte, das endgültige Wort über die menschliche Geschichte aussprechen soll.

Jahrhunderte nach der Wiedererrichtung des Tempels Ende des 6. Jhs. sind hingegangen, ohne daß ein einzelner Mensch nach dem Vorbild eines *Elija*, eines *Jesaja*, eines *Jeremia* noch einmal die Berufung in sich verspürt hätte, seine eigene Person zum Sprachrohr des göttlichen Wortes zu machen

[1] Immerhin «zeigt sich der Erzähler mit den Verhältnissen vertraut. Tatsächlich wohnte in Jerusalem nur ein kleiner Teil der Priesterschaft. Die Mehrzahl hatte ihren Wohnsitz in den Landorten Judäas, vor allem in denen des Berglandes.» KARL HEINRICH RENGSTORF: *Das Evangelium nach Lukas*, 29–30. Andererseits bleibt der Wohnort selbst im unklaren. JOSEF SCHMID: *Das Evangelium nach Lukas*, 51, verweist darauf, daß der «durch Samaria führende Weg von Nazareth bis in die Nähe Jerusalems ... 3–4 Tage» betrug. «Seit dem 6. Jahrhundert ist die Tradition nachweisbar, die als Ort der ‹Heimsuchung› das 6 ½ Kilometer westlich von Jerusalem gelegene Ain Karim ... bezeichnet.»

[2] PETER BÖHLEMANN: *Jesus und der Täufer*, 21–23: Das Treffen, hält die Erzählung für «weitgehend redaktionell verfaßt». «Das Magnifikat und die Verheißung des Engels an Zacharias (Lk 1,14-17) scheinen aus einem ähnlich sprachlichen und theologischen Milieu zu stammen. In der Verheißung des Engels an Maria ahmt Lukas dieses Milieu nach. – Die theologische Tendenz der Erzählung ist eindeutig. Lukas betont die Unterordnung des Johannes unter Jesus, die Unterordnung des Glaubens des zweifelnden Zacharias unter den Gehorsam der Maria. Dafür nimmt er erzählerische Unebenheiten in Kauf: Der Gruß der Maria wird nicht genannt; einmal spricht Elisabeth im Geiste, einmal als überraschte Frau; die Reaktion des Johannes wird zweimal berichtet; Elisabeth weiß mehr als der Leser; Maria antwortet nicht; Maria verläßt ihre Verwandte kurz vor deren Niederkunft.» (S. 21–22) – KARL LÖNING: *Das Geschichtswerk des Lukas*, I 97, meint: «Die Begegnung der Mütter ist eine Episode ohne jeden Schatten menschlichen Versagens und ohne eine Spur des Scheiterns der eschatologisch begonnenen Geschichte der Erhöhung des Gottesvolkes. Gott spricht; hier ist die Antwort darauf.»

[3] PETER BÖHLEMANN: A. a. .O., 26: «Im lukanischen Kontext entbehrte Johannes jeder messianischen Prädikation. Wenn Jesus vorher ‹Sohn des Höchsten› genannt wird (1,32), ist die Unterordnung des Propheten unter den Sohn schon prajudiziert.» Nur: von welcher Art ist diese Unterordnung des «Propheten» unter den Sohn, des «prophetischen» (ethischen) Gottesverhältnisses unter die Art einer «kindlichen» (gnadenhaften) Beziehung zwischen Gott und Mensch?

und mit der ganzen eigenen Person dafür einzustehen[4]. Wie einfach demgegenüber hat es ein Priester! Nichts von seiner eigenen Individualität braucht er einzubringen, um seinen Dienst verrichten zu können; im Gegenteil: verlangt wird von ihm die völlige Entpersönlichung von Amts wegen, die Angleichung seiner Person an seine institutionelle Funktion, die korrekte Ausführung der vorgeschriebenen Riten, Kulthandlungen und Gebete. Wer er selber ist, was er selber denkt, wie er selber lebt, spielt so lange keine Rolle, als er seinen objektiven Obliegenheiten nachgeht und nachkommt. Wie ein Sakrament entsprechend der Lehre der römisch-katholischen Kirche wirkt *ex opere operato* (lat.: auf Grund der Tatsache, daß es – ritengerecht – vollzogen wird)[5], so vermittelt ein judäischer Priester den Segen Gottes, die Versöhnung mit Gott, einzig durch die richtige Rezitation der vorgeschriebenen Regularien.

Genau das Gegenteil einer solchen Einstellung verkörpert ein Prophet. Für ihn zählt allein, was Eingang gefunden hat in die persönliche Existenz. Kult und Tradition, Ritual und Überlieferung gelten ihm für leeren Plunder, solange nicht das Leben dem entspricht, was die religiösen Regelwerke als Leben spendend vorgeben. Der Gott der *Priester* gibt sich leicht zufrieden, dringt nur der rezitierte Psalter himmelwärts in seine Ohren und steigt der Fettdampf eines verbrannten Opfertieres hinlänglich in seine Nase. Der Gott, den die *Propheten* lehren, sieht alleine auf des Menschen Herz; er duldet nicht, daß man mit Aberglaube und Magie dem Ernst lauterer Frömmigkeit sich zu entziehen sucht. Der Priestersohn Johannes, den Elisabet in ihrem Schoße trägt, wird fern vom Tempel die judäische Wüste zu seinem Aufenthaltsort wählen, schon um durch den Ort seines Auftritts an die Zeit der ursprünglichen Beziehung des Volkes Israel zu «seinem» Gott in den Tagen des Exodus, der Wüstenwanderung und der Gesetzgebung am Sinai zu gemahnen[6]. Weiter als das Wesen eines solchen Propheten kann sich

[4] Vgl. TE II 355–377: Prophetien und Propheten oder: Visionen zwischen Ich und Du, bes. S. 368–371: Der Widerspruch von Priester und Prophet. CHRISTOPH GREGOR MÜLLER: *Mehr als ein Prophet*, 107, läßt zwar «einen priesterlichen Propheten erwarten», doch gerade «priesterlich» war Johannes nicht.

[5] Vgl. JOHANNES BRINKTRINE: *Die Lehre von den heiligen Sakramenten der katholischen Kirche*, I 108–115: Die objektive Wirkungsweise der Sakramente.

[6] Vgl. CHRISTOPH GREGOR MÜLLER: *Mehr als ein Prophet*, 162–163: «Die Wüste ist in der lukanischen Erzählung der Wohnort bzw. kennzeichnende Aufenthaltsort des Johannes. ‹Wüste› und ‹Jordan› sollen offensichtlich mit Johannes bleibend in Verbindung gebracht werden, zwei Ortsangaben, die für Leser, die mit alttestamentlichen Traditionen vertraut sind, die Erinnerung von Exodus und Bund in sich bergen.» Insbesondere da die «Berufung» in Lk 1,80 deutlich an Jer 1,1f erinnert, bringen «die wenigen Wörter einen ganzen Motivkomplex mit sich, näherhin den einer Prophetenberufung». Die Bezugnahme zu dem

innerhalb der judäischen Religion niemand von dem Erscheinungsbild des Priesters entfernen; und dennoch zeigt sich gerade dadurch die Begrenztheit, ja, das notwendige Scheitern einer jeden religiösen Haltung, die das menschliche Leben wesentlich durch die Befolgung von Vorschriften und Verboten zu ordnen trachtet. Denn nicht darin, daß sie bösen Willens wären, liegt das Problem der Menschen, sondern daß sie Gutes gar nicht wollen können im Feld von Angst, Mißachtung und Verzweiflung. Insofern ruft und verlangt gerade die rigorose Ernstnahme der göttlichen Gesetze, wie Johannes sie verkörpert, nach einem Gegenüber, das in seiner Güte und Vergebung allererst die Ursachen auflöst, die in das Böse treiben, – und dieses Gegenüber, dieser innere «Verwandte» des «Johannes», bildet sich heran in der Person des Mannes aus Nazaret[7].

Symbolisch betrachtet, ist es daher unerläßlich, daß die Mutter Jesu sich hinüberbegibt zu der Mutter des Täufers und daß beide sich zusammenschließen zu einer *Einheit* von Gesetz und Evangelium, von Gottes Gerechtigkeit und Gnade, von Gottesfurcht und Gottvertrauen. Das Gesetz kann sich nicht hinüberbewegen zum Standpunkt der Gnade, doch die Gnade kann und muß hinüberfinden in den Kerker einer Welt, in der gerade die Besten immer neu zu Opfern ihres angstgetriebenen, ohnmächtigen, fehlgelenkten guten Willens zu werden drohen.

Gnade setzt in gewissem Sinne die strenge Geltung des Gesetzes voraus – HEINRICH VON KLEIST (1777–1811) hat in seinem Drama *Prinz Friedrich von Homburg* diese Verknüpfung bis zum Extrem herausgearbeitet: Nur weil der Prinz seine Befehlsübertretung auf dem Schlachtfeld, wenn sie auch zum Sieg der eigenen Reihen führte, als todeswürdige Schuld anerkennt, kann er von seinem Vater begnadigt werden[8]; in der berühmten Novelle von *Michael Kohlhaas* aus dem Jahre 1808 schilderte KLEIST freilich auch die Unmöglichkeit, in einer Welt ohne Gnade menschlich zu leben[9]. Der

Propheten *Jeremia* legt zudem eine Spannung zu Jerusalem nahe. Denn, wie GERHARD VON RAD: *Theologie des Alten Testaments*, II 203, feststellt: «Die Zionstradition, die für Jesajas ganze Weissagung bestimmend war, fehlt bei Jeremia ganz; dagegen klingt bei ihm bis in die Heilsweissagungen hinein immer wieder die Auszugs-, Bundes- und Landnahmeüberlieferung an.»

7 CHRISTOPH GREGOR MÜLLER: *Mehr als ein Prophet*, 108, erkennt zwar in der Verwandtschaft von Maria und Elisabet «ein Band zwischen den beiden angekündigten Kindern» Johannes und Jesus, doch sieht er die Zuordnung dann in nichts anderem als darin, «daß die angekündigte Größe und Bedeutung Jesu die des Johannes übertrifft.» (S. 111) Die ganze Spannung wird vertan, wenn es heißt: «Für Lukas ist die Geburt des Täufers (Lk 1,19) wie die Geburt Jesu (Lk 2,10) Inhalt des vom Himmel her ergehenden ‹Evangeliums›.» (S. 112)

8 HEINRICH VON KLEIST: *Der Prinz von Homburg*. in: dtv-Gesamtausgabe, Bd. 3,214–289.

9 HEINRICH VON KLEIST: *Michael Kohlhaas*, in: dtv-Gesamtausgabe, Bd. 4, 5–93.

«christliche» Standpunkt, wie er durch die Botschaft Jesu in die Welt kam, denkt noch weit radikaler: Die Gnade ist nicht erst unerläßlich, um die Unerträglichkeiten des moralisch-rechtlichen Gesetzeswerkes erträglicher zu halten, – sie ist die unbedingte Voraussetzung dafür, in moralisch-rechtlichem Sinne allererst «gut» sein zu können. Ohne Güte kein Gutsein, ohne Gnade keine Menschlichkeit, ohne Menschlichkeit keine Moral. «Wer da ... gute Werke tun will, darf nicht bei den Werken anfangen, sondern bei der Person, die die Werke tun soll», schrieb bereits 1520 MARTIN LUTHER (1483–1546) in dem Traktat *Von der Freiheit eines Christenmenschen*[10] und fuhr fort: «Die Person aber macht niemand gut als allein der Glaube, und niemand macht sie böse als allein der Unglaube.»[11] Sprechen wir, um diese Worte zu verstehen, statt von «Glauben» besser als von einem Vertrauen, das sich (durch die Botschaft Jesu) in Gott festmacht, und statt von «Unglauben» besser als von jener Verzweiflung, in die ein Mensch stürzen muß, der seiner Angst ohnmächtig ausgeliefert ist, und zwar dann am allermeisten, wenn er sie in der Pose von Perfektion und Allmacht am schroffsten zu verleugnen sucht. Das Gegenteil des «Glaubens» sei nicht das «Laster» (als eine ethische Kategorie), sondern: die Verzweiflung (als eine Kategorie, welche die Verformung der gesamten Existenz bezeichnet), meinte eben deshalb, in LUTHERS Nachfolge, der protestantische Religionsphilosoph SÖREN KIERKEGAARD (1813–1855)[12].

Dieser Unterschied in den Begriffen entscheidet über alles. Wer unter «Sünde» nichts weiter versteht als die Übertretung bestimmter (göttlicher) Gesetze, verbleibt im Raum der Ethik; es wird und muß ihm dann genügen, wie Johannes es später tun wird, mit prophetischen Drohreden und apokalyptischen Visionen den mangelnden moralischen Willen der Menschen zu einer getreueren Gesetzesbefolgung anzueifern. Gut und Böse, Lohn und Strafe – das sind und bleiben in diesem Falle seine ins Göttliche, ins Absolute projizierten Denkschemata. Der Prophet, selbst wenn er «Heil» ver-

[10] MARTIN LUTHER: *Von der Freiheit eines Christenmenschen* (1520), in: Die Werke Luthers in Auswahl, II 267.

[11] A. a. .O.

[12] SÖREN KIERKEGAARD: *Die Krankheit zum Tode*, 2. Abschn. A. 1. Kap., S. 78: «Dies ... ist oft genug übersehen worden, daß der Gegensatz zur Sünde keineswegs Tugend ist. Dies ist teils eine heidnische Anschauungsweise, die sich mit einem bloß menschlichen Maßstab begnügt, die gerade nicht weiß, was Sünde ist, daß alle Sünde vor Gott geschieht. Nein, *der Gegensatz zur Sünde ist Glaube* ... Alles, was nicht aus dem Glauben ist, ist Sünde. Und dies ist eine der entscheidendsten Bestimmungen für das ganze Christentum, daß der Gegensatz zur Sünde nicht Tugend ist, sondern Glaube.»

heißt, ist seiner ganzen Statur nach notgedrungen – auch mitten in der Religion – außerstande, Heil zu wirken. Um als «Erlöser», um als «Heiler» (oder «Heiland») aufzutreten, bedarf es einer grundlegend anderen Einstellung, wie sie, im Kontrast zum Täufer, wenig später in der Person und Botschaft Jesu zum Ausdruck kommen wird: Es gilt, das Fehlverhalten von Menschen daraufhin zu untersuchen, was ihnen fehlt, und sogar ihre Verbrechen daraufhin zu befragen, woran es ihnen gebricht und woran sie zerbrechen.

Sozialpsychologisch hat man die Annahme eines Menschen ohne Bedingungen am ehesten mit einer *mütterlichen* Haltung in Verbindung gebracht und sie als eine matriarchale Einstellung der patriarchalen Grundeinstellung entgegengesetzt, weil man in letzterer die Wertschätzung eines Menschen sehr stark an bestimmte Kriterien wie Erfolg, Leistung und soziales Rechtverhalten gekoppelt fand[13]; der deutsch-amerikanische Psychoanalytiker ERICH FROMM (1900–1980) legte deshalb das ganze Anliegen Jesu in diese Aufgabe: den Patriarchalismus der Religion seiner Zeit und seines Volkes umzugestalten in eine matriarchale Beziehung zu Gott und in eine matriarchale Form des Umgangs zwischen den Menschen[14]; vor allem den Verzicht auf das Prinzip des Strafens im Namen einer vermeintlich göttlichen Gerechtigkeit erhob FROMM in der Auseinandersetzung mit den staatlichen (und kirchlichen) Gesetzesbestimmungen zu einem zentralen Prüfstein für diese alles verändernde neue Gesinnung[15]. Religionspsychologisch und religionsgeschichtlich wäre es gewiß eine vereinfachte und mit vielen antijudaistischen Vorurteilen belastete Vorgehensweise, «das» Judentum als «patriarchalisch» «dem» Christentum als «matriarchalisch» gegenüberstellen zu wollen; die Spannung aber, die in den zwei konträren Anschauungen von «Prophet» und «Erlöser» zum Ausdruck kommt, existiert, und sie läßt

[13] Vgl. ERICH FROMM: *Die sozialpsychologische Bedeutung der Mutterrechtstheorie*, in: Gesamtausgabe, I 85–109, bes. S. 103–104.

[14] ERICH FROMM: *Die Entwicklung des Christusdogmas*, in: Gesamtausgabe, VI 39: «Diese Menschen haßten ja glühend die Autoritäten, die ihnen im Leben mit ‹väterlicher› Macht entgegentraten. Die Priester, Gelehrten, Aristokraten, kurz alle Herrschenden, die sie vom Lebensgenuß ausschlossen und in ihrer Gefühlswelt die Rolle des strengen, verbietenden, drohenden und quälenden Vaters fortgesetzt haben, sie mußten auch diesen Gott hassen, der ein Verbündeter ihrer Unterdrücker war.» Und S. 41: «Indem man sich mit Jesus, weil er der leidende Mensch war, identifizieren konnte und identifizierte, war die Möglichkeit einer Gemeindebildung ohne Autoritäten, Statuten und Bürokratie gegeben, geeint durch die Gemeinsamkeit der Identifizierung mit dem leidenden und zu Gott erhobenen Jesus.»

[15] Vgl. ERICH FROMM: *Zur Psychologie des Verbrechens und der strafenden Gesellschaft*, in: Gesamtausgabe, I 11–30.

sich antreffen in allen Religionsformen. Mit einem Wort: wenn überhaupt, so ist in dieser Betrachtung das «Christliche» selbst ein idealtypisches Symbol, das die Frage aufwirft, inwieweit die bestehende Christenheit in Übereinstimmung steht zu diesem ihrem eigenen Ursprung und Anspruch.

Für unsere Erzählung von der Begegnung zwischen Maria und Elisabet legt sich in dieser Sicht eine ebenso sensible Andeutung wie eine weitreichende Konsequenz nahe. Da geht die Symbolgestalt einer «matriarchalen» Einstellung auf die Suche nach ihrem eigenen Widerpart, der bezeichnenderweise aber nicht mehr in der männlichen Gestalt des Zacharias, sondern eben als Frau auftritt. Zustande kommt in diesem Gespräch unter Frauen eine Ahnung wechselseitiger Versöhnung sowie eine Mahnung, als Einheit zusammenzuhalten, was sich als «Judentum» und «Christentum» schon in den Tagen des *Lukas* mit dogmatischem Anspruch und in organisatorischer Verhärtung gegeneinander abzugrenzen beginnt. Mit Nachdruck wirft insofern die «Legende» von der «Heimsuchung» Mariens, weit vorgreifend über die lukanische Redaktion hinaus, das Problem auf, wie es nur möglich sein soll, ausgerechnet über die Frage der bedingungslosen Akzeptanz aller Menschen, in der Frage der absoluten Bedürftigkeit aller Menschen nach Gnade, auf Jahrtausende hin mit zunehmendem Haß und mit wachsendem Unverständnis sich zu verfeinden, und dies vor allem auf seiten *der* Religion, welche die Grunderfahrung der Gnade und des Erbarmens wie ein göttliches Monopol zu besitzen und zu verwalten vorgibt, – des «Christentums». Offenbar muß man sehr unterscheiden zwischen der radikalen Auffassung des Juden Jesus über das Verhältnis von Gott und Mensch und der jeweiligen Institution, die ihn für sich reklamiert. Kein Zweifel jedenfalls bleibt, daß das wirklich Neue, das durch die Botschaft Jesu in die Welt gekommen ist, in dieser Vertiefung der Sicht auf die menschliche Not besteht – in der folgenschweren Entdeckung, daß es unmöglich ist, im Rahmen von Geboten und Gesetzen Menschen wirklich zu helfen; hier, nicht in der Dreifaltigkeitslehre der «Theologie» oder in den metaphysizierten Begriffen der «Christologie», liegt die eigentliche Differenz der christlichen Botschaft zu den anderen Religionsformen. Das «Fest» Mariä Heimsuchung (am 31.5.) zu feiern ist eines; den Weg von «Nazaret» durchs «judäische Bergland» hinüber zum Hause des Zacharias zu gehen und dem Gespräch zweier Frauen zu lauschen ein anderes.

Da bricht auf der einen Seite das noch ungeborene Kind in Elisabet, der künftige Täufer, in Jubel aus vor Freude – so sehr lebt und bebt er entgegen der Mutter des «Herrn». Jahrhunderte danach, in Ephesus, wird man auf diese Stelle sich berufen, um Maria zur «Gottesgebärerin» zu erklären[16], zur Gottesmutter ganz nach dem Vorbild der ägyptischen Mythologie[17]. Doch was die Frau eines judäischen Priesters hier sagt, greift auf solche Bilder ägyptisch-hellenistischer Frömmigkeit nicht hinaus, ohne ineins damit die Notwendigkeit einer existentialistischen Entmythologisierung derartiger Anschauungen aufzuerlegen; und dann muß man sagen: daß in der Person Jesu Gott selber zur Welt kommen wird, ergibt sich nicht aus einer übernatürlichen Herkunft in physischem oder metaphysischem Sinn, es ist allein darin begründet, daß Jesus mit seinem ganzen Dasein ausgehen wird von einem Gott, der die Menschen bedingungslos liebt und bereitsteht, sie durch Dick und Dünn, durch Tag und Nacht zu begleiten, und daß er diese Verankerung in einem Gott der unbedingten Liebe im Umgang mit den Menschen an seiner Seite konsequent beibehalten wird. Gerade wenn in der Sprache bereits der Evangelien (und der frühchristlichen Hymnen wie Phil 2,6–11) Jesus zunehmend mit dem Gottestitel «Herr» benannt wird[18], so läßt sich das am besten dadurch erklären, daß Jesus um so mehr in der Art seiner von Gott erfüllten Güte die Herzen der Menschen zu «beherrschen» vermochte, als er niemals als «Herr» sich aufspielte. Seine «Macht» über Menschen machte sich nicht anders geltend als die Strahlen der Sonne, wenn sie im Frühling unter einer Deckschicht von Eis die ersten Krokusse und Schneeglöckchen hervorlocken: Er lehrte sie, absolut an die Liebe zu glauben. So mochten sie den, der so lehrte und lebte, mit Recht bezeichnen als ihren «Herrn».

Und auch das «Vertrauen», für welches Elisabet Maria rühmt, daß sie geglaubt hat, erfüllen werde sich, was der Engel verhieß, bliebe zu eng verstanden, sähe man darin nur eine Bestätigung für das «Unglaubliche» im Wirken Gottes – die Geburt eines Kindes aus dem Schoß einer (biolo-

[16] Vgl. JOHANNES BRINKTRINE: *Die Lehre von der Mutter des Erlösers*, 15–20: Die Tatsache der Gottesmutterschaft; S. 20–31: Nähere Bestimmungen der Gottesmutterschaft.

[17] Vergebens, wenn z.B. im katholisch-apologetischen Sinne JOSEF SCHMID: *Das Evangelium nach Lukas*, 49, dagegen geltend macht, «der heilige Geist, der als die schöpferische Kraft Gottes sich auf Maria niederlassen» solle, sei «nicht ähnlich wie in den heidnischen Göttersagen, wo Götter in körperlicher Gestalt mit menschlichen Frauen verkehren». Zudem: «Nicht weil Jesus auf wunderbare Weise, ohne die Zeugung durch einen menschlichen Vater, von seiner Mutter empfangen wurde, ist er Gottes Sohn, sondern weil er umgekehrt ... Gottes Sohn ist, darum hat sein himmlischer Vater seine vaterlose Empfängnis und Geburt (sic! d.V.) beschlossen.» Wer nicht beim Schreiben solcher Sätze merkt, wie tief mythologisch derartige Vorstellungen sind, der *darf* es wohl nicht merken.

[18] Zum Titel «Herr» vgl. WERNER FOERSTER: *kýrios* (Herr), in: ThWNT III 1087–1094: Jesus der Herr; vgl. JvN 633–655: «Und der Geist und die Braut sagen: Komm! Und wer es hört, der sage: Komm!» «Ja, komm, Herr Jesus!» (Apk 22,17.20)

gischen) Jungfrau[19]. Das wirkliche Vertrauen Mariens geht nicht auf ein solches stupendes Mirakel, vielmehr ist, was sie glaubt, selber an die Symbolsprache der ganzen Szene gebunden; und diese besagt, was alles Vertrauen in Gott uns wesentlich lehrt: Das Wesentliche wird nicht von Menschen erzeugt und nicht nach Männerart gezeugt; das Wesentliche wächst ganz aus innen, angeregt und geweckt von der Sanftheit der Liebe. Das alles Verändernde wird nicht herbeigekämpft und erstritten mit Macht und Gewalt, es ergibt sich vielmehr als Gabe Gottes, als Frucht seiner Gnade, als Reifungsvorgang in Licht und in Wärme. Die Befreiung von Angst und Verzweiflung erfolgt nicht durch das Diktat neuer Gesetze und Verordnungen, sie ist die Folge menschlicher Begegnung in einer Zugewandtheit und Güte, die ein Stück vom Himmel auf die Erde herabholt und uns Mut macht zum Leben. Liebe als wirklich zu glauben ist keine Illusion; Gerechtigkeit zu fordern ist kein eitles Verlangen; auf Gnade zu zählen ist keine utopische Romantik; vielmehr macht gerade dies uns als Menschen aus, daß wir beginnen, uns als «Gotteskinder» zu betrachten. Und eben: daß ihre Hoffnung nicht trog, daß sich alles vollende – in ihr, nicht erst in einer fernen Zukunft –, ist der «Glaube» Mariens an dieser Stelle.

RAINER MARIA RILKE (1875–1926), als er über die Erzählung von der Begegnung zwischen Maria und Elisabet nachsann, hielt es für möglich, daß die «Madonna» gar irre geworden sei an sich selbst, an der Übergröße ihrer Hoffnung, an der Vermessenheit, so kühn zu vertrauen, und so habe sie sich zu ihrer Tante begeben, nicht um ihr beizustehen, sondern um an ihr Halt zu finden in vollkommener Haltlosigkeit. Und wirklich habe ihre Base alles wortlos verstanden, so daß Maria ihrer eigenen Bedeutung innegeworden sei: Gott gibt seine Gnade den *Geringen* – die «Großen» werden niemals glauben, ihrer zu bedürfen. RILKE bannte diese Erkenntnis in die Worte eines Gedichts, das die Begegnung der beiden Frauen beschreibt:

> Sie kam den Hang herauf, schon schwer, fast ohne
> an Trost zu glauben, Hoffnung oder Rat;
> doch da die hohe tragende Matrone
> ihr ernst und stolz entgegentrat

[19] Selbst JOSEF ERNST: *Das Evangelium nach Lukas*, 79, anerkennt: «Das behauptete biologische Geschehen steht im Dienst der Verkündigung.» Aber warum darf es dann nicht als Bild interpretiert werden, und warum muß ins Seinshafte, Naturhafte verlegt werden, was wesentlich eine existentielle Beziehung ist? Nicht wie Jesus als Kind zur Welt kam, ist der Inhalt dieser «Verkündigung», sondern wie wir es lernen, an Jesu Seite zu «Kindern» zu werden.

und alles wußte ohne ihr Vertrauen,
da war sie plötzlich an ihr ausgeruht;
vorsichtig hielten sich die vollen Frauen,
bis daß die junge sprach: Mir ist zumut,

als wär ich, Liebe, von nun an für immer.
Gott schüttet in der Reichen Eitelkeit
fast ohne hinzusehen ihren Schimmer,
doch sorgsam sucht er sich ein Frauenzimmer
und füllt sie an mit seiner fernsten Zeit.

Daß er mich fand. Bedenk nur; und Befehle
um meinetwillen gab von Stern zu Stern –.
Verherrliche und hebe, meine Seele,
so hoch du kannst, den HERRN.[20]

Ein Gedicht wie dieses ist poetisch genug, um auf ein Lied zu antworten, das jemand singt in der Dankbarkeit eines Gebets und in der Begeisterung unerwarteten Glücks. Alles in den Worten Mariens greift Worte des Psalters Israels auf[21], doch nicht mehr in der Rezitationssprache der Priester, son-

[20] RAINER MARIA RILKE: *Der Neuen Gedichte anderer Teil*, in: Sämtliche Werke, I 583.

[21] WALTER SCHMITHALS: *Das Evangelium nach Lukas*, 31, konstatiert: «Das Magnificat ist – zweifellos bewußt – durchgehend aus alttestamentlichen Zitaten und Anspielungen zusammengesetzt. Man vergleiche z.B.

zu V. 46f.:	Ps. 35,9; 1. Sam. 1,11; 2,1; Hab. 3,18;
zu V. 48:	1. Mose 29,32; 30,13; Ps. 31,8;
zu V. 49:	5. Mose 10,21; Ps. 45,4.6; 111,9; 120,4;
zu V. 50:	Ps. 103,17;
zu V. 51:	Ps. 89,11; 118,15;
zu V. 52 f.:	1. Sam. 2,7 f.; Hiob 5,11; 12,19; Sir. 10,14; Ez. 21,31; Ps. 107,9;
zu V. 54:	Jes. 41,8 f.; Ps. 98,3
zu V. 55:	Micha 7,20; 2. Sam. 22,51.

Fast jede Aussage des Magnificat läßt sich also annähernd wörtlich aus dem Alten Testament belegen.» PETER BÖHLEMANN: *Jesus der Täufer*, 22–23, meint: «Nicht nur die Tatsache, daß einige lateinische Textzeugen hier *Elisabeth* statt *Maria* schreiben, auch inhaltliche Gründe sprechen für Elisabeth als ursprüngliche Sprecherin des Magnifikats. So entstünde keinerlei logischer Bruch in der Erzählung, wenn Elisabeth das Subjekt in V 46 (sc. in Lk 1,46, d.V.) wäre; zudem gibt es im Magnifikat auch inhaltliche Bezüge zu Elisabeth. In der ehemaligen Geburtsgeschichte des Täufers würden dann sowohl sein Vater als auch seine Mutter auf die unerwartete Schwangerschaft und die Geburt mit einem Lobgesang antworten. Themen des Liedes sind die Erhöhung des Niedrigen und die Barmherzigkeit Gottes über die Generationen der Väter und Söhne hinweg. – Lukas übernimmt das Magnifikat aus der Tradition.» Des weiteres vermutet BÖHLEMANN wohl zu Recht: «Es mag im Umfeld der pharisäischen Psalmen Salomos und der Hymnen Qumrans entstanden sein und könnte in einer früheren Traditionsstufe der Elisabeth und nicht der Maria zugeschrieben worden sein. Das hieße, daß auch hier eine Herkunft aus Täuferkreisen denkbar wäre.» Vgl. auch FRANÇOIS BOVON: *Das Evangelium nach Lukas*, I 82f. KARL HEINRICH RENGSTORF: *Das Evangelium nach Lukas*, 36, erkennt im Magnifikat (wie im Benedictus, Lk 1,68-79) «nach Form und Inhalt das Gepräge eines vorchristlichen Judentums mit einer starken messianischen Erwartung..., die ihrerseits wohl ganz eschatologisch, aber eben nicht durch den Gang der evangelischen Geschichte beeinflußt ist.» Als Entstehungszeit rechnet PAUL WINTER: *Magnificat and Benedictus Maccabean Psalms?*, in: Bulletin of the J. Rylands Library 37 (1954), 328–347, mit der Zeit des Aufstands der Makkabäer; demnach handelt es sich um Triumphlieder, die den Sieg der Niedrigen (der Juden) über die Mächtigen (die Seleukiden) feiern. Um so wichtiger wird es für die Auslegung dieser Texte im Rahmen eines «christlichen» Evangeliums sein, den militärisch-politischen Triumphalismus aus der historischen Bedingtheit zu lösen – was ja bereits mit der Aufnahme ins LkEv geschehen ist! – und selber *symbolisch* als eine *innere* Erfahrung von Befreiung und Trost zu interpretieren. – HANS KLEIN: *Lukasstudien*, 96, meint: «Das Ungewöhnliche an diesem Liede ist..., dass nicht nur eine kleine Anzahl nahe beieinander stehender Psalmen zusammengeschrieben sind, wie wir es bei dem Danklied 1 Chr 16 sehen können, wo der Anfang von Ps 105, dann Ps 96 ganz und wieder der Anfang von Ps 106 zusammengearbeitet sind, sondern dass wir hier einen durchkomponierten Hymnus haben, der in seiner Gesamtkonzeption an das Lied der Hanna anknüpft.» Vgl. 1 Sam 2,1-10. Näherhin zeigt sich, «dass in Ps 113,7-9 zwei der drei Hauptmotive dieses Hanna-Liedes in z.T. wörtlicher Wiedergabe innerhalb eines Hymnus anderer Prägung aufgeführt werden. Damit wird die Bekanntschaft dieses Liedes unterstrichen, gleichzeitig aber auch der Wechsel im *Sitz im Leben* der Hauptaussagen deutlich. Ps 113,7-9 zeigt, dass die Kombination von Sturz der Mächtigen und Segnung der Unfruchtbaren mit Kindern sich als fester Topos im Bewusstsein der Tempelfrömmigkeit erhalten hat.» (S. 98) Als ein «Frauengebet» könnte das Magnificat beim «Opfer 40 Tage nach der Geburt des ersten Sohnes, oder 80 Tage nach der Geburt der ersten Tochter» gebetet worden sein, «wie es in Lev 12 beschrieben wird. Ursprünglich am Hofe gebetet, ist es im Laufe der Zeit zum Gebet für jede Mutter geworden, die für ihr erstes Kind zu danken in den Tempel kam.» (S. 99) Der eigentliche Ort des Magnifikat wäre demnach die «Darbringung Jesu im Tempel (Lk 2,22-33), etwa an jener Stelle, wo heute der Lobgesang des Simeon steht». (S. 101) In den pharisäischen *Psalmen Salomos* 11,1.4.9 heißt es: «denn Gott hat sich Israels erbarmt... Hohe Berge hat er ihnen zuliebe zur Ebene erniedrigt ... denn Gott hat das Heil Israels beschlossen für immer und ewig.» *Die Psalmen Salomos*, in: Emil Kautzsch (Hg.): Die Apokryphen und Pseudepigraphen des Alten Testaments, 2. Bd., 141. Verse wie diese gemahnen an Jes 40; 52 und 60. Auch läßt sich hinweisen auf die *syrische Baruch-Apokalypse* 5,2.3, wo es heißt: «Mein Name und mein Ruhm dauern in alle Ewigkeit; mein Gericht aber wahrt sein Recht zu seiner Zeit. Und du sollst mit deinen (eigenen) Augen sehen, daß nicht die Feinde Zion zerstören und Jerusalem verbrennen.» *Die syrische Baruchapokalypse*, in: Emil Kautzsch (Hg.): A.a..O., 2. Bd., 414. – Demgegenüber bestreitet ULRIKE MITTMANN-RICHERT: *Magnifikat und Benediktus*, 68–91, das «Postulat einer vorchristlich-jüdischen Herkunft» und verneint (S. 91–97) auch den «Ursprung der Hymnen in Täuferkreisen»; statt dessen gehöre «das Geburtsmotiv mit zum frühesten christlichen Traditionsgut» und habe «seine Wurzeln allein in den alttestamentlichen Ankündigungen der Geburt eines messianischen Kindes» (S. 224), also in Jes 7,14 und Jes 9,1-6, aber auch in Jes 11,1-10. Doch obwohl ein solcher Zusammenhang gewiß besteht, verweist WILFRIED ECKEY: *Das Lukas-Evangelium*, I 104, überzeugend auf die «bemerkenswerte Sprach- und Motivverwandtschaft» zu den *Psalmen Salomos*, die zeige, «wie stark das Magnificat in der Welt der zeitgenössischen Psalmendichtung» lebe. So stellt er einander gegenüber:

Lk 1,48a	Gottes Ansehen	Ps Sal 18,2
Lk 1,48b	Seligpreisung	Ps Sal 4,23; 5,16; 6,1; 10,1; 17,44; 18,6
Lk 1,50	Gottes Erbarmen	Ps Sal 2,33; 15,13
Lk 1,50b	Gottesfürchtige	Ps Sal 2,33; 3,12; 4,23; 15,13
Lk 1,51a	Gottes Kraft	Ps Sal 17,3
Lk 1,51a	Gottes Arm	Ps Sal 13,2
Lk 1,51b	Hoch- und Übermut	Ps Sal 2,1.2.31
Lk 1,52-53	Umkehrung der Verhältnisse	Ps Sal 11,4-6
Lk 1,54a	Gottes Hilfe	Ps Sal 16,3.5
Lk 1,54b	Gottes Gedenken	Ps Sal 10,1.4
Lk 1,55a	Berufung auf Gottes Reden	Ps Sal 11,4
Lk 1,55b	Abraham und seine Nachkommen	Ps Sal 9,9; 18,3

Damit dürfte die Ansicht von PAUL BEMILE: *The Magnificat within the Context and Framework of Lukas Theology*, 36, sich selbst erledigen, es sei «sicher nicht zu viel zu behaupten, daß Maria, die Mutter Jesu, die in der ersten Zeit der frühesten christlichen Gemeinschaft eine so prominente Rolle spielt (Apg 1,12-14), die Person hinter den Quellen des Magnificat ist». Zugleich entfällt natürlich auch die Möglichkeit, *Lukas* zum Zeugen der beginnenden Marien-Verehrung zu erklären (a.a..O., 236). Gerade die katholische Marienfrömmigkeit aber ist es, die katholische Exegeten wie HEINZ SCHÜRMANN: *Das Lukasevangelium*, I 79, trotz genauer Kenntnis der Traditionen hinter dem Hymnus behaupten läßt: «seiner Grundaussage nach paßt er nirgendwo besser hin als in die Situation Mariens.» Weit treffender urteilte bereits JOSEF SCHMID: *Das Evangelium nach Lukas*, 55–56: «Trotz des Ausblicks auf die Ewigkeit, mit dem das Magnifikat schließt, bleibt sein Horizont der atl.-jüdische. Es bleibt in seinem Inhalt genau so wie die Verheißung Gabriels an Zacharias und Maria auf der Grenzscheide zwischen dem Alten und Neuen Testament stehen, der die Situation dieser Szene entspricht, und ist noch kein christliches Lied.» Ja, ein «besonders merkwürdiger und für uns kaum erklärbarer Zug an der lukanischen Kindheitsgeschichte (sc. insgesamt, d.V.) ist der in ihr konsequent festgehaltene *vorchristliche Standpunkt*. Spezifisch christliche Züge und Gedanken fehlen darin gänzlich.» (S. 86) Mit anderen Worten: es ist unerläßlich, dieses Loblied auf Jesus im Sinne Jesu zu lesen und nicht bei seinen historisch bedingten Vorstellungen von Krieg und Gewalt stehen zu bleiben. – Eine differenziertere Ansicht vertritt THOMAS KAUT: *Befreier und befreites Volk*, 321, der innerhalb des Magnifikat zwischen «einem *Hymnus einer Einzelperson* (Lk 1,46b-48a.49-50a = Magnifikat I) und dem Fragment eines *Hymnus Israels* (Lk 1,50b-55 = Magnifikat II)» zu unterscheiden sucht. Magnifikat I sei «im Kontext der Täufererzählung» entstanden und dann christlich überarbeitet worden (a.a..O., 311); Magnifikat II zeige eine große Nähe zu Ps Sal. (a.a..O., 314). Gleichwohl meint THOMAS KAUT: A.a..O., 316: «Den Geist eines

dern in der rauschhaften Ekstase prophetischer Daseinsdeutung, kreisend um eben jene Erfahrung, die ihr «Kind» verkörpern wird: eine sanfte Revolution, ein Abschmelzen des Schnees unter dem milden Wehen des Föhnwinds, eine Umkehr im ganzen zugunsten all derer, die am Boden liegen. Was einmal Verheißung war «dem Abraham und seinem Samen» (1,55), erfüllt sich neu in einem «Erbarmen» (1,50.54), das in Israel alle Menschen umgreift, in einer «Mütterlichkeit», die alles Schwache beschützt[22].

Wie soll man es sich vorstellen, daß Gott «die Überheblichen» zerstreut (1,51)[23]? Für eine psychologische Deutung dieses Satzes genügt es, mit den griechischen Tragödiendichtern davon auszugehen, daß alle Hybris sich selbst bestraft mit «Verblendung»; ergänzen muß man dann allerdings, was freilich auch im Magnificat der Maria – einem Lied, das zunächst ähnlich klingt dem grausam jubelnden Siegesgesang der Mirjam beim Anblick der

makkabäischen Kriegsliedes atmet das Magnifikat II nicht», denn es werde «im Magnifikat II nirgends sichtbar, daß die Gegner außerjüdische Gruppen ... sein *müssen.*» Gleichwohl hält er für möglich, daß das Magnifikat II «in einem pharisäischen Milieu z.Z. des ersten großen Krieges gegen Rom entstanden» sei und «die großen Anfangserfolge der aufständischen Zeloten, die Vertreibung der Jerusalemer Tempelaristokratie und der gehaßten römischen Fremdherren als Erweis des göttlichen Befreiungshandelns» deutete (a. a. .O., 318).

22 Das gilt um so mehr, wenn das Magnificat «aus den Kreisen der christlichen (? sic, d.V.) Anijm (sc. hebr.: der Armen, d.V.)» stammen sollte, «denen schon im AT das Heil verheißen wurde (Jdt 9,11; Ps 9,19; Jes 57,15)», wie JOSEF ERNST: *Das Evangelium nach Lukas*, 85, meint.

23 WOLFGANG WIEFEL: *Das Evangelium nach Lukas*, 59, erinnert zu Recht daran, daß die «Vorstellungen von solcher Umkehr ... seit Tritojesaja in palästinensischer Armenfrömmigkeit verbreitet» ist, und verweist auf Jes 57,15 ff.; 61,1-11 und auf aeth. Hen. 92-104. Auch die «*Kriegsrolle*» der 1. Höhle von Qumran (1 QM XI 8) führt er an, wo Gott durch seinen Gesalbten «die Zeiten der Kriege» verkündet, um sich «zu verherrlichen an unseren Feinden.» (Vgl. JOHANN MAIER: *Die Texte vom Toten Meer*, I 137; EDUARD LOHSE (Hg.) *Die Texte aus Qumran*, 205.) Auch der *Pescher-Kommentar zu Ps 37* aus der 4. Höhle von Qumran (4 Qp Ps 37) erinnert an Lk 1,51, wenn es (II 7.8) heißt: «die Befehlshaber des Frevels, die Sein heiliges Volk bedrückt haben», würden «vergehen ... wie der Rauch eines Scheites im Wind.» (Vgl. JOHANN MAIER: A. a. .O., I 182; vgl. aber EDUARD LOHSE: A. a. .O., 271.) «Die Grundaussage», meint WOLFGANG WIEFEL, «betont, daß es Übermut und hochfahrender Sinn sind, der die Machtträger und die Reichen zum Objekt göttlichen Richtens werden lassen ... Die Entfaltung stellt die politische Umkehrung, den Sturz der Machthaber, ... voran.» Das trifft gewiß historisch zu; doch eben deshalb gilt es, die Vergöttlichung geschichtlicher (Gegen)Gewalt, deren die Bibel voll ist, durch symbolische Verinnerlichung zu überwinden, statt sie zugunsten einer «politischen Theologie» beizubehalten. So schrieb bereits MARTIN LUTHER: *Das Magnificat verdeutscht und ausgelegt*, in: Luther Deutsch, V 321: «Gottes ‹Arm› wird in der Schrift seine eigene Gewalt genannt, mit der er ohne Vermittlung der Kreaturen wirkt. Das geht still und heimlich zu, daß niemand sein gewahr wird, bis daß es geschehen ist, so daß diese Gewalt oder der Arm nicht anders als allein durch den Glauben verstanden und erkannt werden kann.»

angeschwemmten Leichen der Ägypter am Ufer des Roten Meeres in Ex 15,20.21[24] – *nicht* erwähnt wird: daß «Überheblichkeit» selber eine Verzweiflungsreaktion, eine «Kompensation» schwerer Minderwertigkeitsgefühle darstellt[25]. Solange die Angst im Herzen eines Menschen herrscht, wird er sich mit anderen vergleichen und sich an ihnen zu messen suchen; immer wieder wird er dabei auf Personen treffen, die ihm unterlegen oder überlegen sind, und er wird danach streben, über die einen zu triumphieren und die anderen doch noch zu übertreffen. Stets wird er sich gezwungen sehen, höher und höher zu klettern, da ihm nur der Platz des Höchstrangigen Ansehen und Sicherheit zu versprechen scheint. Doch auf diese Weise wird er von sich selbst immer weiter weggeführt. Um nicht als zu klein zu erscheinen, muß er immer größer sich aufrecken; um nicht als zu schwach entdeckt zu werden, muß er immer mächtiger sich aufblähen; um nicht in der Wahrheit seines Wesens aufgespürt zu werden, muß er immer einfallsreicher sich in der Masse wechselnder Maskeraden verbergen. Am Ende ist der Zusammenbruch (seines Kreislaufs, seiner Nerven, seines ganzen Daseinsaufbaus) wirklich unvermeidbar. Zu einer solchen Tragödie gibt es nur *eine* Alternative: zu sich selber zu stehen, gleich, ob hoch oder niedrig, ob groß oder klein, ob mächtig oder schwach. Doch dazu gehört ein Vertrauen, wie es sich einzig im Raum der Gnade entfalten läßt: – eine Gewißheit, *nicht* abgewiesen, verachtet und gedemütigt zu werden, sondern Berechtigung, Begleitung und Bestätigung erfahren zu dürfen. Und stimmt es nicht? Wer sagt eigentlich, daß ein Vergißmeinnicht «weniger» sei als eine Rose oder ein Stiefmütterchen «geringer» als eine Lilie? Alle Blumen besitzen ihre eigene Schönheit, verströmen ihren eigenen Wohlduft und nehmen einen spezifischen Platz im Zusammenleben der Arten ein; es darf nur das Vergißmeinnicht keine Rose und das Stiefmütterchen keine Lilie werden

[24] Auch an den Gesang der Judith (Jdt 16,2-18) läßt sich erinnern: «Denn ein Gott, der Kriegen ein Ende setzt (sc. durch seinen überwältigenden Sieg, d.V.), ist der Herr; denn er errettete mich in sein Lager inmitten des Volks aus der Hand meiner Verfolger … Der Herr, der Allmächtige, hat sie vernichtet durch eines Weibes Hand … Wer … den Herrn fürchtet, ist groß immerdar. Wehe den Völkern, die sich erheben wider mein Volk, der Herr, der Allmächtige, wird sie strafen am Tage des Gerichts, indem er Feuer und Würmer giebt in ihr Fleisch, so daß sie heulen vor Schmerz in Ewigkeit!» (Jdt 16,3.6.17.18) (Vgl. *Das Buch Judith*, in: Emil Kautzsch (Hg.): Die Apokryphen und Pseudepigraphen des Alten Testaments, I 163–164.)

[25] Vgl. ALFRED ADLER: *Menschenkenntnis*, 77: «ist … das Minderwertigkeitsgefühl besonders drückend, dann besteht die Gefahr, daß das Kind … sich mit dem bloßen Ausgleich nicht zufrieden gibt und zu weit greift (*Überkompensation*). Das Streben nach Macht und Überlegenheit wird überspitzt und ins Krankhafte gesteigert.»

wollen oder umgekehrt. Zum Einsturz kommen muß deshalb notgedrungen, was aus lauter Verzweiflung über die Ungnädigkeit fremder Beurteilung diese einfache Ordnung ins Wahnhafte verzerrt. «Glücklich», sagt der Jesus der Bergpredigt bei *Matthäus* sinngemäß einmal, «sind die Menschen, die ihre Armut kennen und sich zu ihr bekennen.» (Vgl. Mt 5,3)[26] So ist es.

Und wie stürzt Gott dann die «Machthaber vom Throne», auf daß er «Niedrige erhöht» (1,52)[27]? Politische Theologen werden nicht müde, immer von neuem in der Abwahl eines Diktators der Dritten Welt jubelnd dieses Wort der Maria anzustimmen. Ugarte Pinochet (1915–2006) in Chile – er wurde 1990 abgewählt; die Herrschaft von Ferdinando Marcos (1917–1989) auf den Philippinen – sie fand 1986 ihr Ende; das Regime der Militärdiktatoren und Großfinanziers in Brasilien wurde abgelöst von Luiz Inácio Lula da Silva (geb. 1945), der aus der Unterschicht des Landes kommt und dessen Wahl im Jahre 2002 gefeiert ward wie ein messianisches Ereignis. Doch kann man, darf man selbst 2000 Jahre danach die Worte des *Magnificat* Mariens immer noch in alter Manier zu einer ideologischen Deutung des «Heilshandelns» Gottes in der menschlichen Geschichte verwenden? Als Weihnachten 1989 der rumänische Diktator Nicolae Ceauşescu (geb. 1918) mitsamt seiner Frau Elena (geb. 1919) ermordet wurde, zögerte der Nachrichtensprecher des deutschen Fernsehens nicht, in diesem Ereignis Lk 1,52 bestätigt zu finden: «die Machthaber stürzt er vom Thron»! Die menschliche Geschichte wird nur immer weiter ihren blutbeschmierten Weg gehen, wenn man Gottes «Eingreifen» derart ins Äußere setzt. Was als innere Erfahrung heilsam wirkt, bewirkt in veräußerlichter Betrachtung Gewalt. Der «Sturz der Machthaber», wenn er eine wirkliche Veränderung der menschlichen Geschichte herbeiführen soll, kann sich nur innerlich im Menschen ereignen – in der gleichen Weise wie die Erniedrigung der Hochmütigen und die Erhebung der Niedrigen; selbst literarisch bilden beide Aussagen einen synonymen «Parallelismus membrorum», wie die semitische Dichtkunst ihn liebt[28].

Und wie sättigt Gott die Hungernden und läßt die Satten (Reichen) leer

[26] Vgl. Mt I 367–427: Die Bergpredigt und die Seligpreisungen.

[27] Die Frage stellt sich besonders, weil in Lk 1,54 kaum von etwas anderem die Rede sein kann als von der «Wiederherstellung eines erneuerten Israel.» WOLFGANG WIEFEL: *Das Evangelium nach Lukas*, 59. Generell dürfte es so sein, daß «die aoristische Aussageform – durch die semitische Vorlage bestimmt – futurischen Charakter hat.» (A. a. .O., 59)

[28] Vgl. ULRIKE MITTMANN-RICHERT: *Magnifikat und Benediktus*, 155–161: Der Parallelismus membrorum in Magnifikat und Benediktus.

ausgehen[29]? Auch hier ist nicht daran zu denken, daß Gott, wie in dem Märchen vom «Mäuseturm» zu Bingen, das Brot, das ein Steinreicher hungernden Kindern nicht geben wollte, in Steine verwandelt[30] oder daß er, wie in dem Märchen *Die Sternthaler* der BRÜDER GRIMM (KHM 153), ein Kind, das alles hergibt, was es besitzt, schließlich mit einem Sternenregen aus Golddukaten belohnt[31]. Selbst solche Geschichten sind symbolisch gemeint und rein innerlich zu verstehen: Was macht einen Menschen wirklich «kostbar» und «reich»? Von vornherein steht fest: wer das Zeug hat, in einer Welt der Not an nichts weiter zu denken als an Profit und Geldgewinn, der muß sein eigen Herz versteinern, und er wird unausweichlich zum Opfer seines Selbstbetrugs. Indem er sein Glück ins Haben verlegt statt ins Sein, kann er nur immer süchtiger, nur immer gieriger, nur immer unerfüllter werden, – je mehr er seine Taschen füllt, desto leerer wird er selber sein. Und umgekehrt: wer selbst in der Not sich die Fähigkeit zum Mitleiden bewahrt, wird dafür reich belohnt durch die gelebte Gemeinsamkeit mit allen anderen. Er entrinnt seiner Einsamkeit, er bedarf nicht mehr des Selbstschutzes in Geldbesitz und des Selbsteinschlusses in eingebildeter Geltung; er hört auf zu existieren wie eine Molluske am Grunde des Meeres, die ihre Verletzlichkeit durch den Aufbau einer kostbaren Porzellanschale zu schützen sucht; es wird ihm möglich, ein «Wirbeltier» zu werden, das Halt in sich selber findet, wie Menschen es sollten.

Erst wenn man alle Worte des *Magnificat* vor ihrer Veräußerlichung schützt, vermeidet man die Assoziationen triumphierender Rache, die mit ihnen ansonsten unweigerlich einhergehen: Die Niedergedrückten, die Entrechteten, die Beleidigten – endlich kommen *sie* an die Macht! Was Wunder, daß sie sich verhalten werden wie Korkstücke, die man zu tief unter Wasser gedrückt hat und die nun, freigelassen, erst einmal weit über die Wasseroberfläche hinausspringen? Um wahrhaft religiös zu sein, müssen die Worte Mariens ganz und gar im Inneren verbleiben; denn nur dann bewahren sie sich das Moment, auf welchem die eigentliche Revolution basiert, von der sie sprechen: ein Verständnis für *jede* Art von menschlicher Tragödie, auch und gerade für den Zusammenbruch all der Kompensationscamouflagen, für das tragische Scheitern der Macht, für das wirkliche Unglück des Reich-

[29] Vgl. Hiob 12,21; Ps 106,9 LXX. Die Erfüllung der «Speisung» der «Hungernden» wird man sich vorstellen müssen nach Art von Lk 9,10-17, der Geschichte von der «Brotvermehrung», oder, richtiger, der Geschichte von der Wandlung unserer Herzen.

[30] Vgl. BRÜDER GRIMM: *Deutsche Sagen*, Nr. 242: Der Binger Mäuseturm, S. 248.

[31] BRÜDER GRIMM: *Kinder- und Hausmärchen*, Nr. 153, S. 666–668.

tums. Der wahre «Sieg» Gottes ist nicht ein neuerlicher Triumph der einen über die anderen, eine bloße Umkehrung der Verhältnisse, der routinemäßige Seitenwechsel eines fieberkranken Patienten mal von links nach rechts, dann von rechts nach links; der wahre Sieg Gottes ist einer, der keine Besiegten mehr braucht. Einzig ein solcher Sieg ist ein Triumph der Gnade und des Erbarmens.

Lk 1,57–80: Die Geburt des Täufers oder: Der Mensch im Gegenüber Gottes

57 Für Elisabet aber erfüllte sich die Zeit ihres Gebärens, und sie genas
eines Sohnes. 58 Und es hörten ihre Nachbarn und Verwandten, daß groß
erwiesen hatte der Herr sein Mitleid mit ihr, und sie freuten sich mit ihr.
59 Und es geschah: am achten Tag kamen sie, das Knäblein zu beschneiden
(Gen 17,12), und sie wollten es rufen auf den Namen seines Vaters: Za-
charias. 60 Doch geantwortet hat seine Mutter, sie hat gesagt: Nein, son-
dern gerufen werden soll es: Johannes. 61 Doch sie haben zu ihr gesagt:
Niemand ist aus deiner Verwandtschaft, der gerufen wird mit diesem
Namen. 62 Da nickten sie seinem Vater zu, – das: was er wolle?;
so solle es gerufen werden. 63 Da erbat er ein Täfelchen und schrieb die
Worte: Johannes sei sein Name. Und es verwunderte alle. 64 Geöffnet aber
ward da sein Mund auf der Stelle und auch seine Zunge, und er redete:
lobpreisend Gott. 65 Da kam über alle Furcht, über ihre Nachbarn, und im
ganzen Gebirgsland Judäas wurden beredet all diese Botschaften. 66 Und
es legten sich's alle, die es hörten, ins Herz, sprechend: Was wohl wird die-
ses Knäblein werden? Denn die Hand des Herrn war ja mit ihm.
67 Auch Zacharias, sein Vater, ward erfüllt Heiligen Geistes, und er redete
prophetisch, sprechend:
68 *Gepriesen der Herr, der Gott Israels* (Ps 41,14; 72,18; 89,53; 106,48)!
Denn angeschaut hat er, geschaffen hat er: *Erlösung seinem Volke* (Ps
111,9).
69 Ja, aufgerichtet hat er ein *Horn der Rettung* uns (Ps 18,3; 2 Sam 22,3),
im Hause Davids, seines Knaben und Knechtes,
70 *wie er gesprochen hat* durch den Mund der Heiligen von Weltzeit, *sei-
ner Propheten* (2 Kön 17,23):
71 Rettung *von unseren Feinden* und *aus der Hand* all unserer *Hasser*
(Ps 106,10; 2 Sam 22,18),
72 zu wirken *Mitleid mit unseren Vätern* (Mi 7,20) und zu *gedenken seines*
heiligen *Bundes* (Ps 105,8; 106,45; Lev 26,42),
73 *an den Eid, den er zugeschworen* Abraham, unserem Vater (Jer 11,5; Mi
7,20), nämlich: *zu geben* uns,
74 furchtlos, *der Hand der Feinde entrissen* (Mi 4,10), ihm kultisch zu die-
nen
75 in Lauterkeit und rechtem Leben vor seinem Angesicht, zu allen unse-
ren Tagen.
76 Und du nun, Knäblein: Prophet des Höchsten wirst du gerufen; denn
vorausschreiten wirst du *im Angesicht des Herrn, seine Wege zu bereiten*
(Jes 40,3; Mal 3,1; Ex 23,20):
77 zu geben Erkenntnis der Rettung seinem Volke in Vergebung ihrer Sünden,
78 wegen des Innersten an Erbarmen unseres Gottes, in dem uns ange-
schaut hat der Aufgang aus der Höhe,
79 aufzuscheinen *denen, die in Finsternis und Todesschatten sitzen*

(Jes 9,2; 42,7; Ps 107,10): zu lenken unsere Füße *zum Weg des Friedens* (Jes 59,8).

80 Das Knäblein aber wuchs heran und erstarkte an Geist. Und es war in den Wüsten bis zu dem Tag seines Einsatzes hin auf Israel.

Noch sind Johannes der Täufer und Jesus nicht auf der Welt, da zeigt sich doch, vermittelt durch ihre Eltern, die dialogische Korrespondenz, in der sie wesenhaft zueinander stehen. Auf den Lobgesang Mariens antwortet jetzt der Lobgesang des Zacharias, und auf ihn wieder wird antworten der Lobpreis des greisen Simeon (Lk 2,29–32), – Johannes und Jesus miteinander verbindend wie Sturmwind und Sonne, wie Ebbe und Flut, wie Hunger und Fülle, wie Not und Notwendigkeit[1]. Doch bevor Zacharias seine Stimme wiederfindet und zu einem Hymnus formt, kommentiert eine Reihe von Ereignissen aus Anlaß der «Beschneidung» seines Sohnes vorgreifend noch einmal dessen Bedeutung.

[1] Es ist nicht möglich, wie es immer wieder versucht wird, Johannes und Jesus nach dem Schema einer bloßen «Überbietung» des Wunderbaren, doch dem Wesen nach Gleichgearteten einander zuzuordnen. Auch das Schema von «Verheißung» und «Erfüllung» greift zu kurz; weit wichtiger ist es, Johannes und Jesus als «Propheten» und «Retter» einander gegenüber zu stellen; doch auch diese Beziehung muß man übersetzen, indem man das «Prophetische» als Radikalisierung des ethischen und das «Rettende» als Radikalisierung des religiösen Standpunktes im eigentlichen Sinne versteht: Während für Johannes die «Umkehr» die Voraussetzung der «gnädigen» «Vergebung» Gottes darstellt, schafft für Jesus das Vertrauen in die Gnade der Vergebung allererst die Voraussetzung der Umkehr. – Zum Gebet des Zacharias (Lk 1,67-79) bemerkt JOSEF ERNST: *Das Evangelium nach Lukas*, 92–93: «Das Benediktus des Zacharias ist, ähnlich wie das Magnifikat Marias, ein Responsorium, welches die Geburt des Kindes nach Art der atl Lieder besingt. Formal-stilistisch fällt auf, daß statt der Zweizeiler der Psalmenliteratur zwei schwerfällige Satzperioden mit Neben- und Unterordnungen das Bild bestimmen. Der erste Teil ist eine Eulogie auf Gott, den Retter des Volkes Israel... Der zweite Teil ... läßt den Vater in prophetischer Rede Antwort geben auf die Frage: ‹Was wird um dieses Kind werden?› (V. 66). Sprache, Stil und sachlicher Gehalt sind insbesondere im ersten Teil atl-jüdisch (V. 68: vgl. Ps 41,14; 72,18; 89,53; 106,40 u.ö.; V. 68.71: vgl. Ps 106,10; V. 72: vgl. Ps 105,8; 106,45; Lev 26,42; Gen 17,7). Die zentralen Themen der Geschichte Israels, der Abrahamsbund, die Rettung und Heimführung aus Ägypten und die Verheißung eines künftigen Herrschers aus dem Hause David, klingen hier voll aus... Der christliche Autor konnte hier ... aufzeigen, daß mit dem Kommen Jesu das Heil tatsächlich Wirklichkeit geworden ist.» Als sozialen Hintergrund eines solchen Liedes denkt JOSEF ERNST (a.a..O., 94) an jene «Täufergruppe..., von der Apg 19,1-3 die Rede ist. Diese Leute sind nicht mehr Juden, aber auch noch keine getauften Christen... Nach wie vor fühlen sie sich ... durch die Praxis der Aszese, der Gebetsübungen und der Taufe mit Johannes dem Täufer besonders verbunden.» – Bis hierhin wäre es einfach eine Frage der religiösen Gruppenzugehörigkeit, ob jemand Jude, Johannes-Jünger oder Jesus-Jünger ist, – im Grunde wollen und hoffen sie alle dasselbe. Doch gerade so ist es nicht. Wie versteht man das Heil Gottes – machtpolitisch oder innerlich? Wie interpretiert man das «Horn der Rettung» (Lk 1,69) und die Befreiung von den Feinden (Lk

Denn: Obwohl der Täufer unstreitig als Sohn des Zacharias betrachtet wird, steht doch nicht dieser im Kern des Geschehens: Es ist nicht sein Werk, daß Elisabets «Unfruchtbarkeit» endlich ihr Ende gefunden; die Geburt des Kindes wäre nicht vorstellbar ohne ein besonderes «Eingreifen» Gottes[2]. Allerdings: Wieder muß man diese mythennahe Schilderung mit

1,74) – als Sieg auf dem Schlachtfeld (über die Römer?) oder als Sieg über die Widersprüche in der eigenen Existenz? Dazwischen liegen Welten. JOSEF ERNST schreibt: «Die Rettung, von der Johannes Kunde gebracht hat, die Nachlassung der Sünden und das herzliche Erbarmen ist durch Jesus geschenkt worden.» (A. a. .O., 94) Aber «das herzliche Erbarmen» war in der Johannes-Predigt (und innerhalb jeder nur ethischen Betrachtungsweise) allenfalls als Resultat einer «umgekehrten» Lebensführung zu erwarten, und hier läßt sich der *Gegensatz* zur Predigt Jesu gar nicht klar genug herausstellen. Zudem: selbst das «Erbarmen» mit Israel geht in der Täufer-Predigt ebenso wie in der zeitgenössischen Frömmigkeit (hoffentlich!) einher mit der Erbarmungslosigkeit des Handelns Gottes an den Feinden Israels, – so, wenn es in der palästinensischen Rezension des Achtzehn-Bitten-Gebets als 12. Bitte heißt: «Den Abtrünnigen sei keine Hoffnung und die freche Regierung (= Rom) mögest du eilends ausrotten.» – Auch um die Ausrottung der Nazarener (der Christen) wird an gleicher Stelle Jahwe gepriesen, «der Freche beugt». Vgl. Str. B. IV 1, 212–213. An all diesen Stellen gilt es, die «Umkehrung» bzw. Umwandlung solcher Denkweisen durch den Juden Jesus herauszuarbeiten. Insbesondere gilt es, das Wort vom «Heil» (Lk 1,69.71) neu zu interpretieren; denn «in der Sprache von Ps 106,10» ist es zweifellos «nationalpolitisch auf die diesseitig irdischen Erwartungen des Volkes bezogen. Der zu jeder Zeit gegenwärtige Erfahrungshintergrund ist die Befreiung des Volkes aus der ägyptischen Gefangenschaft.» So schreibt richtig JOSEF ERNST (a. a. .O., 94); wenn er dann aber sagt, «daß im Benediktus Vernichtungs- und Rachegedanken völlig fehlen (vgl. dagegen die Qumrantexte!)» (a. a. .O., 96), so setzt er offenbar das verchristlichende Verständnis bereits als gegeben voraus, das allererst – und zwar bis zum heutigen Tage! – zu leisten wäre, gerade wenn es zutrifft, daß das *Benediktus* «eine von christlicher (wohl judenchristlicher) Hand vorgenommene Kombination eines jüdischen Hymnus und eines täuferischen Preisliedes» darstellt, wie WOLFGANG WIEFEL: *Das Evangelium nach Lukas*, 63, meint. – Eine ganz andere Auffassung vertritt THOMAS KAUT: *Befreier und befreites Volk*, 245, der das Benediktus I (Lk 1,68.71-75) «jener priesterlich-levitischen Gruppe um Eleazar ben Simon» zuordnet, die sich am antirömischen zelotischen Aufstand 66–70 n. Chr. beteiligte.» Für die Abfassungszeit denkt er «an das Jahr 66 ..., da der Hymnus den Impetus der Anfangserfolge widerzuspiegeln scheint. Als Abfassungsort ist wohl Jerusalem zu denken, da VV 74b.75a und die Gattung auf kultische Begehung im Tempel verweisen. Zu erwägen wäre eine erste Rezitation des Hymnus in einem Dankopfer kurz nach den ersten Erfolgen. Originalsprache wäre daher wohl Hebräisch.» In Lk 1,69.70 sei der zelotische Hymnus «durch die Einführung des Messias» als des Mittlers «des göttlichen Heilshandelns» erweitert worden; die Erweckung des Messias werde als bereits vollzogen geschildert, «wohingegen VV 71-75 nun das Rettungshandeln Gottes als durch den Messias vermittelt als noch ausstehend beschreiben.» (A. a. .O., 247) – Zu der Gestalt des Priesters Eleazar ben Simon vgl. MARTIN HENGEL: *Die Zeloten*, 64; 181. Im Benediktus II (Lk 1,76-79) sieht THOMAS KAUT: A. a. .O., 246, eine eschatologisch apokalyptische Geisteshaltung ausgedrückt in Einheit mit der Erzählung Lk 1,5-25.57-67.

2 Gerade das «Eingreifen» Gottes gilt es von allen äußerlichen Vorstellungen zu reinigen und bei dem zu bleiben, was WOLFGANG WIEFEL: A. a. .O., 65, zu Lk 1,77 sagt: «Die Weg-

ihrer biologisch geformten Darstellungsweise symbolisch als eine existentielle Wesensbeschreibung des Täufers selbst lesen, um nicht infolge einer fälschlichen «Wörtlichnahme» des Textes das wirkliche «Heilsgeschehen» im Menschen auf abergläubige Weise zu vergegenständlichen[3].

Johannes, betont in wiederholender Eindringlichkeit diese Erzählung, ist nicht zu verstehen als Sohn seines Vaters und seiner Mutter; alles, was ihn ausmacht, ergibt sich von seinem Ursprung: von Gott her, nach dessen Maßstäben er streng das Geschehen der menschlichen Geschichte beurteilen wird[4]. Wie also nennt man ihn, um ihn recht zu bezeichnen?

Die Beschneidung ist selbst nach dem Zeugnis der Bibel ein archaisches, steinzeitliches Ritual[5]: eine Woche nach seiner Geburt wird einem Jungen jüdischen Glaubens die Vorhaut vom Penis geschnitten. Was dieser Brauch einmal besagte, ist umstritten, – vielleicht diente er der Besänftigung eines eifersüchtigen Vatergottes, der keinen Geschlechtskonkurrenten an seiner Seite duldete[6]; einen Akt der Kastration des Kindes durch den Vater sah denn auch die Psychoanalyse in dieser schmerzhaften Operation[7], von der man nur wünschen kann, sie verschwände ebenso wie die Genitalienverstümmelung der Mädchen, die noch immer in manchen afrikanischen und südamerikanischen Kulturen geübt wird[8]. Fest steht jedenfalls, daß mit der

bereitung für den Herrn ist ein religiöser Vorgang.» Dann aber kann man nicht mehr einfach neben einander stellen: «Während der erste Teil des Psalms mehr die äußere Befreiung betonte, geht es im zweiten um die innere ... Diese wird in der Vergebung der Sünden verliehen. So tritt neben die Errettung aus der Hand der Feinde und Hasser die andere aus der Verfallenheit an die Macht der Sünde.» Vielmehr muß dann von der zweiten Hälfte her auch die erste *symbolisch* verstanden werden, und zwar *gegen* den ursprünglich gemeinten nationalpolitischen, messiastheologischen Gehalt.

[3] In Mythen und Legenden sind «Anfangsaussagen» in Form von Geburtserzählungen nicht als historische Erinnerungen und Informationen zu lesen, sondern als Wesenskennzeichnungen der betreffenden Personen; vgl. SdB. I S. XVIII – XXXI.

[4] So, wenn Johannes in Lk 1,76 als «Prophet des Höchsten» angeredet wird, entsprechend der Verheißung von Mal 3,1; Jes 40,3.

[5] Vgl. ROLAND DE VAUX: *Das Alte Testament und seine Lebensordnungen*, I 86–89. «Ursprünglich und im allgemeinen ist die Beschneidung wohl ein Initiationsritus zur Ehe ... gewesen.» «Diese Bedeutung mußte sich allerdings verwischen, als man die Beschneidung schon bald nach der Geburt vornahm.» (S. 88) Vgl. auch Str. B. IV 1, 23-40: Das Beschneidungsgebot.

[6] Vgl. SIGMUND FREUD: *Der Mann Moses und die monotheistische Religion*, in: Ges. Werke, XVI 124–126; 193–194.

[7] Vgl. SIGMUND FREUD: A.a..O., XVI 230. «Die Beschneidung ist der symbolische Ersatz der Kastration, die der Urvater einst aus der Fülle seiner Machtvollkommenheit über die Söhne verhängt hatte, und wer dieses Symbol annahm, zeigte damit, daß er bereit war, sich dem Willen des Vaters zu unterwerfen, auch wenn er ihm das schmerzlichste Opfer auferlegte.» Vgl. DERS.: *Aus der Geschichte einer infantilen Neurose*, in: Ges. Werke, XII 119.

Beschneidung ein Kind formell in die jüdische Glaubensgemeinschaft aufgenommen wird. Insofern kommt im Judentum der Beschneidung in etwa der gleiche Sinngehalt zu wie im Christentum der Taufe, jenem «Sakrament», dessen Wurzeln historisch mittelbar mit der Bewegung des «Täufers» verflochten sein dürften[9]. Doch wie auch immer: Es mag sozialpsychologisch dahinstehen, in welcher Weise bestimmte Volksbräuche nützlich oder gar nötig sind, um auf lebenslänglich einen Einzelnen als Mitglied einer bestimmten Gruppe identifizierbar zu machen; religiös betrachtet, sind sie null und nichtig. Nichts ist über das Verhältnis eines Menschen zu Gott entschieden, indem man an ihm in frühem Kindesalter eine «Zirkumzision» vorgenommen hat[10]; allenfalls der Wille der Eltern, ihr Kind in einem bestimmten Brauchtum zu erziehen, kann sich darin ausdrücken. Ein Gleiches gilt von der christlichen Kindertaufe: auch sie dokumentiert allenfalls die Intention der Eltern, ihr Kind als künftiges Mitglied ihrer eigenen Glaubensgemeinschaft zu betrachten. Die Beziehung eines Menschen zu Gott aber, sein wirklicher Glaube, ergibt sich nicht aus den zufälligen Umständen seiner Geburt; wie ein Mensch zu Gott steht, geht hervor aus seiner ganz persönlichen Beziehung zu Gott als seinem Vater und entscheidet über das Wesen seiner Person[11].

8 Vgl. ANGELO und ALFREDO CASTIGLIONI: *Adams schwarze Kinder*, zu den Pubertätsriten, vor allem die Beschneidung bei den Manja in der Zentralafrikanischen Republik.

9 Vgl. ALBRECHT OEPKE: báptō (taufen), in: ThWNT, I 534–535: Die Johannestaufe: «Den nächstlichen Anknüpfungspunkt für die Johannestaufe bilden ... die Baptismen des gesetzlichen Judentums, bildet speziell die Proselytentaufe. Die Johannestaufe teilt mit der Proselytentaufe die Einmaligkeit. Sie bedeutet für die Glieder des ‹auserwählten› Volkes eine starke Zumutung, sofern sie diese ‹schmutzigen› Heiden gleichstellt, die letzteren auch anscheinend unter gleichen Bedingungen zuläßt (Lk 3,14). Ihre Eigenart hat sie aber auch der Proselytentaufe gegenüber in ihrer ganz unpolitischen und unritualistischen, ausgeprägt sittlichen Orientierung, außerdem in ihrem engen Verhältnis zur Eschatologie.» WALTER RADL: *Der Ursprung Jesu*, 131, hebt besonders die «Spannung» zwischen dem «Benedictus» und der «Predigt des Täufers selbst» hervor: Die Prophetie über Johannes spricht von dem Ausbruch des Heils, die Prophetie des Täufers selbst spricht vom Anbruch des Gerichts. «Im Gegensatz zu Johannes spricht weder der Engel noch Zacharias von dem kommenden ‹Stärkeren› und seinem ‹Feuergericht› ... das Bedrohliche der Situation, wie Johannes und seine Hörer es erlebt haben, wird vom Erzähler seiner Geburtsgeschichte nicht mehr empfunden.»

10 Religionspsychologisch geht mit der Beseitigung der Beschneidung vor allem eine entscheidende Verringerung der Ambivalenz des Gottesbildes einher, die SIGMUND FREUD: *Der Mann Moses und die monotheistische Religion*, in: Ges. Werke, XVI 194, im Hintergrund der «Vaterreligion» des Judentums ebenso am Werke sah wie in der «Sohnesreligion» des Christentums.

11 Vgl. SÖREN KIERKEGAARD: *Die Krankheit zum Tode*, S. 79: «Glaube ist, daß das Selbst, indem es es selbst ist und es selbst sein will, durchsichtig in Gott gründet.»

Klar gesehen hat das der Jude Saul von Tarsus, als er zum *Paulus* wurde: «Nicht der ist ein Jude», schrieb er, «der es äußerlich ist, auch ist nicht das die Beschneidung, die äußerlich am Fleisch geschieht; sondern der ist ein Jude, der es inwendig verborgen ist, und das ist die Beschneidung des Herzens, die im Geist und nicht am Buchstaben geschieht.» (Röm 2,28–29; vgl. 1 Kor 7,19; Gal 5,6; 6,15) Nicht wie man aus tradierten, kultischen Gründen die Geschlechtsteile von Kindern verschneidet, entscheidet vor Gott; einzig die Existenzweise, die Persönlichkeit, das wirkliche Leben eines Menschen zeigt ihn als einen «Gläubigen» oder «Ungläubigen» – als einen auf Gott Vertrauenden oder als einen Verzweifelten.

Daran gemahnen könnte eigentümlicherweise *die Namengebung* eines Kindes, die sich mit Riten wie der Beschneidung, der Taufe oder mit anderen Praktiken[12] verbindet. Noch heute gibt es in Kulturen, die wir als «primitiv» bezeichnen, ein Wissen um das Geheimnis, das mit einem jeden lebenden Wesen auf die Welt kommt und das in seinem *Namen* sich ausspricht. Um ein Neugeborenes richtig zu benennen, muß deshalb der Schamane eine Nacht lang wachen und meditieren, um die Botschaft der Götter zu erlauschen, die ihm offenbart, an welcher Stelle im Himmel die Heimat des Kindes sich findet, das nun, für eine Weile, auf Erden leben wird; nach diesem Ort seiner Herkunft im Himmel wird man es rufen[13]. Nicht ganz verschieden davon konnten die Alten Ägypter ihren Pharao als Verkörperung göttlicher Mächte betrachten, und so formten sie Namen wie Ach-n-Aton: der, auf den «die Sonnenscheibe ihr Wohlgefallen richtet»[14], oder Tut-anch-Amun: das (auf Erden) lebende Bild des (Windgottes) Amun (am Himmel), oder Ra-mes-su: (der Sonnengott) Re hat ihn gezeugt[15]. Ein Kind als Jo-chanan zu benennen ist identisch damit, es als lebend gewordene Gestalt göttlicher Gnade zu betrachten. Eben deshalb darf dieses Kind nicht «Zacharias» heißen, so als sei es lediglich dessen aufs neue sich wiederho-

12 Vgl. HANS BIETENHARD: *ónoma* (Name), in: ThWNT, V 242–243: «Auf der ganzen Welt war und ist der Glaube verbreitet, daß der Name, den eine Sache, ein Mensch oder ein höheres Wesen trägt, mehr ist als eine bloße Etikette, die dem Träger beziehungslos beigelegt wird. Er ist ein unerläßlicher Bestandteil der Persönlichkeit. Man könnte sagen, daß Leib, Seele und Name den Menschen ausmachen. Durch Riten mannigfacher Art wird dem Kind ein Name gesucht, gefunden und gegeben … Mannbarkeitsriten pflegen mit der Verleihung eines neuen Namens verbunden zu werden, weil durch sie der Mensch selber ‹neu› wird.»

13 Vgl. E. DREWERMANN: *Atem des Lebens*, II 726–741: Facetten der Ethnologie oder: Die Seele und ihr Gott.

14 JÜRGEN VON BECKERATH: *Handbuch der ägyptischen Königsnamen*, 230–231; ERIKA SCHOTT: *Die Namen der Pharaonen*, 32–33.

15 JÜRGEN VON BECKERATH: A. a. .O., 234; ERIKA SCHOTT: A. a. .O., 36; 38.

lendes Wesen in verjüngter Gestalt[16]; was sich in ihm ausdrückt, ist gerade nicht sein Vater Zacharias, was in ihm wesentlich zum Ausdruck kommt, ist das Erbarmen Jahwes, des Gottes Israels.

Folgerichtig gewinnt Zacharias denn auch erst jetzt, bei der Namensverleihung seines Sohnes, die eigene Stimme zurück. Lernen mußte er, daß es nicht seine «Potenz» ist, der dieses Kind seine Existenz verdankt, daß es nicht er ist, der im Leben des Neugeborenen das «Sagen» hat. Die alte Tröstung israelitischer «Hoffnung» angesichts der sicheren Tatsache des Todes zerbricht an dieser Stelle ganz und gar, man könne sich festmachen in der Geschlechterreihe, indem man sterbend sich «lebenssatt» «versammele bei seinen Vätern»[17] und weiterlebe in seinen Kindern[18]. «Eure Kinder sind nicht eure Kinder», schrieb richtig der libanesische Dichter und Gottsucher KHALIL GIBRAN (1883–1931) und ergänzte: «Sie sind die Söhne und Töchter der Sehnsucht des Lebens nach sich selber. / Sie kommen durch euch, aber nicht von euch, / Und obwohl sie mit euch sind, gehören sie euch doch nicht. / Ihr dürft ihnen eure Liebe geben, aber nicht eure Gedanken, / Denn sie haben ihre eigenen Gedanken. / Ihr dürft ihren Körpern ein Haus geben, aber nicht ihren Seelen, / Denn ihre Seelen wohnen im Haus von morgen, das ihr nicht besuchen könnt, nicht einmal in euren Träumen. / Ihr dürft euch bemühen, wie sie zu sein, aber versucht nicht, sie euch ähnlich zu machen. / Denn das Leben läuft nicht rückwärts, noch verweilt es im Gestern. / Ihr seid die Bogen, von denen eure Kinder als lebende Pfeile ausgeschickt werden. / Der Schütze sieht das Ziel auf dem Pfad der Unendlichkeit, und Er spannt euch mit Seiner Macht, damit Seine Pfeile schnell und weit fliegen. / Laßt euren Bogen von der Hand des Schützen auf Freude gerichtet sein; / Denn so wie Er den Pfeil liebt, der fliegt, so liebt Er auch den Bogen, der fest ist.»[19]

In der lukanischen Legende von der Geburt des Täufers fragen, erschrocken, die «Nachbarn» und alle «im ganzen Gebirgsland Judäas», was «wohl ... dieses Knäblein werden» wird (1,65.66). Sie scheinen kaum zu

[16] Vgl. HANS BIETENHARD: *ónoma* (Name), In: ThWNT, V 243: «Trägt einer den Namen eines Vorfahren, dann vertritt er diesen innerhalb seiner sozialen Gruppe.»

[17] Vgl. Gen 15,15; 25,8.

[18] Vgl. HANS BIETENHARD: *ónoma* (Name), in: ThWNT, V 243: «Dadurch, daß ein Kind den Namen eines Verstorbenen übernimmt, füllt es in der Sippe die Lücke aus, die der Tod gerissen hat.» Demgegenüber betont CHRISTOPH GREGOR MÜLLER: *Mehr als ein Prophet*, 100–101, daß es hier «Gott selbst» ist, «der nicht nur die Geburt dieses Kindes bewirkt, sondern auch dessen Namen und zukünftige Bedeutung mitteilen läßt.»

[19] KHALIL GIBRAN: *Der Prophet*, 20–21.

ahnen, daß diese Frage sich an das Dasein eines jeden Menschen richten muß, der das Licht der Welt erblickt. Von keinem Menschen kann man sagen, wer er ist und wer er sein wird; jeder ist ein Geheimnis, das seiner Wahrheit erst allmählich reifend selber innewird, vorausgesetzt, er gewinnt und behält den Mut, das, was er ist, wirklich zu leben. In gewissem Sinne trägt jeder einen bestimmten Ton, ein bestimmtes Wort in sich, die er zum Lied, zum Gedicht ausgestalten muß, um sie einer ganzen Welt mitzuteilen; verfehlte er dieses Lied, dieses Gedicht, so fehlte der Symphonie des Alls ein wichtiger Klang, ein bedeutsamer Laut, – kann doch dieser Klang, dieser Laut nur durch diese seine Person zur Welt gebracht werden; und es ist Gott selber, der den Bogen auf den Saiten der Geige führt, die er schuf, um ihr diese Harmonie, diese Disharmonie im Konzert der Welt zu entlocken.

Die Botschaft, die sich in Johannes, dem «Täufer», verkörpert, wird eine grelle *Dis*harmonie sein, doch nur, um auf die schreienden Kontraste und Widersprüche hinzuweisen, an denen unser Leben leidet. Sie, wenn auch noch so schmerzhaft, aller Welt bewußtzumachen kann in der Tat ein erstes Werk des «Erbarmens» Gottes sein. Nur *das* ist gewiß bei der Namengebung des Johannes: daß «die Hand des Herrn ... mit ihm» sein wird (1,66)[20]. Eine Zuversicht ist dies wie in der Berufungsgeschichte des Moses: Als er in der Szene vom brennenden Dornbusch die Gottheit nach ihrem Namen befragt, antwortet diese nicht mit einem «Begriff» oder «Titel» oder mit einer kultischen Akklamationsformel, sondern mit einer Art Beistandserklärung für die Ewigkeit: «Ich bin da, als der ich da sein werde» – so ist sein Name (Ex 3,14)[21]. Daß Gott «*da* ist», in jeder Situation, in jedem Augenblick, ist alles, was ein Mensch über Gott je wird in Erfahrung bringen können, aber auch wird in Erfahrung bringen *müssen*: Da ist eine Macht, die ihn umfängt und die ihn begleitet, so wie er sie braucht, – als Schutz in Momenten der Angst, als Beistand in Momenten der Einsamkeit, als Widerspruch in Momenten des Irrtums, als Ermutigung in Momenten des Verzagens ... – Daß Er «*da* ist», wird aller Trost und alle Orientierung sein, auf die ein Mensch sich in der Ungewißheit alles Künftigen verlassen kann[22].

Freilich gehört zu einer solchen Auslegung des Texts, daß man – in

[20] Vgl. JOSEF SCHMID: *Das Evangelium nach Lukas*, 58–59: «Gottes Hand, das Sinnbild seiner schützenden und lenkenden Macht (vgl. Ex 13,3.14; 14,8; 15,6; ... usw.; auch Apg 11,21; 13,11), waltete von Anfang an (sc. wesenhaft, d.V.) sichtbar über dem Leben des schon unter so wunderbaren Umständen ins Leben getretenen Kindes.»

[21] MARTIN BUBER: *Moses*, in: Werke, II 62–64.

[22] Vgl. MARTIN BUBER: *Der Glaube der Propheten*, in: Werke, II 280.

christlichem Sinne – in der israelitischen Stammesgottheit Jahwe den Vater *aller* Menschen im Gespräch mit *all* seinen Geschöpfen erkennt. Eine solche Erweiterung des Gottesbildes ebenso wie der Botschaft Gottes ins allgemein Menschliche, einen jeden, schon weil er ein Mensch ist, betreffend, wird wenig später Johannes selber in seiner Predigt am Jordan vornehmen. «Fangt nicht an, euch zu sagen: Zum Vater haben wir Abraham», wird er drohend ausrufen. «Denn ich sage euch: Es kann Gott aus diesen Steinen (hier) Abraham Kinder erwecken.» (Lk 3,8) Zu gering wäre es, die Worte der Bibel in den Mauern verstummen zu lassen, darinnen sie zum ersten Mal erklangen; die Worte Gottes wollen hinausgetragen werden in die Weite der Welt, sonst wären sie nicht Gottes; sie erweisen sich als von Gott gesagt, indem sie eine Wahrheit reden, von der alle Menschen leben, – anderenfalls blieben sie das tote Echo eines Un-Gottes, das Stammeln eines Götzen, die Zusammenstellung der Projektionen eines zeitbedingten Nationalstolzes und eines ausschweifenden Stammesegoismus in die Phantasiegestalt eines bloßen Volksgeistes.

Insbesondere die hymnische Preisung, mit der im folgenden Zacharias die Gottheit seines Volkes ehrt, muß man deshalb ins Universelle stellen. Schon daß er «prophetisch» redet, «erfüllt Heiligen Geistes» (1,67), weist in diese Richtung[23], denn was wäre «Heiliger Geist», atmete er nicht in jedes Menschen Brust und durchwehte er nicht *alles* Lebende? *Lukas* jedenfalls schriebe sein Evangelium nicht, sähe er die Person und Botschaft des «Erlösers» beschränkt nur auf den Geltungsbereich *eines* (des jüdischen) Volkes, *einer* Art des Menschseins, *einer* einzigen (jüdischen) Geschichte, die mit Abraham begonnen hätte und bei den «Kindern» Abrahams endete[24]. Wohl spricht Zacharias in den folgenden Worten noch ganz und gar als ein zum Propheten gewordener Priester, der Dienst tut im Dritten Tempel Herodes' des «Großen»; doch gelesen mit den Augen des Evangelisten, bezeichnet die Rede von «Israel» lediglich den Ursprung einer Erfahrung, die, «Israel» entströmend, *allen* Menschen der Erde geschenkt ist.

«Erlösung» hat da «der Gott Israels» «seinem Volke» «geschaffen»

[23] Vgl. EDUARD SCHWEIZER: *pneŷma* (Geist), in: ThWNT, VI 401–413: Lukas und Apostelgeschichte.

[24] Ebenso historisch zutreffend wie vergegenwärtigend beschreibt LION FEUCHTWANGER: *Die Söhne*, 4. Buch: Der Nationalist, 326–331; 406, die Auseinandersetzung zwischen Nationalismus und Universalismus im Selbstverständnis des Judentums Ende des 1. Jhs. und meint von der Synagoge nach 70: «Binnen kurzer Frist werden die Juden, die als die ersten auf der bewohnten Erde verkündet hatten, ihr Gott gehöre nicht ihnen allein, sondern der ganzen Welt, zu den fanatischsten Partikularisten.» (S. 329)

(1,68) – dieses Psalmenwort bezog sich gewiß einmal auf die Rettung vor den «Feinden» (1,71) und politischen Gegnern des judäischen Staates[25]; vom Überleben in Kriegsnot, vom Sieg auf dem Schlachtfeld ist da die Rede, nicht anders als bei dem Prophetenwort vom Entrissenwerden aus «der Hand der Feinde» (1,74)[26]; zweifellos wurde einmal so gedacht und gesprochen in Tagen, da man militärische Triumphe den himmlischen Heerscharen zuschrieb und den «Herrgott Zebaoth» als einen machtvollen Kriegsgott anbetete[27]. FRIEDRICH NIETZSCHE (1844–1900) noch zollte einer solchen «Frömmigkeit» Beifall: «Ein Volk, das noch an sich selbst glaubt, hat auch noch seinen eigenen Gott. In ihm verehrt es die Bedingungen, durch die es obenauf ist, seine Tugenden, – es projiziert seine Lust an sich, sein Machtgefühl in ein Wesen, dem man dafür danken kann ... – Ein solcher Gott muß nützen und schaden können, muß Freund und Feind sein können – man bewundert ihn im guten wie im schlimmen ... Man hat den bösen Gott so nötig als den guten: man verdankt ja die eigne Existenz nicht gerade der Toleranz, der Menschenfreundlichkeit ... Was läge an einem Gotte, der nicht Zorn, Rache, Neid, Hohn, List, Gewalttat kennte? dem vielleicht nicht einmal die entzückenden ardeurs (sc. frz.: brennenden Leidenschaften, d.V.) des Siegs und der Vernichtung bekannt wären? Man würde einen solchen Gott nicht verstehn: wozu sollte man ihn haben?»[28]

Nun, man *müßte* ihn haben für das, was bei *Lukas* schließlich auch Zacharias nach all den tradierten martialisch-chauvinistischen Rettungsliedern der Psalmen als den wahren Inhalt des Erlösungsgedankens formuliert: es geht um die «Rettung» «in Vergebung» der «Sünden, wegen des Innersten an Erbarmen unseres Gottes, in dem uns angeschaut hat der Aufgang aus der Höhe, aufzuscheinen denen, die in Finsternis und Todesschatten sitzen:

[25] Vgl. JACOB KREMER: *Lukasevangelium*, 34: «... die Sendung des verheißenen Retters ... ist in atl Sprache nach Art einer kriegerischen Befreiung dargestellt, hat aber aus der Sicht des Evangelisten ein ungestörtes Leben vor Gott zum Ziel, das in kultischen Bildern (vgl. Ex 19,6; 1 Petr. 2,9) ausgesprochen wird.» Da ist also das «Kriegerische» ebenso als «Bild» zu lesen wie das «Kultische»; doch dann muß man all die Texte *symbolisch* interpretieren.

[26] Fast entschuldigend bemerkt dazu JOSEF ERNST: *Das Evangelium nach Lukas*, 96: «Noch einmal klingt die Befreiung aus Feindeshand als Grundmotiv an. Wie nachhaltig muß sich die Erfahrung der Knechtschaft in der Erinnerung Israels festgesetzt haben!» Aber es geht hier ja nicht um eine «Erinnerung» an ferne Zeiten; die Frage ist: wie stellt man sich «Freiheit» angesichts der «Römer» (bzw. deren Nachfolger in der Gegenwart) vor?

[27] Zu der Bezeichnung «Jahwe Zebaoth» vgl. GERHARD VON RAD: «*Theologie des Alten Testaments*, I 32, der feststellt, daß dieser Titel «in den Büchern Genesis-Richter fehlt», und deshalb vermutet, er sei, infolge der Bindung an die Bundeslade, wohl «im 11. Jh. in Silo aufgekommen».

[28] FRIEDRICH NIETZSCHE: *Der Antichrist*, Nr. 16, in: Götzendämmerung, 205.

zu lenken unsere Füße zum Weg des Friedens.» (1,77–79)[29] Hier mit einem Mal redet die Stimme des (ersten und dritten) *Jesaja*, völkerübergreifend zu allen Menschen der Erde, Versöhnung stiftend vom Aufgang der Sonne bis zu ihrem Untergang, Frieden schaffend durch ein alle Schuld vergebendes Erbarmen. In *dieser* Weise zeigt sich Gott als der alte, der sich vormals dem Abraham versprach (1,73)[30]. Aber nicht die Wiederherstellung des davidischen Königtums steht längerhin in Aussicht (1,69)[31], sondern den Inhalt dieser lobpreisenden Weissagung bildet die Erwartung, daß Gott die Widersprüche, das Feindselige, das Zerstörerische in der menschlichen Seele überwinden wird – in den Herzen *aller* Menschen, indem er sie herausführt aus den Katakomben ihrer Verlorenheit und Verzweiflung.

Wie aber wird dazu das «Knäblein» beitragen, das da heranwächst und

[29] KARL HEINRICH RENGSTORF: *Das Evangelium nach Lukas*, 34, erläutert die Wendung «Aufgang aus der Höhe» als Bezeichnung des Messias und meint: «Der eigenartige Ausdruck hat eine lange Geschichte, die über die griechische Bibel auf den Grundtext des A.T. zurückgeht. Die griechischen Übersetzer gaben Jer. 23,5; Sach. 3,8; 6,12 das Wort ‹Sproß› mit dem griechischen Wort für Aufgang wieder. Da man in dem Worte ‹Sproß› an den genannten Stellen einen Namen des Messias fand, so ist auch das entsprechende griechische Wort zur Messiasbezeichnung geworden. Hier an unserer Stelle hat es durch den bedeutenden Zusatz ‹aus der Höhe› (s. auch 24,49) den Charakter einer eindeutigen Herrlichkeits- und Hoheitsbezeichnung bekommen... So ist auch in diesem Liede wie in dem der Maria alles dem Gedanken der Herrlichkeitsoffenbarung Gottes in dem verheißenen Davidssproß untergeordnet.» Die Frage ist nur, von welcher Art diese «Herrlichkeitsoffenbarung» sein soll. Bezeichnenderweise fährt KARL HEINRICH RENGSTORF (a.a..O.) fort: «Von einem Leiden oder gar einem Sterben des Messias hören wir weder dort noch hier etwas.»

[30] Darin liegt denn doch ein wichtiger Deutungshinweis für die Gestalt des kommenden Messias. «Wesentlich ist, daß die äußere Not zugleich als Glaubensnot erfaßt ist. Deshalb gehört zu ihrer Überwindung auch die Beseitigung der Spannungen, die sich aus dem scheinbaren Gegensatz zwischen der Erwählung Israels durch Gott (1. Mose 17,7; 22,16f.; Micha 7,20) und der leidvollen Gegenwart ergeben. Fällt unter dem Wirken des Messias mit dem äußeren auch die innere Last von Israel ab, dann endlich kann es, frei gemacht für den ihm bestimmten Beruf, Gott in Heiligkeit und Gerechtigkeit dienen.» KARL HEINRICH RENGSTORF: A.a..O., 34. Das Denkschema verbleibt damit erkennbar in der deuteronomistischen Tradition, wonach Gott «sein» Volk für die Sünden straft, indem er es – eine Zeitlang – der Herrschaft anderer Völker unterwirft oder durch Naturkatastrophen heimsucht. All diese – zentralen! – Vorstellungen gilt es, symbolisch zu übersetzen.

[31] KARL HEINRICH RENGSTORF: A.a..O., 34: «Das Volk, dessen Heil nun angebrochen ist, ist Israel. Das schließt ein universalistisches Verständnisses des Heils zwar nicht aus; doch ist es jedenfalls im Zusammenhang nicht nahegelegt. Das Heil erscheint betont als politische Befreiung ... durch Gott, der sein Volk heimsucht... Als solches aber trägt das Heil messianischen Charakter. Alle Not nimmt dadurch ein Ende, daß Gott die Verheißungen der Propheten, auch hier wohl in erster Linie die Weissagung Nathans (2. Sam. 7,12ff....), erfüllt und im Hause Davids ein ‹Horn des Heils› aufrichtet, nämlich Israel einen Davididen als Messias beschert (das schriftgelehrte Judentum hat 1. Sam. 2,10 messianisch verstanden).»

«an Geist» erstarkt (1,80), – ein Wüstenbewohner und Eremit, ein Einzelgänger und Gottsucher in den Einöden und Stürmen der Einsamkeit[32]? Vielleicht begreift man diesen Propheten des endgültigen Unheils, der Stunde einer letzten Entscheidung angesichts des sicheren Zorngerichts Gottes am besten, wenn man in ihm einen Menschen erblickt, wie er in all den *Jeremia*-förmigen Charakteren anzutreffen sein wird: eine Persönlichkeit, die sich die hohe Sensibilität eines durch und durch verletzbaren, nach allen Seiten hin offenen Kindes bewahrt hat, aber, erwachsen werdend, zu Tode erstarrt ist ob der ganz alltäglichen Abscheulichkeiten, die sich die menschliche Geschichte nennen; – aus diesem Kontrast zwischen Wesen und Unwesen, zwischen Spruch und Widerspruch, zwischen Ahnung und Wahn werden «Propheten» geboren.

Noch einmal war es HERMANN HESSE (1877–1962), der in einem kleinen Gedicht unter dem Titel *Ich weiß von solchen*, ohne dabei speziell an die biblischen Gotteskinder und Gotteskünder zu denken, diese besondere Art des menschlichen Erlebens auf eine Weise nachempfand, die uns einen Mann wie Johannes den Täufer, noch ehe er – von Gott berufen, mit prophetischen Machtworten mahnend – in der Öffentlichkeit auftritt, vertraut machen möge; er schrieb:

In manchen Seelen wohnt so tief die Kindheit,
Daß sie den Zauber niemals ganz durchbrechen;
Sie leben hin in traumgefüllter Blindheit
Und lernen nie des Tages Sprache sprechen.

Weh ihnen, wenn ein Unheil sie erschreckt
Und plötzlich hell zur Wirklichkeit erweckt!
Aus Traum gescheucht und kindlichem Vertrauen
Starren sie hilflos in des Lebens Grauen.

32 KARL HEINRICH RENGSTORF: A.a..O., 35: «Als sein (sc. des Johannes, d.V.) Aufenthalt wird die Einöde angegeben, also eine Gegend, in der Siedlungen zwar fehlen, wo aber etwa Weidewirtschaft getrieben werden kann ... Wenn hinzugefügt wird, dort sei Johannes gewesen bis zur ‹Einsetzung (in sein Amt)›, so kann das nur meinen, daß er mit einem solchen einsamen Leben Gottes Willen gehorsam war. Mit seinem Volke trat er deshalb erst in Berührung, als Gott ihn dazu berief (3,1 f.).» Wer in der Gegenwart das Leben von «Propheten» dieses Typs noch kennenlernen möchte, der wird ihm in Äthiopien vereinzelt begegnen können: – Männer, die an einsamen Orten im Gebirge hausen und nur zur Mitteilung ihrer – fast immer dramatisch drohenden – Botschaft sich unter die Menschen begeben.

Ich weiß von solchen, die der Krieg erst weckte,
Da sie des Lebens Mitte überschritten,
Und die seither am Leben wie erschreckte
Traumwandler zitternd und geängstet litten.

Es scheint: in diesen Hoffnungslosen sucht
Die Menschheit ihrer blutgetränkten Erden,
Sucht ihrer Grausamkeit und Seelenflucht
Erschauernd und beschämt bewußt zu werden.[33]

[33] HERMANN HESSE: *Stufen*, 155.

Lk 2,1–20: Die Geburt Jesu und die Anbetung der Hirten oder: Vom Frieden der Gnade

(vgl. Mt 1,18–25; 2,1–12)

1 Es geschah in jenen Tagen: Es erging eine Verfügung von seiten Kaisers Augustus, zu registrieren sei die ganze bewohnte Erde. 2 Diese Registrierung geschah als erste, während Statthalter über Syrien Quirinius war. 3 Da gingen alle hin, sich registrieren zu lassen, ein jeder in seine Heimatstadt. 4 Hinauf zog also auch Josef von Galiläa, aus der Stadt Nazaret, nach Judäa, in die Stadt Davids, die Betlehem heißt, deswegen, weil er war aus dem Hause und Vaterstamm Davids, 5 sich registrieren zu lassen mit Maria, der ihm Verlobten, die schwanger war. 6 Da geschah es: bei ihrem Dortsein erfüllten sich die Tage ihres Gebärens, 7 und sie gebar ihren Sohn, den Erstgeborenen, und sie wickelte ihn und legte ihn in eine Krippe, weil kein Platz für sie war in der Unterkunft.

8 Auch Hirten waren in derselben Gegend, auf freiem Feld lagernd, Nachtwachen wachend bei ihrer Herde. 9 Und ein Engel des Herrn trat zu ihnen, und die Herrlichkeit des Herrn umstrahlte sie, und sie fürchteten sich, eine große Furcht. 10 Doch es sagte ihnen der Engel: Fürchtet euch nicht. Denn da! Eine Heilsbotschaft bringe ich euch, eine große Freude, die zuteil werden wird dem gesamten Volk: 11 geboren ward euch heute ein Retter, der ist der Messias, der Herr, in der Stadt Davids. 12 Und dies sei euch ein Zeichen: Ihr werdet ein Baby finden, gewickelt und liegend in einer Krippe. 13 Und plötzlich ward da zusammen mit dem Engel eine Menge himmlischer Heerschar (Ps 103,20.21), die lobten Gott und sagten: 14 Herrlichkeit Gott in den Höhen (Lk 19,38), und auf Erden Friede in Menschen des Wohlgefallens.

15 Und es geschah: wie fortgegangen waren von ihnen in den Himmel die Engel, sprachen die Hirten zueinander: Laßt uns doch gehen auf Betlehem zu und laßt uns sehen die Botschaft, das Geschehen, das der Herr kundgetan hat uns. 16 Und sie gingen eilends und fanden: Maria sowohl als auch Josef und das Baby, liegend in einer Krippe. 17 Als sie es sahen, taten sie kund die Botschaft, die ihnen gesagt worden war über dies Knäblein. 18 Und alle, die es hörten, wunderten sich über das, was gesagt ward von den Hirten zu ihnen. 19 Maria aber – alles bewahrte sie, diese Botschaften zusammenfügend in ihrem Herzen (Lk 2,51). 20 Und es kehrten die Hirten zurück, verherrlichend und lobend Gott ob allem, was sie gehört und gesehen, wie es gesagt worden war zu ihnen.

Mit einem Fanfarenstoß beginnt die Geburtsgeschichte Jesu im Evangelium nach *Lukas*. «Es erging eine Verfügung von seiten Kaisers Augustus, zu registrieren sei die ganze bewohnte Erde. Diese Registrierung geschah als erste, während Statthalter über Syrien Quirinius war.» (2,1.2) Den Worten nach enthält diese Einleitung eine historische Zeitangabe – und ist als solche mehrfach irrig: Wohl trifft es zu, daß *Augustus* (63 v. Chr. – 14 n. Chr., Alleinherrscher Roms ab 31 v. Chr.) ein System der Steuerveranlagung eingeführt hatte, zu dem es gehörte, daß alle 14 Jahre eine neue Eintragung in die Steuerlisten vorgenommen werden mußte[1]; jedoch berichtet der jüdische Geschichtsschreiber FLAVIUS JOSEPHUS (37/38 n. Chr. – um 100), daß erst im Jahre 6 n. Chr., als Judäa der Provinz Syrien einverleibt wurde, Quirinius, zusammen mit dem ersten Prokurator Coponius, eine Steuerveranlagung in Judäa durchgeführt habe[2]; zu dieser Zeit war Jesus vermutlich

[1] WOLFGANG WIEFEL: *Das Evangelium nach Lukas*, 68, sieht eine gewisse Hochachtung darin gelegen, daß *Lukas* den römischen Kaiser nicht Octavian nennt, sondern ihn so bezeichnet, wie VERGIL: *Aeneis*, VI 792 ff., S. 166-167, den Kaiser benennt; doch gerade so entsteht erst die Spannung der Frage, wer eigentlich die Bezeichnung «Augustus» verdient, insbesondere unter dem Eindruck der zunehmenden Vergöttlichung des Caesars; der Ehrenname «Augustus» war im Jahre 27 v. Chr. dem Kaiser vom Senat verliehen worden. – Zu dem «Zensus» (der «Registrierung») führt WOLFGANG WIEFEL aus: «Zwar ist ein derartiges Dekret, das einen Reichszensus ansetzt, nicht bekannt. Man kann diese Angabe jedoch als verkürzte Beschreibung der Zensusvorgänge verstehen, die weite Teile des Imperiums erfaßten. Sie gehören in den Zusammenhang der Reichsreform, die Augustus bald nach dem Antritt des Prinzipats begonnen hat. Sie erstreckte sich über Jahrzehnte und führte in manchen Provinzen (Gallien, Syrien) zu blutigem Widerstand der Bevölkerung... Er wird (sc. von *Lukas*, d.V.) befristet auf die Zeit der amtlichen Wirksamkeit des (P. Sulpicius) Quirinius in Syrien. Dieser scheint seit etwa 12 v. Chr. im Orient tätig gewesen zu sein, vielleicht in der Stellung eines leitenden Mannes in Zusammenarbeit mit den provinzialen römischen Beamten... Lukas umschreibt die Stellung des Quirinius in Syrien so, daß man meinen könnte, er habe das Statthalteramt innegehabt (... wie in 3,1 von Pontius Pilatus). Das ist nicht der Fall. ... Ein ... Lösungsversuch (sc. zur Datierung des Zensus, d.V.) rechnet mit einem vierzehnjährigen Turnus für den Provinzialcensus. Rückschließend ... käme man auf einen ... Termin ... zur Zeit des Herodes 7/6 n. Chr.» (A. a..O., 68–69) Vgl. zum Zensus auch JOSEF SCHMID: *Das Evangelium nach Lukas*, 66–70.

[2] Vgl. FLAVIUS JOSEPHUS: *Jüdische Altertümer*, XVII 13,5, S. 502: «Übrigens wurde das Gebiet des Archelaus der Provinz Syrien einverleibt, und der Caesar schickte nun den Quirinius, einen gewissen Konsul, ab, um eine Schätzung des Vermögens in Syrien vorzunehmen und die Güter des Archelaus zu verkaufen.» Und XVIII I 1, S. 504: «Quirinius also ... kam auf Geheiß des Caesars mit wenigen Begleitern nach Syrien ... um die Vermögensschätzung vorzunehmen. Zugleich mit ihm wurde Coponius, ein Mann ritterlichen Standes, zur Wahrnehmung der höchsten Gewalt in Judaea abgeschickt. Bald fand sich nun Quirinius auch in Judaea ein, das mit Syrien verbunden war, um hier ebenfalls das Vermögen zu schätzen... Die Juden wollten zwar anfangs von der Schätzung nichts wissen, gaben jedoch allmählich auf Zureden des Hohepriesters Joazar ... ihren Widerstand auf und ließen nach seiner Weisung die Schätzung ihres Vermögens ruhig geschehen.» (S. 504–505) Hingegen bereitete der Galiläer Judas (vgl. Apg 5,37) einen bewaffneten Aufstand vor. Vgl. FLAVIUS JOSEPHUS: A. a..O., XVIII 1,1, S. 504–506; XX 5,2, S. 651; DERS.: *Der Jüdische Krieg*, II 17,8, Bd. 1, S. 223.

schon 12 Jahre alt. In Wahrheit geht es *Lukas* indessen hier gar nicht um eine korrekte historische Berichterstattung, in Wirklichkeit ist es ihm um die *Um*schreibung der gesamten menschlichen Geschichte zu tun: mit der Geburt Jesu hat ihm zufolge eine neue Weltordnung begonnen.

Daß die Geburt des Mannes aus Nazaret nach Betlehem, in «die Stadt Davids», verlegt wird, entspricht einer theologisch begründeten Legendenbildung, auf die auch *Matthäus* (Mt 2,1) zurückgreift: schon durch seinen Geburtsort sollte Jesus als «Sohn Davids» beglaubigt werden, als der «Gesalbte», als der «Christus» (hebr.: der Messias), – hatte doch der Prophet *Micha* (Mi 5,1, vgl. 2 Sam 5,2; Mt 2,6) die Ankunft des Königs der Endzeit an eben diesem Orte geweissagt[3]. *Lukas* verwendet die (fehldatierte) Steuereintragung, um zu erklären, wieso Jesus, der Nazarener, in Betlehem zur Welt gekommen sein kann, doch nimmt er dafür einen Widerspruch zum jüdischen Gesetz in Kauf: Maria und Josef müßten inzwischen verheiratet sein und als Mann und Frau zusammenwohnen, denn eine Reise von nur Verlobten hätte als unschicklich gegolten; von einer Heirat aber wird nichts erzählt. Völlig undenkbar ist es zudem, alle Männer zur Registrierung in ihre Geburtsstadt reisen zu lassen und damit das ganze römische Imperium auf Monate und Jahre hin durcheinanderzuwürfeln[4]. Aus all diesen logischen Ungereimtheiten kann man nur schließen, daß *Lukas* etwas ganz anderes im Sinn trägt als historische Exaktheit. *Matthäus* setzt die Geburt Jesu in Betlehem in einen Gegensatz zwischen dem «wahren» König aus Israel und dem vermeintlichen Königtum Herodes' des Großen (Mt 2,1–23)[5];

[3] Vgl. ERICH KLOSTERMANN: *Das Lukasevangelium*, 29: «In den wenigen Versen (2,1-7), die von der Geburt selbst handeln, nimmt die Einleitung den größten Platz ein; in ihr soll erklärt werden, wie das Ereignis zu Bethlehem geschehen konnte, wenn doch nach 1,27 Joseph und Maria ihren Wohnsitz in Nazareth hatten ... Daß die Motivierung der Reise nach Bethlehem durch diesen Zensus aus der Feder des Lc stammt, wird gewöhnlich angenommen. Lc verband dann seine legendarische Tradition mit der Profangeschichte.» PAUL-GERHARD MÜLLER *Lukas-Evangelium*, 39, meint ganz richtig: «Für Lukas ist sie (sc. die Steuererhebung, d.V.) vor allem Anlaß, die Geburt Jesu in den weltgeschichtlichen Rahmen des Imperiums ... einzuordnen, den Zug Marias und Josefs nach Bethlehem in die Davidsstadt zu begründen, damit der Messias Jesus in dieser Stammburg der Davidslinie in die Geschichte eintritt, und den Kontrast zwischen dem angeblichen Weltherrscher Augustus und dem wahren König der Welt ... hervorzuheben.»

[4] Schon DAVID FRIEDRICH STRAUSS: *Das Leben Jesu*, 1. Bd., 4. Kap., § 28, S. 198–207: Die Schätzung, machte geltend, daß die Einschreibung in dem jeweiligen Stammort nur bei jüdischen Aufzeichnungen üblich war; «die Römer hingegen ... nahmen den Census in den Wohnorten und Bezirkshauptstädten vor.» (S. 205)

[5] Vgl. Mt I 295–306: Mt 2,1-23: Die Träume Gottes und die mörderische Wirklichkeit der menschlichen Geschichte. – CLAUS BUSSMANN: *Lukas – Augustinus – Gutiérrez*. Drei Ant-

Lukas greift ungleich höher: Nicht allein für Israel, – für die ganze Welt, für das Weltreich Rom, für die Frage der Macht zu allen Zeiten der menschlichen Geschichte ändert sich mit der Ankunft Jesu in der Davidsstadt Betlehem alles. Seither gilt es zu wählen auf Entweder – Oder, woran man wirklich glaubt: an den Messias aus Israel oder an den römischen Kaiser, an den «Sohn Gottes» der hebräischen Propheten oder an den vergöttlichten Amtsträger auf dem Cäsarenthron, an die Macht der Güte zur Befriedung der Welt oder an die Gewalt der Waffen zum «Siegfrieden» auf den Schlachtfeldern. Entweder – Oder. Ein für allemal.

Wie schroff diese Alternative sich stellt, wird unzweideutig klar in den hymnischen Lobpreisungen, mit denen man die «Friedenspolitik» des Kaisers Augustus in jenen Tagen umgab. Hören wir nur NICOLAUS DAMASCENUS (um 64 v. Chr. – ?), den Kanzler und Hofschreiber des Königs Herodes, wie er um 23 v. Chr. den römischen Imperator in den Himmel zu heben weiß: «Die Menschen», schreibt er, «haben diesem Manne den Ehrennamen Augustus (sc. der Erhabene, im Jahre 27 als Kaisertitel, d. V.) beigelegt und verehren ihn durch Tempel und Opfer hin und her in den Städten und Nationen ... zum Dank für sein großartiges Lebenswerk und die Segenstaten, die er an ihnen vollbrachte. Denn er ist der Mann, der den Gipfelpunkt menschlicher Macht und Weisheit erreicht hat. Er hat die größte Völkerschar, von der die Geschichte weiß, unter seiner Herrschaft vereinigt. Unter ihm haben die Grenzen des römischen Reiches ihre größte Ausdehnung erlangt. Er hat nicht nur die Völker, sondern auch die Herzen aller Menschen

worten auf die Frage nach dem Verhältnis des Christentums zur Politik, in: Claus Bussmann – Walter Radl (Hg.): Der Treue Gottes trauen, 362, schreibt zwar: «Lukas stellt sich offenbar ein Christentum vor, das unbehelligt – wie andere Religionsgemeinschaften auch, unter dem Schutz der römischen Gesetze und im Genuß der bekannten Toleranz der römischen Behörden gegenüber nichtrömischen Religionen in der frühen Kaiserzeit – seinen besonderen religiösen Vorstellungen nachgehen kann, ohne dabei allerdings Einfluß auf das Gemeinwesen ausüben zu wollen.» Doch gegen diese Einschätzung spricht, daß gerade *Lukas* an den gesellschaftlichen Zuständen seiner Zeit massiv Kritik übt, so daß jede «Theologie der Armut» sich auf ihn berufen kann, und daß ferner das Evangelium besonders auf die Tatsache von Verfolgung und Martyrium eingeht. Unterstreichen muß man allerdings, daß Lukas die Botschaft vom Reich Gottes nicht *politisch*, sondern religiös dem Reich des Kaisers entgegensetzt. Das hindert nicht, daß FRANÇOIS BOVON: *Das Evangelium nach Lukas*, I 118, richtig urteilt, wenn er in «dem Hinweis auf den Gehorsam Josefs und Marias» eine «Polemik» «gegen zelotische Bewegungen» am Werke sieht. «Lukas spielt also nicht eine politische Theologie gegen eine andere aus. Das Evangelium ist Kritik der Herrscher – wie der Zelotenideologie.» Dabei übersehen die «heutigen Leser leicht den Machanspruch einer damaligen Volkszählung, in der ein Herrscher sich der Zahl seiner Untertanen versichern wollte, um sie militärisch und finanziell besser in der Hand zu haben ... Das Volk gehört Gott ... Allein Gott darf eine Volkszählung veranstalten (Num 1; 26).» Vgl. 2 Sam 24,1.

ein für allemal gewonnen, zunächst mit der Waffe in der Hand, dann aber auch ganz ohne Waffengewalt. Stämme, die zuvor kein Mensch auch nur dem Namen nach kannte, hat er zu Kulturvölkern erzogen. Nationen, die seit Menschengedenken keinen Herrn über sich duldeten, leisten ihm freiwillig Gefolgschaft um der gütigen Menschlichkeit willen, die sich immer leuchtender in ihm offenbart.»[6]

Worte wie diese sind nicht nur üblich zu allen Zeiten für die «Herrscher der Welt», von der Pax Romana damals bis zum Konzept einer Pax Americana in den «Think tanks» des 21. Jhs. n. Chr., sie sind auch stereotyp gleichbleibend in der Dreistigkeit ihrer Selbstwidersprüche: da sollen «die Herzen aller Menschen» gewonnen worden sein zunächst mit Waffengewalt – dann auch ganz ohne Waffen; so umschreibt man die totale Kapitulation und Unterwerfung ganzer Menschengruppen unter die Knute militärischer Macht, die freiheitliebende Völker unter das Joch zwingt und auf immer tributpflichtig macht. Eben diesem Zweck dient ja die reichsweite Steuerveranlagung: die Militärmaschinerie muß geschmiert werden – mit dem Blut der Erschlagenen, dem Schweiß der Versklavten, dem Mark der Besiegten – wahrlich, so werden «Barbaren» zu «Kulturvölkern» «erzogen». Doch damit das alles gefeiert werden kann als «Segenstat» einer «gütigen Menschlichkeit», müssen «die Herzen der Menschen gewonnen» werden, auf daß sie sich diesem Despoten in Dankbarkeit, Gefolgschaft und Verehrung «freiwillig» und vorbehaltlos unterwerfen. «Dies ist der Mann», schreibt wenig später sogar (oder gerade) der große römische Dichter VERGIL (70–19 v. Chr.), «dies ist er, der längst den Vätern Verheißne, Caesar Augustus, Sohn Gottes und Bringer der Goldenen Endzeit.»[7] – Wer also ist

[6] Zit. n. ETHELBERT STAUFFER: *Jerusalem und Rom*, 28.

[7] VERGIL: *Aeneis*, VI 792, S. 166; vgl. DERS.: *Hirtengedichte*, IV 1–63: Zeitenwende, S. 15–18, mit den berühmten Versen:

> Schon kam das Ziel der Zeit, von dem die Sibylle einst raunte,
> wiedergeboren beginnt ein neuer Kreis der Äone.
> Schon kehrt die Jungfrau zurück, Saturns Regierung kehrt wieder,
> schon wird ein neuer Sproß entsandt aus himmlischen Höhen.
> Dieses Knaben Geburt beschirme, reine Lucina!
> Er macht ein Ende der eisernen Zeit; eine goldene Menschheit
> wird die Erde dann füllen …
> bleiben noch Spuren der früheren Frevel – sie werden verschwinden
> und vom beständigem Grauen die Erde endlich befreien.
> Göttliches Leben empfängt er jedoch; die Götter erschaut er
> samt den Helden der Vorzeit, und sie auch werden ihn sehen.
> (IV 4–10.13–16)

da der «Sohn Gottes», der «Bringer des (wiedergekehrten) Goldenen Zeitalters»? Der Mann der Macht oder der Mann der Ohnmacht?

Wie radikal *Lukas* sich und dem Leser diese Frage vorlegt, zeigt sich daran, daß er es wenig später als eine Versuchung des Satans schildert, «all die Königreiche des bewohnten Erdkreises» sich unterwerfen zu wollen; «all diese Macht» kann man erringen doch nur, indem man sich vor dem Teufel (anbetend) niederwirft (Lk 4,5–6). Als Götzendienst und Teufelsdienst, als Selbstapotheose sterblicher Menschen, die sich durch Gewalt und Herrschaft «unsterblich» machen möchten, erscheint da der Wille zur Weltherrschaft, und sie tritt nirgends so offensichtlich, so schamlos und unverfroren in Erscheinung als in der Gestalt des Kaisers «Augustus». In seiner Hand regiert der diktierte Gewaltfriede eines Imperiums, das in der Tat die gesamte damals bekannte Erde umspannte, von Schottland bis Mesopotamien, von Spanien bis Syrien, von der Nordsee bis Nordafrika. Feierlich werden im August 29 die Tore des Janustempels geschlossen[8]: Wenn

Die «»Jungfrau» ist das Sternbild Virgo, das mit Dike (der Gerechtigkeit) gleichgesetzt wurde; Saturn, mit welchem Augustus selbst identifiziert wurde, galt als der Herrscher des goldenen Zeitalters. Lucina (= Juno) war die Göttin der Geburtshilfe. Die 4. Ekloge ist nicht mit den Augen der jüdischen Apokalyptik zu lesen; wohl aber ist sie ein wichtiges Dokument der Apotheose des römischen Kaisers bereits im 1. Jh. v. Chr., und *dessen* Einfluß insbesondere auf Herodes (den Großen) zeigt sich u. a. daran, daß dieser im Jahre 27 v. Chr., als Oktavian den Namen «Augustus» (griech.: Sebastos) empfing, die Stadt Samaria in Sebaste umtaufte und «dort unter vielen anderen Prachtbauten einen Augustustempel» errichtete, «dessen riesenhafter Altar noch erhalten ist». Im Jahre 22 v. Chr. «begann Herodes mit den Bauarbeiten für seine neue Hafenstadt am Mittelmeer, die zu Ehren des Caesar Augustus den Namen Caesarea erhielt. Zum Gedächtnis der Orientreise des Kaisers und seines diplomatischen Parthersieges baute Herodes im Spätherbst des Jahres 20 nördlich vom See Genezareth eine Augustuskapelle.» ETHELBERT STAUFFER: *Jerusalem und Rom*, 27–28. – Zu dem Kontrast von *pax Augusta* und *pax Christi* vgl. MARK COLERIDGE: *The Birth of the Lukan Narrative*, 141, der meint, daß beide Formen des «Friedens» «nicht notwendig identisch (sind), besonders wenn wahr ist, was das Benedictus vom Frieden Gottes sagt, – daß er als Frucht der Vergebung kommt.»

8 Vgl. ETHELBERT STAUFFER: *Christus und die Caesaren*, 88–89: «Das römische Imperium und sein Imperator werden zur ordnenden Mitte des Völkerlebens von der Themse bis zum Indus. Augustus ist ein Meister in der moralischen Eroberung der Völker. Das offenbart sich am großartigsten auf einer mehrjährigen Orientreise, die er um 21 vor Christus unternimmt. Da gibt er Tyrus und anderen Stadtgemeinden die Selbstverwaltung zurück, schließt die Reichsstädte Kleinasiens in einem Kulturverband zur Anbetung des Götterpaares Roma und Augustus zusammen, stiftet für den Tempel in Jerusalem ein tägliches Opfer zum Heile des Kaisers, ordnet die Verhältnisse im Vasallenreich des Herodes, empfängt Gesandtschaften aus Indien und dem Dongebiet und sichert sich ohne Schwertstreich den maßgeblichen Einfluß in dem mächtigen Kontinentalreich des Ostens, im Partherreich ... Als Augustus im Jahre 19 auf die demütigen Bitten des Senats nach Rom zurückreist, feiert man dort seine Rückkehr wie die Wiederkunft eines Gottes und errichtet einen Altar für die Fortuna

jemals eine Militärmacht erreicht hat, was sie wollte, dann unter und durch Augustus. – Doch um welchen Preis?

Was Jesus dagegen zu stellen hat, ist zweierlei: negativ gesprochen, ist es die Abscheu vor der Gewalt, positiv gesagt, ist es der Glaube an die Macht der Liebe im Herzen der Menschen. Was für ein Recht eigentlich nehmen sich die Mächtigen, ihre «Größe» zu gründen auf der Höhe der Leichenhaufen ihrer Opfer? Wer nur hat sie gelehrt, ganze Wälder abzuholzen, um die Landstraßen ihres Imperiums mit den Kreuzen grausam Hingerichteter zu flankieren? Was für eine Kulturleistung soll das sein, Menschen mit Wasserleitungen und Repräsentativbauten zu beglücken und ihnen dafür alles zu nehmen, was einmal ihre Freiheit und Würde ausgemacht hat? Fragen dieser Art richten sich nicht speziell an das römische Imperium, sie richten sich gegen die Skrupellosigkeit an sich, Menschen zu Hekatomben auf dem Altar der eigenen Machtgier zu opfern. Umgekehrt: Statt Menschen beherrschen zu wollen, sollte man sie dahin begleiten, ihre eigene Mündigkeit, ihre Zuständigkeit für sich selbst zu gewinnen; statt sich die Arbeitskraft anderer zur Vermehrung des eigenen Reichtums nutzbar zu machen, sollte

Redux, den Schutzengel, der ihn heimgeleitet hat. – Einige Jahre später unternimmt Augustus, begleitet von den Gebeten und Gelübden der römischen Menschheit, eine Reise nach dem Norden, um die militärischen Belange der Rheingrenze zu studieren, die Verwaltungsprobleme der gallischen Provinzen zu ordnen und auf Wunsch einer britischen Gesandtschaft einige politische Streitfragen in England zu regeln. Zur Feier seiner Rückkehr beschließt der Senat, eine Ara Pacis Augustae (sc. einen Altar des anbetungswürdigen, «augusteischen» Friedens, d.V.) zu errichten, einen Altar zu Ehren des Mannes, der den Frieden gewonnen hat. Vier Jahre haben die vornehmen Künstler des Imperiums daran gearbeitet, und der fertige Bau ist nicht nur eines der schönsten Denkmäler aus dem Goldenen Zeitalter der Römischen Kulturgeschichte, sondern zugleich das erste große Monument europäischer Reichskunst.» – SUETON: *Leben der Caesaren*, Augustus, Kap. 29, S. 72, berichtet, daß Augustus auf dem neuen Forum u. a. einen Tempel des Mars Ultor, des Kriegsgottes als Rächer, hatte errichten lassen. «Den Marstempel hatte er im Krieg von Philippi gelobt, den er, um seinen Vater zu rächen, begonnen hatte; deshalb setzte er auch fest, daß der Senat dort über Kriege und Triumphe berate, daß von hier aus in feierlichem Geleit die Provinzstatthalter zum Antritt ihres Kommandos auszögen und daß dorthin die siegreichen Feldherren die Auszeichnungen für ihre Triumphe bringen sollten.» WALTER RADL: *Der Ursprung Jesu*, 179, deutet zumindest die «Möglichkeit» an, die «Rede vom Frieden ... im Kontext der lukanischen Weihnachtsgeschichte ... als Hinweis auf den wahren Frieden im Gegensatz zu dem des römischen Imperiums» zu verstehen. Kennzeichnend ist auch, daß *Lukas* in 2,1 «Augustus mit keiner kaiserlichen Hoheitsaussage» versieht. «Die Prädikate ‹Herr› und ‹Retter› behält er Jesus, dem wahren Heiland vor.» (A. a. .O., 195) HELMUT FLENDER: *Heil und Geschichte in der Theologie des Lukas*, 57–58, anerkennt zwar, daß die Begriffe «Retter», «Heilsbotschaft» und «Friede» «ihre Analogie» zum «Hofstil des Kaiserkultes» haben, doch möchte er darin «nicht einseitig ... einen ‹Angriff auf den Kaiserkult›» sehen, «sondern zugleich ... das Ziel der Geschichte Gottes mit seinem Volk».

man Menschen dazu anleiten, den Reichtum ihres eigenen Lebens zu entdecken und zu entfalten; und statt sich selber mit den eigenen Überlieferungen und Überzeugungen zu dem maßlosen Maßstab aller anderen zu setzen, sollte man sich dafür einsetzen, daß Menschen selber ihr eigenes Maß zu finden und einzuhalten vermögen.

Eine solche Botschaft scheint einfach und klar, doch sie bedeutet den Umsturz von allem. Sie ist wie ein warmer Wind, der die Gletscher zum Schmelzen bringt und das Eis von Äonen als Tränen zerrinnen läßt. Es genügt, daß ein milderer Ton sich zu Wort meldet im Geschrei der Gewalt, und die Menschen werden ihn vernehmen wie ein Lied ihres eigenen Herzens, auf dessen Klang sie seit jeher, wenn bislang auch vergebens, gewartet haben. Es genügt, eine Wohnstatt des Wohlwollens einzurichten, und in Scharen werden an ihr die Wehmütigen, die Wahrheitsuchenden, die Widerspenstigen aus Not und Elend sich sammeln als an einem Ort des Verstandenwerdens, des Seindürfens, der Daseinsberechtigung. Die Frage freilich bleibt, wo eine solche «Herberge» der Humanität sich auftut für die Ankunft des «Christus».

Es ist ein altes, mythisches Motiv, daß die Mutter des Gottes(sohnes) auf der Wanderschaft bzw. auf der Flucht vor Verfolgung (wie in Mt 2,13–23) ihr Kind gebären und in Sicherheit bringen muß; religionsgeschichtlich handelt es sich dabei um Bilder, die der Mondmythologie, dem Fruchtbarkeitskult bzw. der Regelung dynastischer Fragen entstammen dürften[9]; in der lukanischen Legende von der Geburt Jesu aber existiert (noch) nicht jene «Herbergssuche», die in den weihnachtlichen Krippenspielen einen so großen Raum einnimmt, ebenso wenig wie der Ochs und der Esel, zwischen denen Jesus in der «Krippe» das Licht der Welt erblickt haben soll. Die gesamte Szene besitzt ihr Vorbild erkennbar nicht mehr im antiken Ägypten, sondern im Mythos von der Geburt des thessalischen Arzt- und Heilgottes

[9] Das Motiv der Verfolgung der Mutter des Gotteskindes gehört zum Topos von der Geburt des Helden; vgl. OTTO RANK: *Der Mythus von der Geburt des Helden*, 79–80, der unter anderem die Sagen von Perseus (S. 29–30), Dionysos (S. 30–33) und Kyros (S. 33–46) als Belege anführt, aber auch die Geschichten von Jesus (S. 60–64), Zoroaster (S. 64–66) und Mithras (S. 67). In der Mythe des *Asklepios* verweist das Motiv von der Verfolgung in die Mondmythologie, entsprechend der «dunkelhellen Mutter», mit welcher Apoll ihn zeugte; vgl. KARL KERÉNYI: *Der göttliche Arzt*, 31; vgl. E. DREWERMANN: *Dein Name ist wie der Geschmack des Lebens*, 87–88. – Die «Herbergssuche», die in der Volksfrömmigkeit des Weihnachtsfestes eine große Rolle spielt, wird von *Lukas* mit keinem Wort erwähnt; vgl. HEINZ SCHÜRMANN: *Das Lukasevangelium*, I 103, Anm. 4; sie nimmt aber einen großen Raum in der Mythe von der Geburt des Horus ein, des Nachfolgers und Rächers des Osiris; vgl. EMMA BRUNNER-TRAUT: *Altägyptische Märchen*, 107–109: Isis sucht Herberge.

Asklepios, von dem ein eigentümliches Licht auf die biblische Erzählung fällt[10]. Allerdings muß man, um die Bilderfolge zu verstehen, die einzelnen Motive je für sich betrachten.

Wie wird und wie kann (etwas von) Gott so bei uns im menschlichen Herzen «ankommen», daß es zu einem alles verändernden Geschehen aufwächst? Als allererstes wird der Einbruch von etwas wirklich Neuem uns wohl stets wie fremd erscheinen, er wird uns Angst machen, irritieren, womöglich ablehnend und feindselig stimmen, während wir doch zugleich auch spüren, daß da etwas in uns selbst sich zu Wort meldet, auf das wir bisher nie wirklich gehört haben. Ein solcher Neuanfang kann nur gelingen, wenn wir es lernen, das so noch nie Gelebte, das bisher als unbrauchbar Vernachlässigte, das noch gänzlich Unerprobte und Unfertige zu akzeptieren und zu integrieren. In der Symbolsprache der Mythen und der Träume stellt sich dieser Vorgang gern in der Geburt eines Kindes dar: Ein neuer Seelenteil in uns kommt so zur Welt, – ohne daß wir ihn «erzeugt» hätten, ohne daß wir wüßten, wie er denn nun sich entfalten könnte, ohne daß wir begriffen, worum es sich eigentlich handelt; wir wissen nur, daß dieses Verdrängte und Ungelebte zum Leben zugelassen werden muß, wenn es überhaupt eine Hoffnung auf Glück und Reifung geben soll[11].

Mit einem gewissen Recht hat sich das weihnachtliche Bild der Madonna mit dem Kind deshalb dem Gedächtnis der Menschen besonders eingeprägt, gilt es doch, die Geburt des Kindleins selbst als «Erlösung» von unserem erwachsenen Leben zu begreifen und zu ergreifen. Nicht von dem biographischen Anfang eines Gottes berichten die Geburtsmythen, sie zeigen uns vielmehr das Bild des «Kindgottes» als die Verkörperung eines reinen Anfangs[12]. Wie viel liegt in uns wie verschüttet seit Kindertagen, das uns weggezogen, verboten und entfremdet wurde in dem Bestreben, aus uns «richtige» Menschen und «tüchtige» Erwachsene zu machen! Möglich, daß wir im Laufe der Zeit uns diesem Druck anzupassen vermochten, und doch sind wir dabei immer einseitiger, immer stromlinienförmiger und immer zweckorientierter geworden, auf Kosten unserer Gefühle, in Einschränkung unserer Wünsche und um den Preis der Verdrängung so vieler kostbarer Fähig-

[10] Vgl. KARL KERÉNYI: *Der göttliche Arzt*, 27–36; E. DREWERMANN: *Dein Name ist wie der Geschmack des Lebens*, 85–98: Asklepios – der Heiland zwischen Traum und Tag.

[11] Zu der psychologischen Bedeutung des Motivs von der Geburt des göttlichen Kindes vgl. CARL GUSTAV JUNG: *Das göttliche Kind*, in: Werke, IX 1, 163–195; vgl. auch TE I 504–509: Von jungfräulichen Geburten und göttlichen Kindern.

[12] KARL KERÉNYI: *Das Urkind in der Urzeit*, in: Karl Kerényi – Carl Gustav Jung: Das Göttliche Kind. In mythologischer und psychologischer Beleuchtung, 1940.

keiten, die tief verborgen gleichwohl nach wie vor noch in uns schlummern. Es kann nicht ausbleiben, daß wir mit einer gewissen Angst und ein Stück weit argwöhnisch diesen «vergessenen» Seiten in uns gegenüberstehen; und doch kann die Bergung dieser wertvollen Schätze unserer Seele irgendwann zu einer Aufgabe werden, die über Gesundheit und Krankheit, über Gelingen und Mißlingen unseres Lebens, über Sinnfindung und Sinnverlust von allem entscheidet, was wir sind und gemacht haben: Wollen wir uns weiter einengen und einzwängen in eine bestimmte Form der Vollkommenheit – dann droht die Gefahr des Verdornens und Verdorrens; oder wagen wir es, die gesetzten Grenzen zu überschreiten und eine gewisse Vollständigkeit unseres Selbst anzustreben – dann erwachen wir zu einer Freiheit und Weite, wie wir sie nie gekannt haben[13]. Diese Gestalt des Kindes in uns, dieses Uranfängliche in uns selbst[14], müssen wir zurückgewinnen, um selber *ganz* zu werden. «Wer, wenn er erwachsen wird, aufhört, das Kind zu sein, das er einmal war, hört auf, ein Mensch zu sein», meinte ERICH KÄSTNER (1899–1974) und demonstrierte diese Tatsache mit dem Gedicht «Pädagogik spaßeshalb», das so beginnt:

> Das größte Kind muß an die Tafel schreiben.
> Und dauernd ernst sein. Und den Lehrer machen.
> Die andern Kinder dürfen Kinder bleiben.
> Und sollen nur, wenn er's verbietet, lachen.
>
> Dann gibt das große Kind zunächst den Kleinen
> ein schwieriges Diktat. Mit Das und Daß.
> Die Mädchen müssen, wenn sie können, weinen.
> Sonst machen sie die Hefte anders naß.[15]

Auf diese Weise kann man Kinder dahin bringen, sehr schnell «groß» zu werden, aber: alle, die in dieser Art «groß» werden mußten, stehen später einmal vor der Aufgabe, das «Kleinsein» und das «Kindsein» neu zu lernen, um bei sich selber anzukommen und ehrlich leben zu können.

[13] Vgl. TE I 509–512: Die Botschaft der Engel und der Träume.
[14] Vgl. CARL GUSTAV JUNG: *Zur Psychologie des Kindarchetypus*, in: Werke, IX 1,175: «Das Kindmotiv repräsentiert den unbewußten Kindheitsaspekt der Kollektivseele.» Vgl. auch E. DREWERMANN: *Dein Name ist wie der Geschmack des Lebens*, 89.
[15] ERICH KÄSTNER: *Lärm im Spiegel*, 62–63: Pädagogik spaßeshalber (Ein altes Kinderspiel, renoviert)

Ein anderes Bild, das mit dem Symbol des Kindseins in Zusammenhang steht, ist die Nähe zu den Tieren. Im Zeichen der «Wappentiere» stellte PAUL KONRAD KURZ (1927–2005) in einem kleinen Gedicht das Prinzip der Machthaber dieser Welt dem Programm des «Christus» vom Königtum Gottes gegenüber:

> *Ihre* Tiere:
> Adler, Doppeladler,
> gekrönte Adler,
> Löwe, Wolf, Hahn.
>
> *Seine* Tiere:
> der Fisch, das Lamm,
> die Taube, der Sperling.[16]

Der bekannte Ochse und der Esel sind wegen des Mißverständnisses einer *Jesaja*-Stelle (Jes 1,3) in die weihnachtlichen Krippendarstellungen hineingeraten, doch psychologisch wie religionsgeschichtlich ist dieser Eintrag durchaus korrekt. Es war ARTHUR SCHOPENHAUER (1788–1860), der die Tiere für das «gänzliche Aufgehn in der Gegenwart» bewunderte und meinte, gerade dadurch trügen sie «viel bei zu der Freude, die wir an unseren Hausthieren haben»: sie seien «die personificirte Gegenwart» und machten so «uns gewissermaaßen den Werth jeder unbeschwerten und ungetrübten Stunde fühlbar.»[17] Sonderbarerweise lassen gerade die Tiere, bei all der Emsigkeit, mit der sie sich der Futtersuche, dem Hausbau und der Paarung widmen, uns etwas ahnen von der stillen Freude und Ruhe eines zweckfreien Daseins; sie korrigieren dadurch die Gehetztheit unseres Lebensstils und führen uns ein in das «kindliche» Glück einer einfachen Identität mit sich selbst. Sie verkörpern eine Welt, wie die Bibel sie auf ihren Anfangsseiten schildert: als einen paradiesischen Garten, in dem Menschen und Tiere in Frieden miteinander leben (Gen 2,19.20)[18] und in dem SCHOPENHAUERS Satz noch nicht gilt: «die Menschen sind die Teufel der Erde und die Thiere die geplagten Seelen.»[19] Doch um freundlich mit den

[16] PAUL KONRAD KURZ: *Wem gehört die Erde?*, in: Helmut Zwanger (Hg.): Gott im Gedicht, 290: Mehr oder minder Wappentiere.
[17] ARTHUR SCHOPENHAUER: *Parerga und Paralipomena*, 2. Bd., Sämtliche Werke, VI 315.
[18] SdB I 344–348: Ohne Gott ist die Natur dem Menschen eine Wildnis.
[19] ARTHUR SCHOPENHAUER: *Parerga und Paralipomena*, 2. Bd., Sämtliche Werke, VI 394–395.

Tieren umgehen zu können, müßten die Menschen davon ablassen, im Namen einer bestimmten Moral das «Tierische» in sich selbst zu unterdrücken und als etwas «Sündhaftes» abtöten zu wollen[20]. Integration der Triebe und Affekte statt Selbstunterdrückung in Angst und Schuldgefühlen einerseits sowie Einheit mit den Tieren statt deren Ausbeutung und Ausrottung andererseits, beides, psychologisch wie ökologisch, mahnt das Bild des Kindgottes zwischen den Tieren an; es verweist damit auf ein Lebenskonzept, wie es bereits in der Religion des Asklepios sich einmal mit der Heilung von Krankheit und mit der Verheißung von Heil und Frieden verband.

In seinem Reisebericht über Griechenland (zw. 160–180 n. Chr.) beschrieb PAUSANIAS, wie die Geliebte des Lichtgottes Apoll, die in anderen Quellen Aigle (die «Lichte»), aber auch Koronis (die «Rabenschwarze») genannt wird, ihr neugeborenes Kind Asklepios auf einem Berge aussetzte, wo es der Hirt Aresthanas fand zwischen einer Ziege und einem Hund: die Ziege stillte den Säugling, der Hund bewachte das Kind in blendendem Lichte, so daß sich der Hirte wie von einer Göttererscheinung abwenden mußte; in demselben Augenblick hörte man eine Stimme, die über Erde und Meer verkündete, der Neugeborene werde alle Heilmittel für die Kranken finden und die Toten wiedererwecken[21]. – Tatsächlich galt die *Ziege*, deren Fellzeichnung man mit den Wolken verglich, als Bringerin von Regen (und Fruchtbarkeit) (vgl. Ri 6,36–40!), während der *Hund* dem Bereich der Unterweltgöttin Hekate zugeordnet wurde[22]. In jedem Falle verkörperte Asklepios eine Synthese von Hell und Dunkel, Tag und Nacht, Leben und Tod – von Bewußtsein und Unbewußtem, Geist und Seele, psychologisch betrachtet –, und ganz entsprechend wirkte er im Tempel von Epidauros als der «Gott des aufscheinenden Lichtes»: seine Priester ließen sich die Träume der Patienten erzählen, die ihnen während des Schlafs im Heiligtum geschenkt worden waren, und deuteten sie, wie im Vorgriff auf die Techniken der Psychoanalyse, als Botschaften über die Gründe der Krankheit und

[20] Vgl. dagegen SdB I 381–384: Die ursprüngliche Unschuld des Sexuellen – die Einheit des Fleisches (Gn 2,24).

[21] PAUSANIAS: *Beschreibung Griechenlands*, II 26,3–5; vgl. E. DREWERMANN: *Dein Name ist wie der Geschmack des Lebens*, 85; KARL KERÉNYI: *Asklepios*, 28–32.

[22] KARL KERÉNYI: *Asklepios*, 35: «Der Hund, ein – wenn es die Gespenster-Göttin Hekate begleitet – auch unterweltliches ... Wesen, bezeichnet hier offenbar eine Übergangssituation: den Übergang zwischen ... Nacht und Tag, Tod und Leben.» Die Ziege stand mit dem Regen in Verbindung: – OVID: *Metamorphosen*, III 594, S. 112, etwa kommt auf das «regenbringende Sternbild der Ziege» zu sprechen; das Ziegenfell galt als Wolkensymbol und diente dem Regenzauber; vgl. WILL RICHTER: *Ziege*, in: Der Kleine Pauly, V 1532.

über die Wege zur Heilung[23]. Offensichtlich wußten diese Priesterärzte um die wunderbare Fähigkeit des Menschen, sein eigentliches Ich in Träumen wahrzunehmen, und sie vertrauten darauf, ein Mensch müsse nur im Heiligtum selbst, im Schutze des Gottes, geborgen im Bereich einer Welt noch vor dem «Sündenfall», unverstört träumen, um als ein innerlich Veränderter zu «erwachen». Es ist *Lukas*, der Legende zufolge selber ein Arzt, der diese therapeutische Botschaft der Asklepios-Mythe in seiner Geburtserzählung aufgreift und damit die Person und das Wirken Jesu zu deuten versucht – zu Recht; denn ein zentrales Bemühen des «Kindgottes» von Betlehem wird es sein, die Angst der Menschen mit seinem Vertrauen zu Gott als dem «Vater» so weit zu beruhigen, daß darüber die seelischen und körperlichen Symptome von Not, Streß und Verzweiflung verschwinden können. Wesentlich, wenn er die Ankunft des «Gottesreichs» verkündete, verstand sich Jesus als Heiler (vgl. Lk 9,2), und es lebte in ihm die Kraft, unsere Seele derart anzurühren, daß sie erfüllt ward von heilenden Träumen; ja, er selber, die Gegenwart seiner Person, vermittelte offenbar eine Geborgenheit ähnlich der im Heiligtum von Epidauros, einen Raum der Berechtigung, der Begleitung und der Bestätigung, an welchem die Seele des Menschen sich selber durchsichtig zu werden vermochte bis auf den Grund, – eine Erneuerung der Jugend, wie der Psalm 103,5 sie verhieß[24].

Nicht zufällig ist es in der Asklepios-Mythe ein Hirte, sind es Hirten in der Christus-Mythe, die das neugeborene Gotteskind finden oder aufsuchen. Es ist gewiß nicht ganz falsch, in ihnen die Repräsentanten der Außenseiter, der Entrechteten, der marginalen Existenzen zu erblicken und zu betonen, daß gerade an sie Jesus seine Botschaft einer befreienden Güte

23 Vgl. KARL KERÉNYI: *Asklepios*, 62: «Freilich schrieb die Weisheit der antiken Ärzte und Heiligtumsgründer den geheimnisvollen Vorgang der Heilung eher der Nacht und dem Schlaf als dem Tag und dem Wachen zu. Die Institution des Tempelschlafes ist ein Beweis dafür.» Vgl. a.a..O., S. 36. Vgl. TE II 174–188: Chiron, Asklepios und die Wunder von Epidauros oder: Die Heilung durch den Traum.

24 Vgl. TE II 129–141: Über den Zusammenhang von Wunder, Sakrament und Glaube sowie von einer Besonderheit im Wirken Jesu.

25 WOLFGANG WIEFEL: *Das Evangelium nach Lukas*, 71–72, erinnert an «die Bedeutung des Hirten in den alttestamentlichen Geschichten. Die Patriarchen, Mose und David sind Hirten gewesen. Die Szene spielt in der Nähe der Davidsstadt Bethlehem, in dessen Umgebung David, der Ahnherr des Messias, als Hirte aufwuchs (1. Sam. 16,1.11; 17,15.28.34 ff.).» Dieser «messianische» Kontext existiert gewiß, doch folgt daraus schon: «Die Hirten sind Vertreter des ganzen Volkes und der Menschheit» (a.a..O.)? Sie sind *der* Teil «der Menschheit», der als Bote des «Heils» befähigt und berufen ist. Aber warum? Wie stark symbolisch das Auftreten der *Hirten* bei der Ankunft eines Gotteskindes zu verstehen ist, zeigt sich in vergleichbaren Mythen.

richtet[25]; doch wirtschaftlich gesehen war die Handwerkerfamilie Jesu nicht arm und waren speziell die Hirten sogar relativ wohlhabend; allenfalls wurden Hirten beargwöhnt, weil sie wegen ihres häufigen Weidewechsels von den Seßhaften als Diebe verdächtigt wurden[26]. In erster Linie dürften die Hirten ihre besondere Rolle in den Geburtsmythen von Asklepios und Jesus (aber auch dem persischen Mithras[27]) deshalb wohl aus einem ganz anderen Grunde einnehmen: sie stehen für den Grenzbereich zwischen Natur und Kultur, sie markieren den Übergang von der Stufe des umherschweifenden Sammlers und Jägers zu der Lebensform des niedergelassenen Bauern[28]. Gerade als solche Verkörperungen des Übergangs sind die «Hirten» die rechten Adressaten für die Botschaft eines Gottes, der selbst den reinen Wandel, das reifende Zusammenwachsen der Gegensätze, die Entwicklung der anfanghaft schon sich herausbildenden Wesensgestalt der menschlichen

[26] Vgl. Str. B. II 113: «Die Hirten waren verachtete Leute. Man hatte sie in Verdacht, daß sie es mit dem Mein und Dein nicht genau nähmen; darum blieben sie auch von der Zeugenaussage vor Gericht ausgeschlossen.» Vgl. auch JOACHIM JEREMIAS: *Jerusalem zur Zeit Jesu*, 337–347: Verachtete Gewerbe, S. 341: «Was den Hirten anlangt, so steht ... das freundliche Bild des Hirten, das wir aus der Predigt Jesu kennen, allein da; in der rabbinischen Literatur finden sich durchgängig abfällige Urteile über die Hirten, wenn man von den Stellen absieht, in denen in Ausmalung von Stellen des At.s Jahve, der Messias, Moses, David als Hirten geschildert werden.»

[27] Den neugeborenen *Asklepios* findet der Hirt Arestanas zwischen Ziege und Hund; vgl. KARL KERÉNYI: *Der göttliche Arzt*, 28. *Mithras*, der Gott *der* Religion, die dem Christentum in den ersten Jahrhunderten als einzige wirkliche Alternative gegenüberstand, «wird auf vielen römischen Reliefs von Hirten empfangen». REINHOLD MERKELBACH: *Mithras*, 31. FRANZ CUMONT: *Die Mysterien des Mithra*, 118–119, erzählt die mithrische Geburtslegende so: «Das Licht, welches dem als ein festes Gewölbe aufgefaßten Himmel entspring, war in der Mythologie der Magier Mithra geworden, der aus einem Felsen geboren wird. Daher nannte man ihn ‹den aus dem Felsen (hervorgegangenen) Gott› ... Die Tradition erzählte, daß der ‹gebärende Stein› ..., dessen Abbild man in den Tempeln verehrte, ihm das Leben gegeben habe an den Ufern eines Flusses, im Schatten eines heiligen Baumes, und nur Hirten hätten, im benachbarten Gebirge versteckt, das Wunder seiner Ankunft in der Welt beobachtet. Sie hatten gesehen, wie er sich der Felsmasse entrang, das Haupt mit einer phrygischen Mütze bedeckt, schon mit einem Messer bewaffnet und eine Fackel tragend, welche die Finsternis erhellte. Dann waren die Hirten gekommen, um das göttliche Kind anzubeten, um ihm die Erstlinge ihrer Herden und ihrer Erntefrüchte darzubringen ... obwohl bereits Hirten ihre Herden weideten, ereignete sich doch dies alles, bevor es Menschen auf der Erde gab.» Die Verbindung zwischen der Geburt des Gotteskindes und der Geburt des Herrschers zeigt sich in der Mithras-Mythe insofern, als auch der Gründer des Perserreiches, Kyros (553–529), als Kind bei einem Rinderhirten, Mithradates mit Namen, aufwächst, wie HERODOT: *Historien*, I 110, Bd. 1, S. 85–86, erzählt.

[28] Die «Hirten» vertreten in den Geburtsmythen des göttlichen Kindes (und Herrschers) offenbar einen Status des Ursprunghaften im «Grenzbereich zwischen Natur und Kultur»; vgl. E. DREWERMANN: *Dein Name ist wie der Geschmack des Lebens*, 91.

Psyche personifiziert. In dem *Symbol* der «Hirten» sind die sonst so zerreißenden Widersprüche zwischen Trieb und Intellekt, Gefühl und Verstand, Herz und Gehirn als lebendige Ganzheit gesetzt; gerade in der relativ noch wenig entwickelten Existenzform der «Hirten» lebt deshalb die Verheißung und das Versprechen, die Geschlossenheit des eigenen Wesens zurückgewinnen zu können. Einzig «Hirten» sind deshalb imstande, eine Himmelsstimme bzw. die Verkündigung von Engeln zu vernehmen, die aller Welt die Bedeutung des neugeborenen Gottessohns kundtun: er werde den «Frieden», der im Himmel schon ist, auf die Erde herabholen.

Wie vernimmt man die Stimme von «Engeln», wie erschaut man ihre Gestalt in der «Nacht» außer in den Visionen eines sehnsüchtigen Herzens? Oder anders gefragt: Wie hell müssen die Augen von Menschen leuchten vor Glück, ehe sie im Dunkeln den Widerschein des Himmels über sich erstrahlen sehen? Und wie durchflutet von Freude muß das Herz eines Menschen sein, ehe es selber so einschwingt in die Harmonie des Alls, daß es das Wehen des Windes vernimmt als eine himmlische Musik? Und wie viel Erfüllung muß wohnen in der Seele eines Menschen, ehe ihm danach wird, die ganze Welt segnen zu mögen und als Segen zu erfahren? Die Voraussetzung für das Vernehmen der Verkündigung schenken die «Engel» selber mit ihren Worten: Als erstes nehmen sie den «Hirten» die Furcht aus dem Herzen, die jede Erfahrung von Göttlichem notwendig begleitet[29]. Noch einmal war es RAINER MARIA RILKE (1875–1926), der schrieb:

> Wer, wenn ich schriee, hörte mich denn aus der Engel
> Ordnungen? und gesetzt selbst, es nähme
> einer mich plötzlich ans Herz: ich verginge von seinem
> stärkeren Dasein. Denn das Schöne ist nichts
> als des Schrecklichen Anfang, den wir noch gerade ertragen,
> und wir bewundern es so, weil es gelassen verschmäht,
> uns zu zerstören. Ein jeder Engel ist schrecklich.[30]

[29] Die «Heerscharen des Himmels» sind die Engel. So sieht zum Beispiel der Prophet Micha am Hofe Ahabs «das ganze himmlische Heer» zur Rechten und zur Linken Jahwes stehen. 2 Chr 18,18. Vgl. Str. B. II 117: «gleichwie sich alle vor Gott und vor den Engeln fürchten, so fürchten sich die Völker … vor Israel.» Vgl. Dt 28,10. – Insofern müssen die «Engel» als erstes einem Menschen sagen, daß sie – diesmal – *nicht* in kriegerischer, sondern schützender Funktion kommen. «Fürchtet euch nicht, ihr Seelen der Gerechten», werden die Engel auch in den Tagen des Gerichtes sagen, vgl. *Das Buch Henoch*, 102,4, hg. v. Georg Beer, in: Emil Kautzsch (Hg.): Die Apokryphen des Alten Testaments, II 306.

[30] RAINER MARIA RILKE: *Duineser Elegien*, in: Sämtliche Werke, I 685.

Allerdings ist das Überwältigende in der Erscheinung der «Engel» auf den Fluren von Betlehem nicht als verursacht durch ihre (in der Neuzeit meist «weiblich» vorgestellte) «Schönheit» zu sehen, wohl aber durch die Übergröße dessen, von dem sie künden: «Friede» soll sein «auf Erden» (2,14)! Daß «in den Höhen» die «Herrlichkeit Gottes» wohnt, dafür stehen die Engel selber mit ihrem Lobpreis – ihrem ewigen *Te Deum.* «Der Hymnus der Engel vereint nicht nur Himmel und Erde, sondern auch Vergangenheit, Gegenwart und Zukunft, Zeit und Ewigkeit»[31] – er ist Teil der Sphäre des Göttlichen, die sich zur «Schöpfung» erweitert. Die Vorstellung folgt ganz und gar dem *äthiopischen Henoch-Buch*[32], wo die Engel mit dreifachem *Sanctus* den «Herrn der Geister» rühmen. Eigentlich, erklärte bereits GREGOR VON NYSSA (ca. 330–395) in seiner Weihnachtspredigt, sei die gesamte Schöpfung ein Tempel Gottes, erfüllt mit dem Lobgesang der Engel, doch dann habe die Sünde diesen himmlischen Klang zum Verstummen gebracht[33]; daß die Menschen in sich selber den «Ton», die «Harmonie», die «Symphonie» wiederfinden mögen, die es ihnen erlaubt, aufs neue in das himmlische Konzert der Welt einzustimmen, erscheint damit als das eigentliche Versprechen des «Kindes», das hier zur Welt kommt, – des «Retters», des «Messias», des «Herrn» «in der Stadt Davids» (2,11). Freilich wird ihm dafür nur *ein* Weg offenstehen: Jesus muß die Kindlichkeit seines Wesens, die Göttlichkeit seines Kindseins, die Natur seiner selbst als eines «Kindgottes» in die Welt tragen.

Seit jeher ist es die Frage, wem die Botschaft des «auf Erden Friede» eigentlich gilt und wie sie sich verwirklichen soll. Die alte lateinische Übersetzung griff hier vollends zurück in die gewohnte Verkehrtheit, indem sie den Frieden der Welt in Aussicht stellte den «Menschen, die eines guten Willens sind»[34]. Wenn es so stünde, läge es an uns, wer wir wären und wie

[31] MARGARET BARKER: *Engel*, 139.

[32] Mit dem «himmlischen Heer» ist «sowohl die Menge der Sterne (Apg 7,42; vgl. Jer. 7,18 LXX) als auch die Menge der Sterne bewegenden Engel (aeth. Hen. 41,3 ff.; 43,1 ff.)» gemeint. «Sie bilden die himmlischen Heerscharen ..., die zum Hofstaat Gottes, des ‹Herrn der Geister›, gehören. Bei ihrem Erscheinen umgeben sie den Engel ... und loben Gott.» WOLFGANG WIEFEL: *Das Evangelium nach Lukas*, 73. Vgl. *Das Buch Henoch*, hg v. Georg Beer, in: Emil Kautzsch (Hg.): Die Apokryphen des Alten Testaments, II 260–262. – Zu dem dreimaligen *Sanctus* vgl. *Das Buch Henoch*, 39,12, a.a..O., S. 259.

[33] Vgl. MARGARET BARKER: *Engel*, 178.

[34] Vgl. JOSEF KÜRZINGER (Übers. u. Hg.): *Das Neue Testament*, S. 77: «und auf Erden Friede unter Menschen eines guten Willens.» – JOSEF SCHMID: *Das Evangelium nach Lukas*, 72–73, bemerkt zu «den Menschen des Wohlgefallens» richtig: «Damit sind nicht (mit der Vulgata) die Menschen, die guten Willens sind, gemeint, sondern die Menschen, die

wir handelten: – wir müßten nur wollen. Nichts in der Botschaft der «Engel» überschritte dann das Dogma des ethischen Optimismus, der Mensch in seinen Willensentschlüssen sei frei, und so müsse er nur um das Richtige sich auch wirklich bemühen. Doch gerade an dieser Stelle bedeutet die Geburt des Kindes zu Betlehem eine entscheidende Veränderung: es geht nicht länger mehr um einen Ansporn des guten Willens, es geht um «Erlösung». Selbst MARTIN LUTHER (1483–1546) übersetzte hier nicht ganz korrekt, indem er «den Menschen ein Wohlgefallen» in Aussicht gestellt sah[35]. Dabei müßte gerade von *dem* Wort die Rede sein, das dem Reformator das liebste und wichtigste war: *Gnade*! «Friede» (bzw. «Heil», Heilsein oder Heilung) wird auf Erden nur möglich sein in einem Feld vorbehaltloser Zuwendung und Zuneigung; «Friede» kann sich nur ereignen,

Gottes Wohlgefallen, d. h. seine frei waltende Huld und Güte erfahren.» Richtig meinte bereits ADOLF SCHLATTER: *Das Evangelium des Lukas*, 188: «Menschen, denen Gott sein Wohlgefallen gab, gibt es deshalb, weil der Christus bei der Menschheit ist. Sein Dasein ist für sie ... Nichtanrechnung der Verschuldung, Aufhebung der die Menschen von Gott trennenden Scheidung. Darum weil hier Versöhnung Gottes mit den Menschen geschieht, preisen ihn die Himmlischen und darum endet der die Menschheit verderbende Zwist. Dies alles aber ist Gottes selbsteigenes Werk, Wirkung seines Willens, über den der Mensch nie Gewalt bekommt. Mit dem Hinweis auf das Wohlgefallen Gottes ist in die Verkündigung seiner Gnade die Bezeugung seiner Hoheit hineingesetzt.»

[35] MARTIN LUTHER: *Vorlesung über den Galaterbrief* (1516/1517), in: Luther Deutsch, Bd. 1, 264, schreibt zu Gal 1,3, zu dem Grußwort des Apostels: «Gnade sei mit euch und Friede»: «Daher sind, wie in einer Waage, diese vier Dinge jeweils im Gleichgewicht:

> Gottes Gnade und Zorn der Welt
> Gottes Friede und Unruhe der Welt
> Gnade der Welt und Zorn Gottes
> Friede der Welt, Unruhe bei Gott.»

Und zur Erläuterung von Gal 1,4: «Nach dem Willen Gottes» bemerkt er (a. a. .O., 265): «Das wird gegen die freche Zuversicht derer gesagt, die sich darauf verlassen, daß sie auf Grund ihrer eigenen Gerechtigkeit oder der Kräfte ihres Willens von dieser argen Welt errettet werden (können), während wir doch nur durch die Barmherzigkeit und den Willen Gottes, und zwar als unseres Vaters, keineswegs als des Richters, errettet werden, wie es in Ps. 51,20 heißt: ‹Tu wohl, Herr, an Zion nach deinem gnädigen Willen› und Luk 2,14: ‹Friede auf Erden, den Menschen ein guter Wille› oder ‹ein Wohlgefallen›. Und mit diesem Wort trifft er die Galater zusammen mit ihren Lehrmeistern.» Da sieht LUTHER in Lk 2,14 einen Beleg für seine Rechtfertigungslehre. *Die Bibel*. Nach der Übersetzung Martin Luthers (die revidierte Lutherbibel von 1985), NT, S. 71, setzt denn auch genauer: «Friede auf Erden bei den Menschen seines Wohlgefallens» – im Unterschied zu: «und den Menschen ein Wohlgefallen». – MARK COLERIDGE: *The Birth of the Lukan Narrative*, 145, sieht in der Szene zwei vertikale Bewegungen: wie Gottes Gnade sich vom Himmel auf die Erde senkt und wie der menschliche gute Wille sich von der Erde zum Himmel erhebt.

wenn Menschen an einem Ort des Verstehens, nicht des Verurteilens, zu ihrer Ganzheit (ihrer «Heilheit») hinfinden, – und ein solcher «Friede» kann nur sein ein Werk reiner «Gnade». Doch nicht am «Willen» Gottes und an seiner mangelnden «Gnade» liegt es, daß Menschen nicht zu ihrem «Frieden» finden. Ein wenig frei, sinngemäß aber völlig richtig, müßte man die Stelle dieser entscheidenden Verheißung mit den Worten wiedergeben: «Friede auf Erden ist einzig möglich den Menschen, die Gottes Güte glauben können.»[36] Allein als «Werk» (oder Wirkung) von «Glauben» (Vertrauen) ereignet sich die Rückkehr in jene Welt, wie sie von Gott einmal gemeint war, das heißt vom Ursprung her gemeint *ist*.

Völlig falsch wäre es dabei allerdings, das Entweder-Oder zwischen «Angst» und «Vertrauen» erneut in eine Art «Wahlfreiheit» des Menschen zu verlegen. Um von Angst zu Vertrauen zu finden, bedarf es der Person eines anderen, der mit seiner Nähe allererst die Bedingung dafür schafft, um nach und nach aus der «Sünde» und der Verstellung der Angst, aus dem Gefühl der Unbedeutendheit, der Schuld und der Verlorenheit hinauszuge-

[36] So schreibt MARTIN LUTHER: *Vorlesung über den Römerbrief* (1515/1516), in: Luther Deutsch, Bd. 1, 142, zu Röm 3,7, Gott werde gerechtfertigt, «da wir uns aus uns selbst nicht rechtfertigen können und an ihn uns wenden, daß er uns gerecht mache, indem wir bekennen, daß wir die Sünde nicht zu überwinden vermögen. Das tut er, wenn wir seinen Worten glauben, durch solches Glauben macht er uns nämlich gerecht, d.h. sieht er uns als Gerechte an. Daher wird dies tatsächlich die Gerechtigkeit des Glaubens und die Gerechtigkeit Gottes genannt.» – Bibeltheologisch führt WOLFGANG WIEFEL: *Das Evangelium nach Lukas*, 73–74, zu Lk 2,14 aus: «Der Lobpreis ist in ... einem synthetischen Parallelismus zusammengefaßt... Eine Kopula fehlt, jedoch ist nicht der Optativ..., sondern der Indikativ zu ergänzen... Seiner (sc. Gottes, d.V.) weltüberlegenen Herrlichkeit gilt das erste Wort des himmlischen Lobgesangs... Irdische Entsprechung der himmlischen Herrlichkeit ist der Friede, der durch den Friedensschluß zwischen Gott und Menschenwelt gestiftet wird. Die prophetische Verheißung bezeichnet den Messias als Fürsten des Friedens (Jes 9,5) und spricht vom Frieden ohne Ende, den er bringt (Jes. 9,6). Nach Micha 5,4 heißt der Messias geradezu der Friede (vgl. Eph. 2,14). Damit ist das Heilsein des Menschen in allen seinen Bezügen gemeint: Friede mit Gott, Friede zwischen den Menschen und Friede mit sich selbst ... Ein semitisches Äquivalent (sc. für «Menschen des Wohlgefallens», d.V.), das Umkreis und Sinn dieser Verbindung erschließen läßt, ist erst seit der Entdeckung der Danklieder (sc. der Hodajoth, d.V.) von Qumran belegbar. Sie sprechen von dem durch den Geist gewirkten vollkommenen Wandel, ‹damit sie erkennen ... das Übermaß seiner Erbarmungen über alle Söhne seines Wohlgefallens› (1 Q H IV, 32f.). Im gleichen Zusammenhang preist man Gott für ‹die Fülle der Vergebungen und seines Erbarmens an allen Söhnen seines Wohlgefallens› (1 Q H XI, 9). razon (= Wohlgefallen) ... erscheint in beiden Fällen mit einem auf Gott bezogenen Subjekt. ... ‹Söhne des Wohlgefallens› meint in Qumran die eigene Gemeinde, die sich als endzeitliche Heilsgemeinde versteht.» Demgegenüber wendet in Lk 1,14 Gott «den Menschen (sc. ohne jede Exklusivität, d.V.) sein Wohlgefallen als Wohlwollen und Gnade zu.» Vgl. JOHANN MAIER: *Die Texte vom Toten Meer*, 1. Bd., S. 83; S. 103.

langen zu einem gewissen Selbstwertgefühl und Selbstbewußtsein. Erst dann wird es möglich, daß aus der Einsamkeit die Einfühlung einer suchenden Zugehörigkeit erwächst, daß aus der Ausgesetztheit eine besondere Empfindsamkeit der Seele sich entfaltet. Und so verkündet die Geburtslegende des *Lukas*, es sei die Heerschar der Gottesboten in die Sphäre des Himmels zurückgekehrt, die Hirten aber, einfache Leute, seien an ihrer Statt zu Boten der Gnade geworden: sie seien hinübergegangen von den Fluren der Engelerscheinung nach der «Davidsstadt» Betlehem, wo ihnen in einem Viehtrog der Lichtglanz des Himmels als wirklich erschienen sei[37].

Dieser Hinübergang der «Hirten» bildet womöglich das wahre «Wunder» der ganzen Geschichte[38]. Da wagen es die «Hirten», von ihrem «Heiltraum» sich hinüberzubegeben zur «Wirklichkeit», von der Vision zur Wahrnehmung, von der Engelbotschaft zur Lebenseinsicht, von der Erscheinung zum Sein. In diesem Augenblick muß man Angst haben um die «Hirten», so wie um jeden, der versucht, seine Träume zu leben. Denn jeden ihrer Schritte werden die sogenannten «Realisten» mit ihren Warnungen verstellen. Sie werden erklären, daß Träume zerbrächen an der Härte der Wirklichkeit; sie werden behaupten, daß Visionen nichts seien als Einbildungen des Herzens; sie werden darauf bestehen, daß man sich Illusionen nicht hingeben dürfe: Was es im Stall zu Betlehem zu sehen gebe, sei nichts Besonderes – ein schreiendes Kind, in Windeln gewickelt, in der Krippe liegend! Wie viele Menschen werden wohl das «Gotteskind» nie zu sehen bekommen, weil sie ihre kindlichen Träume schon verloren haben, noch bevor sie «Betlehem» erreichen, – schon auf dem Weg dahin sind sie auf schreckliche Weise «Realisten» geworden! Seit Kindertagen wurde ihnen beigebracht, daß selbst die Liebe alltäglich werden kann, ja, daß sie «gewöhnlich» werden muß, um «zuverlässig» und «sicher» zu sein, und daß sie nur so lange hält, als sie uns hinhält und aushält, ganz so, als müßte wie von selber alle Poesie und Verzauberung von einem geliebten Menschen abfallen, wenn wir nur begönnen, ihn tiefer kennenzulernen. Es gibt Skeptiker des Humanen, die, kaum daß wir «größer» geworden sind, uns zu glauben zumuten, daß die Wahrheit grundsätzlich schmutzig, blutig und eklig sei. – Aber wenn wir den Mut geschenkt erhalten, mit dem Bild der «Engel» vor Augen, hinüberzugehen zu Stall und Krippe, dann erweist sich im Morgen-

37 HEINZ SCHÜRMANN: *Das Lukasevangelium*, I 112, spricht geradewegs von einem kuriosen Zeichen: der Retter, der Christus «in einem Futtertrog liegend»! Er sieht darin ein vorausgreifendes Bild für Armut und Heimatlosigkeit des «Menschensohnes» (Lk 9,58) und für den Widerspruch, den dieses Kind in die Welt bringen wird (Lk 2,34.35).

38 Vgl. E. DREWERMANN: *Dein Name ist wie der Geschmack des Lebens*, 105–107.

dämmern der Heiligen Nacht, daß die Skeptiker, die Zyniker, die «Realisten» im Grunde nichts weiter sind als die Opfer ihrer eigenen Albträume – Menschen ohne Visionen, ohne Gottesboten, ohne Friede, ohne Freude. Jede Enge unseres Herzens macht Gefahr, andere Menschen einzuengen. Jeder Traum unseres Wesens, den wir nicht wagen zu leben, wird Träume im Herzen anderer zerstören. Jede Hoffnung, die wir uns selber verweigern, wird andere Menschen der Hoffnung berauben.

Deshalb ist es so wichtig, daß die Hirten selbst der Madonna erklären, was sie soeben zur Welt gebracht hat. Ihre engelgleichen Visionen deuten die Zukunft des Kindes, und so als habe Maria die Botschaft Gabriels noch nie vernommen[39], zeigt sie sich verwundert wie «alle, die es hörten, ... was gesagt ward von den Hirten» (2,18). Offenbar bedürfen wir der Bestätigung anderer, die mit ihrer Sehnsucht, mit ihren Erwartungen, mit ihren Erfahrungen in die gleiche Richtung schauen, in die auch wir unserem ganzen Wesen nach blicken möchten: Eine Welt des «Friedens» ist möglich, ist wirklich, ist unendlich realer als die Welt der ewigen Kriege in den Händen der «Realisten».

Wie widersprüchlich all dies sich freilich gestalten kann, schildert *Lukas* selbst an entscheidender Stelle: Als später Jesus Einzug hält in Jerusalem, alles: sein Leben, seine Botschaft, sein Wirken damit in Gottes Hände legend, rufen die Leute, ganz als wären die Worte der Engel auf den Fluren von Betlehem Wirklichkeit geworden: «Im Himmel: Frieden! Und Herrlichkeit: in den Höhen.» (Lk 19,38)[40] Doch die Frage bleibt: was ist geworden aus der Weissagung vom «Frieden» «auf Erden»? Wenige Tage spä-

39 Vgl. PAUL-GERHARD MÜLLER: *Lukas-Evangelium*, 40–41: «Gleichsam als ob Maria und Josef erst durch die Hirten von der Göttlichkeit ihres Kindes erfahren würden und die Verkündigung durch Gabriel nicht vorausgesetzt würde, werden die Hirten als Erstverkünder von der Messianität Jesu gezeichnet.» Das kann kaum anders sein. Schon DAVID FRIEDRICH STRAUSS: *Das Leben Jesu*, 1. Bd., 4. Kap. § 29, S. 212-213, wies auf die Eigenständigkeit der Engeloffenbarung vor den Hirten hin, und MARTIN DIBELIUS: *Die Formgeschichte des Evangeliums*, 121–122, konstatierte richtig, daß «die Hirtenlegende ursprünglich nicht die Fortsetzung der Marienlegende» ist, «sondern ihr selbständiger Konkurrent. So ist es nicht verwunderlich, daß die Hirtenlegende nichts von einer jungfräulichen Geburt weiß.»

40 Vgl. ALOIS STÖGER: *Das Evangelium nach Lukas*, I 84–85: «Der Engelsgesang hat Beziehung zum Zuruf des Volkes, das Jesus *beim Einzug in Jerusalem* am Anfang der Leidenswoche begleitet ... Friede und Herrlichkeit, die im Himmel herrschen, sollen durch Jesus auch auf Erden verwirklicht werden. Der Einzug Jesu in Jerusalem, wo Tod und Erhöhung auf ihn warten, wird das Heilswerk vollenden ... Was die Geburt Jesu begonnen hat, wird sein Tod vollenden.» Den Grund dafür gibt in gewisser Weise JOACHIM KÜGLER: *Pharao und Christus?*, 297, an, wenn er meint: «Durch die Friedensthematik ... wird die biblische Heilsverheißung ... der *pax Romana* gegenübergestellt.»

ter schon werden dieselben Leute Pilatus frenetisch auffordern: «Kreuzige, kreuzige ihn.» (Lk 23,21) Das ganze *Lukas*-Evangelium zwischen Betlehem und Jerusalem stellt uns vor die Aufgabe, wie wir in dem Folgenden die Worte und Werke des Jesus aus Nazaret auf eine Weise verinnerlichen, die uns davor bewahrt, diese unsere Welt in ein nicht endendes Golgota zu verwandeln.

Unter der Überschrift *Realitätsprinzip* hat ERICH FRIED (1921–1988) einmal diesen Konflikt zwischen «Traum» und «Tag», in dem die Hirten sich zwischen Engelbotschaft und Krippenwirklichkeit bewegen, mit den Worten geschildert:

Die Menschen lieben
das heißt die Wirklichkeit hassen.
Wer lieben kann
der kann alles lieben
nur sie nicht

Die Wahrheit lieben?
Vielleicht.
Erkennen kann Lieben sein.
Aber nicht die Wirklichkeit:
Die Wirklichkeit ist nicht die Wahrheit.

Was wäre das
für eine Welt
wenn die Wirklichkeit
diese Wirklichkeit rund um uns
auch die Wahrheit wäre?

Die Welt vor dieser
Wirklichkeit retten wollen.
Die Welt wie sie sein könnte lieben:
Die Wirklichkeit
aberkennen[41]

[41] ERICH FRIED: *Es ist was es ist*, in: Helmut Zwanger (Hg.):Gott im Gedicht, 117.

Lk 2,21–40: Beschneidung Jesu und Darstellung im Tempel oder: Die Welt in der Vision von Kinderaugen

(vgl. Mt 2,22–23 zu *Lk 2,39)*

21 Und als acht Tage sich erfüllt hatten zu seiner Beschneidung (Gen
17,12), da ward sein Name «Jesus» gerufen, so gerufen vom Engel vor
seiner Empfängnis im Mutterleib. 22 Und als *die Tage ihrer Reinigung
sich erfüllt hatten* nach dem Gesetz des Moses (Lev 12,1–4; Num 18,5),
da führten sie ihn hinauf nach Jerusalem, um ihn dem Herrn darzustellen,
23 wie geschrieben steht im Gesetz des Herrn (Ex 13,2.15): *Alles Männli-
che, das den Mutterschoß öffnet,* – «heilig dem Herrn» soll es geheißen
werden, 24 nämlich ein Opfer darzubringen entsprechend dem, was ge-
sagt ist im Gesetz des Herrn (Lev 12,6–8): *Ein Paar Turteltauben oder
zwei junge Tauben.* 25 Und da: ein Mann war in Jerusalem mit Namen
Simeon; dieser Mann war recht lebend vor Gott und ehrfürchtig, war-
tend auf den Zuspruch Israels (Gen 49,18), und Heiliger Geist war auf
ihm. 26 Und es war ihm geweissagt worden vom Heiligen Geist, er werde
den Tod nicht schauen, bevor er gesehen habe den Messias des Herrn
(Lk 2,11). 27 Und so kam er im Geist in das Heiligtum; und indem die
Eltern das Knäblein, Jesus, hineinführten – sie handelten entsprechend
dem, was Brauch des Gesetzes ist, an ihm –, 28 da nahm er es in die Arme,
und er pries Gott und sagte:

29 Nun entlässest du deinen Knecht, Gebieter,
entsprechend deiner Botschaft in Frieden.
30 Denn *gesehen* haben meine Augen *deine Rettungstat,*
31 die du bereitet hast *vor dem Angesicht aller Völker:*
32 Licht zur Enthüllung der *Heiden*
und *Herrlichkeit* deines Volkes *Israel* (Jes 49,6).

33 Und es war sein Vater und die Mutter verwundert ob dem, was über es
gesagt ward. 34 Und es pries sie Simeon und sagte zu Maria, seiner Mut-
ter: Da, dieser ist gesetzt zum Fall und zum Erstehen vieler in Israel und
zu einem Zeichen im Widerspruch. 35 Und dein Leben wird durchdringen
ein Schwert, – auf daß so enthüllt würden die Gedanken aus vielen Her-
zen. 36 Auch war da Hanna, eine Prophetin, eine Tochter Penuëls, aus
dem Stamm Ascher; diese war vorgerückt an vielen Tagen, nachdem sie
gelebt hatte mit einem Mann (nur) sieben Jahre von ihrer Jungfrauen-
schaft an; 37 eben diese, eine Witwe an die vierundachtzig Jahre, welche
nicht gewichen war vom Heiligtum, indem sie mit Fasten und Beten eine
kultisch Dienende war bei Tag und bei Nacht, – 38 diese gleichfalls zur
selben Stunde trat hinzu und pries Gott vor Dankbarkeit, und sie redete
über ihn zu allen, die da warteten auf die Erlösung Jerusalems. 39 Und
wie sie nun alles entsprechend dem Gesetz des Herrn vollendet hatten,
wandten sie sich zurück nach Galiläa in ihre Stadt Nazaret. 40 Das Knäb-

lein aber wuchs heran und erstarkte, erfüllt mit Weisheit, und Gottes Huld war auf es (gerichtet).

Gewiß, man kann prosaisch wie die Alten Römer sein, die ihre Kinder nach der Reihenfolge der Geburt benannten: Primus, Secundus, Tertius ... der Erste, der Zweite, der Dritte ... Doch es geht auch anders, und es ist auch anders üblich. Wenn Eltern ihren Kindern Namen geben, geschieht es meistens in der Art, wie es die Paradiesesgeschichte (Gen 2,19.20) erzählt: In seiner Einsamkeit geht Adam auf die Suche nach einem Gegenüber, und Gott führt ihm die Tiere zu, auf daß er sie benenne, denn ganz wie er sie anredet, sollen sie vor Gott heißen. Anders als die weitaus meisten Exegeten meinen, handelt es sich in dieser Szene keinesfalls um eine bloße Variante der Herrschaftsausübung des Menschen über die Tiere, vielmehr zeigt sich hier ein Stück von urtümlicher Zärtlichkeit und Poesie: es ist die Sehnsucht nach Liebe, die einen Menschen reden läßt mit seinen Mitgeschöpfen und ihm die «richtigen» Worte zu ihrer Bezeichnung verleiht. Als dann Adam, nachdem er unter den Tieren keinen passenden Partner gefunden, endlich der Frau begegnet, die Gott, während er schlief, aus dem Stoff seiner Brust (und seiner Träume) geformt hat, benennt er sie, jauchzend vor Glück, im Grunde als: «ganz wie ich selbst, nur ganz anders» – als «Frau»! – «Männin» soll sie heißen (Gen 2,23)[1]. Es ist ein Name, den man so umschreiben müßte, wie das stark ägyptisch beeinflußte Hohe Lied es tut, wenn es die Geliebte besingt als «Schöne», als «Schwester-Braut», und ihre Gestalt von Kopf bis Fuß als einen Gesang und als ein Gedicht voller Verlockung und Faszination abbildet[2].

Nicht völlig verschieden davon geschieht es, wenn Eltern ihren Kindern Namen geben. Das Wort, das sie dann wählen, ist meist wohlüberlegt, und es ist wie der Auftakt eines solchen Lobgesangs der Liebe und der Dankbarkeit sowie eines allumfassenden und wohlwollenden Hoffens. Da soll ein Mädchen tragen den Namen einer Filmschauspielerin oder einer berühmten Sängerin oder den Namen einer Blume oder einer Märchengestalt: – möge es ebenso schön, liebenswürdig und gleichermaßen ausgezeichnet vom Schicksal sein, möchte sein Name ihm wünschen; ein Junge trägt den Namen des Vaters oder des Großvaters, einer großen Persönlich-

1 SdB I 368–387: Von der Geborgenheit im Ring der Liebe.

2 Hld, 4,9: «Verzaubert hast du mich, meine Schwester Braut.» Vgl. HERBERT HAAG – KATHARINA ELLIGER: *Wenn er mich doch küßte ...*, 82: «Die Anrede ‹Schwester› und ‹Braut› ist nicht wörtlich zu nehmen, sie ist auch der ägyptischen Liebessprache geläufig und ist Ausdruck großer Innigkeit.»

keit oder eines Helden der Sage: – möge er alles das verkörpern, was an diesen schon bewundernswert und achtunggebietend war. Manchmal auch heute noch gibt man Kindern den Namen von Heiligen mit auf den Weg – zu ihrem Schutz und ihrer Begleitung und auch wohl zum Vorbild und Richtmaß des eigenen Lebens. Das Wissen eines alten ägyptischen Mythos aber, der an dieser Stelle auch *Lukas* beeinflußt hat, verrät noch ein anderes: das eigentliche Wesen eines Kindes, den wirklichen Namen eines Menschen, der von Gott ausgeht, kennt nur der Gott selbst, und er muß ihn den Menschen verkünden als den Kern eines Geheimnisses, das ihr Dasein verwandeln soll: Jesus – der «Retter» soll das Kind heißen, wie es der Engel Maria aufgetragen hat (Lk 1,31)[3].

Die Alten Ägypter erzählten von Si-Osire (dem «Sohn» des Gottes von Tod und Auferstehung, «Osiris»), der als Kind des Setom (des Oberpriesters) Chaemwese («der erschienen ist in Theben»), des Sohnes Ramses' II., zur Welt kam. Auch er war von seiner Mutter Mehusechet, entsprechend einer Traumbotschaft, jungfräulich – durch den Verzehr einer zermahlenen Melonenrebe – empfangen worden, und ebenfalls in einem Traum ward seinem Vater der Name des Kindes mitgeteilt. Dieses ist wirklich ein Gottessohn; in Wahrheit nämlich ist es Horus, der Sohn des Pa-nesche, der als ein weiser Mann mit Hilfe seiner Zaubermacht in Vorzeiten bereits den Pharao Mench-pa-Re (eine Verballhornung eines Namens von Thutmosis III., 1504–1450: mn-ḫpr-R^{c} – bleibenden Wesens wie – der Sonnengott – Ra) vor den Anschlägen eines äthiopischen Magiers bewahrt hatte. Auch jetzt wieder bedarf die Zeit seiner, da Ägypten nicht über Schreiber verfügt, die gelehrt genug sind, um es mit den Machenschaften der äthiopischen Magier aufnehmen zu können. Seine eigentliche Bedeutung aber verrät Si-Osire, als er seinem Vater die Hölle zeigt: Setom Chaemwese hatte eines Tages einen reichen Mann, der prachtvoll bestattet wurde, glücklich gepriesen gegenüber einem armen Mann, dem ein kümmerliches Begräbnis zuteil ward. Da gab Si-Osire seinem Vater zu schauen, daß das göttliche Gericht keinerlei Wert legt auf Prunk und auf Reichtum, sondern die Taten der Menschen vergilt in Gerechtigkeit: «Wer auf Erden gut ist, zu dem ist man auch im Totenreich gut, aber wer auf Erden böse ist, zu dem ist man auch dort böse.» Und in der Tat, auf furchtbare Weise wird jener Reiche nach seinem

[3] Vgl. JOSEF SCHMID: *Das Evangelium nach Lukas*, 74: «Wie bei Johannes war auch bei Jesus der Name ... schon vor der Empfängnis vom Engel, d.h. von Gott bestimmt worden. Von jetzt an nennt auch Lukas in seiner eigenen Darstellung Jesus mit diesem seinem Namen.»

Tode gequält, wohingegen der Arme als ein Mann Gottes nahe dem Ort des Osiris thront[4], – wie es auch Jesus seinen Jüngern später verheißen wird (Lk 22,30). Das ägyptische Märchen zeigt, wie sehr sich die Denkweise der Alten Ägypter längst vor der Entstehung des Christentums von der Äußerlichkeit der pharaonischen Prachtentfaltung zur (magischen) Jenseitssicherung entfernt und sich moralisch verinnerlicht hat; *Lukas* greift in seinem *Gleichnis von dem reichen Prasser und dem armen Lazarus* (Lk 16,19–31) zu Recht diese religiöse Vorstellung auf; hier, wie an vielen anderen Hauptpunkten seiner Lehre, brauchte das Christentum nur an dem Stand anzuknüpfen, der in der ägyptischen Volksfrömmigkeit bereits erreicht war[5], um seine eigene Botschaft zu artikulieren. Wenn der Sohn Mariens im Evangelium «Jesus» genannt wird, der «*Retter*», so klingt in diesem an sich konventionellen Namen in Erinnerung an die Geschichte von Si-Osire in jedem Falle bereits ein lukanisches Hauptthema an: Dieses Kind wird energisch auftreten zugunsten der Armen und einen Reichtum zur Hölle wünschen, der die Notleidenden buchstäblich vor der eigenen Haustüre verkommen läßt (Lk 16,20.21).

Andererseits kann gerade *Lukas*, bei aller Übernahme ägyptischer und griechischer Mythenmotive, sich kaum genugtun, die Verwurzelung Jesu in der Frömmigkeit seines Volkes hervorzuheben: die Beschneidung an sich schon gliedert das acht Tage alte Neugeborene in die jüdische Volks- und Religionsgemeinschaft ein, hier aber erfolgt sie sogar in deren geistigem Zentrum: im Tempel zu Jerusalem (2,27)[6]; zudem hält Jesu Mutter sich be-

[4] Vgl. EMMA BRUNNER-TRAUT: *Altägyptische Märchen*, 192–214: Si-Osire führt seinen Vater Setom Chaemwese in die Unterwelt und besiegt die äthiopischen Zauberer, bes. S. 192–198.

[5] Vgl. HUGO GRESSMANN: *Vom reichen Mann und armen Lazarus*, in: Abhandlungen der preußischen Akademie der Wissenschaft, 1918; JOACHIM JEREMIAS: *Die Gleichnisse Jesu*, 182; JOACHIM KÜGLER: *Pharao und Christus?*, 303–305, hält eine Bekanntschaft der Chaemwese-Erzählung im Umkreis des Lk zwar für «nicht unwahrscheinlich», doch glaubt er nicht, daß ein entsprechendes Wissen in der Erzählung vorausgesetzt werden muß.

[6] ROLAND DE VAUX: *Das Alte Testament und seine Lebensordnungen*, I 86, stellt fest: «Die Beschneidung wurde vom Vater vorgenommen, Gn 21,4, nur in dem ganz besonderen Fall, Ex 4,25, von der Mutter, später von einem Arzt oder einem besonders dazu Beauftragten, 1 Makk 1,61 ... niemals aber ... im Heiligtum oder durch Priester.» Zum Ritual der Beschneidung vgl. Str. B. IV 1,23-40: Das Beschneidungsgebot. Geboten wird die Beschneidung in Gen 17; vorausgesetzt als alte Sitte wird sie in Lev 12,3. Der Beschneidungstag war nach Gen 17,12 der achte Tag nach der Geburt, wobei der Geburtstag als erster Tag gezählt wurde; fiel dieser Tag auf einen Sabbat, «so hatte die Sabbatheiligung hinter der Beschneidung zurückzutreten. » (A. a. .O., 23) Die Beschneidung umfaßt das Abschneiden der Vorhaut, das Entblößen der Eichel, das Entfernen von zurückgebliebenen Fleischfasern sowie das Aussaugen des Blutes; hinterher wird ein Pflaster und Kümmel auf die Wunde gelegt. (A. a. .O., 28)

tont in aller Form nach den mosaischen Reinigungsvorschriften, die außerdem noch ausdrücklich zitiert werden (2,23.24)[7]; ein solches Zitat ist erforderlich einzig für Nichtjuden, doch liegt seine Funktion zweifellos in dem Hinweis auf die tadellose Gesetzestreue der Familie Jesu: «alles», so

«Durch die Beschneidung ist Israel ... gewissermaßen das Elitevolk der Menschheit» (a.a. .O., 32), obwohl die Praxis selber bei vielen Völkern geübt wird. Vgl. ROLAND DE VAUX: I 88. – Die Darstellung Jesu im Tempel erfolgt, als die «*Tage der Reinigung*» der Mutter sich erfüllt hatten, – das sind bei der Geburt eines Knaben 40 Tage, bei der Geburt eines Mädchens 80 Tage; «bei der Geburt eines Knaben galt die Mutter 7 Tage für unrein, bei der Geburt eines Mädchens 14 Tage. Die übrigen 33, bezw. 66 Tage hatte sich die Wöchnerin in ihrem Hause aufzuhalten; sie durfte während dieser Zeit nichts Heiliges (Opferspeisen, Priesterhebe) anrühren u. auch nicht das Heiligtum betreten. Erst nach Verlauf der 40, bezw. der 80 Tage hatte sie ein einjähriges Lamm als Brandopfer u. eine junge Taube oder eine Turteltaube als Sündopfer zum Eingang des Tempels – nach der Tradition an das Nikanortor auf der Ostseite des Frauenvorhofs – zum Priester zu bringen Lv 12,2 ff.» Str. B. II 119. «Zwei Turteltauben oder zwei junge Tauben waren vom Gesetz nur für den Fall vorgeschrieben, daß die Hand der Wöchnerin das sonst (Lv 12,6) vorgesehene Opfer eines jährigen Lammes nicht ‹erschwinge› Lv 12,8.» «Das Taubenopfer Lv 5,7; 12,8 nannte man schlechtweg das ‹Armenopfer›.» (Str. B. II 123) Die «*Darstellung*» bzw. der «*Loskauf*» des Erstgeborenen geht darauf zurück, daß ursprünglich die «erstgeborenen Söhne ... Jahwe geheiligt, d.h. zu Gottes Eigentum u. Dienst geweiht (waren) Ex 13,2.12; 22,28; 34,19; Nu 3,13; 8,17. Als dann die Leviten an Stelle der Erstgeborenen zum Dienst am Heiligtum bestimmt wurden Nu 3,13; 8,16.18, trat das Gesetz in Kraft, daß die Erstgeborenen loszukaufen seien Ex 13,13; 34,20. Die Loskaufung erfolgte ‹von dem einen Monat Alten an› Nu 18,16; der Preis betrug fünf Scheqel... Verpflichtet zum Loskauf war in erster Linie der Vater... Das Lösegeld konnte im ganzen Land an jeden beliebigen Priester bezahlt werden. Daß es auch im Tempel geschah unter Mitbringung eines Kindes gelegentlich des Reinigungsopfers der Mutter, zeigt Lk 2,22f.» (Str. B. II 120) Gleichwohl liegt darin etwas Besonders; HEINZ SCHÜRMANN: *Das Lukasevangelium*, I 121–122, bemerkt dazu: «Daß der erstgeborene Knabe im Tempel Gott ‹dargestellt› wurde, war keine Vorschrift und ist auch sonst nicht bezeugt. Der Erzähler will dieses Geschehen im Lichte von 1 Sm 1,11.21-28 verstanden haben: Jesus wird – als der Erfüller allen priesterlichen Dienstes – nicht als Erstgeborener losgekauft von Gott, vielmehr ihm gerade dargebracht als ein Gott Geweihter – wie einst Samuel.» – KARL HEINRICH RENGSTORF: *Das Evangelium nach Lukas*, 48, meint, Jesus werde – anders als Johannes – im Tempel dargestellt, «weil dieser das Haus seines Vaters ist.»

7 Allerdings sagt richtig HEINZ SCHÜRMANN: *Das Lukasevangelium*, I 121: «Dem Erzähler geht es sichtlich nicht nur darum, die gewissenhafte Gesetzeserfüllung (vgl. V 39) herauszustellen, denn die Reinigung der Mutter berichtet er nur nebenbei und den Loskauf der Erstgeburt verschweigt er, um allen Akzent auf die ‹Darstellung› Jesu zu legen, in deren Verlauf prophetische Stimmen das Kind als den erwarteten Messias erkannten.» Doch JOSEF SCHMID: *Das Evangelium nach Lukas*, 75, stellt zu Recht fest: «Während nach dem jüdischen Gesetz nur die Mutter als unrein galt und deshalb im Tempel erscheinen mußte, bezieht sich bei Lukas *ihre* Reinigung auf Maria und Jesus..., wobei dann die Darstellung Jesu ebenfalls als eine Art von ‹Reinigung› (= Heilung) verstanden wird, wie denn auch im V. 22b-24 die beiden Motive miteinander vermengt erscheinen, das der ‹Darstellung› Jesu aber im Vordergrund steht, indem diese als eigentlicher Zweck des Ganges nach Jerusalem genannt wird.»

will es *Lukas*, vollendet sich «entsprechend dem Gesetz des Herrn» (2,39)[8]. Mit Emphase hat man in der exegetischen Literatur darin denn auch einen Beweis dafür erblicken wollen, daß Jesus ganz und gar dem jüdischen Gesetz in der Auslegung der Schriftgelehrten und der Priester seiner Zeit verpflichtet gewesen sei[9], ja, es wird mitunter gar für ein Zeichen von «Antijudaismus» (oder «Antisemitismus») erklärt, wenn man der Darstellung der Evangelien folgt, die von einer Auseinandersetzung auf Leben und Tod zwischen der Position Jesu und der Auffassung der Rabbinen berichten. In dieser Debatte wird aber wohl zu wenig beachtet, daß die Radikalität der prophetischen Kritik, die Jesus laut dem Zeugnis aller vier Evangelisten, einschließlich *Lukas*, an dem Legalismus und Ritualismus der (pharisäischen) Gesetzeslehrer und der (sadduzäischen) Priester übte, überhaupt nur verständlich ist bei jemandem, der die überlieferte Religionsform der «Väter» bereits in Kindertagen in aller Entschiedenheit ernst zu nehmen gewillt war. Einzig jemand, der als ein wirklicher Gottsucher aus Leidenschaft an dem tradierten Gottesbild sich auszurichten suchte, wird an den Widersprüchen einer bestehenden Religionsform so sehr leiden, daß Gott ihn nur in einer sehr intimen Anrede aus seinen Zweifeln und aus seiner Zerrissenheit wird herausführen können, und der so Angeredete wird schließlich gar nicht anders können, als seine persönliche Erfahrung mit Gott der überkommenen, institutionalisierten Religion in einem leidenschaftlichen Entweder-Oder entgegenzustellen. Nur ein solcher wird sich mit Nachdruck dagegen wehren und dagegen verwahren, daß man das Innerste und Persönlichste des menschlichen Lebens an ein zwangsneurotisch anmutendes Reinheitsritual rein äußerer Observanz delegiert (Lk 11,39–41), daß man irgendwelche Abgabengesetze zur Finanzierung von Priesterschaft und Tempel höher bewertet als das menschliche Rechtsempfinden und die Liebe Gottes (Lk 11,42), und vor allem: daß man in eitler Gefallsucht und aus bloßem Geltungsstreben den Menschen ständig das genaue Gegenteil dessen vorbetet und abverlangt, was man selber im Alltag tatsächlich lebt (Lk 11,43.44). Oder noch ärger: daß man, vermeintlich im Namen Gottes, eine geistliche Herrscherschicht heranbildet, die mit endlosen Vorschriften,

[8] Das Zitat wendet sich freilich an Leser, die nicht geborene Juden sind; vgl. a. a. .O., I 121.
[9] Vgl. WOLFGANG WIEFEL: *Das Evangelium nach Lukas*, 78: «Nicht nur die Beschneidung, auch das nachfolgend berichtete Reinigungsopfer folgt den Vorschriften des Ritualgesetzes Lev. 12,2-8 ... Ohne daß der Ton darauf gelegt wird, entspricht die Schilderung Gal. 4,4: mit seinen Eltern steht das Jesuskind unter dem Gesetz.»

Schuldgefühlen und Opferleistungen die Menschen sich selber entfremdet, nur um sie besser kontrollieren und beherrschen zu können (Lk 11,46).

Nicht «antijudaistisch» ist eine solche Auseinandersetzung, vielmehr geht es dabei um den Austrag eines Konfliktes, der in jeder Religion zu allen Zeiten bestanden sein will und der vor allem Jesus unmittelbar am Herzen lag; es gilt, den «klerikalen» Widerspruch von «Religiosität» und Humanität, von «Gottesdienst» und menschlichem Engagement als eine strukturelle Fehlhaltung, als eine pathogene Perversion der Frömmigkeit bewußtzumachen und zu überwinden. (Vgl. Lk 11,47.48.) Ohne einen solchen «prophetischen» Geist, ohne eine solche «Verwandtschaft» zu seinem Cousin Johannes dem Täufer wäre die Person und das Schicksal des Jesus aus Nazaret vollkommen unbegreifbar; ohne diametralen Einspruch und Widerspruch zu den (pharisäischen) Gesetzeslehrern seiner Zeit wäre die Todfeindschaft eben dieser Gruppe von «Gottesbesitzern» und «Gotteserklärern» gegenüber seiner Person ganz und gar unmöglich (Lk 11,53.54)[10]. So aber sieht der greise Simeon im Heiligtum Gottes zu Recht das Leben Jesu gesetzt als ein «Zeichen im Widerspruch», als eine Umkehrung von unterst zu oberst, den einen zum Fall, den anderen zum Auferstehen[11] – ein zerreißendes Gefühl voller Schmerz bei dem Versuch, endlich zu begütigen, endlos zu heilen, endgültig zu retten (2,34.35)[12].

Überhaupt: der greise Simeon! Ihm war «geweissagt worden vom Heiligen Geist, er werde den Tod nicht schauen, bevor er gesehen habe den Messias des Herrn» (2,26), – ganz wie bereits die Engel den Hirten die Geburt des

[10] Vgl. JOSEF ERNST: *Das Evangelium nach Lukas*, 390: «die Gegner Jesu geben ihre feindliche Absicht deutlich zu erkennen.» «... der Konflikt geht weiter, der Tod Jesu ist nur noch eine Frage nach der passenden Gelegenheit.»

[11] Vgl. HEINZ SCHÜRMANN: *Das Lukasevangelium*, I 127: «Was Isaias zweiseitig – negativ 8,14f und positiv 28,16 – von Jahwe gesagt hatte, daß er ‹ein Stein des Anstoßes und ein Fels des Strauchelns› sein würde, aber auch ‹ein kostbarer Eckstein ...›, das sieht Simeon nun in diesem Kinde verwirklicht.»

[12] Wohl richten die Worte sich an Maria, doch ist HEINZ SCHÜRMANN: *Das Lukasevangelium*, I 129, zuzustimmen: «Mariens Schmerz ist ... nicht einfach nur als der Schmerz einer gewöhnlichen Mutter, der das Schicksal ihres Kindes zu Herzen geht, gesehen, sondern bestimmter als der der Messiasmutter, die in das antagonistische Geschehen hineingezogen ist.» Richtig wertet SCHALOM BEN-CHORIN: *Mutter Mirjam*, 109, die Aussage als «Prophezeiung» – besser: als Wesenskennzeichnung – der Person Jesu: «Er (sc. Jesus, d.V.) empfindet sich, mit Recht, als Nonkonformist. Er legt Zeugnis ab von der Verderbtheit dieser Welt, nicht nur durch sein Wort, sondern auch durch seine Existenz. So erfüllt sich in ihm und an ihm, was seiner Mutter durch den greisen Simeon verheißen wurde, daß er ein Zeichen sei, dem widersprochen wird.»

Messias verkündet hatten (Lk 2,11)[13]; zu ihm gesellt sich die greise Prophetin Hanna, die ihr langes Leben einsamer Witwenschaft gänzlich dem Dienste Gottes im Tempel geweiht hat[14]; in beiden erfüllt sich eine Weissagung des Propheten *Joel* (3,1), die zu den eindrucksvollsten der gesamten Bibel gehört[15]: in den Tagen der Endzeit werde es sein, daß die jungen Leute beseelt sein würden von Visionen und die alten Leute erfüllt mit Träumen. In der Tat: Wie anders sähe es aus auf Erden, bräche jemals eine Generation junger Menschen ins Leben auf, die sich ihren Glauben, ihre Begeisterung, ihre glühenden Ideale nicht von den sogenannten «Realisten» und «Pragmatikern», von den «Machern» der Macht, als einen Rest noch nicht überwundener Naivität oder Infantilität oder Pubertät hätte ausreden lassen und die sich schlicht weigerte, Resignation und Restauration für «Verantwortung» und «Fortschritt» zu halten? Die sich dem Hohn widersetzen würde, mit dem man die Gefühle der Liebe – riskant und romantisch bis zur Selbstpreisgabe – als einen rein narzißtischen Selbstgenuß, als bloße Theaterpose oder als ein illusionäres Wahngebilde hinstellen möchte, nur um sie besser merkantilisieren und medialisieren zu können? Menschen wie Simeon und Hanna fallen zweifellos dadurch auf, daß sie die «Visionen» ihrer Jugend sich als «Träume» des Alters erhalten haben: als immer noch Liebende, als Sehnsuchtsvolle, als Wartende. Menschen wie diese zwei Alten werden sich mit dem Ungeheuerlichen und Entsetzlichen, das sich ringsum begibt, niemals abfinden, gerade *weil* es die

13 KARL HEINRICH RENGSTORF: *Das Evangelium nach Lukas*, 46, sieht in der Bemerkung, daß «Heiliger Geist» auf Simeon war (Lk 2,25), die Kennzeichnung eines Propheten. «In seiner Frömmigkeit durch das pharisäische Ideal peinlicher Erfüllung des Gesetzes bestimmt, gehört er zu jener Gruppe im Volke, die im Erscheinen des Messias für einen nahen Zeitpunkt ‹die Tröstung Israels› (vgl. Jes. 40,1 f.; 49,13; 61,1; Jer. 17,6) erwartet.» Zur Art dieser Naherwartung vgl. a.a..O., 48–49. Vgl. zu Lk 2,25 auch Str. B. II 126–138.

14 KARL HEINRICH RENGSTORF: A.a..O., 47–48, meint, das Auftreten der Hanna sei durch die Regel aus Dtn 19,15 motiviert, wonach die Wahrheit einer Sache nur durch das Zeugnis von (mindestens) zwei Zeugen erwiesen wird. «Daß sie (sc. Hanna, d.V.) den Geist hat, macht Hanna zeugnisfähig, obwohl Frauen sonst nur beschränkt zum Zeugnis geeignet waren. Der Hinweis auf ihr Alter und ihre Frömmigkeit betont ihre Würde (vgl. Judith 8,1 ff.; 16,22 ff.). Beziehen sich die vierundachtzig Jahre nur auf ihren Witwenstand, so wäre sie sogar über hundert Jahre alt gewesen wie Judith, das Ideal einer frommen Witwe (Judith 1,28; vgl. 1 Tim. 5,5).»

15 Zu Joel 3,1-5 vgl. ARTUR WEISER: *Das Buch der zwölf Kleinen Propheten*, I 119–121: Der Tag Jahwes und seine Vorzeichen: «Der Besitz des Gottesgeistes wird in der Endzeit nicht mehr das Privilegium besonderer charismatischer Personen wie des Königs oder der Propheten (1. Sam. 10,6.10; Jes. 11,2) sein, sondern Allgemeingut... So scheint mit der Geistausgießung erfüllt zu sein, was 4. Mose 11,29 als frommer Wunsch und Ideal ausgesprochen ist, es werden keine Propheten (sc. und erst recht keine Priester, d.V.) als Mittler zwischen Gott und Mensch mehr nötig sein, wenn das ganze Volk in der Unmittelbarkeit der Gottesbeziehung steht.»

«Realität» ist, und sie werden dagegen die unabgegoltene «Vision» einer Menschlichkeit setzen, die kein bloßer «Traum» bleiben darf, damit wir endlich menschlich leben können. Mag auch das ganze Leben dahingehen, ohne irgendeine Wandlung zum Besseren aufzuweisen, – eine Frau wie Hanna, die 84jährige Witwe, der nur sieben Ehejahre zu leben vergönnt waren, wird doch in der sonderbaren Mischung aus Trauer und Erwartung, die das Empfinden so vieler alleinstehender Alter durchzieht, nicht aufhören, die Liebe zu glauben als etwas, das unvergänglich und unverbietbar ist in der Welt Gottes; ein Mann wie Simeon wird bedingungslos daran festhalten, er sei überhaupt nur dazu gemacht, des «Heils» innezuwerden; so *nicht* zu glauben wäre für ihn identisch mit Tod, – drum kann er nicht sterben, «bevor er gesehen ... den Messias des Herrn»[16].

Woher, mag man fragen, «weiß» da eigentlich Simeon, daß das Kind, das er in seine Arme nimmt, der verheißene «Messias» ist? Schon die Hirten, als sie der Madonna die Bedeutung ihres neugeborenen Kindes mit den Worten der Engel erklärten, verfügten über keinerlei «Beweis» für ihre Verkündigung[17]; auch Simeon hält in Händen nichts als ein Kind, doch er selbst offenbar hat mit seiner Hoffnung das eigene Kindsein sich unverfälscht zu bewahren vermocht, und so erkennt er in diesem Kinde gewissermaßen sein eigenes Wesen; er weiß: zum «Menschensohn», zum «Messias», zum «Retter» taugt nur, wer vermöge seiner Visionen und Träume imstande ist, seine Kindlichkeit bis ins hohe Alter hinein sich zu erhalten. «Bei Gott», wird dieses Kind in Simeons Armen eines Tages sagen, «wer nicht das Königtum Gottes aufnimmt wie ein Kindlein, kommt nicht hinein.» (Lk 18,17) Er selber, Simeon, ist mit seinem Glauben offenbar ein solches wunderbares Kind geblieben, und es sind einzig seine Kinderaugen, die ihn befähigen, in dieser Welt etwas wie Heil zu sehen: unter dem Wust der Schuld die Urgestalt der Unschuld, unter dem entstellten Angesicht der Schande die wahren Züge dessen, was im eigentlichen nicht zu schänden ist, unter der Maske der Anpassung die Schönheit des ursprünglichen Wesens. Dieses heil Gebliebene und Unzerstörbare, dieses Bild des «Kindes», das in jedem Menschen wohnt, ist nunmehr Simeons Gewißheit: Sein Dasein wird nicht enden in heroischem Fatalismus oder höhnischem Zynismus; es wird sich schließen in der Zuversicht einer Vollendung in Gott, in dem allein die

16 HEINZ SCHÜRMANN: *Das Lukasevangelium*, I 125, meint: «Simeon ... hat sein Leben von jeher als Knechtsdienst verstanden. Simeon glaubt nun aus seinem Lebensdienst ‹in Frieden entlassen› werden zu können ... Im Blick auf Christus bekommt das Sterben einen neuen Sinn: des Christusheils gewiß wird der Weg in das Todesland friedvoll.»

17 Vgl. EUGEN DREWERMANN: *Dein Name ist wie der Geschmack des Lebens*, 104–106.

Maßlosigkeit seiner Sehnsucht sich erfüllt. Was er da sieht im Heiligen Geist, ist gerad die Geisteshaltung, aus der heraus auch Jesus leben wird.

Dabei ist die Szene selber – natürlich – typisch für die Geburtslegende (oder die Geburtsmythe) eines Welterlösers (oder Gotteskindes): in ihr formt sich das, was am Ende eines Menschen als die wesentliche Bedeutung seines Lebens sich bewahrheitet hat, zu einer Aussage schon seines Anfangs; alles erscheint von daher wie festgelegt, wie von Gott gewollt[18]. Doch so ist es im wirklichen Leben gerade nicht, und die Legende weiß das sehr wohl.

Am nächsten steht der lukanischen Erzählung von der «Weissagung» des greisen Simeon gewiß die Legende von der Geburt des *Buddha*[19]: Als der junge Prinz Siddhartha Gautama zur Welt kam, rief man den greisen Seher Asita herbei, der an dem Neugeborenen die 32 Kennzeichen eines großen Mannes erkannte und deshalb voraussah, daß einem solchen ausschließlich zwei Wege offenstehen würden: entweder würde er das häusliche Leben wählen und ein weltbeherrschender Gesetzeskönig sein bis zur Weltmeergrenze in Gerechtigkeit, oder er würde in die Hauslosigkeit ziehen und als ein Vollerwachter den Kreislauf des Leids, das Gesetz des Karma, überwinden. Eins von beidem, entweder – oder[20]. Bei aller Übereinstimmung zu der Darstellung der lukanischen Kindheitslegende stellt die buddhistische Überlieferung damit sehr betont bereits an den Anfang des Lebens des Erlösers die absolute Unvereinbarkeit zwischen Weltherrschaft und Gottesherrschaft, wohingegen selbst die Worte des *Magnificat* (Lk 1,46–55) an sich noch einen breiten Deutungsspielraum über die Art der Messiasherrschaft offenlassen; sogar noch nach dem Tode Jesu (Lk 24,21), ja, sogar noch nach seiner Auferstehung, unmittelbar vor der «Himmelfahrt» des «Herrn» (Apg 1,6), werden laut *Lukas* die Jünger Jesu in ihren irdischen Messias-Erwartungen verfangen bleiben; Jesus selber aber trifft unmittelbar nach seiner Taufe in der – ebenfalls buddhistisch beeinflußten – Versuchungsgeschichte (Lk 4,5–8) im Gegenüber des «Teufels» kategorisch jene Wahl, mit welcher die Buddha-Legende ihre Erzählung beginnt. (vgl. Abb. 2, S. 79.)

[18] Zur Deutung von «Anfangserzählungen» in Mythen, Sagen und Legenden vgl. SdB I, S. XVIII – XXXI.

[19] Vgl. MARTIN DIBELIUS: *Die Formgeschichte des Evangeliums*, 122–124; E. DREWERMANN: *Dein Name ist wie der Geschmack des Lebens*, 118–120. ELMAR R. GRUBER – HOLGER KERSTEN: *Der Ur-Jesus*, 121–125, verweisen zu Recht auf die buddhistische Analogie, gehen aber zu weit, wenn sie die Jesus-Geschichten aus buddhistischen Quellen ableiten möchten.

[20] PAUL DAHLKE: *Buddha*, 61–86: Mahapadana-Suttanta – Die große Lehrrede über Legenden, S. 71; ERNST WALDSCHMIDT: *Die Legende vom Leben des Buddha*, 48–53: Die Weissagung des Sehers Asita.

Und so klingt auch in den Worten Simeons die radikale Durchkreuzung schon an, mit der Jesus sich all den geschichtsimmanenten Heilshoffnungen seiner Zeit und aller Zeit wird entgegenstellen müssen, als «Zeichen im Widerspruch» (2,34), so daß, wie der greise Prophet seiner Mutter kundtut, «dein Leben ein Schwert durchdringen wird» (2,35)[21]. Soeben noch hieß es am Ende der Betlehemgeschichte, Maria habe «alles bewahrt», «was gesagt ward von den Hirten», «diese Botschaften zusammenfügend in ihrem Herzen» (Lk 2,18.19); doch verrät *Lukas* an dieser Stelle noch nicht, wie bitter nötig das sein wird. «O ja, Maria», möchte man jetzt mit Simeon sagen, «merk sie Dir gut, die Worte des Engels, die Worte der Hirten, die Worte des weise gewordenen Alten. Sehr bald nämlich wird es kein Zeugnis mehr geben, Du habest Heiliges der Menschheit geschenkt. Im Gegenteil. Bald schon wird man erklären, Dein Sohn sei das Kind einer Hure[22]; bald schon wird man behaupten, er sei ein Aufrührer (Lk 23,5), ein Gotteslästerer (Lk 22,71), ein vom Teufel Besessener (Lk 11,15); schon stehen die Mühlräder von Thron und Tempel, Residenz und Altar bereit, Dein Kind zu zermahlen. Sie werden darauf bestehen, Du habest Dich geirrt, als Du den Hirten Glauben schenktest, und zum Beweis wird man ihn Dir zurückgeben – tot, entseelt, entstellt, *vernichtet*, wie sie meinen. Schon lauern die Häscher auf jedes Wort seines Mundes. Sie haben Angst, diese Kinder des Dunkels (Joh 1,5; 3,19), vor jeder Erklärung, vor jeder Klarstellung, die er wird herbeiführen *müssen*. Zittern werden sie vor dem Atem seiner Freiheit.» – Ja, gälten nur GEORG BÜCHNERS (1813–1837) Parolen: «‹Frieden den Hütten› und ‹Krieg den Palästen›»[23], – sie könnten in der Welt ihrer Kälte und Nacht verbleiben. Aber es gilt nicht, den Sturmwind zu rufen. «Dein Kind,

[21] Vgl. Str. B. II 140: «Bei diesen Worten hat Symeon schwerlich den Tod des Messias im Auge gehabt ...; wohl aber wird er an Leiden gedacht haben, die den Messias um der Sünde Israels willen treffen werden.» – MATTHIAS KLINGHARDT: *Gesetz und Volk Gottes*, 276, verweist darauf, daß in Lk 2,25 ff ebenso wie in Apg 22,17 ff der «Tempel paradigmatisch mit der Heidenmission verbunden» ist, «und zwar an den Schlüsselstellen bei der Darstellung Jesu und am Ende der öffentlichen Missionstätigkeit des Pls im Osten bei der Tempelrede Act 22. In beiden Texten wird die Brückenfunktion des Tempels deutlich, mit der über Jerusalem hinaus das Verhältnis des Christentums zum Judentum legitimiert wird.»

[22] Vgl. Str. B. I 36–43, wo all die Stellen im Talmud aufgeführt sind, in den Jesus als «Sohn des Pantera» und als «Sohn der Hure» bezeichnet wird; vgl. auch HARALD VON MENDELSSOHN: *Jesus – Rebell oder Erlöser*, 115–117.

[23] GEORG BÜCHNER: *Der Hessische Landbote*, in: Werke und Briefe, 40; 41; der Aufruf endet «eschatologisch»: «... bis der Herr euch ruft durch seine Boten und Zeichen, wachet und rüstet euch im Geiste und betet ihr selbst und lehret eure Kinder beten: ‹Herr, zerbrich den Stecken unserer Treiber und laß dein Reich zu uns kommen, das Reich der Gerechtigkeit. Amen.» (S. 64; 65)

Maria, wird das Furchtbarste bringen, was diese Welt der vereisten Gefühle kennt: Es wird kommen mit der Macht des Südwinds und die Eisfelder fortwehen, indem es die Menschen lehren wird zu beten für die, die sie kränken (Lk 6,28); ja, noch am Kreuz wird es Gott, seinen Vater, anflehen um Vergebung für seine Henker, – weil sie nicht wußten, was sie taten. (Lk 23,34)»

Für welch eine Welt eigentlich wird Maria ihr Kind erziehen? Historisch wissen wir nichts von dieser «Magd des Herrn» (Lk 1,38) in Nazaret, nichts von der Art, wie sie ihre Aufgabe als Mutter verstand, – alles ist und bleibt verhüllt in einem Gewebe legendärer Deutungen und Andeutungen, die nicht ihr, sondern gänzlich der Gestalt ihres Kindes gelten[24]. Doch wenn es erlaubt ist, Legenden auf die Gefühle hin zu befragen, in denen sie selber ihre handelnden Personen malen, dann darf man wohl sagen, daß Maria mit ihrer Person den Hintergrund eben jener Sehnsucht wird gebildet haben, von welcher Jesus in der ganzen Art seines Denkens und Handelns sich später erfüllt zeigen wird: von dem Verlangen nach einer mütterlicheren Welt. Es ist kaum anders vorstellbar, als daß Maria ihr Kind erzogen haben wird ganz nach sich selbst – nach dem Besten in ihr, nach ihrem eigenen Gespür für Gott, und sie wird in sein Herz ihre zärtlichsten Träume, ihre sanftesten Lieder, ihre innigsten Regungen hineingelegt haben als eine Evidenz ihres Fühlens, als ihr Vermächtnis vom Himmel, als ihre eigene gläubige Begleitung im Feld einer stets gegenwärtigen Güte. Ist's wirklich ein Fehler, ein Kind so zu lieben, daß man ihm die Kränkungen und Enttäuschungen, die Bitterkeiten und Verbitterungen der «Welt» *nicht* auferlegt? Freilich, ein Weg ins Leid wird das werden, schmerzhaft wie ein Schwert, das zerteilt, was zusammengehört (2,35): Liebe und Glück, Freundlichkeit und Freundschaft, Engagement und Akzeptanz. «Denn zu der Welt, wie sie ist, wird Dein Kind, Maria, nicht passen. Es wird Gott spüren in seinem Herzen, wie Du, und seine Glückseligkeit wird es sein, sich nah dem Himmel zu wissen; doch in Kauf nehmen wird es notwendig dafür eine wachsende Ferne zur Welt; und als Folge wird es erleiden äußerste Einsamkeit, Unverständnis und tödliche Feindschaft.»

In gewissem Sinne *muß* das alles wohl immer wieder so sein – und dürfte doch niemals so bleiben! Fünf Jahre nach der Katastrophe des Zweiten Weltkriegs – schon waren die Alliierten dabei, Westdeutschland militärisch wieder aufzurüsten für einen erneuten, noch «totaleren» Krieg, diesmal

[24] Vgl. immerhin die Mutmaßungen bei SCHALOM BEN-CHORIN: *Mutter Mirjam*, 73–95: Mater Dolorosa, bes. S. 73–86.

gegen den Kommunismus im Osten –, stellte ein so sensibler und nachdenklicher Dichter wie REINHOLD SCHNEIDER (1903–1958) in einem kleinen Aufsatz die Frage: *Was sollen wir tun?* Wohl war ihm bewußt: «das Ja zur Wiederaufrüstung scheint gesprochen zu sein», und doch warnte er: «es wird sich nicht vermeiden lassen, daß gewisse Vorstellungen von Staat und Geschichte, von Ehre und Politik, von denen wir uns in den letzten Jahren zu lösen suchten ..., sich wieder anmelden werden... Es ist nicht möglich, Rüstung zu wollen und die ihr entsprechende geistige Veränderung abzulehnen. Ein Heer ... will seine Ideologie... Jetzt (sc. schon wieder, d. V.) wird ... von den Gefallenen in einem Tone gesprochen ..., der die Lebenden auf ihre Bahn ziehen soll.» Dagegen zu setzen schien REINHOLD SCHNEIDER nur eines: «ein Glaube ..., der den Widerspruch zwischen Leben und Evangelium nicht mehr erträgt; der mindestens bekennt, daß er an diesem Widerspruch leidet, und der aus diesem Leiden zu handeln versucht. Es müßte ein Glaube sein, der durchdrungen ist von der Verantwortung für die Seele (sc. auch und gerade, d. V.) seiner Feinde... Wer die Wahrheit hat, braucht nicht recht zu behalten. Es kann ihm nur darum zu tun sein, die Wahrheit so darzustellen, daß sie aus sich selber wirkt.»[25]

Doch man mache sich nichts vor – Simeon sieht völlig richtig: wer so zu «glauben», so zu leben versucht, existiert auf den Tod hin gefährlich. Fast zur gleichen Zeit, 1950, veröffentlichte ERICH KÄSTNER (1899–1974) unter dem Titel *Kurz und bündig* seine «Grabrede für einen Idealisten», darin es heißt:

> Bevor man stirbt, hat man gelebt.
> Der Mann nun, den man hier begräbt,
> lebte höchst sonderbar.
>
> Er litt aus Mitleid, wenn er litt,
> und stritt für andre, wenn er stritt,
> auf eigene Gefahr.
>
> Und hatte, trauernde Gemeinde,
> ganz einfach deshalb lauter Feinde,
> weil er ein Freund der Menschen war.[26]

[25] REINHOLD SCHNEIDER: *Rechenschaft*, 29–33.
[26] ERICH KÄSTNER: *Kurz und bündig*, 75.

Wie da erst bei einem, der sich fühlt «versöhnt mit Gott», – wie zu sein Maria ihr Kind lehren wollte? Selbst «Idealisten» und «Humanisten» werden es im Leben leichter haben als diese Himmelsvisionäre, als diese Gotteträumer.

Von der historischen Person der Mutter Jesu besitzen wir kein Bild und können uns von ihr auch keines machen; doch gerade dadurch wohl ist sie – fernab der «Mariologie» der dogmatischen Theologie – zum Bild der (Großen) Mutter aufgewachsen, so daß die Maler des Mittelalters an ihr zu erproben vermochten, wie sich im Spiel der Farben und Formen der Schönheit einer Frau Gestalt und Transparenz verleihen läßt, und daß ein Maler wie POMPEO BATONI (1708–1787) *Die Heilige Familie* ganz ausgefüllt von der Gestalt Mariens zeigen konnte, wie sie mit behutsamer Gebärde «ihr» Kind voller Vertrauen hineingeleitet in sein Leben (*Tafel 3*). NOVALIS (1772–1801) gar verband mit der Madonna alle Züge eines überirdischen Verlangens, indem er schrieb:

Ich sehe dich in tausend Bildern,
Maria, lieblich ausgedrückt,
Doch keins von allen kann dich schildern,
Wie meine Seele dich erblickt.
Ich weiß nur, daß der Welt Getümmel
Seitdem mir wie ein Traum verweht
Und ein unnennbar süßer Himmel
Mir ewig im Gemüte steht.[27]

Zweifeln darf man, daß Jesus entfernt auch nur Gefühle solcher Marienminne gegenüber seiner Mutter empfunden hat. Und doch ward ihm, wie jedem Kind, die Nähe seiner Mutter zur ersten Ahnung des Himmels; und so scheint es nur richtig, die Betrachtung Mariens im Jerusalemer Tempel an dieser Stelle zu enden mit einem Gedicht, das, stellvertretend für alle «Söhne» und adressiert an alle «Mütter», EDUARD MÖRIKE (1804–1875) *seiner* Mutter gewidmet hat:

An meine Mutter

Siehe, von allen den Liedern nicht *eines* gilt dir, o Mutter!
Dich zu preisen, o glaubs, bin ich zu arm und zu reich.

[27] NOVALIS: *Geistliche Lieder*, in: Novalis Werke, hg. u. komm. v. Gerhard Schulz, 71.

Ein noch ungesungenes Lied ruhst du mir im Busen,
Keinem vernehmbar sonst, mich nur zu trösten bestimmt,
Wenn sich das Herz unmutig der Welt abwendet und einsam
Seines himmlischen Teils bleibenden Frieden bedenkt.[28]

[28] EDUARD MÖRIKE: *Gedichte*, in: Werke, 96.

Lk 2,41–52: Der 12jährige Jesus im Tempel oder: Erwachsenwerden heißt vor Gott hintreten

> 41 Nun pflegten seine Eltern jährlich nach Jerusalem zum Pessah-Fest zu gehen (Dtn 16,1–8). 42 Doch als er (Jesus) zwölf Jahre alt ward, während sie entsprechend dem Festbrauch (wieder) hinaufzogen, 43 nachdem sie die Tage vollendet (Ex 12,18), da, bei ihrer Heimkehr, blieb Jesus, der Knabe, in Jerusalem, doch nicht merkten es seine Eltern. 44 In der Meinung, er sei bei der Reisegesellschaft, gingen sie einen Tagesmarsch weit und suchten ihn (ständig) unter den Verwandten und Bekannten, 45 und da sie ihn nicht fanden, wandten sie sich zurück nach Jerusalem, auf der Suche nach ihm. 46 Und es geschah: nach drei Tagen fanden sie ihn im Tempel, wie er da saß inmitten der Lehrer, ihnen zuhörend und sie befragend. 47 Außer sich aber gerieten alle, die ihn hörten, ob seines Verständnisses und seiner Antworten. 48 Doch als sie ihn sahen, waren sie außer Fassung, und es sagte zu ihm seine Mutter: Kind, was hast du uns angetan damit! Da! Dein Vater und ich, voll Kummer suchen wir dich!
> 49 Doch er hat ihnen gesagt: Warum, daß ihr mich suchtet? Wußtet ihr nicht, daß ich in dem Bereich meines Vaters sein muß? 50 Doch sie verstanden die Botschaft nicht, die er zu ihnen redete. 51 Gleichwohl ging er mit ihnen hinab und kam nach Nazaret, und er war ihnen untertan. Und seine Mutter bewahrte all die Botschaften in ihrem Herzen (Lk 2,19).
> 52 Und Jesus kam voran in Weisheit und Alter *und Huld von seiten Gottes wie auch der Menschen* (1 Sam 2,26).

So viel ging in den bisherigen Abschnitten der Geburtslegende Jesu die Rede von «Kindlichkeit» und von «Mütterlichkeit», daß man nicht ohne weiteres darauf kommt, es bereite sich gerade dadurch ein entschlossenes Leben in Freiheit und Mündigkeit vor. Und doch verhält es sich gerade so: Nur wer in einem Raum von Vertrauen aufwächst, gewinnt ein gesundes Vertrauen auch in das eigene Ich; nur wer seine Kindlichkeit sich bewahrt, gehört als Erwachsener später sich selbst; nur wer das Bild einer mütterlichen («väterlichen») Macht ins Unendliche setzt, vermag die Angst vor der Endlichkeit des irdischen Daseins ohne Verdrängungen und ohne Verformungen seiner selbst zu bestehen. Folgerichtig endet die Kindheitsgeschichte bei *Lukas* deshalb mit einer Legende, die erzählt, wie Jesus «volljährig» (das heißt: bald schon mit 13 Jahren zum «Sohn des Gesetzes», zum Bar Mizwah)[1] wird. Auch diese Erzählung spielt betont im judäischen Tem-

[1] Str. B. II 144–147, urteilen: «Hiernach kann keinem Zweifel unterliegen, daß die Eltern den zwölfjährigen Jesus an der Passahwallfahrt nach Jerusalem haben teilnehmen lassen, um ihn den Vorschriften gemäß an die Erfüllung der Bestimmungen Ex 33,17; 34,23f.;

pel, und doch weist sie noch einmal zurück auf die altägyptische Geschichte von Si-Osire.

Typischerweise wachsen Göttersöhne in den Geburtsmythen sehr rasch heran[2], – wie der Mond, wie die Sonne nach ihrer «Geburt» am Him-

Dt 16,16f. zu gewöhnen. Die gesetzliche Pflicht, an den Wallfahrtsfesten in Jerus. zu erscheinen, trat für Jesum erst ein Jahr später ein. – Neben der Mündigkeit in religionsgesetzlicher Hinsicht, die der Knabe nach vollendetem 13. Lebensjahr erlangte, gab es noch eine andere an das 20. Lebensjahr geknüpfte Mündigkeit in zivilrechtlicher Hinsicht.» (S. 147) – THOMAS KAUT: *Befreier und befreites Volk*, 155, schlägt vor, die Altersangabe in Lk 2,42a herauszulösen; denn es dürften die Verse 2,46b-48a ein sekundärer Einschub sein, dessen «literaturgeschichtliche Herkunft aus der hellenistischen Literaturgattung der Biographie» wahrscheinlich ist; von daher «ist zu erwägen, ob die als gattungsspezifischer Topos zu dieser Gattung gehörende Altersangabe von zwölf Jahren nicht ebenfalls red sein könnte.» (S. 153) – Ursprünglich ging es in der Geschichte wohl um das Erzählmotiv des Suchens und Findens. Die (sekundäre) Altersangabe leitet ein ganz anderes Motiv ein: das Phänomen der frühreifen Intelligenz bei den typischen «Wunderkindern». – Im römischen Imperium ist «für den jugendlichen Römer aus guter Familie» mit zwölf Jahren «der Elementarunterricht beendet; mit zehn Jahren legt er die Kinderkleider ab und hat das Recht, alles zu tun, was einem jungen Menschen behagt; mit sechzehn oder siebzehn Jahren kann er sich für eine öffentliche Laufbahn entscheiden». PAUL VEYNE: *Das Römische Reich*, in: Geschichte des privaten Lebens, I 34. – Bei der Auslegung der Erzählung vom 12jährigen Jesus im Tempel kommt es gerade darauf an, die «Weisheit» des «Wunderkindes» im Sinne der luk. Red. mit der Irritation seiner Eltern in Verbindung zu setzen. – Der «Tempel», in dem das Folgende spielt, ist übrigens «nicht das Gebäude selbst, das nur den Priestern offensteht, sondern der äußere, Frauen noch zugängliche Vorhof. Er erscheint nicht als Ort des Kultes, sondern der Lehre wie 19,47; 21,37f.; Apg 2-5.» EDUARD SCHWEIZER: *Das Evangelium nach Lukas*, 42.

2 Vgl. bereits MARTIN DIBELIUS: *Die Formgeschichte des Evangeliums*, 104: «Das Motiv von der Frühreife des Helden, Weisen oder Heiligen, der schon in der Jugend die Eignung zu seinem späteren Beruf verrät und dadurch Ältere beschämt oder mindestens in Erstaunen setzt, ist selbstverständlich weit verbreitet. Aber alle derartigen Paralleltexte sind auf ihre Bodenständigkeit hin zu prüfen… Nur wenn sich zeigen sollte, daß das Jugendmotiv dem überlieferten Lebensbild nicht entspräche, sondern aus einer anderen Lebenswelt stammte, wäre die Entlehnung mit Sicherheit zu erschließen; Verwandtschaft in den Begleitmotiven läßt sich oft aus dem Gesetz der Legendenbildung verstehen. Das gilt auch von der Altersbestimmung des jugendlichen Helden, die mehrfach auf 12 Jahre lautet (Buddha, Si Usire, Jesus), die doch aber nur die Verwendung einer in der Legende beliebten heiligen und biologisch passenden Zahl darstellt. Im Grunde sind die wichtigsten und der Jesuslegende nächsten dieser Erzählungen in ihrer eigenen Umwelt gegründet.» – Am nächsten steht der lukanischen Erzählung eine buddhistische Parallele im *Lalitavistara*, die davon handelt, daß der kleine Prinz Siddhartha bei einem Ausflug mit Freunden verlorengeht. Sein Vater findet ihn schließlich, in religiöse Betrachtungen versunken unter einem Baum sitzend. Auf wundersame Weise wirft der Baum einen Schatten, als würde die Sonne im Zenit stehen, obwohl sie kurz vor dem Untergehen ist. Ergriffen von diesem Zeichen verbeugt sich der Vater vor seinem Sohn. In beiden Erzählkreisen geht der Sohn verloren und wird bei religiösen Betrachtungen gefunden.» ELMAR R. GRUBER – HOLGER KERSTEN: *Der Ur-Jesus*,

mel[3]; und ganz so erweist sich in den göttlichen Kindern bald schon die überragende Strahlkraft ihres Geistes. Si-Osire, als er «kräftig genug war», um «in die Schule geschickt» zu werden, wußte beizeiten «alles besser als der Lehrer, dem er zum Unterricht anvertraut war. Der Knabe Si-Osire begann die heiligen Texte zu sprechen, zusammen mit den Schreibern des Lebenshauses im Tempel des Ptah. Und alle, die ihn hörten, betrachteten ihn als ein Wunder des Landes. Es war Setoms (sc. des Priesters, seines Vaters, d. V.) Wunsch, ihn beim Fest Pharao vorzustellen, damit er dabei allen Weisen des Landes gegenübergestellt würde.»[4] «Als der Knabe Si-Osire zwölf Jahre alt war, verhielt es sich so, daß es keinen Schreiber oder Gelehrten in Memphis gab, der sich im Lesen und Schreiben von Zaubersprüchen mit ihm hätte vergleichen können.»[5] Bald schon gelangte er wirklich vor den Pharao, denn man bedurfte seiner, um ein versiegeltes Schreiben des äthiopischen Fürsten, ohne es zu öffnen, durch die Außenseite des Papyrus hindurch lesen zu können und somit die Überlegenheit des ägyptischen Königs und die Weisheit seiner Diener vor den Augen der Welt zu bekunden.

Bei jedem Menschen tritt im Übergang zum Erwachsenenalter seine Geistesart, sein Charakter hervor: seine Grundeinstellungen, seine Hauptinteressen, seine Wertevidenzen, seine Gefühlsbindungen. Eine Legendengestalt wie Si-Osire ist dazu geschaffen, die Vorherrschaft Ägyptens über die Bewohner des «Negerlandes» unter Beweis zu stellen; die Person Jesu in der lukanischen Parallellegende steht für etwas anderes, in gewissem Sinne Revolutionäres, das man freilich erst entdeckt, wenn man die Kirchenkate-

124. – Aber auch jüdische, persische, griechische und römische Parallelen existieren zahlreich. So berichtet FLAVIUS JOSEPHUS: *Jüdische Altertümer*, II 9,6, S. 112, von *Moses*, er sei «an Weisheit und Ausbildung des Geistes so entwickelt (gewesen), dass er einem vorgerückteren Alter Ehre gemacht hätte.» Von *Kyros* erzählt HERODOT: *Historien*, I 114–121, Bd. 1, 88–92, wie der 10jährige beim Spielen seine Überlegenheit offenbart. – PLUTARCH: *Alexander*, 5, in Lebensbeschreibungen, IV 267–268, überliefert, wie *Alexander* bereits als Knabe seinen Vater Philipp an «Energie und ... Tatendrang» weit übertraf. – SUETON: *Leben der Caesaren, Augustus*, 5,8, S. 58–59, erzählt, wie der spätere Kaiser bereits mit 12 Jahren «die öffentliche Leichenrede auf seine Großmutter Julia» hielt. – Vgl. auch die Aufzählung weiterer Beispiele bei RUDOLF BULTMANN: *Die Geschichte der synoptischen Tradition*, 327–328, der bereits die beiden Motive von der überraschenden Weisheit und vom Verweilen im Tempel von einander deutlich unterschied. Vgl. bes. HENK J. DE JONGE: *Sonship, Wisdom, Infancy*: Luke II. 41–51a, in: New Testament Studies 24 (1978), 317–324; 339–342; ERICH KLOSTERMANN: *Das Lukasevangelium*, 45–46; THOMAS KAUT: *Befreier und befreites Volk*, 141–142, Anm. 127.

[3] Vgl. TE I 393–397: Das Motiv der besonderen Geburt.

[4] Vgl. EMMA BRUNNER-TRAUT: *Altägyptische Märchen*, 193; E. DREWERMANN: *Dein Name ist wie der Geschmack des Lebens*, 125.

[5] EMMA BRUNNER-TRAUT: *Altägyptische Märchen*, 198.

chese über diese Stelle beiseite tut. Jahr für Jahr am «Familiensonntag» wird insbesondere in der katholischen Kirche die Predigt sich in autoritär-moralischer Absicht auf den Ausklang der Erzählung richten: «er war ihnen untertan.» (2,51) Und: er «kam voran in Weisheit und Alter und Huld von seiten Gottes wie auch der Menschen.» (2,52) Nur allzu gern malt man sich die Verhältnisse in Nazaret im Stil der Nazarener-Darstellungen aus[6]: das Christuskind lieb und anmutig, Schäfchen, eine glückselig lächelnde Madonna im Hintergrund, umgeben von einem Heiligenschein. Wenn jedoch *dieses* Evangelium zum Thema «Familie» wirklich etwas zu sagen hat, dann gerade das Gegenteil: daß es eine solche Idylle nicht gibt, ja, um des Heiligen willen auch gar nicht geben darf. Die Geschichte von dem 12jährigen Jesus im Tempel ist die einzige (legendäre!) Momentaufnahme aus der «Familienbiographie» Jesu, die wir besitzen, und gerade sie zeigt uns nicht zufällig ein Bild voller Widersprüche, Gegensätze und menschlicher Unverträglichkeiten, offenbar um in einer verdichteten Szene zu demonstrieren, was für das Leben eines jeden Menschen gilt, wenn er erwachsen werden will: um zu sich selbst zu finden, muß er in gewissem Sinne zu Gott hinfinden.

Bei *allen* Völkern herrscht die Sitte, daß ein Heranwachsender in einer Art Initiationsritus vor den Gott des Stammes geführt wird, um zu einem vollgültigen Mitglied der Gemeinschaft zu werden; der Gott aber, den Jesus *hier* findet, ist als der Gott Israels der Vater *aller* Menschen, und er verkörpert eine Menschlichkeit, die alle Unterschiede zwischen den Völkern und Nationen aufhebt zugunsten eines jeden, der in Not ist. Auf zwei Ebenen spielt dabei die Erzählung vom 12jährigen Jesus: auf der Ebene der Eltern und auf der des «Kindes», das zum «Erwachsenen» wird; auf beiden Ebenen muß man daher diese Erzählung betrachten.

Auf der Eltern-Ebene stellt sich mit dem Größerwerden des eigenen Kindes ein recht eigentümliches Problem: Jahrelang war eine Mutter, ein Vater, für dieses eine neue Wesen da, das überhaupt nur zu leben vermochte durch ihre Gegenwart, in ihrer Nähe. Nur selten wohl war ihre Beziehung einseitig zu nennen: sie als Eltern opferten ihre Energie und Zeit – ihr *Leben*! – ihrem Kinde; ihr Junge, ihr Mädchen schenkte ihnen umgekehrt das Gefühl, gebraucht zu werden und sinnvoll zu leben. Die Frage: «Warum gibt es dich?» war schon beantwortet durch die bloße Existenz dieses Kindes, – es wäre unverantwortlich gewesen, an dem Sinn der Welt zu zweifeln,

[6] Vgl. GERT TOLZIEN: *Nazarener*, in: Kindlers Malerei Lexikon, Bd. 14: Begriffe II, 179–180.

solange es mit seinem elementaren Bedürfnis nach Fürsorge und Vorsorge seine «Erzeuger» in die Pflicht nahm. Und doch kommt irgendwann der Zeitpunkt, da deutlich wird, daß man dieses Kind lassen muß, daß man es «hassen» muß, in den Worten des Evangeliums (Lk 14,26). Denn nicht der Eltern Eigentum ist ihr eigenes Kind.

Das GRIMMsche Märchen von *Rapunzel* (KHM 12) erzählt einmal von einer Mutter, die nur leben zu können meint, wenn sie ihre Tochter wie ein Lebenselixier in sich hineinschlingt; kein Zweifel, sie hat ihre Tochter «zum Fressen gern», doch eben diese «fressende» Liebe verleiht ihr hexenartige Züge. Kaum wird «Rapunzel» zwölf Jahre alt, da sperrt sie das Mädchen in einen Turm und stellt es damit buchstäblich «turmhoch» über sich, Tag für Tag läßt sie sich von den herabgelassenen goldenen Haaren «Rapunzels» «hochziehen», bis daß die Tragödie unausweichlich hereinbricht: als sie erfährt, daß ihre «Rapunzel» eine geheime Liebschaft zu einem Königssohn unterhält, verstößt sie voll Zorn ihr eigenes Kind[7].

Ein Märchen wie dieses verweist auf einen sonderbaren Widerspruch, der alle menschlichen Beziehungen bestimmt: Es gilt, zu «opfern», was man «behalten» möchte, bzw. es zeigt sich, daß man verliert, was man nicht hergibt. Freilich: woher gewinnt eine Mutter, ein Vater, die Kraft, das eigene Kind «herzugeben»? *Dem Leben*, sozusagen auf gut Glück, ein Kind anzuvertrauen ist nicht möglich; es lebenslänglich angstvoll zu umsorgen ist ebenfalls unmöglich. Was bleibt, ist nur das, was in dem Ritual von der «Darstellung» Jesu im Tempel (Lk 2,21–38) bereits zum Ausdruck kam:

Ein «Gesetz» des Zusammenlebens besteht darin, daß Eltern in all ihrem Tun sich als bloße Stellvertreter im Übergang verstehen sollten. Sie sind nicht die Sonne selber, sie können allerdings mit ihrer Zärtlichkeit und Liebe ihrem Kinde die Fenster öffnen, um ihm die Sonne sichtbar zu machen; dann freilich kommt es darauf an, sich der Sonne nicht ins Licht zu stellen und mit der eigenen Person möglichst wenig Schatten auf das Heranwachsende zu werfen. Alle nicht-verängstigte Liebe gönnt dem anderen Glück und Selbständigkeit; sie möchte, daß er in seiner Art in eigener Zuständigkeit einen Weg in *sein* Leben findet; alles, was man ihm mit der eigenen Zuneigung zu vermitteln vermag, ist ein Vertrauen in etwas, das man selbst nicht ist, auf das man aber mit der eigenen Existenz hinzuweisen versuchen kann: alles «Mütterliche», alles «Väterliche», gewinnt eine unbedingte Gestalt jenseits der Sphäre der Menschen, jenseits der Welt des

[7] Zur Interpretation des Märchens vgl. E. DREWERMANN: *Die kluge Else. Rapunzel*, 57–101.

Relativen. Da ist ein Absolutes an Güte, an Liebe, dem allein alles, was lebt, entgegenreift. Alle Angst um den anderen, alle Sorge um sein Wehe und Wohl ist im letzten auf diesen absolut Anderen zu werfen.

Sonderbar: Da war es doch Brauch «nach dem Gesetz des Moses», das neugeborene Kind zu beschneiden und «dem Herrn darzustellen» (Lk 2,22), die Eltern Jesu aber scheinen diese quasi sakramentale Routine trotz ihrer pedantisch genauen Ausführungen der Gesetzesbestimmungen kaum wirklich verinnerlicht zu haben. Denn jetzt, in der Zeit, als Jesus zwölf Jahre alt wird und unversehens den Sinn des alten Brauchtums einfordert, da «verstehen sie nicht» (vgl. 2,50); jetzt, wo sie merken könnten und merken müßten, daß aller Umgang mit ihrem Kinde letztlich nur ein Weggeleit nach «Jerusalem» im Sinne des *Lukas*-Evangeliums ist und sein kann[8], da sind sie «außer Fassung» (2,48). Jahraus, jahrein haben sie den Ritus der Opferhandlungen im Tempel mitvollzogen und in gewissem Sinne wohl ein Dutzendmal den Knaben Jesus im Tempel «dargestellt»; jetzt aber, da das, was sie im Symbol an sich geschehen ließen, sich als Wahrheit setzt, da erscheint es ihnen wie ein unglückseliger Verlust, der sich gewissermaßen nur aus Unachtsamkeit und aus mangelnder Erfüllung ihrer Aufsichtspflicht ereignen würde. Jetzt, wo «ihr» Jesus sich endgültig aus ihrem Leben entfernt, da machen sie sich und ihm die heftigsten Vorwürfe (2,48).

Wohl jeder Mutter und jedem Vater wird dies so ergehen, wenn der Zeitpunkt kommt, an dem sie ihr Kind ein für allemal «verlieren»: immer werden sie es, im Bilde gesprochen, zunächst bei den eigenen «Verwandten und Bekannten» suchen (2,44), – stets bleibt ja die Hoffnung, daß die Frage an das eigene Kind: «Wo bist du?», sich, wenn schon nicht im eigenen Hause, dann wenigstens doch im Umkreis des irgendwie noch Vertrauten und Zugehörigen werde beantworten lassen[9]. Um so schroffer jedoch mutet dem-

[8] Redaktionsgeschichtlich dürfte der Abschnitt Lk 2,46b-48a sekundär eingeschaltet sein; vgl. THOMAS KAUT: *Befreier und befreites Volk*, 147; doch um so sprechender ist der Kontrast, der so entsteht. KARL HEINRICH RENGSTORF: *Das Evangelium nach Lukas*, 51, meint: «Nun muß sie, die Mutter des Messias lernen, daß ihre Würde einschließt, einen Sohn zu haben und ihn doch nicht zu besitzen ... Den Konflikt, der sich daraus ergab, haben Jesu Eltern damals nicht verstanden, seine Mutter auch später nicht (Mk. 3,31 ff, Par.). Bei der Bedeutung des Elternhauses im Judentum konnte es allerdings schwer anders sein.» Jedoch wird in dieser Bewertung Legende und Historie auf eine Ebene gestellt, und zudem wird als «messianische» Einmaligkeit geschildert, was in Wirklichkeit als Wesensbild und Vorbild der inneren Reifung eines jeden zu verstehen ist, der in der Bindung an Gott der Abhängigkeit von seinen Eltern entwächst.

[9] «Diese Reisegesellschaften oder Pilgerzüge werden uns in der Mischna beschrieben. Die anschaulichste Schilderung findet sich in der Mischna Bikkurim II, 3: ‹Flötenspiel geht

gegenüber die Szene im Evangelium an: Auf den Vorwurf «Kind, was hast du uns angetan damit!» (2,48), erteilt Jesus seiner Mutter eine Antwort, die man nur als krasse Absage verstehen kann: «Wußtet ihr nicht ...!» (2,49)[10] Eine solche Erwiderung bedeutet an sich einen völligen Bruch; aus der Sicht der Eltern läuft sie auf den endgültigen und unbegreifbaren Verlust ihres Kindes hinaus. Schien der Knabe Jesus bisher nur wie zufällig und äußerlich «verloren», so erweist sich die Trennung jetzt als erklärte Absicht, ja, als innere Konsequenz, und alles Weitere hängt davon ab, wie seine Eltern mit dieser in der Tat für sie «bestürzenden» Erkenntnis umgehen.

Es gibt im Grunde nur *einen* Weg, um den «Verlorenen» «wiederzufinden»: man muß das Geschehen innerlich in das eigene «Herz» aufnehmen (2,51)[11], und, Gott sei Dank, ist diese Entwicklung bei den Eltern Jesu

ihnen voran, bis sie in die Nähe Jerusalems gelangen. Kamen sie in die Nähe Jerusalems, sandte man Boten vor ihnen her. Herolde, schmucke Jünglinge und die Schatzmeister (der Zünfte oder Innungen) ziehen ihnen entgegen. Gemäß Stand und Rang der Ankömmlinge waren die ihnen Entgegenkommenden. Alle Handwerker Jerusalems standen vor ihnen, wünschten ihnen Frieden: ‹Unsere Brüder, Leute dieses oder jenes Ortes, seid ihr in Frieden gekommen›.» – Man sieht «..., daß diese Pilgergruppen nicht individuell organisiert waren, sondern die Leute eines Ortes taten sich zusammen, um die Reise gemeinsam anzutreten. So können wir uns auch eine Gruppe von Pilgern aus Nazareth vorstellen. Dreimal im Jahr (sc. zu Pessah, zum Wochen- und zum Laubhüttenfest, nach Ex 23,14-17; Dtn 16,1f, d.V.) gingen derartige Reisegesellschaften von den verschiedenen Landesteilen nach Jerusalem ab, natürlich nicht immer aus denselben Familien bestehend.» «Bei der Rückreise von Jerusalem waren die Gruppen oft noch größer. Hier taten sich nicht nur die Bewohner eines Ortes zusammen, sondern die ganzer Distrikte; in diesem Falle die des Bezirks Galiläa.» SCHALOM BEN-CHORIN: *Mutter Mirjam*, 87. Str. B. II 149, meinen: «Die Annahme, daß der Jesusknabe sich bereits bei der Reisegesellschaft befinden werde, ist aus der Sitte zu verstehen, daß die Mitglieder einer Karawane einen für alle Teilnehmer bequem liegenden Sammel- oder Treffpunkt zu vereinbaren pflegten, von dem aus der gemeinsame Aufbruch erfolgen sollte.»

[10] Vgl. WOLFGANG WIEFEL: *Das Evangelium nach Lukas*, 84: «Jesu Antwort – das erste Wort, das Lukas aus seinem Munde berichtet – spricht von dem Muß, unter dem er steht ... Ob die hier ausgedrückte Vaterbeziehung von Anfang an streng christologisch gemeint ist oder von einem jüdischen Frommen so formuliert werden könnte, bleibt für die Urgestalt umstritten. Gattungscharakter und redaktionelle Intention des Lukas deuten jedoch stärker in die erstere Richtung. Jesus verweist angesichts des irdischen Vaters auf den himmlischen (vgl. Luk. 3,23). In dieser Sohnschaft wurzelt seine Weisheit.» Das ist richtig, solange man sich selbst vor Augen hält, daß «Weisheit» nicht auf «mystische» Weise «eingegossen» wird, sondern das Ergebnis seelischer Reifung ist.

[11] HEINZ SCHÜRMANN: *Das Lukasevangelium*, I 138, verweist darauf, daß hier wieder «(wie 2,7.16.19.39) Maria besonders hervorgehoben (wird), wohl nicht nur als Mutter, die als solche – wie jede Mutter – besonders eng mit der Zukunft ihres Kindes verbunden ist, sondern nach Absicht des Luk als diejenige, von deren Glauben man in den urchristlichen Gemeinden wußte (Apg 1,14; vgl. Joh 2,1-11; 19,25 ff).» Doch auch hier gehen legendäre Darstellungen und – vielleicht – historische Informationen ineinander, diesmal allerdings nicht so sehr «christologisch» als vielmehr «mariologisch».

eigentlich längst vorbereitet. Wohl scheint das, was Jesus tut, eine kaum zu billigende Provokation zu sein, und doch ist es gerade dieser Schritt, auf den sich auch seine Eltern eigentlich ihr Leben lang zubewegt haben: Wollten sie denn etwa nicht, daß ihr Sohn eines Tages selber mit seinem Leben vor Gott hinträte? Wußten sie denn etwa nicht, daß dieses Hintreten ihres Sohnes zu Gott im letzten für sie als Eltern bedeuten würde, abzutreten? Dann aber ist es doch möglich, sich jetzt auch dazu zu bekennen, daß man eben dies: die Eigenständigkeit des eigenen Kindes vor Gott, seine eigene Verantwortlichkeit, seine Unmittelbarkeit zu seinem Schöpfer, seine Unableitbarkeit und Souveränität gegenüber allen anderen Menschen, ein Leben lang selber gewollt und beabsichtigt hat. Dann gilt, was Jesus später seine Jünger lehren wird: «‹Vater› nennt niemanden von euch auf Erden. Einer nämlich ist euer Vater, der himmlische.» (Mt 23,9)[12]

Am schwersten wird ein solches «Wiederfinden» im «Tempel» einem Elternpaar fallen, das, entsprechend den Weisungen der Moral, die Sorge und Fürsorge gegenüber «seinem» Kinde bislang zum obersten Gebot erhoben hat, – ist es doch gerade diese «Sorge», dieses Verantwortungsgefühl, das sich dagegen wehrt, einen Heranwachsenden freizugeben. «Kind, was hast du uns angetan damit!» sagt Maria verletzt und vorwurfsvoll. «Dein Vater und ich, voll Kummer suchen wir dich!» (2,48)[13] Es ist eine große Herausforderung, eines Tages auf diese Pflicht der Verantwortung, auf diese Angst der Fürsorge zu verzichten und anzuerkennen: der andere hat einen eigenen Lebensraum, der so heilig ist wie der Tempel selbst!

«Was aber, wenn meinem Kind was passiert?» Immer wieder stellen vor allem Mütter im Augenblick der Loslösung diese Frage, und man kann ihnen ihre berechtigten Ängste nicht ausreden. Gleichwohl muß es gewagt sein – wie ein Taubenzüchter es tut: Lange Zeit über hat er sein Täubchen gepflegt und geschützt in dem kleinen Schlag auf dem Dachboden, nun aber merkt er, daß er das Tier in die Freiheit entlassen muß. Zu Befürchtungen gibt es vielerlei Ursachen: Bauern, die ihre Felder vergiften, Raubvögel, die am Himmel kreisen, Ordnungsamtsleiter, die in ihrem Haß auf die «Ratten der Lüfte» nicht weit genug gehen können... Im Grunde kann er nur hof-

[12] Vgl. Mt III 143–147: Mt 23,1-12: Wehe euch, ihr Schriftgelehrten, oder: Vom Unterschied zwischen Leben und Lehren.

[13] JOSEF ERNST: *Das Evangelium nach Lukas*, 125, meint: «Man darf sich durch das Bild der ‹Mater dolorosa› nicht von dem christologischen Aussageziel abbringen lassen, das hinter den Worten ‹Kind› und ‹dein Vater› aufleuchtet.» Das sollte die menschlich und psychologisch wichtige Frage freilich nicht beiseite tun, welch eine Angst gerade das Vertrauen Jesu in *seinen* «Vater» bei seinen Eltern und Mitmenschen auslösen muß.

fen und warten und sein Vertrauen darauf setzen, daß sein Täubchen über eine wunderbare, nach wie vor unerklärliche Fähigkeit verfügt, die man als Heimfindungsvermögen bezeichnet: mitten in dem Häusermeer einer Großstadt wird sein Täubchen die kleine Öffnung niemals vergessen, die als Einflugloch zu seinem Schlag dient. Es wird zurückkommen, sein Täubchen, – ganz gewiß wird es zurückkommen. Seine innere Stimme wird es beschützen. Nur festhalten darf er es nicht. Sonst würde sein Täubchen in der Enge des Schlages vor Kummer vergehen. Es kann nur glücklich sein über den Dächern. Der ganze Himmel ist seine Berufung, und der muß es folgen. – So gesprochen zu den *Eltern* des «12jährigen».

Daneben aber gibt es eine andere, im Grunde noch wichtigere Perspektive: die des Kindes. Aus *seiner* Sicht «verliert» es seine Eltern nicht, es läßt sie ganz einfach weiterziehen und sucht sich einen eigenen Standort. Dieser Schritt zur Freiheit ist im Leben jedes Menschen zutiefst religiös bestimmt, und gerade dies läßt sich in der Geschichte von dem 12jährigen Jesus zeigen und lernen.

Niemals, so darf man annehmen, wird Jesus das religiöse Erbe seines Volkes und seiner Eltern ernster genommen haben als zu der Zeit, da er als 12jähriger hineinreifte in das Gesetz Israels; wenn irgend er sich im Tempel wie in seines Vaters Haus gefühlt hat, so in dieser Zeit. Doch eben deshalb war dies offenbar zugleich der Moment, der ihn am meisten von seinen Eltern entfernte. Die in jedem Lebensabschnitt zu beobachtende Paradoxietät des Gegensatzes von Moral und Religion kann in der Entwicklung eines Heranwachsenden nicht größer werden als hier: Nach wie vor gebietet die ethische Pflicht Gehorsam gegenüber den Eltern, zugleich aber bricht nunmehr die zentrale Bestimmung des menschlichen Lebens hervor, formuliert als «Gebot» des alten Israels, einzig Gott zu lieben mit allen Kräften und ihm allein zu gehorchen (Lk 10,27). Die Konvention stellt in Aussicht, weiterhin bei den Eltern geborgen zu sein wie bisher, und doch bricht da ein Gefühl unendlicher Einsamkeit auf, die Jesus später in die Worte kleiden wird: «Der Menschensohn ... – nichts hat er, wo er den Kopf hinlegen könnte.» (Lk 9,58) Das menschliche Gefühl und die Pietät sprechen den Schritt in die Freiheit schuldig, sie machen es – ganz wie an dieser Stelle Maria – Jesus zum Vorwurf, er sei grausam, gedankenlos und vollkommen Ich-besessen, daß er die eigenen Eltern derart habe «vergessen» können und einfach in Jerusalem geblieben sei; er aber spürt in sich eine neue und absolute Notwendigkeit, die ihn alle Forderungen der gesellschaftlichen Moral relativieren läßt.

Zwei verschiedene Prinzipien des Lebens sind es, die hier aufeinander prallen und sich, wie in einem Drama FRIEDRICH HEBBELS (1813–1863), zu einem tragischen Widerspruch ineinander verschlingen[14]: Das Sittlich-Allgemeine verlangt von einem Menschen, daß er sich durch das definiert, was alle anderen sind und denken; die religiöse Grundhaltung indessen fordert seine Individualität und verlangt, daß er sich darauf nicht länger wesentlich verläßt, was andere, und wären es selbst seine eigenen Eltern, ihm sagen oder gesagt haben[15]. Es ist ein Augenblick von geradezu rücksichtsloser Unbedingtheit, scheint es doch völlig unmöglich, sich den anderen gerade jetzt noch verständlich zu machen.

Niemand, der zu sich selbst erwacht, kann diesen Augenblick vermeiden, und niemand, der in diese Zone tritt, vermag ihm standzuhalten ohne die Gewähr einer neuen Geborgenheit und Festigkeit. Nach außen hin ist in diesem Augenblick des Aufbruchs alles fragwürdig. Das einzige, was sicher feststeht, ist das Empfinden, endgültig mit dem eigenen Leben auf den Plan gerufen zu sein. Es ist eine Zeit, in der nichts ungeprüft und kritiklos, nur weil es so überliefert und gesagt wird, hingenommen werden kann. Eine Zeit eigenen Forschens und Fragens beginnt, eine Zeit eigenen Denkens und Folgerns, und dieses neue Bedürfnis läßt nicht nur die eigenen Eltern ihres Weges ziehen, es setzt sich sogar auch und gerade in den heiligen Hallen des Tempels fort: es scheut nicht die Autorität der Theologen und der Schriftgelehrten, und es schreckt nicht zurück vor unerhörten und überraschenden Einsichten, vor Wahrheiten, die andere betroffen machen und außer sich geraten lassen, während sie doch gerade so wortwörtlich in der Schrift enthalten sind.

Es fällt nicht allzu schwer, sich manche der Fragen schon im Munde des 12jährigen Jesus im Tempel vorzustellen, die er später erneut, dann aber mit der Unerbittlichkeit einer Entscheidung auf Leben und Tod, an die Schrift-

[14] Vgl. FRIEDRICH HEBBEL: *Mein Wort über das Drama*, in: Werke, VIII 55: «Diese Schuld (sc. die Maßlosigkeit des Individuellen, d.V.) ist eine uranfängliche, von dem Begriff des Menschen nicht zu trennende..., sie ist mit dem Leben selbst gesetzt.»

[15] Vorsichtshalber sucht KARL HEINRICH RENGSTORF: *Das Evangelium nach Lukas*, 51, den Konflikt zu mildern: «Seine (sc. Jesu, d.V.) Gebundenheit an Gott bedeutet für ihn nicht, daß er sich von sich aus dem Elternhause löst. Nur wenn man das erkennt, ist die Erzählung verstanden.» Doch so gerade nicht! «Aus» seinem Elternhaus braucht Jesus sich (vorerst) nur deshalb nicht zu lösen, weil er sich *von* ihm (innerlich) in diesem Augenblick ein und für allemal gelöst hat. WALTER RADL: *Der Ursprung Jesu*, 259, hebt sogar als Aussageabsicht der Geschichte hervor: «Was die Erzählung vom zwölfjährigen Jesus bei Lukas vorwegnimmt, ist zunächst die aus der älteren Tradition bekannte Entfremdung zwischen Jesus und seinen Angehörigen, die ihn für verrückt halten (Mk 3,21; vgl. Joh 7,2-5). Schon am Kind wird klar: Jesus steht unter einem anderen Gesetz als seine Umgebung. Sein Leben gehorcht einer höheren Bestimmung.»

gelehrten und Pharisäer richten wird, – Fragen, die auf eine jede Generation von «Gottesgelehrten» und Schrifterklärern wie ein Vernichtungsurteil wirken mußten und müssen: «Wenn ihr nur zur Kenntnis nähmet, was das ist: ‹Erbarmen will ich, nicht Opfer› (Hos 6,6), so hättet ihr nicht (Menschen) verurteilt, die ohne Schuld sind.» (Mt 12,7; vgl. Mt 9,13) Oder: «Sie (sc. die Schriftgelehrten und Pharisäer, d. V.) ... bündeln schwere Lasten zusammen und legen sie auf die Schultern der Menschen, selbst aber daran auch nur mit dem Finger zu rücken – das mögen sie nicht.» (Mt 23,3.4) «Wehe euch, ihr Schriftgelehrten und ‹Pharisäer›, ihr Angeber, ihr gleicht getünchten Grabmälern, die von außen frisch erscheinen, innen aber strotzen sie von Totenknochen und allem Unreinen» (Mt 23,27) – das werden bei *Matthäus* die letzten Worte sein, die Jesus für diese Zunft der Theologen übrig hat, und *Lukas* denkt nicht anders. Um eine solche Freiheit von *allen* herrschenden Autoritäten, von der Gunst der Menge ebenso wie von der Unterstützung der Vorgesetzten, zu gewinnen, bedarf es einer in sich ruhenden Sicherheit wie bei einem Gang über ein Seil in schwindelerregender Höhe, bedarf es einer nie erlahmenden geistigen Wachheit, und in der Tat gehören, psychologisch gesehen, zu einer solchen Haltung bestimmte Erfahrungen schon in der frühen Kindheit und Jugend. – Was im Neuen Testament, historisch betrachtet, als «Legende» bezeichnet werden muß, erscheint, symbolisch gelesen, immer wieder als die bestmögliche und absolut glaubwürdige Schilderung der inneren Wahrheit im Leben und Erleben Jesu.

Einen solchen psychologischen Zugang zu der Erzählung von dem 12jährigen Jesus im Tempel verschließt man sich freilich, wenn man auf der üblichen theologischen Auffassung der Stelle beharrt, wonach *Lukas* allein auf die «Messianität» Jesu habe hinweisen wollen[16]. Demgegenüber bleibt festzustellen, daß Jugendgeschichten dieser Art zu Recht «typisch» sind für einen zukünftigen Weisheitslehrer: Menschen wie sie *müssen* schon sehr früh «erwachen» und dabei das größte Wagnis eingehen, das es im Leben eines Menschen geben kann: das Wagnis, frei zu sein – unabhängig im Denken, selbständig im Urteilen und immer wieder überraschend im Handeln nach außen. Nur so begreift man im späteren Auftreten Jesu jene unglaubliche Frische und Unbekümmertheit, in der seine eigentliche «Königlichkeit», seine «Messianität», seine «Gottessohnschaft» liegt: seine Fähigkeit,

[16] So besonders EDUARD SCHWEIZER: *Das Evangelium nach Lukas*, 44: «Anders als Joh 1,1-14; Gal 4,4 f. ... betonen Lk 1 f. nicht Jesu Kommen aus einer himmlischen Welt, sondern die Wiederherstellung des Bundes Gottes mit Israel ... Von menschlicher Gerechtigkeit und Frömmigkeit ist bei der Ankündigung Jesu nicht mehr die Rede, nur von seiner Gnade».

«Dämonen» auszutreiben und zu lehren, wie einer, der Macht hat, – eben nicht wie die Schriftgelehrten (Mk 1,22). Eine solche «Kraft» gründet einzig darin, als «Vater», als die einzige Autorität über sich, nur Gott anzuerkennen. Sogar Jesu Gegner werden von ihm später sagen, er kümmere sich nicht um Menschengunst und Menschenmeinung, vielmehr er lehre «den Weg Gottes» (Lk 20,21).

Doch wenn dem so ist, so zeigt gerade die Szene im Tempel von Jerusalem den 12jährigen Jesus zum ersten Mal in seiner wahren «Messianität»; und bereits hier hat seine Antwort dann die Macht und Vollmacht des Messias: «Warum, daß ihr mich suchtet? Wußtet ihr nicht, daß ich in dem Bereich meines Vaters sein muß?» (2,49)[17] Nichts anderes wird Jesus später tun, als so wie hier die Menschen an das zu erinnern, was sie eigentlich längst wissen könnten: Es gibt nur dieses Entweder-Oder. *Entweder* bleiben sie aus lauter Angst unter dem Deckmantel von Pietät, Moral und Pflichterfüllung auf lebenslänglich «Kinder», dann verbleiben sie in ihrer niemals aufgelösten Elternabhängigkeit und Autoritätsgläubigkeit im Grunde in einer Art von Götzendienst: selbst ihr Reden von «Gott» umschreibt dann in neurotischer Weise lediglich die verewigten und absolut gesetzten Inhalte ihrer Kindertage, – *oder* sie lernen es, im Vertrauen auf Gott erwachsen zu werden. Erst dann, wenn die Eltern die Macht über das eigene Leben *verlieren*, kann man sich wieder in ihre Nähe fügen und ihnen «untertan» sein, ohne zum «Untertan» (im Sinne HEINRICH MANNS, 1871–1950)[18] zu werden. Nur dann findet man nach Hause – nach «Nazaret» – zurück, wenn man sich selbst im Tempel gefunden hat (2,51). Denn so erst erfüllt sich in Wahrheit, was die eigenen Eltern doch auch wohl glaubten und meinten, als sie ihr Kind in den Tempel führten und es die Gebete Jerusalems lehrten: Nicht für die Synagoge, nicht für die Kirche, – für Gott sollte heranwachsen, was ihnen in der Person ihres Kindes anvertraut worden war.

So gelesen, wirkt die eine Szene des 12jährigen Jesus im Tempel wie das vorweggenommene Portrait seines gesamten öffentlichen Lebens später. Tiefenpsychologisch jedenfalls wird man sagen müssen: So, wie hier geschildert, *muß* es begonnen haben, um sich so, wie es dann kam, fortsetzen zu können.

17 Str. B. II 152 vermerken dazu: «Der Messias wurde zu denjenigen Personen gerechnet, die von sich selbst aus, d.h. ohne Mithilfe anderer, Gott erkannt haben.»

18 Vgl. HEINRICH MANN: *Der Untertan*, 1. Kap., S. 13: «Diederich war so beschaffen, daß die Zugehörigkeit zu einem unpersönlichen Ganzen, zu diesem unerbittlichen, menschenverachtenden, maschinellen Organismus, der das Gymnasium war, ihn beglückte, daß die Macht, die kalte Macht, an der er selbst, wenn auch nur leidend, teilhatte, sein Stolz war.»

Vorbereitung (Lk 3,1–4,13)

Lk 3,1–14: Die Predigt des Johannes oder: Die Moral in ihrer Krise

(vergleiche Mk 1,2–6; Mt 3,1–6 zu *Lk 3,1–6*; Mt 3,7–10 zu *Lk 3,7–9*)

> Im 15. Jahr der Regierung des Kaisers Tiberius – als regierte Pontius
> Pilatus über Judäa, und als Viertelfürst von Galiläa Herodes war,
> Philippus, sein Bruder, Viertelfürst von Ituräa und des trachonitischen
> Landes, Lysanias Abilenes Viertelfürst –, 2 unter dem Hohen Priester
> Hannas und Kaiphas: *da geschah die Botschaft Gottes* (Ez 1,3; Hos 1,1)
> an Johannes, den Zacharias-Sohn, in der Wüste. 3 Und er kam in das
> ganze Umland des Jordans und verkündete eine Umkehrtaufe zum
> Nachlaß der Sünden, 4 wie geschrieben ist im Buch der Worte Jesajas, des
> Propheten (Jes 40,3–5):
> Stimme *eines Rufenden in der Wüste:*
> *Bereitet den Weg des Herrn,*
> *gerade macht seine Pfade.*
> 5 *Jede Schlucht werde aufgefüllt,*
> *jeder Berg und Hügel abgetragen,*
> *und es sei: das Krumme zu Geradem,*
> *die rauhen zu leicht begehbaren Wegen.*
> 6 *Und es schaue jedes fleischliche Wesen die Rettungstat Gottes.*
> 7 Er sagte nun den Scharen, die herauszogen, getauft zu werden von ihm:
> Schlangenbrut! Wer unterwies euch zu fliehen vor dem anbrechenden
> Zorn (Gottes)? 8 Bringt jetzt Früchte, würdig der Umkehr! Und fangt
> nicht an, euch zu sagen: Zum Vater haben wir Abraham. Denn ich sage
> euch: Es kann Gott aus diesen Steinen (hier) Abraham Kinder erwecken.
> 9 Schon aber ist ja die Axt an die Wurzel der Bäume gelegt; jeder Baum
> jetzt, der nicht eßbare Frucht bringt, wird ausgehauen und ins Feuer ge-
> worfen. 10 Und es fragten ihn die Scharen, sprechend: Was denn sollen
> wir tun? 11 Als Antwort sagte er ihnen: Wer zwei Leibröcke hat, gebe dem
> ab, der keinen hat. Und wer zu essen hat, ebenso tue der. 12 Es kamen
> aber auch Zöllner, sich taufen zu lassen, und sie sprachen zu ihm: Lehrer,
> was sollen wir tun? 13 Und er hat zu ihnen gesagt: Nichts mehr, vorbei an
> dem euch Angeordneten, treibt ein. 14 Es fragten ihn aber auch dienst-
> tuende Soldaten, sprechend: Und wir, was sollen wir tun? Und er hat
> ihnen gesagt: Niemanden erpreßt, niemanden schikaniert, und: begnügt
> euch mit euerem Sold.

Wie schon bei der Ankündigung der Geburt des Täufers (Lk 1,5), wie schon bei der Erzählung von der Geburt Jesu (Lk 2,1–2), legt *Lukas* auch jetzt großen Wert auf eine «historische» Rahmung seiner Darstellung. Er, der ganz besonders die Bewohner des Römischen Reiches ansprechen möchte, betont sehr stark die Verwurzelung Jesu in der judäischen Religion; er, der in seiner Kindheitsgeschichte auffallend von ägyptischen, griechischen, persischen und buddhistischen Mythen sich beeinflußt zeigt, möchte doch um so mehr die historische «Glaubwürdigkeit» seines Evangeliums unterstreichen (Lk 1,2–4). Vor allem aber möchte er der Geschichte und Botschaft des Jesus aus Nazaret eine weltgeschichtliche Aussagedimension verleihen[1]. Wohl bietet er nichts, was einer reflektierten «Geschichtstheologie» ähnlich sähe[2], und doch spürt man das Bemühen des *Lukas*, durch sein Evangelium den ganzen Erdkreis anzusprechen und anzustecken.

Alles beginnt deshalb mit der obersten Ebene weltlicher Gewalt, mit Kaiser Tiberius, dessen 15. Regierungsjahr wohl in die Zeit von August 27 bis August 28 zu verlegen ist[3]; sein lokaler Stellvertreter Pilatus war Prokurator von Judäa und Samaria in den Jahren 26–36/37; sein Vasall am Ort war Herodes (Antipas), der Sohn Herodes des «Großen», der nach dem Tode seines Vaters, als dessen Reich unter dreien seiner Söhne geteilt wurde, Tetrarch («Viertelfürst») in Galiläa (und Peräa) geworden war und von 4 v.

[1] RAINER DILLMANN – CÉSAR MORA PAZ: *Das Lukas-Evangelium*, 64, stellen fest: «Im Stil griechischer Historiker gibt Lukas eine umfassende Zeitangabe … Diese umschreibt die politische Situation in Palästina. – Viele Prophetenbücher des Alten Testaments beginnen in gleicher Weise. Auch sie ordnen das Wirken des jeweiligen Propheten in den zeitgeschichtlichen Kontext ein (vgl. Jes 1,1; Jer 1,1-3; Ez 1,1-3; Hos 1,1; Am 1,1; Mi 1,1; Zef 1,1; Hag 1,1; Sach 1,1).»

[2] Freilich verändert *Lukas* entscheidend die eschatologische Perspektive, die er individualisiert und als Anspruch an die gegenwärtige Geschichte richtet. JOSEF ERNST: *Herr der Geschichte*, 17, bemerkt: «Im Zusammenhang mit einem veränderten Welt-, Daseins- und Vollendungsverständnis sah sich Lukas veranlaßt, die herkömmlichen apokalyptisch geprägten Denkschemata abzulegen und der Eschatologie eine neue Orientierung zu geben.» Und S. 18: «Die Transzendierung des Heils in ein mit dieser Welt zugleich vorhandenes Jenseits ist der entscheidende neue und bestimmende Gesichtspunkt.»

[3] Vgl. HEINZ SCHÜRMANN: *Das Lukasevangelium*, I 150, der aber auch «die Zeit von Herbst 28 bis Herbst 29» für möglich hält. – EDUARD SCHWEIZER: *Das Evangelium nach Lukas*, 46, kennzeichnet die Situation so: «Auf Augustus, einst als Bringer des Paradieses begrüßt, ist der griesgrämige, mißtrauische Tiberius gefolgt, und römische Truppen haben das heilige Land besetzt. Die Heiligkeit des Hohenpriestertums ist geschwunden, die Römer setzten ab und ein, wie es ihnen politisch paßte. Eben da ereignete sich, was nach der langen Einleitung in äußerster Knappheit formuliert ist: ‹Wort Gottes geschah› … Es ist also nicht einfach tradierbare Lehre.» Pontius Pilatus, «der fünfte römische Statthalter von Judäa», «trat sein Amt im Jahre 26 n. Chr. an und regierte bis 36 bzw. 37.» CHRISTOPH GREGOR MÜLLER: *Mehr als ein Prophet*, 159. Vgl. FLAVIUS JOSEPHUS: *Jüdische Altertümer*, XVIII 4,2, S. 520.

bis 39/40 n. Chr. residierte; Philippus, sein Halbbruder, regierte zwischen 4 v. Chr. und 33/34 n. Chr. über ein Teilgebiet Ituräas und der Trachonitis im Osten und Norden von Galiläa; und dem Ituräerkönig Lysanias schließlich war das Gebiet Abilene im Süden des Antilibanons zugefallen[4]. (Vgl. *Tafel 1*.) Mit diesen Angaben wird das damals viergeteilte Palästina als die *politische* Szenerie vorgestellt, auf der alles Weitere sich begibt. Aber auch die *geistliche* Bühne bedarf der Erwähnung: Hannas war Hoher Priester von 6–15, sein Schwiegersohn Kaiphas von 17/19–37[5]. Das alles ist geschichtlich in der Tat interessant. Nur: was weiß man, wenn man das weiß? – Im Grunde nichts!

Herodes (Antipas) wird bald schon den Täufer verhaften lassen (Lk 3,19–20), und Kaiphas wird Jesus gefangen nehmen (Lk 22,50), um ihn als Gotteslästerer zum Tod zu verurteilen (Lk 22,67–71); Herodes (Antipas) wird dann Gelegenheit finden, sein Spiel mit dem sonderbaren Propheten aus Nazaret zu treiben (Lk 23,6–12), und Pilatus wird nach längerem Zögern dem Druck der Hohen Priester nachgeben und die Kreuzigung anordnen (Lk 23,13–25). Daraus allerdings folgt etwas sehr Wichtiges: Um zu verstehen, wer Jesus wirklich ist und was er zu sagen hat, darf man sich gerade *nicht* mit dem Strom der «Geschichte» weiterbewegen; – was der

[4] Vgl. HEINZ SCHÜRMANN: *Das Lukasevangelium*, I 150–151; KARL HEINRICH RENGSTORF: *Das Evangelium nach Lukas*, 54, weist darauf, daß von Lysanias «Genaueres ... nicht bekannt» ist; das ihm zugefallene Gebiet Abilene liegt «zwischen dem Hermon und dem Oberlauf des Jordans».

[5] Vgl. Str. B. II 153: «Den Worten (sc. unter dem Hohen Priester Hannas und Kaiphas, Lk 3,2, d.V.) darf nicht entnommen werden, daß Hannas und Kaiphas zu gleicher Zeit Inhaber des hohenpriesterlichen Amtes gewesen seien; das wäre gesetzlich unmöglich gewesen. ‹Hoherpriester› wurden nicht bloß die jeweiligen Träger des Amtes genannt, sondern auch die Männer, die die Würde früher einmal innegehabt hatten ... Es hat mithin nichts Auffallendes, wenn Hannas H(oherpriester) genannt wird, obwohl er das Amt damals seit mehr als 10 Jahren nicht mehr bekleidete; wohl aber darf man aus seiner Erwähnung neben und vor Kaiphas ... auf das große Ansehen schließen, das Hannas ... allgemein genoß.» ETHELBERT STAUFFER: *Jerusalem und Rom*, 68, schreibt: «Neben Kaiphas und Hannas sitzen im Großen Synhedrium: Eleazar der Sohn Hannas und Hochpriester des Jahres 16/17; Jonathan Sohn des Hannas und später Nachfolger des Kaiphas; Theophilos Matthias, Hannas, sämtliche Söhne des Hannas, sämtlich später Hochpriester; Elionaios, Sohn des Kaiphas, Hochpriester um 43/4; schließlich Johannes und Alexander, die wohl gleichfalls Söhne (oder Schwiegersöhne) des Hannas waren, es aber anscheinend nicht bis zum Hochpriesteramt gebracht haben (Ag 4,6). Das sind mindestens zehn ‹Hochpriester› aus der Sippe der Kinder Hannas ... die eben notierten Daten aus der Geschichte des Hochpriesteramtes in den Jahren 6 bis 70 post beweisen zur Genüge, wie solidarisch, zielbewußt und erfolgreich die Kinder Hannas in familienpolitischen Dingen gearbeitet haben.» Vgl. FLAVIUS JOSEPHUS: *Jüdische Altertümer*, XX 9,1, S. 666–667.

Mann aus Nazaret verkörpert, ergibt sich *nicht* in Kontinuität zur historischen Wirklichkeit, es steht in diametralem Kontrast dazu. Aufhören muß daher, was bisher war, – ein radikaler Neuanfang ist erfordert; und die Person, die *dafür* steht, ist Johannes der Täufer. Sein Auftritt im Raum der Geschichte ist rein antithetisch, im Grunde grotesk, so ähnlich, wie wollte man CHRISTIAN GRABBES (1801–1836) *Hannibal* ausgerechnet in dem barock-wilhelminischen Theater seiner Heimatstadt Detmold auf die Bühne stellen: da führt ein Geschichtsdrama sich auf, doch nur um zu widerlegen, was man unter «Geschichte» versteht: der Traum von der wahren Größe eines Menschen wird neu zu bestimmen sein.

Von allem Historischen gilt, daß es einmalig und unwiederholbar ist; um das Geschehen, das sich jetzt mit dem Messias-Traum des Johannes begibt, in seiner Gültigkeit für alle Zeit zu begreifen, muß man das Typische, das Modellhafte, das Symbolisch-Gleichnishafte darin herausarbeiten[6].

Für gewöhnlich erklärt man den «Täufer» für einen «Vorläufer» Jesu, und das in einem rein historisch vorbereitenden Sinne: der Täufer kam, um auf Jesus als den «Messias» «hinzuweisen»; doch – anders als im *Johannes*-Evangelium (Joh 1,19–34) – weiß *Lukas* (Lk 3,15–18) von keinem Bekenntnis des Täufers zu Jesus als dem «Christus» zu künden; das «Vorläufige» in dessen Auftreten liegt denn auch auf der ganz anderen, *wesentlichen* Ebene, die sich zuvor bereits in den symbolischen Verweisungen der beiden Geburtslegenden andeutete: alles Gesetzliche, alles Moralische ist ein tragender Teil der Welt, die wir kennen; es bedarf daher unbedingt selbst der «Erlösung» durch ein vollkommen anderes Verständnis der menschlichen Wirklichkeit; die Antwort, die ein «Messias», wenn er denn kommt, darauf zu geben vermag, wird deshalb radikal anders ausfallen müssen, als es der «Täufer» sich vorstellt. Doch gehen wir den Text der Reihe nach durch.

«Da geschah[7] die Botschaft Gottes an Johannes» (3,2). Folgt man der Kindheitslegende des Täufers, so war der «Zacharias-Sohn» (3,2) schon vor seiner Geburt von Gott zum Propheten bestimmt (Lk 1,15–17), *ganz so,* wie *Jeremia* Gott zu sich sprechen hörte[8]: «Ich kannte dich, ehe ich dich im Mutterleib bereitete, und sonderte dich aus, ehe du von der Mutter gebo-

[6] Vgl. TE II 592–664: Der psychologische Beitrag zur Interpretation historischer Erzählungen.

[7] Vgl. MARTIN BUBER: *Geschehende Geschichte*, in: Werke, II 1031–1036, der Geschichte als «Dialog zwischen Gottheit und Menschheit» betrachtet, dessen Sinnes wir «jeweils nur da innewerden, wo *uns* die Anrede trifft.» (S. 1036)

[8] Vgl. Jer 1,5.

ren wurdest, und bestellte dich zum Propheten.» (Jer 1,5) Ähnlich behauptete es (Deutero)*Jesaja* (Jes 49,1) von sich, ähnlich wird es *Paulus* (Gal 1,15) für sich in Anspruch nehmen. Doch was ist damit gemeint? Die kirchliche Dogmatik hat daraus den Gedanken der «Vorsehung» bzw. der «Vorherbestimmung» (der «Prädestination») abgeleitet und jahrhundertelang darüber debattiert, wie ein solches Konzept sich mit der «Freiheit» des menschlichen Willens vereinbaren lasse[9]; die entscheidende Frage aber bleibt bei so viel theologischer Gelehrsamkeit konsequent ausgeklammert: Was fühlt ein Mensch, wie lebt ein Mensch, der seinem ganzen Empfinden nach überhaupt nicht anders kann, als mit seiner Person für das einzutreten, was er im Gegenüber seiner Zeit von Gott verstanden zu haben glaubt?

Ein Prophet kann und will nicht unterscheiden zwischen dem, was er selbst ist, und dem, was er von Gott sagt. Seine menschlichen Evidenzen, das Resultat seiner biographischen Erfahrungen, was das Leben ihn lehrte und was sein Herz fühlt, – all das tritt zusammen zu etwas, das gesagt werden muß, bedingungslos, egal, ob es auf Zustimmung und Gefolgschaft stößt oder auf Ablehnung und Feindschaft. Politiker mögen ihre Reden daraufhin überarbeiten, wie sie beim Volk besonders gut «ankommen», Literaten müssen ihre Worte und Sätze wohl kalkulieren in Richtung ihrer «Zielgruppe»; Propheten reden so, wie sie sind – identisch und authentisch mit sich und dem Wort, für das sie eintreten[10]. Ein eisiger Hauch von Einsamkeit umgibt sie daher. Johannes, der Prophet in der Wüste, könnte gewiß so sprechen, wie es 600 Jahre zuvor *Jeremia* schon tat: «Ich habe mich nicht zu den Fröhlichen gesellt noch mich mit ihnen gefreut, sondern saß einsam, gebeugt von deiner Hand.» (Jer 15,17) Verboten schien es ihm, eine Frau zu nehmen und Kinder zu zeugen angesichts der sicheren Katastrophe (Jer 16,2), und der einzige «Trost», die einzige «Freude» war es für ihn, zu fühlen, daß er «recht» redete, «nicht leichtfertig» (Jer 15,16.19). Ganz so Johannes[11].

[9] Vgl. AUGUSTINUS: *Vorträge über das Evangelium des hl. Johannes*, XXVI 1, BKV 11, S. 29: «Was ist das: die Gerechtigkeit Gottes und die Gerechtigkeit des Menschen? Unter der Gerechtigkeit Gottes ist hier nicht jene gemeint, wodurch Gott selbst gerecht ist, sondern die Gott dem Menschen gibt, damit der Mensch durch Gott gerecht sei. Welches aber war die Gerechtigkeit jener? Die, in welcher sie auf ihre eigenen Kräfte vertrauten und gleichsam sich selbst als Erfüller des Gesetzes durch eigene Kraft erklärten. Niemand aber erfüllt das Gesetz, außer wer von der Gnade unterstützt wird.» In ähnlichem Sinne vgl. PHILIPP MELANCHTHON: *Loci communes*, I 1–70, S. 25–47: Die Kräfte des Menschen, insbesondere der freie Wille; MARTIN LUTHER: *Vom unfreien Willen*, in: Luther Deutsch, III 303–332.

[10] Vgl. TE II 355–364: Prophetien und Propheten oder: Visionen zwischen Ich und Du.

[11] Vgl. TE II 371–372: Der Widerspruch zum Volk oder: Die Einsamkeit des Propheten.

Schon sein Aufenthaltsort und sein Lebensstil ist «jeremianisch» – die Wüste! Gotteskünder wie *Jeremia* hingen an dem «Nomadenideal» ihrer Väter[12]: wenn doch das Volk nur von all den Verirrungen im «Kulturland» zurückkehren könnte zu dem reinen Ursprung des Anfangs, als man lernen mußte, zu leben buchstäblich von der Hand in den Mund – indem man nach dem Durchzug durchs Schilfmeer (Ex 14,1–31) allmorgendlich in der Wüste von Sin zwischen den Steinen das «Brot» aufsammelte, das Gott vom Himmel hatte regnen lassen und das so rätselhaft war, daß man's erstaunt als «Manna» (von hebr. Man hu – was ist das?) bezeichnete (Ex 16,4.15) –, wäre es dann nicht in jedem Augenblick deutlich, wie verwiesen und angewiesen wir Menschen auf Gottes Nähe sind? Wie ein Kontrastbeispiel zu der Entartung des israelitischen Volkes erschien *Jeremia* damals der Nomadenstamm der Rechabiter, der voll Stolz an der Lebensform seiner Vorfahren aus der Zeit des Wüstenaufenthaltes festgehalten hatte: die Rechabiter tranken niemals Wein, sie bauten keine Häuser, sie bestellten keine Äcker (Jer 35,6–9), – sie hatten ihre *Identität* sich zu bewahren vermocht[13]. Wenn Johannes die «Umkehrtaufe zum Nachlaß der Sünden» verkündet (Lk 3,3), bedeutet das Wort «Umkehr» für ihn gerade eine solche Rückwendung zu dem verlorenen Ursprung in den Tagen des Moses, nur, daß er kein ethnographisches Modell dafür mehr bemüht, sondern mit seiner eigenen Existenz in eben jene Lebensform eintritt, die ihm als Bild der Erinnerung zum Vorbild der Zukunft wird: Er selber macht sich zum Wüstennomaden, umherwandernd im ganzen «Umland des Jordans»[14], eine Moses-Gestalt jenseits des Flusses, durch den hindurch er sozusagen einen neuen Exodus aus dem Land der Entfremdung und Knechtschaft erwartet.

[12] Vgl. ARTUR WEISER: *Der Prophet Jeremia*, 318, der «das Festhalten an der nomadischen Lebensweise und den Kampf um die Wiederherstellung der Jahwereligion in der gleichen Linie einer Abwehr der Kultur des seßhaften Bauerntums und der damit verbundenen Religion der Fruchtbarkeitskulte des Baal» sieht.

[13] Vgl. A.a..O., 317–318: Über Jonanab ben Rekab, den Ahnherrn der Rechabiter, «erfahren wir aus 2. Kö. 10,15 f. 23, daß er sich dem General Jehu bei dessen Kampf gegen die Dynastie Omri und den Baalskult in der Mitte des 9. Jahrhunderts angeschlossen hat.»

[4] KARL HEINRICH RENGSTORF: *Das Evangelium nach Lukas*, 54, meint: «Durch die Hervorhebung der ‹Wüste› als Ort der Berufung wird ... der Zusammenhang mit 1,57 ff. hergestellt. Was dort Weissagung war, erfüllt sich: Der Mann der Einsamkeit wird durch die Begabung mit dem göttlichen Wort buchstäblich der ‹Prophet› des ‹Höchsten› (1,76).» GÜNTHER BORNKAMM: *Jesus von Nazareth*, 41, meint: «Seit uralter Zeit ist die Wüste der Ort, an den sich die Endhoffnungen Israels knüpften, denn es ist alter Glaube, daß die Endzeit sein werde wie der Anfang. Fernab von den Stätten der Verweltlichung, aber auch den geheiligten Orten des Kultus soll Israel sich wie einst für die letzte Offenbarung Gottes bereiten.»

So viele Religionsstifter haben die Leere der Wüste aufgesucht, um sich auf sich selbst und auf Gott zu besinnen[15], – auch Jesus wird wenig später so tun (Lk 4,1). Als den «Garten Allahs» bezeichnen die Muslime noch heute die Sahara[16], – ganz einfach weil nirgendwo sonst der Himmel so majestätisch hoch erscheint und der Horizont so unendlich weit, daß man Gott *braucht* mit jedem Atemzug. Alles Überflüssige entfällt im Glutofen der Wüste, so wie selbst die Pflanzen ihre Blätter zusammenrollen zu stachligen Formen, um die Verdunstung zu minimieren, so wie die Tiere eine schlanke, langgliedrige Gestalt annehmen, um möglichst wenig Wärme im Körperinneren zu produzieren und um möglichst viel Wärme nach außen abgeben zu können[17]; alle Gedanken konzentrieren sich hier in der Lautlosigkeit einer absoluten Stille, umspielt allein von dem Wehen des Winds; die flirrende Luft, deren unterschiedlich erwärmte Schichten entfernte Gegenstände wie in einer übergroßen Linse nahe rücken, reizt die Phantasie an, ihre eigenen Träume wie von außen her auf sich zukommen zu sehen. Was ist da außen, was innen? Was Abgebildetes, was Bild? Und dann des Nachts das Flimmern der Sterne, dieses Leuchten unzähliger Lichter, die erneut so entrückt und so nah sind, daß sie in ihrer Unerreichbarkeit ebenso wie in ihrer Vertrautheit eine unabweisbare Ahnung von Göttlichem schenken. In einer solchen Sphäre jenseits der geschwätzigen Ablenkung bewohnter Stätten darf man nur sagen, was stimmt, nur äußern, was nötig, nur mitteilen, was notwendig ist. «Kehrt um» ist eine erste Aufforderung zu solcher Sterneneinsamkeit und inneren Wahrhaftigkeit.

Wie von selbst ergibt sich hier eine Anknüpfung über fast 600 Jahre hinweg an (Deutero)*Jesaja*, eine *Vergegenwärtigung* der ersten Zeilen aus seinem Munde: Es gilt, Gott (wieder) «den Weg» zu bereiten. Gemeint war einmal damit, daß die Verbannten aus Babylon durch die Wüste wie auf einer Triumphstraße unter den Augen der Weltöffentlichkeit in ihre Heimat

[15] So etwa MOHAMMED, vgl. ANNEMARIE SCHIMMEL: Der Islam, 14; *Koran*, 96,1-5, S. 433. Vgl. auch ADEL THEODOR KHOURY: *Mohammad*, in: Adel Theodor Khoury – Ludwig Hagemann – Peter Heine: Islam-Lexikon, 544–545.

[16] Vgl. HENRI J. HUGO – MAXIMILIEN BRUGGMANN: *Zehntausend Jahre Sahara*, S. 12; 17: «Die Sahara ist ein Land des Widerspruchs und eine Stätte der Reflexion. Nichts kann hier erprobt werden, das nicht sorgfältig vorbereitet worden wäre. Niemand kann hier überleben, der nicht zuerst ganz einfach Überleben gelernt hätte.»

[17] Entsprechend der ALLENschen Regel, die besagt, «daß die in Wüsten oder trockenen Steppen lebenden Tiere längere Gliedmaßen, Schnauzen und Schwänze haben als die in Wäldern oder in Gebirgen lebenden Tiere der gleichen oder einer ihr eng verwandten Art.» CARLETON S. COON: *Die Geschichte des Menschen*, 208; vgl. 210–211.

zurückkehren würden[18]. Im Neuen Testament (schon in Mk 1,3)[19] *geschieht* freilich nicht ein «Straßenbau», sondern die Stimme Gottes selbst in der Wüste, und mit dieser nur scheinbar geringfügigen Änderung wird der Sinn dieses Prophetenzitats ein komplett anderer, *innerer*. Der Mann, an welchen in der Wüste das Wort Gottes sich richtet, ruft dazu auf, das persönliche Leben für Gott wieder begehbar zu machen: – es nicht zuzustellen mit Überflüssigem, es nicht zu verlärmen mit Nebensächlichem, es nicht zu verbauen mit eitlen Planungen. Alles ist da vom Zeitbedingten ins Existentielle gewendet, – so wenn es heißt: «Gerade macht seine Pfade.» (3,4) Gedacht natürlich ist nicht daran, daß Gottes «Pfade» selbst «ungerade» sein könnten, gemeint ist, selber im eigenen Leben die Winkelzüge, die Aus- und Umwege, die «krummen Touren» dranzugeben und eindeutig, offen und ehrlich «geradeaus» zu leben, unverbogen durch die übliche Fülle allzu schlauer «Kompromisse» zwischen «links» und «rechts», die nach und nach die persönliche Wahrhaftigkeit immer mehr kompromittieren und korrumpieren müssen. Wohl heißt es, daß Gott auch auf ungeraden Zeilen gerade zu schreiben vermöchte, doch wir sind nicht Gott: wir können nicht in einer Retorte von Lügen Ehrlichkeit destillieren, so wenig, wie wir aus einem trüben Teich Trinkwasser schöpfen können; *wir* können Gott nur auf einem begradigten Wege in unser Herz einlassen.

Was sich in diesen Worten sozusagen in der Horizontalen darstellt, gilt innerseelisch womöglich noch mehr in der Vertikalen. Es gibt in unserem Leben «Schluchten» und Tiefen, Abgründigkeiten und Niedergedrücktheiten, da wir uns wie verloren fühlen; dann wieder kommen wir uns vor wie auf Bergesgipfeln, als könnten wir die Sterne vom Himmel holen, und in beiden Gestimmtheiten existieren wir wie in einer Schiffschaukel auf einer Kirmes: mal reißt es uns runter, dann hebt es uns hoch, bis daß wir schier schwindelig werden – eine Art manisch-depressiven Irreseins, ein Krankheitszustand, in dem wir viel Energie aufwenden, um uns «richtig» zu amüsieren und das Leben «ganz toll» zu finden. In Wirklichkeit machen wir uns auf diese Weise nur zu Ausgelieferten an die Macht der Umstände und der

18 Vgl. CLAUS WESTERMANN: *Das Buch Jesaja*, Kapitel 40–66, S. 33–36.

19 Vgl. Mk I 127–136. – HEE-SEONG KIM: *Die Geisttaufe des Messias*, 72, findet in Lk 3,4-6 «das Heilssehen-Motiv» wieder: «Dort erweitert Lukas über Markus hinaus das Zitat von Jes 40,3 um die beiden folgenden Verse 40,4 f. Die Erweiterung des Zitats erfolgt wohl wegen des für Lukas wichtigen Heilssehen-Motivs in V. 6: Alles Fleisch wird das Heil Gottes sehen. Das erweiterte Zitat in Lk 3,4-6 dient der Deutung der Sendung und Haupttätigkeit des Täufers, ähnlich wie das Mischzitat in Lk 4,18-19 der Deutung der Sendung … Jesu dient.»

Umgebung: mal haben wir «Pech», mal haben wir «Glück», beides in rein äußerer Zufügung, – ein bloßer Unfug also, keine Verfügung in Fug und Selbstbestimmung. Alles in allem kommt es erneut darauf an, die Macht der Gegebenheiten nicht überzubewerten und nicht jedes Hindernis zu «umgehen»; vielmehr: je klarer wir «geradeaus» zu gehen versuchen, je resoluter wir «das Krumme zu Geradem» (3,5) machen, desto eher werden wir aus einem solchen Achterbahn-Dasein aussteigen und eine eigene Zuständigkeit für uns selber gewinnen.

Entscheidend kommt es darauf an, die alte Prophetenweissagung ganz und gar von außen nach innen zu ziehen, also das, was einmal zeitgeschichtlich als ein äußeres politisches Geschehen sich ankündigte (die Freilassung der Exulanten in Babylon durch das Edikt des persischen Königs *Kyros* im Jahre 538, ein Jahr nach dessen Einzug in Babel), uneingeschränkt als eine Anweisung für ein innerlich geläutertes Leben zu lesen; denn alle Veräußerlichungen müssen gerade bei dieser so wichtigen Frage: Auf welchen Wegen finden Menschen zu Gott?, zu verhängnisvollen Irrtümern führen. So mag es im letzten Drittel des 6. vorchristlichen Jahrhunderts manchen Heimkehrern aus der Deportation vorgekommen sein wie ein göttliches Wunder, die «rauhen» Wege «leicht begehbar» zu finden: – derselbe Weg, der ein halbes Jahrhundert zuvor bei der Zwangsumsiedlung aus Jerusalem unerträglich hart erschien in seiner Trostlosigkeit, Hilflosigkeit und vermeintlichen Unumkehrbarkeit, muß damals wirklich angemutet haben wie «Träumenden», so «voll Lachens» der Mund (Ps 126,1.2). Doch darf man, was einmal historische Tatsache war, in seiner Äußerlichkeit belassen, um daraus die Zuversicht abzuleiten, in ähnlicher oder gar gleicher Weise werde Gott nun auch jetzt und immer von neuem «eingreifen» in den Gang der Geschichte zugunsten seiner Getreuen? Die Erwartung entstünde, von Fall zu Fall, bestürmte man ihn nur fleißig genug, werde der Himmel letztendlich ein Einsehen haben und selber «die rauhen zu leicht begehbaren Wegen» umwandeln; eine «Verkündigung», die solches verspricht, nährt Illusionen und Aberglauben, und sie bewirkt am Ende Enttäuschung und Unglauben.

Manchmal in psychotherapeutischen Gesprächen trifft man auf eine vergleichbare Einstellung: Menschen leiden zutiefst daran, daß die Welt so «rauh» und so schmerzhaft ist; doch es ist nicht möglich, die Wände der Wirklichkeit mit Samt auszuschlagen; das einzige, was man lehren kann, ist die Kunst, sich passende Schuhe zu schustern. Einzig so wird das «Rauhe» «begehbar», und eben dazu verhilft uns das Beten zu Gott: es ändert nicht die äußere, wohl aber unsere innere Welt; es erfüllt uns nicht wunderbarerweise unsere Wünsche, doch es schenkt uns den Mut, uns selbst durchzuhalten und die Wirklichkeit auszuhalten, es hilft uns, der Gefangenschaft und Entfremdung in Angst und Abhängigkeit zu entrinnen und in unsere «Heimat» zurückzukehren. *Alle* Menschen, «jedes fleischliche Wesen», zitiert *Lukas* die alte *Jesaja*-Stelle sogar noch weiter, seien zur Wahrnehmung einer solchen «Rettungstat Gottes» berufen (3,6). Damit verweist *er*, nicht der Johannes der Überlieferung, auf den kommenden Christus, eine Veränderung, die der ganzen Passage noch einmal einen vollkommen neuen Sinn unterlegt. Die Frage liegt auf der Hand: «Gerade macht seine Pfade» – können wirklich Menschen befehlsgemäß auf diese Weise Gott vorbereiten? Propheten wie der Täufer glaubten das; der Mann aus Nazaret aber glaubte es nicht; und dieser Unterschied, der über alles befindet, tritt exemplarisch zu Tage in der Ritualhandlung der «Umkehrtaufe».

Woher sie stammt, ist religionsgeschichtlich umstritten. Gedacht wurde an die Tauchbäder der Tempelpriester[20], der Essener[21] oder auch an die weitverbreitete Sitte heiliger Waschungen[22]; doch welch ein Sinngehalt verbindet sich in der Praxis des Johannes damit? In prophetischer Tradition steht die Vorstellung, die sich in Ps 51,9 ausspricht, einem Gebet, das Gott um Vergebung der Sünden anfleht: «Entsündige mich mit Ysop», heißt es dort, «daß ich rein werde; wasche mich, daß ich schneeweiß werde.»[23] Ein solches Besprengen oder Übergießen mit Wasser, eher als ein Ein- oder Untertauchen, dürfte wohl die «Taufe» des Johannes gewesen sein, entspre-

20 Vgl. ALBRECHT OEPKE: *báptō*, in: ThWNT I 535: «Die nächstliegenden Anknüpfungspunkte für die Johannestaufe bilden ... die Baptismen des gesetzlichen Judentums, bildet speziell die Proselytentaufe. Die Johannestaufe teilt mit der Proselytentaufe die Einmaligkeit. Sie bedeutet für die Glieder des ‹auserwählten› Volkes eine starke Zumutung, sofern sie diese ‹schmutzigen› Heiden gleichstellt, die letzteren auch anscheinend unter gleichen Bedingungen zuläßt (Lk 3,14). Ihre Eigenart hat sie aber auch der Proselytentaufe gegenüber in ihrer ganz unpolitischen und unritualistischen, ausgeprägt sittlichen Orientierung, außerdem in ihrem engen Verhältnis zur Eschatologie.» Vgl. dagegen aber GÜNTHER BORNKAMM: *Jesus von Nazareth*, 42–43.

21 Vgl. ETHELBERT STAUFFER: *Jerusalem und Rom*, 90: «Die Ordensleute vom Toten Meer nannten sich die ‹Büßer Israels› und lebten der Pflege ihrer Sondertradition und Extrafrömmigkeit.» «... die Täufertaufe ist der einmalige Aufnahmeakt in die eschatologische Bundesgemeinde, die sakramentale Versiegelung aller, die der nahen Endkatastrophe entrinnen wollen, Juden und Heiden.» Vgl. bes. HARTMUT STEGEMANN: *Die Essener, Qumran, Johannes der Täufer und Jesus*, 303f.

22 Vgl. GERARDUS VAN DER LEEUW: *Phänomenologie der Religion*, 386–393: Reinigung, der bes. auch an die vielen Reinigungen im Alten Ägypten erinnert (S. 387).

23 Vgl. ARTUR WEISER: *Die Psalmen*, I 274: «Die Besprengung mit dem Ysopbüschel wurde in Reinigungszeremonien bei einem vom Aussatz Geheilten (3. Mose 14,4 ff.) oder nach der Verunreinigung durch Berührung mit Leichen (4. Mose 19,18) vorgenommen.»

chend auch einer Weissagung des Propheten *Ezechiel*, in der Gott selber dem Hause Israel verspricht: «ich will reines Wasser über euch sprengen, daß ihr rein werdet; von all eurer Unreinheit und von allen euren Götzen will ich euch reinigen.» (Ez 36,25)[24] Johannes könnte sich als «Vollender» einer solchen Verheißung verstanden haben. Doch kann das nicht alles gewesen sein. Hätte es zum Besprengen mit Wasser etwa des dramatischen Umraums der judäischen Wüste und des Jordans bedurft? Worauf der Täufer hinweisen will, ergibt sich nicht zuletzt aus der ganzen Kulisse, in die hinein er seinen Auftritt verlegt.

In all den Worten des Johannes liegt etwas Endgültiges und Unaufschiebbares; wovon er spricht, ist das Angebot einer letzten Chance – Tod oder Leben, Untergang oder Rettung stellt er zur Wahl, wie beim Durchzug durch das Schilfmeer, als der Herr die Ägypter «mitten ins Meer» stürzte, die Kinder Israels aber in die Freiheit führte (Ex 14,27–31). Wer jetzt nicht sein Leben ändert, der wird in seinen Sünden und an seinen Sünden sterben, so denkt Johannes, entsprechend den Gerichtsworten erneut des *Ezechiel* (Ez 18,20.24)[25]. Die Abkehr vom Bösen, die «Umkehr» der gesamten Lebensanlage unterliegt in dieser Vorstellung ganz und gar dem menschlichen Wollen; so wie die «Verkehrung» ein selbstverschuldetes Fehlverhalten darstellt, so steht es jederzeit in der Entschlußkraft des Menschen, sein Tun zu ändern. Die «Umkehrtaufe», die «Reue», die «Buße» bilden, so verstanden, die *Voraussetzung* «zum Nachlaß der Sünden» (3,3), und eben an diese Auffassung richten sich Zweifel schon im Neuen Testament.

Bereits *Matthäus* etwa hat die Vorstellung, die er als «johanneisch» in seiner Quelle (Mk 1,4) vorfand, in seinem Evangelium korrigiert: Von Johannes «ließen sich taufen im Jordanfluß» viele, «im Bekenntnis ihrer Sünden» (Mt 3,6), heißt es auch am Anfang des *Matthäus*-Evangeliums

[24] Vgl. HANS FERDINAND FUHS: *Ezechiel*, II 205: Jahwe «reißt seinem Volk, das sich allem göttlichen Liebeswerben verschloß..., das steinerne Herz heraus und pflanzt ihm ein neues Herz ein, das lebt und fühlt, das hört und aufmerkt auf Jahwes Wegweisung zum Heil. Diese unerhörte Wende vollzieht sich in der Geistaussendung. Jahwes Geist wird im Inneren des Menschen zu einer bewegenden Kraft, die eine neue Gemeinschaft stiftet und zur Einheit mit Gottes Wesen und Willen führt.» KARL-FRIEDRICH POHLMANN: *Der Prophet Hesekiel/Ezechiel*, II 488, meint zu Ez 36,26-28, die Worte orientierten sich «weithin wörtlich an den Ausführungen über die Verleihung eines neuen Herzen, des neuen Geistes usw. in Ez 11,19f., verstärkt die dortigen Aussagen aber noch; während in 11,19f. die Gabe des neuen Herzens und des neuen Geistes (V. 19) zur Folge hat, daß daraufhin die Gebote Jahwes bewährt und getan werden können (V. 20), spricht 36,27a zusätzlich von der Gabe des Geistes Jahwes selbst und formuliert 36,27b ausdrücklich, daß Jahwe auch noch selbst den Gehorsam und die Einhaltung seiner Gebote bewirkt.»

[25] WALTHER EICHRODT: *Hesekiel*, I 151–153.

(Mt 3,6); das entscheidende Wort vom «Nachlaß der Sünden» aber hebt *Matthäus* sich auf für den Einsetzungsbericht des Herrenmahls (Mt 26,28); da erklärt Jesus, daß sein «Bundesblut» «vergossen wird zur Vergebung der Sünden»[26]. In gewissem Sinne verschiebt sich damit die prophetische Bußpredigt des Täufers ins Priesterlich-Kultische; doch was dahinter steht, sprengt den Glauben der Propheten an die moralische Selbstverfügung des Menschen ebenso wie die Zuversicht der Priester an die Möglichkeit eines rituell zu vermittelnden «Sühnopfers»: Es ist die fundamentale Erkenntnis Jesu, daß der Begriff «Sünde»[27] nicht einen Fehler des Handelns meint, sondern eine Verfehlung in der Grundhaltung des menschlichen Daseins im ganzen, eine Form tiefen Unglücks, getrieben von Angst und Mißachtung, eine Art von Verzweiflung in einem Feld radikaler Gnadenlosigkeit[28]. Eben

[26] Vgl. Mt III 248–249. – FLAVIUS JOSEPHUS: *Jüdische Altertümer*, XVIII 5,2, S. 525, berichtet, der Täufer habe die Juden angehalten, «nach Vollkommenheit zu streben ... und so zur Taufe zu kommen.» Ausdrücklich dient die Taufe «nur zur Heiligung des Leibes, nicht aber zur Sühne für ihre Sünden»; «die Seele» wird einzig «durch ein gerechtes Leben entsündigt». Demgegenüber schreibt CHRISTOPH GREGOR MÜLLER: *Mehr als ein Prophet*, 165, der Johannestaufe «sündenvergebende Kraft» zu; dafür räumt er freilich ein, daß man die «Taufe des Johannes ... auch als Distanz zu bzw. als Bruch mit den Reinigungsriten des Tempels» verstehen könne. Vgl. auch JOSEF ERNST: *Johannes der Täufer*, 320–330. PETER BÖHLEMANN: *Jesus und der Täufer*, 173, meint richtig: «Lukas stellt die Ankündigung des Täufers, daß jeder, der nicht umkehrt und gute Frucht bringt, im Endgericht vernichtet wird, nicht in Frage ... Aber in der Predigt Jesu wird ein anderes Menschenbild deutlich ... Bei Lukas verlangt Jesus nichts von den Menschen, zu dem sie von sich aus gar nicht in der Lage sind. Statt dessen macht er selber das Unmögliche möglich und sorgt für unfruchtbare Bäume, indem er ihnen Nahrung gibt, er rettet die Sünder, indem er mit ihnen Mahlgemeinschaft hat. Jesus lehnt es ab, das Gericht auszuführen, sein Feuer ist das Feuer des heiligen Geistes, das er als auferstandener und erhöhter Herr seinen Jüngern, den Samaritanern und schließlich als Licht der Heiden in aller Welt vom Himmel herab schenkt.»

[27] Vgl. GOTTFRIED QUELL: *hamartānō* (sündigen), in: ThWNT I 278: «Sünde ist für die Autoren des AT sowohl ein rechtlicher wie ein theologischer Begriff für eine normwidrige Handlung.» Vgl. a.a..O., S. 282–288: Die Erzählung vom Sündenfall (Gn 3). Auch JENS-W. TAEGER: *Der Mensch und sein Heil*, 31–44, betont: «‹Sünder› sind Menschen, die sich konkrete Verfehlungen haben zuschulden kommen lassen ... Die Verkündigung wendet sich nicht an Menschen, die, weil sie Menschen, damit auch Sünder oder der Macht der Sünde Verfallene sind, sondern an Menschen mit konkreten, in der Verletzung geforderter Normen bestehenden Verfehlungen.» (S. 44) Doch geht bei dieser im rein Moralischen verbleibenden Betrachtung vollkommen unter, wieso es der vergebenden Gnade Gottes zur «Umkehr» bedarf, wie denn auch der Begriff des «Glaubens» bzw. des «Vertrauens» für JENS-W. TAEGER (S. 106–123) sich auf ein gehorsames «Christwerden» (S. 110) reduziert, so daß er die Einheit von Krankheit und Sünde auf dem Hintergrund der Angst gerade in den lukanischen Heilungsgeschichten nicht zu verstehen vermag (S. 111).

[28] Vgl. SdB I 53–110: Exegese von Gn 3,1-24.

deswegen erschien es ihm als ganz unmöglich, neue Vorbedingungen und Vorleistungen an die «Vergebung» Gottes zu knüpfen[29]. Gott muß uns *alles* vergeben, was wir sind und tun, – gerade in den Gleichnissen aus dem «Sondergut» des *Lukas* finden sich unvergeßliche Bilder, in denen der Mann aus Nazaret diese seine alles verändernde Wahrheit ausmalt. Doch hervor geht seine Erkenntnis aus einer radikalen Ernstnahme der «Gerechtigkeit» Gottes, und so stellt die Predigt des Täufers in der Tat die rechte «Vorbereitung» für das Auftreten Jesu dar. Erst wenn wir sehen, was wir «eigentlich» verdient hätten, wenn wirklich wesentlich Gott «gerecht» wäre in moralisch-juristischem Sinne, werden wir merken, woraus wir wirklich leben: aus einer Vergebung, die wir in unserer Schuld eben *nicht* «verdienen» und die wir gerade deshalb all denen «schulden», die unsere «Schuldner» sind, wie Jesus im Vater-unser später die Jünger zu beten lehren wird (Lk 11,4; vgl. das Gleichnis vom ungerechten Hausverwalter, Lk 16,1–9). Mit seinen rigorosen Strafandrohungen ist Johannes mithin wirklich der «Vorläufer» Jesu, der «Wegbereiter» des Herrn, nur ganz anders, als er selbst es vermeint (vgl. Lk 3,16). Sogar seine «Taufe» erscheint am Ende wie das Flehen um etwas, das sie im Bilde zwar schildert, doch als Erfahrung zu schenken nicht fähig ist.

Paradoxer kann es daher kaum gehen: Alles, was Johannes mahnend und warnend vor Augen stellt, leuchtet unmittelbar ein, und doch erheben sogleich sich auch Zweifel an der Tauglichkeit seiner Methode der Androhung göttlicher Strafen. Die *erste* Forderung, die der Täufer stellt, markiert nicht mehr und nicht weniger als eine geistesgeschichtliche Revolution. Mit Nachdruck verschließt er die Rückzugsräume im Kollektiv und verlangt, daß jeder Einzelne sich als Individuum seiner Verantwortung vor Gott und den Menschen bewußt werde; fortan soll es nicht länger genügen, sich als «gut» und «richtig» zu fühlen auf Grund der Zugehörigkeit zu einer Gruppe, die vermeintlich das «Gute» und das «Richtige» in sich selbst verkörpert. «Schlangenbrut» (3,7), fährt der Täufer die Leute an, die von weither kommen, sich von ihm taufen zu lassen, «... fangt nicht an, euch zu

[29] Vgl. JOACHIM JEREMIAS: *Neutestamentliche Theologie*, I 115–119: Die Frohbotschaft, der bes. auf die Mahlgemeinschaft Jesu mit den «Sündern» verweist: «Der in der Tischgemeinschaft vollzogene Einschluß der Sünder in die Heilsgemeinschaft ist der sinnenfälligste Ausdruck von der rettenden Liebe Gottes.» (S. 117)

sagen: Zum Vater haben wir Abraham.» (3,7.8)[30] Da fällt das wichtigste Mittel aller moralischen Selbstberuhigung dahin: man müsse nur tun, was allgemein gilt, man brauche sich nur so zu verhalten wie alle anderen. Ist man nicht von Geburt an ein «Kind Abrahams»? Zugehörig unter allen Umständen dem Volk der Erwählung? Bevorzugt unter allen Menschen bereits rein genetisch durch das Judesein? Oder, wenn nicht genetisch, so durch die soziale Identität: man ist römisch-katholisch, also ein Glied am Leibe des fortlebenden Christus, wie die Kirche Roms sich selbst definiert[31]! Oder in säkularisierter Form: man gehört der Partei, der Bewegung zu, die von sich behauptet, die Fackel des Fortschritts zu tragen; wenn man mit ihren Richtlinien übereinstimmt, ist man dann nicht selber «gerechtfertigt» durch den Gang der Geschichte[32]?

Die Forderung, die Johannes in seinen Worten hier stellt, wirkt überaus modern; sie nimmt in der Geschichte des Abendlandes um 1500 Jahre den Geist der Neuzeit vorweg[33], indem sie den Einzelnen unableitbar für sich selbst geradestehen läßt. Nicht was die anderen tun, – wer du selbst bist, ist

[30] Zu der «Schlangenart» der zur Taufe Kommenden vgl. 1 QH II 16.17, in: JOHANN MAIER: *Die Texte vom Toten Meer*, I 75: «Ränke Belials sind all ihre Pläne, und zur Grube kehren wollen sie das Leben des Mannes.» – Eine Vorstellung von der Geisteshaltung der johanneischen «Umkehr»predigt vermitteln *Die Sibyllinischen Orakel*, IV 161–177, in: EMIL KAUTZSCH (Hg.): Die Apokryphen und Pseudepigraphen des Alten Testaments, II 204–205: «Ach ihr armen Sterblichen, ... bringt nicht zu jeglichem Zorne den großen Gott, sondern fahren lassend die Schwerter und den Jammer und Männermord und die Frevelthaten, badet den ganzen Leib in immerfließenden Flüssen, und die Hände zum Himmel ausstreckend bittet um Vergebung für die bisherigen Thaten und sühnt mit Lobpreisungen die bittere Gottlosigkeit. So wird es Gott gereuen und er wird (euch) nicht verderben; er wird seinen Zorn wiederum stillen, wenn ihr alle die hochgeehrte Frömmigkeit in eurem Geiste übt. Solltet ihr aber bösen Sinnes mir nicht gehorchen, sondern, ruchlosen Sinn liebend, dies alles mit bösen Ohren aufnehmen, so wird Feuer über die Welt kommen, bei welchem dies das Zeichen ist: Schwerter, Trompeten, mit dem Aufgange der Sonne; die ganze Welt wird ein Gebrüll und einen schrecklichen Schall hören. Verbrennen wird es die ganze Erde und das ganze Geschlecht der Männer vernichten und alle Städte, die Flüsse zugleich und das Meer; ausbrennen wird es alles, daß es zu rußigem Staub wird.»

[31] Vgl. *Katholischer Erwachsenenkatechismus*, 275–276: Die Kirche ist der Leib Christi.

[32] Die Verabsolutierung der jeweiligen politischen Gruppierung ist lediglich die säkularisierte Form des ehedem «geistlichen «Anspruchs der Glaubensgemeinschaften.

[33] Vgl. JOHANN PETER ECKERMANN: *Gespräche mit Goethe*, 787: «Wir wissen gar nicht ..., was wir Luthern und der Reformation im allgemeinen zu danken haben. Wir sind frei geworden von den Fesseln geistiger Borniertheit, wir sind infolge unserer fortwachsenden Kultur fähig geworden, zur Quelle zurückzukehren und das Christentum in seiner Reinheit zu fassen. Wir haben wieder den Mut, mit festen Füßen auf Gottes Erde zu stehen und uns in unserer gottbegabten Menschennatur zu fühlen.» Klarer läßt der Geist der Neuzeit sich nicht fassen.

das Entscheidende. Kinder Abrahams, erklärt Johannes, «kann Gott aus diesen Steinen (hier) ... erwecken» (3,8)[34]. Weder die biologische Abstammung noch die soziale Zugehörigkeit noch die Verbundenheit mit einer bestimmten Tradition macht den Wert einer Person aus; einzig die persönliche Entscheidung, einzig die persönliche Lebensweise bestimmt darüber, was für ein Mensch jemand ist. – Dieser Gedanke selbst ist absolut richtig; ihm mangelt nur eins: die Ermöglichung! Wer gibt einem Menschen, der gewohnt ist, in der Masse seinen Rückhalt zu suchen, die Kraft zu einer persönlichen Entscheidung, den Mut zu einer persönlichen Lebensweise?

Die meisten Menschen, meinte ANNA FREUD (1895–1982), besäßen nicht ein Gewissen in eigentlichem Sinne, sie würden getrieben maßgebend von sozialer Angst: bei einem normenabweichenden Verhalten entdeckt und von den anderen bestraft zu werden bilde für sie ein Hauptmotiv, sich an die Spielregeln ihrer Bezugsgruppe zu halten[35]. Insofern ist es außerordentlich wichtig, daß Johannes deutlich unterscheidet zwischen Gott und der Gruppe, zwischen Jahwe und dem Volk (der Juden), – der Gott Israels ist kein Volksgeist im Sinne GEORG WILHELM FRIEDRICH HEGELS (1770–1831)[36]. Und mehr noch: gegen die Furcht vor anderen Menschen setzt Johannes die Furcht vor Gott. Es gibt Schlimmeres, meint er ganz richtig, als von anderen verurteilt oder abgelehnt zu werden; wesentlich zu fürchten gilt es allein, *nicht* dem zu folgen, was Gott in das Herz eines Menschen hineingelegt hat. Unglück zu *haben* in der Wertschätzung anderer mag eine Quelle von erheblichem Leid sein, doch unglücklich zu *sein* infolge eines Widerspruchs zum eigenen Wesen – das ist eine Verfehlung in allem, das ist identisch mit dem Zustand der Verzweiflung.

Bezeichnenderweise aber drückt Johannes seinen so wichtigen Gedanken in dieser Weise eben nicht aus; er verbleibt noch im Äußerlichen, wenn er, statt mit den Konsequenzen verlorener Einheit und innerer Zerrissenheit, mit einem göttlichen Gericht droht, das gewaltsam und vernichtend wirkt wie ein Axthieb an den Wurzeln der Bäume (3,9), wie ein Feuer, das über

34 Vgl. WOLFGANG WIEFEL: *Das Evangelium nach Lukas*, 90: «Die verblüffende Formulierung ‹Söhne – Steine› ist die Wiedergabe eines aramäischen Wortspiels (benaja – abnaja) und dürfte an die Steine am Jordanufer anknüpfen.»

35 Vgl. JvN 78–84: Die Zerstörung des Individuums oder: Die archaische Logik von Männerbünden. ANNA FREUD: *Wege und Irrwege in der Kinderentwicklung*, 50–51.

36 Vgl. GEORG WILHELM FRIEDRICH HEGEL: *Die Vernunft in der Geschichte*, 180: «In der Geschichte sind die Prinzipien als Volksgeister vorhanden; diese aber sind zugleich natürliche Existenzen.»

Spreu hinwegfährt[37]. In einem solchen Vergleich des Furchtbaren tritt am Ende Gott selbst als noch fürchterlicher und gräßlicher auf denn all das Furchtbare und Gräßliche, das Menschen einander zufügen können. Psychologisch gewinnt das Bild Gottes damit selbst die Züge eines sadistischen Überich, in dem sich all die Schrecknisse der frühen Kindheit vor der elterlichen Gewalt verdichten. Keinem Menschen verhilft man mit derlei Ängsten zu Selbständigkeit und Mut zu sich selbst; im Gegenteil, man hält ihn in tieferem Sinne sogar noch abhängiger, ausgelieferter und unselbständiger, als es ein Mensch ohne einen solchen «Gott» in den Klauen seiner bloßen Menschenfurcht sein kann. Wenn ein Einzelner wirklich aus den verinnerlichten Zwängen der Massenpsychologie heraustreten soll, so bedarf er eines Gegenübers, bereit, mit ihm gemeinsam die Wüste der Einsamkeit zu durchqueren.

So eindringlich daher, wie der Täufer auf die Menschen einredet, die zu ihm an den Jordan kommen, so dringlich ist ihm selber zu sagen, daß man mit Angst Menschen nicht bessert. In der Furcht vor dem Gott, den er predigt, mag Johannes sich in die Wüste hinausbegeben; doch welch eine Berechtigung hat er, mit seiner eigenen Furcht die Herzen der Menschen zu verwüsten? «Weißt Du nicht», müßte man Johannes fragen, «daß Menschen nur reifen können in einem Raum ruhiger Zuwendung? Alles Ungestüm, alle Ungeduld verzögern das Wachstum, statt es zu fördern. Mit dem Sturmwind Deines Mundes magst Du das Astwerk von Eichen zerbrechen, doch wirst Du damit keinen einzigen Schößling zum Wachsen anregen. Und weißt Du, was am ärgsten ist: mit Deiner Art, zu verurteilen und zu verdammen, verrätst Du eigentlich nur überdeutlich, daß Du es bislang noch niemals für nötig fandest, Dich in die Lage eines Menschen hineinzuversetzen, dessen Tun Dir mißfiel; wenn Du Dir nur erst die Mühe machtest, die Gründe und die Hintergründe menschlichen Verhaltens zu verstehen, würde es Dir zunehmend schwerer fallen, über jemanden den Stab zu brechen; ja, Du würdest rasch begreifen, daß all Dein vernichtendes Geschimpfe niemandem hilft. Um zu helfen, mußt Du lieben, und um zu lieben, mußt Du mitfühlen. Du mußt lernen, den anderen von innen her wahrzunehmen, statt ihn von außen in kritischer Distanz nach Deinen eigenen Maßstäben zu verdammen.» – Mit einem Wort: Es kommt darauf an, eine menschliche Ebene *jenseits* der Moral zu entdecken und zu vermitteln.

[37] Vgl. WOLFGANG WIEFEL: *Das Evangelium nach Lukas*, 90: «Die Erde ist bereits vom Wurzelwerk des Baumes entfernt, die Axt liegt schlagbereit an der Wurzel. Nur der Baum bleibt, der Frucht bringt.»

Geahnt hat das offenbar schon des Täufers Lehrmeister *Ezechiel*. An der gleichen Stelle, da er vom Besprengen mit reinem Wasser spricht (Ez 36,25), läßt er Gott sagen: «Und ich werde ein neues Herz und einen neuen Geist in euch geben und werde das steinerne Herz aus eurem Fleisch wegnehmen und euch ein fleischernes Herz geben.» (Ez 36,26) Das sind Worte, die ganz und gar an den Gedanken des *Jeremia* gemahnen, Gott müsse nach all seinen Strafen einen neuen Bund schließen, gemeißelt nicht mehr auf Tafeln von Stein, sondern geschrieben ins Herz der Menschen (Jer 31,31–34)[38]. Im Bereich der Herzen aus Stein – ohne Mitgefühl und Menschlichkeit, ohne Wissen vor allem um die Hilflosigkeit und Ausgeliefertheit aller Menschen, die doch nur «Fleisch» sind: verletzbar, hinfällig, sterblich – bleiben alle Gesetze der Moral, so müssen wir *Ezechiels* Bild verstehen, rein äußerlich. Der grundlegende Wandel kommt allein von Gott, und diese Erkenntnis erlaubt es *Ezechiel*, in seiner Gottesrede *so* fortzufahren: «Ich will meinen Geist in euch geben und will Leute aus euch machen, die in meinen Geboten wandeln.» (Ez 36,27) Solche Menschen handeln nicht mehr aus Furcht, sondern aus Vertrauen; ihnen ist Gott kein Fremder mehr, sondern der Grund und das Ziel ihres Verlangens nach Glück und nach Liebe; für sie ergibt sich ein sittliches Handeln nicht aus dem Horchen nach draußen, sondern aus einem Lauschen nach innen.

Johannes indessen verbleibt bei allem, was er an Richtigem sagt, noch innerhalb der moralisierenden Äußerlichkeit, – vor allem in seinen drei letzten Mahnungen, die nur bei *Lukas* überliefert sind und die sein Anliegen der «Umkehr» ein Stück konkreter fassen.

Da fragen «die Scharen ...: Was denn sollen wir tun?» Und Johannes gibt ihnen zur Antwort: «Wer zwei Leibröcke hat, gebe dem ab, der keinen hat. Und wer zu essen hat, ebenso tue der.» (3,10.11)[39] Wieder hält man erschrocken den Atem an, wie modern und bleibend aktuell solche Worte sind. Wir hätten Nahrungsmittel weltweit genug, um damit rund 12 Mrd.

[38] Vgl. ARTUR WEISER: *Der Prophet Jeremia*, II 286–288: «Das im alten Bund auf Tafeln (2. Mose 31,18; 34,28 f.) oder in ein Buch (2. Mose 24,4.7) aufgezeichnete Bundesgesetz, das als der Ausdruck eines fremden Willens der Auslegung und Gesetzesbelehrung bedurfte, wird dadurch seinen heterogenen Charakter verlieren, daß Gott es den Menschen zum Gesetz ihres eigenen Inneren macht und so die Gehorsamspflicht umwandelt in das Gehorsamsbedürfnis des eigenen Herzens.»

[39] Vgl. KARL HEINRICH RENGSTORF: *Das Evangelium nach Lukas*, 56: «Die Nächte in der Einöde sind kalt und die nächsten Ortschaften weit. Wer es kann, nimmt deshalb zum Schutz gegen die Nachtkühle zwei Untergewänder ... und reichlich Speise mit, wenn er zum Jordan aufbricht. Aber da sind andere, denen es am Nötigsten fehlt. Johannes erwartet selbstverständliche mitteilende Güte gegen den Nächsten ... als Merkmal der Umkehr.»

Menschen zu ernähren; und doch verhungern von den rund 6 Mrd. Menschen, die derzeit auf Erden leben, jeden Tag über 100 000 – etwa 50 Mio. Menschen Jahr für Jahr[40]! Wir leben in einer Welt, in der allein in Deutschland 10 % der Bevölkerung bis zu 60 % des Volksvermögens in Händen halten, – 6000 Millionäre leben allein in der Hansestadt Hamburg; doch dann gehe man durch die Einkaufszentren und betrachte den schreienden Kontrast zwischen der Armut derer, die buchstäblich auf der Straße sitzen oder liegen, und dem Geschiebe in den Kaufhäusern! Wie ist es möglich, an all dem menschlichen Elend ungerührt, mit steinernem Herzen, vorüberzugehen und sich in seinem «Recht» auf Luxus und Reichtum in nichts irritieren zu lassen? – Keine Frage, die Welt sähe anders aus, folgte man der strikten Anweisung des Täufers, alles, was wir doppelt (oder zehnfach oder hundertfach) besitzen, abzugeben, bis auf das, was wir wirklich benötigen. Nur, die Frage bleibt: Wie lehrt man Menschen das Mitleid? Wie befreit man sie von der Sucht, mit Macht und Geld das Gefühl der Hohlheit und Minderwertigkeit ihres Seins zu kompensieren? Wie nimmt man ihnen die Angst vor ihrer eigenen Armut und Erbärmlichkeit? Zugegeben, auch 2000 Jahre nach Johannes dem Täufer sind wir an diesem Punkt nicht gerade erkennbar weitergekommen, doch vielleicht auch deshalb, weil wir unter dem Einfluß des Mannes am Jordan uns Fragen dieser Art gar nicht erst gestellt, sie für überflüssig gehalten, ja, sie uns förmlich verboten haben.

Eine andere Begrenztheit der Täufer-Predigt zeigt sich in den beiden folgenden Beispielen noch in einer zweiten Weise: an ihrem sonderbaren «Realismus». In jenen Tagen stellten die *Zöllner* eine der am meisten gehaßten Gruppen in Judäa dar: sie verdienten ihr Geld im Auftrag der Besatzer, sie kollaborierten mit den Römern, sie bildeten die Schmiermasse im Getriebe der Ausbeutung. Also, daß die Orthodoxen sie aus religiösen und rechtlichen Gründen ächteten[41]. Es ist der ansonsten so radikal auftretende

[40] Vgl. JEAN ZIEGLER: *Das Imperium der Schande*, 100–127: Der Hunger.

[41] Vgl. OTTO MICHEL: *telōnēs* (Zöllner), in: ThWNT VIII 88–106: «In den römischen Provinzen wurden zwei Arten von direkten Steuern erhoben, *eine Abgabe vom Bodenertrag* ..., die teils in Geld, teils in Waren entrichtet wurde, und eine *Kopfsteuer* ... Die direkten Steuern wurden in nt.licher Zeit in Judäa nicht verpachtet ... Dazu kamen die indirekten Abgaben, wie z.B. das portorium (sc. Durchgangszoll, d.V.) u. eine Abgabe auf alle Verkäufe und Verpachtungen, die in Jerusalem getätigt wurden. Diese indirekten Abgaben, vor allem das portorium, wurden in Judäa in der Kaiserzeit weiterhin verpachtet ... Die Abgaben der einzelnen Orte wurden im allg. getrennt verpachtet.» (S. 97) Die Pächter selber mußten über ein nicht geringes Eigenkapital verfügen; es gab reguläre Zollgesellschaften. Zu unterscheiden war in jedem Falle zwischen einem Hauptpächter (wie dem «Oberzöllner» Zakchäus in Lk 19,2) und den einfachen Zollarbeitern, oft Sklaven oder einfachen Bediensteten. LUISE

Johannes, der so weit offenbar nicht gehen möchte: Wohl erscheinen die Zöllner auch in seinen Augen als eine sozusagen «gefährdete» Berufsgruppe, doch nicht, weil sie die Kolonialpolitik Roms unterstützen, sondern weil sie immer wieder in Gefahr stehen, ihrer Gier und Maßlosigkeit anheimzufallen und die Last der Ausbeutung von seiten des Staates auf den Schultern der Bevölkerung noch durch private Bereicherung zu erschweren[42]. Die Einstellung des Täufers ist in dieser Frage nicht inkonsequent zu nennen, sie offenbart lediglich die andere Seite der Moral: – ihre staatserhaltende Komponente. Nie wird sie dahin kommen, die Bedingungen des gesellschaftlichen Zusammenlebens als ganzes in Frage zu stellen; sie dient dem Erhalt des Bestehenden, nicht dessen Einsturz. Und so ist es Johannes darum zu tun, die Herrschaftsverhältnisse des römischen Imperiums erträglich zu halten. Selbst der Individualismus seiner Schuldzuschreibung weist diesen Zug auf: Er denkt nicht in politisch-strukturellen Zusammenhängen, er bleibt bei dem stehen, was ein Einzelner mit seinem Wissen und Willen verantworten kann und muß.

Die Unzulänglichkeit dieses Standpunktes aber wird geradewegs eklatant in der abschließenden Problematik. Da kommen *Soldaten* zu Johannes, und

SCHOTTROFF – WOLFGANG STEGEMANN: *Jesus von Nazareth – Hoffnung der Armen*, 18–19, zählen (allerdings nach dem Zollgesetz von Palmyra aus dem Jahre 137 n. Chr.) an versteuerbaren Waren u. a. auf: «Schaffelle, gesalzene Fische, Weizen, Wein, Stroh» und meinen: «Die Zöllner waren bei jedem Handel und jedem Warentransport anscheinend allgegenwärtig, sie waren die Geißel vor allem der Händler.» Als Orte, an denen Abgaben erhoben wurden, sind, neben den Küstenstädten Gaza, Askalon und Joppe sowie auch Caesarea, im Inneren Judäas Jerusalem, Jericho und wohl auch Kapharnaum belegt (S. 98). Die rabbinischen Rechtssätze «behandeln Steuererheber, Zollpächter und Diebe in besonderer Weise als unrein» (S. 101). «Während die direkten Abgaben als Zeichen der Unterwerfung angesehen wurden ..., scheint man die indirekten Abgaben, besonders die Zölle ... mehr als Unrecht und Schikane empfunden zu haben.» (S. 102) Die negative Beurteilung der Zöllner setzt sich auch in Mt 18,15-20 fort, wo Zöllner und Heiden «als Gegenbild zu den Söhnen des Gottesreiches» erscheinen (S. 103). Doch ist zu beachten, daß «weder Johannes noch Jesus von den Zöllnern die Aufgabe des Berufes grundsätzlich gefordert haben.» (S. 105) – Die Zöllner «standen ... für den frommen Juden neben den ‹Sündern› ..., weil sie nicht bloß das harte Regiment der römischen oder herodeischen Herren stützten, sondern das Volk auch noch zum eigenen Nutzen nach Kräften aussogen.» KARL HEINRICH RENGSTORF: *Das Evangelium nach Lukas*, 56. Um so mehr fällt die positive Bewertung der Zöllner bei *Lukas* auf; vgl. CHRISTOPH GREGOR MÜLLER: *Mehr als ein Prophet*, 179.

42 In der Praxis wurde der «Zoll ... damals dem Meistbietenden verpachtet, der durch seine Angestellten, die ‹Zöllner› (in Galiläa eher selbständige Kleinpächter), diese Summe und einiges für seinen Lebensunterhalt herauspressen mußte ... Die Wende wird (sc. in der Predigt des Johannes, d.V.) vom Umdenken des Einzelnen erwartet, nicht von einer Änderung des Zollwesens. Eine solche wäre damals undurchführbare Utopie geblieben.» EDUARD SCHWEIZER: *Das Evangelium nach Lukas*, 48.

was tut dieser? Verbietet er etwa den ganzen Berufsstand der Vollstrecker römischer Machtpolitik? Liest er ihnen die Leviten, sie sollten vom Grund und Boden des Gottes Israels endlich verschwinden? Allerdings: Die ganze Szene scheint der mäßigenden Tendenz des *Lukas* zu entstammen (als ob römische Soldaten ausgerechnet einen judäischen Wanderprediger danach befragt hätten, was sie tun und lassen sollten!): Er möchte verhindern, daß die Anhänger der Jesus-Bewegung wegen staatsfeindlicher Umtriebe in Verdacht und Verfolgung geraten[43], ähnlich wie *Paulus* geradewegs befiehlt: «Jedermann sei untertan der Obrigkeit, die Gewalt über ihn hat. Denn es ist keine Obrigkeit außer von Gott; wo aber Obrigkeit ist, die ist von Gott angeordnet.» (Röm 13,1) In Worten wie diesen haben Kirchentheologen bis in die Gegenwart hinein eine Rechtfertigung dafür gesehen, die staatliche Gewalt bis hin zur Todesstrafe, bis hin zum Kriegführen, bis hin zur Einsetzung von «Militärgeistlichen» (im Offiziersrang) als in Übereinstimmung mit dem Geist und der Botschaft des Neuen Testamentes zu erklären: Auch Johannes der Täufer, ein radikaler Moralprediger, hat den Soldatenstand nicht verboten[44]! Er hat nur die überschießende Gewalt und Willkür des

43 Bei den «Soldaten» könnte es sich auch um Söldner «des Herodes Antipas aus dem Gebiet jenseits des Jordans» handeln, «die wir uns mindestens zum Teil als Nichtjuden vorzustellen haben». KARL HEINRICH RENGSTORF: *Das Evangelium nach Lukas*, 57. So zählt FLAVIUS JOSEPHUS: *Jüdische Altertümer*, XVII 8,3, S. 472, «Thraker, Germanen und Gallier» bereits unter den Soldaten Herodes des Großen auf. Es dürfte sich aber eher «um religiös aufgeschlossene römische Soldaten» handeln, wie JOSEF ERNST: *Das Evangelium nach Lukas*, 144, mit Bezug auf Apg 10 meint. In jedem Falle vertreten sie die letztlich in römischer Hand befindliche Staatsmacht.

44 So meint KARL HEINRICH RENGSTORF: *Das Evangelium nach Lukas*, 57: «Johannes ... kennt ... keine gottlosen Berufe, sondern nur gottlose Menschen. Nicht der Beruf verdirbt den Menschen, sondern der gottlose Mensch verdirbt den Beruf.» JEAN LASSERRE: *Der Krieg und das Evangelium*, 57–58, bereits hält dagegen, daß im NT vieles nicht ausdrücklich getadelt wird, ohne es deshalb gut zu heißen: «Jesus hat seinem Jünger Simon, dem Zeloten, nicht zum Vorwurf gemacht, daß er Partisan gewesen war» – hat er also den Guerillakampf gerechtfertigt? «Jesus hat von Zachäus nicht verlangt, den Beruf des Oberzöllners aufzugeben; darf man daraus schließen, er habe die römische Besatzungsmacht mit ihrem System der Steuererhebung gebilligt und damit auch das Recht einer starken Nation, eine schwächere zu kolonisieren und auszubeuten? – Jesus hat Pilatus nicht getadelt, weil er das Blut der Galiläer mit ihrem Opfer vermischt hatte (Luk. 13,1); soll Jesus damit also die blutigsten Polizeimaßnahmen gerechtfertigt haben?» Und er fährt fort (S. 58–59): «Zeigen jene, die so beredt auf dieses ‹Schweigen› des NT zum Soldatenwerk verweisen und daraus seine Rechtfertigung ableiten, denselben Eifer, um daraus auch abzuleiten, daß die militärische Besetzung eines anderen Landes rechtens ist? Es handelt sich da doch um Soldaten, die als Besatzungstruppen nach Palästina gekommen sind! Wenn ja, wozu brauchten wir dann noch einer Verteidigungsarmee? Dann ist doch die Rechtfertigung des Kriegsdienstes an ihrer Wurzel zerstört.» «Das NT spricht niemals vom Wesen des Kriegsdienstes und auch

einzelnen Soldaten kritisiert! Wenn schon Kriege, dann sollten es «anständige» Kriege bleiben! Dieser Versuch der Humanisierung des schlechterdings Inhumanen, diese unbeabsichtigte Offenbarung der ständigen Ohnmacht des guten Willens mitten im bösen Tun, ist ganz sicher keine Proklamation mit einer so glasklaren ethischen Konsequenz, wie IMMANUEL KANT (1724–1804) sie in seinen *Gedanken zum ewigen Frieden* aus dem Jahre 1795 formulierte.

Was Johannes vorschlägt beziehungsweise gebietet, deckt sich in etwa mit den Bestimmungen der Genfer Konventionen: «Um Schonung und Schutz der Zivilbevölkerung und ziviler Objekte zu gewährleisten, unterscheiden die am Konflikt beteiligten Parteien jederzeit zwischen der Zivilbevölkerung und Kombattanten sowie zwischen zivilen Objekten und militärischen Zielen; sie dürfen daher ihre Kriegshandlungen nur gegen militärische Ziele richten.»[45]

Sätze wie diese sollten eigentlich für die Soldaten in aller Welt verbindlich sein. Doch kann man das allen Ernstes erwarten?

Derzeit sucht der amerikanische Gefreite JOSHUA KEY mit seiner Familie in Kanada – wohl vergeblich – um Asyl nach. Die Werber hatten ihm versprochen, nur beim Brückenbau eingesetzt zu werden, doch dann wurde er in den Irak geschickt, um bei einer Reihe von Hausdurchsuchungen mitzuwirken auf der Jagd nach «Terroristen». So hat er erlebt, wie amerikanische Soldaten Nacht für Nacht die Wohnungen unbescholtener Familien auf den Kopf stellen, die Männer verhaften, immer mal wieder Mädchen vergewaltigen oder töten, ihre Habseligkeiten plündern und das Beutegut zu ihren

nicht vom Problem der christlichen Unterwerfung unter diese Pflicht. Der Grund dafür liegt einfach darin, daß es dieses Problem zu jener Zeit noch nicht gab. Die römische Armee bestand aus Freiwilligen; sie waren gehalten, die Gewalttätigkeiten ihres Berufes auszuüben und außerdem noch religiöse Eide zu leisten, die mit dem christlichen Glauben unvereinbar waren ... Die Frage, ob sie ein solches Handwerk wählen sollten, stellte sich ihnen erst gar nicht. Das NT sagt nichts darüber, wie die Soldaten, die Christen wurden, ihr persönliches Problem lösten ... Nach einigen Texten der Kirchenväter des ersten Jahrhunderts scheint es so, daß die Mehrzahl unter den christlich gewordenen Soldaten ihre Taufe bis zu dem Tage aufschob, an dem sie ihren Dienst quittierten.» DANIEL ALBERTO AYUCH: *Sozialgerechtes Handeln als Ausdruck einer eschatologischen Vision*, 69, betont: «Im Unterschied zu den Zöllnern gehören die lukanischen Soldaten an keiner anderen Stelle als in Lk 3,14 zum Publikum der charismatisch redenden Hauptfiguren des Doppelwerkes. Sonst erledigen sie ihre Aufgabe als Mitglieder der römischen Armee. Sogar in Apg 10,7, wo die für Lukas einzigartige Kombination *frommer Soldat* ... vorkommt, tut dieser Soldat nicht mehr, als den Befehl seines Vorgesetzten zu erfüllen. Lukas liegt auch daran, die Unbarmherzigkeit dieser Berufsgruppe zu zeigen.» Vgl. Lk 23,36; Apg 27,42.

[45] Zit. n. JOSHUA KEY mit LAWRENCE HILL: *Ich bin ein Deserteur*, 234.

Angehörigen nach Hause schicken, kurz, wie die US-Armee sich selber als eine terroristische Vereinigung darstellt. KEY ist desertiert, – er will sich nicht länger an offensichtlich verbrecherischen Aktionen beteiligen; auf Desertion aber steht in der US-Armee die Drohung der Todesstrafe, – eine Rückkehr in sein Heimatland wird ihm deshalb für alle Zeiten verwehrt bleiben. Doch schlimmer als all diese mutwilligen Grausamkeiten der amerikanischen «Recht»sprechung wirkt – zumindest im Rückblick, vom Ergebnis her – die systematische Verrohung der Rekruten durch ihre Drill-Sergeants, die als erstes die Persönlichkeit der noch jungen Leute mit ständigem Gebrüll und schikanösen Demütigungen zu brechen suchen, um sie alsdann in perfekte Befehlsempfänger und gefühllose, zynische Killerautomaten zu verwandeln[46]. Wie denn? Sie sollen «niemanden *erpressen*»? «Erpressung» gehört als psychologische Waffe zum Arsenal jedes Krieges, – in Form der Sippenhaft zum Beispiel: man sprengt das Haus einer Familie in die Luft, in dem man einen «Terroristen» vermutet, man nimmt die Männer in Haft und trennt sie, unbekannt wie lange, von ihren Angehörigen, man erklärt den Unterschied zwischen Kämpfenden und Nicht-Kämpfenden für «irrelevant» und zerschlägt mit «intelligenten» Bomben und Marschflugkörpern die zivilen Versorgungseinrichtungen ganzer Großstädte.

So ist das bis heute, und so war es der Sache nach noch nie anders. Wenn Johannes wirklich daran etwas hätte ändern wollen, so hätte er nicht die «Erpressung» von Zivilisten zu privaten Zwecken untersagen sollen, sondern er hätte den Krieg als solchen unter Verbot stellen und gegen das Führen von Kriegen generell und absolut sein moralisches Veto einlegen müssen. Nicht die einzelnen Soldaten – die «Frontschweine», die «Söldner», die «Gefreiten» –, vielmehr: die Heerführer, die Politiker, die Geldgeber – die eigentlichen Kriegsprofiteure zu allen Zeiten – hätte er ansprechen sollen.

Und sie sollen «niemanden *schikanieren*»? Wie wohl sollen Soldaten sich verhalten, denen man beigebracht hat, daß «drüben», auf Feindesseite, unterschiedslos und ausnahmslos sich Gegner des Guten und Edlen befinden – Terroristen, Diktatorenknechte, Islamisten! Alle Araber sind Muslime, und alle Muslime sind Feinde Amerikas – unter dieser Devise ließ man 2003 die amerikanischen Truppen in den Irak einmarschieren, um dort gefährliche Massenvernichtungswaffen zu zerstören und damit die Welt «si-

[46] Vgl. a.a..O., 241: «Wenn ich daran zurückdenke, wie ich in der Grundausbildung in Missouri mit dreihundert Soldaten aus vollem Hals brüllte: ‹Kill the sand niggers› und dabei mit dem Bajonett auf Strohpuppen einstach, dann hoffe ich, dass sich die Iraker, die unseren Krieg überleben, als zivilisierter erweisen, als wir es waren.»

cherer» zu machen[47]. Welch eine Achtung soll ein Soldat vor einer Frau der «Gegenseite» empfinden, dem man beim «Drilling for killing» beigebracht hat, seine Waffen ebenso wie alle möglichen Handlungen zum Töten von Menschen mit sexuellen Obszönitäten zu assoziieren[48]? Muß man sich wundern, daß er, in Siegerlaune, sich jedes Recht nimmt, an den Besiegten seine aufgestaute Männlichkeit auszuagieren? Rund zwei Millionen Vergewaltigungen (mindestens!) wurden 1945 allein im Großraum Berlin durch die Rote Armee verübt ...

Und sie sollen «sich *mit dem Sold begnügen*», also nicht rauben und plündern[48]? Aber, guter Johannes, zu welch einem anderen Zweck wurden denn wohl jemals Kriege geführt als zu Raub und zu Plünderung? Genau deswegen hält man ja den Sold der Soldateska in allen Armeen der Welt auf einem möglichst niedrigen Stand, auf daß die Aussicht auf private Bereicherung die Kampf«moral» der Truppe möglichst ansporne und sich der Kriegseinsatz (vor allem finanziell) auch richtig lohne.

In all dem wird deutlich, daß Johannes eindrucksvoll zwar Symptome bekämpft, doch die Krankheit, die sie hervorbringt, verkennt. Wie weit ist vor allem seine Botschaft an die Soldaten entfernt von der Verkündigung der Engel auf den Fluren von Betlehem bei der Ankunft des «Christus» – *Friede* werde sein auf Erden (Lk 2,14)! Freilich teilt der Täufer die Unzulänglichkeit seiner «Anamnese» und «Diagnostik» mit allen großen Moralisten: Indem sie sämtliche Übel der Welt auf den vermeintlich «freien» Willen der Menschen zurückführen, übersehen sie die Ursachenkette in der Tiefe des menschlichen Herzens ebenso wie deren Verflechtung mit all den anderen Ebenen der geschichtlichen Wirklichkeit: der Kultur, der politischen und wirtschaftlichen Lage, der historischen Situation ... Auf diese Weise werden die bestehenden Probleme zwar mit drastischen Worten moralisch bekämpft, doch sie werden nicht durchgearbeitet. Das schlechte Gewissen, das auf diese Weise entsteht, sehnt sich zwar um so stärker nach «Erlösung», doch zu vermitteln vermag es sie nicht.

[47] Vgl. a. a..O., 205, die Rede von GEORGE W. BUSH am 24. Nov. 2003 in Fort Carson: «Wir befinden uns in einem Krieg mit Terroristen, die ablehnen, wofür wir stehen: Freiheit, Demokratie, Toleranz sowie die Rechte und die Würde eines jeden Menschen. Wir sind eine friedliche Nation, doch wir sind bereit, uns jeglicher Gefahr zu stellen. Wir bekämpfen die Terroristen im Irak, in Afghanistan und in anderen Teilen der Welt, damit wir sie nicht auf den Straßen unserer Städte bekämpfen müssen. Und wir werden gewinnen. Amerika ist in diesem Krieg darauf angewiesen, dass unsere Mitbürger in Uniform unsere Freiheit schützen und die Sicherheit unseres Landes gewährleisten.»

[48] Vgl. STANLEY KUBRICK (Reg.): *Full metal jacket*, USA 1987; zit. in: JvN 688–689.

Diese Feststellung mindert allerdings nichts an der menschlichen Größe des Täufers. «Ein Größerer unter den Weibsgeborenen als Johannes existiert nicht», wird Jesus (einem Wort der Logienquelle zufolge) später über den Täufer urteilen, mit der Einschränkung freilich: «doch der Kleinste im Königtum Gottes ist größer als er.» (Lk 7,28)[49] Die Größe, aber auch die Begrenztheit in der Person und im Auftreten des Mannes am Jordan hat unübertroffen ERNST BARLACH (1870–1938) im Jahre 1912 in einer Holzfigur sichtbar gemacht, der er den Titel *Der Wüstenprediger* gab (*Tafel 4*): Da sieht man auf abschüssigem Boden einen Mann von kräftiger Statur, in grobes Leinen gehüllt, barfüßig, – ein Asket, kahlköpfig die Stirn, behaart nur das Hinterhaupt, das Gesicht bärtig; die «aufgerissenen Augen, deren Blick in eine unbestimmte Ferne gerichtet ist, und der sprechend bewegte Mund machen die Intensität des seelischen Erlebens und den Willen zur Mitteilung deutlich. Daß der Ausdruck des innerlich Geschauten in einer auch anderen Menschen verständlichen Sprache Anstrengung kostet, wird durch die Gebärde unterstrichen: Die nackten Arme sind vor dem Körper angewinkelt; die bis zur Höhe des Gesichts gehobenen Hände, die zu Fäusten geballt sind, unterstreichen den drohend-beschwörenden Charakter der Rede. Der gesamte Körper des *Wüstenpredigers* ist von einer kraftvollen Spannung erfaßt. Seine in der seitlichen Ansicht erkennbare Neigung und Drehung läßt den geistigen Widerstand spüren, gegen den der Redner angeht. Die Kluft zwischen den Gewißheiten des Inspirierten und den Vorstellungen der Zuhörer scheint groß, vielleicht unüberwindlich.»[50]

Es ist genau diese Kluft, die überwunden werden müßte, um die Hörer in die jesuanische Botschaft einer unbedingten Güte einzuschließen, statt sie mit dem Richtmaß der Moral in «Gute» und «Böse» gegeneinander abzutrennen. Daß später auch und gerade die Botschaft Jesu von der grenzenlosen Güte Gottes Widerstände auf den Plan rufen wird, steht auf einem anderen Blatt: Wer akzeptiert schon «gern» die «Diagnose» einer radikalen Bedürftigkeit und einer notwendigen Gnade als *Voraussetzung* für ein richtiges Leben vor Gott?

Bereits vor fast einem halben Jahrhundert (im Jahre 1962) beklagte WER-

[49] Vgl. KARL HEINRICH RENGSTORF: *Das Evangelium nach Lukas*, 57: «Jesus erwies sich allerdings darin als der Größere gegenüber Johannes, nämlich als der ‹Sohn des Höchsten› (1,32) gegenüber dem ‹Propheten des Höchsten› (1, 76), daß er Gottes Willen und seine Gnade nicht bloß wie der Täufer als vorhanden und gültig bezeugte…, sondern sie in seiner Person (17,21…) als gegenwärtig offenbarte und in der Gewährung seiner Gemeinschaft dem Frommen wie dem Zöllner und Sünder … als ihm zugewandt verbürgte.»

[50] EVA CASPERS: *Ernst Barlach Haus*, 61

NER BERGENGRUEN (1892–1964) eine Bewußtseinslage, in der die Menschen nach den scheinbar eindeutigen Begriffen staatlicher Verwaltungsbürokratie und den vermeintlich klaren Erwartungen gesellschaftlicher Konventionen festgeschrieben und um ihre Persönlichkeit, um den Freiraum ihrer Individualität, um den Mut, ein Einzelner zu sein, betrogen werden; was er schrieb, geriet zu einem zentralen Vorwurf gegen die Selbstberuhigung der gesamten bürgerlichen Welt:

Gefangen in Registern und Tabellen
liegt unsre Welt. Sie rühmt sich als die freie
und ist doch längst ein Netz von Häftlingszellen.

Ein jeder ist an seinen Pfahl geschnürt,
die Lebenden, die Toten – Reih um Reihe,
auswechselbar und gleich. Und kaum verspürt

der Nacken das Gewicht der Dienstbarkeiten.
So trotten sie, in grauem Zug geführt,
doch Hand in Hand als wie in Festgeleiten.

Sie singen, Gläubige mit heller Miene –
und wissen nicht, daß sie den Kreuzweg schreiten,
verlobt zum Dienst der tödlichen Maschine –

ihr Lied von Freiheit, Glück und Wohlgewinn.
Wir, Vielbelächelte und Vielbeschriene,
gehen einer nach dem andern stumm dahin,

der alten Freiheit letzte Paladine.[51]

[51] WERNER BERGENGRUEN: *Meines Vaters Haus*, 180

Lk 3,15–22: Ankündigung und Offenbarung des «Messias» oder: Von einer alles verändernden Entdeckung

(vergleiche Mk 1,7–8; Mt 3,11–12 zu *Lk 3,15–18*; Mk 6,17–18; Mt 14,3–4 zu *Lk 3,19–20*; Mk 1,9–11; Mt 3,13–17 zu *Lk 3,21–22*)

[15] Da aber das Volk voller Erwartung war und alle nachdachten in ihren Herzen über Johannes, ob nicht er selbst der Messias sei, [16] antwortete allen Johannes, sprechend: Ich freilich taufe euch mit Wasser; es kommt aber einer, der stärker ist als ich. Ich bin nicht genug, seine Sandalenriemen zu lösen. Er wird euch taufen in Heiligem Geist und Feuer, [17] er, bei dem die Worfschaufel (schon) in der Hand ist, aufzuräumen seinen Dreschplatz und zu sammeln das Korn in seine Scheune, aber die Spreu wird er verbrennen in unauslöschbarem Feuer. [18] Vieles nun, auch anderes noch als Zuspruch verkündete er dem Volke als Heilsbotschaft. [19] Herodes aber, der Viertelfürst, zurechtgewiesen von ihm bezüglich Herodias, der Frau seines Bruders, und bezüglich von allem, was er an Bösem getan, er, Herodes, [20] fügte auch dies noch allem hinzu: er schloß Johannes ins Gefängnis ein. [21] Es geschah aber: beim Taufen allen Volkes, als auch Jesus getauft ward und betete, – da: sich öffnen sah er den Himmel [22] und herabsteigen den Heiligen Geist, körperlich, wie eine Taube, auf ihn und eine Stimme aus dem Himmel geschehen: Du bist mein Sohn, der geliebte, an dir habe ich Gefallen gefunden.

Wie allen wahrhaft großen Gestalten der Geschichte haftet Johannes eine Aura von Einsamkeit und Tragik an. Oder soll man etwa nicht von *Tragik* sprechen, wenn jemand, wie der Täufer, alles, was er ist und geben kann, in die Waagschale wirft, um die Richtung des Weltenlaufs zu ändern, und dabei doch schon weiß, daß er im ganzen nichts bewirken wird, – daß seine Kraft nicht auslangt, daß die Zeit für seine Botschaft noch nicht reif ist, daß er das Richtige den falschen Leuten sagt? Deutlicher, als er es tut, kann der Täufer – zumindest in der Darstellung der Evangelien[1] – das Wissen um die

[1] Ebenso verbindend wie unterscheidend hat JOACHIM JEREMIAS: *Neutestamentliche Theologie*, I 55–56, den Täufer und Jesus einander gegenübergestellt: «Wie jener (sc. der Täufer, d.V.) ruft auch Jesus zur Buße (... Lk 13,1-9 u.ö.), wobei er, wie der Täufer, diesem Bußruf dadurch Dringlichkeit und Unerbittlichkeit gibt, daß er jedes Vertrauen auf die Prärogative Israels zerstört und das nahe bevorstehende Gottesgericht als ein Gericht nicht über die Heiden, sondern über Israel ansagt (Mt 3,7 par./12,41 f. par.). Wie der Täufer geht er in der Ablehnung jeder national politischen Erwartung so weit, daß er androht, daß Gott die herzuströmenden Heiden an Israels Stelle treten lassen werde, wenn Israel die Buße verweigert

«Vorläufigkeit» seiner Anstrengungen nicht betonen. Die einzige Hoffnung, die ihm bleibt, ist die aller Gescheiterten: nach ihnen komme jemand, der ihnen Recht verschaffen werde, indem er aufgreife und zu Ende bringe, was mit ihnen begonnen, – ein «Stärkerer» müsse es sein, ein Würdigerer, einer, der die Dinge glücklicher und günstiger gestalten könne. Manche erwecken eine solche Hoffnung im Vertrauen auf den Fortschritt der *Vernunft in der Geschichte*, wie GEORG WILHELM FRIEDRICH HEGEL (1770–1831) ihn vor über 180 Jahren zum Gegenstand einer eigenen Vorlesungsreihe erhob[2]. Johannes, angesichts der offenbaren Unvernunft und Unmoral, gegen die er ebenso leidenschaftlich wie auf sich allein gestellt ankämpfte, vermochte ein solches Vertrauen gewiß nicht zu hegen. Worauf er seine Zuversicht setzte, war eine ganz und gar religiöse Überzeugung: Gott werde den Dingen nicht länger mehr zusehen, nicht länger mehr zusehen *können*, so wenig wie er, Johannes, selber.

(Mt 3,9 par./8,11 f.). Von besonderer Wichtigkeit ist, daß berichtet wird, schon der Täufer habe die Selbstgerechten abgewiesen (Mt 3,7-10 par./Mt 23 par.) und die notorischen Sünder zugelassen (Lk 3,12/Mk 2,16). Er sammelte den heiligen Rest, aber nicht, wie die Pharisäer und Essener, einen separatistischen Rest, sondern einen offenen Rest...» Aber: «Johannes ist *Asket*, Jesus ist weltoffen. Johannes verkündet: das *Gericht* steht vor der Tür, kehrt um! Jesus verkündet: die *Königsherrschaft Gottes* ist im Anbruch, kommt herzu, ihr Mühseligen und Beladenen. Der Täufer bleibt im Rahmen der *Erwartung*, Jesus beansprucht, die *Erfüllung* zu bringen. Der Täufer gehört noch in den Bereich des *Gesetzes*, mit Jesus beginnt das *Evangelium*... Das ist die Kluft, die beide Männer bei aller Verwandtschaft trennte und die zur Folge hatte, daß die von beiden entfachten Bewegungen als Rivalen nebeneinander herliefen. Diese Kluft schließt es aus, in der Wirksamkeit des Täufers den entscheidenden Anstoß für Jesu Auftreten zu erblicken», – es sei denn, müssen wir hinzufügen, durch die Notwendigkeit einer äußersten Umkehr der gesamten Botschaft des Täufers: eben vom «Gesetz» (der Ethik) hinüber zum «Evangelium» (zum Vertrauen in die Gnade). Vgl. auch HEINZ SCHÜRMANN: *Das Lukasevangelium*, I 185: «Der Täufer gehört noch nicht in die Erfüllungszeit, sondern in die Verheißungszeit (16,16)... Unmißverständlich läßt Lukas Jesus erst auftreten, nachdem der Täufer seinen ‹Lauf vollendet› hat (3,19; Apg 13,25).» PETER BÖHLEMANN: *Jesus und der Täufer*, 113, stellt fest, daß «Umkehr» für den Täufer wie für Jesus «als einzige Möglichkeit des Zugangs zum Heil» erscheint. «Wer nicht ‹radikal› umkehrt, ist dem Gericht verfallen. Beide verstehen den Menschen als sündiges Individuum, dessen Abrahamskindschaft keinerlei Heilsrelevanz mehr besitzt. In der Verkündigung des Johannes liegt aber die Betonung auf dem Zorn Gottes, und die Motivation zur Umkehr wird durch die Aussage des Gerichts bewirkt. Während bei Johannes also die Angst der Menschen vor der Vernichtung im Gericht als Motivation zur Umkehr erscheint, ist es in der Verkündigung Jesu die Erfahrung der gnädigen Zuwendung Gottes.»

2 GEORG WILHELM FRIEDRICH HEGEL: *Die Vernunft in der Geschichte*, 42: «Man schleppt es als eine Tradition mit sich, daß Gottes Weisheit in der Natur zu erkennen sei... Wenn zugegeben wird, daß sich die Vorsehung in solchen Gegenständen und Stoffen offenbare, warum nicht in der Weltgeschichte?... Die Natur ist das Feld, wo die göttliche Idee im Element der Begriffslosigkeit ist; im Geistigen ist sie auf ihrem eigentümlichen Boden.»

Allein schon, daß ein Mensch sich festzumachen sucht im Absoluten, unterscheidet ihn von all den Theoretikern einer innergeschichtlichen Utopie, wie sie – im Erbe HEGELS – zum Beispiel von ERNST BLOCH (1885–1977) vertreten wurde[3] und in *seinem* Erbe wiederum von Theologen, die mit Gott das Eintreten des sicheren Heils auf Erden verbanden, wie etwa JÜRGEN MOLTMANN (geb. 1926)[4]; was Johannes vor sich sieht, ist gerade nicht – frohlockend anbrechend – das kommende Heil; was er vor sich sieht, ist – hoffentlich endlich (!) – das kommende Unheil. Da wird einer auftreten, der nicht nur, wie er, «mit Wasser» die Menschen tauft, sondern «in Heiligem Geist und Feuer» (3,16)[5], – noch inniger also, noch leidenschaftlicher und: noch radikaler, noch zerschmetternder, noch vernichtender, als es in all seinen eigenen Worten schon anklingt. Jener wird *tun*, wovon er selber nur redet; er wird ein Ungewitter in die Welt setzen, wovon er nur erst das Wetterleuchten am Firmament zucken sieht; er wird ohne Schonung und Rücksicht die Spreu vom Korn auf dem Dreschplatz trennen

[3] Vgl. ERNST BLOCH: *Religion im Erbe*, 65–66: «... die Bußpanik, Glückspanik, die Johannes der Täufer verbreitete, mit dem Himmelreich, das nahe herangekommen ... – ... Keine müden, blasierten, übersättigten Herren und Genießer sehen sich in der Bibel nach ganz Anderem um ... das Neue, das sie erwarten, war Aufhören der Knechtschaft, und zwar hier auf der Erde. Insofern sollte dies Neue wirklich sprengend sein, Ketten sprengend, nicht ein Schatz luxuriöser oder spiritueller Frissons ... Nicht Caesar, sondern sein Gegenteil gründet das neue Reich, folglich nicht als Imperium, sondern als mystische Demokratie.»

[4] Vgl. JÜRGEN MOLTMANN: *Theologie der Hoffnung*, 195: «Die kosmischen Vorstellungen der christlichen Eschatologie sind keineswegs mythologisch, sondern greifen in den offenen Vorraum des Möglichen vor aller Wirklichkeit hinein.»

[5] Vgl. WOLFGANG WIEFEL: *Das Evangelium nach Lukas*, 92: «In der ursprünglichen Täuferpredigt ist der Kommende der mit den Zügen apokalyptischer Messianologie ausgestattete Gerichtsherr ... *pŷr* (sc. Feuer, d.V.) meint das Gerichtsfeuer, vor dem oder durch das hindurch die Empfänger der messianischen Geisttaufe gerettet werden. Lukas, der die Ansage der Messiastaufe unapokalyptisch versteht und an die christliche Taufe denkt, konnte *pŷr* deshalb stehenlassen, weil er es als Parallelausdruck für *pneŷma hágion* (sc. Heiliger Geist, d.V.) auffaßte (vgl. 12,49 f.; 24,32; Apg. 2,3).» GERHARD MAIER: *Lukas-Evangelium*, I 141, sieht in dem «Feuer» gleichermaßen «das Gerichtsfeuer ... Dann aber sollten wir die Reihenfolge beachten: Zuerst kommt die Gnadengabe des Heiligen Geistes, und dann erst das Gericht. Das entspricht genau der Reihenfolge in Joh 3,17 ff und 5,2 ff, wo Jesus zuerst als der Retter und dann erst als der Richter kommt.» – Das Bild vom Dreschplatz und der Worfschaufel (Lk 3,17) ist in gewissem Sinne eine Umkehrung von Mi 4,12.13; dort verheißt der Prophet dem geschundenen Volk, es werde die Feinde, welche die Planungen Jahwes nicht begreifen, wie geschnittene Ähren auf der Tenne sammeln und (zer)dreschen. Vgl. WOLFGANG WERNER: *Studien zur alttestamentlichen Vorstellung vom Plan Jahwes*, 182–189: Micha 4,11-13. *Hier*, in der Täuferpredigt, sammelt Gott selber durch seinen Messias all diejenigen in Israel, die seine Planungen nicht begreifen (wollen), um auf dem Dreschplatz die Spreu vom Weizen zu trennen.

und jenes Gericht halten, vor dem sein eigenes Mitleid die Menschen gerade in letzter Stunde noch warnen möchte. – Das alles schon ist tragisch genug.

Doch nun gibt es eine Form von Tragik, weit größer noch als die des bloßen Scheiterns: die Tragik des Irrtums. Denn als *der* kommt, auf den – wieder nach Darstellung der Evangelien[6] – der Täufer hinweisen wollte, da kommt er ganz anders als vorgestellt. Wurde am Ende Johannes nur das Opfer seines eigenen verletzten Gerechtigkeitsgefühls, seiner eigenen wutschnaubenden Aggressionen, seiner höchst persönlich gefärbten Straf- und Rachephantasien, die er mit «Gott» verwechselte und ungehemmt in den Himmel und in die Zukunft projizierte? Kann's sein: ein Mensch setzt sich mit ganzem Herzen ein für etwas, nur um am Ende festzustellen, daß er im ganzen falsch geglaubt hat?

Natürlich ist das möglich. Doch was folgt daraus?

Eine der Paradoxien des Religiösen liegt darin, daß die Wahrhaftigkeit des Lebens eines Menschen vor Gott wichtiger ist sogar als die Wahrheit des Inhalts, für den er eintritt. Das muß so sein. Denn in der Existenz kann man nicht warten, bis die (theologische) «Wissenschaft» die Wahrheit (über Gott) «objektiv» und «zweifelsfrei» herausgefunden hat – bis zum Sankt-Nimmerleins-Tag also; im Leben kommt es darauf an, zu tun, was man für wahr erkannt hat, und das ohne Aufschub, unverzüglich. – Stell Dir einen Mann vor, der von seiner Geliebten im fernen China einen Brief erhält, den er, unkundig ihrer Sprache, sich übersetzen lassen muß, schlug vor etwa 160 Jahren SÖREN KIERKEGAARD (1813–1855), um diesen Sachverhalt zu erläutern, in einem Gedankenexperiment vor. In diesem Brief, dessen bloßer Erhalt bereits unseren Liebhaber überglücklich sein läßt, wünscht die chinesische Schöne ihm alles Liebe; der Dolmetscher aber übersetzt eine bestimmte Stelle des Briefes fälschlich mit den Worten: «Alles, was Du hast, verkauf es und übergib es an Arme» (Lk 18,22). Der junge Mann ist erschrocken, doch aus Liebe zu seiner Freundin handelt er genau so, entsprechend ihrem Willen, wie er ihn versteht. Nach Jahren nun kommt jene Chinesin, ihn zu besuchen, und findet ihn in völliger Armut. Richtig übersetzt, hatte sie ihn

[6] Vgl. EDUARD SCHWEIZER: *Das Evangelium nach Lukas*, 50: «Einerseits setzt Lukas den Täufer stärker von Jesus ab, weil sich unterdessen Gruppen gebildet haben, die ihn (messianisch?) verehren (V 15; Apg 11,16; 13,25; 19,4; Joh 1,20). Er wird trotz seiner Funktion als Vorläufer (1,17; 7,27) nicht einmal mit Elija verglichen. Mk 1,6; 9,11-13; Mt 11,14 fehlen, während Jesus Elija ähnelt (Lk 4,25-27; 7,12-16; 9,61; vgl. 8,55; 9,54; 10,4b; Apg 1,11b), vielleicht weil der wiederkommende Elija auch mit dem Messias gleichgesetzt wurde ... Obwohl Lukas Jesu Wirken gern prophetisch schildert, beschreiben besonders Anfang und Ende des Evangeliums ihn als Messias.»

doch ermutigt: «Lebe dahin in Glück und in Reichtum, und zwar in solchem Übermaß, daß Du den Armen noch davon abgeben kannst.» Wird sie nun aber den Mann nicht trotz dieses Mißverständnisses von Herzen lieben, ja, um so mehr noch, weil er sich ruinierte aus Liebe zu ihr? – Wie aber, sie hätte wirklich geschrieben, was der Dolmetscher schwarz auf weiß las: «Alles, was Du hast, verkauf es und übergib es an Arme», und sie fände ihn nunmehr als Dozenten der Sinologie, wohlbestallt und geehrt bei seinem fleißigen Bemühen, jene Zeile ihres Briefes nach den Methoden seines Faches zu erforschen, um sie vielleicht bald schon adäquater und endlich sinnreicher wiedergeben zu können, ständig im Zweifel freilich, ob er nicht doch eine literarische Feinheit noch übersehen und damit den Skopós (griech.: die Absicht) der Aussage im Kontext des Ganzen womöglich immer noch nicht richtig getroffen habe[7]?

Der gesamten akademischen Theologie warf KIERKEGAARD vor, in gerade dieser Weise aus Liebenden Philologen, aus Glaubensuchenden strebsame Studenten, aus Wissenshungrigen Professoren zu machen, einfach durch die Verwandlung des Existierens in ein bloßes Dozieren[8]. Welch ein Liebender möchte wohl erst eine Expertise der zuständigen Fakultäten abwarten, um der Liebenswürdigkeit seiner Geliebten «sicher»gehen zu können? Tausendmal lieber ist Gott jemand, der sein Herz in die Hand nimmt, als jemand, der sich einer Herzensregung überhaupt nur getraut, wenn sie von den allgemein anerkannt kompetenten Fachkreisen «objektiv» als «angemessen» beurteilt wurde. Glauben läßt sich nur lehren durch Existenzmitteilung, nicht durch die Verwandlung des Lebens ins Lehren[9].

Johannes ist und war ein Mann des Existierens – ein Prophet, kein Professor, und schon deshalb unendlich gerechtfertigt gegenüber all den Gene-

[7] Sehr freie Nacherzählung von: SÖREN KIERKEGAARD: *Zur Selbstprüfung der Gegenwart anbefohlen*, 62–66; DERS.: *Die Leidenschaft des Religiösen*, 25 -35.

[8] Vgl. SÖREN KIERKEGAARD: *Tagebücher*, IV 147: «Der Professor drückt aus, daß die Religion ein gelehrtes Problem ist; der Professor ist die größte Satire auf den ‹Apostel›.»

[9] Vgl. SÖREN KIERKEGAARD: *Einübung im Christentum*, in: Werkausgabe, II 94: «Diesem ganzen Bau von Bestimmungen und Bedingtheiten, dieser unmittelbaren Kenntlichkeit der Frömmigkeit an Ehre und Ansehen, Macht und Einfluß, dieser ‹Objektivität›, wie die Pharisäer und Schriftgelehrten sie wohl genannt haben mögen, gab Christus einen Stoß, indem er Gottesfurcht und Frömmigkeit zur Innerlichkeit machte... So geht es immer, wenn ein Bestehendes so weit gegangen ist, sich selbst zu vergöttlichen, dann werden zuletzt Sitte und Brauch zu Glaubensartikeln, alles wird derart gleich wichtig... Der Einzelne fühlt und erkennt nicht, daß er und ebenso jeder Einzelne ein Gottesverhältnis hat, das für ihn unbedingte Bedeutung haben soll, nein, das Gottesverhältnis wird abgeschafft. Sitte und Brauch, Satzung und dergleichen werden vergöttlicht. Aber diese Art Gottesfurcht ist geradezu Gottesverachtung, sie fürchtet ja nicht Gott, sie fürchtet den Menschen.»

rationen von Theologen, die sich vermessen und vermaßen, sein Leben «historisch-kritisch» zu beurteilen. König Herodes (Antipas), der «Viertelfürst», – wer würde schon wagen, die Forderungen der Moral gegen die «Erfordernisse» der Macht, mithin gegen die Begierden der Mächtigen, zu stellen? Kann man sich nicht an fünf Fingern ausrechnen, wie ein absolutistischer Regent reagieren wird, um die Beleidigung seiner Majestät zu ahnden? Johannes aber, scheinbar blind für jegliche Gefahr, muß ausgerechnet dem Herrscher seines Landes ins Gewissen reden wegen der Mesalliance mit Herodias, der Frau seines Bruders[10] – als ob diese Privatsachen ihn etwas angingen! Die Geschichte selber, die *Lukas* bei *Markus* fand, ist ihm so wenig wichtig, daß er sie auf einen einzigen Satz zusammenkürzt: Herodes, zur Rede gestellt, habe nur eine neue Gelegenheit gefunden, um das Maß seiner bösen Werke noch zu vergrößern: – er ließ einen Unschuldigen verhaften, bloß um durch das Diktat der Macht seiner eigenen Schuld den Anschein des Rechts zu verleihen. Doch wie gesagt: Hätte der Täufer mit dieser Gegenreaktion auf seine Predigt nicht rechnen *müssen*, trug er nicht selber die Schuld daran?

Wieder tritt an dieser Stelle der Unterschied zwischen einem Propheten und einem Politiker grell zu Tage: in dem relativen Raum des politischen Prinzips ist nur verlangt, die absehbaren Folgen des eigenen Tuns in die Planung des Handelns miteinzubeziehen; die unbedingte Forderung des religiösen «Prinzips» (im Sinne MARTIN BUBERS, 1878–1965) hingegen verlangt nach Authentizität und Stimmigkeit im eigenen Leben[11]; wie andere darauf antworten, müssen sie selber wissen, – *sollen* sie selber herausfinden. Ein jeder trägt eine absolute Verantwortung allein für sich selber, als Einzelner, vor Gott. Das ist die «prophetische» Auffassung des Lebens. Was dem Täufer in der Haft durch die Seele ging, davon wissen wir wenig, – nur eine späte Anfrage, wer Jesus sei, wird uns überliefert (Lk 7,18–20). Man kann nicht sagen, daß Johannes für seine Überzeugung in den Tod ging, – er wird das Opfer einer obszönen Hofintrige (Mk 6,14–29), die *Lukas* einfach wegläßt und nur indirekt erwähnt (Lk 9,7–9). Aber was besagt der Tod über die Wahrheit eines Menschen, der so sinnlos umkommt wie Johannes der Täufer? «Bewies» der Dichter ERICH MÜHSAM (1878–1934) irgend etwas für die Wahrheit des Kommunismus, als er von den NS-Schergen im KZ

[10] Zu der Hinrichtung des Täufers vgl. Mk I 405–424: Mk 6,14-29: Der Prophet und der König oder: Johannes und Herodes Antipas.
[11] MARTIN BUBER: *Geltung und Grenze des politischen Prinzips*, in: Werke, I 1095–1108.

Oranienburg in den Tod getrieben wurde[12]? «Bewies» CARL VON OSSIETZKY (1889–1938) irgend etwas für die Möglichkeit des Friedens, als er seiner pazifistischen Überzeugung wegen Konzentrationslager und Tod in Kauf nahm? STEFAN ZWEIG (1881–1942) immerhin «bewies» mit seinem Selbstmord in Petrópolis die Unmöglichkeit, als Mensch nach dem «Sieg» auf den «Schlachtfeldern» des Zweiten Weltkriegs noch weiterleben zu können[13]. Der Täufer beweist in seiner Gefangenschaft im Grunde nur eines, das allerdings in wunderbarer Weise: daß er frei ist in Gott, egal, was Menschen über ihn verfügen. Und dieser «Beweis» macht seine ganze Größe aus – tragisch, doch getröstet in seinem Glauben; irrend in dessen Inhalt, doch gerechtfertigt durch die Lauterkeit seiner Gesinnung; allein, doch begleitet von dem Bewußtsein, für etwas Richtiges einzustehen.

Freilich, mit der Bemerkung von der Verhaftung des Täufers greift *Lukas* dem chronologischen Ablauf der weiteren Handlung beträchtlich voraus; doch was er mit seinem Zeitsprung sagen will, ist unüberhörbar: Zum einen deutet sich im Schicksal seines Cousins auch Jesu eigenes Leben schon an[14]; und zum anderen: Jesus betritt die Bühne der Öffentlichkeit erst, nachdem der Täufer gewaltsam von ihr entfernt wurde[15]. Es gibt mithin die Art des Herodes, auf die Botschaft des Johannes zu reagieren; es gibt aber auch die Art Jesu, darauf zu antworten – mit vermehrter Güte statt mit gesteigerter Gewalt –, und die Erfahrung, die das ermöglicht, verbindet die Legende schon bei *Markus* (1,9–11) mit der Szene der Taufe. Auch hier wieder verdichtet sich in einem Bild, vermutlich ohne Anspruch auf historische Glaubwürdigkeit[16], eine Wahrheit, die, auch geschichtlich betrachtet, das Leben Jesu am besten verständlich macht.

[12] Vgl. ERICH MÜHSAM: *Trotz allem Mensch sein*, 125–137: Die Befreiung der Gesellschaft vom Staat. Was ist kommunistischer Anarchismus?

[13] Vgl. DONALD A. PRATER: *Stefan Zweig*, 316: «Er sah das Kommende lange vor den anderen, mehr als andere empfand er die Hilflosigkeit des Individuums im Auf und Ab der Ereignisse.»

[14] HEINZ SCHÜRMANN: *Das Lukasevangelium*, I 184: «Nach Prophetenart – darin wiederum besonders dem Elias (sc. gegenüber König Ahab, d.V.) gleichend – wagte der Täufer auch vor einen König zu treten und ihn zurechtzuweisen ... Der hernach mit Pontius Pilatus Ps 2,1f zur Erfüllung brachte (Apg 4,27; vgl. schon Lk 13,31f; 23,6-12), greift hier schon nach dem Vorboten (V 4), Zeugen (V 15) und Diener (V 16) des Christus, an dem sich so das übliche Prophetenschicksal erfüllt. Das ist erneut – vgl. schon 2,34f – wie eine Vorhersage des Leidensschicksals Jesu, bevor dieser ‹angefangen› hat.»

[15] Vgl. HEINZ SCHÜRMANN: *Das Lukasevangelium*, I 185.

[16] Zum Tod des Täufers vgl. FLAVIUS JOSEPHUS: *Jüdische Altertümer*, XVIII 5,2, S. 525–526; vgl. auch Mk I 405–424.

Dogmatisch hat man in der Himmelsstimme[17], die Jesus verkündet: «Du bist mein Sohn, der geliebte» (Lk 3,22), die Adoption[18] oder Proklamation[19] Jesu als Gottes Sohn vernehmen wollen; doch «Sohn» kann im Hebräischen auch soviel bedeuten wie «Knecht»[20], und *das* Wort erinnert als erstes an einen Spruch Gottes rund 600 Jahre zuvor in den Tagen des babylonischen Exils über (Deutero)*Jesaja*: «Siehe, das ist mein Knecht – ich halte ihn – und mein Auserwählter, an dem meine Seele Wohlgefallen hat. Ich habe ihm meinen Geist gegeben; er wird das Recht unter die Heiden

[17] Formgeschichtlich sieht WOLFGANG WIEFEL: *Das Evangelium nach Lukas*, 94, hier eine «Christusgeschichte eigener Art, dargeboten mit den Mitteln des apokalyptischen Erzählstils». Vgl. HEINZ SCHÜRMANN: *Das Lukasevangelium*, I 197. JOACHIM JEREMIAS: *Neutestamentliche Theologie*, I 57, sieht an dieser Stelle eine judenchristliche Tradition aufgegriffen, die an zwei Texte aus den *Testamenten der zwölf Patriarchen* anknüpft, und zwar zum einen an *Test Levi* 18,6f, wo die Berufung des messianischen Hohenpriesters der Endzeit geschildert wird, vgl. EMIL KAUTZSCH: *Die Testamente der zwölf Patriarchen*, in: Emil Kautzsch (Hg.): Die Apokryphen und Pseudepigraphen des Alten Testaments, I 470–471: «Die Himmel werden sich öffnen, und aus dem Tempel der Herrlichkeit wird über ihn Heiligkeit kommen mit väterlicher Stimme wie von Abraham, dem Vater Israels. Und die Herrlichkeit des Höchsten wird über ihm ausgesprochen werden, und der Geist des Verstandes und der Heiligung wird auf ihm ruhen in dem Wasser ... zur Zeit seines Priestertums wird jede Sünde vergehen, und die Gottlosen werden aufhören, Böses zu thun... Und er selbst wird die Thüren des Paradieses öffnen und er wird wegstellen das gegen Adam drohende Schwert». Klarer und schöner läßt sich die eigentliche Beauftragung Jesu nicht schildern als in diesen Worten, die mittelbar das gesamte Verständnis der Tätigkeit Jesu in diesem Kommentar durchziehen. An der zweiten Stelle, *Test Juda* 24,2 f. (a. a..O., I 477), ist vom Messias gesagt: «Und die Himmel werden sich über ihm öffnen, Geist als Segen des heiligen Vaters ausgießen, und er selber wird ausgießen Geist der Gnade auf euch. Und ihr werdet ihm Söhne sein in Wahrheit... Dann wird aufleuchten das Szepter meines Königreichs, und an eurer Wurzel wird ein Schößling entstehen. Und durch ihn wird ein Szepter der Gerechtigkeit für die Heiden aufgehen, zu richten und zu retten alle, die den Herrn anrufen.» – Daß der Geist «wie eine Taube» herabkommt, zeigt zunächst nur in einem Vergleich, wie «sanft rauschend» er herabgleitet; erst in Lk 3,22 ist der Vergleich zu einer Gleichsetzung von Geist und Taube geworden, «im Zuge einer auch sonst zu beobachtenden Materialisierung der Pneumavorstellung auf hellenistischem Gebiet.» JOACHIM JEREMIAS: *Neutestamentliche Theologie*, I 59.

[18] Vgl. JvN 616–624; zu der *Himmelsstimme* vgl. Str. B. I 125–134.

[19] Vgl. JOACHIM JEREMIAS: *Neutestamentliche Theologie*, I 61: «... die Proklamation (deutet) die Herabkunft des Geistes als Erfüllung von Jes 42,1 ... Sodann wird deutlich, daß die Proklamation ursprünglich mit Königsinthronisation oder mit Adoptionsriten und ähnlichem nichts zu tun hat; nicht in den Bereich der Messias-König-Vorstellungen führt sie, sondern in den der Schriftaussagen über den Gottesknecht.»

[20] Vgl. JOACHIM JEREMIAS: *paîs theoȳ* (Gotteskind, Gottesknecht), in: ThWNT V 676–677. Es ist die griechische Übersetzung des AT (die LXX), die das hebräische «Knecht» (ᶜäbäd) mit paîs (Kind) wiedergibt; aber auch das hebr. *naᶜar* kann sowohl «Knabe» wie «Diener» bezeichnen; vgl. WILHELM GESENIUS: *Hebräisches und aramäisches Handwörterbuch über das alte Testament*, 510–511.

bringen.» (Jes 42,1)[21] Und wie wird dieser «Gottesknecht» oder «Gottessohn» das tun? «Er wird nicht schreien noch rufen, und seine Stimme wird man nicht hören auf den Gassen. Das geknickte Rohr wird er nicht zerbrechen, und den glimmenden Docht wird er nicht auslöschen.» (Jes 42,2–3)[22] Ein stärkerer Kontrast zu der Wirkungsweise des Täufers als in dieser Beauftragung ist nicht denkbar: Sanftmut statt Strafen, Langmut statt Wut, Milde statt des erwarteten Machtworts. In nichts wird Jesus als der «Sohn» Gottes mithin dem Bilde entsprechen, das der Täufer von dem kommenden «Messias» auf die Wände der menschlichen Geschichte gemalt hat. Und die Legende, liest man sie nur einmal tief genug unterhalb der Begriffsklauberei der «christologischen» Dogmatik, verrät sogar auch den Grund dafür.

Man kann an Güte nur weitergeben, was man selber erfahren hat. Jesus scheint von der Täufer-Predigt zutiefst berührt worden zu sein: Nicht im Tempel der Priester, nicht in der Schriftauslegung der Rabbinen, wohl aber in dem glühenden Herzen dieses Mannes redete Gott zu ihm. In seinen Worten wurde zur Wahrheit, was der Psalm 51 besagt: «Schlachtopfer willst du nicht, ich wollte sie dir sonst geben, und Brandopfer gefallen dir nicht. Das Opfer, das Gott gefällt, ist ein geängsteter Geist; ein geängstetes, zerschlagenes Herz wirst du, Gott, nicht verachten.» (Ps 51,18.19[23]; vgl. Ps 40,7; 34,19.) Reue also, Zerknirschung, Umkehr, Buße, der Vorsatz, sich völlig zu übergeben der Gerechtigkeit Gottes, – anders kann das Leben eines Menschen niemals in Ordnung kommen; genau so wird Jesus gefühlt haben, als er sich von Johannes im Jordan taufen ließ. Doch dann öffnet sich vor seinen Augen der Himmel; der Sperriegel zwischen Gott und Mensch schiebt sich hinweg; und der Heilige Geist, der Atemwind Gottes, weht, wie am Schöpfungsmorgen über den Wassern der Welt, über dem Jordan, ja, er zeigt sich, wie am Ende der Sintflut, in der Gestalt der Taube des Friedens (Gen 8,11)[24].

Es ist demnach ein für allemal zu Ende damit, daß Gott «straft», um die Welt reinzuwaschen vom Unrat der Menschen (Gen 6,5–7). Der Täufer mag völlig recht haben mit dem Gerechtigkeitsspruch seiner Strafandrohungen im Namen Gottes; doch schon damals, am Ende der Sintflut, hatte

[21] JOACHIM JEREMIAS: *Neutestamentliche Theologie*, 61, verweist darauf, daß in Lk 3,22 lediglich Jes 42,1, und zwar verkürzt, zitiert wird; zu ergänzen ist also – aus dem Gedächtnis, für jeden Bibelkundigen! –: «Ich gebe meinen Geist auf ihn, Rechtsurteil soll er zu den Völkern hinausbringen.»

[22] Vgl. CLAUS WESTERMANN: *Das Buch Jesaja*, Kap. 40–66, 77–81.

[23] Vgl. ARTUR WEISER: *Die Psalmen*, I 276–277.

[24] Vgl. SdB II 377–380.

Gott dieser seiner eigenen Strafaktion abgeschworen für alle Zukunft, «weil das Dichten und Trachten des menschlichen Herzens böse ist von Jugend auf» (Gen 8,21). Und jetzt, wie wollte er das eigene Wort im Munde des Täufers noch einmal korrigieren, redet die Himmelsstimme bei der Taufe im Jordan Jesus an mit «mein Sohn»! Was auch immer an Strafe ein Mensch verdient haben mag, – die Himmelsstimme versichert Jesus: «aber du bist doch mein Sohn»! Mit diesen Worten erklärt in den Augen Jesu Gott selbst sich den Menschen. Es wird dieses Wort sein, das Jesus als das einzig wesentliche in den Dörfern Galiläas weitergeben und jedem einzelnen sagen wird: «Du bist (doch) mein Sohn.» Wer sich Gott übergibt, wird niemals «bestraft». Gott vergibt – unbedingt und bedingungslos, und einzig dieses Vertrauen führt den Menschen heraus aus dem Fluch der Kain- und Abel-Welt, in die er sich eingesperrt findet in dem endlosen Getriebe von Angst und Gewalt. Gott als der «Vater» und ein jeder Mensch als sein «Kind», als sein «Sohn», als der Thronhalter des ewigen Königs, – in dieser Vision des Glücks und der Dankbarkeit über eine vollkommen unverdiente Rettung trat Jesus das «Erbe» des Johannes an, mit nur einer einzigen Konsequenz: daß, wenn Gott uns allen derart alles vergibt, auch wir selbst in der Pflicht stehen, allen alles an Schuld zu erlassen (vgl. Lk 11,4).

Im Bilde gesprochen, lernte Jesus dieser Tauflegende zufolge unsere Situation zu betrachten gleich der eines Steinbocks, der am Hang eines Alpengletschers sich versprungen hat und von der Felskante, die ihm auf der Flucht vor dem Jäger als Rettung erschien, nicht mehr herunterkommt. Entrinnen könnte er nur, wenn jemand käme, um ihn in seine Arme zu schließen und ihn herunterzutragen. Doch wird ein Steinbock je glauben, ein Mensch, der sich ihm nähert, meine es gut mit ihm? Fest steht nur, daß eine einzige falsche Bewegung in seiner Angst ihn wird in den Tod stürzen lassen. Nur wenn der Steinbock *kapituliert* vor seinem Fänger, bekommt er eine Chance, weiterzuleben. So wir! Lange genug sind wir vor Gott davongelaufen aus Angst. Was Johannes ganz richtig sah: So geht's nicht mehr weiter. Doch was er nicht sah, nicht sehen konnte, ist das Paradox der ganzen Botschaft Jesu: Gott ist nicht unser Jäger, er will nicht unser Verderben, er kommt, uns zu helfen und uns zurückzutragen ins Sichere. Es ist nur unsere eigene Angst, die uns ihn sehen läßt wie Adam und Eva, wenn sie sich jenseits von Eden umwandten in Richtung des verlorenen Paradieses: da versperrten ihnen die Wächterengel mit dem Flammenschwert (Gen 3,24) das wahre Bild Gottes. Vom Jordan aufbrechend, wird Jesus sich daranmachen, es uns wieder zu zeigen in seiner Ursprünglichkeit.

Lk 3,23–38: Stammbaum Jesu oder: Die ganze Menschheit

(vergleiche Mt 1,1–17)

23 Doch selber war Jesus, als er begann, etwa 30 Jahre; er war ein Sohn,
man meinte, von Josef,
(dem Sohn) Elis,
24 (des Sohns) Mattats,
(des Sohns) Levis,
(des Sohns) Melchis,
(des Sohns) Jannais,
(des Sohns) Josefs,
25 (des Sohns) Mattitjas,
(des Sohns) Amos',
(des Sohns) Nahums,
(des Sohns) Heslis,
(des Sohns) Naggais,
26 (des Sohns) Mahats,
(des Sohns) Mattitjas,
(des Sohns) Schimis,
(des Sohns) Josechs,
(des Sohns) Jodas,
27 (des Sohns) Johanans,
(des Sohns) Resas,
(des Sohns) Zorobabels (Serubbabels),
(des Sohns) Salathiels (Schealtiëls),
(des Sohns) Neris,
28 (des Sohns) Melchis,
(des Sohns) Addis,
(des Sohns) Kosams,
(des Sohns) Elmadams,
(des Sohns) Ers,
29 (des Sohns) Jesu (Joschuas),
(des Sohns) Eliësers,
(des Sohns) Jorims,
(des Sohns) Mattats,
(des Sohns) Levis,
30 (des Sohns) Simeons,
(des Sohns) Judas,
(des Sohns) Josefs,
(des Sohns) Jonams,
(des Sohns) Eljakims,
31 (des Sohns) Meleas,
(des Sohns) Mennas,

(des Sohns) Mattatas,
(des Sohns) Natams (Natans) (2 Sam 5,14),
(des Sohns) Davids,
32 (des Sohns) Jessais (Isais) (Ruth 4,17–22),
(des Sohns) Jobeds (Obeds),
(des Sohns) Boos' (Boas'),
(des Sohns) Salas (Salmons),
(des Sohns) Naassons (Nachschons),
(33–38: vergleiche Gen 5,1–32; 11,10–26; 21,3.12; 29,35)
33 (des Sohns) Amminadabs,
(des Sohns) Admins,
(des Sohns) Arnis,
(des Sohns) Esroms (Hezrons),
(des Sohns) Phares' (Perez'),
(des Sohns) Judas,
34 (des Sohns) Jakobs,
(des Sohns) Isaaks,
(des Sohns) Abrahams,
(des Sohns) Taras (Terachs),
(des Sohns) Nahors,
35 (des Sohns) Serugs,
(des Sohns) Regus,
(des Sohns) Phaleks (Pelegs),
(des Sohns) Ebers,
(des Sohns) Sals (Schelachs),
36 (des Sohns) Kainams (Kenans),
(des Sohns) Arphaxads (Arpachschads),
(des Sohns) Sems,
(des Sohns) Noes (Noahs),
(des Sohns) Lamechs,
37 (des Sohns) Matusalas (Metuschelachs),
(des Sohns) Henochs,
(des Sohns) Jarets (Jereds),
(des Sohns) Maleleals (Mahalalels),
(des Sohns) Kainams (Kenans),
38 (des Sohns) Enoschs,
(des Sohns) Sets,
(des Sohns) Adams –
(des Geschöpfs) Gottes.

Namenlisten wie diese zählen sicher nicht zur Lieblingslektüre selbst von ansonsten eifrigen Bibellesern. Und doch führt uns eine derartige Geschichtskonstruktion[1] in sonderbare Zusammenhänge ein, die wichtiger sogar sind als die einzelnen Personen, die den (fiktiven) «Stammbaum» bilden.

Man würde einer solchen Herleitung quer durch die Generationen auf einen bestimmten Menschen hin nicht bedürfen, ginge es nicht um die Legitimation eines Anspruchs auf gottgleiche Königswürde: Jesus, der «Messias», – nur dieser Aussage verpflichtet ist der lukanische «Stammbaum»; historische Erinnerungen im «Gedächtnis» der Familientradition spielen dabei keine Rolle[2]; – auf eine ganz anders gestaltete Liste greift denn auch das *Matthäus*-Evangelium zurück (Mt 1,1–17)[3]; «Urkunden» sind dies wie etwa die «Dokumente» alter «Schenkungen», die stets auftauchen, wo und wie sie jeweils sich nützlich machen.

[1] Vgl. WOLFGANG WIEFEL: *Das Evangelium nach Lukas*, 97: «Daß es sich ... bei dem im Lukasevangelium vorliegenden Stammbaum um ein kunstvolles, mehrere Vorlagen zusammenfügendes Gebilde handelt, ist kaum zu bestreiten. Als Quelle dürften die Chronikbücher gedient haben (1. Chron. 1,1-34; 2,3-15), für die Reihe zwischen Abraham und Adam Gen. 5,3-32 und 11,20-26. Umstritten ist, ob der ursprüngliche Stammbaum die uns vorliegenden 77 Glieder hatte oder nur 72.... Bleibt man bei 77 Gliedern, dann könnte man an das Schema einer Zwölfwochenapokalypse denken. Jesus wäre am Ende der elften der jeweils durch sieben Generationen repräsentierten Weltperiode geboren. Als Vollender der elften wäre er zugleich Anfänger der zwölften und letzten Periode, der eschatologischen Zeit. Hier würden die Zurückführung auf Adam und die Stellung in der apokalyptischen Zeitordnung einander in universalem Sinn ergänzen: der Anfänger und Schöpfer der eschatologischen Menschheit.»

[2] Dies entgegen HEINZ SCHÜRMANN: *Das Lukasevangelium*, I 202, der fragt: «War ein Stammbaum Jesu in Palästina zu einer Zeit, in der noch Anverwandte Jesu lebten, bis in die letzten Glieder hinein erfindbar?» Es war THEODOR ZAHN: *Das Evangelium des Lucas*, 90–91, der «den Namen Marjam oder Mirjam ... auf die einzige im AT erwähnte und gefeierte Trägerin dieses Namens, die Schwester Aarons und Moses,» zurückführte; demnach wäre Maria eine Priestertochter gewesen, welche – laut Stammbaum – die «Gattin eines Davididen geworden» wäre; sie wäre selber keine Davidstochter gewesen (vgl. S. 208–211). JOACHIM JEREMIAS: *Jerusalem zur Zeit Jesu*, 324–337, meint zum Geschichtswert der Stammbäume Jesu, «daß Lukas bzw. seine Quelle wenigstens *für die letzten Generationen vor Joseph* authentisches Material bewahrt hat.» (S. 33) FRANÇOIS BOVON: *Das Evangelium nach Lukas*, I 190, meint summarisch: «Die ersten Verfasser der Genealogie lebten wahrscheinlich im jüdisch-christlichen Milieu und wollten apologetisch den Galiläer Jesus durch die ad hoc konstruierte Genealogie in den Stammbaum der notwendigerweise in Judäa beheimateten Nachkommenschaft Davids einführen. Die Tendenz, die hinter dieser Genealogie liegt, entspricht ... der Bewegung der Eltern Jesu von Nazaret nach Betlehem. In dieser Zeit wußte man noch nichts von der Jungfrauengeburt, und Josef galt ohne Einschränkung als Vater.»

[3] Vgl. WOLFGANG WIEFEL: *Das Evangelium nach Lukas*, 97: «Während Matthäus bei Abraham beginnt und auf Jesus herabführt, beginnt Lukas bei Jesus und führt in einer Genealogienreihe zu Adam hinauf. Hier könnte das Interesse einer hellenistischen Gemeinde zur Geltung kommen, der weniger an dem volksgeschichtlichen Zusammenhang mit David und Abraham als an dem menschheitsgeschichtlichen mit Adam lag. Kaum auszugleichen ist die genealogische Reihe zwischen Jesus und David, die nicht nur in den Namen, sondern auch der Zahl der Generationen nach in den beiden Evangelien auseinanderfällt. Matthäus führt den Stammbaum über Salomon und scheint die Reihe der legitimen Träger des Königsamtes im Auge zu haben, während Lukas über den unbekannten Davidssproß Nathan

Wie menschheitlich verbreitet eine derartige Praxis war und wie ernst man sie – trotz aller historischen Fiktionen – zu nehmen pflegte, zeigt sich – vollkommen unabhängig von den bekannten altorientalischen Herrschaftsbegründungen durch den göttlichen Ursprung des Monarchen – in einer weit entlegenen Ecke der Welt: bei den Maya von Palenque. Ihr Herrscher Pacal der Große (603–683) und sein Sohn Chan-Bahlum II. (635–702) standen im 7. nachchristlichen Jahrhundert vor einem Problem, dem in ähnlicher Weise auch *Lukas* sich gegenübersieht: für die Blutsverwandtschaft entscheidend galt die Abstammung vom Vater, also die Herkunft in «patrilinearer» Abfolge; nur die Heiratsverwandtschaft wurde über die Mutter vermittelt; so kam es zu dem, was Ethnologen als «Lineages» bezeichnen, – Gruppen, deren Zusammengehörigkeit sich aus der Abstammung vom gleichen (Stamm)Vater ergibt; «Kinder Abrahams» zu sein (Lk 3,8) konnte daher zum Kern des Selbstbewußtseins auch des «auserwählten» Volkes werden. – Für Pacal und Chan-Bahlum II. nun lag das Problem darin, daß ihre Abstammungslinie bis hin zu dem Dynastie-Gründer Bahlum-Kuk I. im Jahre 431 an zwei Stellen nicht über den Vater, sondern über die Mutter lief, wie die Graphik in Abb. 3 zeigt: Pacal der Große und sein Sohn Chan-Bahlum II. waren Enkelsohn und Urenkel von Pacal I., aber nicht über ihren Vater und Großvater Kan-Bahlum-Mo (gest. 643), sondern über die Mutter und Großmutter Zac-Kuk (Königin ab 612, gestorben 640; Thronbesteigung ihres Sohnes Pacal 615); zudem war auch Pacal I. zu seinem Herrscherstatus nur durch seine Mutter Kanal-Ikal gelangt. Das «Dogma» der Patrilinearität stand also gegen die faktische Abstammung von der Mutter bzw. Großmutter, – ein Widerspruch, der sich nicht physisch, sondern nur «metaphysisch» lösen ließ: Pacal setzte Zac-Kuk, seine Mutter, in Analogie zu der Göttermutter, zu «Frau Biest». So zeigt die Abb. 4 die Inthronisation Pacals auf der Ovalen Tafel im Gebäude E des Palastes von Palenque: seine Mutter, die ausdrücklich als solche benannt ist, überreicht dort ihrem Sohn, Pacal dem Großen, der auf einem doppelköp-

führt.» – JOACHIM KÜGLER: *Pharao und Christus?*, 315, räumt ein: «Die Reibung zwischen der Gottessohnschaft Jesu aufgrund des schöpferischen Akts, der ihn ins Leben ruft, und der allgemein menschlichen Gottessohnschaft aufgrund der genealogischen Verbindung mit Adam war textintern nicht befriedigend zu erklären. Hier können religionsgeschichtliche Informationen weiterführen. Zunächst ist darauf hinzuweisen, daß die Verbindung von genealogischem Denken und Sohn-Gottes-Idee sehr alt ist. Sie war schon in der ägyptischen Königstradition anzutreffen und auch im biblischen Bereich vertreten. Sie wurde im hellenistisch-römischen Bereich insofern weitergeführt, als auch dort die Vorstellung einer direkten Gottessohnschaft aufgrund göttlicher Zeugung mit der Einbettung in eine göttlich begründete Genealogie und mit einer Adoptivsohnschaft durchaus vereinbar war.»

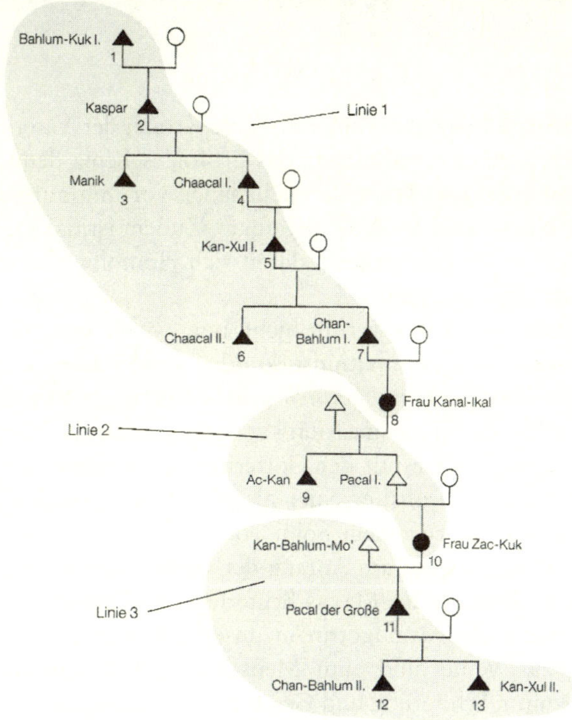

Abb. 3: *Die drei Abstammungslinien in der Dynastie von Palenque*

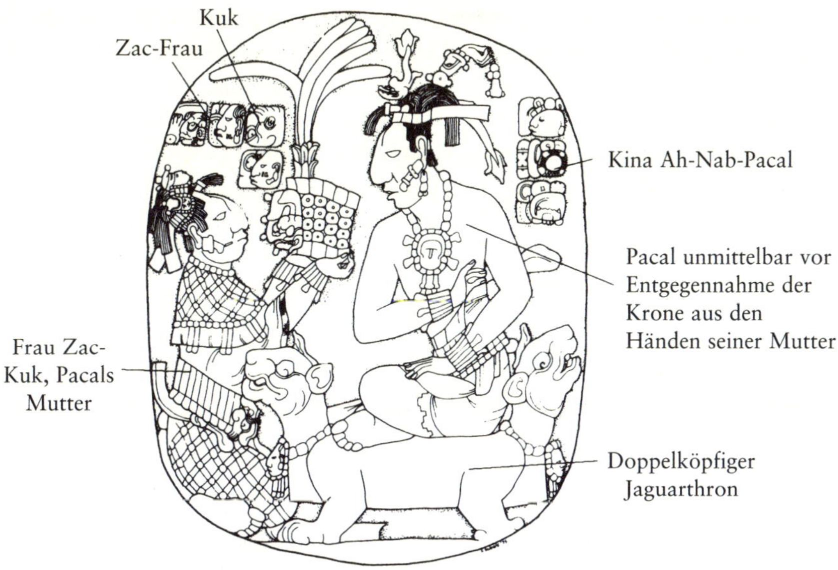

Abb. 4: *Pacals Inthronisation auf der Ovalen Tafel*

figen Jaguarthron Platz genommen hat, die Krone; der Vater ist weder abgebildet noch wird er erwähnt; um das Erbfolgeschema dennoch plausibel zu machen, wurde «der Frau, die nicht lange vor ihm auf den Thron gelangte», der Name «der Göttin» angefügt[4]. Zudem ist das «Geburtsdatum der Göttin ... gezielt manipuliert, damit sich Homologiebeziehungen zum Geburtsdatum Pacals ergeben».[5]

Ein Beispiel wie dieses verrät nicht nur, welch eine Bedeutung den «Stammbäumen» als Legitimationsurkunden von Königen in der Alten wie in der Neuen Welt – *menschheitlich* also – zukam; es zeigt zugleich, wie man das Problem der «Patrilinearität» zu lösen suchte: die Mutter des Herrschers wurde mit der Gestalt der Göttermutter verschmolzen, so daß der göttliche König damit selbst erschien als (Re)Inkarnation des Gottes. Pacal der Große wurde so zu einem Sohn von GI' (G eins Strich), des «Ehemanns» der Urmutter, der am Anfang der vierten Schöpfung stand, in der wir nach dem Glauben der Mayas heute leben; während die Urmutter als eine Erscheinung der Mondgöttin in unser Leben eingreift, stand GI' in «Beziehung zur Venus und zum Menschenopfer durch Enthauptung»[6]. Natur und Kultur, Schöpfung und Geschichte, Mythologie und Historie traten mithin zusammen, um die Göttlichkeit und Menschlichkeit des Königs von Palenque zu begründen.

Die Maya, wohlgemerkt, waren ein Volk, das kulturell noch der Steinzeit angehörte; um so bemerkenswerter mutet es an, daß zur Begründung der absoluten Macht von Menschen über Menschen auch bei ihnen Ideen entwickelt wurden, die ganz entsprechend den Vorstellungen sich gestalteten, die Jahrtausende früher im Alten Orient, an den Ufern des Nils wie im Gebiet zwischen Euphrat und Tigris, entstanden waren. Auch *Lukas*, um Jesus als den «Messias» zu beglaubigen, kommt im Erbe und im Umfeld hellenistischer Denkweisen nicht umhin, auf Bilder dieser Art zurückzugreifen. Mythologisch hat er soeben die «jungfräuliche» Geburt Jesu geschildert, um die göttliche Abkunft des «Erlösers» aus Israel deutlich zu machen, gleichwohl brauchte er dafür keine göttliche Urmutter (erst im römischen und ostkirchlichen Katholizismus wird die Gestalt der Mutter Jesu selber in

[4] LINDA SCHELE – DAVID FREIDEL: *Die unbekannte Welt der Maya*, 247: Abb. 3; S. 254: Abb. 4; S. 563.

[5] A.a..O., 563; vgl. 568–569.

[6] A.a..O., 276. – Zu Genealogien im Judentum sowie im antiken Rom vgl. WILFRIED ECKEY: *Das Lukasevangelium*, I 205. Die Julier z.B., aus deren Familie Caesar stammte, führten sich auf Aeneas und über ihn auf die Göttin Venus zurück; Romulus, der Gründer Roms, galt als Sohn des Mars; vgl. LIVIUS: *Römische Frühgeschichte*, I 1, S. 12–14; I 4, S. 16–17.

die Rolle der «Gottesmutter» und «Himmelskönigin» erhoben werden, an die zu glauben die Propheten im Alten Testament mit allem Nachdruck verboten hatten; vgl. Jer 44,1–30)[7]. Die «Thronbesteigung» Jesu als des «Messias», seine Einsetzung und Ausrufung als «Sohn Gottes» ist dann in der Szene der Taufe erfolgt, freilich nicht in einer öffentlichen Proklamation, sondern in Form einer Himmelsstimme und eines Gesichtes, die Jesus ganz persönlich zuteil wurden[8]. Von daher bedürfte es jetzt eigentlich keines weiteren «Stammbaums» mehr, um die «göttliche» Herkunft Jesu zu erweisen; allerdings war in Israel ein «Messias» nicht denkbar, der nicht als «Sohn Davids» beglaubigt gewesen wäre[9] und mithin auch eine solche Abstammung hätte nachweisen können; die Davidssohnschaft aber wurde selbstredend ebenfalls über die männliche Linie der Nachkommenschaft geführt.

Für *Lukas* ergibt sich daraus eine paradoxe Situation: Um Jesus als «Gottessohn» darzustellen, muß er ihn als Sohn der «Jungfrau» einführen; um ihn als «Davidssohn» hinzustellen, muß er ihn nunmehr als Sohn eines «Vaters» bezeugen, der seinerseits aus dem Hause Davids stammt. Im Grunde sind «Gottessohn» wie «Davidssohn» zwei komplementäre Bezeichnungen für den israelitischen König, nur daß der eine Begriff eine my-

[7] Vgl. ARTUR WEISER: *Der Prophet Jeremia*, II 372–373. Vgl. auch EDUARD MEYER: *Ursprung und Anfänge des Christentums*, Bd. 1: Die Evangelien, S. 77–81: Exkurs über den Marienkult.

[8] Vgl. WOLFGANG WIEFEL: *Das Evangelium nach Lukas*, 95: « Da er (sc. Jesus, d.V.) zum ersten Mal vor dem Volk auftritt, zeigt Lukas ihn sofort als Betenden (vgl. 5,16; 6,12; 9,18.28 f.; 11,1). V 21 bildet mit dem folgenden Vers einen einzigen ... Satz, so daß Öffnung des Himmels und Herabkunft des Geistes und Ergehen der Himmelsstimme mit der betend empfangenen Taufe engstens verbunden sind.» Vgl. auch LUDGER FELDKÄMPER: *Der betende Jesus als Heilsmittler nach Lukas*, 303–304, der das Gebet bei der Taufe mit dem Sterbegebet Jesu (Lk 23,46) in Verbindung bringt. DIETER SCHNEIDER: *Der Geist, der Geschichte macht*, 22, stellt *Lukas* in folgenden Besonderheiten *Markus* und *Matthäus* gegenüber: «Jesus *betet* während der ganzen Taufhandlung. – Nur Lukas nennt den Geist, der auf Jesus herabkommt, *heilig*. – Nur bei Lukas wird der Vergleich des Kommens des Geistes mit einer Taube ergänzt durch ‹in leiblicher Gestalt›.» Und S. 23: «Wenn man in Betracht zieht, daß die Himmelsstimme Verheißungen aus Psalm 2,7 mit solchen aus Jesaja 42,1 verknüpft, dann kommt noch ein weiteres hinzu: Jesus wird als Gottes Sohn Gottes Knecht, der einen bestimmten Auftrag auszuführen hat.»

[9] Vgl. HEINZ SCHÜRMANN: *Das Lukasevangelium*, I 199: «Unbezweifelbar führt Luk den Stammbaum Jesu über Josef ... Dem vorliegenden Wortlaut nach gibt er nicht den des wirklichen, sondern des putativen ... Vaters. Das ergibt nur unter der Voraussetzung einen Sinn, daß Luk den Davidssohn Josef (mit seiner Vorlage) für den gesetzlichen Vater hält, dessen Stammbaum für das jüdische juridische Denken auch der des von ihm als Sohn anerkannten Jesus war.»

thische, der andere eine legendäre Ableitung erfordert; – undenkbar war es in Israel, den Stammbaum des Königs gleich auf göttliche Herkunft zurückzuführen, wie ansonsten üblich; von daher bliebe das Bild der «göttlichen» Seite des «Messias» in der Tat unvollständig, fände es nicht seine Ergänzung in der Konstruktion eines «historischen» (biologischen) «Stammbaums». Ausgangspunkt (oder Endpunkt) dafür sollte nun freilich der «Stammvater» sein – Abraham also, und so hat *Matthäus* es denn auch geschildert, indem er dreimal vierzehn Geschlechter aufzählt: von Abraham zu David, von David bis zum babylonischen Exil und von dort bis zu Jesus (Mt 1,1–17), einen Zeitraum damit historisch überspannend von etwa 1800 Jahren.

An gerade dieser Stelle aber zeigt sich jetzt in aller Klarheit das eigentliche Anliegen ebenso wie die darstellerische Finesse des *Lukas*: *sein* «Stammbaum» beginnt nicht mit Abraham, sondern mit Jesus selbst; dieser, als der Messias (der «Christus»), ist der wahre Ursprung, und von ihm her (re)konstruiert *Lukas* nun nicht allein die Geschichte Israels bis hin zu David, bis hin zu Abraham, sondern, über weitere 20 Generationen zurück, bis hin zu Adam, dem «Stammvater» des ganzen Menschengeschlechtes. Nicht (allein) um Israel geht es also in der (Heils)Geschichte Gottes mit den Menschen, es geht – wie von dem Mann aus Nazaret her deutlich wird – um nicht mehr und nicht weniger als um die gesamte Menschheit. Nicht ein einzelnes Volk hat der Gott Israels im Sinn, – alle Menschen sind es, die er retten will. Mag daher Jesus ruhig ein «Sohn Davids» sein, – weit wichtiger ist's, ihn zu erkennen als «Menschensohn»[10], – als die Verkörperung einer Menschlichkeit, die das Leben aller entscheidend verändert.

Die gesamte menschliche Geschichte muß sich daher noch einmal von vorne erzählen, bis daß die Menschen jenseits von Eden es wieder lernen, sich als «Geschöpfe» Gottes zu verstehen. Keine einzige Frau taucht dabei auf: nicht einmal Eva, die «Mutter aller Lebenden» (Gen 3,20), wie die (menschliche!) «Urmutter» nach dem «Sündenfall» (hebr.: chawwah – das

[10] Vgl. WOLFGANG WIEFEL: *Das Evangelium nach Lukas*, 96: «Durch die Himmelsstimme bei der Taufe wurde Jesus als geliebter Sohn proklamiert. Der als Sohn Gottes Ausgerufene ist, wie der Stammbaum ausweist, voller und wahrer Mensch. Man kann diese Sicht als Entfaltung des im Bekenntnissatz Röm. 1,3 f. Ausgesagten verstehen.» Ähnlich äußert sich auch FRANÇOIS BOVON: *Das Evangelium nach Lukas*, 1. Bd., S. 181: «Alles, was Lukas bis jetzt über Jesus geschrieben hat, dient dazu, ihn als Gottessohn auszuweisen. Darum erfahren die Leser nichts wirklich Neues gegenüber 1,31-32. Neu ist nur, daß Jesus jetzt da ist, den Geist bekommen hat und selbst die Stimme hört. Lukas versteht die göttlichen Worte also nicht im Sinne einer Adoption, sondern als Enthüllung einer Wahrheit, eines Geheimnisses.»

Leben) genannt ward; nicht einmal Sarah, die von Abraham verlangte, sich mit ihrer ägyptischen Sklavin Hagar zu verpaaren, und die sie dann verstieß, als Hagar ihren Sohn *Ismael* zur Welt brachte (vgl. Gen 16,1–16; 21,9–21); nicht Tamar, die Schwiegertochter Judas, welcher der «Patriarch» aller Judäer die Ehe verweigerte, bis daß sie eines Nachts im Gewand einer Dirne am Wege ihn zu sich lockte und von ihm den Perez empfing (Gen 38,11–30; Lk 3,33); auch nicht die Moabiterin Ruth, die nachts auf der Tenne den Boas verführte und mit ihm den Obed zeugte, den Großvater Davids (Ruth 4,17; Lk 3,32)[11], – selbst David, diese zentrale Königsgestalt Israels, gäbe es nicht, so die Botschaft des kleinen Buches *Ruth*, ohne den Beitrag des von Gott verdammten, weil vermeintlich «blutschänderischen» Volkes der Moabiter (Gen 19,30–37). Um so deutlicher wird, daß der rein ins «Männliche» gestellte «Stammbaum» Jesu förmlich danach ruft, ins «Weibliche» ausgedehnt zu werden, um in einer menschheitlichen Weite allen Menschen Menschlichkeit zu bringen, und hier spart *Lukas* nicht mit entsprechenden Hinweisen.

Zu den «Ahnen» Jesu zählt *Lukas* zum Beispiel auch Serubbabel (Lk 3,23.27), der von dem Propheten *Sacharja* zum «Messias» ausgerufen worden war, – und zwar nicht auf Grund militärischer Stärke, sondern ermächtigt allein durch den Geist Gottes (Sach 4,6); Serubbabel war um 520 v. Chr., in den Tagen von *Haggai* und *Sacharja*, eingesetzt als Statthalter des Perserkönigs *Darius I.* (521–486), doch die hochgespannten messianischen Erwartungen, die man in der Erneuerungszeit nach dem babylonischen Exil mit ihm verband, erfüllten sich – natürlich – nicht[12]. Wird sein später Nachfahre Jesus es jetzt besser machen können? Er wird in Jerusalem einziehen «wehrlos, auf einem Esel», wie *Sacharja* (Sach 9,9) es in Aussicht gestellt hat (vgl. Lk 19,28–40), und er wird die Ankunft der «Königsherrschaft»

[11] Vgl. HANS WILHELM HERTZBERG: *Die Bücher Josua, Richter, Ruth*, 282–283.

[12] Vgl. KARL ELLIGER: *Das Buch der zwölf Kleinen Propheten*, II 125–127.

[13] Zu der (militanten) jüdischen Naherwartung vgl. ETHELBERT STAUFFER: *Jerusalem und Rom*, 74–87. Vgl. auch MARTIN HENGEL: *Die Zeloten*, Leiden 1961. FLAVIUS JOSEPHUS: *Der jüdische Krieg*, VI 5,4, II 204, schreibt, daß die Juden «durch einen zweideutigen Orakelspruch» zum Krieg gegen Rom getrieben worden seien, «der besagte, um diese Zeit werde einer aus ihrem Lande zum Herren der Welt aufsteigen ... Das Orakel meinte jedoch das Kaisertum des Vespasian, der in Judäa den Herrschertitel empfing.» Ähnlich schreibt auch SUETON: *Leben der Caesaren*, *Vespasian*, 4, 5, S. 307; ebenso spricht TACITUS: *Historien*, V 13, S. 694–695, «von dem in den alten priesterlichen Aufzeichnungen enthaltenen Wort, daß zu eben dieser Zeit das Morgenland erstarke und daß man von Judäa aus sich der Weltherrschaft bemächtigen werde. Dieser rätselhafte Ausdruck hatte auf Vespasian und Titus hingedeutet, die Volksmenge aber legte menschlicher Begierde entsprechend diese so hochwichtige Weissagung zu ihren Gunsten aus.»

Gottes verkünden ganz ohne jede Beimischung von Gewalt, wie sie in seinen Tagen die Widerstandskämpfer (die «Zeloten», die «Eiferer»[13]) in den Bergen Galiläas selbstverständlich von einem «Messias» erwarteten. Es kann nicht länger zu tun sein um den Gotteskrieg des «auserwählten» Volkes gegen die Völker (gegen die «Heiden» und ihre «Götzen»), auch nicht mehr um den Kampf Israels gegen Rom; was dringend in der Person Jesu ansteht, ist die Zusammenführung aller Menschen im «Namen» eines Gottes, welcher der «Vater» *aller* Menschen ist und der in seiner Güte sie so weithin umspannt, wie der Himmel, an dem ungehindert die Wolken ziehn und in den Nächten die Sterne erstrahlen, sich über sie wölbt, – grenzenlos, ohne Mauern und Zäune.

Mag daher mit Abraham die Geschichte Israels ihren Anfang nehmen, mag mit David die Chronik des israelitischen Königshauses beginnen, mag man nach dem babylonischen Exil auch die Hoffnung setzen auf einen zweiten «David», – die wirkliche Aufgabe, die Jesus sich stellt, liegt nicht in einer Wiederaufrichtung von Nationalstolz, theologisch verbrämtem Patriotismus und Exklusivitätsdünkel, verbunden womöglich mit militärischen Träumen von einem neuen Groß-Israel; sein wesentliches Anliegen besteht in der Heranbildung Israels zu einem Zeichen für alle Völker, daß «von Zion die Weisung ausgehe», damit «kein Volk mehr wider das andere das Schwert erhebe und sie hinfort nicht mehr lernen müssen, Krieg zu führen» (Jes 2,3–4). Nur eine Interpretation des Stammbaums des «Messias», des «Königs» aus Israel, die sich öffnet zur Menschheitsgeschichte, kann daher der Sache Jesu entsprechen; nur wer von Gott so spricht, daß es *alle* Menschen erreicht und umfängt, kann in seiner Menschlichkeit der Menschheit die Erde als einen Garten der Freude (Gen 2,8) zurückgeben.

Es war der bengalische Dichter RABINDRANATH TAGORE (1861–1941), der 1912 in den Gesängen des *Gitanjali* dieser Menschheitssehnsucht nach einer solchen gütigeren, «weiblicheren» Welt in Gottes Händen mit den folgenden Worten Ausdruck verlieh:

> Nur darauf wart' ich, daß die Liebe komme,
> Damit ich endlich mich in Seine Hände gebe.
> Das ist der Grund für meine Säumnis
> Und meine Schuld an vielen Unterlassungen.
>
> Da kommen sie, Gesetze und Verordnungsbücher in den Händen,
> Mich festzubinden, doch immer weich' ich ihnen aus.
> Nur darauf wart' ich, daß die Liebe komme,

Damit ich endlich mich in Seine Hände gebe.

Sie tadeln mich und schelten mich achtlos
Ich zweifle nicht, sie haben recht damit.

Der Markttag ist vorüber und alles Werk der
Vielbeschäftigten getan.
Wer kam und mich vergeblich rief, ist ärgerlich gegangen.
Nur darauf wart' ich, daß die Liebe komme,
Damit ich endlich mich in Seine Hände gebe.[14]

Wie kann man von Gott so sprechen, wie kann man ihn derart im Herzen tragen, «daß die Liebe kommt» und es das Leben eines jeden zu verändern vermag? Auf diese Frage gibt die nachfolgende Geschichte von der «Versuchung» Jesu Antwort.

[14] RABINDRANATH TAGORE: *Gitanjali*, Nr. 17, S. 25.

Lk 4,1–13: Die Versuchung oder: Dreimal Nein zugunsten reiner Menschlichkeit

(vergleiche Mk 1,12–13; Mt 4,1–11)

Jesus aber, voll Heiligen Geistes, wandte sich zurück vom Jordan und
ward geführt im Geist in der Wüste, 2 vierzig Tage, versucht vom Teufel.
Und er aß nichts in jenen Tagen; drum, als sie vollendet waren, hungerte
ihn. 3 Es sprach zu ihm aber der Teufel: Wenn ein Sohn du bist von Gott,
sprich zu diesem Stein, daß er werde Brot. 4 Doch geantwortet hat auf ihn
Jesus: Geschrieben steht:
Nicht vom Brot allein lebt der Mensch (Dtn 8,3b; Weish 16,26).
5 Und als er ihn hinaufgeführt hatte, zeigte er ihm all die Königreiche des
bewohnten Erdkreises in einem Augenblick. 6 Und es hat ihm gesagt der
Teufel: Dir gebe ich all diese Macht und ihre Herrlichkeit, denn mir ist sie
übergeben, und wem ich will, gebe ich sie. 7 Du nun, wenn du dich nie-
derwirfst vor mir, ist sie dein – ganz. 8 Doch als Antwort hat Jesus ihm
gesagt: Geschrieben steht:
Werfe dich nieder vor dem Herrn, deinem Gott, und ihm allein *bringe
Verehrung dar* (Dtn 6,13 nach LXX).
9 Er aber führte ihn nach Jerusalem und stellte ihn auf die Zinne des Hei-
ligtums und hat ihm gesagt: Wenn ein Sohn du bist von Gott, stürz dich
von hier hinunter. 10 Geschrieben steht ja: *Seinen Engeln gibt er Auftrag
deinetwegen, dich zu behüten.* 11 Und: *Auf Händen sollen sie dich tragen,
daß nimmer du stößest an einem Stein deinen Fuß* (Ps 91,11.12). 12 Da als
Antwort hat ihm Jesus gesagt: Gesprochen ist: *Versuche nicht den Herrn,
deinen Gott* (Dtn 6,16 nach LXX). 13 Und als er alle Versuchung vollen-
det hatte, stand der Teufel ab von ihm – bis zur Zeit.

a) Die Versuchung durch den «Teufel» oder: Das Dämonische in uns selbst

Auch dieser Szene, weit älter als die Evangelien[1], liegt ein mythisches Motiv zugrunde: Ehe der Retter, der Erlöser auftritt, muß er sich innerlich erprobt,

[1] Die Versuchungsszene entstammt der Q-Quelle, «und jene Markus-Notiz, die Versuchungen erwähnte (sc. Mk 1,13, d.V.), bot für Mt 4,1-11 wie für Lk 4,1-12 den Anlaß, diesen Dialog (sc. zwischen Jesus und dem Teufel, d.V.) hier zu erzählen. So wird der Rahmen des Gespräches mythisch ... Das Gespräch selbst aber bewegt sich um die Frage der Messianität. Es will in erster Linie feststellen, daß und warum Jesus bestimmte Wunder nicht getan hat: nicht Wunder der Selbsthilfe, nicht Schauwunder wie das Herabschweben vom Tempel. Es will ebenso feststellen, daß er nichts getan hat, um auf menschliche Weise die Macht zu erhalten. Alles ist vom Teufel». MARTIN DIBELIUS: *Die Formgeschichte des Evan-*

geläutert und gefunden haben. Der Buddha zum Beispiel, als er in Bodhgaya den Weg zur Erleuchtung entdeckte, wurde von dem bösen Geist Mara dahin versucht, seine Botschaft für sich zu behalten, denn nur so könne er sich den Frieden eines vollkommen Befreiten bewahren; außerdem würden die Menschen seine Worte doch nicht verstehen, und was sie davon verstünden, würden sie sogleich für ihre Zwecke mißbrauchen[2]. Ganz ähnlich wird auch Jesus auf satanische Weise «versucht», doch die Frage, die sich ihm stellt und die ihn selber in Frage stellt, geht ungleich tiefer: Worin eigentlich soll die «Entdeckung» bestehen, die auf die endlosen Leiden der Menschen zu antworten vermag?

Mythisch ist bereits das Auftreten des Teufels[3]; und es ist sehr wichtig, ihn – entgegen vor allem der Dogmatik der römisch-katholischen Kirche[4] – *nicht* als eine eigene «Person» neben Gott zu vergegenständlichen, sondern in ihm die personifizierten Anteile abgespaltener seelischer Inhalte zu erblicken, so wie auf dem Bilde des russischen Malers IWAN KRAMSKOJ (1837–1887) aus dem Jahre 1872 kein Teufel auftritt, um Jesus zu versu-

geliums, 274. EDUARD MEYER: *Ursprung und Anfänge des Christentums*, I 95, meinte zu der Versuchungsgeschichte: «Der leibliche Kampf der alten Mythen zwischen der guten und lichten Gottheit und den feindlichen Mächten des Bösen und der Finsternis wird (sc. in dieser Erzählung, d.V.) in einen rein geistigen Kampf umgesetzt... Es ist etwas Gewaltiges, daß dem Urchristentum diese Konzeption gelungen ist; in ihr offenbart sich die gewaltige geistige Kraft, die in diesen schlichten Menschen lebte, und zugleich der überwältigende Eindruck der Persönlichkeit Jesu. Sie steht in schroffem Gegensatz zu den wüsten Phantasien der Apokalypse und der anschließenden Literatur, in denen bereits die fortschreitende Degeneration das Eindringen der rohen volkstümlichen Vorstellungen einen breiten, ja den dominierenden Raum einnimmt.»

2 Zu der Versuchung Buddhas durch Mara, den Bösen, den Tod, vgl. HERMANN OLDENBERG: *Buddha*, 87–94, der im Hintergrund einen Naturmythos vermutete. Vgl. PAUL DAHLKE (Übers.): Buddha, 108 ff. – *Maha-Parinibana Suttanta* – Große Lehrrede vom endgültigen Erlöschen. ELMAR R. GRUBER – HOLGER KERSTEN: *Der Ur-Jesus*, 211–219, möchten auch hier die Darstellung der Person Jesu in den Evangelien für im Grunde buddhistisch erklären, doch ist MARTIN DIBELIUS: *Die Formgeschichte des Evangeliums*, 274–275, immer noch uneingeschränkt zuzustimmen, wenn er urteilte: «Die religionsgeschichtlichen Analogien, vor allem die Versuchung Buddhas, kommen nicht als Quelle in Frage. Sie bestätigen nur, daß es ein Gesetz der biographischen Analogie gibt..., nach dem heilige Männer vor Antritt ihres Amtes in eine Auseinandersetzung mit einem Gegenspieler aus dem Reich der Dämonen geraten müssen.»

3 Zur Gestalt des Teufels im Judentum vgl. Str. B. I 137–149: «Die Verführung zur Sünde erfolgt durch die Erregung des Jeçer ha-ra[c], des bösen Triebes im Menschen; deshalb wird der Satan geradezu mit dem Jeçer ha-ra[c] identifiziert.» (139) Vgl. Str. B. IV 1, 466–483: Der gute und der böse Trieb.

4 Vgl. *Catéchisme de l'Église Catholique* («Weltkatechismus»), Nr. 391–395, S. 88–89: Der Fall der Engel. Immerhin wird versichert, es sei «die göttliche Erlaubnis der teuflichen Aktivität ein großes Mysterium» (Nr. 395, S. 89).

chen, sondern die ganze Auseinandersetzung um die Heraufführung eines wahren Menschheitsmorgens als ein ganz und gar inneres Geschehen dargestellt ist. (Vgl. *Tafel 5.*) Denn solange es «den» Bösen als eine eigene Macht gibt, erscheinen die Menschen als ausgeliefert äußeren geistigen Einflüssen, deren sie sich nicht erwehren können. Eine Ideologie bildet sich heraus, die in der falschen Wörtlichnahme religionsgeschichtlich weiser Symbole[5] ein geradewegs psychotisches Weltbild den «Gläubigen» aufoktroyiert und den Zustand seelischer Entfremdung auf metaphysische Weise festschreibt. Überhaupt muß die Existenz «des» Bösen so lange ein unbegreifbares, also auch unüberwindbares «Geheimnis» bleiben, als man «das» Böse selbst ins Absolute setzt, in einen «Willen», der nichts erstrebt als Böses. Der «Teufel» hingegen als ein *mythisches* Symbol erlaubt und ermöglicht eine Fülle psychologischer Annäherungen. Warum – so die vordringliche Frage – gibt es überhaupt den «Teufel»? Wieso konnte – mythologisch gesprochen – der höchste und edelste der «Geister» sich gegen Gott auflehnen, um, vom Himmel auf die Erde geschleudert (Apk 12,7–9), seither nur noch auf Zerstörung und Vernichtung zu sinnen?

Die einfachste «Erklärung» des «Bösen» besteht in der verbreiteten Rückführung auf Regungen von Eitelkeit und Stolz: der Morgenstern – «Lucifer», der Lichtbringer –, als er sich rühmte, schöner zu sein als die Sonne, wurde und wird mit jedem Tagesanbruch aufs neue von dem Zentralgestirn des Lichts in Dunkelheit und Nacht gestoßen[6]. Tiefsinniger noch

[5] Vgl. Mt I 346–353: Der Teufel – wer ist das eigentlich?

[6] Vgl. JOHN GRAY: *Mythologie des Nahen Ostens*, 126–128: Die Entwicklung des Satans. Luzifer ist das «Glanzgestirn, der Sohn der Morgenröte» (vgl. Jes 14,12), das als der Morgenstern (Schachar) mit der Venus identifiziert wurde. Vgl. MARVIN H. POPE – WOLFGANG RÖLLIG: *Syrien. Die Mythologie der Ugariter und Phönizier*, in: Hans Wilhelm Haussig (Hg.): Wörterbuch der Mythologie I 1, 306. Vgl. auch WALTER BELTZ: *Gott und die Götter*, 291–298: Der Teufel: Satan, Asasel, Beelzebul und andere; ANNEMARIE OHLER: *Mythologische Elemente im Alten Testament*, 175–178. Bereits HERMANN GUNKEL: *Schöpfung und Chaos in Urzeit und Endzeit*, 133, dachte an das Erblassen des Morgensterns vor der Sonne als Hintergrund für den Sturz «Luzifers». Demgegenüber läßt sich mit FRANÇOIS BOVON: *Das Evangelium nach Lukas*, I 197, sagen: «Die mythologische Rede über den Teufel hat Lukas übernommen und seinerseits nicht weiterentwickelt. Sie bleibt streng auf den Menschen bezogen; weder die Schöpfung noch die Geschichte werden dämonisiert». Dafür aber behauptet immerhin Lk 4,6 der Teufel selber, «daß die Fürsten Macht und Glanz weder direkt von Gott noch vom Volk, sondern vom Teufel erhalten, daß sie also ihn und nicht Gott ehren oder, in nicht-mythologischer Sprache, daß sie ihre Macht in eigenem Interesse und nicht als Dienst für andere ausüben ... Aber der Teufel ist ein Lügner» (S. 200). Wirklich?

als in diesem Bilde erzählt der *Koran* vom Ursprung des Bösen[7]. In der 2. Sure (Vers 35) schildert er «Iblis» (den «Diabolos», den «Teufel») als einen «Ungläubigen», der sich – aus Hochmut? – weigert, vor Adam, dem Menschen, niederzufallen; in der 7. Sure (Vers 12–26) gibt er dann den Grund für Iblis' Betragen an: Ich will den Menschen nicht verehren, so spricht er zu Gott, weil ich «vorzüglicher bin denn Adam, da du mich aus Feuer und ihn nur aus Lehm geschaffen». (VII 13) Da wird der reinste der Geister in seiner «Feuernatur» zum «Satan», weil er die niedrige Herkunft des Menschen verachtet, ja, er wird allem Irdischen «brandgefährlich». Leicht läßt sich dieses Bild dahin übersetzen, daß, wer eine fehlerlose, feuerdurchglühte Welt verlangt, notwendig in Abscheu gerät über die Welt, wie sie wirklich ist.

So schildert HERMAN MELVILLE (1819–1891) in seinem Roman *Moby Dick* Kapitän Ahab an Bord der «Pequod» als einen Feueranbeter[8], der in rasenden Haß und verzweifelten Wahnsinn verfällt ob der Arglist und Bosheit der Natur, die er in dem Weißen Wal verkörpert sieht[9]. Der russische Dichter FJODOR MICHAILOWITSCH DOSTOJEWSKI (1821–1881) beschreibt in durchaus vergleichbarer Weise die jungen Anarchisten und Nihilisten in Petersburg um 1870 als Menschen, die aus lauter Verzweiflung «zu einer flotten Fahrt mit Volldampf durch den Sumpf hindurch» entschlossen sind[9], selbst wenn dabei beliebig viele «Menschenläuse»[10] geopfert werden müssen; diese heißspornigen Engel, die mit ihren abstrakten Idealen zu Teufeln aus Enttäuschung wurden, stehen, wie die Dämonen, die Jesus aus dem Besessenen von Gerasa austreibt (Lk 8,26–39), bereit, sich «rasend vom Felsen ins Meer (zu) stürzen»[11].

Der «einfachste» Ansatz, um das «Böse» als das Ergebnis einer rein geistigen Einstellung zu begreifen, liegt mithin darin, es als ein Scheitern der Suche nach dem absolut Guten in Anbetracht einer stets unvollkommenen Wirklichkeit aufzufassen.

[7] Vgl. DER KORAN, XX 116; XV 31–32; XXXVIII 74–76; VII 11–12; II 34 u.ö. Vgl. ADEL THEODOR KHOURY: *Teufel*, in: Adel Khoury – Ludwig Hagemann – Peter Heine: Islam-Lexikon, 706–707. – Das Motiv von der verweigerten Anbetung Adams durch den Engel, der zum Teufel wurde, findet sich bei C. FUCHS (Hg.): *Das Leben Adams und Evas*, Nr. 13–14, in: Emil Kautzsch (Hg.): Die Apokryphen und Pseudepigraphen des Alten Testaments, II 513.

[8] HERMAN MELVILLE: *Moby Dick*, CXIX 771; vgl. E. DREWERMANN: *Moby Dick oder Vom Ungeheuren, ein Mensch zu sein*, 150–176: Ahab und Fedallah oder: Sonnenanbeter im Widerspruch.

[9] Vgl. FJODOR MICHAILOWITSCH DOSTOJEWSKI: *Die Dämonen*, 2. Teil, VII 2, S. 428.

[10] A.a.O., 3. Teil, IV 3, S. 584.

[11] A.a.O., 3. Teil, VII 2, S. 683.

Im Grunde verdichtet sich in der Vorstellung vom «Teufel» ein Widerspruch, der sich aus der Schöpfungslehre der christlichen Dogmatik wie von selbst ergibt: Da ist ein Gott, der als allgütig, allweise und allmächtig angebetet wird, und dann ist da eine Welt, angefüllt von Grausamkeit, Sinnlosigkeit und Qual. Beides paßt nicht zusammen, und so projiziert sich die Rebellion des menschlichen Geistes angesichts der «Schöpfung» gegen ihren «Schöpfer» in ein Wesen, das – getragen von gutem Willen – sich zu heftigstem Widerwillen gegen den «Herrn» der Welt gedrängt sieht. Ausmalen könnte man sich von daher, wie «Lucifer» es ablehnte, noch länger Gott zu dienen, als dieser – nach einer Unendlichkeit der Zeit *vor* aller Schöpfung – aus unerklärlichen Gründen mit einem Mal den Entschluß faßte, die materielle Welt zu erschaffen. Zur körperlichen Realität gehört die Grundbedingung alles Existierenden, daß da, wo das eine ist, ein anderes nicht sein kann, gehört deshalb der Kampf ums Dasein, gehört die Gleichgültigkeit der Naturgesetze gegenüber einem Meer von Leid ... Man könnte sich gut vorstellen, daß ein «reiner» Geist es Gottes unwürdig fände, eine solche Welt ins Dasein zu rufen, wird er dadurch doch eher verhüllt und verdunkelt als offenbart und verherrlicht. Die «Freude» eines jeden «Teufels» an Zerstörung und Vernichtung entstammt, wenn es sich so verhält, womöglich dem verzweifelten Wunsch, den gesamten Schöpfungsvorgang wieder rückgängig zu machen, auf daß endlich wieder Gott mit sich allein sei, in dem unverstellten Glanz seiner Seinsvollkommenheit.

Wie in einem Kommentar dazu ließ der französische Dichter GEORGES BERNANOS (1888–1948) in seinem Roman *Die Sonne Satans* aus dem Jahre 1926 den Teufel einmal zu Kaplan Donissan sagen: «Ich halte die Kälte aus ... Ich friere immer ... Ich bin die Kälte selbst.»[12] Ein Intellekt, mitleidlos geworden aus Leid, dessen Gefühle abgestorben sind im Übermaß des Fühlens, dessen Warmherzigkeit erfroren ist an der Kälte der Welt, – *das* bietet allemal des Nachdenkenswerten genug, um dem «Geheimnis» des «Bösen» auf die Spur zu kommen. Vor allem stellt sich dadurch die Aufgabe, den vermeintlichen Widerspruch zwischen Gott und «Teufel» in das eigene menschliche Ich zurückzuholen und als einen Konflikt zu betrachten, der nur im eigenen Herzen gelöst werden kann. Mit einem Wort: «versuchen» kann einen Menschen nicht eine ichferne Macht zwischen Gott und Welt, «versucht» wird ein Mensch stets durch sich selbst, – ganz wie es, in wohltuendem Gegensatz zu den Theologen, die *Maler* bereits des 15./16. Jhs. in ihren Bildern zur «Sündenfallerzählung» von Gen 3,1–7 dar-

[12] GEORG BERNANOS: *Die Sonne Satans*, I 3, S. 89.

gestellt haben. *Tafel 6* beispielsweise zeigt einen Ausschnitt des Seitenflügels des Altartriptychons *Das Jüngste Gericht*, auf dem HIERONYMUS BOSCH (1450–1516) die «Versuchung» durch die «Schlange» als eine Versuchung Evas durch sich selbst gemalt hat: die Schlange, die sich den Baum emporgeringelt hat und der Frau die verbotene Frucht (einen Apfel) verlockend entgegenhält, gibt sich in ihrem Gesicht als ein Spiegelbild der Frau selbst zu erkennen[13]. *Jeder*, so mag das Bild lehren, der nicht sich selber in dem erkennt, was ihm «versucherisch» entgegentritt, wird der Dynamik der eigenen, doch entfremdeten Psyche erliegen.

b) Das Problem des Hungers – sozial wie seelisch

Allerdings speist sich die Energie seelischer Gefährdung in der Verlockung des «Teufels», entgegen der landläufigen Meinung, zum wenigsten aus dem «Tierischen» im Menschen, – aus seinen «natürlichen» Affekten und Triebbedürfnissen. Wenn einen Menschen das «Böse» nicht nur als eine momentane Verführung anfällt, sondern zu einer Entscheidung verleitet, die sich aus dem Inneren seines eigenen Wesens ergibt, so verbindet es sich mit einer Frage, die aufs engste das Verständnis des Daseins im ganzen betrifft. Wohl betont *Lukas* in *seiner* Versuchungsgeschichte, daß Jesus nach 40tägigem Fasten in der Wüste *Hunger* empfunden habe, und so soll man anscheinend denken, die Verlockung, Steine in Brot zu verwandeln, habe sich auch bei ihm ganz einfach aus der Leere seines Magens ergeben[14]; – doch eine solche rein «private» Deutung der Versuchungsgeschichte ginge gründlich in die Irre. Schon die legendäre Zeitangabe der «40 Tage» setzt Jesus in Parallele zu den 40 Jahren der Wüstenwanderung der Kinder

[13] CARL GUSTAV JUNG: *Zum Problem des Christussymbols*, in: Gesammelte Werke, XI 681–685, ging sogar so weit, zu sagen: «daß Christus kein vollständiges Symbol des Selbst» sei, insofern die Auseinandersetzung mit dem Schatten («Teufel») hier «nur der erste Schritt ... auf dem Wege zu dem weit entfernten Ziel der Vereinigung dieser Gegensätze in Gott» sei, wobei mit «Gott» die Einheit des Bewußtseins, des Selbst, gemeint ist.

[14] EDUARD MEYER: *Ursprung und Anfänge des Christentums*, I 96–97, sah in der Darstellung von Mt 4,1-11 eine «Steigerung» angelegt, die er «ganz vortrefflich und psychologisch sehr fein» fand: «zuerst das rein materielle Bedürfnis, den Hunger zu stillen, dann der Gedanke, durch ein zweckloses Wunder seine Macht zu erproben, schließlich die Lockung, die Weltherrschaft zu ergreifen, die ihn aber notwendig zum Diener des ‹Herren dieser Welt› machen würde.» *Lukas* habe durch die Umstellung der zweiten und dritten Versuchung «den großartigen Aufbau der Erzählung zerstört», – zugunsten einer «logischen» Einheitlichkeit: auch die dritte Versuchung spielt in der Wüste, während die zweite daraus wegführt.

Israels bei ihrem Exodus aus «Ägypten»[15]; die Frage, die *Jesus* sich stellt, richtet sich darauf, wie man *die ganze Menschheit* aus dem «Land» ihrer Versklavung und Entfremdung herausführen kann, und ein Hauptproblem *dabei* bildet weltgeschichtlich zweifellos *der Skandal des Hungerns und Verhungerns* so vieler Menschen auf dieser Erde.

Es ist eine wohl selbstverständliche Reaktion: man geht an einem Menschen vorüber, der um Brot bettelt, und man möchte es ihm geben; zumindest solange man selber nicht Not hat, ist das Teilen von Eßbarem, ist die Einladung eines Hungernden zur gemeinsamen Mahlzeit eine spontane, alltägliche Handlung; vermutlich bildete ein derartiges Stück Solidarität einmal einen Überlebensvorteil für die Mitglieder der menschlichen Spezies, jedenfalls ist das Verteilen von Nahrung an die Angehörigen der gleichen Gruppe eine in der Evolution durchaus übliche und bewährte Verhaltensweise, bei den Löwen im Rudel[16] nicht anders als bei unseren biologisch nächsten Verwandten, den Schimpansen[17]. Schwierig wird es erst, wenn die Nahrung knapp wird; dann beginnt der Streit um die Essensreste, dann beginnt der Kampf um die Ressourcen. Hier aber stellt sich eben deshalb eine wichtige Frage: Wäre es möglich, daß immer wieder Menschen sich zusammentäten, um Krieg gegen andere Menschen zu führen, wenn wirklich alle genügend zu essen hätten? Und was folgte daraus? Müßte man nicht als erstes den Himmel anflehen um ein Wunder, wie Gott es wirkte in den Tagen des Moses, als er «sein» Volk mit Manna und Wachteln ernährte und jeder davon nur so viel sammelte, wie «er zum Essen brauchte» (Ex 16,18)? Man schaut auf die Steine, zwischen denen der Wind den fruchtbaren Boden verweht hat, und es scheint offenkundig der mangelnde Ertrag der bebaubaren Böden zu sein, der den Hunger verursacht. Wie also, wenn es möglich wäre, im Bilde gesprochen: die Steine in Brot zu verwandeln? Man müßte durch den Eintrag von Dünger, von Kunstdünger die Ackerkrume verbessern, man könnte durch Züchtung oder Genveränderung neue ertragreichere Pflanzensorten aussäen und noch anspruchslosere Tierarten aufziehen. Man müßte dem «Schöpfer» auf die Sprünge helfen und seine

[15] So sieht HEINZ SCHÜRMANN: *Das Lukasevangelium*, I 207, «Jesus ‹im Geiste› – wie einst Israel von Gott (Dt 8,2) – in der Wüste umhergeführt ..., und zwar nahrungslos die heiligen ‹Vierzig Tage› hindurch.» Vgl. Ex 24,18; 34,28; Dtn 9,9, wo von Moses beim Bundesschluß am Sinai berichtet wird, daß er «vierzig Tage und vierzig Nächte» «kein Brot aß und kein Wasser trank». Es ist nicht zu viel, die ganze Szene als einen *neuen* Bundesschluß zu betrachten!

[16] Vgl. EUGEN DREWERMANN: *... und es geschah so*, 371.

[17] Vgl. VOLKER SOMMER: *Die Affen*, 286, wo allerdings Tötung und Verteilung eines Jungtieres in einer Gruppe gleichermaßen möglich sind.

«Schöpfung» zugunsten des Menschen «verbessern». Warum aber dann weist Jesus diesen so naheliegenden Gedanken als eine teuflische Versuchung zurück, statt sich ab sofort, wie wir heute sagen würden, für eine verbesserte Biotechnologie und Agrarpolitik stark zu machen?

Auffallend an vielen Szenen und Aussprüchen des Neuen Testamentes ist ihre scheinbare Paradoxietät. Zahlreiche Worte Jesu wirken wie Kakteengewächse, die erst nach längerer Zeit, unvermutet wann, Blüten von überraschender Schönheit und betörendem Duft treiben; ganz so verhält es sich hier mit Jesu kategorischer Ablehnung des Vorschlags, Steine in Brot zu verwandeln; er erkennt darin nichts weiter als eine «teuflische» Versuchung, nur: was heißt in diesem Zusammenhang «teuflisch»? Gemeint ist, nach dem gerade Gesagten, *nicht* in dem üblichen, moralischen Verständnis eine Haltung aus triebhaftem Egoismus und amoralischem Eigeninteresse, – sondern im Gegenteil weit eher ein durchaus idealistisch anmutendes Konzept zur endgültigen Beseitigung eines schweren Problems, an dem die Menschheit leidet, seit sie besteht. Das «Verführerische» des Vorschlags liegt denn auch gerade in seiner Einfachheit, in seiner ansprechenden Plausibilität, in der gleichwohl ein Irrtum im ganzen enthalten ist, den es um jeden Preis zu vermeiden gilt.

Eine Gestalt des «Teufels», die in den Überlieferungen der Völker eine große Verbreitung gefunden hat, ist die des «Tricksters»[18]. Die Ethnologen bezeichnen damit einen Ratgeber, der von Fall zu Fall bei der Lösung bestimmter Schwierigkeiten als äußerst hilfreich erscheint und der es vor der Hand sogar tatsächlich gut meinen kann; dennoch, wenn man seine Anweisungen befolgt, verschlimmert sich die jeweilige Lage zumeist auf unvorhersehbare Weise ins endgültig Unrettbare. Der Grund dafür liegt, psychologisch betrachtet, darin, daß die «Trickster»-Ratschläge nur die unmittelbaren Schwierigkeiten unter Kontrolle zu bringen versuchen; was ursächlich dahinter steckt, berücksichtigen sie allenfalls an der Oberfläche. Stets geben sie sich praktisch und pragmatisch, doch gerade damit begehen

[18] Vgl. WALTER HIRSCHBERG: *Wörterbuch der Völkerkunde*, 455–456: «T(rickster) steht einerseits als Gesandter des Hochgottes dem Menschen positiv und helfend gegenüber … tritt andererseits als Vertreter der Dummheit, als Betrüger, Lüstling und komische Figur auf.» Die Ambivalenz im Auftreten des Teufels hat EDUARD SCHWEIZER: *Das Evangelium nach Lukas*, 55, gesehen, begründet sie aber falsch, wenn er schreibt: «Dabei sind es nicht ‹böse› Taten, die der Teufel vorschlägt, sondern gute, die aber nicht Gottes, sondern Jesu eigenen Ruhm mehren sollten.» Um «Ruhm» geht es überhaupt nicht, und zudem ist nicht zu sehen, wieso ein Gott, der durch seinen Sohn den Hunger der Menschen beseitigt, «unrühmlich» sein sollte. Die Zweischneidigkeit liegt in den Mitteln, die zur Erreichung eines überaus wichtigen Ziels eingesetzt werden sollen.

sie generell immer wieder den gleichen Fehler: sie machen glauben, man könnte die Situation von Menschen verbessern, ohne sie selber in ihrem Wesen zu ändern. Was Jesus an dieser Stelle ablehnt und grundsätzlich ablehnen *muß*, ist eben eine solche Neigung, mit gewissermaßen «technischen» beziehungsweise politischen Mitteln Konflikte lösen zu wollen, die sich in Wirklichkeit aus der Eigenart des menschlichen Herzens ergeben. Denn notgedrungen entsteht daraus ein «Teufelskreis», der die anliegenden Probleme nicht löst, sondern sie im Rausch des Machbaren nur immer weiter ausdehnt. Vielleicht aber ist es wirklich erst *unsere* Zeit, in welcher speziell die Aporien der üblichen Hungerhilfe-Programme in ihrer «verteufelten» Kurzschlüssigkeit unübersehbar kraß zu Tage treten.

Noch niemals nämlich in der Geschichte der Menschheit wurden Nahrungsmittel in solch einer Menge produziert wie heute[19]. Um Steine in Brot zu verwandeln, haben wir mittlerweile alles getan, was möglich ist: wir züchten Hybridrassen von Pflanzen und Tieren, wir patentieren die Rechte auf besondere Arten von Mais oder Reis, die gegen bestimmte «Schädlinge» oder «Schädlingsbekämpfungsmittel» resistent sind, wir haben inzwischen den gesamten Agrarsektor «industrialisiert», so als könnte man mit lebenden Wesen genauso verfahren wie mit Kalk oder Kohle beim Abbau fossiler Lagerstätten; wir pferchen in der sogenannten «Massentierhaltung» Tausende von Schweinen und Hunderttausende von Hühnern oder Gänsen in derart enge Stallungen und Käfige ein, daß Milliarden von Tieren in den «Industrieländern», Tierschutzgesetz hin, Tierschutzgesetz her, zwischen Geburt und Schlachthof nichts weiter dürfen als fressen und fressen, ohne jemals die Sonne zu sehen, den Wind zu spüren oder sich bewegen zu können, um sich zu lecken oder zu putzen, – bis daß sie in kürzestmöglicher Zeit auf dem «Schlachtviehmarkt» «verwertbar» sind. Bewußt nehmen wir dabei den permanenten Krieg in Kauf, den wir tagaus, tagein gegen die Natur führen, um sie zu einer unnatürlichen, stets noch zu steigernden «Produktivität» zu zwingen. Wir verseuchen auf diese Weise die Flüsse und Gewässer, wir brennen die Urwälder nieder, wir rotten an unserer Seite pro

19 JEAN ZIEGLER: *Das Imperium der Schande*, 213–230: Die neuen Feudalherren, schildert die «Refeudalisierung der Welt». «Zur Erinnerung: Die 500 größten transkontinentalen kapitalistischen Gesellschaften der Welt kontrollieren heute 52 % des Bruttosozialprodukts des Planeten. 58 % von ihnen kommen aus den Vereinigten Staaten. Zusammen beschäftigen sie nur 1,8 % der Arbeitskräfte der Welt. Diese 500 Konzerne kontrollieren Reichtümer, die größer sind als die kumulierten Guthaben der 133 ärmsten Länder der Welt.» (S. 213) An diesen Strukturen liegt es, daß wir produzieren können, so viel wir wollen, es wird stets nur ein Austausch von Geld und Waren in den Händen der Besitzenden bleiben.

Jahr durchschnittlich eine halbe Million an Tier- und Pflanzenarten aus, und wir zeigen bei der Durchsetzung der Überlebensinteressen der menschlichen Spezies nicht das geringste Mitleid. – Gerade während ich diese Zeilen schreibe, berichten die Zeitungen von dem Ausbruch der gefürchteten Vogelgrippe durch das H5N1-Virus auf einem Geflügelhof bei Erlangen. Wie Bayerns Gesundheitsstaatssekretär Otmar Bernhard zu Recht betont, ist «eine Gefährdung der Gesundheit für Menschen» auszuschließen – eine Übertragung der Krankheit auf Menschen wäre nur möglich, wenn das Virus eine Reihe von Mutationsschritten durchlaufen würde, die frühestens in 20–25 Jahren ernsthaft zu befürchten stünden. Vorsorglich aber wurde die sofortige Tötung des gesamten Bestandes auf dem betroffenen «Geflügelmastbetrieb» angeordnet und von acht Veterinären sowie von den Mitarbeitern des Hofes vorgenommen: es war die größte «Keulung», die bisher in Deutschland durchgeführt wurde – 160 000 Enten wurden in drei Anlagen geschleust und dort mit Elektroströmen umgebracht oder vergast, darunter 44 000 Küken, die gerade erst aus Niedersachsen angeliefert worden waren[20]. Niemand bei all dem stellt sich auch nur die Frage, woher wir uns das Recht zu nehmen wagen, Wasservögel zu Tausenden in staubige Stallungen zu zwängen, um uns ihr Fleisch und ihr Federkleid anzueignen[21], oder wie wir uns zu erdreisten wagen, Menschen vor Tieren zu schützen, die als erstes die Opfer unserer eigenen Unmenschlichkeit sind. Jedoch, wenn wir uns konsequent jedes Mitleid im Umgang mit Tieren verbieten und aberziehen lassen, ist es dann wirklich so verwunderlich, daß es uns schließlich auch im Umgang mit Menschen weitgehend fehlt[22]?

Hier, zweifellos, liegt das eigentliche Problem des Hungers. Es besteht in der Hartherzigkeit, mit der wir es fertigbekommen, die Welt derart einzurichten, daß auf der Nordhalbkugel in den Ländern der Ersten Welt die Kaufhausregale sich biegen unter der Last der Nahrungsmittelangebote, daß in Nordamerika und Westeuropa Milliarden von Dollars und Euros ausgegeben werden, um die heimische Produktion gegen die Konkurrenz aus den «Entwicklungsländern» zu subventionieren und zur Stabilisierung der Preise sogar die Überschußproduktion in unvorstellbaren Mengen zu vernichten, während auf der Südhalbkugel Hunderte von Millionen Menschen auf der Flucht sind vor dem Verhungern. Leicht läßt sich zeigen, mit welchen Methoden die modernen Feudalherren der neoliberalen Wirt-

20 Neue Westfälische, 27. 8. 07.
21 Vgl. EUGEN DREWERMANN: *Der tödliche Fortschritt*, 288–291.
22 A. a. O., 133–142: Die Zerstörung der Seele und die Herrschaft der Begriffe.

schaftsform auf dem Rücken der Armen ihren Reichtum durch exorbitante Gewinne in astronomische Summen treiben[23]. Die Verwandlung von «Steinen» in «Brot» ist insofern in vollem Gange; doch sie liegt ganz und gar in den Händen der Besitzenden: der Banken, der Börsen, der Kapitaleigner, und so weitet das Elend sich dramatisch aus, statt sich allmählich zu verkleinern. Unter dem ständigen Druck einer unerbittlichen Konkurrenz setzt sich der Kampf ums Überleben im Tierreich nunmehr in Form eines brutalen Sozialdarwinismus mitten in der menschlichen Kulturgeschichte fort und schraubt sich dabei in immer kältere Höhen der Rücksichtslosigkeit und des wechselseitigen Vernichtungswillens hinauf.

Eine Lösung des Hungerproblems kann unter diesen Umständen nicht erfolgen durch eine bloße Korrektur der materiellen Grundlagen unseres Lebens; das «Wunder», das es zu wirken gilt, besteht ganz im Sinne des Wortes Jesu bei seiner ersten «Versuchung» durch den «Teufel» in einer Verwandlung unserer gesamten Lebenseinstellung. So viel steht fest: Uns wird es immer und so lange an «Brot» mangeln, als wir das menschliche Leben rein materiell betrachten. Ein Mensch ist *mehr* als Essen und Trinken. Ein Mensch lebt nicht nur für die «Lebensmittel»beschaffung; er muß vielmehr wissen, woraus und wofür er lebt. Erst dann wird sein Herz frei für ein neues Denken in Solidarität und in Menschlichkeit. Solange hingegen das, was ein Mensch «wert» ist, sich wesentlich definiert durch Besitz und Erwerb, lebt er in einer Kultur, die ERICH FROMM (1900–1980) schon vor einem halben Jahrhundert sehr zu Recht als «nekrophil» bezeichnet hat[24]: im Kampf gegen den (materiell verstandenen) Tod verliert sie sich in eine endlose Todespraxis aus Angst und Gewalt. Alles, wenn es sich so verhält, wartet auf die Einsicht, die Jesus an dieser Stelle mit einem Zitat aus dem 5. Buch Moses (Dtn 8,3) belegt: daß ein «Mensch nicht lebt vom Brot allein, sondern von allem, was aus dem Mund des Herrn geht».

In seinem Roman *Krebsstation* aus dem Jahre 1968 hat der russische Schriftsteller ALEXANDER SOLSCHENIZYN (geb. 1918) einmal die Frage einer Novelle LEO TOLSTOIS (1828–1910) aufgegriffen: *Wovon die Menschen leben*[25]. – Ja, wovon leben die Menschen? Einer der Leidensgefährten Jefrems im Spital der Todkranken träumt davon, polymetallische Erze «nach dem Vorhandensein radioaktiven Wassers feststellen» zu können; doch: «Wenn's

[23] Vgl. NOAM CHOMSKY: *Der gescheiterte Staat*, 314–326: Bahn frei für die Wirtschaft.
[24] ERICH FROMM: *Die Seele des Menschen*, in: Gesamtausgabe, II 179–198: Die Liebe zum Toten und die Liebe zum Lebendigen.
[25] LEO TOLSTOI: *Wovon die Menschen leben*, in: Sämtliche Erzählungen, II 386–412.

ans Sterben geht, was nützt dir da die Geologie?» denkt Jefrem[26]. Ein anderer erklärt, es heiße: «mehr arbeiten! Und nicht für die eigene Tasche»[27]. Doch die Interessen des Kollektivs sind keine Antwort auf die Frage nach dem Sinn und dem Wert des eigenen Lebens. Einzig die Liebe könnte eine solche Antwort bieten; doch um so schmerzhafter fällt Jefrem jetzt auf, daß viele, viele Menschen durch sein Leben gegangen sind, ohne daß ein einziger von ihnen ihm näher gestanden hätte. Wohl: «Seine erste Frau, Amina, die könnte Birkenschwämme sammeln und schicken. Sie war die einzige, an die er hätte schreiben können, denn außer ihr hatte er niemanden jenseits des Urals. Doch sie würde zurückschreiben: ‹Verreck in der Gosse, alter Bock!› Und recht würde sie haben. – Jedenfalls würde sie recht haben im üblichen Sinne. Unrecht aber dem blauen Buch (sc. LEO TOLSTOIS, d. V.) nach. Dem Buch nach war es so, daß Amina Mitleid mit ihm haben und ihn sogar lieben sollte – nicht als ihren Mann, sondern als leidenden Menschen. Und sie müßte ihm Birkenschwamm schicken. – Das Buch war in Ordnung, vorausgesetzt, alle würden danach leben …»[28] – Die Erhebung zu einer solchen Welt jenseits der biologischen Zwecksetzungen des Fressens und Gefressenwerdens, des Zeugens und Sterbens, des Kommens und Gehens der Geschlechter vollzieht sich in der Tat erst, wenn ein Mensch beginnt, die Stimme Gottes in seinem Herzen zu vernehmen; bis dahin stehen alle rein «innerweltlich» konzipierten «Problemlösungen», mythologisch-bildhaft gesprochen, unter den Einflüsterungen des «Teufels».

c) Die Verlockung der Macht

Eine *zweite* genauso «plausible» Idee richtet sich auf den *Umgang mit politischer Macht.* Wer auf Erden wirklich etwas verändern will, muß die Wirklichkeit *umformen*, und dazu genügt es augenscheinlich nicht, bestimmte Ideen zu hegen, mögen diese an sich auch als noch so richtig erscheinen; er muß über die Macht verfügen, die Realität entsprechend zu gestalten. Erst dann wird sich zeigen, wieviel seine Gedanken wert sind. Kein Wunschtraum darf deshalb für verbreiteter gelten, als der, daß endlich die «richtigen» Leute an die «Macht» kommen könnten und sollten. Wenn wieder mal etwas «schiefläuft», so liegt das, der landläufigen Meinung zufolge, an dem Versagen einzelner, die unfähig sind oder korrupt, persönlich

[26] ALEXANDER SOLSCHENIZYN: *Krebsstation*, I. Kap. 15, S. 180.
[27] A. a. O., I 181.
[28] A. a. O., I 185.

bösartig oder krank oder wahnsinnig. Im Ernst: wenn es so sein sollte, müßte man dann nicht bloß den richtigen Mann an die richtige Stelle lancieren? Wäre es für einen wohlmeinenden Menschen nicht geradezu eine Pflicht, sich der Macht zu getrauen und zuzugreifen?

Allerdings, in der Bibel gibt es der abschreckenden Beispiele genug. In der Zeit der «Richter», im 11. Jh. v. Chr., versuchte *par exemple* Abimelech, sich zum Herrn über Sichem aufzuwerfen. Die Konzentration politischer Macht in Gestalt eines Stadtkönigtums, das durch eine kluge Bündnispolitik in die Weite auch eines größeren Sprach- und Kulturraums ausstrahlte, war in der Kultur der Kanaanäer längst schon vor der «Landnahme» der Israeliten verwirklicht und legte sich damals besonders durch die permanente Gefährdung nahe, die von den indogermanischen Philistern ausging, einem Volk, das mit der «Seevölkerbewegung» an die Küste des bis heute nach ihm benannten Landes verschlagen worden war und, gefährlich genug, über das Monopol der Eisenherstellung verfügte. Abimelech nun traute in dieser Lage sich zu, das Königtum zu usurpieren, indem er «lose, verwegene Männer anwarb, die ihm nachfolgten». (Ri 9,4) Es war der Prophet Jotam, der vom Garizim herab warnend das eindringlichste antimonarchische Lied sang, das die Weltliteratur kennt[29]: nur die Minderwertigen, meinte er, drängten sich in die Position von Herrschenden, und sie seien stets eine Gefahr für alle anderen – wie ein Stechstrauch, der Feuer fängt und sogar die Zedern des Libanons vernichtet (Ri 9,8–15). – Nachdenkliche Persönlichkeiten wie Moses fragten sich, ob sie wirklich die «richtigen» Leute für die richtige Sache seien; wäre es nicht möglich, so die widersprüchliche «Gotteserscheinung» vom brennenden Dornbusch (Ex 3,2–3), daß selbst ein Moses mit dem glühenden Wunsch nach Freiheit und Gerechtigkeit für sein Volk in Gefahr gestanden hätte, im Grunde nur seinem eigenen Machtstreben zu folgen und am Ende alle, ein ganzes Volk, ins Verderben zu führen[30]?

Die Infragestellung Jesu in der Szene der Versuchung geht indessen auch in diesem Punkt noch weit tiefer; sie richtet sich nicht auf die Klärung der eigenen Motive, sie zielt auf die Struktur des politischen Handelns überhaupt. In gewissem Sinne ist es dasselbe wie bei dem Problem des Hungers: Man kann endlos dabei bleiben, das Verhalten von Menschen zu korrigieren; solange die Haltung, die dahinter steht, sich nicht ändert, ist wenig gewonnen; lediglich die Verfahrensweisen mögen im Laufe der Zeit geschick-

[29] Vgl. MARTIN BUBER: *Königtum Gottes*, in: Werke, 2. Bd.: Schriften zur Bibel, 562.
[30] Vgl. TE II 379–392: Die Berufung des Mose.

ter und listiger werden. So zeigt sich die Erwartung, die gemeinhin an den «Führer» einer Gruppe – an ihren «König», an ihren «Kanzler» – gestellt wird, heute für gewöhnlich nicht mehr in solcher Direktheit wie in der formativen Phase der Staatengründung, und doch hat sie, bei allen Verschleierungen, sich der Sache nach kaum geändert. Als besonders erhellend mag hier noch einmal ein historisches Beispiel der «steinzeitlichen» Tiefland-Maya gelten, diesmal in der Stadt Yaxchilán am Ufer des Rio Usumacinta.

Die Dynastie dieses Königreiches war am 2. August 320 n. Chr. von Yat Balam, dem «Stammvater Jaguar», gegründet worden, und sie vermochte sich etwa 500 Jahre lang zu halten. Als im Jahre 742 Schild-Jaguar stirbt, besteigt sein Sohn Vogel-Jaguar den Thron, doch steht dieser (erneut) vor einem Legitimationsproblem, ist er doch der Sohn nicht von Frau Xoc, der ersten Gattin von Schild-Jaguar, sondern von Frau Abendstern, die den damals schon 61jährigen geheiratet hatte, wohl um die diplomatischen Verbindungen zu dem Herrscherhaus von Calakmul zu festigen[31]. Eine ganze Reihe von Maßnahmen war deshalb erforderlich, bis daß Vogel-Jaguar seinen Machtanspruch unangefochten zu etablieren vermochte. Vor allem mußte er zum einen «seine Tapferkeit und sein kriegerisches Können, zum anderen seine Zeugungsfähigkeit unter Beweis stellen: ersteres, indem er in offener Feldschlacht einen Gefangenen machte, der Ansehen genug besaß, um bei Vogel-Jaguars Inthronisation als Opfer dienen zu können; letzteres durch Zeugung eines männlichen Nachkommen und Erben.»[32] Beides geschah: Am 10. Februar 752 nahm Vogel-Jaguar «in einem Krieg gegen ein bislang noch nicht identifiziertes Königreich einen Cahal (sc. einen Edlen, d. V.) namens Yax-Cib-Tok gefangen. Und nur acht Tage später, am 18. Februar, gebar ihm Frau Groß-Schädel-Null einen Sohn, der den Namen Chel-Te-Chan-Mah-Kina erhielt (sich allerdings später, nachdem er selbst an die Macht gelangt war, nach seinem Großvater Schild-Jaguar nannte). Und damit war Vogel-Jaguars langer Kampf um den Thron von Yaxchilán erfolgreich beendet.»[33] Abb. 5 zeigt im Inneren von Tempel 21 (auf dem Türsturz 16) die Szene, wie «Vogel-Jaguar in vollem Kriegsornat vor dem gefangenen Cahal Yax-Cib-Tok» steht, «der auf dem Boden kniet und sich – entweder aus Angst oder als demonstrative Geste der Unterwerfung – auf den Daumen beißt»[34]. Abb. 6 zeigt (auf dem Türsturz 17 des rechten Eingangs zu Tempel 21, also gleich neben der Szene von der Gefangennahme

[31] Vgl. LINDA SCHELE – DAVID FREIDEL: *Die unbekannte Welt der Maya*, 306.
[32] A. a. O., 325.
[33] A. a. O., 325.
[34] A. a. O., 327.

Abb. 5: *Vogel-Jaguar (re.) vor dem gefangenen Cahal Yax-Cib-Tok (li.)*

Abb. 6: *Blutentnahmeritual zur Feier von Chel-Tes Geburt*

am mittleren Eingang) das Blutentnahmeritual zur Feier der Geburt des Sohnes am 18.2.752: Man sieht dort Vogel-Jaguar, wie er dabei ist, sein Geschlechtsteil zu durchbohren, «während eine seiner Ehefrauen, Frau Balam, Weiblicher Ahau (sc. Herrscherin, d.V.) von Ix Witz, über einer mit blutgetränktem Papier gefüllten Schale eine Schnur durch ihre perforierte Zunge zieht»[35].

Man mag einwenden, daß es in unserer Zeit nicht (mehr) üblich sei, die Befähigung zur Machtausübung mit derart blutigen Opferritualen und Menschenschlachtungen zu demonstrieren; in Wirklichkeit aber hat sich wohl nur die Austragungsform der entsprechenden Machtbeweise vom Biologischen weg ins mehr Sozialpolitische verschoben, – die gestellten Erwartungen an den Machthaber sowie die Rahmenbedingungen für die Ausübung von Macht scheinen indessen unverändert dieselben: Wer Herrschaft über Menschen erringen will, muß als erstes sein «Durchsetzungsvermögen» gegen mögliche Konkurrenten und Gegner erzeigen – da müssen schon mal «Köpfe rollen», wie man recht treffend zu sagen pflegt, und zwar vor der Thronbesteigung ebenso wie später dann zur Festigung der Macht –, wer Befehlsgewalt über die Massen ausüben will, muß seine Stärke gemäß der Devise: «Weh dem, der schwach ist» öffentlich zur Schau stellen – also keine Tränen vor laufenden Kameras bei der Erklärung eines Krieges, keine Gnade für zum Tode Verurteilte, kein Mitleid mit Terroristen ... –, jedes Zeichen von Schwäche nämlich ruft sogleich wieder die möglichen Thronprätendenten auf den Plan: der Thron beginnt augenblicklich zu «wackeln». – Und ebenso die Forderung der «Fruchtbarkeit» des Herrschers! Tatsächlich geht es heute nicht mehr um seine biologische «Zeugungsfähigkeit», wohl aber um den Nachweis seiner pekuniären «Potenz», mit anderen Worten: wer an die Macht kommen will, benötigt dazu sehr viel (eigenes oder «organisiertes») Geld; und wer an der Macht bleiben will, muß wirtschaftlich und finanzpolitisch Erfolge aufzuweisen haben, sonst wird es bald schon um seine Position und alsdann wohl auch um seinen Posten geschehen sein. Worum erkennbar alles sich dreht, ist die Verschmelzung der persönlichen Sucht nach Geltung mit dem öffentlichen Verlangen nach Geld: das Geld ebnet die Wege, um an die Macht zu kommen, während umgekehrt die Macht dem Geld unbeschränkte Vermehrung und hemmungslose Gewinnmaximierung allererst ermöglicht. Wohl schon immer war dies so, doch ging mit jener Verschiebung des Biologischen ins Soziologische offenbar auch einher, daß der Adel und die Würde der Geburt

[35] A.a.O., 329.

in vergangenen Gesellschaften heute durch das Ansehen und den durch Geld vermittelten Status ersetzt worden sind. Kein Krieg, kein Geschäft, keine Sicherheit, keine Vorsorge, die nicht durch Geld gewährleistet würden. Wie soll es unter diesen Gegebenheiten möglich sein, Macht zu erringen, ohne sich selbst zu verlieren, Geld zu erwerben, ohne sich selbst zu verkaufen, «König» zu werden, ohne sich selbst zu erniedrigen?

Es ist eine ungeheuerliche Szene, wenn in der Versuchungsgeschichte des *Lukas* der Teufel Jesus «all die Königreiche des bewohnten Erdkreises» zeigt und ihm verspricht, «all diese Macht und ihre Herrlichkeit» ihm zu geben, wenn nur er sich niederwerfe vor ihm (4,5–7). Schon der Gedanke, (Welt)Herrschaft anzustreben, erscheint hier, wie in dem Märchenmotiv von dem Pakt mit dem Teufel[36], als etwas durch und durch Dämonisches: über Menschen herrschen zu wollen ist nach diesem Verständnis identisch mit dem Verlust an Menschlichkeit, und man kann leicht verstehen, warum. Moralisch zu handeln, meinte IMMANUEL KANT (1724–1804), gründe in dem Prinzip, Menschen niemals als Mittel zum Zweck, sondern stets als Zweck an sich selbst zu betrachten[37]; alle Machtpolitik hingegen ist wesentlich in eben dieses «Mittelbare» gebannt: in das Spiel mit Menschen, in das Spiel um Menschen, in das Kalkül des Erfolgs im Ausspielen von Menschen gegeneinander.

Ein Autor, der wie kaum ein zweiter im 20. Jh. die Tragödien und die Irrationalitäten der menschlichen Geschichte in seinen zahlreichen Romanen zu beschwören suchte, war LION FEUCHTWANGER (1884–1958). Vor allem unter den Erschütterungen des Ersten Weltkriegs sah er den Menschen grundsätzlich gestellt zwischen Handeln und Nicht-Handeln, zwischen Macht und Erkenntnis, zwischen Gewalt und Gnade. «Die Welt erobern durch Handeln», überlegte er, «mißlingt. Die Welt ist von geistiger Art, man soll nicht an ihr rühren. Wer handelt, verliert sie; wer festhält, verliert sie.» «Es hat niemand Gewissen als der Betrachtende. Der Handelnde ist immer gewissenlos.»[38] Dabei wußte er nur allzu gut um die Wahrheit dessen, was

[36] Vgl. WALTER SCHERF: *Lexikon der Zaubermärchen*, 486, Motivregister: Dem Dämon versprochen.

[37] IMMANUEL KANT: *Metaphysik der Sitten*, in: Werke in 12 Bden., VIII 526: «Das oberste Prinzip der Tugendlehre ist: handle nach einer Maxime der *Zwecke*, die zu haben für jedermann ein allgemeines Gesetz sein kann. – Nach diesem Prinzip ist der Mensch sowohl sich selbst als andern Zweck und es ist nicht genug, daß er weder sich selbst noch andere bloß als Mittel zu brauchen befugt ist (dabei er doch gegen sie auch indifferent sein kann), sondern den Menschen überhaupt sich zum Zwecke zu machen ist an sich selbst des Menschen Pflicht.»

[38] Zit. n. REINHOLD JARETZKY: *Lion Feuchtwanger*, 30.

er 1954, gegen Ende seines Lebens, in *Die Jüdin von Toledo* schrieb: «Lust an der Macht ist unter den Leidenschaften die haltbarste ... Es ist ein gewaltiger Spaß, Menschen hierhin jagen und dorthin, Städte bauen, Länder zusammenschmieden und wieder auseinanderreißen. Was aufrichten, ist Freude, und was zerstören, ist Freude.»[39] Zweifellos: Solange Menschen an dieser «Leidenschaft» hängen, diesen «Spaß» genießen, diese «Freude» brauchen, werden sie sich entlang den Wänden ihrer eigenen Gefangenschaft im Kreise drehen, selbst auch und gerade dann, wenn diese Wände die ganze Welt umspannen. Mit den Mitteln der Macht ist es daher unmöglich, die Menschen zu befreien; viel wichtiger ist es, die Menschen frei zu machen von ihrem Streben nach Macht. Nachsinnend darüber, was wirklich not tut, kann Jesus deshalb nur zu dem Entschluß kommen, vor den Verlockungen der Macht sich *nicht* niederzuwerfen, vor der «Realität» *nicht* zu kapitulieren, sondern den Weg des inneren Wandels zu beschreiten.

Gewußt hat das im Alten China bereits der Weise LAO TSE (nach chines. Tradition geb. 604 v. Chr., wahrscheinlich aber erst in der 2. Hälfte des 4. Jhs.), als er in seinem berühmten Buch *Tao te king* – in klarem Widerspruch zu seinem staats- und moralphilosophisch denkenden Kontrahenten KONFUZIUS (551–um 479) – lehrte:

Wer gut zu führen weiß,
ist nicht kriegerisch.
Wer gut zu kämpfen weiß,
ist nicht zornig.
Wer gut die Feinde zu besiegen weiß,
kämpft nicht mit ihnen.
Wer gut die Menschen zu gebrauchen weiß,
der hält sich unten.
Das ist das LEBEN, das nicht streitet;
das ist die Kraft, die Menschen zu gebrauchen;
das ist der Pol, der bis zum Himmel reicht.[40]

Was LAOTSE in diesen Worten als Erkenntnis formuliert, was *Lukas* in einer mythischen Szene als eine Erfahrung darstellt, die das gesamte öffentliche Wirken Jesu von Grund auf prägt, das schildert eine *buddhistische* Legende, wie schon erwähnt, gleich zu Beginn des Lebens SIDDHARTHA GAUTAMAS,

[39] LION FEUCHTWANGER: *Die Jüdin von Toledo*, III 1, 313–314.
[40] LAOTSE: *Tao te king*, Nr. 68, S. 111.

des späteren «Buddha» (des «Erleuchteten»): Entweder, erklärte der greise Asita von dem neugeborenen Prinzen am Königshofe zu Kapilavastu, werde dieses Kind ein großer Herrscher auf Erden sein oder es werde ein Großer an Weisheit werden[41]. Siddhartha, der «Buddha», gelangte zur Einsicht in den Kreislauf des Leids, Jesus, der «Messias», durchschaute den «Teufels»Kreis menschlicher Qual; beide Religionen, die sich darauf zurückführen, sollten in diesem Punkte ganz und gar übereinstimmen: nicht mit Macht, sondern von der Macht muß man die Menschen erlösen.

Gleichwohl gab es unter den großen Menschheitsführern im 20. Jh. wohl nur einen einzigen, der in seiner Haltung die innere Wandlung verkörperte, von der in der Geschichte der Versuchung Jesu die Rede geht: den Hindu MAHATMA GANDHI (1869–1948). Er engagierte sich mit aller Leidenschaft für die Freiheit und die Würde der Bewohner Indiens, nicht weil sie Inder, sondern weil sie Menschen waren, nicht anders als die Engländer, von denen sie beherrscht und ausgebeutet wurden; er wurde politisch tätig, nicht um Macht auszuüben, sondern um die Wahrheit zu leben; er wurde ein religiöser Politiker nicht um «fundamentalistischer» Ziele willen, sondern weil Gott und die Wahrheit in seinen Augen eins waren. «Ich», gestand er 1934, «könnte keine einzige Sekunde ohne Religion leben. Viele meiner politischen Freunde verzweifeln an mir, weil sie sagen, daß sogar meine Politik von der Religion abgeleitet ist. Sie haben recht. Meine Politik und alle meine anderen Aktivitäten sind von meiner Religion abgeleitet. Ich gehe noch weiter und sage, daß jede Tätigkeit eines religiösen Menschen von seiner Religion abgeleitet sein muß, weil Religion heißt, ‹an Gott gebunden zu sein› (sc. nach dem lat.: religare – zurückbinden, d.V.), das heißt, daß Gott jeden Atemzug regiert.»[42] «Für mich», hatte GANDHI bereits neun Jahre zuvor gesagt, «ist Politik ohne Religion absoluter Mist, den man ganz und gar meiden muß. Politik betrifft die Völker, und was die Wohlfahrt von Völkern betrifft, muß auch ein Anliegen eines Mannes sein, der eine religiöse Anlage hat, oder, in anderen Worten, eines Suchenden nach Gott und Wahrheit. Für mich sind Gott und Wahrheit umkehrbar, und wenn mir einer sagen würde, daß Gott ein Gott der Unwahrheit ist oder ein Gott der Gewaltanwendung, würde ich aufhören, ihn anzubeten. Darum müssen wir auch in der Politik das Reich Gottes aufrichten.»[43]

Wer außer GANDHI wäre in der Neuzeit für ein «Reich» der Wahrheit und der Gewaltlosigkeit als Bedingung des menschlichen Zusammenlebens

[41] Vgl. ERNST WALDSCHMIDT: *Die Legende vom Leben des Buddha*, 48–49.
[42] MAHATMA GANDHI: *Freiheit ohne Gewalt*, 106.
[43] A.a.O., 107.

eingetreten, statt es für eine «Utopie» zu erklären oder für etwas, das man – «dialektisch» – nur durch Propaganda und Diktatur herbeizwingen könne? Indem Jesus in der Szene der Versuchung sich weigert, Weltherrschaft nach Art der Weltherrscher aus den Händen des «Teufels» sich übergeben zu lassen, macht er den Weg frei für das *Gebet*, in das er selber später die Jünger einführen wird: «Wenn ihr betet, sprecht: ... Dein Königtum komme.» (Lk 11,1–2) Diese Bitte richtet sich nicht auf ein Séparée der Geschichte, nicht auf die Gründung von Mönchsorden und Klöstern; sie steht im Mittelpunkt der «Gebetslehre» des *Lukas*-Evangeliums (Lk 10,38–42; 11,1–13) und im Zentrum jedes religiösen Fühlens, – sie geht auf die Verwandlung des ganzen Menschen, auf eine Änderung der gesamten «Welt».

d) Die Verfälschung des Religiösen

Damit verschieben sich die scheinbar so «irdischen» Fragen nach Hunger und Macht endgültig ins Religiöse; doch es zeigt sich, daß die ärgste Verfälschung von allem gerade in dieser Sphäre des «Heiligen» angesiedelt sein kann. Haben die Spötter nicht recht, die in der Geschichte der Religionen eine einzigartige Kette von Wahnsinn, Fanatismus und Gewalt, von Volksverdummung, Bauernfängerei und Heuchelei erblicken, – einen Krankheitszustand der Seele zwischen Psychose und Zwangsneurose, das Krankheitssymptom einer Gesellschaft, in welcher eine kleine Oberschicht (von vielleicht 10 % Reichen) die Masse des Volkes mit Prunk und Pracht, mit Tradition und Ritus, mit Spiel und Spektakel unempfindlich zu machen sucht für das immer weiter ausufernde Elend? Soeben noch hat Jesus dem «Satan» – ganz im Sinne des zweiten Gebotes (Ex 20,3)[44] – erklärt, daß es nicht erlaubt ist, die Macht von Menschen zu verehren, so als wären sie selber Gott: der römische Caesarenkult, der moderne «Führer»kult, all die chauvinistischen Ideen von «God's own country» oder der «Auserwähltheit» des eigenen Volkes fallen dahin mit der Forderung des Gottes Israels, Ihm allein sei die «Ehre» (4,8), nur Er verdiene absolute Geltung und unbedingten Respekt. Warum aber dann mußte und muß die Religion immer wieder dazu herhalten, Kriege «heilig»zusprechen, Repräsentanten der Macht in Kirche und Gesellschaft als von Gott «eingesetzt» zu deklarieren oder sie gar als seine «Stellvertreter» auf Erden zu akkreditieren und bestimmte Moralvorstellungen, vor allem beim (rituellen) Töten von Menschen und Tieren sowie im Fortpflanzungs- und Sexualverhalten, *en détail*

[44] Vgl. MARTIN BUBER: *Der Glaube des Propheten*, in: Werke, II 260–261.

festzulegen und, mit Berufung auf bestimmte Stellen in heiligen Büchern, für den unabänderlichen Willen Gottes auszugeben? Warum, mit einem Wort, tritt die Religion so oft als ein Instrument konservativer Außenlenkung, ideologischer Vernunftverweigerung und schuldbeladener Triebrepression in Erscheinung? Die «Erklärung» dafür hat mit dem Wesen der Religion selber zu tun: Sie ist entstanden als ein «Medikament» gegen die Angst, doch eben deshalb kann sie sehr leicht in eine Droge zur Ruhigstellung verwandelt werden.

Das «Heilverfahren» der Religion besteht darin, die im Bewußtsein verunendlichte Angst des irdischen Daseins zu beantworten mit dem Bewußtsein der Unendlichkeit Gottes jenseits der Welt[45]: Die Angst, der Sterblichkeit innezuwerden, sucht die Religion hinwegzutrösten mit der Hoffnung auf Unsterblichkeit; die Angst, auf unrettbare Weise schuldig werden zu können, besänftigt sie mit dem Vertrauen in die unbedingte Vergebung durch Gott; die Angst vor Sinnverlust und Entwertung des persönlichen Daseins angesichts so vieler Erfahrungen von Absurdität und Grausamkeit in der Welt beschwichtigt sie mit dem Hinweis auf die Geborgenheit jedes einzelnen Lebens in der Liebe Gottes. All diese Infragestellungen des Menschen sind es, für welche auch und gerade die Person und die Botschaft Jesu das Dunkel der Verzweiflung zu durchdringen versuchen wie die Strahlenfinger eines Leuchtturms die Nacht und die Nebel über den Klippen. Indessen: Alles, was die Religion zu schenken vermag, was auch Jesus zu vermitteln sich bemüht, ist etwas ganz und gar Innerliches – ein Vertrauen, das die Angst überwindet, indem es gegen das mit den Augen Sichtbare etwas Unsichtbares, etwas allein mit dem Herzen Wahrnehmbares, setzt; gerade das aber erscheint, je weniger an Vertrauen Menschen unter dem Druck der Angst aufzubringen vermögen, verständlicherweise als zu «wenig». Denn die Gründe von Leid und von Schmerz sind mit Händen zu greifen; also hätte man nur allzu gern einen ebenso «handlichen», einen «handhabbaren», einen «greifbaren» «Gott», einen «Gott», der sich binden läßt an bestimmte Gegenstände und Orte, an gewisse Lehren und Formeln, an untrügliche Beweise und Wunder, – eine Naturgottheit also, einen Stammesgötzen, einen Großmagier, einen vergegenständlichten Fetischgott, bei dem man sich auskennt und der selber erkennbar «was tut», wenn «die Seinen» in Not sind. Statt Angst umzuformen in Zuversicht, wird auf diese Weise das Bild Gottes selber verformt von der Angst, und es ist eben dieser Angst-

[45] Vgl. EUGEN DREWERMANN: *Glauben in Freiheit*, I 352–384: Angst löst sich nur im Gegenüber einer anderen Person.

anteil inmitten des Religiösen, der als «Teufel» am schlimmsten sein Unwesen treibt und den Jesus daher am schroffsten zurückweisen muß.

Konkret geht es um die dritte Verführung Jesu – um die Verführung zum «Wunder»glauben. Eine große kulturelle wie religiöse Leistung des Protestantismus besteht bis heute in der strikten Weigerung, all die «Heiligtümer» und «Heilungsstätten» des Katholizismus – diese Unzahl von Wallfahrtsorten und wundertätigen Heilmitteln aus der Hand von Madonnen und Heiligen – zu übernehmen und abzusegnen. Wie wenig «christlich», wie massiv «heidnisch» derartige Vorstellungen und Praktiken in Wahrheit sind, läßt sich leichthin daran ersehen, daß die Person Jesu selber in all dem buchstäblich nichts zu sagen hat, – sie kommt gar nicht erst vor (einmal abgesehen von den Babydarstellungen, die die Unverträglichkeit des harmlos gefälligen Christuskindes mit dem Entscheidungsernst des Mannes aus Nazaret nur um so offensichtlicher werden lassen). Tatsächlich ist mit dem Mann, der den «Teufel» im Namen Gottes überwand, ein Rückfall in die abergläubigen Verzerrungen einer uralten Angstreligion augenscheinlich denn wirklich nicht gut zu vereinbaren. Doch um die «Unverfügbarkeit» Gottes offenzuhalten, müßte die Theologie insbesondere die Vorstellung der Bibel vom «Eingreifen» Jahwes in den Weltenlauf als ein mythisches Bild interpretieren: sie müßte es mit psychologischen Mitteln als Ausdruck seelischer Erfahrung deuten und damit aus seiner projektiven Veräußerlichung befreien. Anderenfalls werden im Schatten einer falschen Wörtlichnahme gerade der Wundergeschichten der Bibel immer von neuem Menschen dazu verführt, auf «Machterweise» des Himmels zu hoffen, so daß sie am Ende enttäuscht und ratlos der Religion als ganzer den Rücken kehren. Daß Angst das menschliche Bewußtsein lähmen kann, daß sie imstande ist, aus an sich ganz vernünftigen Erwachsenen hilflose Kinder zu machen, ist eines; ein anderes ist eine Organisation, die zum Zwecke ihres Machterhalts den Aberglauben verschüchterter Menschenmassen zum Dogma erhebt und im Zentrum geheimnisvoll magischer Rituale Gott durch sich selbst – durch die «Mutter» Kirche – zu ersetzen sucht.

Punkt für Punkt geht es daher um jene Alternative, die FJODOR MICHAILOWITSCH DOSTOJEWSKI (1821–1881) in dem Roman *Die Brüder Karamasow* den Großinquisitor im Gespräch mit dem zurückgekehrten Christus so formulieren läßt: «Es gibt drei Kräfte, nur drei Kräfte auf Erden, die imstande sind, das Gewissen ... auf ewig zu beherrschen ... Diese Kräfte sind: das Wunder, das Geheimnis und die Autorität. Du hast sie alle drei verschmäht. ... – ... Oh, natürlich! Das war gehandelt herrlich und stolz, wie es einem Gott geziemt. ... – ... Aber ich wiederhole: Gibt es viele solcher, wie du es bist? Konntest du wirklich auch nur eine Minute lang glauben, solche Versuchung gehe nicht über die Kräfte des Menschen hinaus? Ist des Menschen Natur wirklich so geschaffen, daß er des Wunders entraten kann, daß er in den qualvollsten, furchtbarsten Minuten seines Lebens, wenn die Seele Antwort verlangt auf ihre letzten Fragen, daß er dann allein zu bleiben vermag mit der freien Entscheidung seines Herzens? ... du hofftest, der Mensch werde, wenn er nur dir folge, auch mit Gott bleiben und des Wunders nicht bedürfen. Es entging dir aber, daß, wenn der Mensch auch nur ein klein wenig irre wird am Wunder, er dann alsogleich auch Gott verneint, denn nicht so sehr Gott als das Wunder sucht der Mensch ... Nach der Liebe Freier verlangtest du, nicht nach dem sklavischen Entzücken von Unfreien über eine Machtfülle, vor der sie sich in furchtsamer Scheu beugen. Aber ... da hast du zu hoch von den Menschen gedacht, denn natürlich sind sie Sklaven.»[46]

Auf dieses Entweder-Oder läuft in der Tat alles hinaus: Es scheint so einfach, der menschlichen Schwäche nachzugeben und die Angst mit «dingfesten» Antworten zu beruhigen; doch damit bindet man die Menschen lediglich an die Egozentrik ihres Sicherheitsbedürfnisses und zwängt sie zugleich in die Botmäßigkeit einer Behörde, die das «Wunder» verwaltet, – man lehrt sie nicht, ihre Angst zu überreifen und «erwachsen» zu werden. Der so ganz andere Weg Jesu hingegen ist sehr zeitaufwendig und womöglich sehr schmerzhaft, in jedem Fall fordert er ein hohes Maß an persönlicher Zuwendung und Geduld, dafür aber belohnt er sich durch die Entdeckung eines rauschhaften Glücks, das darin liegt, selbständig, gesammelt und frei zu sein. Dieses «Wunder» des Vertrauens, das ganz aus innen kommt, ist das eine und einzige Wunder, das Jesus im Neuen Testament wirken wird; es ist die einzige Art, Gott Gott sein zu lassen.

Die Haltung, die Jesus dabei einnimmt, ähnelt noch einmal der Einstellung des BUDDHA: Im *Kevaddha-Sutta* (Digha-Nikaya, 11) erklärt der Erhabene dem Sohn eines Hausherrn, warum er den Mönchen *nicht* aufträgt: «Geht, ihr Mönche, und verrichtet vor weißgekleideten Hausleuten übermenschliche Wunderzeichen», auch wenn dadurch der Zustrom der Menge sich gewiß rasch steigern ließe; all die «Wunder äußerlicher Zeichen» würden von der Menge ja nur als eine Art Hexerei verstanden, statt darin die Auswirkungen einer veränderten inneren Einstellung zu erblicken[47].

[46] FJODOR MICHAILOWITSCH DOSTOJEWSKI: *Die Brüder Karamasow*, 1. Teil, 5. Buch, Kap. 5; S. 317–318.
[47] PAUL DAHLKE: *Buddha*, 382.

Gleichwohl bleibt auch so noch die Frage, ob es möglich oder auch nur wünschenswert ist, wenn im Buddhismus einem Mönch die Fähigkeit zugeschrieben wird, er könne «den Geist auf die Hervorbringung eines geistartigen Körpers» lenken oder auch auf die «höheren Kräfte», so daß er «erscheinend und verschwindend ... durch Mauer, Wall, Felsgestein unbehindert hindurch» zu gehen vermöge «gleich wie in der freien Luft» oder daß er «auf dem Wasser geht ..., ohne einzubrechen» usw. (*Samyana-Phala-Sutta*, Digha-Nikaya, 2)[48]. Doch entscheidend ist, daß der BUDDHA ein «Wunder äußerlicher Zeichen», das ohne eine innere Veränderung zustande kommt, als «lästig, abstoßend, widerwärtig» empfand (*Kevaddha-Sutta*, Digha-Nikaya, 11)[49], – ganz wie Jesus später das Ansinnen zurückweisen wird, er solle «einen Beweis vom Himmel» vorführen, um den Verdacht zu widerlegen, er treibe ja nur mit Hilfe von «Beelzebul, dem Vorsteher der Abergeister ... die Abergeister aus» (Lk 11,15.16). Wer auf solche Weise Gott («den Himmel») für sich zu instrumentalisieren sucht, der widerlegt den «Teufel» nicht, der ist in Jesu Augen selber ganz und gar des «Teufels».

Man kann die Art dieser dritten «Versuchung» wohl am besten verstehen, wenn man die Überwindung der Angst, die Jesus herbeiführen möchte, wesentlich in das Verhältnis von Person zu Person gestellt sieht. Nehmen wir an, da sei ein Verliebter, der an der Treue seiner Freundin zu zweifeln beginnt; die Angst, sie zu verlieren, quält ihn Tag um Tag, und so will er «sicher»gehen, indem er die Geliebte auf die Probe stellt: Er engagiert einen männlichen Lockvogel, um die Freundin in eine verfängliche Lage zu bringen und dann zu sehen, wie sie sich verhält. Die Freundin aber merkt, was da gespielt wird, und so nimmt sie dem jungen Mann seine Fallenstellerei bitter übel; ja, sie wirft ihm vor, mit seinem Mißtrauen alles Glück der Liebe wie mit System zu zerstören. – Offenbar gibt es nur *ein* Mittel, die Angst vor dem Verlust der Geliebten zu beruhigen; das ist: sie so innig zu lieben und mit ihr so glücklich zu sein, als es geht, und darauf zu vertrauen, daß sie ihrerseits alles Vertrauen verdient; regen sich dann immer noch quälende Ängste und verstörende Zweifel, so bleibt zu überlegen, welche Erfahrungen aus ganz anderen Zusammenhängen vergangener Tage jetzt in die neue Beziehung sich eindrängen. An der Freundin zu zweifeln, das ist ganz klar, bedeutet ein Unrecht in sich – ihr gegenüber und sich selbst gegenüber. – Wohlgemerkt, Menschen *können* untreu sein, und manchmal ist es nicht falsch, genau hinzusehen. Doch bei Gott gilt das nicht, auf Gott

48 A.a.O., 291.
49 A.a.O., 382; 383.

kann man ein für allemal und absolut sein Vertrauen richten, und eben daß wir dies spüren, ist alles, was Jesus uns schenken möchte. Im übrigen bleibt es *immer* ein Fehler, Liebe kontrollieren zu wollen. Man kann nur die Angst überlieben oder die Liebe überängstigen – eins von beidem.

Es gibt – noch einmal – aus der Feder von RABINDRANATH TAGORE (1861–1941) in dem Bändchen *Gitanjali* ein Gedicht, ein Gebet, das auf ein langes Leben zurückblickt und gerade die selige Angstfreiheit und Unbekümmertheit schildert, die das Dasein durchzieht, wenn es von inniger Liebe geprägt ist, bis es, mit staunendem Erschrecken, Gott entgegentritt im Tod; es lautet:

Als ich mein Spiel mit Dir noch spielte,
Da fragt' ich niemals, wer Du seist.
Ich kannte weder Scheu noch Furcht.
Voll Ungestüm verlief mein Leben.

Du pflegtest am frühen Morgen schon
Mich aus dem Schlaf zu rufen,
Wie ein Freund es tut.
Du führtest mich im Lauf zu lichten Blumenwiesen
In dem dunklen Wald.

In jenen Tagen hat mich nie gekümmert,
Was wohl der Sinn der Lieder sei,
Die Du mich lehrtest.
Meine Stimme nahm ganz einfach diese Weisen auf,
Und tanzend schlug mein Herz in ihrem Ton.

Jetzt, da die Zeit des Spiels vergangen ist,
Welch plötzliches Gesicht kommt über mich!
Den Blick gewandt auf Deine Füße,
Steht ehrfurchtsvoll erschauernd
Die Welt – und schweigt mit allen ihren Sternen.[50]

[50] RABINDRANATH TAGORE: *Gitanjali*, Nr. 97, S. 110.

Wirksamkeit in Galiläa (Lk 4,14–6,16)

Lk 4,14–30: Die Predigt in Nazaret oder: Die Menge und der Einzelne

(vergleiche Mk 1,14a; Mt 4,12 zu *Lk 4,14a*; Mk 1,14b–15; Mt 4,13–17 zu *Lk 4,14b–15*; Mk 6,1–6a; Mt 13,53–58 zu *Lk 4,16–30*)

[14a] Und es wandte sich *Jesus* in der Kraft des Geistes zurück *nach Galiläa.* [14b] Und ein Hörensagen drang hinaus über das ganze Umland hin über ihn. [15] Und er lehrte in ihren Synagogen, verherrlicht von allen. [16] Auch ging er nach Nazaret, wo er aufgezogen worden war, und hinein ging er entsprechend der Gewohnheit, die ihm eigen war, am Sabbattag in die Synagoge, und er stand auf, um vorzulesen. [17] Da ward ihm gegeben das Büchlein des Propheten Jesaja (61,1.2), und als er das Büchlein aufgeschlagen hatte, fand er die Stelle, wo geschrieben ist: [18] *Der Geist des Herrn ist auf mir; weswegen er mich gesalbt hat: die Heilsbotschaft Armen zu bringen hat er mich gesandt, zu künden Kriegsgefangenen Freilassung und Blinden ein Aufblicken, zu entsenden Unterjochte in Freilassung* (Jes 42,7), [19] *anzukünden ein Jahr des Herrn, ein willkommenes* (Lev 25,10). [20] Dann rollte er das Büchlein zusammen, gab es dem (Synagogen)Diener zurück und setzte sich; und aller Augen in der Synagoge waren unverwandt auf ihn gerichtet. [21] Da fing er an zu ihnen zu sagen: Heute hat sich erfüllt dieses Schriftwort in euren Ohren. [22] Und alle bezeugten es ihm und verwunderten sich ob der Worte der Huld, die hervorkamen aus seinem Mund, und sie sprachen: Nicht wahr: der Sohn Josefs ist doch dieser? [23] Da hat er gesagt zu ihnen: Ganz (bestimmt) werdet ihr mir dieses Gleichniswort sagen: Arzt, heile dich selbst. Was alles wir gehört haben an Geschehenem an Kafarnaum, tu es auch hier in deiner Vaterstadt. [24] Gesagt aber hat er: Bei Gott, ich sage euch: Kein Prophet ist willkommen in seiner Vaterstadt (Joh 4,44). [25] Zur Wahrheit aber sage ich euch: Viele Witwen waren in den Tagen des Elija in Israel, als verschlossen war der Himmel auf drei Jahre und sechs Monate, so daß eine große Hungersnot in das ganze Land ging, [26] doch zu keiner von ihnen wurde Elija geschickt, außer nach Sarepta bei Sidon zu einer Frau, einer Witwe (1 Kön 17,1.9–24). [27] Und viele Aussätzige waren in Israel zur (Zeit) Elischas, des Propheten, doch niemand von ihnen ward rein außer Naaman, dem Syrer (2 Kön 5,1–14). [28] Da wurden alle erfüllt von Wut in der Synagoge, während sie das hörten. [29] Und auf standen sie und warfen ihn hinaus aus der Stadt, und sie führten ihn bis an die Klippe des Berges, an welchem ihre Stadt gebaut war, um hinunterzustoßen – ihn. [30] Er selbst aber, hindurchschreitend, mitten durch sie hindurch, blieb auf dem Weg.

«Als er alle Versuchung vollendet hatte, stand der Teufel ab von ihm, – bis zur Zeit.» (Lk 4,13)[1] Mit diesem Satz läßt *Lukas* «seinen» Jesus in dessen Heimat Galiläa eine für ihn «reine» Welt betreten. Es ist die innere Klarheit, die Jesus in langem Ringen bezüglich seiner Sendung für sich selbst gewonnen hat, mit welcher er – für eine Zeit – den «Teufel» sich auf «Abstand» hält.

Man muß diese mythische Darstellungsweise nur einmal in vollem Ernst auf sich wirken lassen, und man steht vor einem ergreifenden Bild der Daseinsdeutung. Selbst die apokalyptischen Vorstellungen im Spätjudentum, für die der «Kampf» zwischen Gott und Satan die eigentliche Achse der Geschichtsauslegung bildete, rückten den «Endsieg» des Guten über das Böse in weite Ferne: erst nach dem tausendjährigen Reich des Messias, wenn der «Christus» seine Herrschaft (vgl. 2 Tim 4,1.18) Gott selbst übergeben werde (1 Kor 15,24)[2], lasse Gott seinen Widersacher auf immer binden und in die «Hölle» verbannen; so lange aber beschreibt eine Szene aus dem 12. Kapitel der *Apokalypse* die bis dahin gültige Wirklichkeit. Mit dem Ruf: «Wer ist Gott», der sich in dem «Erzengel» Mi-cha-el verkörpert, wurde der «Teufel» aus dem «Himmel» geworfen und auf die Erde gestürzt (Apk 12,7–12; vgl. Jes 14,12)[3]. Die Sphäre des Göttlichen, die ideelle Welt «an sich», ist damit widerspruchsfrei, klar und eindeutig geworden; in der Wirklichkeit aber, «auf Erden», tobt seither die Auseinandersetzung. «Da ringen miteinander Gott und der Teufel, und ihr Kampfplatz ist das menschliche Herz», meinte MARTIN LUTHER (1483–1546) dazu[4].

[1] Vgl. ERICH KLOSTERMANN: *Das Lukasevangelium*, 61: «Lc bringt zum Ausdruck, daß der Versucher nur vorläufig alle seine Pfeile verschossen hat, bei einem gelegenen oder von Gott gesetzten Zeitpunkt... wird er sich wieder melden, nämlich 22,3.»

[2] Zu 2 Tim 4,1-18 vgl. JOACHIM JEREMIAS: *Die Briefe an Timotheus und Titus*, in: NTD 9,59; zu 1 Kor 15,24 vgl. Str. B. III 472.

[3] Vgl. WILHELM BOUSSET: *Die Offenbarung des Johannis*, 346–358: Exkurs zu Kap. 12, der in der Mythe vom Kampf Michaels gegen den Drachen «eine Überarbeitung des Mythos von der Geburt des Apollo» für gegeben hält: «Dort wird erzählt: Pytho dem Sohn der Erde, dem großen Drachen war geweissagt, daß der Sohn der Leto ihn töten werde. Leto war von Zeus schwanger, und Hera bewirkte, daß sie nur wo die Sonne nicht scheine, gebären könne. Als Pytho merkt, daß Leto gebären werde, fängt er an, sie zu verfolgen, um sie zu töten. Aber Boreas trägt Leto zum Poseidon. Dieser bringt sie nach Ortygia und bedeckt die Insel mit den Wogen des Meeres. Als Pytho die Leto nicht findet, kehrt er zum Parnaß zurück. Auf der von Poseidon wieder erhobenen Insel gebiert Leto. Am vierten Tage nach der Geburt nimmt Apollo Rache, er eilt zum Parnaß und tötet den Pytho.» Vgl. KARL KERÉNYI: *Die Mythologie der Griechen*, I 108.

[4] MARTIN LUTHER: *Vermahnung zum Sakrament des Leibes und Blutes unseres Herrn*, in: Luther Deutsch, IV 130: «So muß das Wort Gottes nicht geringe, sondern die allermächtigsten Feinde haben, ... wie es denn diese vier Gesellen sind: Fleisch, Welt, Tod, Teufel;

Lukas denkt nicht in diesem mythisch-apokalyptischen Schema einer gottgewollten Abfolge bestimmter Phasen der menschlichen Geschichte[5]. Er verwendet die (apokalyptische) Vorstellung vom «Teufel», doch interpretiert er sie auf seine Weise. Statt nach Theologenart zu überlegen, was wohl Gott bewogen haben könnte, die Welt und den Geschichtsverlauf gerade so, wie wir sie sehen, einzurichten, verlagert er entschieden den Spielraum, der dem «Teufel» zukommt, in das menschliche Bewußtsein. Nicht weil Gott seinen «Widersacher» zurückgepfiffen hätte, sondern weil Jesus ihn zurückgewiesen hat, ergibt sich die – zeitweilige – Distanz zum Geist des «Bösen». Nicht also was der «Teufel» (in erklärtem Widerspruch zu Gott und dann doch wieder auch in rätselhafter Duldung Gottes) mit uns macht, fragt *Lukas*, sondern wie wir ihn in die Schranken weisen können[6]. Allein darauf kommt es an, und in bezug darauf erscheint hier Jesus als der «Vorreiter», als der Protagonist einer Haltung, die nun allerdings den gesamten Verlauf der menschlichen Geschichte in eine neue Richtung lenken sollte. Doch gleichgültig sogar, wie «die» menschliche Geschichte künftighin verlaufen mag, – es gilt für jeden einzelnen, in der gleichen Ausgesetztheit, in der gleichen Einsamkeit an der Seite Jesu die gleiche Versuchung mit dem gleichen Ausgang zu bestehen. Zu erwarten bleibt eben nicht, daß es in unserem Leben «endgültige» Lösungen geben könnte. Irgendwann – bei *Lukas* in der Szene Jesu mit seinen Jüngern im Abendmahlssaal, Lk 22,35–38 – wird der Teufel zurückkehren[7], und dann wird sogar Jesus, gerade er, erneut mit dem «Satan» ringen müssen.

In mehr oder minder großer Entfernung lauern mithin jederzeit auf uns Gedanken, Situationen, Entscheidungsmöglichkeiten, die uns selbst in der

daher heißt Christus der Herr Zebaoth, das ist ein Gott der Heerfahrt oder der Heerscharen, der immer Krieg führt und in uns zu Felde zieht.»

5 HANS CONZELMANN: *Die Mitte der Zeit*, 22, meint, daß mit Lk 4,13 «die satansfreie Zeit» anhebe; «es beginnt also nicht etwa die Endzeit, sondern der Zwischenzeitraum zwischen der Zeit des Gesetzes, Israels, und der Zeit des Geistes, der Kirche.» Und S. 74, notiert er: «Seit dem Anbruch der Passion ist das Christ-Sein Kampf – erst seit da! – und die Apostel sind die, welche jetzt *bleiben*.»

6 Das gilt um so mehr, als MARTIN LUTHER: *Die Tischreden*, in: Luther Deutsch, IX 222, recht hat: «Gott weiß die Welt nicht zu regieren, weil die Welt Gott nicht zum Regenten haben und leiden will, sondern den Satan. Der versteht es auch, die Welt zu regieren. Aber den Vorteil hat Gott, daß er die Welt und des Teufels Regiment in der Welt in Trümmern und Pulver zerstößt, wenn sie es zu grob machen.»

7 HANS CONZELMANN: *Die Mitte der Zeit*, 74–75, meint: «Bisher fanden sich im Evangelium keine Hinweise auf Kämpfe, Opfer, Überwindung der Jünger. Ein Vergleich der Abschiedsworte in 22,35-38 mit den Aussendungsreden 9,1 ff. und 10,1 ff. bestätigt unseren Befund.»

schon getroffenen Festlegung unseres besten Wollens noch einmal irremachen können. Während die «mythischen» Bilder – fälschlich «beim Wort», statt symbolisch genommen – so etwas verheißen können wie einen Endsieg über das Böse, läuft es im politischen Handeln auf eine verhängnisvolle Ideologie hinaus, des «Satans», wer oder was auch immer das sei, ein für allemal Herr werden zu wollen, – am Ende gar mit einem «monumentalen Kreuzzug», geführt militärisch auf dem höchsten Stande der Rüstung, nach der Denkweise etwa im amerikanischen «Bibelgürtel». Nicht die «Ausrottung» des Bösen ist möglich, wohl aber seine Überwindung, – für diesmal, von Fall zu Fall. Der Inhalt freilich, um den die ganze Auseinandersetzung kreist, ist immer wieder der gleiche, und er tritt denn auch schon zu Beginn des öffentlichen Wirkens Jesu bei *Lukas* leuchtend hell in Erscheinung: Inmitten dieser Welt des Leids glaubt Jesus an die Macht des Mitleids und fühlt von Gott sich selbst gesandt, die herrschende Gewalt außer Kraft zu setzen durch die befreiende Botschaft der Gnade. Ein größerer Widerspruch zu den geschichtsimmanenten Heilsverheißungen in all den Aufrufen zu dem nächsten Waffengang bei Harmagedon (Apk 16,16)[8] ist nicht denkbar, als Jesus ihn – an dieser Stelle des Dritten Evangeliums – in seiner Heimatsynagoge zu Nazaret formuliert.

Wohl jeder, der liest, wie *Lukas* den Beginn des öffentlichen Wirkens Jesu schildert, wird bestürzt sich fragen, wie so etwas sich zugetragen haben soll: «verherrlicht von allen» «über das ganze Umland hin» (4,15.14b), wendet «Jesus sich ... zurück nach Galiläa» (4,14a)[9] und zieht ein in seinen Hei-

[8] WILHELM BOUSSET: *Die Offenbarung des Johannis*, 399, meint: «Nicht bloß der Name Harmagedon, sondern auch so manche andre... Züge deuten... darauf hin, daß der Apok(alyptiker)... eine von ihm nicht oder nur halb verstandene mythologische Phantasie weitergegeben und verarbeitet hat. Unter furchtbaren Führern haben – so erzählt der Mythus – einst Dämonenheere den heiligen Götterberg zu erstürmen versucht. Von dämonischen Boten waren sie zusammen gerufen, Flüsse trockneten vor ihnen aus. Aber... sie wurden von den lichtstrahlenden Göttern (Apk 19,11 ff.) geschlagen und vernichtet. Der Apok. hat diesem Mythus dann durch die Beziehung des Dämonenschwarms auf die Macht der Parther eine zeitgeschichtliche Wendung gegeben.» Im Hintergrund denken läßt sich an Dan 11,45, die Schilderung des Untergangs des Antiochus.

[9] EDUARD SCHWEIZER: *Das Evangelium nach Lukas*, 56, vermutet eine vorlukanische Geschichte «von einer Abwendung Jesu von ‹Nazara› zu den ‹Heiden› in Kafarnaum... (V. 16.24.31a). Vielleicht begann die Vorlage schon V. 14f., da Lukas kaum ‹ihre Synagogen› schriebe... Die vorlukanische Geschichte hätte dann in V. (14f.) 16-22 das ‹Leben› Jesu (Mk 6,2) entfaltet und den Satz ‹Ist dieser nicht Josefs Sohn› als zustimmendes oder unentschiedenes Staunen verstanden, worauf Jesus in V. 25-27 die kritische Frage nach wirklichem Glauben stellte. Oder waren ‹bezeugen› und ‹sich wundern› (sc. in 4,22, d.V.) einmal wie Mt 23,31; Joh 7,15 im feindlichen Sinne verstanden?... Daß der Heilszuspruch an die

matort Nazaret; doch da, als seine Hörer sich verwundern «ob der Worte der Huld, die hervorkamen aus seinem Mund» und sich schwertun, den ihnen so bekannten «Sohn Josefs» (4,22) in Verbindung zu bringen mit diesem Mann «in der Kraft des Geistes» (4,14a), der ihnen jetzt gegenübersitzt, scheint Jesus wie mutwillig den ersten sich bietenden Spalt eines Widerspruchs aufzureißen zu dem Zwiespalt eines schier tödlichen Widerstands[10]. Wozu soll das gut sein? Das ist eine mehr als berechtigte Frage;

Armen sich in Wundern erfüllt, ist typisch für Lukas ... Lukas leitet damit schon zu den von ihm aus der Tradition aufgenommenen ... V. 25-27 über. Das widerspricht freilich den Mk 6,5 erzählten Heilungen in Nazaret. Für Lukas bricht der eigentliche Konflikt erst auf Grund der positiven Bewertung der Heiden aus, die schon Mt 4,15 vorliegt.» – Zu der Art des altjüdischen Synagogengottesdienstes vgl. Str. B. IV 1, 153–188: Der altjüdische Synagogengottesdienst: «unmittelbar an die Toralektion schloß sich die Verlesung eines Abschnitts aus den Propheten». (S. 165) «Der, welcher die Vorlesung der Stelle übernahm, hieß *maphtir* ..., die Prophetenperikope selbst *haphtarah*, wörtlich = Entlassungslektion.» (S. 166) «Im allgemeinen scheint man sich zu dem Amt des Mapthir ... nicht besonders gedrängt zu haben.» (S. 166) «Zur Zeit Jesu hat es feststehende Haphtaren für die einzelnen Sabbate und Feiertage noch nicht gegeben. Das beweist Lk 4,16 ff. In dieser Stelle handelt es sich ohne Zweifel um die Verlesung der Haphtare. Die von Jesu dazu benutzte Stelle Jes 61,1 ff. ist aber niemals eine offizielle Haphtare gewesen; hat sie Jesus gleichwohl als solche verwendet, so beweist das eben, daß zu seiner Zeit der Maphtir in der Auswahl des Prophetentextes noch freie Hand hatte ... Als Prinzip für die Auswahl der prophetischen Texte hat wohl von Anfang an gegolten, daß diese inhaltlich der vorher vorgelesenen Pentateuchparasche irgendwie verwandt sein sollten.» (S. 170) «In der älteren Zeit schloß sich unmittelbar an die Haphtarenverlesung, falls eine dazu geeignete Persönlichkeit vorhanden war, noch eine freie Ansprache (Predigt) an, die die sabbatliche Schriftlektion den Hörern ans Herz zu legen hatte ... Der Vortragende hieß *darschan*, aram. *daroscha* (von *darasch* – forschen, auslegen und öffentlich vortragen) ... Vom Darschan verlangte man vor allen Dingen gründliche Vorbereitung und angenehmen Vortrag, damit ihn die Leute gern hörten.» (S. 171)

10 Dabei ist zu bedenken, daß es derselbe «Geist» ist, der in Lk 4,1 Jesus in der Wüste geführt hat und der ihn nun zu den Menschen führt. «Beides hat seine Zeit und beides kann seine Führung sein: Anders als der Täufer wartet Jesus nicht, bis Menschen zu ihm kommen (2,51!). *Er* und sein ‹Lehren› sind in aller Munde, nicht die Ankündigung der Nähe des Gottesreiches (Mk 1,15).» EDUARD SCHWEIZER: A. a. O., 57. – HEE-SEONG KIM: *Die Geisttaufe des Messias*, 93, sieht in der «Geistsalbung» Jesu in der Taufe die entscheidende Ausrüstung der Sendung Jesu und meint: «Indem Lukas mit der Nazareth-Perikope die Taufe Jesu als Salbung deutet, werden folgende kompositorischen Sachzusammenhänge der Geisttaufe schon in Lk 1-4 hergestellt: Jesus ist durch den heiligen Geist gezeugt (vgl. Lk 1,35). Der durch den heiligen Geist gezeugte Messias Jesus ist der Täufer mit dem heiligen Geist, der Geber des Geistes (vgl. Lk 3,16). – Der Geisttäufer Jesus empfängt selber den heiligen Geist (vgl. Lk 3,22). Beim Gebet nach seiner Taufe kommt der heilige Geist auf Jesus herab. Diese Geistverleihung ist selbst als erste Geisttaufe ein leuchtendes Vorbild der Geisttaufe für Christen. ... – Voll des heiligen Geistes wird Jesus in die Wüste geführt und vom Teufel versucht (Lk 4,1), in der Kraft des heiligen Geistes kehrt er nach Galiläa zurück (Lk 4,14).

doch, da richtig gestellt, enthält sie in gewissem Sinne auch schon ihre Antwort: Es gibt eine Art der Zustimmung, der Zuneigung sogar, die erstickend sein kann und alles vernichtend, gefährlicher noch als selbst der mörderischste Haß. Und es geht im folgenden einzig darum, den Grund dafür zu begreifen; dann wird wie von selbst auch verständlich, mit welch einer inneren Geschlossenheit am Ende Jesus «mitten durch sie hindurch» geht (4,30). Zwei Bewegungen laufen da ineinander: die eine, der Weg nach «Nazaret», stellt eine «Zurückwendung» dar und eine Art Heimkehr, die andere, die «Auseinandersetzung», ganz wörtlich, mit den Leuten, ist eine Abwendung, eine «Kehre» in allem; und beide Bewegungen erst bedingen gemeinsam das Wesen eines Propheten, eines Menschen, auf dessen Stirne «der Geist des Herrn ist» (4,18).

Natürlich ist die «Rückwendung» keine rein räumliche, wie sie für den Anfang des öffentlichen Wirkens auf *Tafel 2* dargestellt wird. Ein starker Baum, der eines Tages seine Zweige über alle Zäune breiten wird, muß sich als erstes in den eigenen Wurzelgrund versenken; um schweren Stürmen Trotz zu bieten, bedarf es einer haltgebenden Verankerung im Boden. Alle wirklichen «Reformatoren» in der Religionsgeschichte, alle «Propheten», sind im strengen Sinne «konservativ» und eben deshalb keine «Traditionalisten». Sie leugnen, daß etwas schon deshalb richtig sei, weil es «immer und überall» so war, wie VINCENZ VON LERIN (geb. unbek. – gest. zw. 434

... ‹Der Führung Jesu durch den Geist Gottes (vgl. 4,1.14) entspricht in Apg, daß der Weg der Mission weitgehend als vom Geist bestimmt dargestellt wird (Apg 8,29.39; 11,12; 16,7 f.)›.» «In Lk 4,18 f. wird der Geistempfang Jesu als ‹messianische Geistsalbung› gedeutet. Die Geistsalbung ist die entscheidende Ausrüstung und zugleich Voraussetzung der Sendung Jesu für das Heil Gottes (vgl. Lk 4,18 f.). Lukas hat in der Nazareth-Perikope, das heißt am Ende des Abschnitts Lk 1-4, die Sendung Jesu an sein heilsgeschichtliches Programm angeknüpft: das Heilsgeschehen, die Ablehnung durch Israel und das Heil für die Heidenwelt ... Gemäß der Programmatik ist der Weg des gesandten Jesus der Leidensweg, führt aber zum Himmel. Das Ziel des Weges Jesu ist also die Himmelfahrt, die Erhöhung, die die Voraussetzung der Sendung des heiligen Geistes ist. Die Sendung des Geistes ist damit das eigentliche Ziel der Sendung Jesu, die ihrerseits in allen Stücken unter der Leitung des Geistes stand.» – DIETRICH RUSAM: *Alles muss(te) erfüllt werden*, 122, verweist vor allem auf die Deutung der Taufe Jesu und seine Charakterisierung als «Christus» (Gesalbten), wie es schon in Lk 2,11 und 2,26 geschah. «Nicht zufällig verwendet Lukas den Begriff *christós* titularisch und nicht als Eigenname. Der erste Halbsatz des Zitats in Lk 4,18 interpretiert die in Lk 3,21 f. geschilderte Taufe Jesu durch den Täufer als Salbung Jesu durch Gott und ermöglicht damit die heilsgeschichtliche Verankerung des Titels *christós* in der Taufe. Diese Vermutung bestätigt sich schließlich in Apg 4,25-27, wo der Titel *christós* in eine Beziehung zur Salbung durch Gott gesetzt wird.»

und 450) es als Wahrheitskriterium der römischen Kirche formulierte[11]. Im Gegenteil: einer gewaltigen Kläranlage gleich, filtern sie den Strom, an dem die Menschen leben, so lange aus, bis seine Wasser so rein sind, wie sie es im Quellgebiet – vielleicht – einmal waren. Sie wissen, daß – in dieser Region der Welt – nur dieser Strom, an dem sie leben: der Nil, der Euphrat, Jordan oder Ganges, die Grundlage der Existenz sein kann, doch eben deshalb kämpfen sie dagegen, daß die Schadstoffeintragungen aus den «Abwässern» so vieler «Firmen» und «Anlieger», die ihren Unrat in den Fluß «entsorgen», weiter hingenommen werden. Alle religiösen Erneuerer stehen treu zur Tradition, nur daß sie diese ernster nehmen als die Traditionalisten. In ihren Augen darf es nicht geschehen, daß etwas Heiliges und Lebenschaffendes zur bloßen Konvention erstarrt und nicht *mehr* sein soll als das zur Gewohnheit gewordene Ritual der Menge, als ein Festtagsdekor für Vereinsfeiern und kirchliche Versammlungen. Denn nicht der Chor der Menge, – *der Einzelne*, seine gelebte Wirklichkeit, seine Person gilt ihnen als der Ort der religiösen Wahrheit[12]. Ehe das Überkommene nicht ange-

[11] Vgl. VINZENZ VON LERIN: «Es gehört sich (fas est), daß jene alten Lehrsätze (dogmata) einer himmlischen Philosophie im Laufe der Zeit weiter ausgebildet, gefeilt und geglättet werden (ut exsculpentur, limentur, poliantur); aber es ist unzulässig (nefas est), daß sie verändert, daß sie entstellt, daß sie verstümmelt werden (ut commutentur, ut detrucentur, ut mutilentur). Sie mögen an Deutlichkeit, Licht, Klarheit (caudentiam, lucem, distinctionem) gewinnen, aber sie müssen ihre Fülle, Reinheit, Eigentümlichkeit (plenitudinem, integritatem, proprietatem) behalten» (Commonit. 30). Zit. nach JOHANNES BRINKTRINE: *Einleitung in die Dogmatik*, 46.

[12] ULRICH BUSSE: *Das Nazareth-Manifest Jesu*, 31, meint: «Da die Zuhörer in Kapharnaum Lk 4, 32-36 auf die Lehre Jesu ebenfalls positiv reagieren, muß man annehmen, daß der erste Teil der Nazarethpredigt für den Inhalt der Lehre in seinem konkreten Wirken im Judenland bestimmend bleibt, der zweite Teil aber allein auf seine Heimat bezogen ist. Die gewalttätige Reaktion auf die seine Landsleute betreffenden Redeteile deutet Lukas offensichtlich (vgl. die Gleichsetzung von Heimat mit Israel in V. 24f.) als eine für Israel in Zukunft typische Handlungsweise.» DIETRICH RUSAM: *Alles muss(te) erfüllt werden*, 139, führt aus: «Das Motiv der Predigt gegenüber Juden und die Ablehnung der christlichen Botschaft durch zumindest einen Teil der zuhörenden Juden taucht später in der Apostelgeschichte sowohl gegenüber Petrus, als auch gegenüber Stephanus und Paulus auf (vgl. Apg 6f.; 13,46; 17,2-5; 18,4-6 u.ö. Letzten Endes wird Jesus bzw. seine Verkündigung von dem überwiegenden Teil der Judenschaft abgelehnt und – Lukas zufolge – auf ihr Drängen hingerichtet (Lk 23,1f.18.21.23-25). Je näher die Passion rückt, desto deutlicher wird auch die ‹Vergeltung› (vgl. Lk 21,22) hierfür dargestellt und biblisch begründet. Der Schlüssel zu diesem ‹pattern› liegt in der *parabolē* (sc. dem Sprichwort, d.V.) von Lk 4,25 ... Ihre Wahrheit wird im Verlauf des lk Doppelwerks dem Leser immer wieder vor Augen geführt. Dies gilt sowohl im Blick auf die Schriften (Lk 4,25-27; Apg 7,2-53; vgl. auch Lk 20,9-19), als auch im Blick auf das Geschick Jesu (Lk 4,28f.; 13,33; 20,19) und derer, die ihn verkündigen (Apg 7,54-60). Insofern findet sich in Lk 4,16-30 das gesamte im Lk Ev dargestellte Geschick Jesu *in nuce*.»

kommen ist im Innersten des eignen Ich, verkommt es in der beruhigenden Gewohnheit seiner selbst zum bloß Gewöhnlichen, zum Anlaß allenfalls für theatralische «Events», – es wird zur hohlen Form im Äußerlichen, ohnmächtig, irgend etwas innerlich noch zu gestalten. Wirken aus «Geist» ist anders.

Da findet man sich, Sabbat für Sabbat in der Synagoge – Sonntag für Sonntag in der Sonntagsmesse – ein und hört die alten Texte der Propheten. Nicht daß man sie nicht kennen würde – die Worte des *Jesaja* beispielsweise: von der «Heilsbotschaft den Armen» und der «Freilassung der Kriegsgefangenen», der «Unterjochten», und vom «Aufblicken» der «Blinden» (4,18)[13]; o ja, so müßte Gott wohl wirken, wenn er «käme»; so wäre

[13] MARTIN RESE: *Alttestamentliche Motive in der Christologie des Lukas*, 143, meint: «Allgemein ist anerkannt, daß die Rede Jesu in der Synagoge zu Nazareth innerhalb des Lukasevangeliums eine Schlüsselstellung einnimmt.» *Lukas* zitiert Jes 61,1.2; 58,6 nach LXX, und er tut es auf eine Weise, «als solle», wie ULRICH BUSSE: *Das Nazareth-Manifest Jesu*, 33–34, schreibt, «hier der Schriftstelle ein neuer Sinn gegeben werden, der sie mit einer übergreifenden Erzählabsicht konform macht. Die Erwähnung des ‹Geistes›, der ‹auf› Jesus ruhe, weist über 4,14.1 auf 3,22, die Geistbegabung zurück. Jesus scheint sie mit dem Mischzitat authentisch interpretieren und durch den Wechsel aus dem bisherigen Berichtstil in der dritten Person in die erste Person – ‹der Geist des Herrn ist *auf mir*› – sich mit der prophetischen Aussage als ihre realisierte Aktualisierung identifizieren zu wollen … Die kunstvoll Inklusion des ersten Infinitivs, ‹den Armen die Heilsbotschaft zu künden›, gibt dieser Aussage im Rahmen der Sendung Jesu eine besondere Stellung, was vier weitere summarische Notizen im Evangelium bestätigen:

6,20-22	*7,22*	*14,13*	*14,21*
die Armen	die Blinden	*die Armen*	*die Armen*
die Hungrigen	die Lahmen, Aussätzige	die Krüppel	die Krüppel
die Trauernden	die Tauben, Toten	die Lahmen	die Blinden
die Verfolgten	*die Armen*	die Blinden	die Lahmen

Über die Zielgruppen, derer sich Jesus annehmen soll, sind überschriftartig die Armen gesetzt, unter die sich von Summar zu Summar variierende andere Bedürftige subsummieren lassen. Demnach weist das Mischzitat nicht nur ausdrücklich auf das Taufgeschehen zurück, sondern weist auch auf Ereignisse voraus, die noch berichtet werden sollen. Im Rahmen der Schrift entwickelt Lukas die Grundregel für die Sendung Jesu. Deshalb spricht er den Sendungsgedanken zweimal an, wobei er einmal Is 58,6 heranzieht. Zugunsten dieser Stelle verzichtet Lukas auf die Erwähnung des erweiterten Infinitivs Is 61,1: ‹zu heilen, die gebrochenen Herzens sind›.» Liest man diese Übersicht, so kann man EDUARD SCHWEIZER: *pneÿma* (Geist), in: ThWNT VI 405, kaum zustimmen, daß die «Wundertaten» Jesu bei Lukas «nicht ein einziges Mal auf den Geist zurückgeführt» werden. «Heilend ist der Name Jesu, der Glaube an Jesus, Jesus selbst, das Gebet, die körperliche Berührung durch die Jünger, Schatten und Schweißtuch oder einfacher: die *dýnamis* (sc. die Kraft, d.V.) Jesu.» Schon die Trennung von «dýnamis» und «pneÿma» wirkt künstlich und erst recht die Trennung von «Name» und «Geist» Jesu – dies auch gegen MARTIN RESE: *Alttestamentliche Motive in der Christologie des Lukas*, 151–152; richtig aber bleibt, daß es der «Kontakt» zu der Person Jesu ist, der Heilungen vollbringt, nicht eine – quasi esoterisch zu denkende – geistige «Energie». GABRIEL KYO-SEON SHIN: *Die Ausrufung des endgültigen Jubeljahres durch Jesus in Nazaret*, 165, ergänzt, daß insbesondere «die Aufgaben, den Gefangenen Freiheit und den Blinden das Augenlicht zu verkünden», «als Heilshandeln mit Vollmachtsanspruch anzusehen» seien, «indem diese Funktion des ‹Boten› in Jes 61,1 vom lukan. Jesus als messianische Funktion aufgenommen» werde. Von dem «Kriegsgefangenen» schreibt GERHARD KITTEL: *aichmálōtos* (Kriegsgefangener), in: ThWNT I 195–197: «Der *Kriegsgefangene* ist für das A und NT durchweg der bejammernswerte und in besonderer Weise auf Gottes Rettung angewiesene Mensch (Ps 79,11 u.ö.), den ein grausamer Kriegsfeind verschleppt hat (Lk 21,24; Apk 13,10...).» «Das Bild der Kriegsgefangenschaft wird übertragen auf den inneren sittlichen und religiösen Kampf des Menschen und um den Menschen.» «Der Kampf und das Gefangensein lösen den Hinweis auf einen ‹höheren› Kampf und ein ‹höheres› Gefangensein aus, etwa im Sinne von 2 K 10,5; Eph 4,8.» – GABRIEL KYO-SEON SHIN: *Die Ausrufung des endgültigen Jubeljahres durch Jesus in Nazareth*, 170–171, stellt das «willkommene Jahr» in 4,19 in Zusammenhang mit dem Sabbatjahr von Lev 25,5b, das «ein Brachjahr für das Land» war. «Nach Ex 23,10-12 sollte es den Armen und den im Dienst des Menschen stehenden Tieren zur Verfügung stehen.» «Nach... Lev 25,8-12... sollte jedes siebte Jahr Sabbatjahr und jedes 49. Jahr ein Jubeljahr sein... Dieses Sabbatjahr... gilt als ein Jahr der Freilassung.» – Auf die sozialpolitischen Aspekte des *Sabbatjahres* verweist GERHARD KEHNSCHERPER: *Von Jeremia zu Jesus von Nazareth*, 11–12: «Bereits in dem viel älteren ‹Bundesbuch› (Ex 23,10f.) war angeordnet worden, daß jeder Landbesitzer seine Äcker nur 6 Jahre lang bestellen und abernten dürfe; im siebenten Jahr mußte er auf die Ernte verzichten... Zur Begründung dieser einschneidenden gesetzlichen Maßnahme wurde auf die Sabbatordnung verwiesen (Ex 23,12 und Lev 25,2). Aber dennoch war das Sabbatjahr niemals eine derart feste Einrichtung geworden wie der Sabbat... Durch die Reformen des Königs Josia erhielt das Sabbatjahr nun dadurch eine erheblich größere Bedeutung, daß der *Erlaß aller Schulden* angeordnet wurde (Dt 15,1-5). Es wurde ausdrücklich verboten, einem Israeliten durch Schuldeintreibung zu bedrängen, wenn das ‹Erlaßjahr›, wie es jetzt genannt wurde, bevorstand, während man einem Fremden gegenüber nicht auf die Schuldsumme zu verzichten brauchte.» «Es wurde hier also der Versuch gemacht, das Schuldenproblem in großzügiger Weise zu Gunsten der Verschuldeten und Verarmten zu lösen..., wie sie nach den bisherigen Gesetzen infolge ihrer Verschuldung von der Schuldversklavung bedroht waren. – Daher ist es verständlich, daß gerade dieses neue Gesetz bei den Reichen Ärgernis hervorrief. Es entbrannte ein Streit darüber, ob es sich *nur um ein Ruhen* der Zinsleistungen und Abgabenverpflichtungen für die Dauer eines Jahres oder um ein völliges *Niederschlagen der Schuldsumme* handeln sollte.» Und S. 31: «Der Gottesdienst in der Synagoge von Nazareth hatte also dadurch einen besonderen Charakter erhalten, als Jesus das Gesetz und die Propheten ‹erfüllte› und *‹die große Freilassung› ausrief*. – Während die ‹frommen Heuchler› (Mt 23), die sich in vielen Kleinigkeiten auf das ‹göttliche Gesetz› beriefen (Mt 23,25), bei der Durchführung des Sabbatjahres eine Praxis entwickelt hatten, die einer völligen Mißachtung des göttlichen Gebotes gleichkam und das Halljahr überhaupt nicht durchgeführt hatten, obwohl es als ‹Gottes Gebot› signiert war, *sah Jesus sich vor die Aufgabe gestellt, diesem heiligen Gesetz endlich in den konkreten Verhältnissen der damaligen Gegenwart Bahn zu machen und seine Bestimmungen zum Heile der Verfolgten, Bedrängten und Zerbrochenen in dieser Zeit – heute – zu erfüllen.*» – HANS JÖRG SEELNER: *Das Heil Gottes*, 90, wehrt sich gegen eine reine Verspiritualisierung der «Armen» ebenso wie gegen deren Idealisierung: «Einen Zustand demütiger Gläubigkeit wie an einigen Stel-

die Welt schön und gut. Man mag auch darum beten, daß Gott dereinst einmal derartig wirken möchte, und doch dreht alles sich in solchen «Gottesdiensten» selbst im Kreise wie ein Zirkuspferd in der Manege: es ist so prächtig anzuschauen, sein Leerlauf selber ist das Vergnügen, das ‹Volk› verbleibt als Zuschauer eines sakrosankten Spektakels; – das ist das Unernste, die Heuchelei im Heiligen, der Mummenschanz des Menschlichen, wie kein Prophet ihn dulden kann. Was er bewirken will, bewirken *muß*, liegt in dem einen Worte Jesu: «*Heute* hat sich erfüllt dieses Schriftwort in euren Ohren.» (4,21)[14] Es ist müßig, herauszufinden, daß «heute» statistisch ausgezählt ein Lieblingswort des *Lukas* darstellt[15]; *existentiell* gese-

len im Psalter bezeichnet *ptōchós* (sc. Bettler, Armer, d.V.) nirgendwo im lk Werk. Auch käme Lukas niemals auf den Gedanken, die Armen um ihrer Armut willen zu preisen.» Gleichwohl ist nicht zu sehen, wie die «Zuwendung zu den *wahrhaft* Elenden» (S. 91) es verbieten sollte, die Arm*seligkeit* so vieler Menschen wahrzunehmen. KLEMENS STOCK: *Jesus – die Güte Gottes*, 57, ordnet den Zusammenhang richtig an, wenn er schreibt: «Jesus kündet an, wie *Gott* ganz sicher handeln wird. Damit ist zugleich gesagt, daß die Botschaft Jesu kein Sozialprogramm ist. Jesus organisiert nicht einen irdischen Güterausgleich ... Er richtet die Hoffnung der Armen nicht auf irdische Güter, sondern auf Gott.» «Die Hoffnung, die Jesus bringt, heißt ... nicht: Es wird den Menschen einmal gelingen, alle Not zu beseitigen ... Die Botschaft Jesu heißt: Gott wird gerade den Armen das umfassende Heil schenken. «

14 HANS CONZELMANN: *Die Mitte der Zeit*, 30–31, verweist auf 2 Kor 6,2 und stellt den Unterschied fest, «daß Paulus die *eigene* Zeit als die eschatologische bezeichnet; Lukas aber sieht das Heil bereits wieder in der Vergangenheit. Die Heilszeit ist historisch geworden, ein Zeitabschnitt, der wohl die Gegenwart bestimmt, aber als Epoche zurückliegt und abgeschlossen ist. Daß sich Lukas über diese Dinge klar ist, zeigt der analoge Abschnitt 22,35 f., der Jesuszeit und Gegenwart charakterisierend voneinander abhebt. Das bedeutet aber nicht mehr und nicht weniger als die Vorstellung: Mit Jesus ist nicht die Endzeit angebrochen. Vielmehr ist im Leben Jesu in der *Mitte* der Heilsgeschichte das Bild der künftigen Heilszeit vorabgebildet – ein Bild, das jetzt unsere Hoffnung begründet, mehr: ein Geschehen, das uns die Vergebung und den Geist und damit den Eingang ins künftige Heil beschafft.» – ULRICH BUSSE: *Das Nazareth-Manifest Jesu*, 37, meint: «In diesem Zusammenhang ist noch von keinen Machttaten Jesu die Rede, weil Lukas im Septuagintastil hervorhebt, die Schrift habe sich ‹in ihren Ohren› erfüllt (vgl. Lk 7,1). Es geht nur um die endzeitliche Verwirklichung des Schriftwortes.» Ähnlich auch GABRIEL KYO-SEON SHIN: *Die Ausrufung des endgültigen Jubeljahres durch Jesus in Nazaret*, 188. PETER BÖHLEMANN: *Jesus und der Täufer*, 181, konstatiert: «In Lk 4,18 macht Lukas durch ein Schriftzitat (vgl. Jes 61,1 f.; 42,7) deutlich, daß sich mit dem Auftreten Jesu genau das erfüllt, was der Täufer als Bedingung für eine Partizipation am eschatologischen Heil forderte. Den Armen ... und Unterdrückten ... wird geholfen. Der Inhalt des an sie gerichteten Evangeliums ist ihre Befreiung ... Damit ist der Unterschied zu der Verkündigung des Täufers deutlich markiert. Die von Johannes erstrebte eschatologische ‹Befreiung› (vgl. Lk 3,3 ...), deren Bedingung die Erfüllung ethischer Verhaltensnormen war, ereignet sich bereits im Heilshandeln Jesu Christi.»

15 «*Heute*» ist ein Wort, das im Lk Ev 11mal und in Apg 9mal vorkommt – gegenüber 8mal bei Mt, 1mal bei Mk und keinmal bei Joh. Vgl. ROBERT MORGENTHALER: *Statistik des neu-*

hen verändert es alles. Von Gott reden kann man nicht als von einer fernen Möglichkeit; Gott ist Gegenwart oder – er ist gar nicht; und was nicht hier und jetzt Bedeutung hat, ist religiös vollkommen nichtig. Die Kategorie der religiösen Existenz ist die des Augenblicks, ist der Kreuzungspunkt von Zeit und Ewigkeit, meinte SÖREN KIERKEGAARD (1813–1855)[16]. Ganz so liest

testamentlichen Wortschatzes, 140. – KARL HEINRICH RENGSTORF: *Das Evangelium nach Lukas*, 68, schreibt: «Im ‹Heute›... ist die Zeit der Erwartung zu ihrem Ziel gekommen (vgl. Mk 1,15). Jesus kann das aussprechen, weil die Werke des Gottesboten von Jes. 61,1 f. längst seine Werke sind». GOTTFRIED NEBE: *Prophetische Züge im Bilde Jesu bei Lukas*, 67, meint: «Jesus selbst interpretiert in Lk 4,21 die Selbstaussage des Propheten ‹Jesaja› auf das ‹Heute› der Erfüllung, d. h. auf sich. Solch ein ‹Heute› findet sich in der Schriftauslegung als ein ‹endzeitlich-eschatologisches Heute› gerade in den Pescharim (sc. den Pescher-Kommentaren, nach der stereotypen Formel *pischro ʿal* – seine Bedeutung geht auf ..., d.V.) von Qumran. Es kommen so das palästinensische Judentum und eine besondere Art von Midraschim (sc. rabbinischen Schrifterklärungen, d.V.) als Hintergrund in Sicht. Dabei ist sicherlich auch das alte ‹Heute› des Dtn traditionsgeschichtlich zu beachten ... Indem Jesus das ‹Heute› auf sich bezieht, sieht er wie z. B. die Pescharim von Qumran in dem atl. Prophetenwort noch etwas Unabgegoltenes vorliegen ... Dieses ‹Heute› betrifft im Mund Jesu die gegenwärtige Heilszeit.» – Ähnlich schreibt auch MANFRED KORN: *Die Geschichte Jesu in veränderter Zeit*, 79; «Das Reich Gottes, das im ‹Heute› der Verkündigung bereits gegenwärtig wird, ist zugleich zukünftiges, von Gott herbeigeführtes Ziel der Geschichte.» Diese Auslegung werde «dadurch bestätigt, daß sich das Heute in Lk 4,21 ‹in den Ohren› der Zuhörer erfüllt. Damit ist eigentlich seine Historisierung und Verobjektivierung ausgeschlossen. Die Erfüllung ist an das anregende und treffende Wort gebunden, das durch Jesus ermöglicht wird.» WILFRIED ECKEY: *Das Lukasevangelium*, I 226, betont: «An diesem Tage und zu der Stunde, an dem Jesus mit der Verlesung des prophetischen Textes seine öffentliche Tätigkeit begonnen hat, ist das Erlaßjahr Gottes angebrochen ... Er, der in Nazareth die hochwillkommene Gnadenzeit Gottes aufruft, ist in Person Gottes Heilsproklamation ... Das Ende des ... Erlaßjahres ... ist bis auf weiteres offen.» Auf die «vor allem ... christologische Deutung der Heilssendung Jesu» verweist RICHARD GLÖCKNER: *Die Verkündigung des Heils beim Evangelisten Lukas*, 128–129, und meint: «Von hier spannt sich der Bogen zurück zu Lk 2,11 und 3,22 und voraus zu Lk 5,26; 19,9 und 23,43. Auf die feierliche Verkündigung Jesu als des gottgesandten Retters in 2,11 folgt nun die feierlich Selbstoffenbarung als der von Gott mit dem Geist ‹gesalbte› Knecht.» Ähnlich argumentiert auch MICHAEL DÖMER: *Das Heil Gottes*, 61–62, indem er ebenfalls Lk 4,16-30 mit Lk 3,21 f. in Zusammenhang sieht: «Während in 3,21 f. die Ausstattung Jesu mit dem heiligen Geist geschildert wird. macht die in 4,18 enthaltene Aussage deutlich, daß diese Ausstattung mit dem Geist als eine ‹Salbung› zu verstehen ist», – daß Jesus also der «Gesalbte», der «Christus» ist.

[16] Vgl. SÖREN KIERKEGAARD: *Philosophische Brosamen*, Kap. 5, § 2: Die Frage nach dem Schüler zweiter Hand, S. 127: «Wahrlich sollte der Glaube jemals den Einfall bekommen, en masse im Triumph vorzurücken, dann braucht er niemand das Singen von Spottliedern erst zu gestatten ...; denn der Glaube, der triumphiert, ist das Lächerlichste von allem. Falls die gleichzeitige Generation von Glaubenden keine Zeit zu triumphieren bekam, dann bekommt es keine Generation; denn die Aufgabe ist die gleiche, und der Glaube ist immer kämpfend.» Zum Begriff des *Augenblicks* vgl. auch SdB III 481; 559.

Jesus die Worte des (*Deutero*)*Jesaja* hier vor, daß sie beim Hören sich selber ereignen.

Die erste Voraussetzung dafür ist, daß der Hörer das Gehörte nicht als eine Botschaft für andere weiterreicht, sondern es auf sich selbst bezieht. Wie, wenn du selbst der «Kriegsgefangene», der «Unterjochte» bist, der auf Befreiung harrt? Der «Arme», der «Worte des Heils» braucht, um zu leben? Der «Blinde» ohne Aussicht, dem endlich geschenkt wird, klar zu sehen? Das sind die Fragen, die von Jesu Lesung ausgehen. Solange Menschen nicht ihre eigene Bedürftigkeit sich eingestehen, werden sie in Gefahr sein, die Hilfsbedürftigkeit anderer zu übersehen und zu übergehen. Alles verdichtet sich in diesem Zentrum der Selbsterkenntnis: Kann es nicht sein, daß Du sogar über Gott bisher auf eine Weise «unterrichtet» wurdest, die Dich nicht befreit, sondern weit eher unterdrückt hat, – womöglich ohne daß Du dessen innewurdest? Wie oft in einer Psychotherapie gibt sich das Reden von «Gott» als eine Form verinnerlichter Gewalt zu erkennen, als eine Verfestigung kindlicher Ängste und Abhängigkeiten, als eben jene «verteufelte» Mischung aus Unsicherheit und Haltsuche, der Jesus soeben noch als der normalen Rezeptur der institutionalisierten Religion eine klare Absage erteilt hat! Wie oft trägt die Gottesverfinsterung im Schatten schwerer Schuldgefühle dazu bei, Menschen um jede Aussicht auf ein eigenes sinnerfülltes Leben zu bringen! Wieviel an «Schadstoffen» im «Strom» muß da erst «herausgefiltert» werden, um die «Gottesvergiftung» einer autoritär verfaßten, außengelenkten Religionsform zu revidieren und zu therapieren! Ein «Gott», der nicht ins Freie führt, ist in den Augen Jesu nicht der Gott des Exodus, – er ist ein «fremder» Gott (Ex 20,3), ein Dämon; ein Gott, in dessen Licht wir nicht selbst zu sehen lernen, ist nicht der Gott, von dem es im Gebetbuch Israels heißt: «In deinem Licht sehn wir das Licht.» (Ps 36,10); ein Gott, dessen Wort nicht Gnade ist, schenkt uns nicht Herzensweite, Zuversicht und Mut zum Leben, sondern erzeugt nur Zwang, Zaghaftigkeit und Zukunftsangst. Alles steht hier auf dem Spiel. Doch eben dieser Ernst, mit dem Jesus die altvertrauten Worte vorträgt, erzeugt notwendig Widerstand und Widerwillen.

Vermutlich ist es überhaupt unmöglich, im Namen Gottes die Befreiung von Menschen im «Kollektiv» zu «verkünden»; Menschen kann man nur zu sich selbst führen, indem man mit einem jeden von ihnen persönlich all die Erfahrungen durchgeht, die seine Entwicklung verstellen. Dann aber muß man von einer Gruppe von Menschen, die sich selbst als «Gemeinde» Gottes verstehen – als «Volk der Erwählung», als «Kirche» –, erwarten, daß sie sich mit ihrer hergebrachten Gottversichertheit nicht all den ehrlich Suchenden, den Ringenden, den Verzweifelten in den Weg stellen. Es ist der erste öffentliche Auftritt Jesu, von dem *Lukas* hier berichtet, und schon rühren wir an ein zentrales Problem im gesamten Wirken Jesu nicht minder als im Dritten Evangelium: Kann man es dulden, daß eine Glaubensgemeinschaft Gott für sich auf eine Art in Anspruch nimmt, die alle anderen Menschen ausschließt? Ist es denkbar, Gnade zu erfahren und sie dann als ein Anrecht exklusiv für sich selbst und für die eigene Bezugsgruppe zu reservieren? Immer wieder geht das so zu: da verbarrikadieren sich die «Guten» und sperren alle aus, die sich anders verhalten, als es ihren Vorstellungen entspricht; da verschanzen sich die «Frommen» und finden alle als unzugehörig, ja, als irgendwie ungehörig, die mit den dogmatischen Doktrinen nicht zurechtkommen, die man ihnen als «die rechte Form des Glaubens», als «Orthodoxie», verordnen will; da positionieren sich die in Gott «Wiedergeborenen» und machen sich vor Stolz zum Maßstab aller anderen. Wo Weite werden sollte, wächst so Unfreiheit, wo Geist, Geistlosigkeit, wo Güte, Grausamkeit.

In seiner Vorlage im *Markus*-Evangelium (Mk 6,2–3) fand *Lukas* einen «Einwand» vor, der ganz und gar der «Dorfmentalität» entstammt: Man kennt den Jesus doch, man kennt seinen Vater, man kennt seine Brüder und Schwestern[17] – die letzteren läßt *Lukas* weg, doch sicher nicht, wie manche meinen, um die «immerwährende Jungfräulichkeit» Mariens zu «retten»[18]; wenn er wirklich der «Maler» Mariens wäre, für welche die christliche Le-

17 KARL HEINRICH RENGSTORF: *Das Evangelium nach Lukas*, 69, sieht zu Recht in dieser Szene angedeutet, «was Jesus nunmehr von seinem Volke zu erwarten hat. Das Evangelium wird verworfen, weil Jesus, der Sohn Josephs aus Nazareth, es anbietet (vgl. auch Joh 1,46; 7,41). Selbstverständlich stehen für den Erzähler die Bewohner Nazareths für die ganze Judenschaft. Ihr Verhalten verweist deshalb auch nach vorn: einmal auf Jesu Kreuz, zum anderen auf eine selbstverschuldete künftige Heillosigkeit. Der erste Schritt dahin ist schon mit der erzwungenen Trennung Jesu von seinem Heimatort gegeben. Diese schließt für den Erzähler auch seine Trennung von den Seinen mit Einschluß der Mutter ein; 8,19 ff. wird sie einfach vorausgesetzt. So erfüllt sich auch die andere Prophetie Simeons ...: Durch die Seele der Mutter *geht* das Schwert (2,34 f.)»

18 So vermeint HEINZ SCHÜRMANN: *Das Lukasevangelium*, I 236, in Mk 6,3 weise die «ganz ungewöhnliche Bestimmung Jesu nach der Mutter ... auf einen Gemeindeglauben an die Jungfrauengeburt» hin; die Angabe Josefs als des Vaters Jesu ist für *Lukas* selbst freilich eine Fehlmeinung, vgl. Lk 3,23. GÜNTER WASSERBERG: *Aus Israels Mitte – Heil für die Welt*, 157, meint: «Daß Maria die Mutter Jesu ist, gilt auch für die von Lukas vorausgesetzte Gottessohnschaft. Die Vaterschaft bestimmt also den Unterschied, ob in Jesus lediglich ein Mensch (vgl. Lk 3,23) oder zugleich der Sohn Gottes erkannt wird. Die Identifizierung Jesu über Josef anstelle von Maria ist ein deutlicher Ausweis jüdischen Nichtverstehens (vgl. Joh 6,42).»

gende ihn ausgibt[19], so hätte er an dieser Stelle wohl die beste Gelegenheit gefunden, die Mutter Jesu ins rechte Licht zu rücken; statt dessen spricht auch er hier (wie in Lk 3,23 im «Stammbaum») von Josef als dem Vater Jesu, – auch nach der Darstellung des *Lukas* weiß also niemand in Nazaret von irgendeiner «übernatürlichen» Herkunft Jesu in «biologischem» Sinne. Doch das ist auch nicht das Problem.

Entscheidend ist, daß die Leute in Nazaret glauben, Jesus zu «kennen», weil sie ja seinen Vater kennen. Sie hören einem Jesus zu, der ihrer Meinung nach zu ihnen gehört, der einer der Ihren ist, weil er ja mit ihnen gespielt hat und in denselben Gassen wie sie umhergelaufen ist. Einen solchen Mann könnten sie mögen, wenn er sich zu ihnen setzte und gefälligst «die Kirche im Dorf lassen» würde: er dürfte über Gott, wenn überhaupt etwas, dann allenfalls sagen, was man so miteinander halt zu sagen pflegt – die üblichen Redensarten, die üblichen Ansichten, die üblichen Parolen des *common sense*; als «Sohn des Josef» dürfte dieser Jesus nichts anderes verkörpern oder verkünden, als was ihm mittels Gene und Genese mitgegeben worden ist. Alles andere: alles Neue, Aufregende, Konträre, muß unter solchen Voraussetzungen für Anmaßung und Überheblichkeit gehalten werden. Da beruft sich jemand auf Gott und will sein Wort in die Gegenwart seiner Hörer stellen; – ernennt er sich da nicht selbst zum «Propheten»? Sollte da wirklich jemand vermeinen, er sei etwas Ungewöhnliches mitten im absolut Gewöhnlichen? Der bloße Gedanke schon erzeugt Gefühle von Neid und Ablehnung. Wenn aber das «Ungewöhnliche» nun noch auftritt mit dem religiösen Anspruch eines absoluten Entscheidungsernstes, dann spätestens fängt es an, ungemütlich zu werden; dann muß man sich wehren gegen so viel Arroganz und Überheblichkeit.

Bis hin zu diesem Punkt mag das offenbar verbreitete Sprichwort in Israel seine Bestätigung gefunden haben: «Kein Prophet ist willkommen in seiner Vaterstadt.» (4,24)[20] Doch wie *Lukas* jetzt fortfährt, entwickelt sich eine

[19] Vgl. O. KAISER: *Lukas*, in: Peter Manns (Hg.): Die Heiligen in ihrer Zeit, I 78: «Aufgrund der dem Lukasevangelium eigenen Darstellung Marias bildete sich die Legende, er habe Marien- oder gar Christusbilder gemalt.»

[20] Zu dem «Sprichwort» vgl. Str. B. I 678. DIETRICH RUSAM: *Das Alte Testament bei Lukas*, 211, meint zu Recht, daß auch Elija und Elischa als nicht willkommen in Israel dargestellt wurden, werde doch in Lk 4,25-27 «das Bewusstsein der Juden, als einziges Volk von Gott erwählt zu sein, biblisch begründet herausgefordert». Vor allem wird Jesus durch Parallelisierung mit dem Schicksal anderer Propheten selber als Prophet geschildert. DERS.: *Das Alte Testament bei Lukas*, 214, fügt hinzu: «Ausgerechnet die ursprünglich pro-jüdische Passage Jes 61,1 f., die in ihrem ursprünglichen Textbestand vom Tag der Rache gegenüber den anderen Völkern spricht (Jes 61,2), und ausgerechnet die beiden Propheten, die in

ganz neue Auseinandersetzung. Vorstellen kann man sich, daß die Leute in Nazaret das Auftreten Jesu durchaus begrüßt hätten, wenn sie ihn als «einen der Ihren» hätten auf ihr Maß zurückschrauben können. Selbst wenn er anderenorts «Wunder» der Heilung gewirkt hätte, – man wäre wohl stolz auf ihn gewesen: «unser Mann» in Irgendwo! Man hätte sich mit ihm identifizieren können. Aber genau das geht nicht. Denn die Kardinalfrage, die (der lukanische) Jesus hier aufwirft, reicht weit über die Haltung der Leute in Nazaret hinaus, und eine Auseinandersetzung darüber ist in der Tat überfällig.

Alle Theologen in allen Religionen werden ihre Intelligenz darein verwenden (und verschwenden), Beweise dafür anzustrengen, daß *ihre* Religion die Wahrheit Gottes selber wiedergibt: sie ist von ihm selbst «offenbart» worden – schon deshalb ist sie unvergleichbar mit allen anderen Religionsformen, denen man folglich den «Offenbarungscharakter» absprechen und deren «Wahrheit» man zu einer bloßen «Beliebigkeit» herunterstufen muß. Gerade die theologische Ideologisierung Gottes aber verhindert immer wieder eine wirkliche religiöse Erfahrung, und es sind insbesondere die eigentlichen Träger der «Offenbarung», die *Propheten*, die mit allem Nachdruck auf diesen Zusammenhang hinweisen: Weit eher als die Alteingesessenen, als die Gewohnheits- und die Traditionsgläubigen, finden die Außenseiter, die Menschen in Not und Bedrängnis, zu Gott.

Wie war das zum Beispiel mit Elija und der Witwe von Sarepta (1 Kön 17,1–24)? Zur Strafe war damals der Himmel verschlossen, und eine schwere Hungersnot lagerte in jenen Tagen über dem Land; da begab der Prophet sich weit außer Landes, an die Westküste Phöniziens, etwa 10 km südlich von Sidon (vgl. *Tafel 1*), und erprobte das Mitleid einer Frau, die das letzte Öl und das letzte Mehl, das sie noch besaß, für ihren Sohn und sich selbst soeben zu einem Brot verbacken wollte; doch sie gab's dem Mann Gottes, und der, zur Belohnung, wirkte ein ähnliches «Wunder», wie Jesus selbst, der Legende nach, ein wenig später in der Geschiche von der «Brotvermehrung» es wirken wird (Lk 9,10b–17): wo Menschen ihre Angst vor dem «Verhungern» überwinden, werden sie merken, wie es vielfältig auf sie zurückkommt; sie kommen nicht zu kurz, sie werden überreich beschenkt. Der Krug und das Maß der kanaanäischen Witwe werden niemals mehr leer[21]. Es ist eine Erfahrung, die von vornherein nicht «jüdisch» oder

besonderer Weise den Bund JHWHs mit Israel wiederherzustellen versuchen ... werden nun *gegen* das Heilsvolk selbst und zugunsten der Heiden in Anschlag gebracht.» Herausgefordert werde dadurch das Erwählungsbewußtsein Israels, und begründet werde hier bereits die Heidenmission

21 Zu 1 Kön 17,2-16 vgl. ERNST WÜRTHWEIN: *Die Bücher der Könige*, 212–213.

«israelitisch» sein kann; wohl wird sie vermittelt durch einen hebräischen Propheten, aber sie selbst ist allgemein menschlich und beansprucht Gültigkeit als Basis einer universalen Humanität: Jeder weiß, was Hunger ist (und Durst); jeder kann sich ausmalen, wie hilfsbedürftig er in Not sich fühlen wird; eine Krise aber, die *jeden* ereilen kann, zwingt uns zu einer Grundsatzentscheidung, wie sie ganz ähnlich eben noch von Jesus selber in der Versuchungsgeschichte getroffen wurde: Entweder wir reagieren auf eine tödliche Bedrohung, die prinzipiell jeden betrifft, mit der globalen Kriegserklärung aller gegen alle – wir kämpfen um die immer knapper werdenden Ressourcen und lassen überleben einzig den, der stark genug ist, sich erfolgreich durchzusetzen – oder wir lernen es, gemeinsam gegen den gemeinsamen Feind aller zusammenzustehen und uns zu solidarisieren in einem Mitempfinden ohne Grenzen.

Eben diese grenzenlose Menschlichkeit wird hier zu Jesu Prüfstein an die Hörer: soll «ihr» Gott weiter nichts sein als die Projektionsfigur nationaler Selbstbestätigung oder vernimmt man noch einmal neu die Worte aus (*Deutero*)*Jesaja*: «Zu wenig ist's, daß du mein Knecht bist, die Stämme Jakobs aufzurichten und die Zerstreuten Israels wiederzubringen, sondern ich habe dich zum Licht auch der Heiden gemacht, daß du seist mein Heil bis an die Enden der Erde.» (Jes 49,6)[22] Es ist eine Stelle, an welcher auch das Bild des «matthäischen» Jesus, der sich gesandt fühlte «nur ... zu den verlorenen Schafen des Hauses Israel» (Mt 10,6; vgl. Mt 15,24), bei *Lukas* ins Menschheitliche erweitert wird, und das zu Recht[23]. Denn wie sollte man von dem Gott Israels wahrhaft zu künden vermögen, außer man machte Gott erfahrbar als den Vater *aller* Menschen?

Ein gleiches, nur noch tiefer in der Aussage, besagt das zweite Beispiel Jesu: Da war in den Tagen des Elischa (des Schülers und Nachfolgers des Elija) ein Feldhauptmann in Damaskus, Naaman mit Namen, der litt an Aussatz, bis er sich nach Israel begab, hoffend auf Jahwes Hilfe. Auf das Geheiß Elischas badete er im Jordan, und er wurde rein am ganzen Körper. Gott achtet offenbar nicht darauf, welch einem Volke ein Mensch angehört; wieviel Vertrauen sein Leiden ihn lehrt, das ist es, worauf's ankommt, be-

[22] Zu Jes 49,6 vgl. CLAUS WESTERMANN: *Das Buch Jesaja*, Kapitel 40–66, 166–172: Das zweite Gottesknechtslied. – HANS KLEIN: *Barmherzigkeit gegenüber den Elenden und Geächteten*, 47, meint: «Hilfe für die Ausgestoßenen verkündet... das Doppelwort Lk 4,25-27. Diese Botschaft geht indes nicht mehr an die Abrahamskinder..., sondern an die Außenstehenden, an die Heiden.»

[23] Vgl. Mt II 150–156: Der ursprüngliche Auftrag.

sagt die Erzählung (2 Kön 5,1–14)[24]. Und mehr noch: Anfangs glaubt Naaman, er müsse einen ganzen Troß an Gaben und Vorleistungen mitbringen, um seine Heilung bei Gott zu erwirken; doch er lernt, er *darf* lernen, daß der Gott, der ihm hilft, nur schaut auf seine Not, nicht auf sein Opfer, auf sein Gebrechen, nicht auf all sein Mitgebrachtes, auf seine Haltung, nicht auf seine Habe[25]. Abgelehnt wird hier der ganze Opferdienst und Opferkult des Tempelpriestertums – zugunsten einer Einsicht, die schon *Jeremia* 600 Jahre zuvor so formuliert hat: «Bessert euer Leben und euer Tun, so will ich bei euch wohnen an diesem Ort.» (Jer 7,3)[26] Die Existenz des Menschen, nicht irgendein geheimnisvolles Ritual, das «wirkt», indem ein korrekt geweihter Kirchenbeamter es aufführt, entscheidet vor Gott über «rein» oder «unrein». – Ein Kapitel weiter im *Lukas*-Evangelium wird Jesus zeigen, was sich aus dieser Veränderung der Perspektive im ganzen ergibt: geheilt schickt er da einen Aussätzigen zu den Priestern (Lk 5,12–16), auf daß sie konsterniert das «Wunder» der Gesundung eines Menschen konstatieren mögen, das selber zu wirken sie sich außerstande zeigen.

Kaum aber merken Jesu Hörer in der Nazarener Synagoge, wohin der *Wind*, das heißt der «Geist», der Jesus umtreibt, weht, da kommt er ihnen selbst vor wie ein Unberührbarer, wie ein durch Ansteckungsgefahr Bedrohlicher, wie einer, den man «aussetzen» und ausstoßen muß, um sich die Grundbegriffe der eigenen Rechtgläubigkeit unangefochten erhalten zu können. Klar scheint ihnen, daß dieser Mann sich viel zu weit hinaus wagt, daß er wie «abgehoben» eine Lebensdimension verkörpert, die ihnen schlicht «zu hoch» ist oder, wie man auch zu sagen pflegt, die ihnen «über die Hutschnur geht». Auf so viel «Hochmut» steht als Kollektivstrafe das *jus talionis* blanker Mobbing-Aggression. Da findet sich am Rand des Dorfes Nazaret ein Berg, auf den, «erfüllt von Wut» (4,28), sie Jesus zerren, um ihn über den Steilhang in den Tod zu stürzen. «Hochmut kommt vor den Fall», sagt man in einem deutschen Sprichwort; hier aber wird aus dieser «Volksweisheit» das spontane Hinrichtungsurteil des sogenannten «gesunden Volksempfindens».

[24] Zur Stelle vgl. ERNST WÜRTHWEIN: *Die Bücher der Könige*, 299–300: Die alte Anekdote: Es gibt einen Propheten in Israel!

[25] ERNST WÜRTHWEIN: A.a.O., 300, sieht in dem Baden in dem «kümmerlichen Jordan» «geradezu eine Demütigung und Zumutung». Doch fragt er nicht, warum eine solche auf dem Weg zur Heilung von «Aussatz» nötig sein könnte.

[26] Zur Stelle vgl. ARTUR WEISER: *Der Prophet Jeremia*, I 61–64: 7,1-15: Die Tempelrede.

Es ist eine der unheimlichsten, der am meisten archaisch anmutenden, doch jederzeit möglichen Handlungsbereitschaften von Menschen, auf ein bestimmtes Signal hin sich zusammenzuschließen gegen einen einzelnen und, wie in einer urzeitlichen Jägerhorde, diesen einen zu umzingeln und zu stellen, um ihn mit Fäusten, Tritten, Steinen, Knüppeln niederzumachen. Alle sind sich einig in dem einen gemeinsamen Gefühl, dieser eine verdiene es nicht länger, noch unter ihnen zu sein, ja, überhaupt noch zu sein. Er gehört ausgerottet von der Mobbing-Meute[27] wie ein Stück Unkraut auf dem Acker – bei *Matthäus* (Mt 13,24–30) wird Jesus ein eigenes Gleichnis aus diesem Bilde formen –; er gehört mundtot gemacht – er gehört totgemacht. Was treibt an sich ganz normale, unbescholtene Mitmenschen – Synagogen- und Kirchenbesucher, fromme Leute, gute Familienväter, zuverlässige Handwerker, vorbildliche Hausfrauen und Mütter mit ihren Kindern – zu einer derartigen Gemeinschaftsaktion, daß sie kreischend, johlend, mit haßerfüllten Gesichtern, einer den anderen aneifernd und noch bestätigend, schadenfroh und gehässig dabei mitmachen, jemanden voller Angst in die Enge zu treiben, in dem sicheren Bewußtsein, den Kerl schon zu erwischen, wie eine Wolfsmeute ihn von allen Seiten einkreisend und schließlich wie erleichtert bei seinem Anblick sich gebend, wenn er blutend, schreiend, zuckend, am Ende stumm und reglos vor ihnen am Boden liegt?

Das alles kommt daher, daß jedes Mitglied einer Gruppe von allen anderen Gruppenmitgliedern akzeptiert sein möchte, meint der Sozial-

[27] LUKAS BORMANN: *Recht, Gerechtigkeit und Religion im Lukasevangelium*, 241, meint: «4,28-30 berichtet nicht von Lynchjustiz. Es wird zwar kein Prozeß geschildert, aber die *pólis* (sc. die Dorfgemeinschaft, d.V.) handelt als Rechtsgemeinschaft… Die… Beschreibung der Steinigung (sc. in dem Mischnatraktat Sanhedrin, d.V.) entspricht in einigen Zügen dem lukanischen Bericht (öffentliches Herausführen des Verurteilten aus der Stadt bis zu einem Abhang). Lukas orientiert sich aber nicht an dieser ohnehin idealtypischen Darstellung. Er erwähnt mit keinem Wort den Willen zur Steinigung.» Das stimmt; doch der Wille, Jesus vom Berg hinabzustürzen, ist nicht minder mörderisch. Str. B. II 157, schreiben: «Das tumultuarische Vorgehen gegen Jesum findet keine Rechtfertigung an Sanh 9,6: Wer eine Opferschale stiehlt und wer mit dem Qosēm (Nennung eines Götzennamens) flucht und wer einer Aramäerin (Heidin) beiwohnt – über die können Eiferer herfallen (und sie, falls auf frischer Tat ertappt, ohne prozessualische Weitläufigkeiten töten).» Gerade ein solches «Eifern» liegt hier vor – eine Mobbing-Aggression auf Grund eines gemeinsamen Rechtsgefühls. Auch LUKAS BORMANN: A.a.O., 241 stellt fest: «Am Ende dieses Abschnittes ist der Riß, der durch die durch Recht und Religion strukturierte Welt des palästinensischen Judentums geht, deutlich. Die ethisch-eschatologische Botschaft des Täufers ist gescheitert. Die enttäuschte Loyalitätserwartung der Heimatstadt Jesu schlägt in Vernichtungswillen gegen den durch *cháris* (sc. Gnade, d.V.) und vom *pneŷma* (sc. Geist, d.V.) geleiteten Sohn Gottes um.»

psychologe PHILIP GEORGE ZIMBARDO (geb. 1933) in seinem neuen Buch *The Lucifer Effect*[28], und er schildert, wie in seinem berühmt gewordenen «Stanford-Prison-Experiment» aus dem Jahre 1971 ansonsten völlig unauffällige Studenten in der Rolle der «Wärter» eines Gefängnisses die «Häftlinge» – ihre eigenen Kommilitonen –, um ihren «Widerstand» zu brechen, schließlich in der schlimmsten Weise zu demütigen und zu schikanieren begannen. Alle Szenen, die aus dem amerikanischen Foltergefängnis von Abu Ghraib im Jahre 2004 über die Bildschirme der Welt gingen, wurden in kurzer Zeit in jener «gespielten» Gefängnissituation – über 30 Jahre zuvor schon – durchlebt und durchlitten, indem die Vertreter des virtuellen «Wachpersonals» die «Gefängnisinsassen» fesselten, sie hungern ließen, in Dunkelzellen steckten, sie zwangen, sich nackt auszuziehen, um sich dann über ihre Geschlechtsorgane lustig zu machen und sie zu wechselseitigem Sexualverkehr zu nötigen. Wohl jeder nicht ohne weiteres pervers Veranlagte wird den bloßen Gedanken gewiß weit von sich weisen, auch er könnte zu solchen Verhaltensweisen imstande sein, – doch Obacht! Es genügt, die Individualität des Einzelnen im Kollektiv zu anonymisieren; es genügt, die Regeln und Interessen der eigenen Gruppe absolut zu setzen; es genügt, eine entsprechende Emotionalisierung der Gruppenbindung in Wut oder Begeisterung in Szene zu setzen, und es gibt keine übergeordnete moralische Kontrollinstanz mehr, die dem Treiben Einhalt zu gebieten vermöchte. Die Gruppe selbst setzt sich als das höchste Gut, ihr Zusammenhalt ist «das Beste», und innerhalb ihrer «tun» alle nur «das Beste», und so wollen sie für den Augenblick alle unterschiedslos die Gruppe sein. Niemand mehr existiert da für sich; jeder ist der andere, jeder rennt, schlägt, tötet als ein anderer, als ein fremder, und je stärker die Entfremdung durch die Spielregeln des gesellschaftlichen Zusammenlebens bereits vorbereitet ist – beim Training auf dem Kasernenhof, bei der Schulung in einem Sektencamp, bei der Prägung durch eine rigide, ichfeindliche Erziehung in Kindertagen, bei der Ausbildung in einem theologischen Seminar –, desto leichter gelingt die «Verführung» des «Teufels», zugunsten der Masse als erstes sich selbst zu vernichten und dann einen jeden ins Nichts zu stoßen, der die Gruppe angreift. Menschen, die selber als Individuen nicht existieren, können andere Menschen als Individuen nicht existieren lassen. Ein tödlicher Kreislauf – wie ihm entrinnen?

Unmöglich ist es, der Mobbing-Aggressivität sich zu entziehen, solange

[28] Vgl. GEORGE ZIMBARDO: *The Lucifer Effect*, 230–231: The Perversion of Human Perfectibility; vgl. auch HARALD WELZER: *Täter*, 246–268: Alles ist möglich.

man den anderen die Macht zur Verängstigung und Einschüchterung läßt. Wollte man vor dem Mob innerlich oder äußerlich fliehen, – es wäre ebenso aussichtslos, wie einer Meute von Jagdhunden entkommen zu wollen. Man muß «ruhig», in sich ruhend, in gesammelter Ichstärke ganz einfach «weitergehen» und «seinen Weg» machen, – einzig so wird man den Respekt aufbauen können und die Unangreifbarkeit des «Ihr könnt mir gar nichts», die nötig sind, um der drohenden Mobbing-Dynamik zu entgehen[29].

Wie so etwas möglich wird, bewies sich selber einmal ein etwa 20jähriger junger Mann, der infolge häufiger Schläge durch seinen Vater geradezu aggressiv phobisch reagierte, wenn er – zum Beispiel auf der Rolltreppe in einem Kaufhaus – zufällig von jemandem berührt oder gar angerempelt wurde: Mit erhobenen Fäusten stand er dann vor dem verdutzten «Angreifer» wider Willen. Die «Meisterprüfung» auf seine neu gewonnene Selbstsicherheit legte er nach einer längeren Zeit der Psychotherapie ab, als er an einem Samstagabend den Anhängern eines bestimmten Fußballclubs auf der Straße begegnete. «Hätte ich den Gehsteig gewechselt», erklärte er nachher, «wären sie sicher auf mich losgegangen. So aber bin ich einfach auf sie zugegangen, reagierte nicht auf ihre dummen Sprüche und bewegte mich mitten durch sie hindurch.» Etwas durchaus Vergleichbares, wenn auch in der geistigen Konfrontation natürlich aufs äußerste Gesteigertes, sehen wir Jesus an dieser Stelle hier tun. In der Unangefochtenheit seines Vertrauens liefert er ein erstes Beispiel dafür, wie Angst vor Menschen sich überwinden läßt in der Rückbindung an Gott. – Es ist eine Erfahrung, die im Alten China der Weise LAOTSE (um 300 v. Chr.) einmal als die Stärke des Wassers über den Stein beschrieb. Er lehrte:

> Auf der ganzen Welt
> gibt es nichts Weicheres und Schwächeres als das Wasser.
> Und doch in der Art, wie es dem Harten zusetzt,
> kommt nichts ihm gleich.
> Es kann durch nichts verändert werden.
> Daß Schwaches das Starke besiegt
> und Weiches das Harte besiegt,
> weiß jedermann auf Erden,
> aber niemand vermag danach zu handeln.

[29] Es ist die Umkehrung des Vorgangs, den RUDOLF BILZ: *Paläoanthropologie*, 448–456: Ethnologische und psychiatrische Kasuistik, als einen Teufelskreis aus Disgregation, Schuld und Ausweglosigkeit beschreibt; vgl. auch a. a. O., S. 57–64: Rache, Ressentiment und andere Formen der Barbarei.

Also auch hat ein Berufener gesagt:
«Wer den Schmutz des Reiches auf sich nimmt,
der ist der Herr bei Erdopfern.
Wer das Unglück des Reiches auf sich nimmt,
der ist der König der Welt.
Wahre Worte sind wie umgekehrt.»[30]

[30] LAOTSE: *Tao te king*, Nr. 78, S. 121.

Lk 4,31–44: Ein Tag in Kafarnaum oder: Die Einheit von Wort und Wirkung

(vergleiche Mk 1,21–22 zu *Lk 4,31–32*; Mk 1,23–28 zu *Lk 4,33–37*; Mk 1,29–31; Mt 8,14–15 zu *Lk 4,38–39*; Mk 1,32–34; Mt 8,16–17 zu *Lk 4,40–41*; Mk 1,35–38 zu *Lk 4,42–43*; Mk 1,39; Mt 4,23 zu *Lk 4,44*)

31 Und er ging hinab nach Kafarnaum (Mt 4,13; Joh 2,12), einer Stadt
Galiläas, und er war ihr Lehrer am Sabbat. 32 Da waren sie außer sich auf
Grund seiner Lehre, denn in Vollmacht war sein Wort (Mt 7,28.29; Joh
7,46). 33 Denn es war (da zum Beispiel) in ihrer Synagoge ein Mann mit
einem Geist – dem eines unreinen Abergeistes; auf schrie der, sprechend:
34 Aah, *was haben wir mit dir zu schaffen* (Ri 11,12; 2 Sam 16,10; 19,23),
Jesus, Nazarener? Bist du gekommen, um uns zu verderben? Ich weiß von
dir, wer du bist: Der Heilige Gottes! 35 Doch anherrschte ihn Jesus, spre-
chend: Schweig still, und: Hinaus fahre aus ihm. Da: ihn reißend, der
Abergeist, in die Mitte, fuhr er aus ihm heraus, ohne ihm geschadet zu
haben. 36 Und es geschah: Schauder (fiel) auf alle, und sie redeten ge-
meinsam zueinander, sprechend: Was für ein Tatwort ist das! Denn in
Vollmacht und Kraft gebietet er den unreinen Geistern, und sie fahren
aus. 37 Und hinaus drang das Echo über ihn an jeden Ort des Umlandes.
38 Er stand auf, und von der Synagoge ging er in das Haus des Simon.
Simons Schwiegermutter aber war umklammert von großem Fieber, und
sie fragten ihn ihretwegen. 39 Und er stellte sich ihr zu Häupten, und er
herrschte das Fieber an, und verlassen hat es sie. Und auf der Stelle stand
sie auf und bediente sie. 40 Als aber die Sonne sank, – alle, die Ge-
schwächte mit vielerlei Krankheiten hatten, führten sie zu ihm. Er aber –
einem jeden von ihnen legte er die Hände auf und hat sie geheilt. 41 Aus
fuhren aber auch Abergeister aus vielen, schreiend, sprechend: Du bist
der Sohn Gottes. Doch er verwies es ihnen und ließ sie nicht zu Wort
kommen, weil sie wußten, er sei der Messias. 42 Als es aber Tag gewor-
den, ging er hinaus, ging fort in die Einsamkeit. Doch die Scharen such-
ten ihn, und sie kamen bis zu ihm und wollten ihn zurückhalten, nicht
von ihnen zu gehen. 43 Er aber hat zu ihnen gesagt: Auch den anderen
Städten muß ich die Heilsbotschaft bringen: das Königtum Gottes, denn
dazu ward ich gesandt. 44 Und so war er: ein Verkünder an die Synago-
gen Judäas.

Von Gott sollte man nur so sprechen, daß sich im Menschen darunter etwas ändert, meinte DIETRICH BONHOEFFER (1906–1945). «Nur wenn wir es einmal wagen», schrieb er, «uns so auf die Bibel einzulassen, als redete hier wirklich der Gott zu uns, der uns liebt und uns mit unseren Fragen nicht allein lassen will, werden wir an der Bibel froh.»[1] Die «Vollmacht», mit der Jesus lehrt, zeigt sich in gerade dieser Weise: sie «gebietet ... den unreinen Geistern». (4,36)

Üblicherweise hebt man in der theologischen Erklärung dieser Stelle gern hervor, daß Jesus mit «messianischer» Souveränität ausgestattet gewesen sei[2], so daß er Dinge sagen und tun konnte, die uns, den nur gewöhnlichen Menschen, versagt bleiben müßten. Doch mit einer solchen Deutung bringt man sich selber um den Ernst dieser Geschichte. Es ist nicht möglich, sich «Christ» zu nennen, nur um sich dann zu weigern, selber, wenn's drauf ankommt, (der) Christ(us) zu sein: Die gleiche Unabhängigkeit und Unerschrockenheit, mit denen Jesus in aller Auslegung des Gotteswortes den Weg des Herzens und der Menschlichkeit beschritt, die gleiche Umweglosigkeit und Freiheit, mit denen er all die Barrikaden und Finessen aus Dogma und Gesetz beiseite schob, um sich auf einen Menschen wirklich einzulassen, das gleiche Selbstbewußtsein und dieselbe innere Geschlossenheit, mit denen er sich den Problemen der Umgebung stellte, sollten auch uns zu eigen werden. Mit Furchtsamkeit und Feigheit überwindet man nicht Angst und Bangigkeit; mit Zaudern und Zurückweichen bringt man niemanden vorwärts; mit Halbheiten hilft man nicht Menschen, ganz zu werden. Das aber ist zu tun, wenn es gilt, «Abergeister» «auszutreiben».

Der Ausdruck «Abergeister» ist von FRIDOLIN STIER (1902–1981) als Übersetzung für das übliche «Dämonen» vorgeschlagen worden[3] und äußerst glücklich gewählt, denn er vermeidet wohltuend all die Assoziationen des Teufelsglaubens, auf denen die Lehre Roms auch heute noch besteht[4]; dafür legt er das Augenmerk auf etwas psychologisch außerordentlich Bedeutsames, das *einen* Zug des sogenannten «Bösen» im Menschen gut begreifbar machen kann: den ständigen Selbstwiderspruch. Da äußert gerade jemand einen Wunsch, und schon erhebt er selber auf der Stelle den Einwand: «*Aber* ...» – Ihm kommt zum Beispiel in den Sinn, er könnte ein-

1 DIETRICH BONHOEFFER: *Werke*, XIV 147; vgl. HEINRICII SÜSELBECK: *Es gehen mir täglich mehr Rätsel auf...»*, in: Günter Brakelmann – Traugott Jähnichen (Hg.): Dietrich Bonhoeffer, 79.

2 Vgl. KARL HEINRICH RENGSTORF: *Das Evangelium nach Lukas*, 71. «Nicht übersehen werden darf..., daß man für die messianische Zeit die Entmächtigung der Dämonen erwartete. Diese bestätigen also nun an ihrem Teile, daß Jesus recht hat, wenn er in Nazareth (4,16 ff.) Jes. 61,1 f. für sich in Anspruch nahm. Deshalb ist auch seine Anrede als ‹der Heilige Gottes› gerade hier am Platz. Dem messianisch verstandenen Ps. 16,10... entnommen, kennzeichnet sie Jesus eindeutig als den verheißenen Messias (vgl. 4,41; Joh 6,69).» – Doch die eigentliche Frage lautet, wie denn an einem «normalen» Sabbat- oder Sonntagsgottesdienst jemand die Botschaft Gottes so auslegt, daß sie «Wunder» wirkt.

3 Vgl. FRIDOLIN STIER: *Das Neue Testament*, 136.

mal sich einfach hinsetzen und Karten spielen, lesen, Schachaufgaben lösen oder auch seine Gedanken mit den Wolken wandern lassen, – da meldet sich in ihm sogleich ein strenger Zensor, der ihm derlei Wünsche untersagt: *Aber* – er sollte erst einmal seine Arbeit erledigen, *aber* – es wäre doch nur unnütze Zeitvergeudung, sich derart gehenzulassen, *aber* – ob er nicht wisse: Müßiggang ist aller Laster Anfang ... Egal, wohin er sich wendet: ob Freizeit, Kleidung, Kino, Urlaub, eine Kur, die Anstellung einer Hilfskraft ... – was immer seinen bloßen Wünschen entspringt, wird umgehend unterdrückt durch einen mechanisierten Automatismus der Verneinung. Ein bestimmter Teil seiner Seele ist ihm selber entfremdet worden, er untersteht nicht mehr dem Wollen und Entschließen des eigenen Ich, er hat sich in eine machtvolle Befehlsinstanz, in das «Überich» in der Sprache der Psychoanalyse, verwandelt[5]; und einen solchen Geist, der «stets verneint», als welchen in JOHANN WOLFGANG VON GOETHES (1749–1832) *Faust* Mephisto sich vorstellt[6], mag man durchaus als «Abergeist» bezeichnen. Es ist eine ichfremde Stimme permanenter Persönlichkeitseinschränkung und Selbstunterdrückung, eine Form verinnerlichter Gewalt, das verewigte Echo einer drakonischen, autoritären und repressiven Erziehung.

Doch das Gewaltsame in einer solchen Psyche richtet sich nicht nur vom Überich gegen das Ich, im Falle es bestimmte Wünsche geltend machen möchte; man darf denken, daß gegen die Person, die in Kindertagen stets verbietend auftrat, sich ursprünglich auch starke Affekte der Abneigung und der Auflehnung gerichtet haben werden. Diese Impulse des Es wurden damals im Gefälle der Macht einfach niedergewalzt, doch sie regen sich wieder in all den Momenten vergleichbarer Konflikte. Nicht nur die Stimmen des Wider*spruchs*, auch die Gestimmtheiten des Wider*stands* melden mit gleicher Regelmäßigkeit sich zu Wort, ohne daß dazwischen das Ich zu einer eigenen Synthese der so verschiedenen Strebungen von Überich und Es imstande wäre. Und nun kann eine solche seelische Zerrissenheit sich in gerade der Symptomatik niederschlagen, die in der Synagoge zu Kafarnaum einen Menschen vor den Augen aller auf unheimliche Weise hin und her reißt. Die Rede geht von einer bestimmten Form von Epilepsie, die SIG-

[4] Vgl. *Catéchisme de l'Église Catholique* (Weltkatechismus), Nr. 391–395, S. 88–89: Der Abfall der Engel: «Die Schrift spricht von einer *Sünde* der Engel. Dieser ‹Fall› besteht in der freien Wahl dieser geschaffenen Geister, die radikal und unwiderruflich Gott und sein Reich *zurückgewiesen* haben.» (Nr. 391, S. 88) – Zu den Dämonologien im Platonismus vgl. PETER HABERMEHL: *Dämon*, in: Handbuch religionswissenschaftlicher Grundbegriffe, II 203–207.

[5] Vgl. SIGMUND FREUD: *Eine Teufelsneurose im siebzehnten Jahrhundert* (1923), in: Gesammelte Werke, XIII 315–353, S. 327–339: Der Teufel als Vaterersatz.

[6] Vgl. GERO VON WILPERT: *Goethe-Lexikon*, 692–693: Mephistopheles.

MUND FREUD (1856–1939) als eine unbewußte aggressive Auflehnung gegen die sadistische Autorität des Vaters deutete, strafweise umgelenkt dann unter dem Druck der Angst gegen das eigene Ich[7].

Im römischen Kirchenrecht, wohlgemerkt, galt und gilt die Epilepsie, der *morbus sacer*, die heilige – verfluchte – Krankheit, wie schon im Volksglauben der Antike[8], als etwas Dämonisches, das zum Beispiel von der Aufnahme in den heiligen Stand der Kleriker ausschließt. Dahinter steht noch immer die Vorstellung, daß der jähe Ausbruch eines epileptischen Anfalls sowie der unheimlich wirkende Ablauf des Krankheitsgeschehens – das Zucken und Krampfen, das Umherschlagen und Sich-Wälzen am Boden, dann aber auch die Plötzlichkeit, mit welcher der Normalzustand wieder eintritt – dem Dreinfahren böser übermächtiger Geister zugeschrieben werden müsse. Ganz falsch wäre diese Auffassung nicht, verstünde man sie (endlich!) nicht länger mythologisch oder dämonologisch, sondern psychodynamisch und neurologisch[9]: Es kann in der Tat die unheilvolle

[7] Vgl. SIGMUND FREUD: *Dostojewski und die Vatertötung*, in: Gesammelte Werke, XIV 397–418. Zur Psychodynamik der Szene in Krankheit und Heilung vgl. auch Mk I 171–180: Mk 1,21-28: Die Heilung des Besessenen in Kapharnaum.

[8] Der *Codex Juris Canonici* von 1917 bestimmte in Can 84,3, daß «Epileptiker, Psychotiker ... und solche, die von einem Dämon besessen sind oder waren», keine Kleriker werden konnten; der neue Codex von 1983 erklärt in Can 1041,1: «Irregulär für den Empfang der Weihen ist: wer an irgendeiner Form von Geisteskrankheit oder an einer anderen psychischen Erkrankung leidet.» Zur Beurteilung der Epilepsie in der Antike vgl. Mk II 22–23, Anm. 8. Vgl. auch Str. B. IV 1, 501–535: Zur altjüdischen Dämonologie; WALTER KIRCHSCHLÄGER: *Jesu exorzistisches Wirken aus der Sicht des Lukas*, 45–54, konstatiert «eine Diskrepanz zwischen einer gewissen Zurückhaltung in den Schriften des Judentums und des Hellenismus einerseits und dem scheinbar unbefangenen Sprechen über Exorzismen im NT andererseits ... Allerdings bleibt zu beachten, daß es neben der ‹offiziellen› religiösen Strömung auch eine breite Tradition des Volksglaubens gab, der bisweilen in das Grenzgebiet des Aberglaubens reichte.» (S. 53–54) PAUL-GERHARD MÜLLER: *Lukas-Evangelium*, 58, meint lakonisch: «Die Exorzismuserzählung folgt jüdisch-hellenistischen Erzählmustern.» Belegt ist in Qumran neben direkten Dämonenaustreibungen auch eine Dämonenabwehr in Form von Psalmen; vgl. MICHAEL WISE – MARTIN ABEGG, JR. – EDWARD COOK: *Die Schriftrollen von Qumran*, Nr. 147, S. 471–472, 11 Q 11.

[9] Inzwischen sollte es ein Fall nicht mehr der Theologie, sondern des Gesundheitsamtes sein, die praktischen Auswirkungen der Lehren einer Kirche zu bewerten, nach denen – auf Grund der Weigerung, die Psyche des Menschen in ihrer Eigenart kennenzulernen – alles «Positive» als Zeichen der Wirksamkeit Gottes und alles Negative als Zeichen der Wirksamkeit des Teufels zu betrachten ist. «Theologie» als projizierte Psychologie und «Dämonologie» als Sammelbecken von allem – nicht zuletzt infolge der kirchlichen Moral – Verdrängten: ein solcher Bewußtseinszustand erschafft im Namen der Kirche allererst die Probleme, deren Lösung im NT Jesus verhieß und zu vermitteln suchte. Vgl. Mk I 180–202: Noch einmal Mk 1,21-28: Anders als die Schriftgelehrten oder: Die Vertreibung des bekennenden Dämons.

Verarbeitung schwerer aggressiver Konflikte sein, die in einem (hystero)epileptischen Anfall zum Ausdruck kommt; allerdings wäre das rasche «Entweichen» des «bösen Geistes» in der Geschichte dann nicht eigentlich das «Wunder», das Jesus wirkt – kein epileptischer Anfall dauert länger als ein paar Minuten –, vielmehr für «wunderbar» halten müßte man die Art, in welcher Jesus auf die Erkrankung dieses Gottesdienstbesuchers in der Synagoge von Kafarnaum eingeht.

In Übernahme seiner Vorlage im *Markus*-Evangelium (Mk 1,23) nämlich bezeichnet auch *Lukas* den «Geist» an dieser Stelle als «unrein» (4,33), als unberührbar also[10]. Das unfaßbare Leid dieses Mannes mag mithin wohl Gefühle des Mitleids auslösen, – das Entsetzen und Grauen aber, das es bewirkt, legt wie von selbst eine Tabuzone um den Kranken, die sogar in den archaischen Vorstellungen des mosaischen Gesetzes als göttliche Weisung kodifiziert ist (vgl. Lev 11–16; 17–26: das «Reinheitsgesetz» und das «Heiligkeitsgesetz»). Genau dagegen aber verstößt Jesus mit seiner Intervention. Er möchte nicht hinnehmen, daß Menschen sich quälen, und so schreitet er, ohne zu zögern, ein, in *Über*schreitung allerdings der rechtlichen Bestimmungen. Wenn eben noch bewundernd von der «Vollmacht» die Rede war, mit welcher der Mann aus Nazaret agiert, – so sieht sie aus: Da kann mit Berufung auf Gott gesagt und verordnet sein, was immer es sei, die Frage ist einzig: Was nutzt es den Menschen? Und wenn sich zeigt, daß es für sie unnütz ist oder hinderlich, so kann es in Wahrheit von Gott sich nicht herleiten und setzt sich damit selber außer Kraft; dann hat man das Recht und die Pflicht, dem entgegenzuhandeln. *Markus* erblickt in diesem Freimut Jesu gar eine generelle Kampfansage an eine Welt, die, in mythologischen Kategorien gedacht, gänzlich der Macht der «Dämonen» untersteht, – die psychologisch also gebannt und gelähmt daliegt in den Ketten der Angst aller vor allen.

In der Tat läßt sich das Exemplarische dieser Erzählung nicht übersehen, und genauso wenig ihre bleibende Aktualität. Auch in unseren Tagen, in denen man die staatlichen Gesetze nicht länger mehr auf Gott zurückführt und mit absoluter Geltung umkleidet, ja, in denen man ihren kurzlebigen Opportunismus, ihre Instrumentalisierung für die Interessen von Machterhalt und Geldgewinn nur allzu deutlich begreift, nimmt kaum jemand sich die «Vollmacht» heraus, zugunsten der Not eines Menschen ein gülti-

[10] Vgl. Mk I 173–174. ROLAND DE VAUX: *Das Alte Testament und seine Lebensordnungen*, II 312, schreibt: «Das Unreine und das Heilige sind gleichermaßen ‹unberührbar›, und wen sie treffen, der wird selbst ‹unberührbar›.»

ges Gesetz zu übergehen. Das gerade aber wäre immer von neuem erfordert. – Im Jahre 2004 zum Beispiel nahm das Rettungs- und Sanitätsschiff *Cap Anamur* 37 Schwarzafrikaner an Bord, die in ihren Schlauchbooten im offenen Meer trieben. Das internationale Seerecht macht es zur Pflicht, Menschen in Seenot unverzüglich zu Hilfe zu kommen, und danach sowie seinem Gewissen entsprechend handelte denn auch Kapitän Stefan Schmidt; freilich war ihm bewußt, daß die italienische (und die deutsche!) Gesetzgebung den Zustrom von «Wirtschaftsasylanten» strikt unterbinden will, und das mit allen Folgen: 6000 Menschen etwa sind allein im Jahre 2006 im Mittelmeer elend zugrunde gegangen. Doch die Medien warfen den Verantwortlichen der *Cap Anamur* persönliche Profilierungssucht vor, sie erklärten ihr Verhalten für «schädlich» und «unverantwortlich» angesichts der weitsichtigen «Integrations»politik der Regierung, und Berlusconis Italien stellte sie in Agrigent vor Gericht; der Prozeß läuft noch, – bis zu 12 Jahren Gefängnis könnte das Urteil lauten: wegen bandenmäßiger Beihilfe zur illegalen Einreise[11]. Vor ein paar Jahren noch gab es mutige Pfarrer und Privatpersonen, die vor allem kurdische, nigerianische und somalische Flüchtlinge im «Kirchenasyl» vor dem «Zugriff» der staatlichen Ausländerbehörde zu schützen versuchten; und hatten sie nicht recht? Wenn Gott etwas will, – so müssen es solche Asylräume der Gnade einer

[11] Inzwischen (im Jahre 2008) ist Silvio Berlusconi schon wieder italienischer Regierungschef, und zu seinen ersten Amtshandlungen zählen (noch) strengere Regelungen gegen «illegale» Immigranten. Die Wirklichkeit aber ist: «Politische Konflikte und Naturkatastrophen treiben immer mehr Menschen auf der Welt in die Flucht. Die Zahl der Vertriebenen stieg 2007 auf mehr als 35 Millionen stark an ... Ende vergangenen Jahres zählte das UN-Flüchtlingshilfswerk UNHCR ... 11,4 Millionen Flüchtlinge außerhalb ihrer Heimatländer und 26 Millionen Menschen, die im eigenen Land vertrieben wurden. Im Jahr zuvor waren es 9,9 Millionen und 24,4 Millionen. Das UN-Hilfswerk zählt in seiner Statistik nur Menschen, die wegen Katastrophen, Kriegen oder Bürgerkriegen geflohen sind. Nicht einbezogen sind etwa Armuts- und Hungerflüchtlinge.» «Vorsichtige Schätzungen der Europäischen Kommission gehen davon aus, dass jedes Jahr etwa 1000 Flüchtlinge auf dem Wasserweg nach Europa sterben. Menschenrechtler glauben sogar, dass die Zahl der Opfer zwei bis dreimal so hoch liegt. Daran hat offenbar auch die europäische Grenzschutzagentur Frontex nichts ändern können, die vor der italienischen und spanischen Küste operiert.» RALPH SCHULZE: *Reise der Verzweifelten*, in: Neue Westfälische, Nr. 140, 18.6.08. «Frontex» ist – ähnlich wie «Blackwater» – eine private Söldnerarmee, die mit Sitz in Warschau vor allem von der BRD gesponsert wird. Zu den Beschlüssen der «Europäischen Agentur für die operative Zusammenarbeit an den Außengrenzen der Mitgliedsstaaten der Europäischen Union» im Jahre 2005, aus denen «Frontex» (nach frz.: frontieres exterieures) hervorging, vgl. HARALD WELZER: *Klimakriege*, 18–20. Zu dem Desaster des Schengener-Abkommens, das ebenfalls von der BRD vorangetrieben wurde und 1995 in Kraft trat, vgl. HERIBERT PRANTL: *Der Terrorist als Gesetzgeber*, 169–190: Der Flüchtling als Verbrecher.

reinen Menschlichkeit sein. Doch der Druck der Angst hat inzwischen auch diese letzten «gesetzesfreien Räume» europaweit geschlossen.

Was Jesus hier tut, ist insofern wirklich eine Kriegserklärung an all die «bösen Geister» einer angstvollen Selbstunterdrückung, einer feigen Folgsamkeit, einer zerreißenden Weisungsabhängigkeit, einer chronischen Verweigerung wirklichen Lebens. Schon von weitem scheinen diese «Geister» denn auch ganz richtig zu ahnen, was ihnen blüht: «Was haben wir mit dir zu schaffen?» schreit der «unreine Abergeist» Jesus an, «bist du gekommen, um uns zu verderben?» (4,34) Genau dazu ist Jesus gekommen. Er steht vor nichts Geringerem als vor der Aufgabe, ein ganzes System aus Unterdrückung, Kränkung und Krankheit aufzulösen, und es kann nicht anders sein, als daß er die bislang nach innen gelenkten Aggressionen dieses «Besessenen» nach außen, als erstes also auf sich selber zieht. Es ist ein Befehl, den Jesus hier ausspricht, wenn er dem «Abergeist» gebietet: «Hinaus fahre aus ihm.» (4,35) Therapeutisch betrachtet, ist ein solches Verhalten zumindest unüblich, im Grunde unprofessionell: Man kann versuchen, das Ich eines Patienten zu stärken, doch man darf es nicht auf einen Machtkampf gegen die Icheinstellung des Patienten ankommen lassen. Soweit die Theorie. Doch was ist zu tun, wenn das Ich eines Kranken völlig fehlidentifiziert ist mit seinem unterdrückenden väterlichen Vorbild? Wenn es selbst kaum existiert und in den Dressaten des Überich zu ertrinken droht? Wenn es dringend nötig wird, die Macht dieses Überich zu zerbrechen? So versucht es Jesus hier: Er tritt selber als eine quasi väterliche Autorität diesem Kranken entgegen; er übernimmt in dessen Leben die genau konträre Rolle seines Vaters, und er beschwört damit augenblicklich seinen wütenden Protest herauf. Es klingt paradox, kann aber im Grunde kaum anders sein: schon aus lauter Angst und Schuldgefühl seiner eigenen Aggressionen wegen wird ein solchermaßen Unterdrückter sich gezwungen sehen, die eigene Entfremdung zu verteidigen gegen den, der kommt, ihn daraus zu befreien. Und die Konfrontation mit der Abhängigkeit, der «Befehl» geradezu, den «Geist» der Selbstzerstörung fahren zu lassen, kann überhaupt nur ergehen, wenn dem Kranken selber zweifelsfrei spürbar ist, daß es dem «Angreifer» gegen dieses System, das bislang sein Leben war, wirklich um ihn als Person, um sein Ich, um die Rückgewinnung seiner ureigenen Freiheit zu tun ist. Am Ende kann die Erfahrung stehen, daß es, «ohne ... geschadet zu haben» (4,35), möglich ist, die zerreißenden Widersprüche von Unterdrückung und Auflehnung in bezug zu der patriarchalen Vatergestalt aufzulösen durch einen dritten Weg – den einer eigenen Kompetenz im eigenen Leben.

Am meisten sonderbar bleibt es, daß manche Theologen, die nominell sich der «Freiheit» verpflichtet geben, gerade eine solche therapeutische Auslegungsweise der Heilungswunder im Neuen Testament, wie sie hier vorgeschlagen wird, bekämpfen, weil sie darin einen kirchlich-gesellschaftlichen Bezug vermissen. Als wenn es möglich wäre, einem Menschen seelisch zu helfen, ohne die Institutionen zu bekämpfen, die im Hintergrund seine Persönlichkeit unterdrücken! Das Problem ist, daß eine «Theologie der Befreiung», die den psychologisch-individuellen Faktor ausklammert oder aus ideologischen Gründen geradewegs verbietet, nur einer neuen Form der Unfreiheit und des Zwangs das Wort redet und damit insbesondere die Strukturen einer «Kirche» stabilisiert, deren Macht und Einfluß sich wesentlich auf die Mechanismen autoritärer Außenlenkung und psychischer Entfremdung gründen[12]. Erschreckend ebenso wie in gewissem Sinne auch bezeichnend an der Rede des «Besessenen» ist das völlige Verschwimmen der Grenzen zwischen «ich» und «wir»[13]. Wer eigentlich redet hier – eine Person, ein Kollektiv? Der Kranke weiß es selber nicht. Was sich in ihm und durch ihn ausspricht, ist der Zerfall seiner Persönlichkeit in eine Vielzahl von «Komplexen»[14], die zu dem einen Zweck gemeinsam sprechen, daß Jesus sie nicht «verderben» komme (4,34). Gerade das aber *muß* hier geschehen. Es ist unvermeidlich, daß Jesus seine Verkündigung an die Gemeinde fürs erste abbricht, um sich gänzlich der Not dieses einen zuzuwenden. Es ist nicht möglich, Menschen in Massen zu heilen, und nichts könnte unsinniger sein, als die notwendige Ernstnahme eines leidenden Individuums, wie sie hier erfordert wird, als «Individualismus» zu brandmarken. Wer zu ungeduldig ist oder wer von all dem «psychologischen Kram» am liebsten nichts wissen will, der sollte sich nicht vermessen, die Botschaft der Predigt und des Verhaltens Jesu an dieser Stelle auslegen zu wollen, – geht es dem Mann aus Nazaret bei der Heilung dieses Anfallskranken doch wesentlich um die Relativierung des Allgemeinen und Institutionellen zugunsten des Individuellen und Personalen.

Psychologisch zeigt sich immer wieder, daß alle autoritär verfaßten Reli-

[12] Vgl. dazu bereits OSKAR PFISTER: *Das Christentum und die Angst*, 232–244: Angst, Angstbeschwichtigung und Angsterzeugung des Katholizismus in seiner Erscheinung.

[13] Vgl. THEODOR REIK: *Der eigene und der fremde Gott*, 157–181.

[14] Vgl. CARL GUSTAV JUNG: *Die psychologischen Grundlagen des Geisterglaubens*, in: Gesammelte Werke, VIII 357: «Die Geister sind Komplexe des kollektiven Unbewußten, welche entweder an die Stelle einer verloren gegangenen Anpassung treten, oder eine ungenügend gewordene Einstellung eines ganzen Volkes durch eine neue zu ersetzen trachten. Die Geister sind also entweder krankhafte Gedanken oder noch unbekannte neue Ideen.»

gionen[15] dazu neigen, das patriarchale Vaterbild mit Gott zu identifizieren und es damit unangreifbar zu machen. Die Ängste eines Kindes schon vor Verurteilung und Strafe werden damit ins Unendliche gesteigert, die Forderung nach Selbstunterwerfung und Gehorsam ins Absolute gesetzt, und jedes eigene Denken wird als ein Fall von Insubordination gegen die herrschende Autorität, als eine Art Majestätsbeleidigung betrachtet. Der «pater familias», die kirchliche und staatliche Behörde sowie der Allerhöchste im Himmel werden mithin als Staffagen in ein und derselben Fluchtrichtung mit stets sich vergrößernden Umrissen sichtbar. Am weitesten gebracht hat es in diesem System der Entfremdung zweifellos die Kirche Roms. Die Vorstellung des Papsttums als eines «unfehlbaren» Amtes, die Rolle seiner «Heiligkeit» als eines «Stellvertreters Gottes» und «Stellvertreters Christi» auf Erden, ja, der bloße Titel eines «Heiligen Vaters» muß jedem Juden wie dem Mann aus Nazaret als eine Gotteslästerung erscheinen[16]. Um einen Menschen von seinem mörderischen Vaterkomplex zu erlösen, wie er sich in den epileptischen Konvulsionen des Kranken in Kafarnaum zeigt, muß Jesus einen ganzen Religionstyp auflösen, für den Gott wesentlich nichts anderes darstellt als die projizierte Form einer autoritär gebietenden und bestrafenden Vatergestalt[17] im Getto schwerer Ambivalenzgefühle zwischen der Angst vor Ablehnung und der Lust zur Auflehnung. Erst wenn das Bild von Gott im Herzen dieses Kranken sich reinigt von all den Verfälschungen kultischer und theologischer Machtausübung, wird das Hin- und Hergerissensein durch den «unreinen Abergeist» ein Ende finden. Dann allerdings mag man sagen: «Was für ein Tatwort ist das!» Und was für ein «Schauder» fällt da «auf alle» (4,36)! Denn es betrifft einen jeden der «Zeugen» dieses «Wunders»: Damit dieser Eine aufhört, sich mit dem Kollektiv zu verwechseln, das sie alle zusammen bilden, muß das «Glauben» im Kollektiv selber, muß die psychische Entfremdung im Raum des Religiösen erlöschen. Ab so-

[15] Vgl. ERICH FROMM: *Psychoanalyse und Religion*, in: Gesamtausgabe, VI 241–263: Analyse einiger Typen religiöser Erfahrung: «Wenn religiöse Lehren zum seelischen Wachstum, zur Stärke, Freiheit und Glücksfähigkeit ihrer Gläubigen beitragen, erkennen wir die Früchte der Liebe. Wenn sie die Einengung menschlicher Möglichkeiten, Unglücklichsein und Mangel an Produktivität zur Folge haben, können sie nicht aus der Liebe geboren sein, gleichgültig, was das Dogma zu vermitteln vorgibt.»

[16] «Heiliger Vater» ist in Joh 17,11 die Gebetsanrede Jesu für Gott; es ist unglaublich, daß daraus jemals die Anrede des Trägers eines Kirchenamtes werden konnte.

[17] ERICH FROMM: *Psychoanalyse und Religion*, in: Gesamtausgabe, VI 248, definiert «das Prinzip autoritärer Religion» so: «Ausschlaggebend ist die Vorstellung, diese (sc. höhere, unsichtbare, d.V.) Macht habe wegen der Herrschaft, die sie ausübt, *Anspruch* auf ‹Gehorsam, Verehrung und Anbetung›.»

fort hat zu gelten, daß Gott sich «offenbart», wo ein Mensch zu sich selbst findet, nicht aber dort, wo eine bestimmte Gruppierung von sich behauptet, selbst Gott[18] oder selber «der fortlebende Christus» zu sein[19].

Denn was heißt hier «Messias» oder, wie die Abergeister Jesus anschreien, der «Heilige Gottes» (4,33.34)? – Es heißt, daß Jesus Gott wieder Gott sein läßt – als den Einen, den Absoluten, den Weltüberragenden und Ihn vermittelt als die Macht, die gegen alle Widerstände einen jeden von uns will in seiner Eigenart und unverwechselbaren Einzigkeit. Als «König», als «Messias» kann in diesem Sinn nur auftreten, wer den Menschen das Empfinden zurückgibt, Kinder des Ewigen Königs zu sein – und eben nicht länger die Kreaturen anderer Menschen. Als «Heiliger Gottes» kann nur bezeichnet werden, wer die Heiligkeit Gottes auf eine Weise den Menschen nahebringt, daß sie darin selbst wieder heil zu werden beginnen. Und so verkünden seit diesem Sabbat in Kafarnaum die Leute den Mann, der ihnen derart erschien (4,36.37): Was die «Dämonen» wußten (4,34), das wissen jetzt alle: Er, Jesus aus Nazaret, «gebietet» den Geistern «in Vollmacht und Kraft» (4,36), wie ein Mensch es vermag, der selber beim Reden von Gott in seinem ganzen Sein in Gott gründet.

Wie das Leben einer solchen Persönlichkeit sich gestaltet, hat bereits *Markus* (Mk 1,21–39) in einem «exemplarischen» Tagesablauf zu beschreiben versucht[20] – eine idealisierte Hagiographie, naturgemäß, und

[18] Vgl. GEORG WILHELM FRIEDRICH HEGEL: *Philosophie der Geschichte*, 100–101: «Die Religion ist der Ort, wo ein Volk sich die Definition dessen gibt, was es für die Wahrheit hält.» S. 103–104: «Dieser Geist eines Volkes ist ein *bestimmter* Geist, und... auch nach der geschichtlichen Stufe seiner Entwicklung bestimmt.»

[19] Vgl. Katholischer Erwachsenen Katechismus, 3. Teil, II 3.3: Die Kirche ist der Leib Christi, S. 275: «Die Kirche *ist* Jesus Christus in seinem Leib... die Kirche ist nicht einfachhin der fortlebende Christus, wohl aber lebt und wirkt Jesus Christus in der Kirche fort.»

[20] KARL LÖNING: *Das Geschichtswerk des Lukas*, I 154–155, stellt das Wirken Jesu bei *Lukas* der Darstellung des *Markus* gegenüber: «Der Exorzismus in der Synagoge von Kafarnaum zeigt... bei Markus den Vollmachtsanspruch der Sendung Jesu noch ohne tragische Komponente, die für alle weiteren Episoden charakteristisch ist. – Bei Lukas ist dies alles grundsätzlich anders allein aufgrund der Komposition. Der lukanische Jesus kommt nach Kafarnaum als der in seiner eigenen Heimat schon abgewiesene. Kafarnaum ist die andere Polis (sc. Stadt, d.V.) in Galiläa, in der Jesus anders handeln wird als in seiner Heimatstadt. In Kafarnaum wird Jesus nicht den Versuch machen, den Schatz des Gedächtnisses der religiösen Kultur seines Volkes zu heben, um ihn seinem eigenen Volk neu wieder zuzueignen. Er wird nicht ein zweites Mal das mühsame Werk der Vermittlung von Verheißung und Erfüllung, von Erwartung und drohender Frustration beginnen, sondern er wird durch seine ersten Exorzismen und Therapien den unbedingten und durch kein menschliches Unverständnis aufzuhaltenden Gang der Verwirklichung des Plans Gottes zur Rettung aller Menschen demonstrieren.» ULRICH BUSSE: *Die Wunder des Propheten Jesus*,

doch ein unübersehbarer Hinweis auch auf eine Besonderheit, die immer wieder selbst historisch das Leben solcher «Gottesmänner» ausmacht: Wohin sie kommen, wirken sie, wie sie sind; ihre Persönlichkeit ist so authentisch und in sich geschlossen, daß sie sich stets in der gleichen Weise geltend macht; was sie zu sagen haben, verdeutlicht ihr Tun, und was sie tun, veranschaulicht, was sie sagen. Ob sie in der Öffentlichkeit stehen oder privat sich geben, sie gehen immer als erstes in die größte Not hinein. Insofern ist die sich anschließende Geschichte von der Heilung der Schwiegermutter des Petrus (4,38–39) wie eine notwendige Ergänzung zu dem Bild des «Predigers» Jesus: wie verhält er sich, wenn er im «Privaten» ist? Gibt es das überhaupt für ihn: «Privatsein»?

Im Unterschied zu *Markus* (Mk 1,29.30) berichtet *Lukas* nicht davon, daß Jesus gemeinsam mit den Jüngern «in das Haus des Simon» (4,38) ging; er spricht nur davon, daß Jesus selber nach der «Wunderheilung» in der Synagoge sich dorthin begeben habe; die «Jünger» beruft Jesus bei *Lukas* erst viel später: Simon wird Jesus «folgen» nach dem «Wunder» des reichen Fischzugs (Lk 5,1–11), und erst nach einer Reihe weiterer «Worte» und «Wunder» wird Jesus die Apostel auswählen (Lk 6,12–16). Damit ist auch das «Fieber», das die Schwiegermutter des Simon «umklammert» (4,38), bei *Markus* anders zu deuten als bei *Lukas*.

Bei *Markus* mag man sich vorstellen, wie eine Frau durchaus in «hitzige» Zustände kommen kann, nachdem sie miterleben mußte (Mk 1,16–18), wie der Schwiegersohn der eigenen Tochter den Rücken kehrt, um sich einem unzuverlässigen Wanderprediger anzuschließen, ganz so, als hätte er ein Recht, seine Frau unversorgt im Stich zu lassen um seiner vermeintlich höheren Berufung willen. Natürlich wird sie auf den Anstifter dieses Unheils nicht gerade gut zu sprechen sein, und wenn er jetzt noch mit einer

66–90, resümiert: «Lukas gestaltet den galiläischen Beginn des Wirkens Jesu zum Beispiel für dessen gesamte öffentliche Wirksamkeit um … Er erst stellt die besondere Relation zwischen dem Verkündigen (… in V 18 f. und V 43) und der ‹Gottesherrschaft› (vgl. V 43) her. Dadurch wird der Verkündiger in den Augen des Lukas zum Messias Gottes. Sein gesamtes Wirken steht dabei unter dessen Heilsplan, der die prophetische Verheißung V 18 f. erfüllt. Ihr Inhalt ist u.a. auch, den Versklavten die gute Nachricht von ihrer Befreiung zu bringen. In der Kapharnaumperikope stellt sich die wahre Bedeutung dieser Aussage heraus.» (S. 89–90) – Zu der nachfolgenden Geschichte von der Heilung der Schwiegermutter des Petrus schreibt WALTER KIRCHSCHLÄGER: *Jesu exorzistisches Wirken aus der Sicht des Lukas*, 55–71: Die Bannung des Fiebers, S. 55: «*Markus* überliefert die Heilung der Schwiegermutter des Simon in dessen Haus im Anschluß an die Erzählung über die Lehrtätigkeit Jesu und die Dämonenaustreibung in der Synagoge von Kafarnaum. Die Perikope ist die zweite Episode in der zusammenfassenden Darstellung eines Tages Jesu in Kafarnaum.»

ganzen Gesellschaft ähnlicher Landstreicher in ihr Haus einrückt, um nach den Gesetzen der Gastfreundschaft sich von ihr bewirten und durchfüttern zu lassen, ist ein Fieber-(und Migräne-?)Anfall wohl ein überaus begreifbarer Ausdruck der Verweigerung und des Protestes[21]. *Lukas* indessen schafft durch die Veränderung der Umstände eine psychologisch ganz anders gelagerte Ausgangssituation: da «herrscht» Jesus «das Fieber an» (4,39), als wäre es nur ein anderer «Dämon», eine Willensmacht, die man mit Mitteln des Willens wegbefehlen könnte. Mit etwas Phantasie läßt sich, um den Fieberanfall der «Schwiegermutter» bei *Lukas* zu begreifen, daran denken, wie «das Echo» über Jesus, das bereits «an jeden Ort des Umlandes» gedrungen ist (4,37), auf diese Frau gewirkt haben mag: was für ein Mann muß das sein, der da zu ihr kommt? In ihr Haus? Allein eine solche (Über)Erwartung und (Über)Erregung langt völlig aus zur Erklärung eines psychogenen Fieberzustandes. So wie eine Temperaturerhöhung die Grenzen zwischen Tag und Traum leichthin verwischen und durch eine generalisierte Überempfindlichkeit ersetzen kann, so vermag umgekehrt eine starke innere Anspannung fieberähnliche Zustände hervorzurufen[22]. Die «verbietende» Reaktion Jesu bereitet somit dieser Art gefühlsseliger Schwärmerei und aufwühlender Hingabe an allzu hitzige Wünsche und Wunschphantasien ein Ende.

Und doch: so ein «Machtwort» allein bewirkt selten eine echte Beruhigung. *Markus* überliefert (Mk 1,31), Jesus habe des Simons Schwiegermutter bei der Hand genommen und aufgerichtet; *Lukas* hingegen erzählt, Jesus habe «sich ihr zu Häupten» gestellt (4,39); dieser Unterschied «paßt» in der Tat zu den unterschiedlichen «Diagnosestellungen»: bei *Markus* muß Jesus die Schwiegermutter des Simon herausheben aus dem Zwiespalt von Pflichtbewußtsein und Verärgerung; bei *Lukas* aber verhält sich Jesus gerade so, wie es SIGMUND FREUD (1856–1939) im Umgang mit den (libidinösen) Träumen seiner Patientinnen (und Patienten) sich als Methode der Heilung auferlegte: er setzte sich ans Kopfende der auf seiner Couch Liegenden, er machte sich für ihre Wahrnehmung unsichtbar, doch er bildete mit seiner Gegenwart eine Art idealer Traumleinwand; er erschloß damit einen Ort vollkommener Geborgenheit, an dem es möglich wurde, sich selber ehrlich zum Thema zu machen. Und so kann man auch hier denken,

[21] Vgl. Mk I 202–209: Mk 1,29-39: Die Schwiegermutter des Petrus und die Heilung der Geister.

[22] Zur psychosomatischen Entstehung von Fieber vgl. EUGEN DREWERMANN: *Atem des Lebens*, II 84–87.

das «Fieber» verlasse die Schwiegermutter des Petrus, einfach indem sie spürt, daß es eine Nähe und eine Verbindlichkeit gibt, die das Herz nicht «verbrennt» und in welcher sich Distanz und Akzeptanz wohltuend mischen.

Ein Problem aber bleibt noch: wie geht man um mit dem «Erfolg»? Klar ist: man kann niemanden heilen, um als «erfolgreich» dazustehen; oder anders ausgedrückt: man wird «Erfolg» nur haben, wenn man nicht nach außen hin «erfolgreich» sein will. Natürlich fehlt es in der psychotherapeutischen Literatur nicht an einer Fülle von Methoden und Ratschlägen zur «Erfolgsoptimierung»; doch der ganze «Erfolg» ist, daß es *dem anderen* besser geht, nicht mir, dem «Therapeuten». In der Sprache Jesu formuliert: es ist einzig wesentlich, «die Heilsbotschaft» vom «Königtum Gottes» zu bringen (4,43), – es kommt nur darauf an, den Menschen die Sonne am Himmel zu zeigen und ihrem Licht nicht mit der eigenen Person als Schattenwurf im Wege zu stehen; es bedeutet, sich so weit zurückzunehmen, daß die Seele des anderen ihren Freiheitsraum zur Entfaltung bekommt und behält; es gilt, sich nicht selber zum Thema zu machen, sondern allein zu thematisieren, was Gott im Herzen des anderen zu sagen hat.

Daran wohl liegt es, daß es in den ersten drei Evangelien nicht ein einziges Wort Jesu über sich selbst gibt, sondern ausschließlich über seine Sendung, über Gott. Man hat deshalb immer wieder herausgearbeitet, daß der «Gegenstand» der «Verkündigung» Jesu das «Königtum Gottes» gewesen sei, wohingegen der «Gegenstand» der «Verkündigung» der «Gemeinde» er selber, der «Christus», habe werden müssen; aus dem Verkünder sei der Verkündigte geworden[23]. Kirchengeschichtlich läßt dieser Umbruch sich zweifellos so beschreiben; hier aber zeigt sich, daß im Sinne Jesu eine solche Umkehr der Perspektive sich niemals hätte ereignen dürfen. Niemals hätte aus der «Theologie» eine «Christologie» werden dürfen; niemals hätte der Hinweis Jesu auf Gott in das Problem verkehrt werden dürfen, wie Gott sich verhält zu seinem Gesandten; nie hätte die Frage: wer sind wir vor Gott? sich zu der Frage verformen dürfen: und wer ist Gott vor uns Menschen? Es sind hier die Abergeister, die «wußten, er sei der Messias», und

[23] Damit verbunden aber ist die bleibende Gegenwart von Wort und Tat Jesu in den Evangelien, wie es GÜNTHER BORNKAMM: *Jesus von Nazareth*, 15, ausdrückte: «Im Erzählen der Geschichte von einst verkünden sie, wer er ist, nicht wer er war ...: immer will das Einst der Geschichte Jesu auf seine Bedeutung für die Gegenwart heute und das Dereinst der Zukunft Gottes befragt und verstanden sein.» «Die Überlieferung gibt nicht eigentlich sein einst gesprochenes Wort wieder und weiter, sondern sie *ist* sein Wort heute.»

«er verwies es ihnen und ließ sie nicht zu Wort kommen.» (4,41)[24] Offenbar gibt es eine Art des «Bekenntnisses» zu Jesus als dem «Christus», die wieder nichts ist als eine Sprache der Entfremdung. Die gesamte kirchliche Dogmatik steht religionspsychologisch unter dem Verdacht, ja, unter dem Vorwurf, eine zwangsneurotische Form der Außenlenkung und der Herrschaftsausübung zu sein[25]. Man kann und darf das Existieren nicht ersetzen durch das Dozieren. Alles Sprechen von Gott ist nur so lange legitim, als es Erfahrungen mit Gott vermittelt, die Menschen auf den Suchwanderungen nach ihrer Heimat machen können. Als «Messias» jedenfalls wollte Jesus niemals tituliert werden, und so wie den «Abergeistern» hier, wird er später dem Simon (Petrus) und den anderen Jüngern es kategorisch untersagen, ihn so zu nennen (Lk 9,21). Es wäre, wie wollte man den Gesang eines Liedes verwandeln in einen Vortrag über Vers- und Tonkunst; es wäre, wie wenn jemand das Glück der Liebe lehren wollte an einer Schautafel über die Endokrinologie bestimmter Sexualhormone; es wäre, wie wollte jemand die Unmittelbarkeit des Erlebens aus dem gleichen Ursprung verstellen mit Erklärungen über eben diesen Ursprung. Dabei verhält es sich mit allem, was uns wirklich trägt, ganz so, wie – erneut – RAINER MARIA RILKE (1875–1926) es im *Stundenbuch* ausgedrückt hat:

Du bist die Zukunft, großes Morgenrot
über den Ebenen der Ewigkeit.

[24] Vgl. aber WOLFGANG WIEFEL: *Das Evangelium nach Lukas*, 111: «Die den summarisch vorgestellten Krankenheilungen entsprechenden Dämonenaustreibungen, die man nach dem vorliegenden Zeitablauf als nächtliche Geschehnisse zu deuten hat, werden mit Formulierungen geschildert, die einem anderen markinischen Summarium (Mark. 3,11 f.) entsprechen. Anders als dort folgt der Ausruf der Dämonen ihrer Austreibung. Die durch sie geschehende Akklamation Jesu als Sohn Gottes wird ausdrücklich messianisch gedeutet. Die Identität der Bezeichnungen Messias und Sohn Gottes wird dabei vorausgesetzt. Im Unterschied zu Markus ist die hier gebotene Geheimhaltung der Messianität kein konstitutives Motiv.»

[25] Vgl. THEODOR REIK: *Dogma und Zwangsidee*, 104–105: «Umschloß früher die Liebe zu Gott die Gemeinde und machte sie zu Brüdern in Christo, so wird je später, je mehr die blinde Unterwerfung unter die Kirche gefordert und mit grausamer Strenge erreicht. Das Christentum war eine religiöse Revolution, die sich ursprünglich gegen die Pharisäer und Schriftgelehrten wandte und gegenüber der jüdischen Gesetzesreligion die Freiheit forderte. Aber der beleidigte und entthronte Gott rächte sich: die *lex Christi* (sc. das Gesetz Christi, d.V.), nicht minder dogmatisch als die Thora, tritt ihre Herrschaft an, die alten Imperative werden durch neue und noch eindringlichere ersetzt, den Dogmen des Judentums entsprechen bald eine Unmenge Dogmen der Kirche. Der Weg geht von der Auflehnung zum nachträglichen Gehorsam, ganz wie wir es beim Zwangskranken sehen.»

Du bist der Hahnschrei nach der Nacht der Zeit,
der Tau, die Morgenmette und die Maid,
der fremde Mann, die Mutter und der Tod.

Du bist die sich verwandelnde Gestalt,
die immer einsam aus dem Schicksal ragt,
die unbejubelt bleibt und unbeklagt
und unbeschrieben wie ein wilder Wald.

Du bist der Dinge tiefer Inbegriff,
der seines Wesens letztes Wort verschweigt
und sich den Andern immer anders zeigt:
dem Schiff als Küste und dem Land als Schiff.[26]

[26] RAINER MARIA RILKE: *Das Stundenbuch*, in: Sämtliche Werke, I 326–327.

Lk 5,1–11: Der Fischzug des Petrus oder: Des Lebens Fülle als Berufung

(vergleiche Joh 21,1–11)

Es geschah aber: indem die Schar zu ihm drängte, indem sie das Wort Gottes hörte, und er selber stand da am See Gennesaret, [2] da sah er zwei Schifflein abgestellt am See; die Fischer aber waren aus ihnen ausgestiegen und wuschen die Netze. [3] Da stieg er in eines der Schiffe, das dem Simon gehörte, und bat ihn, weg vom Land abzulegen – ein wenig. Dann setzte er sich, und aus dem Schiff heraus lehrte er die Scharen. [4] Wie er aber pausierte mit dem Reden, hat er zu Simon gesagt: Leg ab ins Tiefe und laßt hinunter eure Netze zum Fang. [5] Da antwortete Simon, er hat gesagt: Gebieter, die ganze Nacht durch haben wir uns abgemüht und nichts bekommen; aber auf deine Botschaft hin will ich herunterlassen die Netze. [6] Und als sie das getan hatten, schlossen sie eine Menge Fische ein, eine große! Ja, es zerrissen ihre Netze. [7] Und sie winkten den Teilhabern in dem anderen Schiff zu, sie sollten kommen und mit ihnen anfassen. Und die kamen und füllten beide Schiffe, so daß sie tief sanken. [8] Als Simon Petrus das sah, fiel er nieder zu Jesu Knien, sprechend: Fort geh von mir, denn ein sündiger Mensch bin ich, Herr. [9] Schauder nämlich hielt ihn umfangen und alle mit ihm ob dem Fischfang, den sie zusammenbekommen; [10] gleichermaßen aber auch Jakobus und Johannes, die Söhne des Zebedäus, die des Simon Gefährten waren; und es hat gesagt zu Simon Jesus: Fürchte dich nicht; von nun an wirst du ein Menschenfänger sein. [11] Und nachdem sie die Boote an Land gezogen, ließen sie alles und folgten ihm.

Kein Mensch läßt alles stehen und liegen, um ein ganz neues Leben zu beginnen, er hätte denn eine Entdeckung gemacht, die ihn gänzlich erfüllt. *Markus* (Mk 1,16–20) berichtet noch, daß Jesus seine ersten Jünger, Simon und Andreas, angerufen habe, sich ihm anzuschließen, und «gleich» seien sie ihm gefolgt[1]. In manchen Auslegungen hat man daran Gelegenheit genommen, die «Unbedingtheit» des Anrufs Gottes, die «Steilheit» seiner «Forderung» herauszustellen und das gesamte Verhältnis zwischen Mensch und Gott als «Gehorsam» zu beschreiben[2]. Doch wieder blieben wir, wenn

[1] Vgl. Mk I 161–170: Mk 1,14-20: Die ersten Jünger.

[2] Vgl. RUDOLF BULTMANN: *Jesus, 53–62*: Jesu Forderung des Gehorsams. RUDOLF PESCH: *Der reiche Fischfang*, 70, verweist darauf, daß das «sie verließen *alles*» die «redaktionelle Tendenz des Lukas» verrät, «der die umfassende Aussage im Sinne absoluter Nachfolge wählt», wie auch in Lk 5,28 bei der Berufung des Levi.

es so stünde, in einer Religion des Autoritarismus und der Fremdbestimmung eingeschlossen; wir folgten nicht sowohl dem Anruf Jesu zu Reifung und Entfaltung im Vertrauen zu dem Gott, der möchte, daß wir sind, vielmehr bestätigten wir nur die Überzeugung SIGMUND FREUDS (1856–1939), die Religion (in ihrer patriarchalen Form) sei grad soviel wie eine kollektive Zwangsneurose[3].

Im *Johannes*-Evangelium (Joh 1,35–42) wird bezeichnenderweise denn auch der (innere) Weg geschildert, der Andreas und Simon von Johannes dem Täufer fort zu Jesus hinüber führt: Andreas und ein anderer Jünger des Johannes fragen ihn, den der Täufer als «Gottes Lamm» (als Gottes Knecht)[4] vorstellt, wo er wohne, und er lädt sie ein mit den Worten: «Kommt und seht». Der «Ort», an dem ein Mensch seine «Wohnung» findet, an dem er sich «zu Hause» fühlt, an dem er spürt, umfangen und beheimatet zu sein, ist stets die Stelle, da er seiner eigentlichen «Berufung», seines «Auftrags» innewird[5]. *Lukas* schildert im Grunde eine ganz vergleichbare Erfahrung, in dem Gewande freilich eines spektakulären «Wunders».

Oft wird in der Exegese die Ansicht vertreten, daß all die «Epiphanie»-Legenden, die Jesus als den Messias «offenbar» machen, im Grunde «nachösterliche» Erzählungen seien[6], und gerade mit der Geschichte vom

[3] Vgl. SIGMUND FREUD: *Die Zukunft einer Illusion*, in: Gesammelte Werke, XIV 367: «Die Religion wäre die allgemein menschliche Zwangsneurose, wie die des Kindes stammte sie aus dem Ödipuskomplex, der Vaterbeziehung.»

[4] Vgl. Joh I 84–98: Joh 1,35-51: Von der Nachfolge oder: Zwei Arten von Berufung.

[5] Vgl. Joh I 89–94.

[6] Vgl. RUDOLF BULTMANN: *Die Geschichte der synoptischen Tradition*, 246: «Bei einigen Wundergeschichten kann man fragen, ob sie in der christlichen Gemeinde selbst entstanden sind, sei es als in das Leben Jesu zurückverlegte Ostergeschichten, sei es als Gebilde, die aus Jesus-Worten herausgesponnen sind. Wie offenbar Worte des Erhöhten zu Worten des irdischen Jesus werden ... und wie die Geschichten vom Messias-Bekenntnis des Petrus und von der Verklärung in das Leben Jesu zurückverlegte Ostergeschichten sind ..., so wäre Ähnliches bei Wundergeschichten auch möglich. Besonders nahe liegt das für die Geschichte vom wunderbaren Fischzug, zumal wenn man die Fassung Joh 21,1-14 für älter als die bei Lk 5,1-11 hält.» «Für wahrscheinlich halte ich, daß die Geschichte vom wunderbaren Fischzug Lk 5,1-11 in Jesu Wort von den ‹Menschenfischern› ihre eine Wurzel hat ..., wie dieses Wort ja auch zur Bildung der Berufungsgeschichten Mk 1,16-20 geführt haben dürfte.»; vgl. auch WOLFGANG WIEFEL: *Das Evangelium nach Lukas*, 112–113. WOLFGANG DIETRICH: *Das Petrusbild der lukanischen Schriften*, 23–24, sieht in der Berufungsgeschichte des Petrus ein «vereinigtes Echo» aus Mk 4,1 und Joh 21,6-22 sowie eine Fortbildung aus Mk 1,17 (Mt 4,19); entsprechend gliedert er: «V. 1–3 bilden die Einleitung, die von Lukas aus Mark. 4,1 entnommen und von ihm, möglicherweise in Verbindung mit Mark. 1,16 und 3,9, umgeformt worden ist.» «V. 4–9(10) gelten als separate Überlieferung, wahrscheinlich als eine ursprüngliche Ostergeschichte, wofür auf Joh 21,6 ff. verwiesen wird.» «V. 9–10. Die Einführung der Zebedaiden sei unter dem Einfluß von Mark. 1,19 erfolgt.» Vgl. dazu G. KLEIN:

Fischzug des Petrus läßt sich diese Auffassung sehr gut begründen, denn in einer (recht späten) Szene von der Erscheinung des «auferstandenen» Christus am See von Gennesaret wird in einem Nachtragskapitel zum *Johannes-Evangelium* (Joh 21,1–11) auf die Motive eben dieser lukanischen Perikope zurückgegriffen. Doch eines ist die Überlieferungsgeschichte der Evangelien, und ein ganz anderes die menschliche Erfahrung, – im Sinne SÖREN KIERKEGAARDS (1813–1855) gesprochen: erklären kann man nur nach rückwärts, leben aber nur nach vorwärts[7]. Ehe Menschen bereit sind, ihre ganze

Die Berufung des Petrus, in: Rekonstruktion und Interpretation, 15–20. Dabei ist – gegen WOLFGANG DIETRICH (S. 38) – insbesondere Lk 5,1 sprachlich und inhaltlich als Schöpfung des Evangelisten zu erkennen, wie RUDOLF PESCH: *Der reiche Fischfang*, 66–69, meint: «Beachtlich ist die Art der Zusammenfügung der dem Evangelisten vorgegebenen Bauteile in den Vv. 1–3. Lukas verfährt so, daß Jesus das Hauptsubjekt bleibt, dem die beiden Figurengruppen (Volk – Fischer und Simon) zugeordnet bleiben ... Lukas bevorzugt die Erzählweise aus der Perspektive Jesu. – *Jedenfalls zeigt sich*: Die Exposition des Textes Lk 5,1-11 in der relativ selbständigen Szene Vv. 1–3 lebt von einer Reihe lukanischer Stileigentümlichkeiten und Motive» (69). In der Schlußszene (Lk 5,10-11), der eigentlichen Berufung, wird Simon, wie schon in 5,3 vorbereitet, klar hervorgehoben, wie es «auch einer auch sonst erkennbaren lukanischen Tendenz» entspricht (69). «Der Auszeichnung Simons korrespondiert bei Lukas die Zurückdrängung des Andreas ... Offensichtlich muß Andreas der lukanisch bevorzugten Paarung ‹Petrus und Johannes› weichen.» Was Jakobus und Johannes angeht, so «sind die Zebedaiden mit Lk 5,10a ein für allemal ... als Brüder vorgestellt ... Der Evangelist setzt nach Lk 5,10a das Wissen des Lesers um die Verwandtschaft der beiden voraus.» (70) «V 11 ist ganz im Anschluß an Mk 1,18.20 ... strukturiert. Die Aussage von der Landung ... führt in Korrespondenz zu Lk 5,3 ... und im Blick auf V. 7 zugleich den Fischfangbericht zu einem Abschluß.» (71) So ergibt sich: «Lk 5,10-11 ist im ganzen aufgrund von Mk 1,16-20 und im Anschluß an die Fischfangerzählung selbst komponiert.» (72) Das gleiche gilt auch für das Menschenfischerwort (Lk 5,10b), das auf Mk 1,17 zurückgeht. (76) Die Fischfangszene (Lk 5,4b-9) schließlich gibt sich als eine vorlukanische Fischfangerzählung zu erkennen, «in der nur wenige lukanische Eingriffe, aber eine Reihe unlukanischer Züge erkennbar sind.» (84) Insgesamt läßt sich nach PESCH viererlei feststellen: Zum einen wird das galiläische Meer «bei Lukas als eigenständige Station im Itinerar (sc. in der Wegbeschreibung, d.V.) Jesu nicht betont. Galiläa, Nazaret, Kapharnaum, Judäa heißt die Abfolge der Stationen, wobei Judäa als umfassender Begriff Lk 4,44 zu einer Art Exposition macht: Jesus verkündet das Reich Gottes in den Synagogen Judäas». Zum anderen wird «deutlich, daß Jesu Antrittspredigt in Nazaret bereits auf seine Verwerfung durch das jüdische Volk und den Fort-Gang der Heilsverkündigung von den Juden zu den Heiden vorweisen soll ...; dabei kommt Simon (Apg 10-11) neben Paulus eine Schlüsselrolle zu.» Zudem: «Woran Lukas zweifellos vor allem liegt, ist die Grundlegung der Vorrangstellung Simons wie die Begründung der Mission der Apostel im irdischen Wirken Jesu selbst.» Und schließlich: «Die Fischfangwundererzählung ist bei Lukas in die Berufungserzählung integriert worden, der Fischzug wird zum ‹Initiationswunder›.» (141–143)

[7] Vgl. SÖREN KIERKEGAARD: *Einübung im Christentum*, Werkausgabe, II 110: «Während jede Generation von vorn mit Christus anfangen und somit sein Leben als Paradigma hinstellen sollte, hat die Christenheit sich die Freiheit genommen, das ganze Verhältnis rein geschichtlich zu deuten, damit zu beginnen, ihn tot sein zu lassen – und dann kommt der Triumph!»

Existenz aufs Spiel zu setzen, müssen sie gespürt haben, wofür es sich lohnt; ehe sie alles hinter sich lassen (vgl. 5,11), müssen sie erahnt haben, was vor ihnen liegt; und es ist stets der Einbruch einer Evidenz von Sinn und Glück, der einen solchen Aufbruch motiviert, – wie in dem Doppelgleichnis Jesu von dem Schatz im Acker und von der kostbaren Perle (Mt 13,44–46) oder wie in der – wiederum «nachösterlichen» – Erzählung von der «Verklärung» Jesu auf dem Berge (Lk 9,28–36). Ohne eine Welt jenseits des dunklen Vorhangs des Todes vor sich zu sehen, wird kein Mensch bis zum äußersten gehen, – wie Jesus selber, wie späterhin seine Jünger. Die Auslegung einer solchen Erzählung muß deshalb ganz und gar symbolisch sein, – «See» und «Netz» und «Nacht» und «Tag» und «Ausfahrt» und «Rückkehr» sind als seelische Vorgänge und Erfahrungen zu deuten, nicht anders als in der Geschichte vom Sturm auf dem Meere (Lk 8,22–25) oder vom Seewandel Petri (Mt 14,22–33).

Die Entdeckung des Simon beginnt im völlig Alltäglichen. Er ist – wie seine Gefährten – ein Fischer am See von Gennesaret, und es ist, darf man denken, ein durch und durch geregeltes, im festen Rhythmus der Zeit schwingendes Leben, das er da führt: im Sonnenuntergang laufen die Fangboote mit ihren Treibnetzen aus, Laternen am Steven, um die Fische an die Oberfläche zu locken, und bei Aufgang der Sonne landen sie an, was sie gefangen haben, – ein routiniertes Handwerk, ohne große Aufregungen, ohne große Abwechselungen, aber auch nicht gerade stupide und öd, dafür grundsolide und einträglich. Doch eben dazu konträr ist die Erfahrung des «Petrus» (wie der «Simon» aus Lk 4,38 hier in Lk 5,8 ohne Begründung entsprechend der Überlieferung in Mt 16,18 genannt wird) an diesem Morgen: da erlebt er so etwas wie Leere, wie Vergeblichkeit, wie Sinnlosigkeit. Rein äußerlich macht sich diese Erfahrung fest an dem Mißerfolg einer einzelnen Ausfahrt (5,5)[8], doch muß sie dem Mann, der sie durchlebt, den Eindruck von etwas Wesentlichem vermittelt haben. Wo im Leben eines Einzelnen sich so etwas ereignet, kann sehr unterschiedlich sein, doch der Eindruck ist immer der gleiche: Es ist, als risse in einem solchen Augenblick

[8] Vgl. WOLFGANG WIEFEL: *Das Evangelium des Lukas*, 114: «Obwohl er eine Nacht ergebnislos beim Fangen vollbracht hat, will Simon der Weisung folgen, wenn sie auch aller Berufserfahrung des Fischers widerspricht. Stellt man sich (mit Lukas) die Szene am hohen Mittag vor, so steigert sich die Paradoxie des Weisungswortes Jesu, aber auch die Größe des Wunders.» – KARL LÖNING: *Die Geschichtswerke des Lukas*, I 168, verweist zu Recht auf den allegorischen Charakter des «Geschenkwunders», in dem er freilich nur ein Bild für die «Sammlung des endzeitlichen Gottesvolkes» sieht.

das dicht gewirkte Gewebe des Lebens an einer für sich genommen völlig beliebigen Stelle auf und sein ganzer Inhalt flösse aus; schlimmer, es ist, als offenbarte dieser zunächst noch winzige Riß etwas von der prinzipiellen Unbeständigkeit aller Dinge, als schaute man durch diese Nullstelle im Sein hindurch in die dunkle Unendlichkeit des Nichts, – als verlöre alles, was sich tun und unternehmen läßt, seine Bedeutung, seinen Grund und seinen Halt. Der Anlaß kann, äußerlich betrachtet, relativ geringfügig sein: ein Mißerfolg im Beruf, eine nicht so gute Beurteilung durch die Umgebung, ein vermeidbarer Fehler – und es stellt das ganze bisherige Lebenskonzept in Frage. Gewiß, jede Nacht und jeder Tag mag damit hingehen, Fische zu töten, ihre Körper zu verkaufen oder sie selbst zu verspeisen, sich auszuruhen und zu schlafen, die Netze zu flicken und wieder von vorn mit dem Ablegen des Boots zu beginnen. Doch wozu das alles? Wozu erhebt sich die Sonne, wozu geht sie unter, und was bescheint sie in ihrem endlosen Kreislauf? Ein Stück Endgültigkeit und Vergeblichkeit wird da fühlbar, eine Entwertung im ganzen durch die Nähe des Todes. Wozu sollen sich mühen die Menschen, wenn es doch «geht dem Menschen gleich wie dem Vieh», daß er stirbt wie dies und wird eins im Staube mit ihm und ist «alles eitel», was lebt (Pred 3,19.20)? Lernt man's nicht selbst beim Beten des israelitischen Psalters: «Auch die Weisen sterben, so wie die Toren und Narren umkommen; sie müssen ihr Gut anderen lassen. Gräber sind ihr Haus immerdar, ihre Wohnung für und für ... Ein Mensch in seiner Herrlichkeit kann nicht bleiben, sondern muß davon wie das Vieh.» (Ps 49,11–13) Worauf bei allem, was Menschen planen und tun, ist also Verlaß? Auf radikal gar nichts! Irgendwann drängt diese Erkenntnis sich auf; irgendwann nötigt sie zu einer Stellungnahme; und nun kann man darüber hinweggleiten, zurück in das alte Leben einer mutwilligen Gedankenlosigkeit, die man fortan als «Realität» für sich festschreibt, – es kann aber auch sein, daß alles sich ändert, indem es sich öffnet in den Morgen eines neuen Sinnhorizonts.

Manchmal genügt schon ein wenig Einsamkeit, um die Erfahrung des Petrus in dieser Szene zu teilen: Man macht dies und das, man unternimmt alles mögliche, doch man weiß nicht, für wen; es gibt niemanden, dem man es schenken könnte, niemanden, für den man wesentlich da ist, und so fragt sich's, weswegen man überhaupt da ist und überhaupt etwas tun soll. Eine gültige Antwort auf die Frage nach dem Sinn des eigenen Daseins, ja, des Daseins aller Dinge, ergibt sich einzig in der Nähe eines anderen, in seinen Armen und an seinem Herzen. Doch dieser andere ist ganz gewiß nicht irgendeiner. In seinem Munde müssen Worte wohnen, die uns leben lassen; in seinen Augen muß ein Licht erstrahlen, das uns den Weg erleuchtet; in seinen Händen muß so viel an Zärtlichkeit und Stärke ruhen, daß es in seiner Sanftheit tröstet und in seiner Kraft uns schützt.

In einer derartigen Aura muß Jesus an jenem Morgen Petrus angesprochen haben, – beglaubigt durch die Macht des Wortes, das er soeben noch von seinem Schifflein aus an «die Schar», die «zu ihm drängte», richtete; man spürte, wenn er redete, daß er nicht einfach über oder von Gott sprach, sondern daß in ihm «das Wort Gottes» selber zur Sprache kam (5,1). «Leg ab ins Tiefe», soll Jesus den Bootseigentümer Petrus aufgefordert haben. «Fahr auf den See hinaus» – «fahr auf die Höhe (sc. des Sees, d. V.)» übersetzte, sinngemäß richtig, MARTIN LUTHER (1483–1546)[9]; doch «wörtlich» steht hier «ins Tiefe», und dieser Ausdruck sollte nicht eine «technische» Begründung haben, denn tiefreichend waren die einfachen Netze der Fischer am See von Gennesaret vor 2000 Jahren ganz sicher nicht; auch die Erschütterung, die Petrus überkommt, als sich die Netze füllen, die er auf Jesu «Botschaft hin» (5,5) herunterläßt («auswirft»), ist nicht als ein bloßes Erstaunen über die überraschende «Menge Fische» (5,6) zu lesen. Wenn schon die «leeren» Netze als ein Bild für die existentielle Erfahrung innerer Hohlheit, Unerfülltheit und Nichtigkeit zu verstehen sind, dann nicht minder nun auch das «Wunder» der «(Er)Füllung». Es ist ein in der Tat alles verwandelndes Erlebnis. Man tut nach wie vor nichts anderes als zuvor, nur verrichtet man es jetzt vor einem vollkommen neuen Sinnhintergrund: man handelt nicht länger ins Nächtliche, Dunkle und Dumpfe[10], man handelt nunmehr ins Tageshelle; man wagt sich noch einmal hinaus auf das «Meer» – dieses häufige Bild für das Unbewußte im Menschen[11] –, man

[9] Vgl. *Das Neue Testament*, nach der Übersetzung Martin Luthers, S. 72.

[10] Das Motiv hat eine Ähnlichkeit mit der Aufforderung Jesu an die Jünger in Joh 21,6, sie sollten «zur rechten Seite des Bootes das Netz» auswerfen; vgl. Joh II 360.

[11] Vgl. CARL GUSTAV JUNG: *Symbole der Wandlung*, in: Gesammelte Werke, V 278: «In den Träumen und Phantasien bedeutet Meer oder jedes größere Gewässer das Unbewußte. Der Mutteraspekt des Wassers koinzidiert insofern mit der Natur des Unbewußten, als dieses (in besonderem Maße beim Manne) als die Mutter oder Matrix des Bewußtseins angesprochen werden kann. So hat auch das Unbewußte – wenn auf der Subjektstufe gedeutet – wie das Wasser mütterliche Bedeutung.» – Der «schwebende» Charakter der ganzen Erzählung ergibt sich bereits aus der Fülle unbeantwortbarer – und unsachgemäßer – Fragen, die sich sogleich ergeben, wenn man den Text «realistisch» liest: Woher kommen die Gefährten? Wieso sind ihre Netze plötzlich einzusetzen? Fällt Simon im Boot oder am Lande nieder, um seine Sünden zu gestehen? Wieso wirkt das «Wunder» nicht auch auf die anderen in gleicher Weise? In welchem Boot halten die Zebedaiden sich auf? Welche der Anwesenden folgen Jesus nach? Was wird aus den Booten und den Fischen? Vgl. WOLFGANG DIETRICH: *Das Petrusbild der lukanischen Schriften*, 36–37, der allerdings nicht die entsprechenden Konsequenzen aus seinen Beobachtungen zieht und der im übrigen die ganze Geschichte dem lukanischen Sondergut zuschreiben möchte (38).

sucht aber jetzt seine verborgenen Schätze zu heben, statt nur an der Oberfläche darüberhin zu fahren. Und man kann so tun, weil da jemand steht, der möchte, daß wir so tun, so daß, egal was wir finden, es recht sein wird – auf seine «Botschaft» hin (4,5).

Mitunter wogt ein Streit zwischen Logotherapeuten und Psychoanalytikern, woher das Gefühl der Leere und Sinnlosigkeit komme und wie es sich überwinden lasse. Läßt sich «der Sinn» des Lebens mit gewissermaßen philosophischen Mitteln aufprägen oder religiös aufpredigen, wie die Schüler VIKTOR EMIL FRANKLS (1905–1997) glauben[12], oder ergibt sich der Sinnverlust vor allem aus vitalen Störungen im Affektbereich, wie die Schüler SIGMUND FREUDS vermeinen[13]? Die Wahrheit dürfte, wie so oft, wohl in der Mitte liegen. Schon um sich auf die Abgründe der Seele einzulassen, um das Netz in die «See» hinabzulassen, bedarf es einer starken emotionalen Verankerung in der Beziehung zu einem anderen Menschen, und es wird so lange keine sinnvolle Lebensführung geben können, als nicht Denken und Fühlen zu einer Einheit zusammengefunden haben. Schon darin liegt eine wichtige psychotherapeutische Aufgabe beim «Ablegen ins Tiefe»: die übliche Verstandeseinseitigkeit[14] gilt es als eine neurotische Form des Bewußtseins zu überwinden, die schon deshalb gefährlich ist, weil sie zu keinerlei «Wertfühlen» (im Sinne MAX SCHELERS[14], 1874–1928) imstande ist; wer aber Werte nicht fühlt, wird mit nichts wirklich verbunden sein, und wie sollte ein solcher irgend etwas in einer derartigen Kälte des Gefühls als «sinnvoll» erleben? Das Umgekehrte gilt natürlich auch: die Einseitigkeit des Gefühls ist nicht nur anfällig für Enttäuschungen und Störungen aller Art, sie kann auch sehr leicht zu einem Chaos aus Unwägbarkeiten und Verworrenheiten führen, die ebenfalls ein sinnvolles Dasein nicht zulassen. In jedem Falle gilt es, tief im Meer des Unbewußten zu loten, um die biographischen Ursachen kennenzulernen, die zu dem einen wie zu dem anderen geführt haben mögen.

[12] VIKTOR E. FRANKL: *Ärztliche Seelsorge*, 236: «Es gibt nun keine Lebenssituation, die wirklich sinnlos wäre. Dies ist darauf zurückzuführen, daß die scheinbar negativen Seiten der menschlichen Existenz, insbesondere jene tragische Trias, zu der sich Leid, Schuld und Tod zusammenfügen, auch in etwas Positives, in eine Leistung verwandelt werden können, wenn ihnen nur mit der rechten Haltung und Einstellung begegnet wird.»

[13] Vgl. HARALD SCHULTZ-HENCKE: *Das Problem der Schizophrenie*, 289: «Am Mißglücken des ‹Animalischen› scheitern die Patienten! Und damit mißlingt ihre ganze Existenz schließlich. *So* muß geordnet werden. So sieht die Chronologie und deren Psycho-logik tatsächlich aus.»

[14] Vgl. MAX SCHELER: *Der Formalismus in der Ethik und die materielle Werteethik*, 289–309.

Wie überhaupt verlief das bisherige Leben eines «Petrus»? Geboren in Galiläa, vielleicht hier in Kafarnaum, aufgewachsen, wie man in einem solchen Örtchen halt aufwächst, Fischer von Beruf wie viele andere auch, ein Exemplar mithin mehr als eine Person, ein Mann, der ist, wie man ist, – nichts Besonderes war bisher von ihm zu vermelden. Doch wer ist er selbst? Solange diese Frage nicht beantwortet ist, muß jede religiöse Aussage äußerlich und leer bleiben, wofern sie nicht selber veräußerlichend und selbstentleerend wirkt. Zutreffend schrieb schon im 17. Jh. DANIEL CZEPKO VON REIGERSFELD (1605–1660) Worte, in denen sich ein Grundgedanke aller Mystik ausspricht:

> Um Gott ist eine Glut, o Mensch, du wirst verbrannt,
> wenn du ihn kennen willst, eh als du dich erkannt.[15]

Vor allem: wie soll ein Mensch zu anderen gesandt sein, um ihnen von Gott zu sprechen, solange er sich selber nicht gefunden hat? Wie soll er in einem solchen Zustand seelischer Zerspaltenheit «Gott» anders «künden» als in der Projektionsgestalt des eigenen Unbewußten[16] – als das erweiterte Bild seiner Muttersehnsucht, als die verunendlichte Form seiner Vaterangst, als die ins Kollektive sich ausdehnende Entfremdung?

Was für Auswirkungen eine solche «Verkündigung» in der Kirchengeschichte zeitigen mußte und tendenziell immer noch zeitigt, mag ein kleines Beispiel aus der Geschichte der Eroberung Perus durch die spanischen Konquistadoren verdeutlichen: Als *Francisco Pizarro* (1478–1541) mit seinen Truppen die Indianer-Residenz Caxamalca erreichte, legte der Dominikanermönch *Vicente de Valverde* (1490–1541), «in der einen Hand eine Bibel und in der anderen ein Kruzifix», dem Inka-König *Atahualpa* (um 1500–1533) den katholischen Glauben auf die folgende Weise dar: Ausgehend von der Lehre der heiligen Dreifaltigkeit, «der Erschaffung des Menschen, dem ersten Sündenfall, der Erlösung durch unseren Herrn Jesus Christus und der Himmelfahrt Christi», erläuterte er insbesondere die Rolle des sogenannten «Nachfolgers» Petri, des römischen Papstes, mit diesen Worten: «Der Heiland ließ auf der Erde den Apostel Petrus als seinen Stellvertreter zurück, dieser gab sein Amt an den Papst weiter, dieser wieder an die ihm

[15] DANIEL CZEPKO VON REIGERSFELD: *Sechshundert Zweizeiler für Weise*, in: Geistliche Lieder; zit. n. HANS-RÜDIGER SCHWAB (Hg.): *Geistliche Gedichte*, 66.

[16] Vgl. bereits DAVID HUME: *Dialoge über natürliche Religion*, 138: «Furcht *und* Hoffnung ... diese zwei Emotionen bewegen zu verschiedenen Zeiten den menschlichen Geist, und die eine wie die andere formt sich ein Bild von der Gottheit, wie es ihr jeweils entspricht.»

folgenden Päpste. Der Papst, der jetzt über alle Herrscher der Welt Gewalt hat, hat dem spanischen Kaiser, dem mächtigsten Fürsten, den Auftrag erteilt, die Eingeborenen auf der westlichen Halbkugel zu unterwerfen und zu bekehren.»[17] Man wird den Inka-König in einem Scheinprozeß des Todes schuldig sprechen und ihn mit der Garrotte erdrosseln, nicht freilich ohne ihn zuvor auf den Namen Johannes des Täufers getauft zu haben, auf daß ihm «die Strafen im Jenseits erspart blieben»[18]. – Wie aber soll man eine «Strafe» sich vorstellen für eine derartige Perversion der Verkündigung Jesu und der Art *seiner* Berufung Petri? Die dogmatische Vorstellung von dem Papst als dem «Stellvertreter» Christi, als dem «Nachfolger» Petri, als dem eigentlichen geistigen «Herrscher der Welt» hat sich bis heute ohne den Deut einer Veränderung erhalten; – wie aber paßt sie zu der Szene von der Berufung des Petrus in Lk 5,1–11? wie eindrucksvoll erweist sie nicht ganz im Gegenteil die ungeheuere Verfälschung und Verlogenheit in allem, hält man sie an den Maßstab, den sie selbst zu vertreten vorgibt?

Die absolute Unvereinbarkeit erscheint in dem Unterschied, ja, geradezu in dem Gegensatz von Amt und Person, von Titel und Namen, von Rolle und Leben. Von Amts wegen erklärt der römische Papst sich als Stellvertreter Gottes, als Repräsentant Christi; von Amts wegen soll man auf ihn hören, um die Worte Jesu zu verstehen; von Amts wegen soll man ihn glauben als «unfehlbar». Die ganze Botschaft Jesu aber galt nicht der Einrichtung eines vermeintlich sakrosankten klerikalen Beamtentums; sie galt dem Bemühen, Gott selbst in den Herzen der Menschen zur Sprache zu bringen. In der Unmittelbarkeit eines kindlichen Vertrauens zu Gott sollte unser ganzes Leben sich ändern; also *darf* es sich nicht verflüchtigen und verfeierlichen in Ämtern, die im besten Falle (wofern sie nicht ohnehin längst überführt sind der systematischen Unterdrückung und Verhinderung des Lebens) nichts weiter sein können als die Verwaltung des Lebens, niemals das Leben selber – in seiner Freiheit, in seiner Irrtumsfähigkeit, in seinem Wagemut, in seiner Leidensfähigkeit, in seiner Leidenschaft.

In der Methode einer «historisch-kritischen» Auslegung der Stelle wird man natürlich hervorheben, daß die Szene in Lk 5,8 ein typisches «Theophaniemotiv» darstellt[19]: Wenn Gott einem Menschen sichtbar wird, so

17 ROBERT U. EVAMARIA GRÜN (Hg.): *Die Eroberung von Peru*, 49.

18 A.a.O., 67–71.

19 Vgl. WOLFGANG WIEFEL: *Das Evangelium nach Lukas*, 115: «Simon ... erkennt Jesu göttliche Vollmacht und sinkt deshalb vor ihm nieder (wie bei einer Epiphanie). Er nennt sich einen Sünder und erkennt, daß es zwischen diesem göttlichen Herrn und den sündigen Menschen keine Gemeinschaft geben kann ... Die Selbstverurteilung des Simon mag im pha-

wird er sprechen, wie *Jesaja* es tat, als die Gottheit im Tempel sich ihm erzeigte: «Weh mir, ich vergehe! Denn ich bin unreiner Lippen und wohne unter einem Volk von unreinen Lippen» (Jes 6,5)[20]. Auch die Worte des Petrus hier passen zweifellos in dieses Schema. Doch teilt in einer solchen Interpretation keinem Leser sich irgend etwas mit, das er selber – außerhalb gefährlicher seelischer Ausnahmezustände[21] – jemals in seinem Leben erfahren kann; er mag die Legende von der Berufung des Petrus bestaunen, doch hat sie mit seiner Person erkennbar nichts zu tun, und so wird er bei solcher Betrachtung von selber geneigt sein, mit «Gott» das ihm Fremde statt das ihm Eigene zu verbinden. In Wahrheit aber muß man die symbolische «Ausfahrt» des Petrus und seinen «Fischfang» in der «Tiefe» des «Sees» nur noch einen Schritt weiter verlängern und überlegen, auf was man dann stoßen wird: Was wird ein Mensch entdecken, der sein Netz auswirft in den Abgrund seiner Seele? Wie soll ihn nicht ein «Schauder ... umfangen» (5,9) bei dem, was er da zu sehen bekommt, im Gegenüber dieses so anderen, auf dessen Wort hin er das Wagnis einging?

Es ist das Entscheidende an dieser ganzen Stelle, daß Jesus das – stets wohl berechtigte – Schamgefühl, das Entsetzen des Petrus im Verlauf seiner reifenden Selbsterkenntnis nicht zum Anlaß von Vorwurf und Tadel verwendet, sondern im Gegenteil darin sogar die unerläßliche Bedingung für die «Berufung» und «Sendung» des Petrus erblickt. «Fürchte dich nicht», erklärt er (5,10), – auch dies ein «typisches» Wort bei der Erscheinung eines

risäischen Kanon von gerecht und sündig ihren Ansatz finden, greift aber der Sache nach weit darüber hinaus.» – KARL LÖNING: *Das Geschichtswerk des Lukas*, I 171, betont: «Petrus ist der exemplarisch gerettete Sünder, der als Zeuge des Handelns Gottes vor allem deshalb tauglich ist, weil er weiß, wovon er Zeugnis geben wird. ... – An der Gestalt des Simon entwickelt Lukas also einen Hauptaspekt seiner Theologie: Die Begegnung mit dem Wort Jesu deckt die Situation des Menschen vor Gott auf. Daraus ergibt sich die Aufgabe der Verkündigung erfahrener Rettung, die die Menschen zusammenbringt in das endzeitliche Volk Gottes aus Juden und Heiden.» FRANÇOIS BOVON: *Das Evangelium nach Lukas*, I 231, verweist darauf, daß schon der Ausdruck «das Wort Gottes» (Lk 5,1) den «Ort» bezeichne, «wo Gott sich nach außen als der lebendige und gnädige Gott manifestiert». WOLFGANG WIEFEL: *Das Petrusbild der lukanischen Schriften*, 50, fragt zu Recht, woher die plötzliche Einsicht des Simon in seine Sündhaftigkeit stamme; und da er den «Fischfang» selber nicht als ein inneres Geschehen versteht, bleibt die Frage, wie auch sonst in der exegetischen Literatur, unbeantwortbar. Am Ende ist es «die Einsicht in Jesu göttliches Kyrios-Sein», welche «das Bewußtsein der eigenen Existenz als Sünder hervorruft.» (S. 51)

20 Vgl. OTTO KAISER: *Der Prophet Jesaja*, Kap. 1–12, S. 63–67.

21 Vgl. EUGEN DREWERMANN: *Atem des Lebens*, II 665–684: Neurologische Erklärungsansätze oder: Von schizophrenen, epileptiformen und meditativen Bewußtseinszuständen und ihrer möglichen Wahrheit.

Engels oder der Gottheit selbst[22], hier aber die Versicherung einer Begleitung in unverbrüchlicher Gültigkeit. «Fürchte dich nicht» – das heißt hier soviel wie: «Ich verlasse Dich nicht, was auch immer noch kommen mag. Und daß Du jetzt (ein wenig) besser weißt, wer Du bist, ist kein Hinderungsgrund Deiner Beauftragung. Ich möchte Dich so, wie Du bist. Wolltest Du ernsthaft *ein Amt* bekleiden, so müßtest Du wirklich Deinem Titel den Anschein verleihen, das Gute als solches, ja, Gott an sich selbst zu verkörpern. Ich aber möchte genau das nicht. Ich möchte ganz einfach Dich als den Menschen, den ich in Dir finde in seinen Stärken und in seinen Schwächen. Eben weil Du um Deine ‹Sündhaftigkeit› weißt, wirst Du auch andere Menschen in ihren Gefährdungen und Fehlern besser begreifen, und Du wirst ihnen fortan das Gefühl schenken können, das Du jetzt gerade erfährst und aus dem wir alle wesentlich leben: daß da eine Hand ist, die uns niemals mehr losläßt. Ein Fischer bist Du und wirst Du bleiben, nur daß Du das, was Du bist, jetzt einsetzen kannst und einsetzen wirst, um Menschen dem Abgrund ihres Lebens zu entreißen und ans sichere Ufer zu bringen.»[23]

Auf Worte wie diese hin folgte Petrus dem Jesus, berichtet uns *Lukas*. Wie aber sollten wir «Nachfolger» sein dieses Petrus außer in der gleichen Dichte persönlichen Lebens mit all seiner Ausgesetztheit und mit all seiner Schwachheit? Gewiß, es herrscht in der «christlichen» Theologie eine unglaubliche Angst vor allem Persönlichen, vor allem Gemüthaften, vor allem, was «Seele» bedeutet, – es erscheint als so «subjektiv», als so ungreifbar, als so unsicher. Doch gerade dieses Subjektive zeigt Gott als Subjekt, dieses so Ungreifbare zeigt ihn als den Umgreifenden, dieses so Unsichere ist der Grund unserer steten Verwiesenheit auf ihn, der uns trägt. Es war kein Geringerer als MEISTER ECKHART (um 1260–vor 1328), der vor nun bereits 700 Jahren lehrte: «Die Seele hat keinen Unterschied von unserem Herrn Jesus Christus ... und alles, was man von unserem Herrn Jesus Christus sagen kann, kann man auch von der Seele sagen.»[24] Anders als im Inneren der eigenen Seele wird man Gott nicht finden und die Worte Jesu nicht verstehen. Wer aber besonders darunter leidet, daß er mit all seinen guten

22 Vgl. FRANÇOIS BOVON: *Das Evangelium nach Lukas*, I 234: «Simons Reaktion entspricht den alttestamentlichen Theophanien: Man kann Gott nicht sehen, ohne zu sterben. Im Stil einer Offenbarungsszene erklingt dann die göttliche Antwort ‹Fürchte dich nicht!› (V 10b)».

23 Vgl. JOSEF ERNST: *Das Evangelium nach Lukas*, 188: «Die persönliche Erfahrung des Petrus im Umgang mit Jesus hat hier ... ihren Niederschlag gefunden. Für die Hörer des Lk verbindet sich hier mit der Erzählung das frohe Wissen, daß sich Jesus gerade der Sünder annimmt.

24 MEISTER ECKHART: *Predigten und Schriften*, 47.

Bemühungen nur immer wieder scheitert, und wer den Mut kaum noch aufbringt, immer wieder neu zu beginnen, den mögen die milden Worte einer Betrachtung, eines Gebets aus der Feder JOSEPH VON EICHENDORFFS (1788–1857) trösten:

Es wandelt, was wir schauen,
Tag sinkt ins Abendrot,
Die Lust hat eignes Grauen,
Und alles hat den Tod.

Ins Leben schleicht das Leiden
Sich heimlich wie ein Dieb,
Wir alle müssen scheiden
Von allem, was uns lieb.

Was gäb es doch auf Erden,
Wer hielt' den Jammer aus,
Wer möcht geboren werden,
Hieltst du nicht droben Haus!

Du bist's, der, was wir bauen,
Mild über uns zerbricht,
Daß wir den Himmel schauen –
Darum so klag ich nicht.[25]

[25] JOSEPH VON EICHENDORFF: *Geistliche Gedichte*, in: Werke, I 294.

Lk 5,12–32: Zwei Heilungswunder und eine Berufung oder: Drei Schranken, die zu überwinden sind

(vergleiche Mk 1,40–45; Mt 8,1–4 zu *Lk 5,12–16*; Mk 2,1–12; Mt 9,1–8 zu *Lk 5,17–26*; Mk 2,13–17; Mt 9,9–13 zu *Lk 5,27–32*)

[12] Und es geschah: indem er in einer der Städte war, da! ein Mann voll
Aussatz. Er sah Jesus, er fiel nieder auf sein Angesicht, und er flehte ihn
an, sprechend: Herr, wenn du willst, kannst du mich reinigen. [13] Und die
Hand ausstreckend berührte er ihn, sprechend: Ich will, sei rein; und
gleich ist der Aussatz von ihm weggegangen. [14] Doch er trug ihm auf, nie-
mandem (etwas) zu sagen; sondern: fort, *zeige* dich *dem Priester* (Lev
13,19; 14,2–32) und bringe deiner Reinigung wegen, wie Moses bestimmt
hat, zum Zeugnis für sie. [15] Doch es lief auseinander nur um so mehr das
Tatwort über ihn, und zusammenliefen Scharen, viele, zu hören und sich
heilen zu lassen von ihren Gebrechen. [16] Er aber war zurückgezogen in
Einsamkeit und betend.
[17] Und es geschah: an einem der Tage, da war er lehrend, und es saßen da
Pharisäer und Gesetzeslehrer, die waren gekommen aus jedem Dorf Ga-
liläas und Judäas und aus Jerusalem; und die Kraft des Herrn war da zu
seinem Heilen. [18] Und da: Männer bringen auf einer Liege einen Men-
schen, der war gelähmt, und sie suchten ihn hineinzubringen und ihn vor
ihn hinzulegen. [19] Doch da sie wegen der Schar nicht fanden, wie sie ihn
hineinbringen könnten, stiegen sie auf das Hausdach, und durch die Zie-
geln ließen sie ihn mitsamt der kleinen Liege hinab in die Mitte vor Jesus.
[20] Da, wie er ihr Vertrauen sieht, hat er gesagt: Mensch, nachgelassen
sind dir deine Sünden. [21] Da begannen sich Gedanken zu machen die
Schriftgelehrten und die Pharisäer, sprechend: Was ist das für einer, der
Gotteslästerungen redet? Wer kann Sündennachlaß bewirken, wenn nicht
einzig Gott (Ps 130,4; Jes 43,25)? [22] Es erkannte aber Jesus ihre Gedan-
ken; als Antwort hat er zu ihnen gesagt: Warum denkt ihr (so) in eurem
Herzen? [23] Was ist leichter: zu sagen: Nachgelassen sind dir deine Sün-
den, oder zu sagen: Richte dich auf und bewege dich frei? [24] Damit ihr
aber wißt: der Menschensohn hat Vollmacht auf Erden, Sünden nach-
zulassen, – hat er dem Gelähmten gesagt: Dir sage ich: Richte dich auf,
und wenn du deine kleine Liege genommen hast, begib dich nach Hause.
[25] Und auf der Stelle stand er auf vor ihren Augen; er nahm, worauf er
gelegen hatte, und ging fort nach Hause, Gott verherrlichend. [26] Und
Ekstase erfaßte alle, und auch sie verherrlichten Gott, sprechend: Gese-
hen haben wir Unglaubliches heute.
[27] Und danach ging er hinaus und schaute einen Zöllner mit Namen Levi
an der Zollstelle sitzen, und er hat ihm gesagt: Folge mir. [28] Und der ließ
alles liegen, er ist aufgestanden und ihm gefolgt. [29] Und es bereitete einen

großen Empfang Levi ihm in seinem Haus; da war eine große Schar von Zöllnern (Lk 15,1) und anderen, die mit ihnen (zu Tisch) lagen. 30 Da murrten die Pharisäer und ihre Schriftgelehrten, zu seinen Jüngern sagten sie: Warum mit Zöllnern und Sündern haltet ihr Mahl- und Trinkgemeinschaft (Lk 7,34; 15,2; 19,7; Mt 9,11)? 31 Doch als Antwort hat Jesus zu ihnen gesagt: Keine Not haben, die heil sind, nach dem Arzt, sondern (nur) die übel dran sind. 32 Ich bin nicht gekommen, Gerechte zu rufen, sondern Sünder zur Umkehr (Lk 19,10).

Diese drei in sich jeweils geschlossenen Erzählungen hat *Lukas* aus seiner Vorlage im *Markus*-Evangelium so, wie sie waren, unter nur geringfügigen Kürzungen übernommen[1], doch hat er mit dem eingeschalteten Kapitel über die Berufung des Petrus dem ganzen Block so etwas wie eine eigene thematisch neu akzentuierte Überschrift verliehen: Dürfen Menschen trotz der Offensichtlichkeit ihrer Fehler und Verfehlungen sich in die Nähe Gottes wagen? Das entscheidende Erlebnis Petri am Ufer des Sees von Gennesaret war es, sich gerade in seiner für ihn erschreckenden Unvollkommenheit und «Sündhaftigkeit» von Jesus gemeint und gemocht und sogar zum Apostel der neuen Botschaft von der «Gottesherrschaft» berufen fühlen zu können. Damit aber wandelt sich nicht nur das Gottesbild fundamental, es verändert sich genau so auch der Umgang mit den Menschen: – die Legitimation verschwindet, Menschen auszugrenzen, egal, ob sie somatisch, psychisch oder sozial aus dem Rahmen fallen.

a) Die somatische Ausgrenzung oder: Das Beispiel des Aussätzigen

Ausgrenzung stand als eine gesetzliche Vorschrift auf eine *körperliche* Erkrankung, die noch heute in der «Dritten Welt» verbreitet ist: den «Aussatz». So bezeichnete man vor nicht allzu langer Zeit noch die Lepra, eine Infektionskrankheit, welche die Haut, die Schleimhäute, die Nerven und die Organe befällt[2]. Im Anfangsstadium wäre die Krankheit mit Medikamenten wie zum Beispiel mit (dem durch die Contergan-Affäre berüchtigten) Thalidomid vollkommen zum Verschwinden zu bringen, doch beschämenderweise sind für die immer noch weltweit, vor allem in Afrika, Asien und Lateinamerika, von der Seuche Betroffenen die notwendigen Geldmittel nach wie vor nicht bereitzustellen. Ansteckend ist die Krankheit für gewöhnlich

[1] Vgl. Mk I 209–216: Mk 1,40-45: Die Heilung des Aussätzigen; Mk I 223–236: Mk 2,1-2: Die Heilung des Gelähmten; Mk I 236–247: Mk 2,13-17: «Folge mir nach!»

[2] Vgl. ADRIANE ANDREAS u. a.: *Gesundheit*, 549.

nicht; um von Mensch zu Mensch übertragen zu werden, bedarf sie eines langen und intensiven Kontaktes, etwa innerhalb des familiären Zusammenlebens; insofern waren die Ausgrenzungsbestimmungen des mosaischen Gesetzes objektiv überflüssig und sinnlos, und sie liefen praktisch darauf hinaus, den Schmerz und das Leid der Leprösen nur noch zusätzlich zu verschlimmern; unbehandelt nämlich führt die Lepra zu schweren entstellenden Verstümmelungen. Dieses Verfaulen bei lebendigem Leibe läßt verstehen, welch ein Ekelgefühl schon der Anblick der «Aussätzigen» hervorrufen konnte und wie die Angst vor Ansteckung jene Tabu-Distanz nahelegte, die sich in den israelitischen Reinheitsgesetzen ausspricht. Mit kaum einem anderen Problem beschäftigt sich das Alte Testament denn auch ausführlicher als mit eben den Maßnahmen, die im Falle von «Aussatz» zu ergreifen sind – zwei Kapitel lang (Lev 13,1–59; 14,1–32) geht es um nichts anderes als um die «Diagnose» der Krankheit durch den Priester und um die Isolationsschritte, die er bei den ersten Anzeichen vornehmen muß, inklusive der «Reinigungs»vorschriften im Falle eines Abklingens der Symptome. Die Furcht vor dem Auftreten lepröser Hautstellen war derart groß, daß sie sich sogar auf den Schimmelbefall von Hauswänden übertrug, – auch gegen den «Aussatz» von Häusern erließ «Moses» ausführliche Tabubestimmungen (Lev 14,33–57). Die beiden entscheidenden Passagen bezüglich der Lepra lauten: «Wer nun aussätzig ist, soll zerrissene Kleider tragen und das Haar lose und den Bart verhüllt und soll rufen: Unrein, unrein! Und solange die Stelle (sc. des Aussatzes, d. V.) an ihm ist, soll er unrein sein, allein wohnen, und seine Wohnung soll außerhalb des Lagers sein.» (Lev 13,45–46) Und weiter erteilt Gott selber dem Moses die Weisung: «Gebiete den Israeliten, daß sie aus dem Lager schicken alle Aussätzigen und alle, die Eiterfluß haben und die an Toten unrein geworden sind. Männer wie Frauen sollt ihr hinausschicken vor das Lager, daß sie nicht das Lager unrein machen, darin ich unter euch wohne.» (Num 5,2.3)[3] «Heiliger» kann ein Gesetz in Israel nicht sein, als daß es Gott in den Mund gelegt, von Moses verkündet und

[3] MARTIN NOTH: *Das dritte Buch Mose. Leviticus*, 33–34; 90–91; 94–95, meint allerdings, es handele sich in diesen Bedingungen «schwerlich um die ... Lepra-Krankheit, da mit einem möglichen Verschwinden und Abheilen der Krankheit gerechnet wird.» (S. 90) HEINZ SCHÜRMANN: *Das Lukasevangelium*, I 275, konstatiert indessen: «Leprakranke galten als levitisch unrein, alles verunreinigend, was sie berührten. Der Aussatz wird weitgehend auf die Sünde zurückgeführt. Teilweise getrenntes Wohnen, zerrissene Kleider, das Fehlen der Kopfbedeckung, das aufgelöste Haar und der verhüllte Bart kennzeichneten sie als Trauernde und Tote.» Zur Symptomatik – neben Geschwulst, Ausschlag und hellen Flecken – in Lev 13,23: weiß werdende Haare und einfallende Haut oder nach Lev 13,4-8 glänzende um sich greifende Flecken. Vgl. FRANÇOIS BOVON: *Das Evangelium nach Lukas*, I 239. Str. B.

schon in der legendären Zeit der Wüstenwanderung praktiziert ward, und entsprechend streng und furchtsam wurde es denn auch beachtet.

Freilich, wie das Leben der zusätzlich zu dem Schmerz ihrer Krankheit obendrein noch für (kultisch) «unrein» Erklärten sich Tag um Tag gestaltete, läßt sich in seiner körperlichen wie seelischen Verwahrlosung nur schwer ermessen. Einen einfühlsamen Eindruck hat – wiederum – RAINER MARIA RILKE (1875–1926) im *Buch der Bilder* zu geben versucht, indem er schrieb:

Sieh, ich bin einer, den alles verlassen hat.
Keiner weiß in der Stadt von mir,
Aussatz hat mich befallen.
Und ich schlage mein Klapperwerk,
klopfe mein trauriges Augenmerk
in die Ohren allen
die nahe vorübergehn.
Und die es hölzern hören, sehn
erst gar nicht her, was hier geschehn,
wollen sie nicht erfahren.

Soweit der Klang meiner Klapper reicht
bin ich zuhause; aber vielleicht
machst Du meine Klapper so laut,
daß sich keiner in meine Ferne traut,
der mir jetzt aus der Nähe weicht.
So daß ich sehr lange gehen kann
ohne Mädchen, Frau oder Mann
oder Kind zu entdecken.

Tiere will ich nicht schrecken.[4]

IV 2, 745–763: Aussatz und Aussätzige, unterstreichen, daß der Aussatz als – eine sehr harte – Strafe Gottes betrachtet wurde, die auch nur Gott zu heilen vermochte (S. 745). «Die Ausschließung des Aussätzigen aus der Gemeinde ist Lv 13,45 f. angeordnet. Sie erfolgte nicht aus sanitären Gründen wegen Ansteckungsgefahr, sondern aus Gründen der theokratischen Heiligkeit des Volksganzen, die durch die Unreinheit des Aussatzes ganz besonders gefährlich erschien. Denn ein Aussätziger machte nach rabbinischer Anschauung nicht nur das (rituell) unrein, was er berührte, sondern schon sein bloßer Eintritt in ein Haus verunreinigte alles, was darin war, ja selbst durch eine zufällige Begegnung mit ihm etwa unter einem Baum konnte man sich unter Umständen Unreinheit zuziehen.» (S. 751)

[4] RAINER MARIA RILKE: *Das Buch der Bilder*, in: Sämtliche Werke, I 455–456.

Was RILKE mit diesen Worten beschreibt, ist die Anonymität des sozialen Exils, in das man mit den mosaischen Gesetzen die Kranken verbannt: – sie dürfen keinen Kontakt mehr unterhalten zu ihren Angehörigen, sie haben von fern einen jeden zu warnen, daß er nicht versehentlich in ihre Nähe komme; sie werden nicht nur gemieden, sie müssen selbst dafür sorgen, den *cordon sanitaire* um sich herum aufrechtzuerhalten, der ihnen jede Begegnung, jedes Gespräch, jede Zärtlichkeit definitiv verwehrt. Die einzige Gemeinschaft, die ihnen bleibt, ist die wilde Einsamkeit an der Seite der Tiere, deren kreatürliche Armseligkeit ungeschützt auch die ihre ist. Was RILKE bei seiner Darstellung nicht erwähnt, ist die mutwillige Barbarisierung in Kleidung und Körperpflege, durch welche die Bestimmungen des Gesetzes die «Aussätzigen» buchstäblich zum bloßen Lumpenproletariat erniedrigten. Schon von weitem sollten sie nicht zu verwechseln sein mit den ordentlichen und anständigen Mitgliedern des Gottesvolkes; systematisch sollten sie daran gehindert werden, durch irgendwelche Arbeiten und Dienstleistungen sich in deren Mitte den Lebensunterhalt zu verdienen; wenn sie schon existierten, dann allenfalls als rechtlose Bettler, die den herrenlosen Hunden gleich von den Wegen und Plätzen erhaschen, was an Abfall oder Abgabe weggeworfen oder abgelegt wird.

Dabei gibt es wahrscheinlich sogar eine Erlebnisbereitschaft in den solchermaßen Erkrankten, sich diesem furchtbaren Reglement ergeben zu beugen. Alle Hautkrankheiten, vor allem im Bereich von Gesicht und Händen, werden zumeist als äußerst peinlich erlebt. Bereits bei geringfügigen Verletzungen oder Entstellungen fürchten Menschen, mit Liebesentzug, mit Spott, mit Verachtung betraft zu werden. In moralischem Sinne können sie natürlich absolut nichts für ihren Zustand, und doch lastet auf ihnen eine archaische Mutmaßung von «Schuld», «Sünde» und «Gerechtigkeit», die schon im Tierreich verbreitet ist: Wer nicht so aussieht, wie man artgerecht auszusehen hat, der *gehört* gemieden, der darf zur Reproduktion seiner Gene nicht zugelassen sein, der wird, weil «krank», mit Ächtung und Ausstoß verfolgt. In religiöser Sicht entsteht unter solchen Voraussetzungen daraus ein Gottesurteil, das eine – unbekannte – Schuld strafweise ahndet und sühnt[5], – erst *Hiob* begehrt auf gegen die Logik der Priester, den Unglücklichen in seinen Wunden und Schwären obendrein auch noch schuldig zu sprechen (Hi 21,5.7–9.23–26); allerdings hat der Protest dieses mutigen Büchleins gegen das theologische Dogma von der Vergeltungsgerech-

[5] Vgl. SÖREN KIERKEGAARD: Die Tagebücher 1835–1855, 539: «Die Bedeutung dieses Buches (sc. Hiob, d.V.) ist eigentlich die Grausamkeit zu zeigen, die wir Menschen dadurch begehen, daß wir das Unglücklichsein für eine Schuld, für ein Verbrechen ansehen.»

tigkeit Gottes im Schicksal der Menschen an der Praxis der Priester und Schriftgelehrten im Umgang mit den Fällen von «Aussatz» erkennbar nichts zu ändern vermocht[6].

Und eine zweite Disposition mag im Erleben der Leprakranken die widerspruchslose Akzeptanz der verordneten Tabuzone begünstigt haben: das ist das ständige Leiden an so vielen als schmerzvoll und quälend erlebten Kontakten sowie die geheime Sehnsucht nach einem Schutzraum vor Menschen. Eigentlich ist die Haut – unser größtes Körperorgan – dazu bestimmt, eine Unterscheidung zwischen Innen und Außen zu ermöglichen; empfindliche Störungen in den Funktionen der Haut, von der Neurodermitis[7] bis eben hin zur Lepra, gehen unvermeidbar mit Schwierigkeiten der Abgrenzung einher: ein großes Verlangen nach Nähe kontrastiert mit einer ebenso großen Verletzbarkeit, und so kann am Ende die Kontaktvermeidung, die Flucht in die Überdistanz als das rechte Mittel erscheinen, sich nicht noch weitere Kränkungen zu der bereits vorhandenen Krankheit zuzuziehen. Wie zum Beispiel soll ein Mädchen, das immer wieder eines «Makels» im Gesicht wegen verhöhnt wird, anders reagieren, als zunehmend scheu und mißtrauisch zu werden?

Am schlimmsten in all dem aber ist die Begründung, die das mosaische Gesetz für das «Aussetzen» der «Aussätzigen» bietet: Sie müssen aus der menschlichen Gemeinschaft entfernt werden, damit sie den «Ort» nicht unrein machen, an dem Gott selber wohnt. Das Volk der Erwählung gibt sich in solchen Worten der Gegenwart seines Gottes ganz sicher; dieser Gott aber wohnt nur bei kultisch reinen und sittlich unbescholtenen Menschen, – schon deshalb erscheint es als Pflicht, den Volkskörper «rein» zu bewahren durch Entfernen von allem, was «unrein» ist. Der Anblick von Krankheit, Unglück und Leid beleidigt einen solchen Gott, der augenscheinlich wie ein eitler Machthaber nur «Gutes» und «Angenehmes» in seiner Domäne präsentiert sehen will. Es ist schrecklich, Menschen ein Ekel zu sein und von ihnen verjagt zu werden, aber von Gott verstoßen zu werden – das ist ein Fluch, wie er ärger nicht sein kann. Um so wichtiger ist die Begegnung hier zwischen einem Leprakranken und dem «Mann Gottes»[8].

[6] Vgl. RUDOLF BILZ: *Der Vagus-Tod*, in: Die unbewältigte Vergangenheit des Menschengeschlechts, 256–264: Die Voodoo-Ordnung.

[7] Vgl. ERNST AUGUST STEMMANN: *«Die Neurodermitis ist keine eigentliche Hautkrankheit»*, in: Katharina Jung – Mathias Jung (Hg.): Die aufgekratzte Seele, 111–120; vgl. CHRISTINA DETIG-KOHLER: «Bedürfnis nach Nähe – und zugleich Angst davor», in: A. a. O., 121–129.

[8] Vgl. Str. B. IV 2 745: «Wie der Aussatz ein göttliches Verhängnis ist, so steht auch seine Heilung nur bei Gott.»

Schon daß der Kranke vor Jesus niederfällt und ihn um Hilfe und um Heilung bittet (5,12), ist im Grunde unerhört. Gewiß, es gibt im Alten Testament die Legende von dem schon erwähnten syrischen Feldhauptmann Naaman (Lk 4,27), den der Prophet Elischa durch mehrfaches Baden im Jordan geheilt hat (2 Kg 5,1–27)[9]; doch hier geschieht etwas prinzipiell anderes: Ein einfacher Mann, ein namenloser Niemand getraut sich in die Nähe Jesu; er mißachtet in seiner Verzweiflung all die vermeintlich von Gott gegebenen Taburegeln, die ihn unentrinnbar in sein Leiden einsperren, und er traut Jesus zu, ihn «reinigen» zu können, wenn er nur will. Man mag darin die Erwartung primitiver «Wundermagie» erblicken, doch psychosomatisch verbirgt sich dahinter ein weit subtilerer Zusammenhang, der mit «Magie» wenig oder gar nichts, mit menschlicher Verbundenheit aber alles zu tun hat.

Ausschlaggebend für den Ausbruch einer Neurodermitis etwa ist eine Autoimmunreaktion, die ihrerseits wieder sehr stark von Streßfaktoren beeinflußt wird, und auch die Ansteckung mit Lepra kann durch eine Schwächung des Immunsystems infolge chronischer Streßreaktionen mitbedingt sein[10]; nichts hingegen ist streßberuhigender als eine harmonische menschliche Beziehung. Genau das aber verhindert das Aussetzungsgebot des mosaischen Gesetzes im Falle von Aussatz; das heißt: jener *cordon sanitaire* ist ein Teufelskreis, der gerade die wichtigste Bedingung möglicher Heilung unter Verbot stellt – den vertrauensvollen Kontakt zu anderen Menschen. Es geschieht allein mit dem Mut der Verzweiflung, daß der Kranke hier das kultische Getto durchbricht und sich der Nähe Jesu zumutet; und man kann es nicht anders sagen: er ergreift damit die einzige Chance, die ihm bleibt, – gegen das Gesetz, doch zugunsten seiner selbst und einer alle Menschen verbindenden Menschlichkeit.

Vor Jahren kam eine noch junge Frau in die Behandlung, die seit Kindertagen an schwerer Neurodermitis litt. Ihre Menschenfurcht war so groß, daß sie es niemals gewagt hätte, geradewegs um Hilfe nachzufragen. Wohl hatte sie ihren Wohnort von weither verlegt, um Nähe zu suchen, doch beschritt sie, um sich bemerkbar zu machen, den einzigen Weg, der ihr offenblieb. Sie hatte gelernt, Querflöte zu spielen, und so stand sie eines Abends am Ende des Gottesdienstes auf der Orgelbühne und ließ die herrlichsten

[9] Vgl. ERNST WÜRTHWEIN: *Die Bücher der Könige*, II 296–303.

[10] Zu Störungen des Immunsystems durch Streßbelastungen vgl. EUGEN DREWERMANN: *Atem des Lebens*, II 80–84: Immunschwäche und einige Folgen.

Töne von dort vernehmen. Lange Zeit im Gespräch hauchte sie hinter dem dichten Vorhang ihrer Haare, der ihr Gesicht fast ständig versteckte, einzelne Worte, deren Zusammenhang schwer zu erraten war, und es dauerte fast ein Jahr, ehe so etwas wie ein geordnetes Gespräch möglich wurde. Dann aber entsann sie sich einer alten, längst verloren geglaubten Freundschaft, und sie begann, diese Beziehung neu zu beleben. Es kam zu ersten Kontakten der Zärtlichkeit, später zu Berührungen mit eindeutig sexueller Bedeutung und endlich zu einem verhaltenen, doch äußerst innigen Liebesleben. Soll man von einem «Wunder» sprechen, daß parallel dazu die Neurodermitis langsam zurückging und schließlich völlig verschwand? – Was die Bibel als «Wunderheilung» berichtet, muß man sich nur zeitzerdehnt vorstellen, um es als Handlungsvorlage für unser eigenes Verhalten zu begreifen[11]. Eben nicht «Magie», sondern Menschlichkeit bildet den Inhalt einer solchen Erzählung. Wie sanft aber muß man die Haut eines Menschen berühren, um ihm ein Empfinden von Wohlsein statt Schmerz zu vermitteln? Wie warm muß man den Körper eines Menschen umfangen, daß er dem Wind und der Sonne sich zurückgegeben fühlt? Und wie nah darf man ihm kommen, um seine panische Angst vor jeder Intimität durch ein ruhiges Vertrauen allmählich zu überwinden? «Und die Hand ausstreckend berührte er ihn, sprechend: Ich will, sei rein.» (5,13) Diese Gebärde und dieses Wort enthalten das quasi sakramentale Geheimnis[12] beziehungsweise die psychosomatische Realität dieses Heilungsvorgangs. Allein die «Reinheit» und die Unbefangenheit einer solchen Kontaktaufnahme zu lernen kann auf seiten eines «Psychotherapeuten» ein ganzes Leben in Anspruch nehmen.

Und doch ist all dies nur die Voraussetzung oder, eher noch, die Folge von einer ganz anderen Veränderung, die unabdingbar ist, um auf die notvolle «Zudringlichkeit» des Aussätzigen adäquat antworten zu können. Was das mosaische Gesetz in jedem Fall aufs strengste untersagt, genau das wagt hier Jesus: Er streckt die Hand aus und berührt den Kranken! Er ignoriert die Tabugrenze, er geht selber hinein in das Getto, das von dem Reinheitsgesetz Israels errichtet wird, er macht sich selbst «unrein», um

[11] Vgl. TE I 218–230; II 180.

[12] So das *Decretum pro Armenis* von 1439, in: DENZINGER – SCHÖNMETZER: *Enchiridion Symbolorum*, Nr. 695, S. 333. Vgl. JOHANNES BRINKTRINE: *Die Lehre von den heiligen Sakramenten der katholischen Kirche*, I 36–41, wo «Sache oder Ding und Wort» zu den äußeren Zeichen der neutestamentlichen Sakramente gezählt werden.

dem «Unreinen» zu helfen[13]. Und wieder tut er das mit jener «Vollmacht», in der er Gottes Wesen, Gottes Willen neu und anders auslegt. Wie denn? – Gott wohnte im Lager seines Volkes um den Preis, Kranke, Unglückliche und Verlorene aus seinem Antlitz zu vertreiben? Dann wäre Gott selber nichts weiter als die Verkörperung des Egoismus der Gesunden, der Glücklichen und der Arrivierten; er wäre selber ein Prinzip der Ausgrenzung und Ausweisung; er wäre lediglich die Prämie für die Intakten und Integeren; er fände selber seine Grenze an der Not der Leidenden; er zöge Grenzen auf Grund seiner eigenen Begrenztheit. Ein solcherart begrenzter Gott aber wäre ein Dämon, ein Machwerk gruppengebundener Ideologie und Idolatrie, – er wäre nicht Gott. Mag das Gesetz des Moses gebieten, was es will, – um Gottes willen und um der Menschen willen muß man sich dem widersetzen und darauf bestehen, daß Gott so nicht gesprochen haben kann, wie es das «Reinheitsgesetz» vorgibt. Es ist scheinbar nur eine kleine Handbewegung, mit welcher Jesus sich dem Leprakranken zuwendet, doch diese kleine Handbewegung stößt ein riesiges, uraltes, ehrwürdiges Götzenbild von seinem Postament. Um diesen «Unreinen» zu heilen, muß Jesus sich als erstes die Erlaubnis nehmen, das Gottesbild zu reinigen von all seinen Entstellungen der Enge und der Angst. Gott *ist* nicht, außer er selber ist Grund und Grundlage der Integration aller, – insbesondere der Nicht-Integeren, der Unheilen, der Unheilvollen.

Erst diese Reinigung des Gottesbildes zugunsten reinerer Formen der Menschlichkeit ermöglicht Jesus, sein «Programm» aus der Synagoge von Nazaret in die Tat umzusetzen, «die Heilsbotschaft Armen zu bringen» und «Gefangenen Freilassung» (Lk 4,18). Erst die Freiheit und der Freimut dieses geläuterten Gottesbildes setzen ihn in den Stand, die Weisungen des Gesetzes zu relativieren und zu korrigieren an der Hilflosigkeit und an den Bedürfnissen leidender Menschen. Oder auch umgekehrt: der Mann aus Nazaret liebte die Menschen in ihrem Elend zu sehr, als daß er in ihnen Gottbestrafte, Gottverjagte hätte sehen können[14]. Ein bißchen Mitleid – und es ändert alles!

13 Vgl. FRANÇOIS BOVON: *Das Evangelium nach Lukas*, I 240: «Lukas will sagen: Jesus hat es gewagt, er ist mit ihm (sc. dem Aussätzigen, d.V.) in direkten Kontakt getreten, nicht in der Haltung eines Arztes, sondern in der des göttlichen Helfers. Seine Geste sagt den Augen, was seine Stimme den Ohren sagt: ‹Ich will, werde rein!› (V 13). Sie erinnert an die Handauflegung in 4,40.»

14 Sehr wahr schreibt SCHALOM BEN-CHORIN: *Bruder Jesus*, 49: «Das Heilige und das Heilende sind in dieser Zeit noch nicht voneinander zu trennen. Man denke nur an die Vorschriften für Aussätzige, die sich vor dem Priester zeigen mußten, eine Anordnung, an der

Fast wirkt es jetzt wie eine Farce, wenn Jesus den Geheilten am Ende auffordert, entsprechend der Gesetzesforderung sich von dem Priester als «gesund» begutachten zu lassen (5,14; vgl. Lev 13,19; 14,2–32)[15]. Denn nur scheinbar bleibt damit der Rahmen des Gesetzes in Geltung. Gezeigt hat sich ein gänzlich Anderes: Mit den Mitteln des Gesetzes mag man die Trennung von Menschen in Gesunde und Kranke als eine vermeintlich göttliche Ordnung verwalten; Gott aber kann nicht damit einverstanden sein, Menschen in ihrem Elend zu belassen; er möchte, wo es irgend geht, daß Menschen heil werden von ihren Krankheiten, und das können sie nicht im Schatten des Gesetzes. Nicht nur, daß das Gesetz vollkommen außerstande ist, einen Menschen zu heilen, es stellt sogar die Bedingungen unter Verbot, unter denen eine Heilung zustande kommen könnte. Am Ende muß Gott selbst froh sein über die Menschen, die dieses Gesetz um seinetwillen und um der Menschen willen brechen, – denn als ein in sich selbst ungöttliches und unmenschliches entbehrt es jeglicher Berechtigung. Ein solches Gesetz ist, wo es schon das Abbild nicht sein kann, nicht einmal mehr das Rahmenwerk göttlichen Willens.

Doch dürfen wir selber uns eines solchen Urteils vermessen? Ist nicht wirklich nur der von Gott Berufene berufen, so zu handeln? Nun, zur Menschlichkeit berufen sind ausnahmslos alle Menschen, und wenn es freilich wohl immer wieder erforderlich sein mag, daß Einzelne den Weg vorangehen, um ihn den anderen, den «Nachfolgern», zu ebnen, ist die Aufforderung doch spätestens alsdann nicht länger mehr zu bezweifeln, auf

auch Jesus ausdrücklich festhält. Noch sind Arzt, Priester, Prophet, Schriftgelehrter nicht im Sinne eines ständischen Bewußtseins voneinander zu trennen... Die psychischen Erkrankungen, die offenbar im Mittelpunkt der Heiltätigkeit Jesu stehen, sind ihrem Wesen nach dazu angetan, vom Charismatiker bewältigt zu werden.» «Voraussetzung für diese Heilungen ist das Vertrauensverhältnis zwischen dem Arzt und seinen Patienten.» «Nichts verbindet die Menschen so sehr wie Leid und Not. Deshalb erreicht Jesus als Arzt sofort *alle* Kreise der Bevölkerung: die frommen Juden und die weniger observanten, die in königlichen Diensten des Herodes stehen oder die als Zollbeamte für die römischen Behörden tätig sind... Von der Kanaaniterin bis zum Hauptmann einer römischen Kohorte sucht jeder Heilung für sich oder seine Kinder.»

[15] Zu der Verordnung selbst vgl. Str. B. IV 2, 757–763. – KARL LÖNING: *Das Geschichtswerk des Lukas*, I 176–177, verweist darauf, wie sehr allerdings *Lukas* «im Unterschied an der Erfüllung der Reinheitsgebote gelegen ist... Jesus geht es in der Sicht des Lukas... darum, durch die Erfüllung der Gebote der Reinheit den Tempel zum Ort des Zeugnisses seines Wirkens zu machen. In dieser Hinsicht ist die Analogie zu Lk 2,22-38 besonders eng. Während aber die Reinigung und Darstellung Jesu als Kind im Tempel zu einer idealen Erkennungs-Szene wird – zumindest was Simeon und Hanna... betrifft –, bleibt in dieser Therapiegeschichte die Anerkennung durch den Tempel aus.»

diesem Wege «nachfolgen» zu sollen. Berühmt geworden ist FRANZISKUS (1181/82–1226) unter anderem mit der Legende, wie er, um auch in diesem Punkt dem Vorbild seines Meisters zu entsprechen, all seinen Abscheu überwand und einen Leprakranken küßte[16]. Entsprechend dem Geist des Franziskus wollte auch ELISABETH VON THÜRINGEN (1207–1231) sich der Hilfe der Aussätzigen widmen, doch wurde es ihr von *Konrad von Marburg* untersagt; gleichwohl fühlte sie sich dieser Aufgabe verpflichtet, und als sie mit dem Geld, das ihr von der Zeit auf der Wartburg geblieben war, in Marburg ein Spital errichtet hatte, ließ sie sich von dem Verbot Konrads in dessen Abwesenheit nicht mehr hindern, zu tun, was sie als Gottes Willen betrachtete. Noch weiter ging 650 Jahre später der belgische Pater DAMIAN DEVEUSTER (1840–1889), als er sich übersetzen ließ auf die Leprosen-Insel Molokai, die Ansteckungsgefahr mißachtend, im Sinne einzig das Verlangen, mit diesen Allerärmsten eins zu sein und eins dadurch mit Christus[17].

b) Die seelische Ausgrenzung oder: Das Beispiel des Gelähmten

Eine andere Form der Ausgrenzung ereignet sich nicht durch den akuten Druck der Umwelt, weit eher bewirkt in ihr der verinnerlichte Zwang aus Kindertagen eine psychische Eingeschlossenheit in Einsamkeit und Abkapselung; kein «göttliches» Gesetz verfügt jetzt mehr die Absonderung, es ist ein inneres «Gesetz», verfestigt in der starren Einstellung des Überich, das nunmehr die «Unreinheit» des Herzens unter Strafe stellt.

Beim ersten Hören dieser Geschichte wird man sich gewiß wundern, wie ausführlich hier der Antransport des Gelähmten geschildert wird. Die Leute haben sich so zahlreich versammelt, daß sie den Zugang zu Jesus versperren; also entschließen sich die (nach Mk 2,3) vier Männer, die den Kranken auf einer Liege tragen, ihn über das Dach herabzulassen. Ihre Entschlossenheit, dem Patienten Hilfe zu schaffen, und zwar jetzt oder nie, ist überdeutlich[18]. In dem Durcheinander, das sie dabei anrichten, entgeht freilich auch *Lukas*, daß er etwas technisch Unmögliches beschreibt: bei *Markus* (Mk 2,4) graben die Helfer das (mit Zweigen gedeckte) Dach einfach auf;

[16] Vgl. THOMAS VON CELANO: *Leben und Wunder des heiligen Franziskus von Assisi*, I 17, Kap. 8, S. 92; II 9, Kap. 5, S. 230.

[17] Vgl. JOSEF GLAZIK: *Damian Deveuster*, in: Peter Manns (Hg.): Die Heiligen in ihrer Zeit, II 526–529; HEDWIG FRITZEN: *Elisabeth von Thüringen*, in: A. a. O., II 116–118.

[18] HEINZ SCHÜRMANN: *Das Lukasevangelium*, I 282, begründet den «einfallsreichen und angriffigen Versuch» «als eine Äußerung starken Glaubens»; doch die menschliche Not ist hier identisch mit «Glaube».

Lukas aber, der die Bauweise in Palästina ganz offensichtlich nicht kennt, unterstellt die Konstruktion eines griechischen, mit Ziegeln gedeckten Hauses und vergißt, daß das Holzgerüst zum Tragen der Dachpfannen nicht einfach durchlässig für eine Krankenbahre gemacht werden kann; nur die Ziegel abzudecken (5,19) langt keinesfalls aus für die Aktion dieser Leute[19]. Aber noch einmal: warum überhaupt soll das alles belangvoll sein? Um «ihr Vertrauen» zu demonstrieren (5,20)[20]? Schon, doch wie steht das Verhalten der Leute in Zusammenhang mit der Lähmung des Kranken? Und was besagt es über diesen Mann, wenn Jesus ihn als erstes versichert, seine «Sünden» seien ihm «nachgelassen» (5,20)? All das scheint seltsam. Und doch ordnet es sich recht zwanglos, wenn man nur die einzelnen Elemente für wichtig genug nimmt, die Szene zu deuten. Vor allem muß man sich fragen nach den Gefühlen, mit denen die einzelnen Personen sich wechselseitig erleben.

Da wird es keinen Zweifel geben müssen, daß die Dringlichkeit – oder, besser, die Zudringlichkeit –, mit welcher die «Helfer» sich zu Jesus Zugang verschaffen, nicht nur der Not des Gelähmten entstammt, sondern zugleich einen erheblichen Anteil auch an eigener Ungeduld offenbart. Und wie denn auch nicht? Man muß sich nur in die Lage von Menschen hineinversetzen, die Tag für Tag und Stunde um Stunde mit der Pflege eines Kranken, sagen wir: eines Multiple-Sklerose-Patienten[21], beschäftigt sind; selbst wenn sie ein starkes Mitgefühl für ihren Angehörigen aufbringen, läßt es sich nicht verleugnen, daß er eine enorme Belastung für sie darstellt; und je mehr sie sich genötigt sehen, ihn, wie in dieser Szene, durchs Leben zu tragen, desto «unerträglicher» wird ihnen sein Zustand fallen. Würde *ihm* geholfen, so bedeutete das unstreitig auch für sie eine wahre Erlösung. Hinzukommen mag, daß diese eindeutig seelisch begründete Lähmung[22] unter Umständen

[19] WOLFGANG WIEFEL: *Das Evangelium nach Lukas*, I 118: «Das Dach des Hauses ist von Lukas als Ziegeldach vorgestellt, wie es in der griechischen Welt gut bekannt ist, aber in Palästina kaum vorkommt.» Vgl. HEINZ SCHÜRMANN: *Das Lukasevangelium*, I 282, Anm. 17.

[20] Noch einmal versichert HEINZ SCHÜRMANN: *Das Lukasevangelium*, I 282: «Offenbar ist wahrer Glaube so, daß er mit Einsatz und Zielstrebigkeit Hindernisse zu überwinden weiß und sich nicht leicht abhalten läßt.»

[21] Die *multiple Sklerose* (MS) ist eine chronische Entzündung von Gehirn und Rückenmark; zwischen Schüben von Tagen bis Wochen können die Symptome sich weitgehend zurückbilden; allem Anschein handelt es sich um eine Autoimmunerkrankung; vgl. dazu EUGEN DREWERMANN: *Atem des Lebens*, II 74–80: Überschießende Reaktionen des Immunsystems – Autoimmunerkrankungen und Allergien.

[22] Vgl. TE II 188–238: Psychoanalytische und psychosomatische Auslegungsregeln antiker Wundererzählungen; vgl. Mk I 223–236: Mk 2,1-12: Die Heilung des Gelähmten.

ebenso plötzlich eingesetzt haben wird, wie sie in diesem einen Augenblick in der Gegenwart Jesu endet. Die Leute können die eigentliche Ursache der Erkrankung nicht kennen, auch der Gelähmte selber wüßte davon keine klare Auskunft zu geben, und doch werden sie irgendwie ahnen, daß die Gelähmtheit etwas mit der inneren Einstellung des Kranken zu tun hat, – und sie werden, wieder mehr halb-bewußt als offen ausgesprochen, ihm diese Einstellung vorwerfen, in dem bis heute weit verbreiteten Irrglauben, daß alles «Seelische» identisch sei mit «willentlich beeinflußbar»[23].

Und nun muß man den Scheinwerfer nur einmal in die Perspektive des Kranken drehen. Natürlich spürt er, daß er den anderen viel, eigentlich längst schon viel zu viel zumutet; natürlich möchte auch er, daß seine Gelähmtheit endlich verschwindet. Doch paradoxerweise liegt gerade in diesem Verlangen möglicherweise eine der Ursachen dafür, daß die Symptomatik sich chronifiziert hat und mit der Dauer stets noch gravierender wird; denn wie soll dieser Mann sich anders erleben denn als unfähig und untauglich, als Ballast für alle um ihn herum, als eine parasitäre Existenz, die sich allein auf Kosten anderer erhält, – mit einem Wort: als etwas nicht zu Rechtfertigendes? In gemäßigter Form könnten solche Selbstvorwürfe durchaus ein Motiv bilden, das Leben wieder selbst in die Hand zu nehmen; doch von einer bestimmten Intensität an breitet sich nur noch das Gefühl einer tiefen Resignation und Mutlosigkeit aus. Von da an ist die Passivisierung, die innere Erstarrung, die erzwungene Abhängigkeit von der als demütigend erlebten Unterstützung anderer total. Und so kommt es in dieser «Wunder»erzählung von der Heilung des «Gelähmten» zu einer Form der Isolation, die sich spiegelbildlich zu jener des «Aussätzigen» verhält: während der «Aussätzige» sich mit allen Kräften nach einem Kontakt zu seinen Mitmenschen sehnt, der ihm von Gesetzes wegen versagt bleibt, hält der «Gelähmte» sich gezwungenermaßen in der ständigen Nähe anderer auf; seine Emigration vollzieht sich rein innerlich: selber kann er sich so nicht wollen, wie er den Blicken aller sich darbietet, in deren Augen er einen Vorwurf errät, den auch er in seiner Hilflosigkeit ganz und gar teilt.

Bereits ein solches Empfinden von Scham und Schuld allen anderen gegenüber könnte ausreichen, um als Symptom einer schweren Krankheit psychosomatisch verfestigt zu werden; doch dürfte dieses Empfinden nicht

[23] Vgl. CARL GUSTAV JUNG: *Das Grundproblem der gegenwärtigen Psychologie*, in: Gesammelte Werke, VIII 395: «Das Psychische ist für die Urerfahrung nicht der Inbegriff alles Subjektiven und Willkürlichen, wie für uns, sondern es ist ein Objektives, aus sich selbst Lebendiges und auf sich selbst Beruhendes.»

nur eine Reaktion auf die Gelähmtheit darstellen, sondern sogar deren Ursache bilden. Gelähmtheit aus Schuldgefühl – das war einer der ersten «Fälle», der SIGMUND FREUD (1856–1939) auf den Gedanken der «Konversionshysterie» brachte[24]: Menschen können, wie im Falle des Fräuleins Elisabeth von R...[25], zwischen dem Wunsch nach persönlichem Glück, nach Liebe und Freiheit auf der einen Seite und den Pflichtvorschriften des Überich auf der anderen Seite hin- und hergerissen sein, so sehr, daß es dem Ich unmöglich fällt, zwischen beiden Tendenzen einen tragfähigen Kompromiß zu bilden; beide Kräfte neutralisieren sich gegenseitig, und so kommt es zu einem vollkommenen Stillstand, zu einer Lähmung der gesamten willentlich beeinflußbaren Motorik.

Gesetzt einmal, es verhielte sich so, versteht man die sonst kaum begreifbare Antwort, die Jesus auf den Krankheitszustand des Gelähmten findet: «Kind», sagt er bei *Markus* (Mk 2,5) zu dem Kranken, – eine überaus treffende Anrede[26], die freilich schon *Lukas* nicht recht begreift und in die Erwachsenen-Anrede «Mensch» umwandelt (5,20). In Wahrheit ist es sehr wichtig, die Gelähmtheit dieses Mannes als eine Regression zu einem ganz und gar kindlichen Zustand des Sich-anklammern-Dürfens, des Getragenwerdens, des Umfangenseins zu akzeptieren und zu artikulieren; denn erst wenn die Flucht in diesen kindlichen Zustand in vollem Umfang verstanden ist, läßt sich nach ihrer Ursache schauen: sie muß in der Angst ihren Grund haben, durch eigenständiges Handeln sich auf schwere Weise schuldig zu machen. Besser ist es, gar nichts zu tun, als etwas ganz und gar «Sündhaftes» zu begehen; besser ist es, gar keine Verantwortung einzugehen, als für etwas so Schreckliches, wie es sonst eintreten könnte, die Verantwortung übernehmen zu müssen; besser ist es, wie ein Kind sich umhertragen zu lassen, als mit seinem Erwachsensein schuldig zu werden. Ein Kind gilt als noch unschuldig, rein und untadelig; wenn es nur um den Preis verlorener Unschuld möglich ist, «erwachsen» zu werden, dann besser gar nicht, dann ewig ein Kind.

Erst wenn man die Haltung des Gelähmten in einer solchen Totalverweigerung gegenüber dem Leben aus Angst vor einem *eigenen* Leben begreift, wird klar, warum Jesus ebenso total seinen Freispruch von jeglicher

[24] SIGMUND FREUD: *Studien über Hysterie*, in: Gesammelte Werke, I 142, bezeichnet mit «Konversion» «die Umsetzung psychischer Erregung in körperliche Dauersymptome».
[25] Vgl. SIGMUND FREUD: A.a.O., 210, der von einer Konversion zum Zwecke der «Abwehr» spricht.
[26] Vgl. Mk I 231–233.

Schuld formuliert. Es geht um eine generelle Zusage, über alle denkbare Schuld hinaus bejaht und berechtigt zu sein. «Mag sich in Deinem Leben ereignen, was immer es sei», besagt diese Versicherung, «es wird und kann Dich von Gott nicht trennen.» Eine derartige Aussage ist um so erstaunlicher, als sie so unbedingt und voraussetzungslos ausgesprochen wird. Anders als etwa in einer katholischen Beichte, erwartet Jesus hier nicht die Vorleistungen, die dort für den Akt einer «Sündenvergebung» als unerläßlich gelten: Gewissenserforschung, Reue, Vorsatz, Bekenntnis ... Mit keinem Wort fragt Jesus nach einer konkreten Verfehlung dieses Mannes; ja, seine «Vergebung» richtet sich mehr auf die Möglichkeit einer Sünde als auf ein tatsächlich schon begangenes Delikt, sie gilt mehr der Zukunft als der Vergangenheit; denn offenbar spürt Jesus, daß dieser Mann in seiner depressiv getönten Schuldangst ins Leben nur zurückfinden wird auf Grund einer Art Generalamnestie für alles, was er ist und tut. «Sündige tapfer», soll MARTIN LUTHER (1483–1546) einmal gesagt haben; es ist – gesprochen zur Besänftigung offenbar der gleichen Not – eine Zusicherung des gleichen Vertrauens, Gott werde alles, unbedingt alles vergeben, und so müsse er tun, weil sonst ein Mensch gar nicht fähig sei, den Weg in die Ungewißheit des Daseins unter die Füße zu nehmen.

Doch woher will Jesus wissen, was Gott denkt und tut? Woher die Kühnheit eines solchen Zuspruchs: «nachgelassen sind dir deine Sünden» (5,20), in der Passivwendung das Wirken Gottes umschreibend, selber also in eigenen Worten das sagend, was Gott sagen wird, was Gott sagen muß? Erfüllt eine solche Aussage nicht wirklich den Tatbestand der «Gotteslästerung» (5,21)? Die «Pharisäer und Gesetzeslehrer», die schon zu diesem Zeitpunkt des öffentlichen Wirkens Jesu «aus jedem Dorf Galiläas und Judäas und aus Jerusalem» (5,17) zur Kontrollaufsicht und zur Bespitzelung zusammengekommen sind, können allenfalls eine «beamtete» «Sündenvergebung» sich vorstellen, so wie etwa im römischen Katholizismus nur der Priester durch seine «Amtsgnade» über die «Vollmacht» der Sündenvergebung verfügt, – ein hochrichterlicher Akt, in dem heiliges Gottesrecht verwaltet und ausgeübt wird[27]. Nichts von alledem verträgt sich indessen mit

[27] Vgl. WOLFGANG WIEFEL: *Das Evangelium nach Lukas*, 118: «Die Beziehung auf Kapharnaum wird (sc. in der lk Erzählung, d.V.) gestrichen. Dagegen führt Lukas sogleich die Gegner ein (anders Mark. 2,6). Der über Jesus ausgebreitete Ruf hat auch Pharisäer ... und Schriftgelehrte (Lukas verdeutlicht diese für die hellenistischen Leser als Gesetzeslehrer) erreicht. Sie sind hier (wie in 5,30) der Widerpart des sich den Sündern zuwendenden Jesus. Der von den meisten Zeugen gebotene Text läßt jene aus ganz Palästina zusammengekommen sein (vgl. Mark. 3,22), wodurch das Exemplarische der Konfrontation verstärkt wird.»

der Selbstverständlichkeit dieser Szene. Woher ist Jesus sich sicher, was Gott denkt? Ganz einfach: er weiß es auf Grund seiner Menschlichkeit. Gott ist nicht unmenschlich, also, daß alles, was Menschen zum Leben benötigen, im Sinne und in der Absicht Gottes liegt. Daran hat Jesus keinen Zweifel. Seine Liebe zu den Menschen lehrt ihn, wie Gott fühlt, und die Liebe zu Gott lehrt ihn, wie Menschen fühlen, nur daß er sich mit dieser Haltung erneut in einen äußersten Widerspruch zu jeder institutionalisierten, hierarchisch verfaßten Synagogen- oder Kirchenordnung begibt. Was dort einzig in den Kompetenzbereich von besonders «Erwählten» (den «Klerikern») oder von besonders Gebildeten (den Gottesexperten, den «studierten» Theologen und Gesetzesauslegern) fällt, das zu entscheiden traut Jesus an dieser Stelle sich selber zu, ganz einfach weil er ein Mensch ist. Der «Menschensohn» hat solche «Vollmacht» (5,24), erklärt er.

In diesem «Menschensohn» hat man mit Vorliebe erneut den «Hoheitstitel» der spätjüdischen Apokalyptik erblicken wollen[28]; im Buche *Daniel* (Dan 7,13–14) kommt da «einer mit den Wolken des Himmels wie eines Menschen Sohn» «zu dem, der uralt war»; und der «gab ihm Macht, Ehre und Reich ... und sein Reich hat kein Ende»[29]; es scheint in der Tat keine Frage, daß Jesus selber das Kommen dieses Menschensohnes angekündigt und dessen Gericht in eigentümlicher Weise mit seinen eigenen Worten und Taten verbunden hat[30], – eine ganze Schicht der «Christologie» in den Evangelien hat später dann Jesus mit diesem «Menschensohn» identifiziert[31]. Doch spricht auch an dieser Stelle Jesus von sich in solchem Sinn als von dem «Menschensohn»? Wohl kaum. Viel näher liegt es, das Wort mit «des Menschen Sohn», mit «der Mensch», mit «ich als Mensch» zu über-

[28] Vgl. Str. B. IV 2, 1199–1212: Gerichtsgemälde aus der altjüdischen Literatur. – Zur Gestalt des *Menschensohnes* vgl. Str. B. I 485–487.

[29] Vgl. NORMAN W. PORTEOUS: *Das Danielbuch*, 75–96, bes. S. 88; 90.

[30] FRANÇOIS BOVON: *Das Evangelium nach Lukas*, I 249, Anm. 31, stellt fest: «Der Menschensohn ist für Lukas zunächst eine apokalyptische Gestalt, der vollmächtige Richter (Lk 9,26; 12,8; 18,8; 21,36), dessen Kommen (Lk 12,40; 17,24; 21,27) die Endzeit der Heilsgeschichte (Lk 17,22.26) eröffnet... Da Lukas – wie die synoptische Tradition insgesamt – Jesus mit dem Menschensohn identifiziert, ist das irdische Geschick Jesu dem des Menschensohnes gleich: Jesus ist der Menschensohn, der Retter und Erlöser (Lk 19,10), er ist frei (Lk 7,34), ungeschützt (Lk 9,58) und zum Leiden berufen... Die Gläubigen sind mit ihm verbunden... Der Menschensohn erlöst sie jetzt schon, indem er ihnen die Vergebung anbietet (Lk 5,24), und leitet sie in ihrem Verhalten (Lk 6,5)».

[31] Vgl. JvN 565–572: «Für wen halten die Menschen den Menschensohn?» (Mt 16,13).

setzen[32] und dabei noch daran zu denken, daß in diesem Begriff gerade die Schwachheit und Hinfälligkeit des Menschen zum Ausdruck kommt. «Ich weiß doch aus eigener Erfahrung», scheint Jesus zu sagen, «um meine Gefährdung, um meine Versuchbarkeit; ich kenne genau wie dieser Mann die Angst, mich auf furchtbare Weise zu irren und gerade beim besten Wollen am schlimmsten zu fehlen; ich fühle nur zu gut die Gebrochenheit aller Entschlüsse, die Unlauterkeit, mit der in die reinste Liebe sich die Unreinheit dumpfen Begehrens zu mischen vermag; ich schaudere vor mir selber zurück. Drum bitte ich immer wieder Gott um Vergebung und flehe ihn an, mich in Anfechtungen nicht fallenzulassen (vgl. Lk 11,4); denn auf mich selber ist kein Verlaß; zuverlässig ist einzig Er. Drum ist's mir so deutlich, was dieser Gelähmte benötigt: Er kann sich nur aufrichten, wenn er sich getragen weiß nicht mehr von den Armen dieser vier Leute, sondern von den vergebenden Händen des Herrn.» So wird wahr, was der *Psalm* 103 als Tun Gottes beschreibt, im Verhalten von Menschen: «Lobe meine Seele den Herrn, und vergiß nicht, was er dir Gutes getan hat», heißt es dort; «der dir alle deine Sünde vergibt und heilet alle deine Gebrechen.» (Ps 103,2.3) Sündenvergebung und Heilung – ganz eins sind sie im Erbarmen Gottes, wie Jesus es als reine Menschlichkeit leben wollte.

Keine Möglichkeit also besteht, diese Beispielerzählung – formgeschichtlich bereits ein «Paradigma» – an die Gestalt eines «endzeitlichen Heilbringers» zu delegieren; vielmehr ist es ganz im Sinne Jesu endlich und endgültig an der Zeit, die Menschen an unserer Seite im Vertrauen auf Gott ein Vertrauen zu lehren, das sie aufrichtet und ihnen auf die Beine hilft, und statt, wie die Menge hier, in «Ekstase» zu fallen, bestünde die wahre «Ver-

[32] So SCHALOM BEN-CHORIN: *Bruder Jesus*, 50, der zu Mk 2,28; Lk 6,5: «Des Menschen Sohn ist auch Herr über den Sabbat» bemerkt: «Des Menschen Sohn, von dem hier die Rede ist, ist der Mensch schlechthin, dem der Sabbath zu Lust und Freude gegeben ist und nicht als Zwangsjacke des Gesetzes.» Das gilt auch beim Thema der Vergebung. Vgl. Lk 11,4! – FRANÇOIS BOVON: *Das Evangelium nach Lukas*, I 247–248: Exkurs: Die Vergebung der Sünden, hebt hervor: «Obwohl Jesus … die Prärogative Gottes durch die passivische Wendung respektiert hat, nimmt er sich doch das Recht, die Vergebung Gottes … zuzusprechen. Besteht die Blasphemie darin, daß Jesus tut, was das Judentum nicht einmal vom Messias erwartete? Eher beanspruchte das damalige Judentum die für die Sündenvergebung zuständigen Institutionen zu besitzen: den Kultus bzw. seine gesetzliche Frömmigkeit. Jesus wird so heftig angegriffen, weil er beides geradezu ignoriert und auf ganz neue Weise Gottes Sündenvergebung vermittelt.» Und S. 249: «Die offizielle jüdische Reaktion konnte sich ihrerseits (sc. in der Zeit des frühen Christentums, d.V.) nur zum Kampf um die Institution entwickeln.»

herrlichung» Gottes darin, das «Unglaubliche» wahr zu machen (5,26): wir lernten nicht nur, einander die «Schuld» zu vergeben, die an uns verübt ward, wir gewönnen sogar das Vermögen, einander im absoluten die unbedingte Vergebungsbereitschaft Gottes zuzusichern; wir lernten, solche «Wunder» der Heilung durch Worte der Güte zu wirken. Was auch sonst wäre das, was wir heutigentags als «Psychotherapie» bezeichnen, als eben dieser Vorgang, daß eine absolute Dimension des Vertrauens vorab noch zu jeder empirischen Erfahrung sich in die Beziehung zwischen zwei Menschen einsenkt und der eine den anderen in Gottes Licht getaucht wahrnimmt. Man rühmt zu Recht an einer psychotherapeutischen Beziehung, wenn sie gelingt, die Haltung praktisch gelebter Humanität; doch vergessen sollte man niemals diese absolute Dimension des Religiösen, die solch eine Menschlichkeit allererst möglich macht.

c) Die soziale Ausgrenzung oder: Das Beispiel des Zöllners

Eine dritte Form der Ausgrenzung existiert einfach dadurch, daß Menschen gezwungen werden, ihren Unterhalt in einem «unsittlichen» Gewerbe zu verdienen oder auf eine Weise zu leben, an welcher ihre Umgebung moralisch Anstoß nimmt. Prostituierte mögen ein klassisches Beispiel dafür sein, – «Zöllner» waren in den Tagen Jesu ein anderes[33]. Sie galten den national-patriotisch gesonnenen Messiastheologen als Verräter an der Sache des jüdischen Volkes. «Woran glaubt Ihr heute, wenn Ihr vom Messias sprecht?» fragte ich vor vielen Jahren eine Gruppe junger Israelis, die allesamt nichts im Sinne hatten mit den «Orthodoxen» im Jerusalemer Stadtteil Meah Schearim; «der Messias», lautete ihre einhellige Antwort, «ist die Idee von einem besseren Leben.» Diese Antwort hätten sinngemäß zweifellos auch in den Tagen Jesu die meisten Menschen gegeben, und es wird wohl allgemeines Einvernehmen darüber geherrscht haben, was man sich darunter vorzustellen hatte: unter dem «besseren Leben» verstand man damals die Wiederherstellung des davidischen Großreichs, die Befreiung von der römischen Besatzungsmacht, die überlegene Herrschaft eines von Gott erwählten siegreichen Königs, der, wie die *Psalmen Salomons* ihn schildern, die Feinde mit seiner Macht zerstampfen würde wie der Stößel im Mörser

[33] Zu den *Zöllnern* vgl. Str. B. I 377–380, S. 378–379: Verachtung der Zöllner.

das Korn[34]. Genau dieser Vision zuwider arbeiteten die «Zöllner». Sie bildeten die Schmiermasse, um das Getriebe der römischen Militärmaschinerie in Palästina in Gang zu halten; denn sie sorgten für den nie versiegenden Geldfluß zugunsten der Besatzer an den Passierstellen zwischen den verschiedenen Herrschaftsbereichen der jüdisch verwalteten Marionettenregime, der «Tetrarchie», die nach dem Tode Herodes des «Großen» entstanden war[35]. Von daher galten sie als gewissenlose Erfüllungsgehilfen der Römer, als die erklärten Widersacher des jüdischen Volkes; sie repräsentierten den Typ des jederzeit korrumpierbaren Kollaborateurs, der sich zu jeder Tätigkeit bereit findet, die ihm nur irgend einen Vorteil verschafft. – Es ist klar, was jemand riskiert, der auf Konventionen und gruppenstabilisierende Übereinkünfte keinerlei Rücksicht nimmt, dem nicht an der gesellschaftlichen Konformität gelegen ist, sondern der sich einzig dafür interessiert, aus welcher Not heraus ein Mensch handelt. Doch kann es nicht sein, daß die soziale Rollenzuweisung eines Menschen sich sehr unterscheidet von seiner persönlichen Identität? Müssen nicht unzählig viele Menschen in ihrem Leben lauter Dinge tun, zu denen weit eher ein unglückseliges Schicksal sie drängt, als daß sie selber ihr Los erwählt hätten?

In jedem Falle muß Jesus die Unzufriedenheit beziehungsweise das Verlangen nach einem ganz anderen Leben in den Augen des Zöllners Levi gesehen haben[36]. Er muß gespürt haben, wie sehr dieser Mann an seinem Leben leidet und daß er doch nicht den Mut aufbringt, es zu ändern. Wohlgemerkt hat auch Jesus ihm keine bürgerliche Alternative zu seinem «Beruf» anzubieten; wozu sein «Folge mir» (5,27) einlädt, ist ganz im Gegenteil der komplette Verzicht auf all die wirtschaftlichen «Sicherheiten», deren Erhalt den Zöllner Levi bis dahin bestimmt haben muß. Gerade dies jedoch ist eine Erfahrung, die Menschen bei der Begegnung mit dem Mann aus Nazaret immer wieder gemacht haben werden und machen können:

[34] *Die Psalmen Salomos*, 17,21-24, in: EMIL KAUTZSCH: (Hg.): Die Apokryphen und Pseudepigraphen des Alten Testamentes, II 146: «Sieh› darein, o Herr, und laß ihnen erstehen ihren König, den Sohn Davids, zu der Zeit, die du erkoren hast, Gott, daß er über deinen Knecht Israel regiere. Und gürte ihn mit Kraft, daß er ungerechte Herrscher zerschmettere, Jerusalem reinige von den Heiden, die (es) kläglich zertreten! Weise und gerecht treibe er die Sünder weg vom Erbe, zerschlage des Sünders Übermut wie Töpfergefäße. Mit eisernem Stabe zerschmettere er all ihr Wesen, vernichte die gottlosen Heiden mit dem Worte seines Mundes.»

[35] Vgl. MARTIN NOTH: *Geschichte Israels*: 369–383: Die Herrschaft des Herodes und seiner Nachkommen.

[36] Vgl. Mt I 106–113: Mt 9,9-13: Die Berufung der «Zöllner» und «Sünder» oder: Ein Annehmen ohne Voraussetzung.

daß in seiner Nähe der gesamte bisherige Bezugsrahmen wegfällt. Mitmal besitzt, was eben noch unvermeidbar und unabänderlich schien, die Zwangsstruktur nicht mehr, die man ihm zusprach; mitmal lösen sich die Bindungen auf, an die das Leben bislang geknüpft war, und es wird möglich, sich auf eine Art zu bewegen, die man vormals für völlig undenkbar hielt; mitmal gelten die konventionellen Regeln nicht mehr, nach denen das allgemeine und alltägliche Selbstverständnis sich richtet: «Sorgt euch nicht um das Leben», wird Jesus selbst später in Worten erklären, was hier geschieht; «das Leben ist mehr als die Nahrung und der Leib als die Kleidung ... Wer ... von euch kann trotz (all) seiner Sorgen seiner Lebenslänge (auch nur) eine Elle hinzulegen? Wenn ihr also nicht einmal das Geringste vermögt, was sorgt ihr euch über das Übrige?» (Lk 12,22.23.25.26) Das latente Leid an der Nichtigkeit und der Oberflächlichkeit all der alltäglichen Kümmernisse trifft hier auf einen Anruf der Freiheit, wie wenn einer Lerche, versperrt in einem hölzernen Käfig, das Türchen sich öffnet und sie sich trillernd hinaufschwingt, hoch in den Himmel. Für Jesus ist das, was er hier tut, nicht verschieden von den Krankenheilungen bisher, es ist nur eine andere Art, «Kriegsgefangenen Freilassung» zu schenken (Lk 4,18). «Keine Not», erklärt er, «haben, die heil sind, nach dem Arzt, sondern (nur) die übel dran sind. Ich bin nicht gekommen, Gerechte zu rufen, sondern (ausschließlich) Sünder zur Umkehr.» (5,31–32; vgl. Lk 19,10, anläßlich der Einkehr bei dem Zöllner Zachäus.)

Es ist gewiß keine Übertreibung, wenn man diese zwei parallel gestellten Sätze[37] für einen Schlüssel zum Verständnis der gesamten Sichtweise Jesu auf die menschliche Wirklichkeit nimmt. Was ihn interessiert, ist (exklusiv!) die Not der Menschen, mit denen er in Kontakt kommt, und seine einzige Frage lautet, was man tun kann, sie so weit als möglich zu lindern. Es ist, wenn man so will, eine durch und durch «ärztliche», eine «therapeutische» Haltung, die sich ganz und gar unterscheidet von der Einstellung des scheinbar so «praktischen» und «vernünftigen» Umgangs mit Menschen sonst in Gesellschaft und Kirche. Nicht: «Wozu kann er mir nützen?», sondern: «Was ist für ihn gut?», fragt sich Jesus, als er den «Zöllner» Levi beruft, – auch er ein Ausgegrenzter, ein «Aussätziger», ein «Gelähmter».

Allerdings geht Jesus damit bewußt die Gefahr ein, selber zu einem «Aussätzigen», zu einem «Störenfried», zu einem «Skandalmacher» erklärt

[37] Dabei liebte Jesus offenbar die Stilfigur des *antithetischen Parallelismus*; vgl. JOACHIM JEREMIAS: *Neutestamentliche Theologie*, I 24–30. Zu Mk 2,17 vgl. Mk I 236–247: Mk 2,13-17: «Folge mir nach!»

zu werden: «mit Zöllnern und Sündern haltet ihr Mahl- und Trinkgemeinschaft», wirft man ihm und dem (bisher schon gesammelten) Kreis seiner Jünger vor (5,30). Dies wird ein zentraler Vorwurf gegen die Botschaft Jesu bleiben: er ist «ein Freund von Zöllnern und Sündern», wird man sagen (Lk 7,34). «Der – Sünder findet er akzeptabel, er hält sogar Mahlgemeinschaft mit ihnen.» (Lk 15,2) «Zu einem sündigen Mann (sc. zu dem Zöllner Zachäus, d. V.) ist er hineingegangen.» (Lk 19,7) Schritt für Schritt wird dieses «Murren» der «Ordentlichen» und «Anständigen», wie nicht vieles sonst, den Mann aus Nazaret in seinem Bemühen, das Verlorene zu suchen (vgl. Lk 15,1–7.8–10, die Gleichnisse vom verlorenen Schaf und von der verlorenen Drachme), begleiten.

Wenn also irgend eine Gemeinschaft (eine «Kirche») sich bilden sollte, gegründet auf das Anliegen und Beispiel dieses Mannes, – welche Leute wohl wird man dann vornehmlich in ihren Reihen erwarten dürfen? Gewiß doch die Landstreicher, die Bettler, die Obdachlosen, die Haftentlassenen, die Asylsuchenden, die Drogenabhängigen, die im Leben Gescheiterten, die unglücklich Verheirateten und Geschiedenen, die Erfolglosen, die Entmutigten, die psychisch Zerbrochenen, – alle Hilflosen und Hilfsbedürftigen, sie alle, sie allzumal! Doch dann betrete man an einem beliebigen Sonntag an einem beliebigen Ort eine beliebige Kirche, – auf wen trifft man da? Man kann es nicht anders sagen: Unter den Händen der Priester ist der Skandal von einst kultisch ritualisiert und unter den Reden der Schriftgelehrten ideologisch neutralisiert worden. Aus dem «Bürgerschreck» ist ein Narkotikum zur Selbstberuhigung der «Braven» im Lande geworden. Schlimmer konnte es kaum kommen mit der Botschaft des Mannes aus Nazaret in «seiner» Kirche!

Auf eindrucksvolle Weise hat BEAT BRECHBÜHL (geb. 1939) in einem Gedicht diesen Kontrast zur Sprache gebracht:

> Da war ein Mensch, mit einem Herzen reicher
> als die Welt. Da war ein Mensch, der eine
> Welt schuf aus unseren Teils-teils, der lebte wie
> eine Erde, wenn sie hinaustritt unter die Leute, in
> ihnen umhergeht und jeden erinnert, daß er lebt.
> Da waren Augen die enthielten den Schmerz und
> die Freude, das Mitleid und den Stolz dieser riesigen
> unfaßbaren Menge aus Licht und Gräbern, aus
> Namen und einem sehnsüchtigen Meer von
> Erinnerung. Da war eine Ausbreitung

von Gedanken; und Vorbild für alle,
die das brauchen in dieser zufälligen Zeit.
Da war ein Mensch der sagte «Wenn ich wahr
wäre, wenn ich versprechen könnte: so
dürft ihr sein, so lernt ihr das Staunen, das
Wissen, so lernt ihr das Leben: es gibt keinen
Tod.»

Das wäre ein Rausch, wie ein
lebenslängliches Versprechen auf Liebe. Das wäre
ein Himmel für Menschen aus einer unfehlbaren
Retorte, Angeschwemmtes von Geist und beinahe
vollkommener Intelligenz.
Aber:
Hier herrschen Machtpopanzen und Schlauheit,
Geld und Ehrgeiz,
Manager mit Lustmörderhänden,
Chefs, Staatschefs, Kulissensteller
und der trügerische Quälgeist von Freiheit und
Glück, Leute mit viel Verstand für die Schwächen
der andern, Hirten und Seelenhirten, da herrschen
Zukunft und Vergangenheit, Hunger und Überfluß.

Da kam ein Mensch, frei von Geschichte und
Schuld, aber belastet mit dem schwierigsten Auftrag:
zu leben wie ein Mensch, wie ein erlösender
Gedanke einzudringen in dieses tönerne Gebäude
von lustvoller Grausamkeit.

Niemand hatte ihn gewarnt vor uns.[38]

[38] BEAT BRECHBÜHL: *Der geschlagene Hund pißt an die Säulen des Tempels*, 38–39: Georges Rouault: Verspottung Christi.

Lk 5,33–39; 6,1–11: Die stille Revolution einer unerhörten Freiheit oder: Was Menschen sich herauszunehmen wagen

(vergleiche Mk 2,18–22; Mt 9,14–17 zu *Lk 5,33–39*; Mk 2,23–28; Mt 12,1–8 zu *Lk 6,1–5*; Mk 3,1–6; Mt 12,9–14 zu *Lk 6,6–11*)

33 Die aber haben zu ihm gesagt: Die Johannes-Jünger fasten dicht (in
Folge) und halten Bittgebete ab, gleichermaßen auch die der Pharisäer,
deine aber essen und trinken. 34 Jesus aber hat zu ihnen gesagt: Könnt ihr
denn Bräutigams-«Söhne», wo noch der Bräutigam bei ihnen ist, zum Fa-
sten bringen? 35 Es werden aber Tage kommen, da, wenn von ihnen ge-
rissen wird der Bräutigam, dann werden sie fasten, in jenen Tagen. 36 Er
sprach aber auch ein Gleichnis zu ihnen: Niemand schneidet einen
Flicken von einem neuen Mantel ab und flickt ihn auf einen alten Man-
tel; wenn aber doch, wird er auch den neuen (damit) zerschneiden, und
zu dem alten wird der Flicken von dem neuen auch nicht passen. 37 Und
niemand gießt neuen Wein in alte Schläuche; wenn aber doch, so zer-
sprengt der neue Wein die Schläuche, und er fließt aus, und auch die
Schläuche sind perdu. 38 Nein: Neuen Wein gießt man in neue Schläuche!
39 Und niemand, der alten getrunken, mag neuen; denn er sagt: Der alte
ist lieblich!
6,1 Es geschah aber: als am Sabbat er durch die Kornfelder wanderte, da
rissen ab seine Jünger und aßen die Ähren, die sie mit den Händen zer-
rieben. 2 Einige da von den Pharisäern haben gesagt: Warum tut ihr, was
nicht erlaubt ist am Sabbat? 3 Und geantwortet auf sie, gesagt hat Jesus:
Habt ihr denn nicht zur Kenntnis genommen, was David getan hat, als er
hungrig war, er selbst und seine Gefährten (1 Sam 21,4–7), 4 wie er hin-
einging ins Gotteshaus und die Schaubrote nahm und aß und auch seinen
Gefährten gab, die man nicht essen darf außer einzig die Priester (Lev
24,5–9)? 5 Und er sagte ihnen: Herr über den Sabbat ist der Menschen-
sohn.
6 Es geschah aber an einem anderen Sabbat: Er betrat die Synagoge und
lehrte (Lk 13,10–17). Und es war jemand dort, dessen rechte Hand war
vertrocknet. 7 Es bespitzelten ihn aber die Schriftgelehrten und die Pha-
risäer (Lk 14,1; 20,20), ob er am Sabbat heile, um eine Anklage gegen ihn
zu finden. 8 Er aber wußte um ihre Gedanken; zu dem Mann mit der ver-
trockneten Hand aber hat er gesagt: Steh auf und stell dich in die Mitte.
Und er stand auf und stellte sich hin. 9 Gesagt aber hat Jesus zu ihnen: Ich
frage euch, ob erlaubt ist am Sabbat Gutestun oder Böswirken, Leben-
retten oder Vernichten. 10 Da blickte er sie alle rundherum an, doch ihm
hat er gesagt: Strecke deine Hand aus. Der tat es, und wiederhergestellt
ward seine Hand. 11 Sie aber gerieten außer sich, ganz unsinnig, und be-
redeten untereinander, was sie Jesus antäten.

Die zentrale Überzeugung Jesu war es, daß Gott uns annimmt ohne Vorbedingung, ja, daß die Unbedingtheit seiner Liebe es allererst ermöglicht, so zu werden, wie wir von ihm gemeint sind. An jeder Stelle seiner Worte, in all seinem Verhalten drückt sich diese seine Grundeinstellung aus; sie ist es, die ihn trägt, – sie ist es, die ihn drängt, selbst vor Auseinandersetzungen auf Leben und Tod nicht zurückzuschrecken. So hier. Soeben noch hat er erklärt, warum er sich «gemein» macht mit den «Sündern» und den «Zöllnern»: er lädt sie ein, er läßt sich einladen von ihnen, weil sie, gerade sie, den anderen zeigen können, woraus Menschen in Wahrheit leben. Wie Kranke, die ohne Arzt verloren sind, so hilfsbedürftig sind wir alle, – bedürftig des Verstehens, bedürftig der Vergebung, bedürftig der Gnade. Doch diese «einfache», im Grunde selbstverständliche Sicht auf den Menschen zersprengt das gesamte Fundament der «Religion», wie sie zu allen Zeiten praktiziert wird.

a) Die Fastenpraxis oder: Von einer Unbefangenheit jenseits der Priesterreligion

«Religion» in ihrer überall auf Erden existenten Form basiert auf der im Grunde magisch konzipierten Vorstellung, daß man mit Opfern und Gebeten die Gottheit sich gnädig und gefügig machen könne, machen müsse[1]; es ist die Politik des «do ut des» (des «ich gebe, damit du gibst») des Alten Roms, mit der man glaubt, durch gewisse Vorleistungen den Zorn der Götter besänftigen und ihre Gunst in die gewünschten Bahnen lenken zu sollen. Immer steht dabei im Hintergrund ein ambivalentes Gefühl gegenüber dem Göttlichen; man ist hin- und hergerissen zwischen Anhänglichkeit und Flucht, zwischen Anlehnung und Auflehnung, zwischen Zuneigung und Ab-

[1] Vgl. WILFRIED NÖLLE: *Wörterbuch der Religionen*, 130–131: «Im Judentum dient das Fasten zur Buße (am Versöhnungstag) oder Trauer (am Tag der Tempelzerstörung). Vom Judentum übernahm die alte Kirche die Fastendisziplin, indem sie aus Matth. 9,15 zunächst die Pflicht ableitete, die 40 Stunden der Grabesruhe Jesu durch Fasten auszuzeichnen, und dadurch entwickelte sich im Anschluß an Matth. 4,2 die 40tägige Fastenzeit vor Ostern.» Str. B. IV 1,77-114, führen die Bestimmungen des altjüdischen Fastens aus: «Man hat ein zwiefaches Fasten zu unterscheiden: das öffentliche Fasten der Gesamtheit ... u. das private Fasten einzelner ... Dem letzteren eignete der Charakter der Freiwilligkeit; das erstere wurde von der Obrigkeit angeordnet u. sollte für jedermann obligatorisch sein.» Vgl. auch JOHANNES BEHM: *nēstis* (Fasten), in: ThWNT V 925–935, S. 928–932: Fasten im Alten Testament und im Judentum. CHRISTOPH GREGOR MÜLLER: *Mehr als ein Prophet*, 210–214, hebt hervor: «Die verschärfte Fastenpraxis ... des Johanneskreises macht in der Außenwahrnehmung der fragenden Pharisäer einen Unterschied zum Kreis um Jesus aus.» (S. 213)

neigung, zwischen Zutrauen und Mißtrauen – zwischen Liebe und Haß[2]. Das gesamte Gottesverhältnis bleibt in allem, was da «Religion» heißt, durchzogen von einem System aus Dienstleistungen und Rückversicherungen gegenüber der Gottheit. Man braucht ihren Beistand, um etwas zu erreichen, also fleht man sie an – zu bestimmten Zeiten, an bestimmten Orten, in Rezitation eines bestimmten Kanons fertig formulierter Gebete; man ist schuldig geworden und braucht ihre Vergebung, also lenkt man die «gerechte» Strafe der Gottheit für die begangene Schuld auf ein unschuldiges Tier und bringt dieses statt seiner «freiwillig» zum Opfer. Und all das will «richtig» gemacht sein. Dazu braucht man Experten, die sich auskennen, Gottesprofis, die wissen, wie die Gunst der Gottheit zu gewinnen ist – ein geheimer Fundus an Formeln, eine «Arkan-Disziplin», geübt und ausgeübt in einer nur Spezialisten verständlichen Sprache, nach Riten und Regeln, die nur den Eingeweihten vertraut sind, ein Vermittlungsbetrieb zwischen Gott und Mensch, der einzig durch eine eigene hierarchische Kaste von Schamanen, Brahmanen und Priestern in Gang gehalten werden kann[3]. Auf diese Weise bleibt die Angst der Menschen vor der Gottheit erträglich, doch ganz verschwindet sie nie. Solange eine Religion zurückgreift auf Priester, so lange herrscht eine solche Ambivalenz des Gottesbildes und der Gottesbeziehung, so lange regiert die Furcht, so lange kann es keine Unmittelbarkeit des Vertrauens geben. Doch gerade *die* möchte Jesus erreichen. Freilich, er muß damit allem widersprechen, was gemeinhin für «Frömmigkeit» gilt, er muß alles auflösen, was da als «Religion» sich ausgibt, und so ist es kein Wunder, daß sich die theologischen Theoretiker der Angst, die Traditionalisten in den Kreisen der Ängstlichen, die beamteten Theologen und Ideologen augenblicklich zu Wort melden und in aller Heftigkeit dagegen ihren Einspruch einlegen.

Ein Protagonist, auf den die «Gottesbesitzer» allerorten und aller Zeiten sich in dieser Ansicht und Absicht nicht zu Unrecht berufen können, ist die Gestalt Johannes' des Täufers, des Mannes, von dem Jesus selbst seinen Ausgang genommen hat. Vollkommen zutreffend reklamieren die «Pharisäer» hier den Mann am Jordan als einen, der mit all seinem prophetischen Protest gegen das Bestehende nach wie vor dem «alten» Denken verhaftet war, wonach man «Bußwerke» verrichten muß, auf daß Gott sein bereits absehbares Strafgericht womöglich doch noch verschiebt[4]. Verlangt

2 Vgl. OSKAR PFISTER: *Das Christentum und die Angst*, 290–295: Der Sinn der katholischen Angstbehandlung.

3 Vgl. a. a. O., 268–270: Der Führer und die Unterführer.

4 Zum Fasten der Pharisäer vgl. Str. B. II 241–244: «Ein *öffentliches Fasten* der Gesamtheit

ist in ihren Augen eine Gesinnung reumütiger Pein, ein Gefühl, die verdiente Todesstrafe nur verhindern zu können durch die Demonstration von Kummer und Leid. Auf alle Freude muß man deshalb Verzicht tun, man muß sich asketisch selber beschneiden, man muß dem sündigen Fleisch Zucht und Ordnung aufzwingen, und man muß immer wieder beten und beten, um Gott von der Zerknirschung und Bußfertigkeit des eigenen Herzens zu überzeugen. Also «fasten dicht (in Folge) und halten Bittgebete ab» die «Johannes-Jünger» und «gleichermaßen auch die der Pharisäer» (5,33)[5]. Was für eine «Frömmigkeit» soll es, damit verglichen, wohl sein,

fand statt am Versöhnungstage, am 9. Ab (Tag der Tempelzerstörung) u. bei allgemeinen Landesnöten (Dürre, Mißwachs, Seuchen, Krieg). In den beiden ersten Fällen dauerte das Fasten *einen* Tag». «Das *freiwillige private Einzelfasten* ... hatte ... sich wenigstens innerhalb einzelner Kreise des jüdischen Volkes allmählich als feste Sitte eingebürgert ... Man fastete ..., um ein Unrecht gutzumachen u. ein Vergehen zu sühnen, oder um sich die Erfüllung eines Wunsches, die Erhörung eines Gebetes zu sichern, oder um zeitliches und ewiges Unheil von sich abzuwenden, oder auch bloß um zu fasten, weil das Verdienst des Fastens vor Gott unendlich hoch eingeschätzt wurde». (S. 241–242). «Da kann es nicht überraschen, wenn die Eifrigsten unter den Gesetzestreuen ... ein regelmäßiges zweimaliges Fasten ... zugunsten des Gemeinwohls auf sich nahmen.» (S. 244) Vgl. auch Str. B. IV 1,77–114: Vom altjüdischen Fasten. Zu den *Pharisäern* vgl. Str. B. IV 1, 334–339: «Sie selbst (sc. die ‹Abgesonderten, Separatisten›, d.V.) als die unbedingt Gesetzestreuen u. Gesetzesstrengen wollten die Tora gewissenhaft erfüllen genau so, wie die zeitgenössischen Schriftgelehrten sie verstanden und lehrten. Damit nahmen sie nicht bloß die geschriebene Tora auf sich, sondern zugleich auch das ganze traditionelle Gesetz (die mündliche Tora), wie es die Schriftgelehrten im Lauf der Zeit als verbindliche Satzung (Halakha) festgestellt hatten.» (S. 334) JOACHIM JEREMIAS: *Jerusalem zur Zeit Jesu*, 279, meint: «Soziologisch sind die Pharisäer – der Name bezeichnet sie als die ‹Abgesonderten›, d.h. die Heiligen, die wahre Gemeinde Israels – zweifellos nicht zur Oberschicht zu rechnen, waren sie doch in der Mehrzahl ... Männer aus dem Volke ohne schriftgelehrte Bildung. Aber sie waren so eng mit den Schriftgelehrten verbunden, daß sie nicht wohl von ihnen zu lösen sind, zumal der Aufstieg der Schriftgelehrten zugleich ihren Aufstieg bedeutet hat.» Zu dem (geistig engen) Verhältnis zu der Gemeinde der *Essener* vgl. a.a.O., 294–297. Vgl. auch ETHELBERT STAUFFER: *Jerusalem und Rom*, 62–66. – Zu dem Vergleich mit den Jüngern des Täufers meint WOLFGANG WIEFEL: *Das Evangelium nach Lukas*, 120–121, er erscheine «wie ein vorweggenommener Kommentar zu Luk. 7,34 = Matth. 11,18. Das Tischgespräch bekommt in der lukanischen Gestalt durch das Stichwort *metánoia* (sc. Umkehr, d.V.) einen neuen Anschluß. Fasten ist Zeichen der Umkehr. So liegt es nahe, den Täufer und seine Jünger gegen Jesus auszuspielen.»

[5] Vgl. KARL HEINRICH RENGSTORF: *Das Evangelium nach Lukas*, 79–80: «Eine gesetzliche Verpflichtung zu regelmäßigem Fasten gab es zur Zeit Jesu nicht. Es war als private fromme Sitte seit dem Exil aufgekommen (Judith 8,6; Tob. 12,9), aber in den frommen Kreisen des Volkes allmählich so zur Übung geworden, daß man in ihnen auch ohne gesetzliche Vorschrift wöchentlich zweimal fastete (18,12), und damit Gebetsübungen verband (vgl. 2,37). Diese Sitte hat der Täufer für sich und seine Jünger übernommen (vgl. auch 11,1), und sie paßt zu dem Ernst seines Bußrufs.»

den Ernst solch radikaler «Gottesfurcht» einfach für überflüssig zu erklären und beiseite zu schaffen? – Die Antwort, mit welcher Jesus seine und seiner Jünger Praxis hier rechtfertigt, zielt, wie stets bei ihm, ins Grundsätzliche; sie reicht sehr viel tiefer und sehr viel weiter, als selbst seine Kritiker ahnen; sie geht erneut mitten «hindurch», sie bleibt sich treu «auf dem Weg» (Lk 4,30).

Denn was Jesus vorschwebt, ist genau das Gegenteil der üblichen priesterverwalteten Angstreligion. Was er nicht nur «bewirken» oder «herbeiführen» möchte, sondern was er in der ihm eigenen Selbstverständlichkeit wie etwas ganz Normales und Natürliches lebt und praktiziert, ist besser nicht zu sagen als mit dem Bild, das ihm in seiner Rechtfertigungsreplik hier kommt: «Könnt ihr denn Bräutigams-‹Söhne› ... zum Fasten bringen?» (5,34)[6] In Jesu Augen darf man Gott und Mensch nicht in ein Verhältnis blutiger Opferrituale setzen, so als herrschte (immer noch!) Krieg zwischen den beiden und als seien die unterlegenen Heerhaufen der Menschen in alle Zukunft zu endlosen Tributzahlungen und Reparationsabgaben gegenüber der stets siegreichen Gottheit für die «Schuld» vermeintlicher Widersetzlichkeit und Unbotmäßigkeit verpflichtet. Ganz im Gegenteil! Kann denn ein Mensch an Gott denken, ohne daß sein Herz warm wird in dem Gefühl einer sich ins Unendliche weitenden Liebe, und wenn er nun glauben darf, daß diese unendliche Liebe ihm, gerade ihm, seinem kleinen Ich antwortet, so als gäbe es auf der ganzen weiten Erde für diesen einen Augenblick einzig nur ihn, wird er sich dann nicht von selbst vollkommen eins mit sich und mit dem ewigen Grund seines Daseins empfinden? Genau dieses Einssein aber in einem Feld des Vertrauens und Glücks bedeutet für Jesus augenscheinlich den Inbegriff und Inhalt aller Re-

[6] Vgl. JOSEF ERNST: *Das Evangelium nach Lukas*, 200: «Hinter dem Bild (sc. von der Hochzeit, d.V.) steht die alte Vorstellung von dem ehelichen Verhältnis zwischen Jahwe und seinem Volk Israel. Von weitaus größerer Bedeutung ist jedoch die deutliche Anspielung auf Jesus und seine Jünger. Die junge Gemeinde hat aus der Rückschau die Zeit der Anwesenheit ihres Herrn als die Heilshochzeit verstanden ... Aber es besteht ... keine Veranlassung, das Wort wegen der hohen messianischen Bewußtseinsstufe Jesus selbst abzusprechen.» Zu dem Wort von den «Söhnen des Brautgemachs» vgl. Str. B. I 500–518: «‹Söhne des Brautgemachs› ... bezeichnet die zur Hochzeit geladenen Freunde des Bräutigams.» (S. 500) Die «Hauptpflicht der Freunde u. Hochzeitsgäste des Bräutigams (bestand) darin, daß sie zur Belustigung des Brautpaares während der Hochzeitsfeier beitrugen, was nur immer in ihren Kräften stand. Sie waren deshalb sogar von einigen religiösen Pflichten ernsterer Art befreit.» (504–505) Die Tage des Messias wurden «als Hochzeitsfeier gedacht». (S. 517) Vgl. Str. B. IV 2, 799–976: Die Welt, die Tage des Messias u. die zukünftige Welt, bes. S. 880–968: Die Herrlichkeit der Tage des Messias.

ligion: nicht die Zerrissenheit, sondern die Einheit, nicht die Selbstunterdrückung, sondern die Entfaltung, nicht das Getrenntsein in Furcht, sondern die Verschmelzung in Liebe.

Das Bild von der «Hochzeit» selbst hat in der Religionsgeschichte dabei eine lange Tradition[7]. Das Ritual insbesondere der «*Heiligen* Hochzeit» stand im Zentrum der Fruchtbarkeitsreligionen, um die (Er)Zeugung der Feldfrüchte durch das Manneswasser des Himmelsgottes (Baal) aus dem Schoße der Erdmutter nachzugestalten[8]. Alle Entfaltung des Lebens schien gebunden an eine solche Verschmelzung von Himmlischem und Irdischem, von Göttlichem und Menschlichem, und diese Vereinigung des an sich Verschiedenen war durch sich selbst fruchtbar. In der ganzen Naturmythologie galt diese Überzeugung, und sie bewährt sich nicht minder in der modernen Psychologie. Auch seelisch ist das Bild der Heiligen Hochzeit ein beliebtes Symbol für die Einheit der Psyche[9], wenn das Unbewußte und das Bewußtsein, wenn Gefühl und Vernunft, wenn Es und Überich aufhören, sich zu bekämpfen, und in einem integrierten, harmonischen Verhältnis zueinanderfinden. Beides: die Einheit mit sich selbst und die Einheit mit Gott, erhält seinen Ausdruck in der Chiffre der Heiligen Hochzeit. Für Jesus aber scheint es ganz klar, daß es kein Recht gibt, im Namen Gottes die Menschen weiterhin in Angst, Schuldgefühl und Wiedergutmachungszwängen innerlich zu zerspalten; es ist für ihn evident, daß nur die Einheit mit Gott ein derartig absolutes Vertrauen ermöglicht, das die Selbstquälerei einer asketischen Frömmigkeitshaltung zu überwinden vermag. Und für diese Erfahrung nun steht er selber – der «Bräutigam».

Natürlich ist es nicht falsch, in diesem Wort einen Hinweis auf das Selbstverständnis Jesu zu erblicken, der kam, die Versöhnung einer «himm-

[7] Vgl. MIRCEA ELIADE: *Das Heilige und das Profane*, 85–87: Frau, Erde und Fruchtbarkeit, S. 99: «Ehen ... wiederholen jedesmal den uranfänglichen *hieròs gámos* (sc. die heilige Hochzeit, d.V.), die Vereinigung zwischen Erde und Himmel.»

[8] JOHN GRAY: *Mythologie des Nahen Ostens*, 22: «Aus rituellen Texten wissen wir, daß in der Stadt Isin gegen Ende des dritten Jahrtausends v. Chr. die Heilige Hochzeit alljährlich vom König als Stellvertreter des Vegetationsgottes Tammuz mit einer Priesterin, die die Göttin Inanna vertrat, vollzogen worden ist.» Zur Hochzeit des Mondgottes und der Mondgöttin vgl. a. a. O., 90.

[9] Vgl. CARL GUSTAV JUNG: *Mysterium Coniunctionis*, in: Gesammelte Werke, XIV 1, 42: «Das ... Material zeigt, welches archetypische Drama von Tod und Wiedergeburt in der coniunctio oppositorum (sc. Vereinigung der Gegensätze, d.V.) verborgen ist, bzw. welche menschlichen Uraffekte bei diesem Problem aufeinanderprallen. Es ist das moralische Problem der Alchemie, jenen weiblich-mütterlichen, von Leidenschaften durchwühlten Urgrund der männlichen Seele mit dem Prinzip des Geistes in Einklang zu bringen.»

lischen Hochzeit» den Menschen zu schenken und sie zu Begleitern und Gefährten seiner unmittelbaren Freude zu machen[10]; doch wichtiger als eine solche «zeitgeschichtliche» Deutung ist es, die wesentliche *Be*deutung dieses wunderbaren Bildwortes zu erfassen. Denn nicht einer bestimmten Epoche der menschlichen Geschichte widerspricht Jesu Haltung, vielmehr zersprengt sie zu aller Zeit die Grundstrukturen der menschlichen Geschichte im ganzen. Da spricht sich ein Neues aus, so radikal, daß es keinen Kompromiß mit dem Überkommenen zuläßt; da gibt es keine Kontinuität mehr zu dem Vergangenen, sondern nur die Zäsur eines absoluten Neubeginns; da ist, wenn überhaupt, nur negativ noch eine Anknüpfung an das Vorfindbare möglich, indem einzig das Leiden an all den aufgezwungenen Widersprüchen die Leidenschaft schenkt, den Sprung in dieses ganz Neue zu wagen.

Dabei fallen Jesus die Bilder zur Beschreibung dieses Kontrasts, dieses Konflikts zwischen dem, was er antrifft, und dem, was in seinen Augen zutrifft, wie von selber ein: Das «Alte» in der Vorstellung der Apokalyptik war die ganze Welt; sie war wie ein altes Tuch, das unrettbar verschlissen ist[11]; es hat keinen Sinn mehr, weiter daran herumzustopfen; gebraucht deshalb wird ein gänzlich Neues, und *das* taugt nicht zur Flickschusterei. – Was nun freilich *Lukas* aus dieser konzisen Aussage macht, ist das verwirrende Resultat seines Versuchs, sich etwas zu erklären, das er schon deshalb nicht verstehen kann, weil er sich offenbar in der Situation jener Lumpen-

10 So schreibt JOACHIM JEREMIAS: *Neutestamentliche Theologie*, I 108: «Die Hochzeit hat begonnen, der Bräutigam ist eingeholt, der Hochzeitsjubel ertönt weit übers Land, die Gäste liegen beim festlichen Mahl – wer könnte da fasten? Die Hochzeit ist geläufiges Symbol der Heilszeit (sc. obwohl «das antike Judentum den Vergleich des Messias mit dem Bräutigam nicht kennt», a.a.O., d.V.). Sie ist angebrochen, jetzt schon.» Vgl. JOACHIM JEREMIAS: *Die Gleichnisse Jesu*, 117: «Realisierte Eschatologie – das ist auch der Sinn von Mk. 2,19... Der Freudentag ist angebrochen, der Hochzeitsjubel erschallt. Wie reimt sich damit Kasteiung und Klage? Jetzt schon ist Hochzeitsfreude, wie sollten meine Jünger da fasten?»

11 Vgl. JOACHIM JEREMIAS: *Die Gleichnisse Jesu*, 117–118: «Was das Bild vom *Mantel* angeht, so braucht das reiche religionsgeschichtliche Material für den Vergleich des Kosmos mit dem Weltenmantel hier nicht dargeboten zu werden, es genüge der Verweis auf zwei neutestamentliche Belege. Hebr. 1,10-12 wird im Anschluß an Ps. 102,26-28 geschildert, wie Christus bei der Parusie den Kosmos wie einen alten Mantel zusammenfaltet und den neuen Kosmos ausbreitet. Noch deutlicher ist Apg. 10,11 ff.; 11,5 ff., wo Petrus im Bilde des Tuches, das an den vier Zipfeln gehalten wird und Tiere aller Art in sich birgt, den neuen, von Gott restituierten und für rein erschauten Kosmos schaut. Zelt, Tuch, Mantel sind gebräuchliche Abbilder des Kosmos. In diesen Zusammenhang gehört Mk 2,21: die Zeit der alten Welt ist abgelaufen; sie gleicht dem alten Mantel, den mit neuem Tuch zu flicken sich nicht mehr lohnt; die neue Zeit ist angebrochen.»

träger, mit denen Jesus sich «gemein» macht, nie befunden hat[12]. Da soll, entgegen den Worten, die er im *Markus*-Evangelium (Mk 2,21) vorfindet, ein «Flicken von einem neuen Mantel» abgeschnitten und «auf einen alten Mantel» genäht werden (5,36). Jesus indessen denkt natürlich überhaupt nicht daran, das «Neue», das er bringt und verkörpert, passend für das «Alte» zurechtzuschneidern, sondern er will ebenso simpel wie eindeutig die Unvereinbarkeit dessen, was er mitteilt, mit dem, was ihm vorliegt, verdeutlichen: Da gibt es kein «Sowohl-als-auch» mehr; da gilt es, sich zu entscheiden in einem Entweder-Oder[13].

Manche Theologen, die insbesondere das «Traditionsprinzip» der Kirche Roms als ein «Wahrheitskriterium» rechtfertigen möchten, neigen zu der Ansicht, daß man immerhin doch trennen könne zwischen Innen und Außen, zwischen Inhalt und Form, zwischen Geist und Gestalt[14]. Doch gerade dieser Idee erteilt Jesus hier eine klare Absage: Wer versteht, wie anders die Haltung zu Gott ist, aus welcher er lebt, der versucht gar nicht erst, sie in die alten Regeln aus Dogma und Ritual, aus Tradition und Konven-

12 Vgl. WOLFGANG WIEFEL: *Das Evangelium nach Lukas*, 121: «Nicht neuer Flicken und altes Kleid werden verglichen, sondern zerschnittenes neues und unpassend ausgebessertes altes Kleid.»

13 Klar gesehen hat diese Bedeutung (natürlich) SÖREN KIERKEGAARD: *Das Buch über Adler*, 184–185, indem er einen Kirchenbeamten, einen Pfarrer schildert, der «genial» genug ist, sich in seiner Außerordentlichkeit zu begreifen und damit auch seine Verantwortung zu spüren. «Hier steht er dann vor seiner Entscheidung: entweder seine Außerordentlichkeit eitel zu nehmen als eine glänzende Verschiedenheit und nicht wieder gutzumachende Verwirrung anzurichten, oder zuallererst, ehe er daran denkt, die ganze neue Anschauung mitzuteilen, die ihm aufgegangen ist, sich selbst zu opfern und sich dadurch mit dem Allgemeinen zu versöhnen.» Obwohl das Genie sich nicht unmittelbar als Gottes Werkzeug verhält und es keine göttliche Vollmacht besitzt, wird doch bei einiger Nachdenklichkeit als erstes klar werden, daß man «das Ganze in Geschwätzigkeit» verderben würde, «wenn das Neue durch unvorsichtigen Umgang in übereilter Geschäftigkeit mit dem Alten zusammengepfuscht wird». Eben: «Man flickt keinen neuen Lappen auf ein altes Kleid.»

14 Danach ist «die» Kirche in ihren Ämtern (Papst, Bischof, Priester) von Gott(es Geist) «eingesetzt» – also «unfehlbar», «heilig», «unvergänglich», wohingegen das «Menschliche» – das Fehlbare, Unheilige, Vergängliche – den einzelnen Personen als Individuen zuzurechnen ist. Die «Wahrheit» wird dadurch von der Person in die Institution verschoben. OSKAR PFISTER: *Das Christentum und die Angst*, 88–104, sprach in diesem Zusammenhang von einer «Tiefmasse», die er so charakterisierte: «Der Intellekt erfährt eine erhebliche Herabsetzung.» «Das Gefühl verrät denselben Verlust individueller Eigenart.» (S. 91) «Die Liebe zur Masse erlebt eine gewaltige Steigerung.» «Das Gewissen verzichtet auf eigenes Urteil.» (S. 92) Also: «Schrumpfung der Persönlichkeit als Einzelwesen, Schwund des selbständigen Denkens, Steigerung oder Minderung der moralischen Gefühle je nach dem Interesse der Masse.» (S. 93)

tion einzuordnen, – sie kann nur das Überkommene zersprengen wie neuer Wein in seinem Gärprozeß alte Schläuche zerreißen muß. Schon um den «neuen Wein» ausreifen zu lassen, darf man ihn *nicht* in die alten Behältnisse gießen[15]; er selbst würde mit verlorengehen, wollte man ihn in die Fassungskraft der gegebenen Verhältnisse hineinzwingen. Das «Alte» also soll bleiben, wie es ist und was es ist: ein Kleid, das man abwirft, ein Schlauch, den man wegwirft; das Neue aber wird ganz neuer «Kleider», ganz neuer «Schläuche» bedürfen[16].

Gerade an dieser Stelle jedoch fügt *Lukas* noch einen eigenen Satz ein, der zwiespältig scheint: «Und niemand», schreibt er, «der alten (sc. Wein, d. V.) getrunken, mag neuen; denn er sagt: Der alte ist lieblich!» (5,39)[17] Einen Moment lang könnte man denken, der Evangelist wolle wirklich den Entscheidungsernst der Jesus-Worte, die er gerade überliefert hat, ein Stück weit mildern durch die unbezweifelbare Erfahrung aller Winzer und Bacchusjünger, daß Wein bei langer Lagerung sich noch weiter zu veredeln vermag. Tatsächlich fehlt es in der Überlieferungsgeschichte der Bibel nicht an Stellen, in denen Konflikte, die zu ihrer Zeit auf Leben und Tod ausgetragen wurden, von einer späteren Hand durch einen einzigen Satz auf Grund ganz anders gearteter Umstände «korrigiert» worden sind. Der ganze *Psalm 51* zum Beispiel verurteilt den Opferdienst der Priester und setzt dagegen das «Prinzip» prophetischer Innerlichkeit, ganz wie Jesus es hier tut, doch dann, ganz zum Schluß, stellen zwei angehängte Zeilen wohl

15 Die (alten) «Schläuche» «bestanden aus einer Tierhaut, die als Ganzes von einem Schaf oder einer Ziege abgezogen war. Die am Hals u. an den Beinen dadurch entstehenden Löcher wurden zugenäht oder, soweit sie als Füll- u. Ausgußöffnungen benutzt wurden, mit einem Riemen zugebunden. Zur größeren Dichtung bestrich man die Schläuche innen wohl auch mit Pech. Das Einreißen u. Platzen der Schläuche wird mehrfach erwähnt.» Str. B. I 518.

16 Vgl. WOLFGANG WIEFEL: *Das Evangelium nach Lukas*, 121: «Der neue Wein (= die neue Lehre ...) bedarf neuer Schläuche (= Lebensformen).»

17 GÜNTER SCHOLZ: *Gleichnisaussage und Existenzstruktur*, 206, meint: «Nimmt man die Schärfe der Polemik ernst, so klingt aus dem Satz ironische Resignation: Es hat keinen Zweck: Die ‹Pharisäer und Schriftgelehrten› verharren in ihrem alten Dasein, weil sie Angst haben, sich vom Neuen in Frage stellen zu lassen. Sie behaupten lieber nach wie vor kategorisch: Das Alte ist gut. Damit bleiben sie auf das Alte fixiert und bauen eine Mauer gegen das Christentum auf. Sie können nicht anders: denn sie sind Pharisäer, sie haben nun einmal vom alten Wein getrunken ... und kommen davon nicht wieder los, sie wollen nicht.» – «Eingeordnet in das Strukturschema der christlichen Existenz bedeutet das: Die Gewißheit des Gehaltenseins und Geborgenseins gewinnt man nicht in der Gesetzlichkeit der alten Existenz, sondern in dem Sich-Ausliefern an das Neue, das Jesus bringt, an die Botschaft vom Reiche Gottes, in das ebenso wie der Gerechte auch der reumütige Sünder aufgenommen wird, dieser vielleicht sogar leichter als jener (Lk 18,10-14).»

aus der Zeit des Wiederaufbaus des Jerusalemer Tempels am Ende des Babylonischen Exils erneut «rechte Opfer, Brandopfer und Ganzopfer» (griech.: holocaustómata) in Aussicht, so als seien die vorangegangenen Worte vergänglich in der Gründlichkeit ihrer Einsicht und überholt in der Gültigkeit ihrer Absicht. (Vgl. Ps 51,20–21.)[18] Auf solche Weise läßt sich selbstredend *jede* Aussage aus ihrer existentiellen Verwurzelung reißen und auf den Kompost zeitgeschichtlicher Relativierungen werfen. Aber soll man glauben, daß *Lukas* sich herausnähme, auch mit den Worten Jesu derart zu verfahren? Doch wohl nicht! Nicht einer weinseligen Stammtischbehäbigkeit will er hier das Wort reden, sondern hinweisen will er auf den typischen Einwand der Bequemlichkeit, aus dem aller Traditionalismus seine Beharrlichkeit schöpft: wie war es doch schön, in jenen «guten alten Zeiten», und: das Alte, das noch währt, hat sich doch bewährt, – man muß es also bewahren! *Dagegen* genau steht die Haltung Jesu: das Überaltete, das *Ver*altete gilt es entschieden abzustreifen und sich nicht länger damit zu behängen; es ist keine «Zierde», und es ist nichts «Altehrwürdiges», ganz im Gegenteil, es ist etwas Bedrohliches, das man hinter sich lassen, das man verbrennen muß wie ein Gewand, das infiziert ist mit lebensgefährlichen, krankheiterregenden Bakterien. Noch einmal also: Entweder-Oder!

Wie tiefgreifend die «Wahl» ist, die existentiell hier zur Entscheidung steht, kann man religionsgeschichtlich im Abstand von etwa 500 Jahren *vor Christus* noch einmal am Beispiel des BUDDHA erkennen. Eigentümlicherweise ging es auch bei diesem weisen Begründer einer so ganz anders gear-

[18] Vgl. ARTUR WEISER: *Die Psalmen*, I 277: «Es ist begreiflich, daß diese Höhe religiöser Schau, um die der ganze Psalm ringt, und besonders der Schlußgedanke von der späteren im kultischen Ritualismus verwurzelten Frömmigkeit nicht völlig verstanden und ertragen werden konnte; denn dies hätte nichts weniger als die Sprengung der gesamten Form des religiösen Lebens bedeutet.» – So auch bereits in Lk 5,35: «Der innerhalb der vormarkinischen Traditionsgeschichte als sekundär geltende Hinweis auf das Fasten der Jünger (vgl.... Mark. 2,20) ist für Lukas Ansage der Fastensitte der Gemeinde. Er lebt in ‹jenen Tagen›, die der Jesuszeit folgen. In Weiterführung des vorgegebenen Rätselworts vom Bräutigam stehen diese im Zeichen des ‹Weggenommenseins› – vielleicht aus Jes. 53,8.10 entnommen – und fordern deshalb andere Regeln.» WOLFGANG WIEFEL: *Das Evangelium nach Lukas*, 121. Wie man die Auseinandersetzung zwischen dem «Alten» und dem «Neuen», die Jesus an dieser Stelle auf Leben und Tod mit den «Pharisäern und Schriftgelehrten» führt, um jeden Sinn bringen kann, demonstriert die in etwa zeitgleich zum *Lukas*-Evangelium zwischen 80 und 100 entstandene *Didache* (Lehre der zwölf Apostel) 8,1 mit folgender Anweisung: «Bei euerem Fasten haltet es... nicht mit den Heuchlern (sc. nach Mt 6,16, d.V.); diese fasten nämlich am zweiten und fünften Tage nach dem Sabbat (d.h. am Montag und Donnerstag); ihr aber sollt fasten am vierten Tage und am Rüsttage (d.h. am Mittwoch und Freitag).» In: FRANZ ZELLER (Übers.): *Die Apostolischen Väter*, S. 11.

teten und doch so verwandten Einstellung um die gleiche Frage: Wie hältst du es mit Fasten und Askese? Auch der BUDDHA erklärte den ganzen Vermittlungsdienst der Brahmanen an den Ufern des Ganges für einen verhängnisvollen Aberglauben, der nur so lange in Geltung bleibe, als die Menschen noch ganzen Teilen ihrer Psyche fremd gegenüberstünden und sie deshalb in alle möglichen vergöttlichten Wahngestalten hineinprojizierten. Auch er selber hatte nach dem Verlassen des Hauslebens in der Schule anderer Mönche und Asketen sich dem Fasten hingegeben, nicht freilich, um sich mit einer «gerecht» strafenden Gottheit, sondern um sich mit sich selbst zu versöhnen; dann aber mußte er erleben, daß gerade durch äußerste Askese und Kasteiung nicht «die Art der Einsicht» zu finden ist, «die da genügt zum edlen Weisen»[19]. Der BUDDHA begann also, wieder zu essen, und prompt warf man ihm vor, «der Üppigkeit zugewandt» zu sein[20]; doch gerade so fand er den «mittleren Pfad» zur Überwindung des Haftens an den Dingen und damit zur Überwindung des Leids. Allerdings setzte auch er sich damit in einen charakteristischen Widerspruch zu den anderen religiösen Richtungen und Lebensformen seiner Zeit. Erstaunt bemerkte zum Beispiel König Pasénadi von Kósala, als er nach Nangáraka kam und «durch manchen Garten und manchen Park» wanderte, wie dort die Büßer und Priester «elend, abgemagert, häßlich, abstoßend anzusehen waren»; auf seine Frage, «warum sie so elend aussähen», gaben sie zur Antwort, «sie hätten Heimweh». Demgegenüber erblickte Pasénadi die Mönche des BUDDHA «froh und heiter, fröhlichen Sinnes, sorglos und munter ..., wie das Reh im Walde», woraus er schloß, «daß des Erhabenen Jüngergemeinde auf dem rechten Weg ist».[21]

Einen solchen inneren Frieden jenseits von Masochismus und Selbstunterdrückung lehrten sie offenbar beide, der BUDDHA und der Christus, indem sie die Menschen befreiten aus den Händen der Priester ebenso wie der «Pharisäer». Freilich beginnt an dieser Stelle auch ein entscheidender Unterschied: Der BUDDHA mochte allen Glauben an Gott und die Götter durch psychologische Aufklärung auflösen; der Christus indessen stand vor der Aufgabe, das Bild seines Gottes, der ihm alles war, von all den Angstverfälschungen zu reinigen, mit denen der Opferdienst der «Frommen» es verunstaltet hatte. Damit fängt für Jesus der Kampf jetzt allererst an.

19 PAUL DAHLKE: *Buddha. Ariyapariyesana-Sutta* – Die Lehrrede «Das edle Streben», S. 42.
20 A. a. O., 42.
21 KURT SCHMIDT: *Buddhas Reden.* Majjhimanikaya, 89: Denkmäler für die Lehre, S. 235–236.

Während der BUDDHA friedlich in hohem Alter nach Art eines Weisen verschied, erleidet Jesus das typische Los des Propheten: man treibt ihn in den Tod ob der «Zumutung» seiner Herzensweite und Freiheit. Und dies nun wirklich ist Grund zu Bestürzung und Trauer allezeit, – wo und wann immer es sich wiederholt. Darob möge man «fasten, in jenen Tagen» (5,35).

b) Der Sabbat oder: Was Gott sagt, kann niemals Unmenschliches besagen

In Richtung des gleichen Problems hat bereits *Markus* (Mk 2,23–28) mit einem weiteren Beispiel die Tendenz, die Perspektive des «Neuen» an der Botschaft Jesu aufzeigen wollen, und *Lukas* schließt sich ihm an, überzeugt offenbar, daß es besser nicht zu sagen ist[22].

Kaum ein Thema wurde in den Tagen Jesu so peinlich genau erörtert wie die Regeln des Sabbatgebots[23]. Die Kniffligkeit der Frage, was alles an diesem «Tage des Herrn» zu tun erlaubt oder zu tun verboten sei, stellte recht eigentlich die Domäne, den ganzen Trumpf und Triumph göttlicher Schriftgelehrsamkeit dar; denn zu jeder nur denkbaren Tätigkeit eines Menschen wie eines Tieres mußte eine kasuistische «Klärung» aus den jahrhundertealten Kommentaren der rabbinischen Autoritäten beigebracht werden. Schließlich bot die Sabbatordnung zunehmend seit Hunderten von Jahren so etwas wie einen Orientierungspunkt nationaler Identitätsgefühle. Andere Völker mochten andere Feiertage haben, wann und wie immer sie wollten, – das Volk der Erwählung beging seinen Sabbat genau an dem von Gott gebotenen Tage auf die von Gott verordnete Weise; mochte Israel politisch mittlerweile zu einem Nichts verkommen sein, so war ihm doch weltpolitische Bedeutung verheißen, wenn einst der Messias kommen würde, – und er würde kommen, wenn Israel auch nur zwei Sabbate korrekt einhielte[24]. Stets ist es der Narzißmus der kleinen Unterschiede, der subjektiv als besonders wesentlich für die Stabilisierung des Selbstentwurfs einer besonde-

[22] Vgl. Mk I 268–279: Mk 2,23-28: Der Menschensohn ist Herr über den Sabbat.

[23] Vgl. Str. B. I 905: «In der Tora, den Propheten u. den Hagiographen finden wir, daß das Sabbatgebot so schwer wiegt, wie alle (übrigen) Gebote in der Tora (zusammen).»

[24] Zur Bedeutung des Sabbat vgl. MARTIN BUBER: *Moses*, in: Werke, II 93–99, der (S. 99) vor allem auf die «Beziehung zwischen Sabbat und Weltschöpfung» hinweist. Str. B. IV 2, 839, referieren die Überzeugung, daß «wegen der Ehrung des Sabbats ... die Kinder Israel die zukünftige Welt ... in Besitz nehmen, die ganz Sabbat ist.» Im *Talmud*-Traktat *Schabbat 118b* heißt es: «Rabbi Jochanan sagte im Namen Rabbi Schimons, Jochais Sohn: Wenn Israel zwei Schabbate in rechter Weise beachten würde – sofort würde es erlöst.» In: *Der babylonische Talmud*, ausgew., übers. u. erkl. v. REINHOLD MAYER, 511.

ren Bedeutsamkeit gelten darf[25]. Nur vor diesem Hintergrund eines nahezu vom Zerbrechen bedrohten Gruppenzusammenhalts kann man religionsgeschichtlich und religionspsychologisch die nicht selten grotesk erscheinende Starre und Strenge der pedantisch genauen Sabbatgebote verstehen, die insbesondere von der Gruppe der Pharisäer *en détail* beachtet wurden[25]. Diese ultrakonservative Bewegung im Spätjudentum besaß trotz der zahlenmäßigen Unterlegenheit ihrer damals nur rund 10 000 Anhänger die Durchdringungskraft vieler religiöser Eliten mit dem ihnen eigenen Sendungsbewußtsein[26]. Wo immer sie auf ein normabweichendes Verhalten stießen, werden sie es als Verstoß gegen die Gottesordnung kontrolliert und moniert haben. Bei den Geboten, die Gott selber gegeben hatte, konnten in ihren Augen keine Ausnahmen gerechtfertigt sein, – da war Pardon nicht zu gewähren. Nach allem bisher von *Lukas* bereits Geschilderten war es wirklich nur eine Frage der Zeit, wann Jesus mit diesen Gesetzestreuen, wie sie sich verstanden, aneinandergeraten mußte.

Der Zufall will es, daß Jesus und seine Jünger an einem Sabbat «durch die Kornfelder» gehen und die Jünger, wohl weil sie Hunger haben, Ähren abreißen, sie zwischen den Händen zerreiben und die Körner essen (6,1). Was sie da tun, ist nach dem Urteil ihrer gesetzesstrengen Spitzel gleich in mehrfacher Hinsicht als «Sünde» zu tadeln: Wandern am Sabbat – das geht nicht![27] Ernten, dreschen und mahlen – am Sabbat darf man das nicht. Le-

[25] Das gilt um so mehr, als die Pharisäer sich gerade durch ihre Gesetzestreue von dem «Volk, das das Gesetz nicht kennt» (Joh 7,49), von dem «Volk des Landes», abgrenzte; vgl. Str. B. II 494–519, bes. S. 514–519. Vgl. JOACHIM JEREMIAS: *Jerusalem zur Zeit Jesu*, 302.

[26] Str. B. IV 1, 335, sprechen mit FLAVIUS JOSEPHUS: *Jüdische Altertümer* XVII 2,4, Bd. II 444, bei der Anzahl der Pharisäer von «etwas über 6000», doch sind damit wohl «nur ihre angesehenen Mitglieder» erfaßt. «Trotzdem überragte ihr Einfluß in Jesu Tagen bei weitem den ihrer Gegner.» Vgl. auch JOACHIM JEREMIAS: *Jerusalem zur Zeit Jesu*, 286. Zur Charakterisierung der Pharisäer schreibt FLAVIUS JOSEPHUS: *Der jüdische Krieg*, II 8,14, Bd. I 179: «Die (sc. Sekte, d.V.) der Pharisäer widmete sich ... mit besonderer Sorgfalt der Gesetzesauslegung, und sie nehmen auch den ersten Platz ein unter den Sekten.»

[27] Vgl. Str. B. I 615–516: «39 Hauptarbeiten ... waren am Sabbat verboten ... Jede der 39 Hauptarbeiten begriff eine Reihe von Unterarbeiten unter sich ... Zu diesen Haupt- und Nebenarbeiten kam dann ... noch eine größere Anzahl anderweitiger Tätigkeiten, die aus Gründen der Sabbatruhe rabbinisch verboten waren ... Das nach Dt 23,26 erlaubte Ausraufen von Ähren wurde als eine Unterarbeit des Erntens angesehen u. war als solche am S. verboten. Unter Umständen hätte die Tat der Jünger Jesu mit dem Steinigungstode bestraft werden können.» Weiter als den «Sabbatweg» zu gehen, eine Entfernung von 2000 Schritt oder Ellen, war ebenfalls untersagt; vgl. ROLAND DE VAUX: *Das Alte Testament und seine Lebensordnungen*, II 339.

diglich bedeutet ihre Erntetätigkeit keinen Diebstahl an fremdem Besitz[28]. So wie *Lukas* (im Einklang mit Mk 2,23) den Hergang formuliert, müßte aber der Vorwurf des Flurschadens noch hinzukommen: wer geht schon «durch» Kornfelder? Das Wort ist indessen die Fehlübersetzung einer semitischen Partikel, deren ursprünglich gemeinte Bedeutung man bei *Markus* noch mithören mag, die aber im lukanischen Griechisch als solche kaum noch bemerkbar ist: gemeint war zweifellos einmal, daß Jesus und seine Jünger «zwischen (zwei) Kornfeldern» gehen[29]. Doch wie dem auch sei, die Sache selbst ist nach strikter Gesetzesauslegung so oder so nicht zu billigen. – Wie aber legt man Gottes Gesetze richtig aus? Wie immer, läßt Jesus an dieser auch für ihn entscheidenden Stelle keinen Kompromiß zu. Er sagt nicht, man dürfe so streng nicht sein, die Sache tue ihm an sich auch leid, aber man könne vielleicht ausnahmsweise mal fünf gerade sein lassen. Es ist nicht nur die Rigidität seiner Gegner, die ihm ein solches *laisser-faire* verbietet, es ist vor allem die prinzipiell andere Haltung Jesu, die an jeder Stelle neu eine Grundsatzentscheidung erzwingt.

Um eine neue Gesetzesauslegung im Kreise der Theologenschaft als legitim darzutun, gibt es keinen anderen Argumentationsweg, als das Neue zu begründen mit dem Alten; es gilt, Stellen aus der Heiligen Schrift herauszusuchen und in die Diskussion einzuführen, die sich zum Purgieren des Tradierten urgieren lassen. Doch um so vorzugehen, muß man sich auf das rabbinische Denken selbst einlassen, man muß die ganze Machart des Schrift- und Autoritätsbeweises akzeptieren, und es scheint als schier ausgeschlossen, daß Jesus seinen Kontrahenten jemals diesen Gefallen getan

[28] Vgl. KARL HEINRICH RENGSTORF: *Das Evangelium nach Lukas*, 81: «Auf dem Wege durch das reife Feld zum Zwecke der augenblicklichen Sättigung einzelne Ähren auszureißen, war durch das Gesetz erlaubt (5. Mose 23,26) und galt nicht als Diebstahl. Es auch am Sabbat zu tun, war indes nach der frommen Überlieferung verboten.» Man gab sich also mosaischer als Moses. EDUARD SCHWEIZER: *Das Evangelium nach Lukas*, 75, verweist auf *Jubiläen* 2,29; 50,3.8 f., in: Emil Kautzsch: Die Apokryphen und Pseudepigraphen des Alten Testaments, II 43–118, wo auch das Vorbereiten einer Mahlzeit am Sabbat – unter Todesstrafe – verboten wird, und hält deshalb insbesondere das «Zerreiben» der Ähren für schwer schuldhaft.

[29] Es kann griech. *diá* aber auch «entlang» bedeuten; so wurde zum Beispiel Paulus in 2 Kor 11,33 sicher nicht «durch» die Mauer herabgelassen, sondern «die Mauer entlang». Vgl. FRIEDRICH BLASS – ALBERT DEBRUNNER: *Grammatik des neutestamentlichen Griechisch*, § 223, 5, S. 143. Ähnlich ist auch hier zu übersetzen. FRANÇOIS BOVON: *Das Evangelium nach Lukas*, I 266, erwägt sogar, ob Jesus nicht gezwungen gewesen sei, «durch die Felder zu gehen», «um am Sabbat nicht zu viele Schritte zu machen»; doch fragt er richtig: «Wenn er (sc. Jesus, d.V.) den Sabbat so respektierte, warum hat er dann das Handeln seiner Jünger nicht verboten?»

hätte. Alles spricht dafür, daß diese ganze Debatte tatsächlich nicht mehr im Leben Jesu spielt, sondern ihm nachträglich in den Mund gelegt wurde, als Jahrzehnte später zwischen der Synagoge und der Jesus-Gemeinde ein Richtungskampf über die Frage der Treue zum jüdischen Gesetz oder der Öffnung zu den «Heiden» ausgetragen wurde[30], hier dargestellt in Form eines Streitgesprächs zwischen den «Fachtheologen» der beiden religiösen Bewegungen, die sich – vor allem nach dem Untergang Jerusalems im Jahre 70 – auf schmerzhafte Weise immer mehr auseinander entwickelten. Aber immerhin: auch das theologische «Argument», das zugunsten der neuen Sabbatauslegung in Stellung gebracht wird, hat es in sich. Berichtet wird (in 1 Sam 21,2–7), wie David im Heiligtum von Nob (etwa 2 km im Osten des antiken Jerusalems) sich von dem Priester Ahimelech von dem «heiligen Brot», von den «Schaubroten», geben ließ, «weil kein anderes da war» (1 Sam 21,7); das Brot durfte Davids Männern wohlgemerkt nur gegeben werden, weil der Soldateska «schon etliche Tage» auf ihrem Marsch «Frauen ... verwehrt» waren (1 Sam 21,6); denn es war wieder ein Gebot kultischer Reinheit, das vermeintlich schon Moses am Sinai erlassen hatte, daß man sich Heiligem nur nahen durfte, wenn man sich nicht einer Frau genähert hatte (Ex 19,15)[31], – eine Vorstellung, die sich noch heute in den

30 FRANÇOIS BOVON: *Das Evangelium nach Lukas*, I 269, meint: «Die kleine Einheit ist Apophthegma und Streitgespräch zugleich ... Sie spiegelt eine kirchliche Situation, in der die Christen auf die ihnen vorliegende Jesusüberlieferung zurückgreifen, indem sie sie aktualisieren und also auf ihre Situation anwenden. Es gibt (sc. aber, d.V.) keinen Grund, das hohe Alter, ja die Historizität des Ereignisses selbst in Frage zu stellen. Wie oft in den Dialogen mit den Pharisäern bleibt die Geschichte in der Sphäre der jüdischen Tradition, wo die Legitimität der Sitten oder des Glaubens diskutiert wird, indem Jesus und die Pharisäer Gott gegen Gott ausspielen ... Die Freiheit Davids und seine königliche Autorität legitimieren die Einstellung der Jünger dem Sabbat gegenüber. Daß diese Auslegung gesucht ist, weil das Beispiel nicht an einem Sabbat spielt, spricht für ein hohes Alter. Weil die Antwort Jesu nicht ganz befriedigt, haben die ersten Christen durch die nacheinander angeführten Logien versucht, die Diskussion auf den Sabbat zu konzentrieren (Mk 2,27) und die Lösung in der Christologie zu finden (Mk 2,28 ...). Durchweg sieht es so aus, als ob nicht der Sabbat als solcher kritisiert würde, sondern sein Verständnis und seine Regelung durch die pharisäische Tradition.»

31 KARL HEINRICH RENGSTORF: *Das Evangelium nach Lukas*, 81, erklärt den Bezug zur Davidgeschichte damit, «daß ein Teil der Schriftgelehrten den 1. Sam. 21,2 ff. geschilderten Vorfall auf einen Sabbat verlegt hat. Von da aus enthält das Wort Jesu einen Schluß: Wenn David am Sabbat sogar Brot Gottes (3. Mose 24,5-9) nehmen und seinen hungernden Gefährten geben durfte, ohne getadelt zu werden, dann vollends dürfen Jesu Jünger am Sabbat mittels einiger Ähren ihren Hunger stillen.» Doch so geht die eigentliche Gemeinsamkeit beider Vorgänge verloren: Die Jünger Jesu handeln aus Hunger und ebenso David, und die einen brechen eine heilige Ordnung, die anderen brechen ein in ein Heiligtum; nicht der

Zölibatsbestimmungen der Kirche Roms ausspricht[32]. Doch bezeichnenderweise wird dieses Moment einer *Wahl* zwischen der Nähe zu Gott und der Nähe zu einem Menschen (zu einer Frau) in der vorliegenden Geschichte an dieser Stelle einfach beiseite gestellt, um mit ihrer Hilfe das genaue Gegenteil zu «beweisen»: es soll und darf eben *kein* Entweder-Oder bestehen zwischen Gottesliebe und Menschenliebe, zwischen Frömmigkeit und Menschlichkeit, zwischen Pietät und Humanität. Die Söldner Davids hatten Hunger, und das allein «rechtfertigte» es, ihnen sogar die Brote aus dem Heiligtum zu essen zu geben!

In rabbinischen Lehrvorträgen wird gern gefolgert «vom Kleineren auf das Größere»: wenn dieses Einfache unwidersprechlich ist, um wieviel mehr dann das, was man damit «beweisen» möchte ... Das «Schlußverfahren» *hier* geht aus vom «Allergrößten», und es ist so wuchtig, daß man die Ableitung aufs «Kleinere», auf das Ährenraufen der Jünger, gar nicht mehr ausführen muß. Es ist ein wirklich skandalöses «Argument», ein Rammbock, der die ganze Abwehrmauer der Gesetzlichkeit durchstößt. Um sich seine Kühnheit zu vergegenwärtigen: Worauf es anspielt, ist in etwa so, wie wenn die Frauen eines Zugs von Flüchtlingen 1945 auf dem Treck aus Ostpreußen oder aus Schlesien einen Pfarrer gebeten hätten, die geweihten Hostien im Tabernakel seiner Kirche an die Kinder und die Alten oder sogar an die Pferde zu verfüttern, um sie vor dem sonst sicheren Tode zu retten. Doch genau eine solche Handlung «richtig» zu finden war offenbar bereits die Meinung des «historischen» Jesus. Er folgte nicht der Ansicht: «Not kennt kein Gebot»; er dachte umgekehrt: Gebote, die von Gott sind, müssen menschlich sein, sonst sind sie falsch verstanden; wer sie auf eine Art auslegt, die Menschen unrecht tut, der tut damit unrecht auch Gott; und niemand kann schlimmer Gott diffamieren, als wer mit seinem Wort im Munde Menschen drangsaliert. *Darum* entgegnet Jesus den «Pharisäern»: «Herr über den Sabbat ist der Menschensohn.» (6,5)[33]

Sabbat ist das Verbindende, sondern der Glaube, daß Hunger den Bruch eines (jeden), selbst des heiligsten Gesetzes Gottes zuläßt. – Zu den Heiligungsvorschriften in Ex 19,15 vgl. MARTIN NOTH: *Das zweite Buch Mose*, 127, der die Forderung sexueller Enthaltung für «merkwürdig nachhinkend und vielleicht zusätzlich» hält. Zu den Bestimmungen bzgl. der Schaubrote in Lev 24,5-9 vgl. MARTIN NOTH: *Das dritte Buch Mose*, 154–155, der hervorhebt, daß die Brote «als ‹hochheilige› Speise allein den Priestern vorbehalten bleiben.

32 Vgl. KARLHEINZ DESCHNER: *Das Kreuz mit der Kirche*, 158–161: Die Gründe für das Zölibat; S. 161–186: Die Unterdrückung der Priesterehe; S. 186–211: Die Zölibatsmoral.

33 Vgl. Mk I 268–279: Mk 2,23-28: Der Menschensohn ist Herr über den Sabbat, bes. S. 271, Anm. 5.

Wieder kann man die Rede vom «Menschensohn» an dieser Stelle «hoheitlich» deuten; dann hatte eben Jesus als der «Messias» jene «Vollmacht», kraft Gottesauftrag Gotteswort zu ändern. Tatsächlich ist es durchaus möglich, daß der «Christusglaube» hier bereits mit einem solchen Denken polemisch Front macht gegen die pharisäische Neubegründung des Judentums nach dem Jahre 70[34]. Doch zeigte sich dann lediglich jene Gefahr, die sofort entstehen muß, wenn man Worte, die menschlich imstande sind, eine ganze Welt zu verändern, dogmatisch nimmt, um sie «göttlich» zu überhöhen. Es ist nicht nur, daß sie in diesem Fall unweigerlich zu einer Waffe des Rechthabens entarten – der latente Antijudaismus der «christlichen» Theologie ist dann augenscheinlich die lineare Konsequenz eines derartigen Ansatzes! –, es ist vor allem, daß damit etwas, das zum Herzen eines jeden Menschen reden möchte, einfach weil er ein Mensch ist, der Urteilskompetenz der Menschen wieder weggenommen und von ihnen abgespalten wird; am Ende «hat» man einen «Christusglauben», einen «Menschensohn»-Begriff, der in seiner veräußerlichten Absolutheit gerade die Form von Entfremdung und Autoritätsdenken wieder einführt, die der Mann aus Nazaret Stelle um Stelle überwinden wollte. – Nein, es führt kein Wenn und Aber daran vorbei: Die Menschlichkeit selber ist der beste, der einzige, der einzig sichere Maßstab dafür, ob man die «Gebote» Gottes richtig oder falsch auslegt, und jeder Mensch in seinem Denken, in seinem Fühlen ist absolut die richtige Instanz und verfügt unbedingt über eine eigene Kompetenz, sich darüber ein Urteil selbst zu bilden. Ja, er hat ab sofort die Pflicht gerade dazu.

Müßig und irreführend ist es daher, wenn die historisch-kritische Exegese des vorliegenden Textes die ganze Kontroverse für eine bloße «Gemeindebildung» erklärt, die man im zeitgeschichtlichen «damals» «verorten»

[34] A. a. O., 270–271, Anm. 4. FRANÇOIS BOVON: *Das Evangelium nach Lukas*, I 271, deutet den Zusammenhang so: «Nach Meinung des Lukas hat Jesus den richtigen Sinn des Sabbats wieder getroffen. Deshalb (V 5) ist er der Herr, d. h. nicht nur der Hermeneut des Sabbats. Jesus hat nach Lukas die jüdische Begrenztheit des Sabbats aufgehoben und ihm seine Bedeutung als Zeit für das Gute (V 9), für die Befreiung (13,16) und Heilung (14,13) des Menschen zurückgegeben». – Zum Begriff des *Menschensohnes* vgl. GUSTAF DALMAN: *Die Worte Jesu*, I 191–219. – Zu dem «Antijudaismus»-Problem vgl. GÜNTER WASSERBERG: *Aus Israels Mitte – Heil für die Welt*, 19–30: Zur Rede von Antisemitismus, Antijudaismus und Polemik. – Daß «der Messias Herr des Zeremonialgesetzes sein werde», ist nicht Teil jüdischer Verheißung; vgl. Str. B. II 5.

müsse[35], weil sonst die Aussage dieser Stelle «antijudaistisch» wirken könnte. Man lenkt die bleibende Aktualität dieses «Streitgesprächs» damit ins bloß Historische um und wehrt unter dem drohenden Vorwurf des «Antijudaismus» die überfällige jesuanische Kritik an einer Frömmigkeitshaltung ab, die im etablierten Kirchenchristentum geradezu klassisch repräsentiert ist; ja, man nimmt die Ohnmacht, die Lähmung, das wiederholte Versagen der kirchlichen Institutionen in entscheidenden Krisenaugenblicken der Geschichte damit bewußt in Kauf. Kein Konflikt Jesu mit den Gesetzeslehrern seiner Zeit wird auf diese Weise in die Gegenwart geholt, um hier und jetzt gelöst zu werden, vielmehr werden all die Probleme, die er aufwarf, nur unter einer Decke historisierender Scheinkommentare zugedeckt. – Nehmen wir zur Verdeutlichung dieses Tatbestands ein paar kleine Beispiele.

Es gibt Gesetze, die erkennbar nicht von Gott, eher vom «Teufel» erlassen worden sind; und doch: wie schwer, ja, wie unmöglich scheint es immer wieder, sie zugunsten dem Gebot der Menschlichkeit zu brechen! 1933: seit eh und je galt Homosexualität im christlichen Abendland als Straftatbestand, so daß man nach der Machtergreifung der braunen Horden Homosexuelle als erste in das Konzentrationslager von Dachau steckte, – erst seit etwa drei Jahrzehnten betrachtet man die Homosexualität nicht mehr als «Laster» oder als «Perversion», nur für die katholische Kirche ist sie immer noch eine «schwere Sünde»; im gleichen Jahr verhaftete man Kommunisten, denen man den selbst gelegten Reichstagsbrand zur Last legte, – und in all dem schwiegen die Kirchen. März 1935: auf den Kasernenhöfen

[35] WALTER SCHMITHALS: *Das Evangelium nach Lukas*, 36, ist nach wie vor zuzustimmen, wenn er schreibt: «Das Interesse des Lukas an den Traditionen Israels gilt… keineswegs dem Volk (der Nation) Israels; denn dieses Volk hat sich zur Zeit des Lukas durch – wie er unermüdlich betont – eigene Schuld vom Heilsvolk Gottes gelöst und seinen eigenen Grund, seine Gottesgeschichte, verleugnet. Die Gemeinden des Lukas sind heidenchristliche Gemeinden, die als solche in der Kontinuität mit Israel stehen bzw. festgehalten werden sollen.» «Möglicherweise hatte Lukas… das nicht unbegründete Empfinden, daß die Christenheit aus den Heiden das geistige und kulturelle Erbe Israels nicht preisgeben dürfe, wenn es sich nicht selbst in die hellenistische Welt hinein auflösen wollte. Vielleicht fürchtete er auch, daß eine Kirche, die das Alte Testament abstößt, ihre zahlreichen aus der Synagoge stammenden und von Hause aus heidnischen Glieder verlieren werde, die sich vor allem nach der jüdischen Katastrophe des Jahres 70 von der Synagoge, der sie als ‹Gottesfürchtige› angehört hatten, abwandten und sich der heidenchristlichen Kirche anschlossen. Gewiß war ihm auch klar, daß eine Preisgabe der alttestamentlich-jüdischen Tradition eine tiefgreifende Spaltung innerhalb der Christenheit zur Folge haben müsse, wie sie durch den Siegeszug des Marcionitismus dann auch eintrat.»

vereidigte man nach Wiedereinführung der allgemeinen Wehrpflicht die Rekruten auf den «unbedingten Gehorsam» gegenüber dem «Führer» Adolf Hitler, – und wieder protestierte kein Kirchenvertreter von Rang und sagte, wie Petrus zum Hohen Priester: «Man muß Gott mehr gehorchen als den Menschen.» (Apg 5,29) September 1935: die Nürnberger Rassengesetze wurden erlassen, die eine Heirat zwischen «Ariern» und Juden als Rassenschande unter Verbot stellten und die jüdischen Mitbürger zum Tragen des «Judensterns» zwangen, wie es ähnlich schon einmal im Mittelalter auf dem vierten Laterankonzil 1215 unter Papst Innozenz III. (Papst von 1198–1216) verfügt worden war, – und wieder erhoben die Kirchen nicht ihre Stimmen zum Widerspruch. Und wann je danach hätten sie es getan? Bei den Gesetzen der alten DDR – dem Schießbefehl an der Mauer zum Beispiel? Oder bei den Gesetzen der BRD mit ihrer «Abschiebepraxis» gegenüber Asylsuchenden und Notleidenden? Oder bei den Gesetzen des NATO-Staates Türkei gegen die Kurden? Oder bei den Gesetzen Rußlands gegen die Tschetschenen? Oder ... – die Liste ist unendlich, und jeder könnte sehen, daß es sich bei all diesen gesetzlichen Regelungen immer wieder um unmenschliche, um widergöttliche Gesetze handelt. Aber wie schwierig fällt es, sich ihnen zu widersetzen! Als fast unmöglich muß es da scheinen, Gesetze zu brechen, die vermeintlich von Gott sind, die für absolut sakrosankt gelten, bei deren Übertretung man also nicht nur den Katalog staatlicher Strafmaßnahmen zu fürchten hat, sondern die Verurteilung durch einen Gott, der – nach katholischer Vorstellung – sogar ewige Höllenstrafen im Repertoire seiner «Gerechtigkeit» bereit hält. Klar dürfte sein, daß es nicht zuletzt die kirchliche Gehorsamsforderung war und ist, die dem Einzelnen bei dem Versuch einer Vermenschlichung herrschender Gesetze das Rückgrat zu brechen vermag. Doch gerade so bleibt verbindlich und vorbildlich die Haltung Jesu an dieser Stelle, der lieber das heiligste Gesetz in Israel brach als das Herz eines Menschen.

Mit «Antijudaismus», noch einmal gesagt, hat das überhaupt nichts zu tun, im Gegenteil. Allererst durch die rigorose Ernstnahme des Gottesgesetzes in Teilen des Alten Israels ließen und lassen sich die Konflikte und Konsequenzen kennenlernen, die auf dem Weg einer Humanisierung des Religiösen zu überwinden und zu ziehen waren und sind. – So erzählt man im Judentum von einem der ganz großen «Wunder», welches ein chassidischer Rabbi einmal wirkte: Es war auf einer Bahnfahrt; «die Strecke war durch Schneewehen versperrt», es war am Freitagnachmittag. Die Männer schaufelten und arbeiteten, um die Strecke freizubekommen; endlich war es soweit, doch da war schon der Sabbat angebrochen, wo kein Zug fahren und kein Rad sich drehen darf. Die Männer fluchten, die Frauen froren, die Kinder weinten, – was tat da der Rabbi? Er breitete die Arme aus über die Männer und Frauen und Kinder, sprach über sie den Segen und wirkte das Wunder: Links vom Gleise stand der Sabbat, rechts vom Gleise stand der Sabbat, doch mitten dadurch fuhr der Zug![36] – Wo irgend es «Rabbis» gibt, die selbst das Tabu eines noch so strengen, eines noch so göttlichen Gesetzes durchbrechen, um der Menschlichkeit freie Bahn zu verschaffen, ereignet sich wirklich eines der ganz großen Wunder des Lebens.

c) Die Heilung der Hand oder: Das Ende religiös bedingter Ichzerstörung

Wie die hebräische Dichtung es liebt, hat bereits *Markus* (Mk 3,1–6) parallel zu der Geschichte vom Ährenraufen am Sabbat die Erzählung von der «Heilung einer verdorrten Hand» gestellt, um nach Art eines *synonymen Parallelismus membrorum* dieselbe Aussage an zwei verschiedenen Beispielen darzustellen, und *Lukas* folgt ihm darin[37]. Das gemeinsame Thema der beiden Parallelerzählungen ist die Konfrontation zweier alternativer Handlungsprinzipien: Gesetzlichkeit oder Menschlichkeit; doch dahinter steht hier wie dort die Frage nach Gott: wie *ver*steht man sein Wort «richtig»? Oder anders gefragt: Ist jener Gegensatz überhaupt denkbar, ohne daß man Gott gründlich mißversteht? Man sollte meinen, eine solche Frage lasse sich unter verständigen Menschen verständig klären, doch eben das scheint in dieser Geschichte nicht möglich; der Konflikt eskaliert – bis zum Tödlichen; und so kann keine Auslegung dieser Textstelle für zureichend gelten, die nicht gerade diese Gesetzmäßigkeit eines Widerspruchs auf Leben und Tod zu begründen vermag. Was eigentlich geht da vor?

Erneut, wie bei der Heilung des Besessenen in Kafarnaum (Lk 4,33–37), spielt die Szene in einer Synagoge, während eines «Wortgottesdienstes», «an einem anderen Sabbat», inmitten eines Lehrvortrags, einer *Predigt* Jesu (6,6); die Anwesenheit des Kranken mit der verdorrten Hand steht insofern in sich selbst schon für die Frage, was denn nun praktisch aus Jesu Worten folgt; – in einer Bibelstunde würde man religionspädagogisch jetzt von dem «Transfer» (ins Leben) sprechen; theologisch aber muß man noch viel weiter gehen.

[36] Frei nacherzählt nach SALCIA LANDMANN: *Der jüdische Witz*, 113.

[37] Vgl. WERNER WIATER: *Komposition als Mittel der Interpretation im lukanischen Doppelwerk*, 244–245: Die Paralleldarstellung als kompositionelles Mittel des Lk.

Nach dem Selbstverständnis der römisch-katholischen Kirche beispielsweise gilt es bis heute, bei einer Sonntagsmesse zwei Teile zu unterscheiden: den «Wortgottesdienst» und den «Opfergottesdienst»; ersterer ist grundsätzlich auch von «Laien» zu leisten, für die «Sakramentalität» des zweiten Teils aber bedarf es eines geweihten Priesters, da allein ein solcher auf Grund seiner «Amtsgnade» auf «unblutige Weise» das «Kreuzesopfer Christi» «gültig» zu erneuern vermag; nur so kann nach römischer Lehre die «Gegenwart» Christi unter den Gestalten von Brot und Wein, die durch die Worte des Priesters in den Leib und das Blut Christi «verwandelt» werden, gewährleistet sein: beide Teile der Meßfeier sollen zueinander stehen als Wort und Tat, die Gott an uns wirkt – als die beiden zusammengehörenden Teile ein und desgleichen «sakramentalen Empfangs» Christi in unserem Herzen. Und nun muß man diese Vorstellungen, die offiziell jedem achtjährigen Kind weltweit im Erstkommunionunterricht der römischen Kirche beigebracht werden, sich nur recht vor Augen stellen, und man kommt nicht umhin, erst erstaunt, dann erschrocken anhand der vorliegenden Erzählung die absolute Unvereinbarkeit zu bemerken, die den «Gottesdienst» Jesu von dem «Gottesdienst» eines jeglichen Ritus wie etwa der katholischen Meßfeier trennt.

Denn ganz eindeutig – demonstrativ, provokativ sogar – will Jesus, daß der *zweite* Teil seiner «Verkündigung» des «Tatwortes» Gottes nichts, aber auch gar nichts mit irgendwelchen «Opfern» zu tun hat, welche von den Hörern des Wortes der «Heiligkeit» Gottes darzubringen wären. In den Augen Jesu gibt es nur eine Art, die *Heiligkeit* Gottes in Wort und Tat zu «vergegenwärtigen»: es gilt, Worte zu finden, die tröstlich genug sind, um die Angst und die Not der Menschen zu lindern, – eine gütige, eine nichtverurteilende Rede also ist da zu führen, durch welche alle, die sie hören, sich verstanden und begleitet fühlen; und wie von selbst wird es dann zu Formen der Begegnung kommen, die entsprechend der Haltung einer solchen Gottesverkündigung eine «therapeutische», eine *heilende* Wirkung auf «viele», dem Ideal nach auf «alle» akut an sich Leidenden ausüben werden. Die Heilung von Kranken, nicht die Opferleistung von Menschen stellt somit den zweiten Teil eines rechten «Gottesdienstes» dar[38]. Nur so können

[38] Offenbar ist für Jesus die Heilungstätigkeit keine Abweichung von Schriftlesung und Gebet, sondern deren Anwendung; vgl. FRIEDRICH WILHELM HORN: *Glaube und Handeln in der Theologie des Lukas*, 225–226, der zwar auf die «typologische Pharisäerdarstellung» bei Lukas hinweist, indem jene «in ihrem ethischen Verhalten den Widerspruch zu Jesu Auftreten repräsentieren», doch exemplifiziert er diese richtige Feststellung nicht an der vorliegenden Stelle.

Wort und Tat, Theorie und Praxis, Lehre und Leben die Einheit bilden, die unerläßlich ist, um Gott und die Menschen miteinander zu versöhnen, – um die Menschen selbst mit sich «heil» werden zu lassen. Erst der *Widerspruch* gegen diese für Jesus absolut klare und unverhandelbare Sicht auf die Wirklichkeit Gottes, erst der radikale und wütende Protest der tradierten Frömmigkeit, den Jesus damit riskiert, erst die unversöhnbare Zuspitzung des Konflikts zwischen der «alten» und der «neuen» Frömmigkeitshaltung (vgl. Lk 5,36–38), werfen die Überlegung auf, welch einen Preis es kosten wird, um diese Einstellung eines kindlichen Vertrauens zu Gott gegen die vergreisenden Angstvorschriften eines stets ambivalenten Gottesbildes durchzusetzen. Ganz klar ist vor allem, daß dieser Kampf nirgendwo sonst als in der eigenen Existenz ausgetragen werden kann; nichts also ist verkehrter, ja schädlicher als eine *negative* Entscheidung in dieser Kontroverse. Geradezu schändlich muß vor dem Evangelium des *Lukas* der Kunstgriff der römisch-katholischen Kirche sich ausnehmen, die *Ablehnung* der neuen Wirklichkeit, die Jesus zu bringen kam, kurzerhand als stets schon gegeben vorauszusetzen und obendrein noch deren äußerstes Ergebnis: die Kreuzigung Jesu, in ein rituelles Geschehen zu verwandeln, an welches die Gegenwart Gottes dogmatisch gebunden sein soll. Der «Gott», den man in ein solches Ritual zwängt, ist eine reine Travestie seiner selbst, ein zerreißender Selbstwiderspruch im Absoluten, eine nie mehr versiegende Quelle von Krankheit, – statt jener Hand, die gütig genug einen Kranken streichelt, bis daß er gesundet.

Wie üblich sind es «die Schriftgelehrten und die Pharisäer»[39], sind es die theologischen Ideologen der «reinen» Lehre und ihre «orthodoxen» Gefolgsleute, sind es die «Gottesbesitzer» und die «Bigotten», die Jesus das Leben schwer machen, ja, die sich hier schon heimtückisch auf die Lauer legen, um «Beweise» dafür zu finden, daß der Mann aus Nazaret nicht länger mehr leben darf, sondern möglichst bald zum Tode verurteilt gehört. Vordergründig dreht sich erneut alles um die Frage, was für Tätigkeiten am Sabbat erlaubt sind oder nicht, und die Sachlage scheint eindeutig: Die Heilung eines Menschen ist eine ärztliche Tätigkeit, sie stellt eine Berufsaus-

[39] KARL HEINRICH RENGSTORF: *Das Evangelium nach Lukas*, 82, stellt fest, die Szene setze voraus, «daß Jesus öfter am Sabbat geheilt hat; denn für die anwesenden Pharisäer und Schriftgelehrten ist die Anwesenheit eines Kranken in der Synagoge (von Kapernaum?) sofort ein Anlaß, ihn argwöhnisch zu beobachten. Aber Jesus wartet nicht, bis man ihn stellt, sondern er stellt wie 5,22 ff. die Vertreter einer zum Selbstzweck gewordenen Sabbatheiligung, indem er aus dem Kranken eine Frage Gottes an ihr Gewissen macht: Wie verhalten sich Sabbatheiligung und Nächstenliebe zueinander?»

übung dar, genau das also, was das Sabbatgesetz untersagt[40]. Wird nun also Jesus, nach allem, was er bisher schon sich herausgenommen hat, erneut jetzt sich erdreisten, das eindeutige Gebot Gottes wissentlich und willentlich zu übertreten? Dann hat er sich selber entschieden, – dann ist die Sache entschieden: Dieser Mann redet und handelt anders, als Moses es gefordert hat; er verkündet nicht den wahren Gott, sondern bloß einen, den er sich selber ausgedacht hat; man muß ihn *be*urteilen als einen Irrlehrer und Lügenpropheten, als einen Schwarzkünstler und Teufelsgehilfen; man muß ihn *ver*urteilen als einen Gottesverleumder und Gottesverleugner, als einen Abtrünnigen, der mit der Übertretung des Sabbatgesetzes sich bewußt außerhalb des tragenden Grundes des Gottesvolks, also auch seiner nationalreligiösen Identität stellt; er ist zu betrachten als Volksfeind und gehört ausgemerzt vom Gottesvolk. Dieses Urteil eigentlich steht bereits fest; es gilt jetzt nur noch, bestätigende «Fakten» zusammenzutragen, die den Straftatbestand vorsätzlicher Widersetzlichkeit gegen das göttliche, gegen das jüdische Gesetz hieb- und stichfest erhärten. – Wie gegen diese Phalanx aus Gottes- und Staatsdienern ankommen?

Da befindet sich in der Synagoge ein Mann, «dessen rechte Hand war vertrocknet». (6,6) Allein schon dieses psychosomatische Krankheitssymptom besitzt den Wert eines symbolischen Ausdrucks, der verstanden sein will, um an den Herd der Krankheit heranreichen zu können. Medizinisch wird man von einer Muskelatrophie in der rechten Hand sprechen müssen, ein Zustand, der keine organische Ursache aufweisen muß, sondern von einer rätselhaften Nicht-Verwendung der Hand auf Grund bestimmter psychischer Faktoren herrühren kann, – eine partielle psychogene Gelähmtheit also, deren Verständnis psychoanalytisch nicht gar so schwerfällt. – Illustrieren mag den Zusammenhang von seelischem und körperlichem Geschehen in diesem Falle ein kleines Beispiel: Sehr erregt und wütend schimpfte vor einer Weile eine Frau über ihren Mann; statt ihr, wie erwartet, bei der Gartenarbeit zu helfen und insbesondere das Unkraut auszujäten, noch ehe es sich neu auszusamen begann, hatte ihr Gatte sich gerade dazu außerstande erklärt, indem speziell die Zusammenführung von Daumen und Zeigefinger der rechten Hand sowie die Drehbewegung des Unterarms ihm unerträgliche Schmerzen bereitete. Der behandelnde Arzt

[40] Str. B. I 624–625, zählen die Fälle auf, in denen nach rabbinischer Auffassung eine Lebensgefahr solcher Art vorliegt, daß man auch am Sabbat heilend oder helfend aktiv werden darf; – Gelähmtheit zählt natürlich nicht dazu. Vgl. den *Talmud*-Traktat *Joma* 84b, in: *Der babylonische Talmud*, 519–520: Lebensrettung am Sabbat.

wußte für dieses sonderbare Phänomen keine Ursache namhaft zu machen, die Frau indes nannte ihren Ehegespons schlicht einen Simulanten und einen Faulpelz. Was aber war wirklich geschehen? Hätte der Mann einfach seiner Frau den Dienst aufkündigen wollen, so hätte er sich ungeniert ins gegenüberliegende Wirtshaus begeben und Gott einen guten Mann sein lassen können, doch das tat er nicht. Er fürchtete – nicht zu Unrecht, wie sich zeigte, – den geharnischten Zorn seiner Frau. Andererseits wollte er sich von ihr aber auch nicht zum Hanswurst machen lassen, und zwischen den beiden in sich schon widersprüchlichen Tendenzen: seiner Willfährigkeit gegenüber dem Willen seiner Gemahlin, doch entgegen dem eigenen Willen, sowie dem Verlangen nach Selbständigkeit und Eigenmächtigkeit bei gleichzeitig völliger Abhängigkeit und Ohnmacht gegenüber seiner Frau, die er unbewußt mit seiner Mutter verwechselte, kam es zu einer ebenso widersprüchlichen Kompromißbildung: seine psychoneurotische Erkrankung ersparte es ihm, sich entschlossen zu verweigern, sein physischer Schmerz verwies sogar darauf, daß sein Nein ihm selber psychisch irgendwie leid tat; andererseits steckte in seiner Arbeitsunfähigkeit aber auch jener Anteil von Protest und «Streik», den die Frau ganz richtig aus seinem Betragen herausspürte. Allerdings schätzte sie ihren Mann denn doch ziemlich falsch ein: ein Simulant war er nicht; und ihre eigene Beteiligung an seinem Zustand im Schatten ihrer drohend-fordernden, matriarchalen Übermacht übersah sie geflissentlich ganz.

Lehrreich an diesem Beispiel ist in unserem Zusammenhang gleich zweierlei: Zum einen wird klar, wie eine motorische Untätigkeit bestimmter Muskelpartien psychisch erzwungen sein kann und dann über längere Zeit hin unweigerlich zum Rückgang der entsprechenden Muskulatur führt; zum zweiten wird auch deutlich, unter welch einer Bedingung der verursachende seelische Konflikt im Hintergrund der Erkrankung einer Auflösung zugänglich wäre: Es müßte dem Manne in eigener Regie eben jene «Eigenhändigkeit» wieder möglich werden, deren Unterdrückung sich in seiner bestehenden Symptomatik so schmerzhaft ausspricht; dazu freilich würde ein gänzlich anderes Bild von sich selbst im Gegenüber zu seiner Mutter, zu *einer* Frau und zu *seiner* Frau, erfordert: all die Angst in seiner Rolle als Mann müßte mit ihm durchgearbeitet werden, um zu einem neuen Vertrauen in sich selbst, zu *dem* Menschen und zu *den* Menschen an seiner Seite zu gelangen. – Soweit der «psychotherapeutische» Kommentar, der allerdings nur erst die Perspektive für die Problemstellung öffnet, mit der es Jesus an dieser Stelle zu tun hat.

Denn der Konflikt dieses Mannes mit der verdorrten Hand ist allem Anschein nach längst schon nicht mehr rein privater Natur. Wohl mag auch bei ihm die seelische Gehemmtheit im Gebrauch seiner eigenen Motorik einmal in Kindertagen im Kontakt mit seiner Mutter – oder seinem Vater – grundgelegt worden sein, doch würde die ganze Dramaturgie von Krankheit und Heilung sich in dieser Szene nicht derart öffentlich, vor aller Augen, darstellen, wenn sie nicht selbst eine öffentliche Dimension besäße, indem alle anderen hier in der Synagoge mit in das Krankheitsgeschehen sich verflochten zeigen[41]. Analytisch gesprochen, hat sich die unterdrückende Ambivalenz des Mutterbildes (der Mutter«imago») bzw. des Vaterbildes (der Vater«imago») ins Soziale, hier also: ins Synagogale, ins Kirchliche erweitert; es ist, mit anderen Worten, jetzt die «Gemeinde» der Frommen, welche das ursprüngliche Bild der Mutter bzw. des Vaters mitsamt der unterdrückenden Funktion desselben übernommen hat.

Das therapeutische Bemühen gilt deshalb nicht zunächst der Frage: Wie erlebtest Du als Kind Deine Mutter oder Deinen Vater, welche Rolle wies man Dir zu im Rahmen Deiner Familie? Die Frage, die sich jetzt vordringlich stellt, richtet sich an die Psychologie, die in den Strukturen und Lehrinhalten der religiösen Bezugsgruppe selber enthalten ist, und sie lautet, an diesen Kranken gewandt, in etwa so: Was für Gefühle steigen in Dir auf, wenn Du an Gott denkst? Was für Vorstellungen verbindest Du mit seinem Bild? Und vor allem: was löst die Haltung der Leiter und Entscheidungsträger der Religionsform, welcher Du angehörst, bei Dir selber aus? Wie projizieren sich Deine persönlichen Einstellungen und Erfahrungen in den Sozialverband Deiner «Gemeinde», und wie wirkt umgekehrt das Bild der «Jungfrau Israel» oder der «Mutter Kirche» auf Dich selbst, auf Dein Ich, auf Dein *Kinder*ich zurück[42]? Denn eben diese unglückselige Verschränkung von Persönlichem und Allgemeinem tritt hier als eine gravierende Ursache der Krankheit auf, und es wird so lange nicht möglich sein, auch nur diesen einen Gelähmten zu einem eigenhändigen Subjekt seiner Handlungen

[41] Das gilt um so mehr, als die «Pharisäer und Schriftgelehrten» allein schon durch ihre Anwesenheit sich als normativ für alle anderen im Synagogengottesdienst empfanden – als «die wahre Gemeinde Israels»; vgl. JOACHIM JEREMIAS: *Jerusalem zur Zeit Jesu*, 279. Vgl. auch FRANÇOIS BOVON: *Das Evangelium nach Lukas*, I 274: «Ein Kranker oder Gelähmter war damals kein tragischer Einzelfall, sondern ein Problem für die ganze Gemeinde. Das Volk der Erwählung ... müßte eigentlich ein gesundes Volk sein, weil Krankheit und Sünde zusammengehören. Wie die heutige Familientherapie wieder neu entdeckt hat, ist die Gemeinschaft ‹an den einzelnen› krank».

[42] Zu der Unterscheidung von «Erwachsenen-Ich», «Eltern-Ich» und «Kindheits-Ich» in der Transaktionsanalyse vgl. TE I 462–473, die Wiedergabe von ERIC BERNE: *Was sagen Sie, nachdem Sie «Guten Tag» gesagt haben*, 24–26.

reifen zu lassen, als objektiv all die Verbote weiter in Gültigkeit bleiben, die dem Kranken den Gebrauch seiner rechten Hand verbieten. Damit dieser eine freikommen kann, müssen erst einmal die Repräsentanten der sozial verfügten Unfreiheit in ihrer Autorität bei der Auslegung der göttlichen Gebote und Gesetze vom Podest gestürzt werden; um die Ohnmacht dieses einen zu beseitigen, muß die Macht jener anderen gebrochen werden. Keinen einzigen Menschen vermag man zu heilen, ohne zu einem Gutteil das Krankhafte auch des für ihn bis dahin maßgebenden Sozialkörpers bewußtzumachen und öffentlich zu machen.

Wie der jeweilige Krankheitszustand einer derartigen Lähmung beschaffen ist, läßt sich recht gut erschließen, wenn man in Rechnung stellt, wie konkret, wie präzise in der Körpersprache eine seelische Erkrankung die ihr zugrundeliegende Kränkung ausspricht. Es ist *Lukas*, der den *Markus*-Text (Mk 3,1) dahin ergänzt, speziell die *rechte* Hand des Mannes sei «vertrocknet» gewesen (6,6)[43]. Damit steigert er zweifellos die Not des Kranken: für einen Rechtshänder bedeutet eine rechtsseitige Muskelatrophie selbstredend eine erhebliche Einschränkung all seiner Handlungsmöglichkeiten. Doch steckt in der lukanischen Hinzufügung noch mehr.

Die rechte Hand, der rechte Arm wird – wegen der Kreuzung der Nervenbahnen – von der linken Hirnhälfte innerviert, die – unter anderem infolge der Lage der Sprachzentren – als Ort der rationalen Verarbeitung von Sinneseindrücken und der bewußten Steuerung des Verhaltens gilt, während die rechte Hirnhälfte eher mit dem bildhaften Erfassen und mit den emotionalen Bewertungen der Wahrnehmungen verknüpft wird[44]. Ein psychisch bedingter Ausfall der rechten Hand dürfte also mit hoher Sicherheit auf schwere Gehemmtheiten des eigenen Denkens und Urteilens zurückgehen. Ein Mann, der solcherart behindert ist, darf offenbar sich gar nicht erst ausdenken, was er tun könnte oder möchte; die Lähmung seiner Hand ist als erstes eine Lähmung seiner Gedankentätigkeit, eine Gehemmtheit bei der selbstgestalteten Steuerung seiner zweckgerichteten Überlegungen und Planungen, eine Blockade der Fähigkeit, buchstäblich, das eigene Leben «in die Hand zu nehmen». In der Neopsychoanalyse spricht man zur Kennzeichnung dieses Zustandes von einer «oral-kaptativen» Gehemmtheit (von lat.: das os – der Mund; capere – nehmen) und verbindet damit das Auftreten

[43] Zur «rechten» Seite vgl. EUGEN DREWERMANN: *Atem des Lebens*, I 154–160: Zusammenarbeit und Spezialisierung der rechten und der linken Hirnhälfte. FRANÇOIS BOVON: *Das Evangelium nach Lukas*, I 275, möchte zwar «eine theologische Lobrede der Hand» einfügen, doch entgeht ihm, was *Lukas* so wichtig ist: die Rechtsseitigkeit der Lähmung.
[44] Vgl. EUGEN DREWERMANN: *Atem des Lebens*, I 158, Abb. A 39.

schwerer Schuldgefühle bei jedem Versuch, eigene Wünsche zu artikulieren oder sich an persönlichen Freiheiten «etwas herauszunehmen»[45].

Ein Märchen der BRÜDER GRIMM, das schon den Titel trägt: *Das Mädchen ohne Hände* (KHM 31), erzählt auf seine Weise einmal davon, wie eine solche Icheinschränkung zustande kommen kann[46]. Da ist ein Müller in Armut geraten, so sehr, daß er dem Teufel verspricht, was hinter seiner Mühle steht, glaubend, damit gemeint sei sein Apfelbaum, – abgesehen aber hat es der Böse auf des Müllers Tochter. In der Folgezeit füllen sich dem Müller alle Kisten und Kasten mit Gold, dem Mädchen jedoch muß er auf Weisung des Teufels die Hände abhacken, auf daß er nicht selber in dessen Hände falle. Symbolisch gelesen, steht ein solches «Mädchen ohne Hände» als Kind bereits unter der Forderung, sich mit all seinem Wünschen und Wollen für das Wohl und Wehe des Vaters zu opfern; es muß verhindern, daß der Vater «fuchsteufelswild» wird, daß der «Teufel» mit ihm durchgeht, indem er die eigene Tochter als Satansbrut und Satansbraut erklärt, im Falle sie bei all den Einschränkungen seiner Armut sich noch erdreisten sollte, ihm mit ihren kindlichen und kindischen Bedürfnissen in die Quere zu kommen. Nur der radikale Verzicht auf alles eigene Mögen und Meinen bewahrt ein solches Mädchen vor der «Verteufelung» durch den eigenen Vater, oder umgekehrt formuliert: es darf sich als «gut» und «berechtigt» nur so lange fühlen, als es auf alles Persönliche gänzlich Verzicht tut.

Der Mann in der Synagoge hier befindet sich anscheinend in einer Lage, die rein symptomatisch nur «halb so schlimm» ist, wie die eines «Mädchens ohne Hände»; doch daß es ihm dabei wesentlich besser ginge, ist alles andere als bereits ausgemacht. In der GRIMMschen Erzählung verschmilzt das Vaterbild geradewegs mit der Schreckgestalt einer Teufelsfratze, dafür aber bleibt es dem «Mädchen» noch offen, sich an Gott im Himmel zu wenden, – *der* wird ihm später in einem Haus, daran geschrieben steht: «Hier wohnt ein jeder frei», die Hände wieder nachwachsen lassen. In der Seele des Mädchens ist das Vaterbild also deutlich getrennt von dem Gottesbild, beide verhalten sich absolut antithetisch zueinander, und eben diese Spaltung zwischen «Vater» und «Gott» erweist sich für das «Mädchen ohne Hände» als Rettung: es ist total gehemmt, doch findet es mit seiner ganzen Person einen Zufluchtsort an jener Stätte reiner Gnade. – Anders dieser nur halbseitig Gelähmte hier in der Synagoge: Bei ihm, muß man annehmen, verschmilzt das verbietende, unterdrückende Vaterbild fugenlos mit dem

45 Vgl. HARALD SCHULTZ-HENCKE: *Der gehemmte Mensch*, 19–23.

46 Vgl. EUGEN DREWERMANN: *Das Mädchen ohne Hände*, 15–21.

Gottesbild; alle Unfreiheit und aller Zwang, die ihm als Kind bereits auferlegt wurden, sind Teil seiner Frömmigkeitshaltung geworden; und so kommen sie als göttliche Gebote und Gesetze auf ihn zurück – absolut, autoritär, patriarchalisch und außengelenkt, dabei undurchschaubar und vollkommen unkritisierbar. Ein solcher «Gott» hat immer recht und hat alles Recht *gegen* den Menschen.

Und so wie in der Seele dieses Mannes sieht es nun ganz gewiß auch aus in der Seele dieser «Schriftgelehrten» und «Pharisäer». Im Grunde sind auch sie wie verschüchterte, kleine Kinder, deren Ich sich gegen die Macht ihres Überich niemals hat durchsetzen können; Fremdgesteuerte sind sie, die ihre eigene Entfremdung nicht nur vollkommen verinnerlicht haben, sondern die mit ihr wie mit Pech und Schwefel verschmolzen sind, so als wäre der beste Teil in ihnen das, was sie selber *nicht* sind, ja, als wären sie überhaupt erst im Selbstwiderspruch als halbierte Menschen wahrhaft existent. Doch eben deshalb sieht Jesus sich konfrontiert mit einer im Grunde nicht lösbaren Aufgabe: um den Widerspruch in diesem Kranken zu überwinden, muß er selber in Widerspruch treten zu all denen, die diese Krankheit als «gottgewollt» rechtfertigen und festschreiben; dann aber kann die psychische Integration *hier* nur erkämpft werden mit einer sozialen Desintegration *dort*, und das eigentliche Ziel: die Zusammenführung aller, führt damit unvermeidbar zu einer nicht mehr zu vermittelnden Konfrontation.

Theoretisch zwar böte sich die Möglichkeit an, den «Schriftgelehrten» und «Pharisäern» ebenfalls zu begegnen wie Kranken, die unbewußt, im Gegensatz zu ihren Worten und Taten, «eigentlich» doch nur darauf warteten, von ihren eigenen Zwängen befreit zu werden. Praktisch aber ist gerade dieser Weg gänzlich versperrt. Und der Grund: echte «Schriftgelehrte» und «Pharisäer» leiden nicht an sich selbst! Sie sehen sich absolut nicht als Opfer; sie fühlen sich in ihrer Angst und in ihrer Enge vollkommen gerechtfertigt und im Recht befindlich gegen all die anderen. Selbst wenn sie von ferne gewahr werden, daß alle anderen an ihnen leiden, daß *ihre* Art, Gott zu verwalten, eine Vergewaltigung der Seele eines Menschen darstellt, werden sie immer noch sagen, daß es anders nicht sein darf, – daß die Gesetze des Moses nun einmal so lauten und daß man sich danach zu richten hat. «Die Wahrheit Gottes ist nicht verhandelbar», so lautet die Summe aller religiösen Denktabus und Icheinschränkungen.

Umsonst daher, daß Jesus den Kranken hier «in die Mitte» stellt (6,8)[47],

[47] Die Geste unterstreicht «das demonstrative und provokative Heilen von Kranken am Sabbat (vgl. noch 13,10-17; 14,1-6)» und zeigt, daß es «zu den ipsissima facta Jesu gehört». WOLFGANG WIEFEL: *Das Evangelium nach Lukas*, 124.

zum Zeichen dafür, worum das menschliche Leben sich drehen sollte: um die Überwindung von Leid durch ein einfaches Mitleid, um die Besänftigung der Gefühle von Angst durch ein Mitgefühl, das sich engagiert, um die Auflösung falscher Abhängigkeit durch die Erlaubnis, sich anzulehnen an eine Person, die Reifung will und Selbständigkeit segnet. Es wird nicht möglich sein, die verfehlte Zentrierung einer Persönlichkeit zu korrigieren, solange sie sich wesentlich dadurch stabilisiert, daß sie, auf den Kopf gestellt, um die eiserne Spitze ihres Überich kreist, – ganz ähnlich einem Triesel unter den Peitschenschlägen eines Kindes. Vergeblich deshalb von vornherein auch, daß Jesus seine Gegner zu einem eigenen Urteil darüber zu nötigen versucht, was wohl eher am Sabbat «erlaubt» sei: «Gutestun oder Böswirken, Lebenretten oder Vernichten» (6,9)[48]. Seine Frage schon stellt sie selber in Frage, seine Aufforderung auch nur, selbst zu entscheiden, erscheint ihnen als eine widergöttliche Insinuation; und vor allem: sie müssen sich wehren und sich verwahren gegen die Unterstellung, das ganze Sabbatgebot in ihrer Auslegung stelle ein einziges Unrecht, einen einzigen Zwang zum «Böswirken» dar, da es Untätigkeit befehle, wo unverzügliche Hilfe geboten sei.

Genau das aber ist jetzt der springende Punkt: Für «Schriftgelehrte» und «Pharisäer» besteht niemals eine Eile, ihre «Aktenlage» in neuem Lichte zu sehen; Menschen mögen da leiden, solange sie müssen, – heilen, wenn überhaupt, kann man sie immer noch, wenn eben nicht Sabbat ist. Die Hand dieses Mannes muß ja seit langer Zeit schon «vertrocknet» sein; kommt es da auf ein paar Stunden an, um sie gesund zu machen? – Auch Jesus kommt es nicht auf den Termin der Heilung an; ihm ist es um die Auffassung des Sabbatgebotes, um das Verständnis des Gotteswortes, um das Gottesbild selber zu tun. Der Sinn des Sabbats sollte doch sein die Erholung des Menschen, nicht seine Erstarrung in Schmerz und Leid; an dem Tage, da Gott ruhte, um das Werk seiner vollendeten Schöpfung zu schauen (Gen 2,2.3), sollte dem Menschen das Gefühl werden, selber ein Wunderwerk des Lebens aus der Hand seines Schöpfers zu sein[49], nicht eine seelenlose Marionette. Jeder Sabbat also sollte wie jenes «Haus» sein, daran geschrieben steht: «Hier wohnt ein jeder frei.» Wie aber kann man dann über dieses

[48] Vgl. Str. B. I 622–629: «Die eigene Antwort der Pharisäer würde gelautet haben: Das Heilen am S. ist bei drohender Lebensgefahr erlaubt; aber wo keine Gefahr im Verzuge, ist es unbedingt verboten… Der Kasuistik eröffnete die Frage der S.heilungen ein weites Feld zur Betätigung. In dem Mt 12,10 ff. (sc. Lk 6,6-11, d.V.) vorliegenden Falle würde sie entschieden haben: da die vertrocknete Hand eine unmittelbare Lebensgefahr für den Leidenden nicht in sich schließt, ist die Heilung am S. nicht gestattet.»

[49] Zum Sinn des Sabbatgebots vgl. ERICH FROMM: *Der Sabbat* (1927), in: Gesamtausgabe, VI 1–9.

heiter Gestimmte, Fröhlich-Freie die erstickende Last aller möglichen Tabubestimmungen legen? Ist es nicht überdeutlich, daß man mit all den Gesetzen den Menschen die Hände bindet und lähmt? Zeigt sich in der Symptomatik dieses handlahmen Mannes nicht geradezu kraß die Auswirkung des ganzen «schriftgelehrten» und «pharisäischen» Denkens? Und wenn auch diese «Gottesbesitzer» sich sicherlich weigern werden, einen solchen Zusammenhang nach außen hin einzugestehen, kann es ihnen dann wirklich innerlich zweifelhaft sein, wie Gott selber handeln würde? Er sähe einen Leidenden, und er könnte ihm helfen, – würde er da weiter seelenruhig sitzen bleiben und nichts tun, weil er gerade beschlossen hat, es sei jetzt halt «Sabbat»? Und daß dieser Kranke so lange Zeit schon in seiner Gelähmtheit verbracht hat, sollte das nicht ein zusätzlicher Grund sein, nicht *eine* Stunde noch mit der Heilung zu zögern?

Über all diese Fragen müßte man diskutieren, doch eben das ist undenkbar bei Leuten, die das Denken verweigern, indem sie Denk- und Handlungstabus für den Willen Gottes ausgeben. Das Leid von Menschen – es hat für sie keinen argumentativen Wert; daß ihr «Gott» damit selbst ein zwangsneurotischer und mitleidloser Patron wird, stellt für sie ebenfalls keinen Einwand dar. Statt dessen müssen sie die Alternativvorstellung von Gott, die Jesus wie selbstverständlich hier anbietet, als einen tödlichen Angriff auf die Inhalte ihres eigenen Überich, pardon: ihrer gottgewollten und gottwohlgefälligen Frömmigkeitshaltung empfinden. Und so setzt sich augenblicklich der konzentrierte Sadismus frei, der in ihrer «Religiosität» gebunden ist[50]. Sie müssen denjenigen vernichten, der die Totenstarre ihrer

[50] Vgl. JOACHIM JEREMIAS: *Neutestamentliche Theologie*, I 265–266: «Namentlich dafür, daß Jesus den Sabbat gebrochen hat, haben wir zahlreiche Belege. Eine besonders drastische Situation schildert der kleine Überlieferungszusammenhang Mk 2,23-3,6 (sc. Lk 6,1-11, d.V.), der zwei Sabbatgeschichten erzählt, das Ährenraufen und die Heilung der verdorrten Hand in der Synagoge. Man muß dazu wissen, daß nach zeitgenössischem jüdischen Recht Kapitalverbrechen erst dann judiziabel wurden, wenn der Täter nachweislich vor Zeugen verwarnt worden war und auf diese Weise sichergestellt war, daß er vorsätzlich gehandelt hatte. Die erste der beiden Sabbatgeschichten berichtet die Verwarnung Jesu ... und seine Erklärung, daß er den Sabbat mit Überzeugung breche ... Der nächste Sabbatbruch mußte ihn also in Lebensgefahr bringen, zumal es heißt, daß er belauert wurde ... Tatsächlich wird auch nach der zweiten Sabbatübertretung seine Tötung beschlossen ... Man kann gegen diese Erwägungen nicht einwenden, daß die Judenschaft Todesurteile ihrer Gerichtshöfe nicht vollstrecken konnte, weil sie das *ius gladii* (sc. das Recht zur Exekution von Todesurteilen, d.V.) nicht besaß (Joh 18,31). Denn das galt nur für den Machtbereich des römischen Statthalters, also für Judäa und Samaria, nicht aber für Galiläa. Niemand konnte Herodes Antipas hindern, in seinem Herrschaftsbereich Todesurteile zu vollstrecken, wie die Enthauptung des Täufers zeigt.»

Einstellung mit seinem Leben bedroht; und statt mit ihm noch weiter zu reden, müssen sie, rasend vor Wut und vor Haß, im Hintergrund intrigieren und konspirieren, um irgendwann ihr längst beschlossenes Todesurteil exekutieren zu können. So und nicht anders paßt es zu ihrer Mentalität: Menschen ohne eigene Persönlichkeit werden niemals persönlich für etwas geradestehen; sie können nur auftreten im Kollektiv – als die entpersönlichten Sprachrohre der «Vernunft» ihrer Gruppe, denen es schon deshalb um die Person eines Einzelnen nimmermehr gehen kann; ihr Ich ist zu klein, als daß sie anders existieren könnten denn in den Zusammenhängen des ganz «Großen», das sie, wenn der Bühnenvorhang vor ihren klandestinen Mauscheleien sich hebt, beifallheischend, mit feierlicher Miene, wie vom Himmel herab, der Meute ihrer Häscher und Handlanger verkünden.

Was bleibt da Jesus anderes noch zu tun, als sich demonstrativ auf die Seite dieses Einen zu stellen? Er zumindest darf nicht zum Spielball all dieser absurden Rechthabereien verkommen. Ihm ist zu helfen, also muß man ihm helfen – an ihnen vorbei. Unter den Umständen, wie sie jetzt sichtbar werden, leidet es nicht den leisesten Zweifel, daß gerade dieses «an ihnen vorbei» den Kern sogar der ganzen «Therapie» dieses Handlahmen darstellt. Die unmenschliche Rigidität, der wütende Fanatismus dieser «Gesetzeslehrer» und «Pharisäer» hat ihm «eines» wenigstens offenbart: unter ihrem Zwangssystem ist Leben nicht möglich, oder andersherum: wenn Leben sein soll, dann *ohne* diese. Endlich bekommt der Gelähmte damit seine «Eigenhändigkeit» wieder; endlich muß er nicht länger, statt nach innen, statt auf sich selber zu horchen, weiter «gehorsam» sich den Direktiven dieser Gottesverwalter fügen; endlich liegt sein Leben wieder dort, wo es hingehört: in seiner eigenen Hand.

Was aber bedeutet diese eine kleine Szene für Jesus selbst? Es ist nicht zuviel gesagt, wenn man in ihr eine Weichenstellung erblickt, welche die Richtung seines ganzen weiteren Lebens vorwegnimmt. Alles kann im Grunde jetzt nur noch so weitergehen, wie es hier «festgestellt» wird. Die Befreiung von Menschen zu Mut und zu Mündigkeit – sie muß wirken wie eine Provokation für all diejenigen, die selber unfrei genug sind, um ihr verweigertes persönliches Leben mit der Person Gottes zu verwechseln; die ganze Macht dieser Leute gründet auf der Unfreiheit der Menge, die sich als die «gehorsame Gemeinde Gottes» denselben Zwangsinhalten unterwirft, denen sie selber ausgeliefert sind. Die Parteinahme für die Ausgegrenzten, die Schwachen, die Schuldigen – sie muß und sie wird verweigert werden von den ewigen Mauerbauern und Stacheldrahtlieferanten, von den vermeintlich Starken, Erfolgreichen und Tüchtigen, von den Richtigen und

«Gerechten», von den «Ordentlichen», die jegliche Art von «Unordnung» nun mal nicht dulden können. Indem Jesus, psychoanalytisch ausgedrückt, das Ich eines Menschen befreit von der Zwangsherrschaft seines Überich, verlangt er von der verfaßten Religion seiner Zeit und aller Zeit nicht mehr und nicht weniger als die konsequente Personalisierung des Religiösen. Nur eine persönlich gelebte Frömmigkeit ist eines Gottes würdig, der selber Person ist[51]; und alles, was die Integration der Persönlichkeit stört, kann nicht von Gott sein. Das Ringen um Menschen ist immer auch ein tieferes Suchen nach diesem Gott. Erst indem Jesus durch sein Verhalten dem Kranken zeigt, daß all die «Autoritäten»: seine «Mutter», sein «Vater» in Kindertagen, die «Mutter» Kirche mitsamt ihren «Patres» und «Monsignori» heute, zwar Gott verstellen, doch niemals «vertreten» können, wird der Blick frei auf eine andere Wirklichkeit, auf jene Sphäre im Hintergrund dieser Welt mit all ihren theologischen Streitereien und Banalitäten, – frei auf den Himmel, in welchem Gott wirklich wohnt: im «Haus der Gnade», in der Heimstatt des Heils, in der Höhe einer handaufhebenden Hoffnung. «Da blickte er sie alle rundherum an» (6,10); und niemand mehr konnte sich damals und kann sich seither diesem Anblick entziehen. Gemeint ist ein jeder.

In einem Sonett aus dem Gedichtband *Venezianisches Credo* hat RUDOLF HAGELSTANGE (1912–1984) einmal formuliert, in welch einer Haltung der Hingabe Jesus die Hand des Gelähmten zu heilen vermochte; er schrieb:

Wir alle leben ihm, dem Körperlosen,
der wie ein Licht durch alle Körper geht,
unsichtbar wie der Wind, in dem er weht,
unsichtbar wie der Duft der reinen Rosen.

Er ist die Sehnsucht des, das wir nicht finden,
der ewige Tag, die Schönheit ohne Tod.
Er ist die letzte Macht, die niemals droht,
die letzte Kraft, die wir nicht binden,

[51] Vgl. SÖREN KIERKEGAARD: *Der Augenblick*, in: Werkausgabe, II 396: «... glaube mir, es gibt nichts, was Gotte so widerwärtig ist, keine Ketzerei, keine Sünde, nichts ist ihm so widerwärtig wie das Amtliche. Und das kannst Du leicht verstehen; denn da Gott ein persönliches Wesen ist, kannst Du wohl begreifen, wie widerwärtig es ihm ist, daß man ihm den Mund mit Musterblättern wischen will, ihm aufwarten will mit amtlichen Feierlichkeiten, amtlichen Redensarten usw.»

ist Liebe, Wahrheit, Adel und Verschwendung,
die große Seele dieser kleinen Welt,
die sie verklärt und fest zusammenhält.

Er ist das Ende. Er ist die Vollendung.
Ihm haben sich die Edelsten verschrieben.
Er ist unwandelbar. Ihn sollt Ihr lieben.[52]

[52] RUDOLF HAGELSTANGE: *Venezianisches Credo*, in: Hans-Rüdiger Schwab (Hg.): Geistliche Gedichte, 290.

Lk 6,12–16: Die Auswahl der Zwölf oder: Berufung zur Einheit

(vergleiche Mt 10,2–4; Mk 3,14–19; Apg 1,13 zu *Lk 6,13–16*)

12 Es geschah aber in diesen Tagen: Er ging hinaus auf den Berg, um zu beten, und er verbrachte die Nacht im Gebet zu Gott (Mk 1,35). 13 Doch als es Tag geworden, rief er herzu seine Jünger und wählte aus ihnen zwölf, die er Apostel («Sendboten») nannte: 14 Simon, den er auch Petrus («den Felsen») nannte, und Andreas, seinen Bruder, und Jakobus und Johannes und Philippus und Bartholomäus 15 und Matthäus und Thomas und Jakobus, (den Sohn) des Alphäus, und Simon, der gerufen ward «Eiferer» (Zelot), 16 und Judas, (den Sohn) des Jakobus, und Judas Iskariot, der (sein) Auslieferer wurde.

Es ist wie beim Kauf eines Wohnhauses: wesentlich zu seinem Wert trägt seine Lage bei. – Die Liste der Zwölf, die Jesus beruft, wirkt in sich, wie die meisten Namenstabellen wohl, eher langweilig; doch die Stelle, an welcher *Lukas* die ihm vorliegende Überlieferung aus dem *Markus*-Evangelium (Mk 3,13–19) einfügt, läßt hellhörig werden, denn sie verleiht der kurzen Szene eine ganz besondere Bewertung[1].

Die Heilung des Mannes mit der «verdorrten (rechten) Hand» hat zu einer eigenartigen Spaltung geführt: die Kranken, die Schwachen, die Ausgegrenzten, die «Sünder» und «Zöllner» kommen von weither, weil sie in

[1] FRANÇOIS BOVON: *Das Evangelium nach Lukas*, 279, sieht den Sinn der «Liste» darin: «Die lukanische Kirche wie vor ihr die Gemeinde der Hellenisten und die Muttergemeinde in Jerusalem behauptet mittels der Berufung und der Namensliste der Apostel ihre Legitimität.» Doch damit taucht das Problem des «Amtes» auf. KARL HEINRICH RENGSTORF: *apostéllō* (senden), in: ThWNT I 429, bereits verwies darauf, daß in Lk 6,13 der Ausdruck «die er Apostel nannte» der Wendung von Mk 3,14 entspricht «daß er sie sende zu verkünden». Daraus ergibt sich, «daß die eigentliche Bestellung» zu Aposteln «erst später erfolgt, bei Markus erst 6,7, bei Lukas erst 9,1. Damit fallen die Erwählung der Zwölf als engerer Kreis und ihre Bestellung» zu Aposteln «zeitlich nicht zusammen. Allerdings erfolgt die Auswählung durch Jesus unter dem Gesichtspunkt künftiger Beteiligung der Erwählten an seinem Werk.» Unter dieser Voraussetzung wird zweierlei deutlich: Zum einen, «daß die Formel apóstolos auf Jesus zurückgeht, selbstverständlich nicht in der griechischen Form, sondern in ihrer aramäischen Vorlage *schelicha*. Eben dies Letztere ist nicht gleichgültig, weil *schelicha* jeder Amtscharakter fehlt, mit dem *apóstolos* durch die Stellung der Zwölf in der Urgemeinde im späteren Sprachgebrauch belastet ist.» Und zum anderen: daß die Art des «Werkes» Jesu und damit auch die Beauftragung der «Apostel» in der nachfolgenden Feldrede gültig und verbindlich dargestellt wird; sie ergibt sich auch aus dem Kontrast zu den «Pharisäern und Schriftgelehrten» im Zusammenhang mit den Heilungen am Sabbat.

Jesus eine Person zu finden hoffen, die sie nicht zurückweist; die «Gesunden», die «Starken» und die «Etablierten» aber, die «Gerechten» und die «Staatstragenden» fühlen gerade von ihm sich ebenso in ihrer sozialen Stellung bedroht wie in ihrer persönlichen Einstellung angegriffen. Psychologisch betrachtet, richtet Jesus die Entscheidungsfrage an einen jeden Einzelnen, woraus er wesentlich lebt: ob aus der Kontrollmaschinerie seines Überich mit all den fertigen schablonenartigen Antworten, die er ohne Rücksicht auf die besondere Situation seiner selbst und seiner Mitmenschen eins zu eins in seinem Verhalten auszudrücken sich bemüht, oder aus der Mitte seines persönlichen Ich mit all den Ungewißheiten einer stets offenen Wahrheitssuche, die sich in einem ständigen inneren wie äußeren Dialog von Fall zu Fall neu zu formen und zu bewähren hat. Er stellt damit zugleich auch die Frage, welch einen Typ von Religion Menschen wirklich benötigen: einen autoritär-patriarchalen Typ, bei dem im Gefälle der Macht und der Abhängigkeit die gegenwärtig lebenden Menschen in ihrer Gesamtheit eingepaßt werden sollen in die feststehenden Lehrformen und -formeln aus dem Strom der Vergangenheit, oder einen personalen, liberalen Typ, bei dem es erlaubt ist, von «unten» her zu denken – problembezogen, humanitär engagiert und zukunftsoffen[2]. «Theologisch» allerdings fragt

[2] FRANÇOIS BOVON: *Das Evangelium nach Lukas*, I 279, stellt zwar einen Bezug zu dem wachsenden Widerstand in Lk 5 her, wertet diese Feststellung inhaltlich aber nicht weiter aus und begründet auch die Art dieses Widerstandes nicht weiter. Tatsächlich aber werden die «Apostel» durch diese Kompositionstechnik geradezu eingeführt als beauftragte Gegengestalten zu der Typologie «pharisäischer» Frömmigkeit. – GERHARD LOHFINK: *Die Sammlung Israels*, 63–65, verweist auf den Unterschied im Gebrauch der Worte «die Zwölf», «Jünger» und «Apostel» bei den Synoptikern. «Markus verwendet... wahlweise die Begriffe» «Zwölf» und «Jünger», und es sei nicht zu klären, ob er mit den «Jüngern» einen umfassenderen Kreis als die Zwölf meine oder nicht. Bei MATTHÄUS «scheinen die ‹Zwölf› und die ‹Jünger› identisch zu sein.» So begegnet der Ausdruck «die zwölf Jünger» nur bei *Matthäus* (Mt 10,1; 20,17; 26,20). «Selbstverständlich hat Matthäus gewußt, daß Jesus mehr als nur zwölf Jünger um sich gesammelt hatte. Offensichtlich konzentriert er den Jüngerkreis auf die Zwölf, um diese als Typus und Urbild aller Jüngerschaft herauszustellen. – Völlig anders Lukas... Wie sorgfältig Lukas unterscheidet, zeigt... bereits 6,12-20, wo die Auswahl der Zwölf und die Szenerie für die Feldrede in einer sorgfältigen Komposition miteinander verbunden sind... Falls er..., was wahrscheinlich ist, die Kombination Apostelwahl – Jüngerrede selbst vorgenommen hat, tritt seine Sicht der Dinge erst recht zutage... Kennzeichnend ist folgendes: 1) Die Zwölf sind identisch mit den Aposteln...–2)... Lukas denkt sich... Jesus von einem relativ großen Jüngerkreis umgeben...–3) Bemerkenswert ist schließlich, daß Lukas mit äußerster Sorgfalt einen dritten Kreis von Zuhörern aufbaut: eine große Volksmenge..., die aus dem ganzen jüdischen Land und aus Jerusalem herbeigekommen ist. So ergibt sich, daß Jesus bei der Volksrede eine konzentrisch angeordnete Zuhörerschaft um sich hat: 1) die zwölf Apostel, 2) die große Menge der Jünger, 3) das Volk, das ganz Israel (vgl. die Betonung von Jerusalem!) repräsentiert. – Für uns ist nun von

Jesus nicht, er verlangt, sich mit Gott, wie er ihn erfahren hat, auf den Weg zu machen zu all denen, die sich verlaufen und verloren haben.

Eben diesem Verlangen aber dient nun sichtbar und zeichenhaft die Auswahl der «Zwölf». *Lukas* hat sie unmittelbar hinter den Eklat in dem «Gottesdienst» Jesu in der Synagoge gestellt – als eine direkte Erwiderung darauf; und daran angeschlossen hat er die «Feldrede», sein Äquivalent zu der «Bergpredigt» bei *Matthäus* (Mt 5,1–7,27), – sie wird damit zu einer Art Grundsatzerklärung für den Auftrag, den Jesus den «Zwölfen» erteilt. Mögen die Widerstände der «Gottesverweser» auch weiterwachsen, das «Programm» gilt nur um so mehr: als «Arzt» zu den «Kranken» zu gehen (vgl. Lk 5,31)! – *Dafür* stehen ab sofort diese «Zwölf», und die Art, wie sie vorgehen sollen, wird dargelegt in der «Feldrede» (Lk 6,17–49).

In einem Film nach Hollywood-Art über das Leben Jesu sähe man bei der Berufung dieses Kreises jetzt zweifellos eine Reihe bärtiger Männer mit glänzenden Augen, und man vernähme eine energische, eindringliche Stimme, deren Aufforderung zur «Nachfolge» willig und ohne Zögern, wie in Hypnose, von diesen Männern befolgt würde; tatsächlich wird wohl auch in den meisten Predigten dieses «Vorbildliche» an den «Aposteln» gerühmt werden, – wie sie ohne zu zaudern dem Worte des «Herrn» gehorsam sich fügten. In Wirklichkeit aber hat ein solcher idealisierender Nazarener-Stil, hat eine solch romantische Portraitmalerei mit unserem Leben nicht viel gemein; – kein Mensch wird auf eine solche Weise «erwählt», wie man es sich in derartigen Bildern ausmalt. Auch *Lukas* «idealisiert», aber auf eine bezeichnend andere Art: «Da steigt er (sc. Jesus, d. V.) hinauf zum Berg», schrieb *Markus* (Mk 3,13), *Lukas* jedoch formt um und ergänzt: «Es geschah aber» – eine lukanische Lieblingswendung, wie in Lk 6,1 und Lk 6,6 – «in diesen Tagen: Er ging hinaus auf den Berg, *um zu beten, und er verbrachte die Nacht im Gebet mit Gott.*»[3] Daß Jesus es liebte, «in ... Ein-

besonderer Wichtigkeit: als Jesus seine Rede beginnt, erhebt er seine Augen zu den Jüngern; es handelt sich im folgenden also um Jüngerbelehrung; trotzdem hört das ganze Volk zu ... Lukas bietet bewußt eine Rede an die Jünger, aber es liegt ihm zugleich daran, daß der *laós* (sc. das Volk, 7,1, d.V.) anwesend ist und alles hört. In erster Linie sind die Jünger angesprochen, aber zugleich geht die Feldrede an ganz Israel.»

[3] Vgl. WILHELM OTT: *Gebet und Heil*, 94–99: Das Vorbild des betenden Jesus. Stellt man Lk *3,21*; *5,16*; *6,12*; *9,18*; *9,28f.*; 10,21; 11,1; 22,32; 22,41-45; *23,46* nebeneinander und sieht, wie oft (an allen kursiven Stellenangaben) *Lukas* entweder die *Markus*vorlage um das Gebetsmotiv erweitert oder (11,1; 22,32) neu einführt, so muß man sagen: «Es fällt auf, wie sehr viel mehr als die beiden anderen Synoptiker Lukas Jesus als Beter vorstellt ... Der *Vorbildcharakter*, den das Beten Jesu ... hat, tritt sehr deutlich ... heraus.» GOTTFRIED SCHILLE: *Grundzüge des Gebetes nach Lukas*, in: Claus Bussmann – Walter Radl (Hg.): Der Treue

samkeit» zu beten, hatte auch *Markus* (Mk 1,35) bereits geschildert[4]; *Lukas* aber setzt die Bemerkung *hier* ein, um die Auswahl der «Zwölf» als einen quasi sakralen Akt zu kennzeichnen, gewissermaßen als eine Eingebung, die Jesus im Gespräch mit Gott selbst erst gekommen sei[5]; und wieder verhält es sich hier wie bei vielen «Legenden» der Evangelien: sie treffen die «historische» Wirklichkeit psychologisch bei weitem genauer, als es ein an den äußeren «Fakten» orientierter Bericht jemals zu tun vermöchte.

Die Frage stellt sich ja längst, woher Jesus eigentlich die Kraft bezieht, dem massiven Widerspruch der religiösen Autoritäten seiner Zeit standzuhalten, – und wie sollte das anders möglich sein als durch eine ständige Vergegenwärtigung der Motive, für die es sich lohnt, keinen Konflikt mehr zu meiden? Viele Menschen wenden sich wohl an den Himmel, um Gott zugunsten bestimmter Bitten und Anliegen gnädig zu stimmen. Für den Mann aber, der seine Jünger bald schon zu beten lehren wird: «Geheiligt werde Dein Name (was Du bist, das gelte)» (Lk 11,2), kann es nicht darum gehen, Gott im Gebet zu verändern[6]; ihm geht es darum, betend sich unverändert durchzuhalten, gründend und sich versenkend in Gott, abseits von allen, «ausgesetzt auf den Bergen des Herzens»[7], zurückgezogen an jene Stelle, an der in den Mythen der Völker das «Zentrum», der «Nabel» der Welt, sich befindet, der «Ort», der noch die Spuren der Schnur zeigt, die einmal den Menschen mit seinem Ursprung verband. Ähnlich wie hochragende Bäume,

Gottes trauen, 216, meint ebenfalls: «Lukas... erhebt Jesus zum Beter kat› exochen (sc. schlechthin, d.V.). Er sieht die ersten Mitarbeiter der Kirche gerade als Charismatiker als Betende. Sein Bild der entstehenden Kirche ist so stark vom Gebet in der Gemeindeversammlung geprägt, daß das Gebet der Versammelten bei ihm zu den Notae ecclesiae (sc. den Merkmalen der Kirche, d.V.) gerechnet werden kann.» KARL LÖNING: *Das Geschichtswerk des Lukas*, I 205, konstatiert: «Der Berg ist – anders als die Wüste 5,16 – als Ort des Gebetes Jesu nicht der Raum, in den sich Jesus vom Volk zurückzieht, sondern der Ausgangspunkt seines Hinabgehens zum Volk in der Ebene. Dem nächtlichen Gebet Jesu steht die Auswahl der Zwölf am folgenden Tag gegenüber.»

[4] Vgl. Mk I 295–311: Die Berufung der Zwölf.

[5] HEINZ SCHÜRMANN: *Das Lukasevangelium*, I 313, meint: «Jesus betet (vgl. schon 3,21; 5,16) die ganze Nacht durch bis zum Morgengrauen.» «Diese Gebetsvigil hebt die Wichtigkeit der Apostelwahl ins Licht: Jesu Auswahl ist wie Apg 1,24 erbetet und darum wie Apg 1,26 von Gott bestimmt. Dieses Verhalten Jesu soll nach Luk normativ bleiben für die Ämterverleihung in der Zeit der Kirche.» Vgl. Apg 6,6; 13,2 f.; 14,23.

[6] Vgl. Mt I 526–535: Mt 6,9-15: Das Vaterunser.

[7] Vgl. RAINER MARIA RILKE: «Ausgesetzt auf den Bergen des Herzens. Siehe, wie klein dort, / siehe: die letzte Ortschaft der Wörter...», in: Gedichte 1906 bis 1926, in: Sämtliche Werke, II 94. Vgl. II 220: «Einmal noch kam zu dem Ausgesetzten, / der auf seines Herzens Bergen ringt, / Duft der Täler. Und er trank den letzten / Atem wie die Nacht die Winde trinkt.» Vgl. auch II 424: Ausgesetzt auf den Bergen des Herzens. Entwürfe zur Fortsetzung.

bilden Berge die *axis mundi*[8], eine vertikale Verbindung durch alle drei Zonen des Daseins, – in der Unterwelt wurzelnd, Mittelerde durchdringend und die Oberwelt streifend bis hinauf zu den Wolken. «Hinaus zu gehen auf den Berg» ist von daher keine (rein) äußere Bewegung; es ist ein innerer Aufstieg in die Mitte des Lebens, eine seelische Sammlung an dem «Punkt», um den alles sich dreht[9]. «Worauf kommt es an? Was ist das Wesentliche?» Immer wieder wird Jesus sich solche Fragen gestellt haben, und seine Überzeugung muß es gewesen sein, daß nur ein einziges zählt: an die Liebe zu glauben entgegen der Lieblosigkeit, auf Gnade zu vertrauen angesichts der Gnadenlosigkeit und aus diesem «Grund» allen Daseins zu leben – bedingungslos. In den Nächten der Einsamkeit, nahe den Sternen, berghoch erhoben über den Niederungen der Täler, gesammelt im Zentrum des eigenen Seins, gegründet in Gott, verbündet mit Gott, muß die Erfahrung, die Jesus – der Legende nach – bereits bei der Taufe im Jordan zuteil ward (Lk 3,21–22), sich zu einer unumstößlichen Gewißheit verstärkt haben, bestätigt zugleich durch jeden Kontakt mit all den Hilflosen, den Hilfesuchenden, die ihn umdrängten[10]: wenn wir einzig sind, weil Gott uns umfängt, wie soll es dann möglich sein, Menschen auszuschließen aus dem Kreis seiner Liebe? Die «Wunder», die sich von Fall zu Fall in der Begegnung mit ihm ereigneten, verbanden sich, wie Brücken bei der Trassenführung einer Straße, zu einem breiten, geraden Wallfahrtsweg der Samm-

[8] Zum Symbol des *Berges* vgl. Mk I 100; 298; 591–592; vgl. IRMTRAUD SCHAARSCHMIDT-RICHTER: *Der ostasiatische Blick*, in: Hans Gercke (Hg.): Der Berg, 33–41.

[9] HEINZ SCHÜRMANN: *Das Lukasevangelium*, I 311, meint: «Die beiden Bergszenen 6,12-16.17-19 werden in ihrer Bedeutung verständlich, wenn man sie im Lichte des Sinaigeschehens liest, von dem das Buch Exodus erzählt: Wie Gott dort Moses zu sich auf den Berg in seine Nähe holte..., der dann herabsteigen mußte, um den Ältesten und dem Volke das Gesetz Gottes zu verkünden..., so steigt hier Jesus auf ‹den› (heiligen) Berg (V 12), erwählt sich dort seine 12 Apostel und steigt dann mit diesen herab (V 17), um den Jüngern und dem Volk die neue Gottesweisung zu bringen (VV 20–49). Das einleitende doppelgliedrige Erzählstück 6,12-16.17-19 hat also die Aufgabe, die Unterweisung Jesu VV 20–49 ins rechte Licht des Offenbarungsgeschehens zu rücken.»

[10] Vgl. a.a.O., I 311–312: «Luk wagt nicht, die Verkündigung Jesu zu bringen, ohne zunächst 6,12-16 die Begründung des Apostelkollegiums auf der Höhe des Berges zu erzählen, dem das Wort Jesu zum Weitergeben übergeben ward. So ist Jesu Wort unmißverständlich als aktuelles Kerygma der Kirche charakterisiert... Der Kyrios in der Höhe, der aus dem Gebetsumgang mit Gott (V 12) heraus die Apostel wählt (VV 13–16) und dann mit diesen ‹herabsteigt› in den Kreis der Jünger (V 17a), um sich dann heilend und exorzisierend (VV 18f.) den geistlich und leiblich hilfesuchenden (V 17b) Massen zuzuwenden, bevor er sein Wort sagt (VV 20–49) – das ist wahrhaft ein grandioses Bild des nachösterlichen Christusgeschehens in der Zeit der Kirche, da der Kyrios in der Mitte sein wird, durch seine Beauftragten wirkt und sein Wort spricht.»

lung aller. Und nun die «Zwölf» – sie sollten das Schild sein, das einen jeden in diese vorgegebene Richtung weist.

Woher die Symbolik der Zwölfzahl[11] eigentlich stammt, ist nicht ohne weiteres klar; ihren Hintergrund bilden die Rechensysteme der Babylonier und Ägypter[12], welche den Sonnenlauf durch die Stunden des Tags und der Nacht sowie durch die Zyklen des Jahres, abgelesen an dem Kommen und Gehen des Mondes, nach Zwölfereinheiten zählten; ausgehend davon erschauten sie zwölf Sternbilder am Himmel, durch welche die Sonne im Umlauf des Jahres ihre Bahn nimmt, – die zwölf «Tierkreiszeichen» der alten Astrologie oder Astronomie[13]. Auf diese Weise galt die Zwölfzahl bereits in kosmischem Rahmen als ein Zeichen der Ganzheit und der Vollständigkeit, und wie die Sonne in ihrer Kreisbahn interpretierte man auch das Wesen des Göttlichen: es war in sich selbst sonnenhaft[14], – es erhellte jedes Dunkel, es durchdrang alles Nächtliche, es legte das Rund seines Weges um alles, was atmet und lebt. Für die Pharaonen und Caesaren der Antike mochte deshalb das Bild der Sonne die Fülle und Größe ihres universalen Machtanspruchs repräsentieren[15]; für Jesus hingegen lag darin die Aufforderung und das Vorbild einer Lebensauffassung und Lebensführung, die sonnenhaft genug ist, keiner Seelenumdüsterung und Seelenverschattung mehr auszuweichen, sondern hinauszugehn bis an die äußersten Grenzen, um alle Bereiche des Lebens zu bescheinen und sie alle als Stationen und Teile ein und desselben gemeinsamen Wegs zu begreifen.

Einen ähnlichen Schritt hatte in der Bibel bereits die Überlieferung von den «zwölf Söhnen Jakobs» getan, indem sie den israelitischen Stämmeverband mit Blick auf die eigene Geschichte wie auch auf die Geschichte der

[11] Vgl. Mk I 295–311: Mk 3,13-19: Die Berufung der Zwölf.

[12] Das babylonische Stellenwertsystem baute auf der Grundzahl 60 auf; vgl. JOHN D. BROWN: *Ein Himmel voller Zahlen*, 108–113; 136–140; zu den Ägyptern vgl. a. a. O., 135. Zur Grundzahl Zwölf vgl. a. a. O., 103–104. Besonders die Teilung des Jahres in 12 Monate ist babylonischen Ursprungs und gelangte über Ägypten in den römischen «julianischen» Kalender. Vgl. auch A. SCHIMMEL: *Zahlensymbolik*. I.: Religionsgeschichtlich, in: Die Religion in Geschichte und Gegenwart, VI 1861–1863: «Zwölf ist die große kosmische Zahl ... In China und Babylon ist sie die Zahl des Tierkreises ... Auch die 12 Jünger Jesu weisen auf Vollkommenheit.» (Sp. 1862)

[13] Vgl. THOMAS MANN: *Joseph und seine Brüder*, I 298–299; vgl. ALFRED GRIMM: *Joseph und Echnaton*, 15.

[14] Vgl. JOHANN WOLFGANG VON GOETHE: *Gedichte*, 367: «Wär nicht das Auge sonnenhaft, / Die Sonne könnt› es nie erblicken; / Läg› nicht in uns des Gottes eigne Kraft, / Wie könnt› uns Göttliches entzücken?»

[15] Vgl. ADOLF ERMAN: *Ägypten und ägyptisches Leben im Altertum*, neu bearb. v. HERMANN RANKE, 55–91: Der König und sein Hof.

Völker betrachtete als das Zentrum aller Helligkeit und aller Erleuchtung[16]. Nun erfüllte sich in der «Tierkreiszahl» des gesamten Sonnenlaufs die Verheißung ganz: ein Licht zu sein zur Erleuchtung der Heiden, wie es der greise Simeon nach einem Wort des *(Deutero)Jesaja* (Jes 49,6) bei der Darstellung Jesu im Tempel geweissagt hatte (Lk 2,32)[17]. Jesus konnte nicht gelegen sein und war nicht gelegen an einer politischen Wiederherstellung der zwölf Stämme Israels, von denen überhaupt nur Juda sowie Benjamin und die Hälfte von Levi die Wirren der Zeit überstanden hatten[18]. Und doch übernahm er das alte Bild für die Ganzheit «Israels» und formte es um in ein Zeichen der Integration aller im Volke der Juden. Indem er aus seinen Jüngern ein eigenes Gremium, die «Zwölf», auswählte, setzte er ein für alle innerhalb wie außerhalb seiner Anhängerschaft sichtbares Signal für die Zielsetzung und Ausrichtung seiner Worte und Werke[19]: niemand mehr in Israel sollte verlorengehen oder sich selber verloren geben; Gottes Händen könne niemand entgleiten, und so komme es nur darauf an, diesen Schutz

[16] Zur *Zionstradition* vgl. GERHARD VON RAD: *Theologie des Alten Testamentes*, I 59–61; II 166–179.

[17] Vgl. CLAUS WESTERMANN: *Das Buch Jesaja*, Kap. 40–66, 170–172.

[18] MARTIN NOTH: *Geschichte Israels*, 83–94: Das Zwölfstämmesystem. Vgl. JOACHIM JEREMIAS: *Neutestamentliche Theologie*, I 225–226: «Daß Jesus gerade zwölf Männer für den Botendienst auswählt, ist eine programmatische Tat. Die Bedeutung der Symbolzahl in der Welt der Bibel ist bekannt. Die *Zwölfzahl der Boten* entspricht der Zwölfzahl der Stämme Israels (Mt 19,28 par. Lk 22,29 f.); die zwölf Boten repräsentieren die eschatologische Heilsgemeinde. Die Ausrichtung auf Israel stimmt mit der sprachlich wie inhaltlich alten Überlieferung von Mt 10,5 f. überein ... Bei der Deutung der Zwölfzahl der Boten darf ... nicht übersehen werden, daß es zur Zeit Jesu nach feststehender Anschauung nur noch zweieinhalb Stämme gab, nämlich Juda, Benjamin und die Hälfte von Levi. Die neuneinhalb übrigen Stämme galten als seit der Eroberung des Nordreiches (722 v. Chr.) verschollen; erst in der Heilszeit würde Gott sie über den sagenhaften Fluß Sambation zurückführen und so das Zwölf-Stämme-Volk wiederherstellen. Die Zwölfzahl der Jünger Jesu bedeutet also nicht, daß das Heil partikularistisch auf das empirische jüdische Volk beschränkt sein sollte, sondern kündigt im Gegenteil die Aufrichtung des *eschatologischen Gottesvolkes* an, zu dem ... nach Jesu Erwartung auch die Heiden hinzuströmen würden.»

[19] Vgl. KARL HEINRICH RENGSTORF: *dōdeka* (zwölf), in: ThWNT II 326–327: «Somit hat Jesus in ihnen (sc. den Zwölf, d.V.) seinen Anspruch auf Israel jedermann sichtbar erhoben, und zwar so, daß erkennbar wurde, daß er nicht einer Gruppe des Volkes und auch nicht einer Auswahl aus ihm, sondern dem ganzen Volke in allen seinen Teilen galt. Die Zwölf gehören daher auch allein zwischen ihn und sein eigenes Volk, sind aber keine Größe, die auch abgesehen von dieser Stellung das Recht oder nur die Möglichkeit der Existenz hätte.» «Dies Bild wird auch durch die Apostelgeschichte bestätigt. Nach ihr sind die *dōdeka* (sc. Zwölf, d.V.) nur einmal in Aktion getreten, in der Berufung der sieben Männer zur Versorgung des hellenistischen Teiles der Gemeinde (Apg 6,2), aber auch hier nicht als Regenten, sondern als Mahner und Rater und so, daß ihr Verhalten nicht über den engsten Kreis der Urgemeinde hinaus griff.» Daß nach dem Tode des Zebedaiden Jakobus (Apg 12,2) der

Gottes über dem Haupt eines jeden fühlbar zu machen. Für diesen unbedingten Willen Gottes zur Integration «seines» Volkes steht mithin die Auswahl und Anzahl der «Zwölf».

Schaut man genau hin, beginnt diese Integrationsleistung bereits im Kreis der «Zwölf» selber, – wie widersprüchlich zusammengesetzt erscheinen sie! Simon (Petrus) ist schon ein Stück weit durch die Szene mit seiner Schwiegermutter (Lk 4,38–39) sowie durch die Geschichte von dem reichen Fischzug (Lk 5,1–11) bekannt geworden, jetzt hören wir auch von seinem Bruder Andreas; in der Fischfanggeschichte traten auch bereits «die Söhne des Zebedäus», Jakobus und Johannes, auf, «die des Simon Gefährten waren» (Lk 5,10)[20]. Ein Drittel der «Zwölf» sind mithin Fischer am See von Gennesaret. Daneben aber wird auch Matthäus berufen, der mit dem Zöllner Levi identisch sein könnte, den Jesus von der Zollstätte weg zur Nachfolge rief (Lk 5,27), – jedenfalls wird er in der Parallelerzählung des *Matthäus*-Evangeliums so genannt (Mt 9,9)[21] –; geradezu vom anderen Extrem her kommt Simon, der «Eiferer» (der Zelot), in den Jüngerkreis[22]: der Kollaborateur der Römer und der Guerilla-Kämpfer gegen die Römer treten da zusam-

Kreis der Zwölf nicht mehr aufgefüllt wurde, «kann … nur in dem eschatologischen Charakter der *dōdeka* liegen, der die fortlaufende Ergänzung des Kreises unmöglich machte, und das um so mehr, als Jesus gerade seinen Mitgliedern das Sterben für ihn vor seiner Wiederkunft in Aussicht gestellt hatte (Mt 10,16 ff.) … So werden die *dōdeka* dadurch, daß sie von der Judenschaft abgelehnt wurden, in der urchristlichen Überlieferung auch ihrerseits Träger des Gerichts über sie». Vgl. Mt 19,28; Lk 22,30.

20 Von Andreas, dem Bruder des Petrus (vgl. Mk 1,16-20), ist bei *Lukas* «nur noch in Apg 1,13 … die Rede.» FRANÇOIS BOVON: *Das Evangelium nach Lukas*, I 283.

21 Vgl. HEINZ SCHÜRMANN: *Das Lukasevangelium*, I 316–318: «*Jakobus* und *Johannes* (sind) schon aus 5,10 als Zebedäus-Söhne bekannt … *Philippus* kennen wir näher aus Joh (1,43-48; 6,5.7; 12,21 f.; 14,8 f.). Das Patronymikon (sc. die Namensbezeichnung nach dem Vater, d.V.) *Bartholomäus* (sc. Sohn des Talmai, vgl. 2 Sm 3,3; 13,37, d.V.) ist oft Anlaß, den Genannten mit Nathanael (Joh 1,45-49; 21,2) zu identifizieren. *Matthäus* setzt Matth (9,9; 10,3) mit dem Alphäus-Sohn Levi von Mk 2,13 f. gleich. *Thomas* erscheint Joh 11,16; 14,5; 20,24 ff. 28; 21,2 mit dem Beinamen … Zwilling. Der Alphäus-Sohn *Jakobus* wird mit … (sc. Jakobus dem Kleinen, d.V.) Mk 15,40, dem Sohn einer Maria (Mk 16,1 parr), identifiziert. Luk bringt anstelle des *Thaddäus* (Mk/Mt) hier und Apg 1,13 schon den Zeloten *Simon*, schiebt dafür aber nach diesem einen zweiten Judas ein, der als … (sc. Sohn des Jakobus, d.V.) von dem Zebedäus-Sohn unterschieden wird … Judas wird als ‹Verräter› nicht nur von dem anderen Judas abgehoben …; im Zusammenhang des Evangeliums werden wir hier schon die Todesanspielung hören sollen, auf die wir schon seit 2,34; 4,9-13; 4,23-30; 5,17-6,11 … aufmerksam sind.»

22 FRANÇOIS BOVON: *Das Evangelium nach Lukas*, I 284, betont freilich, es sei Matthäus «für Lukas nicht identisch mit Levi aus 5,27»: Zu Simon dem «Zeloten» vgl. MARTIN HENGEL: *Die Zeloten*, 72–76. Autoren wie JOHANNES LEHMANN: *Jesus-Report*, 87–89, erklären, in der Absicht, Jesus zu einem altrömischen Widerstandskämpfer zu stilisieren, auch Petrus zu einem «Dolchmann» (röm.: sicarius), indem Bar-Jona nicht als «Sohn des Jona», sondern

men, und man ahnt, welch eine versöhnende Kraft von Jesus ausgegangen sein muß, indem er die Resignation des einen genauso zu erlösen vermochte, wie er die Rebellion des anderen besänftigte, – die Verzweiflung der Schwäche nicht anders als die Verzweiflung des Trotzes[23]. Dazwischen steht Judas Iskariot (hebr.: der Mann aus Kariot), der einzige im Zwölfer-Kreis, der vermutlich aus Judäa kam[24]; schon hier wird angemerkt, daß er der «Auslieferer» Jesu werden wird. Doch gerade ihn hat Jesus «ausgewählt», vielleicht eben seiner judäischen Gesetzestreue wegen, die so sehr darauf wartete, sich zur «Gnade» zu öffnen; durchaus möglich könnte es sein, daß Judas seinen Meister gar nicht «verraten» wollte, wie ihm aus verschiedenen Motiven unterstellt wird, sondern daß er ganz im Gegenteil darauf vertraute, Jesus würde die Gegensätze überwinden können, die gerade hier so unversöhnlich aufbrechen[25]: wie versteht man das Wort Gottes, wie

als «offenes Land» übersetzt wird, ein Ausdruck, der mit Judas dem Galiläer (Apg 5,37) und mit dem aufrührerischen «Ägypter» in Apg. 21,38 in Verbindung gesetzt wird; und wenn schon Petrus, dann wird wohl auch Andreas zu den Sikariern gehört haben, und auch die Söhne des Zebedäus, die «Donnersöhne» (Mk 3,17), und auch Judas «Iskariot», dessen Beiname «der Dolchmann» bedeuten soll – sechs Jünger Jesu also wären dann dem militärischen Widerstand gegen die römischen Besatzer zuzurechnen... So phantastisch das alles ist – es paßt zu einer Jesus-Deutung, die den Versuch auch nur für unmöglich hält, Jesus habe in diese Welt Frieden zu bringen versucht; doch um so mehr läßt sich der Weg erahnen, auf dem der Mann aus Nazaret *alle* Teile der Bevölkerung, auch die vom äußersten rechten Rand, integrieren wollte.

[23] So wie Jesus sich von Pharisäern einladen ließ (Lk 7,36; 11,37) und Sünder einlud (Lk 5,29), so kehrte er ein bei Zöllnern (Lk 19,5.9.10), und er erwartete offenbar, daß ein Mann wie Simon der Eiferer (Mk 3,18; Lk 6,15) das mittragen würde.

[24] Vgl. HEINZ SCHÜRMANN: *Das Lukasevangelium*, I 318, Anm. 51. Jos 15,25 erwähnt ein Kerijot-Hezron in Moab. GUSTAF DALMAN: *Die Worte Jesu*, 41–42, wandte gegen die Wiedergabe von «Iskariot» als der «Kariotäer» zu Recht ein, daß es «höchst befremdlich» sei, warum in diesem Falle der Name unübersetzt geblieben sein sollte. «Die Vermutung liegt nahe, daß *Iskariōth* schon dem Evangelisten unverständlich war.» Die Deutung von Kariōth als lat. *sicarius* ist sehr unwahrscheinlich; vgl. MARTIN HENGEL: *Die Zeloten*, 49, Anm. 3.

[25] Vgl. JOACHIM JEREMIAS: *Der Gedanke des «Heiligen Restes»*, in: Abba, 129–130: «Fast jede Seite der drei ersten Evangelien redet davon, wie anstößig, erregend, aufwühlend es wirkte, daß Jesus den pharisäischen Sonderanspruch ablehnt und sich gerade an die wendet, die die pharisäische Bewegung ausschließt, an die Sünder und Verfemten. In Wort und Tat bringt er zum Ausdruck, daß das Heilsangebot allen gilt. Die Tischgemeinschaft mit den Zöllnern und Sündern, die ihnen die Vergebung sichtbar bezeugt, *das* ist Vorwegnahme des hochzeitlichen Mahles, *das* ist die Realisierung der Heilsgemeinde des neuen Gottesvolkes. Nicht minder deutlich bringt die Zwölfzahl der Boten zum Ausdruck, daß Jesu Ruf und Anspruch grenzenlos ist und der gesamten Volksgemeinschaft (sc. und Völkergemeinschaft, d.V.) gilt. Jesus wird nicht müde, gerade der Schar der ‹Heiligen› der pharisäischen Restgemeinde zu sagen, daß auch für sie ebenso wie für die offenkundigen Sünder nur ein Weg zur Rettung bleibt: das Evangelium. Daß er gerade die Frommen zur Buße rief, hat ihm die Feindschaft eingetragen, die ihn ans Kreuz brachte.»

menschlich darf oder muß die Auslegung seiner Gesetze sein …? Auch dieser Suchende, auch dieser Unglückliche gehört mit in den Kreis der «Sendboten», ebenso wie Thomas, der im *Johannes*-Evangelium die Rolle des «Beweise» fordernden Zweiflers übernimmt (Joh 14,5; 20,24)[26].

In all diesen Facetten verschiedener Personen und Schicksale repräsentieren die Zwölf selber bereits die Vielfalt und Widersprüchlichkeit des «Volkes», das sie sammeln, zusammenführen und in sich einen sollen. Erst wenn man die ganz und gar symbolische Funktion der «Zwölf» sich recht vor Augen stellt, wird – erneut – die paradoxe Umfunktionierung sichtbar, die gerade die «zwölf Apostel» in der kirchengebundenen Theologie erfahren mußten. Zu den verpflichtenden Glaubenssätzen speziell der römischen Kirche zählt zentral die Vorstellung, daß Jesus mit der Auswahl der «Zwölf» das Bischofsamt eingesetzt habe; doch erkennbar könnte kein Mißverständnis, kein Mißbrauch der «Zwölf» verheerender sein: Denn wie kann man nur das Allerpersönlichste – die Heilung eines Menschen, die Heimholung eines seelisch wie sozial «Obdachlosen» – in etwas Beamtetem aufgehen lassen! Wozu auch immer die «Zwölf» hier «berufen» werden, – sie können, was Jesus möchte, nur wirken aus der Mitte ihrer Person heraus; vor ihnen liegt gerade die Aufgabe, die veräußerlichte Form einer entpersonalisierten Angstreligion aus Gesetzesstarre und Unterdrückung zu überwinden; sie sollen gerade durch die Integriertheit ihrer eigenen Persönlichkeit die Integration im Sozialen vorbereiten helfen; um Vertrauen zu erwecken, steht ihnen nichts anderes zur Verfügung als die Vertrauenswürdigkeit ihrer Menschlichkeit, die sie im Vertrauen zu Gott gewonnen haben. Daraus geworden indessen ist eine vollkommene Verschiebung des Schwerpunktes aus dem Individuellen ins Institutionelle, aus dem Ich ins Überich, aus dem Personalen ins Funktionale. «Deswegen», schrieb SÖREN KIERKEGAARD (1813–1855), «ist nichts Gotte derart zuwider wie das amtliche Christentum und die Teilnahme daran unter der Behauptung, das heiße ihm dienen. Sofern Du glaubst, und das glaubst Du ja doch, daß Stehlen, Rauben, Plündern, Huren, Verleumden, Prassen usw. Gotte zuwider sei: Das amtliche Christentum und dessen Gottesdienst ist ihm unendlich ekelhafter.»[27]

[26] Vgl. Joh II 334–349: Joh 20,24-31: Thomas oder: Der lange Weg vom Trauern zum Vertrauen.

[27] SÖREN KIERKEGAARD: *Der Augenblick*, in: Werkausgabe, II 457–458.

Wie wahr diese Worte sind, zeigt sich bei einem einfachen Vergleich zwischen dem, was einmal mit den «Zwölfen» gemeint war, und dem, was in Gestalt von beamteten «Bischöfen» daraus geworden ist. Alles, wofür die «Zwölf» im Sinne Jesu mal standen, war die Sammlung der Randständigen und der Ausgegrenzten, der «Loser» und der «Outlaws» der Gesellschaft; und worin besteht die Amtspflicht eines «Bischofs»? Schon sein Name besagt, was er zu tun hat: er ist der epískopos – griech.: der Aufseher, der Kontrolleur[28], der nach innen und außen für «law and order», für Recht und Ordnung, zu sorgen hat; statt für die Not der Menschen Räume des Verstehens und der Akzeptation zu eröffnen, hat er die formale Korrektheit bei der Einhaltung der kircheneigenen Dogmen und Riten zu überwachen. An die Stelle des Lebens ist damit das Lehren getreten, an die Stelle des Existierens das Dozieren, und dieses dem Personalen völlig entfremdete, aufgesetzte Beamtentum kann nicht anders als, statt zu vereinen, nur immer weiter auszugrenzen: die Häretiker, die Ketzer, die Apostaten, die Schismatiker, die Ungläubigen, die Unmoralischen, die Heiden ... Nicht wie man Grenzen überschreitet und durchlässig macht, sondern wie man die Grenzziehungen des kircheneigenen Herrschaftssystems markiert und mit Macht ausstattet, ist die Frage dieser Verwaltungsbeamten des Religiösen, deren «Spiritualität» sich nicht durch menschliche Reife, Weisheit und Güte definiert, sondern durch eine Amtsgnade, die «lehramtlich» sich als «unfehlbar» ausgibt und die «handlungsbezogen» als «sakramental» sich versteht. Daß die Zwölfzahl der «Apostel» schon sehr bald verlorenging[29] – schon des Kriteriums der historischen Nähe zu der Person Jesu wegen, vgl. Apg 1,21–26 –, müßte nicht viel bedeuten, wenn nur das Anliegen und der Auftrag einer universellen Weite und Integration, eingebunden in die personale Identität und Integriertheit der Einzelnen, erhalten geblieben wäre; doch das Symbol der «Zwölf» umzumodeln in eine Beamtenschaft, die sich als eine kirchliche Institution durch «Handauflegung» von selbst durch die

[28] Vgl. WOLFGANG BEYER: *episképtomai* (hinsehen), in ThWNT II 607–610: *epískopos* als Amtsbezeichnung; 611–614: *epískopos* im NT.

[29] Zwar wurde die Stelle von Judas Iskariot im Kreise der Zwölf durch die Wahl des Mattias wieder geschlossen (Apg 1,15–26), doch schon nach dem Tod des Jakobus (Apg 12,2) zwischen 43/44 n. Chr. erfolgte keine solche Nachwahl mehr.

Zeit zeugt[30], – das ist ein Verrat im ganzen, eine Preisgabe von allem, eine Verfälschung total.

Was aber läßt sich dagegen tun, wenn man es erkennt? Wie ist es möglich, den ursprünglichen Anruf Jesu wieder hörbar werden zu lassen? Die Antwort liegt bereits in der Frage. Niemals «beruft» Gott (oder Jesus) Menschen nach Art der Filmszenen von Hollywood; doch schon das Leiden an dem Bestehenden, schon die Unzufriedenheit an dem Beamteten, schon die Sehnsucht nach der so oft verleugneten, zwangsverwalteten und erstickten Menschlichkeit, schon das dringende Verlangen, endlich wieder Personen statt Funktionären im Raum des Religiösen zu begegnen, weist in die umgekehrte, in die richtige Richtung und arbeitet in uns auf den Zeitpunkt hin, da all das gesammelte Unbehagen sich zu einer konstruktiven Alternative verdichtet und verbindlich setzt. Von da an geht's nicht mehr anders. Von da an gilt es zu tun, was man eigentlich immer schon wollte.

Verbleibt man im Getto der kirchlichen «Glaubens»lehre, so geht es wesentlich um die «richtigen» Begriffe, Begriffsdefinitionen und Begriffserklärungen, mit denen man die göttliche und die menschliche Natur des Christus «angemessen» «bekennen» und «verkündigen» muß; kein Christ, kein Gläubiger, wer nicht zumindest verbal mit den kirchlichen Sprachspielen übereinstimmt; da dient das «Apostolat» der «Zwölf» zu nichts anderem als zu der Legitimation des «Bischofsamtes» und der ihm zugehörigen Ideologie. Wer aber sieht, was Jesus mit der Einsetzung der «Zwölf» den Menschen seiner Zeit und aller Zeit sagen wollte, den berührt es auf einmal in einer faszinierenden Unmittelbarkeit, der weiß sich selbst als Person gemeint, der spürt wie von selbst, was in ihm sich ändern darf, ändern muß. Ganz richtig schrieb deshalb ALBERT SCHWEITZER (1875–

[30] Vgl. WOLFGANG BEYER: *episképtomai* (hinsehen), in: ThWNT II 615, meint richtig: «Der Zwang, feste Gemeindeämter zu schaffen, lag in der Sache. Jesus hatte die Zwölfe erwählt und ausgesandt, in seinem Namen zu predigen ... Das Apostolat war an diese unmittelbare Beauftragung durch Christus gebunden. Es war also nicht übertragbar.» Um so mehr aber sollte die Art der Lebensführung der Zwölf als verbindliches Vorbild gelten. Vgl. KARL HEINRICH RENGSTORF: *apóstolos* (Apostel), in: ThWNT I 427: «Wir haben ... nicht nur den Apostolat als solchen in den Worten Jesu bezeugt, sondern in seiner Verbindung mit dem Dienstgedanken und der Demut zugleich die *Reinigung vom Rechtsanspruch* ... Damit aber ist bereits von Jesus jeder Versuch ausgeschlossen, aus der Autorität durch ihn zu Wort und Tat ein in den Formen des Rechtes sich vollziehendes Gemeindeamt zu machen. Will man ganz scharf pointieren, so hat man überhaupt in diesem Zusammenhang ‹Amt› zu vermeiden und statt dessen ‹Auftrag› zu verwenden, und zwar im Sinne der *örtlich und zeitlich begrenzten, sachlich, nicht persönlich bedingten Bevollmächtigung*, wie sie im jüdischen Begriff des *schaliach* (sc. des Gesandten, d.V.) gegeben ist.»

1965) am Ende seiner umfangreichen *Geschichte der Leben-Jesu-Forschung*: «Die Namen, mit denen man Jesum im spätjüdischen Vorstellungsmaterial als Messias, Menschensohn und Gottessohn bezeichnete, sind für uns zu historischen Gleichnissen geworden. Wir finden keine Bezeichnung, die sein Wesen für uns ausdrückte. – Als ein Unbekannter und Namenloser kommt er zu uns, wie er am Gestade des Sees an jene Männer, die nicht wußten, wer er war, herantrat. Er sagt dasselbe Wort: Du aber folge mir nach! – und stellt uns vor die Aufgaben, die er in unserer Zeit lösen muß. Er gebietet. Und denjenigen, welche ihm gehorchen, Weisen und Unweisen, wird er sich offenbaren in dem, was sie in seiner Gemeinschaft an Frieden, Wirken, Kämpfen und Leiden erleben dürfen, und als ein unaussprechliches Geheimnis werden sie erfahren, wer er ist ...»[31]

[31] ALBERT SCHWEITZER: *Geschichte der Leben-Jesu-Forschung*, 630.

Die Feldrede
(Lk 6,17–49)

Lk 6,17–26: Seligpreisungen und Weherufe oder: Die Umkehrung aller Werte

(vergleiche Mk 3,7–13a; Mt 4,24–25 zu *Lk 6,17–20a*; Mt 5,3–12 zu *Lk 6,20b–23*)

17 Und er stieg hinab mit ihnen und blieb stehen auf einer ebenen Stelle,
auch eine große Schar seiner Jünger und eine große Menge Volks von
ganz Judäa und Jerusalem und dem Küstengebiet von Tyrus und Sidon, 18
die gekommen waren, um ihn zu hören und geheilt zu werden von ihren
Krankheiten. Auch die von unreinen Geistern Gequälten ließen sich hei-
len. 19 Und die ganze Schar suchte ihn zu berühren, weil eine Kraft von
ihm ausging und alle heilte. 20a Und er hob seine Augen auf zu seinen Jün-
gern und sagte: 20b Glücklich ihr *Armen* (Jes 61,1; 57,15), denn euer ist
das Königtum Gottes (Jak 2,5). 21 Glücklich, die ihr jetzt hungernd seid,
denn ihr werdet gesättigt werden (Ps 105,7ff.; Am 8,11; Jes 55,1; Jer
31,25; Apk 7,16.17). Glücklich, die ihr jetzt weinend seid (Klgl 2,18),
denn ihr werdet lachen (Jes 61,2.3; Ps 126,5; Apk 7,17). 22 Glücklich seid
ihr, wenn euch die Menschen hassen, wenn sie euch ausgrenzen und
schmähen, wenn sie ausstoßen euren Namen wie etwas Böses um des
Menschensohns willen (Joh 15,18.19). 23 Freut euch an jenem Tag und
hüpft, denn da: euer Verdienst ist groß im Himmel. Ganz entsprechend ja
machten es mit den Propheten ihre Väter (Mt 23,30.31). 24 Im Gegenteil
daher: Weh euch, ihr Reichen, denn vorbei habt ihr euren Zuspruch (Mt
19,23; Jak 5,1–3). 25 Weh euch, die ihr jetzt vollgepfropft seid, denn ihr
werdet hungern. Weh euch, die ihr jetzt lacht, denn ihr werdet trauern
und weinen. 26 Weh euch, wenn schön euch reden all die Menschen. Ganz
entsprechend ja machten es mit den Lügenpropheten ihre Väter.

Diese Worte, unbestritten, sind der Diamant des ganzen Neuen Testamentes – durchsichtig und klar in ihrer Schönheit, überlegen in ihrer Festigkeit der Härte selbst von Stahl und Eisen, und doch: geformt, gepreßt aus dem Vergänglichsten von allem, aus Kohlenstoff, der jedes Leben bildet und in dem jedes Leben endet, entstanden durch den Überdruck im Inneren der Erde, herausgeschleudert aus der Tiefe von berstenden Vulkanen, verstreut seither im Treibsand weiter Wüsten …

a) Eine heilende Botschaft für alle Kranken

Es war die Kraft des «Berges», auf dem Jesus betete (Lk 6,12), die ihn die Kostbarkeit der Sätze finden ließ, die er nun, «auf einer ebenen Stelle» (6,17), an die Menschen richtet. So unterschiedlich kann die Ortsbeschreibung der Evangelisten aufzufassen sein. Die «Bergpredigt» des *Matthäus* (Mt 5,1–7,29) hält Jesus wie von einem zweiten Sinai herab[1], die Vorschriften des Moses neu, in scharfen Antithesen (Mt 5,21–48) deutend, um sie dem puren Legalismus zu entreißen: nicht das, was Menschen tun, – was sich in ihrem Herzen tut, sucht Gott, sieht Gott. Der «Berg» ist für *Matthäus* wie ein Thron, den die Natur selbst dem «Messias» bietet. Für *Lukas* ist der «Berg» ein Kraftpunkt, an dem Jesus selbst sich sammelt und von Gott die Weisungen empfängt[2], die er jetzt ungeschützt, auf gleicher Höhe zu den Menschen, mitteilt: nicht eine erdenthobene, nicht eine «ideale» Ordnung schafft sich hier Gehör, vielmehr greift jedes Wort die Wirklichkeit der Leute an und auf, die Jesus da umdrängen. – Am Gedenkmal GANDHIS (1869–1948) in Neu-Delhi stehen die Worte eingemeißelt, die das Vermächtnis des «Mahatma» bilden: «Wenn immer du dich fragst», heißt es dort sinngemäß, «was du gerade tun sollst, so rufe dir den Menschen in Erinnerung, der dich am meisten brauchte, und dann frage dich, wie das, was du soeben vorhast, dazu beiträgt, seine Not zu lindern.»[3] Menschen, die uns am meisten brauchen, – es genügt, sich auf sie einzulassen, und sie werden uns umkreisen und umkreischen wie Möwen wintertags an einem Nordseestrand: ein Brotstückchen, hoch in den Wind geworfen, und sie werden es einander abzujagen trachten; es ist der gleiche nie endende Hunger, es ist die gleiche nie zu tilgende Bedürftigkeit, die sie zusammentreibt.

In diesem Punkte sind *Matthäus* (Mt 4,24–25) und *Lukas* (6,17–19) in der Einleitung zu ihrer «Bergpredigt» oder eben: «Feldrede» derselben Meinung[4]; und doch ist hier bereits ein Unterschied bemerkenswert: Auch bei *Matthäus* drängen sich zu Jesus «alle, die übel dran waren» (Mt 4,24),

[1] Vgl. Mt I 367-369.

[2] Vgl. HEINZ SCHÜRMANN: *Das Lukas-Evangelium*, I 320: «Wenn der Gebetsaufenthalt Jesu auf der Höhe des Berges mit dem des Moses auf dem Sinai vergleichbar war ..., dann versteht sich nun auch der ‹Abstieg› Jesu im Lichte jener Exodus-Parallele: Wie Moses zum Volke ‹herabsteigen› mußte vom Berg der Offenbarung (32,1.7.15; 34,29), so nun Jesus.»

[3] Ein wunderbares Wort GANDHIS lautet: «Mein Leben ist meine Botschaft», in: MAHATMA GANDHI: *Die Lehre vom Schwert*, 35.

[4] Vgl. aber HEINZ SCHÜRMANN: *Das Lukas-Evangelium*, I 323–325, der treffender von der «Predigt am Berge», nicht von der «Feldrede», spricht.

allerdings sind es Juden, ausnahmslos, «aus Galiläa und dem Zehnstädteland, aus Jerusalem und Judäa und von Jenseits des Jordans» (Mt 4,25); hier bei *Lukas* (6,17) kommen sie «von ganz Judäa und Jerusalem», aber auch aus «dem *Küstengebiet von Tyrus und Sidon.*»[5] Diese Gegend wurde bewohnt von einer syrophönizischen Mischbevölkerung, und *Markus* bereits berichtete, wie schwer sich sogar Jesus selber tat, den Bitten einer Frau dort nachzugeben, die ihn um Hilfe anflehte zugunsten ihrer Tochter (Mk 7,24–30)[6]. *Lukas* hingegen will gerade betonen, daß Jesu Botschaft, inhaltlich, jenseits der Begrenztheiten ihres historischen Ursprungs, sich an alle Menschen wendet, gleichgültig, welcher Herkunft[7]; ein einziges nur ist dazu vonnöten: die Not anzuerkennen, die dazu gehört, ein Mensch zu sein.

«Krank» werden beispielsweise kann ein jeder: – ein «kleiner» Unfall genügt, eine einzige falsche Bewegung langt aus, eine Infektion, die sich chronifiziert, gar nicht erst zu reden von den üblichen Einschränkungen und Belastungen des Alters, und dann der Schmerz, der das Bewußtsein lähmt und verengt, der ständige Streß, sogar in den Nächten ... *Jeden* kann es betreffen, zu *jedem* Zeitpunkt, man muß Glück haben, wenn nicht. Doch müßte man dann nicht schon als «Gesunder» so leben, daß es der ständig drohenden Möglichkeit einer schweren Erkrankung menschlich gerecht wird? Der römische Schriftsteller PLINIUS (der Jüngere, 61/62–um 113) gab zur Empfehlung, man möge sich vorstellen, auf ärztliches Anraten hin sich in einer Kur zu befinden, – wie man dann sein Leben einrichte: spazierengehend, reichlich schlafend, sich maßvoll ernährend, das Schöne genießend, erholsam im ganzen, so solle man's halten noch als Gesunder[8]. So simpel

[5] Vgl. FRANÇOIS BOVON: *Das Evangelium nach Lukas*, I 286: «Noch nie sprach Lukas so nachdrücklich vom Erfolg Jesu, wobei er zwei Gruppen unterscheidet: die aus dem jüdischen Land (Galiläa einbezogen wie in 4,44) und die von der heidnischen Küste von Tyrus und Sidon. So wird die Zukunft der Kirche wie in Lk 14,21-23 vorgezeichnet. Ihre Entstehung ist also eine progressive und eschatologische Sammlung Israels.»

[6] Vgl. Mk I 472–482: Mk 7,24-30: Die syrophönizische Frau oder: Die Fürbitte.

[7] Vgl. KARL LÖNING: *Das Geschichtswerk des Lukas*, I 205: «Der Ebene am Fuß des Berges als szenischem Ort werden die Menge der Jünger und des Volkes zugeordnet. Unter den Regionen, aus denen die ‹Menge des Volkes› zusammenströmt, nennt Lukas hier erstmals die Küsten von Tyrus und Sidon. Der lukanische Jesus selbst wird nie in Räume außerhalb des jüdischen Landes reisen. Aber schon nach der Rede am Berg trifft er in Kafarnaum mit einem Heiden zusammen. Die geographischen Angaben in 6,17 und das Auftreten des heidnischen Offiziers in 7,2 sind keine Ausnahme von dem Prinzip der Sammlung Israels, wohl aber frühe Verweise auf die nachösterliche Öffnung der Mission auf die Völkerwelt.»

[8] Vgl. PLINIUS DER JÜNGERE: Briefe, VII 26, S. 104–105: «Kürzlich hat mich das Unwohlsein eines meiner Freunde auf den Gedanken gebracht, daß es uns eigentlich nie besser geht, als wenn wir krank sind. Denn wen plagt, wenn er krank ist, Habsucht oder Leidenschaft?

dieser Ratschlag ist, weist er doch darauf hin, daß gerade ein «gesundes» Leben sich messen lassen müßte an der Möglichkeit einer Erkrankung. Welch eine Folgerung aber ergibt sich dann beim Anblick von Menschen, die bereits krank sind, außer daß man ihnen zur Wiedergenesung die Wege noch erweitert und freiräumt, die zum Erwerb und Erhalt von Gesundheit empfehlenswert scheinen? Aus dem empfehlenswerten Schönen wird wie von selbst das Schonende und Sanfte im Umgang mit Gebilden, so zerbrechlich, wie wir sind. Die wichtigste Hilfe aber, als er einmal sehr krank gewesen, habe ihm das Gespräch mit Freunden bedeutet, erinnert sich zeitgleich zu Jesus der römische Philosoph SENECA (um 4 v. Chr. – 65 n. Chr.)[9]. Was jeder bestätigen wird: nichts wirkt in Augenblicken von Erschöpfung, Ohnmacht und Unglück derart beruhigend und heilend wie die Nähe und das Einfühlungsvermögen eines anderen Menschen. «Verhalte Dich zu einem Kranken, der Deine Hilfe benötigt, nicht anders, als Du selbst es in gleicher Lage Dir wünschen würdest; denn ein weniges nur, und Du kannst dort sein, wo er jetzt sich aufhält», – so lautet die unmittelbar einsichtige Folgerung aus eben jenem Zustand der Bedrohtheit, in dem wir alle uns befinden. «Die Sorge für einen Nächsten in Not ist eine notwendige Form der Fürsorge für Dich selbst», kann man auch sagen.

Insofern tut Jesus hier im Grunde nichts Besonderes, wenn er sich den Kranken zuwendet; allerdings tut er es in besonderer Weise. Wo wir für gewöhnlich das Grundsätzliche im Ausnahmsweisen leben, hat er die Kraft, das, was wir gern als Ausnahmsweises sehen würden, als Grundsätzliches zu begreifen: Erschöpfung, Ohnmacht und Unglück, Krankheit, Scheitern und Schuld sind keine Zufallseinbrüche in unser Leben, sie sind ein Teil der prinzipiellen Ungesichertheit und Ungewißheit des Daseins; darum ist es nur ehrlich und wahrhaftig, darauf prinzipiell zu antworten. Und auch die

Man ist nicht Sklave der Liebe, giert nicht nach Ehren, kümmert sich nicht ums Geld und ist mit ganz wenigem zufrieden in dem Gedanken, daß man es doch hinter sich lassen muß. Jetzt kommt einem zum Bewußtsein, daß es Götter gibt, daß man ein Mensch ist, und man beneidet niemanden, bewundert niemanden, läßt sich selbst durch üblen Klatsch nicht aufregen oder erheitern; man träumt nur von Bädern und Brunnenkuren. Darin erschöpfen sich alle Sorgen, alle Wünsche; das verheißt für die Zukunft, falls man mit dem Leben davonkommt, ein angenehmes, behagliches und das heißt: glückliches, unschuldiges Leben. – Was uns also die Philosophen mit sehr vielen Worten und in sehr vielen Schriften beizubringen suchen, das kann ich für Dich und mich in dem kurzen Satz zusammenfassen: Wir müssen in gesunden Tagen so zu bleiben suchen, wie wir uns zu verhalten beabsichtigen, wenn wir krank sind.»

[9] Vgl. LUCIUS ANNAEUS SENECA: *An Lucilius*, IX 78,4, in: Philosophische Schriften, IV 129.

Art, wie *Lukas* hier die Zudringlichkeit der Menge und die Zugänglichkeit Jesu schildert, enthält etwas Bezeichnendes.

Seit jeher gilt es in der psychoanalytischen Behandlung für suspekt, wenn es zwischen Therapeut(in) und Patient(in) zu körperlichen Kontakten kommen sollte. Der Ungar SÁNDOR FERENCZI (1873–1933) wurde – auf SIGMUND FREUDs Betreiben hin – im Jahre 1932 wie ein Ketzer aus der psychoanalytischen Bewegung ausgestoßen, weil er eine gewisse zärtliche Zugewandtheit von seiten des Arztes für schier unerläßlich zur Gesundung mancher seelisch bedingter Krankheitsformen erklärte[10]; einen ähnlich schweren Stand hat gegenwärtig TILMANN MOSER (geb. 1938), weil er in der Psychotherapie die leibliche Erfahrung von Geborgenheit nicht für ersetzbar hält durch eine rein verbale (und zumeist äußerst einseitig geführte) Kommunikation[11]. Laut *Lukas* aber läßt Jesus hier zu, das heißt, er sieht überhaupt kein Problem darin, daß «die ganze Schar ... ihn zu berühren» suchte, «weil eine Kraft von ihm ausging und alle heilte». (6,19)

Man könnte religionsgeschichtlich in einem solchen Verhalten einfach einen Beleg für die abergläubige Magie der «Volksfrömmigkeit» damals wie heute sehen: Da herrscht der Glaube an ein «Mana», das sich in Gegenständen, Orten und Personen manifestiert und durch Berührung übertragbar ist[12]; wer also den Saum des Gewandes einer solchen Person berührt, wie etwa die blutflüssige Frau in Lk 8,44, der darf damit rechnen, geheilt zu werden[13]. Zugeben muß man ehrlicherweise, daß die Theologie namentlich der römischen Kirche, nach Jahrhunderten, in denen sie von derlei Vorstellungen zu profitieren suchte, nicht gerade viel zu einer psychosomatischen Aufklärung über die Heilungen beigetragen hat, die an ihren «Gnaden-» und Wallfahrtsorten auch heute noch sich zu ereignen pflegen[14]. Somit sind für die Auslegung der Heilungs«wunder» in der Bibel insbesondere die psychoanalytischen und psychosomatischen Erkenntnisse der mo-

[10] Vgl. SÁNDOR FERENCZI: *Ohne Sympathie keine Heilung*, 39–43: Die Fühllosigkeit des Analytikers.

[11] Vgl. TILMANN MOSER: *Der Erlöser der Mutter auf dem Weg zu sich selbst*, 129–140: Über Säuglings- und Kleinkindforschung und Körperpsychotherapie.

[12] Zum Mana-Begriff vgl. CARL GUSTAV JUNG: *Der archaische Mensch*, in: Gesammelte Werke, X 85–86: «Wenn ein wesentlicher Seelenteil auf einen Menschen projiziert wird, so wird dieser mana, das heißt ungewöhnlich wirksam.» «Alle Macht ist draußen, und durch sie allein dürfen wir leben. Man sieht ohne weiteres, wie das religiöse Denken auch noch in unseren entgötterten Tagen den archaischen Geisteszustand lebendig erhält. Ungezählte Millionen denken noch so.»

[13] Vgl. Mk I 366–370: Mk 5,21-34: Die blutflüssige Frau.

[14] Vgl. ANDREAS BECK: *Wunderheilungen in der Medizin?*, 522.

dernen Medizin über die Entstehung und Überwindung seelisch verursachter oder mitbedingter Erkrankungen unverzichtbar[15], und gerade die Szene, die *Lukas* seiner «Feldrede» voranstellt, muß durch und durch «personal» statt «magisch» interpretiert werden.

Da akzeptiert Jesus offenbar, wie wichtig, ja, wie unerläßlich für viele Patienten der persönliche Kontakt zu ihm ist, und er weiß auch, daß eine menschliche Person nicht nur ein «reiner» Geist ist; jedenfalls ist er selber nicht der Mann, der es – infolge der eigenen unreinen Gedanken – für «unrein» erklären müßte, sich «anfassen» zu lassen. So wie das Leid der Menschen seine Seele anrührt, so nötig ist es ihm, auch körperlich berührbar zu sein. «Ein Bild sagt mehr als tausend Worte», heißt es; doch mehr noch als ein Bild sagt manchmal eine Geste, denn sie besagt oft, was ein Wort wohl mitbedeuten, aber nicht mitteilen kann: wie sehr ein Mensch dem anderen «am Herzen liegt», wie sehr er sich in seiner Gegenwart geborgen und «umfangen» fühlen darf und auch wie innig und wie zuverlässig die Verbundenheit in Geltung steht, die sich in der Gebärde ausdrückt. Gerade in unserer so kontaktscheuen und berührungsarmen Zeit, die zwischen «Sex» und Kälte keine Zwischenwerte mehr zu kennen scheint, mag eine solche Unbefangenheit tatsächlich wie ein neues «Zaubermittel» wirken.

Und doch ist all das erst die Vorbereitung zu den Worten, mit denen Jesus die gesamte uns vertraute Welt zu ändern unternimmt. Erneut ist ein Detail hier wichtig. Bei *Matthäus* (Mt 5,2) heißt es noch, daß Jesus seinen Mund öffnete, um die Scharen zu lehren; da ist die Lehre und der Lehrer das Entscheidende. Bei *Lukas* heißt es: «Und er hob seine Augen auf zu seinen Jüngern» (6,20a); im «Blickpunkt» hier stehen die Menschen, die hilfesuchend ihn umdrängen[16]. Diese Begegnung auf einer Ebene, auf Augenhöhe, nicht als Bergpredigt, sondern als Feldrede, ist die Art, in welcher Jesus im *Lukas*-Evangelium Menschen begegnet: Auch als er in der Synagoge den Mann mit der verdorrten Hand in ihre Mitte stellte, schaute er die Schriftgelehrten und die Pharisäer an – «sie alle rundherum»

[15] Vgl. TE II 239–246.

[16] EDUARD SCHWEIZER: *Das Evangelium nach Lukas*, 78, nuanciert: «Lukas unterscheidet gern zwischen Außenstehenden und Jüngern als Hörer: 17,20/22; 18,1/9. Freilich ist das Volk dabei, wenn Jünger angesprochen werden: 6,17-19; 7,1/6,20 (vgl. 12,1; 16,1/14 und zu Mt 5,1 f.). Umgekehrt nennt Jesus dem Volk (14,25) die Bedingungen für Jüngerschaft ... So gelten der Heilruf an die Armen den Jüngern im engeren Sinn, die alles aufgegeben haben und verfolgt werden (6,20), die Weherufe V. 24–26 Außenstehenden ..., das Gebot der Feindesliebe allen Hörwilligen (6,27).» Es sind also die «Jünger», denen speziell die folgenden Sätze gesagt werden, doch gemeint sind sie alle – in ihrer Armut und in ihrer Armseligkeit.

(Lk 6,10), um *vis-à-vis* zu ihnen, unter ihren Zensoraugen, *face-à-face*, «von Angesicht zu Angesicht», konfrontativ, ihnen *entgegen*, am Sabbat die Tat einer Heilung zu wirken. – Anders, ganz anders hier: In diesem Augenblick schaut Jesus all den Leuten in die Augen, wie um zu erspüren, was darin an Sehnsucht und an Flehen geschrieben steht, und um es, adressiert an seine Jünger, daß sie es in alle Zukunft leben und verbreiten, zu bestätigen – im Namen Gottes, der die Güte ist.
Wie leise muß man diese Sätze lesen:

Glücklich ihr Armen, denn euer ist das Königtum Gottes.
Glücklich, die ihr jetzt hungernd seid, denn ihr werdet gesättigt werden.
Glücklich, die ihr jetzt weinend seid, denn ihr werdet lachen. (6,20b.21)

Und wie drohend muß man die Worte betonen, die – einzig bei *Lukas* – in scharfen Entgegensetzungen das eben Gesagte kontrastieren:

Weh euch, ihr Reichen, denn vorbei habt ihr euren Zuspruch.
Weh euch, die ihr jetzt vollgepfropft seid, denn ihr werdet hungern.
Weh euch, die ihr jetzt lacht, denn ihr werdet trauern und weinen. (6,24.25)

b) Glücklich ihr Armen – weh euch, ihr Reichen

Wer Worte wie diese rein äußerlich auf sich wirken läßt, dem legt sich unvermeidbar ein Gedanke nahe, der in der Auslegung der Stelle denn auch wohl vertreten wird: hier zeige Jesus sich in seiner ganzen Einstellung als radikaler Revolutionär mit einem quasi kommunistischen Programm, das für die nächste Zukunft schon einen totalen gesellschaftlichen Umsturz in Aussicht stelle, – das «Königtum Gottes» als das Resultat göttlicher Strafgerechtigkeit zur Belohnung der Armen und zur Bestrafung der Reichen[17]. Daß (dem lukanischen) Jesus ein solches Denken an sich zuzutrauen ist,

[17] Zu Recht fragen sich LUISE SCHOTTROFF und WOLFGANG STEGEMANN: *Jesus von Nazareth – Hoffnung der Armen*, 33, gerade weil sie bei den «Armen» «an Bettler, an verarmte Landbevölkerung, arbeitslose Tagelöhner, sonstige nicht mehr seßhafte Bevölkerungsgruppen» denken (S. 28), ob «die Erwartung der Armen, daß ihr Schicksal umgekehrt wird», «nicht Verdummung oder Vertröstung» sei. «Wird Gott da nicht zum Instrument des Ressentiments gemacht, zum Erfüller aller unerfüllten Wünsche? Es ist psychologisch verständlich, daß Hungernde auf solche Ideen kommen.» Und S. 34: «In unseren Ohren klingen... auch die Wehesprüche gegen die Reichen (Lk 6,24-26) befremdlich... Das theologische Problem..., das sie aufgeben, entsteht in jedem Fall schon für die älteste Jesustradition: Wie wird in ihr mit den Reichen umgegangen, erträumt man sich Rache, wünscht man ihnen Strafe? Schon implizit ist diese Frage mit Lk 6,20 f. gegeben. Die Armen werden die Königsherrschaft Gottes erben – sie allein?» Wie aber soll dann die «Umkehrung» zustande kommen? Denken ließe sich an Vorstellungen, wie sie im *Buch Henoch* 94–104 aus-

läßt sich ersehen etwa an seinem berühmten Gleichnis von dem reichen Prasser und dem armen Lazarus (Lk 16,19–31), in dem die vollkommene Gleichgültigkeit eines feisten Schlemmers und Genießers gegenüber dem Bettelelend des Menschen (und der Menschen) vor seiner Haustür mit ewiger Höllenstrafe vergolten wird, wohingegen der Arme in Abrahams Schoß versetzt wird; doch wohlgemerkt: dieses «Strafgericht» Gottes ergeht gerade nicht inmitten dieser Welt, inmitten der menschlichen Geschichte; es ereignet sich nach dem Tode: in einer jenseitigen Wirklichkeit und außerhalb der irdischen Geschichte. Eine diesseitige «politische», philosophisch an ERNST BLOCH (1885–1977) angelehnte Auslegung der «Feldrede» ver-

gesprochen werden, z.B. *Henoch* 96,3-8: «Ihr Leidenden..., fürchtet euch nicht, denn Heilung wird euch zu teil werden; helles Licht wird euch scheinen, und ihr werdet die Stimme der Ruhe vom Himmel her hören. Wehe euch Sündern, daß euer Reichtum euch als Gerechte ausweist, aber euer Herz überführt euch als Sünder... Wehe euch, die ihr das Mark des Weizens verzehrt, die Kraft der Wurzel der Quelle trinkt und die Niedrigen durch eure Kraft niedertretet. Wehe euch, die ihr zu jeder Zeit Wasser zu trinken habt, denn plötzlich wird euch vergolten werden; ihr werdet verwelken und vertrocknen, weil ihr die Quelle des Lebens verlassen habt. Wehe euch, die ihr Ungerechtigkeit, Betrug und Lästerung begeht; es wird ein Gedächtnis zum Bösen gegen euch sein! Wehe euch Mächtigen, die ihr gewaltsam den Gerechten niederschlagt, denn der Tag eures Verderbens wird kommen; in jener Zeit werden für die Gerechten viele glückliche Tage kommen, wenn ihr gerichtet werdet.» *Das Buch Henoch*, hg. v. GEORG BEER, in: Emil Kautzsch (Hg.): Die Apokryphen und Pseudepigraphen des Alten Testaments, II 302. Sollte auch Jesus in dieser Weise auf eine apokalyptische Umkehrung durch ein dramatisches Eingreifen Gottes gehofft haben? Lohn im Himmel und Strafe in der Hölle durch das Endgericht Gottes wie z.B. in *Henoch* 104,5 stellt auch Jesus zumindest individuell in dem Gleichnis von dem reichen Prasser und dem armen Lazarus in Aussicht (Lk 16,19-31); doch nicht davon reden die Seligpreisungen und Weherufe in der «Feldrede». Zu Recht wenden LUISE SCHOTTROFF und WOLFGANG STEGEMANN: *Jesus von Nazareth – Hoffnung der Armen*, 44–45, ein, daß im *äthiopischen Henoch* ein Konflikt vorausgesetzt werde, «der aus der Optik der Unterlegenen beschrieben wird. Ihre Notlage ist vor allem ihr Scheitern in diesem Konflikt (s. z.B. 103,9-15); daß sie dabei auch sozial schlechter gestellt sind als die Gegner, ist daraus zu entnehmen, daß die Gegner als Reiche (die ihren Reichtum durch Unrecht erworben haben, 97,8-10 u.ö.) charakterisiert werden... Der Text hat vor allem die Aufgabe, die ‹Gerechten› = Unterlegenen zu ermutigen und zu ermahnen... In dem Konflikt spielen auch theologische Differenzen eine Rolle (z.B. 97,4). Ob er überhaupt als sozialer Konflikt angesehen werden kann, ist sehr zu fragen: Die Notlage der Unterlegenen wird eben nicht als soziale Not, sondern als politische Niederlage beschrieben. Und die Hoffnungen richten sich nicht auf sozialen Ausgleich, sondern auf Sieg über die Gegner (trotz 98,3; 104,2, die am ehesten im Sinne der eschatologischen Umkehr der sozialen Geschicke verstanden werden könnten).» Wie aber soll dann die Umkehr von Arm und Reich, als *soziale* Realität verstanden, von statten gehen außer – phantastisch – durch ein göttliches Wunder, indem «eschatologisch» die verheißene Hoffnung «hereinbricht», oder – politisch – durch einen gewaltsamen Umsturz der Verhältnisse in durchaus marxistischem Sinne? Es ist die entscheidende Frage im Verständnis der gesamten Botschaft Jesu, wie man die Rede von «Armut» (und «Gnade») begreift.

heißt indessen ein Unmögliches: daß die bereits absehbare, zum Greifen nahe Umwälzung aller gesellschaftlichen Verhältnisse durch den mächtigen Arm Gottes tatsächlich die aktuellen Hörer Jesu unbedingt jetzt, unmittelbar, von ihrem Leid erlösen werde, so wie das Wehe all die Nicht-Anwesenden, die «reichen Prasser» augenblicks ereilen werde[18]. Noch nie ist eine

[18] Vgl. ERNST BLOCH: *Das Prinzip Hoffnung*, II 592–593, der das dritte Reich des JOACHIM VON FIORE aufgrund des darin allgemein gewordenen «Kloster- und Konsumtionskommunismus» für «so entschieden von dieser Welt» hält «wie nirgends mehr seit dem Urchristentum. Jesus ist wieder der Messias einer neuen Erde, und Christentum geschieht in der Wirklichkeit, nicht nur in Kult und Vertröstung; es geschieht ohne Herren und Eigentum, in mystischer Demokratie.» Von da aus liegt es nah, das real existierende Christentum mit den Worten von KARL MARX (*Nachlaß*, II 433 f.) zu kritisieren: «Die sozialen Prinzipien des Christentums haben jetzt achtzehnhundert Jahre Zeit gehabt, sich zu entwickeln ... Die sozialen Prinzipien des Christentums haben die antike Sklaverei gerechtfertigt, die mittelalterliche Leibeigenschaft verherrlicht und verstehen sich ebenfalls im Notfall dazu, die Unterdrückung des Proletariats, wenn auch mit etwas jämmerlicher Miene zu verteidigen. Die sozialen Prinzipien des Christentums predigen die Notwendigkeit einer herrschenden und einer unterdrückten Klasse und haben für die letztere nur den frommen Wunsch, die erstere möge wohltätig sein. Die sozialen Prinzipien des Christentums setzen die konsistorialrätliche Ausgleichung aller Infamien in den Himmel und rechtfertigen dadurch die Fortdauer dieser Infamien auf der Erde. Die sozialen Prinzipien des Christentums erklären alle Niederträchtigkeiten der Unterdrücker entweder für gerechte Strafe der Erbsünde und sonstiger Sünden oder für Prüfungen, die der Herr über die Erlösten nach seiner Weisheit verhängt. Die sozialen Prinzipien des Christentums predigen die Feigheit, die Selbstverachtung, die Erniedrigung, die Unterwürfigkeit, die Demut, kurz alle Eigenschaften der Kanaille, und das Proletariat, das sich nicht als Kanaille behandeln lassen will, hat seinen Mut, sein Selbstgefühl, seinen Stolz und seinen Unabhängigkeitssinn noch weit nötiger als sein Brot. Die sozialen Prinzipien des Christentums sind duckmäuserisch, und das Proletariat ist revolutionär; so viel über die sozialen Prinzipien des Christentums.» Zit. n. ERNST BLOCH: *Das Prinzip Hoffnung*, II 595. – Eben nach dieser Vorlage soll nun auch die Botschaft Jesu selber zu verstehen sein: «Das Reich dieser Welt», schreibt BLOCH, «war für Jesus das Reich des Teufels (Joh 8,44), eben deshalb bekundete er nirgends, es bestehen zu lassen, er schloß mit ihm keinen Nichteinmischungspakt. Die Waffe wird abgelehnt ... in der Bergpredigt ... bei jeder Seligpreisung (Matth. 5,3-10) ..., weil sie für den *Apokalyptiker* Jesus überflüssig, weil sie bereits veraltet ist. Er erwartet eine Umwälzung, die ohnehin keinen Stein auf dem anderen läßt, und erwartet sie im nächsten Augenblick, von der Natur, von der Überwaffe einer kosmischen Katastrophe ... Nicht nur die Wechsler werden, wie Jesus tat, aus dem Tempel mit der Peitsche herausgetrieben, sondern der ganze Staat und Tempel fällt, gründlich, durch Katastrophe, in kurzem.» A. a. O., II 580–581. Demnach wäre die Botschaft Jesu eine soziale Utopie – ernst in ihrer Zielsetzung, doch phantastisch in ihren – apokalyptischen – Grundannahmen. Vgl. auch a. a. O., III 1492. Insofern steht Jesus in BLOCHs Sicht *Bar Kochba*, dem messianischen Nationalhelden des letzten jüdischen Aufstandes gegen die Römer, nahe (a. a. O., III 1491), denn es gilt von ihm: «Ein Rebell gegen Gewohnheit und Herrenmacht ist am Kreuz gestorben, ein Unruhestifter und Löser aller Familienbande (Matth. 10,34-37; 12,48), ein Tribun des letzten, apokalyptisch geschützten Auszugs aus Ägypten.» Das Kreuz selbst dann war «die Katastrophe für den Jesus, der kein Jenseits für die Toten, sondern einen neuen Himmel, eine neue Erde für die Lebendigen gepredigt hat.» A. a. O., III 1490.

solche Prophezeiung, für die historisch etwa THOMAS MÜNTZER (um 1490–1525) kämpfte[19] oder die Wiedertäufer in Münster[20] stritten, Wirklichkeit geworden; sie blieb phantastisch bereits in den Tagen Jesu, zum Beispiel, als ein gewisser Theudas – nach dem Bericht des FLAVIUS JOSEPHUS (37/38 – um 100) in seinem Hauptwerk *Jüdische Altertümer*[21] – sich dadurch als Messias, als ein zweiter Moses, zu erweisen suchte, daß er seine Anhänger durch den Jordan zu führen versprach; sie alle, etwa 400 Mann, gingen unter den Schwertern des Landpflegers *Cuspius Fadus* zugrunde. (Vgl. Apg 5.36.) Als ein solcher messiaspolitischer Schwarmgeist müßte nach jenen Interpretationen notgedrungen auch Jesus gelten. Er wäre dann wirklich gewesen, was die Hohen Priester und Schriftgelehrten vor dem Richtstuhl des Pilatus später behaupten werden: einer, der «mit seiner Lehre» das Volk aufwiegelt, «in ganz Judäa, angefangen von Galiläa bis hierher.» (Lk 23,5) Er wäre dann wirklich ein Verführer der Menschen gewesen, selber verführt von dem Geist in der Wüste, der ihn dazu verlocken wollte, Weltherrschaft an sich zu reißen (Lk 4,5–7). Alles spricht dagegen, daß man die Worte Jesu richtig versteht, wenn man sie derart gewaltsam und gewalttätig auffaßt, säkular gewendet etwa in dem Gerechtigkeitswillen der «Vernunft» in den Tagen der Französischen Revolution unter dem Regime MAXIMILIEN DE ROBESPIERRES (1758–1794)[22]; die «Umkehr», die sie bewirken wollen, ist kein

19 Vgl. ERNST BLOCH: *Thomas Münzer als Theologe der Revolution*, 169–175: Die Sekte und der ketzerische Radikalismus: «Der Aufruhr ... ist die Berufsethik des chiliastischen Christen; folglich bilden der revolutionäre Kampf, die Herbeiführung ökonomisch-politischer Serenitas (sc. Heiterkeit, d.V.), die Bereitung des Auszugs aus Ägypten, des freien Bauhorizonts für Parusie und Apokalypse den einzigen Kompromiß, den das Katharertum der Sekte (sc. ihr unbedingter Wille zur Reinheit, d.V.) mit der Welt nach dem Satz 1. Korinther 7,31 schließt: ‹Und die dieser Welt brauchen, daß sie derselben nicht mißbrauchen, denn das Wesen dieser Welt vergeht›.» Vgl. auch BERNHARD BRENDLER: *Thomas Müntzer*, 57: «Armut scheint für Müntzer Signum des Evangeliums und des rechten Glaubens zu sein», und er fragte sich, «warum eigentlich die Armut nicht evangelisch und nicht für alle geboten sei.» Doch der Weg dahin ist der einer heiligen Gewalt: «das auserwählte Volk», sagt MÜNTZER, «hat das Land nicht durch das Schwert gewonnen, sondern durch die Kraft Gottes, aber das Schwert war das Mittel, wie uns essen und trinken ein Mittel ist zu leben. Also nötlich ist auch das Schwert, die Gottlosen zu vertilgen.» A. a. O., 135.

20 Zu der Bewegung der Wiedertäufer vgl. die nach wie vor ausgezeichnete Darstellung bei LEOPOLD VON RANKE: *Deutsche Geschichte im Zeitalter der Reformation*, II 97–125: 9. Kap.: Wiedertäufer zu Münster.

21 FLAVIUS JOSEPHUS: *Jüdische Altertümer*, XX 5,1, Bd. II 650–651.

22 Zu der Ambivalenz ROBESPIERRES zwischen der Restauration einer Vernunftreligion nach dem Vorbild ROUSSEAUS und dem Terror der Vernunft vgl. WILL und ARIEL DURANT: *Kulturgeschichte der Menschheit*, XVII 101–103.

»Umsturz» von außen, sondern eine Gesinnungsänderung mit allerdings revolutionären Konsequenzen.

Man muß, um aufzugreifen, was Jesus hier meint, nur weiter dem Blick folgen, den er auf die Leute gerichtet hält, auf die Kranken und Elenden; was ist ihnen zu sagen, das sie trösten könnte? Mit Szenarien von Revanche und von Umsturz kann man aufputschen, aber nicht aufrichten, kann man zu Aufruhr aufrufen, aber nicht heilen, kann man die Blutmühle der Gewalt ein weiteres Mal um ihre eigene Achse drehen, doch nicht sie zum Stillstand bringen. Wie aber, wenn die Geste der Menschlichkeit, mit der Jesus soeben die Kranken berührte und sich von ihnen anrühren ließ, in diesen Worten jetzt sich einfach fortsetzte ins Absolute? Dann erklängen sie als eine absolute Zusage Gottes an jeden Menschen, und man dürfte sie etwa so wiedergeben: «Niemand von Euch steht hier, der nicht bedrängt würde von Not und von Leid. Manche von Euch sind ganz verstört von Angst, sind seelisch und körperlich zerbrochen, ‹unrein› und unberührbar von allen Mitmenschen, stets auf der Flucht vor ihrer Nähe (vgl. 6,18); und Ihr habt Euch hier eingefunden in der Hoffnung auf Hilfe. Sie ist Euch *allen* (vgl. 6,19) geworden. Doch ist es nicht meine Kraft, die Euch heilt. Meine Hände sind nicht stärker als Eure, meine Arme nicht länger als Eure. Es ist unmöglich, alles Leid der Welt zu umfassen. Und doch ist das, was da gerade geschieht, für mich selbst wie für Euch ein Sich-Öffnen des Himmels. Schon einmal erschaute ich's so, in den Fluten des Jordans, als die Stimme mich ansprach: ‹mein Sohn, der geliebte› (Lk 3,22). Dies Wort, hört mich alle, geb ich Euch weiter. So seid Ihr in den Augen Gottes, unseres Vaters. In Seinen Händen, in Seinen Armen seid Ihr nie allein. Was Euch gesund macht, ist Seine Liebe, die ich erfahren habe und die sich regt in jedem von Euch. Einzig in ihr existiert Ihr. So wie Blumen nicht anders erblühen als in den hellen Strahlen der Sonne, so öffnet sich Euer Herz nur einer Milde, die nichts will als Euer Glück. So wie ein Vogel nicht anders fliegt als in dem sanften Luftstrom des Windes, so erhebt sich Eure Seele zum Himmel nur in dem Aufstieg der Wärme, die Euch umfängt. Und glücklich seid Ihr, weil Ihr wißt, daß es sich gerade so verhält. Denn anders könnt Ihr nicht leben als aus dieser Grundgewißheit des Daseins. Ihr habt die Spielräume nicht, Euch selbst zu entlaufen; Ihr verfügt nicht über die Mittel, Fassadenwände der Täuschung vor Euch selbst zu errichten. Ihr könnt nicht sagen: ‹Seht, was ich bin! Schaut her, was ich kann.› Ihr wißt, wie verloren Ihr seid ohne Hilfe, und Ihr wißt, daß Hilfe nur dort ist, wo Menschlichkeit wohnt. Und an diesen Orten begegnet Ihr Gott. Wißt Ihr, daß Ihr Seine Lieblinge seid? Ihr vergeßt Ihn nie, so wenig wie Er Euch je vergessen kann. Ihr spürt Ihn stets. Ihr fühlt Ihn sogar nur noch viel mehr, wo immer man Ihn Euch verweigert. Darum ist Euer das Königtum Gottes. An niemandem sonst erweist sich Gott mächtiger als an Euerem Leben, die Ihr so offensichtlich nur leben könnt aus Seiner Güte, die unverdient ist und doch absolut nötig. Was wäre auch Gott, wenn Er nicht alles uns wäre. Euch bedeutet Er alles. Für Euch ist Er der Einzige, der Alleinige. Alle, die nicht erlebt haben, was Ihr erlebt habt, die nicht gelernt haben, was Ihr lernen mußtet, die nicht sind wie Ihr, werden sich schwertun, diese Wahrheit gelten zu lassen. Niemand weiß, welche Erschütterungen Menschen treffen müssen, ehe sie merken, woraus wir alle in Wirklichkeit leben. Krankheiten, wie Ihr sie erduldet, – für alle, die da unverbrüchlich an sich selbst, an ihre Kraft und an ihren Reichtum glauben, bedeuten sie unerlaubte Schwäche und persönliches Versagen; Verzweiflung und Schuld, wie sie Euer Leben so tief geprägt haben, – für alle, die da an ihre Leistungsfähigkeit und an ihre eigene moralische Überlegenheit glauben, sind sie gleichbedeutend mit Sünde. Darum weigern sie sich voller Angst, in Ehrlichkeit unser aller Ohnmacht und Erbärmlichkeit geständig zu sein; doch damit weigern sie sich der Gnade, damit stellen sie sich selber dem Königtum Gottes entgegen, – solange sie es nur können. Darum: wehe den Reichen, die sich trösten möchten mit dem, was sie haben, und die trostlos sind im Gespinst ihres Scheins. Und: glücklich Ihr Armen, Ihr zur Wahrheit Bestimmten, Ihr Kinder Gottes.»

Ein einziges Mal nur in der Geschichte der Menschheit geschah etwas Ähnliches, als – noch einmal – MAHATMA GANDHI die Kastenlosen, die Parias der Gesellschaft, die unendliche Schar der Bettler auf Indiens Straßen als Harijans, als «Lieblinge Gottes», bezeichnete[23]. Mochten auch die Brah-

[23] Vgl. VANAMALI GUNTURU: *Mahatma Gandhi*, 256–266: Satyagraha und die Umwandlung der Klassengesellschaft, wo der Sozialismus in GANDHIs Augen als «ein erstrebenswertes Ideal» gilt, aber nicht durch Gewalt herbeigeführt werden kann. (S. 260–261) In *Harijan*, vom 11.2.1933, schrieb GANDHI: «In allen Religionen der Welt gilt Gott als Freund der Freundlosen, als Hilfe der Hilflosen, als Schützer der Schwachen. Doch abgesehen von der übrigen Welt: Wer kann in Indien freundloser, hilfloser, schutzloser sein als die vierzig oder mehr Millionen Hindus, die man ‹Unberührbare› nennt? Wenn also auf irgendeinen Teil des Volkes der Name Gotteskinder zutreffen kann, dann bestimmt auf diese hilflosen, freundlosen und geschmähten Menschen. – Wenn sich einmal die Kasten-Hindus von der hergebrachten Auffassung der Unberührbarkeit losgemacht haben und zwar aus echter innerer Überzeugung und freiem Entschluß, dann können wir alle Harijans heißen. Denn dann haben nach meiner bescheidenen Ansicht die Kasten-Hindus Gnade gefunden bei Gott und können zutreffend seine Kinder genannt werden.» Zit. n. MAHATMA GANDHI: *Worte des Friedens*, 53. Es scheint nicht möglich, den Sinn der Seligpreisungen und der Weherufe Jesu tiefer zu erfassen, als es hier geschieht.

manen an der Spitze der Kastenordnung stehen und an den Ufern des Ganges ihren Weiheriten und Waschungen zu Ehren der Götter obliegen, – die Gottheit selbst schaut uns an aus den Augen der Ausgemergelten von Benares, die da sitzen und warten auf ihren Tod. Sie alle zeigen, wie's wesentlich um uns steht, so daß, wer einem Bettler Geld gibt in Indien, ihm dankt für die Gunst, etwas Gutes tun zu dürfen, und sein Entgelt entrichtet wie zum Lohn für den Dienst eines Lehrers. Nicht anders hielten und halten es – unter buddhistischem Einfluß – die Mönche[24]: mit ihrer freiwilligen Armut offenbaren sie die Wahrheit eines jeden menschlichen Lebens, wie wiederum RAINER MARIA RILKE (1875–1926) sie im 3. Teil des *Stundenbuchs* beschrieb:

Du bist der Arme, du der Mittellose,
du bist der Stein, der keine Stätte hat,
du bist der fortgeworfene Leprose,
der mit der Klapper umgeht vor der Stadt.

Denn dein ist nichts, so wenig wie des Windes,
und deine Blöße kaum bedeckt der Ruhm;
das Alltagskleidchen eines Waisenkindes
ist herrlicher und wie ein Eigentum.

Du bist so arm wie eines Keimes Kraft
in einem Mädchen, das es gern verbürge
und sich die Lenden preßt, daß sie erwürge
das erste Atmen ihrer Schwangerschaft.

Und du bist arm: so wie der Frühlingsregen,
der selig auf der Städte Dächer fällt,
und wie ein Wunsch, wenn Sträflinge ihn hegen
in einer Zelle, ewig ohne Welt.
Und wie die Kranken, die sich anders legen
und glücklich sind; wie Blumen in Geleisen
so traurig arm im irren Wind der Reisen;
und wie die Hand, in die man weint, so arm … [25]

[24] Zu den *ägyptischen* Ursprüngen des Mönchtums vgl. JOHN BOWKER (Hg.): *Das Oxford-Lexikon der Weltreligionen*, 671.
[25] RAINER MARIA RILKE: *Das Stunden-Buch*, in: Sämtliche Werke, I 356–357.

In RILKES Augen ist Gott selber arm in aller Menschen Armut, und er scheint darin auf als «großer Glanz aus Innen».

Darum ergeht die Bitte, die sich in Jesu Worten an dieser Stelle einlöst:

nur mach die Armen endlich wieder arm.

Sie sind es nicht. Sie sind nur die Nicht-Reichen,
die ohne Willen sind und ohne Welt;
gezeichnet mit der letzten Ängste Zeichen
und überall entblättert und entstellt.

Zu ihnen drängt sich aller Staub der Städte,
und aller Unrat hängt sich an sie an.
Sie sind verrufen wie ein Blatternbette,
wie Scherben fortgeworfen, wie Skelette,
wie ein Kalender, dessen Jahr verrann, –
und doch: wenn deine Erde Nöte hätte:
sie reihte sie an eine Rosenkette
und trüge sie wie einen Talisman.

Denn sie sind reiner als die reinen Steine
und wie das blinde Tier, das erst beginnt,
und voller Einfalt und unendlich Deine
und wollen nichts und brauchen nur das *Eine*:

so arm sein dürfen, wie sie wirklich sind.[26]

Nur vordergründig betrachtet, steht eine solche Verwesentlichung der Rede von den «Armen» dem erwähnten sozialpolitischen Aussageinhalt im Wege; in Wirklichkeit bereitet sie ihm allererst auf eine illusionsfreie, gewaltlose Weise den Weg. Denn von ihr geht eine Einladung aus auch an die «Reichen», sich nicht länger hinter den Angstbarrieren ihrer Besitztümer zu verstecken. Es ist, wie wenn in den Tagen des Frühlings der Föhnwind die Gletscher der Berge zum Schmelzen bringt, daß ihre grün schäumenden Wasser sich in die Täler ergießen und die Wiesen und Felder durchtränken;

[26] A. a. O., I 355.

ganz ähnlich ein Mensch, der, diese Worte der «Feldpredigt» im Ohr, seine eigene Armut begreift: es kann ihm nicht anders ergehen, als daß er sich – ähnlich der Legende des *Buddha* – wiedererkennt in jedem Bettler, in jedem Armen, und sich als mit seinem Schicksal identisch erfährt[27]. Nicht aus Gründen eines wirklichkeitsfremden Idealismus öffnen sich ihm seine Augen, sein Herz, seine Hände, sondern aus dem Gefühl eines Mitleids, wie es ARTHUR SCHOPENHAUER (1788–1860) als Grund aller Ethik beschrieb[28]: als die unmittelbare Antwort auf das Empfinden einer fundamentalen Zusammengehörigkeit aller Kreaturen in ihrem Leid und in ihrem Schmerz.

Eine solche Auslegung bietet wie selbstverständlich zwei Einsichten, die für das Verständnis der «Feldrede» – mithin der gesamten Botschaft Jesu in ihrem verdichtetsten Konzentrat – unerläßlich sind. *Zum einen*: Alles in den Seligpreisungen und Weherufen der «Feldrede» ist nicht, wie der griechische Wortlaut es nahelegt, als eine Verheißung für etwas Zukünftiges zu verstehen, sondern unbedingt als eine Einladung in der Gegenwart[29]. Das Mißverständnis ergibt sich, wie oft im Neuen Testament, aus dem Problem

[27] Vgl. HERMANN OLDENBERG: *Buddha*, 325: «‹Gemeinde der *Bettler*› (Bhikkhusangha) nannte sich die Brüderschaft der vollberechtigten, ordinierten Mönche ... Kein ausdrückliches Gelübde legte ihm (sc. dem Mönch, d.V.) die Pflicht der Armut auf; durch das ‹Hinausgehen von der Heimat in die Heimatlosigkeit› sah man wie die Ehe so auch die Eigentumsrechte dessen, welcher der Welt entsagte, als selbstverständlich aufgehoben an ... ‹Eng beschränkt›, hieß es, ‹ist das Leben im Hause, eine Stätte der Düsternis; Freiheit ist im Verlassen des Hauses› – ‹Allen Besitz verlassend, muß man von dannen ziehen› – ‹In hoher Freude leben wir, die wir nichts besitzen; Fröhlichkeit ist unsere Speise, wie der lichtstrahlenden Götter› – ‹Wie der Vogel, wohin er auch fliegt, nichts mit sich trägt als seine Flügel, so ist auch ein Mönch zufrieden mit dem Kleide, das er an sich trägt, mit der Speise, die er im Leibe hat. Wohin er auch geht, überall trägt er seinen Besitz mit sich.›» Zu der «Bekehrung» des Prinzen Siddhartha Gautama vgl. a.a.O., 104, «die bekannte Erzählung von den vier Ausfahrten nach den Gärten der Stadt, auf denen ihm die Bilder der Vergänglichkeit alles Irdischen nacheinander in der Gestalt eines hilflosen Greises, eines schwer Kranken und eines Toten erscheinen, und ihm endlich ein Mönch mit geschorenem Haupt im gelben Gewande begegnet, ein Bild des Friedens und der Erlösung von allem Leid der Vergänglichkeit.»

[28] Vgl. ARTHUR SCHOPENHAUER: *Preisschrift über die Grundlage der Moral*, in: Sämtliche Werke, IV § 18: Die Tugend der Menschenliebe, S. 227, wo SCHOPENHAUER das *Mitleid* als einen Vorgang beschreibt, bei dem «das fremde Leiden an sich selbst und als solches unmittelbar mein Motiv wird».

[29] LUISE SCHOTTROFF und WOLFGANG STEGEMANN: *Jesus von Nazareth – Hoffnung der Armen*, 31–32, schwanken bei aller Betonung des realen (nicht-spiritualisierten) Begriffs der Armut zwischen der zukünftigen und der gegenwärtigen Bedeutung des Jesus-Wortes hin und her, ebenso wie zwischen dem psychologischen und dem «tatsächlichen» Trost, der von der Botschaft Jesu ausgeht; sie schreiben: «Die Herrschaft Gottes wird als zukünftig erwartet (die Hungernden *werden* gesättigt werden), aber sie ist auch schon Gegenwart. Denn man kann mit ihr schon Erfahrungen machen. Versuchen wir uns die Situation der Jesus-

anhänger... auszumalen. Arme Juden in Palästina vielleicht schon zu Lebzeiten Jesu – vielleicht auch danach – fanden sich als Anhänger Jesu zusammen. Sie begriffen ihre eigene Situation der Armut, für die Hunger und Weinen und wohl auch Krankheit Kennzeichen waren, als Skandal vor Gottes Augen. Dieses elende Leben kommt nicht aus der Hand Gottes. Gott macht demnächst Schluß mit dieser Unordnung. Er wird herrschen, dann sind der Hunger und das Leiden an der Armut vorbei... Die Gegenwart dieser Verheißung veränderte schon so vieles. Es geschehen Wunder.» Warum dann aber nicht offen sagen, daß es nicht um die «Hoffnung» gehen kann, Gott werde äußerlich, sozial-real, die Zustände der menschlichen Geschichte – schlagartig und auf phantastische Weise, «eschatologisch» oder «apokalyptisch» – umkehren, sondern daß es entscheidend darauf ankommt, beim Hören der Worte Jesu die eigene *wesenhafte* Armut des Daseins zu erkennen und sie nicht länger in Überkompensationen von Geldbesitz und Geltung zu fliehen! Die «Umkehrung» von «allem» ist identisch mit der «Umkehr» der eigenen Daseinsausrichtung: Wer die eigene Armut anerkennt, hat keinen Grund mehr, mit der Armut des anderen neben ihm *nicht* sich identisch zu fühlen und entsprechend solidarisch zu handeln. Ermöglicht wird diese Einsicht und Umkehr durch die Erfahrung der absoluten Zuwendung Gottes, wie sie in der Person Jesu Gestalt gewinnt. Wenn schon die Berufung der Zwölf die Frucht des Gebetes war (Lk 6,12), so ist es, wie wenn die Seligpreisung der «Armen» verriete, welch ein Gebet Jesu zu Worten wie diesen bestimmen konnte; – man lese nur für sich selber die Worte des *23. Psalms*: «Der Herr ist mein Hirte, nichts wird mir mangeln... Und muß ich schon wandeln in Todschattenschlucht, so fürcht ich kein Unheil, denn du bist bei mir.» (Ps 23,1.4) Dieser Trost, begleitet zu sein, ist unendlich viel wichtiger als die (abergläubige) Verheißung göttlicher Machtbeweise, wie gerade Jesus sie immer wieder abgelehnt hat (vgl. Lk 4,3-4; 11,29-32). – Einzig auf diese Weise löst sich das Dilemma, vor dem so gut wie alle Interpreten der «Feldrede» stehen. Kein «Armer» kann auf eine ferne Zukunft hoffen, in der sich seine Lage ändern wird, er kann auch nichts anfangen mit einem «Prinzip» Hoffnung. Was er benötigt, ist eine Änderung *jetzt*. Diese aber kann weder in einem phantastischen «Eingreifen» Gottes liegen noch in einer moralischen Kampfansage; worin aber dann? Fast alle Exegeten betonen die «Gnadenhaftigkeit» der «Heilszusage» Jesu, doch sie versäumen es, die *psychologische* bzw. *existentielle* Veränderung im Leben eines Menschen sich zu verdeutlichen, der – in der Nähe Jesu – erfährt, was «Gnade» ist: sie ermöglicht es, die eigene «Armut» und Armseligkeit als wesentliche Kennzeichnung des menschlichen Daseins zu erkennen und sich entschieden zu ihr zu bekennen, und es ist ein wirklicher Durchbruch, diejenigen glücklich zu preisen, die diesen Schritt im Vertrauen auf Gott getan haben, und die Gefahr für alle jene zu beschwören, die vor dieser Einsicht (noch) fliehen; durchaus verständlich ist in diesem Kontext auch die Heilung von Krankheiten, – die *ganze* Botschaft Jesu kondensiert in diesen wenigen Zeilen, von denen JOSEF ERNST: *Das Evangelium nach Lukas*, 217, zu Recht meint, sie lehnten «sich stärker an den Prophetenspruch an..., der sich durch die Unmittelbarkeit der Anrede auszeichnet... Die Nähe des Königreiches Gottes schenkt dem Menschen nicht Glück im profanen Sinne, sondern sie bedeutet für ihn das endgültige Heil. Das eschatologische ‹heute›, von dem Jesus in der Synagoge seiner Heimatstadt gesprochen hat (Lk 4,21; vgl. Jes 61,1 ff.), kann nicht auf einen einzigen Kalendertermin eingegrenzt werden. Erfüllung geschieht überall dort, wo das Wort Jesu erklingt.» Dann aber spricht derselbe Autor von den «rigoristischen Vorstellungen» des Evangelisten und erklärt: «Die Bindung der Heilsverheißung an einen bestimmten sozialen Stand oder an eine gesellschaftlich-ethische Situation... wirft natürlich gewaltige theologische Probleme auf.» Die Frage ist, ob hier die «Expropriation der Expropriateure» gemeint sei, «wie es Karl Marx ausgedrückt hat? Also nicht nur der biblisch verbrämte Idealkommunismus, sondern dazu auch die revolutionäre Umkehrung ungerechter Verhältnisse?» JOSEF ERNST:

Lukas, 78. Eine solche Auffassung vertrat z.B. DOROTHEE SÖLLE: *Der Mensch zwischen Geist und Materie*, in: W. Schottroff – W. Stegemann (Hg.): Der Gott der kleinen Leute. Sozialgeschichtliche Bibelauslegung, II 23. Wer ein solches Konzept – schon wegen seiner politisch-parteilichen Ideologie und des damit verbundenen Gewaltpotentials – ablehnt, der wird JOSEF ERNST: *Das Evangelium nach Lukas*, 217, im ersten Ansatz zustimmen müssen, «daß hier keine Aussage gemacht wird über einen sozialen Zustand, nicht die Armut an sich wird seliggepriesen, sondern der Mensch als Armer.» Vor allem: «Für Jesus ist die Armut eine religiöse Kategorie. Weil die Armen in dieser Welt die Benachteiligten, die zu Unrecht Enterbten und Beraubten sind, besitzen sie ‹von Natur› aus eine größere Offenheit gegenüber Gott. Die von der Welt nichts zu erwarten haben, erwarten alles von Gott... Das Tröstliche der Verheißung Jesu liegt ja gerade darin, daß er keineswegs einen immanenten Wechsel der Verhältnisse in Aussicht stellt – die Armen werden reich, die Reichen werden arm, – sondern vielmehr die weltlichen Verhältnisse völlig transzendiert.» – Damit fällt im Grund die von manchen Autoren bevorzugte Möglichkeit dahin, die Seligpreisung der Armen auf bestimmte Gruppen einzugrenzen, sie etwa auf die Kreise der *Anawim* (der Armen) bzw. der *Anawej ruach* (der geistig Armen, vgl. Jes 66,2; Mt 5,3) zu beziehen, «die abseits von Pharisäismus und Zelotismus in schlichter Gesetzesfrömmigkeit ihren eschatologischen Hoffnung lebten.» GÜNTHER BORNKAMM: *Jesus von Nazareth*, S. 185, Anm. 23. «Seit den Propheten und Psalmen haben ‹Armut› und ‹Elendsein› ihren Platz in der Geschichte der jüdischen Frömmigkeit. Eine Gruppe nach der anderen nahm sie für sich in Anspruch, um sich so von den Unfrommen zu unterscheiden und das Wohlgefallen Gottes sich selbst zu sichern.» A.a.O., 69. So beteten die pharisäischen *Psalmen Salomos* 10,6 (in Anlehnung an Ps 132,15): «Und die Frommen mögen, (ihn) preisen in der Volksgemeinde, weil Gott sich der Armen erbarmt zur Freude Israels.» In: EMIL KAUTZSCH (Hg.): Die Apokryphen und Pseudepigraphen des Alten Testaments, II 140. «Fromm» und «arm» werden da austauschbare Begriffe. – Ähnliches gilt in *Qumran*. «Der Arme wird ja nicht in erster Linie in seiner sozialen Stellung gesehen», schreibt JOHANN MAIER: *Die Texte vom Toten Meer*, II 84, «sondern in seiner durch das Unrecht der Armut bedingten Stellung vor Gott, um dessen Recht es eigentlich geht. Gott nimmt sich also der Armen an (vgl. z.B. 5. Mos. 24,14).» «Man kann zwar nicht von einer Partei der ‹Armen› im Sinne einer Organisation, wohl aber von einer religiösen Bewegung sprechen, die sich später vor allem durch das Menschenbild... und die Eschatologie deutlich vom Sadduzäismus und Pharisäismus unterscheidet.» (II 85, zu 1 QH V 22). In dieser «Armenfrömmigkeit» erscheint (wie in 1 QH II 7–19) «der Fromme, aus Gnade erwählt und durch Gottes Kraft ausgerüstet in seiner Sendung und Stellung gegenüber den Erwählten und Gottlosen.» (II 69) Besonders kennzeichnend ist ein paradoxes «Nebeneinander von radikalem Nichtigkeitsbewußtsein und Sündenbewußtsein einerseits, höchstem Erwählungs- und Vollkommenheitsbewußtsein andererseits... Für das NT, besonders für Paulus, ist zu beachten, daß es eine vorchristliche Rechtfertigung des Sünders aus Gnaden allein gegeben hat, die aber mit schroffster Gesetzlichkeit verbunden war. Dabei gilt der Gesetzesgehorsam, die Vollkommenheit des Wandels, einerseits als gottgeschenkt, andererseits als objektiv feststellbare, für die Rangordnung maßgebliche Größe.» (II 68) «Völlig in der... eschatologischen Tradition steht 1 QM (sc. die «Kriegsrolle» aus der 1. Höhle von Qumran, d.V.). Die Niedrigen vollstrecken die Gottesrache, sie sind das Volk der Erlösung.» (II 86, zu 1 QM I 12) – Für die Botschaft Jesu scheint gerade charakteristisch, daß er die Bindung an solche Kreise eben *nicht* voraussetzt, vielmehr das dort für sich selbst reklamierte Heil *allen* zuspricht. Dabei ist WALTER SCHMITHALS: *Das Evangelium nach Lukas*, 80, zuzustimmen, wenn er schreibt: «Allerdings gilt die Verheißung in den ursprünglichen Seligpreisungen nicht den Armen schon als solchen bzw. allen Armen; angeredet sind die armen Nachfolger bzw. Jünger Jesu, die in ihrer Ohnmacht ihr Heil ausschließlich von Gott erwarten, nicht aber von irdischem Besitz oder von einer innerweltlichen Umkehr der Verhältnisse. Der ‹Glaube› der Armen ist Voraussetzung für den Heilszuspruch.» Auf diesen «Glauben» nun müßte sich alles konzentrieren. HANS-JOACHIM DEGENHARDT: *Lukas – Evangelist der Armen*, 50–51, betont richtig: «Während bisher im Alten Bund reicher Besitz als sichtbares Zeichen und Unterpfand des künftigen Heilsbesitz gewertet wurde, wird jetzt den Armen in der Gemeinschaft mit Jesus das Heil geschenkt... Eine neue Wertung von Besitz, Armut und Reichtum ist also im letzten begründet in der heilsgeschichtlichen Position Jesu. Die Seligpreisung der Armen steht somit in scharfem Kontrast zur zeitgenössischen, auf die Zukunft hin orientierten Wertung der Armut als Zeichen mangelnden Gottessegens.» «Es muß jedoch beachtet werden, daß Lukas mit den... (sc. Armen, d.V.) die nachfolgenden Jünger und das glaubenswillige Volk meint. Eine generalisierende Heilsverheißung an eine ausschließlich soziologisch verstandene Schicht der Unbegüterten insgesamt liegt bei ihm nicht vor. Der Anredecharakter der Seligpreisungen Lk 6,20-23 wird meist viel zu wenig berücksichtigt.» In scheinbarem Gegensatz dazu meint KIYOSHI MINESHIGE: *Besitzverzicht und Almosen bei Lukas*, 24: «Es ist ... zu berücksichtigen, dass die positive Beurteilung der Armen... nicht mit ihrem ethischen bzw. religiösen Verhalten zusammenhängt. Lukas bezeichnet die Armen keineswegs als fromm und idealisiert sie auch nicht. Zwar fordert bei Lk Jesus die Nachfolgewilligen auf, ihren ganzen Besitz zu verlassen (14,33; 18,22), doch die Armut ist auch für Lukas weder ein glücklicher Zustand noch ein Ideal... Er beurteilt die Armen zwar positiv, aber das bedeutet nicht, dass er die Armut an sich hochschätzt. Sie werden vielmehr nur in dem Sinne positiv beurteilt, daß sie getröstet und unterstützt werden sollen.» Klarer sollte man wohl sagen: An den Armen (sozial, psychisch, religiös) wird in den Augen Jesu deutlich, woraus wir Menschen unterschiedslos *alle* leben – aus einem reinen Erbarmen und einer reinen Gnade; und glücklich sind die Menschen, die es *jetzt*, im Gegenüber Jesu, begreifen. – Negativ kommt die gleiche Einsicht zum Ausdruck auch bei LUKIAN: *Totengespräche*, in: *Gespräche der Meergötter, der Toten und der Hetären*, S. 105, wenn dort Charon, der Fährmann der Toten, den Verstorbenen sagt: «Hört mal alle her, ich will euch die Lage erklären: Der Nachen ist, wie ihr seht, klein und baufällig, und läßt ziemlich Wasser ein... Nun sind euer so viele auf einmal angekommen, und ein jeder bringt so viel Gepäck mit, daß mir angst wird; wenn ihr mit alledem einsteigen wollt, könnt's euch hinterdrein leid tun, insbesondere soweit ihr nicht schwimmen könnt... Ihr müßt all diese unnötigen Sachen auf dem Ufer zurücklassen und nackend einsteigen... Du, Hermes, trage Sorge, keinen hereinzulassen, der nicht seine Kleider von sich abgetan und sein Gepäck weggeworfen hat... mustere einen nach dem andern, und nötige sie alle, nackend einzusteigen.» Auch all der «Siegeskränze», «Trophäen und Diplome» gilt es sich zu entledigen (S. 106), denn so erklärt Hermes es einem Soldaten, der «in voller Kriegsmontur» all seine «Tapferkeitsmedaillen» mit sich herumschleppt: «Laß deine Orden nur ruhig da oben auf der Erde. Im Hades ist Friede, und die Waffen sind dort ganz unbrauchbar.» (S. 107) Und erst recht gilt solche Vermahnung den «geistig» «Reichen» – etwa einem «Philosophen», das heißt einem rechten «Scharlatan und Aufschneider»: «Himmel!» stöhnt Hermes. «Was für eine Last von Prahlerei bringt er da mit; wieviel Unwissenheit, Händelsucht, windige Einbildung, vertrackte Probleme, stachlige Reden und vertüftelte Spekulationen! Was für ein Haufen vergeblicher Arbeit! Wieviel Grillen, Haarspaltereien und Spitzfindigkeiten! – O da schau her! Da fällt ja wahrhaftig auch Gold heraus und Völlerei und Schamlosigkeit und Gehässigkeit und Eigenliebe und Empfindlichkeit!... Entlade dich auch des Lügens und des Schwulstes und der Meinung, du wärest besser als andere.» (S. 107–108) Da offenbart sich angesichts des Tods, der alle gleichmacht, die Armut und Armseligkeit, in der wir alle existieren, und es ist nur die Frage, ob wir diese Einsicht als die Wahrheit unseres Wesens akzeptieren und daraus die

der Übersetzung: Das Hebräische beziehungsweise Aramäische kennt, wie die semitischen Sprachen insgesamt, nicht die drei Zeitstufen von Vergangenheit, Gegenwart und Zukunft, wie das Indogermanische, sondern es unterscheidet zwischen abgeschlossenen und nicht abgeschlossenen Handlungen. Wovon Jesus hier spricht, ist zweifellos ein Ereignis, das niemals «abgeschlossen» sein soll, sondern für alle Zeiten Geltung beansprucht, und zwar nicht, weil es noch – in beliebiger zeitlicher Entfernung – zu erwarten stünde, sondern weil es, hier und jetzt in die Gegenwart tretend, niemals mehr aufhören wird[30].

Und ein *Zweites*: Die Grundlage dieser Gegenwart Gottes in der Erfahrung reiner Gnade ist die Person Jesu selbst beziehungsweise die Person all derer, die versuchen, zu leben wie er. Alles Vertrauen, das die Kränkungen der Angst überwindet, ist in dieser Szene gebunden an die Begegnung mit ihm, und im wesentlichen wird es quer durch die Jahrhunderte so bleiben[31]: Allmorgendlich in den Zeitungen, allabendlich in den Nachrichten wird man zu sehen und zu hören bekommen, daß es weiterhin nötig sei, für die «Sicherheit» militärisch gerüstet zu sein, daß es gelte, gegen Straftäter härter vorzugehen, daß es darauf ankomme, die Reichen steuerlich noch weiter zu entlasten, und daß für Arbeitslosigkeit, Alter und Krankheit mehr

entsprechenden Folgen für unsere Lebensführung ziehen oder ob wir sie als eine beschämende Bloßstellung, als eine letzte äußerste Blamage vor uns herschieben und bis zuletzt verleugnen. – Doch woher soll die Fähigkeit zur Wahrhaftigkeit im Anblick unserer Nichtigkeit kommen? Das ist die eigentliche Frage, und eben hier ist der Unterschied zu der Botschaft Jesu eklatant: *Weil* wir unzweifelhaft vor dem Tode alle gleich (gleich arm und gleich ohnmächtig) sind, ist es durchaus möglich, eine zynische Gleichgültigkeit gegenüber dem Leben an den Tag zu legen, wie es bei den *Kynikern* der Fall sein konnte; in den Augen Jesu aber stehen wir nicht einem blinden Schicksal in Gestalt des Todes gegenüber, sondern Gott, dessen «Gerechtigkeit» weder Gleichgültigkeit noch strafende Rache bedeutet, sondern ein Erbarmen, wie jeder einzelne dessen unbedingt bedarf. «Alle Seligpreisungen», schrieb GÜNTHER BORNKAMM: *Jesus von Nazareth*, 70, «... fassen sich in dem Einen zusammen, daß Gott da sein will und wird für die, die ihn brauchen, so mannigfaltig und für jeden besonders, wie ihr Verlangen und ihre Bedürftigkeit mannigfaltig und besonders sind. Mit besonderer Deutlichkeit zeigen darum gerade diese Worte Jesu, daß Gottes Herrschaft sich nicht beschreiben läßt wie ein irdisches Ding oder ein fernes Wunderland – jeder Versuch, es zu ‹definieren›, kann darum nur scheitern – denn sie ist Geschehen, Ereignis, Gottes gnadenvolles Tun: Gott wird sie trösten; Gott wird sie sättigen, ihnen barmherzig sein, sie seine Kinder nennen.» Besser kann man es nicht sagen, – es sei denn mit FJODOR MICHAILOWITSCH DOSTOJEWSKI: *Schuld und Sühne*, 4. Teil, 4. Kap., S. 353, als er die Dirne Sonja sagen läßt: «Was wäre ich denn ohne Gott?» «Alles gibt er mir!»

30 ULRICH BUSSE (u.a.): *Jesus zwischen arm und reich*, 48, betont, Jesu Rede richte sich «nicht allein an das auf einer Ebene versammelte Volk, sondern... besonders an die Jünger». Doch dürfe man das nicht dahin verstehen, «als habe Jesus... nur die Jünger belehren

und mehr der Einzelne selber «Verantwortung» übernehmen müsse, – um nur ein paar Beispiele zu nennen; diese Sicht der Dinge ist so fest etabliert, daß es schwerfällt, eine Alternative dazu überhaupt für möglich zu halten. Doch dann ist da die Gestalt des Mannes aus Nazaret, und sie offenbart einfach durch die Tatsache ihrer Existenz die Wahrheit, die wir im Grunde alle kennen, weil wir einzig aus ihr wirklich zu leben vermögen: kein Mensch kann sich «sicher» fühlen in dem Wahnsinn einer sich wechselseitig stets überbietenden «Abschreckung», – «sicher» zu fühlen vermag ein Mensch sich einzig in der Geborgenheit des Vertrauens; «Straftäter» «bessert» man nicht durch Ausgrenzung und durch eine erzwungene Lebenseinschränkung, die sie als eine jahrelange Qual empfinden *sollen*, – «Straftäter» bessert man nur, indem man den Abwegen ihres Lebens nachgeht; die «Reichen» lädt man nicht ein zu einem sozial nützlichen Verhalten, indem man ihren Besitzstand immer noch weiter vermehrt, – man müßte die «Reichen» lehren, wie arm sie wirklich sind ohne Mitgefühl mit dem Leid so vieler, deren Arbeit ihnen allererst die Gewinne verschafft, aus denen ihr Reichtum sich mästet; die vielfältigen Schicksalsschläge des Lebens können einen jeden betreffen, – nicht «Eigenverantwortung», *Solidarität* muß die Antwort darauf sein ...

wollen und erst nach den Weherufen hätten seine Worte auch dem Volk gegolten. Vielmehr richtet Jesus sein Wort zwar vorrangig an die Jünger, aber gleichzeitig auch an das hörwillige Volk. Eine exklusive Jüngerbelehrung Jesu wie bei Markus hat Lukas nicht im Sinn. Man versteht deshalb den Neuansatz V. 27 besser im Sinne von 8,8-15: Die in den Weherufen Bezeichneten sind solche, die das Wort zwar hören, aber es unbeachtet lassen (vgl. 16,27 ff).» Damit entscheidet sich hier und jetzt das Leben jedes «Hörers» zwischen Wohl und Wehe. Das hindert nicht, daß der «Evangelist ... durchaus eschatologische Aussagen» formuliert, «und zwar immer dann, wenn es um die jenseitige Vergeltung der diesseitigen Praxis der Menschen geht.» (S. 49) Man darf das «eschatologische» Moment nur nicht zeitlich (fehl)interpretieren – als «am Ende (der Zeit) –, sondern man muß es verstehen existentiell: als «endgültig», ganz so, wie in der Sprache der Mythen «im Anfang» zu lesen ist als «im Prinzip», «grundsätzlich». – Im *Ägyptischen* gibt es – vor allem in Ritualtexten – ein synchrones Präsens, das grammatikalisch aus der Form einer vollendeten Handlung abgeleitet ist; einen Satz wie *djnj nk tꜣw nbw* könnte man wirklich übersetzen mit: «ich habe dir alle Länder gegeben», doch gemeint ist nichts Vergangenes, sondern etwas Gegenwärtiges, so daß es heißen muß: «hiermit gebe ich dir alle Länder». Vgl. HELLMUT BRUNNER: *Abriß der mittelägyptischen Grammatik*, 28. Ganz entsprechend ist hier das scheinbare Futur als «hiermit», als «hier und jetzt», als synchron-präsentisch zu verstehen.

31 EDUARD SCHWEIZER: *Das Evangelium nach Lukas*, 77, hat recht, wenn er betont, die «Feldrede» sei «kein theologisch durchdachter Versuch, das Ganze der christlichen Botschaft zusammenzufassen. Sie ist Aufruf zum Leben der Nachfolge, ursprünglich interpretiert durch das gesamte Wirken Jesu, bei Lukas durch das ganze übrige Evangelium ... Sie ist Angebot des Heils in der Form der Mahnung.»

In gewissem Sinne muß man sehr weit sich von unserer gewohnten Welt entfernen, um Menschen zu begegnen, die (noch) so dachten und lebten, wie es in der ersten Seligpreisung der Feldrede anklingt. Der Sioux-Häuptling LUTHER STANDING BEAR (1868-1939) schrieb in seinem 1931 erschienenen Buch *Land of the Spotted Eagle*: «Bei den Lakota (sc. dem westlichen Teil der Sioux, d. V.) besaßen alle, ob sie stark oder schwach waren, die gleichen menschlichen Rechte. Jeder war verpflichtet, das Recht des anderen auf Kleidung und Nahrung zu respektieren und dafür zu sorgen, daß keiner benachteiligt war. Das war so selbstverständlich, wie der Sonnenschein, die reine Luft und der Regen allen gemeinsam gehören. – Alles, was wir zum Leben brauchten, gab uns die Natur, und sie war unerschöpflich; Dinge zu horten und anzuhäufen, wäre sinnlos gewesen. Der Natur allein verdankten wir unsere Kraft und Stärke, und vor dem Einfluß der Weißen hätte kein Lakota daran gedacht, über andere zu herrschen und dadurch Macht zu gewinnen. Keiner war dem anderen untertan, aber jeder versuchte sich selbst zu beherrschen – Mütter, Väter, Schwestern, Brüder, alle ordneten sich freiwillig dem Wohl der Gemeinschaft unter. Und weil wir dieses Gesetz anerkannten, blieb keiner von uns je schutzlos oder ohne Hilfe. Aus diesem Grund gab es in der Gemeinschaft der Lakota weder Hungernde noch Übersatte, weder Kriecher noch Hochmütige, keine Gefängnisse, keine Richter, keine Armenhäuser, keine Bordelle und keine Waisenanstalten.»[32] Selbst das Erziehungssystem der Lakota arbeitete nicht mit materiellen Prämien als Anreizen. «Nie», erklärte LUTHER STANDING BEAR, «wurde den Kindern der Lakota für gutes Lernen eine Belohnung versprochen. Kein Kind wurde mit Geld zu einer Leistung verlockt oder für seine Mühe mit einem Preis ausgezeichnet. Nie sagte jemand: ‹Wenn du deine Sache gut machst, Kind, dann bezahle ich dich dafür.› Der Fortschritt im Wissen und Können war Lohn genug.»[33]

Man könnte beim Lesen solcher Zeilen wehmütig meinen, das sei das Erbe einer längst vergangenen, nie mehr erreichbaren Welt. Doch das stimmt nicht.

Manchmal erheben sich auch in der westlichen Kultur Menschen, die diese eigentlich selbstverständlichen Wahrheiten aussprechen; sie öffnen einfach die Blendläden vor den Fenstern, die man im Kriege angebracht hat, um einfliegenden Bomberpulks des Nachts keine Zielhinweise zu geben; sie entdecken ganz simpel, daß der dauernde «Kriegszustand» nichts weiter ist

[32] In: KÄTHE RECHEIS u. GEORG BYDLINSKI (Hg.): *Weißt du, dass die Bäume reden*, 82.
[33] A. a. O., 85.

als ein Trick der Mächtigen, um sich an der Macht zu halten; und plötzlich, mit geblendeten Augen, sehen wir das Tageslicht in das Innere unserer Behausungen fließen, und wir wissen: es ist die gleiche Helligkeit und die gleiche Glut, die Jesus mit diesen Worten der «Feldrede» (oder der «Bergpredigt») entzündet hat. Solche Leute waren im 20. Jh. zum Beispiel ALBERT SCHWEITZER (1875–1965)[34] oder MARTIN LUTHER KING (1929–1968)[35] oder

[34] Vgl. ALBERT SCHWEITZER: *Aus meinem Leben und Denken*, 71–72: «Den Plan (sc. als Arzt nach Äquatorialafrika zu gehen, d.V.)... trug ich schon länger (sc. als im Jahre 1905, d.V.) mit mir herum. Sein Ursprung reicht in meine Studentenzeit zurück. Es kam mir unfaßlich vor, daß ich, wo ich so viele Menschen um mich herum mit Leid und Sorge ringen sah, ein glückliches Leben führen durfte. Schon auf der Schule hatte es mich bewegt, wenn ich Einblick in traurige Familienverhältnisse von Klassenkameraden gewann, und die geradezu idealen, in denen wir Kinder des Pfarrhauses zu Günzbach lebten, damit verglich. Auf der Universität mußte ich in meinem Glücke, studieren zu dürfen und in Wissenschaft und Kunst etwas leisten zu können, immer an die denken, denen materielle Umstände oder die Gesundheit solches nicht erlaubten. An einem strahlenden Sommermorgen, als ich – es war im Jahre 1896 – in Pfingstferien zu Günsbach erwachte, überfiel mich der Glaube, daß ich dieses Glück nicht als etwas Selbstverständliches hinnehmen dürfe, sondern etwas dafür geben müsse. Indem ich mich mit ihm auseinandersetzte, wurde ich, bevor ich aufstand, in ruhigem Überlegen, während draußen die Vögel sangen, mit mir selber dahin eins, daß ich mich bis zu meinem dreißigsten Lebensjahre für berechtigt halten wollte, der Wissenschaft und der Kunst zu leben, um mich von da an einem unmittelbaren menschlichen Dienen zu weihen. Gar viel hatte mich beschäftigt, welche Bedeutung dem Worte Jesu, ‹Wer sein Leben will behalten, der wird es verlieren, und wer sein Leben verliert um meinet- und des Evangeliums willen, der wird es gehalten›, für mich zukomme. Jetzt war sie gefunden. Zu dem äußeren Glücke besaß ich nun das innerliche.»

[35] Vgl. MARTIN LUTHER KING: *Wohin führt unser Weg*, 110–112: «Sind wir mehr interessiert an Größe, Macht und Reichtum unserer Gesellschaft oder an der Schaffung einer gerechteren Gesellschaft? ... – Die Erforschung des Weltraums engagiert heute nicht nur unsere Begeisterung, sondern auch unseren Patriotismus ... Den Krieg gegen die Armut begleitet kein solcher Eifer oder Jubel ... Ohne den Wert wissenschaftlichen Strebens leugnen zu wollen, muß man sagen, daß es auffallend absurd ist, Milliarden für die Erreichung des Mondes, auf dem keine Menschen leben, vorzusehen, während nur ein Bruchteil dieses Betrages für die Sanierung der dichtbevölkerten Slums zugeteilt wird ... Nach welchem Maßstab ist das ein Programm des Fortschritts? – Im Ödland des Krieges sind den Ausgaben keine Grenzen gesetzt; hier wird unser Überfluß voll erkannt und begeistert verschwendet. Die kürzlich veröffentlichte Fehlkalkulation des Kriegsbudgets beträgt zehn Milliarden Dollar für ein einziges Jahr. Der Fehlbetrag allein ist mehr als fünfmal so groß wie der Betrag, der den Programmen zur Bekämpfung der Armut zugeteilt wurde ... Die ‹Washington Post› hat berechnet, daß wir für jeden Feind, den wir (sc. in Vietnam, d.V.) töten, 332 000 Dollars ausgaben. Es reizt die Phantasie zu überlegen, wie viele Menschenleben wir verbessern könnten, wenn wir aufhören würden zu töten. Die Sicherheit, die wir in Abenteuern im Ausland zu suchen vorgeben, werden wir in unseren verfallenden Städten verlieren. Die Bomben von Vietnam explodieren zu Hause; sie vernichten die Hoffnungen und Möglichkeiten für ein menschenwürdiges Amerika.»

eben: MAHATMA GANDHI (1869–1948), und sie alle beriefen zu Recht sich auf ihn, der ihnen den Weg wies und ihnen die Kraft gab, darauf zu gehen.

Vor allem: die Person Jesu schließt durch ihre menschliche Evidenz eine Praxis aus, die in den gängigen wirtschaftswissenschaftlichen Theorien für unumgänglich erklärt wird, während sie doch einen Hauptgrund für das Massenelend von zwei Dritteln der Menschheit darstellt; es geht um die ständige Kapitalvermehrung auf seiten der Reichen durch den Zins, den sie für ihre Kredite von den Armen einzutreiben pflegen[36]. Am Zinssystem liegt es, daß zum Beispiel ein Land wie Brasilien mit 180 Mio. Menschen aus dem Sumpf des Elends von vielen Millionen Favela-Bewohnern an den Rändern der Großstädte sich bei aller Anstrengung nicht herausarbeiten *kann*; denn die wahren Herren Brasiliens sind, wie in vielen anderen Ländern, die transkontinentalen Privatgesellschaften, denen mehr gehört «als die Hälfte des Reichtums des Landes (Industrien, Handelsbetriebe, Bergwerke, Län-

[36] Es ist erstaunlich, wie HANS-JOACHIM DEGENHARDT: *Lukas – Evangelist der Armen*, 53, schreiben kann, es werde in Lk 6,24 «kein generelles Verdammungsurteil über die Reichen ausgesprochen. Nichts berechtigt zu der Annahme, Lukas oder seine Überlieferung habe eine ebionitische Tendenz in die Jesusüberlieferung eingetragen.» Die Weherufe scheinen bereits in der Redequelle (Q) enthalten gewesen zu sein, und die Sprengkraft ihrer Aussage im Kreise radikaler Wandermissionare muß als so groß empfunden worden sein, daß *Matthäus* in der «Bergpredigt» sie weggelassen hat. JOSEF ERNST: *Lukasevangelium. Stationen am Wege des Heils*, 158, verwahrt sich – wie die meisten Exegeten – gegen den Gedanken, in Lukas den «Vertreter einer sektiererischen Armutsbewegung» zu erblicken, «die alles Irdische als böse und versucherisch verurteilte ... Der Sprung vom gegenständlichen Denken zum personalen, vom Kapital zu den Kapitaleignern mit einer entsprechenden pauschalen Verurteilung und ethischen Abwertung liegt hier nahe. Aus dem an sich wertfreien Kapital werden so die kapitalistischen Ausbeuter.» Wenn es dabei bleibt, ist Kapitalbesitz als etwas Wertneutrales zu betrachten, und nur der individuelle Umgang mit dem privaten Vermögen kann als Teil der biblischen Aussage thematisiert werden. Dem aber widerspricht, daß *Lukas* (entsprechend Q) durchaus die Welt als in der Herrschaft des Teufels befindlich schildert (Lk 4,1-13); will man die mythische Denk- und Ausdrucksweise des Evangeliums in Fragen des Umgangs mit Macht und Geld nicht einfach beiseite schieben, so steht man vor der Aufgabe, über die – kollektiven, sozialen – Strukturzusammenhänge von Kapital und Kapitalbesitz nachzudenken, und dann wird man unweigerlich darauf kommen, daß die Selbstvermehrung des Geldes in den Händen der Kapitaleigner durch die Zinsschraube aus dem vermeintlich «wertfreien Kapital» ein exzellentes Instrument der Ausbeutung macht. Ein Mann, der wie kein anderer auf diesen Zusammenhang hingewiesen hat, war SILVIO GESELL (1862–1930). In seinem Buch *An die Lebenden*, 59, schrieb er: «Den Zins, den Mehrwert nach Marx, löse ich auf, und das Lösungsmittel ist der Schweiß der Arbeiter, die nicht mehr gegen ihren Willen der Arbeitslosigkeit verfallen sollen ... Das ist mein Ziel: Beseitigung der Krisen, der Arbeitslosigkeit; der Kapitalist soll nicht mehr willkürlich durch Zurückhalten seines Geldes die Arbeitsbetätigung unterbrechen können.»

dereien, Straßen, Staudämme)»[37]. Mit mehr als 240 Mrd. Dollar entspricht die Auslandsverschuldung Brasiliens 52 % des Bruttoinlandsprodukts[38]. Im Jahre 2002 wurde zwischen dem Internationalen Währungsfonds (IWF) und Präsident FERNANDO HENRIQUE CARDOSO (geb. 1931) ein Abkommen geschlossen, wonach Brasilien sich verpflichtet, einen Einkommensüberschuß von mindestens 3,75 % bezüglich der im Staatshaushalt vorgesehenen Ausgaben zu erwirtschaften, um den Verpflichtungen bei der Schuldenrückzahlung nachkommen zu können[39]. An dieses Abkommen ist auch der neue Präsident LUIZ INÁCIO LULA DA SILVA (geb. 1945) gebunden – eine der Ursachen, warum sein Programm Fome zero (kein Hunger mehr) nicht voran kommt[40].

Zins zu nehmen, wird behauptet, sei nicht nur ein Recht der Kreditgeber, es sei sogar ihre Pflicht; denn das Geld, das die Reichen verleihen, kann ja von ihnen nicht mehr für private Einkäufe genutzt werden, – sie üben also Konsumverzicht; sie können das verliehene Kapital auch nicht investieren, um durch die Finanzierung gewinnbringender Unternehmungen ihr Geld zu vermehren, – sie leisten somit Gewinnverzicht; und eben diese entgangenen Freuden des Konsums und der Ausfall dieser – möglicherweise erzielten – «Gewinne» müssen ihnen ersetzt werden durch den Zins; er stellt, der Theorie nach, die einzige Motivation dar, weswegen die Reichen den Armen überhaupt jemals Geld leihen sollten; eben deshalb ist der Zins (und der Zinseszins) nötig, um das Wirtschaftsleben in Gang zu halten. Anders zu denken ist offenkundig nur möglich bei einer diametral entgegengesetzten Grundhaltung; sie allerdings spricht sich radikal und kompromißlos aus in der Person des Mannes aus Nazaret.

Natürlich weiß er als Jude um das Verbot der Zinsnahme im mosaischen Gesetz (Dtn 23,20; Lev 25,35–38), doch nicht um Gesetzesbestimmungen, die bemerkenswerterweise nur unter Israeliten Geltung beanspruchen, ist

[37] JEAN ZIEGLER: *Das Imperium der Schande*, 169. Vgl. S. 213: «Heute sind die Aushungerer, die Spekulanten und Gauner wieder zurück ... – Wir erleben eine Refeudalisierung der Welt ... – Zur Erinnerung: Die 500 größten transkontinentalen kapitalistischen Gesellschaften kontrollieren heute 52 % des Bruttosozialprodukts des Planeten. 58 % von ihnen kommen aus den Vereinigten Staaten. Zusammen beschäftigen sie nur 1,8 % der Arbeitskräfte der Welt. Diese 500 Konzerne kontrollieren Reichtümer, die größer sind als die kumulierten Guthaben der 133 ärmsten Länder der Welt.»

[38] A. a. O., 169; 193.

[39] A. a. O., 205.

[40] A. a. O., 209.

es ihm zu tun, sondern um Menschlichkeit[41]. «Was bist Du nur für ein Mensch,» fragt er indirekt bei seinem *Wehe euch, ihr Reichen*, «wenn Du angesichts der Not Deiner Mitmenschen an nichts weiter zu denken vermagst, als wie Du mit viel Geld es dahin bringst, Dir noch viel mehr Geld zu verschaffen? Auf den Computerausdrucken Deiner Profitsteigerungen wird all das nicht stehen, was Deine Profite speist: Menschen, die sich das Leben nehmen vor Verzweiflung, Ehen, die unter der Last der nicht zu leistenden Schuldentilgung in Hoffnungslosigkeit, sinnlosen Vorwürfen, Alkoholismus und Gewalt zerbrechen, Kinder, die aufwachsen müssen als sozial minderprivilegierte von Geburt an, endlose Quälereien, die man Milliarden von Tieren auferlegt, um sie auf dem Schlachtviehmarkt mit möglichst günstigen Gewinnen zu veräußern, brennende Urwälder in den Tropen, zerstörte Biotope und Ökosysteme auf riesigen Flächen zu Land und zu Meer ... Wohl, Du brauchst an all das auch nicht zu denken, wenn Du nur deine Kapitalerträge steigerst, ja, Du darfst an all das wirklich nicht denken, sonst könntest Du nicht so seelenruhig Dich im Recht fühlen, wenn Du so vorgehst.»

All die anerkannten Wirtschaftstheorien laufen auf nichts anderes hinaus als auf die Festschreibung des Rechts der Herrschenden. In all diesen Geld-Theorien haben die Habenichtse von vornherein keine Rechte, eben weil sie kein Geld haben; und eben deshalb fehlt all diesen Grundlegungen des herrschenden monetären Systems die entscheidende Legitimation: der menschliche Faktor. Von den Geldströmen darf man im Sinne Jesu nicht reden wie von Flüssen und Talsperren im Rahmen der Trinkwasserversorgung – subjektlos, zielorientiert, menschenvergessend. «Wie kannst Du nur, wenn Du Geld verleihst, im Anblick der Not Deines ‹Kreditnehmers› beabsichtigen, ‹Geschäfte› zu machen mit seiner Not?» lautet die Frage Jesu. «Es kann sein, daß Du auf diese Weise immer reicher wirst, doch an Dir selbst wirst Du nur immer ärmer: arm an Leben, arm an Gefühl, arm an Sensibilität – Du verlierst, wo Du meinst, zu gewinnen: Du verlierst zunehmend Dich selbst.» – «Wenn du einen Empfang machst, lade Arme, Krüppel, Lahme, Blinde ..., denn sie haben nichts, dir rückzuvergüten», wird der Mann aus Nazaret später sagen (Lk 14,13.14); wie könnte er jemals eine Praxis für

[41] Vgl. ROLAND DE VAUX: *Das Alte Testament und seine Lebensordnungen*, I 274–275: Das Darlehen: Gebilligt werden vom Bundesbuch nur zinsfreie Darlehen, Ex 22,24. «Die gleiche Vorschrift findet sich Lev 25,35-38; auf ein Darlehen an einen Fremden dagegen darf man Zins nehmen, Dt 23,21; vgl. 15,6.» Vgl. JvN 468–502: «Und er rief die Schuldner seines Herrn (Lk 16,5)» – oder: Freiheit vom Zins. Die Lösung des Gordischen Knotens?

rechtens befunden haben, die zugunsten ganz weniger Menschen, die superreich werden, immer mehr Menschen ins Elend treibt?

«Tagtäglich», schrieb bereits im 4. Jh. der Kirchenvater ZENO VON VERONA (gest. 371), «geht man mit den Tränen des Nebenmenschen auf Gewinn aus; die Einziehung seiner Güter wird als geschäftliche Tüchtigkeit erklärt; und die Aneignung fremden Eigentums wird unter dem Vorwand der Wahrung eigener Interessen und Wirtschaftlichkeit mit den pfiffigsten Beweisgründen betrieben, so daß derjenige, der keinen Verteidiger hat oder harmloser Natur ist, seines Eigentums auf Grund von gesetzlichen Bestimmungen verlustig geht. Und das ist schlimmer als jeder Gewaltakt. Denn das, was mit Gewalt genommen wird, kann man zuweilen wieder zurückbekommen; aber was auf Grund von Anwendung von Gesetzesbestimmungen genommen wird, niemals mehr. Wer es will, mag sich solcher Gerechtigkeit rühmen; aber er soll es wissen, daß der Mensch, der sich mit der Armut des Nebenmenschen bereichert, ärmer ist als der Arme selbst.»[42]

Der Psychoanalytiker ERICH FROMM (1900–1980) stellte in der Konsequenz solcher Gedanken das gesamte kapitalistische Wirtschaftssystem als eine «nekrophile» Kultur des Habens einer dem Leben zugewandten Kultur des Seins gegenüber[43]. Wieviel Geld, müßte man psychologisch nur einmal überlegen, werden Menschen wohl brauchen, um die latenten Minderwertigkeitsgefühle für das, was sie sind, mit fiktiven Habmachtansprüchen zu kaschieren[44]? Oder auch umgekehrt: Was müßte passieren, um der Wahrheit der eigenen Person auf eine Weise zu begegnen, die all des schönen Scheins nicht mehr bedarf?

Man kann entlang dieser Frage sogleich die nächste «Seligpreisung» und den nächsten «Weheruf» Jesu über die «Hungernden» und die «Vollgepfropften» verstehen.

[42] ZENO VON VERONA: *Traktate*, Buch I, Traktat III: Die Gerechtigkeit, Nr. 5 und Nr. 6, BKV, X 88–89; zit. nach GÜNTHER MOEWES: *Aller Reichtum braucht Schuldner*, in: Humanwirtschaft, 36. Jg., Mai/Juni 2005, S. 10–15.

[43] ERICH FROMM: *Anatomie der menschlichen Destruktivität*, in: Gesamtausgabe, VII 307, kennzeichnet den nekrophilen Charakter mit den Worten: «*die Dinge beherrschen den Menschen*; das *Haben* beherrscht das *Sein*; *das Tote* beherrscht *das Lebendige.*»

[44] ERICH FROMM: *Wege aus einer kranken Gesellschaft*, in: Gesamtausgabe IV 69, stellt dem «privaten» Kapitalismus des 19. Jhs. ganz zu Recht die kapitalistische Ausbeutung des 20. Jhs. gegenüber: «Die Ausbeutung war nichts Persönliches mehr, sondern sie war nun gleichsam etwas Anonymes geworden. Es war das Gesetz des Marktes ...»

c) Glücklich ihr Hungernden – weh euch, ihr Vollgepfropften

Auch und gerade bei dieser paradox klingenden Aussage geht es – natürlich – nicht um eine Verherrlichung von Pauperismus und asketischen Magersuchtsidealen, wie man sie in den sozialromantischen Darstellungen des 19. Jhs. finden konnte, die das Bild des liebenswerten Waisenkindes auf den Straßen Frankreichs oder der edlen Dirne malten, die an Schwindsucht stirbt, wie in GIUSEPPE VERDIS (1813–1901) Oper *La Traviata*[45]. Man braucht nur KNUT HAMSUNS (1859–1952) zum Teil autobiographische Schilderung *Hunger* aus dem Jahre 1890 zu lesen[46], und man wird darüber belehrt, wie sich im Zustand chronischer Mangel- und Unterernährung eine bleierne Müdigkeit über alle körperlichen und geistigen Tätigkeiten legt; während das Hungergefühl anfangs Unruhe, Nervosität und gesteigerte Aufmerksamkeit (bei der Suche nach Nahrung) bewirkt, macht sich von einem bestimmten Zeitpunkt an ein überhöhtes Bedürfnis nach Ruhe und apathischer Reizvermeidung geltend; schließlich greift die Unterversorgung des Körpers nächst den inneren Organen auch das Gehirn an und führt zu irreparablen Schäden. Mit einem Wort: es gibt keinen Grund, in einer Welt, in der jeden Tag rund 100 000 Menschen buchstäblich verhungern, irgend etwas an der Tatsache des Hungerns rühmlich zu finden.

Doch eben weil die Angst, zu verhungern, bereits im Erbe der Verhaltenspsychologie der Tiere zutiefst in unsere Seele eingesenkt ist[47], setzen wir Menschen alles daran, nicht in einen solch bedrohlichen Zustand zu geraten. Selbst die Armut fürchten wir wohl vor allem deshalb, weil sie die Gefahr heraufbeschwört, Nahrung (sowie Kleidung und Unterkunft) entbehren zu müssen. Wirtschaftlicher Reichtum hingegen scheint ein wirksames Mittel zu sein, sich vor den Wechselfällen des Schicksals zu schützen, und so führt die Angst vor Mittellosigkeit und Hunger dazu, daß einige immer mehr Geld- und Nahrungsmittel anhäufen, während sehr viele andere darben und leer ausgehen. Wie sonst sollte man verstehen, daß wir heute, wie schon erwähnt, Nahrungsmittel genug haben, um 12 Mrd. Menschen damit zu ernähren, während wir uns doch außerstande zeigen, auch nur die Hälfte

[45] Vgl. HARENBERG Opernführer, 911–913: GUISEPPE VERDI: *La Traviata*, Libretto: Francesco Maria Piave, Venedig 1853; nach ALEXANDRE DUMAS: *Die Kameliendame*, 1848.

[46] Vgl. KNUT HAMSUN : *Hunger*, 36 ff.

[47] Vgl. RUDOLF BILZ: *Paläoanthropologie*, 440.

davon: die 6 Mrd. Menschen, die derzeit leben, ausreichend zu versorgen[48]? Wie beim Problem der Armut kommt es auch hier darauf an, den «Hunger» als eine Grundeinrichtung des Daseins zu begreifen, die alle Menschen betrifft und die sie von daher bestimmen sollte, solidarisch zusammenzustehen, statt gegeneinander immer neue Kriege zur Eroberung und Sicherung der stets zu knappen «Ressourcen» vom Zaune zu brechen. Entscheidend hierzu aber ist es, den Menschen die Angst vor dem (Ver)Hungern zu nehmen beziehungsweise Angst an der «richtigen» Stelle zu erzeugen. Wie das zu machen ist, hat sich psychologisch bereits im Umgang mit dem Problem des Reichtums gezeigt.

Einen «Reichen», so sahen wir gerade, kann man von seinem Reichtum nur «erlösen», wenn man ihm die Erfahrung vermittelt, als Person weit liebenswerter zu sein als alles, was er sein Eigentum nennt. – *Ein Mann* mag meinen, gemocht zu werden für die Annehmlichkeiten, die er mit seinem Geld, mit seiner Stellung, mit seinem Einfluß zu bieten imstande ist; doch Liebe und Zuneigung kann man nicht kaufen; stets ist es eine Täuschung, die nur allzu rasch verfliegt, wenn jemand die Achtung seiner Person an das bindet, was er besitzt. Eine gewisse Mißachtung seiner selbst, eine bestimmte Verachtung für das, was er ist, flüchtet sich da in das Bemühen, den Mangel an Eigenem zu ersetzen durch einen Überfluß an Eigentum. «Nicht was Du hervorbringst, nicht was Du erwirbst, nicht was Du Dir leisten kannst, macht Deinen Wert aus als Mensch; wer Du selber bist, ist unendlich viel kostbarer als all die Staffagen, mit denen Du Dich selbst zu vergrößern suchst.» Erst wenn solche Worte zur Erfahrung einer neuen Wirklichkeit werden, löst die Angst sich auf, die im Zwang zum Reichsein gebunden ist. – *Eine Frau* mag sich fühlen als nicht schön genug, als nicht begehrenswert genug, und sie mag voller Eifersucht hinüberblicken zu ihrer Freundin oder Kollegin, die offenbar vorteilhafter aussieht, sich verlockender darzustellen weiß und schon durch ihr Auftreten die Blicke aller auf sich lenkt; ganz analog kann sie in dieser Situation versuchen, ihre vermeintlichen oder wirklichen «Nachteile» künstlich mit sehr teueren Mitteln auszugleichen, um sich den anderen «teuer» genug zu machen: von stilvoller Kleidung und kostbarem Schmuck bis zu chirurgischen Eingriffen mag ihr alles zur Verfügung stehen, um sich so zu «stylen», wie es «in» oder «en

[48] Vgl. JEAN ZIEGLER: *Die neuen Herrscher der Welt und ihre globalen Widersacher*, 14–15; vgl. demgegenüber DERS.: *Das Imperium der Schande*, 43, die Tabelle der steigenden Militärausgaben gegenüber den Kosten, die nötige wären, um die Grundbedürfnisse der Menschen zu erfüllen.

vogue» ist. Die Erkenntnis aber kann nicht lange auf sich warten lassen, daß es keine überzeugendere Form der Schönheit gibt, als in Übereinstimmung mit sich selbst zu leben. So wie der Klang einer Geigensaite nur schön ist in der Harmonie der Schwingungen, die in der Beschaffenheit ihres Materials, in ihrer Länge und in ihrer Spannung angelegt sind, so ist die Schönheit und die Anmut eines Menschen identisch mit der Harmonie, in der er in sich selber schwingt. Alles Käufliche, und sei es noch so teuer, macht billig; es bietet das Unveräußerliche feil, als wäre es selber verkäuflich. – So im Umgang mit dem psychologischen Problem des *«Reichtums»*.

Das Problem des *«Vollgepfropftseins»* unterscheidet sich wohl in seiner Darstellungsform, nicht aber in seinem Grund. «Vollgepfropft» mögen sich viele fühlen, die zum Beispiel unter dem Symptom der *Adipositas* leiden, doch geht man den Ursachen ihrer Erkrankung nach, so stößt man fast immer auf die gleichen Hintergründe: Als Kind bereits *mußte* man «tüchtig den Teller leer machen», damit Mutter das Gefühl hatte, eine gute Mutter zu sein; die Nahrung war der Ersatz ihrer Nähe, das Essen das Substitut ihrer Liebe, und man mußte sich gewissermaßen verdoppeln, weil man ohne sie sich vorkam wie eine halbe Person. Das körperliche Gewicht auf der Waage glich das Empfinden aus, für sie – oder für irgend jemanden sonst – doch nicht wichtig genug zu sein. Psychosomatisch ist die Adipositas ein Teufelskreis, in dem der Mangel an innerem Gehalt ausgeglichen werden soll durch eine Vergrößerung an Gewicht, – eine sehr tiefgehende Trauerreaktion auf die Lieblosigkeit, Leere und Kälte der näheren Umgebung, ja, der ganzen Welt[49].

Nun möchte wohl kaum je ein Adipositaskranker sein, was er ist, vielmehr sehnt er sich sein Leben lang nach einer Zuwendung, die inmitten des aufgeschwemmten Äußeren die so verletzbare, stumm gewordene Seele wiedererkennt, um sie aus ihrem Gehäuse zu befreien wie einen Singvogel aus seinem Käfig. Anders die «Adipositaskranken» des gesellschaftlichen Lebens. Sie geben sich keinesfalls als leidende, als bedürftige, – sie präsentieren sich als die Leute, die alles haben und die dennoch, wie man so sagt, «den Hals niemals voll kriegen können». Ihnen fehlt es an nichts. Skrupel und Hemmungen sind ihnen fremd. Sie mästen sich an ihrer Habe und pressen dafür die Erde aus wie einen Schwamm[50]. Sollte man da den «Wehe»-

[49] Zum Problem der *Adipositas* vgl. E. DREWERMANN: *Ein Mensch braucht mehr als nur Moral*, 129–162: Völlerei und Trunksucht; vgl. umgekehrt zur *Anorexia nervosa* ANNEMARIE DÜHRSSEN: *Psychogene Erkrankungen bei Kindern und Jugendlichen*, 238–242.

[50] Vgl. ERICH FROMM: *Wege aus einer kranken Gesellschaft*, in: Gesamtausgabe, IV 62–76: Die Struktur des Kapitalismus und der Charakter des Menschen.

Ruf Jesu nicht ganz so verstehen wie die Worte des *Amos* im 8. Jh. v. Chr. im Nordreich, in «Israel», unter Jerobeam II. (König 787–747)? «Höret dies Wort», sprach der Prophet damals, «ihr fetten Kühe, die ihr auf dem Berge Samarias (sc. dem Garizim, d. V.) seid und den Geringen Gewalt antut und schindet die Armen und sprecht zu eueren Herren: Bringt her, laßt uns saufen. Gott der Herr hat geschworen bei seiner Heiligkeit: Siehe, es kommt die Zeit über euch, daß man euch herausziehen wird mit Angeln und, was von euch übrigbleibt, mit Fischhaken. Und ihr werdet zu den Mauerlücken hinaus müssen, eine jede vor sich hin, und zum Hermon weggeschleppt werden, spricht der Herr.» (Am 4,1–3) Oder an anderer Stelle: «So spricht der Herr: Um drei, ja um vier Frevel willen derer von Israel will ich sie nicht schonen, weil sie die Unschuldigen für Geld und die Armen für ein Paar Schuhe verkaufen. Sie treten den Kopf der Armen in den Staub und drängen die Elenden vom Wege. Sohn und Vater gehen zu demselben Mädchen, um meinen heiligen Namen zu entheiligen. Und bei allen Altären schlemmen sie auf den gepfändeten Kleidern und trinken Wein vom Gelde der Bestraften im Hause ihres Gottes.» (Am 2,6–8; vgl. 5,11; 6,4–7; 8,6–10)[51]

Amos war empört über das krasse Gefälle von Arm und Reich, wie es zu allen Zeiten jeden empören muß, der sich ein Gefühl für Gerechtigkeit und Menschlichkeit bewahrt hat, und er begründete seinen Zorn mit den Wohltaten, die Jahwe «seinem» Volke erwiesen hatte: Er hatte «den Amoriter vor ihnen her vertilgt», und er hatte die Israeliten «aus Ägyptenland geführt und vierzig Jahre in der Wüste geleitet», damit sie der Amoriter Land besäßen. (Am 2,9.10)[52] Ein Volk, das alles, was es ist, Gott verdankt, sollte sich nicht – wie in anderen Gesellschaften – in privatem Egoismus zerspalten, so als bestünde förmlich ein Recht zur Ausbeutung der Armen durch die Reichen, der Schwachen durch die Starken, der Kleinen durch die Großen; doch wenn Israel sich auf eine Weise geriert, die den eigenen Wurzelgrund leugnet, dann kann und wird es nicht anders kommen, als daß Gott dieses Volk mit den Wurzeln ausreißt von dem Boden, in den er es pflanzte: im Jahre 722 v. Chr. werden die Assyrer dem Nordreich («Israel») ein Ende bereiten.

Meint Jesus etwas Vergleichbares mit seinem «Wehe» über die «Vollgepfropften»? Die Antwort darauf kann nur lauten: nein, und zwar aus zwei Gründen.

Zum einen: Die Vorstellung auch nur, daß Gott die endlosen Metzeleien

[51] Vgl. ARTUR WEISER: *Das Buch der zwölf Kleinen Propheten*, I 140–142; 150–151.
[52] A. a. O., 138–139.

zwischen den Völkern selbst inszenierte als ein innergeschichtliches Drama um Belohnung und Bestrafung seines «auserwählten Volkes», ist Jesus völlig fremd, obwohl sie bei den Propheten des Alten Testamentes ebenso wie im deuteronomistischen Geschichtswerk gang und gäbe war und auch im apokalyptischen Denken eine große Rolle spielt: in Apk 17,16.17 zum Beispiel wird die «Hure Babylon» – das antike Rom! – von ihren Feinden ausgeplündert und entblößt, «und (sie) werden ihr Fleisch essen und werden sie mit Feuer verbrennen. Denn Gott hat's ihnen in ihr Herz gegeben, nach seinem Sinn zu handeln.» Prophezeiungen wie diese rechneten offenbar in der Zeit von Kaiser Domitian (Kaiser 81–96) damit, daß die Parther kommen und das römische Imperium zerschmettern würden[53]. Dem Jesus der Evangelien – und insbesondere dem lukanischen Jesus – indessen liegen Überlegungen dieser Art vollkommen fern. Endgültig vorbei ist da ein Denken, wonach Gott andere Nationen niedermacht, um deren Städte und Felder «seinem» Volk zu vermachen; vorbei ist gleichermaßen ein Denken, wonach Gott andere Völker aufhetzt, um durch Greueltaten aller Art «sein» Volk zu «bestrafen». Keine geschichtsimmanenten oder apokalyptischen Prophezeiungen prägen das «Wehe» Jesu. In seinen Tagen regieren die Römer unangefochten im Lande, und es gibt nicht *ein* Wort aus seinem Munde, das gegen *sie* ein vergleichbares «Wehe» wie gegen die «Reichen» und «Vollgepfropften» schleudern würde.

Und *zweitens*, vor allem: In den Aussagen der «Feldrede» geht es nicht um eine rein «innerisraelitische», sondern um eine allgemein menschliche Frage; worum es sich handelt, ließe sich als eine weisheitliche Aussage über einen Erfahrungssatz des menschlichen Lebens verstehen, wäre es nicht dazu angetan, eben diese Erfahrungswerte des menschlichen Lebens auf eine gänzlich neue Grundlage zu stellen.

Primär geht es um eine psychologische Erkenntnis: Nicht *der* Mensch ist glücklich, der alles hat, was er sich wünscht – der Saturierte, der «Vollgepfropfte» –, sondern derjenige, der seinen «Hunger», der seine Sehnsucht, der seine Bedürftigkeit sich bewahrt hat; es geht um eine Entdeckung, wie ANTOINE DE SAINT-EXUPÉRY (1900–1944) sie in *Wind, Sand und Sterne* beschrieb: «Ich mußte ... an meine Gazellen denken. In Juby folgte ich der Mode und hatte eine Gazellenzucht. Wir hielten die Tiere in einem vergitterten Stall in freier Luft, denn Gazellen brauchen ungehinderten Luftstrom. Sie sind so wenig widerstandsfähig! Aber sie blieben am Leben,

[53] Vgl. WILHELM BOUSSET: *Die Offenbarung Johannis*, 407.

wenn sie jung genug eingefangen worden sind, und fressen einem aus der Hand, lassen sich streicheln und stecken einem ihre feuchten Muffeln in die hohle Handfläche. Man könnte sie für völlig gezähmt halten. Nichts mehr läßt das unerforschliche Freiheitssehnen ahnen, das sonst die Gazellen lautlos verlöschen läßt und ihnen einen stillen Tod schenkt. Aber es kommt ein Tag, da findet man seine Tiere an der Wüstenseite des Verschlages, gegen den sie ihre kleinen Hörner stemmen, wie von Magneten angezogen. Sie wissen nicht, daß sie den Menschen fliehen; freundlich trinken sie die Milch, die er ihnen bringt, sie lassen sich streicheln und stecken noch zärtlicher ihre Muffeln in seine Hand. Kaum aber läßt er sie allein, da gibt es im Verschlag so etwas wie einen freudigen Galopp. Er führt aber nur zurück zum Gitter. Und wenn der Mensch sich nicht um sie kümmert, bleiben sie dort bis zum Tode. Sie versuchen nicht einmal, gegen die Schranken anzurennen. Sie lehnen nur die gesenkten Köpfe dagegen. Ist es der Ruf nach Liebe oder nur die Sehnsucht nach einem atemlosen Lauf durch die Weite? Sie wissen es selbst nicht. Ihre Augen waren ja noch nicht offen, als man sie einfing. Sie kennen die Freiheit so wenig wie die Witterungen des Bockes. Aber der Mensch, der mehr von ihnen weiß als sie selbst, sieht deutlich, was sie suchen: die Welt und ihre Erfüllung darin. Sie wollen Gazellen sein und ihren Tanz tanzen. Sie wollen geradlinig dahinflüchten, hundert Kilometer in der Stunde, mit eingeschobenen Spähersätzen, die so aussehen, als ob der Sand da und dort Flammen emporschicke. Was kümmern sie sich um Schakale, wenn es die Wahrheit der Gazelle ist, in der Furcht zu leben, die allein ihnen die Höchstleistungen abringt? Was kümmert sie der Löwe, wenn es ihre Weisheit ist, unter der glühenden Sonne von seiner Pranke zerfleischt zu werden? Ihr Pfleger sieht sie und weiß, daß sie das Heimweh erfaßt hat, das Heimweh, die Sehnsucht nach dem unbekannten Ziel. Es ist wirklich ein Ziel, auch wenn wir keinen Namen dafür wissen.»[54]

«Hunger» – das ist, so verstanden, identisch mit dem Verlangen nach der Erfüllung des eigenen Wesens; «Vollgepfropftheit» hingegen beschreibt eine Überversorgtheit, die das Abenteuer des Lebens vergessen macht in der Wohlversorgtheit eines Zoogeheges. Da gibt es nichts mehr zu erhoffen, zu erwarten, zu ersehnen, da ist alles erreicht, erledigt, erfüllt – *ab*gefüllt kann man auch sagen. Da gibt es keine Zukunft mehr, nur noch ein Dahindämmern im Selbsterhalt der Gegenwart – ein auf die bloße Lebenssiche-

[54] ANTOINE DE SAINT-EXUPÉRY: *Wind, Sand und Sterne*, in: Gesammelte Schriften, I 326–327.

rung reduziertes Dasein, muß man wohl sagen. Und darum: «Wehe euch!» Es ist kein Fluch, der selbst noch seiner Einlösung entgegenfieberte, es ist ein Zustand, in dem die Qual sich lediglich verschleiert, die von Anfang an, ja, sogar ursächlich in ihm enthalten ist: um der Offenheit, um dem Wagnis des Daseins zu entfliehen, entgleitet man sich selbst in das «festgestellte» Leben des reinen Augenblicks – ohne Visionen, ohne Perspektiven, ohne den Mut zu Entwürfen im Unabgegoltenen. Eine solche Existenzform, wirklich, trägt die «Strafe» in sich selbst; die kleinste Erschütterung im sozialen oder seelischen Gefüge wird sie offenbar machen.

Und deshalb: «Glücklich ihr Hungernden.» Denn *sie* wissen um ihre Bedürftigkeit, um ihre Unfertigkeit, um ihre Ausständigkeit. Die «Vollgepfropften» sind wie die Mumien ägyptischer Pharaonen: Tote sind sie inmitten vergoldeter Gräber, randvoll gefüllt mit den Versorgungsbeigaben einer ganzen Ewigkeit, ausgestattet mit allem Erdenklichen, nur um an nichts mehr denken zu müssen. Die «Hungernden» aber, die nie Gesättigten, die nie Zufriedenen, empfinden mitten im Leid die Sehnsucht nach einem noch nicht Abgeschlossenen, einem «Notwendigen», einem alles Ändernden, und «glücklich» sind sie zu nennen, daß sie so fühlen. Der Gegensatz beider Haltungen: das Unglück inmitten des vermeintlichen Glücks ebenso wie das Glück inmitten des vermeintlichen Unglücks, liegt offen zutage; und zu begreifen gilt es nur die wechselseitige Umkehr, die in beiden Positionen angelegt ist.

Nehmen wir, zur Verdeutlichung, nur zwei Menschen, die sich ihrer Beziehung (allzu) sicher geworden sind: sie haben sich bis zur Gewöhnlichkeit aneinander gewöhnt, sie erwarten voneinander keinerlei Wandlung noch Veränderung mehr, sie sind voneinander «gesättigt», – und sie haben, ohne es recht zu bemerken, den Punkt längst erreicht, an dem sie einander «satt sind». Und das Erschrecken darüber kann groß, – es kann zerstörerisch sein. «Du interessierst Dich gar nicht (mehr) für mich. Du hörst überhaupt nicht mehr zu. Du behandelst mich wie Dein Haustier – wie Deine Katze oder wie Deinen Hund. Warum willst Du eigentlich (noch), daß ich bei Dir bin?» Solche und ähnliche Fragen signalisieren die Gefahr der Übersättigung einer Beziehung, und es ist klar, daß es eine Rettung nur geben kann in einem neuen «Hunger» nach einander: eine neue Aufmerksamkeit und Wertschätzung des Partners, ein wiedererwachendes Gefühl dafür, wie wenig selbstverständlich seine Gegenwart ist, ja, welch ein unerhörtes Geschenk sie eigentlich darstellt, eine wachsende Sensibilität für die kleinen Über-raschungen im alltäglichen Zusammenleben, die reifende Ahnung, in der Person des anderen letztlich einem unauslotbaren Geheimnis beizuwohnen, einem Mysterium der Existenz, das ganz Gottes ist. Für den «Satten» ist alles, wie es ist, – er hat es «intus», er hat es «gefressen», und so verliert er nicht nur die Dankbarkeit und die Freude an der Tatsache des Lebens, er gründet sein Dasein zudem auch mehr und mehr auf einer Sicherheit, die in Wirklichkeit gar nicht existiert. «Nur aufs Schlüpfrige hast du's ihnen gestellt», erkennt der Beter des Psalms (Ps 73,18)[55] in seiner Angefochtenheit beim Anblick des Glücks der «Gottlosen», als er dahin kommt, zu erfahren, daß es nur *einen* Weg gibt, den «Hunger» des menschlichen Daseins zu stillen, ohne sich suchtähnlich «vollzustopfen»: sich zu halten an Gott; «denn du hältst mich bei meiner rechten Hand ... Wenn ich nur dich habe, so frage ich nicht nach Himmel und Erde. Wenn mir gleich Leib und Seele verschmachtet, so bist du doch, Gott, allezeit meines Herzens Trost und mein Teil.» (Ps 73,23.25–26) Das Verlassenheitsgefühl der Adipositas – so löst es sich auf.

Diese Einsicht ist wichtig, weil auch im Verhältnis des Menschen zu Gott die gleiche «Vollgepfropftheit» der «Besitzenden», der «Habenden», Platz greifen kann. Man glaubt, ja, man weiß sich im Besitze des «richtigen», des einzig wahren Gottes, der sich dem «Gründer» der eigenen Religionsform «geoffenbart» hat, und man tut sich sehr schwer, man bekommt Angst, man wird wütend, sobald auch nur der Verdacht aufkeimt, daß die «bekannte», die «verwaltete», die verordnete Gottheit des tradierten Glaubens ein hausgemachter Götze sein könnte, – nicht Gott. Gerade diese Zumutung aber liegt in dem Weheruf Jesu über die «Vollgepfropften»: statt mit dem Glauben an Gott die Menschen «hungrig» zu machen nach einer anderen Welt, trägt ihr dogmatisch festgeschriebener, in den Institutionen von «Synagoge» und «Kirche» erstarrter «Gott» nur dazu bei, den Menschen die Sehnsucht aus ihren Herzen zu stehlen und sie einverstanden zu machen mit dem Abgemachten und Ausgemachten fertiger Riten und Redensarten auf Kosten des Lebens; alle Suchenden sind da nichts weiter als Nörgler und Nestbeschmutzer oder, wenn's ernst wird, geradewegs Feinde Gottes; denn richtig: den «Gott» der «Gottesbesitzer» bekämpfen sie, den man unter den Marmorplatten des Altarraums der Tempel und der Kathedralen, darüber die samtbeschuhten Füße von Kardinälen und Bischöfen schreiten, in aller Feierlichkeit «beigesetzt» hat, – ein Ahnengespenst, das die Bedeutsamkeit der eigenen Gruppe gewährleisten soll, doch nie und nimmer der Gott ist, in dessen Händen allein «Himmel und Erde» (Gen 1,1) ihren Sinn

55 Vgl. ARTUR WEISER: *Die Psalmen*, II 348–351.

und ihr Sein zu begründen vermögen. Ja, wahrlich: «Glücklich die Hungernden, denn – nur – sie werden – von Gott her – gesättigt»[56] (6,21).

d) Glücklich ihr Weinenden – weh euch, ihr Lachenden

Genau das gleiche läßt sich sagen von den subjektiven Gestimmtheiten, die «Armut» und «Reichtum» ebenso zu begleiten pflegen wie «Hunger» und «Saturiertheit»: – von «Leid» und «Lust», von «Schmerz» und «Spaß», von «Pein» und «Fröhlichkeit». Menschen (und Tiere) weinen, wenn sie sich selber leid tun in ihrem Leid, das heißt, sie müssen zumindest merken, daß ihnen etwas weh tut, und eben darin kann ein außerordentlicher Vorteil (oder Fortschritt) gegenüber dem «Lachen» liegen, das oft nichts weiter ist als ein Versuch, etwas sehr Peinigendes oder Peinliches hinter einem «Lächeln» zu verstecken.

In psychotherapeutischen Sitzungen zum Beispiel wird man immer wieder erleben, daß Menschen aus verschiedenen Gründen den Eindruck eines heiteren Äußeren aufrechtzuerhalten suchen[57]. *Depressive* etwa möchten um keinen Preis als lästig und belastend erlebt werden; ihr Leben lang oft mußten sie sich «leicht» und «unbeschwert», erleichternd und erheiternd geben, um die ohnehin schon triste Stimmung ihrer Mutter oder die desolate Situation ihrer Familie «aufzuhellen»; auf diese Weise schon haben sie gelernt, aus allem das «Beste» zu machen, den Dingen immer noch eine Wende zum Guten zu geben und zugunsten der anderen eine «Hoffnung» zu ersinnen, die für sie selber eigentlich kaum galt. Ihr Lächeln, ihre Fröhlichkeit, ihre ständige Sorge, den anderen nicht zu überfordern, soll die Katastrophe verhindern, die in ihrem Erleben ständig über ihnen schwebt: daß die Mutter, der Vater, der Therapeut, der Ehepartner sich am Ende seiner Kräfte, seiner Geduld, seiner Nerven zeigt, daß man abgelehnt wird, nicht weil man etwas Bestimmtes nicht richtig gemacht hätte, sondern letztlich für die Tatsache, überhaupt geboren zu sein. Das «depressive» Lächeln möchte den Eindruck vermitteln, daß es vielleicht doch nicht ganz falsch, ganz unpassend, ganz ungelegen ist, auf der Welt zu sein. Nicht selten dann genügt ein kurzer Moment, sich verstanden zu fühlen, und es ist, als wenn an einer Sperrmauer eines der Schleusentore geöffnet würde und das da-

[56] Vgl. HORST HERRMANN: *Die Kirche und unser Geld*, 61–104: Jahr für Jahr Milliarden ohne große Gegenleistung: Die normalen Zahlungen an die Großkirchen in der Bundesrepublik; 145–189: Da ist ganz schön was zusammengekommen: Die reichste Kirche der Welt.
[57] Vgl. EUGEN DREWERMANN: *Sünde und Neurose*, in: Psychoanalyse und Moraltheologie, I 128–162.

hinter aufgestaute Wasser unter hohem Druck austreten ließe: Plötzlich, mitten in die Mimik des Lächelns hinein, ergießen sich Tränen – stumm, wie verborgen, als sollte sie immer noch niemand bemerken. Bald danach regnet es Entschuldigungen und Selbstvorwürfe, – man hätte sich nicht so gehenlassen dürfen, man hat sich so wenig unter Kontrolle, nein, es hat alles nichts zu bedeuten ... Dabei kann man ganz im Gegenteil nur froh sein, daß endlich ein Raum sich erschließt, an dem man sich selbst wahrnehmen darf, an dem es «erlaubt» ist, zu weinen, an dem es gut ist, den zahllosen Gründen der Traurigkeit nachzugehen, statt sie weiter zu verleugnen und zu unterdrücken. Schließlich kann es ja sein, daß gerade das niedergehaltene, eingeschlossene, verpreßte Leben aus scheinbar längst zurückliegenden Zeiten sich in reiche Lagerstätten kostbarer Bodenschätze wie Öl oder Kohle umgewandelt hat.

Oder das *hysterische* Lachen. Es basiert auf dem ständigen Schamgefühl, in den Augen der anderen keine gute Figur zu machen. Der Hysteriker möchte geliebt werden, ohne selbst lieben zu können, – seine Angst vor Enttäuschung (eine Konsequenz seiner eigenen Flatterhaftigkeit!) und seine Furcht vor fremder Festlegung (ein kindlicher Rest der Bindung an den Vater) sind viel zu groß, und so lädt das nette Gehabe, das flirtähnliche Suchen nach Nähe, das stets interessant-interessierte Bemühen um «Action» (es muß «was los sein») immer neu zu Beziehungen ein, deren mögliches Zustandekommen mit einem Gefühl von Jubel quittiert wird, während ihre Fortdauer bald schon wie eine drohende Verpflichtung erlebt werden kann. Insbesondere das Thema Sexualität, das unterschwellig stets anklingt, trägt zu einer ständigen Angstbereitschaft bei, ins Gerede zu kommen, und das oft demonstrative Lachen soll dann sowohl der Werbung um Zuneigung als auch der Versicherung völliger Harmlosigkeit dienen. Auch ein solches hysterisches Lachen kann rasch umkippen in Ausbrüche schierer Verzweiflung und Fassungslosigkeit, die wiederum mit der Angst vor dem «Gesichtsverlust» einhergehen, – ein Gestrüpp stets wechselnder Eindrücke, Themen, Gefühle, Konzepte, aus dem nur ein geduldiger Weg des Entwirrens und Bewußtmachens ins Freie führt: Fortan ist es nicht mehr nötig, sich lächelnd anzustrengen, um die Gunst des anderen zu erringen, – man hat sie ja längst gewonnen, und zwar nicht für den Charme und den Schmelz der Darbietung, sondern für die Wahrheit, die dahinter aufscheint. Ein Weinen, das einem echten Gefühl entspricht, das einer wirklichen Wahrnehmung der eigenen Person entspringt, kann sein wie eine Erlösung, – und dann mag man lachen, wenn es von innen her stimmt.

Selten, sehr selten, können auch *Zwangscharaktere* in Weinen ausbrechen, und dann möchte man auch sie glücklich preisen für ihre Tränen, ist doch die Welt, aus der sie kommen, eiskalt. Es ist nicht, als wenn sie keine Gefühle hätten, es war nur stets, daß sie darauf keine Rücksicht nehmen durften. Sie hatten «vernünftig», «entschlossen», «diszipliniert», «zuverlässig», «pünktlich» und «ordentlich» zu sein; wie sie bei all dem sich selber vorkamen, war völlig egal, – sie selber *kamen* nicht vor. Wie in der Arktis gewaltige Wassermassen lagern als ein Kontinent aus Eis, so ähnlich die Seele der Menschen, die man in der Psychoanalyse als «zwanghaft» oder gar als «zwangsneurotisch» bezeichnet. Sie dürfen keine Schwächen zeigen, sie dürfen keine Fehler machen, sie dürfen sich keine «Freiheiten» herausnehmen, sie dürfen nicht ... Doch dann kann es sein, daß ein schweres Mißgeschick, daß ein Malheur, daß ein tragisches Versehen oder Vergehen den ganzen Aufbau aus Zwang und Gewalt zum Einsturz bringt, und die Erschütterung darüber wirkt wie ein Dammbruch oder, besser, wie das Sich-Öffnen einer Felsspalte, aus deren Gestein leise rinnend eine Quelle zutage tritt, – ein stilles, wortloses Weinen zumeist, nicht viele Tränen, eher nur ein Feuchtwerden der Augen, und doch: eine einzige solcher Tränen ist mehr wert als alle Perlen und Edelsteine. Zu «lachen» hatten solche Menschen in ihrem ganzen Leben nicht gerade viel; daß sie freundlich lächeln, um nicht unhöflich zu wirken, war, wenn überhaupt, eine weitere Vorschrift ihres Verhaltensrepertoires; eine Herzlichkeit von innen indessen, eine Gutmütigkeit aus Bedürfnis statt aus «Pflicht»gefühl, so etwas mußte ihnen stets fremd sein. Das «Glück», endlich weinen zu dürfen, ist der Anfang der Fähigkeit, eines Tages auch herzlich lachen zu können, sogar über die eigenen Unvollkommenheiten, Marotten und Verschrobenheiten. Abgelegt werden darf die Zwangsmaske eines Un-Weinens, das, wenn es tatsächlich mal umschlug in Lachen, fast ausnahmslos zu einem Auslachen fremder Fehltritte ward: «Das kann mir nicht passieren», sollte solche Schadenfreude besagen. Wenn aber doch? Die ganze Erlösung liegt in der Erlaubnis, sich eine solche Möglichkeit einzugestehen. Man ist auch nur ein Mensch.

Unheimlich wirkt oft das Lachen von *Schizoiden*: es erscheint als so grundlos, es mutet fast zynisch an. Schizoide leiden in aller Regel nicht an sich selbst, sie spüren zum Weinen keinerlei Grund, nur ihre Umgebung benimmt sich in ihren Augen so seltsam: Sie mißt Dingen eine Bedeutung zu, die doch «eigentlich» völlig gleichgültig sind; sie gibt sich aufgeregt und «macht Streß», wo doch «eigentlich» gar nichts passiert ist; sie bringt ständig Verwicklungen mit sich, wo doch «eigentlich» alles ganz ruhig seinen Gang gehen könnte. Der Schizoide hat wirklich keine eigenen Gefühle, das heißt, genauer gesagt, wo immer das Fünkchen eines warmen Gefühls aufflammen könnte, wird es von ihm erstickt aus Angst, es könnte eine «Scheune» oder einen «Wald» in Brand stecken, und diese Mikrotraumen der Angst können eine eigentlich fruchtbare Seelenlandschaft mehr und mehr in eine sibirische Taiga verwandeln: ein Permafrostboden im Untergrund und darauf Flechten, Moose und Krüppelholz. Insofern trifft der Kontrast von «Weinen» und «Lachen» auf das schizoide Erleben nur sehr begrenzt zu; überhaupt ein echtes Gefühl zuzulassen, gleich ob Traurigkeit oder Fröhlichkeit, bedeutete an sich bereits einen riesigen Fortschritt. Die «verfluchte» Lustigkeit, das groteske Grinsen angesichts fremden Unglücks verschwände dann wie von selbst; das Bunkerdasein wäre nicht mehr vonnöten, in dessen lebensfremden Sicherheitsanlagen der Schizoide sich eingerichtet hat.

In all diesen Zusammenhängen des persönlichen Lebens leuchten die «Umkehrungen» der Worte Jesu wohl vollkommen ein. Man begreift ihre unerhörte verändernde Wirkung; man versteht, daß sie gerade so paradox formuliert sein müssen, um auf die perverse Wesensverpanzerung unseres scheinbar ganz normalen Alltags antworten zu können. Doch ist das alles nicht *zu* persönlich, *zu* psychologisch, *zu* «rein privat», um eine ganze Welt zu erlösen?

Klar ist: Man kann gesellschaftliche Strukturen, Institutionen, Ideologien und Funktionszuweisungen nicht mit Gefühlen verändern; und doch kann man Menschen davor bewahren, sich die eigenen Gefühle von der Gefühllosigkeit der vermeintlichen «Zwänge» des Systems stehlen oder wegzensieren zu lassen. Das Lächeln der «Schönen und Reichen», das cheese-Gesicht der «bonds» und der «beauties» – wirkt es nicht in sich selbst schon wie das Glitzern einer tiefstehenden kalten Wintersonne über den Schneefeldern? Da richtet Queen-Mom ihrer Enkelin eine Party zum 18. Geburtstag aus für umgerechnet 80 000 €, damit sie den richtigen Stil für das Leben einer britischen Blaublütigen erlerne; da schenkt der Prinz von Dubai, Besitzer von 20 Mrd. Dollar, seiner Tochter mal eben nicht nur ein Kleid zum Geburtstag, sondern gleich die Beteiligung an einer der größten Bekleidungskaufhausketten der Welt; und ständig lächeln die Royals und die Scheichs herab auf die «einfache» Bevölkerung, die ihnen dazu noch begeistert applaudiert. Und ganz so wie sie gebärden sich die neuen und alten Feudalherren, die derzeit bestrebt sind, die ganze Gesellschaft durch die «Liberalisierung» der Märkte sowie durch die «Privatisierung» der Unternehmen und «Dienstleistungen» (von «Bahn» über «Gesundheit» bis «Strafvollzug» und «Militär») in ein einziges Wirtschaftsunternehmen zu verwandeln, möglichst in den Händen der eigenen Firma oder der eigenen

Bank. Ein Lächeln kommt da nur auf im Erfolgsfalle, und auch dann nur, wenn im globalisierten Konkurrenzkampf aller gegen alle sich kurzzeitig die Illusion eines «Sieges von Dauer» einstellen möchte. Was aber würde passieren, wenn einer dieser Triumphatoren in Tränen ausbräche – ausbrechen dürfte, ausbrechen könnte – über die Folgekosten seines «Gewinns»?

Dann begönne eine Geschichte, wie VICTOR HUGO (1802–1885) sie im Jahre 1862 in *Die Elenden* erzählt hat[58]: die Geschichte von Jean Valjean, der eines Brotdiebstahls wegen zur Zwangsarbeit in den Steinbrüchen verurteilt wurde und der, kaum entlassen, schon wieder einen Diebstahl begehen muß, um das nötige Geld für seinen Unterhalt aufzutreiben. Er nimmt die Silberleuchter des Bischofs mit, der ihm eine Nacht lang Unterkunft bot; er wird von der Polizei aufgegriffen, die seine Behauptung natürlich nicht glaubt, die Kostbarkeiten seien ihm geschenkt worden; doch genau das erklärt den Beamten der Bischof, der die Lage des «Diebes» vollkommen begreift; ja, er ergänzt, Jean Valjean habe sogar noch zwei Leuchter zurückgelassen, – hier gebe er sie ihm mit. Von diesem Augenblick eines wirklichen Mitgefühls an ändert sich die ganze Welt dieses Sträflings, und er sinnt darauf, wie er seinerseits dazu beitragen kann, die Welt zu verbessern. Unter einem falschen Namen nimmt er die Stelle eines Bürgermeisters an und widmet sich insbesondere dem Kind einer todkranken «Prostituierten», das diese in eine Pflegestelle hatte geben müssen. Gejagt von dem Polizisten Javert, der in ihm den Sträfling von einst wiedererkennt, kommt es zu einer dramatischen Auseinandersetzung zwischen den klassischen Gegensatzpaaren von Gesetz und Gnade, von Gerechtigkeit und Menschlichkeit, von Staatsgewalt und Güte; doch die Meisterschaft HUGOs zeigt sich darin, daß er die Haltung der Gesetzesstarre in Gestalt Javerts genauso psychologisch motiviert wie die «Wandlung» Jean Valjeans: während dieser das Kind einer «Prostituierten» zu retten versucht, ist jener selber das Kind einer Prostituierten, und er haßt in der anderen eigentlich seine eigene Mutter; es wird – sogar physisch – den «Untergang» seiner Person bedeuten, erkennen zu müssen, daß der Standpunkt der «Gerechtigkeit» ein schweres Unrecht darstellt gegenüber all denen, die viel zu arm sind, um sich in der geordneten Welt der «Anständigen» zurechtfinden zu können. Man mag es für ein modernes Märchen halten, wenn am Ende denn doch das Mitleid «siegt» über die Manie des bürgerlichen Ressentiments; doch genau diese Umkeh-

[58] VICTOR HUGO: *Die Elenden*, 2. Buch, S. 126–130: Seine Tat; S. 130–134: Der Bischof bei der Arbeit.

rung der «Weltanschauung» bietet, wenn einmal begriffen, die Grundlage auch für den Umsturz der gesellschaftlichen Verhältnisse.

Eine Probe für die Auswirkung der Worte der «Feldrede» auf die Gestaltung auch des Politischen läßt sich leicht ziehen mit der Frage, ob es denn möglich sei, sich als Mensch zu bewahren, wenn man den Rang eines «Großen» in der Geschichte sich – wie üblich – mit militärischen Mitteln zu erobern gedenkt. Einen Sieg auf dem Schlachtfeld sollte man begehen mit einer Trauerfeier, meinte bereits im Alten China der Weise LAO TSE (um 300 v. Chr.)[59]. Und in der Tat: wer, wenn er noch die Gabe der Tränen besäße, könnte sich das Grauen des Krieges als eine «politische Option offenhalten», und wer bei den Paraden der heimkehrenden Truppen könnte ihren Triumph auf dem «Schlachtfeld» lachend bejubeln? Nicht etwas, *alles* würde sich ändern in der Verwaltung der Macht, erlaubte man sich eine solche korrigierende Rückkopplung der eigenen Taten auf die eigenen Gefühle.

Das aber ist der eigentliche Kern der dritten «Seligpreisung» der lukanischen «Feldrede»: Zerbrochen werden müßte die ständige Dialektik der Angst zwischen den ursprünglichen und den aufgesetzten, zwischen den innerlich stimmenden und den nach außen zur Schau getragenen Gefühlen; damit der Strom der Empfindungen wieder unverstört ins Fließen geriete, müßte der Betondamm gesprengt werden, der zwischen Denken und Fühlen, zwischen gesellschaftlicher Rolle und persönlicher Entfaltung, zwischen politischer Zwecksetzung und emotionaler Einsicht aufgeschüttet ist. Nichts kann richtig sein, was wir zwar denken sollen, aber nicht fühlen dürfen, und bereits die Spaltung zwischen Ratio und Emotion ist an sich selbst ein äußerst gefährlicher Riß in der Menschlichkeit. «Das ist zu emotional», ertönt der Abwehrruf in so vielen Debatten, die, wie so oft, eine weitere unvorstellbare Menge an Grausamkeiten – als «vernünftige» sozialpolitische, militärstrategische oder wirtschaftliche «Maßnahme» getarnt – herbeiführen sollen. Doch nur in unseren Emotionen fühlen wir die Werte, deren Anerkennung unser Leben von innen her ordnet; und wenn es auch wahr ist, daß ein «nur» emotionaler Standpunkt sich ins Wirklichkeitsferne und Irreale verlieren kann, so bleibt es doch noch viel wahrer, daß die schlimmsten Verbrechen in der menschlichen Geschichte von Männern begangen wurden, die ihre eigenen Gefühle ignorierten, verdrängten oder vergewaltigten. Mit den Segensworten wie mit den Fluchworten Jesu über die

[59] LAOTSE: *Tao te king*, Nr. 31, S. 71: «Wer im Kampfe gesiegt, der soll wie bei einer Trauerfeier weilen.»

Weinenden und die Lachenden steht nicht mehr und nicht weniger auf dem Spiel als das Wohl und Wehe der ganzen Menschheit, beginnend mit dem Gelingen oder Mißlingen unserer Menschlichkeit.

e) «wenn euch die Menschen hassen» und «wenn schön euch reden all die Menschen»

In der Auslegungsgeschichte der «Bergpredigt» beziehungsweise der «Feldrede» gibt es keine unverschämtere Ausrede als die kirchlich gestützte Erklärung, noch seien die Worte Jesu nicht zu «verwirklichen», da das «Reich Gottes», das er verkündete, nicht gekommen sei[60]. Hier in diesen Zeilen spricht der lukanische Jesus (nicht anders als in Mt 5,11.12) offen aus, wie er sich das Leben derer vorstellt, die sich auf seinen Weg begeben: Sie sitzen nicht die Zeit ab in Erwartung göttlicher «Wunder» und «Heilstaten», bis daß die «Welt» (die menschliche Wirklichkeit) in Gottes «Herrschaft» übergegangen ist; sie fühlen den Gott, den uns Jesus brachte, so stark in ihren Herzen, daß sie nicht anders können, als den Widerwillen der ganzen «Welt» auf sich zu ziehen. Das «Gottesreich» wird niemals kommen, außer wir beginnen, es hier und jetzt zu leben, unverzüglich und unbedingt. Wie widersprüchlich und wie widerständig die «Welt», die sogenannte «Wirklichkeit», dann darauf reagieren wird, kann man sich freilich denken. Der Kontrast, der Konflikt *muß* so groß sein, derart, daß der Gegensatz geradewegs als Gütezeichen christlich gelebter Existenz gelten darf.

Wie denn! «Glücklich die Weinenden»? Man muß Worte wie diese nur ernsthaft vortragen, und unsere «Fun»-Gesellschaft wird sich biegen vor Lachen. Um einen solchen Satz mediengerecht «rüberzubringen», müßte man schon in das Genre des Kabaretts wechseln; man müßte als Clown – oder als Hofnarr – auftreten, um spaßeshalber «ernst» genommen zu werden.

[60] Vgl. HEINZ SCHÜRMANN: *Gottes Reich – Jesu Geschick*, 83–88, der in Lk 6,20b f einen vorösterlichen «Erfüllungsruf» Jesu sieht, bei dem die «Gottesherrschaft» den Rahmenbegriff «für das Gesamt des eschatologischen Heils» abgebe, das «*allein vom kommenden Gott* her erwartet und keineswegs durch aktive Bemühungen irgendwie ‹vorbereitet›» werde «wie bei den Pharisäern und anders bei den Zeloten». «Die Erwartung der ausstehenden Basileia (sc. Gottesherrschaft, d.V.) ruft zum *Ausharren* auf, wobei doch wohl eine *Naherwartung*, eine Erfüllung noch zu Lebzeiten der Angesprochenen, gemeint sein kann. Dabei ist das verheißene eschatologische Heil zumindest *nicht nur spirituell* gedacht; es wird – wie mit einer starken Diesseitsbetonung gesagt wird – gerade auch alle Erdennot hinwegnehmen; Basileia ist damit Chiffre für die Vollrealisation des universalen eschatologischen Heils, das als solches *zukünftig* bleibt (sosehr die Verwirklichung in der Ansage desselben bereits geschichtsmächtig *anhebt*.» (S. 87)

Tatsächlich hat es denn auch nicht an Theologen gefehlt, die in Jesus eine Art Komiker erblicken wollten[61] und sich dabei sogar noch originell vorkamen. Aber sie verkennen den Entscheidungsernst in Jesu Anliegen: Komödianten schlägt man nicht tot. Das macht man nur mit Menschen, die man ernst nehmen muß, weil sie es ernst meinen; Spaßmacher, die keinen Spaß mehr machen, richtet man hin durch Vergleichgültigung; das genügt. Jesus aber wollte nicht «unterhalten» und «Vergnügliches» bieten, – er setzte sich ein, er legte sich an, er stellte sich quer, er schwamm gegen den Strom, er wirkte wie Sand im Getriebe, bis er von den Rädern der Macht zermahlen wurde. Er war der verkörperte Unterschied von «Unterhaltung» und «Ernstfall», von Amüsement und Existenz, von ästhetischem Spiel und dem Wagnis des Lebens. Glück ist etwas anderes als Plaisir, Freude etwas anderes als rheinische Fröhlichkeit, Heiterkeit des Gemüts etwas anderes als krachlederne Derbheit. Der Grund: Gott mag uns lehren, Humor zu gewinnen in Anbetracht der Absurditäten des irdischen Daseins, doch Gott zum Narren zu halten und das eigene Leben zu verkasperln – das geht nicht an. Angesichts der Not der Menschen gilt es, Stellung zu beziehen. Man kann nicht Menschen heilen und die krankmachenden Zustände in Religion und Politik kritiklos bestehen lassen; – es ist schizophren, den Arzt spielen zu wollen, der auf dem Truppenverbandsplatz immer wieder die Kriegskrüppel zusammenflicken soll für den nächsten Fronteinsatz. Wenn es menschlich ist, zu heilen und zu helfen, dann ist es unmenschlich, zu verstümmeln und zu zerstören. Wer sich auf die Seite der Menschen schlägt, muß sich herumschlagen mit der Unmenschlichkeit, zu der man Menschen zwingt.

Zum Beispiel der Krieg. Obwohl es im Neuen Testament keine Worte Jesu gegen die befohlenen Massenmorde der Mächtigen gibt, verstanden Leute wie TERTULLIAN (ca. 160–ca. 225) ganz von selbst, daß es sich mit der Botschaft der «Bergpredigt» nicht vereinbart, Soldatendienste zu verrichten[62].

[61] Vgl. HELMUT THIELICKE: *Das Lachen der Heiligen und Narren*, 1974; von daher lag es nahe, auch Jesus als eine Art «Eulenspiegel» Gottes darzustellen.

[62] Vgl. TERTULLIAN: *Über den Götzendienst*, Kap. 19, in: Tertullians ausgew. Schriften, I 168: «Allein es fragt sich ... eben, ob Christen sich dem Soldatenstande zuwenden dürfen, ob Militärpersonen zum Christentum zugelassen werden können ... Es harmoniert nicht zusammen, unter dem Fahneneid Gottes und der Menschen, unter dem Feldzeichen Christi und des Teufels, im Lager des Lichts und in dem der Finsternis zu stehen, eine und dieselbe Seele kann nicht zweien verpflichtet sein, Christo und dem Teufel ... Wie ... wird der, dem der Herr das Schwert weggenommen hat, Krieg führen, ja auch nur in Friedenszeiten ohne Schwert Soldat sein? Wenn auch Soldaten zu Johannes kamen und die Richtschnur für ihr Verhalten hinnahmen, wenn sogar ein Hauptmann gläubig wurde, so hat doch der Herr in der Entwaffnung des Petrus jedem Soldaten den Degen abgeschnellt (sc. in Mt 26,52, d.V.).»

Die ganze frühe Kirche wußte es[63] und verweigerte den Fahneneid auf den römischen Kaiser, der wie ein Gott verehrt werden wollte[64]; doch dann wurde von der Mitte des 4. Jhs. an das Christentum selber zur Staatsreligion Roms[65], und prompt übernahmen die «Kirchenväter» ganz einfach die Staatsrechtslehre der römischen Philosophen, CICEROS (106–43) Schrift etwa über den *Staat*[66], und mit einem Mal galt es für «christlich», für ein Recht, für eine Pflicht, in einen «gerechten» Krieg zu ziehen[67]. Die «Bischöfe» selber wurden zu Staatsbeamten im Ministerrang, – Militärpfarrer noch heute fungieren in der Gehaltsstufe von Offizieren. Statt Widerstand gegen die systematische Unmenschlichkeit von Staats wegen zu lei-

63 Vgl. ALOIS WOLKINGER: *Wehrdienst*, in: Hans Rotter – Günter Virt (Hg.): Neues Lexikon der christlichen Moral, 853–857, S. 853–854, der bes. auf ORIGENES: *Acht Bücher gegen Celsus*, V 33, in: Des Origenes ausgewählte Schriften, Bd. 3, S. 50, hinweist: «wir ergreifen nicht mehr ‹das Schwert gegen ein Volk› und wir lernen nicht mehr ‹die Kriegskunst› (sc. nach Jes 2,4, d.V.), da wir ‹Kinder des Friedens› (sc. nach Lk 10,6, d.V.) geworden sind durch Jesus, der unser ‹Führer› ist (sc. nach Apg 3,15; 5,31, d.V.).»

64 Vgl. CYPRIAN: *An Donatus*, 6, in: Des heiligen Kirchenvaters Caecilius Cyprianus sämtliche Schriften, I 45: «Es trieft die ganze Erde von gegenseitigem Blutvergießen; und begeht der einzelne einen Mord, so ist es ein Verbrechen; Tapferkeit aber nennt man es, wenn das Morden im Namen des Staates geschieht. Nicht Unschuld ist der Grund, der dem Frevel Straflosigkeit sichert, sondern die Größe der Grausamkeit.» – BASILIUS: *Brief an Amphilochus* Kan. 13, in: Des heiligen Kirchenvaters Basilius des Großen ausgew. Schriften, I 198–199: «Die Tötung im Krieg rechneten unsere Väter nicht unter den Mord. Meines Erachtens wollten sie dabei nachsichtig sein gegen die, die für Sitte und Glauben kämpften. Vielleicht empfiehlt sich aber der Rat, daß sie mit ihrer unreinen Hand drei Jahre wenigstens der Kommunion fernbleiben sollen.» – Gegen den *Eid* auf den Kaiser spricht sich ORIGENES: *Acht Bücher gegen Celsus*, VIII 65, in: Ausgew. Schriften, Bd. 3, 380–381 aus.

65 Vgl. WILL DURANT: *Weltreiche des Glaubens*, in: Will und Ariel Durant: Kulturgeschichte der Menschheit, V 220–226: Constantin und das Christentum.

66 Vgl. ALOIS WOLKINGER: *Wehrdienst*, in: Hans Rotter – Günter Virt (Hg.): Neues Lexikon der christlichen Moral, 854–855: «Mit der sogenannten Konstantinischen Wende, als sich das Christentum von einer verbotenen zu einer staatstragenden Religion wandelte, änderten sich allerdings die Auffassungen im Hinblick auf die Staatsbürgerpflichten. Bereits im Jahre 314 hat die von Kaiser Konstantin einberufene Synode von Arles die Wehrdienstverweigerer exkommuniziert, weil sie in Friedenszeiten die Ordnungsfunktion des Heeres und damit indirekt auch die des Staates nicht gebührend anerkannten. Wenig später griffen die Kirchenväter Ambrosius und Augustinus die bereits vom römischen Philosophen und Staatsmann Cicero formulierte Kriegsrechtfertigung auf, wonach ein Krieg zwecks Schadenersatzes, und zwar nach Androhung und Erklärung, als gerecht(fertigt) zu bezeichnen sei.» Vgl. CICERO: Philosophische Schriften: *De re publica*, hg. v. K. Ziegler, [7]1969. Erst 1967 in seiner ersten Rede vor der UNO erklärte Papst Paul VI. sein berühmt gewordenes «Niemals Krieg».

67 Vgl. KARLHEINZ DESCHNER: *abermals krähte der hahn*, 379: «Wie immer man Konstantins persönlichen Glauben einschätzen mag: die Regelung des Verhältnisses von Staat und Kirche bestimmten politische Motive ... auch der Katholizismus selbst gewann nun gegenüber dem Urchristentum in entscheidenden Zügen *eine völlig andere Gestalt*, vor allem in seiner Einstellung zum Krieg und zur Todesstrafe».

sten, paßte man sich den herrschenden Machtstrukturen ideologisch an. «Widerstand» leistete man jetzt allenfalls noch in Fragen des privaten Lebens – in der Sexualmoral etwa: Ehescheidung, Homosexualität, künstliche Empfängnisverhütung, *das* sind die Fragen römischer «Moraltheologen» heute. Und: «der Schutz des ungeborenen Lebens», und: das Verbot aktiver Sterbehilfe, – während dieselbe Kirche noch vor kurzem die Todesstrafe rechtfertigte[68] und den Atomkrieg legitimierte[69]. Wo eigentlich, mag man fragen, blieb ihr «Widerstand» im ganzen 20. Jh., als der römische Katholizismus paktierte mit FRANCISCO FRANCO (1892–1975) in Spanien[70], mit ANTONIO DE OLIVEIRA SALAZAR (1889–1970) in Portugal[71], mit BENITO MUSSOLINI (1883–1945) in Italien[72], mit AUGUSTO PINOCHET (1915–2006) in Chile[73], ... mit wem eigentlich nicht, wenn es kirchenpolitische Vorteile verschaffte? Widerstand? – Er mochte geübt werden von wenigen Einzelnen, die man im nachhinein gerne als Alibi vorzeigt, nachdem man ihnen zu Lebzeiten jeden Beistand verweigert hatte, wie etwa dem ganz und gar christlich motivierten Wehrdienstverweigerer FRANZ JÄGERSTÄTTER (1907–1943), den man am 26. Oktober 2007 für einen «Seligsprechungsprozeß» zu vereinnahmen wagte[74], – zeitgleich mit 498 christlichen Aktivisten, die

[68] GUSTAV ERMECKE: Zur ethischen Begründung der Todesstrafe heute, Paderborn 1959. Sogar noch in *Catéchisme de l'Église Catholique* (Weltkatechismus) von 1992, Nr. 2266, S. 463, wird die Todesstrafe gebilligt.

[69] Vgl. KARLHEINZ DESCHNER: *abermals krähte der hahn*, 593–596: Auch Atomkrieg ist gestattet. Vgl. auch PETER BÜRGER: *Hiroshima, der Krieg und die Christen*, 102–110: Christen für die Atombombe: Totale «Gottesgerechtigkeit» und Endzeitkrieger; 110–116: Nato-Katholizismus und Heidelberger Thesen; 116–120: Herz-Jesu-Freitag für die nukleare Abschreckung?

[70] Vgl. KARLHEINZ DESCHNER: *Die Politik der Päpste im 20. Jahrhundert*, I 506–537: Der Spanische Bürgerkrieg ein «heiliger Kreuzzug für die vollständige Wiederherstellung der kirchlichen Rechte.»

[71] Vgl. a. a. O., II 184; 287.

[72] Vgl. a. a. O., I 492–506: Der klerofaschistische Raubüberfall auf Abessinien – «ein Evangelisationsfeldzug».

[73] Vgl. a. a. O., II 527; 571. – Es war Papst Johannes Paul II., der 1993–20 Jahre nach dem Putsch gegen Salvador Allende – dem chilenischen Diktator zu seinem 50. Hochzeitstag in einem von «Freundschaft und Wertschätzung» charakterisierten Schreiben persönlich gratulierte. Vgl. HEINRICH MISSALLA: *Wie der Krieg zur Schule Gottes wurde*, 129-

[74] Vgl. dpa vom 27. Okt. 2007. – Man vergleiche demgegenüber die Rundschreiben und Hirtenbriefe von Feldbischof FRANZ JUSTUS RARKOWSKI (1873–1950), etwa zu Advent 1943, wo die «ewigen Weihnachtswerte» zu bloßen Durchhalteparolen «in der Schneewüste des Ostens und Nordens, ... auf hoher See, ... auf den Flugplätzen und in den Geschützstellungen» verkommen; vgl. HEINRICH MISSALLA: A. a. O., 105. Oder zur Fastenzeit 1944: «Es ist etwas Großes, wenn der Soldat sein hartes Tagewerk, sei es die Ausbildung in einer Kaserne, sei es der Wachdienst fern der Heimat in Erfüllung göttlichen Geheißes tut.» A. a. O., 110.

im Bürgerkrieg von der Falange ermordet worden waren, und unerachtet wiederum der Priester, die von faschistischen Exekutionskommandos ermordet wurden, wie etwa 16 Geistliche baskischer Herkunft, die «nicht der Amtskirche gehorchten, die den Putsch des faschistischen Generals Francisco Franco als ‹Kreuzzug› legitimierte»[75].

Man kann solche Kompromisse und Verbrüderungen mit den Mächtigen nicht eingehen, ohne die gesamte Botschaft Jesu auf den Kopf zu stellen. Seine entschiedene Auflehnung gegen die zwanghafte Gesetzesstarre in der Frömmigkeitshaltung der Rabbinen, sein prophetischer Widerspruch gegenüber der Veräußerlichung des «Gottesdienstes» in der Ritualpraxis der Priester (vgl. Lk 10,29–37: das Gleichnis vom barmherzigen Samariter), sein heftiger Kampf gegen die Selbstherrlichkeit der «Gerechten», die mitleidlos sind im Aburteilen der «Sünder»(vgl. Lk 18,9–14: das Gleichnis vom Pharisäer und Zöllner), – all das behält seine Virulenz in jedem religiösen System, das, statt dem Einzelnen gegen die herrschenden Autoritäten auf die Beine zu helfen, selber im Namen Gottes auf die Köpfe der Menschen herabzuherrschen sucht. Für Jesus bildete der Glaube an einen Gott der voraussetzungslosen Güte den Hintergrund seiner Haltung einer Humanität ohne Grenzen; ein kirchenverordneter Gott aber muß immer in die Züge einer drohenden Strafegerechtigkeit zurückgebogen werden. Ein solcher Gott verlangt zwangsläufig Vorleistungen, um den Menschen zu vergeben, und er benötigt wiederum Kultdiener und Kleriker, die «blutige» oder «unblutige» Opfer in der rituell richtigen Weise darbringen, da es angeblich nur so gelingen kann, ihn mit den «Sündern» zu «versöhnen».

Und was hat jetzt Jesus damit noch zu tun? Pervertierter kann es nicht kommen: Aus seinem Eintreten für die Menschlichkeit des Religiösen im Namen eines menschlichen Gottes wird jetzt seine Unterwerfung unter einen unmenschlichen Gott zur Einrichtung und zum Erhalt einer unmenschlichen Institution, deren Macht in der Unterwerfung ihrer Mitglieder gründet. Nicht länger löst der Mann aus Nazaret nunmehr die Probleme von Menschen inmitten der tödlichen Widersprüche von Gesellschaft und «Kirche»; vielmehr «mußte» er sich «opfern» im «Gehorsam» gegenüber dem «Willen» Gottes, der ein schier unauflösliches Problem mit sich

[75] Vgl. INGO NIEBEL: *Kreuzritter Francos*, in: Junge Welt, 29. Okt. 2007, Nr. 251, S. 3. – Eine gewisse Wandlung – immerhin – scheint in der Erklärung der Deutschen Bischofskonferenz vom 20.1.03 zum Irak-Krieg auf; vgl. KARL-HEINZ HARENBERG – MARC FRITZLER (Hg.): *No war*, 127–130: Ein Präventivkrieg wäre sittlich unerlaubt; sowie in der Erklärung der Evangelischen Kirche Deutschlands vom 24.1.03, a. a. O., 131–133! Diese Erklärungen folgten freilich nur den schon getroffenen Mehrheitsentscheidungen der BRD.

selbst hatte: Seine Gerechtigkeit nämlich nötigte ihn, die Menschen entsprechend ihrer Schuld, die ihn, den Unendlichen, unendlich beleidigte, unnachsichtig zu strafen; seine Liebe indessen legte ihm nahe, den Menschen nachsichtig zu vergeben, und in diesem Dilemma blieb ihm kein anderer Ausweg, als sich selber in seinem «Sohne» ein unendliches Opfer zu bereiten: der einzig Unschuldige mußte sein Leben am Kreuze opfern für all die Schuldigen[76]. Das entschiedene Entweder-Oder von Gerechtigkeit oder Liebe, das Jesus als nicht zu vereinbarenden Gegensatz zwischen der Gesetzesauslegung der Rabbinen und seiner eigenen Botschaft lehrte, verflüchtigt sich auf diese Weise metaphysisch in das Wesen der Gottheit selbst. Fortan sind es nicht mehr die Widerstände der Angst und der Rechthaberei auf seiten der Menschen, für die Jesus in den Tod ging, nunmehr war es der Wille Gottes selber, daß sein Sohn sich zugunsten der Befriedigung einer grausamen Gerechtigkeit zum Opfer hingab. Damit faßt die «Welt», wie sie war, wieder Tritt, – sie wiederaufersteht in «kirchlicher» Gestalt. Aus dem Ernst christlicher Existenz wird ein ästhetisch feierlich zelebrierter Ritualdienst, ein Spiel in Symbolen, ein Dasein «in effigie» – ein «gleichsames», ein nie wirkliches Leben.

Dafür «macht» sich das alles sehr gut. Die Leute in den Talaren und Soutanen «machen eine gute Figur», – man rührte an die Grundlagen der Gesellschaft, wollte man gegen sie agitieren. Solange jedenfalls sie sich staatstragend geben, gesellschaftserhaltend einsetzen, orientiert an den «Grundwerten» des bürgerlichen Zusammenlebens: am Recht auf Reichtum und am Recht des Reichtums, wird über sie nur Gutes vermeldet werden in allen Medien. Kritik an ihnen? Höchstens, solange eine solche «Kritik» selbst Unterhaltungswert hat. Der Klamauk, der Skandal, das Geschwätz – mehr sicher nicht. Was an Entscheidungsernst sich dahinter verbirgt, ist vermeintlich «zu kompliziert» für «den Hörer», «den Zuschauer», «den Leser» – für die Masse der Menschen, die sich der Aufgabe weigern, Individuen zu werden und aus der Herde herauszutreten. Wie sagte doch SÖREN KIERKEGAARD (1813–1855) zu dieser «kreuzfidelen» Theologie? «Siehst Du, alle Schwierigkeiten verschwinden, das Leben wird heiter, vergnüglich, munter, leicht; kurz, es ist eine herrliche Welt, in der man lebt,

[76] So die äußerst einflußreiche Lehre des ANSELM VON CANTERBURY: Cur Deus homo – Warum Gott Mensch geworden, II 6, S. 96–99: Daß die Genugtuung, durch die der Mensche gerettet wird, nur ein Gott-Mensch leisten kann.

wenn man sich nur richtig in sie zu schicken weiß – indem man Geschwätz ist.»[77]

Ihn erboste, daß man die Sache Jesu in ein «Beruhigungsmittel» verwandelt hat, in eine «niederträchtige Pfaffenlüge»[78]. «Man hat Wälzer über Wälzer geschrieben, um zu erzeigen und zu erweisen, woran man erkennen könne, was wahres Christentum sei. – Das läßt sich auf eine weit einfachere Weise machen. – Das Dasein ist: hörsam. Achte nur darauf, was der Widerhall erwidert, und Du wirst sogleich wissen, woran Du bist. – Wenn da jemand das Christentum in dieser Welt dergestalt verkündigt, daß der Widerhall erwidert ‹herrlicher, tiefer, ernsthafter Christ, Du mußt in den Fürstenstand erhoben werden usw.›: dann wisse, dies bedeutet, daß seine Christentumsverkündigung, christlich, eine gemeine Lüge ist. Es ist nicht unbedingt sicher, daß jemand, der in Ketten geht, ein Verbrecher ist, denn man hat Beispiele, daß die bürgerliche Obrigkeit einen Unschuldigen verurteilt hat; das aber ist ewig sicher, daß der, welcher – durch Verkündigen des Christentums – alles Irdische gewinnt, daß er ein Lügner ist, ein Betrüger, er hat an dem einen oder anderen Punkt die Lehre verfälscht, die von Gott dergestalt angelegt ist, in einem dieser Welt derart widerstreitenden Verhältnis, daß es unmöglich, ewig unmöglich ist, wahrhaft zu verkünden, was Christentum in Wahrheit ist, ohne dahin zu kommen, daß man leidet in dieser Welt, von ihr verstoßen, gehaßt, verwünscht wird. – Wenn jemand das Christentum dergestalt verkündigt, daß der Widerhall erwidert ‹er ist ein Narr›: dann wisse, dies bedeutet, daß es wichtige Merkmale wahren Christentums in seiner Verkündigung gibt, ohne daß sie indes das Christentum des Neuen Testaments ist. Er muß den springenden Punkt getroffen haben; aber vermutlich besitzt weder seine mündliche Verkündigung noch die Verkündigung durch sein Leben ausreichenden Nachdruck, so daß er, christlich geurteilt, zu leicht darüber hinweggleitet, und seine Verkündigung doch nicht das Christentum des Neuen Testaments ist. – Aber wenn jemand das Christentum dergestalt verkündet, daß der Widerhall erwidert ‹weg aus der Welt mit diesem Menschen, er verdient nicht zu leben›: dann wisse, dies ist das Christentum des Neuen Testaments.»[79]

Wie nämlich «vernünftige» Leute im Lande über einen wie Jesus denken werden, machte KIERKEGAARD bereits in der *Einübung im Christentum* von

[77] SÖREN KIERKEGAARD: *Der Augenblick*, Nr. 9,4, in: Werkausgabe, II 532–535: Sei Geschwätz – und Du wirst sehen, alle Schwierigkeiten verschwinden, S. 533.

[78] A. a. O., Nr. 9,2, Werkausgabe, II 530.

[79] A. a. O., Nr. 10,3, Werkausgabe, II 547–548.

1850 deutlich. Der Widerstand gegen die Botschaft Jesu entzündet sich in dieser Schrift wesentlich an der Vorstellung, daß dieser Mensch – Gott sei; doch auch wenn man darin – abweichend von KIERKEGAARDS Meinung, doch nicht von seiner Intention – keine Aussage zur metaphysischen «Natur» der Person Jesu erblickt, sondern eine Existenzbeschreibung des Verhältnisses Jesu zu Gott und seiner Hörer zu ihm, verlieren die «vernünftigen» «Einwände», die der dänische Religionsphilosoph dort zusammenstellte, nichts von ihrer bleibenden Gültigkeit. Daß die Menge ihm jubelnd hinterdreinläuft, «fröhlich in der Hoffnung, die goldene Zeit werde anbrechen, wenn er König werde», hat wenig zu bedeuten; denn «die Menge gibt sich nur selten Rechenschaft über ihr Urteil, urteilt heute so und morgen anders.» Wie aber urteilt *der Einsichtige und Verständige*? Er wird sagen: «Das Ganze ist mir unerklärlich: was er will, was seine Pläne sind, worauf sein Streben zielt, was er erreichen will, was für eine Absicht dahintersteckt. Er, der mit gar manchem einzelnen Ausspruch, ich kann es nicht leugnen, einen so tiefen Einblick in das Menschenherz bekundet, er muß doch ungefähr wissen, was ich ihm mit weniger als die Hälfte meiner Einsicht voraussagen kann: daß man auf die Art in der Welt nichts schafft – es sei denn, daß man, alle Einsicht verachtend, sich redlich müht, zum Narren zu werden, oder gar so weit mit der Redlichkeit geht, daß man es vorzieht, sich totschlagen zu lassen; aber wenn es *das* ist, was man will, dann ist man doch wohl irre.»[80]

Der «Einsichtige» und «Verständige» hat natürlich recht, wenn er gegen das gesamte Auftreten Jesu vorbringt, daß der Mann aus Nazaret nach kurzer Zeit den Zulauf der Menge wieder verliert, – und was dann? «Was hat er für seine Zukunft getan? Nichts. Hat er irgendeine feste Stellung? Nein. Welche Aussichten hat er? Keine. Bloß etwas ganz Einfaches: womit will er sich die Zeit vertreiben, wenn er älter wird, die langen Winterabende, womit will er sie ausfüllen, er kann noch nicht einmal Karten spielen. Er hat ein bißchen Volksgunst – wahrlich, unter allem beweglichen Eigentum das beweglichste, im Handumdrehen kann eine ungeheure Volksungunst daraus werden. – Mich anschließen, nein, ich bedanke mich, irrsinnig bin ich doch Gott sei Dank bis jetzt noch nicht geworden.»[81]

Und wie denkt *der «Geistliche»*? Nun, er wird sagen: «Für einen Betrüger und Volksverführer ist eigentlich ungewöhnlich viel Ehrliches an ihm, weshalb er denn auch nicht so unbedingt gefährlich werden kann ... Das

[80] SÖREN KIERKEGAARD: *Einübung im Christentum*, in: Werkausgabe, II 48–49.
[81] A. a. O., II 50.

Ehrliche ist, sich für den Erwarteten (sc. den Messias, d. V.) ausgeben und ihm dann so wenig gleichen – das ist ehrlich, ebenso wie wenn einer falsche Banknoten ausgeben will und sie so schlecht macht, daß jeder es sehen kann, der sich ein bißchen auf die Sache versteht ... die Weltregierung geht nicht tumultuarisch in Sprüngen vor, die Weltentwicklung ist, das ist bereits darin beschlossen, daß es sich um eine Entwicklung handelt, nicht revolutionär, sondern evolutionär. Der wahre Erwartete wird daher ganz anders aussehen, er wird kommen als die herrlichste Blüte und höchste Entfaltung des Bestehenden. Auf solche Art und Weise wird der wahre Erwartete kommen, und er wird auch ein ganz andres Verhalten zeigen; er wird das Bestehende als Instanz anerkennen, die gesamte Geistlichkeit zu einer Synode zusammenrufen, dieser seine Ergebnisse mitsamt seiner Beglaubigung vorlegen – und alsdann, falls er daraufhin in geheimer Abstimmung die Mehrheit erhält, aufgenommen und begrüßt werden als das, was er ist: der Erwartete.»[82]

Der einsichtige Staatsmann «würde wohl sagen: ‹Daß dieser Mensch für den Augenblick eine Macht ist, läßt sich nicht leugnen ... Aber was er will, worauf er zusteuert, daraus ist nicht gut klug zu werden ... Will er kämpfen für die Nationalitätsidee, oder zielt er auf eine kommunistische Umwälzung, will er eine Republik, oder ein Königtum, mit welcher Partei will er's halten, und wider welche Partei, oder sieht er darauf sich gut zu stehen mit allen Parteien, oder will er streiten mit allen Parteien? ... Gefährlich, in gewissem Sinne ungeheuer gefährlich ist dieser Mensch. Meine Berechnung aber geht dahin, ihn eben dadurch zu fassen, daß ich überhaupt nichts tue ... so verwickelt er sich vermutlich in die ungeheuerlichen Folgen, die er hinter sich her zieht, er gelangt dahin, sich auf die Schleppe zu treten – und dann fällt er›.»[83]

Und *der ehrbare Bürgersmann* «würde wohl sagen, was dann in seiner Familie gälte: ‹Nein, laß uns Menschen sein, alles Gute geht nach Maß, zu wenig und zu viel verderben alles ...› – und dieser Mensch, wahrlich, sein Untergang ist so gut wie gewiß. Ich habe mir auch ernstlich meinen Sohn vorgenommen, ihn vermahnt und ihm vorgehalten, daß er nur nicht hingeht und auf verkehrte Wege gerät und sich diesem Menschen anschließt, und warum? bloß weil sie alle ihm nachlaufen. Ja, wer sind denn die alle? haltlose und müßige Menschen, Bummler und Landstreicher, die das Laufen nicht lassen können. Doch von ansässigen und hablichen Leuten nicht

82 A. a. O., II 53–54.
83 A. a. O., II 56–57.

eben viel, und von den Einsichtigen und Angesehenen, nach denen ich jederzeit meine Uhr stelle, überhaupt keiner, weder Etatsrat Jeppesen, noch Konferenzrat Marcus, noch der reiche Agent Christophersen, nein, nein, die Leute, die wissen schon, was etwas ist und was nichts. Und dann, achten wir nur auf die Geistlichen, die sich auf die Art Dinge am besten verstehen müssen – die bedanken sich. Wie Pastor Grönvald gestern abend im Klub gesagt hat: ‹*das* Leben nimmt ein Ende mit Schrecken›, und der Bursche kann mehr als bloß predigen, den muß man nicht Sonntags in der Kirche hören, sondern Montags im Klub, und ich möchte bloß wünschen, ich verstände mich halb so gut auf die Welt wie er. Er sagte ganz richtig, es war mir wie aus dem Herzen gesprochen, ‹es sind nur haltlose, müßige Menschen, die hinter ihm herlaufen›. Und weshalb rennen sie hinter ihm her? Weil er ein paar Wunder tun kann. Aber wer sagt, daß es auch Wunder sind, oder daß er seine Kraft auf seine Jünger vererbt; und auf jeden Fall ist ein Wunder eine höchst unsichere Sache, aber sicher ist sicher. Wahrhaftig, jeder gewissenhafte Vater, der erwachsene Kinder hat, muß sich darum kümmern, daß seine Söhne sich nicht verführen und hinreißen lassen, und sich mit ihm zu tun machen samt all den verzweifelten Menschen, die ihm folgen, ja, verzweifelte Menschen, die nichts zu verlieren haben.›»[84]

Das also heißt es, Jesu «Jünger» zu werden: «daß du alles aufgeben sollst, alles fahren lassen ... Und über dich wird grausam die Spottsucht herfallen ... ‹Denn› sagt sie, ‹Schwärmer ist Schwärmer, laß gut sein; aber im Ernste – sein Jünger werden, das ist die größte Tollheit, die möglich ist›.»[85] «Ja, seine Gesellschaft könnte man bezeichnen als Ausschließung aus der menschlichen Gesellschaft, seine Gesellschaft ist die niedrigste Volksklasse, ferner sind es Sünder und Zöllner, welche jeder, der auch nur ein bißchen ist, um seines guten Namens und Rufes willen meidet ... seine Gesellschaft sind außerdem Aussätzige, die jeder meidet, Wahnsinnige, die lediglich Grauen wecken, Kranke und Elende, Armut und Kümmerlichkeit. Und wer ist denn er, er, der in diesem Aufzuge doch noch immer Gegenstand ist für die Nachstellungen der Mächtigen? Es ist einer, der verachtet ist als ein Verführer, Betrüger, Lästerer Gottes! ... Solchermaßen ist jetzt sein Auftreten.»[86]

Verstehen werden all dies wirklich allein die Kranken, die Schuldiggewordenen, die Gnadebedürftigen, – ihnen ist er ein Segen im Widerspruch

[84] A. a. O., II 57–58.
[85] A. a. O., II 59.
[86] A. a. O., II 61.

zum Fluch all der «Gesunden», der «Gerechten» – der Ungnädigen. Alles steht hier auf dem Spiel, sobald man aufhört, das Leben zu spielen. – Was aber die Begründung der Theologen für ihren scheinheiligen Umgang mit der Botschaft Jesu und für den offensichtlich bigotten *Status quo* ihrer Kirche angeht, so kommt die unfreiwillige Komik des üblichen «kirchlichen» Possenspiels mit den Worten Jesu sehr schön in einer indischen Erzählung zum Ausdruck: Ein Lehrer hatte einen Schüler, der ihm als bester und begabtester unter allen Fakiren galt, die er jemals ausgebildet. Nach Ablauf der Lehrzeit machte der Schüler sich selbständig, und bald schon drang sein Ruhm durch alle Lande. Jahre danach machte der Meister sich auf, seinen gelehrsamen Schüler zu besuchen, doch wie erstaunt war er, diesen in einer prachtvollen marmornen Residenz inmitten von Grasland, darauf reiche Herden von Kühen und Schafen, zu finden. «Du wirst es kaum glauben», gab der Schüler zur Erklärung. «Es begann damit, daß Mäuse nachts meinen Lendenschurz anknabberten, und um mir nicht immer wieder eine neue Kleidung erbetteln zu müssen, hielt ich mir ein Kätzchen. Doch das Tier brauchte Milch, und um mir nicht immer wieder die Milch für die Katze erbetteln zu müssen, erstand ich mir eine Kuh. Doch die Kuh brauchte Futter, und um mir nicht immer wieder das Heu und das Gras für die Kuh erbetteln zu müssen, erwarb ich ein Wiesengelände. Doch das Gelände und die Kuh mußten bewacht werden, und um mir nicht immer wieder den Lohn für den Wächter erbetteln zu müssen, brachte ich ihn in einem Haus unter. Doch die Unterbringung kostete hohe Mietabgaben, und um mir nicht immer wieder die Miete für den Wächter der Kuh, die die Milch für die Katze gab, die die Mäuse vertrieb, erbetteln zu müssen, kaufte ich schließlich selber das Haus. Nicht wahr, Du verstehst, das alles war nötig, um auf die einfachste Weise als Fakir im Lendenschurz leben zu können.»[87]

[87] Frei erzählt nach ANTHONY DE MELLO: *Warum der Schäfer jedes Wetter liebt*, 77–78: Die einzige Möglichkeit, sein Lendentuch zu behalten.

Lk 6,27–36: Liebet eure Feinde

(vergleiche Mt 5,38–48; vgl. Lk 14,12–14 zu *Lk 6,32–34*)

[27] Doch euch sage ich, die ihr zuhört: Liebet eure Feinde, tut wohl euren
Hassern, [28] sprecht gut von denen, die euch fluchen, betet für die, welche
euch kränken. [29] Wer dich auf die (eine) Wange schlägt, dem halte auch
die andere hin, und wer dir das Obergewand raubt, – noch den Rock ver-
wehre ihm nicht. [30] Jedem, der dich bittet, gib, und wer dir das Deine
raubt, von dem erbitte es nicht zurück. [31] Denn: Wie ihr wollt, daß euch
die Menschen tun, tut ihr ihnen gerad so (Mt 7,12). [32] Denn: wenn ihr
(nur) liebt, die euch lieben, welch eine Huld soll euch da werden? Auch
doch die Sünder lieben, die *sie* lieben. [33] Denn: wenn ihr (nur) die liebe-
voll behandelt, die euch liebevoll behandeln, welch eine Huld soll euch da
werden? Auch die Sünder tun dasselbe. [34] Und wenn ihr (nur) denen leiht,
von denen ihr's zurückzubekommen hofft, welch eine Huld soll euch da
werden? Auch Sünder leihen Sündern, um ein Gleiches zurückzubekom-
men. [35] Im Gegenteil daher: Liebt eure Feinde und tut Gutes, und leiht,
auch wenn ihr nichts zurückerhofft. Dann wird euer Verdienst groß
sein: – Söhne des Höchsten werdet ihr dann sein, denn er ist lieb gegen
die Undankbaren und Bösen. [36] Werdet barmherzig, wie euer Vater barm-
herzig ist.

Immer wieder hat man die «Bergpredigt» oder eben: die «Feldrede» für eine ideale sittliche Forderung erklärt, die nur leider im gewöhnlichen Leben von gewöhnlichen Menschen nicht zu erfüllen sei, – vielleicht von Heiligen, von besonders «Erwählten», von «Begnadeten», doch eben nicht von Menschen wie Du und ich! Je höher die Ruhmrederei auf diese zentralen Worte Jesu zur Veränderung der bestehenden «Welt» geriet, desto sicherer mußte und sollte sich ihr Inhalt irgendwo in der Stratosphäre verflüchtigen. «Mit der Bergpredigt kann man nicht Politik machen.» Diese dezidierte Überzeugung von Ex-Bundeskanzler HELMUT SCHMIDT (geb. 1918, Kanzler 1974–1982) wird wohl von allen westlichen Staatenlenkern geteilt. Nur Menschen, die wagten, das Experiment mit ihr einzugehen, wie MAHATMA GANDHI (1869–1948), fanden, die «Bergpredigt» funktioniere ausgezeichnet[1]. Doch nicht einmal *das* ist ausschlaggebend zum Verständnis dieser al-

1 OTTO WOLFF: *Indiens Beitrag zum neuen Menschenbild*, 91, zitiert: «‹Nicht durch die westliche Brille oder durch Imitation der Atombombe› könne die Botschaft der Gewaltlosigkeit verstanden werden, sagt Mahatma GANDHI den in Delhi versammelten Vertretern Asiens. Aber einer der führenden Staatsmänner des Westens erklärt, daß er mit der Atombombe der Verantwortung entspreche, die gerade die *Bergpredigt* JESU von uns fordere. An dieser totalen Perversion aller Maßstäbe wird deutlich, daß wir der Psychopathologie ver-

lerdings radikalen Botschaft. Man begreift sie nicht oder man greift sogar wie mit Absicht daneben, wenn man in ihr überhaupt eine «ethische» Forderung erblickt. Als ein moralisches Gesetz läßt sie sich dem bürgerlichen Denken nie und nimmer vermitteln; denn in Wahrheit ist sie etwas von Grund auf anderes, etwas weit Einfacheres: die simple Fortsetzung, die praktische Konsequenz eben jener Einstellung, die allen Worten Jesu mittelbar oder unmittelbar zugrunde liegt. Auch hier und gerade hier geht es um die Evidenz der fundamentalen Bedürftigkeit und Abhängigkeit *aller* Menschen von einer Gnade, auf die sie keinerlei Anspruch besitzen und die sie doch absolut brauchen, um irgendwie vom heutigen zum morgigen Tag zu gelangen. Absolute Gnade – das und nur das verkörpert der Gott, den Jesus uns schenkte[2].

Sein «Argument» ist immer das gleiche: Wer sich selbst recht versteht, der weiß um seine Armut, der sieht seine Armseligkeit, der erkennt folglich sich selber wieder in all den am Boden Liegenden und an den Rand Gedrängten, – nur eine dünne Wand aus Papier: ein paar Formulare, ein «richtiger» Paß, ein gültiger Bezugsschein, trennt ihn von diesen anderen, zu denen hinüber ihn längst schon eine winzige Drehung des Windes wie

fallen sind, ‹das Gesetz des Rohlings› nicht nur in einer von Tragik und Schuld zerklüfteten Wirklichkeit als unvermeidlich anzusehen, sondern es als wahres, verantwortliches Menschsein zu rechtfertigen.» Insofern liegt GANDHIS «Leistung» u.a. darin, dem Westen den Sinn der Bergpredigt überhaupt wieder bewußt gemacht zu haben. Den Gedanken der Gewaltlosigkeit selbst aber hat GANDHI nach eigenem Verständnis nicht aus der Bergpredigt empfangen (vgl. a.a.O., 68). – Dafür war GANDHI davon überzeugt, daß es «keinen Sinn (hat) zu sagen: ‹Wir werden uns an die Wahrheit halten, soweit wie möglich›. So wie kein Geschäftsmann einen Wechsel auch nur ansehen wird, auf dem versprochen wird, daß jemand ‹soweit wie möglich› zu einem gewissen Zeitpunkt eine gewisse Summe zurückbezahlen will, so wird auch Gott sich weigern, das Versprechen eines Menschen anzunehmen, der die Wahrheit ‹soweit wie möglich› beachtet.» Zit. n. MAHATMA GANDHI: *Freiheit ohne Gewalt*, 205.

2 Völlig zu Recht schreibt EUGEN BISER: *Der Freund*, 123–124, «die Rede vom Gottesreich» in der Botschaft Jesu sei zu begreifen als «Antwort» auf die Himmelsstimme in Lk 3,22, die «ihn wissen ließ, was er, der Angerufene für Gott ist: sein geliebter Sohn!» Der Begriff vom «Gottesreich» (oder von der «Gottesherrschaft»), meint BISER, «spricht von Gott, doch so, daß dadurch die menschlichen Verhältnisse auf einen neuen Nenner gebracht... werden. Er meint die Ausrichtung alles Bestehenden auf Gott, aber nicht im Sinn einer Unterwerfung unter seine Macht; er meint eine Ordnung, aber nicht nach Art eines Herrschaftssystems; er meint einen Lebensraum, aber keine Gemeinschaft von Beherrschten. Weil er seine Ordnung der der Welt zugewandten Liebe Gottes verdankt, wird in diesem Lebensraum der andere als Bereicherung, nicht als Begrenzung empfunden... Jesus spricht von keinem Traum, sondern von einer Wirklichkeit, die hier und heute beginnt... gar nicht denkt er an etwas, das auf dem Weg politischer Aktionen heraufgeführt werden sollte.»

Herbstlaub über die Straße verweht haben könnte. «Denn: Wie ihr wollt, daß euch die Menschen tun, tut ihr ihnen gerad so.» (6,31) Man muß nur in die Lage des anderen sich hineinfühlen und dazu noch sich bewußtmachen, daß dort, wo er jetzt steht, man selber genauso stehen könnte, dann wird man ihn gänzlich verstehen und im gleichen alles, was Jesus hier sagen will. Er beschreibt «nur» eine «Welt», wie diejenigen sie brauchen, die aus eigenen Mitteln sich nicht mehr zu helfen wissen. Und noch einmal: wesentlich betrachtet ist diese Hilflosigkeit unser aller gemeinsames Schicksal. Gleich der erste Satz stellt auf paradoxe Weise heraus, was sich ergibt, wenn wir die «Welt» so wahrzunehmen beginnen.

a) «Liebet eure Feinde»

«Liebet eure Feinde.»[3] «Das ist unmöglich!» schallt es unisono zurück. «Das schaff ich nicht!» heißt es einhellig. Und tatsächlich gilt dieses Wort denn gemeinhin wohl auch als der Inbegriff des «Unerfüllbaren» all der «Reich-Gottes»-Gedanken Jesu. Allenfalls gewinnt man – ein wenig schelmisch – dem Wort einen verborgenen Weisheitssinn ab: Sollten wir unsere

[3] FRIEDRICH WILHELM HORN: *Glaube und Handeln in der Theologie des Lukas*, 97–107: Die lk Auslegung des Feindesliebesgebotes und des Doppelgebotes der Liebe auf Wohltätigkeit, meint (S. 105), die Wendung «tut wohl euren Hassern» in Lk 6,22 sei «sprachlich eine Auslegung des Feindesliebesgebotes im Kontext griech.-hell. Ethik ... Man soll die Feinde lieben, indem man ihnen Gutes tut. Da ... (lieben) ... gefühlsmäßig mißverstanden werden konnte, ist ... (wohltun) für den griech. Leser eine Betonung des aktiven Charakters des Feindesgebotes.» In summa (S. 107): «Lk hat das Feindesliebesgebot in die Gemeindeparänese eingearbeitet, in der mit der Forderung ‹Gutes zu tun und zu geben› sein spezifisch karitatives Anliegen abermals zu greifen ist. Das freiwillige Geben zielt nicht auf eine Gemeinde der *ptōchoí* (sc. der Bettler, d.V.), etwa als Verwirklichung der vorangehenden Makarismen, sondern auf ein dem himmlischen Vater entsprechendes Verhalten in Barmherzigkeit ... Der Evangelist wendet sich vorwiegend an vermögende Christen seiner Gemeinde, an ihre fehlende Wohltätigkeit und ihre Überheblichkeit, kritisiert ihr Insistieren auf einer Gegenseitigkeitsethik und zeigt in einem vorbehaltlosen Geben, Gutes Tun und Schenken den gebotenen Weg. Die Forderung des Evangelisten ist frei von ökonomischen Zielsetzungen, läßt nichts von der Hoffnung eines materiellen Ausgleichs erkennen, nimmt auch nicht die Situation der Bedürftigen in Blick, sondern stellt allein in allen Teilen die Wohltätigkeitsparänese dar.» Das ist gegenüber all den sozialen Utopien, die in die «Feldrede» hineingelesen wurden, eine wohl richtige Akzentuierung, es erübrigt jedoch nicht die Frage, woher Menschen die Kraft bekommen, auch ihren *Feinden* «Gutes» zu tun, es sei, sie orientierten sich in der Erkenntnis ihrer eigenen Armut und Armseligkeit an dem Verhalten des «himmlischen Vaters» selbst. Nur so wird man die Gefahr einer rein historisierenden und gesellschaftlichen Einengung der Worte Jesu auf die Praxis einer bürgerlich-kirchlichen «Caritas» überwinden können. Die «Liebe», von der hier die Rede geht, soll die Feindschaft unter den Menschen überwinden – und nicht allein die Opfer ihrer Kriege pflegen.

«Feinde» nicht schon deshalb «lieben», weil sie durch die unbarmherzige Kritik, mit der sie uns bekämpfen, auch unsere Schwächen und Fehler bloßlegen? Mehr als der Lobhudelei unserer «Freunde» jedenfalls verdanken wir womöglich der unerbittlichen Herausforderung unserer «Gegner»: sie zwingt uns wenigstens, ehrlich uns selber gegenüber zu sein und ernsthaft an uns zu arbeiten[4]. – Eine solche Deutung des Jesus-Wortes leuchtet gewiß ein, bleibt aber immer noch an der Oberfläche; denn sie geht in nichts auf die Gründe ein, um derentwillen sich Menschen verfeinden.

Dabei wird man mit diesen Motiven sofort konfrontiert, wenn man schaut, welche Gefühle eine wirkliche «Feindschaft» erzeugt. Daß es so schwer, fast «unmöglich» fällt, unsere «Feinde» auch noch zu «lieben», liegt ganz simpel daran, daß alle Feindseligkeit darauf aus ist, auf seiten des «Gegners» größtmöglichen Schaden zu stiften. Weil sie uns bedroht, erzeugt sie Angst; sie zwingt uns zu Schutzmaßnahmen, um den zu befürchtenden Schaden gering zu halten oder am besten ganz zu vermeiden; und schon stecken wir, in der Logik der Angst, die alle Feindschaft verursacht, in einem schier unauflösbaren Geflecht von wechselseitiger Bedrohung: um uns vor unseren Feinden zu schützen, müssen wir selbst deren Feinde werden, das heißt, wir müssen dieselbe Bösartigkeit entwickeln, von der wir uns selber bedroht fühlen.

Wieder läßt sich die Dramaturgie ebenso wie die Dramatik dieses Teufelskreises angsterzeugter Aggression am Beispiel der militärischen Rüstung und Kriegsführung aufzeigen. Jeder Staat der Erde verspricht seinen Bürgern «Sicherheit» für den Preis gigantischer Geldbeträge zum Erwerb immer effizienterer Mordgeräte, und er nötigt Generation um Generation männlicher Jugendlicher dazu, auf den Kasernenhöfen unter der Drilldressur ihrer «Ausbilder» die Mentalität von Killerprofis sich anzueignen, die auf alles schießen werden, was man ihnen als «Feind» definiert. Erst wenn man «stärker» ist als jeder denkbare «Feind» – das heißt: wenn man es noch viel weiter gebracht hat als jeder andere in der «Kunst», sich des Tods als Waffe zu bedienen –, darf man sich «sicher» fühlen; dann, in der Posi-

[4] In der Tat sind die psychologischen Gründe wechselseitiger «Feindschaft» erst einmal durchzuarbeiten, ehe es gelingen wird, den eigenen Gegner als ichzugehörig zu erkennen (zu «lieben»). OSHO: *Ich aber sage euch*, 100–101, erläutert die Worte vom Hinhalten der anderen Wange so: «dein Verstand wird sagen: ‹Aber wenn einem Böses angetan wird, dann muß man Widerstand leisten. Böses darf nicht zugelassen werden, Böses muß bekämpft und vernichtet werden.› Niemandem ist es je gelungen, das Böse zu vernichten.» «Ein Hund beginnt zu bellen, und du beginnst zu bellen. Du sagst: ‹Ich muß dem, der Böses tut, Widerstand leisten; ich muß diesem Hund eine Lektion erteilen; es ist nicht bekannt, daß die Hunde jemals die Lektion gelernt hätten – sie bellen weiter.»

tion der «Stärke», glaubt man, in Frieden leben zu können. Allein die USA geben derzeit so viel Geld für das Militär aus wie sämtliche Staaten der Welt zusammengerechnet[5]: etwa 500 000 000 000 Dollar pro Jahr; weltweit überstiegen in 2006 die Rüstungsausgaben die magische Marke von 1 000 000 000 000 Dollar (in Worten: 1 Billion oder 1000 Milliarden)[6]. Und immer weiter dreht und dreht sich diese Spirale des Grauens, ohne Grenze, ohne Innehalten, ohne Besinnung. Die 10 Millionen Toten des Gemetzels auf den Schlachtfeldern des Ersten Weltkriegs – als man mit Bajonetten, Spaten und Handgranaten im «Nahkampf», «Mann gegen Mann», sich gegenseitig umzubringen suchte, als man 100 000e von Soldaten in die Maschinengewehrsalven des «Gegners» trieb, als man mit Millionen Artilleriegranaten planquadratweise die «feindlichen Stellungen» um und um pflügte[7], als man mit Chlorgas ganze Frontabschnitte «auszuräuchern» gedachte, als man mit Panzerketten unterschiedslos über die Leiber von Lebenden wie Toten hinwegrollte –, sie führten nicht zu dem erschütternden Eingeständnis, daß ein solcher Krieg keine «Sieger» mehr übrig läßt, sondern nur Opfer des einen gemeinsamen Wahns, der sie alle gleichermaßen entmenschte; im Gegenteil, man zog daraus nur den Schluß, alle Scheußlichkeiten des massenhaften Abschlachtens von Menschen noch gnadenlo-

[5] So schrieb das *Westfalenblatt* vom 15.5.08 unter der Überschrift «Militärausgaben steigen. Neben den USA rüsten China und Indien auf». Der weltweite Trend zur Aufrüstung hält besorgniserregend an. Abrüstungsverhandlungen seien zum Stillstand gekommen, erklärte das Internationale Konversionszentrum Bonn (BICC) in seinem gestern vorgestellten Jahresbericht 2007/2008. Die globalen Militärausgaben seien zwischen 2001 und 2006 real um 30 Prozent gestiegen. Für 2006 beliefen sich die Militärausgaben weltweit auf geschätzte 1,179 Billionen US-Dollar. Fast die Hälfte entfielen auf die USA. Die stetige Erhöhung des US-Militärhaushalts habe auch zu einem «beträchtlichen Teil» zum Anstieg der weltweiten Gesamt-Verteidigungsausgaben beigetragen, betonte BICC-Direktor Peter J. Croll. «Es sind große aufstrebende Schwellenländer mit rasch wachsenden Volkswirtschaften wie China, Indien, Indonesien und Pakistan sowie Rußland, in denen sich der Trend zur Aufrüstung am Deutlichsten zeigt.» In Deutschland habe es nach sinkenden Militärausgaben zwischen 2001 und 2006 eine Trendwende gegeben und einen Anstieg von knapp 27,9 Milliarden auf 28,4 Milliarden Euro im vergangenen Jahr.

[6] Zu der enormen Gewaltbereitschaft einer extrem militarisierten US-Außenpolitik vgl. WILHELM DIETL: *Schwarzbuch Weißes Haus*, 29: «Der amerikanische Militärapparat ist seit dem Ende des Kalten Krieges keineswegs geschrumpft. Er wächst und wächst und wächst. Die amerikanischen Streitkräfte–1,414 Millionen Männer und Frauen – verfügen heute über mindestens 725 Stützpunkte außerhalb der eigenen Grenzen. Sie sind in 153 der 191 Mitgliedstaaten der UNO vertreten.»

[7] Vgl. JEAN-PIERRE CARTIER: *Der Erste Weltkrieg*, XIV. Kapitel, S. 355–372: Die Knochenmühle von Verdun; XX. Kapitel, S. 503–538: Frühjahr 1917: Die «Wahnsinnsoffensive».

ser, noch rücksichtsloser, noch skrupelloser in Anschlag zu bringen: Flächenbombardements, Spreng- und Brandbomben, die ganze Stadtteile im Feuersturm hinwegfressen sollten[8], Kesselschlachten mit Millionen Toten und Gefangenen, die zynische Roheit im Umgang mit der Zivilbevölkerung, – *so* lautete die Lektion aus dem Ersten Weltkrieg für den Zweiten Weltkrieg. Er endete konsequenterweise mit der Fertigkeit, 100 000e von Menschen in wenigen Sekunden atomar zu vernichten. Und auch die Uran-Spaltbomben über Hiroshima und Nagasaki am 6. und 9. August 1945 waren noch nicht genug[9], – sieben Jahre danach zündeten die USA die erste Wasserstoffbombe[10]. Es gab in der Geschichte des Grauens all dieser Grausamkeiten niemals ein Halten. Die Neutronenbombe – sie zerstrahlt nur die lebenden Organismen, sie verschont alle «Sachwerte», alle Gebäude, Fabrikanlagen, die Infrastruktur ... Die robuste nukleare Erdpenetrationsbombe – die nächste Generation von Waffen im Arsenal des Pentagons, um in eine Tiefe von bis zu 60 m die Bunkerstellungen und Verstecke möglicher Feinde auskoffern zu können ... *Biologische* «Waffen», Seuchen wie Pest, Cholera und Botulismus, vielleicht bald schon rassenspezifisch – Bakterien und Viren, die nur das Immunsystem oder die Gene bestimmter Volksgruppen angreifen ... *Chemische «Waffen»*, Gifte und Gase wie zur Ungezieferbeseitigung – das so gefürchtete «Gelbkreuz» des Ersten Weltkriegs etwa, das sich unter tödlichen Qualen in die Lungen fraß, ist längst den modernen Nervengasen gewichen: krampfartige Lähmungen, Schmerzen, die in den Wahnsinn treiben ...

Unendlich scheint die Liste der Abscheulichkeiten im Arsenal der Militärs einer «Großmacht», und die Frage drängt sich wie von selbst auf, was wir für Menschen sind, daß wir es dulden, auf solche Weise «geschützt» zu werden. Unter der Hochrüstung der Staaten sterben täglich etwa 100 000 Menschen an den Folgen bloßen Hungers[11], ca. 50 Mio. jedes Jahr. «Sicherheit» – dieses Versprechen aller Militärs ist nur *ein* Beispiel, um aufzu-

[8] Das Antlitz dieser Kriege wird auf erschütternde Weise portraitiert in RAINER FABIAN (Text) und HANS CHRISTIAN ADAM: *Bilder vom Krieg*, 269–334: 1950–1983. Was Menschen einander antun.

[9] GAR ALPEROVITZ: *Hiroshima*, 575, hebt beim Bombenabwurf auf Hiroshima die Absicht hervor, «daß eine große Anzahl von Zivilisten zum Ziel erkoren wurde.» Ebenso «war auch für die Nagasaki-Bombe das Ziel ausdrücklich so gewählt worden, daß eine große Anzahl von Arbeitersiedlungen zerstört werden mußte.» (S. 581)

[10] Wie schwer es speziell der katholischen Kirche fiel (und bis heute fällt), sich im Atomzeitalter vom «gerechten Krieg» zu verabschieden, schildert PETER BÜRGER: *Hiroshima, der Krieg und die Christen*, 92–101.

[11] Vgl. JEAN ZIEGLER: *Das Imperium der Schande*, 29–38: Der organisierte Mangel; S. 39–48: Die strukturelle Gewalt.

zeigen, was aus uns wird, wenn wir versuchen, im Diktat der Angst unsere «Feinde» niederzukämpfen, bis zu der Phantasmagorie des «Siegfriedens». Am Ende sind wir selbst als «Sieger» stets die Unterlegenen: Wir haben, um zu «siegen», unsere Menschlichkeit verloren. Wir haben, um uns gegen alle Widerstände durchzusetzen, uns von unseren «Feinden» das Gesetz des Handelns aufoktroyieren lassen. Wir sind in Wahrheit schwach gewesen, wo wir glaubten, «Stärke» zu demonstrieren.

Unsere «Feinde» zu «lieben» ist durchaus nichts Unmögliches, ideal Versponnenes, Wirklichkeitsfremdes; es ist, wie alles in der «Feldrede», ganz im Gegenteil nichts weiter als das «Gebot» eines verschärften Realitätssinns, einer Art Seelen«physik». Ganz so wie ISAAC NEWTON (1643–1727) entdeckte, daß keine Kraft wirkt, der nicht eine gleich starke Gegenkraft entspricht, so sollten wir eigentlich auch im Umgang mit Menschen imstande sein zu bemerken, daß die Angst, die wir vor dem anderen empfinden, genau die gleiche Angst ist, die er vor uns empfindet. Unsere «Feinde» zu «lieben» bedeutet, so verstanden, nichts anderes, als uns in ihre Lage hineinzuversetzen, – sie ist genau die gleiche, in der wir selbst uns befinden.

Wir fühlen uns bedroht von einem anderen, der andere fühlt sich bedroht von uns. Und was folgt daraus? Das Bedrohungspotential, die *balance of power* im NATO-Deutsch, nur immer weiter aufzuschaukeln? Oder nicht vielmehr doch endlich die Einsicht, wie sinnlos das ganze martialische Bedrohungsszenario ist? Nicht wie man das Gefühl wechselseitiger Bedrohung mit immer neuen Rüstungsanstrengungen stets weiter steigert, sondern wie man es abbaut durch klar erkennbare, notfalls einseitige Abrüstungsvorleistungen, ist dann das Gebot vernünftigen Handelns. Wir beginnen, den anderen zu verstehen, – nur *das* bewahrt uns dauerhaft vor der sonst ausweglosen Angst, von ihm vernichtet zu werden. Wir wollen ihn nicht vernichten, wir wollen nur von ihm nicht vernichtet werden; also: warum lassen wir dann nicht uns beide leben oder, besser noch, warum lernen wir es nicht, miteinander auszukommen zu wechselseitigem Vorteil, statt uns gegenseitig zu belauern in ständiger Vernichtungsdrohung?

Den «Feind» zu «lieben» ist – entsprechend der hebräischen Ausdrucksweise – nicht etwas Emotionales, sondern eher Empathisches[12]: Wer begreift, daß es seinem wirklichen oder vermeintlichen «Gegner» nicht anders

[12] Vgl. EDUARD SCHWEIZER: *Das Evangelium nach Lukas*, 80: «Als erstes ist nicht ein Beten oder Tun gefordert, sondern die Grundhaltung der Liebe, aus der dann freilich Taten herauswachsen ... Das ‹Wohltun› (V. 27) wird auch V. 33.35 (vgl. 1. Makk. 11,33) leicht variiert aufgenommen. Was solcher Liebe, die ja schon Gabe Gottes ist, zuteil werden wird, nennt Lukas ‹Gnade› (V. 32-34, anders 35b), nicht ‹Lohn› (Mt 5,46f. ...).»

geht als ihm selbst, dem wird es nicht so ganz schwerfallen, den ersten Schritt zu tun und das Getriebe der gemeinsamen Angst zu verlassen; und indem er zu sich selber, zu seinen ursprünglichen Zielen, wieder zurückfindet, entläßt er zugleich auch den anderen in seine Freiheit. Mit der Überwindung der eigenen Angst wird es überflüssig, dem anderen Angst zu machen. Aus der Todespraxis einer erbarmungslosen Konkurrenz öffnet sich nun ein weites Feld der Koexistenz und der Kooperation.

b) «Tut wohl euren Hassern»

Ganz ähnlich steht es mit dem synonymen Parallelvers: «tut wohl euren Hassern»[13]. Es spricht in diesem Satz zunächst sich nur die Wahrheit aus, daß schlechte Gefühle, daß Antipathien durch sich selber auch die entsprechenden Gegenreaktionen hervorrufen. So wie Angst Angst erzeugt, so Abneigung Abneigung. Doch nun kommt eine kleine, aber wichtige Nuance hinzu: Ein «Feind» ist jemand, der sich feindselig verhält, jemand also, der in seinem *Tun* gefährlich wird; *dagegen* empfiehlt Jesu Wort die Einfühlung in seine Lage: Um dem verhängnisvollen Getriebe der Angst aus Aktion und

[13] Das Gebot der Feindesliebe war schon «in der mündlichen Überlieferung oder erst bei Q» mit den Seligpreisungen verbunden. «Q bestätigt sodann die Verbindung zwischen der Feindesliebe und dem Verzicht auf Widerstand», schreibt FRANÇOIS BOVON: *Das Evangelium nach Lukas*, I 311, und denkt vor allem bei der Parallelstelle von Mt 5,41 an die «Zwangsarbeit für die römische Besatzungsmacht. Feindesliebe kann auf Zeloten wie auf Römer bezogen sein. Die Träger der Q-Überlieferung vor dem Jüdischen Krieg mögen christliche Wanderprediger gewesen sein, und die matthäische Fassung spiegelt wohl die dramatische Lage des Judentums nach der Niederlage des Jahres 70 wider.» Von daher ist die Überwindung (auch politisch motivierter Aggression) vom Ursprung her ein Hauptmotiv des Gebots der Feindesliebe. Vgl. Mt I 482–509: Mt 5,38-48: Das Böse überwinden durch das Gute. Demgegenüber erinnert das parallele Wort von den «Hassern» an die gewissermaßen «private» Ebene feindseliger Auseinandersetzungen. FRANÇOIS BOVON: A.a. O., I 312, hat gewiß recht, daß *Lukas* «die Überlieferung für ein griechisches Publikum» übersetzt; doch entscheidend bleibt die Vermeidung einer neuen Gesetzlichkeit (S. 320): «Das richtige Verständnis der Feindesliebe kann einem falschen gegenübergestellt werden, denn ein solches, das nur zwei Pole umfaßt, nämlich die Feinde und uns, reicht nicht aus… Wir benötigen… unbedingt einen dritten Pol, auf den die beiden anderen bezogen sind: Jesus, den Geber dieses Gebots, der mit seiner Person dahintersteht… Wenn wir die Stimme Jesu als Gesetz nehmen, bleiben wir im genannten falschen Verständnis stecken. Aber wenn wir mit ihm in eine lebendige Beziehung treten,… treten wir aus dem tödlichen geschlossenen System der Vergeltung heraus… Wenn wir unsere Feinde lieben, sind sie schon nicht mehr unsere Feinde.» – Um es konkret zu sagen: nötig wäre es z.B., statt einen globalen «Antiterror»-Krieg auf unabsehbare Zeit auszurufen, sich die Gründe anzuhören, die Menschen etwa im Irak in den gewaltsamen Widerstand treiben, wie JÜRGEN TODENHÖFER: *Warum tötest Du, Zaid?*, 55–60, es tut.

Reaktion zu entrinnen, ist es unerläßlich, die Gemeinsamkeit des gleichen Gefühls im Herzen des anderen zu entdecken. – Jemand, der «haßt», tut eigentlich noch gar nichts, er fühlt nur seinen Widerwillen, und da ist es befreiend, das eigene Verhalten nicht durch derartige negative Gefühle aus dem Tritt bringen zu lassen: Manchmal genügt schon ein Lächeln, um einer Situation, die sonst sehr mißverständlich, ungemütlich, ja, bedrohlich werden könnte, eine andere Färbung zu geben; manchmal langt es schon aus, ein in Verbitterung abgleitendes Schweigen mit einer unverfänglichen Frage zu überbrücken; manchmal trägt es entscheidend zur Entkrampfung einer Beziehung bei, noch einmal sich wechselseitig des gemeinsamen guten Willens zu versichern, der auch und gerade in einem bestimmten Konflikt enthalten ist. Besteht nicht aller «Haß» in der «Enttäuschung» oder Kränkung einer starken Liebe? Und ist die Aggression, die sich aus solcher Kränkbarkeit ergibt, nicht nur ein hilfloser, mißratener Versuch, die Hindernisse wegzuschieben, wegzuschleifen, wegzuschreien, welche die eigentlich ersehnte Einheit zu versperren drohen?

«Ich möchte im Grunde, daß mein Mann mich in den Arm nimmt, wenn wir Streit haben», sagte eine Frau einmal. Sie fühlte sich sehr leicht gedemütigt, glaubte, geistig nicht wirklich für voll genommen zu werden, und vertrug insbesondere keine ironischen Anspielungen oder herablassenden Spötteleien; wenn sie etwas in der Art zu hören meinte, konnte sie außer sich geraten und sparte dann nicht mit schweren Vorwürfen und Anschuldigungen, die wiederum ihren Mann verletzten; er legte dann wirklich so los, wie sie es befürchtete, und er ahnte nur dumpf, daß er in solchen Momenten gegen seinen Willen einem fremden zerstörerischen Programm folgte. Der Anlaß der Unstimmigkeiten war zumeist nichtig, gleichwohl schaukelte der Konflikt sich hoch; ein böses Wort gab das nächste, und mit jedem Schlagabtausch verengte sich das Feld an sich möglicher alternativer Reaktionen. Am Ende solcher Auseinandersetzungen war die Lage verfahren. Keiner mehr verstand den anderen, ja, es blieb jeder sich selber darüber im unklaren, was ihn überhaupt zu der unsinnigen Zankerei getrieben hatte. «Ich darf halt nichts sagen, was meine Frau als von oben herab gesprochen empfinden könnte. Aber manchmal stellt sie sich auch nicht gerade geschickt an», erklärte *er*. «Das kommt Dir nur so vor, weil Du keine Ahnung hast», nahm *sie* sogleich den Disput wieder auf. – «Wovon ‹keine Ahnung›?» schoß er zurück. «Du pauschalierst immer. Das ist typisch für Dich.» Selbst noch bei dem Bemühen um Verständigung schien schon wieder der Ring frei für die nächste Runde.

Dabei war es, zumindest von außen, so schwer gar nicht, einen Ausweg aus dem Dilemma zu finden. «Wohltun» – das bedeutet in solchen Kontroversen ganz einfach, die Vorwürfe des anderen als seine eigentlichen Wünsche und Anliegen aufzugreifen: es geht ihm – wie allen Menschen – um Wertschätzung und Anerkennung, es geht ihm darum, ernst genommen zu werden; also kommt es darauf an, den Eindruck zu korrigieren, man hätte je etwas anderes mit ihm vorgehabt. – Da kämpfen zwei Menschen um den wechselseitigen Respekt, doch beide machen einander nach Kräften nieder, statt dort anzuknüpfen, wo alles seinen Anfang nahm: an der enormen Bedeutung, die der Meinung und dem Urteil des einen in den Augen des anderen zukommt. Wenn es bei allem Streit gelingt, diese Tatsache ins Bewußtsein zu rufen, wird den vergifteten Pfeilen die Spitze genommen. «Dich würde es sehr treffen, wenn ich wirklich so denken würde, wie Du es mir gerade unterstellst; aber glaube mir, so denke ich absolut nicht.» – «Ich versuche zu verstehen, was Dich so empört; wenn es mein Verhalten vorhin war, – beziehe es nicht auf Dich; ich war unaufmerksam, doch nicht, weil Du mir egal wärst, ich war nur viel zu sehr mit mir selber beschäftigt.» – «Nein, es stimmt. Ich hätte das nicht sagen sollen. Es ist mir nur so herausgerutscht. Aber es bedeutet nichts. Ich denke so nicht und von Dir schon gar nicht. Wir kennen uns jetzt so lange; gerade daher liegt es mir völlig fern, im Ernst mich so über Dich zu äußern.» – Statt den Konflikt weiter eskalieren zu lassen, wirken solche Erklärungen, Relativierungen und Zurücknahmen in der Tat «wohltuend», und zwar schon deshalb, weil sie an der Tiefe der Enttäuschung die Höhe der Erwartung abzulesen versuchen, die sich eigentlich positiv auf den anderen richtet.

c) Überwinden statt zurückzuschlagen

Es taucht dabei vor allem bereits eine Möglichkeit auf, die zu der scheinbar absurdesten Konsequenz der «Feldrede» führt: «Wer dich auf die (eine) Wange schlägt, dem halte auch die andere hin.» (6,29a)[14] Im *Matthäus-*

[14] Die Worte in Mt 5,39-42 und Lk 6,29-30 haben ihre Parallele zur *Lehre der zwölf Apostel* (Didache) 1,4-5, in: Die Apostolischen Väter, S. 6. «Did 1,4 (Ohrfeige, Meile und Hemd) steht Matthäus näher, Did 1,4-5 (dein Gut) hingegen Lukas. Es gehen daher kaum alle Texte auf eine einzige griechische Übersetzung zurück: a) Matthäus und Didache sprechen von der rechten Wange ... b) Matthäus hat die Situation eines jüdischen Gerichts vor Augen ..., wo der Richter nur die Unterwäsche konfiszieren darf, weil der Mantel (für die Nacht) aus göttlicher Sorge heraus Eigentum selbst des verurteilten Menschen bleibt. Lukas und Didache denken hingegen an Räuber (vgl. Lk 10,30), die natürlich das erste, was sie erreichen, nämlich den Mantel, stehlen. Die Umstellung der äußeren Verhältnisse fordert die Veränderung des Bildes.» FRANÇOIS BOVON: *Das Evangelium nach Lukas*, I 320–321.

Evangelium heißt es noch präziser: «wer dich schlägt auf deine rechte Wange – wende ihm auch die andere zu.» (Mt 5,39)[15] Eigentlich geht es um die übliche Form der Rechthaberei im Hintergrund der meisten Konflikte: Jemand fühlt sich von einem anderen verletzt – zu Unrecht natürlich; also wird er darauf bestehen, mit allen Mitteln sein «Recht» einzufordern. Der andere wiederum glaubt sich seinerseits im «Recht», und er kämpft nicht minder heftig darum, *seinen* Standpunkt durchzusetzen. So gut wie alle Kriege, meinte bereits ERASMUS VON ROTTERDAM (1466/1469–1536), werden geführt, weil sich die Konfliktpartner nicht darüber verständigen können, was «Recht» ist und wer «recht» hat[16], und das Ergebnis ist immer dasselbe: beide suchen sich wechselseitig zu vernichten, im Wahn, daß schließlich der «Stärkere», in aller Regel also der Grausamere, der Mörderischere, der Skrupellosere, eben weil er der «Stärkere» ist, das Recht besitze, zu definieren und zu dekretieren, was Rechtens sei[17]. Wie aber soll

[15] Str. B. I 342, denken dabei an eine tätliche Beleidigung, die entsprechend rechtlich geahndet wurde.

[16] ERASMUS VON ROTTERDAM: *Querela Pacis – Die Klage des Friedens*, in: Ausgewählte Schriften, V 406–407, stellte die gesamte Praxis der Kirche in Frage: «Es schämen sich nicht die Theologen, die Lehrer eines christlichen Lebens, es schämen sich nicht die Professoren der vollkommenen Religion, es schämen sich nicht die Kardinäle und Statthalter Christ, das anzustiften und zu entfachen, was Christus so sehr verwünschte. Wie paßt die Mitra zum Helm? Wie der Hirtenstab zum Schwert? Wie das Evangelienbuch zum Schild? Wie schickt es sich, das Volk mit dem Friedensgruß zu grüßen und den Erdkreis in die wüstesten Kämpfe zu hetzen?» Und am schlimmsten (S. 410–413): es werden «die Worte der Heiligen Schrift auf unverschämteste, um nicht zu sagen gottlose Weise verdreht. Vielmehr ist es schon so weit gekommen, daß es als dumm und gottlos gilt, gegen den Krieg den Mund aufzumachen ... Und damit das Übel noch unheilbarer wird, diese Gottlosigkeit verbrämen sie noch mit dem Anschein von Frömmigkeit: Die Fahnen tragen das Kreuz ... und das, wodurch allein man den Krieg verlernen könnte, ist ein Symbol des Krieges ... Und was das Absurdeste ist, in beiden Heerlagern, über jeder der beiden Schlachtreihen leuchtet das Kreuz, in jedem Lager werden Gottesdienste gefeiert ... Das Kreuz kämpft mit dem Kreuz, Christus führt gegen Christus Krieg.» – Vor allem LUISE SCHOTTROFF: *Gewaltverzicht und Feindesliebe in der urchristlichen Jesustradition*, in: Jesus Christus in Historie und Theologie, 203, sieht demgegenüber in der Forderung der Feindesliebe nicht nur einen Ausdruck bloßer Menschenliebe, sondern eine Haltung jener, «die keine der in der Gesellschaft vorhandenen legalen Machtmittel zur Verfügung haben» – eine Haltung des gewaltlosen Widerstandes im Sinne GANDHIS also.

[17] Vgl. ERASMUS VON ROTTERDAM: *Querela Pacis – Die Klage des Friedens*, in: Ausgew. Schriften, V 388–391: «Da er (sc. Jesus, d.V.) wußte, daß der Friede dort nicht bestehen kann, wo um politische Macht, um Ansehen, um Reichtum und um Vergeltung gekämpft wird, reißt er die tief eingewurzelten Leidenschaften aus dem Herzen der Seinen, verbietet, daß sie dem Bösen überhaupt Widerstand leisten, verlangt, daß sie denen Gutes tun, wenn sie können, die ihnen Böses getan haben, und daß sie die segnen, die ihnen fluchen.» – ERASMUS erkennt deutlich, daß die paradoxe Antwort der Feindesliebe die einzige Antwort auf das Paradox dar-

man mit den Mitteln der Gewalt herausfinden können, was recht ist und was Recht sein sollte?

Der Alternativvorschlag Jesu zu dieser privat ebenso wie kollektiv zu beobachtenden Tragödie permanenter Rechtsstreitigkeiten leuchtet sehr ein, wenn man ihn mit psychoanalytisch geschulten Augen liest; er lautet dann: «Wenn Du doch weißt, daß der andere Dich zu Unrecht ‹geschlagen› hat, so nimm einfach einmal diesen Deinen Eindruck wirklich ernst. Das Problem ist nicht eigentlich Dein Schmerz über den ‹Schlag›, der Dir zugefügt wurde; die Schwierigkeit liegt viel eher darin, daß der andere über etwas, das Dir evident ist, offenbar so gänzlich anderer Meinung ist. Wie also kommt es, daß er Dich so mißzuverstehen, Dich so mißzudeuten imstande ist? Kann es nicht sein, daß der andere Dich gar nicht wirklich kennt? Daß er Dich statt dessen mit jemandem verwechselt, den er nur allzu gut zu kennen meint, doch der ganz sicher nicht Du bist? Ganz sicher bezieht er Affekte, Gefühle, Gedanken auf Dich, die einen völlig anderen Hintergrund haben. In jedem Falle wirst Du nur verstehen können, was in ihm vor sich geht, wenn Du in gewissem Sinne den ‹Schlag› sich noch einmal wiederholen läßt. Der andere hat ihn ausgeführt mit der linken Hand, getrieben vom Unbewußten also, in Übertragung einer bestimmten Erfahrung in seiner Kindheit; in diesem Moment hat er seinen Vater, seine Mutter in Dir gesehen, und daher hat er sich gegen Dich verteidigt, so wie er es damals vermutlich nicht konnte; wahrscheinlich hat er eine an sich berechtigte Aggression am falschen Ort mit falschen Mitteln nachgeholt. So zumindest könnte es sein. Nur, ob es sich so verhält und was alles dahinter steht, werdet Ihr erst dann herausfinden, wenn derselbe ‹Schlag› wiederholt werden darf, und zwar diesmal bewußt, reflektiert, von ‹rechts› her. Du solltest deshalb dem anderen ebenso wie Dir selbst eine Chance geben, die wahren Gründe seiner Wut, seines Zorns, seines Ärgers kennenzulernen und nach und nach durchzuarbeiten. Reagierst Du auf ihn in eigener Angst mit Abwehr, mit «Zurückschlagen», kann es wohl sein, daß Du am Ende ‹stärker› bist als er und Dich gegen ihn durchsetzt, doch den Konflikt hast Du damit nicht gelöst, Du hast ihn nur niedergewalzt. Du hast lediglich gezeigt, daß, mal wieder, Macht für Recht gelten soll; der andere aber wird sich dann erst recht un-

stellt, daß der Krieg die kostbarsten Ziele auf dem blutigen Weg, sie zu erreichen, in ihr Gegenteil verwandelt. – KARLHEINZ DESCHNER: *Kriminalgeschichte des Christentums.* 1. Bd.: Die Frühzeit, 259, verdeutlicht die Perversion der christlichen Friedensbotschaft am Beispiel des Siegs KONSTANTINS an der Milvischen Brücke (im Jahre 313): «Welche Verkehrung! Weil das Christentum durch Kriege gesiegt, erblickte man in ihm die ‹wahre› Religion. Ein Glaube der Liebe legitimierte sich durch Schlachtenglück, vieltausendfachen Mord!»

gerecht behandelt fühlen und sich noch mehr gegen Dich auflehnen. Erst wenn Ihr gemeinsam merkt, was in der Szene des ‹Erstschlags› sich wirklich ereignet hat, findet Ihr zueinander; denn erst dann findet der andere durch Dich zu sich selbst. Deine wirkliche ‹Stärke› jedenfalls offenbart sich nicht in der Fähigkeit, Gleiches mit Gleichem zu ‹vergelten›, Deine wahre Stärke zeigt sich darin, ein erlittenes Unrecht, eben weil Du weißt, daß es ein Unrecht war, auszuhalten und den anderen zu der Einsicht zu leiten, daß er sich geirrt hat, als er meinte, *Dich* ‹schlagen› zu müssen. Erst wenn er merkt, wie anders Du bist als die Menschen, mit denen er Dich verwechselt hat, ist Dein ‹Sieg› vollständig – ein ‹Sieg›, der keine Besiegten, nur zwei Befreundete übrigläßt.» Oder mit den Worten der Mauren von Granada: *wala ghaliba il Allah* – Es gibt keinen Sieger außer Gott.

Nur in einer solchen Einstellung versteht man auch die beiden vorangegangenen Sätze: «Sprecht gut von denen, die euch fluchen, betet für die, welche euch kränken.» (6,28a)[18]

Um einem Menschen zu *fluchen*, muß man sich nicht nur im Recht fühlen, man muß sich seiner selbst so sicher sein, daß man sogar Gott auf seiner Seite wähnt: Der andere ist nicht nur ein schlechter, er ist gar ein «gottloser» Mensch. «Fluchen», das heißt, den anderen außerhalb des Raumes zu stellen oder zu wünschen, auf dem der Segen Gottes ruht, und so spricht man, wie stünde man selber an Gottes Statt, dem anderen das Urteil. Für einen jeden, dem dergleichen widerfährt, läge es nahe, die quasi religiöse Ebene des Angriffs beizubehalten, also entweder in eine geharnischte theologische Debatte um das rechte Verständnis des Gottesrechts einzutreten oder demonstrativ die eigene fromme Untadeligkeit herauszukehren. So oder so mag man sich hineinsteigern in das Empfinden, mit Bullen und Bannsprüchen Gott «verkünden» zu können; man wird nicht mehr merken, wie die Quelle der Versöhnung auf diese Weise vergiftet wird, bis daß aus ihr nur noch das förmliche Recht, ja, die Pflicht zum Hassen hervorfließt. Die Verwüstung ganz Europas in dem Wüten des 30jährigen Krieges mag als ein Beispiel dafür dienen, wohin ein solches Denken und eine solche Praxis führen[19].

[18] Vgl. WOLFGANG WIEFEL: *Das Evangelium nach Lukas*, 135: «Wie der haßerfüllten Gesinnung die gute Tat entgegentreten soll, so der Verfluchung, die den Menschen von Gott scheiden will, die Segnung, die ihn mit Gott verbindet (vgl. Röm. 12,14). Im synthetischen Parallelismus wird fortgefahren: der Schmähung … antwortet die Fürbitte, in der sich das ‹Dasein für den anderen vor Gott› äußert.»

[19] Vgl. LUISE WAGNER-ROOS – REINHARD BARTH: *Es war ein Hauen und Stechen – Das Inferno der Schlachten*, in: Hans-Christian Huf (Hg.): Mit Gottes Segen in die Hölle, 228–253.

Die Folgerung daraus ist klar: «Wenn Menschen Gott dazu benutzen, um Dich zu verfluchen,» so die Weisung Jesu, «dann laß Dich – buchstäblich um Himmels willen – darauf nicht ein. Behalte gegen die Ideologie und Idolatrie eines göttlichen Rechthabens unbedingt die menschliche Ebene der Auseinandersetzung bei. Rede nicht von Gott, rede von Dir und von dem anderen als Menschen, und frage Dich, was Du in dem anderen positiv an menschlichen Qualitäten entdecken kannst. *Die* stelle heraus, so gut Du vermagst. Fast alle Streitereien haben ihre Ursache in einem gekränkten Selbstwertgefühl, das sich allerdings für gewöhnlich tarnt hinter einem ganzen Bollwerk von Ersatzthemen; sprich den anderen einfach an auf das Wertvolle, das Du in seinen Motiven, in seinem Verhalten, in der Geschichte seiner persönlichen Formung erkennst. Hüte Dich, in die Pose des Wissenden, des kompetent Urteilenden, des Überlegenen zu geraten. Denn wenn Du *das* tust, wirken die richtigsten Worte verkehrt. Bleibe statt dessen unbedingt auf einer Ebene mit ihm. Sage nur, was Du wirklich fühlst, was Du wirklich denkst; aber: konzentriere Dich auf das Licht hinter dem Schatten; versuche, aus dem Dunkel herauszutreten, das sich über Dich legt; bemühe Dich, herauszufinden, warum der andere sich bis zu den Wolken, bis zu der Sphäre des Göttlichen, versteigt, um Dich zu verwünschen. Vielleicht machst Du ihm nur Angst, ohne es bisher bemerkt zu haben; vielleicht erscheinst Du in seinen Augen viel größer, als Du selber Dir vorkommst; vielleicht mußt Du nur etwas zur Seite treten, um nicht *Deinen* Schatten über ihn zu werfen.» Gegen «Göttliches» menschlich – so die dringende Empfehlung Jesu zur Lösung derart zugespitzter Konflikte.

Wie aber, wenn die anderen tatsächlich «gemein» sind, wenn sie es bewußt darauf anlegen, wehzutun und zu verletzen, bis daß es «krank» macht? – Auch hier liegt es nahe, mit gleicher Münze «zurückzuzahlen». Hat der andere ein Duell mit schweren Säbeln gefordert, dann gewissermaßen her mit dem Säbel und drauf. Doch was soll dabei anderes herauskommen als nur neues Leid, als nur noch tieferer Haß, als wechselseitige Schäden, die gar nicht mehr wieder gutzumachen sind und die auch schon niemand mehr von den Konfliktpartnern je wieder gutmachen möchte? Zeitlich unbegrenzter Schmerz entsteht so aus einem anfangs gewiß noch zeitlich und thematisch begrenzten Anlaß. Die Mahnung Jesu, zu *beten* «für

[20] FRANÇOIS BOVON: *Das Evangelium nach Lukas*, I 317, schreibt dazu: «Der Bruch mit der berechnenden Gegenseitigkeit in der Feindesliebe eröffnet ... eine verheißungsvolle Antwort und Gegenleistung Gottes ... Hier liegt die vehemente praktische Kritik der christlichen an der hellenistischen oder utilitaristischen jüdischen Ethik.» Vgl. S. 325–328: Wirkungsge-

die, welche euch kränken» (6,28b)[20], gilt dem Versuch, gewissermaßen durch einen Rückbezug zum Unendlichen aus diesem Dilemma einer falschen Verunendlichung herauszukommen.

Allerdings kann man das Wort vom Beten in diesem Zusammenhang auch gründlich mißverstehen oder mißbrauchen. Wenn es zum Beispiel in der römisch-katholischen Kirche heißt, man wolle oder solle «beten» für jemanden, der sie «gekränkt» habe, etwa indem er Kritik an ihr übte, so umschreibt eine solche Aufforderung nur die in unbeschreiblicher Hybris vorweggenommene endgültige Verurteilung: Da weiß man sich erneut an Gottes Statt, und das «Gebet» dient eigentlich nur noch dem Zweck, den Andersdenkenden vor aller Öffentlichkeit zu diffamieren; dem «Beleidiger» könnte allenfalls noch «vergeben» werden, sofern Gott ihm die Einsicht schenkte, daß seine Gegner absolut sich im Recht befinden; wo nicht, brandmarkt ihn gerade seine Unbelehrbarkeit als von Gott verstoßen.

Was Jesus mit seiner Gebetsmahnung meint, läuft selbstredend auf das genaue Gegenteil dieser (kirchenrechtlich rubrifizierten!) Praxis hinaus: «Wenn jemand etwas sagt oder tut, das wirklich sehr tief in Deine Seele eindringt, so vermeide es, den Betreffenden dafür zu ‹verfluchen›.» «Bete für ihn» – das bedeutet als erstes: «Halte daran fest, daß der andere ganz sicher auch ein ‹Kind Gottes› ist, nicht anders als Du selbst; suche daher den anderen zu betrachten mit den gütigen Augen Gottes. Nicht der Veränderung des anderen dient Dein Gebet; es wirkt vielmehr verwandelnd auf Dich selber zurück. Im Gebet verbindest Du Dich selber mit Gott, fühlst Du die Nähe seines Beistands und seiner Begleitung; und indem Du so tust, wirst Du spüren, wie eine unsichtbare Schutzhülle sich um Dich legt. Du wirst von den Kränkungen des anderen nicht mehr erreicht. Es trifft Dich nicht mehr; denn Du stehst nicht mehr an dem Punkt, auf den der andere zielte. Du stehst überhaupt nicht mehr zur Verfügung für all seine Machenschaften. Du gehst einfach ‹hindurch›» – ganz wie Jesu selber es tat auf dem Berge bei Nazaret (Lk 4,30). Gegen «Menschliches» göttlich – so lautet hier die Devise.

schichte, – zur Frage der Verbindlichkeit der «Feldrede» für das politische Handeln in Krieg und Frieden. Das betrübliche Resümee lautet: «Die Ethik der Pastoralbriefe und der späteren Schriften des Neuen Testaments zeigen, daß (sc. schon, d.V.) das Urchristentum mit der radikalen Botschaft Jesu nicht fertig wurde.» (326)

d) Nicht einmal das Geraubte zurückverlangen

Gerät man damit aber nicht unmittelbar hinein in ein Feld vollkommener Rechtlosigkeit? – Ja, das tut man im Raum der «Feldrede»: man verzichtet in jedem Falle darauf, sein Recht zu beanspruchen und zu behaupten; das heißt, man «verzichtet» nicht einmal darauf, man hält es nur einfach für wenig hilfreich, für sinnlos, für schädlich.

«*Wen* verneint denn das Christentum?» fragte noch, wütend, FRIEDRICH NIETZSCHE (1844–1900) in *Der Antichrist*, um diesen Umsturz aller staatlich-bürgerlichen Ordnung zu attackieren, und er fragte weiter: «was heißt es ‹Welt›?» Nicht zu Unrecht gab er die Antwort: «Daß man Soldat, daß man Richter, daß man Patriot ist; daß man sich wehrt; daß man auf seine Ehre hält; daß man seinen Vorteil will; daß man *stolz* ist ...»[21] «In der ganzen Psychologie des ‹Evangeliums›», fuhr er fort, «fehlt der Begriff Schuld und Strafe; insgleichen der Begriff Lohn. Die ‹Sünde›, jedwedes Distanz-Verhältnis zwischen Gott und Mensch ist abgeschafft, – *eben das ist ‹die frohe Botschaft›*. Die Seligkeit wird nicht verheißen, sie wird nicht an Bedingungen geknüpft: sie ist die *einzige* Realität – der Rest ist Zeichen, um von ihr zu reden ... – Die Folge eines solchen Zustandes projiziert sich in eine neue *Praktik*, die eigentlich evangelische Praktik. Nicht ein ‹Glaube› unterscheidet den Christen: der Christ handelt, er unterscheidet sich durch ein *anderes* Handeln. Daß er Dem, der böse gegen ihn ist, weder durch Wort, noch im Herzen Widerstand leistet. ... Daß er sich gegen niemanden erzürnt, niemanden geringschätzt. Daß er sich bei Gerichtshöfen weder sehn läßt, noch in Anspruch nehmen läßt.»[22]

Man muß NIETZSCHE zustimmen: Genau so verhält es sich in der «Bergpredigt» des *Matthäus*: «wer dich gerichtlich belangen und deinen Rock nehmen will – laß ihm auch das Obergewand», heißt es dort. (Mt 5,40)[23] Da soll jemand offenbar gepfändet – zwangsversteigert, «feindlich übernommen» – werden, und der Wortlaut des Gesetzes erlaubt wirtschaftsethisch eine solche Vorgehensweise; in diesem Falle brauchte man eigentlich gewiefte Rechtsanwälte, um gegen die gegnerische Partei des Klägers Einspruch zu erheben, vielleicht ginge man am Ende ja wirklich als Sieger aus einem solchen Rechtsstreit hervor; nur: was wäre das für ein Recht, das

21 FRIEDRICH NIETZSCHE: *Der Antichrist*, Nr. 38, in: Götzendämmerung, S. 236.

22 A. a. O., Nr. 33, in: Götzendämmerung, S. 230.

23 Vgl. Mt I 489–500: Mt 5,40-42: Alle Gewalt ist nichts als hilflose Not. – *Matthäus* hat einen Rechtsstreit vor sich, vgl. Str. B. I 343–344.

dehnbar wie Gummi sich stets zu der Seite hinneigt, die am kräftigsten an ihm zieht? Wenn der andere – ein Geldgeber offenbar – sich nicht scheut, Dich – als Kreditnehmer, als Schuldner – bis aufs Hemd auszuziehen[24], dann, so meint Jesus, laß ihn nur machen. Die Welt, in der er lebt, ist allemal kälter als der Winterwind, der Deinen Körper streift. Irgend etwas zum Anziehen wird sich schon finden, um Dich zu wärmen, doch seine Kälte wärmt niemand, und vielleicht ist die Tatsache, daß Du gegen seine rechtlich abgesicherten Forderungen Dich nicht mit gerichtlichen Mitteln zur Wehr setzt, der letzte Hauch, der ihn noch anweht aus einer anderen, menschlicheren Welt.

Der Fall, den *Lukas* voraussetzt, ist – bedingt vermutlich durch Übersetzung in die kulturellen Unterschiede griechischer Verhältnisse – bei aller Gemeinsamkeit in der Grundhaltung ein Stück weit anders gelagert: «wer dir das Obergewand raubt», heißt es hier, «- noch den Rock verwehre ihm nicht.» (6,29b) Das «Obergewand» ist für die einfachen Leute in Palästina bis heute soviel wie ineins der Mantel, das Kleid und das Betttuch, – man trägt es draußen, man trägt es drinnen, man trägt es am Tag und man deckt sich des Nachts damit zu[25]. Doch gesetzt nun zum äußersten: ein Raubüberfall! Jemand kommt und zwingt Dich mit Gewalt, Dich vor ihm auszuziehen, und er plündert Dich leer bis aufs Hemd, – willst Du Dich dann wehren mit Gewalt gegen Gewalt? Sonnenklarer können die Rechtsverhältnisse an sich nicht sein als in einer solchen Situation: wer der Angreifer ist, wer der Angegriffene, wer der Schuldige, wer der Unschuldige, – alles liegt offen zutage. Von daher könnte kaum etwas selbstverständlicher scheinen, als sich auf das Recht zu berufen und gegen die erlittene Gewalt das Gewaltmonopol des Staates in Anspruch zu nehmen. Solange irgend die bürgerliche Ordnung mit den Vorstellungen von Recht und Unrecht moralisch und juristisch in Geltung steht, sollte man geradewegs so tun «müssen». Es gibt demgegenüber wirklich nur *einen* Grund, davon abzulassen, und der liegt in dem sicheren Wissen, daß auch jener «Räuber» sich über das Unrechtmäßige seiner Handlung im klaren sein wird; wenn er dennoch den Bruch des Gesetzes in Kauf nimmt, wie groß muß dann sein materiel-

[24] Vgl. KARL HEINRICH RENGSTORF: *Das Evangelium nach Lukas*, 90: «Der Täter ist bei Lukas... nicht mehr ein auf seinem Recht beharrender Gläubiger, sondern ein Räuber.» Lukas denkt mithin an einen «Raubüberfall, bei dem der Räuber nach dem Mantel greift ... Wenn der Angegriffene in der Lage ist, auch auf das mit Ärmeln versehene Unterkleid zu verzichten, erweist er sich als überlegen.» WOLFGANG WIEFEL: *Das Evangelium nach Lukas*, 135.

[25] Vgl. Str. B. I 343.

les Elend oder seine seelische Verzweiflung (gewesen) sein? Womöglich ist *seine* Armut wirklich weit größer als Deine, und er folgte nur notgedrungen dem Zwang der eigenen Entbehrung; er dachte womöglich, Dir gehe es um so vieles besser als ihm, daß er es schon wieder für «gerecht» erachtete, Dich zu berauben. Vor allem: er glaubte sich sicher, daß ihm freiwillig nie jemand geben werde, was er zum Leben benötigt.

Drum gilt vorneweg: «Jedem, der dich bittet, gib». (6,30a)[26] Das heißt: Verhindere von vornherein, daß der andere überhaupt meint, bei einem Menschen wie Dir Gewalt anwenden zu müssen. Erspare ihm seine Gewalttat, indem Du Dich fragst, was ihn an- oder umtreibt. Widerstehe ihm nicht, – widerlege ihn durch Dein Entgegenkommen. Und wohlgemerkt: Fast immer verlangen Menschen wie suchtartig nach etwas, das als (symbolischer) Ersatz für ein ganz anderes, seelisches Bedürfnis steht. Sie rauben Dein Obergewand, doch sie sehnen sich nach einer Wärme, die ihnen ihr Leben lang gefehlt hat; und das Stück Tuch ist nur wie ein dürftiger Verband auf einer entzündlichen Wunde, die so lange nicht heilen kann, bis daß jemand das einzige Medikament auflegt, das wirklich hilft: eine verstehende Liebe.

«Mein verehrter Herr», sagt in FJODOR MICHAILOWITSCH DOSTOJEWSKIS (1821–1881) Roman *Schuld und Sühne* einmal der trunksüchtige Marmeladow zu dem jungen Studenten Raskolnikow, «Armut ist kein Laster, das steht fest ... Aber das Betteln, mein verehrter Herr, Betteln – das ist ein Laster. Wenn Sie arm sind, können Sie sich trotzdem den angeborenen Adel der Empfindung bewahren; wenn Sie Bettler geworden sind, dann ist das ausgeschlossen. Einen Bettler jagt man nicht einmal mit dem Stock weg, sondern fegt ihn mit dem Besen aus der menschlichen Gesellschaft, damit es desto kränkender ist.»[27] – Kann es nicht sein, daß jemand zum «Räuber» nur wird, weil er kein «Bettler» sein möchte? Weil er sich einen Rest an Selbstachtung zu bewahren sucht? Weil er mit dem «Schwert» in der Hand nur dem «Besen» zuvorkommen will? Dann liegt es an Dir, ihn ein anderes, Besseres zu lehren. Du mußt seine gewalttätige Nötigung nur rückverwandeln in die bittende Sprache der Not, und Du wirst alles verstehen. Selbst wenn der andere lügt und betrügt, selbst wenn er Dich wer weiß wie erpreßt, selbst wenn er mit Mitteln und Tricks arbeitet jenseits aller Lega-

[26] WALTER SCHMITHALS: *Das Evangelium nach Lukas*, 84, meint von dem Satz: «Er ist selbständig tradierbar, hat zahlreiche jüdische Parallelen und geht mit diesen auf 5. Mose 15,7 ff. zurück (vgl. Spr. 28,27; Sir. 4,4 f.).» Vgl. Str. B. I 346–347. Gedacht ist ursprünglich an Kreditvergabe oder an das Ausleihen benötigter Gegenstände.

[27] FJODOR MICHAILOWITSCH DOSTOJEWSKI: *Schuld und Sühne*, 1. Teil, 2. Kap. S. 15.

lität, – daß er verzweifelt ist, wird ganz sicher stimmen. Gibst Du ihm, um was immer er bittet, ersparst Du ihm die Eiseskälte der Demütigung beziehungsweise umgekehrt: Du ersparst Dir die Kaltschnäuzigkeit der Gewalt.

Wir haben, um die Haltung Jesu zu verstehen, schon einmal an VICTOR HUGO (1802–1885) und seine Hauptgestalt in dem Roman *Die Elenden*, an Jean Valjean, erinnert, dem ein Neuanfang nach 19 Jahren Bagno nur gelang, weil der Bischof, dessen Silberleuchter er gestohlen hatte, seinen «Raub» deckte, indem er ihm den Rest der Leuchter noch freiwillig hinterdreingab. (S.o. S. 389) Ins Prinzipielle gewendet, notierte HUGO mit Blick auf den Juniaufstand von 1848: «Entgegen den Prinzipien, entgegen Freiheit, Gleichheit und Brüderlichkeit, entgegen dem allgemeinen Aufschwung und der Herrschaft aller über alle geschieht es bisweilen, daß diese große Verzweifelte, die Kanaille, aus der Tiefe ihrer Ängste, ihrer Mutlosigkeit, ihres Elends, ihres Fiebers, ihrer Nöte, ihrer Miasmen, ihrer Unwissenheit, ihrer Finsternis protestiert und der Pöbel dem Volk eine Schlacht liefert. – Die Bettler greifen das gemeine Recht an, die Ochlokratie (sc. griech.: die Pöbelherrschaft, d. V.) empört sich gegen die Demo. – Das sind schaurige Tage, denn selbst in diesem Wahnwitz ist immer eine gewisse Menge Recht enthalten. Es ist Selbstmord in diesem Zweikampf; und Wörter wie Bettler, Kanaille, Ochlokratie, Pöbel, die ein Schimpf sein sollen, bestätigen eher die Schuld der Herrschenden als die der Leidenden, eher die Schuld der Privilegierten als die der Enterbten. – Wir dagegen sprechen diese Wörter nie ohne Schmerz und ohne Ehrfurcht aus … – Wer nicht mitunter die Pracht von unten betrachtet, ist kein Denker. – An diese Kanaille, an alle Armen, an all das Gesindel und alle Elenden, aus denen die Apostel und Märtyrer hervorgegangen sind, dachte wohl der heilige Hieronymus, als er den geheimnisvollen Ausspruch tat: *Fex urbis, lex orbis.*»[28] – Der Abschaum der Hauptstadt (Rom) ist das Gesetz des Erdkreises.

e) Die «goldene Regel»

In der Tat zielen alle Worte Jesu, insbesondere dieses Konzentrat seiner wichtigsten Gedanken hier in der «Feldrede», auf gerade eine solche Umgestaltung der «Welt», die sich orientieren muß an der Not der Menschen. «Denn: Wie ihr wollt, daß euch die Menschen tun, tut ihr ihnen gerad so.»

[28] VICTOR HUGO: *Die Elenden*, 5. Teil, 1. Buch, Charybdis und Skylla, S. 1303–1304.

(6,31)[29] Man hat diese «goldene Regel», die unter verschieden klingenden Formulierungen in fast allen Religionen gelehrt wird[30], vorwiegend als eine Art ausgleichender Gerechtigkeit in moralischem Sinne verstanden; doch sie ist *mehr* – im Grunde etwas völlig Andersgeartetes. Die stets wiederkehrende Einsicht in die Botschaft Jesu, welche das gesamte Denken in Rechts-

[29] Die sog. «Goldene Regel» formuliert eine Ethik der Gegenseitigkeit, die logisch im Widerspruch steht zu dem Grunderleben der vollkommenen Angewiesenheit auf eine absolute, unverdiente Zuwendung und Güte, wie sie sich in der Botschaft Jesu ausspricht. Tatsächlich meinte denn auch A. DIHLE: *Die Goldene Regel*, 12, es setze diese Formel zweierlei voraus: das nach wie vor archaische Vergeltungsdenken sowie die rationale Reflexivität einer späteren Zeit; ursprünglich Teil der Volksweisheit, sei sie von den Philosophen aufgegriffen und als Grundsatz zwischenmenschlicher Beziehungen universalisiert worden. – In gewissem Sinne findet sich der Gedanke der Goldenen Regel bereits in HOMERS *Odyssee*, V 188–191, wenn die Nymphe Kalypso dem griechischen Helden versichert, «kein andres schlimmes Leid» gegen ihn zu ersinnen. «Vielmehr denk› und erwäg› ich nur das, was ich für mich selber / sorgend ersänne, wenn mich ergriffe solche Bedrängnis. / Denn ein gerechter Sinn ist eigen auch mir, und nicht hab ich / tief in der Brust ein Herz aus Eisen, nein, voller Erbarmen.» In negativer Formulierung findet sich die Goldene Regel bei HERODOT: *Historien*, III 142. Nicht zufällig dürfte es sein, daß der früheste *jüdische* Beleg der Goldenen Regel denn auch in den Tischgesprächen im *Aristeasbrief*, 207, in: Emil Kautzsch (Hg.): Die Apokryphen und Pseudepigraphen des Alten Testaments II 207, auftaucht, der in der jüdisch-hellenistischen Diaspora entstanden ist. Die Frage des Königs, «auf welche Art er menschenfreundlich sein könne», wird dort mit der Weisung beantwortet: «Wenn du, wie du nicht willst, daß dir das Üble widerfahre, sondern alles Gute erfahren willst, ebenso thust gegen deine Unterthanen und gegen die, welche sich verfehlen, und wenn du die guten Menschen milde zurechtweisest. Zieht doch auch Gott alle Menschen mit Milde.» Ähnlich ermahnt in Tob 4,15 der alte Tobit seinen Sohn: «Was du selber nicht liebst, das tu auch keinem andern an.» Vgl. auch Sir 31,15. Im *Testament des Naphtali* erklärt der alte Naphtali den Söhnen als Inhalt rechter Gottesfurcht, Gott bedürfe «keines Geschöpfes, aber die Geschöpfe in seiner Welt» bedürften seiner. «Er hat jedoch seine Welt nicht als eine fühllose Masse geschaffen, sondern daß man sich vor ihm fürchten soll, und daß keiner seinem Nächsten thun soll, was er nicht will, daß man ihm thue.» In: *Die Testamente der 12 Patriarchen*, in: Emil Kautzsch (Hg.): Die Apokryphen und Pseudepigraphen des Alten Testaments, II 489. – In dieser Form hat die *Goldene Regel* Einzug gehalten auch in das Lehrgut pharisäischer Rabbinen. Berühmt ist die talmudische Geschichte in *Schabbat 31a* von Rabbi HILLEL: Ein Schüler hatte von Rabbi SCHAMMAI verlangt, ihm die Weisung ganz und gar zu lehren, in einer Zeit, während der er auf einem Beine stehen könne, und war empört von ihm mit dem Meßbrett davongejagt worden; HILLEL aber machte ihn zum Proselyten, indem er sprach: «Was dir verhaßt ist, das tue deinem Genossen nicht an! Das ist die Weisung ganz und gar, das andere ist ihre Auslegung. Geh und lerne!» In: *Der babylonische Talmud*, ausgew., übers. u. erkl. v. Reinhold Mayer, S. 203. – Von daher könnte man meinen, daß auch Jesus – an einer entscheidenden Stelle seiner Botschaft – nichts anderes zu sagen gehabt habe als (manche) Rabbinen und Philosophen seiner Zeit. Doch einmal abgesehen davon, daß die Goldene Regel wohl erst später in Q eingetragen worden ist, muß man immer wieder auf die alle Gesetzesregelungen sprengende Gnadenbedürftigkeit des Menschen vor Gott in der Botschaft Jesu verweisen, um den prinzipiellen Unterschied zu ermessen, der

zentral das Anliegen Jesu kennzeichnet: Die Wechselseitigkeit des «Erbarmens» im Munde der Nymphe Kalypso ergibt sich aus der Empathie erotischen Begehrens von seiten einer (Halb)Göttin zu einem Menschen; die Wechselseitigkeit, die sich moralisch-rechtlich formulieren läßt, reicht bis zu einer negativen Begrenzung der menschlichen Willkür; um ein positives Motiv zu gewinnen, dem anderen so zu begegnen, wie man es in seiner Lage sich selber wünschen würde, bedarf es eines neuen Prinzips, das zum einen in der Einsicht derselben Hilflosigkeit und Hilfsbedürftigkeit der menschlichen Existenz besteht, zum anderen in der Verpflichtung eines unbedingten Erbarmens, wie es sich in dem Glauben an einen guten («väterlichen») Gott ausdrückt. – Wie in Lk 6,35 wird es daher zur Frage, wie es möglich ist, zu «Söhnen Gottes» zu werden, das heißt, sich so zu verhalten, daß die Wesensart Gottes sich darin mitteilt. Darauf antwortet schon das Buch *Jesus Sirach*, 4,8-10: «Neige dem Bedürftigen dein Ohr, und gib ihm freundlich Antwort auf den Gruß. Vor den Bedrängern rette den Bedrängten, und recht zu richten sei dir nicht zuwider! Sei wie ein Vater für die Waisenkinder, vertritt des Gatten Stelle bei den Witwen! Dann wird dich Gott als seinen Sohn bezeichnen, dir gnädig sein und dich erretten vor der Grube.» Gott selber also wird sich, diesen Worten entsprechend, in einem Menschen wiedererkennen, der hilfreich und mildtätig handelt; wer selber «väterlich» handelt, der handelt, wie Gott selber als «Vater» wesenhaft ist, und der darf darauf zählen, im «Gericht» Gott «väterlich» gesonnen zu finden. Im *Buch der Jubiläen*, I 19–25, wird diese Haltung israelweit als eschatologische Verheißung ausgesprochen: Gott werde die Verirrung des Herzens seines Volkes überwinden, nicht mehr, indem er es seinen Feinden ausliefert, sondern «die Vorhaut ihres Herzens» beschneidet; und dann werde es sein: «ihre Seele wird mir folgen und meinem ganzen Gebote, und sie werden (nach) mein(em) Gebot(e) thun, und ich werde ihnen Vater sein und sie werden mir Kinder sein. Und sie alle sollen Kinder des lebendigen Gottes heißen, und alle Engel und alle Geister werden wissen und werden sie kennen, daß sie meine Kinder sind, und ich ihr Vater bin in Festigkeit und Gerechtigkeit, und daß ich sie liebe.» (Jub, I 24–25); in: *Das Buch der Jubiläen*, in: Emil Kautzsch (Hg.): Die Apokryphen und Pseudepigraphen des Alten Testaments, II 40. Vgl. ähnlich auch *Die Psalmen Salomos* 17,27: «Er läßt nicht zu, daß ferner Unrecht in ihrer Mitte weile, und niemand darf bei ihnen wohnen, der Böses weiß; denn er kennt sie, daß sie alle Söhne ihres Gottes sind.» In: A. a. O., I 146. – Das klingt bis in den Wortlaut hinein nach der Gotteskindschaft in Christus, wie Paulus sie in Gal 3,26 beschreibt, als identisch mit dem Ende der Beschneidung im Fleische (Röm 2,28-29), und doch ist zugleich nur um so deutlicher greifbar, wie um Lichtjahre entfernt das eine vom anderen ist: Solange Religion (die Beziehung zu Gott) als Gesetzeserfüllung (moralisch-rechtlich) verstanden wird, umschreibt die Forderung praktischer Wohltätigkeit besonders gegenüber dem sozial Bedürftigen die Grenze dessen, was sich auf diese Weise verordnen läßt; selbst für das «Ende» der Zeit läßt sich in dieser Haltung nur ein «Volk» herbeisehnen, das letztlich nur noch aus Gesetzesreinen besteht, die alles «Böse» überwunden haben. An keiner Stelle ist daran zu denken, daß der Schritt getan wird, den skandalöserweise Jesus riskiert hat: das ganze Verhältnis umzukehren und die «Väterlichkeit» Gottes auch und gerade auszudehnen auf die «Bösen», auf die «Schuldigen», im Wissen, daß es moralisch nicht weniger armselig um uns bestellt ist als sozial: so wie wir – moralisch vielleicht sogar schuldlos – wirtschaftlich in eine Schuld geraten können, die aus eigenen Mitteln sich nicht wieder gutmachen läßt, so wie wir physisch allen Schlägen des Schicksals ohne Gegenwehr ausgesetzt sind, so hängt auch unser sittliches Verhalten nicht allein von unserem moralischen Wollen ab, vielmehr ist unser «guter Wille» gerade so viel wert, wie wir an Güte erfahren (haben). Deshalb ist es nötig, sich den «Sündern» und «Kranken» zuzuwenden, ohne Vorschriften, ohne Vorwurf, ohne Vorverurteilung, bereit zu Verstehen und Mitgehen. Der rabbinische Standpunkt verbleibt gewissermaßen gesichert in

titeln und Ansprüchen zu ändern bestimmt ist, besteht in einer simplen Evidenz: Was Dich von dem Bettler am Wegesrand trennt, ist ein Nichts, – nichts jedenfalls, für das Du selbst etwas könntest; denn Dein Glück hast Du so wenig «verdient» wie jener sein Unglück. Und jetzt: wie würdest Du fühlen, wenn Du Dich an seiner Stelle befändest? Du brauchst nur wenig Phantasie, es Dir auszumalen, denn wohlgemerkt: sehr weit entfernt von der «Wirklichkeit» ist diese Vorstellung nicht. – Du siehst bei der Fahrt auf der Autobahn einen Unfall: ist es so schwer, zu überlegen, was mit Dir wäre, hättest Du Dich nur 100 Meter weiter vorn in der Schlange befunden? Sicher, Du hast wieder mal «Glück» gehabt; Du bist noch einmal «davongekommen». Doch laß Dich mit solchen Oberflächlichkeiten nicht einlullen. Was andere trifft, kann auch Dich treffen, und die Betroffenheit darüber verlangt förmlich nach einem kompletten Umsturz jener Art von

der festen Burg des Gesetzes und legt allenfalls ein paar Balken über den Graben, daß die draußen Befindlichen, wenn sie sich recht anstrengen, Zugang zu finden vermögen; Jesus aber ist hinausgegangen zu den Ausgesetzten, er setzte sich selbst schutzlos ihrer Not aus, und er setzte sich für sie ein bei den «Wächtern» Zions. Wenn *dies* der Inhalt der *Goldenen Regel* ist: «Identifiziere Dich mit allen Elenden, denn genauso kann es auch Dir ergehen», dann kann man nicht länger sagen wie FRANÇOIS BOVON: *Das Evangelium nach Lukas*, I 322: «Die Christen sind nicht die Erfinder der positiven Fassung» der Goldenen Regel. Die Haltung Jesu hat seine Jünger vielmehr gelehrt, diese Weisheitslehre der Völker wie der Rabbinen mit einem gänzlich neuen, radikal umstürzenden Inhalt zu erfüllen.

[30] HELMUTH VON GLASENAPP: *Die nichtchristlichen Religionen*, 23, verweist auf die Grundverschiedenheit in der ethischen «Einstellung der einzelnen Religionen zur Lebensführung. Der fromme Jude genießt dankbar das Fleisch der Tiere, die Gott zu diesem Zweck für ihn geschaffen hat (1. Mos. 9,3), und den Saft der Reben, der des Menschen Herz erfreut (Prediger 9,14). Der Dschaina betrachtet hingegen Fleisch- und Weingenuß als eine fundamentale Versündigung gegen die heiligen Gesetze. Der Moslem sieht im ehelichen Liebesakt einen Vorgeschmack der Paradieseswonnen, auf dem Höhepunkt desselben entringt sich seiner Brust ein dankbares ‹Allah akbar› (Gott ist groß), wie der berühmte Theologe Al-Ghasali bemerkt. Für den Manichäer ist der Geschlechtsverkehr aber gerade der sicherste Weg, um die Seele ihrer Lichtnatur zu entfremden. – Die Lehren und Bräuche aller Religionen lassen sich, soweit sie nicht ... in der Goldenen Regel ihren Ausdruck finden, eben nicht miteinander in Einklang bringen.» A. a. O., 106, verweist er auf die Goldene Regel als «Leitfaden für das richtige sittliche Handeln» im *Chinesischen Universismus*, in der Lehre des KONFUZIUS vor allem. Im Sinne Jesu müßte man die Identifikation mit der kreatürlichen Armseligkeit aller Lebewesen als Interpretationsgrundlage auch der kulturell bedingten Eigenarten der moralisch-rechtlichen Bestimmungen in den verschiedenen Religionsformen verstehen: zu Ende wäre dann das Töten und Essen von Tieren, aber nichts einzuwenden wäre gegen Weingenuß und Liebesglück; zu Ende wäre vor allem die Selbstsicherheit der «Reinen» im Verurteilen der «Unreinen», denn selbst der Satz des Paulus: das ganze Gesetz sei erfüllt in dem einen Wort aus Lev 19,18: «Liebe deinen Nächsten wie dich selbst» (Gal 5,14), öffnet sich jetzt ins Unabsehbare zur «Rechtfertigung» sogar der «Gesetzlosen», der outlaws, der Grenzgänger, der Gesetzesübertreter, der Verlorenen ...

Betrachtung, die Du in der Gewißheit einer unbedrohten Gesundheit, eines gesicherten Wohlstandes, einer unangefochtenen Verfügungsgewalt über Dein Leben für gewöhnlich einzunehmen beliebst. Plötzlich begreifst Du, was DOSTOJEWSKIS Marmeladow meint, wenn er in dem gleichen Gespräch zu dem jungen Studenten Raskolnikow sagt: «Jeder Mensch braucht doch einen Ort, wohin er sich wenden kann.»[31] – Als einen solchen «Ort», zweifellos, betrachtete Jesus Gott; doch wenn *Er* so ist, wie dürften Menschen dann anders sein?

Was sich «praktisch» aus einer solchen Einstellung ergibt, schildert eine Legende aus dem Leben des heiligen FRANZISKUS (1181/1182–1226) in den *Blümlein*; sie erzählt: «denn jene Zeit hausten in diesem Bezirk (sc. in dem FRANZISKUS sich aufhielt, d. V.) drei berüchtigte Räuber und taten dort viel Böses. Eines Tages kamen sie auch in das Kloster und baten Bruder Angelo, den Guardian, er möge ihnen zu essen geben. Der Guardian aber wies sie mit harten Worten ab und erwiderte: ‹Ihr Räuber und Mordgesellen, ihr schämt euch nicht, anderen die Früchte ihrer Arbeit zu stehlen, und wollt auch noch in maßloser Gier die Almosen verschlingen, die für die Knechte Gottes bestimmt sind! Ihr seid nicht wert, daß die Erde euch trägt. Und da ihr weder die Menschen noch Gott, euren Schöpfer, fürchtet, so gehet den Weg, den euch eure Sünden führen, und kommt mir nimmer vor Augen!› Hierauf entfernten sich jene voll Wut und Zorn!»[32]

Bis zu dieser Stelle folgt die Geschichte ganz und gar der üblichen moralisch-rechtlichen Denkweise: Es gibt gute Menschen, wie die Brüder des heiligen FRANZISKUS; die verdienen mitleidige Almosen, schon weil sie so fromm und so christusförmig zu leben versuchen, daß sie auf eigenen Besitz gänzlich Verzicht tun. Es gibt aber genauso auch böse Menschen, wie diese Räuber, die andere Menschen gewaltsam ausplündern und sich an kein Recht und keine Ordnung halten; solche verdienen keinerlei Mitleid, und es ist nur recht, sie den Folgen ihrer eigenen Freveltaten zu überantworten. – «Doch siehe!» geht die Geschichte weiter. «Da kehrte Sankt Franziskus gerade von seiner Wanderung heim, mit einer Tasche voll Brot und einem kleinen Gefäß Weines, die er und seine Jünger noch erbettelt hatten. Und als ihm der Guardian erzählte, wie er den Räubern den Weg gewiesen hatte, da tadelte ihn Sankt Franziskus heftig wegen seiner Härte; denn man könne die Sünder leichter durch Sanftmut als durch strenge Zurechtweisung zu Gott zurückführen. ‹Also spricht unser Meister Jesus Christus, dessen Evan-

[31] FJODOR MICHAILOWITSCH DOSTOJEWSKI: *Schuld und Sühne*, 1. Teil, 2. Kap., S. 17.
[32] *Die Blümlein* XXVI, in: FRANZ VON ASSISI: *Die Werke*, 101.

gelium wir zu bewahren gelobt haben: Die Gesunden bedürfen des Arztes nicht, sondern die Kranken, und ich bin nicht gekommen, die Gerechten zur Buße aufzurufen, sondern die Sünder. Und deshalb hat er auch oft mit den Sündern gespeist. Und weil du dich gegen das Gebot der Nächstenliebe und gegen Christi heiliges Evangelium vergangen hast, so befehle ich dir bei dem heiligen Gehorsam: Nimm ohne Zögern diese Tasche Brotes, die ich erbettelt habe, und dieses Gefäß Weines, und gehe jenen wachsam nach über Berg und Tal, bis du sie gefunden hast, und reiche ihnen all dieses Brot und den Wein in meinem Namen. Dann aber beuge vor ihnen das Knie und klage dich in Demut deiner Schuld und deiner Härte an. Und dann bitte sie in meinem Namen, daß sie hinfort nicht mehr Übles tun, sondern Gott fürchten und nicht mehr kränken. Und wenn sie das erfüllen wollen, so verspreche ich, für alles zu sorgen, was ihnen not tut, und ihnen stets Speise und Trank zu geben. Und wenn du ihnen dies gesagt hast, kehre in Demut zurück.›»[33]

Tatsächlich erreicht FRANZISKUS mit diesem Auftrag, daß die «Räuber» zum ersten Mal das Verbrecherische ihres Handelns begreifen. In einer «Welt», die geprägt ist von den Interessen der Besitzstandswahrung der Besitzenden, bleibt oft schon kein anderer Weg, als zu plündern und zu rauben und damit dem Unrecht der herrschenden Gewalt das «Recht» auf Gewalt in der Hand der Beherrschten hinzuzufügen. Gewissensbisse melden sich kaum unter solchen Umständen. Menschen aber, die, wie diese «Räuber» oder wie VICTOR HUGOS Jean Valjean, plötzlich einer ganz anderen Weltsicht begegnen, werden sich zutiefst in Frage gestellt fühlen. In der Legende des heiligen FRANZISKUS bekehren sich die Räuber und werden selber zu Mönchen. – Es ist ein «Wunder», wie FRANZISKUS es gleichermaßen wirkte auch in der Legende vom Wolf bei Gubbio: Dieser hatte durch seine Wildheit, mit der er Tiere und Menschen anfiel und fraß, «alle Bürger in Furcht und Schrecken» versetzt, so daß sie sich schließlich bewaffneten, um ihn zu töten. FRANZISKUS aber ging ihm wehrlos entgegen und schloß einen Friedenspakt zwischen dem Wolf und den Bewohnern von Gubbio: es werde das Untier den Menschen «fürderhin nicht mehr schaden», diese aber würden ihm alle «früheren Missetaten vergeben» und ihm «Kost darreichen», daß es «künftig nicht mehr Hunger» leiden müsse. Denn, sprach FRANZISKUS, «ich weiß wohl, daß du nur, weil du Hunger littest, alles Böse getan hast.»[34] Wie FRANZISKUS selber wird dieser Wolf hernach unter den Menschen leben, bettelnd um Nahrung, doch versorgt durch ihr Mitleid.

[33] A.a.O., 101.
[34] *Die Blümlein* XXI, in: A.a.O., 93–95.

Mit einer solchen Haltung ist ein Punkt erreicht, an dem – noch einmal – die Moralphilosophie ARTHUR SCHOPENHAUERS (1788–1860) eine tiefe Wahrheit offenbart. Alle Sittlichkeit, meinte dieser kongeniale Interpret BUDDHAS wie Jesu, gründe in dem Gefühl eines Mitleids, das sich mit dem anderen in seiner Not als identisch erkenne[35]. Inzwischen gehört es fast schon zur umgangssprachlichen Korrektheit, das Wort «Mitleid» tunlichst zu meiden, – wer will auch schon «leiden»? «Mitgefühl» gefällt besser; «Mitfreude» wäre noch schöner. Doch SCHOPENHAUER bereits machte geltend, daß man niemandem befehlen könne noch zu befehlen brauche, mit einem anderen glücklich zu sein[36]. Daß man sich freundlich verhält zu Freunden, ist irgendwie selbstverständlich; daß man liebevoll ist zu geliebten Menschen, ist in gewissem Sinne nur eine Tautologie für die Praxis; doch wahre Menschlichkeit zeigt sich erst, wenn man auf Menschen zugeht, die aus diesem Rahmen herausfallen. Und auch Jesus ist dieser Meinung: «Denn: wenn ihr (nur) liebt», sagt er, «die euch lieben, welch eine Huld soll euch da werden? Auch doch die Sünder lieben, die *sie* lieben. Denn: wenn ihr (nur) die liebevoll behandelt, die euch liebevoll behandeln, welch eine Huld soll euch da werden? Auch die Sünder tun dasselbe.» (6,32.33)[37]

[35] ARTHUR SCHOPENHAUER: *Preisschrift über die Grundlage der Moral*, in: Sämtliche Werke, IV 205–212: § 16: Aufstellung und Beweis der allein ächten moralischen Triebfeder: «Der Glückliche, Zufriedene *als solcher* läßt uns gleichgültig: eigentlich weil sein Zustand ein negativer ist: die Abwesenheit des Schmerzes, des Mangels und der Noth.» (S. 211) SCHOPENHAUERS «Darstellung des Mitleids als eines unmittelbaren Motiviertwerdens durch die Leiden des Andern» ist entgegen einem naheliegenden Einwand gefeit gegen den Vorwurf einer rein projektiven Identifikation, «indem wir selbst uns an die Stelle des Leidenden versetzten und nur, in der Einbildung, *seine* Schmerzen an *unserer* Person zu leiden wähnten. So ist es keineswegs; sondern es bleibt uns gerade jeden Augenblick klar und gegenwärtig, daß *Er* der Leidende ist, nicht *wir*: und geradezu in *seiner* Person, nicht in unserer fühlen wir das Leiden zu unserer Betrübniß. Wir leiden *mit* ihm, also *in* ihm». Mit einem Wort: Einfühlung und Mitgefühl sind nicht dasselbe wie Einssein und Verschmelzung.

[36] Vgl. A. a. O., IV 211: «nicht der Beglückte und Genießende *rein als solcher* erregt unsere unmittelbare Theilnahme ... Sogar kann der Anblick des Glücklichen und Genießenden *rein als solchen* sehr leicht unsern Neid erregen, zu welchem die Anlage in jedem Menschen liegt».

[37] HEINZ SCHÜRMANN: *Das Lukasevangelium*, I 353–354, meint dazu, hier werde «eine (natürliche) Gutheit, die aus dem Menschenherzen kommt, selbst aus einem sündigen, entlarvt und – vom Standpunkt des vergeltenden Gottes aus – als wertlos bezeichnet. Sie gibt sich darin zu erkennen, daß sie immer nur Gegenliebe ist, Wiederliebe nach empfangener Liebe. Die von Jesus gemeinte Liebe dagegen ist ursprünglich spontan und nicht reagierende Gegenliebe wie die Liebe, die aus dem Menschenherzen kommt, das nur als geliebtes zu lieben vermag.» Das ist wahr und falsch zugleich. Auch und gerade die «Liebe» bzw. «Gutheit» (eher: Güte), die Jesus hier vertritt, ist «reaktiv» und verdankt sich ganz und gar der absoluten Gnade Gottes, – sie ist die reine Antwort auf die Haltung, mit der Gott jene grenzenlose Armut segnet, die wir als Geschöpfe sind.

Von einem Anspruch des Sittlichen, dachte SCHOPENHAUER, könne erst die Rede sein, wenn die – selbstverständliche – Mitfreude, wenn das – normale – Mitgefühl sich erweitere zum *Mitleid*, wenn das Terrain der unmittelbaren Sympathie verlassen werde in Richtung dessen, was das griechische Lehnwort «Sympathie» im Grunde besagt: eine Verschmelzung im Schmerz, eine Einheit im Elend, eine Gemeinsamkeit im Gefühl der gleichen Bedrohung. Jesus dachte zwar, wie man immer wieder betonen muß, religiös, nicht «ethisch», doch die Nähe seines Standpunktes zu der SCHOPENHAUERschen Moral des Mitleids läßt sich an dieser Stelle nicht übersehen. Eine entscheidende Differenz liegt allein in den Worten «Sünder» und «Huld», wenn man diese Begriffe richtig erfaßt. Unter den «Sündern» sollte man – fernab von der Idee einzelner Gebotsübertretungen – Menschen verstehen, die Gott nicht wirklich kennen beziehungsweise die so leben, als ob es Ihn nicht gäbe[38]: Menschen, die buchstäblich existieren in einer gnadenlosen Welt; auch und gerade in einem solchen Dasein gibt es bestimmte Neigungen, gewisse menschliche Affinitäten, triebhafte Beziehungen, und eben diese können um so rigoroser betont und verteidigt werden, als sie womöglich inmitten des allgemeinen Hauens und Stechens auf dem Schlachtfeld des Lebens den einzigen noch verbliebenen Ort von Glück und von Freude darstellen. «Huld», «Gnade» jedenfalls – solche Worte auch nur bleiben einem solchen Zustand vollkommen fremd. Deshalb muß man die Grenzen eines derartigen im Grunde immer noch rein egoistischen Glücksstrebens weit hinter sich lassen, um in das Zentrum des Daseins zu gelangen und die tiefe Verbundenheit aller Lebewesen im Leid zu begreifen.

f) Geben ohne Rückzahlung

Ein spezieller, ihm besonders am Herzen liegender Anwendungsfall für die rechte Art, die Welt so zu betrachten, wie Jesus es lehrte, erblickt *Lukas* in dem Umgang mit Geld. Lieben, die uns lieben, liebevoll behandeln, die uns liebevoll behandeln, das gilt ihm als «heidnisch», als «gottlos», und so folgert er weiter: «Wenn ihr (nur) denen leiht, von denen ihr's zurückzubekommen hofft, welch eine Huld soll euch da werden? Auch Sünder leihen Sündern, um Gleiches zurückzubekommen. Im Gegenteil daher: ... leiht,

[38] «Sündersein» beschreibt in dieser Form die Daseinsweise der menschlichen Existenz inmitten einer radikal gottlosen, also gnadenlosen Welt, vorangepeitscht in Angst bis hinauf zu den höchsten Postulaten ihrer moralischen und rechtlichen Verordnungen. Vgl. SdB III 565–584.

auch wenn ihr nichts zurückerhofft.» (6,34.35)[39] Im Sinne des *Lukas* bedeuten diese Worte eine offenbar dringend notwendige Konkretisierung des Hauptanliegens Jesu; und man kann gut verstehen, warum.

Klar ist, daß *Lukas* das Wort «Sünder» auch hier nicht in einem moralisch-gesetzlichen Sinne verwendet; er möchte vielmehr damit Menschen bezeichnen, die im Sinne der bürgerlichen Ethik eventuell sogar für durchaus untadelige Personen gelten, die aber wiederum leben, «als wenn es Gott nicht gäbe». «Mit der Bergpredigt kann man nicht Politik machen» – dieses eingangs zitierte Bonmot von Altbundeskanzler HELMUT SCHMIDT umschreibt exakt das Problem, auf welches vor 2000 Jahren *Lukas* in gleicher Weise traf wie in der Gegenwart jeder, der die Haltung Jesu als Maßstab an das private wie an das gesellschaftliche Handeln und Verhalten anlegen möchte.

Der Kontrast deckt sich in etwa mit der Unterscheidung, die von MAX WEBER (1864–1920) zwischen der – wie er es nannte – «Gesinnungsethik» und der «Verantwortungsethik» getroffen wurde[40]. Danach erscheint es als möglich, daß jemand seiner Auffassung, seinem «Glauben» nach der Sichtweise Jesu auf die Wirklichkeit des menschlichen Daseins innerlich sehr wohl zustimmt und dennoch gleichzeitig die Gestaltung der sozialen, der wirtschaftlichen, der politischen Wirklichkeit nach gänzlich anderen Prinzipien ausrichtet. Zwar hat gerade MAX WEBER den prägenden Einfluß der religiösen Weltanschauungen auf die Wirtschaftsethik und die Wirtschaftsform verschiedener Kulturen wie des Protestantismus und des Buddhismus nachzuweisen versucht[41], gleichwohl hebt sich die von ihm skizzierte Tren-

[39] KARL HEINRICH RENGSTORF: *Das Evangelium nach Lukas*, 90, vermerkt zu diesen Versen, sie zeigten im «Fortgang des Gedankens bei Lukas, daß die eben entwickelte Regel (sc. in 6,31: die Goldene Regel, d.V.), so einleuchtend und so allgemein verbreitet sie ist, doch nicht das Gesetz der Welt ist. Für die Welt bilden vielmehr Zweckmäßigkeit und Gegenseitigkeit die letzten Grundsätze des Handelns... Gerade sie gelten aber bei Gott nicht, wie sein eigenes Verhalten beweist; denn er ist ja vorbehaltlos gütig auch gegen die Undankbaren und die Bösen. Man wird hier den Gedanken einzuschalten haben, daß in Jesus selbst diese Haltung Gottes unübersehbar sichtbar und wirksam wird... Deshalb stehen in der Spannung zwischen der Welt und Gottes Reich Jesu Jünger in seiner Gemeinschaft auf Gottes Seite. Der Gegensatz zwischen Jesu Jüngern und der Welt der Schriftgelehrten und Pharisäer bei Matthäus (sc. Mt 5,45 ff., d.V.) weitet sich so auch hier zum Gegensatz zwischen den Jüngern und der Welt überhaupt in ihrer Gottesferne.»

[40] Vgl. MAX WEBER: *Der Beruf zur Politik* (1919), in: Soziologie, Weltgeschichtliche Analysen. Politik, 167–185.

[41] Vgl. MAX WEBER: *Die protestantische Ethik und der Geist des Kapitalismus*, in: Gesammelte Aufsätze zur Religionssoziologie, I 17–206; DERS.: *Die Wirtschaftsethik der Weltreligionen*, in: A.a.O., II 217–250; 251–316.

nung zwischen dem, was man aus Überzeugung «eigentlich» tun möchte, und dem, was man aus Verantwortung unter den gegebenen Umständen tun «muß», nicht ohne weiteres dadurch auf.

Greifen wir zur Verdeutlichung dieses Zwiespalts, da es in diesem lukanischen Jesus-Wort um den Umgang mit *Geld* geht, nur noch einmal die Frage der *Zins*nahme auf. Obwohl für den Juden Jesus eine schlicht undenkbare Praxis, gibt es keinen Staat in der Sphäre des «christlichen» Abendlandes, nicht einmal die absolutistische Papstmonarchie des Vatikans, in dem das Zinsverbot des mosaischen Gesetzes auch nur der Absichtserklärung nach eingehalten würde[42]. Man muß schon den islamischen Kulturkreis aufsuchen, um Religionsführern und Politikern zu begegnen, die sich eine Geldwirtschaft auch ohne die zum Teil spektakulären Zinsgewinne der Banken vorstellen können[43]. Dabei weiß ein jeder, daß Zins, den man auf Geldverleih nimmt, nichts anderes ist als ein Geschäft mit der Armut, eine Maschinerie, durch deren Inbetriebnahme notwendigerweise die Reichen immer reicher und die Armen immer ärmer werden; und gerade so soll es sein nach den Theorien vom «freien Markt», die MILTON FRIEDMAN (1912–2006) und seine Chicagoer Schule entwickelt haben[44].

Wie allein der Schuldendruck vor allem die Länder der «Dritten Welt» belastet und sie über die Zinsspirale für die Ausplünderung durch die *Weltbank* und den *Internationalen Währungsfonds* reif macht, schildert NAOMI KLEIN am Beispiel der weltweiten «Schuldenkrise» vor 25 Jahren, als PAUL ADOLPH VOLCKER (geb. 1927), der Vorsitzende der US-Notenbank, die Zinssätze in 1981 auf bis zu 21 % steigen und dann bis Mitte der 80er Jahre

[42] Vgl. F. G. DREYFUS: *Wirtschaftsgeschichte*. III. Kirchliche, in: Die Religion in Geschichte und Gegenwart, 6. Bd., [3]1962, 1755–1763.

[43] Vgl. PETER HEINE: *Zinsen / Zinsnehmen*, in: Adel Theodor Khoury – Ludwig Hagemann – Peter Heine: Islam-Lexikon, III 769–770. Der *Koran*, II 278, gebietet eindeutig: «O ihr, die ihr glaubt, fürchtet Gott und laßt künftig, was an Zinsnehmen anfällt, bleiben, so ihr gläubig seid.» «Muslimische Autoren führen als Grund für das Zinsverbot die Tatsache an, daß es sich bei der Zinsnahme um eine besonders verwerfliche Form der Ausbeutung handelt. Auch wenn es Versuche von islamischen Rechtsgelehrten gegeben hat, dieses Zinsverbot abzuschwächen, ist doch die Mehrheit der Kommentatoren der Ansicht, daß jede Form von Zins verboten ist.» – Zur Wirkung des Zins als «Umverteiler» vgl. HELMUT CREUTZ: *Das Geld-Syndrom*, 106–123, der lakonisch meint: «Das Abrücken der Kirchen vom Zinsverbot hat den Aufstieg des modernen Kapitalismus entscheidend begünstigt. Nachdem die Zinswirtschaft die Menschengemeinschaft in beispielloser Weise zerrüttet hat und die Gegensätze zwischen Arm und Reich globale Ausmaße angenommen haben, ist eine Umkehr von Theologen und Ökonomen vonnöten.»

[44] Zur Rolle von MILTON FRIEDMAN bei der Ausbeutung der Dritten Welt vgl. NAOMI KLEIN: *Die Schock-Strategie*, 75–106: Der andere Dr. Schock.

auf hohem Niveau stehen ließ. «In den USA», schreibt sie, «führten die steigenden Zinsen zu einer Pleitewelle, und 1983 hatte sich die Anzahl der Menschen, die ihre Hypotheken nicht mehr bezahlen konnten, verdreifacht. – Am meisten tat das jedoch außerhalb der Vereinigten Staaten weh. Für die unter schweren Schuldenlasten leidenden Entwicklungsländer war der Volcker-Schock ... wie eine gigantische, von Washington abgefeuerte Elektroschockpistole, die bewirkte, daß sich die Dritte Welt in Krämpfen wand. Steigende Zinssätze bedeuteten höhere Zinszahlungen für Auslandsschulden, und oft konnten die nur geleistet werden, indem weitere Kredite aufgenommen wurden. Damit nahm die Schuldenspirale ihren Anfang. In Argentinien etwa wuchsen die von der Junta hinterlassenen 45 Milliarden Dollar Schulden rasch auf 65 Milliarden im Jahr 1989, und dasselbe wiederholte sich in armen Ländern überall auf der Welt. Auch Brasiliens Schulden explodierten nach dem Volcker-Schock; sie verdoppelten sich binnen sechs Jahren von 50 Milliarden auf 100 Milliarden Dollar. Viele afrikanische Länder, die sich in den siebziger Jahren hoch verschuldet hatten, steckten in einer ähnlichen Zwangslage: Im selben kurzen Zeitraum stiegen etwa die Schulden Nigerias von neun auf 29 Milliarden Dollar.»[45]

Für die Reichen in den USA und für die reichen USA selber war diese Zeit der Hochzinspolitik zweifellos äußerst profitabel; wie aber verhält es sich dann mit dem WEBERschen Gegensatz von Gesinnung und Verantwortung? Fest steht: Wer mit Menschen in Not so umgeht, daß er an ihrem Elend nur immer reicher wird – er zwingt sie ganz einfach zum Ausverkauf von allem, was sie sind und haben: ihrer Bodenschätze, ihrer Wasservorräte, ihrer Wälder, ihrer Tiere, ihrer Arbeitskraft, ihrer Kinder, ihrer Wohnflächen, um damit desto bessere Geschäfte zu machen –, verleugnet eben jene Art von «Gesinnung», die den Namen «menschlich» verdient. Doch dann: darf er wirklich so tun aus «Verantwortung»? Kurzfristig, sicherlich, lassen sich mit Hilfe so eines VOLCKER-Schocks Milliarden-Beträge in die Hände der ohnehin schon Superreichen spülen, und wer sich diesen gegenüber «verantwortlich» fühlt, mag eine solche Vorgehensweise denn auch verantwortungsethisch für «gerechtfertigt», ja, für «unumgänglich» erklären; aber läßt der Begriff der «Verantwortung» sich fraktionieren zu Gunsten einer bestimmten Klientel? Muß er, um nicht zu einem bloß ideologischen Instrument in den Händen der Herrschenden zu verkommen, nicht auf *alle* Menschen bezogen bleiben? Vor allem: längerfristig läßt sich

[45] NAOMI KLEIN: *Die Schock-Strategie*, 223.

als «Verantwortung» nicht eine Politik des egoistischen Pragmatismus zur Ausnutzung jedes sich bietenden Augenblicksvorteils rechtfertigen. Schon heute zeigen die Zerstörungen der natürlichen Umwelt, wohin es führt, wenn man aus ökonomischer «Verantwortung» immer wieder den Postulaten einer umweltethischen Gesinnung zuwider handelt; schon zeigt die Verelendung großer Bevölkerungsteile auf der Südhalbkugel, daß man nicht «global» «Verantwortung» reklamieren kann, ohne den Vorgaben der Gesinnungsethik sozialer Gerechtigkeit Folge zu leisten. Am Ende erscheint die zinsgebundene Selbstvermehrung des Kapitals in den Händen der Reichen als etwas schlechterdings Unverantwortliches, – am Ende erscheint überhaupt nur eine Gesinnungsethik als verantwortbar.

Dabei bildet das Geldverleihen zum Erzielen von Zinsgewinnen nur eine Art Ouvertüre zu dem Problem, das der Jesus des *Lukas*-Evangeliums hier ansprechen will. Wenn es erkennbar unmenschlich ist, Geld zu verleihen, um daran noch mehr Geld zu verdienen, – wozu sollte man dann überhaupt Geld verleihen? Man sollte es tun, um einem anderen in Not zu helfen. Doch erneut baut sich an dieser Stelle eine bürgerliche Sperre auf: Geld zu verleihen bedeutet noch lange nicht, es zu verschenken; verleihen – das zielt auf die Aussicht, den übergebenen Betrag einschließlich Zinsen fristgemäß zurückzuerhalten; bei Kreditgeschäften dieser Art ist es daher üblich, daß der Kreditnehmer seine Kreditwürdigkeit, seine «Bonität», vorab nachweist; solche wirtschaftlich «gesunden» Kreditnehmer benötigen die aufgenommenen Geldmittel in aller Regel auch nicht zur Überwindung einer akuten Notlage, sie spekulieren vielmehr auf irgendwelche lukrativen Unternehmungen zur Vermehrung ihrer Geschäftsgewinne. – Was demgegenüber Jesus vor Augen steht, sind nicht solche «investiven» Kredite innerhalb bestimmter wirtschaftlicher Transaktionen; woran er denkt, sind die zahllosen Menschen, die einfach nicht mehr weiterwissen: Sie brauchen dringend Geld, – sonst dreht man ihnen den Strom ab, sonst kündigt man ihnen die Wohnung, sonst kommt der Gerichtsvollzieher und klebt auf alles, was sie noch haben, den «Kuckuck», sonst sitzen sie ab sofort auf der Straße, sonst steckt man sie ins Gefängnis zum Abbüßen ihrer unbezahlbaren Schulden; – diesen Menschen leiht niemand auch nur einen Euro, weil gar keine Chance besteht, das Geld je wiederzusehen; eher kann man einen Eimer Wasser in den Wüstensand gießen ... so denken alle «Vernünftigen», – alle, die mit Gott nicht rechnen, alle, die Mitleid nicht kennen. Doch bleibt man ein Mensch, wenn man an dieser Praxis festhält?

Wie sich die Situation aus der Sicht eines Mittellosen, eines Bettlers, darstellt, kann noch einmal DOSTOJEWSKIS Marmeladow verdeutlichen:

«... sind Sie», fragt er Raskolnikow, «schon mal in der Lage gewesen ... ohne jede Hoffnung um ein Darlehen bitten zu müssen? ... Das heißt, ohne die allergeringste Hoffnung, schon im voraus ganz fest davon überzeugt, daß nichts dabei herauskommen kann. Sie wissen zum Beispiel von vornherein ganz haargenau, daß dieser Mensch, dieser überaus ehrenwerte und überaus tüchtige Bürger, Ihnen um keinen Preis Geld geben wird, denn warum, frage ich, sollte er es Ihnen denn geben? Er weiß doch ganz genau, daß ich es ihm nie wiedergebe. Aus Mitleid? Aber Herr Lebesiatnikow, der immer mit den neuesten Ideen mitgeht, hat mir erst neulich auseinandergesetzt, daß das Mitleid heutzutage sogar von der Wissenschaft verboten worden ist und daß man sich in England schon durchaus danach richtet, wo es doch eine Nationalökonomie (sc. in den Theorien des «Erfinders» der freien Marktwirtschaft, ADAM SMITH, 1723–1790, d. V.) gibt. Warum also, frage ich, soll er das Geld herausrücken? Und obgleich Sie von vornherein wissen, daß er es nicht herausrücken wird, machen Sie sich doch auf den Weg ...»[46]

g) Leben von und in Gottes Erbarmen

Was der Jesus des *Lukas*-Evangeliums möchte, ist vor diesem Hintergrund vollkommen klar: Wenn Menschen einander geben, gerade wenn sie nichts zurückerhoffen können, haben sie – Gott begriffen! Dann, erst dann leben sie wirklich als «Söhne des Höchsten» (6,35b)[47]. «Warum ... soll er das Geld herausrücken?» Nun, einfach deshalb, *weil* er weiß, daß Du es nicht und niemals zurückzahlen kannst; denn dann brauchst Du's am allermeisten. Bevor man daran denkt, mit Geld «Geschäfte» zu machen, sollte man sich erst einmal umschauen nach denen, die es dringend benötigen, um zu überleben. Es ist die einfachste Art, das «Böse», das «Feindselige», das «Verlorene» zu überlieben; es ist der einzige Weg, Gott in diese Welt zu bringen,

[46] FJODOR MICHAILOWITSCH DOSTOJEWSKI: *Schuld und Sühne*, 1. Teil, 2. Kap., S. 16–17.

[47] Zu den «Söhnen des Höchsten» vgl. EDUARD LOHSE: *hyiós* (Sohn), in: ThWNT, VIII 358–363: Palästinensisches Judentum, bes. S. 360–361: Israel und die Frommen als Söhne Gottes; desgl. EDUARD SCHWEIZER: A. a. O., VIII 364–395: Neues Testament, bes. S. 392–395: Die Menschen als Gottessöhne.

«denn er ist lieb gegen die Undankbaren und Bösen.» (6,35c)[48] «Undankbar» in diesem Sinne wären wir selber, wenn wir, ausgestattet mit dem unverdienten Glück von Gesundheit und Wohlstand, unsere Möglichkeiten nicht nach Kräften zugunsten derer einsetzen würden, die sich genau dort befinden, wo wir auch selbst uns befinden könnten.

«Werdet barmherzig, wie euer Vater barmherzig ist.» (6,36)[49] Mit diesem Satz faßt Jesus alles zusammen, was er zur Überwindung der Gegensätze unter den Menschen sagen möchte. Bei *Matthäus* fordert er dazu auf, *ganz* («vollkommen») zu sein wie Gott (Mt 5,48), und man könnte diesen Ausspruch erneut verstehen als ein – prinzipiell unerfüllbares – Perfektionsideal; das «barmherzig» des *Lukas* aber läßt gar keine andere Wahl: Wer selber nur lebt aus Gottes Erbarmen, wie sollte der nicht Erbarmen üben mit allen und allem Erbarmenswerten? Nicht etwas Fremdes und Übermenschliches wird da verlangt, sondern nur die Rückzahlung des «Kredits», den wir auf unser ganzes Dasein gezogen haben. Statt wechselseitig unsere «Schulden» einzutreiben, sollten wir Gott danken für das unverdiente Glück unseres Lebens – und diese Leihgabe «zurückerstatten» in Form einer Güte, die sich jegliches Kalkül in Zinsen und Prozenten verbietet. – In dem Gleichnis vom «Schalksknecht» (Mt 18,23–35) hat Jesus diesen Gedanken in letzter Konsequenz ausgemalt.

In DOSTOJEWSKIS Roman *Die Brüder Karamasoff* erzählt Gruschenka vor dem habgierigen Rakitin einmal dem Mönch Aljoscha «eine Fabel», «eine schöne», die sie gehört hat, als sie «noch ein Kind war». «Siehst du,

[48] FRANÇOIS BOVON: *Das Evangelium nach Lukas*, I 313–314, schreibt dazu: «In der Sicht der Christen hat Jesus die alttestamentliche Linie des Hasses Gottes gegen die Bösen (Ps 5,5; 25 [26], 5; 118 [119], 113-115; 138 [139], 19-22; 2 Chr 19,2) unterbrochen und verboten, den Namen des Herrn mit Mißhandlungen der Feinde Israels zu heiligen. So kann der exklusive Partikularismus von Dtn 30,7 nicht mehr gelten: ‹Und alle diese Flüche wird der Herr, dein Gott, auf deine Feinde und auf deine Hasser legen, welche dich verfolgt haben.› Jesus überwindet das Prinzip der Gegenseitigkeit und der Vergeltung. Er steht also im Widerspruch zu den Essenern, die in ihrer Sucht nach kultischer Reinheit den Haß gegen die Bösen von jedem Mitglied der Sekte durch einen Schwur verlangten.» Vgl. Der *Sektenkanon*, 1 Q S 1,3-4.9-11; in: JOHANN MAIER: *Die Texte vom toten Meer*, I 21–22, wo geboten wird: «Alle Söhne des Lichtes zu lieben, jeden nach seinem Los, in Gottes Gemeinde und alle Finsternissöhne zu hassen, jeden nach seiner Verschuldung, in Gottes Rache.»

[49] FRANÇOIS BOVON: *Das Evangelium nach Lukas*, I 323, hebt hervor: «Von den beiden Haupteigenschaften Gottes, seiner Barmherzigkeit und seiner Heiligkeit (sc. nach Lev 19,2, d.V.), wählt Lukas die Barmherzigkeit als Quelle der christlichen Haltung.» Das entsprechende griechische Wort für «mitleidig», «barmherzig» (*oiktírmōn*) wird in der LXX «13mal für Gott und nur 3- oder 4mal für den Menschen benutzt.» (A. a. O., I 322) Genau *das* soll sich ändern!

das ist so: Es war einmal eine Frau, die war über die Maßen böse, und sie starb. Und sie hinterließ kein Andenken an irgendeine Tugend. Es faßten sie die Teufel und stießen sie in den Feuersee. Aber ihr Schutzengel steht dabei, ja, und er denkt: ‹An was für eine Tugend von ihr soll ich mich entsinnen, um sie Gott zu sagen?› Er dachte nach und spricht zu Gott: ‹Sie hat›, so spricht er, ‹einst aus ihrem Gemüsebeete eine Zwiebel herausgerissen und sie einer Bettlerin geschenkt!› Und es antwortete ihm Gott: ‹Nimm du›, spricht er, ‹diese selbige Zwiebel und strecke sie ihr in den See hin, möge sie sie erfassen und sich an sie halten, und wenn du sie aus dem See herausziehen wirst, so möge sie denn auch ins Paradies eingehen, wird aber die Zwiebel abreißen, so muß das Weib auch da bleiben, wo sie jetzt ist!› Es lief der Engel zu dem Weibe hin und streckte ihr die Zwiebel hin. ‹Da›, spricht er, ‹Weib, faß an und halte dich!› Und er begann sie vorsichtig herauszuziehen, und er hatte sie schon fast völlig herausgezogen, ja, als aber die übrigen Sünder sahen, daß man das Weib herausziehe, da begannen sie sich alle an ihr festzuhalten, damit man sie zu gleicher Zeit mit ihr herausziehe. Das Weib war aber über die Maßen böse und begann mit Füßen zu stoßen: ‹Mich zieht man heraus, nicht aber euch, das ist meine Zwiebel, aber nicht die eurige!› Kaum hatte sie das ausgesprochen, da zerriß auch schon die Zwiebel. Und es fiel das Weib in den See zurück und brennt in ihm bis auf den heutigen Tag. Der Engel aber brach in Weinen aus und ging davon.»[50]

In einem entscheidenden Punkte muß man diese russische «Fabel» vor einem Mißverständnis bewahren: Sie lehrt nicht die «ewige Höllenstrafe» für die «Bösen», sie verschweigt allerdings, daß die «Habsucht», mit der diese Frau alle anderen wegstößt, einer schieren Angst entstammt; alles wäre in ihren Augen verloren, würde das Gewicht so vieler anderer sich an «ihre» Zwiebel hängen. – Sollte indessen man Gott nicht zutrauen, er sähe, daß all die «Bosheit» des Weibes nichts anderes ist als eben eine solche Angst, und er wüßte auch Wege, sie zu überwinden? Dann erst bleibt wahr, was die Geschichte besagt: Wir vertäten unsere einzige Chance, wollten wir Gottes Gnade in ein neues Anspruchsrecht verwandeln, nur um ungnädig in unserem Leben weitermachen zu können wie bisher. Zu existieren in Gnadenlosigkeit, zu leben in Lieblosigkeit, sich «erbarmungslos» durchzusetzen inmitten all der Armseligkeit des menschlichen Daseins – das macht aus der ganzen «Welt» einen höllischen Feuersee. Eine einzige Tat selbstloser Liebe hingegen vermag uns daraus zu erlösen.

[50] FJODOR MICHAILOWITSCH DOSTOJEWSKI: *Die Brüder Karamasow*, 3. Teil, 7. Buch, 3.: Die Zwiebel, S. 453–455.

Lk 6,37–42: Richtet nicht

(vergleiche Mt 7,1–5)

37 Und: Richtet nicht, dann werdet ihr nicht (von Gott) gerichtet werden. Verurteilt nicht, dann werdet ihr nicht (von Gott) verurteilt werden. Sprecht frei, dann werdet ihr (von Gott) freigesprochen werden. 38 Gebt, dann wird euch (von Gott) gegeben werden: ein Maß – gut, gedrückt, gerüttelt, überfließend, wird man in euren Schoß geben. Denn mit welchem Maß ihr meßt, wird euch (von Gott) zurückgemessen werden (Mk 4,24). – 39 Er hat aber auch ein Gleichnis ihnen gesagt: Kann wohl ein Blinder einen Blinden den Weg führen? Werden nicht beide ins Loch fallen (Mt 15,14)? 40 Nicht ist der Jünger über dem Lehrer; ausgebildet ist jeder (gerad) wie sein Lehrer (Mt 10,24–25; Joh 13,16). 41 Was aber blickst du auf den Splitter im Auge deines Bruders, den Balken aber in deinem eigenen Auge nimmst du nicht wahr? 42 Wie kannst du deinem Bruder sagen: Bruder, laß, ich will den Splitter, den in deinem Auge, herausziehen, und selbst blickst du nicht in deinem Auge den Balken? Angeber! Zieh zuerst den Balken aus deinem Auge, und dann magst du hinblicken, den Splitter, den im Auge deines Bruders, herauszuziehen.

Daß Menschen unverschuldet in Armut und Elend geraten können, ist eine Tatsache, der man nur schwer widersprechen kann. Daß diese Möglichkeit für einen jeden zu jeder beliebigen Zeit besteht, ist ebenfalls unbestreitbar, wenn man auch nicht gerade gern daran denkt. Menschen, die unverschuldet sich in Not befinden, bedürfen der Hilfe, – auch das steht allgemein außer Frage. Wenn aber jemand «durch eigene Schuld» «auf die schiefe Bahn» gerät, betrachten die meisten das denn doch als etwas gänzlich anderes: Schuld darf nicht noch belohnt, sie muß bestraft werden. So will es das gesunde «Rechtsempfinden», und wer *dem* widerspricht, der begibt sich selbst in eine Zone der Rechtlosigkeit und des Unrechts. Er wird der Gesellschaft der Guten suspekt, denn er scheint das Unrecht zu rechtfertigen und ist damit schlimmer noch als der Rechtsbrecher selbst. In Wahrheit freilich verhält es sich so gerade nicht, und das Beispiel Jesu beweist es.

Das zentrale Mißverständnis liegt in dem Diktum: «Alles verstehen heißt, alles verzeihen», wofern mit «verzeihen» gemeint ist: «richtig finden» oder «für in Ordnung halten». Genau das Gegenteil wird zumeist der Fall sein: Je besser man die Geschichte eines wirklich schweren Vergehens begreift, desto ungeheuerer, desto verhängnisvoller, desto tragischer kann sie sich erzählen. Als Jesus vor 2000 Jahren das *Verbot* aufstellte, über Menschen zu Gericht zu sitzen, standen ihm all die Methoden und Erkenntnisse noch nicht zur Verfügung, die wir heute besitzen, um die Seelenlage und das Verhalten eines Menschen verstehen und erklären zu können; doch um so beeindruckender bestätigen die Einsichten der modernen Anthropologie die Intuition seiner Menschlichkeit im Umgang mit «straffällig Gewordenen»: wir haben kein gutes Recht, Menschen als «schuldig» zu verurteilen und sie entsprechend abzuurteilen.

Gewiß, solange jemand uns relativ fern steht und wir mit ihm eigentlich nicht viel zu tun haben, können wir ohne Zögern die fertigen Maßstäbe aus Moral und Rechtsprechung auf ihn beziehen; wir wissen, was er getan hat, und das genügt uns; was in ihm vor sich ging, was für ein Mensch er ist, braucht uns vermutlich nicht allzu sehr zu interessieren. Doch darf uns ein Mensch als Person einfach gleichgültig sein? Das ist die wesentliche Frage Jesu. Er *kann* es nicht, wenn er uns nahesteht; doch stehen wir einander nicht alle nahe – als Menschen?

Heute wissen wir, wie stark bereits die Gene über das Schicksal eines Menschen entscheiden: ob jemand an Depressionen leidet, ob er an Schizophrenie erkrankt, kann bei Depressionen bis zu 60 und bei Schizophrenien bis zu 50 % von den Genen abhängen[1]; auch die Wahrscheinlichkeit für den Ausbruch einer Alzheimer-Erkrankung wird in hohem Maße von den Erbanlagen bestimmt[2]; wenn derart schwere psychische Störungen und Beeinträchtigungen rein biologisch festgelegt sein können, für wie groß darf dann unser Freiheitsspielraum eigentlich noch gelten? Hinzu kommen vorgeburtliche Einflüsse auf die Hirnentwicklung eines Embryos: die Ängste, die Niedergeschlagenheit, die Streßbelastung einer Mutter wird sich neurologisch auch auf das noch Ungeborene auswirken[3]. Darüber hinaus können ungünstige Umstände während des Geburtsvorgangs Traumata und hirnorganische Schädigungen verursachen, deren Folgen das ganze weitere Leben überschatten[4]. Und dann erst die Formung der Persönlichkeit in den ersten Monaten und Jahren: was die Psychoanalyse vor rund einem Jahrhundert bereits über die Bedeutung der frühen Kindheit zu ahnen begann, darf heute auf weiten Strecken als gesichertes Wissen gelten[5]. Aber auch die Art, wie Eltern ihre Kinder erziehen, wird von ihnen nicht einfach in «Freiheit» gewählt; sie sind selber eingebunden in ein soziales System kultureller

1 Vgl. E. DREWERMANN: *Atem des Lebens*, II 106–107; 219.

2 A.a.O., I 241; 244–245; 339–340.

3 A.a.O., II 101–108.

4 Vgl. REINHART LEMPP: *Frühkindliche Hirnschädigung und Neurose*, 41–58: Das frühkindliche exogene Psychosyndrom.

5 E. DREWERMANN: *Atem des Lebens*, II 478–501.

Werte und Inhalte. Alle Wissenschaftszweige zusammen: Genetik, Embryologie, Neurologie, Psychoanalyse, Entwicklungspsychologie und Soziologie beziehungsweise Kulturanthropologie, erlauben es mittlerweile, menschliches Handeln fast lückenlos ursächlich zu erklären. Wenn wir nur genau genug hinschauen, verliert das Verhalten von Menschen damit zunehmend die Merkmale der Selbstbestimmung, Freiheit und Willkür und gibt sich in hohem Maße als determiniert zu erkennen. Kann man Menschen für das verurteilen, was sie geworden sind, wenn selbst ihr Ich, ihr Bild von sich selbst, auf eben diesen Prozeß ihrer Psychogenese zurückgeht?

Zudem: Wie viele Schuldsprüche wurden in der Geschichte nicht schon im Namen Gottes oder im Namen der Gesellschaft über Menschen gefällt, die sich nichts anderes «vorzuwerfen» hatten, als daß sie von Natur aus anders waren als die Mehrheit der Menschen in ihrer Umgebung? Homosexualität zum Beispiel gilt in der römischen Kirche nach wie vor für «schwer sündhaft»[6], aber auch im deutschen Strafrecht ist es noch keine 40 Jahre her, daß der berühmt-berüchtigte Paragraph 175, der homosexuelle Handlungen unter Erwachsenen als kriminelles Tun unter Strafe stellte, entschärft wurde; dabei lassen sich inzwischen eine ganze Reihe neurobiologischer und psychologischer Gründe benennen, die eine homosexuelle Triebausrichtung begünstigen[7]. Anscheinend hat man, gestützt auf die Bibel[8], über Jahrhunderte hin Menschen einzig und allein deshalb verurteilt, weil man von den Ursachen ihres Verhaltens keine Ahnung hatte; ja, es zeigt sich an Beispielen wie diesem, daß in aller Regel Strafen um so strenger ausfallen, je größer der Ausfall an wirklicher Einsicht ist; und diese Warnung vor zu schnellem Urteil kann kaum eindringlich genug ausgesprochen werden. Denn es bestätigt sich in unseren Tagen mit den Methoden der Naturwissenschaften ein Eindruck, den der Mann aus Nazaret bereits vor 2000 Jahren gewonnen hat: Wer Menschen verurteilt, statt sie zu verstehen, der fügt mit hoher Wahrscheinlichkeit dem Unrecht, das jene vermeintlich oder wirklich begangen haben, nur selber weiteres Unrecht hinzu. – Allerdings mit einem bemerkenswerten Unterschied: Die Hand des soge-

[6] *Catéchisme de l'Église Catholique* («Weltkatechismus»), Nr. 2357–2359, S. 480, verurteilt die Homosexualität entsprechend der Bibel und der kirchlichen Tradition als gegen das Naturgesetz gerichtet. Außerdem wird erklärt, daß die psychische Genese weitgehend unerklärbar bleibe; in Fällen einer homosexuellen Konstitution werden Gebet und Keuschheit anempfohlen.

[7] Vgl. E. DREWERMANN: *Atem des Lebens*, I 622–625.

[8] Noch Röm 1,26.27.32 erklärt, daß «nach Gottes Recht», Männer und Frauen, die den «natürlichen Verkehr ... verlassen und ... in Begierde zueinander» entbrannt sind, «den Tod verdienen». Vgl. Lev 18,22; 20,13.

nannten Delinquenten zittert bei seiner Tat vermutlich vor Angst und Erregung, die Hand des Richters indessen, der das Urteil verkündet, die Hand des Scharfrichters, der das Urteil vollstreckt, wird selbstsicher, kaltblütig und ruhig geführt. Das Unglück fast aller, die in bürgerlichem Sinne «straffällig» werden, springt in die Augen und weckt denn doch bei den meisten Gefühle des Mitleids; aber Mitleid mit den Obwaltern und Verwaltern des Rechts gilt im allgemeinen als fehl am Platze. Die Tragik der einen wartet auf ihre Durcharbeitung und Klärung, die Verstocktheit oder gar die Vermessenheit der anderen läßt sich nur aufdecken gegen schwerste institutionelle und personelle Widerstände.

Dabei ist die Bestätigung, die der Standpunkt Jesu im Umgang mit menschlicher Schuld in unseren Tagen von seiten der naturwissenschaftlichen Anthropologie erfährt, an sich schon überraschend genug, und doch betrifft sie nur erst die *objektive* Seite des Problems; weit verbindlicher für unser persönliches Verhalten reden zu uns die Worte Jesu in der «Feldrede» des *Lukas* durch ihre *subjektive* Bedeutung.

Nahe stehen zum Beispiel Kinder ihren Eltern, steht ein Mann seiner Frau, stehen einander Teamkollegen in einer Firma; sie beeinflussen in wechselseitiger Abhängigkeit und Verbundenheit einander, ob sie es wollen oder nicht, im «Guten» wie im «Bösen»; sie hängen zusammen. Was der eine fühlt, denkt und tut, steht unmittelbar in Zusammenhang mit dem, was ein anderer fühlt, denkt und tut; und man kann dieses Geflecht von Aktionen und Reaktionen jetzt nicht länger mehr als eine objektiv beschreibbare Kausalbeziehung darstellen, vielmehr taucht man selbst darin auf als Mitwirkender in einem schwer überschaubaren Bündel psychischer und sozialer Wechselwirkungen. Ist es da denkbar, daß jemand in unserer Umgebung «schuldig» wird, ohne daß wir selber als «Mitschuldige» daran beteiligt wären? Ist, wenn es so steht, die persönliche «Schuld» nicht immer auch eingebunden in eine kollektive Schuld und die Folge einer kollektiven Verursachung?

Aus dem zaristischen Rußland wird berichtet, daß beim Abtransport eines Delinquenten in die Verbannung nach Sibirien Frauen am Ortsausgang standen und sich vor dem «Täter» verneigten, denn, so sagten sie, «er trägt unser aller Schuld.» – «Kann man Richter sein über seinesgleichen?» fragte in diesem Sinne FJODOR MICHAILOWITSCH DOSTOJEWSKI (1821–1881) in seinem Roman *Die Brüder Karamasoff*, und er ließ seinen Starez Sosima antworten: «Sei besonders dessen eingedenk, daß du niemals Richter zu sein vermagst. Denn es kann ja auf Erden niemand Richter sein über einen Verbrecher, bevor nicht dieser Richter selber eingesteht, daß auch er genauso ein Verbrecher ist wie der, der vor ihm steht, und daß vielleicht gerade er mehr als alle anderen schuld trägt an dem Verbrechen dessen, der vor ihm steht. Wenn er aber dieses einsehen wird, dann wird er auch Richter sein können. Das ist keineswegs sinnlos, wie es auch sinnlos zu sein scheint. Denn wäre ich ja selber ein Gerechter, so würde vielleicht der Verbrecher, der vor mir steht, kein Verbrecher sein. Wenn du es vermagst, das Verbrechen des vor dir stehenden und von dir in deinem Herzen verurteilten Verbrechers auf dich zu nehmen, so nimm es ohne Zögern auf dich und leide selber für ihn, ihn aber entlasse ohne jeden Vorwurf. Und wenn sogar das Gesetz selber dich zum Richter dieses Verbrechers bestellt hätte, so wirke du auch dann, soweit es dir nur möglich sein wird, in diesem Geiste.»[9]

Wie soll es angehen, einen Menschen schuldig zu sprechen, wenn man sich selbst durch seine Tat mitbetroffen weiß? – Nehmen wir einen fünfjährigen Jungen, der sein drei Jahre altes Schwesterchen immer wieder mißhandelt: er zieht es an den Haaren, er schlägt es, er beschimpft es, bis daß der Vater ein Machtwort spricht und mit Androhung von Strafen das Verhalten des Kindes zu ändern sucht, doch vergebens: alle Vorhaltungen nutzen nichts, sie verschärfen eher noch seinen Trotz und seine Aggressionen. Spätestens von diesem Zeitpunkt an nötigt das Fehlverhalten des Kindes zu einem Umdenken der Eltern. Wie war es doch, als das jetzt dreijährige Mädchen zur Welt kam? Seine Geburt verlief schwierig; vier Monate lang war die Mutter damals im Krankenhaus, und in all der Zeit fehlte sie schmerzhaft ihrem Jungen. Ist es da wirklich ein Wunder, daß ihm die Ankunft der Schwester als etwas höchst Unerwünschtes vorkam, daß er sich durch sie von der Seite der Mutter verdrängt fühlte und daß seine Quälereien eigentlich den Zweck verfolgen, den vormaligen Zustand einer ungestörten Einheit mit der Mutter wiederherzustellen?

Bereits ein solch kleines Exempel verrät etwas sehr Wichtiges: Da geschieht etwas extrem Boshaftes und Bösartiges, das man am liebsten von Herzen verdammen und mit Gewalt niederkämpfen möchte, und doch tritt in dem Betragen eines solchen Kindes auf erschütternde Weise zutage, daß das Böse, das es tut, einzig der Wiedererlangung einer schon verloren geglaubten Liebe gilt. Die ganze Tragödie der Geschichte von Kain und Abel (Gen 4,1–16), dieser urzeitlichen Wesensbeschreibung der Verwirrungen des menschlichen Herzens zwischen Angst und Aggression[10], ist bereits in die-

[9] FJODOR MICHAILOWITSCH DOSTOJEWSKI: *Die Brüder Karamasoff*, 2. Teil, 6. Buch, 3. Kap., h: Kann man Richter sein über seinesgleichen? S. 399–400.
[10] Vgl. SdB II 267–276.

ser – im Grunde sehr einfachen – Konstellation enthalten. Nur, wenn es sich grundsätzlich so verhält, wie in diesem Fallbeispiel gezeigt, wie soll es dann jemals möglich sein, mit moralischer Zensur und juristischen Sanktionen, mit Vorwürfen und Zwangsmaßnahmen des «Bösen» Herr zu werden? Gangbar ist nur ein einziger Weg: das so zerbrechliche Gefühl, geliebt zu sein, hinüberzubegleiten in ein beruhigtes und beruhigendes Vertrauen. Nur wer die Zweifel an der Liebe des anderen, nur wer die Selbstzweifel an der eigenen Liebenswürdigkeit durch eine tiefere Zuwendung überwindet, erübrigt die Regungen von Eifersucht, Selbsthaß und Destruktion. «Richtet nicht, – wenn irgend Ihr etwas richtig machen wollt», könnte man die Mahnung Jesu ergänzen.

Doch die Begründung, die der Mann aus Nazaret an dieser Stelle für seinen Appell gibt, ist noch eine andere: «Richtet nicht», sagt er, «dann werdet ihr nicht (von Gott) gerichtet werden.» (6,37)[11] Da droht Jesus den «Gerechten» mit der Gerechtigkeit Gottes, wie er es anderenorts ausführlich in dem Gleichnis vom «Schalksknecht» darlegt (Mt 18,23–35)[12]: Gott bindet seine Vergebungsbereitschaft an die Weitherzigkeit des Menschen, erklärt er dort, er vergibt den Vergebenden, aber auch nur ihnen. Das klingt erneut nach einem Strafgericht «von außen», doch Gott ist niemals «äußerlich»; die Art, wie er uns «richtet», ist uns selber innerlich; von daher ist, was sich in diesen Worten Jesu ausspricht, etwas, das bereits rein psychologisch jeder bei sich selbst feststellen kann: In ihm arbeitet die Mechanik dessen, was in der Psychoanalyse als «Überich» bezeichnet wird, – ein unbewußtes System ständiger Selbstkontrolle und Selbstbewertung, das unter den Formungen von Lob und Tadel durch die eigenen Eltern in der Kindheit auf dem Boden des Ich errichtet wurde[13]. Es ist keine Frage, daß dieses System das eigene Verhalten genauso beurteilt wie die Taten der Mitmenschen, und so zeigt sich im Urteil über die anderen letztlich nur der Bewertungsmaßstab zur Verurteilung auch der eigenen Person; das Urteil über die anderen fällt automatisch auf uns selbst zurück; und wie damit leben?

«Denn mit welchem Maß ihr meßt, wird euch … zurückgemessen wer-

[11] Vgl. Mt I 579–591: Mt 7,1-5: Richtet nicht!

[12] Vgl. Mt II 443–458: Mt 18,15-35; 19,1-2: «Wie ich mich deiner erbarmt habe» oder: Wovon die Menschen leben.

[13] Zum Begriff des *Überich* vgl. SIGMUND FREUD: *Das Ich und das Es*, in: Gesammelte Werke, XIII 256–267: Das Ich und das Über-Ich (Ichideal).

den.» (6,38b)[14] Ursprünglich ging es in diesem Ausspruch Jesu wohl um die Großzügigkeit beim «Geben» (6,38a)[15], *Lukas* aber verwendet das Wort zur Erläuterung des Vergebens, – um etwas auszudrücken, das selbst in dem Paralleltext der «Bergpredigt» des *Matthäus* (Mt 7,1.2)[16] nicht steht: «Sprecht frei, (einzig!) dann werdet ihr (von Gott) freigesprochen werden.» (6,37c)[17] Es ist *Lukas*, der so sagt, aber es war zweifellos auch Jesus, der so dachte; es stellt den Kerninhalt seiner gesamten Botschaft dar: Gott muß uns alles vergeben, – deshalb müssen wir einander alles vergeben; aber auch: nur wenn wir einander vergeben, wird Gott uns vergeben. Beide Sätze kehren jeweils das Verhältnis von Bedingung und Folge um, und doch bilden sie beide die zwei Seiten ein und derselben Medaille.

Ursprünglich ging Jesus wohl aus von seinem Erlebnis während der Taufe (Lk 3,21–22): Richtete Gott im Gericht sich wirklich nach seiner Gerechtigkeit, – wir wären allsamt Verlorene[18]; niemand könnte dabei bestehen; *jedem* muß Gott vergeben, und das von Grund auf – alles. Es ist eine Erfahrung, die Jesus verschiedentlich auch in seinen Gleichnissen darstellt, etwa in der Geschichte von den Arbeitern im Weinberg (Mt 20,1–16)[19]:

[14] Zu Lk 6,37-38 vgl. FRANÇOIS BOVON: *Das Evangelium nach Lukas*, I 323: «V 37a stammt aus Q, V 37b hingegen ist redaktionelle Paraphrase ... V 37c ist eine weitere Anweisung des Lukas, der das vorherige Verbot ins Positive überträgt. V 38a steht symmetrisch zu V 37c und nimmt ein dringendes lukanisches Anliegen auf: die Großzügigkeit. In der Linie von V 37a-b verlangt V 37c eine gütige Haltung in der Frage der Personen, V 38a in der Frage der Güter. Der Spruch 6,38c ist in Q und in Mk 4,24 (in Lk 8,18, der lukanischen Parallelstelle, nicht übernommen) belegt. Die Christen haben über den eschatologischen Lohn nachgedacht, wie aus ... der lukanischen Einfügung 6,38b eindeutig ersichtlich wird.»

[15] Vgl. WALTER SCHMITHALS: *Das Evangelium nach Lukas*, 86: «Wie in V. 30 und in V. 32–35 tritt ... neben die allgemeine Aufforderung zur Feindesliebe (‹Richtet nicht›) die Mahnung, allen zu geben. Die ‹Schuld› (V. 37c) sind die finanziellen Schulden. So leitet Lukas von den ‹Feinden› über die ‹Schulden› zu allen denjenigen über, denen die angesprochenen Christen zu ‹geben› haben.»

[16] Vgl. Mt I 583–585.

[17] Vgl. JOSEF SCHMID: *Das Evangelium nach Lukas*, 137: «Der Abschnitt als Ganzes stellt das Nicht-Richten über den Mitmenschen unter den Gesichtspunkt der Barmherzigkeit ... Bei Lukas betont er (sc. Vers 6,38c, d.V.) die Überschwenglichkeit des Lohnes für das barmherzige Geben, bei Matthäus die strenge Genauigkeit des Gerichts über das lieblose Richten.»

[18] So sieht KARL HEINRICH RENGSTORF: *Das Evangelium nach Lukas*, 59–60, zu Recht die «Anerkennung» Jesu als des «Sohnes» in der Taufe als Anfang des Dienstes an den «Sündern» und «Mühseligen».

[19] Vgl. Mt II 500–515: Mt 20,1-19: Die grenzenlose Güte und die grausame Gerechtigkeit – die Arbeiter im Weinberg und die Todesweissagung.

Immer wieder muß Gott wohl weit mehr an «Lohn» auszahlen, als wir es regulär verdienen, weil wir sonst nicht leben könnten; nur weil er «groß» im Geben, im Vergeben, ist, kann es uns geben. Oder in der Geschichte von dem ungerechten Hausverwalter (Lk 16,1–9)[20]: Ihm droht die baldige Abrechnung und damit, all seiner krummen Geschäfte wegen, unweigerlich der Rauswurf; die einzige Chance, die ihm noch bleibt, ist ein großzügiger Schuldennachlaß zugunsten der Schuldner seines Herrn – eine schon ins Prinzipielle erhobene «Ungerechtigkeit», die doch allein uns hilft, mit Gottes «Gerechtigkeit» ein Auskommen zu finden. Aus dieser entscheidenden Erfahrung, daß Gott uns vergibt – voraussetzungslos und grenzenlos –, ergab sich für Jesus wie selbstverständlich die Unmöglichkeit, andere Menschen in ihrer Schuld fallenzulassen. Die Bedingungslosigkeit des Erbarmens Gottes bildete für ihn die Bedingung, bedingungslos auch auf andere Menschen zuzugehen. Ganz so wird Jesus denn später auch seine Jünger zu beten lehren: «laß uns nach unsere Sünden» (Lk 11,4), – da wir anders doch nicht leben können, muß man sinngemäß ergänzen. Bei *Matthäus* (Mt 6,12) ergibt sich gerade aus der Erhörung dieser Bitte die Folgerung und die Befähigung, der Vorsatz und das Versprechen, daß «auch wir hiermit nachlassen denen, die sich uns verschuldet»[21].

Aber noch einmal: Diese gütige und geduldige Einladung ist nur die eine Seite der Botschaft Jesu; die andere mutet hart und streng an: *einzig* den Vergebenden wird Gott vergeben, einzig den Gnädigen wird er Gnade – vor Recht – ergehen lassen. In diesem Sinne findet sich bei *Lukas* insbesondere in der Vater-unser-Bitte ein bemerkenswert anderer Wortlaut, der die Aussage bei *Matthäus* (Mt 6,12) geradewegs umkehrt: «Laß uns nach unsere Sünden, *denn*», schreibt er, «auch wir lassen nach jedem, der uns schuldig wird.» (Lk 11,4) Da wird die Vergebungsbereitschaft der Menschen zur Begründung der Vergebung Gottes, gerade so, wie es in der «Feldrede» hier anklingt: Gott nimmt als Richtmaß seiner Art zu richten ganz das Maß, mit dem wir messen. Darin, allerdings, liegt unverhohlen denn doch etwas Drohendes. Nur: Warum?

Das Hauptproblem besteht wohl darin, wie sich die Evidenz der Botschaft Jesu von der grenzenlosen Vergebungsbereitschaft Gottes Menschen vermitteln läßt, die eisern am «Schuldprinzip» festhalten; sie selber haben nie erlebt, auf Sein oder Nichtsein der Vergebung zu bedürfen. In ihren

[20] Vgl. JOACHIM JEREMIAS: *Die Gleichnisse Jesu*, 180–181: «Ihr seid ja in derselben Lage wie dieser Gutsverwalter.»

[21] Vgl. Mt I 526–535: Mt 6,9-15: Das Vaterunser, S. 532.

Augen haben sie sich niemals etwas zu Schulden kommen lassen, das einer größeren Strafe wert wäre; und im Bewußtsein ihrer Untadligkeit erwarten sie ganz einfach auch von allen anderen ein ebenso tadelloses Verhalten, – anderenfalls sollte als Strafe verhängt werden, was sie gleichermaßen für sich selbst im Falle eigenen Fehlverhaltens zu akzeptieren bereit stünden. «Mit welchem Maß ihr meßt, wird euch ... zurückgemessen werden» – ein solcher Satz bedeutet für sie keine Warnung, sondern er drückt lediglich aus, was ihr eigenes Rechtsempfinden ohnedies verlangt: Gleiches Recht für alle! Im Leben solcher Leute muß zumeist erst eine Art von Erdbeben sich ereignen, ehe sie anderen Sinnes werden: ihr Sohn wird drogenabhängig, ihre Frau läßt sich scheiden, der Arzt bescheinigt die Gefahr eines Herzinfarkts, – mit einem Mal merken sie die Mitleidlosigkeit, die in dem Wertungssystem ihres Überich steckt. Ist es wirklich richtig, an einer Verurteilungsmechanik festzuhalten, wenn andere erkennbar damit nicht leben können, wenn man selber darüber krank wird? Darf man tatsächlich auf eine Barmherzigkeit zählen, die man anderen stets verweigert hat? – Das kann und darf nicht sein, und eben darauf versucht Jesus hier hinzuweisen: «Gott ist nicht wie Dein Überich», erklärt er in psychoanalytischem Sinne gelesen, «doch eben deshalb mußt Du Dein Überich vermenschlichen, um Gott zu finden; berufe Dich auf den Gott des Erbarmens, um Dein rigides Wertesystem zu korrigieren, denn je mehr Du das tust, desto näher wirst Du Gott sein. – Korrektur Deines Überich, das bedeutet, daß Menschen als Personen Dir wichtiger werden als die Frage, ob das, was sie tuen, in Übereinstimmung steht mit Deinen verinnerlichten Normen und Zwangsanweisungen; Vermenschlichung Deiner Beurteilungsschablonen, das bedeutet, daß Dir die Geschichte Deiner Mitmenschen interessant genug wird, um sie besser verstehen zu lernen; und nicht zuletzt bedeutet es, daß Du auch mit Dir selber anders umgehst als nach den starren Maßstäben von früher.»

In der Transaktionsanalyse der 70er Jahre läßt sich eine überichgebundene Einstellung am einfachsten daran festmachen, daß jemand triumphierend feststellt: ich bin o.k. – Du aber bist nicht o.k.[22] Ein solcher Mensch erhält sich seine moralische Identität, indem er, ohne selbst grausam sein zu wollen, seine sadistischen ethischen Standards ungeprüft auf seine Mitmenschen losläßt; daß er mit ihnen im Konfliktfall nur schwer zurecht-

[22] Vgl. TH. A. HARRIS: *Ich bin o.k. – du bist o.k.*, 110–111; zur Darstellung der Transaktionsanalyse vgl. TE I 456–473.

kommt, bedeutet ihm wenig gegenüber der Forderung, sein Ich in Übereinstimmung mit den Erwartungen seines Überich zu bringen; wie grausam dieses, sein Überich, in Wahrheit sein kann, merkt er in aller Regel erst dann, wenn er selber einige seiner Dressate nicht einhält; dann spürt er, wie es ist, wenn ihm nach dem Maß «zurückgemessen» wird, das er an andere angelegt hat (vgl. 6,38).

Vor diesem Kreislauf von Fremdverurteilung und Selbstverurteilung kann man tatsächlich nur warnen, und das tut der lukanische Jesus, indem er den unvermeidlichen Rückstoß auf sich selber beschreibt, der mit jeder Verurteilung anderer verbunden ist. «Wenn Du andere so unnachsichtig schuldig sprichst», gibt er zu bedenken, «so wirst Du auch für Dich selber kein Verständnis aufbringen können; Du bist gerad so mitleidlos mit den anderen, wie Du es im Grunde mit Dir selbst bist. Und wenn Du jetzt auch noch meinst, es Dir leisten zu können, – nur ein wenig an Überforderung und Schuld wird genügen, um Dich aus der Bahn zu werfen. Menschen, die nur das Perfekte, das Fehlerfreie, das Hundertprozentige gelten lassen, müssen sich entwertet fühlen wie eine abgeknipste Fahrkarte, sobald sie selbst nicht ganz vollkommen sind, sobald sie etwas falsch gemacht haben, sobald sie etwas nicht vollständig erfüllt haben. Bisher brauchten sie Gott eigentlich gar nicht, – sie waren selber wie er; jetzt aber, da sie – beschämend genug – aus ihrem Gottseinmüssen verstoßen sind, da können sie auch keine Menschen mehr sein, da fallen sie voller Selbstverachtung hinein in ihr Nichts, da beginnen sie zu rasen vor Zorn, inmitten des Unrechts im Kampf um ihr Recht.»

Aufs engste zusammen damit hängt der entgegengesetzte Vorgang: Nicht erst, daß die Verurteilung der anderen, die das eigene Ich aufwerten sollte, gegebenenfalls als Selbstentwertung auf das Ich zurückfällt, – das Gefühl der eigenen Wertlosigkeit kann umgekehrt dazu führen, die anderen abzuwerten, um sich selbst aufzuwerten; nicht das Überich – das Ich verarbeitet dann seine eigenen Minderwertigkeitsgefühle, indem es andere für (moralisch) minderwertig erklärt; und am allereinfachsten: man verneint an sich selbst alle eigenen Unvollkommenheiten, Versuchbarkeiten und Gefährdungen und projiziert sie in die Umgebung, – man verdrängt das Persönliche und verschiebt es in den anderen als in eine Unperson, man handelt wie jemand, der sich des Mülls im eigenen Haushalt entledigt, indem er ihn schlicht vor die Tür der Nachbarn auf die Straße kippt. Das alles, wohlgemerkt, geschieht unbewußt; es wird nicht gewollt, noch geplant, – selbst der Eindruck der Makellosigkeit der eigenen Haushaltsführung kann aus der bloßen Angst sich ergeben, in der strengen Wertung des Überich als ungenügend befunden zu werden; doch diese Mechanik, eben weil sie nicht ins Bewußtsein gelangt, vermag um so wirkungsvoller zu funktionieren.

In gewissem Sinne scheint *Lukas* einen solchen Zusammenhang zu erahnen, wenn er das Wort von den blinden Blindenführern eben hier einfügt (6,39)[23]. Im *Matthäus*-Evangelium richtet dieses Bildwort sich gegen die Pharisäer: sie, die Schriftgelehrten, die Gesetzeshüter, sind «Blinde», – sie verstehen nichts, nichts von Gott und nichts vom Menschen, aber sie bilden sich ein, maßgebend zu sein und den rechten Weg zu wissen. «Laßt sie» – sagt Jesus dazu (Mt 15,14)[24]. Was bei *Matthäus* sich auf eine religiöse Gruppe in der Vergangenheit bezieht, tritt bei *Lukas* in seiner Warnung vor seelischer Blindheit, psychoanalytisch betrachtet, als eine höchst präsente Instanz im menschlichen Herzen, als Überich, auf, – als genau so uneinsichtig, unweise und unmenschlich, wie jene religiösen «Blindenführer», als ein Kompaß, der falsch gepolt ist und der jedes Schiff, das danach gesteuert wird, über kurz oder lang in die Katastrophe führen muß. Eine solche Umpolung der Magnetnadel kann auf See erfolgen in dem Gewittersturm eines Hurrikans; das Herz eines Menschen kann «verkehrt» werden vor allem im Kraftfeld der Angst: sie macht blind, und sie setzt archaische Mechanismen in Gang, die sich jeder bewußten Kontrolle entziehen.

Und noch einen anderen Satz setzt *Lukas* (6,40)[25] hier ein, der, offenbar isoliert umlaufend, bei *Matthäus* in einen ganz anderen Sinnzusammenhang eingefügt ist: Bei *Matthäus* bezieht sich das Wort vom Verhältnis von Lehrer und Schüler auf die Situation der Verfolgung: wie man Jesus verfolgt hat, so werden sie auch seine wirklichen Anhänger jagen, – und niemand sollte so «schlau» sein wollen, es in Sachen Christentum besser zu wissen,

[23] Vgl. JOSEF SCHMID: *Das Evangelium nach Lukas*, 138: «Der erste Spruch, vom blinden Blindenführer, den Matthäus (15,14) in anderem Zusammenhang auf die Pharisäer bezogen bringt, besagt bei Lukas (ohne jeden Seitenblick auf die Pharisäer): wer selbst ‹blind› ist, darf nicht andere zurechtweisen wollen.» Wie aber «sieht» man, daß man «blind» ist?

[24] EDUARD SCHWEIZER: *Das Evangelium nach Lukas*, 82, verweist darauf, daß «Lk 7,17-8,1 nie Pharisäer nennt», drum könne das Mt 15,14 auf sie bezogene Wort in Lk 6,39 wohl nur Jesusjünger meinen, die sich ein Urteil über andere und damit Führung anmaßen, dabei selbst einen ‹Balken im Auge› (V. 41) haben und also blind sind, im besonderen wohl Gemeindeleiter.»

[25] FRANÇOIS BOVON: *Das Evangelium nach Lukas*, I 333, meint: «Das Logion, ursprünglich eine sprichwörtliche Feststellung, wird damit zu einer gemeinschaftlichen Regel: Der Jünger steht weder über dem Lehrer noch über anderen Jüngern; und wie der Herr nicht gerichtet hat, soll kein Jünger seinen Bruder richten. Anderenfalls erweist er sich als blind, als ungebildet.»

und von sich glauben, er könnte die Botschaft des Mannes aus Nazaret weitersagen, *ohne* den Haß der Obrigkeit auf sich zu lenken (Mt 10,24)[26]. Auch *Lukas* ordnet den Lehrer-Schüler-Spruch Jesu in den Kontext der Angst ein, doch *sein* Terrain hier ist der Schauplatz der Seele: Der «Lehrer», der Maßstab letzter Verbindlichkeit, sollte eben nicht ein «Überich» sein; alles, was an gesellschaftlicher und sozialpsychologischer Gewalt im Umkreis der Familie bereits in Kindertagen verinnerlicht wurde, sollte unbedingt noch einmal reflektiert und korrigiert werden an dem Maßstab der Person Jesu selbst. Der Fall sollte niemals eintreten, daß die «Schüler» vorgäben, die Haltung Jesu «besser» beurteilen zu können, als ihr «Lehrer», als «Christus», selber es vorlebte. Ein ungeheuerer Satz!

Denn man schaue sich nur die Praxis und die Orthodoxie etwa der römisch-katholischen Kirche an! Sie, als der «fortlebende Christus», gibt sich als die Instanz, die festsetzt, was Jesus gemeint hat; sie erklärt sich für die einzig legitime Autorität, der man gehorchen muß, um den Worten Jesu zu folgen; sie, die den Eindruck vermitteln möchte, der Sache Jesu zu dienen, ist auf geradezu groteske Weise erkennbar als eine Versammlung von «Schülern», die sich «über» den «Lehrer» gestellt haben: Auf *sie* muß man hören, um jenen zu vernehmen; und so prägen sie ihre Doktrinen möglichst den Kindern schon ein, um ihr starres, autoritäres Lehrgebäude bereits im Kindergarten- und Erstkommunionalter in den Seelen der Heranwachsenden zu errichten. Jeder, der so aufwächst, trägt die «Kirche» als einen Teil seines Überich in sich, und er muß sich mühsam daraus befreien, sofern er den Standards ständiger Bewertungs- und Verurteilungsmechanismen entkommen will: Wer ein «Irrlehrer» ist, wer ein «Ungläubiger» ist, wen man zu meiden hat als einen Versucher zur «Sünde», – alles vorweg weiß diese Kirche, und sie hat es den Menschen eingeimpft, die von ihr abhängig sind. Unter diesen Umständen ist es nicht anders möglich, als durch eigenes Nachdenken die «Blindheit» aufzugeben und ineins damit die Dominanz der «Schüler» vor ihrem «Lehrer» zu beenden. Was Jesus religionspsychologisch verkörpert, ist gerade die Fähigkeit, unmittelbar und vorurteilsfrei Menschen anzunehmen, ist – psychoanalytisch gesprochen – gerade die Freiheit vom Überich, ist gerade die Distanz zu jeder Instanz, die vorgibt, Gott zu verkörpern. Nur eine Persönlichkeit, die ihr eigenes Unbewußtes einigermaßen durchgearbeitet hat, wie es der Legende nach Jesus in der Kon-

[26] Vgl. Mt II 157–166: Mt 10,16-25: Der unvermeidbare Widerspruch oder: Prophetenlos.

frontation mit dem «Teufel» getan hat (Lk 4,1–13), vermag der dumpfen Neigung zur Projektion der verdrängten seelischen Inhalte zu entkommen; nur sie hält sich unabhängig von den Mechanismen des kollektiven wie des individuellen Unbewußten[27].

Besser, als es Jesus in seinem folgenden Wort vom Splitter und vom Balken gelingt (6,41–42)[28], kann man den «Abwehrmechanismus» der Projektion[29] nicht beschreiben: Eine bestimmte Gefühlsregung, ein besonderer Wunsch macht sich geltend und wird, noch ehe er die Schwelle zum Bewußtsein passiert, vom Überich zurückgewiesen; dann kann es sein, daß der im eigenen Hoheitsgebiet unterdrückte Affekt die Grenze zu einem «Nachbarstaat» überquert und ins «Ausland» abwandert; was man als eine innere Gefahr gar nicht erst zulassen wollte, erscheint jetzt als ein Feind draußen; die «Opposition» hat sich zur «Exilregierung» erhoben, und so wird man diese «Überläufer» und «Verräter», da man sie nicht einfach beseitigen kann, «diplomatisch» zu bekämpfen versuchen – durch moralische Diffamierung und Isolierung: Der andere, der gerade *das* tut und verkörpert, was man in sich selber am meisten verteufelt, muß am heftigsten «gehaßt» werden, schon um von seinen Handlungsweisen und von seinem Wesen nicht in «Versuchung» geführt zu werden ...

Wieder ergibt sich hier eine psychologisch knifflige Lage, in der es unmöglich ist, mit einem einfachen Schema von «Gut» und «Böse» für «Klarheit» zu sorgen. Ganz im Gegenteil: der Wille zu einer konsequenten und eindeutigen Lösung steckt bereits hinter dem Vorgang der Projektion selbst. Die von einem rigiden Überich erzwungene Verdrängung und die dadurch bedingte Angst vor den im Unbewußten lauernden, verdrängten Triebregungen erzwingen allererst eine «umfassende Lösung»: die eigenen Seelenanteile werden allesamt der Zuständigkeit des Ich entzogen und nach

27 Eine solche psychologische Durcharbeitung der Problematik des «Richtens» fehlt in der exegetischen Literatur so gut wie ganz, mit der Folge, daß eine Grundfrage des Umgangs von Menschen miteinander – bis hinein in die gesellschaftlichen Institutionen des Strafrechts – zu einer bloßen Modalität des Verhaltensstils von «Gemeindeleitern» herabgestuft wird. Wie indessen Individual- und Sozialpsychologie gerade in der (katholischen) Kirche auf zwanghafte Weise zusammenwirken können, hat schon SIGMUND FREUD: *Massenpsychologie und Ich-Analyse*, in: Gesammelte Werke, XIII 101–114: Zwei künstliche Massen: Kirche und Heer, mustergültig beschrieben.

28 Zu dem Wort vom Span und Balken «als Bild der Geringfügigkeit» vgl. Str. B. I 446.

29 Vgl. ANNA FREUD: *Das Ich und die Abwehrmechanismen*, 43–52: Orientierung der Abwehrvorgänge nach Angst und Gefahr.

außen verlagert, mit dem Ergebnis, daß dadurch eine gewisse innere Harmonie wiederhergestellt wird – man ist mit sich selbst wieder zufrieden –, nur daß jetzt andere als um so «böser» erscheinen, je besser man selber in der eigenen Optik dasteht.

Was ist unter diesen Umständen zu tun?

Natürlich kann es nicht angehen, mit moralischen Mitteln Konflikte bereinigen zu wollen, die aus moralischen Gründen entstanden sind; insofern macht es keinen Sinn, die Menschen einfach «böse» zu nennen, die ihren projektiven Mechanismen zur Trieb- und Angstabwehr unterliegen; andererseits aber kann man einen so gefährlichen seelischen Vorgang mit all seinen moralischen und menschlichen Bedenklichkeiten auch nicht einfach stehenlassen, – man muß auf Projektionen hinweisen, wo immer sie vorliegen, auch wenn gewiß den Betreffenden nichts unerwünschter vorkommen wird, als daß jemand unaufgefordert, gegen den Widerstand des Unbewußten, die von der Dynamik der Angst erzwungene Problemlösung bewußtzumachen und damit in Frage zu stellen sucht. Am besten geeignet, um trotzdem in eine solch doppelbödige Seelenlage hineinzureden, ist gerade die Ausdrucksweise, deren Jesus sich so gerne befleißigt: die dichterische Sprachform der bildhaften Rede. Sie ist allgemein genug, um nicht einen Einzelnen bloßzustellen, und sie ist konkret genug, um verbindlich zu sein; und gerade so redet Jesus jetzt: schonend genug und doch aufdeckend genug.

Was das außerordentlich prägnante Bildwort vom «Splitter» und vom «Balken» an dieser Stelle zunächst noch nicht zur Sprache bringt, ist eben der treibende Faktor der Angst vor der Zensur des Überich im Falle eines normabweichenden Verhaltens, – Menschen, die es mit massiven Verdrängungen gerade dahin gebracht haben, subjektiv keinerlei Angst mehr zu spüren, könnten einen solchen Hinweis im ersten Anlauf tatsächlich kaum verstehen. Dafür greift das Wort Jesu an der Stelle zu, an welcher der Symptomcharakter aller Projektionen besonders augenfällig wird: In den Vorwürfen jedes vermeintlich «Guten» gegen jene «Bösen» steckt etwas deutlich Überproportioniertes; das in den anderen Bekämpfte erscheint als vergrößert und vergröbert, – man will ganz offensichtlich nicht genau und differenziert hinsehen, man braucht die Verzeichnung in Dimension und Form, man benötigt ganz offenkundig die anderen als Karikatur. Und gerade diese Tatsache gibt das Jesus-Wort überaus treffsicher wieder: Der andere hat einen «Splitter» im Auge, – verhielte es sich wirklich so, sollte er schreien vor Schmerz und um Hilfe bitten, doch das tut er nicht; das Hilfsangebot, das so freundlich daherkommt: «Bruder, laß, ich will den

Splitter, den in deinem Auge, herausziehen» (6,42)[30], ist also nicht nur aufdringlich, es ist auch vollkommen überflüssig, denn es basiert auf einer einfachen Fehlwahrnehmung. Derjenige, der hier herumschreit und offenbar dringend einer Hilfe benötigt, ist der scheinbar so «Hilfsbereite», – er ersichtlich hat ein großes und schmerzhaftes Problem mit sich selber, und der «Splitter» im Auge des anderen erscheint nach den Gesetzen der psychologischen «Optik» nur als die verkleinerte Form des «Balkens» im eigenen Auge; hält man das «Fernrohr» richtig herum – wendet man das moralische Maß auf sich selbst an –, so verweist die künstliche moralische Erregung über das relativ geringfügige Fehlverhalten des anderen auf eine Schwierigkeit bei der Integration der eigenen sittlichen Persönlichkeit – und sogar auf eine verhältnismäßig große.

Was aber ist nun mit einem solchen Hinweis gewonnen? Einerseits nicht sehr viel und doch andererseits bereits alles. Noch nicht viel ist erreicht, weil der Projektionsvorgang nur erst beschrieben, seine Ursache aber noch nicht einmal benannt, geschweige denn durchgearbeitet ist: Die innere Unsicherheit und Hilflosigkeit, die Angst vor sich selbst und die Unfähigkeit, mit den strengen Wertungen des Überich realistische Kompromisse zu schließen, die Kleinheit eines Ich, das ständig die Zustimmung anderer zur Selbststabilisierung benötigt, – all das wartet nach der vollkommen richtigen «Diagnosestellung» nunmehr auf ein ernsthaftes «Therapiekonzept». Es gilt vor allem, einen Raum zu schaffen, in dem das Vertrauen berechtigt ist, auf dem Wege wachsender Offenheit nicht verurteilt zu werden, und in dem es möglich wird, sich selber ehrlich zu betrachten ohne das permanente Dreinreden des Überich. Alles das, zugegeben, steht noch aus. Erreicht aber ist dafür eine prinzipielle Neuorientierung, eine Einsicht, die alles verändert: Je heftiger jemand einen anderen verurteilt, desto wahrscheinlicher weicht er vor sich selber aus; desto sicherer bekämpft er in dem anderen sich selbst; desto gewisser darf man sein, einem «Stellvertreterkrieg» beizuwohnen. Wenn aber dies zutrifft, so hat es außerordentliche Konsequenzen.

Es gibt kein Recht, so lautet die erste Lektion, andere Menschen zu verurteilen, weil man selber genauso schuldig werden kann wie diese, – die

[30] Vgl. FRANÇOIS BOVON: *Das Evangelium nach Lukas*, I 335: «Das Wort ‹Bruder› versteht Lukas im christlichen Sinn und bezieht sich auf innerkirchliche Verhältnisse, wie sie für alle Gemeindeglieder in ihren Beziehungen zueinander typisch sind, nicht nur exklusiv für die Beziehung zwischen Gemeindeleitern und der Gesamtgemeinde.» Doch wieviel von dem, was JEAN PAUL SARTRE: *Kritik der dialektischen Vernunft*, 498, als «Terrorbrüderlichkeit» beschrieben hat, steckt in jedem Versuch, Gruppen zu bilden im Felde der Angst und des Mangels! Vgl. SdB III 345–346.

Wesensgleichheit aller in ihrer Fehlbarkeit und Angewiesenheit auf Gnade verhindert grundsätzlich die Anmaßung möglicher Richterschaft; diese Einsicht lag bereits dem generellen Verbot Jesu zugrunde, über einander zu Gericht zu sitzen. Jetzt aber tritt ein Zweites ergänzend noch hinzu: Wer da glaubt, diese Identität aller Menschen in ihrer Unvollkommenheit und Versuchbarkeit zugunsten seiner moralischen Unangefochtenheit leugnen zu können, indem er über andere unnachsichtig den Stab bricht, der handelt gerade nicht als eine in sich wohlintegrierte Persönlichkeit, sondern der muß zu dem Außenhalt projektiver Schutzmaßnahmen greifen gerade infolge der Unreife und Ungefestigtheit seines Charakters. Mit einem Wort: Es sind gerade die Selbstunsicheren, die sich in ihrem Urteil über andere besonders sicher geben. Solche Leute sind wenig hilfreich ihren Mitmenschen, – vielmehr treiben sie durch ihre Kälte und durch ihr Unverständnis viele in ihrer Umgebung allererst in jene Gefühlslagen hinein, in denen bestimmte «Verfehlungen» fast unvermeidlich werden; Starez Sosima hat da ganz recht: Wenn wir doch selbst andere Menschen wären, würden manche Verbrechen wohl gar nicht erst begangen ... Aber auch für sich selber sind die so urteilssicheren «Richter» gefährlich, – sie riskieren in ihrer eigenen Persönlichkeit eine zunehmend explosive Spannung zwischen Außenseite und Innenseite, zwischen öffentlicher Wirksamkeit und privater Wirklichkeit, zwischen Schein und Sein. Als «Angeber» bezeichnet Jesus hier solche Menschen (6,42), die etwas darstellen, das sie nicht sind, – das Wort «Heuchler», das in den meisten Übersetzungen verwandt wird[31], geht im Grunde zu weit: es unterstellt ein subjektives Wissen um die eigene Unwahrhaftigkeit; der Vorgang der Projektion aber läuft, wie gesagt, im Unbewußten ab; er erzeugt eine Fassade, um deren Brüchigkeit die Betroffenen selber tatsächlich nicht wissen und deren Aufbau eben deswegen derart gefährlich ist. Einen großen Fortschritt stellte es jedenfalls dar, wenn das, was da geschieht, einem bewußten Willen überhaupt zugänglich würde, – es würde mit aller Wahrscheinlichkeit dadurch überflüssig.

[31] Dabei hebt FRANÇOIS BOVON: *Das Evangelium nach Lukas*, I 334–335, selbst hervor: «... in der Blindheit gegenüber sich selbst werden Blick und Wort schädlich und wirken einseitig als Richter. Bei der Entlarvung der Mängel verschwindet die Person des anderen. Diese Haltung des ‹Du› (sc. in der Art einer herablassenden, zudringlichen Haltung des ‹Ich kenne Dich doch›, d.V.) entspricht der eines uneigentlichen Menschen, eines Scheinheiligen, nicht im Sinne bewußter Heuchelei, sondern im Sinne unbewußter Selbsttäuschung.» Psychologisch ist der Zusammenhang weit komplizierter, und eine unbewußte «Heuchelei» ist ein Widerspruch in sich; Doppelbödigkeit aber, innere Widersprüchlichkeit, Verdrängungen aus Überich-Angst, – das und vieles andere steht hier zur Debatte.

Was also bildet die Alternative zum Richten und zum Verurteilen? Nehmen wir die eingangs genannten Erkenntnisse über die naturwissenschaftlich heute erforschten Determinanten des menschlichen Verhaltens hinzu, so steht uns nach allem Gesagten nicht mehr und nicht weniger ins Haus als eine Kulturrevolution des moralisch-juridischen Denkens in unserer Gesellschaft; vorangetragen wird sie von den Gedanken der «Bergpredigt» (oder der «Feldrede»), bestätigt durch die Entdeckungen der Psychoanalyse sowie der Neurologie unserer Tage.

Was der Mann aus Nazaret vor 2000 Jahren schon wußte, das dämmert allmählich als Wahrheit denn doch auch uns Heutigen: Es ist und es war und es wäre in alle Zukunft ein schwerer Fehler, über Menschen auf Grund ihrer Verfehlungen richten zu wollen; es gibt kein gutes Recht, andere nach einem fertigen Katalog von Normen, Normverstößen und Strafmaßnahmen vor Gericht abzuurteilen; und es gibt vor allem niemanden, der bei einiger Selbsterkenntnis, sehenden Auges, statt «blind», sich des Spruchs einer solchen «Gerechtigkeit» trauen dürfte. Gerechtes Urteil über uns Menschen – das steht allein Gott zu; der aber wird und kann nicht «verurteilen»; er wird uns am Tag des «Gerichtes» gerecht werden dadurch, daß er uns hilft, uns selbst zu betrachten mit seinen Augen – liebevoll in ihrer Offenheit, ermutigend in ihrer Güte, Vertrauen bildend in ihrer Zugewandtheit. Und dieses Richtig-Werden in Gottes Gegenwart wird die einzige Art von «Gericht» und «Gerechtigkeit» sein, die wir wirklich brauchen und die wahrhaftig gilt. Wenn wir ein Stück von ihr schon auf Erden vorausbilden, ja, in gewissem Sinne auch vorbereiten möchten, so sollten wir voranschreiten auf den Wegen des Verstehens der menschlichen Seele. Alles, was dazu beiträgt, ist das Ende des Richtens, ist der Anfang des Richtigen.

Lk 6,43–49: Von Frucht und Fundament oder: Was eigentlich heißt christlich «Glauben»?

(vergleiche Mt 7,15–20; 12,33–35 zu *Lk 6,43–45*; Mt 7,21–27 zu *Lk 6,46–49*)

43 Es gibt doch keinen guten Baum, der ungenießbare Früchte bringt, und
umgekehrt keinen unbrauchbaren Baum, der gute Früchte bringt. 44 Jeder
Baum wird doch an seiner eigenen Frucht erkannt. Man sammelt doch
nicht von Dornen Feigen, und vom Dornbusch liest man keine Traube.
45 Ein guter Mensch holt aus dem Vorrat an Gutem des Herzens Gutes
hervor, und ein schlechter Mensch holt aus dem Schlechten Schlechtes
hervor. Denn: Aus dem Überfluß des Herzens redet der Mund. 46 Was
ruft ihr mich: «Herr (bist du), Herr!» und tut nicht, was ich sage?
47 Jeder, der zu mir kommt und hört von mir die Worte und tut sie, – ich
will euch zeigen, wem der vergleichbar ist: Er ist vergleichbar einem
Hausbauer: er hatte geschachtet und geteuft, um das Fundament auf Fels-
grund zu legen. Als da Hochwasser kam, brandete die Flut an das Haus
und war doch nicht stark genug, es zu erschüttern, wegen seiner guten
Bauweise. 49 Wer aber gehört und nicht getan hat, ist vergleichbar einem
Menschen, der ein Haus auf Erde gebaut hatte, ohne Fundament; an dem
brandete die Flut, und sogleich fiel es zusammen, und der Einsturz jenes
Hauses ward groß.

Man hätte es ahnen können: ist «der Jünger» nicht «über dem Lehrer» (Lk 6,40), so führt kein Weg daran vorbei, daß «Christentum», christlich betrachtet, nichts anderes sein kann, als so zu leben, wie Jesus es tat. – Ja, aber kann man das «Christentum» denn auch anders betrachten als «christlich»? O ja, das kann man, und zwar auf die allerüblichste, auf die allerübelste Weise: man betrachtet es – *kirchlich*; will heißen: beruhigt in der Objektivität einer dogmatischen Lehre, wo Jesus die Unruhe selbst war mit seinem Wagnis, sich als Subjekt, als Person, einer ganzen Welt entgegenzustellen; will heißen: fröhlich versichert im Irdischen, wo Jesus doch hinauszog, den Himmel auf die Erde herunterzuholen; will heißen: belobigt und anerkannt von allen anständigen Leuten, wo Jesus doch verflucht und verkannt ward für seinen verführerisch-aufrührerischen Unverstand; will heißen: getragen vom Konsens der Vielen im Haus der Gemeinde, wo Jesus doch allein war, hauslos und ausgesetzt.

Derart unterscheidet sich's, ob man «christlich» lebt oder kirchlich «lehrt»: – ob der «Glaube» eine Existenzform ist oder eine Weise des «Fürwahr-Haltens», eine Art des Seins in der eigenen Identität oder des Scheins nach dogmatischen Vorgaben, eine Wirklichkeit des Daseins oder ein Wirbel im Dabeisein, eine Veränderung in allem oder die Bestätigung von allem unter der heuchlerischen Vorgabe, nur so diene es der «Erlösung» der «Welt» ... Der letztere Weg mündet konsequent in den vollkommenen «Abfall vom Christentum» in Gestalt der kirchenverordneten «Christenheit», wie SÖREN KIERKEGAARD (1813–1855) in den Flugschriften *Der Augenblick* in seinem Todesjahr 1855 notierte[1]. «Eine Kirche», erklärte der dänische Religionsphilosoph, «ist ein zweideutiger Ort, eine königlich bestätigte Kirche in der ‹Christenheit› ist das Allerzweideutigste, was jemals dagewesen ist. – Denn», fuhr er fort, «Gott zum Narren zu halten, ist nicht zweideutig, zweideutig aber ist es, das zu tun unter dem Vorgeben, daß man ihm diene; das Christentum abschaffen zu wollen, ist nicht zweideutig, aber es ist zweideutig, das Christentum abzuschaffen unter dem Vorgeben, es zu verbreiten; Geld zu bezahlen, um dem Christentum entgegenzuarbeiten, ist nicht zweideutig, aber zweideutig ist es, Geld zu nehmen, um ihm entgegenzuarbeiten unter dem Vorgeben, für das Christentum zu wirken.»[2]

Eigentlich ist alles ganz einfach: «Es gibt doch keinen guten Baum, der ungenießbare Früchte bringt, und umgekehrt keinen unbrauchbaren Baum, der gute Früchte bringt.» (6,43)[3] Die ganze «Feldrede» Jesu, dieses Konzentrat seiner Botschaft in wenigen Sätzen, legt an keiner Stelle, mit keiner Silbe, ein neues theologisches Konzept über Gott vor; sie beschreibt «lediglich», wie das menschliche Dasein als ganzes sich umformt, sobald wir beginnen, Gott «ernst» zu nehmen. An Gott zu «glauben» bedeutete dem Mann aus Nazaret nicht die Favorisierung einer akademischen Denkmöglichkeit unter anderen; es bedeutete ihm, daß Er ist[4], und das entscheidende

1 SÖREN KIERKEGAARD: *Der Augenblick*, Nr. 5,6.: Eine Empörung im Trotz – eine Empörung in Heuchelei oder über den Abfall vom Christentum, in: Werkausgabe, II 411.

2 A.a.O., II 412.

3 Vgl. Str. B. I 466–467, die das Wort vom Baum und seinen Früchten mit einem jüdischen Sprichwort vergleichen: «Jede Gurke wird an ihrem Saft erkannt.» FRANÇOIS BOVON: *Das Evangelium nach Lukas*, I 337, notiert: «Die einfach Regel der bäuerlichen Weisheit versteht Lukas mit der Tradition metaphorisch, vor allem, weil er als Stadtmensch in Distanz zur Natur steht. Jeremia hatte schon im Namen des Herrn geklagt: ‹Ich aber hatte dich eingepflanzt als Edelrebe, lauter echtes Gewächs: Wie konntest du dich dennoch verkehren in einen Wildling, einen entarteten Weinstock?› (Jer 2,21).»

4 Der Unterschied ist ähnlich, wie MARTIN BUBER: *Zwei Glaubensweisen*, in: Werke, I 650–782, ihn beschrieben hat: «Der Glaubende der israelitischen Welt unterscheidet sich vom ‹Heiden› nicht durch eine spirituale Betrachtung der Gottheit, sondern durch die Ausschließlichkeit seiner Beziehung zu seinem Gott und seines Beziehens aller Dinge auf ihn.» (677) Diese «Theozentrik» der Existenz gilt für das Verständnis des «Glaubens» in der «Feldrede» um so mehr, als JOACHIM JEREMIAS: *Die Bergpredigt*, in: *Abba*, 189, zuzustimmen ist:

Kriterium dafür bestand für ihn in eben der Wandlung der Lebensführung, die sich in den vorstehenden Lehrreden ausdrückt. «Jeder, der zu mir kommt und hört von mir die Worte und tut sie», der gründet sein Leben auf ein Felsfundament (6,47.48)[5], sagt er. Nicht ein Für-wahr-*Halten*, ein Wahr-*Machen* war ihm das «Glauben».

Ein Grundfehler in dem Verständnis der Botschaft Jesu oder richtiger: ein Grundbetrug der kirchlichen Theologie besteht deshalb darin, die Lebensweise, die Jesus uns im Vertrauen auf Gott ermöglichen wollte, in ein lehramtlich formulierbares und kontrollierbares Glaubens«wissen» verwandelt zu haben. Ab sofort ist die Vermittlung eines solchen «Glaubens» keine «Existenzmitteilung» mehr, wie SÖREN KIERKEGAARD sie völlig richtig als einzig «christlich» ansah[6], – sie wird nunmehr zu dem Inhalt eines immer komplizierteren und aufwendigeren Lehrbetriebs. «Was ruft ihr mich: ‹Herr!› ... und tut nicht, was ich sage?» fragt Jesus in der Zusammenfassung seiner ganzen Rede die Hörer (6,46)[7], und man kann diese Worte im Blick auf die Kirchengeschichte kaum anders interpretieren denn als eine

«Die Bergpredigt, das ist unser Ergebnis, ist nicht Gesetz, sondern Evangelium. Denn das ist doch der Unterschied zwischen Gesetz und Evangelium: Das Gesetz stellt den Menschen auf die eigene Kraft und ruft ihn auf, das Äußerste einzusetzen. Das Evangelium dagegen stellt den Menschen vor die Gabe Gottes und ruft ihn auf, die unaussprechliche Gabe wirklich zur Grundlage des Lebens zu machen. Das sind zwei Welten. Um den Unterschied deutlich herauszustellen, sollte man in der neutestamentlichen Theologie die Ausdrücke christliche Ethik, christliche Sittlichkeit, christliche Moral vermeiden, weil diese säkularen Ausdrücke inadäquat und mißverständlich sind. Man sollte statt dessen vom gelebten Glauben reden. Denn damit ist klar gesagt, daß Gottes Gabe seiner Forderung voranging.»

5 JOACHIM JEREMIAS: *Die Gleichnisse Jesu*, 193, deutet das Gleichnis vom Hausbau so: «Wie der vom Sturm begleitete wolkenbruchartige Herbstregen das Fundament der Häuser erprobt, so wird über Nacht die Sintflut hereinbrechen und Euer Leben auf die Probe stellen. Die Bergpredigt schließt mit dem Weltgericht! Wer wird bestehen? ... Die Schrift sagte: bestehen beim Ansturm der Flut (Jes. 28,15) wird nur das Haus, das auf dem festen, in Zion gelegten Grundstein errichtet ist ... Die Zeitgenossen Jesu lehrten: Bestand hat, wer die Tora kennt und ihr gehorcht. Jesus lenkt zur Schrift zurück, aber er gibt eine neue, von seinem Hoheitsbewußtsein getragene Antwort: ‹Wer *meine* Worte hört und ihnen gehorcht.› Das bloße Wissen um Jesu Wort führt ins Verderben, alles hängt am Gehorsam.»

6 Vgl. SÖREN KIERKEGAARD: *Tagebücher*, V 43: «Entweder werden alle existentiellen Sätze der Heiligen Schrift etwas Geschichtliches, so daß alle Tempora im Neuen Testament ins Perfectum oder Plusquamperfectum verändert werden müssen; oder es sind ewige Sätze, so daß sie existentiell ganz die gleiche Gültigkeit haben wie beim Eintritt des Christentums. Das Geschwätz mit einer objektiven Lehre ist Heuchelei. Denn was will eine objektive Existenz-Lehre heißen? Soll es eine Existenz-Lehre sein, die – objektiv! – gegen das persönliche Dasein gleichgültig ist? Aber eine Existenz-Lehre ist ja wohl gerade das Gegenteil, vielleicht gleichgültig gegen alles andere, nur nicht gleichgültig gegen – die Existenzen, sonst ist es ja keine Existenz-Lehre.»

7 Vgl. Mt I 633–641: Mt 7,21-23: Rechtes Handeln statt bloßer Rechtglaubigkeit.

drastische Warnung vor genau *der* Entwicklung, die speziell die sogenannte «Christologie» – die dogmatische Lehre von Jesus als dem «Christus» (dem «Messias») – genommen hat. Aus der Symbolsprache der Psalmen von der «Gottessohnschaft» eines altorientalischen (altägyptischen) Königs leitete man in der Sprache der griechischen Philosophie lauter Fragen ab, die dem Juden aus Nazaret als absolut fremd, ja, als gotteslästerlich erschienen wären: ob er, Jesus, der «Herr», zu verstehen sei als Gott selbst in Menschengestalt und wie er, wenn ja, als eine göttliche Person zugleich eine menschliche Natur gehabt haben könne und ob er neben seinem göttlichen Willen auch einen menschlichen Willen besessen habe und dergleichen mehr. Kraft solcher Erwägungen grenzte man im Verlauf von Jahrhunderten ganze Völker-, Kultur- und Menschengruppen als «häretisch» aus, da sie sich der kirchlichen Obrigkeit nicht rechtzeitig unterwarfen. Statt der Versöhnung der Menschen zu dienen, trennte das Bekenntnis zu dem «Herrn Jesus» die Christen fortan von den Juden, und unter den Christen die Arianer, die Nestorianer, die Monophysiten, die Monotheleten ... von den Anhängern der einzig wahren «Lehre». Nicht nur daß die «Christologie» auf diese Weise zu einer reinen Ideologie herunterkam, – die gesamte Gelehrsamkeit theologischen Forschens und Wissens hatte seither vor allem der Rechtfertigung der bestehenden «Glaubens»formeln zu dienen. Das «Bekenntnis» zu Jesus, dem «Herrn», entartete somit zu einer Waffe der Einschüchterung, des Rechthabens und der Machtausübung. Die kirchlichen Oberen verwandelten sich in dieser Art der «Christusnachfolge» selber in Landesfürsten, in Staatsbeamte und in Kirchenstaatsfunktionäre, – und das alles: die ständige Gewalt nach innen wie nach außen, war möglich allein durch den Trick, den christlichen «Glauben» nicht als eine Lebensform in Gottvertrauen, sondern als eine intellektuelle Übernahme bestimmter Lehr«inhalte» in Kirchenangst zu verstehen. Was sich auf diese Weise als «Kirche» formte, war eine bewußte Deformation und Demontage der Botschaft Jesu, und schon daß diese für jedermann sichtbare Tatsache innerhalb der kirchengebundenen Theologie weder gedacht noch ausgesprochen werden darf, zeigt, worauf dieses ganze «Lehrgebäude» sich gründet: auf Angst, also: auf «Erde» (6,49)[8], auf «Sand» (Mt 7,26)[9], also: auf

[8] FRANÇOIS BOVON: *Das Evangelium nach Lukas*, I 342, erläutert: «Bei Lukas besteht der Kontrast nicht zwischen Stein und Sand, wie bei Matthäus, sondern zwischen Stein und Erde und vor allem zwischen vorhandenem und fehlendem Fundament. Da das Fundament Ergebnis einer intensiven Arbeit ist, kann man wohl schließen, daß Lukas die Leistung des Menschen unterstreicht. Aber er wägt nicht den Anteil Gottes und den des Menschen gegeneinander ab. Er denkt nicht juristisch, sondern zwischenmenschlich an persönlichen Einsatz.»

Menschenabhängigkeit und Unterwerfung im Sinne der Geschichte DOSTOJEWSKIS (1821–1881) vom «Großinquisitor», – auf einem Pakt mit dem «Teufel» im Sinne der lukanischen «Versuchungsgeschichte» (Lk 4,1–13).

«Einmal, in einer lang lang vergangenen Zeit», erinnerte noch SÖREN KIERKEGAARD, «verstand man die Sache solchermaßen: man forderte von dem, der Lehrer des Christentums sein wollte, daß sein Leben die Gewähr gebe für das, was er lehrte. – Davon ist man nun längst abgekommen, die Welt ist klüger, ernsthafter geworden, hat gelernt, all dies Kleinliche und Krankhafte mit dem Persönlichen gering zu achten und allein das Objektive zu begehren – jetzt verlangt man, das Leben des Lehrers müsse die Gewähr dafür geben, daß seine Rede Scherz, dramatische Veranstaltung, Unterhaltung, rein objektiv sei. – Einige Beispiele ... – Willst Du über jene Seite des Christlichen sprechen, daß das Christentum die Titel und Orden und alle Narreteien der Ehrsucht verachten lehrt – und Du selbst bist weder eine Standesperson noch etwas dergleichen: Lieber, darüber solltest Du besser nicht reden, die Gemeinde könnte das ja für Ernst halten oder sich beleidigt fühlen durch den Mangel an Lebensart, der sich in einer derartig persönlichen Aufdringlichkeit verrät. Nein, warte ab, bis Du Dir erst selbst einen Orden zugelegt hast, je mehr, desto besser, warte ab, bis Du selber einen Stremel (sc. Streifen, d.V.) von Titeln mit Dir herumschleppst, so daß Du vor lauter Titeln selber kaum weißt, wie Du heißest: dann ist die Zeit gekommen, dann kannst Du auftreten, predigen und ‹zeugen› – und zweifelsohne wirst Du die Gemeinde zufriedenstellen; denn Dein Leben gibt die Gewähr dafür, daß es eine dramatische Belustigung, eine interessante Vormittagsunterhaltung sei.»[10] – KIERKEGAARD selbst übrigens lehnte es nach seiner «Promotion» ab, ein «geistliches Amt» zu «bekleiden», weil er es für einen diametralen Widerspruch zu der Person und Botschaft Jesu erachtete, sich mit akademischen Würden und kirchlichen Ämtern zu behängen, nur um ein geachtetes, angesehenes Leben mit gesichertem Auskommen und Einkommen führen zu können beim «Verkündigen» dessen, wie doch unser «Heiland» für uns alle verachtet und arm war[11].

[9] Vgl. Mt I 642–667: Mt 7,23-29: Der feste Grund oder: Die «Moral» der Besitzlosen.

[10] SÖREN KIERKEGAARD: *Der Augenblick*, Nr. 5,8.: Neumodische religiöse Sicherheiten, in: Werkausgabe, II 414–416.

[11] Vgl. SÖREN KIERKEGAARD: *Tagebücher*, IV 146–148: Erwiderung. Der «Professor» der Theologie: «Der Professor, das ist eine spätere christliche Erfindung ... Der ‹Professor› drückt aus, daß die Religion ein gelehrtes Problem ist; der Professor ist die größte Satire auf den ‹Apostel›.» Vgl. auch JOAKIM GARFF: *Sören Kierkegaard*, 580–582: Freiheit, Gleichheit und Barmherzigkeit: «Die Barmherzigkeit ist an eine bestimmte Situation gebunden ... Eine christlich organisierte Gesellschaft – das sind aus demselben Grund böhmische Dörfer für Kierkegaard.»

Apropos Armut – noch ein weiteres KIERKEGAARDsches «Beispiel»: «Willst Du darüber sprechen,» fuhr der dänische Religionsphilosoph fort, «daß es die wahre christliche Verkündigung sei, das Christentum in Armut zu verkünden – und Du selbst bist buchstäblich ein armer Teufel: Lieber, darüber solltest Du besser nicht reden, die Gemeinde könnte es ja für Ernst halten, es könnte ihr angst und bange werden, sie geriete ganz aus der Stimmung und wäre im höchsten Grade peinlich berührt dadurch, daß die Armut einem so nahe auf den Leib rückte. Nein, erwirb Dir erst eine fette Pfründe, und wenn Du so lange darauf gesessen hast, daß Du bald in eine noch fettere aufrücken wirst: dann ist die gelegene Zeit gekommen, dann kannst Du vor der Gemeinde auftreten, predigen und ‹zeugen› – und Du wirst völlig befriedigen; denn Dein Leben gibt die Gewähr dafür, daß das Ganze auf eine Belustigung hinausläuft, wie sie sich ernsthafte Männer zwischendurch einmal wünschen mögen, im Theater oder in der Kirche, eine Aufmunterung, um neue Kräfte zu sammeln zum – Geldverdienen. – Und auf solche Weise dient man in den Kirchen Gotte!»[12]

Darf man es für eine Entschuldigung nehmen, daß die bürgerliche Gesellschaft genau diesen Zustand einer «christlichen» Gemeinde, einer «katholischen» Kirche, sich wünscht und darauf beharrt, daß er so bleibe, anderenfalls ihre Geduld ihre Grenzen erzeigen müsse?

Natürlich sind die Mächtigen daran interessiert, über Untertanen zu regieren, die sich im Namen «Gottes» ruhigstellen lassen, – seit dem Westfälischen Frieden von 1648, mit dem der Dreißigjährige Krieg um die «wahre» christliche Konfession in Europa endete[13], verfügten die Landesherren selber, welch ein «Glaube» in ihrem Herrschaftsbereich zu gelten habe, entsprechend der Formel schon des Augsburger Religionsfriedens von 1555: *cuius regio, eius religio* – wessen Region, dessen Religion, wessen Gebiet, dessen Gebot[14]; die Landesgrenzen waren «Glaubens»grenzen, und der «Friede» lag seither ganz darin, die Frage nach Gott dem politischen Pragmatismus unterzuordnen. – Aber hätte nicht eine Gruppe von «Gläubigen», gegründet auf den «Fels» des Vertrauens, das Jesus uns schenkte, die Gesellschaft von innen heraus verändern oder zumindest den absoluten Gegensatz zwischen dem Bürgerlichen und dem Christlichen manifestieren

[12] SÖREN KIERKEGAARD: *Der Augenblick*, Nr. 5,8.: Neumodische religiöse Sicherheiten, in: Werkausgabe, II 416.

[13] Vgl. HANS-CHRISTIAN HUF: *Es war der Krieg aller Kriege – Der westfälische Friede*, in: Hans-Christian Huf (Hg.): Mit Gottes Segen in die Hölle, 370–379.

[14] Zum Augsburger Religionsfrieden vgl. LEOPOLD VON RANKE: *Deutsche Geschichte im Zeitalter der Reformation*, II 569–588: Reichstag zu Augsburg 1555.

müssen, – statt Thron und Altar, Kaiser und Papst, Fürst und Bischof in ein alles andere als gottwohlgefälliges Bündnis zusammenzufügen, zusammenzubiegen, zusammenzulügen?

Natürlich sind die Marktstrategen und Medienmogule daran interessiert, das leicht Verkäufliche, das Trendgerechte, das Unterhaltsame, das mit den höchsten Absatzzahlen und Einschaltquoten «anzubieten»[15], – «Glaube» als «Wunder», als etwas völlig Verrücktes, als Humbug; oder: «Glaube» als Skandal, als Geschwätz, als «was wird der Papst oder der Bischof jetzt sagen», – in keinem Falle «Glaube» als etwas, das Dein und mein Leben völlig verändert, im Widerspruch zur herrschenden Macht in Staat, Kultur, Kommerz und Kirche. Wäre «Religion» *dies* – man käme damit nicht länger in die «Schlagzeilen», in die «News», in die Spot- und Highlights; man erregte kein Aufsehen, man besäße kein Ansehen, und die einzige Aufregung, die noch verbliebe, bestünde darin, all den Tumult durchaus nicht zu brauchen, ihn nicht zu wollen, ja, ihn geradewegs zu vermeiden, um dem Jesus der «Feldrede» nahe zu bleiben. – Aber hätte nicht eine Gruppe von «Gläubigen», gegründet auf den «Fels» des Vertrauens, das Jesus uns schenkte, der Kommerzialisierung und Medialisierung aller geistig und menschlich relevanten Erfahrungsinhalte Einhalt tun müssen, statt sich selbst höchst geschäftig ins Geschäft einzukaufen und sich aus Geschäftssinn zu verkaufen?

«Ich kehre zurück, ich erzähle die *echte* Geschichte des Christentums», schrieb FRIEDRICH NIETZSCHE (1844–1900) in *Der Antichrist.* «Das Wort schon ‹Christentum› ist ein Mißverständnis –, im Grunde gab es nur Einen Christen, und der starb am Kreuz ... Es ist falsch bis zum Unsinn, wenn man in einem ‹Glauben›, etwa im Glauben an die Erlösung durch Christus das Abzeichen des Christen sieht: bloß die christliche *Praktik*, ein Leben so wie Der, der am Kreuze starb, es *lebte*, ist christlich ... Heute noch ist ein *solches* Leben möglich, für *gewisse* Menschen sogar notwendig: das echte, das ursprüngliche Christentum wird zu allen Zeiten möglich sein ... *Nicht* ein Glauben, sondern ein Tun, ein Vieles-*nicht*-tun vor allem, ein anderes *Sein* ... Das Christ-sein, die Christlichkeit auf ein Für-wahr-halten, auf eine bloße Bewußtseins-Phänomenalität reduzieren heißt die Christlichkeit negieren.»[16] NIETZSCHE tat diese Bemerkung, um das «Christentum» als einen

[15] Vgl. vor allem NOAM CHOMSKY: *Media Control*, 28–49: Über die spektakulären Erfolge der Propaganda.

[16] FRIEDRICH NIETZSCHE: *Der Antichrist*, in: Götzendämmerung, 237.

«Bewußtseinszustand» aus der Welt zu schaffen, der, in Verdrängung der ihn eigentlich beherrschenden – niederen! – «Instinkte», die Verleumdung der Natur und die Verleugnung des Naturhaften im Menschen sich zum Ziel gesetzt habe, – *darüber* kann und muß man selbst nach über 100 Jahren noch mit dem großen Philosophen und Psychologen diskutieren; doch die *prophetische* Seite des Christlichen, seine ganz in der Existenz des Menschen gründende «Wahrheit», hat er vollkommen richtig gesehen und geltend gemacht. So wie in der Gleichnisrede Jesu ein Baum seinen Nutzen in der Genießbarkeit seiner Früchte erzeigt, so auch bei einem Menschen: Was ein Mensch nach außen hin zeigt, was ein Mensch tut, entstammt dem «Überfluß des Herzens» (6,45)[17]; es ist nicht NIETZSCHES «Instinkt», wohl aber das, was sich innerlich im Herzen eines Menschen gesammelt hat, das als Wort und Wert eines Menschen nach außen tritt; und allein diese Lebenswirklichkeit erweist die «Christlichkeit» oder die «Unchristlichkeit» eines Menschen.

Demnach besagt eine Kirchenmitgliedschaft, ein dogmatisch vorformuliertes Glaubensbekenntnis, eine Professur in Theologie oder ein klerikales Amt absolut gar nichts über die Christlichkeit eines Menschen; vielmehr gibt es nach diesem von Jesus selber gesetzten Maßstab viele Menschen, die wahre Christen sind außerhalb der Grenzen der verfaßten Christenheit oder der organisierten Kirchlichkeit. MAHATMA GANDHI (1869–1948) ist dafür ein Beispiel. «Ich bin davon überzeugt», erklärte er schon im Jahre 1920, «daß das Europa von heute nicht den Geist Gottes oder des Christentums verwirklicht, sondern den Geist Satans. Und der Satan hat den größten Erfolg, wo er mit dem Namen Gottes auf den Lippen auftritt. Europa ist heute nur noch dem Namen nach christlich. In Wirklichkeit betet es den Mammon an. ‹Leichter kommt ein Kamel durch ein Nadelöhr als ein Reicher in das Reich Gottes.› Das sind Worte Christi (sc. nach Lk 18,25, d. V.). Seine sogenannten Anhänger messen ihren moralischen Fortschritt an ihrem materiellen Besitz»[18], das heißt, sie halten sich für um so bessere und wertvollere Menschen, je erfolgreicher sie bei der Steigerung ihrer Profitraten sind. Das ist zweifellos wahr. Und weiter gefragt: Darf für jemanden, der

[17] HEINZ SCHÜRMANN: *Das Lukasevangelium*, I 377, betont: «In Einheit mit VV 43 f. und als Höhepunkt dieser Spruchkette muß V 45 von V 43 her gedeutet werden. Dann liegt aber auch hier – wie in V 44b – der Akzent auf der negativen Seite der Alternative: Ein böser Mensch kann nur Böses reden, weil sein Herz böse ist.»

[18] MAHATMA GANDHI: *Worte des Friedens*, 25–26; vgl. DERS.: *Freiheit ohne Gewalt*, 122.

begreift, wovon er in Wahrheit spricht, wenn er von Gott redet, irgend noch ein Zweifel bestehen, daß ein Leben, wie Jesus es im Namen Gottes begründen wollte, überhaupt nicht an einen bestimmten Kulturkreis, an eine bestimmte Religionsform oder an eine bestimmte soziale Gruppierung gebunden sein kann, sondern als ein Ausdruck gelebter Menschlichkeit *alle* Menschen betrifft?

«So bete ich für einen Christen», schrieb GANDHI ganz in diesem Sinne, «daß er ein besserer Christ werde, für einen Moslem, daß er ein besserer Moslem werde. Ich bin überzeugt, daß Gott einst nach dem fragen wird und heute schon nach dem fragt, was wir sind, das heißt, was wir tun, nicht nach der Bezeichnung, die wir uns geben. Bei ihm ist Tun alles, Glauben ohne Tun nichts. Bei ihm ist Tun Glauben und Glauben Tun.»[19]

Sätze wie diese klingen sehr nach «Werkegerechtigkeit» und «Werkefrömmigkeit», aber sie entsprechen vollkommen dem Denken Jesu: auf die Wirklichkeit des Lebens, auf die Wahrhaftigkeit der Existenz kommt es an, nicht auf eine «Wahrheit», die als Sprache von den Vorstehern einer bestimmten religiösen Gruppe ihren Anhängern aufgezwungen wird. Dabei wußte natürlich GANDHI, daß ein Mensch nur so handeln kann, wie er ist[20], und so kehrt alles wieder zu der Frage zurück, unter welchen Voraussetzungen ein Mensch allererst in die Lage kommt, «gut» in moralischem Sinne sein zu können. Die ganze «Feldrede» umschreibt vor dem Hintergrund des Umgangs mit Kranken und «von unreinen Geistern Gequälten» (Lk 6,18) die Bedingungen, unter denen Menschen zu sich selber zurückfinden können; alles «Wirken» im Geiste der «Feldrede» läßt sich auf die eine und einzige Frage beziehen: was es dazu beiträgt, Menschen in der Not ihrer Angst zu helfen und die «Krankheiten» ihrer Seele zu lindern. Die «Praxis», die Jesus verkörpert, besteht gerade nicht in einer Steigerung moralischer Korrektheit, – sie ist identisch mit der Öffnung von «Asylstätten» der «Gnade» für «Verlorene» in einem Feld des Vertrauens, und wo immer *das* geschieht, strömen die Menschen in Scharen zusammen (Lk 6,17), nur kommt es eben deshalb entscheidend darauf an, daß sie auch wirklich erhalten, was sie erhoffen.

«Man sammelt doch nicht von Dornen Feigen, und vom Dornbusch liest

[19] MAHATMA GANDHI: *Worte des Friedens*, 17.

[20] Vgl. OTTO WOLFF: *Indiens Beitrag zum neuen Menschenbild*, 73–75, zum «Prinzip» des *satyagraha*.

man keine Traube», sagt Jesus (6,44)[21]. Aber genau das tun – Süchtigen gleich – gerade im Raume der Religion so viele Enttäuschte, so viele Verzweifelte: Auf der Suche nach Hilfe klammern sie sich an alles, was ihnen Halt verheißt; sie fiebern nach einem Ort, da sie sich akzeptiert und verstanden fühlen können, – da ihnen Gott gegenwärtig wird. Doch statt der «Früchte» – der «Feigen» und «Trauben» –, finden sie nichts als «Dornen». – «Gott ist gegenwärtig, wo ein Priester ihn im Meßopfer unter den Gestalten von Brot und Wein gegenwärtig setzt», lautet die Antwort der katholischen Kirche. «Du erfährst die Gnade der Vergebung Deiner Sünden im Sakrament der Buße durch die Lossprechung eines dazu bevollmächtigten Priesters», ... usw. Beamtete Ritualakte sollen da die persönliche Begegnung ersetzen, mit einem Ergebnis, das anders nicht ausfallen kann: statt gestärkt und «gesättigt», mit mehr Mut zu sich selbst und zum eigenen Leben, aus einer solchen «Behandlung» hervorzugehen, bleiben die Menschen an den «Dornen» und Widerhaken eines solchen Systems der Außenlenkung und der Veräußerlichung hängen, denn selbst die Zulassung zu diesen priestergebundenen «Heilshandlungen» ist an moralisch-orthodoxe Vorleistungen gebunden: den «Leib des Herrn» darf nicht empfangen eine geschiedene Wiederverheiratete, darf nicht empfangen ein Protestant, darf nicht empfangen ein Jude (wie Jesus selber), darf nicht empfangen ein öffentlicher Sünder und Irrlehrer, es sei denn, er habe seinem freventlichen Verhalten öffentlich abgeschworen und vor aller Augen Buße getan ... Statt Freiheit zu wirken, werden die Menschen «aufgespießt» von solcherlei spitzigen Regeln. Doch trotz all der Schmerzen, die ihnen die «Dornen» bereiten, greifen sie immer wieder zu dem, was ihnen nur weh tut; sie suchen das Richtige im Falschen: sie suchen die Gnade in der Ungnädigkeit einer bloßen Gnadenverwaltung, – sie suchen Gott in der Kirche. Die Irreführung ist so gründlich, sie funktioniert so «unfehlbar», wie SÖREN KIERKEGAARD sie einmal an einer Begebenheit aus seiner Studentenzeit deutlich gemacht hat: Mit einem Korb Wäsche unter dem Arm kam er in Kopenhagen zu einem Geschäft, an dem stand: «Hier wird Wäsche gewaschen und gebü-

[21] Nahe liegt der Vergleich mit Jes 5,2 LXX; doch FRANÇOIS BOVON: *Das Evangelium nach Lukas*, I 338, wendet zu Recht ein: «Dann hätte Lukas ... aber ... Trauben und Dorngestrüpp miteinander verbunden. Für ihn entsteht der rhetorische Effekt gerade aus der Verschiedenartigkeit und nicht der Gleichartigkeit von Feigenbaum und Dorngestrüpp. Weil kein vernünftiger Bauer Früchte sucht, wo sie nicht wachsen können, wird auch Gott nur nach den Früchten der Gläubigen fragen.» Doch das psychologische Problem liegt gerade darin, daß Menschen sich nicht verhalten wie vernünftige Bauern; sie tun sich sehr schwer, «Glaubende» zu werden.

gelt.» Er trat ein und stellte den Korb auf die Theke, als die Bedienung ihm sagte: «Sie irren, junger Mann. Hier wird nicht Wäsche gewaschen und gebügelt, hier werden Schilder hergestellt, auf denen steht: ‹Hier wird Wäsche gewaschen und gebügelt.›» Statt der Lebenswirklichkeit – eine Schilderfabrik. So die «Kirche»[22].

Wie aber wäre es, wir gelangten wirklich in der Begegnung mit einem Menschen wie Jesus in die Nähe zu Gott, – wir fühlten uns selbst als umfangen von Liebe? Dann würde wahr, was Jesus uns ermöglichen möchte – jüdisch ausgedrückt: die Erfüllung des Ersten Gebotes, wie MARTIN LUTHER (1483–1546) es in *Der Große Katechismus* von 1529 ausgelegt hat. «Was heißt, ‹einen Gott haben›, oder was ist Gott?» fragte der Reformator, und er gab zur Antwort: «ein Gott heißet das, dazu man sich versehen soll alles Guten und Zuflucht haben soll in allen Nöten. Also daß ‹einen Gott haben› nichts anderes ist, als ihm von Herzen trauen und glauben; wie ich oft gesagt habe, daß alleine das Vertrauen und Glauben des Herzens beide macht: Gott und Abgott. Ist der Glaube und Vertrauen recht, so ist auch Dein Gott recht; und umgekehrt: wo das Vertrauen falsch und Unrecht ist, da ist auch der rechte Gott nicht ... Worauf Du nun ... Dein Herz hängest und verlässest, das ist eigentlich Dein Gott.»[23] «Gott» in diesem Sinn kann für den einen «Geld und Gut» sein, wie LUTHER ausführt, «welches», wie er meint, sogar «der allergewöhnlichste Abgott auf Erden ist. Wer Geld und Gut hat, der weiß sich sicher, ist fröhlich und unerschrocken, als sitze er mitten im Paradies; und umgekehrt: wer keins hat, der verzweifelt und verzagt, als wisse er von keinem Gott.»[24] Ein anderer pocht darauf, «daß er große Gelehrsamkeit, Klugheit, Gewalt, Gunst, Verwandtschaft und Ehre hat»[25]. Wieder andere setzen wie die «Heiden ... ihr Vertrauen auf Gewalt und Herrschaft»[26]. Die «höchste Abgötterei» aber ist nach LUTHER «ein falscher Gottesdienst»[27], wie gerade die Kirche Roms ihn mit ihren Heiligen, Ablässen, Meßfeiern, Fastenübungen etc. lehre und praktiziere. Sagen wir so:

22 Vgl. SÖREN KIERKEGAARD: *Entweder-Oder*, 1. Teil, 1. Diapsalmata, S. 42: «Was die Philosophen über die Wirklichkeit sagen, ist oft ebenso irreführend, wie wenn man bei einem Trödler auf einem Schilde liest: Wäschemangel. Würde man mit seiner Wäsche kommen, um sie mangeln zu lassen, so wäre man angeführt; denn das Schild steht dort nur zum Verkauf.»

23 MARTIN LUTHER: *Der Große Katechismus 1529*, in: Luther Deutsch. Die Werke Luthers in Auswahl, III 20.

24 A.a.O., III 20–21.

25 A.a.O., III 21.

26 A.a.O., III 22.

27 A.a.O., III 23.

«Du sollst keine anderen Götter haben neben mir» (Ex 20,3) – das heißt: «Vertraue allein auf Gott und reife in seiner Liebe heran zu Deiner Freiheit und Schönheit, und löse Dich deshalb von einer ‹Kirche›, die vorgibt, ‹Christus› selber auf Erden zu sein mit einem ‹Stellvertreter› Gottes von Amts wegen an ihrer Spitze. Bring Deine schmutzige Wäsche zur Wäscherei oder lerne, noch besser, sie selber zu waschen, aber verbringe nicht die Zeit – vergeude nicht Dein Leben – in den ‹Schilderfabriken›. Gründe in Gott, nicht in einem Treibsand, welcher selbst ‹Felsen› überweht.»

Weitere Wirksamkeit in Galiläa (Lk 7,1–9,17)

Lk 7,1–10: Der Hauptmann von Kafarnaum oder: Die delegierte Verantwortung

(vergleiche Mt 8,5–13; Joh 4,46b–54)

Nachdem er all sein Reden vollendet hatte, zu Ohren des Volkes, kam er nach Kafarnaum (Mk 2,1). [2] Eines Hauptmanns Knecht aber war übel dran, es wollte zu Ende gehen mit ihm; der war ihm teuer. [3] Als er aber von Jesus hörte, sandte er zu ihm Älteste der Juden, ihn bittend, daß er komme und seinen Knecht hindurchrette.

[4] So fanden sie sich bei Jesus ein und redeten ihm intensiv zu, sprechend: Er ist es wert, daß du das gewährst, [5] liebt er doch unseren Volksstamm, – die Synagoge hat er uns gebaut. [6] Da ging Jesus mit ihnen. Schon war er nicht weit vom Hause entfernt, da schickte der Hauptmann Freunde und ließ ihm sagen: Herr, bemühe dich nicht; ich bin ja nicht geziemend, daß unter mein Dach du kommst. [7] Drum hielt ich mich auch nicht für würdig, zu dir zu kommen; doch sprich – mit einem Wort, und geheilt soll sein mein Bursche. [8] Denn auch ich: ein Mensch bin ich unter Vollmacht gestellt, doch auch ich habe unter mir Soldaten, und sage ich dem da: Geh!, dann geht er, und einem anderen: Komm!, dann kommt er, und meinem Knecht: Tu das!, dann tut er's. [9] Als aber Jesus das hörte, ward er verwundert über ihn; er wandte sich um und hat der Schar, die ihm folgte, gesagt: Ich sage euch: Durchaus nicht in Israel habe ich ein solches Vertrauen gefunden. [10] Und zurückgekehrt ins Haus, fanden die Ausgesandten den Knecht gesund.

Die Feldrede endete mit einer Mahnung: Nicht eine neue Theorie über Gott, sondern einen neuen Lebenswandel im Vertrauen auf Gott wollte Jesus uns bringen; ob etwas «wahr» ist oder nicht, entscheidet sich religiös nicht nach den Kriterien einer dogmatischen Theologie und der ihr zugehörigen Kirchenzucht, sondern allein an einer Existenzform, welche imstande ist, Angst zu überwinden durch Vertrauen. Unterschiedslos für alle Menschen gilt diese Wahrheit, denn sie selber ist nichts anderes als gelebte Menschlichkeit. Ob jemand seine Angst überwindet durch eine tiefere Bindung an Gott oder indem er sich klammert an Geld und Gut, an Macht und Gewalt, an Magie und Massenzulauf, – das befindet darüber, ob er an einen wahren oder an einen falschen Gott glaubt, ob er dem Gott dient, der Leben schafft, oder ob er Götzendienst treibt in den Totenkammern der

Angst, ob er als Mensch sich entfaltet zu Freiheit und Glück oder ob er sich selber blockiert an den Fixierungsstellen von Icheinschränkung und Unglück.

Noch hallen all diese «Reden» nach in den «Ohren des Volkes», da kommt Jesus wieder «nach Kafarnaum» (7,1) – «hinab nach Kafarnaum» (Lk 4,31), wie *Lukas* früher topographisch korrekt sagte, denn das Dorf liegt 200 m unterhalb des Meeresspiegels[1]. (Vgl. zu den Wanderungen Jesu *Tafel 2*.) *Matthäus* nennt es sogar Jesu «eigene Stadt» (Mt 9,1), und es gibt Exegeten, die meinen, Jesus habe dort ein «Haus» besessen (Mt 9,10)[2]; in jedem Falle war Kafarnaum historisch wohl der Ausgangspunkt der Wanderungen, die Jesus in Galiläa unternahm, und man kann sich vorstellen, wie er diesen Ort am Nordwestufer des Galiläischen «Meeres» geliebt haben mag, dessen Fischer und Landarbeiter ihm so nahestanden. Was sich indessen jetzt dort ereignet, ergibt sich als eine einfache Folgerung aus allem zuvor im 6. Kapitel Gesagten: So wie Lukas hier unmittelbar nach seiner «Feldrede», so berichtet auch *Matthäus* im Anschluß an die «Bergpredigt» eine Reihe von Heilungen, darunter ebenfalls die Geschichte vom «Hauptmann von Kafarnaum» (Mt 8,5–13)[3]; bereits die Quelle, die den beiden Evangelisten vorgelegen haben muß, hat demnach die zentrale Redekomposition der Worte Jesu und seine Heilungstätigkeit auf einander bezogen wie Wort und Wirken, wie Lehre und Leben, wie Sprechen und Tun, – ganz wie es *Lukas* bereits bei dem ersten Lehrvortrag Jesu in Kafarnaum und der nachfolgenden Heilung des Besessenen in der Synagoge dortselbst getan hat (Lk 4,31–37). *Alles*, soll das offenbar heißen, was Jesus zu sagen hatte, war gerichtet an die Leidenden und gewidmet der Frage, was geschehen müßte, um ihr Elend ein für allemal zu beenden; dann, im persönlichen Kontakt, zeigte sich, wie eine solche Gesinnung sich auswirkt: sie ist imstande, zu heilen. Schon deshalb kannte die Menschlichkeit Jesu keinerlei Grenzen, sowenig wie die Ängste und Krankheiten, die Menschen erdulden.

1 In exakter Angabe liegt der See Gennesaret 208 m unter dem Meeresspiegel; vgl. L. H. GROLLENBERG: *Bild-Atlas zur Bibel*, 147.

2 Näher liegt es zu denken, wie GERHARD MAIER: *Matthäus-Evangelium*, I 295, vorschlägt: «Vermutlich veranstaltete Matthäus ein Abschiedsmahl in seinem ‹Hause›, bevor er mit Jesus fortzog (vgl. Luk 9,61).»

3 Vgl. ULRICH BUSSE: *Die Wunder des Propheten Jesus*, 141: «Die Perikope ist mit dem redaktionellen Rückverweis in 7,1a bewußt an die vorangehende Feldpredigt angeschlossen.» S. 144: «Aus dem Vergleich mit Mt 8,5-13 ergibt sich eine starke Übereinstimmung in dem beiden Versionen gemeinsamen Kern Lk 7,6b-9 par Mt 8,8-10 (= Q) und in der Einleitung Lk 7,1bf par Mt 8,5.» S. 160: «Lukas kleidet den vorgegebenen Dialog zwischen dem Hauptmann und Jesus in eine in sich geschlossene Wundererzählung (vgl. V2 und 10), die die Feldrede als deren Paradigma beschließt.»

Manches an der «Universalisierung» der Botschaft Jesu geht zweifellos zurück auf die theologische Konzeption des *Lukas*. Bei *Markus* noch tut Jesus zum Beispiel sich sehr schwer, die Tochter einer Frau zu heilen, die «eine gebürtige Syrophönizierin» ist (Mk 7,26)[4]; bei *Matthäus* untersagt er den Jüngern, «zum Weg der Völker» oder «in eine Stadt der Samariter» zu gehen (Mt 10,5)[5]; *Lukas* aber überliefert jetzt plötzlich sogar, die Synagoge zu Kafarnaum sei von dem dort stationierten römischen Hauptmann errichtet worden, aus Liebe zum «Volksstamm» der Juden (7,5)[6]. Wenn

[4] Vgl. Mk I 472–482; 483–492.

[5] Vgl. Mt I 150–156: Der ursprüngliche Auftrag.

[6] Vgl. ULRICH BUSSE: *Die Wunder des Propheten Jesus*, 156: «In ihr (sc. der Stadt Kafarnaum, d.V.) begegnet Jesus dem demütigen Heiden, der sich in Wort und Tat für Juden anerkennenswert verhält... Das negative Urteil Jesu über Israel... steht in einem gespannten Verhältnis zur judenfreundlichen Tendenz der V 3–5.» Fraglich scheint allerdings, wie ein römischer Hauptmann mit seinem Sold imstande sein könnte, eine Synagoge zu bauen. – In seiner Erzählung *Der Hauptmann von Kapernaum* (in: Die großen Erzähler, 2. Bd., 187–199) hat ERNST WIECHERT (1887–1950) eine ebenso eigenartige wie eigenwillige Deutung dieser biblischen Gestalt vorgetragen, konzentriert auf die Frage, was «Glauben» sei. WIECHERT erzählt von dem Hauptmann Christoph von Soden, der in einer Kolonne von Gefangenen aus dem Ruhrgebiet einen Bergmann entdeckt, «der über einer zerrissenen und verstaubten Kleidung ein ruhiges und gleichsam leuchtendes Gesicht durch alle Verachtung der Blicke hindurchtrug». (187) Zutiefst war der Hauptmann vor Jahren während eines Gottesdienstes durch die Worte Jesu an den römischen Offizier berührt worden: «Dir geschehe, wie du geglaubt hast!» (194) Er, «der ein gänzlich militärischer Mensch» war, hatte im (Ersten Welt)Krieg erwartet, daß «die aufgespaltenen Abgründe das Antlitz Gottes oder das Antlitz des Satans enthüllen würden. – Aber nichts dergleichen geschah. Tod war und Vernichtung, Grauen und Leid, Lüge und Heiliges, aber es war nur ein Mehr an Masse, war Häufung und geballte Steigerung, war Krampf und Übersättigung. Es war keine vierte Dimension, es waren Erscheinungen, Gesetze, Notwendigkeiten der bekannten Dimensionen. Weder Gott noch Satan enthüllten sich, sondern nur der Mensch, bis seine ganze Blöße enthüllt war, Jahrtausende zurück, und aus den Bränden der Verheerung das verbogene Skelett, geglüht aber ungeläutert, aus den Trümmern sich finster abzuzeichnen begann. – Es fror den Hauptmann und es ekelte ihn ein wenig. Es ekelte ihn der Krieg wie der Friede, der Hunger wie das Sattsein, die Furcht wie die Hoffnung. Er blieb im Dienst, weil er nicht wußte, wo er bleiben sollte. Nur daß er aufrechter ging, weil er die Last nicht zeigen wollte, die er heimlich auf seinen Schultern trug.» (194) Es ist die Last, im Grunde kein «Gläubiger» zu sein. «Was bist du für ein Mensch?» konnte er des Nachts seinen Burschen fragen (193), und so fragte er quälend auch sich selbst. Jener Bergmann indessen, erkennt er, ist ein glühend Glaubender, bereit, für die Gerechtigkeit unter den Menschen zur Waffe zu greifen; «Christus, wenn er zu dieser Stunde bei ihnen wäre, (würde) der größte Töter der Menschen sein», denkt er. Der Hauptmann fragt sich nicht nach der Berechtigung oder der Richtigkeit dieses Glaubens; er läßt sich vielmehr schließlich selbst an der Stelle dieses Gefangenen erschießen, denn: «Nur der Glaube verdient zu leben.» (197) «Man kann nur leben, wenn man an das Künftige glaubt», hatte dieser Bergmann gesagt und hinzugefügt: «aber ihr kniet vor dem Vergangenen. Nein, nicht einmal knien könnt ihr: ihr steht stramm vor

Römer so sein können zu Juden, ja, wenn sie ihnen ihre Religionsausübung freistellen und überdies den Bau ihrer Kult- und Versammlungsräume selbst in die Hand nehmen, muß man sie dann wirklich als Feinde des Gottes Israels und seines Volkes bekämpfen? Ist es dann gerechtfertigt, sie rein politisch und wirtschaftlich als «Besatzer» und «Ausbeuter» zu betrachten und auszugrenzen, statt daß man es lernte, unter ihnen und mit ihnen zu leben? Die «Freundlichkeit» dieses Römers jedenfalls soll hier Jesus dazu bewogen haben, seine Hilfsbereitschaft auch diesem «Heiden» zuteil werden zu lassen, – ganz offensichtlich eine Bitte des Evangelisten selbst, der Jude Jesus möge seine Botschaft nicht auf sein eigenes Volk beschränken, sondern sie öffnen für alle, die ihrer bedürfen[7]. Und wer täte das nicht? Entsprechend dieser Sehnsucht des *Lukas* wird es für Jesus in der Begegnung mit dem römischen Hauptmann zu einer ebenso überraschenden wie wichtigen Erfahrung, daß sich ein «Heide» mit einem so unbedingten Vertrauen an ihn wendet, wohingegen man in «Israel» ihn skeptisch bespitzelt und gesetzesstreng beargwöhnt, – eine Sichtweise aus der Zeit des *Lukas* wohl, reprojiziert in das Leben Jesu. Hinter dieser Darstellung verbirgt sich augenscheinlich die Erfahrung, daß die Botschaft Jesu unter den «Heiden» manchenorts gern und begierig aufgenommen wurde, während das Volk, aus dem Jesus selbst kam, sich gleichgültig bis feindselig verhielt; gleichwohl geht die Bedeutung der Erzählung vom Hauptmann zu Kafarnaum weit über die historische Begrenztheit ihrer Entstehungsgeschichte hinaus ins Wesentliche[8]. Uns Heutigen stellt sich nicht mehr die Frage, ob es «legitim» ist oder war, die Botschaft des Juden aus Nazaret an die «Völker» weiterzusagen; sehr wichtig aber bleibt uns die Einsicht, die an dieser Stelle sich Jesus selbst vermittelt: alle, die in Not sind, werden ihn wie von selber verstehen, schon weil sie ihn brauchen; allen anderen allerdings wird er

dem Vergangenen. Gott, König, Vaterland, Kirche und so weiter. Wie Steine steht ihr in einem blühenden Wald.» (196) Jesus aber hatte doch gewollt, «daß die neuen Eimer schöpfen und die alten zerschlagen werden. Er war die Wurzel, die den Stein zersprengt.» (196) Nur der Glaube zeigt, was für ein Mensch jemand ist, nur er läßt leben, nur er drängt in die Zukunft, nur er gehört nicht schon dem Tod.

7 Vgl. FRANÇOIS BOVON: *Das Evangelium nach Lukas*, I 353: «Die Redaktion des Lukas erreicht ein Paradox: Der Hauptmann ist die Hauptfigur und tritt doch nie persönlich auf die Bühne. Damit zeigt der Evangelist, daß die Heiden von Gott als Hauptempfänger der christlichen Botschaft vorgesehen sind (vgl. Apg 28,28), aber erst in der Abfolge der Heilsökonomie, d.h. nach Pfingsten dieses Ziel erreichen können (vgl. die Korneliusgeschichte, in der es explizit dazu kommt [Apg 10,1–11,18).»

8 So meint WOLFGANG WIEFEL: *Das Evangelium nach Lukas*, 142: «Der ursprüngliche Sitz im Leben der... erweiterten Q-Fassung (sc. die *Lukas* wohl schon vorlag, d.V.) könnte die Aufnahme von Gottesfürchtigen in die urchristliche Gemeinde gewesen sein.»

wohl immer wieder erscheinen als überflüssig (als «uninteressant», als «irrelevant») oder als skandalös (als «nicht nachvollziehbar», als «ungeheuerlich»). Die einen werden ihn sehnsüchtig erwarten und suchen, die anderen werden ihn meiden oder haßerfüllt zu vernichten trachten. Nicht zwischen den «Guten» und «Bösen» verläuft die Grenze unter den Menschen, sondern zwischen denen, die um ihre Bedürftigkeit wissen, und denen, die sie verdrängen oder verleugnen.

Dabei zeugt die «Hilfsbedürftigkeit» des römischen Hauptmanns selbst von einer eigentlich großen Hilfsbereitschaft, – zumindest gegenüber seinem «Knecht» oder, besser, seinem «Burschen»; das hebräisch-aramäische Wort (*na^{c}ar*) kann auch «Kind» oder «Knabe» bedeuten, und so berichtet das *Johannes*-Evangelium, es habe hier ein Vater für seinen kranken Sohn um Hilfe gebeten (Joh 4,46b); außerdem bezeichnet es den «Hauptmann» nicht als einen römischen Vorgesetzten, sondern als eine Amtsperson in königlichen Diensten – mithin als einen Beamten am Hof des Herodes (Antipas)[9]; damit handelt es sich freilich die historische Schwierigkeit ein, daß jemand aus gerade *den* Kreisen sich an Jesus gewandt haben soll, die, schwankend zwischen Neugier (Lk 9,7–9) und Nachstellung (Lk 13,31–33), bald schon dazu beitragen werden, den Mann aus Nazaret «auszuschalten». Aber auch daß ein römischer Militär bei einem jüdischen Wunderheiler um Hilfe nachgesucht hätte, ist an sich so wenig wahrscheinlich, wie daß diensttuende Soldaten bei Johannes dem Täufer nachgefragt haben sollten, was sie zu tun hätten (Lk 3,14). In der Darstellung des *Lukas* begreift sogar der römische Hauptmann selber die Deplaziertheit seines Ansinnens: Wie soll er, der Römer, der Repräsentant der Besatzungsmacht, einen jüdischen Wanderpropheten um Hilfe für seinen Knecht bitten dürfen? Er hält sich gewissermaßen an den offiziellen Instanzenzug, indem er «Älteste der Juden» beauftragt, Jesus zur Rettung seines Burschen anzugehen (7,3)[10], und wirklich

[9] Auch die johanneische Erzählung (Joh 4,46-54) «geht auf denselben Traditionskern zurück ... Johannes erzählt die Geschichte von seiner Frage nach dem Verhältnis von Zeichen und Wortglauben aus und macht den Mann zum Beispiel des Wortglaubens.» WOLFGANG WIEFEL: *Das Evangelium nach Lukas*, 142. Vgl. bes.: ANTON DAUER: *Johannes und Lukas*, 39–44: Joh. 4,46-54 und Lk 7,1-10.

[10] ULRICH BUSSE: *Die Wunder des Propheten Jesus*, 156–157, meint: «Die Wahl der Titulierung ‹Älteste der Juden› ist in Zusammenhang mit einer palästinensischen Stadt ungewöhnlich. Sie scheint vorauszusetzen, die Juden stellten nur einen Teil der Bevölkerung, sie seien nur eine ethnische Minderheit in einer hellenistischen Polis mit ihren von verschiedenen Völkerschaften bewohnten Stadtteilen. Lukas stellt sich eine typische Diasporasituation vor, wobei die ‹Ältesten der Juden› die Repräsentanten einer ethnischen Minderheit darstellen.»

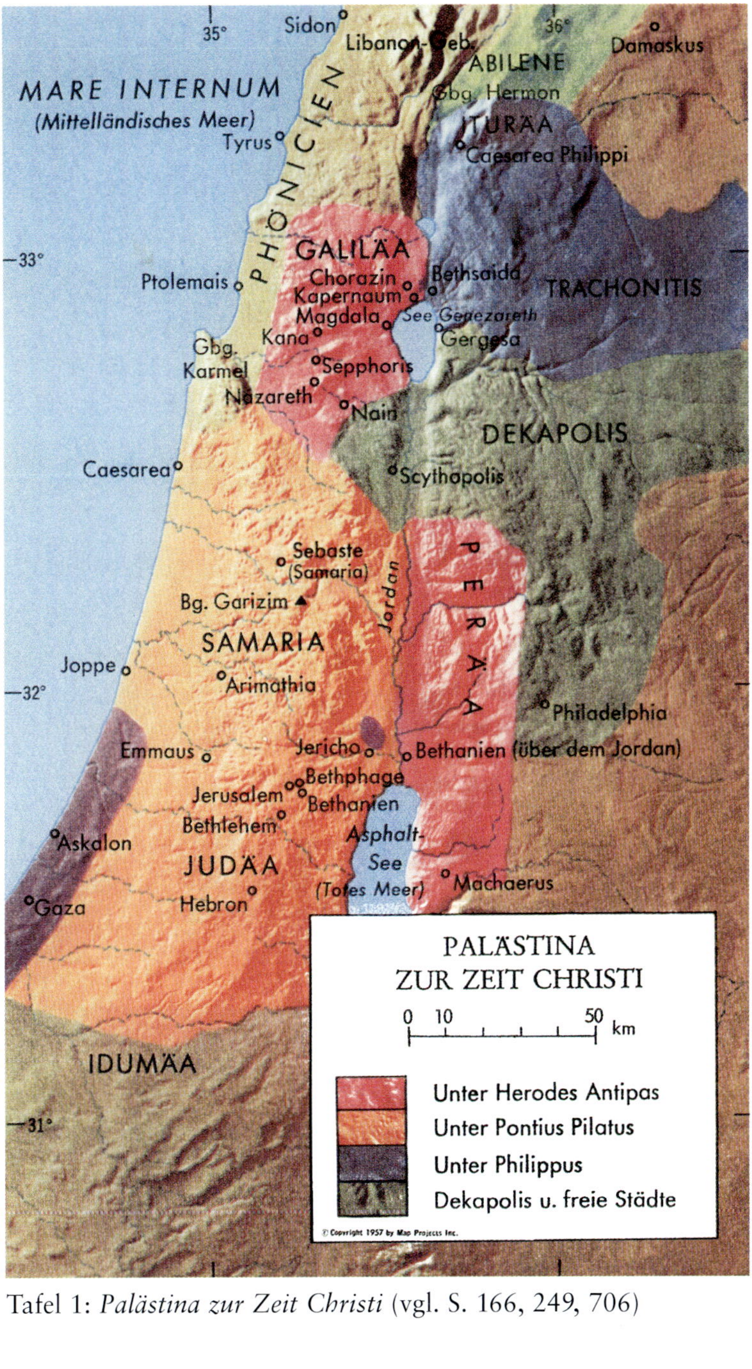

Tafel 1: *Palästina zur Zeit Christi* (vgl. S. 166, 249, 706)

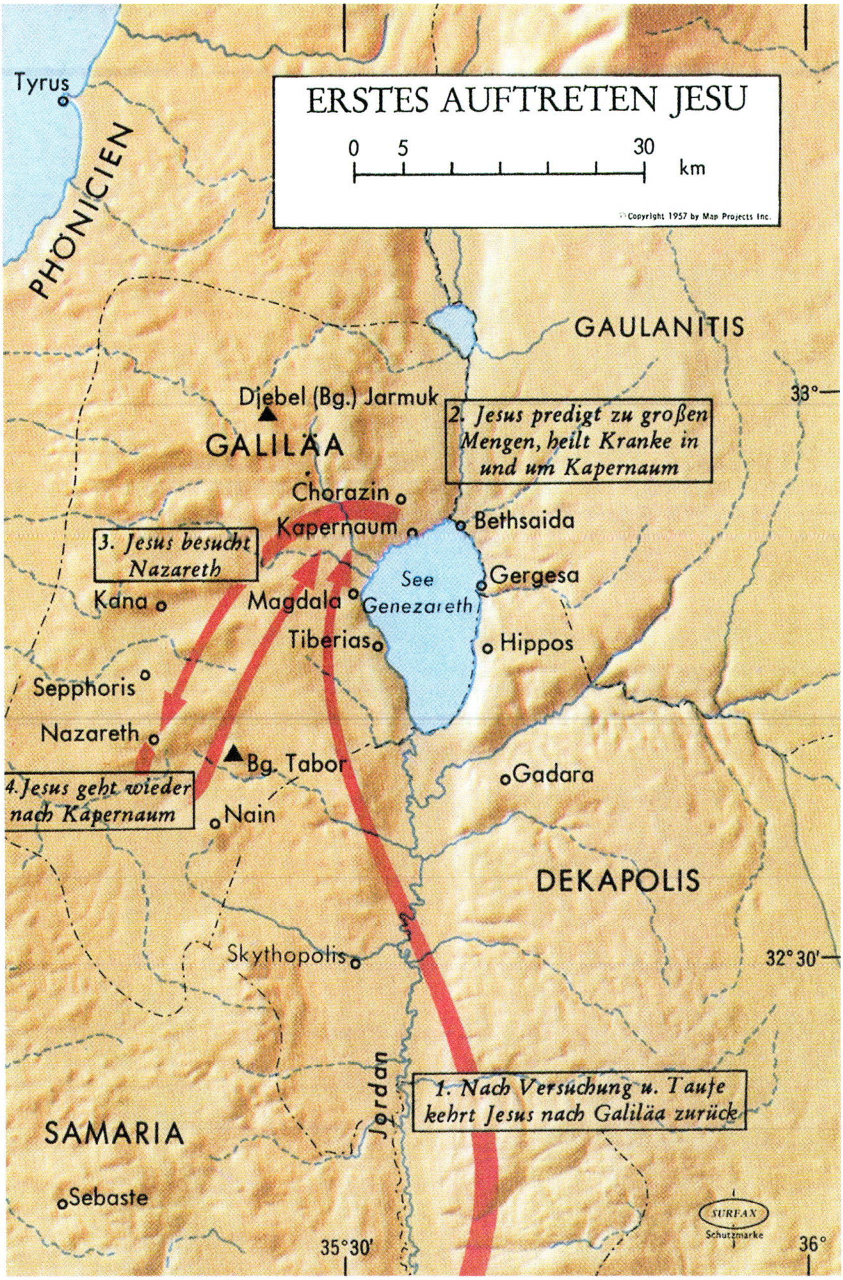

Tafel 2: *Erstes Auftreten Jesu* (vgl. S. 240, 465, 480, 629 Anm. 1)

Tafel 3: POMPEO BATONI (1708-1787), *Die Heilige Familie* (vgl. S. 150)

Tafel 4: ERNST BARLACH (1870-1938), *Der Wüstenprediger*, um 1912 (vgl. S. 187)

Tafel 6: HIERONYMUS BOSCH (um 1450-1516), *Das jüngste Gericht*, 1504, Ausschnitt (vgl. S. 215)

Tafel 5: IWAN KRAMSKOJ (1837-1887), *Christus in der Wüste*, 1872 (vgl. S. 211)

Tafel 7: LUCAS CRANACH DER ÄLTERE (1472-1553), *Christus und Maria*, um 1515 (vgl. S. 528)

Tafel 8: LUCAS CRANACH DER ÄLTERE (1472-1553), *Bildnis Hans Luthers, Bildnis Margaretha Luthers*, 1527 (vgl. S. 718)

reden diese «intensiv» auf Jesus ein, um ihn von der «Hilfswürdigkeit» dieses Römers zu überzeugen (7,4.5). Alles bis dahin verweist darauf, wie mühsam, wie nicht-selbstverständlich, wie außergewöhnlich es ist, die Kluft zwischen Juden und Römern, zwischen dem «Volk der Erwählung» und den «Heiden», zu überbrücken. – Dann aber tritt diese ethnische beziehungsweise religiös bedingte Abgrenzung vollkommen zurück und weicht einem ganz anderen psychologischen Motiv, in dessen Mittelpunkt dieser römische Hauptmann selber steht, mit der ihm eigenen und im Grunde recht eigentümlichen Mentalität eines Mannes «unter Vollmacht» (7,8).

Wenn es noch eines Beweises bedurft hätte, daß diese Geschichte wirklich einmal auf aramäisch überliefert worden ist, so findet er sich hier in einer – weiteren – Fehlübersetzung: jemand, der *unter* Befehlsgewalt steht, hat selber naturgemäß nicht zu befehlen, er hat zu gehorchen; der Hauptmann hier aber will gerade das Gegenteil dessen sagen: er ist jemand, der selber Befehle gibt und der erwarten kann, daß sie prompt ausgeführt werden, – er ist ausgestattet *mit* Befehlsgewalt; aramäisch gesprochen ist er ein Mann *di-be-schultanā*, ein Mann, «der in Befehlsgewalt (ist)», was an sich passiv wie aktiv verstanden werden kann[11]. In seinem soldatisch geprägten Weltbild folgt der Ablauf der Dinge offenbar einer klaren Kommandostruktur: der Kaiser befiehlt, und entlang der Machtpyramide wird sein Befehl von oben nach unten weitergegeben und ausgeführt, bis daß schließlich «Vollzug» zu vermelden ist. Nach diesem Modell gestaltete sich das Römische Imperium, das unter Tiberius (14–37) zwar nicht mehr ganz so groß war wie unter Augustus (31 v.Chr.–14 n.Chr.) – das Germanengebiet rechts des Rheins und nördlich vom Mittelrhein bis zur oberen Donau mußte aufgegeben werden –, das aber nach wie vor als Schlüssel zum Verständnis der ganzen Welt tauglich sein mochte: Könnten etwa am Himmel die Sterne sich drehen, ohne daß Götter ihnen ihre Bahn vorherbestimmt hätten, und würden über die Felder die Winde wehen ohne die weise Lenkung der Olympier? Zöge die Sonne wohl ihre Bahn, trüge nicht ein Gott es ihr auf? Überall regiert demnach ein machtvoller Wille, der allem diktiert, was es tun muß. Wohl kann es sein, daß manche Befehle falsch verstanden oder schlecht ausgeführt werden – ein Truppenteil im Gefecht kann versagen und eine Niederlage verschulden –, doch gerade dann gilt es, noch

[11] Vgl. M. BLACK: An Aramaic Approach to the Gospels and Acts, 116f. – Auch JOACHIM JEREMIAS: Verheißung für die Völker, 26, Anm. 98, geht von einer Fehlübersetzung der Stelle aus; vgl. DERS.: *Neutestamentliche Theologie*, I 161.

eindeutiger und notfalls auch energischer zu befehlen, um ein Desaster zu vermeiden.

So ähnlich mag diesem heidnischen Hauptmann wohl auch die Krankheit seines Knechtes vorgekommen sein: da sind Willenskräfte und Widerstände am Werke, die nicht richtig parieren; nur: wer ist Manns genug, sie zu kommandieren? Vom Kaiser hört man mitunter, er habe Kranke geheilt[12], doch das geschieht nur äußerst selten – eine glückliche Randerscheinung seiner Machtausübung. Krankheiten werden gesandt von Göttern und Geistern: Asklepios also, die griechische Gottheit von Epidauros, oder Serapis, der Heilgott am Nil, mögen darauf Einfluß gewinnen; – gut möglich, daß der Hauptmann schon versucht hat, mit magischen Amuletten und Anrufungsformeln die Krankheit seines Knechts zu beenden; doch augenscheinlich ist sie so nicht zu besiegen; der Knecht liegt im Sterben, dringend bedarf es der Hilfe eines weit Mächtigeren, eines Größeren, der schon auf Grund seiner physischen Nähe das Krankheitsgeschehen besser zu beherrschen vermag als die Götter Griechenlands oder Ägyptens.

Wie immer dieser Hauptmann sich die Person Jesu auch vorstellen mag, – aufgrund der Heilungen, von denen er gehört hat, sieht er sie sicher als übermächtig, begabt mit «Mana», als Träger göttlicher Heilkraft. Offenbar war es denn auch gerade dieses Bild, mit dem das Evangelium des *Lukas* die Menschen im hellenistischen Raum für die Sache Jesu gewinnen wollte. War nicht die Geburt Jesu in Betlehem schon unter Umständen erfolgt, die der Geburt des Asklepios glichen? Wies nicht Jesu Kindheit bereits zurück auf den «Sohn des Osiris»? – Nur daß Jesus menschlicher, näher, in gewissem Sinne nützlicher ist als sie alle ...

Mit Auslegungen dieser Art kann man exegetisch sich zufriedengeben; als Historiker hat man damit seine Pflicht getan. Religiös freilich hat ein solches «Ergebnis» uns Heutigen entweder nichts oder nur eine Menge von inakzeptabel Verkehrtem zu sagen: Da ist eine Krankheit als das Werk von Dämonen zu betrachten, und nur wer ihnen zu «gebieten» vermag, hat die Macht, einen Kranken zu heilen; da erscheint Jesus selbst als ein Wundermann voller Magie, voller «Mana», voll majestätischer Größe – man muß sein Tabu respektieren und darf sich nicht in seine Nähe getrauen... Gewiß, so wie dieser römische Hauptmann hat man allgemein einmal ge-

[12] So berichtet SUETON: *Leben der Caesaren*, Vespasian, Kap. 7, 310, daß *Vespasian* (69–79) «zwei Männer aus dem Volke, der eine blind, der andere mit einem lahmen Bein», mit seinem Speichel und mit der Berührung seiner Ferse geheilt habe.

470

dacht[13], und das Neue Testament trägt wahrlich nicht dazu bei, diese Denkweise in sich selber zu korrigieren; im Gegenteil: als das Christentum sich als «Volksreligion» im Römischen Reich zu verbreiten begann, sank es naturphilosophisch auf ein Niveau zurück, das von den Ärzten und Philosophen der Antike im Grunde bereits überwunden war[14]. Daran vor allem liegt es, daß auch heute noch speziell in der römischen Kirche eine Fülle von Anschauungen und Praktiken im Schwange sind, die in klarem Widerspruch stehen zu dem naturwissenschaftlichen Weltbild der Neuzeit[15]. Wenn uns daher eine Geschichte wie diese Erzählung von dem römischen Hauptmann etwas menschlich wie religiös Hilfreiches lehren soll, so muß man sie übersetzen, und zwar so, daß sie in die «Grammatik» des gegenwärtigen Wissens und Denkens sich fehlerfrei einfügt. Eine solche Übersetzung fällt so schwer nicht, wenn man die Vorstellungen des Volksglaubens der Antike – mit Hilfe der Psychoanalyse – *symbolisch* interpretiert; tut man das nicht, so begibt man sich freilich sofort auf das Glatteis einer Alternative von zwei Wegen, die beide nicht begehbar sind.

Beginnen wir mit dem Motiv der «Fernheilung», von der hier berichtet wird. Ist so etwas überhaupt möglich? An dieser Frage schon scheiden sich

[13] Keinesfalls genügt es, mit HEINZ SCHÜRMANN: *Das Lukasevangelium*, I 393, nur zu sagen: «Der Heide fühlt sich nicht wert, daß Jesus sein Haus betritt ... Dabei ist die demütige Zurückhaltung nach luk Verständnis hier stärker von der Hoheit Jesu diktiert ... als von der Rücksicht, Jesus nicht das Betreten eines heidnischen Hauses zuzumuten». Es geht um die Einhaltung einer Tabu-Regel. Vgl. WALTER HIRSCHBERG (Hg.): *Wörterbuch der Völkerkunde*, 428: «Alles, was in der naturvölkischen Vorstellungswelt über das Alltägliche, Gewöhnliche hinausgeht, wird als T. (sc. Tabu, d.V.), als mit zuviel übernatürlicher Kraft ausgestattet, gefürchtet und gemieden ... Häuptlinge dürfen nicht berührt, oft nicht einmal gesehen werden.» In diesem Sinne ist Jesus für diesen Hauptmann ein großer «Häuptling».

[14] Vgl. HULDRY M. KOELBING: *Arzt und Patient in der Antiken Welt*, 67: «Mit geradezu polemischer Schärfe hat sich die Schule des Hippokrates (sc. 460–377, d.V.) gegen den alten Glauben vom übernatürlichen Ursprung gewisser Krankheiten gewandt und sich zugleich von jeder kultischen, magischen-theurgischen Heilweise distanziert.» Vgl. demgegenüber FRIEDRICH FENNER: *Die Krankheit im Neuen Testament*, 79–106: Die ntl. Vorstellungen von der Heilung der Krankheit. Insbesondere das Motiv der *Fernheilung* bedarf einer (psychosomatischen) Ausdeutung. Die Erzählung selbst hat eine Parallele in der Heilung des Sohnes des Rabban Gamliel durch Chanina; vgl. P. FIEBIG: *Jüdische Wundergeschichten des neutestamentlichen Zeitalters*, 19.

[15] Vgl. nur die Exorzismus-Praktik der römischen Kirche. *Catéchisme de l'Église Catholique* (Weltkatechismus), Nr. 517. In Nr. 550 heißt es: «Die Exorzismen Jesu befreiten Menschen von der Herrschaft der Dämonen.» Nr. 1237 hebt den Exorzismus bei der Taufe hervor. Nr. 1673 verteidigt die Exorzismus-Praxis der Kirche «zur Vertreibung der Dämonen».

die Geister. Warum nicht? wenn Jesus doch als Sohn Gottes «allmächtig» war, pflegen, fast erstaunt, die «Dogmatiker» bei dieser Gelegenheit zu fragen, doch sie legen damit die Menschen auf einen «Glauben» fest, der darauf hinausläuft, Jesus seiner göttlichen Natur wegen zu verehren und anzubeten, während wir selbst nichts von all dem zu tun brauchen noch zu tun vermögen, was er getan hat. So aber war es von Jesus ganz offensichtlich nicht gemeint. «Heilt die ... Kranken und sagt ihnen: Genaht ist euch das Königtum Gottes», trug er seinen Jüngern auf, als er sie in die Städte und Dörfer Galiläas entsandte (Lk 10,9). Selbst wenn in manchen «evangelikalen» und «charismatischen» «Heilgottesdiensten» versucht wird, Kranke und Notleidende buchstäblich gesundzubeten, so macht es doch einen absoluten Unterschied, ob man im Vertrauen auf Gott sich persönlich einem anderen in der Not seiner Krankheit zuwendet oder ob man Gott wie eine fertige Formel benutzt, um sich der Konfrontation mit dem menschlichen Leid zu entziehen. Vor allem bleibt es bei dieser «Wörtlichnahme» der biblischen «Wunderheilungen» vollkommen unverständlich, warum Gott, obwohl man ihn so inständig anfleht, nur so selten sich huldvoll und hilfreich erzeigt. – Wie eine solche Erfahrung einen mitfühlenden, gottsuchenden Menschen aus lauter Enttäuschung in Zorn und Verbitterung treiben muß, hat mit ergreifenden Worten GEORG BÜCHNER (1813–1837) in seinem Novellenfragment *Lenz* geschildert: Als der innerlich zwischen Zweifel und Zuversicht zerrissene Dichter JAKOB MICHAEL REINHOLD LENZ (1751–1792) in einer armen Hütte im Steinthal über ein eben verstorbenes Kind Jesu Worte zu der Tochter des Jairus nachspricht: «Stehe auf» (vgl. Lk 8,54), muß er erleben, wie «die Wände ... ihm nüchtern den Ton» nachhallen, «daß es zu spotten schien, und die Leiche blieb kalt. Da stürzte er halb wahnsinnig nieder, dann jagte es ihn auf, hinaus in's Gebirg ... In seiner Brust war ein Triumph-Gesang der Hölle. Der Wind klang wie ein Titanenlied, es war ihm, als könne er eine ungeheuere Faust in den Himmel ballen und Gott herbei reißen und zwischen den Wolken schleifen; als könnte er die Welt mit den Zähnen zermalmen und sie dem Schöpfer in's Gesicht speien.»[16] Pfarrer JOHANN FRIEDRICH OBERLIN (1740–1826), bei dem der wie besessen Wirkende Halt sucht, spricht «von Gott»; LENZ aber «wand sich ruhig los und sah ihn mit einem Ausdruck unendlichen Leidens an, und sagte endlich: aber ich, wär ich allmächtig, sehen Sie, wenn ich so wäre, und ich könnte das Leiden nicht ertragen, ich würde

[16] GEORG BÜCHNER: *Lenz*, in: Werke und Briefe, 151.

retten, retten ... Oberlin sagte, dies sei eine Profanation (sc. eine Entheiligung Gottes, eine Lästerung, d. V.). Lenz schüttelte trostlos mit dem Kopfe.»[17]

Alle theologischen Ausflüchte, daß Gottes Wege uns verborgen blieben bzw. daß wir Gott mit unseren Gebeten nicht zwingen könnten, sondern demütig uns seinen Ratschlüssen zu beugen hätten, vermögen nichts gegenüber der schlichten Evidenz eines solchen Gefühls: ein Gott, der helfen kann und es nicht tut, kann nicht ein Gott der Liebe sein, – und ist er dann Gott? Gibt es ihn überhaupt? Am Ende jeder Form von Aberglauben steht ein bitter gewordener Unglaube.

An diesem Punkt versucht derzeit die Esoterik das gewaltige Glaubwürdigkeitsdefizit des dogmatischen Kirchenglaubens zu kompensieren, indem sie – in Übernahme von Elementen der Naturreligionen und schamanistischer Praktiken – den Glauben an einen persönlichen Gott auflöst und «das» Göttliche identifiziert mit einem mystischen Kraftfeld, das, jenseits bloßen Zufalls, alle Vorgänge weise lenkt und miteinander verknüpft; mittels geeigneter Techniken soll es dann möglich sein, die kosmischen Energien so zu bündeln, daß Heilungen auch über beliebige Entfernungen hinweg möglich werden, wie es mitunter sogar in Fernsehsendungen werbewirksam inszeniert wird; die esoterische Rede von «Energie» verwandelt dabei einen physikalisch zentralen Begriff unter der Hand einfach in eine mystische Chiffre, die allenfalls psychologisch noch einen gewissen Sinn macht. Nach diesem Verständnis tat Jesus nur, was jeder von uns zu tun vermag, wenn er über die richtigen Kanäle die kosmischen Kräfte zu nutzen versteht.

In beiden Fällen, fundamentalistisch wie esoterisch, beruft man sich auf die «Wunder»erzählungen der Evangelien, doch in einer Weise, welche die Vorstellung von Gott eher beseitigt als begründet und sie zudem in einen unüberbrückbaren Widerstreit zu der Vorstellung von Welt und Natur in den Naturwissenschaften setzt.

Um unter diesen Umständen einen Mittelweg zu finden zwischen Aberglauben und Unglauben beziehungsweise um eine Synthese zu formen zwischen rationalem Verstand und religiösem Vertrauen, ist es unerläßlich, die Heilungsgeschichten der Bibel, insbesondere eine solche «Fernheilung» wie hier in Kafarnaum, so auszulegen, daß sie uns im Sinne Jesu etwas Gültiges und Verbindliches für die eigene Lebensführung zu sagen haben; und dann

[17] A. a. O., 156.

darf man sich die Geschichte von dem Fernheilungs«wunder» in Kafarnaum vielleicht als die Erzählung von dem Scheitern einer falschen Form von Verantwortung vorstellen; etwa so:

Denken wir uns den römischen Hauptmann als eine Person, die in einer ganz und gar überschaubaren, durch pragmatische Willensentschlüsse geregelten Welt lebt. Alles darin hat seine Verantwortung und seine Zuständigkeit, alles greift wie in einem Räderwerk ineinander, um einem zentralen Plan zu gehorchen. Eine solche Welt ist ganz und gar «männlich» bestimmt. Für ihre höchsten Werte gelten Tüchtigkeit und Zuverlässigkeit. Emotionen, Gefühle sind da eher störend, – sie müssen diszipliniert werden. Frauen mögen in einer solchen Soldatenwelt von Landsknechten und Legionären als kurzzeitiges Mittel zur Stärkung der «Moral» der Truppe – als comfort girls – höchst erwünscht sein, – für eine ernsthafte Beziehung taugen sie nicht; echte Männerfreundschaften, wahre Kameradschaft, in welcher der eine für den anderen durchs Feuer geht, das ist etwas anderes. Mag sein, daß eine solche zuverlässige Kameradschaft dieser «Bursche» seinem Hauptmann im Krieg wie im Frieden geboten hat, jedenfalls hängt er an ihm; und so scheint es möglich, daß die Krankheit dieses Knechts, deren «Diagnose» gar nicht erst erwähnt wird, sich im Rahmen gerade einer derartigen Mischung aus Zuneigung und Gehorsam auf seiten des Untergebenen, aus Sympathie und Verantwortung auf seiten des Vorgesetzten entwickelt hat. So viel in jedem Falle steht fest: eine Erkrankung, die durch seelische Beeinflussung heilbar ist, muß selber seelisch verursacht sein.

Manchmal stößt man im Gespräch mit «Abhängigen» auf ein sehr sonderbar gelagertes Problem. Ein Student etwa steht vor seiner Diplomarbeit; er war bisher ein guter Schüler, so sehr, da er seinem Professor auffiel und dessen wohlwollende Aufmerksamkeit zu erringen wußte. Doch gerade dieser Umstand macht ihm jetzt außerordentlich zu schaffen. Sehr deutlich spürt er die Wertschätzung seines Mentors, und er möchte ihrer wohl wert sein; andererseits aber fürchtet er, den Erwartungen seines Dozenten nicht entsprechen zu können und ihn dann auf fatale Art zu enttäuschen. Die Anerkennung, die jener ihm schenkt, beruhigt ihn nicht in seiner Unsicherheit, sie steigert noch seine Angst zu versagen. – Psychoanalytisch betrachtet, wirkt sich in diesem Verhältnis die Gefühlsambivalenz des Studenten aus Kindertagen gegenüber seinem Vater aus, den er fürchtete und bekämpfte, während er doch zugleich um dessen Anerkennung vor allem im Leistungsbereich sich aufs äußerste mühte. Sein Dozent jetzt hatte nicht die geringste Ahnung, daß er mit seinen eher wie nebenbei geäußerten Bemerkungen: «Ach, Sie schaffen das schon» und: «Na, Sie müssen sich doch keine Sorgen machen» genau umgekehrt wirkte als beabsichtigt. Er vergrößerte den Erwartungsdruck auf diesen Studenten bis zur kompletten Arbeitsunfähigkeit. Statt sich des Morgens, wie geplant, an den Schreibtisch zu setzen, lag er niedergeschlagen im Bett, gelähmt bei jedem Gedanken, in der Gewißheit fast, daß er doch niemals *der* Erfolgsstudent werde sein können, als den schon sein Vater und jetzt sein Dozent ihn sich wünschten. Mit einem Wort: er saß – bzw. er lag – in der Falle. – Was tat da in dieser Lage jener Dozent? Er tat, was er konnte: Er fing an, sich Sorgen zu machen, er deutete vorsichtig an, die Zeit für die Fertigstellung der Arbeit werde sehr eng, er mahnte, halb scherzhaft noch, vor der Gefahr des Perfektionismus, er verlangte schließlich, die Vorlage zumindest des Konzepts der Arbeit zu sehen. Doch alles umsonst. Beide, Dozent wie Student, waren gewohnt, Probleme rational mit ihrem Willen zu lösen; jetzt aber war eine für sie paradoxe Situation eingetreten: der Konflikt dieses Studenten war rational überhaupt nicht greifbar, und noch weniger war er willentlich lösbar. Was also jetzt? – Dem Professor lag wirklich an seinem Studenten, und so empfahl er ihm einen Psychotherapeuten. Dem aber blieb nichts weiter übrig, als nach und nach die gesamte Welt von Leistungsanspruch und Erfolg in Frage zu stellen. Kein Mensch kann kreativ etwas Ordentliches schaffen, wenn die erbrachte «Leistung» für ihn zur Eintrittskarte ins Leben werden soll, wenn nach einer äußeren Leistungsnote der Wert seiner Person sich bemessen soll; dann muß die Angst, etwas nicht zu schaffen, den gesamten schöpferischen Elan zum Erliegen bringen. Anerkennung, Wertschätzung, Freude am eigenen Leben zu vermitteln wurde damit zur Hauptaufgabe dieser «Psychotherapie». Sie setzte voraus, daß die Übermacht des Vaterbildes ebenso zurückgedrängt wurde wie die Befehlszuständigkeit des Dozenten. «Sie können sofort mit dem Schreiben beginnen, wenn Sie wissen, was Ihnen selber die eigenen Gedanken bedeuten. Sie können gewiß eine Menge durch Willen erreichen, wenn es Ihr eigener Wille ist, auf den es jetzt ankommt, nicht der Ihres Dozenten. Ihre Arbeit sollte wirklich Ihre Arbeit sein, nicht ein Sammelsurium der Wünschbarkeiten Ihres Professors. Nicht ob er, – ob Sie mit dem, was Sie schreiben, zufrieden sind, sollte den Ausschlag geben.» Um solche Themen drehten sich wochenlang die Gespräche, durch welche sich ganz allmählich die neurotische Blockade, der innere Streik im Seelenhaushalt dieses Studenten, auflösen ließ.

Aber, wird man zu Recht gleich entgegnen, das ist doch das genaue Gegenteil einer «Fernheilung»; wenn der Knecht dieses Hauptmanns auf solch eine Weise hätte geheilt werden sollen, so hätte unbedingt Jesus sich Zugang zu ihm verschaffen und mit ihm reden müssen. So aber war es nicht.

Das stimmt; und doch haben wir etwas sehr Wichtiges bereits verstanden: eine Heilung aus solcherlei Krankheit kann nur erfolgen, wenn das gesamte (patriarchalische) Weltbild aus Pflichterfüllung, Willen und Leistung zerbricht, – wenn es unendlich viel *Mehr* gibt als Zuständigkeit und Verantwortung, wenn so etwas einbricht wie ein Wohlwollen, das nicht an Vorbedingungen gebunden ist. Was der Hauptmann in all seiner Sorge nicht zu bemerken vermag, ist seine Eigenbeteiligung an der Krankheit des Knechtes. Er möchte seinen Burschen wieder so haben, wie er ihn kennt und wie er ihn wünscht: als den famosen Kerl, der er immer war; mit keiner Silbe ist er darauf vorbereitet, daß gerade diese Erwartung eine Hauptursache für dessen Zusammenbruch darstellen könnte. Statt dessen entdeckt er etwas ganz anderes: Er selbst ist am Ende seiner Weisheit. Der gesamte Weltentwurf des «Ich kann, was ich will, und ich will, was ich muß» erweist sich als äußerst begrenzt, ja, als schädlich, wenn er ausschließlich gesetzt wird. Und noch entscheidender: Der Hauptmann merkt, daß hier etwas ist, das mit Befehl und Gehorsam in keiner Weise sich regeln läßt; mitmal befindet er, der kommandogewohnte Gebieter, sich in der Lage eines flehenden Bittstellers, der seine eigene Befehlsgewalt an einen anderen delegieren muß, wenn irgend sein Ziel: die Gesundung des Knechtes, erreicht werden soll. Nicht das harte «ich will» und «du mußt» sind jetzt noch in Geltung; das Rettende liegt allein in dem milden «ich möchte» und «wärst Du so lieb». Statt: «Ich bin doch verantwortlich», sagt dieser Hauptmann sich ehrlich: «Ich bin gänzlich ratlos und hilflos, ich kenne mich nicht mehr aus, ich bin angewiesen auf fremde Hilfe.»

Und diese Haltung ist jetzt identisch mit jenem Vertrauen, wie Jesus es nach eigenem Bekunden «durchaus nicht in Israel» gefunden hat (7,9). Auch und gerade die Gesetzesfrömmigkeit Israels ist in ihrem moralischen Anspruch ganz und gar willensgeprägt; schon deshalb kann sich ihr allenfalls in der Situation des Scheiterns, im Erleben tragischer Schuld, die menschliche Erfahrung vermitteln für ein solches Vertrauen, selbst noch als unfähig, krank oder fehlbar (von Gott) akzeptiert zu sein. Und gerade dieses Vertrauen ist es, das sich mit Jesu Person verbindet und das ihm allererst die Möglichkeit schenkt, Menschen wie den Knecht dieses Hauptmanns zu heilen.

Tatsächlich hat sich dieses «Wunder» denn auch in dem Moment schon ereignet, als der Hauptmann seine Hilflosigkeit sich eingestand; wohl verlagerte er mit seiner Bitte das eigene Denken in den Begriffen einer reinen Befehlshierarchie in die Person Jesu, gleichwohl bedeutet dieser Vorgang einer einfachen Projektion für ihn selber eine totale Entlastung, – und indem sein Verantwortungsdruck von ihm abfällt, entfällt zugleich auch der Erwartungsdruck, der auf seinem Knecht bis dahin lastete. Es ist, so betrachtet, die Wandlung im Weltbild des Hauptmanns, die durch sich selbst die Bedingungen schafft für die Gesundung des «Burschen». Kein Heilswort muß Jesus da sprechen; vielmehr: das Vertrauen des Hauptmanns, das er hier feststellt, wirkt in sich selber heilend. Was als eine «Fernheilung» imponiert, ist wohl stets das Ergebnis einer solchen Veränderung im Leben des Menschen, mit dem ein Kranker wesentlich verbunden ist; und die räumliche Ferne ist selbst nur ein Bild für die Mittelbarkeit des Geschehens. Wie oft werden Kinder erst gesund, wenn ihre Mutter weniger unglücklich ist? Wie oft verlieren Untergebene ihre psychosomatischen Beschwerden, wenn ihr Chef wechselt – oder sich wandelt? Wie oft wird die Welt erst gesünder, wenn wir den «Marschallstab» übergeben?

Dann bleibt der Wunsch, füreinander dasein zu können auch aus der Ferne, miteinander verbunden zu bleiben auch bei Trennung in Raum und Zeit und sich wechselseitig vereint zu fühlen in Gebet und Gedanke, so wie es JÖRG ZINK (geb. 1922) einmal formuliert hat:

Manchmal merkst du,
daß einer nicht recht bei sich selbst ist,
daran, daß er danebengreift.

Eine Tasse fällt ihm aus der Hand,
der Kopf stößt an die Schranktür,
der Fuß stolpert über die Schwelle.
Irgend etwas fügt sich nicht.
Dann braucht er einen Engel.

Der sagt ihm: Setz dich.
Denk an etwas, das dir gut tut.
Schau die schöne Rundung an,
zu der die Blätter einer weißen Blume sich fügen.
Denk an einen Menschen, den du gern hast.

Und so kommst du zu dir selbst.
Du kommst auch wieder zu den Dingen
und kannst sie sehen und ordnen.
Dein Leben gelingt mit der halben Kraft.

Und aus der Gelassenheit bewältigst du,
was du jetzt tun mußt.[18]

Denn:

Natürlich kann ich an dich denken,
wie es viele füreinander tun.
Wenn der Mond am Himmel steht,
treffen sie sich auf seinen goldenen Hügeln.

Sie geben den Wolken ihre Gedanken mit
oder dem Wind.
Das ist schön und wahr,
aber ich möchte mehr:

Ich möchte ein Engel sein.
Nicht weil ich dann goldene Flügel hätte.
Die braucht ein wirklicher Engel nicht.
Aber weil ich Kräfte hätte für dich,
weil ich trösten könnte,
wie die Engel es tun,
oder heilen,
dir beistehen jedenfalls,
wie du es brauchst, jetzt und morgen.

Wenn ich aus der Ferne an dich denke,
möchte ich ein Engel sein.[19]

[18] JÖRG ZINK: *Meine Gedanken sind bei dir*, 16.
[19] A. a. O., 4.

Lk 7,11–17: Der Jüngling von Nain oder: Erdrückt von der eigenen Mutter

11 Und es geschah im weiteren: er ging zu einer Stadt, die hieß Nain, und
es gingen mit ihm seine Jünger und eine große Schar. 12 Wie er aber sich
nähert dem Stadttor, da, hinausgetragen ward ein Verstorbener, der ein-
ziggeborene Sohn seiner Mutter, und die war Witwe; und eine Schar aus
der Stadt, ziemlich groß, war mit ihr. 13 Und als der Herr sie sah, hatte er
Mitleid mit ihr, und er hat ihr gesagt: Weine nicht. 14 Und er trat hinzu
und berührte den Sarg, da blieben die Träger stehen; und er hat gesagt:
Jüngling, ich sage dir: Steh auf. 15 Da setzte sich auf der Tote, und er fing
an zu reden, *und er gab ihn seiner Mutter* (1 Kön 17,23; 2 Kön 4,36).
16 Und Furcht ergriff alle, und sie verherrlichten Gott, sprechend: Ein
großer Prophet ist erstanden unter uns, und: Angeblickt hat Gott sein
Volk. 17 Da ging hinaus dieses Wort in ganz Judäa über ihn und im
ganzen Umland.

Ein «Stilprinzip» der lukanischen Kompositionstechnik, das entschieden zu wenig gewürdigt wird, ist die Parallelisierung von Erzählungen und Erzählsträngen, wie wir sie schon in der Kindheitsgeschichte des Johannes und Jesu, des Propheten und des «Messias», beobachten konnten. Ähnlich jetzt hier. Soeben noch erzählte die Geschichte von dem Hauptmann zu Kafarnaum, wie inmitten einer rein patriarchal organisierten Welt die Beziehung eines Vorgesetzten zu seinem Untergebenen, in ursprünglicher Form: eines Vaters zu seinem Sohn, in eine dramatische Konfliktstellung geraten kann; die Geschichte von dem Jüngling zu Nain stellt diesem «männlichen» Problem nunmehr ein «weibliches», genauer: ein mütterliches, gegenüber, und während die «Lösung» eben noch darin bestand, ein stärker weibliches Element in das Krankheitsgeflecht einzufügen, muß es Jesus jetzt darum zu tun sein, die «matriarchale» Überbesetzung in dem Verhältnis einer Mutter zu ihrem Sohn durch eine männliche beziehungsweise väterliche Verhaltensweise auszugleichen. Mit anderen Worten: Die Geschichte des Jünglings von Nain – ein «Sondergut» des *Lukas* – will gelesen werden in Parallele zu der vorangegangen Geschichte von dem Knecht des Hauptmanns; auch sie ist zu verstehen als die Beschreibung einer rettenden Loslösung.

Gründlich verschieden allerdings ist die Ausgangslage: die Verzweiflung einer Frau über den Verlust ihres einzigen Sohnes. Da gelangt Jesus mit einer großen «Schar» seiner Anhänger nach Nain, einer Ortschaft im Süden Galiläas, am Fuße des Berges Tabor, in der Ebene Jesreel, von Kafarnaum etwa 40 km weit entfernt (vgl. *Tafel 2*)[1]; – selten macht man sich klar, wie eng begrenzt der Raum des öffentlichen Wirkens Jesu war: er betrachtete das kleine «Galiläa» wie durch eine Sammellinse, mit der vergrößert sich vor seinen Augen die Grundfragen und Nöte aller Menschen dieser Erde abgebildet fanden. Der allzu frühe Tod eines geliebten Menschen beispielsweise, daß Eltern ihren Kindern sterben zu einer Zeit, da sie noch gänzlich auf sie angewiesen sind, daß Menschen durch den Tod getrennt werden, die doch auf immer durch die Liebe sich verbunden fühlten, daß alte Leute einsam und verkannt aus ihrem Leben scheiden, – die Natur hat damit kein Problem und kennt kein Mitleid; für sie sind Lebewesen nichts als Recheneinheiten in ihrem Energiehaushalt, – ein grausames Nullsummenspiel, bei dem es nur *einen* Verlierer gibt: alles, was fühlen und leiden kann, – ein Schmerz, der niemals endet, solange diese Welt besteht. Natur – sie lehrt die Säugetiere, deren Dasein wir uns selbst verdanken, alle Kraft zu investieren für die Fortzeugung des Lebens: ihr kurzzeitiger Sinn als Individuen liegt in der Weitergabe ihrer Gene[2]; in ihren Kindern leben sie oder vielmehr lebt das Wenige weiter, das sich allein auf diese Weise immerhin in die nächste Generation hinüberrettet. Erfüllt ist so ein Dasein, wenn es ihm gelingt, dieser Bestimmung nachzukommen und vielleicht noch zu sehen, wie die eige-

[1] Vgl. L. H. GROLLENBERG: *Bildatlas zur Bibel*, 116; SAMUEL TERRIEN: *Länder der Bibel*, 66. – RUDOLF BULTMANN: *Geschichte der synoptischen Tradition*, 230, hielt es für möglich, daß «der Name Nain» von *Lukas* stamme; doch dagegen spricht, «daß Lk dann genauere Ortsangaben übernimmt, wenn sie ihm vorgegeben waren (vgl. Lk 4,16.31; 5,1; 7,1).» ULRICH BUSSE: *Die Wunder des Propheten Jesus*, Anm. 1. Zu Recht aber verweist BULTMANN (a. a. O., 230) auf den hellenistischen Typus des Erweckungswunders. Dazu gehört als «ein traditioneller Zug, daß *der Heiland dem Leichenzug begegnet*» (a. a. O., 236). So erzählt um 200 n. Chr. PHILOSTRAT: *Apollonius* 4,45, wie *Apollonius* (1. Jh. n Chr.) das folgende Wunder wirkte: «Ein Mädchen schien zur Stunde ihrer Hochzeit gestorben zu sein. Der Bräutigam folgte der Totenbahre und wehklagte ... Da nun Apollonius gerade zu dem Unglück dazukam, sprach er: Setzt die Bahre ab ... Er berührte sie aber lediglich und sagte unbemerkt etwas und erweckte so das Mädchen von dem vermeintlichen Tode. Die Jungfrau gab einen Laut von sich und kehrte in das Haus ihre Vaters zurück.» Vgl. EDUARD SCHWEIZER: *Das Evangelium nach Lukas*, 87. PHILOSTRAT denkt offenbar an die Erweckung einer Scheintoten; die «Auferweckung der Toten» (Lk 7,22) hingegen muß symbolisch und psychodynamisch interpretiert werden. Gleichwohl liegt die Vorstellung von den *theîoi ándres* (griech.: den «göttlichen Männern») im hellenistischen Judentum zur Deutung auch der biblischen Propheten als Wundertäter bereit, so «daß, von Anfang an mit dem Einfluß» dieser «Konzeption zu rechnen ist.» ANITA HARBARTH: *«Gott hat sein Volk heimgesucht»*, 219.

[2] Vgl. E. DREWERMANN: *... und es geschah so*, 357–422: Aufopferungsvoller Eigennutz oder: Vom Egoismus der Gene.

Abb. 7: KÄTHE KOLLWITZ (1867-1945), *Frau mit totem Kind*, 1903

nen Kinder wieder Kinder zeugen und gebären. In diesem Meer des Lebens ist ein Mensch nur eine Welle, die zwar die Energie und den Impuls ihrer Bewegung weiterträgt, doch ohne dabei ihre Materie weiterzugeben. So ist das Leben – c'est la vie.

Kaum ein Schicksalsschlag fällt deshalb schlimmer aus und erscheint naturwidriger, als wenn die Natur selber sich nicht scheut, ein Leben grad in dem Moment zurückzunehmen, da es selbst im Begriff steht, sich als ein neues Glied in die Kette der Generationen einzufügen. «Es ist doch nicht richtig, wenn ein Kind vor seiner Mutter stirbt», klagte eine Frau in ihrer Trauer um den Tod ihrer Tochter. Jede Mutter, jeder Vater empfindet es als Pflicht, ihr Kind gegen Gefahren aller Art zu schützen; doch der Tod tritt heran in so vielerlei Gestalt, und ein einziger Augenblick der Unachtsamkeit kann genügen, um ihn zum Zug kommen zu lassen. Stets werden Eltern es als ihr Versagen an einer entscheidenden Aufgabe ihres Lebens empfinden, wenn sie ihr Kind nicht vor dem Tod haben bewahren können, ja, es lastet wie ein Vorwurf, wie eine Schuld auf ihnen, das Unvermeidbare nicht vermieden zu haben. Rein biologisch gesehen ist der Tod eines Kindes wie ein Scheitern im ganzen, und so wird er psychologisch denn auch erlebt.

Insbesondere die Zeichnerin KÄTHE KOLLWITZ (1867–1945) hat immer wieder den Schmerz einer Mutter über den Tod ihres Kindes darzustellen versucht, zum Beispiel in der Radierung von 1903 *Frau mit totem Kind* (auf grauem Chinapapier, 42,4 x 48,6 cm, Abb. 7): «Eine Mutter», schreibt sie selbst dazu, «nackt, von übermenschlich kräftigem Körperbau, mit übereinandergeschlagenen Beinen am Boden sitzend, preßt vornübergebeugt den Leib ihres toten Kindes an sich.»[3] Alle Energie dieser Frau hat nicht ihre eigene Schutzlosigkeit und Niedergedrücktheit verhindern können, – sie ist, buchstäblich, «ganz am Boden»; wie in einem letzten Reflex ihrer Mütterlichkeit drückt sie ihr Kind an die Brust, doch alles, was sie an Wärme, Schutz und Geborgenheit dem lebenden einmal hat schenken können, erreicht nicht mehr das tote; – ein Gefühl, das auf Erden endgültig ins Leere greift, das ist die erste und unabänderliche Wirkung des Todes.

Gerade so empfindet wohl auch diese uns unbekannte Frau aus Nain, die, namenlos, wie sie bleibt, ganz entsprechend der Darstellung der KÄTHE KOLLWITZ, die Gestalt einer Mutter in ihrer Trauer schlechthin verkörpert, – eine hebräische Niobe[4], deren Leid ungehört zum Himmel steigt, von dem es selbst verhängt erscheint. Gleichwohl tritt zu dem Schmerz als Mutter noch eine Reihe sozialer Gründe hinzu, die ihre Lage schier aussichtslos machen. Man braucht die wenigen Worte nur zu hören: «der einziggeborene Sohn seiner Mutter, und die war Witwe» (7,12), und man fühlt, genau wie Jesus hier, «Mitleid» mit dieser Frau (7,13). Verwitwet, das bedeutet zum Beispiel im heutigen Irak für mittlerweile mehr als 100 000 Frauen, deren Männer im «Antiterrorkrieg» der USA ermordet wurden, nicht nur den persönlichen Verlust des Ehegemahls, es besagt zugleich soviel wie fehlenden Unterhalt, mangelnde Einkünfte, ein Leben in Ausgesetztheit und Armut[5]. Im Alten Orient war der Status der Witwen derart prekär, daß schon die ägyptischen Hymnen ihre Not in die Obhut des Geist- und Wind-

[3] Vgl. auch: KÄTHE KOLLWITZ: *Schmerz und Schuld*, 146.

[4] Vgl. KARL KERÉNYI: *Die Mythologie der Griechen*, I 175–176.

[5] Zur Situation im Irak nach 2003 vgl. RIVERBEND: *Bagdad Burning*, 319–323: Geht einfach ...; vgl. auch JÜRGEN TODENHÖFER: *Warum tötest du, Zaid?*, 97–105: Rami.

gottes Amun stellten[6] und die israelitischen Propheten gerade das Verhalten gegenüber den «Witwen und Waisen» zum Richtmaß wahrer Frömmigkeit (bzw. Menschlichkeit) erhoben[7]. Wenn überhaupt, fand sich für eine Witwe ein gewisser Rückhalt allenfalls in der Familie, von deren Fürsorge die Heirat sie gerade ein Stück weit wirtschaftlich hatte unabhängig machen sollen. Unter diesen Umständen kann es kaum anders sein, als daß sich alle Erwartungen einer solchen Frau auf ihren Jungen richten. In ihm erkennt sie nicht nur die Gesichtszüge, die Gestalt des verstorbenen Gatten wieder, in ihm lebt die Hoffnung fort, doch eines Tages nicht gänzlich unversorgt und gänzlich allein dastehen zu müssen. Dieser Junge verkörpert für sie nicht nur ihre Erfüllung als Mutter, sondern ihre Sicherung als Frau im Alter[8].

Und nun muß man nur die Spur aufnehmen, die *Lukas* durch die Parallelisierung der Geschichte mit der Heilung des Knechtes des römischen Hauptmanns selber gelegt hat, und man versteht den Teufelskreis, in dem die Beziehung dieser Frau zu ihrem Sohn aufs tödliche gefangen ist; denn auch hier geht es offenbar um ein Verhältnis, das zum Leben führen soll und das doch das Leben verhindert. Zweifellos besitzt diese Heilungslegende ihre alttestamentlichen Vorbilder in der Wundertat des Elija, der den Sohn der Witwe von Sarepta aus dem Tode errettete (1 Kön 17,17–24), sowie in der Totenerweckung, die sein Schüler Elischa an dem Sohn der

[6] Im Alten Ägypten klagt zum Beispiel ein Schreiber seinem Herrn, «es gehe ihm, als habe er keinen Vorgesetzten, er sei schutzlos wie eine Witwe». ADOLF ERMAN: *Ägypten und ägyptisches Leben im Altertum*, 129. Umgekehrt rühmt sich der Gaufürst *Ameni* unter *Sesostris I* (1962–1926, ab 1971 Mitregent): «Ich gab der Witwe ebenso wie der, die einen Gatten hatte, und zog beim Geben nie den Großen dem Kleinen vor.» (105) Den religiösen Hintergrund dafür bietet die Gestalt des Gottes Amun als des «guten Hirten»; vgl. SIEGFRIED MORENZ: *Gott und Mensch im alten Ägypten*, 98–99.

[7] Vgl. ROLAND DE VAUX: *Das Alte Testament und seine Lebensordnungen*, I 77: «Sie (sc. die Witwen, d.V.) waren… durch die religiöse Gesetzgebung geschützt und der Mildtätigkeit des Volkes empfohlen, wie die Waisen und die Fremden, die man ins Haus aufgenommen hatte, wie alle, die nicht mehr die Stütze und den Schutz der Familie hatten, Ex 22,21, besonders eindringlich Dt 10,18; 24,17-21; 26,12 f.; 27,19; vgl. Is 1,17; Jr 22,3; als Kontrast dazu Is 1,23; Jr 7,6; vgl. auch Job 29,13. Gott selbst ist ihr Beschützer, Ps 146,9.»

[8] Vgl. ROLAND DE VAUX: *Das Alte Testament und seine Lebensordnungen*, I 75: «Die kinderlose Witwe konnte durch die Praxis des Levirats (sc. vgl. Dtn 25,5-10, d.V.) mit der Familie ihres Mannes verbunden bleiben. War kein *levir* da, konnte sie sich auch außerhalb der Familie wieder verheiraten, Dt 1,9; bis dahin kehrte sie zu Vater und Mutter zurück, Rt 1,8; Gn 38,11; vgl. Lv 22,13.» Häufig «kam es vor, daß Witwen, zumal wenn sie Kinder hatten, in einer Notlage waren, 1 Kg 17,8-15; 2 Kg 4,1-7». Hier, wo das »Kind» bereits ein «Jüngling» ist, ruht auf ihm gerade die Hoffnung, *nicht* in Not zu geraten.

Witwe von Schunem vornahm (2 Kön 4,32–37)[9], und wenn am Ende der Geschichte die Leute, von Furcht ergriffen, erklären: «Ein großer Prophet ist erstanden unter uns» (7,16), so sehen sie gewiß in Jesus selber einen zweiten Elija (vgl. Lk 9,19), dessen Wiederkunft für das Ende der Tage verheißen war (vgl. Mal 3,23)[10]; was hier geschieht, ist, so verstanden, die Erfüllung der Verheißung des Zacharias, Gott habe «angeschaut» sein Volk (Lk 1,68; 7,16). Doch man sollte sich mit solchen theologischen Aussagen nicht beruhigen[11]; sie besagen nichts, was wirklich eine «Witwe» von ihrer Trauer erlösen könnte, und sie sind völlig außerstande, einen schon «Toten» von seiner Bahre sich wieder aufrichten zu lassen.

Die Wiederbelebung eines schon Toten ist nach biblischer Vorstellung im Grunde allein Gott vorbehalten[12]; bei den Griechen überschritt der Heilgott Asklepios gar seine Zuständigkeit, als er versuchte, Tote aufzuwecken, –

[9] Richtig meint PAUL GERHARD MÜLLER: *Lukas-Evangelium*, 81: «Lukas baut eine Erzählung (sc. Lk 7,11-17, d.V.) aus seinem Sondergut ein, die nicht in der Logienquelle steht. Sie soll verdeutlichen, daß ‹Gott sein Volk heimgesucht hat› (1,68.78; 7,16; 19,44; Apg 15,14) und in Jesus Gottes Vollmacht, die Tote auferstehen läßt (7,22), wirksam ist. Am Vorbild prophetischer Totenauferweckungen (1 Kön 17,17-24 Elija; 2 Kön 4,18-37 Elischa) wird aufgezeigt, daß in Jesus der endzeitliche Prophet gekommen ist (Apg 3,18; 7,37; Dtn 18,15.18).»

[10] Zu dem Wirken des entrückten Elija in der Gegenwart vgl. Str. B. IV 2, 764–779; zu seinem Wirken in der messianischen Zukunft vgl. a. a. O., IV 2, 779–798. «Die Wiederkunft des Propheten Elias am Ende der Tage ist ein feststehender Glaubensartikel der alten Synagoge. Als Schriftgrund diente Mal 3,1 u. 23 f. ... Die früheste Stelle, die auf Mal 3,1.23 f. Bezug genommen hat, ist Sir 48,10.» A. a. O., IV 2, 779–780. So ist Elias «eine messianische Persönlichkeit ..., d. h. ein geschöpfliches Werkzeug, dessen sich Gott dereinst zur Erlösung seines Volkes Israel bedienen wird: indem Elias die Stämme Israels wiederherstellt, sie aus der Verbannung sammelt u. von ihren Bedrückern befreit, indem er weiter zur Beschwichtigung des göttlichen Zornes Frieden in seinem Volke stiftet, wo es nottut, bereitet er den Weg für das Israel vollendende Kommen Gottes zum großen Weltgericht.» A. a. O., IV 2, 780. ANITA HARBARTH: *«Gott hat sein Volk heimgesucht»*, 211–212, hebt hervor: «Der Text zielt auf die Epiphanie Gottes im Wundertäter Jesus und kann deshalb als ‹Epiphaniewundergeschichte› bezeichnet werden, der es darauf ankommt, Jesus als ‹großen Propheten› zu verkünden (V. 16), in dem die eschatologische Heilszeit begonnen hat.»

[11] Vgl. TE I 11–22.

[12] Das gilt auch dann, wenn man ULRICH BUSSE: *Die Wunder des Propheten Jesu*, 173, zustimmen muß, der zu Recht betont: «Durch die formale Gestaltung der Exposition gelingt es Lukas, die Anteilnahme am Schicksal der Frau mit der Schilderung des souveränen Auftritts Jesu als Gegengewicht auszubalancieren. Die Akzentverlagerung von der ursprünglichen Machttat auf das Erbarmen Jesu mit der alleinstehenden Witwe dient dazu, das Jesusbild um einen weiteren Aspekt zu bereichern. Jesus ist nicht nur der machtvolle Wundertäter, der mit seinem Befehlswort seine Kyriotes (sc. seine Herrschermacht, d.V.) erweist, sondern auch der sich erbarmende Wohltäter.» Besser sollte man sagen, die ganze «Göttlichkeit» und «Machtfülle» Jesu ruhe eben in seinem Erbarmen.

der Kult der Demeter in Eleusis, nicht der Kult des Asklepios in Epidauros bot eine Antwort auf das Rätsel der menschlichen Sterblichkeit[13]. Insofern verleiht die Elija-Legende dem Propheten eine einzigartige Nähe zu Gott, wie sie sich später denn auch in der Erzählung von seiner Himmelfahrt vollenden und damit der Darstellung des «Christus» vorgreifen wird (2 Kön 2,1–12; Apg 1,1–12)[14]. Was aber heißt in diesem Zusammenhang «Göttlichkeit»?

Wenn jemand seine Augen aus tiefem Dunkel zum Lichte erhebt, sind für ihn die Strahlen der Sonne nicht unterscheidbar von der Sonne selbst; sogar das Glaubensbekenntnis des Konzils von Nicäa (325) sagt von Jesus, er sei für uns «Licht vom Lichte» geworden[15], ganz wie es schon der Prolog des *Johannes*-Evangeliums formuliert hat (Joh 1,5.9)[16]. Wenn jemand einem anderen in die Umdüsterung seiner Seele, in die tödliche Aussichtslosigkeit seines Lebens wieder so etwas hineinträgt wie Helligkeit und wie Zukunftsgerichtetheit, wird er für diesen selber zu einem «Sonnenschein», der wie von einer anderen Sphäre in seine Welt tritt. So hier. Wenn Legenden von einem physischen Sterben berichten, so im Sinne eines Symbols für den Tod der Seele längst vor dem Hinsiechen des Leibes; wenn insbesondere die Bibel vom «Tod» spricht, so meint sie an vielen Stellen ein Leben, das in Wahrheit keines ist[17], eine Daseinsform gestohlenen Seins, ein Existieren im Uneigentlichen, ein Sich-Entgleiten und Sich-Verlieren, ein Sich-Dahin-

[13] Vgl. KARL KERÉNYI: *Der göttliche Arzt*, 17–48: Die Heilungen in Epidauros: «Die Vorgänge von Eleusis führten in eine noch tiefere Schicht als die von Epidauros. Der Weg war derselbe, nur machte der Kranke, der in Epidauros seine Heilung fand, früher kehrt als der Myste, der in den eleusinischen Weihen bis zur Unterweltskönigin vordrang.» (A. a. O., 41)
[14] So meint FRANÇOIS BOVON: *Das Evangelium nach Lukas*, I 364: «Die Zuschauer erkennen Gottes Hand in dessen menschlichem Gesandten und seinem Handeln, identifizieren ihn aber nicht ausdrücklich mit dem Elija redivivus. Doch zeigt *mégas* (sc. groß, in 7,16, d. V.) die Sonderstellung dieses Propheten an, und *egeírō* (sc. auferstehen, d.V.) deutet nicht nur auf sein Auftreten, sondern vielleicht auch auf seine Auferstehung.» ANITA HARBARTH: *«Gott hat sein Volk heimgesucht»*, 215, schreibt: «Die Nainerzählung basiert... auf einer Christologie, die in Jesus den im Judentum erwarteten Endzeitpropheten als gekommen verkündet: Er wiederholt die Wunder des Elia, überbietet sie aber zugleich – ein wichtiges Moment..., mit dem die palästinensischen Gemeinden in ihrer Missionsverkündigung und Katechese auf Jesus aufmerksam machen bzw. seine Identität verständlich machen konnten.»
[15] Vgl. DENZINGER – SCHÖNMETZER: *Enchiridion Symbolorum*, Nr. 42; Nr. 44, S. 31.
[16] Vgl. Joh I 13–30; 31–50.
[17] So schrieb RUDOLF BULTMANN: *thánatos* (Tod), in: ThWNT III 16–17: «Nicht völlig übereinstimmend sind die Aussagen des NT darüber, wieweit der Tod seinen eigentlichen Charakter darin hat, daß er *zunichte macht*, wieweit darin, daß er in *jenseitige Qual* hineinführt.» «Wichtiger ist, daß *die nichtigende Kraft des Todes als schon das Leben beherrschend* und es zu einem uneigentlichen machend verstanden wird.»

schleppen von Untoten, etwas Gespenstiges am hellichten Tage, das sein Ende nur nehmen kann, wenn es von Gott berührt wird, – wenn sich jenseits der bisher bekannten Welt eine neue Dimension des Daseins erschließt. Was geschehen müßte, um in das abgetane Leben des jungen Mannes von Nain Licht und Lebensmut zu bringen, kann man sich leicht vorstellen, wenn man seine Lage bedenkt, – es ist wirklich eine Elija-Tat, die nur mit einem entsprechenden Maß an persönlicher Zuwendung zu vollbringen sein wird.

Als der Sohn der Witwe von Sarepta verstarb, begab der Prophet sich hinauf in die Dachkammer, darinnen er selbst wohnte, legte ihn auf sein Bett und streckte sich selber dreimal der ganzen Körperlänge nach über ihn; er prägte sich ihm ein, er drückte ihn selber an sich, wie jene Frau ihr Kind auf dem Bilde der KÄTHE KOLLWITZ; doch eben: er tat es als Mann; er ersetzte das Lastgewicht, mit dem die Mutter das Herz ihres Sohnes bedrückte, durch sein eigen Gewicht; er trat mit der Macht seiner ganzen Person an die Stelle des vor der Zeit verstorbenen Vaters; und dieses sein eigenes Bild als Mann, als Mann Gottes, erweckte diesen Sohn der Witwe von Sarepta zu neuem Leben[18]. Ein ähnliches geschieht hier in Nain, nur daß es Jesus zu genügen scheint, den Sarg zu berühren (7,14), um den «Toten», wie Elija (1 Kön 17,23), seiner Mutter zurückzugeben (7,15)[19].

Als die eigentliche Ursache für die tödliche Erkrankung ihres Sohnes ist demnach die Mutter selber mit ihren Tränen zu erachten. Haltlos sehen wir sie weinen in ihrer Mitleid erregenden Trauer; aber gerade dieses Gefühl wird all die Zeit über im Hintergrund des Lebens dieses Jünglings spürbar gewesen sein: «Du darfst nicht sterben, denn sonst kann ich nicht leben. Du bist mein Ein und Alles. Nachdem Dein Vater tot ist, ruht mein ganzes Hoffen und Sehnen auf Dir.» Wortlos wie wortreich wird dies die latente wie manifeste Erwartung in der Beziehung dieser Frau zu ihrem Kinde gewesen

[18] Vgl. ERNST WÜRTHWEIN: *Die Bücher der Könige*. ATD 11,2, S. 222–223: 1 Kön 17,17-24: Die Erweckung des toten Knaben, der an die Übertragung der «Lebenskraft des Gesunden auf einen Kranken oder Toten» denkt und sich den Vorgang als «eine zauberähnliche Manipulation» vorstellt, wenngleich er «die Verbindung mit Jahwe, deren Ausdruck das Gebet ist, im Vordergrund» sieht. Entscheidend für die Auslegung kommt es darauf an, die «Übertragung der Lebenskraft» psychologisch zu verstehen.

[19] ULRICH BUSSE: *Die Wunder des Propheten Jesus*, 174, meint: «Der Hinweis in V 15b, Jesus habe der Mutter ihren Sohn zurückgegeben, ist ein Zitat... Damit spielt Lukas auf die Totenerweckung des Elias an... Der imitierende Sprachstiel wie auch die bewußte Anspielung sollen dem Leser die alttestamentliche Parallele mit Elias vor Augen führen. Der Vergleich beider Erzählungen miteinander offenbart allerdings schwerwiegende Differenzen. In der alttestamentlichen Geschichte reagiert der Prophet erst auf einen ‹deftigen› Vorwurf der

sein. Sie wird alles für ihn, ihren Einzigen, getan haben: jede Erleichterung, jede Verwöhnung, jede Fürsorge wird sie ihm haben zuteil werden lassen; doch zugleich war da diese seelisch maßlose Überbeanspruchung des Jünglings, alles Glück seiner Mutter sein zu *müssen*. Immer wenn sie traurig war wegen des Todes ihres Mannes, wird er vor der Aufgabe gestanden haben, ihr den Verlorenen zu ersetzen und die schmerzlich gerissene Lücke mit seinem eigenen Dasein zu füllen. «Sei doch nicht traurig, Mutter, ich bin doch da», wird er gesagt haben, und sie wird ihn dafür dankbar angelächelt und in die Arme geschlossen haben. «Ja, wir zwei halten zusammen. Wir verlassen uns nicht. Wir werden immer füreinander dasein.» In solchen Versicherungen lag sowohl Hoffnung wie Pflicht, lag Vertrauen wie Angst, lag Trost wie Trauer. Ein Junge, der so heranwächst, muß der Vater, der Mann und der Freund seiner Mutter werden, nur um ihr Kind sein zu können; und so wird er seelisch rasch überaltern, wie vergreist sich selber empfindend, – ein Fall von psychischem Marasmus. Vor allem: er darf gegen die Überforderungen durch seine Mutter nicht protestieren, er darf deren Maßlosigkeit nicht begrenzen, er darf mit ihr über die zerreißende Widersprüchlichkeit in ihrem Wesen zwischen Fördern und Fordern, zwischen Muttersein und Witwesein nicht diskutieren. Denn er begreift ja ihre Situation. Denn er hat sie ja lieb. Denn er möchte durchaus auch selber so sein, wie sie sich ihn wünscht. Nur kreist dabei alles um diese Mutter. Es gibt keine Erlaubnis, ein eigenes Ich an ihrer Seite zu entwickeln. Es existiert keine Unbeschwertheit, kein Freiraum neben ihr. Man kann es nicht anders sagen: die Liebe dieser Mutter ist eine lebenslängliche Gefangenschaft für ihren Sohn, für ihn ist sie eine Totenkammer, in welcher so etwas wie Leben nur unter der Bedingung erlaubt ist, selbst nicht zu sein.

Für Biographien solcher Art bedarf es nicht des physischen Tods des Vaters, nicht einer realen Witwenschaft, – eine fast schon «normale» Schei-

Witwe. Jesus hingegen erbarmt sich der Frau in der ihm eigenen Souveränität. Weiter gelingt es Elias ... nur mit Hilfe von Gebet und Manipulation, den Lebensodem in den Sohn zurückkehren zu lassen. Bei Lukas ist dies undenkbar. Die Erweckung geschieht durch das lebensspendende Machtwort Jesu.» Das Mißliche solcher historisch-kritisch zutreffenden Interpretationen ist stets dasselbe: Jesus wird dadurch verfeierlicht seiner «Herrschermacht» wegen, statt die Heilungsgeschichten so zu lesen, daß sie zu einer verbindlichen Handlungsanleitung eines «erbarmenden» Umgangs von Menschen miteinander werden. Vgl. auch ANITA HARBARTH: *«Gott hat sein Volk heimgesucht»*, 273–274: «Das *Wunderwirken Jesu* veranschaulicht ... ein Tun, das dem *Wirken Gottes* gleichkommt. Deshalb ist es auch Gott, der Jesus durch ‹Machttaten, Wunder und Zeichen› beglaubigt hat, vgl. Apg 2,22; 10,38 ... Das Wunder weist seine Vollmacht aus und bestätigt umgekehrt, daß Gott in diesem Jesus eschatologisch handelt.» Was soll das alles – für uns?

dung sowie eine «passende» Charakterstruktur der Mutter langen vollkommen aus. So berichtete ein 17jähriger, wie er seine Mutter nach dem Weggang des Vaters erlebt hatte: Sie begrub ihn unter all ihren Depressionen; sie drohte, sich durch einen Sturz aus dem Fenster das Leben zu nehmen; sie klagte über und sie klagte an ihren Mann, wie er nur so hatte sein können – so gewissenlos, so rücksichtslos von ihr wegzugehen; sie sprach dabei nicht einmal von sich, sondern ergrübelte sorgenvoll, was denn nun aus dem Jungen werden sollte – ohne seinen Vater ... Dem Jungen selber tat seine Mutter natürlich aufs äußerste leid, und die Aufgabe, ihr Seelentröster zu sein, gefiel ihm an sich nicht übel. So klein er auch war, so bedeutend fühlte er sich. Wenn man von dem Titanen Atlas erzählt, er trage am Ende der Welt das Himmelsgewölbe[20], so wähnte dieser Junge sich selbst bald in ähnlicher Größe und Bedeutung, nur daß es an «Titanenkräften» ihm ersichtlich gebrach. Er durfte das Leben nicht lernen, er hatte es stets schon zu meistern; er mußte es bewältigen, besser als seine Mutter; – seine Selbsteinschätzung geriet mehr und mehr ins Irreale. Um so mehr fürchtete er jeden Mißerfolg in der Realität. In der Schule wie alle anderen Kinder schrittweise die gestellten Aufgaben zu erledigen, erschien ihm als öd und stupid, und um sich für seine Leistungsdefizite nicht selbst zu verachten, verspottete er seine Lehrer, bewies sich und allen seine Abgeklärtheit und Überlegenheit und erging sich ersatzweise in hoch hinaus fliegenden Genieträumereien. Seiner Mutter begann er mehr und mehr vorzuwerfen, daß sie schier unerträglich, quengelnd und lästig sei; er verstehe allmählich nur allzu gut, daß sein Vater vor ihr das Weite gesucht habe. Dann wieder, wenn er sah, wie seine Mutter in Tränen ausbrach, fühlte er sich schuldig für solche Redereien. Er betrachtete sie als einen «Lebend-Vampir», wie er sich ausdrückte, und überzog sie mit den düsteren Phantasien aus BRAM STOKERS (1847–1912) Roman von Graf *Dracula*[21], der nur unschädlich zu machen ist, indem man einen spitzen Pfahl durch sein Herz treibt, und der in Asche zerfällt, sobald das Licht des Tages ihn trifft. Die Kluft zwischen Wahn und Wirklichkeit, zwischen Lust und Leistung, zwischen den selbstverordneten Standards und seinem wirklichen «Standing» überbrückte er zunehmend mit Haschisch. Keine Frage: er mußte erst seiner Mutter «sterben», um zu sich selbst zu «erwachen». Er war aufs höchste gefährdet, und

[20] Vgl. KARL KERÉNYI: *Die Mythologie der Griechen*, I 48; 129.
[21] Vgl. BRAM STOKER: *Dracula*, 293–295: Professor Van Helsings Memorandum.

seine genüßlich ausgedehnten Selbstmordphantasien drückten, positiv gewendet, nur einen einzigen Wunsch aus: «Ich möchte leben dürfen – ohne meine Mutter. Ich möchte von ihr weglaufen dürfen, ohne daß sie mit ihren Schuldvorwürfen hinter mir herläuft. Ich muß aus ihrem Leben gehen, oder ich gehe ganz aus dem Leben.» Das Schwierige war, daß er, obwohl ein Meister im psychologischen Zergliedern und ein Virtuose im Erfinden grotesker Typen und tragikomischer Konstellationen, seine eigenen Suizidtendenzen nicht annähernd so differenziert wahrnahm, wie hier im Stenogramm dargestellt. Als erstes war es unbedingt nötig, ihn von der Verantwortung für seine Mutter zu entlasten. Sie mußte aufhören, ihren kleinen Prinzen mit Tränen zu vergiften[22] und mit ihrem «ich sterbe» langsam zu erdrosseln; anderenfalls würde dieser junge Mann niemals ohne schwere Schuldgefühle sein Leben in die eigene Hand nehmen können.

Ganz so denn auch richtet Jesus an dieser Stelle das erste Wort an die Mutter des Jungen: «Weine nicht», sagt er zu ihr (7,13). Natürlich soll das die Mutter in ihrem Gram trösten und ihr eine Hoffnung vermitteln, zu der sie von sich her durchaus nicht zu gelangen vermöchte; doch gerade damit deutet sich ein entscheidender Wandel der gesamten Situation an: «Weine nicht» – das bedeutet auch: «Ich übernehme jetzt die Sorge um und für Deinen Jungen. Du kannst mir vertrauen, daß die Sache doch noch gut endet. Mir geht es wie Dir um Deinen Jungen; doch siehst Du: er kann nur leben, wenn er es lernt, für sich selber zu leben, und auch für Dich kann er nur dasein mit einem eigenen Dasein. Deshalb vor allem: Hör' auf zu weinen. Du brauchst nicht mehr in Traurigkeit zu versinken, denn ich werde versuchen, Deinem Jungen zu helfen; aber Du mußt davon lassen, ihn mit Deinen Trauerattacken zu erpressen, sonst laden sich seine Schuldgefühle bei jedem Schritt in ein eigenes Leben neu auf, und dagegen komme auch ich dann nicht an.» Das «Weine nicht» schafft in gewissem Sinne erst die Voraussetzung dafür, den Jüngling aus seinem Schattendasein herauszuführen[23].

Als nächstes kommen die Bahrenträger, die Trauergemeinde, die Mitmarschierer auf dem schier unvermeidlichen Weg in das Verhängnis von

[22] Etwas Ähnliches geschieht tatsächlich in ANTOINE DE SAINT-EXUPÉRY: *Der Kleine Prinz*, Kap IX, S. 32–34, als die Rose den kleinen Prinzen hustend um Verzeihung bittet. Vgl. E. DREWERMANN: *Das Eigentliche ist unsichtbar*, 69–91: Das Geheimnis der Rose.

[23] Wie in der Heilung der Tochter der Syrophönizierin (Mk 7,24-30) muß Jesus zuerst die Mutter trösten, um auf ihr Kind Einfluß zu nehmen; vgl. Mk II 483–492: Noch einmal Mk 7,24-30: Die syrophönizische Frau oder: Die heilende Distanz des Glaubens. Ganz ähnlich verhält es sich bei der anderen Totenauferweckung, die *Lukas* erzählt: bei der Auferweckung der Tochter des Jairus (Lk 8,41-56).

Mutter und Sohn an die Reihe: es gilt, hinzuzutreten, auf daß sie stillstehen (7,14)[24]. – Es ist nicht möglich, einen Menschen «aufzuwecken», solange es eine große Schar von Menschen gibt, die ihn mit ihrem – durchaus wohlmeinenden – Bedauern und Betrauern auf sein Unglück festlegen; sie müssen innehalten, – es muß dahin kommen, daß der Jüngling selber einen eigenen «Standpunkt» bezieht; dann erst kann der Anruf erfolgen: «Steh auf» (7,14).

Was eigentlich passiert in diesem Moment, da Jesus den Sarg berührt und der Trauerzug stillsteht[25]? Die kleine Szene enthält so viele Aspekte, daß deren Umsetzung in unserem Alltag ein halbes oder ein ganzes Leben in Anspruch zu nehmen vermag. In diesem Augenblick tritt Jesus an der Seite der Witwe an die Stelle ihres verstorbenen Mannes; er übernimmt die Verantwortung und tröstet die Frau in ihrem Unglück; damit aber entlastet er endlich den Jüngling von *seiner* Verantwortung gegenüber seiner Mutter und gewinnt dadurch den Freiraum, sich *ihm* zuzuwenden[26]. *Er berührt den Sarg* ... Das beschreibt soviel wie: er greift all die Ursachen auf, die zum «Tod» dieses Jünglings geführt haben; er geht all den Verwicklungen nach, die sich aus den ständigen Ambivalenzgefühlen von Haß und Liebe, von Freiheitssehnsucht und Abhängigkeit, von Genieträumerei und Verwöhnung im Herzen dieses Jungen ergeben haben; er versucht, sich Zugang zu schaffen zu den Intimitäten des Schamgefühls: – zu dem Empfinden, bei lebendigem Leib zu vermodern, zu dem deutlich spürbaren Selbsthaß, zu der geheimen Selbstverachtung, zu den verborgenen Selbstzerstörungstendenzen ... Ein für allemal kommt es darauf an, den Anspruch der Mutter auf den «einziggeborenen Sohn» zurückzuweisen und mit ihm zu überlegen: «Wer bin ich denn selbst – ohne meine Mutter? Wer möchte ich sein und was möchte ich tun, wenn ich nur mal selber entscheiden dürfte, ganz allein für mich? Gewiß, sofort meldet sich bei solchen *Gedanken* auch nur die Stimme meiner Mutter zurück, – doch um sie zufriedenzustellen, müßte

[24] ROLAND DE VAUX: *Das Alte Testament und seine Lebensordnungen*, I 77, schreibt über die Witwentrauer: «Wenigstens eine Zeitlang trug die Witwe Trauerkleidung, Gn 38,14; 2 Sam 14,2; Jdt 8,5; 20,3. Über die Dauer der Trauerzeit weiß man nichts.» *Hier* kann man wissen, daß diese Traurigkeit nie mehr enden würde, sowenig wie bei der Römerin Marcia, die SENECA in seiner *Trostschrift* (in: Philosophische Schriften, I 313–395) wohl vergeblich über den Tod ihres Sohnes zu trösten suchte.

[25] Bei der Interpretation der Wundererzählungen kommt es darauf an, die einzelnen «Bewegungen» der Geschichte als Teile eines seelischen Prozesses zu lesen; vgl. TE II 239–246.

[26] Erst wenn man das Beziehungsgeflecht zwischen Mutter und Sohn sich klarmacht, versteht man die Art des therapeutischen Vorgehens Jesu ganz, wie in der Geschichte von der Auferweckung der Tochter des Jairus; vgl. TE II 295–301: Des Vaters armes Töchterlein.

ich mich weiter frustrieren; deshalb bleibe ich dabei und frage mich: was war mein ursprünglicher Wunsch vor all den Irritationen, und wie kann ich an ihn jetzt wieder anknüpfen?» – *An den Sarg rühren* – das heißt, all diese Gedanken und Selbsteinwände und Widersprüche bewußtzumachen, um damit das Behältnis des Todes zu öffnen. Es bedeutet, dem Jüngling zu sagen: «So, wie es war, kann es und muß es nicht immer weitergehen. Deine Mutter kann auch allein leben, – jedenfalls hat sie schon aufgehört mit ihrem Weinen. Du selber kannst, womöglich zum ersten Mal in Deinem Leben, Dich auf Dich selber besinnen; und ich verspreche Dir hiermit: Du wirst nie mehr allein sein; ich möchte und ich werde bei Dir sein, – ich möchte, daß es Dich selber gibt! Fortan kommt es wesentlich auf Dich selbst an; Du darfst sein – nicht als das Geschöpf Deiner Mutter, sondern als ein Kind Gottes; ich jedenfalls möchte, daß Du selbst bist; – ein junger Mann, der (beinahe) zugrunde geht, um seine Mutter am Leben zu halten, ein solcher Junge muß doch etwas ganz Wunderbares sein. Nur: Du mußt Dich nicht länger mehr Deiner Mutter opfern. So hilft es keinem. Auch Deine Mutter möchte gewiß nicht, daß Du Dich für sie einschränkst bis zum Unerträglichen. Du bist für Deine Mutter nicht länger verantwortlich, und Du tust ihr nicht unrecht, wenn Du ihr manchmal auch nein sagst. Im Grunde möchte gerade sie, daß Du glücklich bist. Also erlaube Dir, nach Deiner Façon selig zu werden. Wenn Du wirklich jemals Deiner Mutter helfen willst, dann nicht durch Dein Unglück, dann durch Dein Glück, dann nicht durch Dein Nicht-Ich, dann durch Dich selbst.»

Vermutlich ist kaum ein Kunststück größer, als einen solchen Jüngling seiner Mutter «zurückzugeben», – wie es Elija tat (1 Kön 17,23), wie es Jesus tut (7,15)[27]. Denn erst wenn dieser Jüngling seiner Mutter «gestorben» ist und erst wenn er angefangen hat, selber zu leben, kann er wieder zurückkehren zu seiner Mutter. Nicht selten muß eine «Therapie» bereits für «erfolgreich» gelten, wenn es gelingt, den unmittelbaren Einfluß der Eltern auf ein Kind, das mit ihnen und bei ihnen nicht leben kann, nach und nach zurückzudrängen und durch ein Mehr an Selbstbestimmung und Selbstvertrauen auf seiten des Kindes zu ersetzen; auf lange Zeit hin scheint es dann sogar richtig, den Kontakt zu den Eltern trotz aller äußeren wie inneren Vorwürfe einzuschränken oder ganz «einzufrieren»; und doch ist

[27] Die *eine* Bewegung einer solchen Heilung liegt in der Loslösung, die andere – in gewissem Sinne schwierigere – liegt in der «Rückgabe», in der Versöhnung, ähnlich wie es in Lk 2,41-52, in der Geschichte vom 12jährigen Jesus im Tempel berichtet wird.

ein solches Verhalten bei genauer Betrachtung noch immer von Angst geprägt. Kommt es indessen dahin, daß im Umgang mit sich selber die Autorität der Eltern ihre einstige Dominanz verliert, so wird es auch wieder möglich sein, sich ihnen – vorsichtig – zu nähern. Nicht mehr in kindlichem Gehorsam, sondern in einer erwachsenen Haltung wird es dann möglich, den Wünschen der Eltern in etwa zu entsprechen, vorausgesetzt, diese respektieren ihrerseits das Recht auf Selbstbestimmung im Leben ihres Kindes. Damit ist der «Jüngling» zu einem «Erwachsenen» geworden; er ist nicht mehr das «Kind» seiner Mutter, wenn er zu ihr zurückkehrt.

Wundergeschichten wie diese enden in aller Regel mit einer Bemerkung, die dartut, wie solide der Heilungserfolg zu bewerten ist[28]; zugleich zeigt sie noch mal auf, worin der «Sinn» und der Grund der Krankheit gelegen war: Der Tochter des Jairus zum Beispiel, die wie ein weibliches Pendant zu dem Jüngling von Nain anmutet, läßt Jesus zu essen geben (Lk 8,55)[29], – sie hat wieder ihren «Appetit» am Leben zurückgewonnen; indem an dieser Stelle hier Jesus den Sohn der Witwe seiner Mutter «zurückgibt», wird zugleich deutlich, in welch einem Umfang das zentrale Problem: die Bindung an seine Mutter, wirklich gelöst ist. Etwas ist da geschehen, das ganz dem entspricht, was – laut Legende – Jesus selber im Alter von zwölf Jahren erlebt hat: er konnte seinen Eltern «untertan» sein (Lk 2,51), nachdem er in dem Bereich seines Vaters (Lk 2,49) sich selber gefunden hatte. Von einer ähnlichen Probe auf das Gelingen der Heilung erzählt *Lukas* zum Abschluß der Geschichte von dem Besessenen von Gerasa: geheilt, möchte er mit Jesus sein dürfen; der aber fordert ihn auf, zurückzugehen in sein Haus (Lk 8,38.39)[30]; – erst wenn er *dazu* imstande ist, hat sich der Albtraum seiner Kindheit gelichtet.

Mit anderen Worten: Nur weil er sich nicht mehr als das «Eigentum» seiner Mutter empfindet, sondern weil er sich selber gehört, kann Jesus den «Jüngling» der Mutter «zurückgeben». Damit scheidet ein naheliegendes Mißverständnis eindeutig aus: Es ist nicht möglich, Kinder, junge Leute, Studenten, Eheleute – wen auch immer – zu «therapieren», um sie den Erwartungen ihrer Eltern, Angehörigen oder Vorgesetzten gefügiger zu ma-

[28] Vgl. schon MARTIN DIBELIUS: *Die Formgeschichte des Evangeliums*, 76: «Am beredesten sind ... (sc. bei den «Novellen», d.V.) die *Schlüsse* ... Was uns nüchtern und unerbaulich erscheint, besitzt höchste Bedeutung für einen Erzählungsstil, der durch das mitgeteilte Wunder an sich missionarisch wirken will: denn so *konstatiert man die Realität des Wunders.*»

[29] Vgl. zu der Parallelstelle Mk 5,21-43 die Auslegung in TE II 277–309, bes. S. 307.

[30] Vgl. zu der Parallelstelle Mk 5,1-20 die Auslegung in TE II 247–277, bes. S. 272–277: Menschlichkeit und Gottesglaube.

chen; doch wenn sie erst einmal wissen, wer sie selbst sind und was sie selbst wollen, wird es ihnen auch möglich, sich «objektiv» – weniger angstverzerrt, weniger vorwurfsvoll und weniger aufgebläht an Bedeutung – wahrzunehmen und sich zugleich «fairer» – weniger verletzend, weniger doppelbödig und weniger eingenebelt – von den Menschen ihrer Umgebung abzusetzen oder sich auf sie zuzubewegen.

Bemerkenswert bleibt dann nur noch die Reaktion der Menge – der «Chorschluß»[31], der einer öffentlichen Akklamation und Proklamation Jesu als *des* «Propheten» (des für die Endzeit verheißenen Elija) gleichkommt. Jetzt zeigt sich die Menge als von Furcht ergriffen (7,16), – sie respektiert offenbar das neue Leben, das so ermöglicht worden ist; ja, sie erkennt darin das Wirken Gottes selbst. Und wie sollte es auch anders sein? Wo irgend ein Mensch aufwächst zu sich selbst und aufblüht zu seiner Schönheit, da wird er selber zu einem Zeugnis für Gottes Liebe und Gottes Macht. Nicht anders als in der Kraft der Liebe, die Gott ist, vermochte Jesus Menschen zu heilen und sie, indem er so tat, Gott nahezubringen.

Literarisch betrachtet, ist die Geschichte von der Totenerweckung des Jünglings von Nain eine Elija- und Elischa-Überbietungslegende ohne historischen Wert[32]; doch menschlich betrachtet, enthält sie die ganze Art des Mannes aus Nazaret, mit Menschen umzugehen. ROMANO GUARDINI (1885–1968) noch konnte in seinem damals berühmten Buche *Der Herr* «Jesu Tun in Nain» beschreiben als Werk «eines mühelosen Liebeserweises ..., auf dem Wege im Vorübergehen geschenkt»[33]; doch GUARDINI ließ weder die Ergebnisse der Formgeschichte der historisch-kritischen Exegese noch «die Vorstellung vom Naturgesetz» für seinen Glauben, «daß Christus der Sohn Gottes ist», gelten[34]; lesen wir die Geschichte hingegen mit psychologischen Mitteln als die Legende, die sie ist, so widerspricht sie weder der historischen Forschung noch dem Weltbild der modernen Naturwissenschaften, dafür aber spricht sie symbolisch von Ängsten und Nöten, die wir alle nur allzu gut kennen, und sie zeigt zugleich auch, wie es möglich

[31] Vgl. MARTIN DIBELIUS: *Die Formgeschichte des Evangeliums*, 55: «die Akklamation ist ein Kennzeichen der Wundergeschichte auch in der Umwelt». Und S. 72: «Der Zuruf bildet in der Novelle vom Jüngling zu Nain den bezeichnenden Abschluß.»

[32] KARL LÖNING: *Das Geschichtswerk des Lukas*, I 219, meint: «Der Titel ‹großer Prophet› (sc. in 7,16, d.V.), mit dem die Menge hier Jesu Rolle bezeichnet, ist singulär. Er dient dazu, die zentrale Bedeutung Jesu in dem eschatologischen Prozeß, in dem sich Gott seinem Volk zuwendet (vgl. Lk 1,68.78), zu benennen.»

[33] ROMANO GUARDINI: *Der Herr*, 117.

[34] A. a. O., 117.

ist, «Leben» zu schaffen anstelle des Todes. Nur, «mühelos», «im Vorübergehen», wird es nicht gehen. Was in der Legende erscheint als das Werk eines Augenblicks, ist im wirklichen Leben ein zumeist sehr beschwerlicher, langwieriger Weg. «Und er trat hinzu und berührte den Sarg» (7,14) – ein einziger solcher Satz, übersetzt in das eigene Leben, – er könnte alles verändern.

Lk 7,18–35: Jesus und der Täufer oder: Der Lobgesang der Gnade

(vergleiche Mt 11,2–19)

18 Auch Johannes berichteten seine Jünger über all dies. Da berief zwei
seiner Jünger Johannes 19 und schickte zum Herrn, sprechend: Du, bist du
es, der da kommen soll, oder sollen wir auf einen anderen hinwarten?
20 So fanden sich bei ihm die Männer ein und sagten: Johannes der Täu-
fer hat uns gesandt zu dir, sprechend: Du, bist du es, der da kommen soll,
oder sollen wir auf einen anderen hinwarten? 21 Zu jener Stunde heilte er
viele von Gebrechen und Plagen und bösen Geistern, und vielen Blinden
schenkte er das Sehen. 22 So hat er ihnen als Antwort gesagt: Geht und
berichtet Johannes, was ihr gesehen und gehört habt: *Blinde werden se-
hend*, Lahme gehend, Aussätzige werden rein und Taube werden hörend,
Tote werden auferweckt, *Armen wird die Heilsbotschaft verkündet* (Jes
29,18.19; 35,5.6; 61,1; Mt 15,31; 5,3ff.). 23 Und glücklich, wer nicht ver-
stört wird an mir (Mt 13,57; 26,31)!
24 Als aber die Boten des Johannes fortgegangen waren, fing er an zu den
Scharen über Johannes zu sagen: Was seid ihr hinausgegangen in die
Wüste, zu schauen? Ein Rohr, sich biegend unter dem Wind? 25 Doch
(wenn das nicht,) was seid ihr (dann) hinausgegangen, zu sehen? Einen
Menschen in Samtmänteln gekleidet? Da, die in Prachtummäntelung und
Prasserei bestehen, sind (nur) in den Königspalästen. 26 Und was seid ihr
(dann) hinausgegangen, zu sehen? Einen Propheten? Ja, ich sage euch:
sogar mehr als einen Propheten. 27 Dieser ist es, über den geschrieben
steht: *Da, ich sende meinen Boten vor deinem Angesicht her, der deinen
Weg vorbahnen soll* (Jes 40,3; Mal 3,1; Ex 23,20; Mt 3,3; Mk 1,2; Lk
1,76).
28 Ich sage euch: Ein Größerer unter den Weibsgeborenen als Johannes
existiert nicht; doch der Kleinste im Königtum Gottes ist größer als er.
29 Und alles Volk, das zugehört hatte, und sogar die Zöllner gaben Gott
recht, indem sie sich taufen ließen auf die Taufe des Johannes (Lk 3,7–12;
Mt 21,31–32). 30 Die Pharisäer aber und die Gesetzeslehrer verwarfen
den Ratschluß Gottes auf sich hin, indem sie sich nicht taufen ließen von
ihm (Apg 13,46).
31 Wem also soll ich die Menschen dieser Gattung vergleichen? Wem sind
sie gleich? 32 Sie sind Kindern gleich, die auf einem Marktplatz herum-
sitzen und einander zurufen, wie man so sagt: Auf der Flöte haben wir
euch gespielt, und ihr habt nicht getanzt; Klagelieder haben wir gesungen,
und ihr habt nicht geweint. 33 Denn gekommen ist Johannes, nicht es-
send, nicht trinkend, da sagt ihr: Einen Abergeist hat er. 34 Gekommen ist
der Menschensohn, essend und trinkend, da sagt ihr: Da, ein verfressener
Mensch, ein Weinsäufer, ein Freund von Zöllnern und Sündern (Lk 5,30;
15,2; 19,7; Mt 9,11). 35 Doch als recht erwiesen wird die Weisheit von
allen ihren Kindern her (Spr 8,32–33; Sir 4,11).

Verzweifelter kann sich eine Frage nicht stellen. Da sitzt ein Mann im Todestrakt eines Gefängnisses und möchte hören, daß es stimmt, wofür er bis zum äußersten sich eingesetzt hat: Nichts weiter wollte er, als der Ankunft des Messias den Weg zu bereiten (Lk 3,4), indem er, drohend mit dem Strafgericht Gottes, zur Umkehr aufrief (Lk 3,7–9); wenn *er* komme, werde er nicht mit Wasser, sondern mit Feuer taufen; er werde die «Spreu» verbrennen «in unauslöschbarem Feuer» (Lk 3,16–17). Jetzt geht die Rede, der Mann aus Nazaret sei «ein großer Prophet» (Lk 7,16), ein zweiter Elija; – liegt es da nicht nahe zu denken, er könnte *der* sein, auf den alle warten?

Offenbar ist gerade das nicht möglich, was die «christliche» Dogmatik auf phantastische Weise in die Geschichte zurückprojiziert: daß da jemand auftritt und erklärt: «Ich bin der Messias.» Jesus insbesondere hat seinen Jüngern geradewegs verboten, ihn als Messias auszurufen (Lk 9,20.21). Wer jemand als Mensch ist, läßt sich mit sozialen Titeln kaum umschreiben, – es ist viel zu individuell geprägt, es ist ganz und gar von innen, nicht von außen bestimmbar; die gesellschaftliche Bedeutung eines Menschen aber läßt sich allein im Wechselspiel von persönlichem Wirken und sozialer Wirkung ermitteln: Wer jemand für sich ist, muß er im Umgang mit sich herausfinden; wer er für andere ist, können nur diese ihm sagen.

«Bist du es, der da kommen soll?»[1] Die Frage des Täufers enthält noch eine andere Dimension: Da soll ein Mensch gemessen werden an den wesentlichen Hoffnungen des Religiösen, und wie könnte er dies, würde er nicht sich selber mit seinen eigenen Visionen und Zukunftshoffnungen an den zentralen Vorgaben seines Volkes oder seiner religiösen Bezugsgruppe orientieren? «Der da kommen *soll*», kann nur jemand sein, der das «Kommende» wie alle anderen herbeisehnt und für sich selbst als einen verbindlichen Sollensanspruch empfindet. Doch was eigentlich besagen die Verheißungen eines Volkes, einer Religion? Welch eine Gestalt soll es sein, die sich mit «messianischer» Hoffnung verbindet?

Johannes hatte eine sehr ausgeprägte Vorstellung von der Ankunft des Messias entwickelt, und seine Frage jetzt ist ausgelegt auf eine Bestätigung

[1] EDUARD SCHWEIZER: *Das Evangelium nach Lukas*, 88, schreibt zu Recht zu Vers 7,18: «Lukas kehrt zu Q zurück, hier sehr stark mit Mt 12,2-19 übereinstimmend. Er begründet als Historiker die Frage des Johannes, und zwar durch sein Hören von Jesu Wundern, nicht durch Kerkerhaft und Zweifel an Gottes Sache, die verloren scheint (Mt 11,2.12 f. fehlen). Seine Frage wird von anderen aufgenommen: 7,49; 9,9.18. Die rechte Antwort, die freilich erst 9,22 ... genauer entfaltet wird, findet nur, wer in Jesu ‹Schenken› (V. 21 Ende) endzeitliche Erfüllung sieht (V. 22 f. wie 4,18-21).» Das sollte aber nicht hindern, die Frage des Johannes in Beziehung zu seiner eigenen Verkündigung zu setzen.

seines Prophetentums ebenso wie seiner selbst als Person. Bei all seinem Engagement hatte er nur zu deutlich gespürt, daß er selbst außerstande war, das «Gericht» wirklich durchzuführen, auf das er all sein Denken und Sehnen ausgerichtet hatte, – nur hinweisen konnte er auf diesen anderen, der er nicht war, doch den es geben mußte – nach ihm, doch bald schon.

Wohl alle Menschen werden so fühlen und fragen, die mit ihrem eigenen Anliegen an der Gegenwart scheitern, die aber darin durchaus keinen Grund sehen, an der Richtigkeit ihrer Botschaft zu zweifeln. Sie erleben sich in etwa wie FRIEDRICH NIETZSCHE (1844 –1900), der von sich sagte, er sei eine Sonne, deren Licht Jahrhunderte nach seinem Tode die Erde erreichen werde[2], – so weit voraus gegenüber der Bewußtseinslage ihrer Zeit empfinden sie sich. Johannes verstand sich als einen Warner und Mahner, der unerschrocken und radikal die Konsequenzen aus dem unzumutbaren und unhaltbaren Zustand der Gegenwart zog: die Katastrophe galt ihm für unvermeidlich; jetzt will er nur wissen, ob Jesus der Mann ist, der sie verhängen und vollstrecken wird. Wie aber antwortet man einem solchen Menschen, der sein ganzes Leben gesetzt hat – nicht an einen Irrtum, aber an eine Wahrheit, die, um wahr zu sein, so nicht bleiben kann, wie er sie glaubt? Ein Gott, der die Menschen straft in Gerechtigkeit, – das enthält einen unbedingt richtigen Sinngehalt, denn Gott *ist* gerecht; doch es ist falsch, wenn «Gerechtigkeit» heißt, die Menschheit zugrunde zu «richten»; ein unmenschlicher Gott ist kein Gott, er ist ein bloßer Götze der Angst. Alles, was der Täufer verhieß, läßt sich daher vollauf bestätigen, und doch gilt es, ihm eine andere Richtung zu geben, auf daß es seine Richtigkeit behält. «Gerecht» wird den Menschen einzig ein Gott, der ihnen vergibt in ihrer Hilflosigkeit und der sie heilt in ihrer Zerbrochenheit. Johannes den Täufer bestätigen kann man nur, wenn man ihn zugleich überwindet, – eine existentielle Dialektik von «Gesetz» und «Gnade», wie sie – außer vielleicht bei *Jeremia* und im *Jona*-Büchlein – nie war. «Sollen wir auf einen anderen hinwarten?» – «Nein, Johannes, es ist genau das, auf das Du all die Zeit gewartet hast, nur anders, als Du dachtest.» Auf eine solche Antwort hinaus läuft die eigentümlich vorsichtige Entgegnung, die Jesus hier gibt.

[2] Vgl. FRIEDRICH NIETZSCHE: *Ecce Homo*, Vorwort, 4, in: Götzendämmerung, 295, wo er von seinem *Zarathustra* schreibt: «Dies Buch, mit einer Stimme über Jahrtausende hinweg, ist nicht nur das höchste Buch, das es gibt, das eigentliche Höhenluft-Buch – die ganze Tatsache Mensch liegt in ungeheurer Ferne *unter* ihm –, es ist auch das *tiefste*, das aus dem innersten Reichtum der Wahrheit heraus geborene, ein unerschöpflicher Brunnen, in den kein Eimer hinabsteigt, ohne mit Gold und Güte gefüllt heraufzukommen.»

Als «typisch» für die Art des Wirkens Jesu setzt *Lukas* in das Zentrum seiner von ihm selbst geschaffenen Skizzierung die Heilung vieler «von Gebrechen und Plagen und bösen Geistern, und vielen Blinden ...» (7,21)[3]. Was in Nazaret von *Lukas* als das Leitprogramm Jesu formuliert ward: «die Heilsbotschaft Armen zu bringen» (Lk 4,18) – gegenüber der Darstellung des *Matthäus*, wonach Jesus in seiner Geburtsstadt Nazaret «nicht viele Machttaten wegen ihres Mißtrauens» wirkte (Mt 13,58) –, und was sich dann in Kafarnaum – in Übernahme von Mk 1,32–34 – auch genauso erfüllte (Lk 4,40–41), wird jetzt zum Wesenzug von allem, was Jesus tut[4]: wenn er von Gott spricht, so heilt es die Menschen, – es tut ihnen gut; wenn sie ihn hören, treten sie heraus aus dem Geisterschloß fremder Spukgestalten und -gedanken, indem sie selber beginnen zu fühlen und zu denken; die «bösen Geister» verlieren an Macht. Und dann sind da alle die Menschen, die «erblindet» sind an ihren Tränen, die das Elend so vieler nicht mehr «mitansehen» konnten, die ihre Lage als «aussichtslos» betrachten mußten: – ihnen vermittelt seine Gegenwart Mut und Hoffnung. Und eben darauf macht Jesus den Täufer hier aufmerksam.

Es ist, als wollte *Lukas* noch einmal in Erinnerung rufen, was er bereits berichtet hat: Besessene werden geheilt (Lk 4,33–37), Aussätzige werden rein (Lk 5,12–16), Lahme werden gehen (Lk 5,17–26), Sterbende werden wieder gesund (Lk 7,1–10), Tote werden auferweckt (Lk 7,11–17) – all das kennen wir aus seinem Evangelium bereits; erstaunlich aber ist, daß *Lukas* die Mitteilung: «Blinde werden sehend» (7,22) in seinem Evangelium nicht weiter belegt; er läßt sogar eine entsprechende Erzählung im *Markus*-Evangelium, die den Verlauf der Heilung in ihren Einzelheiten beschreibt (Mk 8,22–26), einfach fort (ähnlich wie *Matthäus*, der die Heilung zweier Blinder nur in ihrem Ergebnis erwähnt, Mt 9,27–31), desgleichen die Aussage: «Taube werden hörend»; auch hier greift *Lukas* die Geschichte von der Heilung des Taubstummen in Mk 7,31–37 nicht auf (ebenso wenig wie *Matthäus*); – vielleicht, daß beide Berichte in der Fassung des *Markus*-Evange-

[3] Vgl. EDUARD SCHWEIZER: *Das Evangelium nach Lukas*, 88–89: «Lukas hat 7,11-17 eine Totenerweckung eingefügt und in V. 21 nochmals zusammenfassend auf Jesu Wundertaten verwiesen, so daß die Johannesjünger sogar zu Augenzeugen werden. Darum werden auch die Blinden, von denen bisher noch nicht erzählt war, besonders genannt, freilich nicht auch die Tauben.»

[4] ULRICH BUSSE: *Das Nazareth-Manifest Jesu*, 28, referiert die Mehrheitsmeinung der Exegeten mit der Bemerkung: «In der Nazarethepisode spiegele sich die Grundkonzeption des Gesamtwerkes.» Allerdings warnt er vor «symbolischen Überinterpretationen, die die Erzählsituation, der sich der Evangelist immer bewußt bleibt, sprengen».

liums, das den beiden Synoptikern vorlag, noch nicht enthalten waren[5]. Ganz deutlich aber gehört das Interesse des *Lukas* mehr der Erfüllung der von ihm aufgeführten Prophetenzitate (vgl. Jes 29,18.19; 35,5–6; 61,1) als der konkreten Darstellung der einzelnen Krankheiten und deren Überwindung. Mit anderen Worten: Unter den Händen des *Lukas* verwandelt sich die Heilungstätigkeit Jesu in ein schriftgelehrtes Schema von Verheißung und Erfüllung[6]. *Jesus* ist derjenige, «der da kommen soll», – so lautet seine Aussage, die in dieser Form mehr noch an den Leser als an den Täufer gerichtet scheint. Gleichwohl bleibt die Frage bestehen: Was besagt eine solche Botschaft für Johannes selber in der Situation, in die der Evangelist ihn versetzt hat?

An Johannes den Täufer gewandt, besagen die Hinweise Jesu in etwa dies: «Du hast, mein Vetter, mein (Geistes)Verwandter, geglaubt, das Leben der Menschen zur Umkehr führen zu müssen, und weiß Gott: damit hattest Du religiös recht. Denn es ist wahr: was gemeinhin ‹Wirklichkeit› heißt, ist das gerade Widerspiel des Willens Gottes. Doch menschlich und damit auch vor Gott hattest Du unrecht: Mit Angst, mit der Androhung von Strafe, verhärtest Du eher die Menschen, als daß Du sie veränderst zu einem Mehr an Menschlichkeit und Güte. Es gibt ein größeres Gericht als das Tribunal der Strafegerechtigkeit. Als seinen Gerichtshof hat Gott des Menschen Herz selbst eingesetzt, das unbestechlich ist, wenn man es nicht verwirrt mit frommer Furcht oder bigotten Heilsversprechungen. Gott tritt nicht anklagend und vorwurfsvoll in das Leben des Menschen; er bleibt, was er ist: ein Gegenüber, das umfängt, ein Gegenüber, das beruhigt, ein Gegenüber, das versteht. Und eben bei ihm kann das Herz eines Menschen beginnen, sich selber zu klären: Was will ich eigentlich? Was spüre ich als meine Bestimmung? Wer bin ich überhaupt? – Endlich stellen sich solche Fragen, und

[5] Zur Stelle vgl. Mk I 492–501: Mk 7,31-37: Die Heilung des Taubstummen.

[6] PETER BÖHLEMANN: *Jesus und der Täufer*, 256, verweist darauf, daß schon in der Predigt Jesu in Nazaret (Lk 4,25-27) die Namen Elija und Elischa «an den Täufer denken» lassen; «auch die Erwähnung der Reinigung des Heiden Naamans (Lk 4,27), dessen Heilung durch Untertauchen im Jordan geschah, erinnert an Johannes und seine Taufe.» Aber S. 257: «Nicht nur Johannes, sondern auch Jesus ist ein Prophet wie Elia oder Elisa, und er ist dies in einem noch höheren Maße als Johannes». «Jesus erweckt einen Toten wie Elia (Lk 7,11-17; vgl. 1 Kön 17,17-24) und betont gegenüber den Jüngern des Täufers seine messianischen Heilstaten (Lk 7,18-23). Indem Lukas Jesus nun nicht aufgrund seiner Verkündigung, sondern aufgrund eines Wunders, das in Form und Inhalt sehr stark an eine Wundertat Elias erinnert, als großen wieder auferstandenen Propheten bezeichnen läßt (7,16), zeigt er, daß Jesus vom Volk für den Elias redivivus gehalten wurde. Und zugleich erweist Jesus sich als derjenige, auf den die Anhänger des Täufers warten (7,18-23).»

sie bilden jetzt ein Richtmaß auch für all das, was bisher geschah: vieles davon gibt sich als peinlich und beschämend, als peinigend und schädlich zu erkennen, und es tut weh, hinsehen zu müssen. So, wie es da zutage tritt, möchte man niemals gewesen sein; aber man war so, und man wird heute für alle Zukunft die rechten Lehren daraus ziehen. So, ganz im Inneren, im Herzen des Menschen, ereignet sich Gottes ‹Gericht›. So geschieht, was Du selber gewollt hast, Johannes: daß das Krumme gerade wird. Nur *so* geschieht es. Was nützen alle noch so planierten Wege, wenn die Menschen zu mutlos sind, sie zu gehen, – wenn sie gelähmt sind vor Angst? Was nützt eine Wegebegradigung, wenn die Menschen sich immer wieder auf Abwegen verlaufen, – wenn sie blind sind vor Angst? Nur, bitte, nimm Du nicht selber Anstoß an meiner Milde. Ereifere Dich nicht in einem beleidigten Gerechtigkeitswillen, der zornig auf Strafe sinnt. Schau hinter die Fassade, und Du wirst keine Menschen finden, die wirklich ‹böse› sind. Wenn sie Böses tun, so geschieht es wie bei jedem von uns – auch bei Dir: aus Schmerz und aus Not, aus Enttäuschung und Einsamkeit, – aus Angst, die sich sichert in Krankheit und Kraft, in Schwäche und Stärke, in Flucht und Angriff. Du erzeugtest Angst. Ich heile die Angst. Doch wir wollen beide das gleiche. Wir meinen beide denselben Gott. Ja, ‹glücklich, wer nicht verstört wird an mir›.» (7,23)[7]

Wie Johannes die Botschaft Jesu aufgenommen hat, wird nirgends überliefert; wie jedoch *wir* sie aufnehmen sollen, zeigt sich in den folgenden Sätzen, in denen Jesus lauter Leute anspricht, die den Täufer aufgesucht und kennengelernt haben; doch was haben sie gesucht, und was haben sie gefunden? «Ein Rohr, sich biegend unter dem Wind?» (7,24)[8] Die Frage ist ironisch gestellt – genau *das* war Johannes nicht. Aber ist es nicht das, wonach alle bloße Neugier verlangt? Wie faszinierend, wenn jemand, zum Beispiel in der Politik, eine Meinung vertritt, die allgemein einleuchtet: er ist

[7] ULRICH BUSSE: *Die Wunder des Propheten Jesus*, 175, meint: «Obwohl der Täufer von dem Ereignis (sc. der Totenerweckung in Nain, Lk 7,11-17, d.V.) unterrichtet ist, bleibt sein Zweifel, ob Jesus der Kommende ist. Die erbarmende Machttat vermag den Täufer nicht zu überzeugen, sondern nur die, die sich für ihn entschieden haben (vgl. Lk 7,23).» Doch wofür entscheidet sich, wer sich für Jesus entscheidet, wenn nicht eben für den Glauben an die (wunderwirkende, heilende) Macht des Erbarmens – gegen den Glauben an die mögliche Korrektur des Verhaltens durch apokalyptische Strafandrohungen und äußerste Korrektheit der Gesetzesbefolgung?

[8] FRITZ RIENECKER: *Das Evangelium des Lukas*, 197, meinte: «Alles an ihm (sc. Johannes, d.V.) hat gepredigt: die Predigtweise und die Lebensweise waren eins. Wie kann da von einem Schilfrohr, das sich im Winde hin- und herbewegt, auch nur im entferntesten die Rede sein?» Doch genau auf das Wetterwendische richtet die Menge ihr Interesse.

für den Frieden, er ist für den Schutz der Umwelt, – so lange, bis er an die Macht kommt; dann treibt er «Realpolitik», dann weiß er, daß man den Frieden mit Kampfeinsätzen sichern muß, daß man die Umwelt nur bewahren kann in einer florierenden Wirtschaft ... und alle bewundern ihn für seine Flexibilität, für seine Bereitschaft, mit der Zeit zu gehen, für sein pragmatisches Geschick im Betreiben der Themen, die gerade «in» sind. – Oder jemand verzichtet ganz auf jeden geistigen Inhalt: wenn er nur erst erfolgreich genug ist im Opportunismus, wenn er «es» geschafft hat, dann ist das «outfit» selbst schon die «message»: welch eine Frisur mit welch einem Hosenanzug bei welch einem internationalen Anlaß trug doch die Kanzlerin ...? Welch eine Typberatung von welch einer Personal-Trainer-Agentur für welch einen Auftritt in den Medien zeitigte welch einen Erfolg? Nichtigkeiten als Wichtigkeiten – so kann man ein ganzes Leben vertun. Wer nur aus Sensationsgier und Klatschsucht zum Jordan ging, der war nicht unterwegs zu Johannes dem Täufer. – Wer andererseits religiös «interessiert» war und für sein Leben ein bißchen belehrt werden wollte, der fand etwas grundlegend anderes: einen «Propheten», gewiß, einen Mann, der weder gewandt noch gewandet sich selber vermarktete, der sein eigenes Ich als Sprachrohr Gottes verstand, der einstand mit seiner Person für das, was er sagte, – so einer war herausgefordert genug, um herausfordernd zu sein. Doch wer Johannes zuhörte, entdeckte über das «nur» Prophetische hinaus etwas Drängendes, Unaufschiebbares, Unmittelbares; da gab es kein Ausweichen mehr, kein Zögern, kein Diskutieren. Was er sagte von Gottes Gerechtigkeit, war evident; und so wurde er selbst für jeden der Hörer zum Prüfstein für die Ernsthaftigkeit seines Lebens. Kein Wunder also: Jesus selber soll in ihm den verheißenen Propheten der Endzeit erblickt haben, den Gottesknecht (aus Jes 40,3), den Boten des Messias (aus Mal 3,1 und Ex 23,20) – schon die Logienquelle stellt es so dar, die *Matthäus* (11,2–19) und *Lukas* (7,18–35) zugrunde liegt[9]. Auf dieser Ebene enthält das Konzept oder

[9] Vgl. FRITZ RIENECKER: *Das Evangelium nach Lukas*, 198: «Johannes ist der letzte aller alttestamentlichen Propheten, der Schlußstrich der prophetischen Reihe, der ausgestreckte Finger, der auf den Messias hinweist. Er hat eine heilsgeschichtliche Funktion. In ihm ist die Schnittlinie zwischen Altem und Neuem Testament. Unter Hinweis auf Mal 3,1 nennt der Herr den Täufer ‹Engel Gottes›. Engel und Bote ist im Heb(räischen) und im Grie(chischen) dasselbe Wort ... Das aber ist die höchste Kennzeichnung des Engels, daß er ‹vor Gottes Angesicht steht› (vgl. Gabriel Lk 1,19 ...). Somit ist des Täufers Lebensführung und sein Beruf tatsächlich dem Dienste eines Engels zu vergleichen.» – Zu dem Wort von dem «Größten» und «Kleinsten» in 7,28 vgl. GUSTAF DALMAN: *Die Worte Jesu*, I 92–94: «Das erinnert an Jehoschua ben Levi (um 250), nach welchem es Menschen gibt, welche in diesem Aeon (sc. Weltalter, d.V.) ‹geschätzt› ... sind, aber in jenem Aeon ‹geringgeachtet›» (S. 93). Es geht

Konstrukt der Aussage Jesu über Johannes natürlich vor allem auch eine Aussage Jesu über sich selbst: wenn jener der verheißene Bote des Messias ist, gibt sich Jesus damit selber als Messias zu erkennen? Doch auch «Schrifterfüllungszitate» und Titelvergaben sind nichts weiter als Verbiegungen und Verbeugungen im Wind der jeweiligen Sprachspiele, als Äußerlichkeiten in Talaren und Theaterroben, – wesentlich geht es (noch einmal) um die Zuordnung von «Gesetz» und «Gnade», von «Gerechtigkeit» und «Vergebung», von «Ethik» und «Erbarmen».

Moralisch gesehen, kann kein Mensch *mehr* unternehmen, als es Johannes getan hat. Wie alle Propheten, wie alle Gesetzeslehrer, wie alle Moralphilosophen hat er appelliert an den Willen der Menschen: sie sollten das Gute nur fest genug wollen. Radikaler, ernster, strenger, mahnender, vernichtender kann man nicht sprechen, als der Täufer es tat; in ihm kulminiert das ethische Prinzip zu seiner höchsten Erscheinung. *Mehr* kann man von einem Menschen nicht erwarten, mehr kann ein Mensch überhaupt nicht tun. Und doch ist im Sinne Jesu das alles nur erst eine kleine Treppe zum Thronsaal der Herrlichkeit Gottes; man muß sie beschreiten, doch darf man auf ihr nicht stehen bleiben; denn: «der Kleinste im Königtum Gottes ist größer als er», der doch der Größte «unter den Weibsgeborenen» war (7,28)[10]. Der Unterschied ist charakteristisch: der Täufer wartete nach seinem Bekunden auf einen «Stärkeren» und «Genügenderen» (Lk 3,16); – stark und schwach, genügend und ungenügend waren die Kategorien, in denen er dachte, bezogen auf die «Kraft», die erfordert ist, um das angedrohte Gericht auch wirklich hereinbrechen zu lassen. Die Worte «klein» und «groß» in der Sprache Jesu könnten an sich etwas Ähnliches bezeichnen, – sie meinen aber etwas Grundverschiedenes, von Grund auf alles Verwandelndes, die gesamte Ethik Überwindendes. Der Grund: alle sittlichen

also mit dem Einbruch des Königtums Gottes eine vollkommene Umwertung aller Maßstäbe einher, – eine absolute Zeitenwende. Auch MICHAEL WOLTER: *«Gericht» und «Heil» bei Jesus von Nazareth und Johannes dem Täufer*, in: Jens Schröter u. Ralph Brücker (Hg.): Der historische Jesus, 355–392, der eigentlich die Kontinuität zwischen dem Täufer und Jesus hervorhebt, unterscheidet zwei Gerichtstypen: das «Vernichtungsgericht» (S. 366–367), das er eher dem Täufer zuordnet (S. 368), und das «forensisch ausgerichtete Verfahren» (S. 367), das er eher mit der Botschaft Jesu verbindet (S. 368). Was er dabei unberücksichtigt läßt, ist der Inhalt, der da gerichtsrelevant sein soll; der aber macht erst den absoluten Unterschied.

[10] JOSEF ERNST: *Der Spruch von den «frommen» Sündern*, in: C. Bussmann – W., Radl (Hg.): Der Treue Gottes trauen, 209, meint: «Das Logion 7,29 f. ist vom Redaktor Lukas szenisch in die Sammlung von Jesusworten eingeblendet worden mit dem Ziel, Zustimmung und Ablehnung des im Täufer dargestellten Heilbringers ins Wort zu heben.»

Anstrengungen erheben den Menschen nicht aus dem Staub, sie drücken ihn nur immer tiefer hinein. Zudem: es ist so einfach, in klaren Anweisungen, wie Johannes es tat, den Menschen ins Gewissen zu reden; schaut man aber sich wirklich an, wie die Menschen leben, und versucht, auf ihre Leiden und Krankheiten einzugehen, so beginnt die tatsächliche Anstrengung allererst. Wie man einen Menschen lehrt, an Liebe zu glauben und sogar daran, selber geliebt zu sein, *das* ist etwas «Großes», *das* ist die eigentliche «Umkehrung» der Lebenseinstellung, die Johannes verhieß, *das* ist der Beginn des «Königtums Gottes», das Jesus brachte. Nicht mehr «ich muß», sondern «ich möchte», nicht mehr «ich soll», sondern «ich spüre selber», nicht mehr «ich will», sondern «ich darf», bestimmen fortan das Grundgefühl eines Lebens, das mit sich selber in Übereinstimmung kommt. Akzeptation statt Askese, Integration statt Intransigenz, Personalisierung statt Perfektionierung – zwischen diesen Gegensätzen verläuft der Weg aus der judäischen Wüste hinüber zu den lieblichen Fluren der fruchtbaren Ebene Jesreel; er führt von der Egozentrik der Angst zu der Weite eines paradoxen, doch absolut nötigen, alles rettenden Vertrauens.

Begriffen hat diese Wahrheit nach Jesu Worten «alles Volk» – die «einfachen» Leute –, sogar «die Zöllner» (7,29); sie wußten nur allzu gut um ihre Fehlbarkeit und ihre Schuld; nur die «Pharisäer ... und die Gesetzeslehrer» zeigten sich unbeeindruckt von der Botschaft des Täufers. Und wie denn auch nicht? Sie sind die typisierte Musterausgabe von Frömmigkeit und Gesetzestreue[11]. Solche Leute brauchen nicht «einzukehren» oder gar «umzukehren»; sie sind in Ordnung, sie sind die Ordnung. Das System aus richtigen Regeln und genauen Geboten ist ihre Sicherheit und gibt ihnen Zuversicht auch bei Gott. Sie bedürfen keiner «Buße» und schon gar keiner «Gnade». Sie merken nicht, daß sie damit «den Ratschluß Gottes» (7,30) – sein Wesen, sein eigentliches Wollen – «verwerfen»[12].

Johannes der Täufer und Jesus gehören damit wirklich als «Verwandte»

[11] JOSEF ERNST: A. a. O., 212, denkt daran, daß «der Spruch (sc. 7,29 f., d.V.) auch noch das lukanisch-redaktionelle Motiv von der Sündenvergebung vorbereiten» wolle. «In der unmittelbar auf die Täufersprüche folgenden Erzählung (7,36-50) gewährt Jesus der Sünderin Nachlassung der Sünden ...; nach dem Verständnis des Lukas liegt hier der Stein des Anstoßes für die Pharisäer und Schriftgelehrten (7,30 vgl. 7,49; 5,30).»

[12] MATTHIAS KLINGHARDT: *Gesetz und Volk Gottes*, 311, arbeitet heraus, daß die «Schriftgelehrten bzw. die Gesetzeslehrer ... das nicht-christliche Judentum» repräsentieren; doch sieht er die Differenz in der «auf Reinheit und Heiligkeit abzielenden jüdischen Tradition» (S. 309) und bleibt deshalb stehen bei der Auseinandersetzung um Speisevorschriften, Reinheitsvorstellungen und Kultkritik; worin all diese Kontroversen ihren eigentlichen religiösen («prophetischen») Ursprung haben, wird nicht sichtbar.

zusammen, und so ist es kein Zufall, daß sie beide von den gleichen Gruppierungen der Gesetzesgerechten gemaßregelt werden, – diesen Leuten ist es einfach nicht recht zu machen. Die Strenge des Täufers stößt sie ab als unnötig, überflüssig und lästig, – seine ganze Aufregung ist für sie deplaziert und degoutant, sie verrät einen Mangel an Ordnung und Stil, sie liebt die Übertreibungen, sie klingt nach Leidenschaft und Unvernunft. Nein, von einem solchen Mann sollte man sich nicht aus der Fassung bringen lassen. Die Allüren Jesu aber sind in ihren Augen geradewegs gotteslästerlich. Was der eine zu ernst nimmt, nimmt der andere offenbar zu leicht, – sein Gott ist ein Gott, der nichts kostet, aber damit auch nichts wert ist, ein Gratis-Gott, ein gemütlicher Gesell ... Wie kommt Jesus nur darauf, daß man sich mit ihm an diesem seinem Gott freuen soll? – So oder so, man hat etwas einzuwenden gegen den bloßen Gedanken auch nur, an der eigenen Lebensführung gebe es etwas auszusetzen. Das Gesetz ist für die Gesetzesgerechten wie eine schriftlich von Gott gegebene Bestätigung ihres Standpunkts, es genüge, um richtig zu leben, die Vorschriften der Tora getreu einzuhalten. Man braucht, wenn es so steht, niemals zu lernen, was persönliche Verantwortung ist; man existiert als sozialisiertes Individuum, beruhigt im Allgemeinen. In gewissem Sinne bleibt man unter diesen Umständen ein ewiges Kind; man wird niemals erwachsen. Und als eine solche «Kinderei» des Existentiellen schildert Jesus denn auch das Verhalten der «Pharisäer und Schriftgelehrten»: sie spielen das Leben; eben deshalb spielen sie nicht mit, wenn sie einem Menschen begegnen, dem es wirklich ernst ist. Johannes mit seiner Leichenbittermiene ist ihnen zu negativ, zu traurig und zu finster. Jesus, der «Hochzeiter», der «Bräutigam» (Lk 5,34), ist ihnen zu blauäugig, zu vertrauensselig, zu heiter. Weder Reue noch Freude entspricht ihrer Gestimmtheit. Dazwischen – gemütlos, beherrscht, kontrolliert – verläuft ihr Leben. «Verrückt», besessen von einem «Abergeist», ist für sie Johannes, anarchisch und ausschweifend, «verfressen» und «weinsaufend» Jesus[13]. Doch wie weit entfernt von dem Leben der beiden hält sich ein solches (Vor)Urteil!

[13] So KARL HEINRICH RENGSTORF: *Das Evangelium nach Lukas*, 101: «Der eine, der mit dem Bußwort und der Taufe kam ..., paßt nicht, weil er die Fröhlichkeit stört (vgl. 3,7 ff. 19); der andere, der die frohe Botschaft von Gottes Gnade bringt (4,16 ff.) ..., erregt Anstoß, weil er nicht ernst genug scheint (5,33 ff.) und nicht nach den üblichen Maßstäben Würdige und Unwürdige unterscheidet (5,30; 15,2) ... Wenn Gottes eigenes Volk seine Boten nicht achtet und das, was er durch sie tut, für Torheit hält (1 Kor. 1,17 ff ...), so bereitet er (sc. Gott, d.V.) sich eine neue Gemeinde, die ihn in seiner göttlichen Weisheit nicht kritisiert, sondern ihm recht gibt (vgl. 7,29) ... Diese neue Gemeinde der wahren Kinder Abrahams (3,8) entsteht nun aus den verachteten Zöllnern (3,12; 5,27 ff.; 7,29; 18,9 ff.; 19,1 ff.) und

Man muß sich nur einmal vorstellen, welch eine Art von Seelsorge dazu gehört, daß die «Zöllner» und «Sünder» sich von ihr angesprochen, ja, freundlich und freundschaftlich eingeladen fühlen können. Der Besuch eines «normalen» Sonntagsgottesdienstes in irgendeiner «normalen» Pfarrkirche langt völlig aus, um zu sehen, wie sehr die kirchliche Praxis dem Vorbild Jesu entgegensteht. Wen wird man dort finden? Ältere Mittelstandsbürger und deren Kinder – «Zöllner» und «Huren» ganz sicher nicht. Wollte wirklich ein Pfarrer sich wesentlich, ja, ausschließlich, wie Jesus es tat, um all die Außenseiter in seiner Gemeinde bekümmern: um die Gescheiterten, um die seelisch Leidenden, um die Asylsuchenden, um die Bettler – um die Dirnen, ganz wörtlich, um die sozial Verachteten (die «Verbrecher»), um die Vereinsamten (die «Zöllner») –, man könnte unschwer vorhersehen, welch einen Skandal er bei den «Gerechten» und Getreuen seiner Gemeindemitglieder auslösen würde. Ein «Freund von Zöllnern und Sündern» zu sein (7,34) – *das* indessen ist der wahre Ehrentitel Jesu; es ist seine Art, «Messias» zu sein; es ist der Inbegriff seiner ganzen Lebensauffassung, der Inhalt seiner «Weisheit» (7,35)[14]; so paßt es zu ihm. Jeder, der weiß, was sozial und seelisch Elend bedeutet, wird Jesu Einstellung als ein unumgängliches Postulat der Menschlichkeit – in der Tat als göttliche «Weisheit» – erkennen; und umgekehrt: wer in dieser Haltung zu leben versucht, der wird sich selbst fühlen als jemand, der, wie ein Kind bei seinen Eltern, nur leben kann an einem solchen Ort der Gnade, – am Ort, da Gott

Sündern (7,36 ff.; 23,39 ff.) ... Es geht um die radikale Abkehr von einer Frömmigkeit, die sich selbst genug ist (vgl. 7,39; 18,11 f. u. ö.) ... So wiederholt Jesus hier, was er in der Synagoge von Nazareth über das göttliche Heute sagte (4,21 ...). Er tut es aber ... bereits in dem schmerzlichen Bewußtsein, daß sein Volk die Gnadenstunde wird ungenutzt verstreichen lassen.» PETR POKORNÝ: *Die Zukunft des Glaubens*, 46, hebt hervor: «Johannes der Täufer hat versucht, seine Hörer vor allem durch die Schilderung des kommenden Jüngsten Gerichts und der folgenden Strafen zur Buße zu führen (Mt 3,7-10 par.). Seine asketische Lebensweise hat seine Bußpredigt unterstrichen (Mt 11,18 par.). Jesus dagegen hat betont, daß die Zeit, in der er das Reich Gottes proklamiert und durch sein ganzes Verhalten vergegenwärtigt, eine frohe Zeit ist: Es ist die Zeit der Hochzeitsfreude (Mk 2,19) par., vgl. Joh 2,1-10) und der Vergebung (Lk 7,36-50), die Freude erweckt ... Es ist diese ansteckende Freude, die besonders bei der Tischgemeinschaft erlebt wird, die den Menschen zur Buße führt.»

14 GERHARD MAIER: *Lukas-Evangelium*, I 331, meint: «Der 35. Vers gehört zu den meistdiskutierten des ganzen Evangeliums ... Man bekommt nur dann einen Zugang zu diesem Vers, wenn man sieht, daß diese ‹*Weisheit*› niemand anders ist als Jesus selbst. Denn es handelt sich um die göttliche Weisheit, die in Spr 8,22 ff beschrieben wird (vgl. auch Sir 29,1 ff.). Diejenigen, die ihr folgen, sind nach Spr 8,32 ‹*ihre Kinder*› (vgl. 1 Kor 1,24 ff. 30). ‹*Kinder*› wird deshalb auch zu einer Bezeichnung für die Jünger (Mt 18,3 ff.; Mk 10,24; Joh 13,33; 21,5).» Vgl. Mt 11,19.

selbst wohnt. Doch *Paulus* hat recht: diese «Weisheit» Gottes ist ganz und gar dazu bestimmt, die «Weisheit der Weisen und den Verstand der Verständigen zunichte» zu machen (1 Kor 1,19). Oder sagen wir es in den Worten eines Gedichtes von GÜNTER EICH (1907–1972) unter dem Titel *Schuttablage*; es heißt:

Über den Brennesseln beginnt,
keiner hört sie und jeder,
die Trauer der Welt; es rührt der Wind
die Elastik einer Matratzenfeder.

Wo sich verwischt die goldene Tassenschrift,
in Schnörkel von Blume und Trauben,
wird nur lesbar, – o wie es mich trifft:
Liebe, Hoffnung und Glauben.

Ach, wer fügt zu bitterem Scherz
so die Scherben zusammen?
Durch die Emaille wie durch ein Herz
wachsen die Brennesselflammen.

Im verrosteten Helm blieb ein Wasserrest,
schweifenden Vögeln zum Bade.
Verlorene Seele, wen du auch verläßt,
wer fügt dich zusammen in Gnade?[15]

[15] GÜNTER EICH: *Botschaften des Regens*, 175.

Lk 7,36–50: Jesus und die Sünderin oder: Von Liebe und Vergebung

36 Es bat ihn aber einer der Pharisäer, zu essen mit ihm; so ging er in das
Haus des Pharisäers und legte sich zu Tisch. 37 Und da: eine Sünderin; als
die nun merkte, er liege zu Tisch in der Wohnung des Pharisäers, brachte
sie eine Alabasterflasche voll Salböl 38 und trat von hinten zu seinen
Füßen, weinend; mit ihren Tränen fing sie an, seine Füße zu benetzen,
dann mit den Haaren ihres Hauptes trocknete sie seine Füße und rieb sie
mit dem Salböl ein. 39 Als aber der Pharisäer, der ihn geladen, das sah,
sagte er bei sich, sprechend: Der, wenn er ein Prophet wäre, würde doch
merken, wer und was für eine die Frau ist, die ihn da berührt, daß sie eine
Sünderin ist. 40 Doch geantwortet hat Jesus, er hat zu ihm gesagt: Simon,
ich habe dir was zu sagen. Der aber: Lehrer, sagte er, sprich! – 41 Zwei
Schuldner hatte ein Geldverleiher; der eine schuldete fünfhundert Denare,
der andere fünfzig. 42 Da sie nichts zum Zurückzahlen hatten, schenkte
er's beiden. Wer nun von ihnen wird ihn mehr lieben? 43 Geantwortet hat
Simon, er hat gesagt: Ich nehme an, der, dem er am meisten geschenkt
hat. Er aber hat ihm gesagt: Richtig hast du geurteilt. 44 Und zu der Frau
gewandt, sprach er zu Simon: Erblickst du diese Frau? Ich bin in deine
Wohnung gekommen; – Wasser, mir, auf die Füße, hast du nicht gegeben
(Gen 18,4); diese aber – mit ihren Tränen hat sie meine Füße benetzt und
mit ihren Haaren abgetrocknet. 45 Einen Kuß, mir, hast du nicht gegeben
(Röm 16,16); diese aber – seit ich hereingekommen, hat sie nicht abge-
lassen, zu liebkosen meine Füße. 46 Mit Öl mein Haupt hast du nicht
eingerieben; diese aber – mit Salböl hat sie eingerieben die Füße mein.
47 Deshalb sage ich dir: Erlassen sind ihre Sünden, die vielen, denn sie hat
viel geliebt. Wem wenig erlassen ist, wenig liebt der. 48 Zu ihr aber hat er
gesagt: Erlassen sind deine Sünden. 49 Da fingen sie an, die mit (zu Tisch)
lagen, bei sich zu sprechen: Wer ist der, daß er sogar Sünden erläßt?
50 Gesagt aber hat er zu der Frau: Dein Vertrauen hat dich gerettet
(Lk 17,19; 18,42; Mk 5,34; 10,52; Mt 9,22). Geh in Frieden (Mk 5,34;
Lk 8,48; vgl. Ri 18,6; 2 Sam 15,9; 1 Kön 22,17).

Allein schon der Gedanke, der einer Dirne in der Nähe Jesu kommen konnte: sie dürfte sich zu ihm ins Haus begeben und ihn salben – wie einen König, wie einen Propheten, wie jemanden, der von Gott in diese Welt getreten ist! Ganz offensichtlich dient für *Lukas* die Geschichte als ein Kommentar zu seiner Feststellung, Jesus sei «ein Freund von Zöllnern und von Sündern» gewesen (Lk 7,34). Als Vorwurf meinten dieses Wort die Leute, die so sprachen, als Rettung empfindet sie es, die selbst Betroffene. Die anständigen Leute – sie kennt sie nur zu gut: mit ihrer Doppelmoral, mit den bizarren Verformungen ihrer unterdrückten Triebwünsche, mit den alltäglichen Tragödien des Ehelebens, mit der staubigen, traumlosen Langeweile ihres «geordneten» und «ordentlichen Daseins» ... Sie kann ihnen nicht einmal vorwerfen, daß sie so sind. Wie kleine, hilflose Jungen werden sie ihr oft erschienen sein, irgendwie suchend nach einer Mutter, die sie doch auch wieder voller Angst fliehen. Es waren wohl nur wenige schamlos genug, um den Besuch bei einer solchen wie ihr für ganz «normal» zu erklären und, um mit FJODOR MICHAILOWITSCH DOSTOJEWSKI (1821–1881) zu sprechen, «ein Recht auf Schande» für sich in Anspruch zu nehmen[1]. Die allermeisten werden zu ihr gekommen sein mit gespaltenem Herzen, – peinlichen und peinigenden Triebbedürfnissen erliegend, die sie nicht ständig unterdrücken mochten, doch für die sie sich gleichzeitig verachteten. Es war ein Rest sogar ihrer Moral, der sie daran hinderte, ehrlich zu sein. Lieber stellten sie sich selbst in Frage als eine Moral, die sie dazu zwang, die Lust der Nacht am Tage zu verleugnen. Nicht selten wurden sie nach außen hin womöglich zu den eifrigsten Verfechtern ihrer eigenen Unterdrückung, so als müßten sie öffentlich anprangern und geißeln, was sie privat als eine schwer zu tilgende Schmach und Schuld bereuten.

In diesem Zwiespalt kamen sie zu ihr.

Sie ließen sich von ihr umschmeicheln und verwöhnen und wußten doch, daß alles, was da geschah, im Inneren nicht stimmte, daß es wesentlich auf einer Lüge basierte. Mitten im Austausch größtmöglicher Intimität herrschte die unausgesprochene Übereinkunft, daß es keinerlei menschliche Verbindlichkeit dabei gebe. Wirkliche Gefühle durften sich nicht entwickeln, und wenn doch, mußten sie genauso niedergehalten werden wie im Vorfeld die störenden Gegenreden des Gewissens. In jedem Falle lautete die Ausrede, man bezahle sie für ihr professionelles Tun, also tue man ihr kein Unrecht, also sei man «quitt». Man imaginierte eine Liebe, die am Ende nichts weiter bedeuten sollte als einen Vorgang in einem Dienstleistungsgewerbe. Was Sinn hätte machen können als Ausdruck von Zuneigung, konnte nicht befriedigend sein in solch einer Verfremdung, und so lud unter Umständen ein suchtähnliches Bedürfnis sich auf: eine Sehnsucht nach Liebe, wo sie nicht sein konnte, ein Verlangen nach Lust, wo jegliches Empfinden ausgelöscht ward; eine chronische Verarmung des Gefühls ebenso wie des

[1] FJODOR MICHAILOWITSCH DOSTOJEWSKI: *Die Dämonen*, 2. Teil, 6. Kap. 5, S. 388: «... der Wahrheit gerade ins Gesicht sehen ... Diese Fähigkeit ... besitzen nur Russen ... Dem Russen erscheint die Ehre nur als eine überflüssige Last ... Durch ein offen verkündetes Recht auf Ehrlosigkeit kann man ihn am leichtesten ködern und mit sich ziehen.»

Geldbeutels, – ein Selbstbetrug im ganzen, dessen Kosten vor allem sie, die Gebraucht-Mißbrauchte, mit ihrer Erniedrigung zu bezahlen hatte. Denn auf sie entlud sich die moralische Pflicht zur Verachtung. War nicht sie, die Tochter Evas, die in Wahrheit Schuldige, die verruchte Verführerin? Wäre man je vom rechten Pfade abgewichen, hätte nicht sie am Seitenrand gestanden? «Ich kann zur Not Verständnis aufbringen für einen Mörder, der im Affekt ein Verbrechen begeht», äußerte ein hochangesehener und hochgestellter Akademiker, «aber eine Dirne, die so viele Ehen mutwillig, nur um des Geldes willen, zerstört, – das kann ich nicht begreifen. Sie müßte doch den Schaden sehen, den sie anrichtet.» Nicht wenige anständige Bürger werden so denken. Sie vergessen, wie tief ein Mann bereits seelisch «geschädigt» worden sein muß, ehe er eine Liebe, die er persönlich sich nicht zutraut, durch Lust ersetzen und mit Geld erkaufen zu können glaubt.

In jedem Falle erklärt sich auf diese Weise die öffentliche Ablehnung, die einer Frau wie dieser allseits entgegenschlägt. In der lukanischen Geschichte hat sie keinen Namen, nur eine Benennung, die sie hinreichend kennzeichnet: die «Sünderin»[2]. Die «Unsittlichkeit» ist das Emblem offenbar ihrer Vermarktung ebenso wie ihrer Entwertung. In diesem Dorf scheint sie zudem die einzige einschlägige Adresse in ihrem Gewerbe zu sein, jedenfalls ist sie unter ihrem Firmenschild anscheinend ebenso wohlbekannt wie übel beleumdet. – Wer sie als Mensch ist, als Frau, als Person – wen hätte das je interessiert? Ihr verlockendes Äußeres, ihre Dienstwilligkeit, ihr Aufenthalt jenseits der sorgsam gezogenen Zäune der Zucht – mehr zu wissen war bei einer solchen wie ihr wohl nicht wichtig. Ihr Alter? Sie war immer jung. Ihre Biographie? Sie war zeitlos, ohne Vergangenheit, ohne Zukunft. Was in ihr vor sich ging? Nichts, als was man zu sehen wünschte und sehen wollte. Was sie wert war? Nicht gerade viel, – ein Schaustück, ein Objekt, kein Subjekt mit dem Recht auf persönliche Geltung. Und die wichtigste Frage: Wie sie dahin kam? Möglich wäre vieles, was gemeinhin als Auslöser gilt: frühkindlicher Mißbrauch, Gewalttätigkeit des Vaters, die zerbrechende Ehe der Eltern, eine früh enttäuschte Liebe, Arbeitslosigkeit, Tod des Mannes, Scheidung, die Verantwortung für ein uneheliches Kind ... doch über derlei Hintergründe hören wir bei *Lukas* kein Wort. Statt dessen erfahren wir – verschlüsselt – von ihrer tiefen Sehnsucht, angenommen und aufgenommen zu sein, und zwar unbedingt von seiten einer Person, die ihr wie

2 Vgl. Str. B. II 162: «... eine Sünderin ... kann ganz allgemein eine Frau bezeichnen, deren Haltung den pharis. Satzungen nicht entsprach.» «Wahrscheinlich jedoch ist ... speziell eine Prostituierte zu verstehen.»

von Gott gesandt erscheint; wir erleben ihren Wunsch mit, dieser Person, dem Mann aus Nazaret, etwas bedeuten zu können, wie zum Ersatz für die öffentliche Ablehnung all der anderen. Doch auch hier: warum? was lockt sie, die Verlockende, ausgerechnet in Jesu Nähe?

Denken darf man, daß es entscheidend die «Freundschaft» war, die Jesus allen «Gestrandeten» entgegenbrachte: Weit wichtiger, als was sie getan hatten und in welchen sozialen und sittlichen Verhältnissen sie lebten, war ihm ihre Person, oder richtiger gesagt: er war bereit und befähigt, in dem, was sie taten, und in den Zuständen, in die sie geraten waren, ihre Not, ihre Ausweglosigkeit, die drückende Last ihrer Lage zu sehen. So, wie sie jetzt existierten, wollten sie nicht leben, so viel war klar, – wie ihnen da Böswilligkeit unterstellen? Er jedenfalls verdammte sie nicht, er sah nicht «schlechte» Menschen in ihnen, – er betrachtete sie als das, was sie waren: als Unglückliche, Gescheiterte, Hilflose. Und er sah, wie jede Mißbilligung durch die «Richtigen» eine Frau wie diese «Sünderin» nur immer tiefer in den Morast stampfte, – wenn sie an ihr vorbeigingen, wenn sie über sie hinweggingen, wenn sie zu ihr eingingen. Er richtete sie nicht, er zeigte Verständnis für sie. Das war alles, aber es war unendlich viel. Er war ein Ort, an dem sie sein durfte. Er verlangte keine Vorleistungen, keine öffentlichen Bußakte, kein Spießrutenlaufen. Er gab ihr die Würde zurück. Er sah sie wie eine Perle im Schlamm, die es zu reinigen galt von ihren Erniedrigungen und Entstellungen. Er meinte es vorurteilsfrei gut, und er vertraute darauf, sie mit seiner Güte heilen zu können.

In das Leben dieser uns ansonsten völlig unbekannten Frau müssen die Worte Jesu – oder auch nur schon die Berichte über ihn – gefallen sein wie ein seidiges Band aus Licht, das durch das verhangene Fenster der verfallenen Hütte ihres Lebens hineinwehte und sich zu ihren Füßen legte, und es muß auf sie gewirkt haben wie eine Einladung, über diese Brücke aus flirrender Schönheit geradewegs in den Himmel zu schreiten. Es war dieser Traum, der von ihr Besitz ergriff, als sie erfuhr, *er* komme in ihr Dorf, dicht an die Stelle ihrer lebenslänglichen Gefangenschaft; sie brauchte nur zu ihm zu gehen, um in die Freiheit zu treten. Gewiß war ihr: er werde sie verstehen; diese Sicherheit bereits erfüllte sie mit einer unsäglichen Dankbarkeit dafür, daß er so war. So viele schon hatten gesprochen von Gott, – bei jedem Sabbatgottesdienst predigten sie die vermeintlich von ihm gegebenen Satzungen, doch selbst wenn sie beteten, klang es wie ein Lobpreis der Guten und der Gerechten auf sich selber: «Selig, wer nicht wandelt im Rate der Gottlosen, ... – er ist wie ein Baum, gepflanzt an Wassern; ... nicht so die Frevler.» (Ps 1,1.3.4) Immer war es diese unsichtbare Trennlinie, die sie zwischen «richtig» und «falsch», zwischen «rechtschaffen» und «frevlerisch» zogen – im Namen Gottes, in dem vorgeblich klaren Wissen um seinen Gerechtigkeitswillen.

Wenn man indessen *ihm* zuhörte, so ging Gott selbst auf die Suche nach den Verlorenen, so wollte er nicht die Ausgrenzung der Gestrauchelten, so verbot er geradezu die moralische und gerichtliche Verurteilung und Aburteilung schuldig Gewordener. Nicht als wenn die Gebote und Verbote selber verkehrt und ohne jede Gültigkeit wären, – sie boten immerhin eine gewisse Orientierung; nur hält man einen Fluß, der bei anhaltenden Niederschlägen über die Ufer tritt, nicht auf mit dem Messen der Pegelstände, und noch weit weniger rettet man damit die Ertrinkenden aus der Flut.

Doch wichtig auch: Offensichtlich war Jesus kein Romantiker des Elends. Er behielt seinen eigenen Standpunkt bei, ohne sich selbst zu verlieren. Er hatte erkennbar nicht Angst um sich selber noch Angst vor sich selber. Was die anderen über ihn redeten, wenn sie ihn als Hurenliebling beschimpften, war ihm egal, denn er wußte, wie es sich in Wahrheit verhielt. Seine Sympathie, seine Zuneigung für sie entsprang nicht einer eigenen verborgenen Bedürftigkeit. Seine Liebe zu ihr war absichtslos, gütig und rein. Es gab in ihr gerade nicht die üblichen Zweideutigkeiten, die versteckten Anspielungen, all die schwülen Miasmen unklarer Gestimmtheiten. In seiner Gegenwart klärte sich das eigene Leben und wurde erfüllt von Zuversicht und Zärtlichkeit und von wachsendem Selbstvertrauen. Bei ihm fühlte man sich angekommen, weil angenommen; man fühlte sich richtig, weil endlich berechtigt; in seinen Armen verging das brennende Gefühl eigener Armut und Armseligkeit. Was so viele Männer bei ihr, der Dirne, vergebens gesucht hatten: eine Mütterlichkeit, in der all die Gegensätze sich aufhoben und ein wirklicher Neubeginn sich ermöglichte, das gerade fand sie bei Jesus. Er bewies seine Männlichkeit in der Festigkeit und Durchsetzungsfähigkeit, mit der er seine Überzeugungen lebte. Er mußte eben nicht bis zum Selbstverlust buhlen um Anerkennung. Er prostituierte sich nicht. Er bewies seine Mütterlichkeit in der Zuwendung, die er ihr – einer Prostituierten – schenkte. Er wußte zu lieben, ohne sich selbst zu entleeren. Er war wie der Gegenpol ihrer selbst – ein magnetischer Anziehungspunkt. Er war ein Mann Gottes, denn sein Gott war die alles umfangende Güte.

Vorgestellt haben muß sie sich, wie sie zu ihm ging, in ihrem schönsten Gewande, und ihn wie in stummem Einverständnis salbte, gleich einem König, gleich einem Priester, gleich einem Propheten; all dieses war er ja für sie, und sie besaß keine Worte, es ihm zu sagen. Wie immer verfügte sie nur über die Sprache ihres Körpers, ihrer Hände, und so würde sie durch die

Gebärde der Zärtlichkeit zeigen, was sie für ihn empfand. Ihr Salbgefäß, mit dem sie den Körper so vieler gepflegt hatte, würde sie jetzt ausgießen über ihn und ihn streicheln: seine Haare, seine Stirn, seine Wangen, seine Schultern; sie würde seine Gesichtszüge nachzeichnen, deren Linien sich so tief in ihr Herz eingeprägt hatten. Für einen Augenblick würde sie selbst sein wie eine Königsbraut, wie eine Priesterin, wie eine Prophetin – an seiner Seite, in seiner Nähe ... Es kam alles ganz anders.

Kaum betritt sie den Raum, in dem sie zu Tisch liegen, er und Simon, der Pharisäer, und die anderen geladenen Gäste, da bricht ihre ganze geliehene Würde zusammen, als wäre sie aus einer wohlig-wolkigen Wunschwelt wieder zurückgeworfen in die widerwärtige Wirklichkeit. Plötzlich ist es, als träte sie unter den Augen dieses Pharisäers und seiner Gäste in den grellen Schein der Jupiterlampen eines Schauprozesses. Schon das entsetzt-amüsierte Erstaunen, mit dem Simon und die anderen sie anschauen, – diese Blicke allein ziehen ihr den Boden unter den Füßen fort. Weiß sie's denn nicht selber, in welch eine blamable, ja, gefährliche Situation sie ihn bringt mit ihrer Impertinenz? Und doch ist da auch er – der einzige Ort, wirklich zu *sein*; sie kann nicht von ihm fortlaufen wie ein streunender Hund; zu ihm gehört sie, ihm gehört sie. Und so tritt sie hinzu «von hinten», verstohlen fast, «zu seinen Füßen» (7,38)[3], weiter kommt sie nicht. Noch ehe sie ihr Alabasterfläschchen über Jesus auszuschütten vermag, durchschüttelt sie selbst ein Schauer von Tränen. Wie oft hat sie gelächelt, um nicht zu weinen; jetzt braucht sie es nicht mehr, jetzt kann sie es gar nicht mehr. Indem sie flehentlich seine Füße umschließt, bricht es sich Bahn in krampfähnlichem Schluchzen, als flösse ihr ganzes Leben aus wie ein Stausee nach einem Dammbruch. Ja, da kann man sehen, «was für eine die Frau ist, die ihn da berührt» (7,39)[4]. Unbeherrscht ist sie, zudringlich ist sie, wür-

[3] Vgl. Str. B. II 162: «Die Füße der zu Tische Liegenden waren auf dem Polster nach hinten ausgestreckt.» Vgl. Str. B. IV 2, 611–639: Ein altjüdisches Gastmahl, bes. S. 618: «Die Sitte verlangte das Liegen auf der linken Seite; dabei diente der linke Arm als Stütze, während der rechte zum Essen frei blieb; die Füße waren nach hinten ausgestreckt.» C. C. MC COWN: *Geographie der Evangelien*, in: Georg Baumann (Hg.): Das Lukas-Evangelium, 31, verweist allerdings darauf, daß *Lukas* hier die «palästinensische Sitte, beim Essen mit gekreuzten Beinen zu sitzen», ersetze «durch die hellenistische Art, ‹zu Tische zu liegen› (7,37)».

[4] EDUARD SCHWEIZER: *Das Evangelium nach Lukas*, 91, beschreibt die Situation so: «Die Türen stehen offen, und es gibt Zuschauer; aber das Eindringen einer Dirne in Männergesellschaft ist ein Skandal. Ängstlich, ungeschickt und ein wenig tolpatschig versucht sie, ihren Tränenstrom von den Füßen wegzutrocknen, die der zu Tisch Liegende von sich streckt. Offenes Haar ist (trotz 1. Kor 15,5 f.; vgl. V. 15) in Palästina kaum als unanständig

delos ist sie, eine Träumerin ist sie – vorbei an der Wirklichkeit; in allem, was sie tut, bestätigt sie nur, was sie ist: «eine Sünderin». Aber es kann immer noch schlimmer kommen.

Je intensiver und abstandsloser sich selbst gegenüber Menschen empfinden, desto mehr verdichtet sich ihr ganzes Leben in einer einzigen Szene symbolischer Selbstdarstellung. War es nicht immer so: mit all ihrer Hingegossenheit bettelte sie um eine Liebe, die man als eine unverschämte Zumutung zurückwies oder die man zuließ als ein verschämtes Vergnügen zum Zeitvertreib. Und je mehr sie sich bemühte, den «Schaden» ihrer Anwesenheit von Fall zu Fall wieder gutzumachen mit noch mehr Entgegenkommen und Rücksichtnahme, desto ärger geriet es. So jetzt auch hier. Statt sein Haupt mit Öl zu salben, vergießt sie ihre Tränen über seine Füße, – es ist neuerlich eine Schande; und so löst sie die Haare auf, um die Füße Jesu zu trocknen, – aber eine Frau löst nicht ihre Haare auf in Gegenwart fremder Männer[5]; wieder: sie hat keinen Anstand, – das wird nur immer offensichtlicher. Deutlich wird auch, was als unbewußtes Arrangement offenbar in der ganzen Aktion versteckt lag: wie sie Jesus in den zärtlichen Schleier ihrer weichen langen Haare einzuhüllen gedachte, wie sie ihn in ihren Armen einzuschließen beabsichtigte wie in ein Fangnetz! Nein, sie macht nichts wieder gut mit ihrem Betragen, sie bietet nur ein abermaliges Beispiel ihrer obszönen Verführungskunst. Warum tritt Jesus nicht mit den Füßen sie ganz einfach fort? Warum spricht er nicht zu ihr, wie er zum

empfunden worden ..., aber vielleicht von Lukas. Gewiß ist die Szene auch erotisch gefärbt und mag etwas von Hysterie zeigen; Geistliches und Natürliches sind immer gemischt. Sicher wird nicht von einem Engel erzählt; aber gerade weil sie keine respektable Dame mehr ist, kann sie ‹Gott rechtgeben› (V. 29). Von Jesus wird nichts gesagt; aber die höflich entschuldigenden und zugleich Jesu Autorität nivellierenden (‹Prophet› ...) Überlegungen Simons heben Jesu schweigendes Gewährenlassen ins Zentrum, da Simon darin zu Recht Gewährung von Gemeinschaft erblickt. Während Jesus sich so aufs Spiel setzt, bleibt Simon der von außen urteilende, nicht betroffene Zuschauer. Aber das prophetische Durchschauen, das er bei Jesus vermißt, trifft jetzt ihn; und zwar so, daß er nicht einfach beschämt, sondern im Gleichnis eingeladen wird, sich selbst zu sehen.»

[5] Vgl. Str. B. III 442–443, wonach langes Haar einer Frau zum Schmucke gereicht, jedoch die Regel gilt: «Wenn ein Weib ihr Haar nach hinten (in Flechten) zusammenfaßt, so ist es ein Schmuck ... für sie.» JOACHIM JEREMIAS: *Die Gleichnisse Jesu*, 127, schreibt: «Wie völlig die Frau überwältigt ist von der Dankbarkeit gegenüber ihrem Lebensretter, wird daran sichtbar, daß sie ohne Besinnen das Kopftuch ablegt und die Haare löst, um ihre Tränen abzuwischen, obwohl es für eine verheiratete Frau die größte Schande war, das Haar vor Männern zu lösen; offensichtlich ist sie so erschrocken darüber, daß ihre Tränen Jesus befleckt haben, daß sie ihre Umgebung völlig vergißt.»

Teufel sagte, als dieser ihn in der Wüste versuchte: «Hinweg, Satan» (Mt 4,10)[6]?

Der Grund ist, für Jesus, sehr einfach: Diese Frau ist kein Teufel, sie ist ein armer Mensch, den andere Menschen dazu verurteilt haben, in der Hölle zu leben. Kann man nicht sehen, wieviel an gutem Willen in der Haltlosigkeit und Ausgeliefertheit dieser Frau steckt – in ihrem wortlosen Flehen um Liebe, in ihrer Bereitschaft zu lieben? Wenn man ihre wirkliche Lage begreift, – muß man sich dann vor ihr hüten, anstatt sie zu behüten?

Auch Jesus offenbart an dieser Stelle in äußerster Verdichtung seine ganze Grundeinstellung, so innig und lyrisch wie an keiner vergleichbaren Stelle der Evangelien. Was ist es, das er Liebe nennt? Hier spricht er es aus, so unmißverständlich, als es nur irgend möglich ist: es ist für ihn die wie selbstverständliche Antwort auf einen kompletten Schuldennachlaß, der nötig wird wegen Insolvenz des Kreditnehmers (7,41–42)[7]. Was in der Szene der Taufe (Lk 3,21–22) sich als Vermutung nahelegte, wird hier zur Gewißheit. Das umfassende Mitleid, mit dem Jesus den «Gefallenen» begegnete, um sie wieder aufzurichten, entspringt diesem einen zentralen Erlebnis: *alles* muß Gott uns vergeben, weil wir sonst nicht leben können; und wie sollten wir da nicht gleichfalls bereit sein, unsererseits die Schuld der Schuldiggewordenen zu überlieben bzw. durch Liebe sich überreifen zu lassen? «Vergeben», wie es sonst wohl gepflegt wird, ist dabei durchaus nicht genug; es geht nicht darum, dies oder das im Betragen eines Menschen «nachzulassen»; es kommt darauf an, sein Wesen so zu erfassen, daß es ihn innerlich aufrichtet und er den Mut zu sich selbst wiederfindet.

[6] HEINZ SCHÜRMANN: *Das Lukasevangelium*, I 432, meint richtig: «Die Frau kommt mit ihrem Gefäß voll Myrrhe in der Absicht, Jesus zu salben – wahrscheinlich das Haupt, wie das als Ehrung hier und da üblich war. Es war wohl die Situation: das Erstarren und die abweisende Reaktion der Runde ..., die sie nur bis hinten zu den Füßen des auf seinem Polster lagernden Herrn gelangen ließ.» Daß bei dieser Verschiebung der ursprünglichen Intention von oben nach unten «die ehrfürchtige Zurückhaltung gebietende Heiligkeit Jesu» (a. a. O., 432) eine Rolle gespielt haben sollte, ist indessen ganz unmöglich: die «Heiligkeit» Jesu, seine Nähe zu Gott, bestand ja gerade in einer Vergebungsbereitschaft, die wie magisch diese Verlorene sich an den Propheten aus Nazaret wenden ließ.

[7] EDUARD SCHWEIZER: *Das Evangelium nach Lukas*, 90, meint: «Man muß ... das Ganze als Streitgespräch lesen, in dem auf die Situationsangabe (V. 36: Ort, Umstände, Person) die Schilderung des durch Eintreten einer Sünderin entstandenen Konflikts folgt (37-39), worauf die Lösung durch Gleichnis und Antwort gegeben wird (40-47).» Gleichnis und Erzählung setzen dabei einander voraus. S. 91: «Einzelheiten mögen sekundär, aber noch vor Lukas, zusammen mit der Deutung des Gleichnisses in V. 44-46 aus der Mk 14,3-9 zugrunde liegenden Tradition eingeflossen sein.» «Daß ein Gläubiger einfach Schulden erläßt, ist auffallend unwahrscheinlich; Gott, der im Gleichnis lebendig wird, sprengt die Wahrscheinlichkeitsrechnungen des Menschen.»

In dieser Haltung der Güte und der Akzeptation deutet Jesus auch das Verhalten dieser Frau ihm gegenüber: als eine Haltung der Liebe, als eine Regung unendlicher Dankbarkeit für ein solches Umfangensein[8]. Ein stets nur «korrekter» Mensch hat vermeintlich gar keinen Grund zu solcher Weitherzigkeit und Weichherzigkeit. Zug um Zug vergleicht Jesus das Verhalten Simons, des Pharisäers, in diesem kleinen Ausschnitt seines Lebens mit dem Verhalten dieser namenlosen Dirne, – und auf erschütternde Weise zeigt sich der Unterschied, zugunsten der Prostituierten. Wo jener sich so reserviert verhielt, daß er selbst die Regel der Gastfreundschaft außer acht ließ, wonach einem Besucher Gelegenheit zu bieten ist, sich die stets verdreckten und zerschundenen Füße zu waschen, hat sie, die angeblich Unanständige, ohne irgendeine Anstandsregel zu beachten, Jesus so freundlich «bedient», daß es alle Etikette der Gastfreundschaft mehr als übererfüllt[9]; die Berührung der Wangen, der Lippen, die im Zeremoniell der Begrüßung nichts weiter bedeutet hätte als ein Willkommensritual, hat sich bei ihr, die unablässig die Füße Jesu mit Küssen bedeckt, in den Ausdruck innigster Zartheit und Zärtlichkeit verwandelt; und eine wirklich großzügige Geste der Gastfreundschaft, einem Fremden Salböl anzubieten, um die sonnenverbrannte Haut einzureiben, hat diese Frau, fernab aller «Gastfreundschaft» und entgegen ihrer ursprünglichen Absicht, ersetzt durch den Strom ihrer Tränen, der so unendlich viel wärmer und wohltuender unter zwei Menschen ist, als es alles Salböl je sein könnte. Selbst die Gabe der Tränen hat nichts Unbeherrschtes und Unanständiges mehr an sich; es geschieht nur endlich, daß das Eis schmilzt.

[8] JOACHIM JEREMIAS: *Die Gleichnisse Jesu*, 127, schreibt: «Daß uns V. 37f. eine Kundgebung tiefster Dankbarkeit – nach V. 41-43.47: für empfangene Vergebung – geschildert wird, wird durch eine wichtige sprachliche Beobachtung bestätigt: das Hebräische, Aramäische und Syrische hat kein Wort für ‹danken› und ‹Dankbarkeit›. Man hilft sich so, daß man Worte wählt, die im Kontext das Gefühl der Dankbarkeit einschließen können … Aus dieser sprachlichen Feststellung ergibt sich, daß die Frage Jesu in V. 42 geradezu den Sinn hat: ‹Wer von ihnen wird die größere Dankbarkeit hegen?›, ferner daß Jesus die Handlungen der Frau als Zeichen der Dankbarkeit deutet (V. 44-46)».

[9] EDUARD SCHWEIZER: *Das Evangelium nach Lukas*, 91, meint zwar von dem einladenden Pharisäer: «Er hat sich nur gerade korrekt verhalten; ihr (sc. der Dirne, d.V.) unkorrektes Tun zeigt, daß sie verstanden hat, was an ihr geschehen ist.» Tatsächlich aber zeigt sich in Jesu Worten der Pharisäer sogar unfähig zur «Liebe», und selbst seine Gastfreundschaft weist Mängel auf. Vgl. zu den Regeln des Darreichens von Wasser zum Abspülen der beiden Hände vor der Mahlzeit Str. B. IV 2,620–621. FRANÇOIS BOVON: *Das Evangelium nach Lukas*, I 394, spricht direkt von einem «Mangel an Höflichkeitsgesten, die für ausgewählte Gäste und besondere Gelegenheiten reserviert bleiben», und er sieht darin «eine innere Verachtung oder einen Zweifel an der Größe Jesu».

Die folgenden begründenden Sätze bewegen sich in einem merkwürdig formulierten Kreisgang, so als hätte *Lukas* einen ehedem geraden Golddraht zu einem Ring formen und dieser Frau, stellvertretend für alle, die sich finden wie sie, als Geschenk ihrer Schönheit an die Hand stecken mögen. «... sie hat viel geliebt», sagt Jesus (beziehungsweise im Präsens: ihr ganzes Wesen ist erkennbar Liebe – ein griechischer Aoristus gnomicus[10]), und man müßte ergänzen: «weil ihr (von Gott) viel (= alles) erlassen wurde» (7,47)[11]. Dann müßte ein solcher Akt des Freispruchs irgendwann bereits erfolgt sein, und er bildete den Grund, warum diese Frau zu Jesus kommt. Gemeint aber ist es anders: Sie liebt Jesus über alles, weil sie ihm die Haltung einer solchen Vergebung zutraut; dieses Vertrauen, das sie Jesus schenkt, weil er es ihr schenkte, ist es, in dessen Kraft ihre ganze «Rettung» liegt (7,50)[12]. Und Jesus bestätigt es, indem er sich selber bekennt zu der Gesinnung einer universalen Vergebungsbereitschaft (7,48)[13].

Wieder ergibt sich für die Kreise der «Pharisäer» dadurch allerdings ein «Skandal», wie er bereits entstand, als Jesus den Gelähmten heilte durch Nachlaß seiner Sünden (Lk 5,20–21). Sündennachlaß – ist das nicht das Vorrecht allein Gottes? An den Menschen ist es, seine Gebote zu achten und im Falle der Übertretung seine Strafe zu fürchten und zu verhängen; Ausnahmen von der Gerechtigkeit, Akte reiner Begnadigung stehen nur der obersten Rechtsinstanz selbst zu.

[10] So sagt man im Deutschen etwa: «Man hat schon Pferde kotzen sehen», um die Gültigkeit einer Erfahrung in der Gegenwart zu betonen.

[11] Vgl. EDUARD SCHWEIZER: *Das Evangelium nach Lukas*, 92: «Im Anschluß an das Gleichnis kann man V. 47 nur verstehen im Sinne von ‹Ihr muß viel Vergebung zuteil geworden sein (Perfekt), da sie so viel Liebe zeigt› ... Lukas ... will vielleicht das Tun der Liebe betonen ..., das nicht nur Folge, sondern auch Grund der Vergebung ist. Er faßt die gleiche Form des Perfekts ‹sind vergeben› in 5,20.23 ... auch als Gegenwart, also parallel zu V. 47b.» JOACHIM JEREMIAS: *Die Gleichnisse Jesu*, 127, übersetzt 7,47 so: «Darum sage ich Dir: Gott muß ihr ihre Sünden, so viele es sind, vergeben haben, weil sie so große Dankbarkeit (dankbare Liebe) erweist; wem Gott wenig vergibt, dessen Dankbarkeit (dankbare Liebe) ist klein.»

[12] Für EDUARD SCHWEIZER: *Das Evangelium nach Lukas*, 92, zeigt sich hier, «daß ‹Heil› und ‹Heilung› sehr nah zusammengehören ... Was der Frau geschenkt wurde, ist mehr als erstaunliche körperliche Heilung, gibt es doch auch ein Kranksein an der Sinnlosigkeit des Lebens, das dazu führt, sich wegzuwerfen und in Selbstmitleid oder im resignierten Trotz, in Alkohol- oder Drogenkonsum, in chronischer Krankheit oder Prostitution das einzig Sinnvolle zu finden.»

[13] EDUARD SCHWEIZER: *Das Evangelium nach Lukas*, 92, hebt hervor: «Daß Jesus aufgrund der *ihm* erwiesenen Liebe die Vergebung *Gottes* feststellt, führt zu der weit über 5,21 hinausgehenden, für Lukas alles entscheidenden Frage nach ihm selbst.»

Doch eben darin liegt der nicht zu überbrückende Gegensatz zwischen dem Denken der «Gesetzestreuen» und der menschlichen Evidenz Jesu: Es genügt nicht, daß Gott immer mal wieder nach der Weise eines Kaisers oder Regierungspräsidenten ein Gnadengesuch erhört, um beides zu bestätigen: die Gültigkeit des Gesetzes und die Souveränität seiner Macht; es ist unbedingt nötig, daß Gott uns *alles* vergibt. Gott muß *immer* vergeben. Gott *ist* die Vergebung. Und weil wir alle nur leben *aus* seiner Vergebung, stellt es keine Anmaßung dar, diese Vergebung Gottes untereinander weiterzugeben; im Gegenteil: es stellt die praktisch einzig mögliche Konsequenz aus der Grundbedingung unseres Daseins dar, so zu tun. Die «Rettung», die dieser Frau wurde in ihrem Vertrauen, ist ganz dieselbe, die einem jeden Menschen gilt, wenn er seine Lage vor Gott recht begreift. Alles Denken in Rechtstiteln, alles Handeln nach Rechtsansprüchen zeigt nur, daß man das Leben im ganzen immer noch gründlich mißversteht.

Für die Frau indes ist der «Krieg» jetzt zu Ende. Jesus befiehlt ihr nicht, den Beruf aufzugeben, – es mag sein, daß sie das tut, sobald sie es sich wirtschaftlich leisten kann; doch das Entscheidende ist: sie hat ihren Stolz, sie hat ihre Würde wiedergefunden. Was immer sie jetzt tut, sie wird es «heil» tun – in «Frieden» mit sich selbst und mit Gott (7,50)[14]. Ihr Dasein als «so eine» ist endgültig vorüber. Niemals mehr ist sie eine Frau, die sich wegwirft. Denn: Wohin immer sie sich wendet, wird sie umfangen bleiben von Gottes Armen.

[14] «Friede» und «Heil» ist hier ein und dasselbe. FRANÇOIS BOVON: *Das Evangelium nach Lukas*, I 396, zieht dieses Resümee: «Die Überwindung der Sünde, besser gesagt die Beseitigung der vernichtenden Vorurteile in der *Gesellschaft* … wie die eigene Selbstprüfung … beim *Individuum*, erfolgt hier … in einer *Begegnung*. Es genügt nicht zu sagen, daß die Frau (an Stelle von Simon) Jesus als Gast richtig empfängt. Sie kommt zu ihm und will ihm anhängen. Das wird durch die Geste deutlich veranschaulicht, in der der Körper Ausdrucksmittel nicht nur des Glaubens (V 50), sondern auch der Liebe (V 47a) ist. Von einer so engen Gemeinschaft mit Jesus ist sonst kaum erzählt worden. Immer wieder erklingt das Verbum ‹lieben›, wo wir sonst ‹hören› oder ‹glauben› lesen … Das entstandene Heil ist jedoch keine passive, infantile und euphorische Verschmelzung der Glaubenden mit Gott. Diese sollen zurückkehren in das konkrete Leben, freilich nicht allein. ‹In Frieden› gehen heißt, daß sie in eine Gemeinschaft hineingerufen sind und daß Christus auch in seiner Abwesenheit die Seinen nicht verläßt.»

Lk 8,1–3: Frauen im Gefolge Jesu oder: Von einer neuen Unbefangenheit

Und es geschah im weiteren: Er zog von Stadt zu Stadt und Dorf zu Dorf, verkündend und bringend die Heilsbotschaft vom Königtum Gottes (Mk 6,6; Mt 9,35); und mit ihm die Zwölf [2] und einige Frauen, die geheilt worden waren von bösen Geistern und Krankheiten: Maria, Magdalena gerufen, von der sieben (böse Geister) ausgefahren waren, [3] und Johanna, die Frau des Chuzas, eines Verwalters des Herodes, und Susanna sowie viele andere; die dienten ihnen mit ihren Mitteln (Mk 15,41).

Das Bild selbst ist *Lukas* schon von der Darstellung des *Markus*-Evangeliums her vertraut: wie Jesus mit seinen Jüngern durch die Städte und Dörfer Galiläas zieht, «die Lehre fortsetzend», schrieb *Markus* (Mk 6,6), «verkündend und bringend die Heilsbotschaft vom Königtum Gottes», sagt *Lukas* und fügt damit (wie Mt 9,35) der übernommenen Vorstellung eine erste wichtige Deutung hinzu[1].

Bis in die Gegenwart hinein debattieren Theologen über die rechte Auslegung des ersten Wortes, das in den Evangelien aus dem Munde Jesu überliefert wird: «Erfüllt ist die Zeit, genaht das Königtum Gottes. Kehrt um und habt Vertrauen in die Heilsbotschaft.» (Mk 1,15; vgl. Lk 10,11)[2] Klar ist, daß die Predigt zur «Umkehr» (Mk 1,4) in Gestalt des Täufers Johannes durch diesen Zusatz: «habt Vertrauen in die Heilsbotschaft» ein völlig neues Gepräge gewinnt: nicht mehr moralische Strenge und willentliche Anstrengung sind zu leisten, um zu Gott hinzufinden, vielmehr kommt Gott selbst uns entgegen, die Verlorenen zu suchen[3]. Was aber heißt: «genaht ist das Königtum Gottes»? «Nah» ist nicht *da*, vermelden fast unisono die Kirchendogmatiker; das Königtum Gottes, das Jesus verkündete, ist ja nur allzu offensichtlich «noch nicht» «gekommen»; es ist halt nur «nahe» gekommen, und eben deshalb zieht sich als Interregnum, als Zwischenzeit, die Zeit der Kirche von der Ankunft Jesu bis zu seiner verheißenen «Wieder-

[1] EDUARD SCHWEIZER: *Das Evangelium nach Lukas*, 93, stellt fest: «V. 1 erinnert an Mt 9,35, ist aber kaum Hinweis auf Q, da er wie V. 2 f. aus eindeutig lukanischen Wendungen zusammengesetzt ist.»

[2] Vgl. Mk I 161–171: Mk 1,14-20: Die ersten Jünger.

[3] Vgl. JOACHIM JEREMIAS: *Die Gleichnisse Jesu*, 132–135, zu Lk 15,4-7 und Lk 15,8-10, zu dem Gleichnispaar vom verlorenen Schaf und von der verlorenen Drachme.

kunft» (vgl. Mk 14,62) hin[4]. Doch diese «Rechtfertigung» einer «Zeit der Kirche» tut der Botschaft Jesu ebenso Unrecht wie der Not der Menschen[5]. Wenn Jesus die «Zeit» für «erfüllt» erklärt, so will er damit keinesfalls sagen, Gott zögere diese «Erfüllung» noch hinaus; «nah» mag nicht «da» sein, aber «erfüllt» ist nicht «halbvoll» oder gar «leer»; und ein Satz wie der in Mk 1,15 meint, nach Art eines synonymen Parallelismus[6], nichts anderes als: «das Königtum Gottes ist (zum Greifen) nah.» Keinerlei Erlaubnis, eine zweitausendjährige Kirchengeschichte an die Stelle des Königtums Gottes zu rücken, geht daraus hervor. Im Gegenteil. Nichts ist im Grunde unverschämter, als das glühendste Anliegen Jesu mit der Ausflucht zu quittieren, daß Gott sich anscheinend «verzögert» habe und wir immer noch auf sein «Kommen» zu warten hätten. Eben daß es jetzt nichts mehr zu «warten» gibt, war die Überzeugung Jesu. Es gilt, hier und jetzt die Wahrheit, die man kennt, zu leben, – unverzüglich, ohne Aufschub, nicht morgen, sondern «heute». Und die Begründung: Warten können nur die Leute, denen es (zu) gut geht und die den Ernst der Lage nicht begriffen haben; die Menschen, die in Not sind, können nicht «zuwarten», – sie brauchen Hilfe, jetzt, oder es ist für sie ein für allemal zu spät. Nicht Gott verzögert sich; daß Gottes «Königtum» noch immer nicht «gekommen» ist, liegt einzig an unserer Angst, die jede vernünftige Entscheidung und jedes freie Handeln in ein ewiges Zögern und Zaudern pervertiert.

Denn wie es anders geht, hat Jesus selber vorgemacht: Er «verkündete» nicht nur die Heilsbotschaft, betont *Lukas*, er war nicht bloß ein Sabbat- oder Sonntagsredner, er hat sie auch «gebracht»[7]. Mit *einem* Wort: Er machte seine Worte wahr, er lebte, was er sagte, er stellte die gesamte Wirklichkeit des Menschen auf eine neue – *Gottes*! – Grundlage. Was immer sich seither als «was des Herrn ist», als «kyriakē», als «Kirche», deklarieren möchte, ist wichtig, wenn es diesem Anspruch der «Entscheidung jetzt» genügt, doch es ist nichtig, wenn es ihn durch «Aussitzen» verlängern und

[4] Vgl. Mk II 525–545: Mk 14,53-65: Kaiphas oder: «Es ist besser, wenn einer stirbt, als das Volk.»

[5] So schrieb richtig schon MARTIN DIBELIUS: *Jesus*, 98–99: «Wer die Zeichen des Reiches versteht und den Ruf Gottes vernimmt, der erlebt auch die jetzt schon wirkenden Kräfte des Reiches: nur der Glaube erfährt Heilungen (Matth. 8,10), nur dem Glaubenden wird Sündenvergebung zuteil (Mark. 2,5).»

[6] Vgl. Mk I 162.

[7] Vgl. WOLFGANG WIEFEL: *Das Evangelium nach Lukas*, 157: «Statt der theologischen Abbreviatur (Verkündigung des) Evangelium(s) bevorzugt Lukas hier die breiter gehaltene Redewendung: er proklamiert und ruft als Freudenbotschaft aus die Königsherrschaft Gottes.»

verleugnen möchte[8]. Er hat's «gebracht» – für uns, auf daß wir leben sollten aus der gleichen Evidenz.

«Das kann ich nicht», hört man an dieser Stelle sofort sagen. Doch der «Einwand» ist für jeden, der das *Lukas*-Evangelium bis hierhin gelesen hat, schon lange widerlegt. Keinen Satz aus dem Munde Jesu versteht man richtig, wenn man ihn nach Täufer-Art als ein moralisches «Du mußt» begreift. Blüten, die im Frühling ihre Kelche öffnen, «müssen» nicht ein Halbjahr später Kirschen oder Äpfel «bringen», – sie reifen in der Energie des Lichts zur Frucht; – ganz ähnlich hat es Jesus selber in dem Gleichnis von dem Wachsen der Saaten ausgedrückt (Mk 4,26–29): «Von selber trägt die Erde Frucht, erst Halm, dann Ähre, dann volles Korn in der Ähre.» (Mk 4,28) «So ist es mit dem Königtum Gottes.» (Mk 4,26)[9] *Lukas* nimmt diesen wunderbaren Satz nicht in sein Evangelium auf (auch nicht *Matthäus*, wahrscheinlich war auch diese Gleichniserzählung in der ihnen vorliegenden *Markus*-Fassung nicht enthalten); er schafft aber dafür einen eigenen «Ersatz» durch ein Summarium über eine Gruppe von Frauen, die sich Jesus anschließen; und diese Überlieferung findet sich nur bei ihm.

Was kann ein Motiv dafür sein, so leben zu wollen, wie Jesus es tut, und mit ihm alles auf eine Karte zu setzen – um des «Königtums Gottes» willen? Was bringt Menschen dahin, an die unbedingte Notwendigkeit einer Welt der Gnade zu glauben und an der Seite Jesu sie heraufführen zu wollen? Es gibt die Gruppe der «Zwölf», die schon durch die Symbolsprache ihrer Zahl das «Programm» Jesu repräsentieren: zu sammeln und zu integrieren die «Verlorenen» vom Hause Israel (vgl. Mt 10,6)[10]; sie sind es, die sich persönlich von Jesus angesprochen und «berufen» fühlen. Von solchen Menschen wird es immer wieder etliche geben. Sie sind betroffen, wenn sie die Worte Jesu vernehmen; in ihnen tritt alles in Resonanz, wenn sie seinen Gleichnissen über seinen und unseren Vater lauschen; denn sie spüren: so muß es sein! Und anders kann und darf es nicht länger sein, wenn es den Namen «menschlich» verdienen soll. Doch dann sind da noch diese anderen – Frauen, nicht Männer, Menschen, die ganz offenbar ihr Leben lang

8 Auf das Problem machte ALFRED LOISY: *L'Evangile et l'Église* 1902 aufmerksam und wurde dafür von Papst Pius X. im Jahre 1907 durch das Dekret «Lamentabili» verurteilt; vgl. DENZINGER – SCHÖNMETZER: *Enchiridion Symbolorum*, Nr. 3401–3408; Nr. 3452–3457.

9 Vgl. Mk I 343–350: Mk 4,26-34: Das Gleichnis vom Wachsen der Saat und das Gleichnis vom Senfkorn.

10 Vgl. Mt II 150–156: Mt 10,1-15: Der ursprüngliche Auftrag: Heilung und Rettung oder Verstockung und Untergang.

nur gelitten haben unter dem Ungeist, unter der Seelenlosigkeit ihrer Umgebung, bis daß sie selber geistig und seelisch erkrankten.

Es deutet sich an, daß auch damals Frauen zu den bevorzugten Opfern einer patriarchal verfaßten Religion und Politik gezählt haben werden. «Patriarchalismus» – das besagt sozialpsychologisch soviel wie: Vorrang zweckrationaler Gedanken vor den Fähigkeiten zu Empathie und Emotion; das umschreibt eine Grundeinstellung, wonach jemand nur dann mit Anerkennung und Wertschätzung in Kirche und Staat rechnen kann, wenn er sie sich durch Leistung und «wertschöpferische» Arbeit verdient; das markiert die Einordnung des menschlichen Lebens in die festen Erwartungsschablonen der moralischen und rechtlichen Ordnung; «Matriarchalismus» – das ist in typologischer Gegenüberstellung gekennzeichnet durch eine unmittelbare Hinwendung zu der Person eines Menschen mitsamt ihren Gefühlen, Gestimmtheiten und Befindlichkeiten; das intendiert eine Zone der Übereinstimmung mit sich selbst, wichtiger als die Erfüllung äußerer Standards auf dem Wege zu Macht und Erfolg; das beschreibt das Feld eines Wohlwollens, das dem Wesen des anderen gilt, mehr als seinem Wissen und Wirken[11]; und auf eine solche matriarchale Revolution läuft zweifellos die ganze Botschaft Jesu hinaus[12]. Kein Wunder, daß gerade Frauen sich von seinen Lehren und von seiner Lebensweise angezogen fühlten; sie fanden in ihm wieder, was sie in ihrem Alltag so sehr vermißten und unter dessen Fehlen sie bis zum Krankwerden litten. Von «bösen Geistern und Krankheiten» spricht *Lukas* (8,2)[13], – in unsere Sprache übersetzt: von psychoneuroti-

[11] Vgl. ERICH FROMM: *Mann und Frau*, in: Gesamtausgabe, VIII 387–400, S. 397: «Man kann sagen, das matriarchalische System betont mehr die natürlichen Bindungen, die natürliche Gleichberechtigung und die Liebe, und das patriarchalische System legt … größeren Wert auf die Zivilisation, das Denken, den Staat, auf Erfindungen, auf die Industrie und alles, was dem Fortschritt dient.»

[12] Besonders ERICH FROMM: *Die Entwicklung des Christusdogmas*, in: Gesamtausgabe, VI 36, meinte: «Mit dem Haß gegen die geistlichen und sozialen Autoritäten, dem Haß der Brüder gegen den Vater, hängt aufs engste ein wesentlicher Zug der sozialen und psychischen Struktur des Urchristentums zusammen: ihr demokratischer, brüderlicher Charakter.»

[13] WOLFGANG WIEFEL: *Das Evangelium nach Lukas*, 157–158, stellt fest: «Dem Kreis der Zwölf gesellen sich Jüngerinnen zu, Frauen, die von ihm geheilt worden sind von Besessenheiten und Krankheiten, also seelischen und körperlichen Leiden. Sie bleiben aus Dankbarkeit, vielleicht wohl auch, weil sie sich in der Nähe des Meisters vor Rückfall sicher wissen. Unter ihnen werden einige mit Namen genannt. Daß Jesus Frauen in seiner Umgebung hat, ist angesichts ihrer Stellung in Gottesdienst, Recht und Sitte seiner Umwelt besonders auffällig. Die Frau darf in der Synagoge nicht auftreten und ist auch von den meisten persönlichen gottesdienstlichen Verpflichtungen (Rezitation des Sch'ma, Danksagung beim Mahl) befreit. In dieser und anderer Hinsicht ist sie Sklaven und Kindern gleichgestellt. Sie

schen und psychosomatischen Erkrankungen, von Störungen, in denen Ängste und Schuldgefühle, Dauerstreß und Überforderung einen Gemütszustand von Resignation und Depression erzeugen, der buchstäblich ans Herz und an die Nieren geht[14].

An erster Stelle dieser Aufzählung von Frauen, die Jesus heilte von ihrer «Besessenheit» durch «böse Geister», steht Maria Magdalena, eine Frau aus dem «Festungsdorf» am Nordwest-Ufer des Sees von Gennesaret[15]. Der Legende nach wird Maria Magdalena mit der stadtbekannten, doch namentlich uns unbekannten Dirne identisch gesetzt, von der *Lukas* soeben noch erzählt hat, daß sie zu Jesus kam, um ihn zu salben; hätte indessen der Evangelist die «Sünderin» in der voraufgegangenen Geschichte für Maria Magdalena gehalten, so hätte er ihre Geschichte ganz simpel schon ein Kapitel früher einführen müssen, doch eben das hat er nicht getan, weil zwischen diesen beiden Frauen in seinen Augen nicht die geringste Verbindung bestand. Außerdem hat die christliche Legendenbildung die Dirne, die Jesus zu salben kam, mit der Frau in Mk 14,3–9 identifiziert, die Jesus in Betanien im Hause Simons «des Aussätzigen» (Mk 14,3) – *nicht* Simons, des Pharisäers (Lk 7,36.40) – für sein Begräbnis salbte; in Betanien aber lebte nach Joh 11,2 eben jene Maria, die den Herrn mit Salböl gesalbt und seine Füße mit den Haaren getrocknet hatte (Lk 7,38.44); das *Johannes*-Evangelium überliefert nicht die Geschichte von der Dirne, die sich Jesus zu Füßen warf, es setzt jene Erzählung vielmehr als bekannt voraus; dafür aber gibt es der Frau, die als Schwester des Lazarus sicherlich nicht dem käuflichen Gewerbe nachging, einen eigenen Namen: Maria.

erhält keinen Unterricht in der Thora (Sota 3,4) und gilt als anfällig für Zauberei (Abot 2,7). Der auf R. Jehuda ben Elai zurückgehende Lobpreis, nicht als Heide, nicht als Unkundiger und nicht als Frau erschaffen zu sein (Tos. Ber. 7,18), ist in modifizierter Form in das liturgische Morgengebet eingegangen und hat dort seinen Platz behalten.» Von daher kann man sagen: «Mit der Aufnahme von Jüngerinnen in den Kreis der Nachfolgenden sondert sich Jesus ebenso entschieden von Sitte und religiös begründetem Vorurteil der Umwelt ab, wie er es durch den Umgang mit Sündern getan hatte. In seinem Verhalten, in dem er die Grenzen von Herkommen und halachischer Tradition überschreitet, wird die befreiende Wirkung des sich nahenden Gottesreiches sichtbar. Daß der darin enthaltene emanzipatorische Anstoß nicht direkt, sondern erst später auf Umwegen zur Geltung kam, zeigt ein Blick in das Neue Testament selbst (1. Kor. 11,2 ff.; Kol. 3,18; Eph. 5,22; 1. Tim. 2,11 ff.; 1. Kor. 14,34 f.).» (A. a. O., 157) Um so erstaunlicher ist es, daß die katholische Kirche sich bis heute weigert, Frauen zu «geistlichen Ämtern» zuzulassen.

14 Vgl. E. DREWERMANN: *Atem des Lebens*, II 60–95: Psyche und Immunsystem.

15 Vgl. Str. B. I 1047.

Und jetzt muß man diese Lazarus-Schwester Maria allen Ungereimtheiten zum Trotz nur weiter als Dirne betrachten und sie zudem mit der ganz anderen Maria von Magdala identifizieren, die am Ostermorgen kommt, um den Leichnam Jesu im Grabe zu salben (Joh 20,1; vgl. Mk 16,1), und das Bild ist fertig, das im 13. Jh. JACOBUS DE VORAGINE (um 1230–1298) in der *Legenda aurea* von Maria Magdalena geprägt hat[16]: Danach war sie eine Dirne, die durch Jesu Botschaft ihre Sünden bereute und Buße tat, und eben dieser Kontrast – der Heiligen und der Hure, der Büßenden und der Verlockenden[17] – erzeugt bis in die Gegenwart ein schwül-feuchtes Gebilde ausufernder Phantasien, wonach Maria Magdalena die heimliche Favoritin Jesu war, wie es in dem (gnostischen) Evangelium der Maria anklingt[18], oder gar seine Frau[19] oder auch die Mutter seiner zahlreichen Kinder, deren Nachfolger womöglich unentdeckt unter uns weilen ...[20]. Maria von Magdala ist ganz offensichtlich zu der idealen Projektionsgestalt aller möglichen Wünsche und Reaktionsbildungen im Umkreis der Sexualunterdrückung kirchlicher Moraltheologie geworden, und die eigentliche Bedeutung dessen, was *Lukas* über diese Frau sagt, der die Christenheit anscheinend als

16 JACOBUS DE VORAGINE: *Die Legende aurea*, 470–482, bes. S. 471–472. Die Verwirrung geht zurück auf GREGOR I., Papst von 590–604; vgl. JOHN BOWKER (Hg.): *Das Oxford-Lexikon der Weltreligionen*, 642.

17 G. W. F. HEGEL: *Ästhetik*, 2. Teil, 3. Abschn.: Die romantische Kunstform, 1. Kapitel: Der religiöse Kreis der romantischen Kunst, 3. Der Geist der Gemeine, b. Die innere Buße und Bekehrung, S. 605–606: «Am günstigsten ist es ... für die Malerei, wenn sie die Bekehrung allein zu *einem* Bilde ohne weitere Detaillierung des Verbrecherischen konzentriert. Von dieser Art ist die Maria Magdalena, die zu den schönsten Gegenständen dieses Kreises zu zählen ... ist. Sie erscheint hier nach innen und außen als die *schöne* Sünderin, in welcher die Sünde ebenso anziehend ist als die Bekehrung. Doch weder mit der Sünde noch mit der Heiligkeit wird es dann so ernst genommen; ihr ward viel verziehen, weil sie viel geliebet hatte; ihrer Liebe und Schönheit willen ist ihr verziehen, und das Rührende besteht nun darin, daß sie sich doch ein Gewissen aus ihrem Leben macht, in empfindungsreicher Schönheit der Seele Tränen des Schmerzes verliert. Nicht daß sie soviel geliebet hat, ist ihr Irrtum; sondern dies gleichsam ist ihr schöner, rührender Irrtum, daß sie glaubt, eine Sünderin zu sein, denn ihre empfindungsvolle Schönheit selbst gibt nur die Vorstellung, daß sie in ihrer Liebe edel und von tiefem Gemüt gewesen.»

18 Vgl. EDGAR HENNECKE – WILHELM SCHNEEMELCHER: *Neutestamentliche Apokryphen*, I 254: «Lewi entgegnete (und) sprach zu Petrus: «... Nun sehe ich, wie du dich gegen die Frau ereiferst ... wie die Widersacher ... Wenn der Erlöser ... sie aber ... würdig ... gemacht hat, wer bist denn ... du, daß du sie verwirfst? Sicherlich ... kennt der Erlöser ... sie ganz genau ... Deshalb hat er sie mehr als uns geliebt.»

19 So der phantasiereiche ROBERT GRAVES in seinem Roman: *König Jesus*.

20 So DAN BROWN: *The Da-Vinci-Code*, New York 2004; das Buch wurde binnen zweier Jahre in 25 Mio. Exemplaren in 44 Sprachen verkauft; vgl. LISA ROGAK: *Der Mann hinter dem Da-Vinci-Code*, 230.

erster die Botschaft von der Auferstehung Jesu aus dem Grabe verdankt[21], gerät unter all diesen Übermalungen vollkommen in Vergessenheit. – Halten wir uns demgegenüber schlicht an den Wortlaut des lukanischen Textes.

Dann wissen wir von Maria aus Magdala gerade so viel: Sie muß – «besessen von sieben Dämonen»[22] – ein Mensch gewesen sein, der sich selber nicht mehr kannte; ihr Bewußtsein, sonst dazu bestimmt, das Licht der Sonne einzulassen wie das Fenster einer Kathedrale, lag in tausend Scherben zerborsten unter dem, was man ein Trauma nennt: ein Steinwurf, der, egal ob ungewollt oder gezielt, in ihre Seele traf, hatte ihr Ich zersplittert. Was da geschehen war, wissen wir nicht, nur so viel können wir vermuten: Wenn die Begegnung mit dem Mann aus Nazaret die Frau aus Magdala imstande war zu heilen, so mag es ganz entsprechend der Zerbruch einer für sie absolut wesentlichen menschlichen Beziehung gewesen sein, der so zerstörerisch auf sie gewirkt hat. Das aber setzt voraus, daß sie ihr Herz bereits in dieser ihrer Liebe bis zum Selbstverlust verpfändet hatte: dieser andere, den sie suchte, ohne ihn zu finden, oder den sie fand nur zur Enttäuschung ihrer Sehnsucht, müßte dann wie ein Schwarzes Loch all ihre Energien in sich hineingezogen haben, und als er sie verließ, wird sie entleert zurückgeblieben sein, zerrissen in die widersprüchlichsten Gefühle von Liebe und Haß, von Sehnsucht und Abscheu, von Unverständnis und Verleugnung.

Derartige Empfindungen sind wohlbekannt und eigentlich gut einfühlbar: es regen sich gegen die Mißachtung eines Menschen, den man dringend braucht, die stärksten Aggressionen, doch darf man sie auf keinen Fall nach außen tragen, will man nicht Gefahr laufen, den Liebespartner endgültig zu verprellen; um ihn nicht zu zerstören, richtet sich der Zorn deswegen auf die eigene Person. Zweifel erheben sich, inwieweit man Liebe überhaupt verdient, und parallel zur eigenen Selbstentwertung schreitet die Entfernung von der Realität nur immer weiter voran: der Wunschtraum, die verlorene Beziehung trotz allem aufrechtzuerhalten, macht es unmöglich, sich ihre

21 Vgl. WOLFGANG WIEFEL: *Das Evangelium nach Lukas*, 158: «Unter den namentlich genannten drei Jüngerinnen steht Maria aus Magdala voran. Das dürfte mit deren Rolle als Jüngerin unter dem Kreuz (Mark. 15,40.47 Par.) und als Botin des Auferstandenen (Luk. 24,10; vgl. Mark. 16,9; Joh. 20,1.11 ff.) zusammenhängen. Es fügt sich zur Sicht des Lukas, daß die Zeugin des Auferstandenen auch Begleiterin des Weges Jesu ist (vgl. Apg. 1,21).»

22 Vgl. WOLFGANG WIEFEL: A. a. O., 158: «Daß aus ihr sieben Geister ausgefahren sind, will besagen, daß sie von einem besonders schweren Fall von Besessenheit durch Jesus befreit wurde.» Um zu verstehen, was damit inhaltlich gemeint ist, muß man von der historisch-kritischen Exegese in die Psychoanalyse und Psychiatrie wechseln.

Nicht-Existenz einzugestehen oder gar auf sie zu verzichten, und beides: die Schwäche des Ich und die Verweigerung der Wirklichkeit, erzwingt am Ende die Auflösung der eigenen Person. Man versteht sich selbst nicht mehr, man weiß nicht mehr, wer man ist, man begreift die Umgebung nicht mehr, – alles wird zunehmend rätselhaft, irritierend und fremd; man bewohnt ein Haus, das ist wie eine Schloßruine, in deren Mauern der Wind heult und an Gespenster und an Geisterstimmen glauben läßt.

In einem solchen Zustand scheint Maria zu Jesus gefunden zu haben, und ihm scheint es gelungen zu sein, das zersplitterte Fenster wieder zusammenzufügen und neu einzusetzen, so daß wieder das Sonnenlicht in seinen Glasmalereien erstrahlen konnte und sich zunehmend wieder zwischen Ich und Nicht-Ich unterscheiden ließ. Seit dieser Zeit muß Maria sich Jesus angeschlossen haben, einfach weil er der Ort war, an dem sie selber sich zurückgeschenkt empfand. Wie Zugvögel über Gebirge, Wüsten und Meere hinweg bedingungslos dem Sommer folgen, weil sie allein in seiner Wärme leben können, so folgte Magdalena diesem Nazarener durch alle Schwierigkeiten und Gefahren – bis hin nach Golgota (Mk 15,40; vgl. Lk 23,55), bis hin zum Grab am Ostermorgen (Mk 16,1; vgl. Lk 24,10).War sie von Jesus abhängig? Gewiß. Doch muß das nicht bedeuten, daß eine Art Beziehungswahn, wie in manchen Sekten oder religiösen Bewegungen gegenüber dem Guru, sich gebildet hätte[23] und somit lediglich der alte Wahnzustand von einer neuen Form der gleichen Grundeinstellung abgelöst worden wäre. Als Heilmittel, nicht als Suchtmittel wollte Jesus wirken, auch wenn er selbst den «Mißbrauch» seines Engagements wohl nicht gänzlich ausschließen konnte. Es ist nicht möglich, Verletzungen, die in menschlichen

[23] Statt dessen ließe sich bei dem «Dienen» der Frauen «an Bereitstellen von Essen und Nachtquartier denken», meint EDUARD SCHWEIZER: *Das Evangelium nach Lukas*, 93, fährt aber fort: «nur ist das auf der Wanderschaft schwer vorstellbar, da sie offenbar mitziehen. Geld und Vorräte konnten Frauen damals wohl kaum mit sich nehmen. Lukas wird bei der Formulierung an Frauendienste in den ihm bekannten Gemeinden gedacht haben. Daß Frauen überhaupt so betont erwähnt werden, geht zweifellos auf Jesus zurück, wie ihn besonders das Sondergut des Lukas schildert... Lukas hat verstanden, wie unerhört der Durchbruch durch die übliche Verachtung der Frau (Joh 4,27!) war. Zwar hat Jesus kein Programm entwickelt; aber es gehen Anstöße von ihm aus wie von einer Initialzündung, deren Wirkungen viel weiter führen. Darum stehen neben Zacharias Maria (1,11 f./27–29 und 46/47), neben Simeon Hanna (2,25/36), neben der Mutter des toten Sohns der Vater der toten Tochter (7,12/8,41), neben dem Schriftgelehrten die beiden Schwestern (10,25-37/38-42), neben dem inständig bittenden Mann die Witwe (11,5-7/18,1-8), neben der am Sabbat Geheilten der Geheilte (13,10-17/14,1-6), neben der Tochter der Sohn Abrahams (13,16/19,9), neben dem Hirten die Frau (15,3-7/8-10), neben den Zeugen die Zeuginnen (8,1/21 f.; 24,22/24), neben dem Sämann die Brotbäckerin (13,19/21, Q), neben den zwei Männern die zwei Frauen bei Jesu Wiederkunft (17,34 f., Q); vgl. 4,33-37/38 f. (= Mk).»

Beziehungen entstanden sind, anders auszuheilen als in einer erneuten, diesmal tiefen und zuverlässigen Beziehung; man kann eine Abhängigkeit, die bis ins Innerste verletzend war, nur überwinden durch die innige Bindung an jemanden, dessen Nähe genügend Selbstvertrauen wachsen läßt, um eines Tages auf eigenen Beinen zu stehen. Ein neuer Trieb braucht einen Pfahl als Stütze, um daran zu einem Baum zu wachsen, den kein Sturm mehr so leicht stürzen kann. Aus Abhängigkeit wird, wenn es gut geht, eine Anlehnungsbedürftigkeit, die allmählich überleitet zu Selbständigkeit, – zumindest hoffen kann man's; ob und wie es dann gelingt, liegt letztlich ganz in Gottes Händen. Doch eben diese Zuversicht, die rein empirisch nicht begründbar ist, trägt etwas in sich, das sich allein von einem absoluten Hintergrund verstehen läßt; darin sich festzumachen, war das Wichtigste, was Jesus offenbar der Frau aus Magdala vermitteln mochte.

Entscheidend in diesem Zusammenhang ist es, daß Jesus – anders als die spätere «Christologie» – sich niemals selbst zum Thema gemacht hat. Nichts anderes wollte er sein als ein Sprachrohr Gottes, als «Brot» vom Himmel (Joh 6,32), als der «Weg» zum Himmel (Joh 14,6). Nicht daß Menschen sich an ihn binden, war sein Anliegen, sondern daß sie bei ihm lernen, was es heißt, ein gottverbundenes Leben zu führen; er selbst blieb durchsichtig für das Licht, er wollte nicht mit seiner eigenen Person Schatten auf die Seele anderer Menschen werfen. Nur so konnte er zu Philippus von sich sagen: «Wer mich gesehen, hat den Vater gesehen ... Die Worte, die ich euch sage, – aus mir rede ich nicht.» (Joh 14,9.10)[24] Es scheint unmöglich, daß Maria in der Nähe Jesu nicht hineingewachsen wäre in diesen Wurzelgrund, aus dem er selber seine Kraft bezog. Die Abhängigkeit von ihm reifte in ihr, darf man denken, zum Glauben an den Gott, den er als väterliche Liebe lehrte.

So mag man sich vorstellen, wie Maria die Worte der Feldrede in sich aufnahm: «Glücklich ihr Armen ... Glücklich, die ihr jetzt hungernd seid ... Glücklich, die ihr jetzt weinend seid» (Lk 6,20b–21), und wie in diesen Worten eine Welt vor ihr erstand, in der sie glauben mochte, ohne innere Zerrissenheit mit sich selber neu ins Leben treten zu können. So, wie er war und wie er sprach, machte es ihr Leben reich, erfüllt und getröstet; da gab es keine «Geister» der Zerstörung mehr, die sie beherrschten. Mit ihm, an seiner Seite, war sie selber angelangt in «Gottes Königtum».

Es könnte sein, daß auch von den beiden anderen Frauen, die *Lukas* mit

[24] Vgl. Joh II 120–133: Joh 14,1-14: Ich bin der Weg... oder: Zwischen Angst und Vertrauen.

Namen erwähnt, etwas Ähnliches zu berichten wäre; aber der Evangelist hat uns darüber keine Mitteilung gegeben, sondern zählt weiter auf: Da ist «Johanna, die Frau des Chuzas, eines Verwalters des Herodes» (8,3)[25]; wenn sie sich diesem Wanderprediger aus Nazaret anschließt, kann man kaum anders mutmaßen, als daß sie aus der Ehe ausgebrochen ist, und das im Umkreis des Tetrarchen, der nach der Hinrichtung des Täufers diesen neuen Propheten in seinem Herrschaftsgebiet Galiläa voller Neugier sehen möchte (Lk 9,9), um dann, als Jesus ihm von Pilatus überstellt wird, ein Mirakel von ihm vorgeführt zu bekommen (Lk 23,8); er wird sein Spiel mit dem Mann aus Nazaret treiben und schließlich in seine Hinrichtung einwilligen – als diplomatische Geste zur Begründung einer Freundschaft mit dem römischen Prokurator (Lk 23,12). Die Frage ist, wie die Gesellschaft wohl mit Frauen umgeht, die ihre «häuslichen Pflichten» derart sträflich vernachlässigen, um sich einem offenbaren Schwarmgeist anzuschließen, der auf labile Gemüter einen unkontrollierbaren Einfluß ausübt. Die Abwehr gegen die Person Jesu dürfte in gewissen Männerkreisen verständlicherweise noch gewachsen sein, wenn selbst relativ hochstehende, wohl-situierte Frauen, fasziniert von diesem «Streuner» und «Tagedieb», ihre Familien verließen und sogar nicht unerhebliche Geldbeträge dabei mitgehen ließen.

Mit der Frau, die den Namen Susanna trägt, wissen wir rein gar nichts zu verbinden. Natürlich fällt jedem Leser die (apokryphe) Geschichte von «Susanna im Bade» ein (Daniel 13,1–64) – einer Frau, die wegen ihrer Schönheit von drei Lustgreisen verfolgt wurde und unter falschen Beschuldigungen beinahe hingerichtet worden wäre[26] –, doch das ist nur eine Assoziation zu einem biblischen Thema, das allerdings auf ein Problem von Frauen in jeder männlich dominierten Gesellschaft hinweist: auf die Ambivalenz der patriarchalen Sexualmoral, auf die rechtliche Ungleichheit von Mann und Frau, auf die Auslieferung des «schwachen Geschlechts» an die vermeintlich so überlegene «Vernunft» der Männer ...

In der Tat dürfte der «matriarchale» Grundzug der Botschaft Jesu einen tiefen Eindruck gerade auf Frauen gemacht haben, insbesondere wenn sie sehr persönliche Gründe hatten, mit dem Regime der Männer nicht zu-

[25] Str. B. II 164, denken bei «Verwalter» an einen «Verwalter für öffentliche und königliche Güter», nämlich des Herodes Antipas. «Eine Frau gleichen Namens begegnet unter den drei Auferstehungszeugen Luk. 24,10; eine Identität ist ungewiß... Wie sich Frauen den Festpilgerzügen anschlossen, so folgen sie hier Jesus auf seiner Wanderschaft nach und gehören bis zum Kreuz zu seiner Begleitung (23,49.55).» WOLFGANG WIEFEL: *Das Evangelium nach Lukas*, 158.

[26] Daniel 13,1-64: Die keusche Susanna, ist ein legendärer Nachtrag zum *Daniel*-Buch.

rechtzukommen. Deutlich ist jedenfalls, daß Jesus seinerseits keinen Grund sah, der Nähe und den Kontaktwünschen solcher Frauen auszuweichen. Er fürchtete nicht um seinen Ruf in der Öffentlichkeit durch die üblichen Redereien, die sich um Männer und Frauen, die gemeinsam gesehen werden, zu ranken pflegen; er hatte insbesondere keine Berührungsangst vor Warmherzigkeit und Innigkeit; er war für sich selber eindeutig in dem, was er wollte, und so mußte er nicht nach der Art «anständiger» Gottesmänner (vgl. Lk 7,39) sich die Frauen buchstäblich vom Leibe halten. Es bedeutete soviel wie eine religions- und gesellschaftspsychologische Revolution, wenn Jesus von Gott so sprach, daß es die alten Geschlechtertabus überwand und endlich Freiheit sogar und gerade in den Bereich der Intimität hineintrug. Und so kam es anscheinend zu einer Kommunikation und Kooperation zwischen Jesus und den Frauen, die bis in die Fragen der finanziellen Unterstützung hineinreichte.

In einem sehr ungewöhnlichen Gemälde hat LUCAS CRANACH DER ÄLTERE (1472–1553) um 1515 in Wittenberg Christus gemeinsam mit Maria Magdalena dargestellt (*Tafel* 7): Zu sehen ist dort eine noch junge Frau, die nicht, wie züchtige Heilige sonst, ein Kopftuch trägt, vielmehr mit offenem Haar, in sich versonnen, den Kopf zu Jesus hinneigt; «eine fast erotische Nähe» drückt sich so aus; und auch wenn der Jesus auf diesem Bilde, «wie entrückt», «in keiner Weise» auf sie reagiert, sondern direkt den Betrachter anschaut, sind doch die beiden, deren Oberkörper ineinander zu fließen scheinen, auf das engste miteinander verbunden[27]. Selbst wenn auch CRANACH ansonsten den Vorstellungen der *Legenda aurea* folgte[28], erinnern die blonden Locken der Frau auf diesem Bilde in nichts mehr an die «Dirne» oder die «Büßerin» der christlichen Tradition. Hier tritt sie auf als eine in sich ruhende, emanzipierte Frau und Gefährtin Jesu, der man durchaus zutraut, sie sei es gewesen, die mit ihrer Liebe zu Christus am Ostermorgen der gesamten Menschheit die Botschaft von dem Sieg des Lebens über den Tod gebracht habe. Das «Königtum Gottes», der «Himmel», das «ewige Leben», wie immer man es bezeichnet, – gemeint ist diese Zuversicht, die in CRANACHS Gemälde sich ausspricht, daß Liebende nie mehr getrennt werden können, weder im Leben noch im Tode. «Denn keiner lebt sich selber, und keiner stirbt sich selber. Leben wir, so leben wir dem Herrn; sterben wir, so sterben wir dem Herrn. Darum: ob wir leben oder sterben, so sind wir des Herrn.» (Röm 14,7.8)

[27] Lucas Cranach der Ältere, Städel Museum Frankfurt am Main, S. 242–243.

[28] Vgl. JACOBUS DE VORAGINE: *Legenda aurea*, 470–482.

Lk 8,4–21: Das Gleichnis vom verschiedenen Acker oder: Wie spricht und hört man Gottes Wort?

(vergleiche Mk 4,1–9; Mt 13,1–9 zu *Lk 8,4–8*; Mk 4,10–12; Mt 13,10–17 zu *Lk 8,9–10*; Mk 4,13–20; Mt 13,18–23 zu *Lk 8,11–15*; Mk 4,21–25 zu *Lk 8,16–18*; Mk 3,31–35; Mt 12,46–50 zu *Lk 8,19–21*)

4 Zusammen aber kam eine große Schar, und Stadt für Stadt liefen sie ihm
zu; da hat er durch ein Gleichnis gesagt: 5 Ein Sämann ging aus, seinen
Samen zu säen. Und bei seinem Säen fiel das eine neben (aram.: *auf*) den
Weg, und es wurde zertreten; auch die Vögel des Himmels fraßen es weg.
6 Und anderes fiel auf den Felsen; es wuchs, doch verdorrte es, weil es
keine Feuchtigkeit hatte (Ps 1,3; Jer 17,8). 7 Anderes wiederum fiel mitten
in die Disteln (Jes 32,13; Hos 10,8), und die Disteln wuchsen mit und er-
stickten es. 8 Anderes wieder fiel auf gute Erde; es wuchs und brachte
Frucht: hundertfach! Dies sprechend rief er: Wer Ohren hat, zu hören,
der höre!
9 Es fragten ihn aber seine Jünger, was das für ein Gleichnis sei. 10 Er aber
hat gesagt: Euch ist von Gott gegeben, die Geheimnisse des Königtums
Gottes zu erkennen; den übrigen aber: in Gleichnissen, damit: *sie sehend
nicht sehen und hörend nicht verstehen* (Jes 6,9.10 nach LXX).
11 Es ist aber dies (gemeint mit dem) Gleichnis: Der Same ist das Wort
Gottes. 12 Die am (aram.: *auf dem*) Weg sind die, welche gehört haben,
doch dann kommt der Teufel und nimmt das Wort weg von ihrem Her-
zen, damit sie nicht, zum Vertrauen gelangt, gerettet würden. 13 Die aber
auf dem Felsen: – die, wenn sie hören, mit Freude das Wort empfangen;
doch diese – eine Wurzel haben sie nicht; für einen Augenblick haben sie
Vertrauen, doch im Augenblick der Versuchung lassen sie ab. 14 Das in
die Disteln Gefallene: – das sind die, welche wohl gehört haben, doch von
Sorgen und Reichtum und Genüssen des Lebens unterwegs erstickt wer-
den und nicht austragen. 15 Das aber in guter Erde: – das sind die, wel-
che in einem guten und rechten Herzen, wenn sie gehört haben, das Wort
festhalten und Frucht tragen im Ausharren (Apg 16,14).
16 Niemand steckt eine Leuchte an und verhüllt sie mit einem Gefäß oder
stellt sie unterhalb von einem Bett auf, sondern auf einen Leuchter stellt
er sie, damit die Eintretenden das Licht erblicken (Mt 5,15). 17 Denn
nichts ist verborgen, was nicht sichtbar würde, und nichts versteckt,
was nicht bekannt würde und ins Sichtbare käme (Mt 10,26; 1 Kor 4,5).
18 Seht also, wie ihr hört. Denn: Wer da hat, dem wird gegeben werden;
und wer da nicht hat, von dem wird auch das noch, was er zu haben
meint, genommen (Mt 13,12; 25,29).
19 Es fanden sich aber bei ihm ein die Mutter und seine Brüder, doch
konnten sie nicht mit ihm zusammentreffen wegen des Volks. 20 Gemel-
det aber ward ihm: Deine Mutter und deine Brüder stehen draußen und
wollen dich sehen. 21 Er aber als Antwort sprach zu ihnen: Meine Mut-

ter und meine Brüder sind diese, die das Wort Gottes hören und tun (Joh 15,14; vgl. Mt 7,21.24).

Es ist zum ersten Mal, daß nach all den Reden und Taten, in denen Jesus mitteilt und vermittelt, wie Menschen leben können, sobald Gott ihr Herz berührt hat, *Lukas* – in Übernahme der Vorlage des *Markus* – ein *Gleichnis* überliefert und damit eine Eigenart der Unterweisung Jesu aufgreift, die in sich selbst schon hoch bedeutsam ist.

Gemeinhin gilt, daß Jesus Gleichnisse erzählt habe, um sich dem («ungebildeten») Volke besser verständlich machen zu können. Doch diese Ansicht ist nur sehr begrenzt zutreffend[1]. Die Gleichnisse Jesu sind allemal sehr einprägsam, doch als bloße Veranschaulichungen abstrakter theologischer Inhalte oder als bloße Beispielgeschichten taugen sie durchaus nicht immer, – zu paradox verläuft nicht selten ihre Handlung, um unmittelbar plausibel zu sein. In Wahrheit verrät die Gleichnisrede eine ganz eigene Welt«anschauung»: Gerade die alltäglichen Begebenheiten des menschlichen Lebens verwandelt sie in die Glasfenster einer gotischen Kathedrale, durch welche das Licht fällt, um in den eingearbeiteten Bildern ein Stück vom Himmel sichtbar werden zu lassen. Eine Frau auf der Suche nach einer verlorenen Drachme (Lk 15,8–10), ein Hirte auf der Suche nach seinem verlorenen Schaf (Lk 15,1–7) – Szenen dieser Art formen sich vor den Augen Jesu zu Geschichten über die Eigenart Gottes. Oder er erzählt «ungewöhnliche» Begebenheiten – von einem Vater und seinen zwei Söhnen (Lk 15,11–32) oder von einem ungerechten Hausverwalter, der sich nur rettet, indem er a conto seines Herrn den Kreditnehmern ihre Schulden erläßt (Lk 16,1–9), oder von dem reichen Prasser und von dem armen Lazarus (Lk 16,19–31), eine Geschichte, in welcher der Arme nach seinem Tode aufgenommen wird in Abrahams Schoß, während der hartherzige Reiche in die Hölle geworfen wird, usw. In all diesen Erzählungen verwandelt sich die irdische Wirklichkeit in ein Bilderbuch Gottes[2]; sie teilt etwas mit, das in seinem Inhalt unendlich viel mehr ist als sie selber; die ganze «reale» Welt wird so zum Träger einer weltjenseitigen Botschaft. Gleichnisse, anders gesagt, sind eine Art Hieroglyphenschrift Gottes, in der bestimmte gegenständliche Gegebenheiten selber zu Chiffren einer ungegenständlichen,

[1] Vgl. TE II 712–738: Gleichnisse und Parabeln; S. 739–746: Das Gleichnis vom Sämann (Mk 4,3-9; vgl. Mt 13,1-9; Lk 8,4-8).

[2] So HELMUT Thielicke: *Das Bilderbuch Gottes. Reden über die Gleichnisse Jesu.*

höchst bedeutsamen Mitteilung werden. Und in gerade diesem Sinne verstand Jesus selber sich als Überbringer einer solchen göttlichen Botschaft. Eben deshalb «wählte» er die dichterische Sprache der Propheten; eben deshalb redete er nicht die Sprache der Theologen.

Der Unterschied ist eklatant: Die Doktrinen der Dogmatiker unter den Theologen legen Gott fest auf eine bestimmte Begrifflichkeit, und sie geben vor, das Wesen des Göttlichen rational klar und eindeutig beschreiben zu können; die Moraltheologen, die «Gesetzeslehrer», setzen sich daran, das Wort Gottes als ein unzweideutiges Regulativ des menschlichen Verhaltens zu interpretieren; beide legen mit ihren Lehren die Menschen fest, – sie *laden* nicht ein, sie *grenzen* ein und damit zugleich aus, sie ziehen Zäune zwischen den Menschen: zwischen den Rechtgläubigen und den Un- oder Irrgläubigen, zwischen den Rechtschaffenen und den Ungebührlichen, zwischen den Normenkonformen und den Anormalen oder Antinormalen. Ganz anders die Sprache der Dichter. Sie greift Erfahrungen auf, die allen Menschen zugänglich sind, und sie schildert sie in ergreifenden Worten; sie berührt die Gefühle, sie verwandelt die Sicht der Menschen auf ihr Leben, sie verändert sie in ihrem Wesen[3]. So wie die Psychoanalyse in den Träumen Botschaften des Unbewußten erblickt, die darauf abzielen, mit ihren Bildern die Einstellung des Verstandes zu ergänzen oder zu korrigieren, so verfolgen die Gleichnisse letztlich den Zweck, mit Hilfe emotional dichter Erzählungen Einfluß auf die affektiven Grundlagen der Antriebe des menschlichen Handelns zu gewinnen[4]. Insofern sind Gleichnisse in sich selbst so etwas wie eine religiöse Form von Psychotherapie: sie verweisen auf Aspekte und Perspektiven möglicher Konfliktlösungen, die bei einer rein irdischen Betrachtungsweise nicht auftauchen könnten; sie beschwören ein Vertrauen, für das es eine empirische Begründung letztlich nicht gibt.

Wie also versteht man ein Gleichnis? Am einfachsten, man versucht, sich in die Lage der jeweiligen Akteure einzufühlen und darin einen Ausdruck der eigenen Problemstellungen zu erblicken. Gerade die Allgemeinver-

[3] GÜNTER SCHOLZ: *Gleichnisaussage und Existenzstruktur*, 206, sieht einen Hauptinhalt der Gleichnisse darin: «Eingeordnet in das Strukturschema der christlichen Existenz bedeutet das (sc. vor allem in Auseinandersetzung mit den Pharisäern, d.V.): Die Gewißheit des Gehaltenseins und Geborgenseins gewinnt man nicht in der Gesetzlichkeit der alten Existenz, sondern in dem Sich-Ausliefern an das Neue, das Jesus bringt, an die Botschaft vom Reiche Gottes, in das ebenso wie der Gerechte auch der reumütige Sünder aufgenommen wird, dieser vielleicht sogar leichter als jener (Lk 18,10-14).» Nur das «vielleicht sogar leichter» sollte man ersetzen durch «ganz sicher».

[4] Vgl. TE II 725–734: Das Gleichnis als Verbalisationsform von Gefühlen und als Sublimationsform der Antriebe ins Unendliche.

ständlichkeit und Allgemeinverbindlichkeit zählt zu den Wesenszügen von Gleichnissen. Sie sind und sie möchten sein wie Wegleuchten, die es erleichtern, nach Hause zu finden.

Um so sonderbarer mutet es an, daß bereits *Markus* in zwei von ihm selbst geschaffenen Einfügungen (Mk 4,11–12.33–34) den Sinn der Gleichnisrede in einer Art Arkan-Disziplin gelegen sieht – einer Geheimhaltung im Wissen und Reden von Göttlichem, bestimmt nur für die esoterische Unterweisung von Eingeweihten[5] – und daß auch *Lukas* (8,9.10) diese Auffassung übernimmt, wenngleich nicht so prinzipiell, wie *Markus* es formuliert, dem die *gesamte* Lehre Jesu erscheint als eine mutwillig verschlüsselte Rätselrede (Mk 4,11–12.33–34). Immerhin, da wird eine Lehrform, die gerade abzielt auf einen Sinneswandel im Herzen eines jeden, der sie vernimmt, zu einem Verfahren der Herzensverstockung im Sinne des *Jesaja* (6,9.10): «damit sie hörend nicht verstehen und sehend nicht erkennen»[6]. Für den Propheten im 8. Jh. v. Chr. war es ein göttlicher Auftrag, so zu reden, daß es die Ohren der Menschen verstopfte, ihre Augen verklebte, ihr Herz verstockte, und es spiegelte damit die Erfahrung, die der Mann Gottes mit seinen Zeitgenossen machen mußte: sie hielten sich die Ohren zu, um nicht zu hören, sie drückten die Augen zu oder schauten weg, um nicht zu sehen, und sie ließen sich ihr Wohlfühlglück, ihre bürgerliche Verspießerung und Vermopsung, ihre «Herzensverfettung» oder «Herzensverhärtung» – ihre Geistessklerose, ihren Gemütsinfarkt – um keinen Preis nehmen; nicht erzeugen, nur offenbar machen und dann allerdings auch bestätigen und verfestigen mußte der Prophet diesen Zustand.

Jetzt aber, mit dem Blick auf den Mann aus Nazaret, zeigt sich eine vollkommene Übereinstimmung, ein Wesensgesetz des Göttlichen: jedes ehrliche Wort über die Wahrheit des Menschen vor Gott, insbesondere die Inhalte, die Jesus in den Paradoxien seiner Gleichnisreden vorträgt, können nicht anders wirken denn als eine schwere Irritation, als eine Verstörung und Ruhestörung im ganzen, gegen die, natürlich, der «gesunde Menschenverstand» sich zur Wehr setzt, und zwar nicht, weil er den Sinn der Rede infolge einer mystifizierenden Verklausulierung nicht zu begreifen vermöchte, sondern im Gegenteil: um so entschiedener, als er nur allzu deutlich versteht, was gemeint ist. Daß Jesus für *Markus* (und *Lukas*) in

[5] Vgl. Mk I 322–333: Mk 4,1-20: Das Gleichnis von der vielfachen Saat.

[6] Vgl. OTTO KAISER: *Der Prophet Jesaja, Kap. 1–12, 65–66*; vgl. zum Verstockungsmotiv bes. JOACHIM GNILKA: *Die Verstockung Israels*, 62–64, der darauf hinweist, daß die vormarkinische Quelle bereits in den Parabeln «eine schwer zu verstehende, der Auslegung bedürftige Rede» gesehen habe.

«Gleichnissen» redet, kann daher, entsprechend dem Doppelsinn des hebräischen Wortes (*maschal*), durchaus auch bedeuten, daß er in «Rätseln» redet[7], ja, es *muß* das bedeuten, da doch Jesus selber für seine Zeitgenossen (und für wen eigentlich nicht?) ein einzigartiges Rätsel verkörpert. In seinem Munde stellen, wie sich gerade im «Sondergut» des *Lukas* noch zeigen wird, eine Reihe von Gleichnissen eine Art Schiffshebewerk dar, um die menschliche Existenz von dem Niveau eines archaischen Denkens in Eigennutz und Aggression auf die Höhe einer recht verstandenen Wahrnehmung der eigentlichen Interessen anzuheben und einen jeden von der Notwendigkeit einer Güte zu überzeugen, die alle Menschen umschließt und niemanden ausschließt.

Doch genau dagegen werden all diejenigen sich wehren, die immer noch wähnen, in Glück und in Reichtum zu «schwimmen». Sie werden die Wahrheit ihres Lebens nicht hören, nicht sehen, nicht fühlen *wollen*, und so werden auch die Gleichnisse Jesu auf sie kaum anders wirken können als die Worte des *Jesaja* an das judäische Königshaus, man solle die Angst vor der drohenden Annexion durch die Assyrer nicht mit einer Politik militärischer Bündnisse beantworten, sondern sie beruhigen im Vertrauen auf Gott (vgl. Jes 7,1–9)[8].

Speziell das Gleichnis nun, mit dem *Lukas* an dieser Stelle das vielleicht wichtigste Charakteristikum der Rede Jesu einführt, zeugt von einer außerordentlichen Sensibilität. Gerichtet ist es an Menschen, die durch erhebliche Enttäuschungen und Rückschläge in der Gefahr stehen, zu resignieren und in Depressionen zu versinken. Vielleicht, wahrscheinlich sogar, bestand eine solche Situation im Leben Jesu selber einmal, als nach den Anfangserfolgen in Galiläa die Widerstände, das Mißtrauen, ja, die Ablehnung wuchsen und der Eindruck entstanden sein mochte, daß alles Bemühen ins Leere laufe[9]

[7] JOACHIM JEREMIAS: *Die Gleichnisse Jesu*, 14, sieht in Mk 4,11.12 «kein Wort über die Gleichnisse Jesu», sondern er findet darin abgebildet «das Schicksal aller Evangeliumspredigt, die immer beides ist: Darbietung der Gnade und damit zugleich Verhängung des Gerichtes, Rettung und Ärgernis, Heil und Verderben, Leben und Tod.»

[8] Vgl. OTTO KAISER: *Der Prophet Jesaja, Kap. 1–12*, 68–76, Jes 7,1-9: Die Stunde des Glaubens.

[9] ETA LINNEMANN: *Gleichnisse Jesu*, 123–124, meint: «Für Jesus scheint das durch die Täuferpredigt bewirkte Ereignis der Umkehr der ‹Zöllner und Sünder› Hinweis dafür gewesen zu sein, daß jetzt Gottes Herrschaft erscheint. Seine Terminangabe konnte nicht unwidersprochen bleiben, denn die Zeitgenossen Jesu bekamen nicht zu sehen, was sie vom Anbruch der Gottesherrschaft erwarteten. Es gab Streit um die Zeitansage Jesu. – In diesem Streit scheint Jesus versucht zu haben, durch das Gleichnis vom vielerlei Acker seine Hörer mit sich ins Einverständnis zu bringen. Er räumt ihnen ein, daß der Bußpredigt des Täufers

oder eben: nur zur «Verstockung» statt zur Heilung der Menschen führe; dann mag das Gleichnis von dem verschiedenen Acker (8,4–8) ursprünglich besagt haben, daß es, wie bei einem Bauern, der sein Feld bestellt, natürlich zunächst eine ganze Reihe beobachtbarer Einbußen gebe, so daß man darüber schier mutlos werden könnte; in Wirklichkeit aber müsse man lediglich warten, bis die Aussaat heranwächst, – überreich werde die Ernte sein; Gott jedenfalls könne keinen «Mißerfolg» erleiden. Im Kontext des *Markus* kann notfalls sogar die Verhärtung des Standpunkts der Zuhörer für Gott als «Erfolg» zu verbuchen sein, – der latente Konflikt tritt dann wenigstens offen zutage. Einzig darum also nur kann es zu tun sein: unverdrossen die Wirksamkeit öffentlich fortzusetzen und das Ergebnis dem «Acker» und dem «Samen» – Gott selbst – zu überlassen. Es kommt nicht darauf an, Strategien zur gesellschaftspolitischen Durchsetzung bestimmter Ideen zu ersinnen, es kommt darauf an, das Herz in die Hand zu nehmen und im Vertrauen auf Gott alles auf eine Karte zu setzen. Was immer dann wird, wird stehen bei Ihm. Ein Gleichnis ist dies, das Mut macht gegen die Schatten drohender Entmutigung.

Nun wäre es freilich zu eng, die Deutung einer so kostbaren Geschichte nur auf das Umfeld der «ursprünglichen Situation» zu beschränken, in der sie (vermutlich!) einmal erzählt wurde[10]. Wie viele Menschen gibt es, die besten Willens sich engagieren und sich bemühen, nur um zu erleben, daß

kein voller Erfolg beschieden war, indem er im Gleichnis ausführlich davon spricht, daß nicht jedes Korn, das ausgesät wird, Frucht bringt.» Doch so wichtig die Täuferpredigt für Jesus gewesen sein mag, – den Anbruch des Königtums Gottes hat er mit seiner eigenen Botschaft verbunden, und so geht es dem Gleichnis um den Kontrast zwischen seiner erfolglos scheinenden Arbeit und dem reichen Erntesegen, wobei «Ernte» oft als Bild der Heilszeit gilt (vgl. Ps 126,6; Joel 4,13; Lk 3,17; Gal 6,7 f.; Apk 14,18); vgl. JOACHIM JEREMIAS: *Die Gleichnisse Jesu*, 118–119, der (S. 150) zu dem Gleichnis von Lk 8,5-8 meint, es ruhe «der Blick» hier «auf… Mißerfolgen in Gestalt vergeblicher Predigt (Mk. 6,5 f.), erbitterter Gegnerschaft (Mk. 3,6), zunehmenden Abfalls (Joh 6,60). War das alles nicht die Widerlegung seines Sendungsanspruches? Seht auf den Sämann, sagt Jesus. Er könnte verzagen angesichts der vielen Widrigkeiten, die seine Saat zerstören und bedrohen. Dennoch ist er unbeirrt in seiner Zuversicht, daß ihm eine reiche Ernte beschert wird.»

10 Das geschieht bereits in der Überlieferungsgeschichte des Gleichnisses nicht. ETA LINNEMANN: *Gleichnisse Jesu*, 124, meint: «Für die erste Gemeinde gab es nicht wie für Jesus den Streit um die Zeitansage. Sie verkündigte nicht den Anbruch der Gottesherrschaft, sondern die frohe Botschaft von der Auferweckung Jesu. Dabei machte sie die bestürzende und bedrückende Erfahrung: Es sind nur wenige, die dieser Botschaft Glauben schenken… Diese Erfahrung… war ihnen eine große brennende Frage: wie kann es geschehen, daß in dieser Sache, die doch alle Menschen gleichermaßen angeht, zwischen uns und den anderen dieser Unterschied, dieses tiefste Anderssein besteht? Sie fanden eine Antwort in den Worten des Gleichnisses.»

sie machen können, was sie wollen: sie werden mit all ihren Anstrengungen auf keinen grünen Zweig kommen! Es ist das Lebensgefühl der meisten Depressiven, daß ihnen sowieso nur alles «zertreten», «weggefressen», «verdorrt» oder «erstickt» wird, – was also noch? Das Gleichnis Jesu will solchen Menschen sicher nicht nach Art amerikanischer Durchhalteparolen («gib nicht auf, Du schaffst es») einen sicheren Erfolg bei jeglichem Unternehmen versprechen; was es verheißt, ist ein ganz anderes: daß unser Leben bei Gott niemals «vertan» und «umsonst» sein wird. Allerdings trifft Jesus diese Aussage eben nicht mit ermahnenden Worten; in den Bildern seines Gleichnisses schildert er vielmehr alle möglichen Szenen von Verlust und Vergeblichkeit, auf daß ein jeder mit seinen Gefühlen sich mit gerade diesen Erfahrungen identifizieren kann, und erst wenn es so weit ist, versichert Jesus seinen Hörern so individuell, als es nur geht: «Du selber bist – vor Gott – dieser Bauer. Gott hat Dich seinen ‹Acker› nicht mit dem Saatgut Deines Lebens bestellen lassen, um am Ende mit leeren Händen dazustehen. Auch wenn Du selbst so empfindest, – Gott sieht es anders, und nur darauf kommt es im letzten an.»[11]

Sehr gut also läßt sich an dieser Stelle ersehen, wie das «Schiffshebewerk» der Gleichnisse Jesu funktioniert: Seine Erzählung umgreift und ergreift seine Hörer in gerade denjenigen Gefühlen, die sie zu verwandeln beabsichtigt; sie ermöglicht die «Weiterfahrt», indem sie die Gründe möglicher Entmutigung ins Absolute setzt und im Absoluten beantwortet: das Umfangensein von Gott ist in sich bereits der entscheidende Trost bei jedem drohenden Scheitern; Gott ist die absolute Zuversicht; in Ihm sich geborgen zu fühlen gibt allererst die Kraft, nicht aufzugeben, sondern fortzufahren, – eine Identitätsbegründung ganz in dem Grund unseres Lebens; keine moralische, vielmehr eine ganz und gar religiöse Rede.

Und doch hat die Überlieferung, die bereits *Markus* vorlag, das Gleichnis Jesu als eine durch und durch moralisierende Allegorie zur Ermahnung (zur «Paränese») der «Gemeinde» in rechtem Glauben verstanden, und in gewissem Sinne kann man begreifen, warum. Man hat einmal an der Seite Jesu zu einem tiefen Vertrauen in Gott gefunden, – drohen dann nicht sogleich alle möglichen Gefahren, diesen Halt wieder aus der Hand zu verlieren?

11 Vgl. TE II 739–741. ETA LINNEMANN: *Gleichnisse Jesu*, 125, schreibt richtig: «Nachdem sich erst einmal das Verstehen an dem Gleichnis entzündet hatte, merkte man, daß dieses … sein Licht auch auf vieles Einzelne wirft.» Aber sie bezieht diese Einsicht nicht auf die *vielen* Einzelnen, und auch sie arbeitet das Thema nicht psychologisch durch.

Dunkel erklingt da die Drohung, der «Teufel» könne die Botschaft des Glaubens an Gott den Menschen wieder aus ihren Herzen stehlen (8,12). *Markus* (Mk 4,15) tut nichts, um diese Warnung mit Inhalt zu füllen; *Lukas* aber hat die Art, wie der «Teufel» sogar Jesus in Versuchung zu führen trachtete, ausführlich genug geschildert (Lk 4,1–13), um eine Vorstellung davon zu geben, was er mit dem «Gottesraub» des «Teufels» meinen könnte: Es ist so einfach, den Glauben an Gott mit Hilfe sozialer, politischer und religiöser Programme zur Herrschaft über die Menschen zu mißbrauchen; immerzu ist dann von «Gott» die Rede, und es handelt sich dabei doch um nichts anderes als um ein («teuflisches») Widerspiel des Göttlichen. Aus dem Besten wird dann das Schlimmste, aus dem Bemühen um die Befreiung des Menschen ein Kirchenimperium DOSTOJEWSKIschen Ausmaßes, aus der Botschaft der Menschlichkeit die Identifizierung von Humanität und Pietät just mit der eigenen religiösen Organisationsform. An die Stelle Gottes tritt somit, mythologisch (statt psychologisch) gesprochen, sein äußerster geistiger Widerpart: der «Teufel»; und all das geschieht wie unbemerkt; unter der nach wie vor erhaltenen Etikette des Göttlichen hat man einfach den Inhalt gewechselt, – eine dramatische Warnung der frühen «Gemeinde» Jesu an sich selber, *nicht* den Verlockungen zu erliegen, denen Jesus selber sich stellvertretend (und beispielgebend) widersetzt hat[12]!

Eine andere Warnung richtet sich an eine gewisse Oberflächlichkeit der Lebensführung, an die Schönwetter-Christen, an Menschen, die enthusiastisch und «mit Freude» (8,13) «Feuer und Flamme» sind, doch die in ihr Leben nur schwer eine geistige Konsequenz und Kohärenz zu setzen vermögen; mitzumachen, dabei zu sein, in großer Gruppe sich tragen zu lassen sind sie bereit, doch wenn es darauf ankommt, einen eigenen Standpunkt zu behaupten, – das fällt ihnen äußerst schwer auf Grund ihrer «Ungründlichkeit». Ihre «Versuchung» besteht darin, sich sogleich überfordert zu fühlen, wenn es gilt, mit der eigenen Person für die eigene Überzeugung geradestehen zu sollen; dann geht ihnen die Kraft aus, dann «verdorren» sie schnell[13].

[12] ETA LINNEMANN: *Gleichnisse Jesu*, 125, sagt von Menschen dieser Art: «Das Wort der Verkündigung geht ihnen nicht ein. Es ist, als hätten sie es nie gehört, als würde schon in dem Augenblick, wo sie es mit ihren Ohren aufnehmen, der Teufel ihnen das Wort aus dem Herzen reißen.» Doch warum ist das so, und wie agiert der «Teufel» im Lukas Evangelium? Die vollkommene Verfälschung des Jesus-Wortes ist noch viel ärger als seine bloße Wirkungslosigkeit. FRANÇOIS BOVON: *Das Evangelium nach Lukas*, I 408–409, meint: «Er (sc. Lukas, d.V.) lokalisiert dieses Geschehen im Herzen, das zuerst von Gott und dann vom Teufel besucht wird. Jener *schenkt*, dieser *stiehlt*. Wir sind nicht weit entfernt von den zwei ‹Trieben› der rabbinischen Literatur.» Um so mehr kommt es darauf an, zu schauen, was «im Herzen» von Menschen vor sich geht, wenn sie handeln, wie beschrieben.

Des weiteren bedeutet es eine nicht geringe Gefahr, daß die «Sorgen» (8,14) des Alltags das Herz eines Menschen überwuchern: wie «erstickt» lebt er in dem «Dorngesträuch» seiner Angst; kaum kann er schauen von heut auf morgen, wie soll er da schauen hinein in die Ewigkeit? Oder im Gegenteil: er hat es mit all seinen «Sorgen» sogar zu «Reichtum» gebracht, nun endlich kann er das Leben genießen, und so wird er «Gott» durchaus nicht «brauchen»; mag er auch als ein ordentlicher Bürger des Sonntags die Kirche besuchen oder einer Partei beitreten, die sich als christlich bezeichnet, – was ihm für «Religion» gilt, kann nichts anderes sein als eine Zutat zu seiner Bequemlichkeit, als eine Gewissensberuhigung im Wohlleben, als eine Versicherung, schon auf dem rechten Weg zu sein, beruhigt sogar mit dem Segen des Pastors[14].

Was dann «in guter Erde» verbleibt (vgl. 8,15), zeigt sich, wie schon am Ende der «Feldrede», an der «Frucht», die das Leben eines Menschen bringt (Lk 6,43–45). Wieder wird klar, daß unter dem «Glauben», den Jesus zu bringen kam, eben nicht ein Auswendiglernen und Hersagen fertiger Formeln und dogmatischer Doktrinen zu verstehen ist, sondern eine Lebensweise, gegründet auf Vertrauen, statt, wie bisher, auf Angst, befähigend zum «Ausharren» auch und gerade in Schwierigkeiten. Sich selber durchzuhalten in dem, was einem selbst «heilig» ist, zählt zu den wichtigsten Kriterien für eine solche «gute Erde»[15].

13 FRANÇOIS BOVON: *Das Evangelium nach Lukas*, I 410, verweist darauf, daß *Lukas* das apokalyptische Wort von der «Drangsal» in Mk 4,17 durch das ethisch zu verstehende Wort «Versuchung» (8,13) ersetzt.

14 FRANÇOIS BOVON: *Das Evangelium nach Lukas*, I 411, meint: «Das ‹Sorgen› hat man, wenn man in seinem ‹Haben› bedroht wird, und die ‹Vergnügungen› sind ohne Wohlstand nicht möglich. So denkt Lukas bei dieser dritten Gruppe vor allem an die Gefahr des nicht nur materiellen Besitzes.»

15 FRANÇOIS BOVON: *Das Evangelium nach Lukas*, I 411, resümiert: «Selten ist Lukas so persönlich wie hier, selten aber auch so repräsentativ für seine Zeit. Die Hauptgefahren, die er brandmarkt, kommen immer wieder vor, besonders in *Hirt des Hermas*. Aber wo dieser auf die ethischen Folgen des Glaubens schaut, beschäftigt sich Lukas mit dem Glauben selbst, den er nicht anders als eine integrale Realität versteht: Ausdauer und Ausstrahlung sind seine beiden Hauptkennzeichen, wie er anhand der vierten Gruppe zeigt.» Wenn das gilt, verlangt alles nach einer psychologischen Begründung des Zusammenhangs von «Vertrauen» (Glauben) und Integration (Heilwerdung). Vgl. *Der Hirt des Hermas* (ca. 150 n. Chr.), in: Die Apostolischen Väter, 10. Gebot: Über die Traurigkeit, 1. Kap. 4, S. 218: «Leute, die niemals nachgedacht haben über die Wahrheit, die nach der Gottheit nicht geforscht, sondern nur geglaubt haben, die aber in Geschäfte, Reichtum, heidnische Liebhabereien und sonst in vielerlei Dinge dieser Welt verwickelt sind, alle, sage ich, die mit diesen Dingen sich abgeben, verstehen die Gleichnisse der Gottheit nicht; denn infolge dieser Geschäfte werden sie blind, verdorben und werden wertlos.»

Rein assoziativ paßt es – vor dem Hintergrund von Entmutigung und Resignation – im weiteren nicht schlecht dazu, wenn *Lukas* auch hier noch einmal dem *Markus*-Text (Mk 4,21–25) sich anschließt und verschiedene Mahnworte Jesu zugunsten einer angstfreien Weite des Herzens anfügt. Ursprünglich (in Mk 4,21) war einmal die Rede davon, daß man nicht eine Lampe ansteckt, um sie sogleich «unter den Scheffel» zu stellen und damit auszulöschen; *Lukas* versteht dieses Bildwort offensichtlich nicht; er hört daraus, daß jemand eine Leuchte anzündet und dann unter einem Gefäß «verhüllt»; natürlich auch sollte man eine Lampe in einem (kleinen palästinensischen) Haus nicht «unter dem Bett» aufstellen – eine Holzpritsche wahrscheinlich, die bei solchem Vorgehen, wenn sie kein Feuer fängt, gewiß für mehr Schatten als Licht in dem Raum sorgen wird. Auch den Sinn dieses Bildwortes mißversteht *Lukas*, indem er sich eine Leuchte außen am Hauseingang für «die Eintretenden» vorstellt (8,16)[16]. Dennoch bleibt das

[16] JOACHIM JEREMIAS: *Die Gleichnisse Jesu*, 120–121, meint: «Wir wissen leider nicht, welchen Bezug Jesus dem Bildwort von der *Lampe, die auf den Leuchter gehört* ..., gegeben hat. Markus und das ThEv (sc. Thomas-Evangelium, Nr. 33b, d.V.) beziehen es nach dem Kontext auf das Evangelium, Matthäus auf die Jünger (vgl. 5,16), Lukas auf das innere Licht (vgl. 11,34-36 ...).» Für ursprünglich hält er die folgende Bedeutung: «Wenn man über das irdene Lämpchen ein Hohlmaß stülpt, dann löscht man es aus. In den kleinen, vielfach fensterlosen einräumigen Bauernhäusern, die zudem keinen Schornstein hatten, mag man diese Methode des Auslöschens gern angewandt haben; denn beim Auspusten entstand lästiger Qualm und Geruch, konnte auch durch Funken ... ein Brand entstehen. Wir haben also sinngemäß zu übersetzen: ‹Man zündet doch die Lampe nicht an, um sie gleich wieder auszulöschen›.» Zu der Vorstellung des *Lukas* bezüglich des Gebäudes, von dem da die Rede geht, vgl. JOACHIM JEREMIAS: *Die Lampe unter dem Scheffel*, in: Abba, 100: «Während Matthäus ... das aus einem Raum bestehende palästinensische Bauernhaus vor Augen hat ..., sieht Lukas vor sich das griechisch-römische Haus mit der Lampennische im Vestibül (Lk 8,16; 11,33 ...) und mit Keller (Lk 11,33 ...).» FRANÇOIS BOVON: *Das Evangelium nach Lukas*, I 415, begründet die Erwähnung des «Bettes» so: «Daß niemand eine brennende Lampe verstecken will, ist selbstverständlich. Zur Frage, weshalb denn hier dennoch von einer Vase und einem Bett die Rede ist, gibt es drei mögliche Antworten: a) Mit einer umgestülpten Vase kann man eine Lampe löschen, ohne sich die Finger schmutzig zu machen ... b) Das Bild unterscheidet ‹zeigen› und ‹verstecken›: Vase und Bett wären zwei mögliche Verstecke. Während in der erstgenannten Lösung das Bett unerklärt bleibt, ist es hier die Vase. c) Die Lampe ist ein ritueller Gegenstand ... Weil man sie nicht auslöschen darf, kann man, wenn man Dunkelheit wünscht, sie nur brennend verbergen. Man könnte eine vierte Auslegung vorschlagen: Der Hohlraum der Vase löscht die Lampe, das Bett hingegen bzw. die Strohmatte kann in Brand geraten. Zwischen zuwenig Licht und zuviel Feuer soll die Lampe ihre ihrem Wesen entsprechende Funktion erfüllen.» Wo aber hätte Jesus jemals vor «zuviel Feuer» gewarnt (vgl. Lk 12,49!)? Fest steht nur, daß es *Lukas* offenbar vorstellbar war, ein Licht unter das Bett zu stellen, um den Raum zu verdunkeln, und daher denkt er bei «Bett» sicher nicht an die Strohmatte der einfachen Leute in Palästina.

Gemeinte unmißverständlich erhalten: Man sollte das «Licht», das im eigenen Herzen zu leuchten beginnt, wenn man die Worte Jesu vernimmt, nicht gleich wieder ersticken oder verdunkeln nur aus Angst vor der Herabsetzung in den Augen anderer[17]. Es ist so leicht möglich, die Wahrheit Gottes im eigenen Herzen zu ersticken, gepeinigt stets von den angsterfüllten Gedanken, was wohl die anderen dazu sagen würden, begönne man, offen und gerade heraus die Sache Jesu zu leben. Vor Menschen mag man sich tarnen wie ein Plattfisch am Grunde des Meeres – schiefmäulig, in der Farbe des umgebenden Sandes, möglichst unbemerkbar für jeden denkbaren Beutegreifer, die ganze Lebensform eine einzige Gestalt gewordene Angst; vor Gott ist das Leben kein Versteckspiel; vor Gott kommt man so ganz sicher nicht durch. Ihm zu begegnen bedeutet gerade, daß alles «Verborgene» – alles aus Angst ins Unbewußte Verdrängte, alles im eigenen Leben Verbogene und Verlogene – uns selber als unausweichliche Wahrheit entgegentritt, bis uns gar nichts anderes übrig bleibt, als uns vor Seinen Augen zu uns selbst zu bekennen[18].

Es besteht existentiell mithin an dieser Stelle nur eine Alternative zwischen Angst und Vertrauen, und Jesus drückt sie aus in den Worten eines ehedem geradewegs zynischen Sprichworts: Die Armen werden immer ärmer und die Reichen immer reicher. Was im Wirtschaftsleben eine empörende und unmenschliche Ungerechtigkeit darstellt, ist psychologisch gesehen durchaus plausibel: Wer ständig der Angst nachgibt, mechanisiert seine Angst, – sie hört nicht auf, sie wird nur immer stärker, und die Folge: sein Leben entgleitet ihm immer mehr; je weiter er zurückweicht, desto weniger bleibt ihm. Oder umgekehrt: Ein Mensch geht seiner Angst nach und setzt sich gegen seine Angst durch, er wächst über seine Angst hinaus in Vertrauen; dann wird er bald merken, wie sehr diese Haltung sich selber belohnt. Je mehr jemand versucht, nach den Worten Jesu sein Dasein auszu-

[17] So JOACHIM JEREMIAS: *Die Gleichnisse Jesu*, 121: «Der scharfe Kontrast Anzünden/Auslöschen ... dürfte am besten Sinn ergeben, wenn Jesus das Wort *in Blick auf seine Sendung* sprach, etwa in einer Situation, in der man ihn vor Gefahren warnte und ihn bat, sich zu schonen (vgl. Lk. 13,31). Aber er darf sich nicht schonen. Die Lampe ist entzündet, das Licht scheint – doch nicht, um gleich wieder ausgelöscht zu werden.»

[18] HEINZ SCHÜRMANN: *Das Lukasevangelium*, I 467, sieht das Wort von der «Leuchte» im Sinne des *Lukas* «als Aufforderung an die Jünger ..., das von Jesus angezündete ... Licht weiterzugeben, denn ‹die Eintretenden› gelangen hier in eigenartiger Korrespondenz zu ‹denen draußen› (Mk 4,11 ...). Sobald welche aus ‹den übrigen› (V 10) hörwillig werden und zur Versammlung der Jünger kommen (vgl. 1 Kor 14,23 ...), sollen sie das in der Jüngergemeinde gegebene ‹Licht› sehen können. Der kirchliche Innenraum ist also in besonderer Weise erhellter Verstehensraum. Dieser aber hat offene Türen!»

richten, desto getragener, desto erfüllter, desto «reicher» wird er sich selber erleben; je mehr aber jemand sich immer wieder vorsagt: «Das kann ich nicht, denn ich habe Angst», desto ausgesetzter, unmutiger und verlorener wird er sich fühlen[19]. Jede Grundhaltung verstärkt sich selbst: die Angst ebenso wie das Vertrauen. Nur eins von beiden können wir «wählen», sofern eine «Wahl» überhaupt möglich ist, wenn jemand den Mechanismen seiner Ängste erliegt. Das Wort Jesu möchte verdeutlichen, daß eine Lebensführung in Angst letztlich zu nichts führt; wer ihn versteht, dem ist «Angst» fortan kein Argument mehr, etwas Richtiges nicht zu tun.

Wird man aber an der Seite Jesu mit einem solchen Entscheidungsernst nicht sehr bald sehr einsam sein? Immer wieder hat insbesondere SÖREN KIERKEGAARD (1813–1855) darauf hingewiesen, daß es nicht möglich ist, «Christ» zu sein als ein Herdenmensch; in der Tat: Christsein bedeutet, ein Einzelner zu werden und mit der eigenen Existenz Gott gegenüberzutreten. Allerdings muß das nicht heißen, allein zu bleiben; es heißt vielmehr, daß die menschlichen Beziehungen auf eine gänzlich neue Grundlage gestellt werden; und als Exempel dafür dient *Lukas* die Erzählung, die er erneut *Markus* (Mk 3,31–35) entnimmt, doch mit Absicht in diesen Zusammenhang vom rechten Hören der Worte Jesu einordnet: die Geschichte, wie Jesu Mutter und seine Brüder zu ihm kommen (8,19–21).

In der «Mariologie» der katholischen Kirche hat man ein ganzes Lehrgebäude errichtet auf dem Verhältnis der «Mutter Gottes» zu ihrem «Sohn» und sich bei alledem stets auf das *Lukas*-Evangelium beziehen zu können gemeint, insbesondere auf die (mythische) Erzählung von dem Gruß des Engels Gabriel an Maria (Lk 1,28): «du bist voll der Gnade» (in der fälschlichen lateinischen Übersetzung), sowie auf das Motiv von der «jungfräulichen Geburt» (Lk 1,31.35; 2,11)[20]. Dabei liegt die einzige historisch einigermaßen glaubwürdige Information über das «Familienleben» Jesu (neben der Notiz über die Schwestern und Brüder Jesu in Mk 6,3) in gerade dieser kurzen Episode vor, die auch *Lukas* ohne jede Scheu übernimmt, – offenbar war es nie seine Absicht, die Mutter Jesu in ein überirdisches Licht göttlicher «Heilsgeheimnisse» zu heben; alles, was er in der Kindheitsgeschichte Jesu überlieferte, diente, wie stets in den Mythen von der Geburt eines

[19] HEINZ SCHÜRMANN: *Das Lukasevangelium*, I 469, verweist auf Lk 19,26/Mt 25,29, wo das Logion das Gleichnis von den unterschiedlichen Talenten beschließt. Str. B. I 660–661, zeigen, daß es sich um ein palästinensisch vielfach belegtes Sprichwort handelt.
[20] Vgl. *Catéchisme de l'Église Catholique* (Weltkatechismus), Nr. 496–511.

Gotteskindes, der Charakterisierung des Erlösers selbst, nicht seiner Mutter. Insofern braucht *Lukas* keine Bedenken zu haben, dem *Markus*-Text, der eine «Jungfrauengeburt» gar nicht kennt, auch an dieser Stelle zu folgen. Freilich «mildert» *Lukas* den dramatischen Zusammenhang, in dem in seiner Vorlage der Besuch der Familie Jesu steht: Da erklären die Schriftgelehrten, daß Jesus nur mit «dem Obersten der Abergeister ... die Abergeister» austreibe (Mk 3,22); mit einem Wort: sie behaupten, Jesus paktiere mit dem Satan – ein Vorwurf, auf den die Todesstrafe steht[21]; Jesu Angehörige kommen offenbar, um ihn nach Nazaret zurückzuholen und unter Familienobhut zu stellen, – sie möchten ihn schützen, indem sie ihn aus dem Verkehr ziehen[22]; in ihren Augen ist er nicht vom Teufel, eher von Sinnen. Josef übrigens scheint zu diesem Zeitpunkt bereits nicht mehr zu leben, sonst hätte *er*, nicht Maria und die Brüder, ein Machtwort zu sprechen gehabt[23]. Aus all dem wird bei *Lukas*, einfach indem er den Abschnitt an einer anderen Stelle in sein Evangelium einfügt, ein simpler Freundschaftsbesuch; allerdings führt auch und gerade dieser «private» Anlaß, wie alles in der Nähe Jesu, zu einer vollkommenen Neubestimmung der menschlichen Beziehungen.

Nichts im Raum der Biologie gilt für so grundlegend wie die Weitergabe der Gene; nichts in der Soziologie gilt für so elementar wie die Einheit der Familie; nichts in der Ethnologie gilt für so zentral wie die Verwandtschaftsbeziehungen; und immer noch hält sich die Vorstellung, daß in Momenten der Not die «Bande des Blutes» stärker zusammenhalten als alle anderen Interessen: auf die Familienmitglieder wenigstens ist noch Verlaß. Von daher kommt es einer Revolution des gesamten «naturgegebenen» Denkens gleich, wenn Jesus seine Blutsverwandten in der vorliegenden Erzählung gar nicht erst empfängt, und zwar nicht aus Abneigung oder Gleichgültigkeit heraus, sondern um etwas entscheidend Anderes, Neues deutlich zu machen: Wie nahe ein Mensch einem anderen steht, ergibt sich in seinen Augen keinesfalls aus dem Verwandtschaftsgrad der Genetik, wie

21 Vgl. ETHELBERT STAUFFER: *Jerusalem und Rom*, 10. Kap.: Die jüdischen Ketzergesetze, 113–122, S. 117: Der Pseudoprophet: «Der Pseudoprophet gilt meist als ein Werkzeug der Hölle, erfüllt vom Geiste des Belial, in dessen Kraft er die Wunder der Verführung vollbringt.»

22 Vgl. Mk I 311–321: Mk 3,20-35: Vom Mut zur Freiheit, S. 312.

23 Vgl. ANTON VÖGTLE: *Josef*, in: Peter Manns (Hg.): Die Heiligen in ihrer Zeit, I 51, wonach die Evangelien «Joseph zur Zeit des öffentlichen Wirkens nicht mehr unter den Lebenden voraussetzen».

etwa bei «eusozialen» Insekten[24]; es erwächst für ihn aus einer Verwandtschaft des Geistes. Da kann, jenseits der Schranken von Raum und Zeit, ein SOKRATES, ein AUGUSTINUS, ein KIERKEGAARD, ein DOSTOJEWSKI uns durchaus näher stehen als die eigene Schwester oder der eigene Bruder, ja, sogar als die eigene Mutter; gezeugt oder geboren zu sein von dem gleichen Vater, der gleichen Mutter ist eines, geistig aber «gezeugt» oder «(wieder)geboren» worden zu sein durch die Prägung einer Person, die in ihrer Wesensart für uns wesentlich wurde, ist ein ganz anderes. Eine Erfahrung spricht sich hier aus, die das *Johannes*-Evangelium so formuliert: auf Grund der Botschaft Jesu würden diejenigen, die «an seine Art» glaubten, die nicht «als Erzeugnis des Blutandrangs» existierten – «die ‹Natur› hat's gewollt, der Mann hat's gewollt» –, sondern lebten «von Gott her», zu Gottes Kindern (Joh 1,12.13)[25]; «Christen» sind, so verstanden, Menschen, die an der Seite Jesu, des «Christus», im Vertrauen zu Gott zu sich selber gefunden haben und die von daher zu «Geistesverwandten» all derer werden, die ein Gleiches erlebt haben. Wo gibt es Menschen mit denselben Problemen und Nöten, wo Menschen mit denselben Wertevidenzen, wo Menschen mit denselben Lösungsansätzen? Das sind von jetzt an die Fragen, die Menschen miteinander verbinden, tiefer, als alle Verbundenheit der Biologie es jemals zu tun vermöchte. «Die das Wort Gottes hören und tun», die, sagt Jesus, sind seine «Mutter» und seine «Brüder» (8,21)[26]. Die ganze «Christenheit», meinte SÖREN KIERKEGAARD, gründe darin, die Frage der Existenz entgegen diesem Jesus-Wort wieder naturalisiert zu haben; – man werde halt «Christ» durch die Geburt in einer «christlichen» Familie, und die Kindertaufe sei dabei gerade das rechte Mittel, um die Macht der «Umstände» an

24 Vgl. E. DREWERMANN: ... *und es geschah so*, 397; FRANÇOIS BOVON: *Das Evangelium nach Lukas*, I 419, stellt zwei Haltungen einander gegenüber: «Die eine begnügt sich mit der sichtbaren Gestalt des Menschen Jesus auf der Ebene menschlicher Blutsverwandtschaft, die zweite erkennt in der Gestalt Jesu den dem Menschen gnädig zugewandten Gott ... Damit entsteht eine neue Definition der Familie, denn diese Wahlverwandtschaft hängt von der göttlichen Initiative wie von der menschlichen Bereitschaft ... und Durchhaltekraft ... ab.» «...die Pointe des Apophthegmas (sc. des Ausspruchs in Lk 8,21, d.V.) bleibt die, daß die stärkste menschliche Beziehung (Mutter – Kind) durch das Evangelium in Frage gestellt wird. Dieser anthropologische Bruch gilt als Heilsereignis...»

25 Vgl. Joh I 13–29: Joh 1,1-18: «Im Anfang war das Wort.»

26 HEINZ SCHÜRMANN: *Das Lukasevangelium*, I 471, meint richtig: «Der Jüngerkreis Jesu ... ist damit als die ‹Familie› Jesu bestimmt.» Ob dieser «Jüngerkreis» freilich ohne weiteres mit der (römischen) «Kirche» zu identifizieren ist, scheint mehr als fraglich.

die Stelle der persönlichen Entscheidung zu rücken[27]. Diese kleine Szene des Umgangs Jesu mit seinen «Blutsverwandten» aber kann zeigen, was passiert, wenn jemand wirklich das Wort Gottes vernimmt und aufnimmt: Es ändert sich alles – im Einzelnen selbst nicht minder als im Zusammenleben untereinander. Herausgelöst werden muß jeder Einzelne auch und vor allem aus den unmittelbaren Beziehungen seiner natürlichen Herkunft, damit «Erlösung» wirklich werde.

Manchmal in der Psychotherapie tritt zutage, warum das so ist. Menschen werden geformt von dem Bild ihrer Eltern, – das heißt nicht selten, sie werden verformt ohne jede Chance, sich selbst zu entdecken. Die Zwänge der Kindheit, die Verpflichtungsgefühle im Erwachsenenleben erweisen sich als übermächtige Fesseln der Freiheit und hindern womöglich jedwede persönliche Entfaltung. Dann ist es kaum anders möglich, als die Frage: «Was wollte der Vater, was will die Mutter, was möchten die Brüder?» zu relativieren an der einen entscheidenden Frage: «Wer bin ich selber?» oder, religiös gewendet: «Was will von mir Gott?» Erst wenn diese Frage geklärt ist, zeigt sich, wie nah oder fern uns andere Menschen stehen. Die Beziehungen, die sich dann bilden, besitzen eine hohe Wahrscheinlichkeit, menschlich zu stimmen. – Die Turbulenzen aber, die auf dem Wege dahin zu bestehen sind, stellen sich dar in dem folgenden Bild vom Sturm auf dem «Meere».

[27] Vgl. SÖREN KIERKEGAARD: *Der Augenblick*, Nr. 2, Lobrede auf das menschliche Geschlecht, in: Werkausgabe, II 344–346, wo er (S. 345) sarkastisch einer «aus Viehärzten und Pfarrern zusammengesetzten Arbeitsgemeinschaft» das Wort redet, damit «es eines Tages damit endete, daß die Haustiere in der ‹Christenheit› eine christliche Nachkommenschaft zur Welt bringen würden.»

Lk 8,22–25: Die Stillung des Sturms oder: Rettung im Vertrauen

(vergleiche Mk 4,35–41; parallel zu Mt 8,23–27)

22 Es geschah aber an einem der Tage: Er selbst bestieg ein Boot und auch seine Jünger, und er hat zu ihnen gesagt: Fahren wir hinüber zur Jenseite des Sees. Und sie legten ab. 23 Während sie dahinsegelten, schlief er ein. Da fuhr ein Sturmwind herab auf den See. Sie liefen voll; sie befanden sich in Gefahr. 24 Da traten sie heran und weckten ihn auf, sprechend: Gebieter, Gebieter, wir gehen zugrunde. Und er richtete sich auf, herrschte den Wind an und das Wogen des Wassers, und sie hörten auf. Und es ward Stille. 25 Er aber sagte ihnen: Wo (bleibt) euer Vertrauen? Da gerieten sie in Furcht und Staunen und sagten zueinander: Wer ist doch dieser, daß er auch den Winden befiehlt und dem Wasser, und sie gehorchen ihm?

Eigentlich ist die Geschichte vom Sturm auf dem «Meere» (dem See Gennesaret) nach all den bisherigen Kontroversen und Konfrontationen wohlvorbereitet, wofern man sie *symbolisch*, nicht «realistisch» deutet. Denn in dieser Betrachtungsweise läßt sich die Plazierung dieser Erzählung schon im *Markus*-Evangelium (Mk 4,35–41) als Fortsetzung der vorangegangenen Auslegung des Gleichnisses vom unterschiedlichen Acker (Mk 4,26–34) (und bei *Lukas* als Kommentar auch zu dem Thema der geistigen «Verwandtschaft» der Menschen in der «Familie» Gottes) verstehen. Wie in all den «Wundergeschichten» des Neuen Testamentes geht es nicht um ein naturhaftes Ereignis, sondern um ein Geschehen im Herzen des Menschen; jede andere Auffassung des Textes führt erkennbar zu Aporien, die religiös eine schier fatale Wirkung entfalten müssen.

Dabei läßt sich in dieser Geschichte eine «naturalistische» Interpretation durchaus plausibel machen[1]. Der See Gennesaret liegt etwa 200 Meter unter dem Meeresspiegel; wenn die warmen Luftmassen über ihm aufsteigen, füllt sich die Unterdruckzone mit Fallwinden auf, die von den syrischen Höhen hereinkommen und fast senkrecht auf die Wasserfläche treffen; die Wellen, die so entstehen, bilden keine gerichtete Wellenfront, so daß ein (kleines) Schiff gegen sie ansteuern könnte, vielmehr drohen sie von

[1] Vgl. FRITZ RIENECKER: *Das Evangelium nach Lukas*, 218: «Wegen der Tiefenlage des galiläischen Meeres und seiner großen Temperaturgegensätze waren solche Orkane nicht selten.»

allen Seiten ins Boot zu schlagen; Segel zu setzen ist unter diesen Umständen völlig unmöglich, und so wird ein Schiff bei derartigen Stürmen leicht zu einem wehrlosen Spielball des Winds und der Wellen. Entsprechend groß ist die nur allzu berechtigte Angst von Fischern, die in eine solche Lage geraten. Eigentlich können sie nur ausharren und abwarten; denn so jäh der Sturm wie aus heiterem Himmel hereinbricht, so plötzlich legt er sich wieder, sobald die Luftdruckverhältnisse über dem Talkessel, in dem der See liegt, sich ausgeglichen haben. Dann tritt jene «Stille» ein, von der *Lukas* (8,24) berichtet. Alles bis hierhin ist mühelos mit rationalen Mitteln erklärbar; Menschen aber, die aus ihrer Not sich plötzlich gerettet sehen, werden in Unkenntnis der meteorologischen Zusammenhänge leichthin geneigt sein, in solch einem Geschehen ein «Eingreifen» Gottes zu ihren Gunsten zu erblicken und dem Allmächtigen für sein «Wunder» zu danken. Nur, was ergäbe sich religiös, wollte man bei dieser Auslegung der Stelle stehenbleiben?

Die Religion insgesamt müßte bei derartiger Betrachtung erscheinen als ein bloßes Produkt von Angst und Unwissenheit, versetzt mit Magie und Aberglauben. Gott wird da begriffen als ein «Gebieter», der mit seinem Willen die Winde und Wellen zu lenken vermag wie ein Feldherr die angreifenden Truppenteile seiner Armee; der Wille der Gottheit, hätte GEORG WILHELM FRIEDRICH HEGEL (1770–1831) gesagt, wird hier der Natur gegenüber noch als äußerlich gedacht[2], – ein in sich eigenständiger, nach Gesetzen der Kausalität wirkender Zusammenhang besteht auf dieser Stufe des Bewußtseins nicht, und so ist es nicht das Wissen, sondern das Wollen, dem eine Beeinflussung der Naturphänomene zugetraut wird: Gott gestaltet sie je nach dem, was er will, und der Mensch seinerseits kann seinen Willen bei der Gottheit geltend machen durch Gebet und Opfer. «Wunder» sind unter derartigen geistigen Voraussetzungen immer möglich, das Problem ist nur, daß Gott sie offenbar so selten wirkt; gemessen an der Not der Menschen müßte ein gütiger Gott weit öfter «eingreifen», als er es anscheinend tut, oder er hätte gar bei der Erschaffung der Welt von vornherein die Interessen der Menschen stärker berücksichtigen sollen. Warum zum Beispiel ließ Gott es im Jahre 1883 zu, daß beim Ausbruch des Krakatau rund

[2] Vgl. G. W. F. HEGEL: *Vorlesungen über die Philosophie der Religion*, II. Bd., 2. Theil, Die bestimmte Religion, 2. Abschnitt, Die Religion der geistigen Individualität, 1. Die Religion der Erhabenheit, A. Die Bestimmung des Begriffs, c. Die Form der Welt, S. 58–62: «Dieß ist die Erhabenheit, daß die Natur so ganz negirt, unterworfen, vorübergehend vorgestellt wird.» (Sämtliche Werke, XVI 62)

40 000 Menschen ums Leben kamen[3]? Was war in den Weihnachtstagen 2004, als ein Tsunami im Indischen Ozean über 200 000 Menschen in den Tod riß? Stünde ein Gott, der Menschen zu retten vermöchte, nicht auch in der Pflicht, es zu tun, wofern er sich nicht den Vorwurf unterlassener Hilfeleistung zuziehen wollte? Ein «Glaube», der an dem Bild eines Gottes festhält, der alles tun kann, aber nicht(s) tut, läuft auf einen Aberglauben hinaus, der über kurz oder lang aus lauter Enttäuschung in den Unglauben führen wird. – All das entscheidet sich mittelbar an der Art und Weise, wie man eine Geschichte wie die von der Stillung des Seesturms interpretiert: historisch-naturalistisch verstanden, stürzt sie die Religion eher als sie zu stützen; insofern kommt es entscheidend darauf an, das Verständnis des Religiösen innerlicher zu fassen und alles Sprechen vom «Eingreifen» Gottes symbolisch zu deuten.

Noch einmal anders gesagt: Ein Sturm über dem See von Gennesaret hat empirische Ursachen für seine Entstehung ebenso wie für sein Abklingen, – keinerlei «Wunder» ist in dem einen wie in dem anderen Fall enthalten; auch der Machtbefehl Jesu setzt, bei einem «wörtlichen» Verständnis, voraus, daß man die Mächte der Natur als Geister betrachtet, denen mit menschlichen oder göttlichen Willensbekundungen beizukommen wäre; stünde es wirklich so, bestünde auch der Glaube an Jesus als an den «Christus» (die «Christologie») in einer Art verabsolutierter Magie: Jesus müßte als von Gott kommend betrachtet werden, weil er nur dann über die übermenschlichen Kräfte verfügte, um den «Geistern» zu gebieten, die in den Naturkräften wirksam sind[4]. Eine mythische Weltsicht und ein magischer Umgang mit der Welt bildeten das Resultat einer solchen «Theologie», und man stünde endgültig vor der Wahl, eine solche Glaubensvorstellung fundamentalistisch zu verfestigen oder aber den Glauben insgesamt abzuleh-

[3] Vgl. ROBERT U. BARBARA DECKER: *Vulkane*, 189–194, zu den klimatographischen Folgen des Vulkanausbruchs; S. 234: «Der Ausbruch (sc. des Krakatau, d.V.) im Jahre 1883 gehört zu den verheerendsten Explosionen der Geschichte. Der Ausbruch war noch in 4000 km Entfernung zu hören, das Volumen der geförderten Aschen und Schlacken betrug 18 Kubikkilometer, eine sechs Kilometer große Caldera brach ein, und die anschließenden Tsunamis kosteten 36000 Menschen an den Flachküsten von Java und Sumatra das Leben.»

[4] Die Betrachtung wird auch nicht klarer, wenn WOLFGANG WIEFEL, *Das Evangelium nach Lukas*, 163, an sich richtig feststellt: «Die alttestamentliche Basis der ursprünglichen Erzählung, die Jesu Machttat von der gebieterischen Gewalt Jahwes über Meer und Wetter her verstehen läßt (vgl. Ps 29,3; 65,8; 104,7; 106,9), ist auch für die lukanische Gestalt zu berücksichtigen. Das Motiv ‹mehr als Jona› (vgl. Luk. 11,32 Par.), die die Seesturmgeschichte zu einer ‹freien Nacherzählung von Jona› macht, hat unmittelbar nur auf die Markusvorlage gewirkt.»

nen. Die einzige Möglichkeit, den Text gültig, also religiös ebenso wie rational verständlich, zum Sprechen zu bringen, liegt darin, ihn zu hören wie einen Traum der vergangenen Nacht – als eine Sequenz von Bildern, die ein Ereignis in der menschlichen Seele erzählt.

Alle «Naturwunder» im Alten wie im Neuen Testament sind so zu lesen – der Durchzug durch das Rote Meer (Ex 14,1–31) nicht anders als die Geschichte vom Sturm, der über das Schiff des Propheten Jona hereinfiel (Jon 1,4.5), der Sturm auf dem See Gennesaret nicht anders als die Erzählung vom Seewandel Jesu (Mk 6,45–52; Mt 14,22–27; Joh 6,16–21): die Wirklichkeit, die solche Erzählungen beschreiben, ist nicht «objektiv» zu fassen, sie läßt sich nur symbolisch darstellen. In allen abergläubigen Vergegenständlichungen des Religiösen, ebenso wie in allen magischen Praktiken wird im Grunde der Symbolismus der Seele in die Natur hineinprojiziert; und so besteht eine korrekte Auslegung derartiger Vorstellungen darin, die mythische Sprache der biblischen Naturwundergeschichten durch Rücknahme der Projektionen in ihrer psychologischen beziehungsweise existentiellen Bedeutung als Schilderung innerseelischer Vorgänge zu interpretieren. Was dann gemeint ist, läßt sich unmittelbar einfühlen; – es ist nicht schwieriger, als die Sprache eines Gedichts oder den Brief einer Geliebten zu verstehen.

Alles beginnt mit einem Motiv, das *Lukas* – leider! – in seiner Bearbeitung der *Markus*-Überlieferung übergeht. *Markus* nämlich berichtet, daß Jesus nach einem Tag, der mit Lehrvorträgen dahinging, «als es spät geworden war», die Jünger gebeten habe, im Boot «zur Jenseite» überzusetzen (Mk 4,35); und die Jünger «nehmen ihn, wie er war, im Boot mit» (Mk 4,36)[5]. Offenbar ist Jesus völlig erschöpft, und er möchte nichts weiter mehr, als daß endlich Ruhe sei; die Fahrt über den See ist gedacht als eine Art Ausweichmanöver; und allein daß Jesus sich auf diese Weise von den Bedürfnissen der Menschen, die ihn umdrängen, absetzt, ist beispielgebend: Da werden an diesem Abend keine Fragen mehr beantwortet, keine Kranken mehr geheilt, keine seelischen Gebrechen mehr therapiert; da erlaubt sich Jesus, auszuruhen, trotz der Dringlichkeit all der Probleme, mit denen die Menschen ihn aufsuchen. Es genügt ja, ein wenig Mitleid in diese Welt zu bringen, und es wird auf die Liebehungrigen wirken, wie wenn jemand mitten auf einem schneeverwehten Felde ein Vogelhäuschen aufstellt: von weither werden die Tiere kommen und sich um das Futter streiten – gierig, egoistisch, rücksichtslos. Alle Krankheit, alles Leid macht egozentrisch, und

[5] Vgl. Mk I 350–359: Mk 4,35-41: Der Sturm auf dem Meer.

Jesus wollte sich der Grenzenlosigkeit menschlicher Bedürftigkeit stellen, indem er sich den Einzelnen in ihrer Not zuwandte. Nun aber muß er für sich selbst eine Phase der Regeneration reklamieren, nun gibt er für eine Weile seinen Auftrag in die Hände Gottes zurück, nun vertraut er all die Personen, die ihn da umdrängen, der Macht an, die sie erschuf. Er wagt es, auszuruhen, mitten in dem Gewoge der Menge, mitten in dem anbrandenden Meer der Qual. Für *Markus* ist es bereits dieser Entschluß Jesu, der das spätere «Wunder» vorwegnimmt beziehungsweise sich darin darstellt: Da schläft Jesus im Heck des Bootes auf einem Kissen, während ringsum die kochende See über das Dollbord hereinschlägt, und es ist seine Zuversicht, seine innere Ruhe, die macht, daß ihn das alles nicht (mehr) erreicht. So wie er am Abhang von Nazaret durch die Menge hindurchging (Lk 4,30), so durchfährt er jetzt den Andrang der Menschen – im Vertrauen auf Gott.

Vielleicht die wichtigste Art des Gebets besteht darin, einen anderen Menschen mit all seiner Angst und mit all seiner Unsicherheit Gott anzuvertrauen; man kann für ihn aktuell jetzt nicht mehr viel tun, man ist im Umgang mit ihm an die eigene Grenze gelangt, und doch begleitet man ihn innerlich weiter, das heißt, man möchte, daß er weiterhin begleitet sei; man selber kann das nicht mehr leisten, und man muß es auch nicht mehr. Vertrauen auf Gott – wie oft ist damit ein solches Anvertrauen eines anderen geliebten Menschen an die Macht gemeint, welche die Liebe selber ist! Und ist's der Inhalt nicht fast allen Betens, wenn es ihm ernst wird: nicht «gerettet», nur beschützt zu sein? – nicht vor dem Tod, er wird eines Tags uns ganz sicher ereilen, doch vor der Ausgesetztheit und vor der Einsamkeit, vor der Verlorenheit und vor der Leere, vor dem «Wind» und vor dem «Sturm», der uns hinwegweht, spurlos und sinnlos, so als wären wir niemals gewesen. Da möge Gott uns halten, fest, in seinen Armen. Nur so ist es möglich, ruhig und still zu sein mitten im «Sturm» und einzuschlafen, wenn die «Wellen» an die «Bordwand» schlagen. – Das Umkehrbild dazu ist eine Szene aus dem Büchlein *Jona* – wie der Prophet, fliehend vor Gott nach Tarsis, sich verkrochen hat im Schiffsbauch und in einen Tiefschlaf fällt, während der Sturm, den Gott selber «verschafft» hat, alles ringsum: Schiff wie Mannschaft, seinetwegen in Gefahr bringt (Jon 1,4.5). Die Angst vor Gott stürzt Jona in den Abgrund der Verzweiflung – nur nichts mehr hören, nur nichts mehr sehen, gar nichts! Einzig zu schlafen – schlafen in der Hand des Todes, bis daß alles aus ist; das ist der letzte Wunsch dieses Gottgesandten im Widerspruch[6]. Der Schlaf Jesu im Boot verrät das genaue

[6] Vgl. E. DREWERMANN: *Und der Fisch spie Jona an Land*, 23–28.

Gegenteil: ein gänzliches Sich-Überlassen, ein Entspannen und ein Hinübergleiten in ein Land vertrauensvoller Leichtigkeit.

Doch ist das, was Jesus möglich war, die Lösung auch für all die andern, die in der winzigen Welt ihres Bootes umhergeworfen sind im Sturm des Lebens? Was alles mag da «Meer», was alles «Sturm» sein? «Meer» – als existenzphilosophische Chiffre – kann ein Bild sein für die Abgründigkeit, für die Ungegründetheit des menschlichen Daseins, und zu «stürmen» beginnt es, sobald wir dieser fundamentalen Tatsache innewerden. Irgendein Mißerfolg – eine scheiternde Liebe, eine zerbrechende Beziehung –, und das Netz der bis dahin so festgefügten Einbindungen in die Ziele und Zwecke des Lebenserhalts und der Weitergabe von Leben zerreißt. Plötzlich wird klar in einem Wirbelwind der Gefühle, in einem Sturm der Gedanken, daß wir absolut nicht notwendig sind für die «Welt»; wir sind nicht die Leute, auf die es ankommt, ob es uns gibt oder nicht, ist egal, alles wird weitergehen auch ohne uns; schlimmer: die ganze «Welt» hat uns nie gewollt, nie gemeint; sie hat uns hervorgebracht, doch das ist auch alles. Im Haushalt der Natur sind wir bloße Übergangswesen, auf deren Auflösung andere Wesen längst warten, um die biochemische Energie, die in unserer Körpermasse gebunden ist, sich anzueignen, – genauso, wie wir mit anderen Lebewesen, solange wir leben, verfahren. Der Eindruck kann krasser nicht sein: Vor dem Untergang schützt uns allein die dünne Bordwand des Bootes, eine künstliche, selbst geschaffene Holzschicht aus Planken, um uns «über Wasser zu halten»; doch darunter ist nichts, was trägt; darunter gähnt der Abgrund des Nichts. Wie ein Raubtier mit riesigem Rachen stellten die Mythen der Alten solche Erfahrungen dar: – ein Seeungeheuer, das von unten her mit gewaltigem Maul alles verschlingt, was wir sind[7]. Wir haben keinen «Boden unter den Füßen»; wir sind Umhergetriebene, Hineingeworfene in eine Welt ohne Halt, ohne Sinn. Natürlich werden wir versuchen, uns «in die Riemen zu legen», um trotz allem «voranzukommen», hinüber ans «Festland». Doch ein solches «Land» ist nicht sichtbar für nächtliche Augen. Wir werden versuchen, den Kurs zu ändern, doch wohin sich wenden in der völligen Gleichgültigkeit aller Richtungen, in der totalen Orientierungslosigkeit? Wir werden versuchen, zusammenzuhalten, sitzen wir doch alle in demselben Boot; doch eben: wenn es allen gleichermaßen so geht, ist jeder allein mit seinem Los, und niemand vermag einem anderen einen Standpunkt außerhalb seiner eigenen Gefangenschaft zu vermitteln.

[7] Vgl. die Materialsammlung bei LEO FROBENIUS: *Das Zeitalter des Sonnengottes*, Berlin 1904.

Die einzig mögliche Rettung in dieser Lage besteht in der Haltung, die Jesus hier einnimmt. Es gibt gar nichts mehr zu tun, zu besorgen, zu verhindern, zu retten; auf die grundsätzliche Gefährdung durch die absolute Grundlosigkeit unseres Daseins gibt es nur eine einzige Antwort: die Ankertrosse auslaufen zu lassen bis zu einem Grund unterhalb des Abgrunds, bis zu einer Daseinsbegründung, tiefer als die schäumenden Wirbel der Welt. Es gilt, hinabzusinken in die Zone der Stille, da uns eine Stimme vernehmbar wird jenseits des heulenden Sturms und der klatschenden Brecher der wogenden See. Denn es ist allein diese Stimme, die zu uns sagt: «Ich bin's, der Dich rief und der wollte, daß es Dich gibt. In der Welt zählst Du wenig, fast gar nichts, ich aber rechne mit Dir. Ich möchte Dich, drum machte ich Dich; ich liebe Dich, das ist der Grund Deines Lebens; ich trage Dich, und das trägt Dich hindurch, von einem Ufer zum andern. Drum ruhe Dich aus, in meinen Armen, an meiner Brust. Ich umfange Dich immer, wohin 's auch treibt. Der Tod ist kein Tod mehr in meiner Nähe, – nur ein Hineinsinken in ein Umfangensein ohne Ende. Verstehe mich recht: es gibt keinen Untergang mehr für den, der tief genug lotet.»

Aus der Tiefe einer solchen Ruhe offenbar tauchte Jesus auf, als die Jünger ihn weckten in ihrer Not, sprechend: «Gebieter, wir gehen zugrunde». (8,24a)[8] Da «richtete er sich auf», da stand er vor ihnen wie eine Achse zwischen Himmel und Erde, gefestigt in sich, weil fest verbunden mit dem Gegenüber all seiner Zuversicht, und so «herrschte er an den Wind und das Wogen des Wassers, und sie hörten auf». (8,24b)[9] Die «Geister» der Angst haben keinerlei Macht mehr; hier haben sie ihren «Meister» gefunden. Daß Jesus so auftritt: als «Gebieter», als Herrscher in Macht, als «Mana»-Per-

[8] Vgl. GOTTFRIED TRAUB: *Die Wunder im NT*, IV.: Seegeschichten, in: Alfred Suhl (Hg.): Der Wunderbegriff im Neuen Testament, 165–169, S. 166: «Sturm auf dem See, der in Gott sich geborgen wissende, schlafende Herr Jesus, das Unverständnis der Jünger für solche Seelenruhe des Meisters in Gefahr, seine strenge Zurechtweisung ihres Kleinglaubens und die eigene mutige Entschlossenheit, die Ruhe, die nach des Meisters Worten in ihre Herzen einzieht, und das Gefühl der Beschämung nach überstandener Not: das alles sind wirkliche Erlebnisse, in welchen diese Fischer und Schiffer vom See eine ihrer Berufsart entsprechende religiöse Offenbarung empfanden.»

[9] GOTTFRIED TRAUB: A. a. O., 168, sah richtig, als er schrieb: «Wir begegnen ... genau demselben Wort, das in den dämonischen Beschwörungen benützt wurde. Somit kann vermutet werden, daß nach der Auffassung des Berichterstatters in den sturmerregten Wellen Seedämonen ihr Wesen treiben und Jesus als der Herr der Dämonen ihnen auch auf diesem Gebiet der Naturwelt entgegentrat ... Eine ursächliche Verbindung zwischen dem Wort Jesu und dem Aufhören des Sturmes ist ausgeschlossen. Jedenfalls würde unsere religiöse Sicherheit durch ein solches Naturwunder gar nichts gewinnen.»

sönlichkeit[10], ist unerläßlich für Jesu Jünger. Irgendwann, irgendwo müssen wir lernen, daß es etwas «Stärkeres» gibt als unsere Angst, und wir können's doch nur erfahren in der Gegenwart eines anderen Menschen, der es vermag, uns zu beruhigen, indem er sein Vertrauen ausdehnt auf uns und es fühlbar, spürbar uns selber vermittelt. «Wer ist doch dieser ...?» fragen die Jünger voll «Furcht», voller Ehrfurcht (8,25)[11], und es ist der Respekt vor der Rätselgestalt dieses Mannes, der sie lehrt, keine Angst mehr zu haben. Seine Nähe ist «stärker» als der Einbruch der Ungehaltenheit unseres Daseins in unser Bewußtsein, – er hält uns! Seine Gegenwart ist wirklicher als die Wahrnehmung unserer Leere und Nichtigkeit, – er wirkt sich aus, er erfüllt uns. Seine Zuwendung ist inniger als die Innenansicht des Strudels der Angst, – er wendet sich niemals mehr ab, und das ändert alles.

Freilich, die Frage stellt sich und ergeht immer wieder von neuem: «Wo (bleibt) euer Vertrauen?» (8,25) Ganz deutlich wird an Stellen wie diesen, was die Evangelien unter «Glauben» verstehen: – eben nicht ein «Wissen» um die «Geheimnisse» der dogmatischen «Christologie»[12]; die Jünger selber fragen sich voller Verwunderung, wer der denn sei, der die abgrundtiefe Fragwürdigkeit unseres Daseins zu beruhigen vermag, und ihre Antwort kann nur lauten: «Er ist jemand, der gründet in Gott, und dieses Vertrauen, das er uns schenkt, ist unsere Rettung. Selber also ist er der ‹Retter›, der ‹Heiland›. Er ist es, in dessen Nähe die ‹Stürme› des Lebens sich legen.» Das zu erleben und daraus zu leben ist «Glauben»[13].

Jeder kann diese Erfahrung im eigenen Dasein gewinnen: Es geht in ihm alles «drunter und drüber», wenn er eine solch feste Verankerung in Ver-

[10] Zu der Verwendung des ethnologischen Begriffs des Mana in der Psychologie vgl. CARL GUSTAV JUNG: *Über die Archetypen des kollektiven Unbewußten*, in: Gesammelte Werke, IX 1, S. 42, der darunter eine lebendige Kraft bzw. eine magische Heilkraft verstand.

[11] KARL LÖNING: *Das Geschichtswerk des Lukas*, I 234, meint: «Das Machtwort dessen, der zuvor auf dem Meer thronend gelehrt hat, rettet zwar die Jünger aus der Gewalt des Todes, befreit sie aber nicht von Unverständnis und Todesangst... Der Glaube, den Jesus von den Jüngern verlangt, würde erkennen, daß das Schlafen mitten im Chaossturm Ausdruck der Souveränität Jesu in der Konfrontation mit den Todesgewalten ist. Die Epiphanie der Vollmacht des Gottessohnes über die Todesgewalt wird... aber von den Jüngern nicht verstanden.»

[12] Vgl. HANS DIETER BETZ: *Jesus als göttlicher Mensch*, in: Alfred Suhl (Hg.): Der Wunderbegriff im Neuen Testament, 416–434, S. 432: «Mit vielen anderen Gelehrten bin auch ich der Ansicht, daß er (sc. Jesus, d.V.) keinen der Hoheitstitel, die ihm die Kirche später beilegte, für sich selbst in Anspruch genommen hat.»

[13] Vgl. KARL LÖNING: *Das Geschichtswerk des Lukas*, I 235: «Die Frage Jesu (Lk 8,25a) ist keine Rüge (vgl. dagegen Mk 4,40), sondern eine Aufforderung, die Lehre aus der Erfahrung der eigenen Rettung zu ziehen und als verläßliches Wissen (‹Glaube›) anzunehmen.»

trauen nicht mehr besitzt. Auch dafür steht – tiefenpsychologisch – das Bild vom «Sturm auf dem See». Wirkt unser kleines Ich nicht schon wie verloren in dem riesig sich dehnenden «Meer» des Unbewußten der eigenen Seele[14]? Unsere Sehnsüchte, Antriebe, Leidenschaften und Affekte, unser Verlangen nach Liebe und Zärtlichkeit, unsere Neigung zu gewaltsamen «Lösungen», zornmütig, kämpferisch, Zwang setzend an die Stelle der Freiheit, – wo in all dem wären wir dessen «Gebieter»? Das Unbewußte spielt mit uns, es treibt uns um, es nutzt den Nachen, in dem wir uns künstlich zu sichern suchen, als Angriffsfläche für seine verborgenen Strömungen und wirren Verwirbelungen. Wir kennen uns bei uns selber nicht aus. Doch so viel ist klar: je haltloser wir uns fühlen, desto verzweifelter werden wir uns in den Maschen des zerrissenen Sicherheitsnetzes verfangen, indem wir gewisse Momente eines vermeintlichen Erfolges überbewerten und überanstrengt zu favorisieren beginnen. Dann ist es dieser Posten, diese Beförderung, an denen unser ganzes Selbstwertgefühl hängt, und wir kommen uns wie vernichtet vor, wenn uns dies und das nicht gelingt; dann brauchen wir unbedingt die Liebe einer bestimmten Frau oder eines bestimmten Mannes, oder es ist um unsere Selbstachtung geschehen; dann müssen wir es unter allen Umständen dahin bringen, etwas Strahlendes und Imponierendes zu leisten, um uns im Glanze des Ruhms trotz allem noch eine eigene Bedeutung zu verleihen.

Je stärker die Angst vor dem gähnenden Abgrund des Nichts, desto heftiger werden die Böen unserer Psychodynamik uns hin und her peitschen und desto ohnmächtiger bei allem vermeintlichen Machtzuwachs werden wir ihnen ausgeliefert sein[15]. Ordnung in unsere Gefühle, Übersicht in unser Leben werden wir nur bekommen, wenn jene «Stille» eintritt, die allein das Vertrauen verleiht. Selbst das Ablegen vom Lande, selbst das Hinübersetzen ans andere Ufer, die ganze Ausfahrt über den «See» verfolgte ja nur den Zweck, einmal Ruhe zu finden ohne den Andrang der Menge. Doch wer sind wir selber – ohne die anderen? Der «Sturm», der da ausbricht, sobald wir allein sind, läßt, rettend, einzig die Antwort zu, die Jesus verkörpert:

14 Vgl. CARL GUSTAV JUNG: *Geist und Leben*, in: Gesammelte Werke, Bd. VIII, S. 368: «Das Ichbewußtsein ist ein Komplex, der nicht das Ganze des menschlichen Wesens umfaßt: es hat vor allem unendlich mehr vergessen, als es weiß... Gedanken wachsen jenseits seines Bewußtseins, ja, sie stehen schon fix und fertig bereit, und es weiß nichts davon.»

15 Vgl. CARL GUSTAV JUNG: *Über das Unbewußte*, in: Gesammelte Werke, Bd. X, S. 32: «Wenn die unbewußten Inhalte (sc. der Psyche, d.V.) infolge ständiger Nichtbeachtung sich aufstauen, dann erzwingen sie sich schließlich einen Einfluß auf das Bewußtsein, und zwar einen krankhaften.»

Wir sind in Wirklichkeit überhaupt nur als gründend in Gott, als gegründet in Ihm, – ruhend voller Vertrauen und aufrecht stehend im Sturm, gesammelt nach innen und geschlossen nach außen.

Ein kleines Beispiel mag verdeutlichen, wie Erfahrungen solcher Art sich im konkreten auswirken. Ein Mann, um die 60, erfährt von seinem Arzt, es sei angezeigt, eine Kontrolluntersuchung vorzunehmen, es bestehe ein gewisser Anfangsverdacht auf Prostatakrebs; es lohne sich zumindest, diesem Verdacht nachzugehen. Über den Mann fällt diese Nachricht herein wie ein Taifun aus heiterem Himmel. All die Lebensangst seiner Kindheit bricht wieder auf – jetzt als Todesangst, als Vernichtungsgefühl, als ein unentrinnbares Verhängnis. Vergebens, daß Arzt und Therapeut ihn zu beruhigen versuchen. Er dringt auf eine kompetente Untersuchung. Er verträgt die Unsicherheit nicht. Doch er fürchtet auch die Gewißheit, – sie könnte sein Todesurteil bedeuten. Also wendet er sich von Klinik zu Klinik, von Institut zu Institut; er gibt sich bemüht, seine mangelnde Zuversicht in einem Strom von Informationen zu ertränken. Doch seine Angst wird nur immer größer. Je mehr er über seine Lage erfährt, desto sinnloser, desto entsetzlicher kommt sie ihm vor. Wie ein Kind wendet er sich an seine Freundin um Hilfe, er klammert sich an sie wie als Ersatz für die Mutter, die er als Junge so schmerzlich vermißte, und er muß nun erleben, daß diese Frau sich von ihm seelisch gerade so überfordert fühlt wie seine Mutter damals von den Lebensumständen der Nachkriegszeit. «Ich bin nicht Deine Mutter», sagt sie zu ihm. «Mehr kann ich nicht tun, als für Dich dazusein. Mit Deiner Angst mußt Du selbst fertig werden.» Der Mann weiß, daß er in einem Teufelskreis der Angst gefangen ist; er weiß um den grausamen Zwang, mit dem seine Kindheitserlebnisse sich zu wiederholen beginnen. Doch die Angst hält ihn unerbittlich im Griff; er kommt nicht auf gegen sie. Uralte Schuldgefühle treten wieder an ihn heran – das Chaos seines Sexuallebens, seiner Minderwertigkeitsgefühle als Mann, sein Empfinden, trotz hoher Begabungen auf ganzer Linie zu versagen. Und die Angst vor dem Tod wird so groß, daß er sich selber den Tod wünscht, nur damit endlich alles zu Ende ist und endgültig Ruhe eintritt. Er versucht, sich das Leben zu nehmen. Gott sei Dank findet ihn rechtzeitig seine Freundin. Sie bringt ihn ins Krankenhaus. Doch sie nimmt ihm übel, daß er so selbstbezogen und rücksichtslos sein konnte. «Er hat an mich überhaupt nicht gedacht», sagt sie. Und ihre Liebe wandelt sich in Vorwürfe. «Wenn er mich geliebt hätte, würde er das nicht getan haben.» Dieser Mann ist jetzt völlig allein. Und gerade so durchlebt und durchleidet er einen Prozeß der Entwicklung, der einem völligen Neubeginn gleicht. Zu machen ist jetzt gar nichts mehr; die

Fassaden der Selbstdarstellung, des Schein-Ich, sind längst zerbrochen. Was bleibt, ist einzig die Tatsache, weiterzuexistieren. Doch aus welchem Grunde? Hinter der Mutter, die es sehr unzulänglich und unzugänglich nur gab, hinter der Freundin, die seine Mutter nicht zu ersetzen vermochte, taucht nun ein anderes, neues Empfinden empor: dankbar zu sein für das Geringe, das Wenige, – nein, für das unendlich Kostbare des eigenen Ich. Was für ein Mutwille, es zu hassen, es zu zerstören! Was für ein Mißverständnis, Eindrücke aus den Tagen der Not zu verewigen als das letzte Urteil über den Wert und den Unwert des ganzen Lebens! Irgend etwas steht in ihm auf, wächst in ihm auf und gebietet dem Chaos. Irgendeine Stimme redet zu ihm: «Du darfst sein.» Für dieses Etwas steht die Gestalt Jesu, und für diese Stimme redet sein Wort[16]. Was aber den Auftrag der Religion gegenüber all den Nachtstunden der Angst anbetrifft, so gilt, wenn überstanden, die Wahrheit eines Bonmots aus Frankreich: C'est la nuit qu'il est beau de croire à la lumière – es liegt an der Nacht, daß es schön ist, zu glauben ans Licht.

[16] So schreibt GERD THEISSEN: *Der Schatten des Galiläers*, 255: «Überwunden waren die chaotischen Ungeheuer der Nacht. Vergangen war die Angst vor der Härte des Lebens. In mir hatte die Herrschaft der Tiere ein Ende gefunden. Mir war der wahre Mensch erschienen. Und ich hatte in ihm die Züge Jesu erkannt.»

Lk 8,26–39: Die Heilung des Besessenen von Gerasa oder: Die Krankheit des Einzelnen und die Kränkung der Gruppe

(vergleiche Mk 5,1–20; parallel zu Mt 8,28–34)

26 Und sie segelten hinunter zum Land der Gerasener, das gegenüber Ga-
liläa liegt. 27 Als er aber heraus stieg ans Land, trat ihm ein Mann aus der
Stadt entgegen, der Abergeister hatte; seit geraumer Zeit hatte er kein Ge-
wand mehr angezogen, und in keiner Wohnung war er verblieben, son-
dern in den Gräbern. 28 Als er Jesus sah, aufschreiend warf er sich vor
ihm nieder, und mit lauter Stimme hat er gesagt: *Was habe ich mit dir zu
schaffen* (1 Kön 17,18), Jesus, Sohn des höchsten Gottes (Mt 14,33)? Ich
flehe dich an: quäle mich nicht. 29 Auftragen nämlich wollte der dem un-
reinen Geist, auszufahren aus diesem Menschen. Denn zu vielen Malen
hielt er ihn gepackt, und er wurde mit Ketten und Fußfesseln gebunden
und bewacht, doch er zerriß die Fesseln und ward gejagt von dem Aber-
geist in die Wüsteneien. 30 Gefragt aber hat ihn Jesus: Was ist dein Name?
Der aber hat gesagt: Legion!, denn eingefahren waren viele Abergeister in
ihn. 31 Und sie sprachen ihm zu, daß er ihnen nicht auftrage, in den Ab-
grund abzufahren. 32 Es war aber dort eine recht große Schweineherde
auf der Weide am Berg, und sie sprachen ihm zu, er möge es ihnen ge-
statten, in diese hineinzufahren. Und er hat es ihnen gestattet. 33 Hinaus
da fuhren die Abergeister von dem Menschen, fuhren hinein in die
Schweine, und in Bewegung setzte sich die Herde, den Steilhang hinab in
den See, und ersoff. 34 Die sie hüteten, als sie sahen, was da geschah, flo-
hen und meldeten es in der Stadt und auf den Höfen, 35 und sie kamen
heraus zu sehen, was da passiert ist. So kamen sie zu Jesus und fanden da
sitzen den Menschen, von dem die Abergeister ausgefahren waren, be-
kleidet, vernünftig, zu Füßen Jesu, und sie gerieten in Furcht. 36 Es be-
richteten ihnen die es gesehen, wie er gerettet worden war, der von Aber-
geistern Besessene. 37 Und sie baten ihn, die ganze Menge aus dem
Umland der Gerasener, wegzugehen von ihnen, denn von großer Furcht
waren sie ergriffen. Er selbst aber stieg in ein Boot und kehrte zurück.
38 Da flehte ihn der Mann an, von dem die Abergeister ausgefahren
waren, sein zu dürfen mit ihm. Doch er entließ ihn, sprechend: 39 Kehre
zurück in dein Haus und vermelde, was alles dir getan hat Gott. Da ging
er fort, und in der ganzen Stadt herum verkündete er, was alles getan
hatte ihm Jesus.

Wenn es in der Geschichte vom Sturm auf dem «Meere» darum ging, die Abgründigkeit der menschlichen Existenz sozusagen in der Vertikalen – bis zum Erdmittelpunkt – sichtbar zu machen, so geschieht ein Ähnliches in der Erzählung von der Heilung des Besessenen von Gerasa gewissermaßen in der Horizontalen: Da fahren sie über den See hinüber zur «Jenseite» der vertrauten Welt und halten Kurs direkt auf die «Hölle» auf Erden. Was sie da antreffen, ist der äußerste Zustand der Angst, in den ein Mensch nur geraten kann, – ein Gefühl, wie es sich verdichtet, wenn Angst sich rettungslos weiterentwickelt und sich als Verzweiflung verfestigt[1].

Man kann sich (historisch-kritisch korrekt) die Frage vorlegen, was Jesus, der Jude, in einer Gegend von «Heiden» zu tun hat, in der Nähe von Schweinezüchtern, in der Nähe von Grabhöhlen, – unmöglich, daß die Geschichte im Leben des historischen Jesus von Nazaret spielt[2]. Doch wieder: Legenden können über die Wirklichkeit und das Wesen eines Menschen weit mehr und weit Richtigeres aussagen als jede historisch noch so getreue Berichterstattung. Man überliefert in der christlichen Dogmatik die mythische Szene, daß Jesus in der Zeit zwischen Karfreitag und Ostern in die

[1] Vgl. TE II 247–277: Die Heilung des Besessenen von Gerasa (Mk 5,1-20). Zum literarkritischen Vergleich von Mk 5,1-20 und Lk 8,26-39 vgl. vor allem WALTER KIRCHSCHLÄGER: *Jesu exorzistisches Wirken aus der Sicht des Lukas*, 91–130.

[2] Vgl. RUDOLF PESCH: *Das Markusevangelium*, I 292–293: «Wir rechnen mit ... Entwicklungsstufen (sc. der Erzählung, d.V.) vor Markus: 1) zunächst wurde – vermutlich in hellenistisch-judenchristlichen Kreisen Galiläas – eine Austreibungsgeschichte nach Art (und Vorbild?) der in (sc. Mk, d.V.) 1,21-28 überlieferten erzählt, die im Land der Gerasener lokalisiert war... Man kann sich... fragen, ob eine alte, historisch verbürgte Ortstradition vorliegt. Diese spielte nicht am See, sondern im Gerasener Gebiet. Hatte Jesus in der Dekapolis gewirkt...? Die Erzählung stellte freilich Jesus bereits missionarisch-werbend als den ‹Sohn Gottes› dar, über den ein Abwehrzauber, eine Beschwörung nichts vermag. Ihren ‹Sitz im Leben› wird man also in der galiläischen judenchristlich-hellenistischen Heidenmission suchen.–2) Der Umstand, daß von Jesus ein Exorzismus im heidnischen Land erzählt wurde, die Nennung der Gräber als Stätten heidnischer Unreinheit und die Erwähnung der (bei Juden verbotenen und verpönten) Schweineherde erlaubten einem späteren Erzähler einen programmatischen Ausbau zur Demonstration der Überlegenheit Jesu über das heidnische Unwesen. Im Licht von Jes 65 (und Ps 67?) wird der Gerasener Besessene als Prototyp des Heidentums dargestellt, das von der urchristlichen Bewegung exorzisiert wird.» – Bei historisch-kritischer Betrachtungsweise des Textes tritt freilich, wie stets, die psychologische Bedeutung der Heilungsgeschichte gar nicht erst in den Blick. – Der Ort *Gerasa* liegt ca. 55 km im SO des Galiläischen Meeres. Manche Textüberlieferungen sprechen von *Gadara*, das nur 10 km vom See entfernt auf der SO-Seite des Jarmuk lag, das zugehörige Gebiet reichte aber nicht an den See. Andere sprechen von *Gergesa*, dessen Ruinen in *Kurse* am Ostufer des Sees sich erhalten haben; 2 km im Süden davon ist ein Steilhang, der «bis auf 30 m an den See heranreicht». (A. a. O., I 285) Vgl. aber ULRICH BUSSE: *Die Wunder des Propheten Jesus*, 215, der hervorhebt, daß *Lukas* als Grieche schreibe, für den eine starre Grenzziehung «zwischen Galiläa und dem Land der Gerasener» nicht existiert.

Hölle hinabgestiegen sei, um den Verdammten die Erlösung zu bringen[3]; doch was da in ein Jenseits des Lebens Jesu gesetzt wird, war der Inhalt seines ganzen irdischen Lebens und in gewissem Sinne sogar die Ursache seiner Hinrichtung: er sah uns alle als arme Teufel, eingepfercht in das Getto der Angst, ausgesetzt einer radikal gnadenlosen, einer gottlosen Welt. Ob Juden, ob Heiden – überall in seinen Augen litten Menschen an ihrer Ferne zu Gott, existierten sie wie Gottvertriebene, «jenseits» nicht eigentlich von «Galiläa» (8,26), sondern «jenseits von Eden» (Gen 3,23)[4], als Exulanten der Existenz, als Asylsuchende, als buchstäblich Heimatlose, – entfremdet sich selbst gegenüber und fremd geworden ihrer ganzen Umgebung. Ein Bild dafür ist hier die Gestalt des Mannes in den Gräbern von Gerasa.

Es ist eine unheimliche Geschichte, – so unheimlich, daß *Lukas* offenbar erhebliche Schwierigkeiten hat, ihre Radikalität zu begreifen. *Markus* erzählt zur Charakterisierung des verzweifelten Zustands dieses Mannes, daß er «seine Behausung in den Gräbern hatte» (Mk 5,3), und sogleich tritt vor den Leser die Person eines Menschen hin, der zu einem Gespenst seiner selbst geworden ist: ein lebendig Toter, der sein Leben fristet an der Stätte des Unlebens, ein Obdachloser, der sein Zuhause hat in der Unbehaustheit des Daseins, ein Ausgesetzter, Getriebener, dem die Welt der Toten näher liegt als die Welt der Lebenden[5]. Was er erlebt hat, wissen wir nicht; doch denken mag man, um es sich vorzustellen, an WOLFGANG BORCHERTS (1921–1947) Beckmann in dem Hörspiel *Draußen vor der Tür*, der die Welt nur noch wahrnimmt durch die Gasmaskenbrille der Großdeutschen Wehrmacht im Zweiten Weltkrieg. Beckmann, ständig begleitet vom Tod als dem neuen Gott[6], möchte sich am liebsten in der Elbe ertränken, doch dann findet er ein Mädchen, mit dem er sich tröstet, bis ihr Mann, einbeinig, plötzlich zurückkehrt. Beckmann versucht, seine Schuldgefühle an jenen Oberst zurückzugeben, der ihm in den Albträumen der Nächte bluttriefend an

[3] F. SCHEIDWEILER (Hg.): Nikodemusevangelium, Pilatusakten und Höllenfahrt Christi, in: Edgar Hennecke – Wilhelm Schneemelcher (Hg.): Neutestamentliche Apokryphen, I 348–353: Höllenfahrt Christi, Kap. XVII – XXVII.

[4] Vgl. SdB I 97–106: Die verbannten Kinder Evas (Gen 3,20-24).

[5] So FRANÇOIS BOVON: *Das Evangelium nach Lukas*, I 434: «Daß er zwischen den Gräbern haust, deutet an, daß er den Toten nähersteht als den Lebenden. Die Friedhöfe sind überdies für antikes, besonders jüdisches Empfinden unrein. Die unmenschlich gewordene Existenz ohne Gott ist eindringlich charakterisiert.»

[6] Vgl. WOLFGANG BORCHERT: *Draußen vor der Tür*, in: Das Gesamtwerk, 5. Szene, S. 172–175: der Auftritt Gottes; S. 176–177: der Auftritt des Angestellten «des Beerdigungsinstitutes Abfall und Verwesung».

einem Knochenxylophon erscheint; dieser Oberst ist nach wie vor in Ehren und Würden und findet den lebensuntüchtigen und übersensiblen Beckmann ganz einfach urkomisch, – er sollte sich beim Kabarett versuchen[7]; doch der Kabarettdirektor vermißt bei ihm den inneren Abstand, den souveränen Humor[8]; Frau Kramer teilt ihm unverblümt mit, daß sein Vater und seine Mutter sich am Gasherd umgebracht hätten, – einen ganzen Monat hätte man davon kochen können[9] ... Der «liebe» Gott erscheint ihm als ein alter, hilfloser Mann, an den niemand mehr glaubt, weil er mit der Welt nicht mehr mitkommt[10], nicht mit den Millionen von Toten – mit den Hungertoten, Granattoten, Bombentoten ...; dieser tintenblütige «Gott»[11] ist eingemauert in den Kirchen seiner Theologen[12]; in der Wirklichkeit hat es den «lieben» Gott niemals gegeben außer in den Phantasien geängsteter Kinder und in den selbstzufriedenen Dank«gebeten» der Gesunden und Genießenden[13]. Beckmann aber steht oder richtiger: er liegt auf der Straße, «draußen vor der Tür» all der guten Bürger, die es schon wieder geschafft haben, die Gespenster ihrer inneren Verfolger aus dem Massenmorden der Materialschlachten loszuwerden. Kann es nicht sein, daß die «Beckmanns» dieser Erde ganz einfach zu feinnervig sind für das Leben, wie's nun mal ist? Wem aber sollte man eher seine ganze Zuneigung zuwenden als diesen Verwundeten der Seele, als diesen Traumatisierten des Schicksals? Die Etablierten und Arrivierten haben längst sich eingerichtet in der Normalität ihrer grausigen Gleichgültigkeit; diese seelisch Kranken aber bedürfen dringend der Hilfe, schon der Hilflosigkeit wegen, mit der sie sich selber zerstören.

«In jeder Nacht und am Tage in den Gräbern und in den Bergen war er am Schreien und schlug auf sich ein mit Steinen», erzählt *Markus* von dem Besessenen von Gerasa (Mk 5,5)[14]. Dieser Mann haßt sich selber, straft sich selber, wütet gegen sich selber und verwandelt sein ganzes Dasein in einen ewigen Bußritus, eine Schuld bekämpfend, die kollektiv über ihn verhängt scheint und der er verhaftet ist, ohne sie jemals noch abschütteln zu können. Wie redet man mit einem derart Gottverlorenen, mit einem derart bis

7 A.a.O., 4. Szene, S. 152–161.
8 Vgl. a.a.O., S. 158.
9 A.a.O., 5. Szene, S. 162–167.
10 A.a.O., S. 176–177.
11 A.a.O., S. 175.
12 A.a.O., S. 175.
13 A.a.O., S. 173.
14 Vgl. Mk II 251–253: Wenn das Leben zum Grab wird.

zur Selbsthinrichtung von allen Verstoßenen? Sein Schreien bei Nacht und bei Tag verhallt unerhört im Gebirge, unadressiert, anonym, niemanden meinend, jeden fürchtend; – EDVARD MUNCHS (1863–1944) Gemälde *Der Schrei* kann als zeitlos gültiges Portrait solcher Klage gelten[15]. Wenn Menschen zu diesem «Besessenen» kommen, dann um ihn «mit Fußfesseln und Ketten» zu binden (Mk 5,4; vgl. Lk 8,29)[16]: sie verlangen von ihm, ja, sie zwingen ihn, sich einzuordnen und unterzuordnen, sie wollen gewaltsam den «unreinen Geist» in ihm niederhalten, und sie scheinen nicht zu merken, daß er gerade deshalb ihnen nur um so wilder Widerstand leistet. «Wir akzeptieren Dich, wenn Du Dich richtest nach unseren Geboten und Normen. Du kannst einer der Unseren sein, wenn Du wirst wie wir alle», – solche «Angebote» mit erhobenem Zeigefinger können jemanden wie BORCHERTS Beckmann nicht erreichen, der im Verein mit allen anderen Ungeheuerliches erlebt und getan hat, so sehr, daß er all die Gebote und Normen der gut-bürgerlichen Gesellschaft als hohl und als heuchlerisch ablehnen muß. Dem Mann von Gerasa erscheint jeder aus dem Lager der Wohlgesitteten und Wohlgelittenen als Kettenträger und Fesselbringer – als Sklavenjäger und Sklavenhändler im Auftrag des Allgemeinen, des politisch Korrekten, des stromlinienförmigen, und er wehrt sich dagegen mit aller Macht, indem er die Ketten zersprengt und die Fesseln zerreibt. Seine ganze Lebensenergie investiert er in diesen Akt der Selbstbehauptung: in diese Demonstration seiner Freiheit, in diesen Beweis, daß er nicht zu schaffen sein wird, in dieses Manifest seiner Ungebärdigkeit und Unbotmäßigkeit. Dabei gründet die «Freiheit» dieses Gräberbewohners buchstäblich in Nichts; in Wahrheit kann zerrissener, ausgelieferter und unfreier kaum jemand sein als dieser von «einem unreinen Geist» «Besessene», der, philosophisch ausgedrückt, nichts anderes lebt als die absolut gesetzte Negation einer leeren Freiheit, wie sie vor allem im französischen Existentialismus der 50er Jahre des 20. Jhs. *en vogue* war: der «Andere» als Gegenmensch, als Unmensch, als «Hölle» ...[17]

Aus all dem wird bei den «Kürzungen» und «Veränderungen», die *Lukas* an der *Markus*-Vorlage vornimmt, etwas eigenartig Ungefüges. Da kommt der «Mann aus der Stadt» Jesus entgegen, – als wenn es für diesen durch «Abergeister» Gequälten einen Aufenthalt inmitten von «Stadtbewohnern»

[15] EDVARD MUNCH: Angst, 1894, Öl auf Leinwand, 93 x 72,1 cm, Munch-Museum, Oslo; vgl. THOMAS M. MESSER: *Edvard Munch*, 96–97: Abb. 21.

[16] Vgl. Mk II 253–256: Die Hölle der Freiheit.

[17] Vgl. zur Philosophie JEAN PAUL SARTRES SdB III 206–207: Der Andere; 207–209: Nacktheit, Scham und Ekel; 209–213: Der Sadomasochismus und das Wir.

noch geben könnte. Genau das aber stellt *Lukas* sich vor. Nach seiner Darstellung hatte der «Besessene» «seit geraumer Zeit ... kein Gewand mehr angezogen, und in keiner Wohnung war er verblieben, sondern in den Gräbern» (8,27)[18]. Kleidung gilt im allgemeinen als ein sicherer Ausweis für Zivilisiertheit und Anstand[19]; dieser Mann lebt – laut *Lukas* – inmitten der Kultur im Zustand der Primitivität und der Wildheit, ohne jegliches Schamgefühl und ohne jedwede Rücksicht auf die Empfindungen anderer, aber auch schutzlos preisgegeben ihren Demütigungen und Obszönitäten. Die Gräber lokalisiert *Lukas*, entgegen der Praxis vieler antiker Kulturen[20], in den Wohngebieten der Lebenden; dort soll es denn auch von seiten der «Städter» zu den Domestikationsversuchen dieses «Wilden» gekommen sein, der immer wieder «von dem Abergeist» (in der Einzahl!) «in die Wüsteneien» getrieben wird (8,29)[21]. Auch für *Lukas* verträgt der «Besessene» also nicht die Nähe der anderen Menschen, es ist aber nicht sein persönlicher Entschluß, ein Übermaß der Distanz zu halten und in geeignetem Maßstab «das Weite zu suchen», es sind offenbar heftige Erregungszustände und unkontrollierte Affektausbrüche, die ihn in die Isolation, in seine «Wüsteneien», treiben. Den Mitmenschen ist sein Betragen absolut unverständlich; sie begreifen sehr wohl das Unfreiwillige, das Unberechenbare und Unheimliche seines Verhaltens, – in solchen Momenten ist er vollkommen «außer sich», er ist nicht «er selbst», da tobt sich ein Fremdes zerstörerisch in ihm aus; und so bezeichnen sie dieses Furchteinflößende als seinen «Abergeist» (oder «Dämon»), um dieses Wirken eines Geistes, der nicht sein eigener ist, zumindest begrifflich zu fassen, wenn schon nicht psycho-

18 Richtig bemerkt KARL LÖNING: *Das Geschichtswerk des Lukas*, I 235: «Bei der Ankunft Jesu im Land der Gerasener, das nach Lukas nicht ‹jenseits des Meeres› (Mk 5,1), sondern ‹Galiläa gegenüber› liegt (V 26), begegnet Jesus ‹ein Mann aus der *Stadt*›, dessen Krankheit daran ersichtlich ist, daß er seit langem kein *Obergewand* trägt und nicht im *Haus* bleiben will, sondern sich in den *Grabstätten* aufhält (V 27b.c).»

19 Vgl. KARL LÖNING: A. a. O., I 235: «Die Krankheit trennt den Mann von der Polis mit ihren kulturellen Standards.»

20 Der Grund dafür liegt in der Zweiteilung der Welt in ein «Dorf des Todes» und ein Dorf des Lebens; vgl. MIRCEA ELIADE: *Geschichte der religiösen Ideen*, I 20–24: Symbolische Bedeutung der Bestattungen. Vgl. KARL LÖNING: *Das Geschichtswerk des Lukas*, I 235–236 meint: «Der Dämon treibt den Besessenen aus der Stadt hinaus an die wüsten Orte ... Die Stadt ist also der Raum, an welchem definiert wird, was Krankheit ist.»

21 Eine für die Interpretation der «Dämonie» recht hilfreiche Übertragung nahm bereits KARL HEINRICH RENGSTORF: *Das Evangelium nach Lukas*, 112, vor, wenn er schrieb: «Aufenthalt in Gräbern als unreinen Orten, die jeder Vernünftige mied (vgl. Mt. 23,27 f.), galt Jesu Zeitgenossen geradezu als Kennzeichen einer Geisteskrankheit.» Doch wie versteht man eine solche «Geisteskrankheit»?

logisch zu erfassen[22]. Im Grunde fühlen sie sich diesem Mann gegenüber hilflos, – sie haben keine Ahnung, was mit einem solchen Menschen anzufangen ist; also versuchen sie's mit Gewalt, indem sie seine wilden Attacken mit Zwangsmaßnahmen – «mit Ketten und Fußfesseln» – niederzuringen suchen und ihn unter Bewachung stellen; doch vergebens: «er zerriß die Fesseln» (8,29)[23]. Was als Schutz gemeint war, schürt eher den Konflikt als ihn abzuschirmen, und *Lukas* stellt sich offenbar gerade einen solchen nicht zu gewinnenden Machtkampf zwischen den Gerasenern und diesem «Besessenen» vor. Was *Markus* als eine Art Endzustand schildert, holt *Lukas* gewissermaßen in die lebendige Auseinandersetzung zurück; die extreme Situation persönlichen Selbstverlusts erscheint in seiner Darstellung weniger als ein innerseelischer Zustand denn vielmehr als eine Auseinandersetzung zwischen «Wahnsinn und Gesellschaft»[24]. Um so mehr ergibt sich die Frage, was denn mit diesem «Besessenen» anderes überhaupt noch geschehen kann, als ihn mit Fesseln und Ketten zu arretieren?

Markus beschreibt, wie der Besessene, kaum daß er Jesu ansichtig wird, ihm entgegenläuft und ihn anschreit: «Was habe ich mit dir zu schaffen, Jesus, Sohn des höchsten Gottes? Ich beschwöre dich bei Gott: quäle mich nicht.» (Mk 5,7)[25] Entscheidend bei *Markus* ist an dieser Stelle gerade die innere Zerrissenheit und Widersprüchlichkeit des Kranken: Wenn er Jesus loswerden wollte, so wäre es vollkommen ausreichend, sich in einem der Gräber versteckt zu halten; wenn er aber Kontakt zu ihm aufnehmen möchte, so sollte man meinen, daß er sich Hilfe von Jesus erhofft. So aber tut er beides: er sucht die Nähe, nur um sie zugleich zu verweigern, er fühlt sich bedroht von gerade dem, was er am meisten ersehnt, er springt kläffend wie ein Zerberus den an, der in sein Totenreich kommt, ihn aus dem Hades herauszuholen. *Lukas* formt diese dramatische Widerspruchsszene in ein Flehen um, Jesus, der «Sohn des höchsten Gottes», möge den «Besessenen» nicht quälen. Bei *Markus* ist es als erste und einzige die Schar dieser Dämonen in dem Mann in Gerasa, die überhaupt imstande ist, Jesus als «Gottessohn» zu erkennen[26]; erst nach Jesu Hinrichtung wird der Hauptmann unter dem Kreuz gültig bekennen: «dieser Mensch war ein Gottes-

[22] Vgl. TE II 256–264: Die Qual der Krankheit und der Heilung.

[23] Vgl. TE II 253–256: Die Hölle der Freiheit.

[24] Vgl. MICHEL FOUCAULT: *Wahnsinn und Gesellschaft*, 112, der darstellt, daß noch im 17. Jh. der «Wahnsinn» «in einer allgemeinen Wahrnehmung der Unvernunft» aufgefaßt wurde.

[25] Vgl. TE II 256–264: Die Qual der Krankheit und der Heilung, bes. S. 260–263.

[26] Vgl. Mk I 365.

sohn» (Mk 15,39)[27]. Bei *Matthäus* sind es demgegenüber als erste die Jünger in dem Boot auf dem See von Gennesaret, die Jesus, als er Petrus vor dem Untergang rettet und den Sturm besänftigt, niederkniend bekennen als «Gottes Sohn» (Mt 14,33)[28]. *Lukas* an dieser Stelle folgt in gewissem Sinne einer ähnlichen Konzeption: fähig, das Wesen Jesu zu erkennen, sind auch nach seiner Darstellung nur diejenigen, die in Jesu Nähe vor dem Abgrund bewahrt oder aus dem Abgrund gerettet werden – wie dieser «Besessene». Instinktiv erkennt er, wer ihn befreien könnte, doch gleichzeitig fürchtet er nichts mehr als die Begegnung mit eben demjenigen, der seine ganze Existenz zum Positiven zu verändern vermöchte. Einerseits, natürlich, wünscht er, von dem Spuk der «bösen Geister» befreit zu werden, andererseits aber ahnt er genauso klar, wie weitreichend und belastend die Umstellung sein wird, die mit einer solchen «Befreiung» verbunden sein wird. Wie bei einem Drogenabhängigen muß in ihm eine komplette Schein- oder Wahnwelt eingetauscht werden gegen die Welt der Realität – gegen eben die Summe all der Erfahrungen, die bisher eine geordnete Entwicklung zu sich selber verhindert haben; oder umgekehrt: um diesen «Besessenen» aus seiner «Hölle» zu holen, muß Jesus mit seiner Person eine völlig neue, gegenteilige Erfahrungswelt aufbauen; er muß eine Sphäre verkörpern, in welcher die Allmacht der Angst aller vor allen dem ruhigen Vertrauen weicht, in der eigenen Person leben zu dürfen und zur Gemeinsamkeit mit den anderen wieder zugelassen zu sein.

Selbst in der abgeschwächten Fassung des *Lukas* vernimmt man noch den kläglichen Fehlschlag des ursprünglichen Versuchs Jesu, «dem unreinen Geist» zu gebieten, «auszufahren aus diesem Menschen». (8,29a)[29] *Lukas* begründet die Direktheit des Vorgehens Jesu mit der Qual, die der «Besessene» «zu vielen Malen» habe durchmachen müssen (8,29b)[30]; laut *Lukas* ist es mithin die Unerträglichkeit des Leids, die Jesus zu einem möglichst umweglosen Handeln verleitet; doch es gibt kein «umwegloses Handeln»,

27 Vgl. Mk II 624–648: Mk 15,20b-41: Die Kreuzigung oder: Warum der Messias sterben mußte, bes. S. 620–621, Anm. 55.

28 Vgl. Mt II 324–338: Mt 14,13-36: Brotvermehrung und Seewandel oder: Von Halt und Lebensinhalt, bes. S. 335–336.

29 Vgl. TE II 256–264: Die Qual der Krankheit und der Heilung, bes. S. 262–263.

30 FRANÇOIS BOVON: *Das Evangelium nach Lukas*, I 435, sieht richtig, daß bei *Lukas* ein «Kampf» «eigentlich nicht geführt» wird, «sondern nur eine Verhandlung um eine möglichst schmerzlose Kapitulation»; so ersetzt *Lukas* das «ich beschwöre dich» des Besessenen in Mk 5,7 durch ein Bitten (Lk 8,28); allerdings verkennt BOVON offenbar, daß es eine «schmerzlose» Kapitulation gerade nicht gibt; das «quäle mich nicht» in 8,28 zeigt das überdeutlich.

wenn es gilt, einen Menschen aus seiner Angst zu erlösen. Im Gegenteil: der «Auftrag» an den «unreinen Geist», «auszufahren aus diesem Menschen» (8,29a), ist gerade der Grund für den massiven Widerstand, den der «Abergeist» leistet[31].

Es geht zu wie in jeder Psychotherapie: die Erkrankung (die Neurose, die Psychose) hat, je nach der Schwere der Symptome, ein System von Kreisläufen und Mechanismen gebildet, die sie stabilisieren und die ihrer Auflösung entgegenstehen; zudem ist es nicht falsch, in der Vielzahl der «Abergeister» all die Seelenanteile zu entdecken, die vom Ich als nicht verträglich – als ängstigend, peinlich, beschämend, gefährlich und ungeheuerlich – verdrängt wurden und die nun wie eigenständige Mächte sich aus dem Unbewußten zurückmelden. So quälend der Zustand für den «Besessenen» auch sein mag, es bedeutet für ihn doch immerhin eine Erleichterung, all seine «Teufeleien» als etwas betrachten zu können, mit dem er selbst nichts zu tun hat und demgegenüber er sich selbst als hilfloses Opfer zu empfinden vermag. Keine Therapie kommt umhin, ihm die Aufgabe zuzumuten, sich mit all den Inhalten des Verdrängten, Abgespaltenen und Projizierten auseinanderzusetzen und sie in sein Ich zurückzuholen. In gewissem Sinne geht es um den Wiederaufbau eines Hauses, das unter der Überlast seiner Dachkonstruktion oder unter den Stößen eines Erdbebens eingestürzt ist und das nun Stein auf Stein gegen den Widerstand der Schwerkraft neu errichtet werden muß. Entscheidend kommt es dabei auf die Mitarbeit des Patienten an, und *die* läßt sich nicht herbeibefehlen, – sie ist nur langsam zu gewinnen, wie bei der Zähmung eines scheuen, verängstigten Tieres: nur allmählich und behutsam darf man sich ihm nähern, man muß jeden Eindruck vermeiden, es einfangen und sich seiner bemächtigen zu wollen, man muß in glaubhafter Weise ihm freundlich begegnen. Was der Mann von Gerasa benötigt, ist das genaue Gegenteil all der Gewaltmaßnahmen, mit denen man – aus lauter Hilflosigkeit – bisher gegen ihn vorging.

Insofern bedeutet es einen vollkommenen Wechsel in der Vorgehensweise, wenn Jesus seinen Exorzismus-Befehl revidiert. Es ist nicht zu viel gesagt: In diesem Moment wird die gesamte Magie der tradierten Teufelsaustreibungen ersetzt durch eine psychologische oder, richtiger, personale Betrachtungsweise, und es ist die Art der Krankheit selbst, es ist die Not dieses Patienten, die Jesus diese neue Praktik lehrt. Die Haltung, die er sich dabei auferlegt, unterscheidet sich diametral von dem Standpunkt, den bis

[31] Auch hier «mildert» *Lukas* gegenüber der markinischen Vorlage, indem er Jesu Exorzismus-*Absicht* mit den häufigen Attacken des Dämons motiviert (8,29).

heute speziell die katholische Kirche mit ihren sogar verstärkt in Mode kommenden Exorzismen einnimmt: Nicht nur daß der Vatikan auf Betreiben BENEDIKTS XVI. inzwischen ein eigenes Ausbildungsinstitut für Teufelsaustreibungen für 3000 Exorzisten eingerichtet hat, – in streng katholischen Landen wird die römische Dämonologie inzwischen konsequent in die Praxis umgesetzt. So meldete der Evangelische Pressedienst (epd) am 19. 12. 07, daß die katholische Kirche in Polen in der Nähe von Stettin (Szccin) ein Exorzismus-Zentrum plant, das von Erzbischof Zygmunt Kaminski bereits genehmigt ist. «Für die angeblich vom Teufel besessenen Menschen werde eine Kapelle sowie ein ‹Beruhigungszimmer› zur Verfügung gestellt.» (NW 19.12.07) Wohlgemerkt, wenn es irgendeine Stelle in den Evangelien gibt, auf welche die katholische Dogmatik mit ihrem Teufelsglauben[32] und mit ihrer Exorzismuspraxis sich berufen könnte, so ist es diese Geschichte von dem «Besessenen» von Gerasa; doch schaut man genau hin, so verlangt gerade seine Heilung jene Rückführung jedweder Dämonologie in Psychologie, welche die katholische Kirche bis heute verweigert: nicht die Vertreibung von Teufeln, sondern die Integration des Verteufelten in der Seele der Menschen steht hier zur Aufgabe; wer da immer noch glaubt, sich im Amt eines Bischofs auf apotropäische Riten mit magischen Formeln, wie «Vade retro Satanas» (Weiche zurück, Satan), zurückziehen zu können, verhält sich so, wie Jesus es sich in dieser Erzählung gerade versagt, um in ein persönliches Gespräch mit dem Kranken einzutreten.

Die entscheidende Wandlung besteht in der Frage Jesu: «Was ist dein Name?» (8,30)[33] Es ist das erste Mal, daß diesem Mann nicht mehr befohlen wird, was er zu tun hat, sondern daß jemand sich für seine Person, für sein zerfallenes Ich, interessiert. «Was ist dein Name?» – das heißt soviel wie: «Bitte, sage mir, wie es Dir geht. Wie fühlst Du? Wie erlebst Du die anderen Menschen, Dich selber, die Welt? Und wie ist es gekommen, daß es Dir derart ergeht? Erzähl, wenn es möglich ist, von Deiner Kindheit: wer waren Deine Eltern, wie versuchten sie, Dich zu erziehen, von welchen Vorstellungen ließen sie sich leiten? An welche Vorkommnisse kannst Du Dich

[32] Vgl. *Catéchisme de l'Église Catholique* (Weltkatechismus), Nr. 391–395, erzählen von dem Sündenfall der Engel, die zu Teufeln wurden; Nr. 538 berichtet von der Versuchung Jesu durch den Satan; Nr. 2110–2117 verbieten magische Praktiken, um sich der Hilfe des Teufels zu bedienen; Nr. 2851–2853 stellen den endgültigen Sieg über den Satan am Ende der Tage in Aussicht. Dieses ganze hochmythologische Weltbild, das symbolisch verstanden durchaus einen Sinn besäße, wird in der katholischen Dogmatik auf phantastische Weise «wörtlich» genommen.

[33] Vgl. TE II 264: «Was ist's um Deinen Namen?»

besonders erinnern? Was waren einmal Deine Wünsche, und was ist aus ihnen geworden?» All diese Fragen, die sich nach und nach zwanglos, wie von selber, im Verlauf eines guten Gespräches ergeben, richten sich darauf, den «Namen», das Wesen, die Person des anderen besser verstehen zu lernen, – ein vorsichtiges Sich-Herantasten an ein Geheimnis, das um so größer wird, desto besser man's begreift, ein geduldiges Werben um und Erwerben von Vertrauen, ein allmähliches Sich-Öffnen im Nachlassen generalisierter Ängste.

Die Antwort, die der «Besessene» gibt, zeugt von dem ganzen Ausmaß seiner Hilflosigkeit. «Legion» sei sein Name, sagt er[34] und deutet damit etwas an, für das Worte ihm fehlen: «Es herrscht in mir», erklärt er sinngemäß, «ein Besatzungszustand durch eine feindliche Armee. Ich weiß nicht, was diese Leute wollen, deren Sprache ich nicht verstehe. Aber sie marschieren in mir herum, sie gehorchen einem fremden Befehl, sie leben auf meine Kosten, und sie beuten mich gnadenlos aus.» Seelisch ist damit eine Situation beschrieben, wie sie politisch um 1943 in Frankreich herrschte: Wohl sprachen die Leute, die Zeitungen, die Rundfunkstationen Französisch, doch in Wirklichkeit redeten sie Deutsch; sie hatten sich den Reglements der Besatzer zu fügen, sie hatten ihre Arbeitskraft in den Dienst ihrer Unterdrücker zu stellen, sie förderten weiter Kohle, sie produzierten weiter Stahl, doch nur, um die militärische Stärke ihrer Zwingherren noch zu vermehren. Die Stimme des freien Frankreichs erklang allenfalls um 3 Uhr nachts auf einem Kurzwellensender für wenige Minuten in einem Geheimcode, der einzig den Eingeweihten der Résistance verständlich war; und wer die Botschaften zu dechiffrieren verstand, wurde hineingezogen in eine Auseinandersetzung auf Leben und Tod, denn er wurde aufgefordert, den verlorenen Krieg noch einmal aufzunehmen. – Ein solcher Entschluß ist gewiß nicht zu fassen ohne machtvolle Hilfe von außen, und gerade eine solche muß dem Kranken geben der Therapeut. Er muß sich bedingungslos an die Seite des Leidenden stellen, er muß für ihn die Hoffnung erwecken, die dieser selbst längst hat fahren lassen, er muß durch sein eigenes Vertrauen in dem Hoffnungslosen das Selbstvertrauen begründen, das nötig ist, sich der Freiheit neu zu getrauen.

34 FRANÇOIS BOVON: *Das Evangelium nach Lukas*, I 436, meint zu der «Legion»: «Der Name ist anschaulich: Wie die Engelscharen (Mt 26,53) sind auch die Dämonen militärisch organisiert (vgl. die einander gegenüberstehenden Truppen in der Kriegsrolle von Qumran).» Vgl. 1 QM I 14: «Die Abteilungen der Zwischentruppen sollen das Herz zerrinnen machen»; in: JOHANN MAIER (Übers.): *Die Texte vom Toten Meer*, I 125.

Was für ein Kampf da ausgetragen werden muß, demonstriert die Bitte der «Dämonen» an Jesus, sie nicht «in den Abgrund» zu stürzen (8,31)[35]. Psychologisch ist es unmöglich, die innere Zerrissenheit dieses Mannes sozusagen in nichts aufzulösen. Mit Sicherheit hat es Personen, Situationen, Erfahrungen gegeben, welche die bestehenden Widersprüche verursacht haben, und um sie bewußtzumachen und nachzuarbeiten, ist es unvermeidlich, all die Gefühle von damals: die Ohnmacht, die Wut, die Aggressionen, die Schuldgefühle, die Demütigungen, in die Erinnerung zurückzurufen, sie auf geeignete Weise auszuagieren und die starr eingerichteten Verhaltensmuster flexibler und überlegter zu gestalten. Die beste Psychotherapie der Welt kann die bestehenden Konflikte nicht wegzaubern; sie vermag allerdings einen Erlebnisraum zu öffnen, in dem etwa der Zorn auf den Vater oder die Enttäuschung über die Mutter an Ersatzobjekten sich symbolisch nach außen setzen und durcharbeiten läßt. Und gerade so etwas scheint sich anzudeuten in der Bitte der «Dämonen», in eine «recht große Schweineherde» fahren zu dürfen, die «auf der Weide am Berg» sich befindet (8,32)[36]. Die «Schweine» dürften hier mit jüdischen Augen als «unreine» Tiere betrachtet werden, die insofern als die passenden Aufnahmebehältnisse für die «unreinen Geister» in Frage kommen[37]; für «unrein» galten die Tiere wohl deshalb, weil sie mit den Fruchtbarkeitsriten der frühen Pflanzerkulturen in Verbindung standen[38], doch das spielt hier keine Rolle; hier genügt es, die ungeheuere Wucht der Zerstörungsenergie mitzuerleben, die vormals in dem «Besessenen» aufgestaut war und die sich nunmehr in einer

35 FRANÇOIS BOVON: *Das Evangelium nach Lukas*, I 436–437, meint: «Mit *ábyssos* (sc. Abgrund, d.V.) verdeutlicht Lukas die Angabe des Markus, bei dem der Dämon nur bittet, daß Jesus ihn nicht aus der Gegend weise. Der Begriff ist theologisch beladen, denn er bezeichnet die Unterwelt, einen Strafort, wo nach der jüdischen Apokalyptik die Gegner Gottes, angefangen beim Teufel (Offb 20,1.3), festgehalten werden. Es ist ein Ort, der nach jüdischer Vorstellung Assoziationen mit dem negativ besetzten Meer weckt.» Vgl. JOACHIM JEREMIAS: *ábyssos* (Abgrund), in: ThWNT I 9, der mit Bezug zu Lk 8,31 den «Abyssos» für ein «Gefängnis der ungehorsamen Geister» erklärt.

36 Vgl. TE II 268–270: Durcharbeiten und Ausagieren.

37 Vgl. FRANÇOIS BOVON: *Das Evangelium nach Lukas*, I 437: «Da die Dämonen ... zur unreinen Welt gehören, schlagen sie den Umzug in die Schweine vor.» Darüber hinaus galt das «Schwein» auch als ein Kennzeichen für die Heiden, insbesondere die Römer, deren Feldzeichen für die in Syrien – Palästina stationierte 10. Legion Fretensis ausgerechnet ein Schwein darstellte. (A. a. O., 437)

38 Nach Str. B. I 492, wird das Verbot der Schweinezucht allerdings «mit einem Vorfall während des Bruderkriegs zwischen Hyrkanos und Aristobul II. (sc. 69–63 v. Chr., d.V.) in Verbindung gebracht. Danach würde das Verbot aus dem Jahre 65 v. Chr. stammen.» Vgl. demgegenüber WILL RICHTER: *Schwein*, in: Der Kleine Pauly, V 43–47, der vor allem die kultische Bedeutung des Schweins bei Griechen und Römern hervorhebt.

monströsen Vernichtungsorgie entlädt. Um sich nicht länger selber zugrunde richten zu müssen, muß sich die ganze destruktive Kapazität des Kranken an etwas entladen, das sich assoziativ mit ihr verbindet. Auf einen solchen Gegenstand kann man sie ablenken, um sie unschädlich zu machen. Doch auch hier gilt: es gibt nichts umsonst!

So paradox es sich anhört: In der Krankheit hatte der «Besessene» in gewisser Weise einen Zustand erlangt, in dem er sich im Gleichgewicht mit sich selbst und mit seiner Umgebung befand; dieses «Gleichgewicht», wie gesagt, glich zwar einem eingestürzten Haus, aber es war immerhin ein Gleichgewichtszustand; jetzt hingegen, da das «Haus» wiedererrichtet werden soll, beginnen die «Schweinehirten» die Kosten zu fürchten. Sie haben, bildlich gesprochen, ihren ganzen «Besitz» verloren, sie sind durch die Heilung des Kranken funktionslos geworden[39]. Damit wiederholt sich, was wir bereits bei der Heilung des Mannes mit der verdorrten Hand (Lk 6,6–11) beobachten mußten: Indem Jesus sich damals in der Synagoge auf die Seite seines Patienten stellte, löste er den Konflikt in dem Kranken auf, doch verschob er ihn damit zwangsläufig zugleich vom Psychischen ins Soziale, – fortan befand er sich selber in Widerspruch zu den Schriftgelehrten und Pharisäern. Jetzt, mit der Heilung des «Besessenen» um den Preis einer ganzen Schweineherde, bezieht Jesus, ob er will oder nicht, Position gegen die Wirtschaftsinteressen der Schweinezüchter, und spätestens von diesem Moment an beginnt man zu ahnen, welch einen Vorteil die soziale Umgebung aus den Wahnzuständen dieses Kranken gezogen haben wird: Er stellte sie nicht infrage, er äußerte seinen Protest auf eine Art, die man auf einfache Weise ausgrenzen konnte, und als Abtretmatte der Gesellschaft, als «Omega» in der Hackordnung[40], trug er womöglich sogar zum Zusammenleben der Gruppe bei: Sie alle waren gut – er böse; so waren die Grenzen klar. Jetzt hingegen gerät alles durcheinander, sitzt doch mit einem Mal der, «von dem die Abergeister ausgefahren waren, bekleidet, vernünftig, zu Füßen Jesu» da (8,35)[41]; seine Heilung hebt die Selbstverständlichkeit auf, in der man sich eingerichtet hatte, ja, sie legt sogar den Gedanken einer gewissen sozialpsychologischen Mitschuld an seinem früheren Zustand nahe, – kurz: sie ist inopportun, inkorrekt und wirtschaftlich inakzeptabel.

[39] Vgl. TE II 270–272: Der Widerstand der Schweinehirten.

[40] Vgl. ANNEMARIE HEIGL-EVERS: *Die Gruppe unter soziodynamischem und antriebspsychologischem Aspekt*, in: Hans G. Preuss (Hg.): Analytische Gruppenpsychotherapie, 44–72, bes. S. 65–71: Die Omega-Position.

[41] Vgl. TE II 272–277: Menschlichkeit und Gottesglaube.

Man bittet Jesus daher, gefälligst das Land zu verlassen, um nicht zu «Opfern» weiterer derartiger Heilungen werden zu müssen.

Dramatischer kann es sich nicht bestätigen, daß jemand, der versucht, auch nur einem einzigen Menschen zu helfen, augenblicklich Gefahr läuft, von den vermeintlich Gesunden verstoßen zu werden. Was aber sagt das aus über eine Gesellschaft, welche die Heilung eines ihrer Mitglieder als zu «teuer» empfindet? Wie krank muß sie selber sein, wenn sie geradezu ein Interesse daran offenbart, die Kranken in ihrer Mitte unbehandelt in ihrem Zustand zu belassen? Ist es dann zu viel behauptet, wenn man von einer solchen Gesellschaft sagt, daß sie die seelische Erkrankung einzelner zu ihrem Selbsterhalt benötigt, geradeso wie die Abwässer aus ihren Haushalten Kloaken erfordern? Und wenn das in Gerasa so war, wo eigentlich wäre dann nicht «Gerasa»?

Um so wichtiger allerdings ist angesichts von so viel Heimatlosigkeit und Entwurzelung inmitten des ganz normalen gesellschaftlichen Zusammenlebens die Aufgabe jedes Einzelnen, bei sich selbst anzukommen und in sich selbst häuslich zu werden. Doch gerade daraus ergibt sich hier noch einmal eine paradoxe Konsequenz.

Der Geheilte bittet Jesus, sich ihm anschließen zu dürfen, und man sollte erwarten, daß Jesus dem zustimmt, so wie er es bei Maria von Magdala tat (Lk 8,2) und wie er es im Falle des blinden Bartimäus später tun wird (Lk 18,43); denn um so verständlicher ist der Wunsch des ehedem Besessenen, als er mit aller Wahrscheinlichkeit sich neuen Vorwürfen und Ausgrenzungen seiner Umgebung ausgesetzt sehen wird. Doch es fragt sich, woran man eigentlich die Stabilität einer psychischen Heilung festmachen will. Oft in einer psychotherapeutischen Behandlung mag es einen gewissen Erfolg darstellen, wenn es gelingt, einen Patienten aus den inneren Abhängigkeiten von seinem Elternhaus ein Stück weit zu lösen: er wird nächstes Weihnachten seine Mutter *nicht* besuchen, er bindet eine wichtige Entscheidung *nicht* länger an die Zustimmung seines Vaters, er beginnt, ein Wertesystem aufzubauen, dessen Kriterien *nicht* mehr mit den Auffassungen seiner Eltern identisch sind. In all solchen Fällen ist die Trennung von den Angehörigen ein wirklicher Beweis für die eingetretene Heilung. Doch für letztlich befriedigend kann eine reine Negation nicht gelten. Solange jemand einen bestimmten Kontakt meidet, eine gewisse Verbundenheit flieht, so lange hat er den zugrunde liegenden Konflikt noch nicht gänzlich gelöst, so lange fühlt und verhält er sich noch nicht souverän, so lange ist er noch nicht wirklich er selbst. «Wundergeschichten» wie diese schließen gern mit einer Bemerkung, welche die Heilung eines Menschen als tatsächlich gelungen bestätigt und unter Beweis stellt[42]. In der Erzählung von der Heilung des «Besessenen» von Gerasa darf man es als eine solche Versicherung einer erfolgreichen Heilung auffassen, wenn Jesus dem ehedem «Besessenen» aufträgt, in sein Haus zurückzukehren (8,39)[43]; als gänzlich geheilt kann er erst gelten, wenn er den Menschen, die er in Kindertagen als Teile seiner Erkrankung in sich aufnehmen mußte, nun als Erwachsener auf eine Weise zu begegnen vermag, die seine innere Einheit nicht mehr gefährdet. – Soweit die «Psychologie»; darin enthalten aber sind zwei wichtige «theologische» beziehungsweise «christologische» Einsichten.

Würde man diesen so Geheilten jetzt fragen, wer er ist, so müßte er sagen, so *soll* er sagen, «was alles ... getan hat Gott» an ihm (8,39a)[44]. An die Stelle der «Legion» ist jetzt sein eigenes Ich getreten, und der Grund dafür liegt darin, daß er sich im Gegenüber Gottes absolut gemeint und gemocht fühlen darf. Indem er zu Gott fand, fand er zu sich; seine eigene Person fing überhaupt erst an zu leben, als sie zu gründen begann nicht länger mehr in der Verfügungsgewalt der sozialen Umgebung, sondern in *der* Person, die allein ihn nicht bindet, wenn er ihr sich verbunden fühlt; Psychotherapie und Theologie, Selbstfindung und Gottfindung sind voneinander nicht länger zu trennen. Und noch mehr zeigt dieser Fall des Besessenen von Gerasa: Um zu Gott zu finden als zu dem Grund unseres Lebens, als zu einer Güte, die uns befreit, indem sie uns fesselt, bedarf es eines menschlichen Mittlers, der selbst aus eben solchen Erfahrungen lebt.

Man hat theologischerseits gegen die hier vorgeschlagene Auslegungsmethode der biblischen Heilungserzählungen mitunter eingewandt, es erscheine Jesus in ihr ja «nur» als ein Therapeut; doch die so denken, brauchen sich nur einmal der Aufgabe zu stellen, einem anderen Menschen in seiner seelischen Not beizustehen, und sie werden bald merken, daß es anders gar nicht geht, als sich in einem Vertrauen zu verwurzeln, das eine unbedingte Geltung besitzt. Um einem anderen Menschen inmitten einer Welt der Lieblosigkeit den Glauben an Liebe schenken zu können, muß man selbst an die Liebe glauben; um ihm inmitten einer Welt des Todes den Glauben an das Leben zu schenken, muß man selber an eine Macht glau-

42 Vgl. MARTIN DIBELIUS: *Die Formgeschichte des Evangeliums*, 54–56.

43 Vgl. TE II 272–277, bes. S. 273–276.

44 FRANÇOIS BOVON: *Das Evangelium nach Lukas*, I 440, sieht richtig, wenn er schreibt: «Er (sc. der Besessene, d.V.) war durch seine Besessenheit aus der Gesellschaft ausgeschlossen, seine Rückkehr nach Hause ist nun ein Symbol der Heilung. An die Rückkehr, die nicht nur eine soziale Reintegration sein wird (was nicht wenig ist!), wird jedoch von Jesus die Aufgabe gebunden, das Geschehene als Wort Gottes zu verkündigen.»

ben, die das Leben eines jeden Einzelnen will; um ihm inmitten einer Welt der Mißachtung den Glauben an seine Personalität, an den Wert seiner Person zu schenken, muß man selber Gott als Person verstehen. Derjenige, der gerade so glaubte, daß es die Menschen an seiner Seite mit diesem entscheidenden Glauben erfüllte, war Jesus, und so kann der von ihm Geheilte gar nicht anders von sich und von Gott erzählen, als indem er verkündet, «was alles getan hatte ihm Jesus» (8,39b)[45].

Eine solche «Verkündigung» hat nichts gemein mit der metaphysischen Vergöttlichung der Person Jesu in der kirchlichen Dogmatik[46]; doch es ist, was der Mann aus Gerasa hier sagt, das wahrste und innigste Bekenntnis zu der Person des Mannes aus Nazaret, das ein Mensch nur ablegen kann. Der Gerasener, dessen «Dämonen» Jesus anschrieen als «Sohn des höchsten Gottes» (8,28), spricht von Jesus jetzt nicht mehr in den abgeleiteten Begriffen einer theologischen Doktrin[47], er spricht von ihm als von dem Mann, der ihn gerettet hat aus Seelenzerstörung und Selbstzerstörung[48]. «Inmitten meiner Verzweiflung», lautet jetzt sein Bekenntnis, «hat er mir Hoffnung gebracht; inmitten all derer, die mit Ketten und Fesseln zu mir kamen, hat er mir Freiheit geschenkt; inmitten des Widerspruchs meiner Sehnsucht und meiner Angst ist er auf mich zugekommen und hat sich nicht abschrecken lassen. Durch ihn habe ich Gott gefunden, das heißt, ich würde an Gott gar nicht glauben, hätte ich ihn nicht erlebt. In seiner Gegenwart

[45] Vgl. a. a. O., I 440: «Der Geheilte gehorcht (V 39b) und verkündigt ..., was ihm widerfahren ist. Das Tun Gottes (V 39a) interpretiert er zu Recht christologisch (V 39b).» – WALTER KIRCHSCHLÄGER: *Jesu exorzistisches Wirken aus der Sicht des Lukas*, 129, erkennt zu Recht hier ein «schwerwiegendes christologisches Gewicht» in dem «Ineinander des Wirkens Gottes und Jesu».

[46] Vgl. *Catéchisme de l'Église Catholique* (Weltkatechismus), Nr. 151, wo der Glaube an «Jesus Christus» als an den «Sohn Gottes» dargelegt wird; Nr. 461–463 stellt das «Mysterium» der «Inkarnation» dar; Nr. 464–469 legt die Zwei-Naturen-Lehre aus, um dann in Nr. 471–474 zu betonen, daß Jesus eine menschliche Seele und ein menschliches Bewußtsein besaß, nach Nr. 475 sogar einen menschlichen Willen und nach Nr. 476–477 tatsächlich auch einen menschlichen Leib.

[47] Es ist eine Art zu Glauben, wie Jak 2,19 es vor Augen hat: «die Teufel glauben's auch und zittern.»

[48] Eben deshalb «bekennt» der Geheilte Gott, weil er dessen «Wirken» in Jesus erfahren hat. Sehr schön schreibt SCHALOM BEN-CHORIN: *Bruder Jesus*, 50: «Jesus bedient sich der Kräfte, die im Akt der Wiedergeburt (sc. bei der Taufe, d.V.) in ihm erwacht sind, um Kranke, vorwiegend Besessene, zu heilen, aber für ihn ist das nur ein Ausgangspunkt seiner Wirksamkeit.» «Dem unbefangenen Leser der Evangelien muß es klar sein, daß die Heilungen durch den Geist, mit denen die öffentliche Laufbahn Jesu beginnt und die sich durch seine ganze Wirksamkeit hindurchziehen, für ihn selbst zwar von sekundärer Bedeutung sind, ihn nach außen hin aber legitimieren.»

sah ich, wie der Tag sich erhob aus der Nacht. Nennt ihn die Hoffnung, nennt ihn die Freiheit, nennt ihn die Treue, nennt ihn das Licht, nennt ihn, wie Ihr wollt, – doch vor allem: erzählt, was Ihr selber erlebt habt, als Ihr ihm begegnet seid; denn einzig so verkündet Ihr das Wirken Gottes, wie er es gemeint hat: persönlich formend statt unpersönlich normend, persönlich heilend statt unpersönlich teilend, persönlich hörend statt kollektiv zerstörend.»

Lk 8,40–56: Die Heilung einer blutflüssigen Frau und die Auferweckung der Tochter des Jairus oder: Zwei Seiten weiblicher Wirklichkeit

(vergleiche Mk 5,21–43; parallel zu Mt 9,18–26)

40 Indem aber Jesus zurückkehrte, nahm ihn die Schar in Empfang; alle ja
erwarteten ihn. 41 Und da: Es kam ein Mann, der hieß Jairus; der stand
als Vorsteher der Synagoge vor, und Jesus zu Füßen fallend sprach er ihm
zu, in sein Haus zu kommen; 42 denn er hatte eine Tochter, seine einzige,
um die zwölf Jahre, die lag im Sterben. Indem er hinging, erdrückten ihn
(beinah) die Scharen.
43 Und eine Frau – die hatte Blutfluß seit zwölf Jahren, und von nieman-
dem hatte sie geheilt werden können. 44 Sie kam heran, von hinten, und
berührte sein Gewand, und auf der Stelle kam ihr Blutfluß zum Stillstand.
45 Da sprach Jesus: Wer berührte mich da? Alle verneinten; da sagte
Petrus: Gebieter, die Scharen umschließen dich und umdrängen dich.
46 Jesus aber hat gesagt: Es hat mich jemand berührt! Ich, ich hab' doch
gespürt, wie eine Kraft von mir ausging. 47 Als die Frau sah, daß sie nicht
verborgen geblieben war, zitternd kam sie, fußfällig vor ihm: aus wel-
chem Grunde sie ihn berührt hatte – sie vermeldete es im Angesicht allen
Volkes, und wie sie geheilt worden war, auf der Stelle! 48 Er aber sagte
ihr: Tochter, dein Vertrauen hat dich gerettet. *Geh hin in Frieden* (Mk
5,34; Lk 7,50; vgl. Ri 18,6; 1 Sam 1,17; 2 Sam 15,9; 1 Kön 22,17).
49 Während er noch redet, kommt jemand vom Synagogenvorsteher,
und sagt: Gestorben ist deine Tochter. Behellige nicht mehr den Lehrer.
50 Jesus aber, der das hörte, antwortete ihm: Fürchte dich nicht. Faß nur
Vertrauen, dann wird sie gerettet. 51 Angelangt bei der Wohnung, ließ er
nicht zu, daß jemand mit ihm hineingehe, außer Petrus, Jakobus und
Johannes sowie den Vater des Kindes und die Mutter (Mt 17,1). 52 Und
alle weinten und schlugen sich (an die Brust) um sie. Er aber hat gesagt:
Weint nicht (7,13). Nicht gestorben ist sie, sondern sie schläft. 53 Da ver-
lachten sie ihn, – wußten sie doch, daß sie gestorben war. 54 Er aber er-
griff ihre Hand, er rief, sprechend: Kind, wach auf! 55 Da kehrte ihr Geist
zurück, sie stand auf der Stelle auf, und er ordnete an, ihr zu essen zu
geben. 56 Da gerieten sie außer sich, ihre Eltern. Er aber wies sie an, kei-
nem das Geschehene zu sagen (5,14; Mk 7,36).

Läßt sich die Not der Jünger im Sturm (Lk 8,22–25), läßt sich die Qual des Gräberbewohners von Gerasa (Lk 8,26–39) noch steigern? Gewiß nicht! Doch sie läßt sich ergänzen: durch eine weitere, diesmal spezifisch weibliche Tragödie von «Unreinheit». Kein «böser Geist» ist dabei vonnöten; eine bestimmte Geistesart, eine bestimmte Lebensangst langt vollkommen aus, und sie spielt ganz im «Diesseits» der uns vertrauten Alltagswelt.

Soeben ist Jesus «zurückgekehrt» (8,40), er ist «wieder zur Jenseite (sc. also an die galiläische Uferseite, d.V.) hinübergefahren», schreibt *Markus* (5,21a), da «versammelte sich eine große Schar zu ihm» (Mk 5,21b), ja, «alle ... erwarteten ihn», wie *Lukas* es darstellt (8,40). Für Lukas bilden die Leute nicht einfach nur die Kulisse der Handlungen Jesu, ihr Zulauf allein schon deutet in seinen Augen darauf hin, wie sehr sie Jesus ersehnten und wie dringend sie ihn brauchten, wie erfolgreich, wie triumphal der Eindruck war, den er bei ihnen hinterließ; abweichend von *Markus* (5,33) geschieht es bei *Lukas* wenig später denn auch «im Angesicht allen Volkes» (8,47), daß die blutflüssige Frau ihre Heilung kundtut. Kein Zweifel, der Evangelist betrachtet «die Scharen» (8,42) als die erweiterte Anhängerschaft Jesu[1]. Dabei ist ihre Begleitung weniger als hilfreich, denn eher als hinderlich, ja, als «erdrückend» (8,42) anzusehen, – sie stehen Jesus und seinem Anliegen buchstäblich im Wege; im Hause des Synagogenvorstehers wirft Jesus sie sogar «alle hinaus», wie noch *Markus* (5,40) erzählt, – eine Notiz, die *Lukas* charakteristischerweise erneut nicht aufnimmt; doch sind auch bei ihm «die Scharen» zwar als die Zeugnis gebende Anhängerschaft, aber nicht eigentlich als die Zielgruppe der Beauftragung Jesu zu betrachten. Worum es Jesus geht, sind Menschen in Not, sind die Kranken, sind die Außenseiter, nicht die Zuschauer, nicht die Zuhörer, nicht die Mitläufer.

Gleichwohl hat man nicht ganz zu Unrecht in «den Scharen» die Urform der «Gemeinde»mitglieder, der späteren Kirchenchristen, erblicken wollen[2]; doch um so wichtiger ist es, zu beachten, wie stark Jesus sich ausschließlich darauf konzentriert, den Bitten und Erfordernissen der Hilfsbedürftigen nachzukommen. – Wie wird man ein «Christ»? Nicht durch ein Zusam-

[1] FRANÇOIS BOVON: *Das Evangelium nach Lukas*, I 444, meint ebenso formal richtig wie inhaltlich unzureichend: «Die Begleitung der Menge (V 42b) ermöglicht die retardierende zweite Wundergeschichte.» Die Frage ist, welch eine Rolle *religiös* Menschen spielen, die nichts sind «als der namenlose Hintergrund für Jesu Wirken», wie RUDOLF MEYER: *óchlos* (Menge, Schar), in: ThWNT V 586, schreibt.

[2] In diesem Sinne fragt z.B. GERHARD MAIER: *Lukas Evangelium*, I 388: «Am Westufer ‹*empfing* Jesus› eine ‹Menge› Menschen (V 40)... Die Bemerkung ‹*Sie hatten alle schon auf ihn gewartet*› macht uns nachdenklich. Welche Motive bewogen diese Menschen, hoffnungsvoll und mit Ausdauer auf ihn zu ‹warten›? Und welche Motive bewegen uns heute, mit Jesus in Kontakt zu treten? Außerdem steht die erwartungsvolle Haltung der Galiläer am Westufer in einem deutlichen Kontrast zu den Leuten am Ostufer, die Jesus weggeschickt hatten. So geht es heute noch: die einen schicken Jesus weg, während die andern schon auf ihn warten.»

menströmen in Haufen; einzig dadurch, daß ein jeder für sich die Stelle findet, an welcher er des Beistandes Jesu wesentlich bedarf. So der Synagogenvorsteher Jairus und seine Tochter, so hier die unbekannte blutflüssige Frau.

Formal läßt sich ihrer beider Geschichte als eine Schachtelperikope kennzeichnen[3], und man kann allein schon an der virtuosen Dramaturgie, mit der sie erzählt wird, ersehen, daß sie keinen historischen Bericht darstellen wird[4]. Doch heißt das auch schon, daß sie keine «Wahrheit» enthält? Stelle um Stelle erlaubt uns gerade der psychoanalytische Zugang zum Verständnis solcher Texte die Einsicht in Zusammenhänge, die in ihrer Menschlichkeit zutiefst wahr sind, die menschlich uneingeschränkt gelten und die sich zu Recht mit der Person Jesu verbinden. Die «Verschachtelung» der Erzählung begreift man in ihrer Bedeutung am einfachsten, wenn man die Tochter des Jairus und die blutflüssige Frau als zwei Seiten in ein und derselben Person, als zwei Aspekte ein und derselben Problemstellung auffaßt: – das historisch Fragwürdige mithin gerade als das psychologisch Offenbarende[5].

1) Die blutflüssige Frau

Beginnen wir mit der Frau, die da «Blutfluß» hatte «seit zwölf Jahren» und die «von niemandem hatte ... geheilt werden können».

a) Zur Psychosomatik und Psychodynamik eines Frauenleidens

Das Symptom einer solchen Erkrankung ist psychosomatisch gut verstehbar. Man spricht von Dysmenorrhöe[6] und umschreibt damit, daß eine Frau

[3] Vgl. RUDOLF BULTMANN: *Die synoptische Tradition*, 228–229: «Eigenartig ist die Verflechtung zweier Wundergeschichten, die dem Mk schon vorgelegen zu haben scheint». «Daß es sich um zwei ursprünglich isolierte Wundergeschichten handelt, ist mir nicht zweifelhaft». Der Grund der Verknüpfung soll in der Herstellung des Zeitabstandes liegen.

[4] Vgl. MARTIN DIBELIUS: *Die Formgeschichte des Evangeliums*, 69: «So ist die eine Handlung in die andere eingebettet zu kunstvollem Ganzen.» S. 78–79 weist DIBELIUS auf die *Topik* der literarischen Wundererzählung hin und meint: «Von den antiken Heilungsgeschichten bis zu den modernen Berichten von ähnlichen Wundern, etwa von Lourdes, gehört es zu den beliebtesten Mitteln solcher Erzählungen, die Gefährlichkeit des Leidens und die Erfolglosigkeit aller Heilungsversuche zu schildern; natürlich geschieht dies, um das Wunder um so höher zu preisen ... Im selben Sinne wird erzählt, daß Jesus von der Menge verlacht wird ...; auch dieses Motiv kommt anderswo im gleichen Zusammenhang vor, z. B. bei den Epidauros-Heilungen.»

[5] Vgl. TE II 278–279.

[6] Vgl. TE II 281–285: Die blutflüssige Frau.

endlos darunter leidet, eine Frau zu sein. «Seit zwölf Jahren» – das besagt wohl so viel, wie daß diese Frau gerade erst Mitte der 20 ist; denn zumeist stellt sich die Art, wie ein Mädchen seine erste Periode erlebt, in seinem späteren Leben für unbegrenzt lange Zeit auf Dauer, vor allem wenn dies in einer Mischung aus Einsamkeit, Unverständnis, Schmerz, Schamgefühl und erzwungener Selbständigkeit geschah. Da wurde ein Kind wie zu seiner eigenen Überraschung hineingestoßen in das Erwachsenensein und wußte doch kaum, wer es war, geschweige denn, was aus ihm werden sollte. Wenn es etwas wußte, so war es, was die anderen, seine Eltern: sein Vater, seine Mutter, benötigten; dafür dazusein hatte man es gelehrt. Sich selbst wahrzunehmen, sich selbst zu genießen, die eigenen Gefühle zu beachten, den Empfindungen des eigenen Körpers zu folgen – dafür waren weder die Erlaubnis noch die nötige Energie je vorhanden. Niemals eigentlich durfte es ein sorglos spielendes Kind sein, – die Probleme und Konflikte der Eltern überschatteten alles. Es mußte Verständnis für sie haben, es durfte ihnen nicht zusätzlich zur Last fallen, es mußte Verantwortung übernehmen, – es mußte ganz schnell «erwachsen» werden: klug also, strebsam, nützlich, kontrolliert und erfolgreich; auf der anderen Seite war da ein Mädchen, das am liebsten ein Kind hätte bleiben mögen, schon weil es eine «richtige» Kindheit kaum je gehabt hatte; es wollte kein Mädchen mehr sein, doch es fürchtete sich auch, eine Frau zu werden, und es wußte von dieser Angst so gut wie nichts, denn es hätte ohnedies zu niemandem davon sprechen können; dafür war es nicht wichtig genug. Aber die Biologie folgt ihren eigenen Gesetzen: eines unvorhergesehenen Tages begann etwas, das sehr weh tut und das ins Leben hereinbricht wie eine Krankheit, – krampfartige Schmerzen, Blut, das austritt, wie wäre das weibliche Geschlecht eine offene Wunde, die Schmach, in diesem Zustand entdeckt zu werden, und Gefühle, die einem sagen, daß hier eine Tür sich geöffnet hat, die nie mehr zu schließen sein wird. Man ist erst 12 Jahre alt, – und doch – am liebsten möchte man's hinter sich bringen; wenn man schon alt wäre, 50 endlich, und hätte mit «so etwas» nichts mehr zu tun! Oder am besten: man wäre ewig ein Kind geblieben, man hätte diese rätselhafte Zumutung, eine Frau werden zu müssen, niemals erlebt. Die Seele will nicht, was der Körper befiehlt; die Psychologie trennt sich von der Biologie; die erwachende, erwachsene Person tritt in Gegensatz zu dem Wunsch nach Kleinsein und Kindsein.

So kommt es innerpsychisch zu eben jener Polarisierung, die dieser «Schachtelperikope» von der blutflüssigen Frau und der Tochter des Jairus zugrunde liegt; sie selber *muß* verschachtelt sein, um einen Seelenzustand abzubilden, in dem eine Frau, die sehr schnell und auf extreme Weise «erwachsen» sein mußte, zugleich noch ein Kind ist, das große Angst davor hat, eine «richtige» Frau zu werden. Beider Geschichten erzählt ineinandergelagert dieser Wunderbericht, in dem Jesus, unterwegs zu einem Mädchen, das zu sterben droht, erst einmal eine Frau heilen muß, die an ihrem Frausein unentwegt leidet, und in dem er schließlich ein totes Kind aufzuerwecken hat, um die Heilung jener «Erwachsenen» zu vollenden.

Die erwachsene Frau, die da zu Jesus kommt, hat in den zwölf Jahren ihres Leidens – während ihres ganzen bisherigen «Erwachsenen»lebens also – niemanden gefunden, durch den sie hätte «geheilt werden können» (8,43). *Lukas* verkürzt hier erneut (!) einen Zusammenhang, der psychosomatisch sehr bezeichnend ist und sogar dazu beiträgt, die «Diagnose» der Erkrankung dieser Frau noch genauer zu fassen. *Markus* nämlich berichtet, die Frau habe «viel ... gelitten von vielen Ärzten, und aufgebraucht hatte sie ihren ganzen Besitz, doch nichts hatte es ihr genützt, sondern eher noch schlimmer war es mit ihr gekommen» (Mk 5,26)[7]. Man hat gemeint, *Lukas* habe diese Stelle in seiner Vorlage weggelassen, weil er, selber der Legende zufolge ein Arzt, den Ärztestand nicht habe derart herabgesetzt sehen mögen[8]. Doch das eigentliche Problem ist ein anderes, und es ist weit ernsthafter gelagert: Indem *Lukas* die recht ausführlichen Krankenbeschreibungen in den markinischen «Novellen» zusammenkürzt, reduziert er das Geschehen auf die Wundertätigkeit des «Messias» Jesus; dabei aber wird die «Christologie» beziehungsweise Theologie erkennbar überwertig auf Kosten der Psychologie beziehungsweise der Anthropologie. Die Taten Jesu werden immer «wunderbarer», weil unbegreifbarer; doch je weniger man den menschlichen Anteil in Krankheit wie Gesundheit erkennt, gerät der jeweilige Heilungsvorgang zunehmend in den Machtbereich eines göttlichen «Heilswillens», auf den «gewöhnliche» Menschen keinen anderen Einfluß haben als durch formalisierte Gebete und durch magische Riten, mithin, wie es sich kirchengeschichtlich herauskristallisieren wird, durch Opfergottesdienste und durch die Sakramentenspendungen von seiten besonders «bevollmächtigter» Kirchenbeamter. Aus den ehemals jesuanischen Beispielshandlungen für den Umgang von Menschen mit Menschen werden

[7] Vgl. TE II 285–290: Vom Mut der verstohlenen Zärtlichkeit, bes. S. 285–288.

[8] In 8,43 sind die Worte «sie hatte ihr ganzes Vermögen für Ärzte aufgewendet» sekundär aus Mk 5,26 in manchen Handschriften in den Text geraten. Mit Bezug zu *dieser* Lesart wurde es immer wieder gerühmt, daß «Lukas ..., als Arzt, recht offenherzig» gewesen sei. Vgl. GERHARD MAIER: *Lukas-Evangelium*, I 390. Doch da diese Zeilen im ursprünglichen Wortlaut fehlen, müßte man gerade das Gegenteil folgern.

nach und nach bloße «Belegstellen» für eine dogmatisch ins Göttliche überhöhte Christus«verkündigung». Jahrhunderte später weiß man über die Person des Christus vermeintlich so gut Bescheid, daß man mit juristischen und militärischen Mitteln gegen all diejenigen vorzugehen sich getraut, die in den immer weiter sich verkomplizierenden «Geheimnissen» der Christologie nicht genauso denken, wie die kirchlichen Vorgesetzten es vorschreiben; von den Menschen aber, von der eigenen Psyche und ihrer Neigung zu Rechthaberei und Intoleranz versteht man gleichzeitig immer weniger. Eine wichtige Weichenstellung in diese Richtung liegt zweifellos hier bereits vor in der relativen Vergleichgültigung der Krankheitsgeschichten der markinischen Vorlage durch *Lukas*[9]. Es lohnt sich deswegen sehr, die entsprechenden «Streichungen» wieder rückgängig zu machen und noch einmal zu hören, was in der frühesten uns erhaltenen Fassung bei *Markus* zu lesen stand.

b) Die erkaufte Kontaktnahme

Geht es denn hier um die «Ärzte» und den Nutzen oder den Schaden, den ihr Berufsstand den Menschen bringt? Es geht um diese Frau, die bei ihnen um Hilfe nachsucht und mit keiner ärztlichen Kunst geheilt werden kann. – Warum?

Das Problem der Dysmenorrhöe, von dem wir ausgegangen sind, stellt ein Krankheitssymptom im Umfeld großer persönlicher Einsamkeit dar. Genauso gegensätzlich wie der Zwang zum «Großsein» und die Sehnsucht zum «Kindsein» sich in der Seele einer Frau entwickeln können, genauso auch die soziale Beziehung: nach außen hin herrscht womöglich eine recht rege Kontaktnahme, und doch spürt man dahinter förmlich ein ständiges Frösteln; es wird nie richtig warm, es herrscht eine fast panische Angst, an den zu heißen eigenen oder fremden Gefühlen sich zu verbrennen; also, daß unter der Hülle einer Fülle von fröhlich und munter wirkenden Beziehungen eine große Beziehungsratlosigkeit zu existieren vermag. Man flieht zu den anderen, und man flieht vor den anderen, und dazwischen steht ein recht einsames, wie alleingelassenes Wesen, das nicht aus noch ein weiß.

[9] Es trifft nur literarisch zu, wenn ULRICH BUSSE: *Die Wunder des Propheten Jesus*, 220, bemerkt: «Die Erzählung, von Markus übernommen, ist gestrafft... Lukas will die vorgegebene Geschichte in ihrem Erzählverlauf glätten und motivieren.» Es zeigt sich vielmehr ein wachsendes «theologisches» Interesse an der «Wundertätigkeit» Jesu und ein schwindendes Interesse an der menschlichen Not und an den – zum psychosomatischen Verständnis oft unerläßlichen – Einzelheiten des Heilungsvorgangs.

Vor allem das Schamgefühl für das Leitsymptom: für das Leiden am eigenen Frausein, nötigt zu tagelangen Rückzügen in Isolation und Depression. «Ich bin wie der Mond», erklärte eine Frau diesen ihren Zustand; «drei Tage pro Monat ist Neumond; dann ist von mir nichts zu sehen.» Dabei hatte sie bei ihren nächtelangen «Wanderungen am Himmel» eine übergroße Sehnsucht nach einer irdischen Liebe am Tage! Einer solchen aber sich zu getrauen – das hätte eine Geborgenheit in den Armen eines Mannes vorausgesetzt, der sie sexuell nicht bedrohte, bei dem sie hätte auftauen können, ohne sich wieder und wieder neu gefährdet zu fühlen, bei dem ihr «kindliches» Wesen hätte nachreifen dürfen ...

Das Problem der Frau, die hier zu Jesus kommt, ist anscheinend um eine wichtige Nuance noch verschieden von dem bisher beschriebenen Krankheitsbild. Diese Frau nämlich sucht eigentlich schon nicht mehr nach einem Partner der Liebe, sondern, weit resignierter, nach einem professionellen Ersatz dafür. Nehmen wir an, sie hätte es in den Armen eines Mannes denn doch einmal gewagt gehabt, sich hinzugeben, – alles Glück ihres Lebens hätte darin gelegen, und fraglos hätte es ihre Heilung bedeutet. Doch nehmen wir weiter an, die Beziehung zu jenem Mann wäre eines Tages geendet – ein Unglück, ein Todesfall, veränderte Lebensumstände oder, am schlimmsten, eine unerklärbare Wandlung der Gefühle –, dann wäre das alte Leiden gewiß von neuem aufgebrochen, nur womöglich verstärkt noch, auf Dauer gestellt, verteilt über den ganzen Monat: Aus der Dysmenorrhöe wäre unter solchen Voraussetzungen eine *Menorrhagie* geworden – dem griechischen Wort nach ein «Zerreißen der Monatsblutung», eine lang anhaltende und abnorm starke Blutung[10]. Eine solche Frau fühlt sich zentral verletzt in all ihrer Fähigkeit, zu lieben und geliebt zu werden; – was SIGMUND FREUD (1856–1939) als weiblichen «Kastrationskomplex» beschrieb, stellt nur einen sehr allgemein gefaßten Zustand dar, der das hier Vorliegende wohl umfaßt, aber nicht wirklich erfaßt[11]. Was an dieser Stelle zur Debatte steht, ist nicht mehr ein zeitlich relativ klar abgegrenztes Leben in den zwei Phasen von «Vollmond» und «Neumond», – was man jetzt miterlebt, ist vielmehr nur noch die spärlich am Westhimmel sich zeigende Sichel des wiedererscheinenden Mondkahns kurz vor dem Zurücktauchen in die Nacht. Sehnsucht und Angst sind jetzt derart miteinander ver-

[10] Vgl. TE II 282.

[11] Vgl. TE II 284; vgl. auch SIGMUND FREUD: *Über die weibliche Sexualität*, in: Gesammelte Werke, XIV 515–537.

schmolzen, daß Hinwendung und Abwendung, daß Ja und Nein, daß Wunsch und Widerstand sich wechselseitig durchdringen.

«Alles fing wieder an», erzählte eine andere Frau, «als ich herausfand, daß mein Mann fremd ging. Ich konnte ihn nicht darauf ansprechen, aber es quälte mich zutiefst. Im Grunde ekelte ich mich vor ihm, ja, ich fürchtete, er könnte mich infizieren; ich konnte mich ihm aber auch nicht offen verweigern. Ich glaube sogar, er gab sich anfangs besondere Mühe, um seine Schuldgefühle an mir abzuarbeiten, doch dafür wollte ich mich ihm nicht zur Verfügung stellen; ich mochte ihm nicht auch noch den Gefallen tun, eine glückliche Ehefrau zu sein. Wohlgemerkt, ich verdankte ihm eigentlich alles; er war es, der mich überhaupt erst zur Frau gemacht hatte, – die berühmten drei Tage hatte er in Festtage verwandelt; wie also hätte ich ihm da Vorwürfe machen können! Ich fürchtete, alles zu verlieren, wenn ich ihn zur Rede stellte. Dafür aber stellte sich das Dauerbluten ein, das bis heute nicht aufgehört hat. Ich bin mir fast sicher, daß es halbbewußt ein Versuch war, mich ihm zu verweigern; es war ein Grund oder ein Vorwand, ihn an mich nicht mehr heranzulassen. Aber es war auch wie ein Flehen um eine Eindeutigkeit in der Liebe, wie sie vormals bestanden hatte. Hätte er nur zuverlässig versichert, bloß noch für mich dazusein, wäre vielleicht alles wieder gut geworden; dann hätte ich dieses ständige Ausbluten als Sprache des Körpers nicht mehr benötigt.»

In den Tagen Jesu muß man mitberücksichtigen, daß die Monatsblutung einer Frau, so natürlich sie ist, mit archaischen Tabus belegt war, wie sie noch heute in schwarzafrikanischen Kulturen verbreitet sind[12]: während ihrer Blutung galt eine Frau sieben Tage lang für kultisch «unrein» (Lev 15,19.25; 18,19). Eine Frau, welche die Tage hatte, war mithin «unrein», und sie verunreinigte alles, was mit ihr in Kontakt kam: – ihren Mann (Lev 15,19.24; 18,19) ebenso wie alle Gegenstände, die sie berührte (Lev 15,20–23)[13]. Ähnlich wie schon bei dem Aussätzigen (Lk 5,12–16) kommt es mit-

[12] Vgl. WALTER HIRSCHBERG: *Wörterbuch der Völkerkunde*, 281–282: Menstruationsbräuche: «Furcht und Abscheu der Männer vor dem Menstruationsblut und der Glaube an die Unreinheit der Frau zur Zeit der Regel sind der Anlaß zu vielen Bräuchen, die einen Kontakt mit den als unrein geltenden Frauen verhindern sollen.»

[13] Vgl. ROLAND DE VAUX: *Das Alte Testament und seine Lebensordnungen*, II 312–313; vgl. TE II 282–283. WOLFGANG WIEFEL: *Das Evangelium nach Lukas*, 168: «Der Krankheitsbericht der Frau wird gegenüber Markus wesentlich gekürzt, dennoch weiß Lukas, dem das Verhalten Jesu zu den Frauen besonders wichtig ist, daß ihr Zustand für eine jüdische Frau nicht nur Krankheit, sondern auch dauernde kultische Unreinheit bedeutet. Sie ist vom religiösen Leben gänzlich, vom gesellschaftlichen Leben weitgehend ausgeschlossen.»

hin zu einem Teufelskreis zwischen Sozial- und Individualpsychologie: Um das so leidvolle Symptom zu verlieren, brauchte eine solche Frau gerade einen sehr liebevollen, warmherzigen und erfüllenden Kontakt mit einem Mann, doch gerade *der* wird verhindert durch das mosaische Gesetz. Die Gefühle der Ambivalenz zwischen Verlangen und Versagen in der Liebe werden somit objektiv bestätigt und verstärkt durch eine «Ordnung», welche den Quell des Lebens im Schoß einer Frau selbst unter die Ambivalenz von Fruchtbarkeit und Unreinheit stellt. Für eine Frau in solcher Lage besteht nicht einmal mehr die Erlaubnis, eben jene Erfahrungen zu machen, die sie lehren könnten, ihr Frausein freier und fröhlicher anzunehmen. Im Gegenteil, ihre seelische Not wird auf dem Rechtswege sozial festgeschrieben. Ihre Gefangenschaft ist unentrinnbar.

Ein möglicher Ausweg bietet sich an in gerade dem, was diese Frau tut. Da niemand in ihrer Lage sich ihr nähern darf, bleibt ihr als einzige Kontaktform der Gang zum Arzt. Wie für viele Frauen, die sich einer privaten Beziehung nur schwer getrauen, bietet der Gang ins Behandlungszimmer den Vorteil, keinerlei persönliche Brüskierung oder Zurückweisung fürchten zu müssen. Ein Arzt (oder ein Pastor oder ein Therapeut) ist verpflichtet, sich auf sie einzulassen, und zumindest wenn sie ihn gut entlohnt, wird er sich eine solche lukrative Einnahme schon nicht entgehen lassen. Eine garantierte Akzeptanz ebenso wie eine emotionslose Unbedrohtheit liegt in einer solchen bezahlten Berufsbeziehung. Doch dafür weist ein derartiges Arrangement auch zwei schwere Nachteile auf.

Zum einen: Es wird nie leisten können noch dürfen, was es eigentlich gewähren soll, – die Erfahrung persönlicher Liebe, die Bestätigung der Liebenswürdigkeit als Frau, die Beruhigung der tiefen Angst vor Ungenügen und Versagen. Kein Arzt kann zu ihr sprechen, was eigentlich ihr gegenüber ausgesprochen werden müßte: «Sie sind eine ganz wunderbare Frau. Und ich liebe Sie sehr, schon für all das, was Sie haben durchmachen müssen. Sie können ja nicht für die Hypothek Ihrer Kindheit, Sie können allein für das, was Sie daraus gemacht haben. Und daraus hervorgegangen sind Sie – ein Mensch mit all der Sensibilität, der Bereitschaft, sich einzufühlen, mit der oft verzweifelten Suche nach einem Ort, an dem man sich fallen lassen dürfte in dem Vertrauen, mit offenen Armen umfangen zu werden. Und so sage ich: Ich liebe Sie ganz so, wie Sie sind – für Ihr Wesen, für Ihre Art –, Sie müssen gar nichts dafür tun.» Solche Worte können und dürfen nicht gesagt werden in einer berufsmäßigen Beziehung, und so bleibt alles in einem solchen Verhältnis im Unausgesprochenen, im Zweideutigen.

Und zum anderen: Eben weil das so ist, wird eine solche Frau immer wieder versucht sein, ihre vermeintlich mangelnde Liebenswürdigkeit mit Entgegenkommen, mit Unterwürfigkeit, mit Vorleistungen auszugleichen. «Wenn ich doch den anderen für seine Dienstleistung bezahle», wird eine solche Frau denken, «dann wird er doch froh sein, daß ich zu ihm komme.» Doch gerade so wird sich die Grundeinstellung nicht ändern, die ihrem Symptom: dem alltäglichen Ausbluten, die Ursache liefert. Diese Frau kann so viele Ärzte besuchen und so viel Geld ausgeben, wie sie will, sie wird niemals das Gefühl bekommen, einmal gratis auf der Welt sein zu dürfen – wie ein spielendes Kind, wie eine glückliche Frau, gewiegt und getragen von einer Woge der Zärtlichkeit.

c) Ein riskanter Tabubruch

Erstaunlich ist es, welch einen Mut der Verzweiflung Menschen mitunter aufzubringen vermögen. Da erspähen sie eine einzige Chance – jenseits des Legalen, jenseits des Anständigen –, sie nehmen ihr Herz in die Hand, und sie setzen alles aufs Spiel: entweder gelingt's, und es ist alles gewonnen, oder es mißrät, dann ist alles verloren. So hier diese Frau. Das Gewühl der Menge – sie nimmt es als ihr Versteck, um anonym zu bleiben; ihr geradezu magisches Kalkül: Jesus zu berühren, verstohlen, unbemerkt, von hinten, und nicht einmal ihn selbst, nur den Saum seines Gewandes. So wie noch heute Kranke voller Hoffnung ein heiliges Wasser, einen heiligen Stein, eine Reliquie berühren und ihre ganze Seele in diese eine Gebärde legen, von welcher sie sich Heilung erhoffen[14], so nähert sich diese Frau Jesus. Eigentlich möchte sie ihn umarmen, eigentlich möchte sie von ihm berührt werden und am ganzen Körper die Zärtlichkeit seiner Hände spüren; eigentlich träumt sie einen Traum ähnlich dem der Dirne, die Jesus zu salben kam (Lk 7,36–50); doch ihre Sehnsucht nach Liebe verdichtet sich in dieser einen Geste der Hoffnung und des Vertrauens. Und so gelingt's: «auf der Stelle kam ihr Blutfluß zum Stillstand» (8,44), – «gleich ward getrocknet der Quell ihres Blutes, und sie spürte es körperlich, daß sie von der Geißel geheilt war», formuliert weit eindringlicher *Markus* (5,29)[15]. Auch Jesus

[14] Wie die Blutung ein Tabu bildet, so ist das heilende Objekt ein Fetisch. WALTER HIRSCHBERG: *Wörterbuch der Völkerkunde*, 123, definiert so: «Fetisch (portug. feitiço = Machwerk, lat. factitius = künstlich gemacht), ein beliebiger Gegenstand ..., dem im Sinne dynamistischer Vorstellungen schützende oder abwehrende Kräfte zugeschrieben werden und der deshalb eine entsprechende Schätzung erfährt.»

[15] Vgl. TE II 285–290: Vom Mut verstohlener Zärtlichkeit.

spürt, «daß aus ihm die Kraft herausgegangen ist» (Mk 5,30)[16]. Ein solcher Ausdruck wäre durchaus auch am Platze, wenn es um die Beschreibung eines Intim-Kontakts zwischen Mann und Frau ginge, und diese Bedeutung schimmert auch dann noch durch, wenn man sich das Verströmen der «Kraft» in einem solchen Heilungsvorgang als eine – magische – Übertragung von «Mana» vorstellt[17]: selbst dann, ja, gerade dann bleibt die Tatsache bestehen, daß wirklich heilend bei einer derartigen Erkrankung, wie sie hier vorliegt, allein die Übertragung fühlbarer Zärtlichkeit zwischen Mann und Frau zu sein vermag, – eine Korrespondenz der Sensibilität, mit der Jesus auf die so verschüchterte Annäherung dieser Blutflüssigen antwortet. Er spürt sogleich, daß hier jemand ihn berührt hat, sehr verschieden von dem Gestoße und dem Gedränge der «Scharen». Hier ist etwas ganz Persönliches, ganz Individuelles geschehen; und eben so sucht Jesus nun mit seiner ganzen Person ganz individuell darauf einzugehen.

Was diese Frau gewagt hat, ist in der Tat ein Erstaunliches. Als Jesus den Aussätzigen heilte (Lk 5,12–16), überschritt er selbst das Reinheitsgesetz des Moses; da brach er ein heiliges Tabu, um einem Menschen zu helfen, und wir sahen: noch ehe er den Aussätzigen «rein» zu machen vermochte, mußte er das Gottesbild der Theologen seiner Tage – und aller Tage – reinigen von den Verfälschungen einer verordneten Unmenschlichkeit. Hier nun scheint es, als sei es gerade diese Einstellung Jesu, die der blutflüssigen Frau die Courage verleiht, aus ihrem Gesetzesgetto herauszutreten. Sie muß dabei riskieren, Jesus selber mit ihrem Blutfluß zu verunreinigen[18]; sie muß

16 WOLFGANG WIEFEL: *Das Evangelium nach Lukas*, 168, stellt fest: «Die erläuternde Bemerkung wird bei Lukas direkte Rede Jesu … Jesus weiß sich im Besitz einer Kraft, die von ihm ausgehen und auf andere übergehen kann. Unausgesprochen (aber vorausgesetzt) bleibt dabei, daß Jesus das religiös sanktionierte Bluttabu nicht scheut, nicht einmal im hier vorliegenden Extremfall. Eine Grenze, die die Frau in ständiger Minderstellung festhält, ist damit überschritten.»

17 WALTER HIRSCHBERG: *Wörterbuch der Völkerkunde*, 267–268: Managlaube, meint: «Mana stellt etwas Ungewöhnliches, eine Art überpersönlichen Kraftstoffs (Lebenskraft) dar, der in Menschen und Tieren, aber auch in Naturobjekten und leblosen Dingen (Amuletten, Masken usw.) wirksam wird … So sind am meisten mit Mana ausgestattet die Götter und transzendente Wesen, von ihnen erhalten es die Häuptlinge, die es dann den Mitgliedern der Gemeinschaft ihrem sozialen Rang entsprechend weitergeben. Durch besondere Übungen und Handlungen kann das Mana erworben werden, aber auch durch Berühren bestimmter Körperteile von einer Person auf die andere übergehen.»

18 FRANÇOIS BOVON: *Das Evangelium nach Lukas*, I 448, meint sogar: «Nach dem Gesetz und seiner damaligen Auslegung dürfte sich die unreine Frau nicht in der Menge aufhalten. Daß sie jemanden berührt (V 44), ist sündig und verunreinigt Jesus für einen Tag.» Und S. 449: «Trotz der Kritik am Gesetz, die die Geschichte enthält, wird Jesus als Jude vorgestellt.

fürchten, als zudringlich abgewiesen zu werden; und doch muß sie sich Jesus zumuten. Sie muß darauf vertrauen, daß ihre Not ihm wichtiger sein wird als alle Gesetzesbestimmungen; doch kann sie das wirklich? Um ganz sicherzugehen, wählt sie einen Weg an der Person Jesu vorbei. In ihrer Angst reduziert sie die ganze Beziehung auf eine quasi äußerlich-magische Kontaktnahme[19]. Nicht was Jesus selber denkt, fühlt und möchte, soll ausschlaggebend sein, sondern allein die Berührung, die physische Annäherung an sein «Kraftfeld», soll sie retten. Sie selber muß es als eine Art Diebstahl empfinden, was sie sich damit herausnimmt – ungefragt, ohne Erklärung, ohne Einvernahme; und so bleibt alles noch ambivalent. Daß sie selber mit ihrer Vorgehensweise die Vorschriften des Gesetzes überschreitet, zeugt von ihrem Mut; daß sie Jesus ihren Fall nicht offen heraus vorträgt, sondern sich an ihn von hinten heranmacht, um sich ohne sein Wissen und Wollen in den Besitz der geglaubten Heilkraft zu setzen, zeugt von ihrer Angst[20]; von daher muß Jesus wesentlich daran gelegen sein, die Magie dieses Heilungsvorgangs auf eine persönliche Ebene zu heben[21]. In seinen Augen hat diese Frau ein Recht, zu tun, was sie tat, nur muß sie sich dazu bekennen; sie darf nicht länger mehr glauben, sich das Wichtigste in ihrem Leben nur wie verstohlen erschleichen zu können; es wird ihr gegönnt, es steht ihr zu, sie hat einen Anspruch darauf, – wenn sie nur erst ihre Wünsche offen ausspricht! Jesus selbst tritt mit seiner Person deshalb ein in den Ausfluß der «Kraft», die sie heilte. Was sie sich nahm, ist ein Geschenk seiner Zuwendung; und wirklich geheilt ist *ihr* Ausfließen erst, wenn sie seine Zuwendung als Geschenk auch begreift, wenn sie es lernt, sich selber, nicht anders

Er trägt an seinem Kleid die Schaufäden, die Mose verlangt hat (Num 15,37-39 und Dtn 22,12). Sie waren aus vier wollenen noch unberührten Einzelfäden geflochten, von denen drei (später zwei) von weißer Farbe waren und einer (später zwei), um auf den Himmel hinzuweisen, purpurblau. Sie werden an die vier Zipfel des oberen Kleides genäht und geknotet, aber nicht ganz an der Spitze ... Die Hauptstelle über die Schaufäden, Num 15,37-39, besagt, daß dieses Zeichen den Menschen daran erinnern soll, nicht seinen eigenen, sündigen Gedanken nachzulaufen ..., sondern den Geboten Gottes. Soll also diskret festgehalten werden, daß die Frau, wenn sie hinter Jesus steht und seine *Schaufäden* berührt, das Gesetz Gottes im Kopf haben will und nicht ihre sündigen Eigengedanken? Dann wäre die Problematik Gesetz – Evangelium noch tiefer in der Erzählung verwurzelt und die Frau nicht nur als Modell des Glaubens, sondern auch des neuen Gehorsams dargestellt.»

19 Vgl. FRANÇOIS BOVON: A.a.O., I 449: «Auf uns wirkt diese ungebändigte Kraft magisch.» WALTER HIRSCHBERG: *Wörterbuch der Völkerkunde*, 263–264, betrachtet «die ideologische Basis der M.(agie)» als «eine unkritische Weltsicht von persönlichen Kräften, die gehandhabt und nutzbar gemacht werden können.»

20 Vgl. TE II 288–289.

21 Vgl. TE II 290–301: Die offene Bejahung, bes. S. 291.

als ihm, Liebe wirklich zu glauben. Den Weg dahin schildert *Lukas* gegenüber dem *Markus*-Text «sozialpsychologisch», das heißt in gewissem Sinne auf Kosten der Individualpsychologie.

Markus (5,29.30) erzählt, wie das Gespür der Frau, geheilt zu sein, und das Gespür Jesu von der Kraft, die von ihm ausging, einander entsprechen, und genauso erreicht in der folgenden Szene der Blick Jesu die Frau, die, erschrocken über ihre Entdeckung, vor ihm niederfällt und «ihm die ganze Wahrheit» sagt (Mk 5,33)[22]. Es ist nicht, daß Jesus vorwurfsvoll eine «Schuldige» suchte, er möchte vielmehr das verstohlene Tun der Frau bestätigen; sie selbst und all die Umstehenden sollen und müssen wissen, daß es recht war, was sie getan hat; erst in diesem Vertrauen erzählt sie ihre ganze Geschichte. Es ist einzig diese «Umwendung» Jesu «in der Volksmenge» (Mk 5,30), es ist allein diese seine Zuwendung zu ihr als einer einzelnen, die es der Frau ermöglicht, sich restlos zu öffnen[23]. Was sie zu berichten hat, stellt deshalb keine Rechtfertigung für ihr Verhalten mehr dar – es *war* richtig und bedarf keines Kommentars –; was sie mitteilen darf, was sie mitteilen muß, ist die Geschichte ihres ganzen Lebens, das in allem Unglück rückblickend jetzt erscheint wie eine lange Suche nach dieser einen Begegnung, die ihr all die Zeit fehlte. Mit «Tochter» redet Jesus sie an (Mk 5,34; Lk 8,48), so als fände sie jetzt in ihm ihren Vater noch einmal neu[24]. Aus diesem bei *Markus* durch und durch dialogischen Geschehen macht *Lukas* (8,47) eine unfreiwillige Entdeckung der Frau und eine öffentliche «Vermeldung» ihrer Heilung «im Angesicht allen Volkes». Was bei *Markus* eine Nacharbeitung des Heilungsvorgangs darstellt und im Grunde dessen Vollendung bedeutet, wird für *Lukas* zu einer Verkündigung der Großtat Jesu, der sie «auf der Stelle», wie der Evangelist eigens zur Unterstreichung des Machtbeweises betont, geheilt hat[25]. Die Weitergabe der Kunde vom Heil ist für *Lukas* allem Anschein nach (bereits) wichtiger als die «Heilkunde» selbst.

[22] Vgl. TE II 292.
[23] Vgl. TE II 293–294.
[24] Vgl. TE II 293.
[25] Vgl. FRANÇOIS BOVON: *Das Evangelium nach Lukas*, I 450: «Die Frau braucht keine Angst zu haben; ihre Berührung war, anders als das Drängen des Volkes, ein Zeichen ihres Glaubens. Und Gott sagt ja zu solchem Glauben.»

d) Von der heilenden Kraft des Vertrauens

Und doch stimmt *Lukas* mit *Markus* in dem Entscheidenden überein: Was die Frau «gerettet» hat, war nicht etwas, das Jesus selber angeordnet und vollzogen hätte; was ihr geschah, war ein Werk einzig jenes Vertrauens, das in ihr reifte, «wie sie von Jesus hörte» (Mk 5,27). *Lukas* hat dieses Wort: «Dein Vertrauen hat dich gerettet», schon einmal verwendet, als Jesus die Dirne entließ, die ihn zu salben kam (Lk 7,50); ihr hatte Jesus die Sünden erlassen, weil sie die moralischen Sperrschranken durchschritt und sich vertrauensvoll an ihn wandte; die blutflüssige Frau hier hat gerettet, daß sie es wagte, im Vertrauen auf Jesus die rechtlichen Tabus der «Unreinheit» hinter sich zu lassen; auch zu dem aussätzigen Samariter wird Jesus später so sprechen (Lk 17,19) und ebenso zu dem blinden Bartimäus (Lk 18,42); sie alle sollen nach dem Gebot des Gesetzes oder nach dem Willen der Menge (Lk 18,39) sich von Jesus fernhalten; doch eben darin besteht unter anderem ihr «Vertrauen»: daß sie sich in ihrer Not für wichtiger nehmen dürfen als selbst die Worte des Moses, als selbst die fromme Kritik der «Pharisäer», als selbst die Benimmregeln der Anständigen. All diese Leidenden vertrauen darauf, daß sie zu Jesus kommen dürfen, und eben Jesu Zusage ist der Kerninhalt der ganzen Botschaft des Mannes aus Nazaret. Für einen jeden Menschen muß es doch einen Ort geben, wohin er sich wenden kann, – und dieser Ort wollte er sein; einzig an diesem Ort fühlte er sich mit Gott verwandt, einzig hier verschmolz er mit Ihm, vermittelte er Ihn. Zu diesem kindlichen Vertrauen, bei Gott zugelassen zu sein, wie eine Tochter, wie ein Sohn in den Armen der Mutter, in den Armen des Vaters, wollte Jesus die Menschen führen.

Freilich, was er damit aufs Spiel setzte, war seine ganze Person, war letztlich sein Leben. Auf die Freiheit seines Herzens stand die Todesstrafe. Der Frau sagte er: «Geh hin in Frieden» (8,48), ja, er forderte sie bei *Markus* zudem auf: «sei (bleibe fortan) gesund, ohne deine Geißel» (Mk 5,34); doch für ihn selber steigert sich mit jeder dieser Heilungen der unheilvolle Konflikt mit den Vertretern des Gesetzlichen und des Gesellschaftlichen. Diese Frau kann nur «rein» werden, wenn sie an eine Liebe glaubt, die ihren Schmerz als Frau überliebt und das ständige Ausbluten endet; sie kann nicht «rein» werden, um dem Gesetz zu genügen; gerade anders herum: sie gelangt zu einer Liebe, die ihr die «Reinheit» zurückschenkt, überhaupt erst, wenn sie die Gesetzesbestimmungen bricht. Dies ist jetzt die eigentliche «Vermeldung» an die «Scharen»: Die Krankheiten und Gebrechen der Menschen kann man nicht heilen mit den Verordnungen von Gesetz und

Moral; im Gegenteil: Gesetz und Moral sind nicht selten sogar der Ursprung des Leids, dessen Symptome sie unterdrücken; und es kommt ganz entscheidend darauf an, diesen Teufelskreis von Symptomentstehung und Symptomunterdrückung aufzubrechen. Doch wie bei der Heilung des Mannes mit der verdorrten Hand (Lk 6,6–11) Jesus sich den Zorn der «Schriftgelehrten» und «Pharisäer» wegen des Bruchs des Sabbatgesetzes zuzog (Lk 6,7.11), so macht ihn jetzt der (neuerliche) Bruch des Reinheitsgesetzes selbst «unrein»; und wie eine Frau mit Blutfluß jeden mit ihrer Unreinheit infiziert, den sie berührt, so hat ab sofort ein jeder, der entsprechend der Ordnung des Volkes Israel auf sich hält, die Pflicht, um den Mann aus Nazaret dieselbe Tabuzone zu ziehen, die das mosaische Gesetz um eine Blutflüssige legt. Erneut erkauft sich unter den gegebenen Umständen die psychische Integration einer Kranken mit der sozialen Desintegration Jesu selbst – «... unter den gegebenen Umständen ...»! *Die* Frage bleibt, wann und wo in den letzten 2000 Jahren sich die «Umstände» jemals geändert hätten. Wohl, das Sabbatgesetz und das Reinheitsgesetz existieren nicht mehr in dem, was sich «Christentum» nennt; doch der Streitpunkt, um den es geht, ist prinzipieller Natur: worum es sich handelt, ist der ewige Kontrast und Konflikt von Gesetz und Gnade, von Institutionellem und Individuellem, von Behördlichem und Persönlichem. Jeder, der eine Ausnahme vom Allgemeinen einfordert zugunsten der Not eines einzelnen Menschen, wird heute wie damals zu spüren bekommen, was es kostet, dem Mann aus Nazaret in diesem entscheidenden Punkt seiner Lehre zu folgen.

Dabei ist, wie stets, die Wahrheit menschlich ganz einfach. Im Grunde muß es Jesus darum zu tun sein, das verängstete, überforderte Mädchen in der Seele der blutflüssigen Frau davor zu bewahren, am liebsten sterben zu mögen. Woher dieser Wunsch stammt, versteht man wiederum in der *Markus*-Fassung besser als in der lukanischen Bearbeitung.

2) Die Rettung der Tochter des Jairus

a) Des Vaters Tochter

Eigentlich mag es schon auslangen, sich in das Schicksal eines Mädchens hineinzuversetzen, das in der Geschichte keinen eigenen Namen besitzt, sondern nur «die Jairus-Tochter» genannt wird. Seine Mutter wird nicht weiter erwähnt, – erst ganz zum Schluß (8,51) taucht sie auf, als Jesus mit dreien seiner Jünger und mit den Eltern zu dem Kind in die Wohnung geht;

sie ist nur eine weitere Zeugin des «Wunders», nichts weiter. Prägend für eine «Jairus-Tochter» ist allem Anschein nach einzig der Vater; und da dürfte es von nicht zu unterschätzendem Gewicht sein, daß betont auf seine Berufsbezeichnung Wert gelegt wird: er ist Synagogenvorsteher. Was diese Tatsache für seine Tochter bedeutet, läßt sich leicht denken, wenn man sich vergleichbare Schicksale von Kindern – vor allem in einem beengten Dorfmilieu – vorstellt: des Pastors Tochter, des Dorflehrers Tochter, des Bürgermeisters Tochter – sie alle führen ein Leben stets auf dem Präsentierteller. Sie müssen das Schaustück und Schmuckstück des väterlichen Ehrgeizes sein. Wer die Tochter sieht, sieht den Vater. Wer über sie redet, redet zugleich über ihn. Kurz, ein solches Mädchen darf niemals sein wie alle anderen; es darf keine «Dummheiten» machen; es darf nicht aus der Rolle fallen; es darf nicht seinen Vater blamieren. «Denke, wer du bist» – diese Mahnung steht über allem.

Und das Ergebnis?

Im Deutschen pflegt man zu sagen: «Pastors Kinder, Lehrers Vieh gedeihen selten oder nie.» So schlimm scheint es im Hause dieses Synagogenvorstehers noch nicht gekommen zu sein; – alles, so darf man denken, gestaltete sich bisher im Gegenteil äußerst günstig. Die Jairus-Tochter, will das besagen, blieb all die Zeit angepaßt, unauffällig, brav und problemlos; niemand scheint bemerkt zu haben, daß in dieser vermeintlichen Pflegeleichtigkeit ihres Wesens ein schweres Problem sich verbirgt: der Tag kommt, da das in koscherer Erziehung verweigerte Leben sich weigert, weiter zu leben! Und jetzt: Moral und Gesetz lösen nicht die Probleme des Lebens – das zeigte sich vorhin schon am Beispiel der blutflüssigen Frau; nun aber erweist sich sogar, wie Moral und Gesetz, wenn sie zur Bedingung des Lebens genommen werden, alles Eigenleben ersticken. Kein persönlicher Wille kann walten, wo alles Wollen vorweg reglementiert ist in den Gleisen des Gesetzes. Und ist ein entpersönlichtes Leben noch Leben?

Nehmen wir nur die Gesetzesbestimmung über die «Unreinheit» des Blutflusses einer Frau! Wie soll ein frommes, ein eng und streng erzogenes Mädchen je zur Frau werden mögen, wenn ihm bedeutet wird, daß «Frausein» wesentlich bedeute, periodisch *eine* von vier Wochen lang «unrein» zu sein? Wie soll ein solches Mädchen ein Leben für erstrebenswert finden, das in Gestalt von endlos an ihrem Blutfluß leidenden Frauen vor ihm steht? Die Jairus-Tochter ist gerade zwölf Jahre alt (8,42), da ihr aller Lebensmut stirbt. Sie ist gerade so lang auf der Welt, wie jene blutflüssige Frau an sich leidet; und wenn es das bedeutet, eine Frau zu werden, dann besser gar nicht. Beides greift ineinander: Das verängstigte Kind ist es, das in jener

Frau nicht aufhört, das Frausein als eine offene, ständig ausblutende Wunde zu begreifen, und die Schreckensvision dieser Frau ist es, die das Kind in seine tödliche Angst treibt; das zentrale Schwungrad dieses Getriebes eines ständigen Angst- und Schamgefühls bildet indessen die altehrwürdige Gesetzesbestimmung des Moses.

Allein, es kommt zu diesen recht allgemeinen Bedingungen noch ein weiterer wichtiger Faktor hinzu. *Lukas* schreibt, abweichend von *Markus*, die Jairus-Tochter sei «seine einzige» Tochter (8,42); ihres Vaters ganze Fürsorge also ruht auf ihr. Man begreift natürlich die Angst und die Sorge des Synagogenvorstehers, als er miterleben muß, wie sein Kind zu sterben droht. Doch *Markus* stellt den psychologischen Zusammenhang um eine Nuance präziser dar, und diese womöglich erst gibt den wahren Grund an, der das Leben dieses heranwachsenden Mädchens in eine tödliche Sackgasse treibt. Bei *Markus* nämlich bittet der Synagogenvorsteher Jesus «inständig», seinem «Töchterchen» «die Hände» aufzulegen, damit es «am Leben bleibt». (Mk 5,23) Es ist nicht nur, daß dieser Mann eine ganz klare Vorstellung davon hat, was Jesus tun muß, um den Heilungsprozeß zu ermöglichen – ähnlich wie der römische Hauptmann in Kafarnaum (Lk 7,1–10) –, zu seinem angstvoll-bestimmenden Ton kommt zusätzlich noch, daß er seine Tochter nach wie vor als ein kleines Mädchen, als sein «Töchterchen», betrachtet[26]. Trüge dieses Kind den Namen Katharina, – er würde es Katja oder Kätchen nennen; hieße es Eva, – er würde es Evchen rufen, stets in der Verkleinerungsform und stets in einer Weise, die deutlich verrät, daß dieses «sein» Kind ihm als ein noch kleines, als ein noch unschuldiges, als ein noch allseits zu umsorgendes Mädchen weitaus am liebsten ist. Freilich: dieses «Kind» ist inzwischen zwölf Jahre alt! Es befindet sich für die damalige Zeit in einem heiratsfähigen Alter[27]! Es hat mit dem Eintritt in die Geschlechtsreife für «erwachsen» zu gelten!

Erst so begreifen wir offenbar den eigentlichen Konflikt dieses Mädchens, die durchaus tödliche Gefahr, in der es schwebt. Eine «Jairus-Tochter» muß ihrem Vater den Gefallen tun, allezeit als ein Muster an Vernunft, an Selbstkontrolle und an straffer Lebensführung aufzutreten; auch jetzt hat sie als eine schon fertige Braut, als eine reife Frau, als eine «gute Partie» zu erscheinen. Andererseits aber spürt dieses Mädchen nur allzu deutlich

[26] Vgl. TE II 298.

[27] Vgl. TE II 295–301: Des Vaters armes Töchterlein. FRANÇOIS BOVON: *Das Evangelium nach Lukas*, I 447, schreibt richtig: «Die Tragik wird dadurch verstärkt, daß die im Sterben liegende Tochter eben erst heiratsfähig geworden ist.» Doch er erkennt nicht die psychologische Problematik, die darin liegt.

die ganz anders geartete Angst seines Vaters, es zu verlieren. Zur gleichen Zeit drum muß es ihm auch die Rolle des ewigen Kindes weiter vorspielen. Es muß erwachsen sein, und es muß Kind bleiben, – ein wirklich unlösbarer Widerspruch, der von der angstvollen Fürsorge des Vaters selbst ausgeht. – Zudem darf man denken, daß auch die ganz normalen Wünsche eines Mädchens, das biologisch zum Frausein erwacht, sich in der Seele dieses «Kindes» zu Wort melden werden, – Wünsche nach Eigenständigkeit und nach Verselbständigung, Wünsche nach Unabhängigkeit und nach Selbstbestimmung, Wünsche nach einem Ausleben der Lebenskraft im Verlangen der erwachenden Geschlechtlichkeit mit ihren womöglich stürmischen Träumen und Trieben. Da bricht eine Welt in das Erleben des Kindes ein, auf die es nicht im geringsten vorbereitet wurde.

b) Von Stillstand und Lebensverweigerung

Von allen Seiten wirken mithin ganz entgegengerichtete Kräfte auf die Jairus-Tochter ein und bewirken einen vollkommenen Entwicklungsstillstand. Um es jedem recht zu machen, scheint es ihr am richtigsten, gar nichts mehr zu machen; um weiter zu tun, was die anderen möchten, muß sie die eigenen Wünsche und Sehnsüchte am besten verdrängen. Die Jairus-Tochter will also nichts mehr, sie fügt sich einfach in die vollkommene Anpassung an die Erwartungen des Vaters; sie darf nicht von ihm weggehen, sie kann als reifende Frau aber auch nicht weiter auf ihn zugehen. Und das Ergebnis ist eine Erkrankung, die gerade bei Mädchen in den Reifejahren auch heute nicht ungewöhnlich ist: die *Magersucht* beziehungsweise die *psychogene Anorexie*[28].

Man begreift diese Krankheitsform nur sehr oberflächlich, wenn man, wie durchaus üblich, in ihr nichts weiter erblickt als einen fanatischen Zwang zur Gewichtskorrektur nach dem verführerischen Vorbild bestimmter Models; worum es sich in Wirklichkeit handelt, ist ein geradezu verzweifelter Versuch, die eigene Körperlichkeit auszuschalten und damit den Ablauf der Zeit zum Stillstand zu bringen, – es soll keine Weiterentwicklung mehr geben. Denn man braucht keine Schuldgefühle und keine Angst mehr zu fürchten, wenn es gelingt, alle Triebbedürfnisse unter Kontrolle zu bringen, wenn man sich in einem Zwischenzustand hält, – weder ein Kind noch eine Frau, statt dessen ein Mädchen in ewiger Jugend, in geduldiger Treue zum Vater, in strahlender Unbedürftigkeit und perfekter Verzichtlei-

[28] Vgl. TE II 300.

stung. Niemand wird noch soll jemals merken, was einem solchen Kind fehlt: ihm darf nichts fehlen, denn es hat ja alles. Und so fehlt ihm alles – das Recht auf ein eigenes Leben!

Wenn diese «Diagnose» des Zustands der zwölfjährigen Jairus-Tochter zutrifft, so versteht man vor allem, welch ein Unglück den Synagogenvorsteher getroffen hat; denn so außerstande seine Tochter sich zeigt, mit all ihrem guten Willen aus der Falle ihrer Entwicklungskrise herauszufinden, so außerstande erweist sich ihr Vater, die Tragödie zu erkennen oder gar zu öffnen, in der er selbst «seine» Tochter verstrickt hält – sein «Töchterchen», wie er sagt. Je schlechter es seinem Kinde geht, desto besorgter wird er natürlich darauf reagieren, und er wird nicht wissen (wollen), daß er gerade dadurch das Gegenteil dessen bewirkt, was zur Gesundung und Reifung des Mädchens so dringend benötigt würde: ein richtiges Vertrauen in die eigene Liebenswürdigkeit, ein selbstsicheres Zutrauen in die eigenen Fähigkeiten, ein entschiedener Mut zu sich selbst, eine wachsende Souveränität und Freiheit, ein Bewußtsein für das Recht auf ein eigenes Meinen und Mögen. – Die Konstellation des Problems ist durchaus verwandt der Geschichte von dem Jüngling von Nain und seiner Mutter (Lk 7,11–17): so wie diese Witwe mit ihrer Angst, mit ihren Erwartungen und mit ihrer Fürsorge den Sohn förmlich erdrückte, so hindert allem Anschein nach auch der Synagogenvorsteher Jairus seine Tochter am Leben. Die Witwe in Nain handelte wesentlich aus sozialen Gründen, – sie stand allein in der Welt, sie hatte nur ihren Sohn; in Jairus indessen, so darf man denken, werden vor allem seine moralisch-religiösen Prinzipien die Entfaltung seiner über alles geliebten Tochter zur Frau verstellen; und ehe dieses unglückselige Gefüge aus Angst und Verantwortung sich im Herzen des Vaters nicht löst, wird es auch für die Tochter keine Rettung geben. Wie aber soll das geschehen? Aus seiner Sicht macht ein «Jairus» gewiß alles richtig – so treu und so fürsorglich, wie etwa ein streng katholischer Vater, der mit den sexualfeindlichen Erziehungsauflagen der römischen Kirche seine Tochter ungewollt und unbemerkt in schwere (depressiv-zwangsneurotische) Ängste gegenüber allem treibt, was danach aussieht und sich danach anfühlt, eine Frau zu werden. Er meint es doch nur gut, er sorgt sich zu Recht, – wenn ihm doch nur jemand zu Hilfe käme.

c) Von einer Zuversicht jenseits der Angst

Auf die einzige Hilfe, die möglich ist, verweist jetzt *Lukas* stärker sogar, als es in der Vorlage bei *Markus* zu lesen stand. Noch einmal die Dramatik des ganzen Ablaufs: Der Synagogenvorsteher bittet, Jesus zu Füßen fallend, dringlich um die Rettung seiner Tochter, – sie liegt im Sterben, jede Sekunde könnte die letzte sein; und tatsächlich geht Jesus auch sogleich auf sein Flehen ein und begibt sich mit ihm hinüber zu seiner Wohnung. Da muß ausgerechnet jetzt diese blutflüssige Frau dazwischenkommen! Und auch Jesus! Er wendet sich ihr zu, er redet mit ihr, er läßt sich ihre Geschichte erzählen ... Deutlicher kann man kaum zeigen, wie unterschiedlich Jairus und Jesus in diesem Augenblick fühlen. Für den einen rast die Zeit, muß er doch das drohende Unheil verhindern; der andere läßt sich scheinbar unendlich viel Zeit, er hat durchaus keine Eile, – er verrät eine durch und durch andere Lebenseinstellung, und diese ist es, die auch die Haltung des Synagogenvorstehers entscheidend verändern wird.

Natürlich kommt es so, wie es kommen muß: Die Warterei dauert so lange, daß die Tochter inzwischen verstirbt. Schon kommen Leute (Mk 5,35) beziehungsweise kommt «jemand» (8,49) aus dem Hause des Synagogenvorstehers und vermeldet ihr «Ableben», verbunden mit der Aufforderung, den «Lehrer» nicht länger zu behelligen, nun, wo doch alles zu spät ist. Gegen den Tod kann man eh nichts mehr machen, soviel steht fest.

Eigentlich jetzt erst begreift man die noch weit tiefere Dimension, welche die ganze Zeit über der Angst des Jairus zugrunde liegt: seine *Todes*angst, in der er seine Tochter vor dem äußersten schützen zu müssen glaubt. Um das zu können, müßte Jairus selbst Gott sein; als Mensch ist er in dieser Haltung gezwungen, in ständiger Angst vor der stets drohenden Möglichkeit des Todes zu existieren. Doch nennt man Todvermeiden schon Leben? Vor allem: kann man das Leben eines über alles geliebten Menschen einhüllen in die Windeln einer nie endenden Kindheit, ohne aus ihnen zugleich die Mumienbinden eines schon Toten zu machen?

Es mutet wie Absicht an, wenn Jesus sich so viel Zeit nimmt, daß darüber die Jairus-Tochter verstirbt. Es ist, als wollte er den endgültigen Abschied, den der Tod zu bedeuten scheint, wie eine Lektion für Jairus selber verstehen: «Erst wenn Deine Tochter für Dich als Vater ‹gestorben› ist», besagt offenbar sein Verhalten, «kann sie in Wirklichkeit leben. Du kannst nicht Deine Hände in ständiger Angst um sie legen, ohne ihr die Luft zum Atmen, die Freiheit zum Sein, die Schönheit zum Reifen zu rauben. Du mußt sie lassen. Du erwartest in Deiner Angst, ohne Dich könne sie nur umkommen; doch gerade in Deiner Nähe verkommt sie an Deiner Angst. Du solltest Abschied davon nehmen, Dich als ihr Vater zu definieren. Sie ist mehr als ‹die Jairus-Tochter›. Sie ist ein selbständiger Mensch; jedenfalls bedarf sie der Chance, es zu werden. Deshalb ist es gut, wenn sie in diesem

Moment für Dich ‹tot› ist. Denn nur so kannst Du Dich von Deiner Verantwortungsangst um sie lösen, und nur so gelangt sie zu ihrer Wahrheit.»

Selbst das furchtbare Wort, daß jetzt «alles aus», daß jetzt «nichts mehr zu machen» ist, gewinnt damit bei aller Resignation, die zweifellos darin liegt, einen paradoxen, positiven Sinn: «Du brauchst, Du vermagst und Du hast jetzt durchaus gar nichts mehr zu machen. Es ist wirklich ‹zu Ende›; Dein ‹Töchterchen› gibt es nicht mehr. Doch gerade deshalb laß uns hinüber gehen und schauen, wie sich das Mädchen befindet.» – «Fürchte Dich nicht», sagt Jesus dem Vater, als er die Todesnachricht empfängt, und er fügt hinzu: «Faß nur Vertrauen.» (8,50a) – «Überlaß es Gott, was jetzt wird», soll das heißen; «Du mußt nichts Übermenschliches von Dir verlangen, wenn doch Gott *ist*. Was immer aus Deinem Kind wird, – es steht einzig bei Ihm. Du verlierst Dein Kind nicht ins Leere, Du gibst es in jedem Fall in die Hände zurück, die es schufen. Vertraue einzig darauf, daß Er es gut mit ihm meint.»

An eben dieser entscheidenden Stelle nimmt *Lukas* gegenüber dem *Markus*-Text eine kleine Erweiterung vor, die geradezu ein Beleg dafür ist, daß er über den geschilderten Zusammenhang zwischen der Angst des Vaters und dem Tod der Tochter sich vollkommen im klaren ist. «Faß nur Vertrauen», schreibt er und läßt Jesus hinzufügen: «dann wird sie gerettet.» (8,50b)[29] Ganz unmißverständlich erklärt Jesus hier das Vertrauen des Vaters zur Bedingung und Voraussetzung für das Leben der Tochter, und der Umkehrschluß kann nur lauten, daß er eben in der verzweifelten Fürsorge des Jairus den eigentlichen Grund für den «Tod» des Mädchens erblickt.

Ja, es führt im Kontext des lukanischen Evangeliums eine andere Geschichte sogar ausdrücklich auf die Einstellung hin, die Jesus zur Voraussetzung der Heilung hier einbringt. War es denn so gänzlich anders, als *er* zwölf Jahre alt wurde? Glaubten damals nicht auch *seine* Eltern, ihn «voll Kummer» suchen zu müssen (Lk 2,48), nur um ihn dann «im Bereich» seines «Vaters» wiederzufinden (Lk 2,49)? Was – der Legende nach – Jesus damals erlebt hat, schafft ihm jetzt jenen Spielraum, um auch die Jairus-Tochter vom «Tod» ins «Leben», von Abhängigkeit in Freiheit, von Angst und Sorge in Zuversicht und Bejahung zu führen. Indem er sich zum Hause des Synagogenvorstehers hinüberbegibt, dehnt er im Grunde nur seine eigene

[29] FRANÇOIS BOVON: *Das Evangelium nach Lukas*, I 451, sieht den Zusammenhang so: «Der göttliche Bote wird aktiv. Zunächst bittet er um Vertrauen... hier wird der Glaube... nicht nach dem Wunder festgestellt (sc. wie in 8,48, d.V.), sondern schon vorher erwartet.» Daß aber das Vertrauen des Vaters die Voraussetzung ist, um die Tochter zu retten, übersteigt den Rahmen der historisch-kritischen Methode.

Erfahrung vom Reifen in Gott, vom Erwachsenwerden in Vertrauen, aus der Zeit seiner eigenen Kindheit auf dieses ihm unbekannte Mädchen aus. Er heilt es durch das, was er selbst ist, – anders wird eine psychotherapeutische Hilfestellung denn auch durchaus nicht möglich sein. Doch das, was Jesus *ist*, ergibt sich wesentlich aus seinem Vertrauen zu Gott als zu seinem «Vater» (Lk 2,49).

Ganz so, wie Jesus damals im Jerusalemer Tempel, als er erwachsen wurde, seinen irdischen Vater, Josef, ersetzte durch Gott als seinen eigentlichen Vater, so tritt er hier selber an der Seite seiner Jünger sowie der Eltern des Mädchens an Stelle des Jairus an die Jairus-Tochter heran; ganz so wie er den Jüngling von Nain aufweckte, indem er für einen Moment die Stelle seiner Mutter besetzte und neu bestimmte (Lk 7,14), ganz so tut er auch jetzt.

d) Denn der Tod ist nur ein Erwachen jenseits der Biologie

Allerdings hat Jesus dabei das gleiche starke Gefühl gegen sich wie auch damals: die Traurigkeit und die Tränen, die Verlustangst und die Verzweiflung aller Angehörigen und Beteiligten. Der Witwe in Nain konnte Jesus noch sagen: «Weine nicht» (Lk 7,13); jetzt aber, mitten im Umfeld synagogaler Frömmigkeit, hat er es nicht nur mit menschlicher Niedergeschlagenheit, sondern dezidiert mit *Unglauben* zu tun. Was sich in diesem Moment in Frage stellt, ist der gesamte Glaube des Alten Testamentes, es genüge, die wesentlichen Ängste des Menschen angesichts des Todes mit dem Hinweis zu beruhigen, wir lebten ja weiter in unseren Kindern, wir könnten uns ja getrösten einer reichen Nachkommenschaft, zahlreich wie der Staub auf Erden und die Sterne am Himmel (Gen 13,16; 15,5; 22,17). Wenn wir auf die Herausforderung des Todes keine andere Antwort wissen, als gegen ihn Kinder zu zeugen, so ist in der Tat keine größere Verzweiflung denkbar, als miterleben zu müssen, wie das «einzige» Kind vor den eigenen Augen unrettbar dahinsiecht und es mit ihm «am Ende» ist (Mk 5,23). Wenn der Wert und die Bedeutung der eigenen Person verschmilzt mit dem Leben der eigenen Tochter (beziehungsweise des eigenen Sohnes), dann in der Tat hängt alles daran, daß das eigene Leben sich in diesem anderen fortsetzt, dann ist man, wenn jenes stirbt, zugleich selbst mit ihm «tot»; dann aber vermag jenes andere Dasein gar nicht erst selber ins Leben zu treten, sondern erstirbt zwangsläufig an seiner Überbelastung.

Es ist eine zu diesen alttestamentlichen Vorstellungen vollkommen konträre Glaubenshaltung, die sich in der Überzeugung Jesu ausspricht: Es gibt keinen Tod! «Nicht gestorben ist sie (sc. die Tochter, d.V.), sondern sie schläft», sagt er (8,52)[30]. Gewiß, von alters her galt der «Schlaf» als Bruder des Todes[31]; doch gemeint ist hier, daß der Tod kein Tod ist für den, der glaubt an die Auferstehung jedes einzelnen Menschen vor Gott. Aus dem, was die Alten Ägypter in Jahrtausenden vor Christus als den Hauptinhalt ihrer Religion an die Wände der Gräber und Pyramiden, auf die Sargdeckel und auf die Papyri ihrer Totenbücher schrieben: aus dem Glauben an die Unzerstörbarkeit des Lebens[32], daraus lebt Jesus – im Umfeld pharisäischer Frömmigkeit – in solch einer existentiellen Zuversicht, daß er darin ein unverbrüchliches Fundament des Daseins erkennt. In Ruhe schlafen kann ein Mensch überhaupt nur, wenn ihm der Tod bloß als «Schlaf» gilt; unverletzt von Angst kann ein Mensch nur existieren, solange für ihn der Tod nicht das letzte Wort hat über sein Leben; sich zu befreien aus der Strangulation durch die Fesseln tödlicher Sorge und Fürsorge gelingt ihm nur, wenn sein Leben aufhört, nichts weiter zu sein als ein Kampf ums Überleben, als ein kurzzeitiger Versuch, dem Tod noch einmal von der Schippe zu springen.

Doch gerade diese Überzeugung trifft im Hause des Synagogenvorstehers nicht nur auf «taube» Ohren; die Leute hören sie – und lachen (8,53). Sie, wohlgemerkt, sind «Realisten». So wie «Gott» für sie nichts weiter ist als eine Projektionsgestalt ihres Nationalstolzes und ihrer «Rechtsordnung», so verbindet sich mit ihm durchaus nichts anderes als eine Umschreibung für das «seid fruchtbar und mehret euch» vom Schöpfungsmorgen (Gen 1,22), – eine Fruchtbarkeitsgottheit, eine Stammesgottheit, eine Strategie zur Verwurzelung und Durchsetzung im Diesseits, ein Prinzip geradewegs zu Grau-

[30] HEINZ SCHÜRMANN: *Das Lukasevangelium* I 494–495, schreibt richtig: «Jesus bezeichnet den Tod des Mädchens ... als ‹Schlaf›. In solcher Situation ist das nicht der übliche billige Euphemismus: In Jesu überlegen-wissendem Wort – er hat die Tote ja noch nicht gesehen, er diagnostiziert nicht – entbirgt sich vielmehr die Wahrheit, daß nun der Tod kein Tod mehr ist (vgl. Joh 11,11 ff.), eben weil er nicht ewig, sondern nur ‹auf Zeit› ist.»

[31] Vgl. Str. B. I 523, wo Schlafen und Entschlafen als verwandte Worte empfunden werden.

[32] Vgl. JAN ASSMANN: *Tod und Jenseits im Alten Ägypten*, S. XIII: «Die Vorstellungen von der Unsterblichkeit der Seele und einer jenseitigen Belohnung und Bestrafung, die zu den christlichen Grundüberzeugungen gehören und in der Aufklärung noch zu den Elementen einer natürlichen Religion gerechnet wurden, sind in den ägyptischen Texten zuerst greifbar. Da sie im Alten Testament fehlen und auch in Mesopotamien, Griechenland und Rom weder ursprünglich noch in vergleichbarer Ausformung und Geltungskraft entwickelt sind, spricht vieles dafür, daß sie von Ägypten aus in die christliche Religion eingedrungen sind.» – ULRICH BUSSE: *Die Wunder des Propheten Jesus*, 231, verweist darauf, daß in 8,55a ausdrücklich von der «Rückkehr der Seele» gesprochen werde, und meint: «Demnach vertritt Lukas den Gedanken eines Weiterlebens der Seele. Die Erkenntnis erleichtert das Verstehen von Lk 23,43.»

samkeiten in jeder Form, ein Wechselbad der Gefühle zwischen einer nicht zu tröstenden Traurigkeit und einem bitter gewordenen Zynismus. Diese Leute wissen vom Leben nur, was ihnen die biologische Weltsicht erläutert: alles endet im Tod, nur der Same – vielleicht! – zeugt sich fort; Leben – das ist die Herrschaft des Todes, das ist Töten und Getötetwerden in unablässigem monströsem Kreislauf. Das ganze Lebenskonzept Jesu ist ein anderes, und zweifellos berührt *Lukas* hier das tiefste Geheimnis der Todfeindschaft, die der Glaube Jesu an Gott als Quelle des Lebens ringsherum auslöst[33].

Theoretisch wäre es möglich, daß Jesus dem Synagogenvorsteher Jairus die Geschichte von Abraham vortrüge, um verständlich zu machen, wie er den Tod seiner Tochter mit Jesu Augen betrachten könnte. Gerade dem Stammvater Israels war jene zahlreiche Nachkommenschaft verheißen worden, die alle Zukunftserwartung des «erwählten Volkes» umfaßt: er werde zu einem «zahlreichen Volk» werden. Doch dann verlangte Gott von ihm das Opfer seines einzigen Sohnes, des Isaak (Gen 22,1–19). Keine Auslegung dieser rätselhaften Erzählung erfaßt die Bedeutung dieser «Prüfung» Abrahams tiefsinniger als die Interpretation, die SÖREN KIERKEGAARD (1813–1855) der Stelle gegeben hat: eine «Doppelbewegung der Unendlichkeit» sah er darin abgebildet[34]: Alles muß man Gott übergeben, um es von ihm zurückzuempfangen; um selber richtig zu leben vor Gott, darf Abraham nicht länger sein eigenes Leben mit dem seines Sohnes verwechseln; um als Person vor Gott hinzutreten, muß er davon lassen, nur Isaaks «Vater» sein zu wollen[35].

Natürlich kennt jeder im Haus des Jairus diese Geschichte, und so könnte Jesus mit ihrer Hilfe gerade auch den Leuten hier erklären, was der «Tod» des Mädchens ihnen und seinem Vater zu sagen hat. Und doch besteht diese Möglichkeit nicht. Man kann Gott nur wirklich vertrauen, wenn man ihn als Herrn über Leben und Tod betrachtet; das Paradox unseres gesamten menschlichen Daseins liegt eben darin, daß wir die wenigen Jahrzehnte der irdischen Existenz nur unverfälscht leben können mit dem Ver-

33 ROMANO GUARDINI: *Der Herr*, 119, sah die Herausforderung Jesu so: «Er (sc. Jesus, d.V.) tritt in das Schicksal ein und ordnet von ihm her das Geschehen der Welt.» «Es wird deutlich, daß für Gott jene winzigen Wesen auf dem im Unermeßbaren verlorenen Sandkorn wichtiger sind als die Welträume und Milchstraßen und die kurze Zeit, während welcher das Leben auf der Erde währt, wichtiger als alle Jahr-Unendlichkeiten, mit denen die Astronomie rechnet.» Vgl. TE II 301–309: Der wahre Tod und das wahre Leben.

34 Vgl. SÖREN KIERKEGAARD: *Furcht und Zittern*, Problemata, S. 32.

35 Vgl. E. DREWERMANN: *Ich lasse Dich nicht, Du segnest mich denn*, S. 198–215, zu Gen 22,1-19.

sprechen der Ewigkeit unseres Lebens in der Wirklichkeit Gottes vor Augen. Ob man so glaubt oder ob man so nicht glaubt, davon hängt buchstäblich *alles* ab; hier und nirgendwo sonst verläuft die wahre Demarkationslinie zwischen Glauben und Unglauben, zwischen Vertrauen und Verzweiflung; dieser Punkt ist das wirkliche Entscheidungskriterium für die Bedeutung des Religiösen. Was aber Jesus hier feststellen muß, ist die weit verbreitete Tatsache, daß Menschen unablässig den Namen Gottes auf den Lippen tragen können, ohne daß er in ihrem Leben wesentlich etwas anderes meint als die Zementierung des Diesseits und den Erhalt des Bestehenden. An der Herrschaft des Todes, an der Gefangenschaft in seinen Verliesen soll sich durchaus nichts ändern, – es liefe auf eine Erschütterung der gesamten Selbstgewißheit hinaus. Nur ein Mensch, der den Tod nicht länger als Tod betrachtet, nur jemand, der aufhört, ihn als letzte Macht über sein Leben zu fürchten, ist wirklich frei; nur ein solcher geht durch die Kerkerwände des irdischen Lebens hindurch. Doch gerade er wird den anderen erscheinen wie ein Gespenst, er wird ihnen vorkommen als eine ganz und gar unheimliche Erscheinung, bestenfalls wie hier als ein komischer Kauz, – sie finden ihn schlicht lächerlich. Auch Jesus kann sich in die hohnlachende Verzweiflung, auf die er hier stößt, nicht wirklich einfühlen, – der Gegensatz zwischen ihm und ihnen läßt sich nicht aufheben, er läßt sich nur manifestieren. Was *Lukas* durch eine einfache Streichung – wieder einmal – abmildert, stellt *Markus* an dieser Stelle in aller Schärfe dar: «Er ... warf sie alle hinaus.» (Mk 5,40) Jetzt gibt es nichts mehr zu erklären; jetzt gilt es nur noch klarzustellen, wo die Sollbruchstelle liegt.

Einheitlich überliefern *Markus* wie *Lukas*, Jesus habe die drei Jünger um sich versammelt: Petrus, Jakobus und Johannes (8,51). Die Dreizahl selbst scheint – schon auf Grund ihrer Stereotypie – wichtiger zu sein als die einzelnen Personen, die als solche nirgendwo eine umschriebene Rolle spielen. Symbolisch beziehungsweise tiefenpsychologisch gelesen, ist an die Bedeutung des Schemas von eins und drei zu denken[36], – ein Bild für die Einheit einer Person, die ihre (drei) «männlichen» Anteile zusammenschließt, indem sie das fehlende «weibliche» Vierte in sich aufnimmt. Die Sphäre der «Welt» und des «irdischen Daseins» bedarf unbedingt der Ergänzung durch die Sphäre des Göttlichen; erst in dieser Einheit der «Vierzahl» vermag Jesus die «Doppelbewegung der Unendlichkeit» zu vollziehen.

In solcher Geschlossenheit seelisch und in solcher Entschlossenheit wil-

[36] Vgl. CARL GUSTAV JUNG: *Versuch einer psychologischen Deutung des Trinitätsdogmas* (1948), in: Gesammelte Werke, XI 204–209: Allgemeines zur Symbolik.

lentlich faßt Jesus die Jairus-Tochter nun bei der Hand (8,54). Ihr Vater, ihre Mutter sind anwesend, – er verdrängt sie nicht, und doch setzt er sich an ihre Stelle und führt in seiner Person das fort, was sie mit all ihrer Angst und all ihren Sorgen «eigentlich» beabsichtigt haben: ihr Mädchen soll leben – als Frau. Kein Therapeut kann anders, als so zu tun: mit den Elterngestalten im Hintergrund deren Stelle einzunehmen und deren eigentliches Anliegen auf einer neuen Ebene fortzuführen[37]. Wie eine Zauberformel greift *Markus* die aramäischen Worte auf, mit denen Jesus die Jairus-Tochter geheilt habe: «Talitha kum – Mädchen, ... wach auf!» habe Jesus gesagt (Mk 5,41)[38]; vielleicht des magischen Beigeschmacks wegen läßt *Lukas* die aramäische Tradition fort[39]; doch auch bei ihm klingt es jetzt wie ein Machtwort: «wach auf!» (8,54) Dabei gibt es selbstredend auch hier durchaus nichts zu befehlen. Die Frage stellt sich vielmehr, wie behutsam, wie zärtlich man einen Menschen, ein Mädchen noch, «bei der Hand nehmen» muß, um ihm Mut zu machen zum Leben, zum Frausein, zur Körperlichkeit, zur Freiheit.

Wieder ist, was hier in einer einzelnen Handlung und Handbewegung geschildert wird, zeitzerdehnt vorzustellen[40], als ein Prozeß, der sich hinziehen wird über Jahre. Die blutflüssige Frau wurde zur «Tochter» Jesu im Vorgang ihrer Heilung (8,48); die Jairus-Tochter richtet sich auf an der Hand Jesu, wieder wie wäre sie sein eigenes Kind. Und es ist allein seine zuverlässige ebenso wie zuversichtliche Liebe, die ihr den Geschmack am Leben zurückschenkt: «ihr zu essen zu geben» ordnet er an (8,55), wie zur Bestätigung des «Erfolgs» einer gelungenen Heilung[41]. Wenn die Todesnähe der Jairus-Tochter an den Symptomkreis einer Magersucht denken ließ, so wird eine solche Diagnosestellung jetzt noch einmal bestätigt durch dieses Ergebnis: Endlich ist eine der biologischen Grundfunktionen des Lebens: zu essen, wieder erlaubt; sie ist möglich, nachdem das Getto des biologischen Denkens als ganzes aufgesprengt wurde.

Wie stark in dieser Geschichte die individuelle Seite des Heilungsgeschehens im Mittelpunkt steht, unterstreicht *Lukas*, indem er ein «Lieblingsmotiv» des *Markus* vollkommen eigenständig gerade hier anfügt: den Be-

[37] Vgl. TE II 303–304.
[38] TE II 307.
[39] Vgl. WOLFGANG WIEFEL: *Das Evangelium nach Lukas*, 169: «Das auferweckende Wort ist in knappster griechischer Gestalt und nicht aramäisch wie bei Lukas wiedergegeben.»
[40] Vgl. die «Zeitzerdehnungsregel» in TE I 226.
[41] Das «Essen» bestätigt hier die Wirklichkeit der Heilung von der Krankheit und bestätigt damit rückblickend die Richtigkeit der «Diagnose» bei der Interpretation der Krankheit.

fehl zur «Geheimhaltung» des Wunders[42]. Während die blutflüssige Frau laut *Lukas* ihre Geschichte «im Angesicht allen Volkes» erzählen sollte (8,47), darf ihr intimes Geheimnis: die Gestalt des (magersüchtigen) Mädchens im Hintergrund, um keinen Preis ausgeplaudert werden. Es gibt einen Raum des Persönlichen, der so heilig zu halten ist wie das Innerste des Tempels; all das Vertrauen, das nötig ist, uralte Ängste aus Kindertagen zu überreifen, setzt den Schutz unbedingter Diskretion voraus. In keiner Weise taugt die Heilung eines Menschen zu Propagandazwecken. Und so weist Jesus die Eltern an, «keinem das Geschehene zu sagen» (8,56), gerade so, wie er es tat bereits bei der Heilung des Aussätzigen (Lk 5,14). Wenn die Nahrungsaufnahme des Mädchens die Tatsache seiner Gesundung bestätigt, so bezeigt diese Abschlußanweisung Jesu, in welch einer Gesinnung es einzig ihm möglich war, dieses «Kind» an seiner Hand ins Frausein zu begleiten. Nicht um den «Ruhm», nicht um den Narzißmus, ein großer «Heiler» vor allem Volke zu sein, kann es gehen; nur weil es ihm einzig um die Jairus-Tochter zu tun war, konnte das Mädchen an seiner Seite zu einem «Kind Gottes», zu sich selber als Frau heranreifen.

[42] Zum «Messiasgeheimnis» vgl. W. WREDE: *Das Messiasgeheimnis*, 33 ff. – WOLFGANG WIEFEL: *Das Evangelium nach Lukas*, 169, resümiert: «Die Wahrung des Messiasgeheimnisses kennt Lukas nur in abgeschwächtem Sinn (vgl. jedoch 9,21; 9,36). Da die Tatsache nicht verborgen bleiben kann, bezieht sich das Verbreitungsverbot hier nur auf den Hergang des Wunders».

Lk 9,1–10a: Die Aussendung der Jünger und die Reaktion des Herodes oder: Von hilfreicher Ohnmacht und hilfloser Macht

(vergleiche Mk 6,7–13; Mt 9,35; 10,1.7–11.14 zu *Lk 9,1–6*; Mk 6,14–16; Mt 14,1.2 zu *Lk 9,7–9*; Mk 6,30; Mt 14,13 zu *Lk 9,10a*)

[1] Er aber rief die Zwölf zusammen und gab ihnen Kraft und Vollmacht gegenüber allen Abergeistern und zum Heilen von Krankheiten (10,1–12). [2] Und er sandte sie aus, das Königtum Gottes zu künden und gesund zu machen. [3] Und er hat zu ihnen gesagt: Nichts nehmt mit auf den Weg, keinen Stab, keine Tasche, kein Brot, kein Geld, keinen Besitz in Höhe von zwei Gewändern (10,4; 22,35). [4] Und wenn ihr in ein Haus kommt, dort bleibt, und von dort zieht weiter. [5] Doch alle, die euch nicht aufnehmen: zieht weiter aus jener Stadt und schüttelt den Staub von euren Füßen zum Zeugnis gegen sie. [6] Und sie zogen hinaus, zogen von Dorf zu Dorf, die Heilsbotschaft bringend und heilend allerorten.
[7] Es hörte aber Herodes, der Viertelfürst, von all den Geschehen, und er wußte nicht weiter, da von einigen gesagt wurde: Johannes ist auferweckt von den Toten, [8] von einigen hingegen: Elija ist erschienen, von anderen wiederum: ein Prophet, einer von den Alten, ist auferstanden (9,19).
[9] Hingegen sagte Herodes: Johannes habe ich selber enthauptet; wer aber ist dieser, von dem ich solches höre? Und er suchte ihn zu sehen (23,8).
[10a] Da kehrten die Sendboten zurück und erzählten ihm alles, was sie getan hatten (Lk 10,17).

a) Berufung und Beauftragung: Heilen durch persönliche Begegnung

Die Zeit der Wirksamkeit Jesu in Galiläa (Lk 7,1–9,17) neigt sich dem Ende zu, da zeigt sich, daß sie wesentlich gemeint war auch als eine Lehrzeit für die Jünger. Alles, was Jesus bisher tat, soll nach der Darstellung des *Lukas* als verbindliches Vorbild, als «Einübung»[1] verstanden werden, um das Anliegen Jesu vervielfältigt weiterzugeben. Es begann mit der Predigt in Nazaret, als Jesus (Lk 4,18–19) sein «Programm» vorstellte: «die Heilsbotschaft Armen zu bringen ..., zu künden Kriegsgefangenen Freilassung und Blinden ein Aufblicken, zu entsenden Unterjochte in Freilassung (Jes 42,7), anzukünden ein Jahr des Herrn, ein willkommenes (Lev 25,10)». Vom er-

[1] In diesem Sinne schrieb SÖREN KIERKEGAARD im Jahre 1850 sein berühmtes Buch *Einübung im Christentum*, in: Werkausgabe, II 9–315.

sten Augenblick an sah Jesus sich «gesandt» (Lk 4,18), in diese Welt etwas hineinzutragen, das er in ihr ganz und gar vermißte und das er umschrieb als das «Königtum Gottes» (9,2): eine Sphäre bedingungsloser Zuwendung, ein Bemühen um grenzenloses Verstehen, eine Bereitschaft, den Bedürftigen zu geben, was sie benötigten, kurz: eine Lebensform, getragen vom Wissen um die absolute Notwendigkeit von Gnade. Das «Jahr des Herrn», das er in Nazaret angesagt hatte (Lk 4,19), das Jahr der *Gnade*, das, einmal ausgerufen, seiner Überzeugung nach unwiderruflich und endgültig währen würde, sollte sein Leben und aller Menschen Leben von Grund auf umgestalten; so verkündete er «in Vollmacht» (Lk 4,32), so redete er von Gottes Erbarmen in einer Weise, daß sich durch seine gütigen Worte eine andere Welt eröffnete: ein Gefühl der Geborgenheit, eine Perspektive der Zuversicht, eine Ermutigung zu einem eigenen Leben, eine innere Festigkeit, eine unverschüchterte Weite des Herzens ...; die «Kraft» (9,1)[2], die von seiner Person ausging, drang in die Seele der Menschen, die ihn hörten, und sie wirkte sich aus in den seelenbedingten Krankheitszuständen des Körpers, – sie heilte auf eine Art, die wunderbar erscheinen mußte und die doch ganz allein dem Wunder einer nie gekannten Menschlichkeit entstammte. Die Heilung des Besessenen zum Beispiel (Lk 4,33–37) oder des Aussätzigen (Lk 5,12–16) oder des Gelähmten (Lk 5,17–26) – sie ereigneten sich allesamt durch ein Verstehen, durch ein Über-die-Grenze-Gehen, durch ein Vergeben, das in Art und Ausmaß den Gesetzesstandpunkt sprengte und den Hin- und Hergeworfenen, den Verworfenen allererst wieder Grund unter den Füßen bot. In derselben Gesinnung vollzog sich das Mahl mit den Zöllnern (Lk 5,27–32), der Umgang mit der Fastenfrage (Lk 5,33–39) oder die Relativierung der Sabbatvorschriften (Lk 6,1–5), – an jeder Stelle, die Jesus berührte, hinterließ er seinen charakteristischen Fingerabdruck: eine Freiheit im Denken und Fühlen, die therapeutisch wirkte gegenüber der Angst vor der inneren Zensur und revolutionär gegenüber der Abhängigkeit von

[2] Zu dem Begriff der «Kraft» der Jünger vgl. WALTER GRUNDMANN: *dýnamis* (Kraft), in: ThWNT II 286–318, bes. S. 311–314: Die Kraft des Jüngers: «Wenn die Verkündigung des Evangeliums als ... (sc. Kraft Gottes, d.V.) Fortsetzung der Rettertätigkeit Jesu Christi ist, dann sind folgerichtig die Verkünder des Evangeliums die Fortsetzer dieser Tätigkeit ... d h die Apostel stehen an Jesu Stelle und sind wie dieser selbst.» «Jesus hatte bereits die Jünger, die er aussandte, mit seiner Kraft ausgerüstet ... Lk 9,1. Diese *dýnamis* ... ist als Christuskraft aller dämonischen Kraft überlegen ... Lk 10,19. Lukas denkt ... dabei an Manabegabung, wie er auch die Christuskraft verstanden hat. Daß die Kraft, die die Jünger erhalten, die Christuskraft ist und als Christuskraft Gotteskraft, die sie nur im persongebundenen Glauben besitzen, zeigt die allgemein synpt. Geschichte von der Heilung des epileptischen Knaben Mk 9,14 ff. par deutlich.» (S. 311)

fremden Autoritäten; sie ließ als verbindlichen Maßstab nur die Menschlichkeit gelten; in ihr allein erkannte Jesus Gott; einzig ihr fühlte er sich verpflichtet.

Aus dieser Haltung und aus diesem Anliegen erwuchs die «Feldrede» (Lk 6,17–49), – *Lukas* stellte sie betont in den Mittelpunkt der Tätigkeit Jesu in Galiläa: die Seligpreisung der Armen (Lk 6,20b), das «Liebet eure Feinde» (Lk 6,27), das «Richtet nicht» (Lk 6,37); und wieder setzten sich Jesu Überzeugungen fort in «Wundern der Heilung» – zum einen an Menschen, die schon vom Tode gezeichnet waren: an dem Knecht des römischen Hauptmanns (Lk 7,1–10), an dem Sohn der Witwe in Nain (Lk 7,11–17), an der Tochter des Synagogenvorstehers Jairus (Lk 8,41–42.49–56), zum anderen an Menschen, die physisch wie psychisch in den «Stürmen» des Lebens (vgl. Lk 8,22–25) beziehungsweise in den Verwirbelungen des eigenen Herzens (Lk 8,26–39) in Todesgefahr sich befanden.

All das haben die Jünger miterlebt, und speziell die Zwölf waren unmittelbar vor der «Feldrede» wesentlich zu dem Zweck berufen worden, schon in ihrer Anzahl die Wiederherstellung, die Integration der «zwölf Stämme» Israels als Ziel und als Auftrag zu symbolisieren (Lk 6,12–16). Jetzt ruft Jesus gerade sie zusammen, um so, wie er selbst sich «gesandt» fühlte (Lk 4,18), nun sie auszusenden, «das Königtum Gottes zu künden und gesund zu machen» (9,2); er gibt ihnen, mit *Lukas* gesprochen, «Kraft und Vollmacht gegenüber allen Abergeistern und zum Heilen von Krankheiten» (9,1), – aber wie[3]?

Erneut kommt es in der Interpretation solcher Texte entschieden darauf an, einem archaisch-magischen Verständnis entgegenzutreten. Ethnologen, wenn sie Worte wie diese lesen, werden an eine Schamanenweihe im Umkreis von Stammesreligionen denken, in der eine besondere «Kraft», ein «Mana», durch besondere Riten von einem Lehrer auf seinen Schüler übertragen wird[4]; aber Israel war zur Zeit Jesu keine Stammesreligion mehr, auch wenn es in seinen Schriften durchaus eine Weitergabe göttlichen Segens vom Vater an seinen Erstgeborenen (Gen 48,1–22; 49,1–28) oder etwa von Moses an seinen Nachfolger Josua (Dtn 34,9) kannte. Die Dogmatiker der katholischen Kirche werden eine Stelle wie diese dazu benutzen, die ver-

3 ERNST NELLESSEN: *Zeugnis für Jesus und das Wort*, 83, meint: «*dýnamis* ist die Kraft des Geistes, mit der Jesus ausgerüstet ist, um zu verkündigen (Lk 4,14 f.), die aber auch auf seine Jünger herabkommt (Lk 24,49; Apg 1,8), damit sie Zeugen sein können.»

4 Vgl. WALTER HIRSCHBERG (Hg.): *Wörterbuch der Völkerkunde*, 267–268: Managlaube: «Mana zu haben bedeutet erhöhte Willenskraft, Erfolg.»

meintliche «Amtsgnade» der «Bischöfe» Roms biblisch zu legitimieren[5]; doch Jesus wollte niemals eine neue religiöse Splittergruppe mit einer hierarchisch gegliederten Priesterbeamtenschaft in Widerspruch zu der Religion seines Volkes begründen. Er wollte dieses sein Volk – das Volk Gottes – in sich selbst sammeln und heilen zu einem «Modell» der Sammlung und Heilung aller Menschen in Not. Nicht «Amtsvollmacht» und Ritualmagie bewirkten seine «Wunder» der Menschlichkeit; zur Vertreibung der «Abergeister» und zum «Heilen von Krankheiten» (9,1), zur «Sammlung» eines Menschen aus den zersplitterten Seelenanteilen seiner Persönlichkeit sowie zur Behandlung seiner Organneurosen gilt es, den Griff der Angst zu lockern, der seine Seele, sein Herz umklammert hält. Die Ganzwerdung einer Person, die aufs tödliche in ihrem Personsein sich bedroht fühlt, kann nur erfolgen im Gegenüber einer anderen Person, die sich vollständig, ohne soziale, materielle oder ideologische Absicherungen, auf sie einläßt. Die Kluft zu allem kirchlich Institutionalisierten ist gerade an dieser Stelle schreiend deutlich.

Käme, wer etwa zu Weihnachten oder zu Ostern den Bischof von Rom, den «Heiligen Vater», zu Sankt Peter den Segen «urbi et orbi» – für die Stadt (Rom) und den Erdkreis – spenden sieht, verknüpft nach wie vor mit den mittelalterlichen Ablaßgarantien zum «Nachlaß» zeitlicher wie ewiger Sündenstrafen, käme, wer einem feierlichen Pontifikalamt zur Amtseinführung eines neuen Bischofs im Kreis seiner Mitbrüder und im Umkreis der Mitglieder des örtlichen Metropolitankapitels beiwohnt, käme, wer auch nur in der Krypta einer Kathedrale den dortigen Domschatz besichtigt, – käme, wer irgend etwas von der beamteten Kirche in ihren Aktionen wie in ihren Archiven zu sehen bekommt, von sich selbst her auch nur auf den Gedanken, all dem könnten, ja, müßten die folgenden Sätze zugrunde liegen: «Nichts nehmt mit auf den Weg, keinen Stab, keine Tasche, kein Brot, kein Geld, keinen Besitz ...» (9,3)? Kein Bischof ohne die Insignien altorientalischer Gottkönige, vorneweg den «Hirtenstab», kein Bischof ohne Ländereien und Immobilien großen Stils, kein Bischof ohne das gott-

[5] Vgl. *Catéchisme de l'Église Catholique* (Weltkatechismus), Nr. 1120, wo das «Priesteramt» garantiert, daß in den Sakramenten es Christus ist, der durch den Heiligen Geist für die Kirche wirkt. Nach diesem Verständnis ist der «Geist» beziehungsweise die «Kraft», im Sinne Jesu zu wirken, eine «objektive» Tatsache, die mit dem Besitz eines kirchlichen Amtes gegeben ist. Vgl. dagegen SÖREN KIERKEGAARD: (Philosophische Brosamen und) *Unwissenschaftliche Nachschrift*, 1. Teil, Kap. 1, § 2: Von der Kirche, S. 166: «Wenn die Wahrheit Geist ist, so ist die Wahrheit Verinnerlichung und nicht ein unmittelbares und höchst ungeniertes Verhältnis eines unmittelbaren Geistes zu einer Summe von Sätzen ... Die Unreflektiertheit (sc. hingegen, d.V.) richtet sich beständig nach außen ... auf das Objektive.»

gleiche Dekor von Weihrauch und Gold (von Wind und Sonne, von Amun-Re), kein Bischof ohne den Anspruch auf jene Unfehlbarkeit, die ihm seine «Amtsgnade» verleiht ... Wenn die Anweisungen Jesu bei der Aussendung der Zwölf die Urkunde darüber darstellen, wie der Mann aus Nazaret die Fortsetzung und die Weitergabe seines Wirkens erhofft hat, dann bedeutet die bestehende Kirchen«ordnung» nicht nur einen Verrat, dann verkörpert sie eine ungeheuerliche Verfälschung aller einmal gemeinten Inhalte in ihr genaues Gegenteil. Wie sagte doch in der Wüste der «Teufel» zu Jesus: «Dir gebe ich all diese Macht und ihre Herrlichkeit, denn mir ist sie übergeben, und wem ich will, gebe ich sie ... wenn du dich niederwirfst vor mir, ist sie dein – ganz» (Lk 4,6.7)! Wenn die Worte eines Evangelisten christlich irgend etwas gelten, so kann man nicht anders sagen, als daß das «ganze» Kirchenchristentum Roms nichts weiter darbietet als eine feierliche Prostration, als eine Totalunterwerfung vor dem Gegengeist alles Göttlichen. Eine solche Kirche ist nicht des Christus, sie ist des «Teufels»[6].

Nun könnte es an sich ziemlich egal sein, was für Probleme ein bestimmtes Kirchensystem mit sich selbst hat, wenn nur zu den Menschen irgend etwas noch von dem ursprünglich Gemeinten durchdringen würde. Statt dessen kann es unter den gegebenen Voraussetzungen nicht anders zugehen als in FRANZ KAFKAS (1883–1924) Erzählung von der «kaiserlichen Botschaft»: «Der Kaiser – so heißt es – hat Dir, dem Einzelnen, dem jämmerlichen Untertanen, dem winzig vor der kaiserlichen Sonne in die fernste Ferne geflüchteten Schatten, gerade Dir hat der Kaiser von seinem Sterbebett aus eine Botschaft gesendet ... Der Bote hat sich gleich auf den Weg gemacht ... Aber die Menge ist so groß; ihre Wohnstätten nehmen kein Ende ... immer noch zwängt er sich durch die Gemächer des innersten Palastes; niemals wird er sie überwinden; und gelänge ihm dies, nichts wäre gewonnen; die Treppen hinab müßte er sich kämpfen; und gelänge ihm dies, nichts wäre gewonnen; die Höfe wären zu durchmessen; und nach den Höfen der zweite umschließende Palast; und wieder Treppen und Höfe; und wieder ein Palast; und so weiter durch Jahrtausende; und stürzte er endlich

6 Vgl. MICHAEL BAIGENT – RICHARD LEIGH: *Als die Kirche Gott verriet*, 359–370: Das Problem ist der Papst: «Es gibt einfach zu viele Gebiete, auf denen die Kirche sich den Anforderungen der modernen Zeit entzieht; nicht etwa, weil sie so weltfremd wäre, sondern aus einer bizarren, geradezu neurotischen Verweigerungshaltung heraus: Als ob sie einem inneren Automatismus gehorchen würde, legt sie sich, vorsätzlich und gewaltsam, doktrinäre Scheuklappen an, um die sehr realen Bedürfnisse ihrer Gemeinde nicht zur Kenntnis nehmen zu müssen. – Es gibt zu viele Fälle, in denen diese Kirche ganz vergessen zu haben scheint, daß diese Gemeinde, eine Gemeinschaft menschlicher Wesen mit menschlichen Fehlern, menschlichen Schwächen und menschlichen Bedürfnissen, überhaupt existiert.» (364)

aus dem äußersten Tor – aber niemals, niemals kann es geschehen –, liegt erst die Residenzstadt vor ihm. Niemand dringt hier durch und gar mit der Botschaft eines Toten. – Du aber sitzt an Deinem Fenster und erträumst sie Dir, wenn der Abend kommt.»[7]

Es ist unmöglich, daß von der Botschaft Jesu, wenn dieser unter dem Titel des Christus zum «Pantokrator», zum «König der Könige», erhoben wird, um den Hofstil von Kirchenfürsten und «Gottesstellvertretern» zu rechtfertigen, noch irgend etwas zu den Menschen gelangt. Diese aber können sich nicht ihr Leben lang träumend verdämmern. «Was soll ein Glück», sagt ein altägyptisches Sprichwort, «das derart spät am Abend kommt, daß man's im Dunklen nicht mehr sieht?»[8] Der Mann, der Blinde sehend machte, wollte, daß seine Jünger Licht in die Finsternis brächten; sie sollten nicht die Sonne spielen, sie sollten sie den Seelenumdüsterten sichtbar machen, – mehr nicht, das aber unbedingt. Der Weg dahin führt nicht über eine Sammlung von Ämtern und Titeln, sondern allein über eine authentische Lebensform.

Wie gewinnt man «Kraft und Vollmacht gegenüber allen Abergeistern und zum Heilen von Krankheiten» (9,1), außer man stellt sich unmittelbar mit der eigenen Person, so in sich geschlossen und mit sich in Übereinstimmung als nur irgend möglich, den Persönlichkeitsstörungen und -zersplitterungen des jeweils Hilfesuchenden gegenüber. Nur wer einigermaßen weiß, wer er selbst ist, wird sich von den Übertragungen, den Übererwartungen und den Enttäuschungsreaktionen des anderen nicht ohne weiteres in eigene Identitätskrisen hineintreiben lassen; nur wer mit seinen eigenen Gefühlen relativ eindeutig umzugehen weiß, wird nicht durch die Sehnsüchte und Ängste des anderen sogleich aus der Bahn geworfen werden; nur wer bei sich selber in etwa zuhause ist, wird der Entfremdung und Ausgeliefertheit des anderen so etwas wie Orientierung und Zuversicht bieten können. Dann aber darf gerade nicht die eigene Person einem anderen zum Vorbild oder gar zur Vorschrift dienen: Nie wird der andere sein wie man selbst! Alles kommt vielmehr darauf an, den anderen in seiner Eigenart zu fördern und zu sich selbst reifen zu lassen; mit anderen Worten: es gilt, die gleiche Haltung zu leben, mit der Jesus die Zwölf berief (Lk 6,12–16) – in all den Unterschieden, ja, Gegensätzen, die zwischen ihnen bestanden, etwa

[7] FRANZ KAFKA: *Eine kaiserliche Botschaft* (1919), in Sämtliche Erzählungen, 138–139.

[8] Es ist ein Gedanke, wie er ähnlich in den Inschriften aus dem Grabe des Petosiris (um 300 v. Chr.) zum Ausdruck kommt, wenn es heißt: «Dann (nach dem Tode) gibt es auch für den Reichen keine Sonne mehr.» EMMA BRUNNER-TRAUT: *Pharaonische Lebensweisheit*, 67.

zwischen dem «Römerhöfling» Matthäus (Levi) und dem «Messiaskrieger» Simon. Wie führt man den Handlanger einer Besatzungsmacht zu einem eigenen Selbstwertgefühl und wie stärkt man das Selbstwertgefühl eines «Terroristen» bis dahin, daß er auf die mörderische Demonstration von Gewalt Verzicht üben kann? Solche Fragen erhoben sich bereits mitten im Kreise der Zwölf. Doch wie läßt menschliche Reife sich weitergeben?

Für HERMANN HESSE (1877–1962) stellte es ein schier unlösbares Problem dar, wie es möglich sein könnte, von den Erfahrungen anderer zu lernen, ohne die eigene Existenz zu verfälschen, oder umgekehrt: wie es gelingen sollte, die eigenen Erfahrungen lehrhaft einem anderen zu vermitteln. In der «indischen Dichtung» *Siddhartha*, geschrieben zwischen 1919 und 1922, fragt der Fährmann den Weisheit suchenden Siddhartha: «Glaubst du denn wirklich, daß du deine Torheiten begangen habest, um sie dem Sohn zu ersparen? Und kannst du denn deinen Sohn vor Sansara (sc. dem Vergeltungs-Kreislauf der Wiedergeburten, d. V.) schützen? Wie denn? Durch Lehre, durch Gebet, durch Ermahnung? ... Wer hat den Samana (sc. den Asketen, d. V.) Siddhartha vor Sansara bewahrt, vor Sünde, vor Habsucht, vor Torheit? Hat seines Vaters Frömmigkeit, seiner Lehrer Ermahnung, hat sein eigenes Wissen, sein eigenes Suchen ihn bewahren können? Welcher Vater, welcher Lehrer hat ihn davor schützen können, selbst das Leben zu leben, selbst sich mit dem Leben zu beschmutzen, selbst Schuld auf sich zu laden, selbst den bitteren Trank zu trinken, selber seinen Weg zu finden? Glaubst du denn, Lieber, dieser Weg bleibe irgend jemandem vielleicht erspart? ... auch wenn du zehnmal für ihn stürbest, würdest du ihm nicht den kleinsten Teil seines Schicksals damit abnehmen können.»[9] Kommt es demnach nicht einem prinzipiellen Mißverständnis gleich, einen anderen Menschen, und sei es der eigene Sohn, oder gar die ganze Menschheit, und liege sie noch so darnieder, «erlösen» zu wollen?

In der Tat: wer da glaubt, mit einer dogmatisch «richtigen» Doktrin Menschen «auf Kurs» bringen zu können, führt sicherlich nicht zu Glück und Identität, er schleust nur neue «Abergeister» ins Bewußtsein ein. Bei der Verkündigung des «Königtums Gottes» kann es nicht um die Verbreitung extraordinärer und exzeptioneller theologischer Theorien gehen; was, christlich betrachtet, auf dem Spiel steht, ist nicht mehr und nicht weniger als die Existenz jedes einzelnen Menschen, und so verdient die Einsicht SÖREN KIERKEGAARDS (1813–1855) noch einmal betont erinnert zu werden, daß das «Christentum» keine «Lehre», sondern eine «Existenzmitteilung»

[9] HERMANN HESSE: *Siddhartha*, S. 107–116: Der Sohn, S. 110.

ist[10]. Das Entscheidende jetzt aber liegt in der Art dieser «Existenzmitteilung» selbst: sie muß *therapeutisch* sein, das heißt gerade nicht nach den eigenen Vorgaben «prägend», «formend» und «bildend», sondern «gnadenhaft» – also freilassend, öffnend, begleitend. Erst so versteht man im folgenden den Realismus beziehungsweise den Symbolismus der ebenso eindrücklichen wie nachdrücklichen Besitzverbote Jesu.

b) Keinen Stab oder: Eine Welt ohne Gewalt

Im *Markus*-Evangelium war es den Zwölfen noch erlaubt, «einen bloßen Stab» mitzunehmen (Mk 6,8), – vernünftigerweise; denn ein solcher Stab schützte notfalls vor dem Angriff eines Wolfes oder vor dem Überfall eines Strauchdiebs; er war eine Waffe mehr als eine Stütze. *Lukas* aber untersagt womöglich gerade deshalb auch und insbesondere die Mitnahme eines Stabes[11]. In seiner theologischen Konzeption eröffnet sich mit der Aussendung der Jünger die Chance einer vollkommenen Befriedung der Menschheit. So wie die Gottesboten über den Fluren von Betlehem den Hirten «auf Erden Frieden» verkündeten (Lk 2,14), so sollen die Sendboten des «Gottessohns» (Lk 3,22) jetzt das «Königtum Gottes» den Menschen bringen. Fast könnte man sich bei dem Gedanken erinnert fühlen an die immer wieder ergreifende Arie des Sarastro in WOLFGANG AMADEUS MOZARTS (1756–1791) *Zauberflöte*: «In diesen heiligen Hallen / kennt man die Rache nicht. Und ist ein Mensch gefallen, führt Liebe ihn zur Pflicht ... Wen solche Lehren nicht erfreuen / verdienet nicht, ein Mensch zu sein.»[12] Doch womit wir es hier zu tun haben, ist keine klassische Ästhetik, sondern existentieller Ernst.

[10] SÖREN KIERKEGAARD: (Philosophische Brosamen und) *Unwissenschaftliche Nachschrift*, 2. Teil, Kap. II: Die subjektive Wahrheit, die Innerlichkeit; die Wahrheit ist die Subjektivität, S. 345: «Wenn die Subjektivität die Wahrheit ist, muß die Bestimmung der Wahrheit zugleich einen Ausdruck für den Gegensatz zur Objektivität in sich enthalten.» «Glaube ist gerade der Widerspruch zwischen der unendlichen Leidenschaft der Innerlichkeit und der objektiven Ungewißheit. Kann ich Gott objektiv ergreifen, dann glaube ich nicht.»

[11] HEINZ SCHÜRMANN: *Das Lukasevangelium*, I 501, Anm. 19, meint, Lukas habe «nicht mehr verstanden, daß mit dem Stab Mk 6,8 – wie mit dem Grußverbot Lk 10,4 – Jesu Gehilfen dem Gechasi, dem Diener des Elisäus, angeglichen sind (vgl. 2 Kg 4,29), der auch mit der Kraft des Sendenden ausgestattet gedacht ist.» Eher muß man indessen sagen, daß *Lukas* das Verbot des Stabes wichtiger war als die alttestamentliche Parallele. Die Bedeutung des Stab-Verbotes erkennt WOLFGANG WIEFEL: *Das Evangelium nach Lukas*, 170, wenn er schreibt: «Das Verbot, etwas mitzunehmen, ist verschärft. Nicht einmal der Stab, der als einfachstes Mittel der Selbstverteidigung zum Pilger gehört, wird erlaubt. Ist», fragt er, «an die Praktizierung von Luk. 6,29 gedacht?» – an das Gebot, auf jede Form von Gegengewalt zu verzichten? In der Tat!

[12] WOLFGANG AMADEUS MOZART: *Die Zauberflöte*, 2. Aufz., 12. Auftr., Nr. 15. Arie, S. 50.

Hat Jesus nicht bereits vorgelebt, wie man auch ohne Schlagstock sich dem mörderischen Angriff eines wütenden Mobs zu widersetzen vermag, einfach indem man in sich geschlossen mitten «hindurchgeht» (Lk 4,29–30)? Ihm war das möglich, also doch wohl auch seinen «Boten». «Der Bote eines Mannes ist wie dieser selbst», besagte ein rabbinischer Grundsatz[13]; selbstverständlich daher, daß man von ihm dasselbe Verhalten erwarten durfte.

Man kann *Lukas* an dieser Stelle nicht vorwerfen, daß er das Thema des «ewigen Friedens»[14], das hier anklingt, durch eine bloße «Symptomkur» verkürze. Gewiß, wer eine Waffe verbietet, löst noch nicht das Problem der steten Aggressionsbereitschaft unter Menschen im Zustand wechselseitiger Angst; doch keinen «Stab» auf den (Lebens)Weg mitzunehmen bedeutet allemal soviel wie den Willen zu einer vollständigen einseitigen Abrüstung, und der Evangelist hält einen solchen Entschluß ganz offenbar für unerläßlich, wenn jemals Friede auf Erden möglich werden soll. Wie recht er damit hat, zeigt sich im Abstand von rund 2000 Jahren überdeutlich. – Solange Menschen die «Option» des Krieges nach wie vor offensteht, werden sie so viel Kraft als möglich für Angriff und Verteidigung aufwenden; mehr als 400 000 000 000,– Dollar jährlich stecken allein die USA in immer neue Rüstungsanstrengungen[15], stets in dem Glauben, Friede sei erreichbar durch «Stärke»; solange Menschen Knüppel schwingen, haben sie sich vom Schimpansen-Status möglicher Konfliktlösungen nicht restlos verabschiedet[16]. Was sich hier bei der Aussendung der Zwölf begibt, ist ein Richtungswechsel der gesamten Lebenseinstellung, und er gilt uneingeschränkt. Ja, im Sinne des *Lukas* gilt er um so mehr, als augenscheinlich der Verlauf der «gesamten Weltgeschichte» keinen Zweifel daran läßt, daß wir uns immer verbissener in derselben Blutmühle im Kreise drehen: die Überlebensstrategien von Affen mögen in der Natur für ihresgleichen tauglich sein, – für Menschen sind sie es nicht.

Es ist sehr wichtig, den unbedingten Ernst der Aussendung der Zwölf nicht durch eine rein mythische Beschreibung des lukanischen Geschichtsverständnisses «historisch-kritisch» zu vertun. Einer vielbeachteten Auslegung zufolge stellte das Wirken Jesu für *Lukas* die «Mitte der Zeit»[17]

[13] Str. B. I 590.

[14] Vgl. IMMANUEL KANT: *Zum ewigen Frieden*, in: Werke, XI 191–251.

[15] Vgl. ERIC FREY: *Schwarzbuch USA*, 352–356: Militarismus.

[16] Vgl. VOLKER SOMMER: *Die Affen*, 246–289: Totschlag, Mord und Krieg.

[17] So HANS CONZELMANN: *Die Mitte der Zeit*, 43–44: «Die Anweisung V 3–5 dient im Sinne des Lukas der Beschreibung der Jesuszeit als Zeit der Behütung; sie wird ja 22,35 f. ausdrücklich in diesem Sinn interpretiert.»

dar, – eine absolute Ausnahmesituation, in welcher die ursprünglich von Gott gemeinte Ordnung der «Welt» wiederhergestellt schien; in diesem Zeitraum hätte – in der «Heilsökonomie» Gottes – die Menschheit die Möglichkeit gehabt, sich mit ihrem Schöpfer und mit sich selber zu versöhnen; – sie hat es nicht getan! Das «Volk Gottes» selber weigerte sich, die Chance seines «Messias» zu ergreifen. Und so leben wir jetzt in einer Zwischenzeit zwischen «Ankunft» und «Wiederkunft» «Christi» beziehungsweise in einem Zwischenzustand zwischen dem «Königtum Gottes» und den «Mächten dieser Welt»[18].

Tatsächlich hat *Lukas* selbst eine solche Zäsur in aller Klarheit gesetzt: Im «Abendmahlssaal» (Lk 22,12), unmittelbar bevor Jesus sich hinaus begibt nach Getsemane, erinnert er die Zwölf an jene Zeit, da er sie «aussandte ohne Geldbeutel, Tasche und Sandalen» (Lk 22,35) und nichts ihnen fehlte[19]; – es war eine Zeit wie im Paradiese, als «Friede» herrschte zwi-

[18] Vgl. FRIEDRICH WILHELM HORN: *Glaube und Handeln in der Theologie des Lukas*, 197, der meint: «Lk begrenzt die absolute Besitzlosigkeit als Bedingung der Nachfolge auf die Zeit der ersten Jesusjünger». «Die Radikalisierung der Jesusnachfolge … hat aktuelle Bedeutung auf dem Hintergrund eines paränetischen Anliegens.» Und S. 199: «Die lk Radikalisierung der Berichte über die Nachfolge der ersten Jesusjünger ist nicht von der Absicht getragen, die Besitzlosigkeit zu einem grundsätzlichen Signum christlicher Existenz, sei es für die Gesamtgemeinde oder auch nur für ihre Amtsträger, zu erklären. Die scheinbar (sic!, d.V.) pauperistische Redaktion ist in Wahrheit eine paränetische … Lk verlangt von seiner Gemeinde nicht eine Wiederholung des gezeichneten Jüngerbildes in absoluter Selbstpreisgabe; wohl aber beabsichtigt die Darstellung der vergangenen, konsequenten Jüngernachfolge … auf Seiten der lk Gemeinde eine Selbstprüfung hinsichtlich der Konsequenz ihres christlichen Lebens.» Nach diesem Verständnis soll aus der Bedingung der Nachfolge eine Ermahnung zur Nachfolge werden. Selbst wenn in dieser Umwandlung die redaktionelle Absicht der *Lukas* bestanden hätte, bliebe doch die Frage, worin denn der Sinn der Jesusworte bei der Jüngeraussendung liegen soll; da sieht WOLFGANG WIEFEL: *Das Evangelium nach Lukas*, 170, recht klar: «Die ausgesendeten Zwölf werden radikal auf das Vertrauen in Gott, in dessen Dienst sie stehen, gestellt: ihre Ausrüstung sind die Gaben der Kraft und der Vollmacht», – Krankheiten zu heilen und «Dämonen» auszutreiben. *Das* also ist der Maßstab, um das Anliegen Jesu konsequent in die Gegebenheiten anderer Orte und Zeiten zu übersetzen. – Von der «Zeit der Kirche» schrieb RUDOLF SCHNACKENBURG: *Die Kirche im Neuen Testament*, 62–63, in ihr gelte «das Gesetz der Nachfolge Jesu durch Kreuz zur Herrlichkeit … Die Kirche ist noch die Zeit der Drangsal und des Martyriums (Apg 7,54–60), bis das Reich Gottes kommt.»

[19] EDUARD SCHWEIZER: *Das Evangelium nach Lukas*, 226–227, meint zu Lk 22,35-38: «Nochmals folgen sich Rückblick und Ausblick, jetzt aber auf eine Zeit, in der man Schwerter braucht.» «Ist es sprichwörtliche Wendung für eine Notzeit, in der ein Schwert wichtiger ist als die Decke, die nachts vor Frost schützt? … Jedenfalls stellt Lk 22,49 ausdrücklich die Frage nach dem Schwertgebrauch und beantwortet sie 22,51 negativ. Jesu Antwort V. 38 kann also diesen nicht billigen. Vermutlich ist sie unwirsche Antwort (‹genug davon!›, ähnlich in 1. Kön 19,4; 5. Mose 3,26 …), kaum ironische (‹mehr als genug!›) … Noch un-

schen Menschen und Tieren, sogar zwischen Menschen und «Wölfen» (Lk 10.3!)[20] Damals schien es nirgendwo mehr eine Gefahr noch zu geben, – es war so leicht, keine Angst zu haben. Jetzt hingegen gilt es, gewappnet zu sein und notfalls gar «seinen Mantel» zu versetzen, um sich «ein Schwert» dafür zu erwerben (Lk 22,36).

Immer wieder finden sich Stimmen – vor allem unter jüdischen Auslegern –, die Jesus für einen militanten messiastheologischen Putschisten gegen die Militärmacht Roms erklären möchten[21], und gerade auf diese Szene berufen sie sich dabei mit Vorliebe; ein «Gottesfriede» herrschte ihrer Meinung nach niemals im «Heiligen Land», und so wäre es bloße Vermessenheit, ihn – zum gegenwärtigen Zeitpunkt – erwarten zu wollen. Doch genau das Gegenteil trug Jesus bei der Aussendung der Zwölf im Sinn und trägt *Lukas* im Rahmen seines Geschichtsbildes in der Szene vom Abendmahlssaal vor: Für Jesus selber wird es unmittelbar danach zum äußersten kommen, – man wird ihn (entsprechend dem Vorbild des «Gottesknechts» in Jes 53,12) unter «die Gesetzlosen» zählen; man wird ihn mit gutem Gewissen, unter Berufung auf Gottes Gesetz, für todesschuldig erklären (Lk 22,71; 23,21.23), – «Schwertzeit» wird anbrechen mit dem Aufbruch Jesu in den Garten Getsemane, mit seinem «Ortswechsel» hinüber in dieses Gegenbildnis zum Garten Eden[22]. Doch was soll daraus folgen? – Daß es nunmehr gälte, nicht nur immer mal wieder den «Knüppel» zu schwingen, sondern notfalls das «Schwert» zu gebrauchen? Genau das nicht!

Als im Abendmahlssaale die Jünger Jesus zwei Schwerter vorweisen, fährt er sie harsch an: «Es langt»! sagt er (Lk 22,38). Die absolute Gewaltfreiheit, die er lehrte und selber verkörperte, findet in diesem Moment nicht

möglicher ist die Annahme, Jesus habe eine bewaffnete Revolution geplant; zwei Schwerter genügen dafür sicher nicht ... Auch daß man sich in gewissen Fällen verteidigen dürfe, ist schwerlich gemeint. Festgestellt wird wohl nur die Änderung der Zeit: Jesu Weg (V. 37 ...) fordert das Schwert heraus ... Jetzt muß man auch das Nötigste mitnehmen und kann nicht mehr ohne Tasche nur den Frieden ausrufen (10,4 f.) ... wie alles für Jesus in der Passion zur Vollendung kommen muß (vgl. 18,31, lukanisch), so bricht auch für die Jünger harte Zeit an».

20 Zu Recht meinte EDUARD SCHWEIZER: *Das Evangelium nach Lukas*, 99: «Lukas unterstreicht ..., daß nur Jünger, die ihr Vertrauen auf Gott konkret im Verzicht auf Sicherungen leben, glaubwürdig werden.»

21 Vgl. bes. J. CARMICHAEL: *Leben und Tod des Jesus von Nazareth*, Frankfurt 1968; auch HARALD VON MENDELSSOHN: *Jesus – Rebell oder Erlöser*, 106–128: Verwehte Spuren, vertrat die Aussicht, daß «Jesus nicht der friedliche Wanderprediger gewesen sein kann, der durch eine idyllische Welt zog» (107).

22 Zur «Schwertzeit» vgl. das mythische Bild in der *Edda*, II. Götterdichtung und Spruchdichtung, Nr. 5: Der Seherin Gesicht, 32. Strophe, S. 40.

ihre historische Grenze, sie geht vielmehr in ihre letzte Bewährungsprobe hinein – und erzeigt ihre menschheitlich gültige Wahrheit.

Die Haltung, in welcher das «Knüppelverbot» den Zwölfen auf ihrem Weg zu den Menschen auferlegt wird, ist vielleicht am besten zu beschreiben im Kontrast zu der so ganz anderen Weichenstellung, in die hinein der «Fahrplan» anscheinend des ganzen 21. Jhs. am 11. September 2001 mit dem Angriff auf die Twin Towers in New York gestellt wurde. Damals verkündete die USA-Regierung weltweit und auf unabsehbare Zeit einen «monumentalen Kreuzzug gegen das Böse»[23]; seither gebietet die politische Korrektheit in allen westlichen Staaten eine militärische Bereitschaft zu «friedenerzwingenden Maßnahmen», seither sind solche «friedenerzwingenden Maßnahmen» zu halten für eine nicht weiter verhandelbare moralische Pflicht, – und selbst die Kirchen setzen dieser Einstellung keinen entschiedenen und entscheidenden Widerspruch entgegen. Damals, im Jahre 2001, als es drauf ankam, war es einzig der DALAI LAMA (geb. 1935), der öffentlich sagte und an das Weiße Haus schrieb, was da geschehen sei, bedeute «a big chance for non-violence» – eine Riesengelegenheit, Gewaltlosigkeit (Nicht-Verletzen – «ahimsa») zu leben[24]. Offenbar meinte er dies: Wenn die größte Militärmacht der Welt sich durch den Anschlag mit 3000 Toten nicht zur «Gegengewalt» hätte provozieren lassen, sondern den «Terrorismus» zu bekämpfen versucht hätte im Beseitigen der Gründe, aus denen er sich speist, so würde aller Wahrscheinlichkeit nach die Weltgeschichte als ganze eine entscheidende Wende genommen haben. Aber diese Chance wurde nicht genutzt, im Gegenteil: hundertfach mehr Menschen wurden seither getötet in Afghanistan, im Irak, in Somalia, in Pakistan – überall, wo der «Anti-Terrorkrieg» nach archaischem Muster weiter forciert wird. So viel ist klar: Mit dem «Stab» in der Hand schafft man nicht Frieden; «draufhauend» kann man nur spalten, nicht einen. Doch eben letzteres sollen die Zwölf bei ihrer Aussendung tun; einzig dazu sind sie gesandt. Sie sollen die Haltung eines Vertrauens mit sich tragen und weitergeben, wie sie sich im Psalm 23 in kristallener Klarheit als die Gesinnung

[23] Vgl. WILHELM DIETL: *Schwarzbuch Weißes Haus*, 17–69: Die Bush-Cheney-Öljunta; S. 264–336: Ein neuer Kreuzzug gegen die islamischen Fundamentalisten, bes. S. 274–277: Amerikas «Hunger nach Gott»; GEIKO MÜLLER-FAHRENHOLZ: *In göttlicher Mission*, 93–97: Messianismus ohne Schuld.

[24] In einem Interview mit einer amerikanischen Reporterin, übertragen im italienischen Fernsehen RAI, 19. Sept. 2001; vgl. zu dem Thema auch SABINE JABERG mit Vorstand der Arbeitsgemeinschaft für Friedens- und Konfliktforschung (AFK): *Prävention statt Präventivkrieg!*, in: Karl-Heinz Harenberg – Marc Fritzler (Hg.): No War, 206–234.

eines stets gültigen Gebetes ausspricht: «Der Herr ist mein Hirte, nichts wird mir fehlen ... Und muß ich auch wandern durch Todschattenschlucht, so fürcht' ich kein Unheil, denn du bist bei mir. Dein Stecken und Stab, die geben mir Zuversicht.» (Ps 23,1.4)[25]

Man sieht, was bereits politisch, militärisch, moralisch in einer einzigen, scheinbar nur kleinen Veränderung in dem Text der Aussendungsrede Jesu an die Zwölf bei *Lukas* zum Ausdruck kommt. Und doch bewegen wir uns damit immer noch an der Oberfläche. In den Kern des «Stabverbots» an dieser Stelle gelangt man erst in Verbindung mit dem Auftrag zum «Heilen» (9,1), indem man überlegt, was dazu beiträgt, einem Menschen in seiner seelischen Not wirklich zu helfen. Gerade wenn irgendwo wieder ein besonders abscheuliches Delikt verübt wurde – der Mißbrauch eines kleinen Mädchens, die Ermordung eines Kindes, eine menschenverachtende Gewalttat gegenüber Wehrlosen –, erheben bestimmte Politiker und die mit ihnen verbündete journalistische Claque regelmäßig den Ruf nach strengeren Strafen. Um im Bilde zu bleiben: jetzt soll der «baculus» (die Zuchtrute) vom Schrank geholt werden, jetzt soll gezeigt werden, «wo der Hammer hängt», jetzt soll das Ende von «Toleranz» und «Kuschelpädagogik» «angesagt» sein ... Boot-camps und Straflager sollen her[26]. So, in der Tat, kann man denken, wenn man die Gräben zwischen den «Guten» und den «Bösen» nur immer weiter aufreißen will; genau so aber kann man nicht denken, wenn man auszieht «zum Heilen». Schon die Vorstellung, daß hier jemand mit dem Zeichen autoritärer Weisungs- und Strafgewalt vor einem anderen sich aufspielt wie ein militärischer Schleifer vor einem Rekruten,

[25] Vgl. ARTUR WEISER: *Die Psalmen*, I 153–156: Ps 23.

[26] Besonders der hessische CDU-Vorsitzende *Roland Koch* tat sich im Landtagswahlkampf 2008 mit Vorschlägen zur Strafverschärfung hervor. Hessen ist das erste Bundesland, in dem der Strafvollzug «privatisiert» wird, um ihn kostengünstiger zu gestalten. – Vorbild der Boot-Camps ist die Militarisierung des Strafvollzugs in den USA. REYMER KLÜVER: *Dicke Luft in der Zelle*, in: Süddeutsche Zeitung, 18. Juli 2007, zählt auf, daß in 2006 in den USA «nicht weniger als 2,24 Millionen Menschen in Bundesgefängnissen oder in Haftanstalten der Bundesstaaten oder der Kommunen» einsaßen, was ungefähr der Bevölkerungszahl des Staates Nevada entspricht. «Das ist Weltrekord, sowohl in absoluten Zahlen als auch im Vergleich mit anderen Zahlen.» Bis zu 70 % sind die Gefängnisse speziell in Kalifornien überbelegt. «4,8 Prozent aller erwachsenen schwarzen Amerikaner saßen im vergangenen Jahr (sc. 2006, d.V.) im Gefängnis, aber nur 0,7 Prozent aller Weißen (bei Latinos waren es 1,9 Prozent). Fast jeder vierte Häftling in den USA ist schwarz», obwohl der Bevölkerungsanteil der Schwarzen nur bei 13 % liegt. Insgesamt stecken die USA 60 Mrd. Dollar in den Strafvollzug – in Kalifornien z. B. kostet die Unterbringung eines Häftlings 43 000 Dollar pro Jahr, aber nur 2000 Dollar davon werden für Rehabilitierungsmaßnahmen ausgegeben.

wie ein «Oberhirte» vor seinem «Schaf», mutet absurd an in einem therapeutischen Bemühen.

Die Meinung hält sich beharrlich, daß Psychotherapeuten über ein irgendwie unheimliches Wissen verfügten und mit «Röntgenaugen» Seelengeheimnisse ausspähten. Es mag sein, daß in diesen Glauben sich zu einem Gutteil die aus Hilflosigkeit geborene Hoffnung vieler projiziert, endlich jemandem zu begegnen, der ihnen sozusagen auf Anhieb die Wahrheit über sich selbst kundzugeben wüßte; noch mehr freilich mag es sein, daß sich in dieser Vorstellung die Selbststilisierung nicht weniger Psychotherapeuten in einer ehrgeizigen Fachliteratur ausspricht; gleichviel: die einfache Tatsache besteht, daß niemand mit dem «Stab» in der Hand – in der Pose der Selbstgewißheit und der Selbstsicherheit, mit dem Gestus des «Ich bin es», «Ich weiß es», «Ich sage es Dir» – auch nur die Bereitschaft aufweisen wird, sich in die Armseligkeit eines anderen wirklich hineinzuversetzen. Kein Psychotherapeut, der den Namen verdient, wird sich ernsthaft einbilden, über die Seele eines anderen Menschen «Bescheid» zu wissen. «Sie müssen jetzt ...», «Ich will jetzt ...» – derartige Phrasen und Allüren von Show-Therapeuten mögen die Einschaltquoten im Nachmittagsprogramm deutscher Privatsender zu steigern helfen, den betroffenen Menschen hilft einzig eine unvoreingenommene Bereitschaft zum Zuhören und zum Verstehen gerade des unbekannt Neuen, das sich vorsichtig und scheu in das zerknitterte Kleid stammelnder Worte getraut. Kein «Stab» also ist auf den Weg zu den Menschen mitzunehmen; die Hand, die man hilfreich einem anderen reichen möchte, muß leer sein, damit sie von fremdem Vertrauen gefüllt werden kann.

c) Besitzlosigkeit als Solidarität

Auch bei den folgenden «Reiseutensilien», deren Mitnahme Jesus schon im *Markus*-Evangelium untersagt (Mk 6,8.9)[27], geht es um Einfachheit und Vertrauen. «Keine Tasche, kein Brot, kein Geld» (9,3) – das ist genau die Haltung, die sich in dem Gebet ausspricht, das Jesus wenig später seine Jünger lehren wird: «(Himmlischer) Vater, ... unser Brot für morgen gib uns diesen Tag» (Lk 11,2.3; vgl. Mt 6,11)[28]. *Markus* kennt das «Vater-unser» nicht; doch übernimmt er allem Anschein nach die Tradition von «Missio-

[27] Vgl. Mk I 390–404: Mk 6,7-13: Die Beauftragung der Jünger oder: Die Macht über die «Geister», bes. S. 397.
[28] Vgl. Mt I 526–535: Mt 6,9-15: Das Vaterunser, S. 529–530.

naren», die als erste nach Jesu Vorbild sich aufmachten, die Botschaft des Mannes aus Nazaret weiterzusagen[29]. Sie wußten: man kann nicht «Arme» lehren, auf Gott zu vertrauen, wenn das eigene «Gehabe» darauf ausgerichtet ist, sich durch alle möglichen «Habseligkeiten» abzusichern. – Wohlgemerkt, das zentrale Denken der bürgerlichen Welt zielt gerade auf eine solche «Zukunftssicherung» in «Selbstverantwortung»: bei der Krankenversicherung, bei der Alterssicherung, bei der Rentenversicherung, bei der Lebensversicherung, bei der Sterbegeldversicherung, ... und selbst die mit Gehältern in Ministerrang versehenen Bischöfe der Kirchen lassen sich von Wirtschaftsberatungsinstituten entsprechende Reden soufflieren. Die Überzeugung Jesu aber war eindeutig in ihrer Klarheit, Güte und Weisheit: «Du mußt auf den (Lebens)Weg überhaupt nichts mitnehmen, schon weil Dir selbst nichts gehört und Du von all dem ‹Ungehörigen› ohnedies nichts behalten kannst. Das letzte Hemd, sagt man, hat keine Taschen; was also willst Du mit einer Tasche? Brot kannst Du ohnedies nicht konservieren; Du kannst nur essen, was Du gerade hast, – der Rest verschimmelt; was also willst Du Brot mit Dir herumtragen? Lebe jetzt, denn nur der Augenblick gehört Dir. Was morgen sein wird, brauchst Du nicht zu wissen; sicher ist nur, daß Du das Leben nicht morgen noch nachholen kannst, das Du heute versäumst. Und vor allem: laß Dich nicht vom Geld verführen zu glauben, es schenke Dir Sicherheit. Auf dem Markt kannst Du gegen Geld jede Ware eintauschen, deren Wert seiner Notierung entspricht, und so scheint Geld alles bedeuten zu können; doch was wirklich Bedeutung besitzt, kannst Du nicht kaufen: Liebe, Freundschaft, Glück, Kreativität, Phantasie, Stille, Ruhe, Reife ... nichts!»

In diesen «Wegweisungen» umschreibt Jesus die Haltung seines eigenen Vertrauens; es sind einfache Evidenzen, die mißversteht, wer sie als «Unterweisungen» und «Anweisungen» liest, als Vorschriften, die in zwanghafter Weise umgesetzt werden sollten; Jesu Worte sind gerade das Gegenteil eines starren Reglements; sie sind nicht gesprochen, um durch eine falsche Wörtlichnahme ins Absurde gestellt zu werden; sie sollen von Fall zu Fall flexibel und pragmatisch in das eigene Leben hereingeholt werden;

[29] Vgl. RUDOLF PESCH: *Das Markusevangelium*, I 328: «In der Spruchquelle war den Missionaren ebenfalls verboten, (Silber)Geld, einen Proviantsack und zwei Leibröcke auf die Missionsreise mitzunehmen; vgl. Lk 10,4 (9,3; 22,35)/Mt 10,8b–10. Hinzu kam hier noch das Verbot von Wanderstock (der den Reisenden auch als Waffe gegen anfallende Tiere oder angreifende Menschen diente) und Sandalen ... Den Missionaren war also auch die allernotwendigste Ausrüstung versagt. Der Radikalismus der Forderung übertrifft denjenigen der Essener, denen auf Reisen Waffen und Sandalen erlaubt sind.»

und im Grunde sollten derartige Weisungen für die Lebensführung seiner «Jünger» selbstverständlich sein.

Doch die Gefahr einer falschen Wörtlichnahme als Zwangsvorschrift asketischer Selbstunterdrückung zeigt sich hier bereits in der lukanischen Redaktion der *Markus*-Vorlage. In Mk 6,9 verbietet Jesus den Zwölfen, «doppelte Gewänder» anzuziehen – Leibrock und Mantel also, um es nachts und wintertags warm zu haben. Wieder handelt es sich um eine einfache Evidenz: Die Leute, mit denen Jesus es zu tun hatte, standen gewiß nicht in der Gefahr, sich Kleider als «Besitz» in den Schrank zu hängen; sie trugen, was sie hatten, am Leibe; und wer mit solchen Leuten sich zusammensetzen will, kann nicht wie ein Paradiesvogel in (kostbaren) Gewändern zu ihnen «einschweben». *Lukas* indessen macht daraus eine weitere Konsequenz seines *Prinzips* vollkommener Armut: verboten ist nach ihm ein «Besitz in Höhe von zwei Gewändern» (9,3)[30]. Schon die Art der Formulierung dieser Anweisung hat wieder «TOLSTOische» Prägung: so redet ein Begüterter von einem Ideal, das er leben möchte, doch das zu leben er sich schwertut. Was darüber hinaus aus den «Weisungen» Jesu für die Zwölf werden kann, wenn man ihre einfache, verbindende Menschlichkeit in das Blei von rituellen Bestimmungen und Ordensregeln gießt und sie als Statuten für eine Mönchs- oder Nonnengemeinschaft fixiert, läßt sich an religiösen Praktiken vor allem der römischen Kirche zeigen.

Man schaue sich nur an, was für eine Paramentenvielfalt zum Beispiel ein katholischer Bischof vor einem Pontifikalamt des Sonntags benötigt, um «angemessen» den «Tisch des Herrn» bereiten zu können: seine sechsfache, achtfache Kleidung, die ihm von bestellten Dienern liturgisch dargereicht werden muß, ist ihm womöglich selber nur Last, sichtlich erdrückt sie ihn; doch vor allem hindert sie ihn, *soll* sie ihn hindern, als gewöhnlicher Mensch unter gewöhnlichen Menschen aufzutreten. Die Amtstracht der Kleriker, die Ordenstracht der Klöster unterdrückt jeden «normalen» Kontakt; sie verdeckt die Person, die in ihrer eigenen Armut sich in nichts un-

30 FRANÇOIS BOVON: *Das Evangelium nach Lukas*, I 457, gibt zu: «Solche Weisungen des evangelischen Radikalismus wurden in der Anfangszeit der Kirche von Wanderpredigern womöglich buchstäblich befolgt und spiegeln wahrscheinlich die eschatologische und polemische Forderung des historischen Jesus wider.» Aber: «Zur Zeit des Lukas werden sie mit Verehrung betrachtet, sind aber, wie wir in der Apostelgeschichte sehen, nicht mehr alle aktuell.»

terscheidet von der Armut der anderen[31]. Wie da erst, wenn ein Papst unter Panzerglas, im Schutz von Kampfhubschraubern und unter der Aufsicht von AWACS-Maschinen (airborne warning and control system) zu einem «Jugendtag» Einzug hält. Tüchtig in unseren Tagen schreitet die Farce voran ... Oder man denke nur an die Auseinandersetzungen etwa zwischen den «beschuhten» und den «unbeschuhten» Karmelitinnen im 16. Jh. in Spanien. Bei *Markus* erlaubt Jesus den Zwölfen, Sandalen anzuziehen (Mk 6,9), – auf den steinigen Straßen Galiläas waren sie zumindest sinnvoll, wo nicht unentbehrlich[32]; *Lukas* indessen erwähnt sie erst gar nicht. Doch was folgt daraus? Auch bei strenger «Nachfolge» Jesu darf man Schuhe anziehen, erklärten die einen; das eben darf man nicht, erklärte TERESA VON AVILA (1515–1582)[33]. Aber: Wird jemand «arm» dadurch, daß man ihm Schuhe verbietet? Heißt dies im Geist Jesu gehandelt, daß man das Tragen oder Nicht-Tragen bestimmter Textil- und Lederwaren zu Glaubensfragen hochstilisiert? – Die ganze Auseinandersetzung erinnert an die Streitereien, die in Indien die Mönchsbewegung der Jainas in die Shvetambara-Jainas und in die Digambara-Jainas spaltete: in die Weißbekleideten und die Luft-

[31] FRANÇOIS BOVON: *Das Evangelium nach Lukas*, I 457, sieht in dem Ausrüstungsverbot Jesu für seine Missionare eine Umdeutung der Pilgerschaft: «Statt nach Jerusalem hinaufzusteigen, geht man zu den verstreuten Israeliten... Wenn diese Hypothese stimmte, käme der Mission eine liturgische Bedeutung zu. Der Missionar würde durch seine Tätigkeit die profane Sphäre des Hauses heiligen. Das Heilige würde den Menschen in seiner Weltlichkeit erreichen und der Mensch den heiligen Tempel nicht mehr betreten. Voraussetzung dieser radikalen Umdeutung wäre eine Überlegung hinsichtlich des *Ortes* der heiligen Präsenz Gottes, die nicht mehr vom Tempel abhinge, sondern von der Person der göttlichen Boten. Die Verschiebung des Heiligen vom Tempel zur Person entspricht der Überzeugung Jesu und ist Teil seines Selbstverständnisses.» Vor diesem Hintergrund erscheint das klerikale Ornat oder Habit noch grotesker – und absolut illegitim.

[32] Vgl. RUDOLF PESCH: *Das Markusevangelium*, I 328: «Die Ausnahme von Wanderstab und Sandalen vom Ausrüstungsverbot (sc. in Mk 6,8.9, d.V.) setzt deren Verbot in älterer Überlieferung voraus; Markus rezipiert also eine ‹angepaßte› Regel: Bei ausgedehnteren, den palästinensischen Horizont überschreitenden Missionsreisen erwiesen sich Stab und Schuhwerk als notwendig, zumal die Bedürfnislosigkeit sich in den übrigen Verzichten ausreichend, ja sogar andere Wanderprediger (sc. wie z.B. die hellenistischen Philosophen der kynischen Schule, d.V.) überbietend demonstrieren ließ.»

[33] Vgl. REINHOLD SCHNEIDER: *Philipp der Zweite*, 155: «Ihr (sc. Teresas Nonnen, d.V.) Kleid ist aus grobem Tuch und von einem weißen Mantel geschützt. Ihre Füße sind unbekleidet; dies ist ein Zeichen, das sie von den nicht reformierten Carmelitinnen unterscheidet. Sie schlafen auf einer Matratze aus Stroh. Keiner (sc. der Nonnen, d.V.) ist es erlaubt, die Zelle der anderen zu betreten; sie dürfen sich nicht umarmen und nicht einmal die Hände reichen. Ihr einziger Besitz ist ihr Kleid, Geschenke müssen sie zurückweisen. Eine jede unter ihnen arbeitet (sc. mit dem Spinnrocken oder mit Näharbeiten, d.V.) für alle anderen. Es gibt keinen Unterschied, keinen Rang; alles gehört allen gemeinsam.»

bekleideten (die Nacktgeher)[34]. – Im Orden der unbeschuhten Karmelitinnen nahm dreihundert Jahre später THERESE VON LISIEUX (1873–1897) die Lehren ihrer mystischen Meisterin so ernst, daß sie, schwer lungenkrank, sich weigerte, auch nur eine wärmende Decke in ihre winterkalte Zelle mitzunehmen[35]. – Eine Auslegung von Worten Jesu, die es am Ende erlaubt, selbstquälerischen Masochismus heiligzusprechen, ist weit davon entfernt, zu tun, was Jesus mit der Aussendung der Zwölf beabsichtigte: heilend zu wirken.

Natürlich kann das «Barfußgehen» auch etwas Wunderbares sein, wenn es innerlich stimmt. So konnte der Stoney-Indianer TATANGA MANI (Walking Buffalo, 1871–1967) bedauernd davon sprechen, daß viele Menschen «kaum jemals richtige Erde unter ihren Füßen» fühlen und «kaum jemals Pflanzen wachsen» sehen, und er fügte hinzu: «Wenn Menschen sich von den Schöpfungen des Großen Geistes entfernen, dann vergessen sie auch leicht seine Gesetze.»[36] Ehrfurcht vor der Natur, Sensibilität gegenüber allen Sinneswahrnehmungen, Empathie mit allem, was lebt, – alles das *kann* sich ausdrücken, indem man barfuß geht, doch keinesfalls ist es daran gebunden.

Sämtliche «Wegweisungen» Jesu bei der Aussendung der Zwölf, so viel ist sicher, waren einmal pragmatisch bezogen auf die eine und einzige Zielsetzung: heilenden Umgang mit Menschen zu pflegen. Daraus sollte man unschwer auch einen klaren Maßstab dafür gewinnen können, was mit der «Armutsforderung» des *Lukas* gemeint ist: Besitz, der sich – geistig oder materiell – trennend zwischen Menschen stellt, ist überflüssig und hinderlich; ja, er trennt, bei Lichte besehen, nicht erst den einen Menschen von dem anderen, er trennt bereits in der Seele der Menschen, die nach Besitz streben, das Innere vom Äußeren, – er ist in sich selbst eine eingefrorene Lüge. Besitz indessen, der – geistig oder materiell – Menschen miteinander

34 Vgl. HELMUTH VON GLASENAPP: *Die nichtchristlichen Religionen*, 114 -120: Dschainismus, S. 116: «Im ersten Jh. n. Chr. kam es zu einer bis heute bestehenden Spaltung des Mönchtums, die sich aber schon in früherer Zeit vorbereitet haben soll. Anlaß hierzu waren nicht dogmatische Differenzen, sondern eine Kleiderfrage: während die eine Richtung, die *Shvetạmbaras* (Weißgekleideten), den Mönchen den Besitz eines weißen Gewandes gestatteten, verlangten ihre Gegner, die *Digạmbaras* (Luftgekleideten), daß der Asket auch auf diesen Besitz verzichte.»

35 So schrieb THERESIA MARTIN am 10. Aug. 1897, etwa sieben Wochen vor ihrem Tode, an Abbé Belliére: «Sehen Sie, jetzt scheint sich meine Pilgerfahrt nur noch vollenden zu brauchen. Weit davon entfernt, mich zu beklagen, freue ich mich, daß der liebe Gott mir erlaubt, Seiner Liebe wegen zu leiden.» In: THERESIA MARTIN: *Briefe*, II 177–178.

36 RUDOLF KAISER: *Die Erde ist uns heilig*, 121.

verbindet, ist etwas Brauchbares und Nützliches. Also kommt es wesentlich auf unsere innere Einstellung zum Besitz an und darauf, mit wem an unserer Seite wir es wesentlich zu tun haben. Eine Seelsorge an seelisch Leidenden bedarf Menschen, die um ihre eigene Armseligkeit wissen; eine Seelsorge an sozial Armen bedarf Menschen, die ihre eigene kreatürliche Ausgesetztheit kennen. Der Abbau der Sperrwände aller möglicher Eitelkeiten, die Aufhebung demütigender Unterschiede unter den Menschen – das in jedem Fall ist der Sinn der Armutsforderung Jesu[37]. Sie macht den Weg *frei*, den die Zwölf gehen sollen. Die Frage lautet daher ganz einfach: «Öffnet oder verschließt, was ich bin oder tue, die Herzen von Menschen? Erleichtert oder erschwert es den Versuch, ihnen nahezukommen? Hilft es ihnen oder kränkt es sie?» Wer so sich fragt, weiß bei einiger Ehrlichkeit sehr rasch und untrüglich, was heute ihm Jesus mit seiner Aussendungsrede zu sagen hat.

d) Von Aufnahme und Ablehnung

Nicht im Widerspruch dazu steht es, sondern es ergibt sich förmlich daraus, daß Jesus im nächsten Satz fortfahren kann, wo immer man Aufnahme finde, dort solle man bleiben (9,4)[38]. Formal hält sich diese Aufforderung im Rahmen der noch heute wohl wichtigsten Verhaltensregel aller «einfa-

[37] Das gilt um so mehr, wenn die Annahme von FRANÇOIS BOVON: *Das Evangelium nach Lukas*, I 457, zutrifft, daß das Ausrüstungsverbot Jesu für seine Missionare eine Umdeutung der jüdischen Pilgerschaft zum Jerusalemer Tempel darstellt, und zwar mit dem Ziel, die Gegenwart Gottes in den Menschen, nicht im «Heiligtum» der Priester zu bekunden. – Was das bedeuten kann, führte MARTIN NIEMÖLLER in einer Predigt am 25.10.1945 in Dahlem zu Mt 9,35-38 aus: «Der Herr Christus und die Gemeinde des Herrn Christus, die sich von Gott rufen und senden lässt, nicht nur bloß zum Gottesdienst und ins Gotteshaus, sondern rufen und senden läßt zum Bruder und zur Schwester, sodass der Einzelne wirkt: Hier steht jemand an meiner Seite, der hat aus dem Born des Lebens getrunken und lebt daraus und hat von Gott Liebe genommen, und darum spüren wir bei ihm etwas von dieser Liebe Gottes zu uns armseligen Menschen mitten in unserer Not, mitten in unserem Elend – der wäre etwas, das ist etwas, was vielleicht, wenn Gott Gnade gibt, uns dahin führt, dass wir eines Tages dankend beten dürfen: Der Herr Christus zieht auch heute noch durch unser Volk und Land und er zieht heute wieder durch unser Volk und Land und wir sehen ihn nicht und wir sehen ihn doch in dem christlichen Bruder, der die frohe Botschaft von dem Reich Gottes bringt, das da ist, wenn er seine lindernde und helfende Hand dazu benutzt, Wunden zu verbinden und zu heilen.» In: SEBASTIAN KUHLMANN: *Martin Niemöller*, 177.

[38] HANS-JOACHIM DEGENHARDT: *Besitz und Besitzverzicht in den lukanischen Schriften*, 66, meint, es solle mit dieser Anweisung «verhindert werden, daß die Boten sich die beste Unterkunft aussuchen. Außerdem kommen Gastgeber und Gast leicht in Verruf, wenn der Gast die Herberge wechselt.»

chen» Leute im Orient: der Pflege der Gastfreundschaft; was aber Jesus hier sagen will, ist noch ein anderes. Orientieren sollen die Zwölf sich an der Aufnahmebereitschaft der Menschen, die sie antreffen. Wem sie mit ihrer Botschaft etwas Heilsames zu geben haben, mit dem wird sich auch eine «bleibende» Verbundenheit herstellen, und zwar so lange, als es wechselseitig stimmt und guttut.

Regelmäßig taucht in psychotherapeutischen Behandlungen zum Beispiel die Frage auf, wie lange solche Sitzungen dauern können oder sollen, und angstvoll fürchten nicht wenige, ihr Therapeut werde irgendwann – unzufrieden, genervt oder ungeduldig – die Gesprächsreihe einseitig für «beendet» erklären. Doch so darf es nicht gehen. Jedes gute Gespräch bringt zwei Menschen einander näher, es vertieft ihr Vertrauen, es festigt ihre Verbundenheit. Kein wirklich gutes Gespräch hört einfach auf. Es mag Gründe geben, die äußerlich Menschen für eine Weile voneinander trennen; es mag andere Gründe geben, die innerlich Menschen für eine Weile in unterschiedlicher Richtung zum gleichen Ziel unterwegs sein lassen. Doch wo immer der eine den anderen «aufnimmt» – in sein Heim, in sein Herz –, da formt sich auch der gemeinsame Wunsch, ja, geradezu die gemeinsame Pflicht, beieinander zu bleiben.

Und was ist mit denen, die Jesu Sendboten *nicht* bei sich aufnehmen? Dort sollen sie weiterziehen und den Staub von den Füßen schütteln (9,5)[39]. Keinesfalls handelt es sich hier um eine Empfehlung der Faustregel: Wer nicht will, der hat schon; ausgedrückt ist vielmehr ein unvermeidbares Entweder-Oder. Was Jesus durch die Zwölf den Menschen mitteilen möchte, ist nicht irgend etwas, das man je nach Laune für schicklich oder für unschicklich halten könnte, es hat in sich selber schicksalhafte Bedeutung: es

[39] Der Sinn dieses Gestus ergibt sich aus der Entsprechung zu der Praxis von Juden, wenn sie heidnisches Gebiet verlassen; vgl. Str. B. I 571: «Das Land der Heiden galt als unrein, weil man überall Grabstätten vermutete. Erdstaub, etwa mit ausländischen Bodenerzeugnissen nach Palästina eingeführt, konnte levitisch reine Gegenstände unrein machen. Bei einer Wanderung durch heidnisches Gebiet wird man also, bevor man den Boden Palästinas betrat, sorgfältig allen Staub von Schuhwerk und Kleidung entfernt haben, um das Land Israel nicht zu verunreinigen. Schüttelte man daher den Staub einer Stadt von den Füßen ab, so drückte man damit aus, daß man den Ort dem Gebiet der Heiden gleichstelle u. mit seinen Bewohnern keine Gemeinschaft habe.» Von daher muß man dann sagen, daß Jesus die radikale Personalisierung der Gegenwart Gottes so sehr mit der Annahme seiner eigenen Person und Botschaft verknüpft, daß die Ablehnung seiner Sendboten identisch ist mit dem Ausschluß Gottes, mit dem Rückfall ins «Heidentum», mit dem Ende des «Gottesvolk»-Seins, oder anders: es wird, im Falle man Jesu Botschaft zurückweist, deutlich, daß man das «Gottesvolk»-Sein nie wirklich verstanden hat; und ob das der Fall ist, entscheidet sich nicht auf der Ebene des «Volkes», sondern jedes Einzelnen!

entscheidet über Heil oder Unheil des ganzen Lebens, geht es doch um nicht mehr und nicht weniger als um die Ansage des «Königtums Gottes». Wenn die Zwölf eine Stätte verlassen, da sie keine Aufnahme finden, und weiterziehen, mag sie das davor schützen, sinnlos viel Zeit und Energie zu verlieren, – die Botschaft drängt! Doch denen, die sie zurücklassen, entgeht unendlich Wichtiges, und auf ihnen liegt's wie eine Warnung, wenn die Boten Jesu sich «den Staub von den Füßen schütteln», – als hätten sie ihren Ort nie betreten, als wollten sie sich von ihnen nicht länger besudeln lassen.

Über eine Stelle wie diese *kann* man nicht nur, über sie muß man erschrecken. Das «Königtum Gottes» – das ist, wie nicht oft genug gesagt werden kann, eine Welt reiner Gnade; und nun: diese furchtbare Drohung einer ein für allemal verpaßten entscheidenden Chance!

Ganz sicher falsch wäre es, den Entscheidungsernst leugnen zu wollen, der in diesen Worten Jesu, wenn auch nur erst in einem kurzen Satz, anklingt; – er gehört zweifellos zentral zur Botschaft Jesu. In dem Gleichnis etwa von den dummen und den klugen Brautjungfern (Mt 25,1–13) schildert er geradezu dramatisch das mögliche Zuspät eines eitlen Lebens, das sich weigert, Wesentliches von Unwesentlichem zu trennen und mit Konsequenz das für richtig Erkannte zu tun[40]; ja, er zögert nicht, die galiläischen Städte Chorazin und Betsaida im Norden des Sees von Gennesaret zu verfluchen, weil sie trotz allen Redens und Tuns es abgelehnt haben, seine Botschaft anzunehmen (Lk 10,13–15). Kann Gnade so ungnädig sein? Kann Segen Fluch werden? Offenbar ja!

Mehrfach schon sahen wir in der Darstellung des *Lukas*, wie die Heilungen, die Jesus vornahm, all diejenigen gegen ihn aufbrachten, die sich von seiner Grundhaltung einer vorbehaltlosen Akzeptation geradewegs in Frage gestellt fühlten und entsprechend empört auf ihn reagierten. Gnade ist etwas, das man nicht in homöopathischen Dosen verabreichen kann; es läßt sich aus ihr nur leben ganz oder gar nicht; sie betrifft alles, an ihr entscheidet sich alles. Nur: was wird aus den Menschen, die sich im Moment noch gar nicht entscheiden können oder die nicht die Kraft haben, ihre bis-

[40] Die Drohung, die sich hier ausspricht, wird nicht geringer, wenn FRANÇOIS BOVON: *Das Evangelium nach Lukas*, I, 459, die Bedeutung der Geste des Staub-Abschüttelns mit folgenden Worten zu mildern sucht: «Die Geste… drückt keine Wut und kein Rachegefühl aus, sondern symbolisiert das Abbrechen der menschlichen Verbindung und den Abscheu vor Verunreinigung… sie ist nicht einem Fluch gleichzusetzen. Liebe zum Nächsten verlangt manchmal, daß man den anderen mit seiner Verantwortung allein läßt». Es geht hier ja gerade nicht um eine «menschliche Verbindung», es geht um die unbedingt jetzt auf Heil oder Unheil zu treffende Entscheidung für oder gegen Gott!

herige Einstellung vollkommen zu ändern? Was ist mit all denen, die noch nicht genug an sich selbst, an der Welt, in der sie groß geworden sind, gelitten haben, um die Botschaft Jesu wie ein rettendes Medikament im Kampf gegen eine tödliche Krankheit sehnsüchtig zu erwarten und aufzunehmen?

Lukas selber verschleiert ein Stück weit diese Unversöhnlichkeit in der Botschaft Jesu, wenn er davon spricht, die Zwölf hätten Kraft besessen über «alle» Abergeister (9,1) und Vollmacht, «allerorten» Heilungen zu wirken (9,6)[41]. So hat es *Markus* gerade nicht geschildert. *Markus* im Gegenteil berichtet davon, daß zum Beispiel in Nazaret Jesus das Vertrauen durchaus nicht zu wecken vermochte, das nötig gewesen wäre, Menschen zu heilen (Mk 6,5)[42]. Was also, wenn selbst historisch betrachtet die Botschaft Jesu, dazu bestimmt, alle Menschen zu einen, ihre Grenzen fand an der Ungnädigkeit der Gesetzestreuen und an der Verzweiflung so vieler Unheilbarer aus Angst? Gewiß, es gibt Situationen, wo scheinbar nichts anderes mehr übrigbleibt, als die selbstzufriedene Sturheit der immer «Richtigen» massiv zu attackieren, – bald schon werden Reden aus dem Munde Jesu gegen die «Pharisäer» und gegen die «Schriftgelehrten» zu vernehmen sein, daß einem Hören und Sehen vergehen kann (vgl. Lk 11,37–54); es mag manchmal ebenso unausweichlich scheinen, *gegen* die unsinnigen neurotischen Ängste von Menschen Furcht vor den wirklichen Gefahren zu erzeugen, in denen sie schweben, – auch dafür finden sich Drohworte Jesu von erschreckender Gewalt (vgl. Lk 12,4–5). Doch läßt sich daraus entnehmen, daß – entsprechend den Dogmen der römischen Kirche – Menschen zur «Hölle» «verflucht» sein könnten[43]? Daß sie «in Freiheit» das «Gnaden-

[41] FRANÇOIS BOVON: *Das Evangelium nach Lukas*, I 456–457, meint sachlich richtig: «Lukas gibt hier dem ‹Reich Gottes› mehr christologisches als eschatologisches Gewicht. Wie bis jetzt der lukanische Messias eine heilende Gestalt gewesen ist, so sollen auch seine Gesandten die Menschen heilen. Sie werden im Namen Jesu, der im Namen Gottes gekommen ist, die soteriologischen Güter durch Wort und Tat bringen.» Jedoch: derartige Theologen-Worte *verhindern* jede Tat möglicher «Heilung», sie sind in sich schlicht «unheilvoll». Und wie will man das «Christologische» und das «Eschatologische» bei der Interpretation einer Stelle von einander trennen, der es wesentlich um eine *endgültige* Entscheidung auf Heil oder Unheil geht?

[42] Vgl. Mk I 376–384: Mk 6,1-6: Jesus in Nazareth oder: Die Provokation des Ungewöhnlichen, bes. S. 382–384.

[43] Vgl. CATÉCHISME DE L'ÉGLISE CATHOLIQUE (Weltkatechismus), Nr. 1033–1037, wo in Nr. 1033 die Hölle als «endgültiger Selbst-Ausschluß aus der Gemeinschaft mit Gott» definiert wird; Nr. 1035 betont zudem «das Zeugnis der Kirche», das «die Existenz der Hölle und ihre Ewigkeit» bestätigt. Ebenso *Katholischer Erwachsenenkatechismus*, S. 422–424.

angebot» Gottes in Jesus (Christus) «ablehnen» könnten[44]? Das gerade nicht!

Um klar zu sehen, muß man an dieser Stelle sich nur verdeutlichen, was «Gnade» oder was «Liebe» unter Umständen für einen Menschen wirklich meinen. Wenn ein ganzes Leben sich immer neu durchsetzen mußte im Feld der gnadenlosen Konkurrenz, wenn es vereiste in einer buchstäblich lieblosen Welt, so kann es Worte wie «Gnade» und «Liebe» wohl nur als «lächerlich» empfinden – oder zu fürchten beginnen als Aufforderungen zu fahrlässiger Wehrlosigkeit. Ein solches Leben «entscheidet» sich nicht «freiwillig» gegen Gott, es ist auf Grund seiner vollkommenen Verzweiflung nur ganz außerstande, seiner heilenden Umformung zuzustimmen. Als Jesus den «Besessenen» in Gerasa nach seinem Namen fragte, hörte dieser zumindest auf, den Mann wegzuwünschen, der gerade dabei war, sein zerbrochenes Ich wieder zusammenzusetzen (Lk 8,28–30); doch wie oft bleiben alle noch so gut gemeinten Heilungsversuche umsonst? Es ist nur zu wahr, daß wir «Kraft und Vollmacht gegenüber *allen* Abergeistern» (9,1) eben nicht besitzen und wir oft gar nicht anders können, als unsere «Bettelarmut» auch diesbezüglich einzugestehen. Das «Königtum Gottes» zu künden kann offenbar heißen, einen Menschen bedingungslos in die Hand seines Schöpfers zurückzugeben, auf daß er etwas tue, das einer wirklichen «Neuschöpfung» gleichkommt und daher vielleicht in der Tat erst jenseits der Grenzen des irdischen Lebens vollendet wird. Vertrauen auf Gott – das bedeutet eben nicht die Verfügungsgewalt über magische Allmacht, es bedeutet im Gegenteil, einverstanden damit zu sein, daß das Entscheidende nicht wir, sondern einzig Gott tuen kann, – und sei es jenseits der Begrenzungen der erfahrbaren Wirklichkeit. Einzig in solchem Vertrauen vermögen wir hilfreich zu sein in der Macht unserer Ohnmacht, – sehr im Gegensatz zu der Hilflosigkeit jener ohnmächtigen Macht, die in den Tagen Jesu in dem Vasallen-Viertelfürsten Herodes Antipas vorübergehend Gestalt annahm.

e) Herodes Antipas oder: Das politische und das religiöse Prinzip

Die Verkündigung der Zwölf «von Dorf zu Dorf» (9,6) spricht sich offenbar herum, man wird auf sie aufmerksam, und die Kunde davon dringt hinauf sogar an den Königshof. In gewissem Sinne also läßt sich die Sache recht «erfolgreich» an, – was mehr könnte man wollen? Doch in Wirklich-

[44] *Catéchisme de l'Église Catholique* (Weltkatechismus), Nr. 1036 erklärt die Lehre von der Hölle als «Appell an die Verantwortung, mit der jeder Mensch seine Freiheit gebrauchen muß im Angesicht seiner ewigen Bestimmung».

keit ist es so, wie wenn ein Kapitän bei schwerer See das Bramsegel am Großmast setzen wollte, um möglichst hoch am Wind zu laufen, – von nun an nimmt für Jesus die Gefahrenhöhe bedenklich zu. Bis dahin bereits hatte er es mit den «Schriftgelehrten» und «Pharisäern» zu tun – mit den Gesetzesstrengen und «Orthodoxen» im Lande; er hatte es aber auch zu tun mit den Hilfsbedürftigen und Kranken, und der – ewige – Konflikt von «Gesetz» und «Gnade», wie *Paulus* später formulieren wird (Röm 6,14; Gal 2,16.21), scheint zu diesem Zeitpunkt durchaus noch unentschieden. Fest steht jedenfalls, daß die religiösen «Hardliner» für sich allein nichts entscheiden können; sie bedürfen der Zustimmung und Unterstützung der politischen Macht, und diese kommt erst jetzt ins Spiel: mit Herodes (Antipas).

Daß dieser Mann überhaupt hier (schon) auftaucht, ist erneut in der Komposition des *Markus* begründet, der in einer (historisch wenig glaubhaften) Schauerlegende mitten in die Aussendung der Zwölf die Hinrichtung Johannes' des Täufers gestellt hat (Mk 6,14–29)[45]; nach *Markus* gab diese Greueltat des Königs Jesus das Signal zu seinem eigenen Auftritt, zugleich aber auch ein Vorzeichen für sein künftiges Schicksal. *Lukas* hat die Gefangennahme des «Vorläufers» Jesu bereits kurz erwähnt (Lk 3,20), seine Ermordung aber weggelassen; auch was ihn jetzt interessiert, ist nicht das Ende des Täufers, vielmehr geht es ihm um die eigenartige Resonanz, welche die Botschaft und das Wirken der Zwölf in dem für den Mann aus Nazaret zuständigen obersten Verwaltungsbeamten auslöst. Buchstäblich weiß Herodes nicht weiter (9,7); er ist irritiert[46]. Da geschieht etwas, das sich in seine gewohnten Begriffe nicht einordnen läßt; nur das Ressort, das damit beschäftigt werden muß, scheint irgendwie klar: Es geht um die Abteilung Religion.

Wohlgemerkt ist es an dieser Stelle sehr wichtig, festzuhalten, daß die Konfrontation zwischen dem Anliegen Jesu und der regierenden Gewalt in der Sicht des *Lukas* von Anfang an keine machtpolitische oder messiastheologische Auseinandersetzung darstellt[47]; anders als Herodes der Große

[45] Vgl. Mk I 405–424: Mk 6,14-29: Der Prophet und der König oder: Johannes und Herodes Antipas.

[46] Vgl. WOLFGANG WIEFEL: *Das Evangelium nach Lukas*, 171: «Die Kunde von den Geschehnissen um Jesus (gedacht ist wohl an das in Luk. 8,22-56 Berichtete) dringt auch zu Herodes vor. Lukas reflektiert auf die psychologische Seite seiner Reaktion.»

[47] Vgl. HANS CONZELMANN: *Die Mitte der Zeit*, 44: «Die Gestalt des Herodes ist psychologisiert. Er steht nicht in der eschatologischen Angst, sondern ist geplagt durch die Meinung der Leute. Er hat keine Gewissensnöte wegen Johannes. Seine rationale Argumentation hebt sich stark ab von der Rolle, die er bei Mc zu spielen hat und die vom Heilsgeschehen bestimmt ist.»

(Vasallenkönig von 37–4 v. Chr.) in der Legende des *Matthäus*, hat dessen Sohn Herodes Antipas historisch nicht den geringsten Grund, sich durch dunkle Orakel in seiner Königswürde derart bedroht zu fühlen, daß er alle neugeborenen Kinder in Betlehem hätte ausrotten lassen müssen (Mt 2,1–8.16–18)[48]. Was diesen Herrscher verwirrt, ist die «gespenstische» Erscheinung Jesu und, wie bei allen Verwaltern politischer Macht, die Meinung der Menge von ihm. Nicht wer ein Mann wie Jesus wirklich ist, hat Bedeutung für die Verwaltungsbehörde, belangvoll für sie ist allein, was die Leute von ihm denken. *Lukas* setzt dabei eine geläufige Sammlung von Ansichten offenbar als bereits feststehend voraus; denn als wenig später Jesus selber seine Jünger fragen wird, was für Vorstellungen über ihn in Umlauf seien, antworten sie ihm mit der Aufzählung derselben Klischees (Lk 9,18.19)[49]; in dem nachfolgenden Gespräch dann wird Jesus die Jünger auffordern, hinter die Fassade der Vorurteile zu schauen, die gestellte Frage sich persönlich vorzulegen und sie mit der eigenen Existenz zu beantworten. Hier aber, in der Person des Herodes, wird genau das nicht geschehen, und es kann bei einem Menschen wie ihm auch gar nicht geschehen. Wenn wir eben noch feststellen mußten, daß es von «Abergeistern» «Besessene» gab, die selbst Jesus nicht zu heilen vermochte, – hier, in der Mitte der Macht, regiert einer von ihnen! Was in seinen Untertanen vor sich geht, ist allemal als Machtfaktor für ihn interessant, was sich in ihm selber tut, ganz sicher nicht.

Dabei müßten die Deutungsvorschläge, die seine Höflinge ihm bezüglich des Jesus-«Phänomens» antragen, jedes jüdische Ohr hellhörig machen. Gemunkelt wird, Jesus sei Johannes der Täufer, «auferweckt von den Toten» (9,7). Eine Ansicht wie diese hat nicht, wie man mitunter lesen kann, mit der (indischen oder pythagoreischen) Lehre von «Wiedergeburt» oder «Seelenwanderung» zu tun; etwas ganz anderes vielmehr hätte sie einem jüdischen König wie Herodes Antipas zu sagen: Die «Auferweckung der Toten» erwartete man im Judentum (soweit «apokalyptisch» gesonnen) für das

[48] Vgl. Mt I 295–306: Die Träume Gottes und die mörderische Wirklichkeit der menschlichen Geschichte. – Zur Regierungszeit *Herodes des Großen* vgl. MARTIN NOTH: *Geschichte Israels*, 370–376; zu *Herodes Antipas* (4 v. Chr.–39 n. Chr.) vgl. a. a. O., 376; 378–379.

[49] Vgl. WOLFGANG WIEFEL: *Das Evangelium nach Lukas*, 177: «In ihrem (sc. der Menge, d.V.) Urteil sind drei an Jesus herangetragene Bezeichnungen zusammengefügt, die in ähnlicher Gestalt schon im Zusammenhang mit der Reaktion des Herodes Antipas (9,7-9) aufgetaucht waren (9,19c entspricht nahezu wörtlich 9,9b). Die bereits der Markustradition (vgl. Mark. 8,28; 6,14.) vorgegebene Trias reproduziert nicht eine ‹Vorläuferdogmatik›, sondern läßt die Bewertung Jesu in seinem Volk zur Zeit seines Wirkens erkennen.»

«Ende» der Tage[50]; sollte sich deshalb an der Person Jesu zeigen, daß diese Zeit bereits da ist, so bedeutete das den Schlußstrich unter jegliche menschliche Herrschaft; dann wäre es opportun, gleich und auf der Stelle abzudanken oder, besser noch, wie der König von Ninive auf die Untergangspredigt des *Jona* hin, sich in den Staub zu setzen und mit allen im Lande Buße zu tun (Jon 3,6)[51]. Grund dafür böte sich dem Herrscher ohnedies genügend, war's doch Johannes, der ihn «bezüglich Herodias, der Frau seines Bruders, und bezüglich von allem, was er an Bösem getan», «zurechtgewiesen» hatte (Lk 3,19). Wäre es möglich, die Geister des Vorwurfs kehrten in Jesus zurück, sie ließen sich nicht abschütteln, sie stünden im Gegenteil verstärkt wieder auf, so wie in WILLIAM SHAKESPEARES (1564–1616) *Hamlet*, als der junge Prinz die Ermordung seines Vaters durch die eigene Mutter und durch seinen Onkel Claudius in einem Schauspiel im Schauspiel reinszenieren läßt[52]? Dann müßte Herodes den Mann aus Nazaret mehr noch fürchten als dessen «Vorgänger». Aber ist ein solcher Gedanke nicht einfach nur phantastisch für jeden realistisch Denkenden?

Genauso apokalyptisch-phantastisch mutet einem Herodes der zweite In-

50 RUDOLF PESCH: *Das Markusevangelium*, I 336, meint mit Bezug zu Mk 6,15: «Die Erwartung von Martyrium und Auferweckung eschatologisch-prophetisch-messianischer Gestalten und damit die Vorstellung der Auferweckung eines einzelnen ist zur Zeit Jesu vorhanden». FRANÇOIS BOVON: *Das Evangelium nach Lukas*, I 464, stimmt dem zu und meint: «In der von synkretistischen Tendenzen nicht freien Bevölkerung Galiläas konnte wohl die Überzeugung eines Neuerscheinens der Täufers entstehen, wobei der Ausdruck ‹von den Toten auferweckt› vielleicht christliche Formulierung ist.» Str. B. I 679, verweisen darauf, daß «man die Wiederbelebung eines Toten bereits in der gegenwärtigen Welt (nicht bloß erst nach Anbruch der Tage des Messias oder der zukünftigen Welt) für möglich gehalten hat.» Str. B. IV 2, 1166, aber stellen fest: «Die vorchristliche jüdische Literatur hat die Tage des Messias... mit der zukünftigen Welt... identifiziert. Die messianische Zeit gilt als die Zeit der absoluten Heilsvollendung, demgemäß bringt sie auch die Auferstehung der Toten.» Besonders im Buch *Henoch* drückt sich diese Vorstellung aus, allerdings nicht einheitlich. Hen 22,1 ff. vertritt eine allgemeine Auferstehung der Toten; die Hirtenvision in Hen 90,33 denkt an eine Auferstehung nur der Märtyrer; die Bildreden in Hen 51,1 und Hen 61,5 «lassen sowohl die Gerechten als auch die Gottlosen an der Auferstehung teilhaben, während die Mahnreden (sc. in Hen 91,10; 91,19; 92,3; 100,5, d.V.) die Auferstehung auf die Gerechten zu beschränken scheinen.» Str. B. IV 2, 1167–1168. – Gleichwohl ist HEINZ SCHÜRMANN: *Das Lukasevangelium*, I 506–507, zuzustimmen, wenn er meint: «Die Vorstellung einer vorzeitigen Wiedererweckung des Täufers und seine ‹Reinkarnation› in Jesus bleibt seltsam nicht nur für unser Empfinden». «Abstrus», wie er meint, ist die Meinung im Volke aber nicht, – sie steht im Horizont der Vermutung, mit Jesus sei die messianische Heilszeit angebrochen, und darin allerdings liegt eine bedrohliche Stimmung für einen Viertelfürsten wie Herodes Antipas.

51 Vgl. E. DREWERMANN: *Und der Fisch spie Jona an Land*, 52.

52 WILLIAM SHAKESPEARE: *Hamlet*, 3. Akt, 2. Szene, in: Sämtliche Werke, S. 815–817.

terpretationsvorschlag an: in Jesus sei *Elija* erschienen[53]. Solche Gedanken legten sich – laut *Lukas* – den Leuten zum ersten Mal nahe, als sie die Auferweckung der Jünglings von Nain miterlebten (Lk 7,11–17): als Jesus den verstorbenen Sohn seiner verwitweten Mutter lebendig zurückgab, mußte jeder Bibelkundige sich an die ganz ähnliche Begebenheit erinnert fühlen, wie Elija in Sarepta den Sohn der Witwe ins Dasein zurückrief (1 Kön 17,17–24); und tatsächlich hatten die Menschen damals bereits gerufen: «Ein großer Prophet ist erstanden unter uns.» (Lk 7,16) Wenn in Jesus Elija erschiene, so hätte sich eine Weissagung des Propheten *Maleachi* erfüllt, es müsse vor dem Ende der Zeiten zuerst noch Elija zurückkommen (Mal 3,23)[54]. Auch in diesem Fall täte der König nur gut daran, schleunigst zurückzutreten und all seine Missetaten öffentlich zu widerrufen; anderenfalls müßte er diesen «Elias redivivus» fürchten wie damals König Ahab (871–852) den «ersten» Elija; er war – zumindest der biblischen Elija-Legende nach[55] – der Todfeind des israelitischen Herrschers, dessen schmachvollen Tod er in düsterem Zorne vorhergesagt hatte (1 Kön 21,21–24).

Doch selbst wenn Jesus *nur* «einer von den Alten» unter den Propheten wäre (9,8) – *Jeremia* etwa, wie die Leute es bei *Matthäus* für möglich erklären (Mt 16,14)[56] –, müßte Herodes sich auch dann auf eine Neuauflage

[53] Vgl. Str. B. IV 2,779: «Die Wiederkunft des Propheten Elias am Ende der Tage ist ein feststehender Glaubensartikel der alten Synagoge gewesen. Als Schriftgrund diente Mal 3,1 u. 23 f., wo Elias als Wegbereiter Gottes u. als Friedensstifter zwischen Vätern und Söhnen geschildert wird.»

[54] Zu der Prophetenstelle vgl. KARL ELLIGER: *Das Buch der zwölf Kleinen Propheten*, II 216–217: Es handelt sich «um sekundäre Zutat», mit dem «das Schwergewicht der Frömmigkeit ... ins Gesetzlich-Ängstliche verschoben» wird, indem «aus der Verkündigung des Maleachi vom Tage des Herrn gerade das ‹groß und schrecklich› herausgehört» wird. Aber: «Damit Gott an seinem Tage nicht doch strafen muß, weil alle Gesetzespredigt letztlich zum Tode führt, wird er einen himmlischen Boten senden, dessen Amt die Versöhnung ist.»

[55] Vgl. ERNST WÜRTHWEIN: *Die Bücher der Könige*. 1. Kön. 17–2. Kön. 25, S. 205–232; zu der Nabot-Novelle 1. Kön 21 vgl. a. a. O., 245–253. – FRANÇOIS BOVON: *Das Evangelium nach Lukas*, I 464, gibt die zweite Meinung der Menge über Jesus bei *Lukas* so wieder: «Jesus ist Elija redivivus. Lukas weiß, daß Elija wie Enoch nicht gestorben sind. Die angekündigte Wiederkunft Elijas kann also nicht als Auferstehung bezeichnet werden, sondern ... nur als ‹Erscheinung› ... Lukas läßt den Täufer im Geist Elijas wandeln (1,17) und Jesus prophetische Züge des Elija tragen (9,54), bezeichnet aber im Unterschied zu Mk 9,11-13 den Täufer nicht als Elija redivivus.»

[56] Vgl. Mt II 355–376: Mt 16,1-20: Die Forderung nach einem «objektiven» Gott oder: Wie «bekennt» man Jesus als den «Christus»? – FRANÇOIS BOVON: *Das Evangelium nach Lukas*, I 464, meint zu der dritten Auffassung des Volkes von der Person Jesu bei *Lukas*: «Jesus ist ein alttestamentlicher Prophet redivivus. Markus hatte nur die Ähnlichkeit unterstrichen ... Lukas identifiziert hinsichtlich der Meinung des Volkes Jesus mit einem auferstandenen ... Propheten. Als Möglichkeit stört ihn dieser Volksglaube also nicht.»

des ewigen biblischen Gegensatzes von Prophet und König, von Theokratie und Monarchie[57], von Gottesherrschaft und Menschenherrschaft einrichten. In jedem Falle müßte er religiös reagieren auf eine religiöse Herausforderung: Er müßte sich selbst vor Gott fragen, wo er wirklich steht und wer er wirklich ist; vielleicht würde er dann, wie Hamlets Onkel Claudius, entdecken, daß er, niederkniend, um zu beten, die Worte nicht mehr findet, die ihm sein Herz eingeben müßte[58]; selbst so noch behielte er die Chance einer heilsamen Erschütterung, – gerade noch im letzten Augenblick vermöchte er dem Grabe zu entsteigen, das sein gesamtes Leben ist. Doch nichts von all dem tut Herodes. Wer immer Jesus ist, was immer auch die Leute von ihm halten, – er wird darin nicht den geringsten Anlaß sehen, irgend etwas an sich selbst und an seinem Regierungsstil zu ändern. Im Gegenteil: nur um so entschlossener kehrt er aus jener Sphäre vermeintlicher Phantasmagorien und religiöser «Wahnideen» zurück in das Revier seiner «Realität», in die Welt seiner gewohnten Wirklichkeit. Soweit sieht er ja klar: Johannes den Täufer hat er «selber enthauptet» (9,9a); der Mann ist tot; der Mann kann nicht in Jesus weiterleben. Auch Jesus wird er töten können; auch ihn also wird er nicht zu fürchten haben. Ein Mann, der über Tod und Leben zu entscheiden hat, braucht überhaupt niemanden zu fürchten, einen solchen muß man fürchten. Unmöglich deshalb auch, sich vorzustellen, Jesus könnte die Vorwürfe des Täufers neu aufgreifen; in diesem Punkte kann er beruhigt sein, glaubt der König; Beleidigung der Majestät, Verunglimpfung der souveränen Macht – darauf steht überall die Todesstrafe. Man wird sich hüten, wenn man weiß, was einem blüht. Mit einem Wort: Herodes ist sich sicher. Jesus *kann* in keinem Sinn Johannes sein – «auferweckt von den Toten» (9,7)[59].

Was ein König wie Herodes offenbar in all seinen Überlegungen vollkommen ausschließt, ist gerade das, was sich im folgenden als das tatsäch-

57 Zu diesem Kontrast vgl. TE II 364–368: Der Widerspruch von König und Prophet.

58 Vgl. WILLIAM SHAKESPEARE: *Hamlet*, 3. Akt, 3. Szene, in: Sämtliche Werke, S. 817–818.

59 KARL LÖNING: *Das Geschichtswerk des Lukas*, I 243, bringt den Konflikt auf den Punkt: «Die Gerüchte (sc. über Jesus im Volk, d.V.) ergeben für ihn (sc. Herodes, d.V.) keine Erklärung, weil sie alle mit dem Wiedererscheinen von bereits Verstorbenen rechnen. Herodes selbst hat die Enthauptung des Täufers verfügt. Er hat die Macht zu töten und kennt keine Macht, den Tod ungeschehen zu machen ... Der Erzähler formuliert den Schluß: Herodes sucht ... ihn (sc. Jesus, d.V.) zu *sehen*. Mit diesem Interesse wird er den Weg Jesu weiter verfolgen, in der Absicht, ihn zu töten (vgl. Lk 13,21), bis er ihn zu sehen bekommt und dennoch frustriert wird (vgl. 23,8 f.). Auf seine Weise versteht Herodes die Zusammenhänge. Als Vollstrecker der Macht des Todes ist er hier mit der Macht konfrontiert, die aus dem Tod rettet.»

liche Geheimnis der Person Jesu enthüllen wird: daß er Verurteilung und Tod nicht scheut – eben im Vertrauen auf die Auferweckung von den Toten. Wie sich vorhin noch bei der Auferweckung der Jairus-Tochter zeigte, ist Tod für ihn nicht «Tod» (Lk 8,52). Einzig in dem Vertrauen auf Gott, der unser Leben ist, traut Jesus sich hinein ins Leid der Menschen; und es ist dieses sein Vertrauen, das ihn standhalten läßt auch gegen alle Menschenangst.

Für Herodes allerdings wird das «Phänomen» Jesus noch eine Weile lang fortbestehen; Jesu Besonderheit wird ihn auf diesen Galiläer neugierig machen wie auf einen belustigenden Hofnarren, wie auf einen amüsanten Kauz, – «er suchte ihn zu sehen» (9,9b)[60]. Der Wunsch des Königs wird sich bald erfüllen; dann wird er von Jesus «irgendein Zeichen ... zu sehen» verlangen (Lk 23,8), – ein Mirakel, ein Spektakel, zum Beweis einer abergläubig gefaßten Göttlichkeit, und Jesus wird ihm nichts zu sagen haben. Dann wird der König ihn vernichten, wie – laut *Lukas* – «die Hohen Priester und die Schriftgelehrten ... nachdrücklich» es verlangen (Lk 23,10). Am Ende wird das politische Prinzip wie von selbst die Art von «Religiosität» am Leben erhalten, die sich erkennbar «staatstragend» gibt, und mit instinktiver Sicherheit wird es den Glauben an das «Königtum Gottes» wie an eine kurzzeitige Posse zu eliminieren trachten. Doch was ist damit «bewiesen»?

Da kehren «die Sendboten» zurück und erzählen Jesus «alles, was sie getan» (9,10a). *Ihr* Problem wird dabei ein ganz anderes sein: Wie kann man mit so schwachen Kräften bestehen vor dem Übermaß an Leid, das «allerorten» (9,6) sich zeigt? Auf diese Frage wird bei *Lukas* der nächste Abschnitt von der «wunderbaren» Brotvermehrung eine Antwort zu geben versuchen (Lk 9,10b–17). Zwischen den beiden Erzählungen aber mag es dem Leser ergehen wie bei einem Abendspaziergang am Strand: Da senkt sich über dem Meer leuchtend die Sonne herab, thronend zwischen den

[60] Erstaunlicherweise meint FRANÇOIS BOVON: *Das Evangelium nach Lukas*, I 463, *Lukas* wolle Herodes nicht von vornherein verurteilen. «Lukas möchte im Gegenteil das Interesse der zeitgenössischen Fürsten für die Sache des Evangeliums gewinnen.» Doch auch er muß zugeben: «Herodes war ein schlechtes Beispiel», und selbst der Wille des Herrschers, Jesus zu sehen, «ist ein negativer, denn Herodes möchte ein von Jesus verwirklichtes Zeichen bewundern (23,8), nicht einmal, um zu glauben, sondern um in seiner fürstlichen Identität bestätigt zu werden.» In summa: «Im Unterschied zu Markus, für den Herodes Jesus als Johannes redivivus betrachtete (sc. in Mk 6,16, d.V.), ist er bei Lukas eine gierige und neugierige Persönlichkeit, der eines von vornherein klar war: die Nichtidentität von Johannes und Jesus», – immerhin hat er den einen getötet, und, wie man hier schon denken soll, wird er den anderen noch töten.

Wolken in strahlender Schönheit, und schon in der Ahnung ihres baldigen Untergangs legt sie sich selbst als ein Teppich von Gold dem Betrachter zu Füßen, mit all ihrem überirdischen Glanz ihn einladend, zu ihr hinüber zu schreiten geradewegs in den Himmel. Einmal erschaut, wird nichts ihr Bild mehr verdunkeln, und keine Nacht wird je noch imstande sein, ihr Licht zu verleugnen.

Lk 9,10b–17: Die Speisung der Fünftausend oder: Vom Wunder der leeren Hände

(vergleiche Mk 6,31–44; Mt 14,13–21; Joh 6,1–14)

10b Und er nahm sie beiseite und wich aus, mit sich allein, zu einer Stadt,
Betsaida geheißen. 11 Die Scharen aber, wie sie es merkten, folgten ihm.
Und er nahm sie auf und redete zu ihnen über das Königtum Gottes, und
die Not hatten, geheilt zu werden, machte er gesund. 12 Der Tag begann
sich zu neigen. Da traten die Zwölf hinzu und sagten ihm: Entlaß die
Schar, daß sie gehen in die umliegenden Dörfer und Gehöfte, daß sie eine
Herberge bekommen und Lebensmittel finden, denn hier sind wir an
einem öden Ort. 13 Er aber hat zu ihnen gesagt: Gebt ihnen zu essen ihr
selbst! Die aber haben gesagt: Uns sind (zur Verfügung) nicht mehr als
fünf Brote und zwei Fische, es sei denn, wir gingen selbst hin und kauften für all dieses Volk Nahrungsmittel. 14 Es waren nämlich etwa fünftau-
send Mann. Er aber hat zu seinen Jüngern gesagt: Laßt sie sich lagern in
Lagergruppen etwa in der Größe von fünfzig. 15 Und sie taten so und
ließen alle sich lagern. 16 Da nahm er die fünf Brote und die zwei Fische,
blickte auf zum Himmel, sprach die Preisung über sie, brach sie und gab
sie den Jüngern (22,19; 24,30), sie der Schar vorzulegen. 17 So aßen sie
und wurden satt, alle. Ja, was ihnen übrig war an Brocken, ward aufgehoben: zwölf Korbfüllungen!

Fast sieht es aus wie die Tragikomödie vieler «Prominenter»: sie suchen die Öffentlichkeit, und sie verfluchen die Öffentlichkeit, und sie werden zwischen ihrer «Außenwirkung» und ihrer inneren Wirklichkeit wie Tennisbälle zwischen zwei Schlägern so lange hin und her getrieben, bis daß sie schließlich selbst nicht mehr wissen, wer sie sind. Da nimmt Jesus seine «Sendboten» «beiseite» und weicht aus, «mit sich allein», nach Betsaida (9,10b)[1]. Den Ort im Nordosten des Sees von Gennesaret setzt *Lukas* (gegenüber seiner Vorlage in Mk 6,30–32) in eigener Regie hier ein, womöglich um die spätere Verfluchung der Stadt (Lk 10,13) schon an die-

[1] CHESTER CHARLTON McCOWN: *Geographie der Evangelien*, in: Georg Baumann (Hg.): Das Lukas-Evangelium, 33, bemerkt: «Für Lukas liegt Bethsaida nicht auf dem Ostufer.» Vgl. *Tafel 2*. Das «ausweichen» ist ein «Leitwort» vor allem im *Matthäus*-Evangelium; vgl. Mt I 209–210; bei *Lukas* dominiert demgegenüber das «auf dem Weg bleiben» «nach Jerusalem» (9,51.57). HEINZ SCHÜRMANN: *Das Lukasevangelium*, I 511, sieht in dem «Beiseitenehmen» «eine gnadenhafte Jüngeroffenbarung – wie 8,10 verheißen –» sich vorbereiten.

ser Stelle vorzubereiten[2]; doch wichtiger als die Einordnung im Raum ist in diesem Moment die Einteilung in der Zeit: Es erweist sich, daß es für Jesus und seine Jünger ein «Ausweichen» nicht gibt. Die Leute strömen ihm nach und ihm zu, sie haben nötig, geheilt zu werden, und jetzt ist es Jesus selber, der sich ihrer annimmt (9,11)[3].

Gleichzeitig scheint es um so wichtiger, wie bei der Fahrt über den See schon (Lk 8,22), Zeitnischen zur Sammlung und Stille zu schaffen, Phasen des Seins-für-sich-selber zum Ausgleich für die Phasen des Seins-für-die-andern. Bei Politikern, Schauspielern und anderen Leuten im Rampenlicht, die vom Beifall der Menge leben, mag das Bedürfnis nach öffentlicher Geltung suchtähnliche Züge gewinnen, indem sie mehr und mehr die Sicht von draußen für sich selbst übernehmen: sie sind dann das, was die Medien über sie schreiben und von ihnen zeigen, und sie zappeln in den Netzen der Journalisten und Photographen wie ein jagdbares Wild vor dem Abschuß. Um anderen Menschen hilfreich begegnen zu können, darf man nicht *von* ihnen leben, sondern man muß sich bemühen, *für* sie dazusein: dies verlangt Objektivität nach draußen und Ehrlichkeit nach drinnen, und zwischen beiden Seiten des Lebens, soll es «gesund» und harmonisch zugehen, muß es hin und her schwingen dürfen wie zwischen dem Einatmen und Ausatmen der Lunge, wie zwischen der Diastole und Systole des Herzens, wie zwischen dem Strecken und Beugen eines Gelenks. Das «Einatmen» Jesu geschieht in der Einsamkeit oder, besser, in einer Gemeinsamkeit im Absoluten – im Gebet mit Gott, im «Alleinsein» bei Ihm beziehungsweise im Allein-bei-Ihm-Sein; es gestaltet sich innerhalb einer Kaverne von Atemluft, die sich schützend um das Ersticktwerden legt; es wird gespeist von einem Vertrauen, das selbst den Verpflichtungsgefühlen gegenüber dem Meer an Leid Grenzen zu ziehen vermag: Nicht wir sind es, die das Entscheidende tun, wir können nur weitergeben, was uns gegeben wurde. Und auch so entspricht es der Grundhaltung Jesu: Wir brauchen uns nicht zu bewahren, wir müssen die Wahrheit nur leben, die Gott uns geschenkt hat. Ein Bild

[2] HEINZ SCHÜRMANN: *Das Lukasevangelium*, I 512, meint, *Lukas* nenne Bethsaida, «weil er davon Mk 6,45 und 8,22 gelesen hat. Er läßt – außer 8,26-39 ... – nur diesseits des Sees wirken, so daß es unwahrscheinlich ist, daß er eine genaue geographische Vorstellung hat und Bethsaida hier als eine jenseits des Sees gelegene Stadt einführen will ... Luk nimmt den Stadtnamen aus Mk 6,45 aber auch darum auf, weil er damit 10,13 vorbereiten kann ... Von jenem ‹Wehe› her fällt hier schon Licht auf das Verhalten der Volksmenge, die die Wunder nicht zum rechten Glauben bringen.»

[3] Vgl. HEINZ SCHÜRMANN: *Das Lukasevangelium*, I 512: «Anscheinend denkt sich Luk Jesus dort (sc. in Betsaida, d.V.) noch unbekannt, so daß er ein ‹Ausruhen› daselbst für möglich hält. Aber die nachziehenden ‹Volksmengen› vereiteln das.»

dafür ist die nachfolgende Symbolerzählung von der «wunderbaren Brotvermehrung».

Wie bei der Geschichte vom Sturm auf dem «Meere» (Lk 8,22–25) ist es sinnlos, sie «wörtlich» zu nehmen, obwohl *Markus* (6,33–44; 8,1–10) ein solches Verständnis nahezulegen scheint (vgl. Mk 8,14–17!). Worum es sich handelt, ist theologisch eine Legende, die Jesus zeigen soll als einen zweiten *Moses*, imstande, den Hunger des Volkes mit «Brot vom Himmel», mit Manna, zu sättigen (Ex 16,4.15; Joh 6,31), oder auch als einen zweiten *Elija*, der die Krüglein der Witwe von Sarepta für immer mit Mehl und Öl füllte (1 Kön 17,7–16)[4]. Diese Geschichte weist tatsächlich eine große Ähnlichkeit zu der «Brotvermehrung» auf: Da lebte in Syrophönizien, im Heidenland, eine Witwe, die gerade als der Prophet ans Stadttor kam, dabei war, Holz zu sammeln, um sich und ihrem Sohn mit der letzten Handvoll Mehl im Topf und mit ein wenig Öl im Krug ein Brot zu backen – und dann zu sterben; Elija aber sprach zu ihr: «Fürchte dich nicht! Geh hin und mach's, wie du gesagt hast. Doch mache erst mir etwas Gebackenes davon und bringe mir's heraus; dir aber und deinem Sohn sollst du danach auch etwas backen. Denn so spricht der Herr, der Gott Israels: Das Mehl im Topf soll nicht verzehrt werden, und dem Ölkrug soll nichts mangeln, bis auf den Tag, an dem der Herr regnen lassen wird auf Erden.» (1 Kön 17,13–14)[5] Wenn jemand, und sei es in äußerster Not, das Wenige, das er besitzt, teilt mit dem Hungernden an seiner Seite, so wird eben dadurch die Welt sich öffnen, die Gott wirklich will: eine Welt, in der niemand mehr hungert. – Ein ganz Ähnliches wird der Elija-Schüler *Elischa* in Gilgal in der Zeit einer Hungersnot tun: Da kam zu ihm ein Mann von Baal-Schalischa mit Erstlingsbrot, zwanzig Gerstenbrote an Zahl, und brachte es dem Mann Gottes; der «aber sprach: Gib's den Leuten, daß sie essen! Sein Diener aber sprach: Wie soll ich davon hundert Mann geben? Er sprach: Gib's den Leuten, daß sie essen! Denn so spricht der Herr: Man wird essen, und es wird noch übrigbleiben. Und er legte es ihnen vor, daß sie aßen; und es blieb noch übrig nach dem Wort des Herrn.» (2 Kön 4,42–44)[6]

[4] Vgl. ERNST WÜRTHWEIN: *Die Bücher der Könige*, II 212–213.

[5] Zur wunderbaren Wiederbringung des Regens vgl. a. a. O., II 213–215.

[6] Vgl. a. a. O., II 296: Die Brotvermehrung. – Zu der inneren Achse vorbereitender Zeugen, die über Elija und Elischa zu Jesus führt, vgl. ALKUIN HEISING: *Die Botschaft der Brotvermehrung*, 38. Zur Beziehung zum Mannawunder des Mose vgl. a. a. O., 52: «Die neutestamentliche Speisung ist die Wiederholung der wunderbaren Mannaspeisung durch den neuen Moses auf dem neuen Exodus.» So erscheint Jesus als der Hirte der Endzeit, wie er in Dtn 18,18 f. verheißen ist.

Beide Geschichten, die man wohl als Dubletten betrachten darf, gleichen darin einander, daß Menschen begrenzt noch etwas zu essen haben, doch nicht genug, um den Hunger eines anderen oder von «hundert» anderen stillen zu können; dennoch geben sie trotz ihres «vernünftigen» Bedenkens schließlich alles, was sie besitzen, und da: es langt aus für alle, ja, es bildet Überfluß über die Notlage hinaus. Der Grund dieses «Wunders» der Großzügigkeit liegt in dem Versprechen, das der Prophet jeweils in Gottes Namen zu geben wagt: man werde essen, ohne den Nahrungsvorrat aufzuzehren (1 Kön 17,14; 2 Kön 4,43). Das Vertrauen, Gott werde ein «Wunder» wirken, ermöglicht in beiden Fällen eine Handlungsweise, in welcher das «Wunder» denn auch geschieht. Ganz ähnlich in der Geschichte von der Speisung der Fünftausend – bis auf zwei winzig erscheinende, doch sehr bedeutsame Unterschiede.

Wichtig ist nicht so sehr das Motiv der 50fachen Steigerung gegenüber der Elischa-Legende, daß hier nicht nur «hundert», sondern gleich 5000 Leute (plus Frauen und Kinder!) «gesättigt» werden; bemerkenswert ist vielmehr, daß Jesus hier nicht, wie Elija, wie Elischa, den Jüngern im voraus verspricht, was Gott tun wird; er sagt zu ihnen lediglich wie Elischa zu seinem Diener: «Gebt ihnen zu essen ihr selbst!» (9,13) Das ist zunächst nichts weiter als eine Aufforderung zu praktisch gelebter Solidarität: Die Leute werden sich nicht «irgendwie schon» selber versorgen, – Jesus fühlt für sie eine Art Verantwortung, die er unmittelbar an die Jünger weitergibt. Im Angesicht drohenden Hungers ist es zu billig zu sagen, man selbst sei nicht zuständig, man verfüge nun halt mal nicht über die Mittel, anderen (auch noch) zu helfen, schließlich sei jeder sich selber der Nächste, und so müsse nun eben das Prinzip der Eigenverantwortung in Geltung treten; zu deutsch: Soll doch jeder selbst sehen, wo er bleibt, oder, auf lateinisch: beati possidentes – glücklich, wer hat ... So gerade nicht! Gebt *Ihr* ihnen – das heißt: Laßt die Leute eben nicht gehen; versucht gerade nicht, sie loszuwerden, sie (aus Eurer Zuständigkeit) zu «entlassen» (9,12), sie «abzuschieben» (ein Wort des Unmenschen, das im Deutschen Bundestag seine Tauglichkeitsprüfung für die herrschende Gesetzgebung im Umgang mit «Ausländern» und «Straffälligen» mit «Migrationshintergrund» längst mit Auszeichnung bestanden hat); setzt Euch ein mit dem, was Ihr habt, – setzt Euch aus mit *allem*, was Ihr habt.

Dies ist der *eine* Unterschied zu den alttestamentlichen Vorbildlegenden: Wozu Jesus seine Jünger auffordert, ist nicht eine Handlung unter garantiertem göttlichem Ausgang; was er ihnen zumutet, ist ein menschliches Engagement ganz ohne Absicherung, ist eine indispensable Verantwortung des einen für den anderen, ist eine Verbundenheit, die sich nicht termingerecht – weil der «Tag begann sich zu neigen» (9,12) – aufkündigen läßt.

Ein anderer Differenzpunkt liegt in der Person Jesu selbst. Im Unterschied zu Elija, für den manche ihn halten (Lk 7,15.16; 9,8), oder zu Elischa (Lk 7,15.16) verfügt er durchaus nicht über die Selbstsicherheit und über die Vermessenheit der alten Propheten, sich mit Gott derart auszukennen, um anzusagen, was Er tun werde. Auch Jesus weiß es nicht, und jedenfalls verfügt er hier wie allerorten in den (synoptischen) Evangelien nicht über jene «Allwissenheit», welche die kirchliche Dogmatik ihm als Attribut seiner göttlichen «Natur» zuschreibt[7]. Gerade der Umstand, daß auch Jesus offenbar *nicht* weiß, wie es nun weitergehen wird, zeigt ihn als einen von uns, – in keinem Punkt ist er anders als seine Jünger, bis auf diesen einen, daß ihn die Not anderer Menschen nicht losläßt und er sich von ihnen nicht lossagen will. Es ist seine Menschlichkeit, die ihm Gott «erklärt», und das Bild, das er auf diese Weise von Gott gewinnt, läßt ihn menschlich handeln; in diese Einheit von Gottes- und Menschenliebe, die er wenig später zum obersten Gebot erklären wird (Lk 10,25–28), fügt er an dieser Stelle auch seine Jünger ein. Er fordert sie auf, mit ihm beziehungsweise wie er selbst zu glauben. Die Witwe von Sarepta, wohlgemerkt, mußte an Elija glauben, um auf sein Wort hin den Rest der Nahrung, die sie noch besaß, mit ihm zu teilen; der Knecht Elischas mußte glauben, daß sein Herr wohl wisse, was Gott zu tun gedenke, wenn er die Brote an die hundert Leute geben sollte; die Jünger Jesu müssen, *sollen* in dieser Szene durchaus nicht an Jesus glauben, sie müssen, *sollen* lernen, an seiner Seite sich als Menschen durchzuhalten; dann werden sie Gott kennenlernen, wie Er wirklich ist: Wer Menschen nicht im Stich läßt, die sich in Not befinden, den wird auch Gott nicht verlassen. «Wissen» kann man das nicht, aber erfahren läßt sich's, wenn man's – von Fall zu Fall – riskiert.

Dafür, allerdings, übernimmt Jesus gerade hier die Aufgabe des «Protagonisten» (des Ersthandelnden), der die Jünger vorweg beauftragt, die Leute sich lagern zu lassen «in Lagergruppen etwa in der Größe von fünfzig» (9,14), wie *Lukas* seiner Vorlage (Mk 6,39.40) in Kurzform ent-

[7] Vgl. JOHANNES BRINKTRINE: *Die Lehre von der Menschwerdung und Erlösung*, 163: «Die Seele Christi erkannte hier auf Erden alles Wirkliche in Vergangenheit, Gegenwart und Zukunft irrtumslos.»

nimmt[8]. Eine solche Maßnahme ist gut begründet. Noch ehe es etwas zu verteilen gibt, gilt es, eine Aufteilung der Masse vorzunehmen und damit die Psychologie aller entscheidend zu ändern: Im großen Haufen würden die Leute wohl wie ein Möwenschwarm alle auf einmal an die eine Stelle stürzen, da es etwas zu essen gibt, und der eine würde dem anderen abjagen, was dieser selbst gerade erbeutet hat. Ein solches Verhalten aber wäre das genaue Gegenteil eines gemeinschaftlichen Teilens, und so kommt es vorab darauf an, eine Gemeinschaft überhaupt erst sich bilden zu lassen. Tausende von Leuten sind außerstande, einander wahrzunehmen und aufeinander persönlich zu antworten; sie können sich nur alle zentral auf einen Punkt ausrichten – *miteinander* auf ein vorgegebenes Ziel hin, das sie aneinander bindet, *gegeneinander*, wenn alle zugleich in wechselseitiger Konkurrenz dasselbe zu erreichen suchen. Fünfzigergruppen sind gerade eben noch überschaubar, – keine Schulklasse selbst in der Nachkriegszeit, die eine noch höhere Kinderzahl aufgenommen hätte. Dann aber geschieht das Entscheidende: Jesus nahm «die fünf Brote und die zwei Fische, blickte auf zum Himmel, sprach die Preisung über sie, brach sie und gab sie den Jüngern» (9,16).

Die Szene nimmt hier bereits den Augenblick am Ende des Lebens Jesu vorweg: da, im Abendmahlssaal, wird Jesus erneut Brot nehmen, die Preisung darüber sprechen und es den Jüngern geben; – dann aber wird er der Handlung noch die Deuteworte hinzufügen: «Das ist mein Leib, der für euch (hin)gegeben wird.» (Lk 22,19) So vorsichtig diese Parallelisierung der beiden Begebenheiten auch ist, – sie ist unüberhörbar: In der Szene der Brotvermehrung soll man hingewiesen werden auf die letzte Mahlgemeinschaft, die Jesus mit seinen Jüngern hält, und die eine Begebenheit soll symbolisch die andere deuten und bedeuten[9]. Nur wie?

[8] ALKUIN HEISING: *Die Botschaft der Brotvermehrung*, 52, führt aus: «Das Volk lagert sich in der Wüste (Mk 6,35) nach der mosaischen Ordnung (vgl. Ex 18,25) in Gruppen zu hundert und zu fünfzig (Mk 6,39 f.) – eine Anordnung, die nur auf diesem alttestamentlichen Hintergrund ... ihren Sinn erhält. Die Nahrungsmittel Brot und Fisch entsprechen dem Manna und den Wachteln (Fische und Wachteln sind Fleisch aus dem Meer; vgl. Weish 19,11 f.) ... Der neue Moses wiederholt das Mannawunder.» Die Anordnung der Gruppen zu 100 und 50 in Mk 6,40 wird von *Lukas* «gekürzt», wie schon *Markus* die Einteilung in 1000, 100, 50 und 10 in Ex 18,25 auf Angaben beschränkt hat, die praktisch plausibel sind.

[9] B. VAN IERSEL: *Die wunderbare Speisung und das Abendmahl in der synoptischen Tradition*, Novum Testamentum 7 (1964) 169 ff., hat den Nachweis erbracht, daß die Brotvermehrungsgeschichte in Mk 6,41 und Mk 8,6 schon in der vormarkinischen Überlieferung *eucharistisch* interpretiert wurde; vgl. auch ALKUIN HEISING: *Die Botschaft der Brotvermehrung*, 61–65. Vgl. Mk I 430–440: Mk 6,35-44: Die erste wunderbare Brotvermehrung.

Die Frage ist von erheblichem Gewicht, weil dogmengeschichtlich das «Abendmahl» Jesu (Lk 22,14–20) als «Einsetzung» eines eigenen «Sakramentes»: der «Eucharistie», betrachtet wird; «Eucharistie» ist das griechische Wort für «Preisung» oder für «Danksagung», und man darf denken, daß Jesus bei seinem «Dankgebet» im Abendmahlssaal sich an das Ritual des Pessah gehalten haben wird, das – beim dritten Becher – ausdrücklich eine Preisungsformel kennt[10]. Doch wie auch immer die Worte Jesu *im Abendmahlssaal* zu deuten sind, – klar ist, daß die Geschichte der Brotvermehrung kein «Sakrament» stiften will; nahe legt es sich deshalb, nicht so sehr die «Brotvermehrung» vom «Abendmahl» her zu interpretieren als vielmehr umgekehrt: die zentrale Kultfeier der christlichen Kirchen von dieser Szene her mitzuverstehen. «Gebt ihnen zu essen ihr selbst» (9,13) – diese Worte werden im «Abendmahl» sich wandeln in Jesu Aussage über das Brot: «Das ist mein Leib», – was im Hebräischen (Aramäischen) soviel bedeutet wie: «Das bin ich selbst» oder, paraphrasiert: «Hiermit – in diesem Brot – gebe ich mich selber hin für euch, an euch.» (Lk 22,19)[11] In der Tat ist beim Verteilen der Brote auch hier nichts Geringeres gemeint: Schon die Witwe von Sarepta, die ihre letzte Nahrung dem Propheten überreichte, gab im Grunde damit ihr ganzes Leben, wirklich «sich selbst», in seine Hand; in vergleichbarer Radikalität scheint hier nun auch Jesus es vorzuleben. Die Frage stellt sich für ihn nicht mehr, wer wen in Hunger und Not überlebt, die Frage lautet für ihn, wie man gemeinsam so lebt, daß es die Todesnot der vielen (aller) beseitigt.

Wieder geht es dabei wesentlich um die Überwindung von Angst, wie ein zweiter literarischer Bezug deutlich macht. Nicht zufällig nämlich wird gerade *Lukas* in einer eigenen Geschichte schildern, wie Jesus nach seiner Auferstehung zwei seiner Jünger auf dem Wege nach Emmaus begleitet, ihnen die Bibel auslegt auf das Leiden des Messias hin (Lk 24,25–27) und schließlich beim Brotbrechen für ihre Augen erkennbar wird (Lk 24,30.31). Auch ein solcher «nachösterlicher» Zug durchweht die Geschichte der

[10] Vgl. Str. B. IV 1, 41–76: Das Passahmahl, S. 75: «Beim Passahmahl ... war es der 3. Becher, der nach dem Essen im Mittelpunkt der weiteren Feier stand, während der 4. Becher zum Schluß nach dem Lobgesang des Hallels zur Verwendung kam ... Jener 3. Becher diente dazu, daß über ihm nach dem Essen der Tischsegen (das Tischdankgebet) gesprochen wurde». Der «Kelch, in welchem /sc. laut Liturgielegende, d.V.) Jesus den Seinen sein Blut des neuen Bundes dargereicht hat», wird daher «der dritte Becher des Passahmahls gewesen» sein.

[11] Vgl. WOLFGANG WIEFEL: *Das Evangelium nach Lukas*, 366: «Die Hingabe des Leibes Jesu geschieht zum Heil derer, die im heiligen Mahl ihn empfangen. Die Formulierung dürfte sich auf Jes 53 gründen und den stellvertretenden Tod zur Sühne ansagen.»

Brotvermehrung[12], so als sollte sie sagen: «Wann immer Du Dich fürchtest, im Leben zu kurz zu kommen, wofern Du Dich ‹verausgabst› an die Not eines anderen, so laß Dich durch Deine Befürchtungen nicht einschüchtern. Selbst wenn Du in Angst um den Erhalt Deines Lebens gerätst, habe den Mut, durch Deine Angst hindurchzugehen. Frage Dich nicht, wie Du Dein Leben verteidigen und verlängern kannst; frage Dich, wie Du angesichts des Todes gelebt haben möchtest, – was es dann heißen wird, richtig gelebt zu haben. Versuche, einen Standpunkt jenseits des Todes einzunehmen, bemühe Dich, Dein Leben zu betrachten mit den Augen Gottes.»

Die Parallele, die *Lukas* zwischen der Brotvermehrung und der Erscheinung Jesu in Emmaus herstellt, sagt in der Tat etwas Wesentliches auch über die Motivation Jesu hier in der Brotvermehrungsgeschichte aus: Man muß den «Kampf ums Dasein» als biologisches beziehungsweise als naturhaftes Prinzip ein für allemal hinter sich gelassen haben, um zu einem universellen Teilen fähig zu werden; man muß an ein anderes Leben glauben, um dieses Leben hier menschlich bestehen zu können; es ist der Glaube an «Auferstehung», der es ermöglicht, die irdischen Lebensinteressen zu relativieren, sie mithin nicht ins Absolute gegeneinander zu stellen. – Was diese «lukanische» Eigeninterpretation der Legende von der «Brotvermehrung» durch die Emmaus-Geschichte existentiell an Fragen aufwirft – und löst, mag die Gegenüberstellung zweier Ausformungen eines rein «naturhaften» Denkens zeigen.

Eine im Sinne der «Feldrede» geradezu vorbildliche Einstellung im Umgang mit Eigentum findet sich in den Kulturen der sogenannten «Naturvölker». Kulturgeschichtlich war den Jägern und Sammlern Besitz gerade-

12 WOLFGANG WIEFEL: *Das Evangelium nach Lukas*, 173–174, meint: «Gegenüber einer formgeschichtlichen Deutung der Speisungsgeschichte, die bei der nachösterlichen Mahlgemeinschaft ansetzt, ist als Sitz im Leben die Rückerinnerung an die Gemeinschaft der Erdentage Jesu ins Spiel gebracht worden, deren entscheidendes Merkmal das Essen und Trinken Jesu mit den Seinen war. Auch wenn man an diesem vorösterlichen Ausgangspunkt festhält, wird man zumindest für die bei Lukas vorliegende Gestalt eine partielle Überforderung durch die eucharistische Terminologie (besonders in 9,16) nicht übersehen können, wobei die nichteucharistischen Motive zurückgedrängt werden. Daß eine solche eucharistische ‹relecture› (vergegenwärtigende Lesung) der Speisungsgeschichte möglich war, zeigt auch, daß das Mahl der Gemeinde weit über den Sättigungscharakter hinausgreifend nicht nur als Christusmahl, sondern als ‹Wundermahl› verstanden wurde.» Speziell die «mit der Zurückdrängung des Fischmotivs (anders Mark. 6,41b) gegebene Betonung der Brotmahlzeit verstärkt» nach WIEFEL (a. a. O., 175) «den eucharistischen Charakter der Erzählung.»

wegs «gemeinschaftsschädlich»[13]; erst mit der Seßhaftigkeit wurden die «Besucher» eines Lebensraums zu dessen «Inhabern», die ihren «Besitz» verteidigten und die eine hierarchisch gegliederte Sozialstruktur brauchten, um die wachsenden internen Spannungen durch einen Machtspruch von Höchststehenden zu schlichten. Seitdem ist es die Frage, wie je eine Rückkehr zu diesem «Ideal» eines «Urkommunismus» möglich sein sollte, den zum Beispiel unter den Jägerkulturen noch des 19. Jhs. insbesondere die Plainsindianer Nordamerikas pflegten. Wie sie fühlten und dachten, beschreibt, stellvertretend für viele andere, einer der großen Vermittler zwischen den «Roten» und den «Weißen», der Dakota-Stämmige *Ohijésa* (alias CHARLES A. EASTMAN, 1858–1939), in dieser Weise: «Wir glauben, daß die Liebe zum Besitz eine Schwäche ist, die man überwinden muß, und daß jemand, der zu sehr an materiellen Werten hängt, seine innere Harmonie gefährdet. Aus diesem Grunde werden Kinder schon früh zur Freigebigkeit ermuntert. Das öffentliche Verteilen von Geschenken ist mit jeder wichtigen Zeremonie verbunden und spielt eine große Rolle, wenn ein Kind geboren wird, bei jeder Hochzeits- und Totenfeier und wann immer wir einem Menschen oder einem Ereignis besondere Ehre erweisen. Bei solchen Gelegenheiten ist es üblich, seine ganze Habe auszuteilen. Der Indianer gibt einfach alles, was er besitzt. Er verschenkt es an Verwandte, an Gäste aus einem anderen Stamm oder einer anderen Sippe, vor allem aber an die Armen und Alten, von denen er keine Gegengabe zurückerwarten kann.»[14]

Die letzten Worte erinnern sehr an die Mahnung, die Jesus selber in der «Feldrede» aussprach: «wenn ihr (nur) denen leiht, von denen ihr's zurückzubekommen hofft, welch eine Huld soll euch da werden?» (Lk 6,34; vgl. Lk 14,12–13) Fast erschrocken muß man feststellen, daß die Ordnung von Völkern, die dem «christlichen» Abendland stets als «wild» und «heidnisch» erschienen sind, dem Anliegen des «Christus» in Wirklichkeit offenbar weit näher steht als die gesamte Geschichte der «christlichen» Kirchen; jedenfalls gewinnt man wohl überhaupt erst ein Recht, die Stammeskultu-

[13] E. E. VARDIMAN: *Nomaden*, 22, meinte von den Wanderhirten, deren «Besitz» identisch war mit ihrem Viehbestand, wohl zu Recht: «Wenn die Wanderhirten sich selbst dargestellt hätten, hätten sie voller Stolz auf ihr ungebundenes Dasein hingewiesen und verächtlich über die an ihren Besitz gebundenen, durch Arbeit versklavten Ackerbauern gesprochen. Sie hätten ihre Wüstenheimat gepriesen, die keine Grenzen und Mauern kannte und soziale Unterschiede nicht zuließ.» Zwischen Nomaden und Städtern, Schafzüchtern und Bauern wurden nicht nur «Herdenprodukte gegen städtische Erzeugnisse getauscht», es kam auch immer wieder zu Überfällen und Plünderungen (a. a. O., 21).

[14] In: KÄTHE RECHEIS – GEORG BYDLINSKI (Hg.): *Weißt Du, daß die Bäume reden*, 14.

ren der «Primitiven» ihrer Stammesgebundenheit wegen zu kritisieren, wenn man den Vorbildcharakter ihres Verhaltens innerhalb ihrer eigenen Stammesgemeinschaft gebührend anerkennt – und ihn universalisiert. Erst eine Christenheit, die sich auf der Basis von Regeln zusammenfände, die in diesem Punkte zum Beispiel denen der Dakota entspräche, dürfte (und müßte) glaubwürdig geltend machen, daß es *zu wenig* ist, eine universelle Güterteilung nur zwischen den Angehörigen des eigenen Stammes (und deren eingeladenen Gästen) zu üben. Wohl, die Biologie anempfiehlt, schon auf Grund des «Egoismus der Gene», gerade eine solche Sozialordnung[15]; und doch erfolgt der eigentliche Schritt zur «Kultur» wirklich erst in dem Moment, da die Grenzen des jeweiligen Gruppenverbandes sich auflösen und ins Menschheitliche öffnen. Die Überschaubarkeit in Einheiten von etwa 50 Leuten mag soeben noch nützlich gewesen sein, um gegen die Mechanismen der Massenpsychologie emotional eine gewisse persönliche Verbundenheit zu gewährleisten, aber die Gesinnung, die sich darin mitteilt und sich auf die Moral in Familienclans beschränkt, muß sich erweitern, indem sie *die ganze Menschheit* als eine Gruppe von «Schwestern» und «Brüdern» zu begreifen sucht. Freilich, eben dazu muß ein Weg gefunden werden, der kollektiv wie individuell die stets gegenwärtige Todesangst überwindet.

Kollektiv erkaufte sich der außerordentlich dichte soziale Zusammenhalt der nordamerikanischen Indianer innerhalb der einzelnen Stammesgemeinschaften durch die Verewigung eines ständigen Kriegszustandes zwischen den Stämmen; man profitierte von einer zentralen Regel der Sozialpsychologie, wonach der Zusammenhalt von Gruppen um so enger ist, als sich ihre Mitglieder einer gemeinsamen Gefahr ausgesetzt sehen[16]. Im Leben der nordamerikanischen Plainsindianer war die Furcht vor räuberischen Überfällen, Entführungen von Frauen, Rachemorden und Viehdiebstählen durch benachbarte feindliche Stämme allgegenwärtig; – es war die kulturell arrangierte Allgegenwart des Todes, die innerhalb der eigenen Gruppe ein gemeinsames Handeln gegen den einen gemeinsamen Feind – gegen den Tod – geradewegs forderte[17]. Von dieser Einsicht aber stellt es, rein logisch, nur einen kleinen Schritt noch zu der Folgerung dar, daß es eine äußerst

[15] Vgl. E. DREWERMANN: *... und es geschah so*, 357–368: Aufopferungsvoller Eigennutz oder: Vom Egoismus der Gene.

[16] Vgl. RAYMOND BATTEGAY: *Der Mensch in der Gruppe*, II 202–207: Die (therapeutische) Gruppe und ihr Verhältnis zur Aggression

[17] Vgl. CHARLES A. EASTMAN: *Ohijesa. Jugenderinnerungen eines Sioux-Indianers*, 137–146: Leben im Walde; DERS,: *Winona*, 55–62: Langohrs Treue; 63–71: Die Kriegsjungfrau.

schmerzliche Unvereinbarkeit mit jeglichen menschlichen, ethischen, moralischen, religiösen Werten darstellt, den Tod im Überlebenskampf der eigenen Gruppe als Waffe gegen die Nachbargruppe einsetzen zu wollen. Auch in der Nachbargruppe (der Fox, der Crow usw.) leben ebenfalls Indianer, leben allzeit vom Tod bedrohte Menschen, und sie alle sollten sich solidarisieren zu einer einzigen Gruppe, zu einer geeinten Menschheitsfamilie, die nur den einen gemeinsamen Feind kennt: den Tod. Aus dem Zusammenhalt aller in der eigenen Gruppe zur Verbreitung des Todes gegen die Nachbargruppe sollte mithin eine Verbundenheit *aller* entstehen, – zusammengehalten im wesentlichen von dem gemeinsamen Schicksal aller Menschen: von der Ausgesetztheit eines jeden in der Hand des Todes.

Ein solcher Vorschlag, wie er vor allem in der Existenzphilosophie ALBERT CAMUS' (1913–1960) zur Begründung einer Ethik in der Logik des Absurden gemacht wurde[18], krankt allerdings an der Egozentrik, welche die Furcht vor dem Tod jedem Einzelnen auferlegt. Ein besonders krasses Beispiel für diese zweite Seite eines rein «natürlichen», kreatürlichen Denkens bietet eine berühmt gewordene Tragödie in der Geschichte des Walfangs, auf welche mittelbar HERMAN MELVILLES (1819–1891) großer Roman *Moby Dick* aus dem Jahre 1851 zurückgeht[19]: Im offenen Pazifik greift am 20. Nov. des Jahres 1820 ein Pottwal die «Essex», einen Walfänger aus Nantucket, an und bringt sie zum Sinken; einem Teil der Mannschaft unter Kapitän George Pollard und dem Obermaat Owen Chase gelingt es, in zwei offenen Booten gegen den Passatwind die 2700 Meilen entfernt liegende südamerikanische Küste anzusteuern; doch als sie aufgenommen werden, stellt sich heraus, daß die vor Nässe, Kälte, Hunger und Durst völlig verstörten Menschen zu Kannibalen geworden sind, die durch Losentscheid einzelne ihrer Kameraden dazu bestimmt haben, sich für die anderen zu opfern[20]. Selbst die strenggläubigen Quäker von Nantucket wagten nicht, sie für diesen entsetzlichen Entschluß zu verurteilen. «Natürlich» ist, daß alles, was lebt, leben will; wenn aber nach dem grausamen «Willen» der gesamten Einrichtung der Natur alles Lebende sich nur erhalten kann durch die Zerstörung von anderem Lebenden, wenn Kampf, Tod und Zerstörung sich hineindrängen in alle Lebensvorgänge, ist dann nicht die Verweigerung die-

[18] Vgl. ALBERT CAMUS: *Der Mensch in der Revolte*, 327: «Man versteht…, daß die Revolte nicht ohne eine sonderbare Liebe auskommt. Die weder in Gott noch in der Geschichte ihren Frieden finden, verurteilen sich dazu, für die zu leben, welche, wie sie, nicht leben können: die Gedemütigten.»

[19] HERMAN MELVILLE: *Moby Dick*, Kap. 45, S. 339–340.

[20] NATHANIEL PHILBRICK: *Im Herzen der See*, Kap. 11, S. 211–225: Das Los entscheidet.

ser «natürlichen» Kreisläufe von Organisation und Destruktion der erste Schritt zu einer menschenwürdigen Neubegründung der Existenz? Oder sollte wirklich die «Anspielung» auf die Abendmahlsworte Jesu den Vorgang der «Brotvermehrung» bis dahin radikalisieren, daß die symbolische Selbsthingabe in Gestalt von «Brot» und «Wein» als Bild für «Fleisch» und «Blut» unter Umständen zurückspringt in die naturhafte, kannibalische Urform?

So viel läßt sich mit Sicherheit sagen: Die einfach klingende Aufforderung: «Gebt ihnen zu essen ihr selbst» (9,13) bietet unter den bestehenden Bedingungen des «natürlichen» Lebens die einzig mögliche Überwindung des Kampfs ums Dasein als eines biologischen Grundgesetzes; und vor allem die Verbindung der Brotwunder-Legende mit der Emmaus-Geschichte und ihrer «nachösterlichen» Sicht auf das irdische Dasein besitzt offenbar gerade den Sinn, die Todesangst selber zu überwinden. Endlich wird es möglich, angesichts des allgegenwärtigen Todes nicht mehr gegeneinander um das Überleben zu kämpfen, sondern in einer Überfülle des Lebens gemeinsam zusammenzustehen gegen den Tod. In anderen Worten: Sterben müssen wir alle; wenn aber im Tode ein jeder hinübertritt in die Welt Gottes, wenn wir alle zusammengehören in unserem endgültigen Schicksal, sollten wir dann auf dem Wege dahin uns jemals noch trennen lassen durch die Mächte der Angst und des Todes?

Nicht eigentlich eine «Vermehrung» von «Brot» ist dann das «Wunder», das hier geschieht, sondern eine Verwandlung des Daseins im ganzen. Eine neue Lebensgrundlage kommt hier zum Tragen, indem die irdische Existenz nicht länger gesehen wird als ein Sklavendienst unter der Knute von Zwang und Sadismus, sondern nach und nach als ein Geschenk begreifbar wird, ermöglicht von Freiheit und Hingabe. Rein praktisch zeigt sich dieses veränderte Verständnis darin, daß die übliche Rechnerei ein Ende findet, inwieweit man sich ein gemeinsames Teilen überhaupt leisten kann. «Uns sind (zur Verfügung) nicht mehr als fünf Brote und zwei Fische», sagten die Jünger (9,13), und sie artikulierten damit den ewigen Einwand gegen die Umgestaltung des «naturhaften» Daseinsverständnisses ins «Übernatürliche», die Jesus in dieser Geschichte vornimmt[21]. «Ich würde ja gerne helfen, aber ich habe selbst nicht genug. Ich muß auch an mich selber und an meine Kinder denken. Wer hilft denn mir? Jeder ist sich doch selbst der Nächste.» So oder ähnlich lautet der «vernünftige» Protest gegen die «Phantasterei»

[21] Das eigentliche «Wunder» liegt nicht in der physischen Vermehrung von Nahrungsmitteln, sondern in der Verwandlung des menschlichen Herzens.

dieser «Wundergeschichte». Klar – «zwei mal zwei ist vier» und: «das gibt es doch gar nicht!» Aber man sollte sich hüten, unter «Vernunft» nichts weiter zu verstehen als die Rationalisierung purer Angst. Solange die Angst regiert, haben wir in der Tat niemals genug, – schon bei der Versuchung Jesu durch den «Teufel» erwies es sich als ein Irrweg, den Hunger der Menschen besiegen zu wollen, indem man Steine in Brot verwandelt (Lk 4,3.4); zu verwandeln, sagten wir damals, gelte es das steinharte Herz der Menschen, und das ist nach allem Vorgetragenen nur möglich durch eine entschiedene Überwindung der stereotypen Teufelskreise der Angst. – Noch einmal als Beispiel: Wieviel Geld geben wir aus allein für Rüstung, nur aus Angst vor den möglichen Bedrohungen potentieller Gegner! Die ungeheuere Summe von über einer Billion Euro, die weltweit pro Jahr nur für Militärausgaben vergeudet wird, fehlt natürlich im Kampf gegen das Elend weiter Teile der Weltbevölkerung. Allen Menschen stünde mehr als genug zur Verfügung, wenn wir es lernen würden, die Angst vor dem Tod zu überwinden und durch solidarisches Teilen dem Leben zu dienen.

Von daher ist es eine Grundsatzfrage an unsere eigene Lebensgestaltung, wovon wir uns wesentlich leiten lassen: von der Überlegung, was uns selbst zur Verfügung steht, oder von dem Mitgefühl, was ein anderer an unserer Seite benötigt. Immer werden wir den Eindruck gewinnen, mit der Not der Menschen hoffnungslos überfordert zu sein, und immer wieder werden wir geneigt sein, uns vor ihnen in Sicherheit zu bringen, indem wir uns zurückziehen oder indem wir sie wegschicken. Doch was würde passieren, wenn wir uns auf sie wirklich einließen, statt sie zu «entlassen»? Materielle Dinge, wie Brot oder Geld, kann man nur einmal verteilen, gewiß, menschliche Gefühle, wie Freundlichkeit und Hilfsbereitschaft, aber (fast) unbegrenzt. «Wie sollen wir denn mit all den Kranken, Besessenen, Ausgegrenzten verfahren, wo wir selbst kaum zu leben wissen?» Diese Frage, die sich zwischen den Zeilen im Übergang von der Aussendung der Zwölf zu der Legende von der Brotvermehrung immer wieder unausweichlich stellt, läßt sich nur beantworten im Leben derer, die versuchen, so zu handeln wie die Witwe von Sarepta oder wie der Knecht Elischas – oder wie es Jesus selbst hier tut. «Wenn Du probierst, die Brotvermehrungsgeschichte wahrzumachen, wird es Dir selbst so ergehen, wie es sich hier erzählt: Du wirst nicht ärmer im Engagement für andere Menschen, im Gegenteil: es bereichert Dich; Du wirst nicht leerer dabei, – es erfüllt Dich; Du mußt nicht sorgen, Dich zu verausgaben, – was immer Du gibst, kommt vielmehr körbeweise zu Dir zurück, – zwölf Korbfüllungen waren es damals (9,17). Wenn Du nur erst einmal beginnst, das Leben als Geschenk – nicht als Last, nicht als

Fluch – zu begreifen – nichts ist Dein Eigentum, alles ist nur ein geliehenes Gut, Dir gegönnt und Dir anvertraut –, öffnet sich dann nicht wie von selbst Deine Hand, wenn Du neben Dir einen anderen siehst, dem es im Augenblick schlechter ergeht als Dir? Und tiefer noch: Ist es denn möglich, irgend etwas auf dieser Welt wirklich zu lieben – von einer streunenden Katze im Garten bis zu einer gehbehinderten Nachbarin, von einer Lerche am Feldrain bis zu einem Musiker, der Dir etwas zu sagen hat –, ohne sogleich einbezogen zu werden in das Netz allen Lebens? Die Geschichte von der ‹Brotvermehrung› will nicht ‹wahr› sein im historischen Sinne: Brote lassen sich physikalisch nicht ‹vermehren›; – doch Du kannst sie wahrmachen und bestätigt finden in Deinem Leben.»

Schaut man genau hin, gestaltet sich *alles* Leben in einer Weise, die der Brot«wunder»geschichte als ihrem Grundmuster gänzlich entspricht. Eine Mutter, die ihr Kind morgens zur Schule bringt, danach muß sie selber zu ihrer Arbeitsstelle – um das nötige Geld zu beschaffen für sich und ihr Kind, nachdem ihr Mann vor zwei Jahren ausgezogen ist und mit dem Unterhalt kaum nachkommt –, sie fühlt sich womöglich seit langem von der Situation überfordert, doch sie sieht auch, wofür es sich lohnt, und das gibt ihr Tag um Tag die Kraft, weiterzumachen, ja, es macht sie glücklich, es ist der Inhalt ihres Lebens. Sie «verausgabt» sich nicht, sie gibt und gewinnt, – so wie diese «Wunder»geschichte es will. – Oder der Lehrer, der mit einer Klasse von Kindern aus «sozial schwachem» Milieu zurechtkommen soll, – er weiß kaum, was er gegen die mangelnde Motivation, die demonstrative Lernverweigerung und die ständigen Rangeleien und Raufereien tun soll; und doch lohnt sich für ihn all die Mühe, weil er spürt, wie sehr gerade diese Kinder ihn brauchen. – Oder ein Psychotherapeut, der erst in der zweiten, dritten Stunde allmählich zu ahnen beginnt, wie weit in die Kindheit zurück er seine neue Patientin wird begleiten müssen – wieder womöglich dieses jahrelange Geduldsspiel mit ungewissem Ausgang –, und doch weiß er, daß jedes Gespräch das Vertrauen verstärken wird, das ihn nicht nur mit immer neuen Abgründen der Seele konfrontieren, sondern ihn auch reich belohnen wird durch eigene Einsicht und Reifung. – Oder ... oder ...

Mütter, Lehrer, Therapeuten zählen gewiß zu den klassischen Standardbeispielen eines sozial engagierten Verhaltens. Doch worauf es ankommt, ist nicht die Idealisierung bestimmter Lebensgestaltungen und Berufsstände; was die Geschichte von der «Brotvermehrung» meint, dient zum Gleichnis für unser aller Leben. – In seinem *Tagebuch eines Landpfarrers* hat GEORGES BERNANOS (1888–1948) einmal das lange Ringen eines – wie er sich selbst sieht – armen, kleinen Priesters um das Seelenheil einer Gräfin geschildert, die nach dem Tod ihres Sohnes untröstlich mit Gott hadert; sie muß, um sich zu versöhnen, ihr Kind in die Hände Gottes zurückgeben, und sie wird es nur lernen an der Seite dieses kindlichen Curé, der in diesem Moment selber aufwächst zu einer väterlichen Liebe; die Einwilligung in den Tod ihres Sohnes wird die Gräfin erkaufen mit dem eigenen Tod, und doch wird sie gerade so allen Frieden und alles Glück ihres Lebens gewinnen. «O Wunder», notiert der Landpfarrer, «daß man auf solche Weise etwas schenken kann, was man selber nicht besitzt, o süßes Wunder unserer leeren Hände! Die in meinem Herzen sterbende Hoffnung ist in ihrem Herzen neu erblüht, den Geist des Gebets, den ich unwiederbringlich verloren zu haben glaubte, hat Gott ihr wiedergegeben, und – wer weiß? – vielleicht in meinem Namen.»[22] Dieses «vielleicht» allerdings bleibt das Geheimnis der Geschichte vom Wunder der Brotvermehrung.

[22] GEORGES BERNANOS: *Tagebuch eines Landpfarrers*, 2. Teil, S. 188.

Der Weg zur Passion (Lk 9,18–19,27)

Lk 9,18–27: Bekenntnis und Nachfolge oder: Zwischen Angst und Aufbruch

(vergleiche Mk 8,27–30; Mt 16,13–20; Joh 6,67–71 zu *Lk 9,18–21*; Mk 8,31–33; Mt 16,21–23 zu *Lk 9,22*; Mk 8,34–9,1; Mt 16,24–28 zu *Lk 9,23–27*)

> 18 Und es geschah, indem er im Gebet war für sich allein, waren (nur) bei ihm die Jünger. Da fragte er sie, sprechend: Wer, sagen die Scharen, wäre ich? 19 Die aber als Antwort sagten: Johannes der Täufer, andere: Elija, noch andere: ein Prophet, einer von den Alten, ist auferstanden (9,8). 20 Er aber hat ihnen gesagt: Ihr aber, wer, sagt ihr, wäre ich? Petrus hat als Antwort gesagt: Der Messias Gottes. 21 Er aber verwies es ihnen und gebot, niemandem das zu sagen.
> 22 Denn er sagte, es sei notwendig, daß der Menschensohn sehr leide: er werde verworfen von den Ältesten, den Hohen Priestern, den Schriftgelehrten, ja, er werde getötet, doch am dritten Tage werde er auferweckt (9,44; 17,25; 18,32.33).
> 23 Zu allen aber sagte er: Wenn jemand hinter mich will, zur Nachfolge, der muß sich lossagen von sich selber und sein Kreuz aufnehmen Tag für Tag – so folge er mir (14,27). 24 Wer nämlich sein Leben retten will, wird es verlieren. Wer aber sein Leben verloren gibt um meinetwillen, der wird es retten. 25 Denn was für einen Nutzen hat ein Mensch, der die ganze Welt gewinnt, sich selber aber verliert oder einbüßt? 26 Denn wer sich schämt für mich und meine Worte, für den wird sich der Menschensohn schämen, wenn er kommt in seiner und des Vaters Herrlichkeit und der heiligen Engel. 27 Ich sage euch aber: Wahrlich, es gibt einige unter denen, die hier stehen, die den Tod nicht schmecken werden, bis sie sehen das Königtum Gottes.

Natürlich, man kann sagen, dies sei ein typisches Beispiel für die wachsende Legendenbildung im *Lukas*-Evangelium: Jesus muß sich «im Gebet» (9,18) befinden, – bei *Markus* war er einfach «unterwegs» (Mk 8,27)[1]. Doch so

[1] HEINZ SCHÜRMANN: *Das Lukas-Evangelium*, II 529, schreibt: «Luk läßt die konkreten Ortsangaben des Mk – Caesarea Philippi – fort. Das nicht nur, weil (sc. nach Streichung von Mk 7,24-37; 8,1-26, d.V.) die Begebenheit im Gerasenerland 8,26-39 die einzige – in die Zukunft weisende – Exkursion ins Heidenland bleiben sollte…; ihm ist wichtiger, daß die so bedeutsame Begebenheit in den heiligen Gebetsraum hineingenommen ist, in dem

wenig Wahrheitswert Legenden historisch auch haben mögen, so existentiell getreu kann ihre Darstellung sein. Was *Lukas* jedenfalls mit *seiner* «Einleitung» erreicht, ist eine Aussage gleich über zweierlei: er deutet – hier zum erstenmal –, was mit «Gebet» gemeint sein kann, und er zeigt eine neue Seite von Jesu Persönlichkeit. Beides ist so intim, so subjektiv, so lyrisch, daß es tatsächlich nur in legendärer Form erzählbar ist.

Denn «im Gebet», «für sich allein» (9,18), stellt Jesus offenbar sich ganz dieselbe Frage, die er im folgenden an seine Jünger richten wird: Wer bin ich selbst? Um einen Menschen zu verstehen, meinte – wieder – SÖREN KIERKEGAARD (1813–1855), müsse man begreifen, wozu er sich wesentlich verhalte[2]; was «Gott» sei, überlegte, wie ergänzend, wenngleich von einem grundverschiedenen Ansatz her, CARL GUSTAV JUNG (1875 –1961), ergebe sich als Sammlungspunkt der stärksten psychischen Energie[3]; was einem Menschen am allerwichtigsten ist, das, zweifellos, ist für ihn «Gott». Die Frage freilich stellt sich um so mehr, was für ihn Gott sein *sollte*, – was überhaupt verdient, als «Gott» benannt zu werden. Klar ist in jedem Falle, daß sich die Fragen: Wer ist Gott? und: Wer bin ich? in Abhängigkeit voneinander beantworten. Ein Mensch kann zu sich selbst nur finden, indem er zu Gott findet, und zu Gott finden wird er nur, indem er zu sich selber findet. Deshalb hat *Lukas* recht: Die Frage: Wer bin ich? trägt immer etwas an sich von «Gebet» in eigentlichem Sinne.

Zu beten gilt weithin (noch immer) als ein quasi magischer Akt in

Jesus mit dem Vater betend allein ist (wobei er auf Mk 6,46 zurückgreift)... So kann sich Luk die wichtige Begebenheit auch nicht (wie Mk) als Weggespräch vorstellen; er läßt sie geschehen, als auch den Jüngern nach dem apostolischen Werk 9,1-6.10-17 endlich die – Mk 6,31 ff. vereitelte – Ruhepause geschenkt wird. So wird die transzendentale Stille, in der Offenbarung ansteht und Bekenntnis ersteht, zu erzählter Geschichte. – Die Anwesenheit der Jünger und das ‹Alleinsein› des betenden Jesus hat Luk nicht als Widerspruch empfunden. Ragt ja doch keine menschliche Anwesenheit heran an das Alleinsein Jesu vor dem Vater.»

2 SÖREN KIERKEGAARD: *Die Krankheit zum Tode*, 1. Abschn., A a, S. 28: «Das Selbst ist die bewußte Synthese von Endlichkeit und Unendlichkeit, die sich zu sich selbst verhält, deren Aufgabe es ist, sie selbst zu werden, welches sich nur verwirklichen läßt durch das Verhältnis zu Gott.»

3 CARL GUSTAV JUNG: *Psychologie und Religion*, in: Gesammelte Werke, XI 88: «Religion ist eine Beziehung zu dem höchsten oder stärksten Wert..., also einem energiegeladenen psychischen Faktor... Diejenige psychologische Tatsache, welche die größte Macht in einem Menschen besitzt, wirkt als ‹Gott›, weil es immer der überwältigende psychische Faktor ist, der ‹Gott› genannt wird. Sobald ein Gott aufhört, ein überwältigender Faktor zu sein, wird er ein bloßer Name. Sein Wesentliches ist tot, und seine Macht ist dahin»

Augenblicken menschlicher Hilflosigkeit[4]: An Stellen, da wir nicht mehr weiterwissen, soll Gott uns sagen, wie es weitergeht; in Situationen, da für uns nichts mehr zu machen ist, soll Gott zu unseren Gunsten etwas machen. Gebet als Mittel, die Gottheit mit unseren Bedürfnissen zu konfrontieren und unsere eigenen Interessen auszudehnen bis zum Himmel: – wenn es so steht, ist Beten nur ein erster Akt, auf sich selbst aufmerksam *zu machen*; weit wichtiger indessen ist es, im Gebet auf sich selbst aufmerksam *zu werden*. Und das geschieht! Kein Mensch würde sich an die Gottheit wenden ohne Vertrauen, irgendwie gehört zu werden, – *ge*hört, nicht unbedingt *er*hört. Zu beten – das ist eine Rückbesinnung auf den Ort des Ursprungs unseres Lebens: eines unbedingten Gewollt-Seins, einer absoluten Bejahung, einer umfassenden Erlaubnis zum eigenen Leben; zu beten – das ist eine machtvolle Erinnerung daran, daß wir im letzten nur aus einer unverdienten Gnade leben; das ist eine Selbstvergewisserung des Eindrucks, von einer Liebe getragen zu sein, die das Leben zum Geschenk macht; das ist das Eintauchen in die Gewißheit, mit unserem eigenen Namen von Gott in unser Leben gerufen zu sein, von Ihm selbst gemeint und gewollt, und zwar nicht erst für nachgewiesene Nützlichkeit oder für eine erbrachte «Sehr gut»-Leistung, sondern für die Einmaligkeit der eigenen Person, für die Erwünschtheit dessen, was wir wirklich sind; zu beten – das ist die Begegnung mit jenem Gegenüber, dem wir verdanken, daß wir sind; das ist das Einschwingen in ein grundlegendes Einverständnis; das ist das Grundgefühl eines Umfangenseins, das ein für allemal unwiderruflich gilt. Insofern ist die Einsamkeit des Betens immer ein Akt der Individualität. Wohl mag man rituell auch in dem Sozialverband von «Kirche» beten, – doch das ist etwas anderes, schon Abgeleitetes, in jedem Fall erst Sekundäres. Nie ist die Gruppe Gott, nie ist die Kirche «Christus», nie ist ein Kollektivverband die Antwort auf das unerhörte Wagnis, *selbst* zu sein.

Deutlich trennt sich deshalb die betende und bittende Frage Jesu nach einer Klärung des eigenen Seins von dem Meinen und Mögen der Menge. Zumindest negativ hat die Begegnung mit dem Teufel in der Wüste (Lk 4,1–13) ihm gezeigt, was er nicht wirklich wollen kann, wenn er tatsächlich Gott zu dienen denkt; jetzt, im Gebet, fragt es sich positiv, was für ein Mensch er ist, was seine Ziele sind, wofür es sich in seinen Augen lohnt, sein ganzes Leben zu verpfänden. Erst in der Zone einer unbedingten Akzeptanz, wie sie idealtypisch zum Beispiel in einer (analytisch geprägten)

[4] Vgl. BRONISLAW MALINOWSKI: *Magie, Wissenschaft und Religion*, in: Magie, Wissenschaft und Religion. Und andere Schriften, 1–74.

Psychotherapie realisiert sein sollte, ist es möglich, herauszufinden, was man bejahen kann aus vollem Herzen.

Noch ist nicht wirklich klar, wie Jesus selbst sich in und unter Gottes Augen zu betrachten im Gebet begonnen hat, da ist doch bereits deutlich, daß der Standpunkt, den er jetzt gefunden hat, ihn mehr und mehr in Widerspruch bringen wird und bringen muß zu den Erwartungen und dem Beifall der «Scharen». Was Gott von ihm verlangt, ist von Grund auf verschieden von dem, was «man» von ihm gern möchte. «Wer», fragt Jesus die Jünger, «sagen die Scharen, wäre ich?» (9,18b), und ihre Antwort zählt die fertigen Schablonen auf, die schon am Hofe des Herodes hörbar waren (Lk 9,8). *Eines*, immerhin, ist diesen Deutungen gemeinsam: Wie auch immer man Jesus (positiv!) zu betrachten gewillt ist, – die Art seines Auftretens ist eine ganz und gar prophetische[5]. Wie sein «Vorläufer» Johannes der Täufer, riskiert er es, seine eigene Person zum Sprachrohr göttlicher Botschaft zu machen, – existentiell dicht und verbindlich, unabgeleitet von fremden Autoritäten, sprachgewaltig in Bildkaskaden packender Poesie, voller Entscheidungsernst, in der Gegenwart jetzt das Schicksal bestimmend[6]. Was freilich Jesus – ebenso wie Johannes – von den «alten» Propheten: von *Elija, Elischa, Jesaja* oder *Jeremia* unterscheidet, ist die «Verweigerung» der aktuellen politischen Themen[7] – die Verweigerung der Auseinandersetzung mit den Römern etwa. Keinerlei Aktion, keinerlei Agitation gegen das Besatzungsregime der «Heiden» findet sich in seinem Reden und Tun; er gibt sich nicht stolz gegenüber Nicht-Juden, einem Volk anzugehören, das Gott,

[5] Vgl. PETER BÖHLEMANN: *Jesus und der Täufer*, 253–261: Jesus als Prophet: «Es gehört zum theologischen Programm des Lukas, daß er das Prophetsein Jesu gerade im Vergleich zu Johannes betont.»

[6] Vgl. TE II 329–346, bes. S. 345–346.

[7] Bereits JOSEPH KLAUSNER: *Jesus von Nazareth*, 519, stellte fest: «... für Jesus bedeutete die politische Macht nichts: ‹Gebt dem Kaiser, was des Kaisers ist, und Gott, was Gottes ist!›; also: es lohnt sich nicht, gegen die politische Unterdrückung durch Rom und für die politische Freiheit des Volkes zu kämpfen ... Eigene Gerichtsbarkeit, Kampf um soziale Reformen – sie waren in einer Welt unmöglich, in der man ‹nicht mit dem Bösen kämpfen sollte› ... Wie kann ein Staat bei Jesu Forderung bestehen, daß man ‹überhaupt ... nicht schwören soll›? Wie ist materielle Kultur in einer Welt möglich, in der jeder sein ganzes Hab und Gut unter die Armen verteilen soll ...?» Und weiter (S. 542–543): «Jesus ... schob alle Erfordernisse des nationalen Lebens zur Seite. Er trennte nicht nur das nationale Leben von der Religion, um ihr etwa eine besondere Sphäre anzuweisen, sondern er ignorierte es völlig und setzte an seine Stelle ein religiös-ethisches System, das allein mit seinem eigenartigen Gottesbegriffe verknüpft war. Damit hob Jesus das Judentum als die innere Lebenskraft des Volkes und auch das Volk selber auf. Denn eine Religion, die nur einen allgemeinen Gottesbegriff und eine für alle Menschen geeignete Ethik besitzt, kann nicht irgendeinem besonderen Volke zugehören: sie durchbricht vielmehr, bewußt oder unbewußt, alle nationalen Schranken.»

entsprechend den Weissagungen seiner Künder in früheren Tagen, zum Zeichen, ja, zum Idealtyp aller Stämme der Erde erwählt haben soll; und das wird sehr bald die «Scharen» enttäuschen. Offenbar rechnete man selbst im Jüngerkreise damit, Jesus werde sich in Gottes Auftrag, «messianisch», machtvoll, der Römermacht entgegenstellen. Diese Erwartung klang bereits im «Magnificat» aus dem Munde der Mutter Jesu an: in ihm habe Gott die «Machthaber vom Throne» gestürzt und «sich Israels angenommen» (Lk 1,52.54); ähnlich verhieß auch der greise Simeon, als er Jesus bei der Beschneidung im Tempel in seine Arme nahm, dieses Kind sei Gottes «Rettungstat» «vor dem Angesicht aller Völker», zur «Herrlichkeit» des «Volkes Israel» (Lk 2,30–32); selbst nach Jesu Hinrichtung werden die beiden Jünger auf dem Gang nach Emmaus ihre Mutlosigkeit daran festmachen, sie hätten «doch gehofft, daß er es sei, der Israel erlösen werde» (Lk 24,21). Ja, unmittelbar noch vor Jesu «Himmelfahrt» werden die «Apostel» den «Auferstandenen» nach lukanischer Darstellung fragen, ob der «Herr» «in dieser Zeit» «das Reich für Israel» wieder aufrichten werde (Apg 1,6). Das «Wähnen, augenblicklich werde das Königtum Gottes aufscheinen» (Lk 19,11), begleitet mithin das öffentliche Wirken Jesu von Anfang bis Ende, war es doch in der Tat sein eigener Glaube, «genaht» habe sich «das Königtum Gottes» (Mk 1,15). *Lukas* greift dieses Wort bei *Markus* bewußt an der Parallelstelle (Lk 4,14.15) *nicht* auf, wohl weil es zu sehr durch nationalpolitische und «messiastheologische» Vorstellungen belastet ist[8]. «Erfüllt ist die Zeit» (Mk 1,14) – *das* läßt auch *Lukas* «seinen» Jesus sinngemäß in der Synagoge von Nazaret sagen, wenn er die Weissagungen des *Jesaja* (Lk

[8] Vgl. HEINZ SCHÜRMANN: *Gottes Reich – Jesu Geschick*, 45–48: Die Gefährlichkeit der Basileia-Verkündigung Jesu, S. 45–46: «Niemand wird so wie Jesus selbst gesehen haben, wie seine eigene Basileia-Verkündigung (sc. Gottesherrschafts-Verkündigung, d.V.) ihn gewissermaßen *von innen* her in Gegensatz zu allen Richtungen des damaligen Judentums brachte. Jesus ging mit seiner Neuformulierung des Eschatons (sc. des endzeitlichen Heils, d.V.) und seinem Engagement für die Basileia nach allen Seiten hin auf Kollisionskurs... Jesu Botschaft, der herrscherlich-heilbringend kommende Gott werde das gesetzliche Verrechnungswesen der Pharisäer (vgl. Lk 18,10-14a; 17,7-10 u.ö.) wie die sozialpolitischen theokratischen Utopien der Sikarier (sc. der ‹Dolchmänner›, der messiaspolitisch orientierten Widerstandskämpfer gegen die römische Besatzung, d.V.) überrollen, aber auch die kultisch-theokratischen Ideale und Absicherungen der sadduzäischen Priesterschaft wie auch anders die der Essener und mancher zelotischer (sc. ‹eifernder›, messiastheologisch radikaler, d.V.) Kreise (vgl. Mk 11,15 f. parr, ferner das Tempelwort Mk 14,58 parr; Mk 15,29 par u.ö.) aufsprengen, mußte nach allen Seiten hin Anstoß erregen. Das Judentum war als solches in der Tiefe aufgesprengt, und zwar in besonders ärgerlicher Weise, wenn Jesus betend in seiner Beziehung zum Abba, in seinem Dasein und Geschick, seinen Worten und Werken die Basileia bereits anstehend gegenwärtig glaubte. Sein Selbstbewußtsein, der entscheidende Offenbarer des Willens Gottes zu sein, an dem sich auch die Tora messen müsse (vgl.

4,18.19) in Jesu Person für «erfüllt» erklärt (Lk 4,21); doch eben: das «Heil», das Jesus zu bringen kam, besteht für ihn wesentlich in der Heilung der Kranken und in der Aufrichtung der am Boden Liegenden, *nicht* in der Auflehnung gegen die Mächtigen mit militärischen Mitteln. Erst bei der Aussendung der (Zweiund)Siebzig wird auch der lukanische Jesus den Satz aussprechen, mit dem er bei *Markus* sein Wirken eröffnet: «Genaht ist das Königtum Gottes.» (Lk 10,11) Doch was darunter werden die Jünger verstehen?

«Wer, sagen die Scharen, wäre ich?» (9,18). Man lege diese Frage einem Theologen vor, und er wird in der gleichen Manier antworten wie hier die Jünger: er wird zitieren, was die einen sagen, was die anderen sagen, und er wird das Sammelsurium von fremden Meinungen für eine befriedigende «Antwort» (9,19) halten. So aber ist es nicht die Art, in welcher Jesus fragt, daß es uns die Erlaubnis ließe, sich mit Bibelzitaten und akademischen Floskeln davonzuschleichen. Wenn in der Bibel Gott, sein Engel, sein Gesandter an Menschen eine Frage richtet, so geschieht dies für gewöhnlich in Gestalt von Infragestellungen und von Konflikten, die unaufschiebbar nach einer Lösung verlangen; welch eine Zerrissenheit und Bedrängnis sich wem stellt, hängt allerdings ab von der jeweiligen Persönlichkeitsstruktur, und so legt Gott dem Einzelnen im Grunde eine Frage vor, auf die nur jeder als Einzelner ganz persönlich eine Antwort geben kann: Wer bist Du eigentlich? Das gleiche Verhältnis, das vorhin sich zwischen Gott und Jesus im Gebet ergab, entsteht nun zwischen Jesus und den Jüngern, und hier wie dort ist es derselbe wechselseitige Vorgang von Selbstfindung und Gottfindung. Wie also müßte eine «Theologie» beschaffen sein, die darin mündete, in den Träumen der Nacht, in den Bildern des Tages, in den Begegnungen der Liebe, in den Regungen des Herzens, in den Regeln der Pflicht den eigenen Weg zu sich selbst und zu Gott erkennen zu lernen? Zu ihrer Wirklichkeit kommt die Religion erst, wenn sie den Einzelnen in der Unausweichlichkeit seiner individuellen Existenz betrifft.

Mt 5,21-22a.27-28.33-34a.37), war allgemeinjüdisch unerträglich. Jesu Botschaft transzendierte nicht nur ‹das Gesetz und die Propheten› (Lk 16,16), sondern überholte auch die Bußpredigt des Täufers: Bei aller Kontinuität unterschied Jesus sich auch zu dieser hin mit seiner zeitenwendenden Basileia-Botschaft (vgl. nur Lk 16,16), insbesondere mit seiner anstößigen, Israel in neuer Weise anstoßenden, bis zu den Sündern hin vorstoßenden Verkündigung der Basileia als ein erneutes Heilsangebot Gottes.» Das ist richtig, doch gilt es, diese historisch bedingte Form des Widerspruchs der Botschaft Jesu gegenüber den Heilserwartungen von Moral und Justiz, von Politik und Nationalismus, von religiösem Fanatismus und Gruppenegoismus, von Gesetzesdienern und Kultdienern in die Gegenwart zu stellen und als einen *wesentlichen* Widerspruch gegen alle Einengungen und Verkleinerungen des Menschlichen vor Gott oder des Göttlichen vor den Menschen bewußt zu machen...

Schon deshalb kann es Jesus an dieser Stelle nicht dabei belassen, seine Jünger nach den gängigen Standardmeinungen über sich abzufragen wie ein Dozent in der Prüfung seine Studenten; was er möchte, ist eine persönliche Stellungnahme, ein Bekenntnis, das vom eigenen Leben getragen wird: «Ihr aber, wer, sagt ihr, wäre ich?» (9,20)[9] Dieser Übergang vom Allgemeinen zum Persönlichen, vom Kollektiven zum Individuellen, von der Menge zum Einzelnen ist der entscheidende Schritt in jeder Religion. Gott selber wäre nicht Person, wenn er mit Unpersönlichem «zufrieden» wäre[10], oder umgekehrt: alles, was subjektiv nicht stimmt, kann «objektiv» in Sachen Religion nur Unfreiheit, Magie und Gruppenzwang bedeuten. Es mag sein, daß der persönliche Standpunkt in einer religiösen Frage sich herausstellt als Irrtum, doch glücklich, wer wenigstens auf persönliche Weise sich irrt, denn nur der kann auf persönliche Weise sich selbst korrigieren.

Da äußert Petrus, was unter ihnen wohl seit längerem schon sich als ihre Ansicht gebildet hat: «der Messias Gottes» sei Jesus (9,20), der «Christus» nach kirchlichem dogmatischem Glauben. Doch wer ist das: der «Chri-

[9] Sehr wahr verweist EDUARD SCHWEIZER: *Jesus Christus*, 45, auf den Unterschied wischen der «Nachfolge», die Jesus fordert und ermöglicht, und den zeitgenössischen Vorgehensweisen sonst: «Völlig anders als alle jüdischen Bewegungen von den Pharisäergruppen bis zu den Kreisen der Apokalyptiker, sammelt Jesus keine Gruppe um sich. Die, die von ihm gepackt sind, eine Zeitlang oder bis zu seinem Tode mit ihm wandern, erhalten gar nichts, das sie zusammenhalten könnte: nicht einmal einen neuen Namen geschweige denn einen Ritus, ein Abzeichen, ein Glaubensbekenntnis oder auch nur einen Ort, an dem sie Jesus oder gar bloß sich untereinander treffen könnten. Ja, nicht einmal irgendein Würdetitel, mit dem sie Jesus richtig anreden oder anderen weiterverkünden könnten, wird ihnen gegeben.» Was aber, wenn es so war, rechtfertigt dann in den gegenwärtigen «Kirchen» den dogmatischen Betrieb von Dozenten und den Kultdienst von staatlich und kirchlich bestellten Priesterbeamten?

[10] Vgl. SÖREN KIERKEGAARD: *Einübung im Christentum*, Die Darlegung, A, in: Werkausgabe, II 94: «Diesem ganzen Bau von Bestimmungen und Bedingtheiten, dieser unmittelbaren Kenntlichkeit der Frömmigkeit an Ehre und Ansehn, Macht und Einfluß, dieser ‹Objektivität›, wie die Pharisäer und Schriftgelehrten sie wohl genannt haben mögen, gab Jesus einen Stoß, indem er Gottesfurcht und Frömmigkeit zur Innerlichkeit machte... So geht es immer, wenn ein Bestehendes so weit gegangen ist, sich selbst zu vergöttlichen, dann werden zuletzt Sitte und Brauch zu Glaubensartikeln, alles wird derart gleich wichtig; oder Satzung, Sitte und Brauch werden das Wichtige. Der Einzelne fühlt und erkennt nicht, daß er und ebenso jeder Einzelne ein Gottesverhältnis hat, das für ihn unbedingte Bedeutung haben soll, nein, das Gottesverhältnis wird abgeschafft. Sitte und Brauch, Satzung und dergleichen werden vergöttlicht. Aber diese Art Gottesfurcht ist geradezu Gottesverachtung, sie fürchtet ja nicht Gott, sie fürchtet Menschen... So heilig waren nämlich die Pharisäer und Schriftgelehrten geworden, und so vergöttlicht, daß ihre Gottesverehrung ein Gott zum Narren halten ist: unter dem Schein, Gott zu verehren und anzubeten, verehren sie und beten sie an ihre eigenen Fündlein, entweder in selbstgefälliger Freude, als die welche selber die Erfinder sind, oder in Menschenfurcht.»

stus»[11]? Es ist unmöglich, das Wort zu verwenden, ohne auch und gerade die Dimension des Machtpolitischen damit zu meinen. Die Gruppe der Pharisäer insbesondere, aber auch die am rechten Rand der Gesellschaft noch radikaleren Essener, erwarteten von der Ankunft des Messias die Wiederherstellung des Königtums Davids[12], – der Messias war «Davids Sohn», wie auch *Lukas* in seinem «Stammbaum» Jesu dargetan hat (Lk 3,31; vgl. aber auch die kritische Gegenfrage Jesu in Lk 20,41–44); sie erwarteten damit auch die Vernichtung des römischen Imperiums[13], ja, die Übernahme des Weltreichs der Caesaren durch den wahren König, den Gott zum Regenten bestellen würde; Gottes «Königtum» – das bedeutete ihnen die Weltherrschaft des «Gesalbten» aus Israel.

Beim Wort genommen, ist ein solcher Glaube kaum etwas anderes als die Nationalideologie eines chauvinistischen Sacro egoismo. Wie gefährlich dieses Denken in seiner Äußerlichkeit sein kann, zeigt sich denn auch in aller Klarheit an der Geschichte des «Christentums» im Abendland: Indem – in apokalyptischem Sinne – Jesus zum «König der Könige» (Apk 17,14; 19,16) und zum «Allherrscher» (zum «Pantokrator») erklärt wurde – ein Titel, der selbst in der Apokalypse allein Gott vorbehalten ist (Apk 1,8; 4,8; 11,17 u.ö.; vgl. aber schon den Hymnus in Phil 2,10.11) –, war theologisch beziehungsweise ideologisch die Bahn in breiter Spur bereitet, die spätestens

11 HANS CONZELMANN: *Die Mitte der Zeit*, 49, verweist darauf, daß in der lukanischen Komposition «nun Speisung, Bekenntnis, Leidensverkündigung, Verklärung» zu einem «Sachkomplex von christologischen Aussagen» zusammentreten, durch die «das Marcinische Messiasgeheimnis in ein Leidensmißverständnis» umstilisiert werde. HEINZ SCHÜRMANN: *Das Lukasevangelium*, I 530–531, stellt den Ausdruck «Messias Gottes» in 9,20 heraus: «Das Bekenntnis ‹der Christus Gottes› denkt Jesus und seine Aufgabe mit Gott zusammen … Lk 2,26 klingt an. … (der Christus Gottes, d.V.) ist für Luk gewiß mehr als … (der Christus, d.V.), als der, in dem alle Verheißung für Israel seine Erfüllung finden soll. Jesus ist der Christus *Gottes*, insofern er – und Gott an ihm und durch ihn – heilsgeschichtlich handelt, besonders aber insofern er gänzlich gottgehörig ist.» – Zum Christusbegriff und zum Christusbekenntnis vgl. bes. J v N 572–589: «damit im Namen Jesu sich beuge jedes Knie … und jede Zunge bekenne, daß Jesus der Christus, der Herr, ist» (Phil 2,10-11).

12 Zum Titel *Davidssohn* vgl. EDUARD LOHSE: *hyiòs David* (Davidssohn), in: ThWNT VIII, 482–492; J v N 589–607: «Hat nicht die Schrift gesagt, daß der Christus kommt aus der Nachkommenschaft Davids und aus Bethlehem kommt?» (Joh 7,42)

13 Vgl. etwa *Psalmen Salomos*, XVII 1-10.15-20.21-46, in: RUDOLF KITTEL(Hg.): Die Psalmen Salomos, in: Emil Kautzsch (Hg.): Die Apokryphen und Pseudepigraphen des Alten Testaments, II 144–148: «Sieh› darein, o Herr, und laß ihnen erstehen ihren König, den Sohn Davids, … und gürte ihn mit Kraft, daß er ungerechte Herrscher zerschmettere.» (XVII 21.22) «Selig, wer in jenen Tagen leben wird und schauen darf das Heil Israels in der Vereinigung der Stämme, wie es Gott bewirkt! Gott … rette uns vor der Befleckung durch unheilige Feinde!» (XVII 44.45)

im 4. Jh. n. Chr. die (altorientalische) Einheit von Thron und Altar, die Idee des Kaisers und des Priesters (Papstes) als der «Gottesstellvertreter» wieder heraufführen sollte; die entsetzliche Blut- und Gewaltgeschichte der «allerchristlichsten» Könige, der «Kreuzzüge» befehlenden Päpste, die im Rückblick unglaublich anmutende Perversion des «Friedensfürsten» aus Nazaret in einen «Siegfriedensfürsten» der jeweils Regierenden hängt unmittelbar mit dem «Christus»verständnis der Person Jesu zusammen. Das «christliche» Paradox zeigt sich dabei nirgendwo deutlicher als gerade hier: Niemals wollte Jesus in diesem Sinne als «Christus» verehrt sein[14]. «Er ... verwies es ihnen und gebot, niemandem das zu sagen.» (9,21)[15] Schon *Markus* berichtet so (Mk 8,30), und auch *Lukas* folgt ihm darin: Diese Stelle markiert einen Grenzstein in der Entwicklung der neutestamentlichen Theologie, der allerdings, leider Gottes, trotz dieses ausdrücklichen Verbots Jesu, recht bald schon überschritten wurde.

Freilich, man mag sich fragen, warum Jesus hier nur einen «Verweis» ausspricht, ihn als «Messias» weiterzusagen; warum erklärt er nicht einfach wie Johannes der Täufer im *Johannes*-Evangelium: «Ich bin nicht der Messias» (Joh 1,20)? In historischer Betrachtung zeigt eine Stelle wie diese, daß der Glaube an Jesus als an den «Christus» offenbar erst *nach* seinem Tode aufkam, und zwar relativ spät, denn *Paulus* hatte noch sagen können, daß Jesus «geboren ... aus dem Geschlecht Davids nach dem Fleisch, ... eingesetzt ist als Sohn Gottes in Kraft durch die Auferstehung von den Toten» (Röm 1,3.4). Doch was bedeutet ein solches Forschungsergebnis der historisch-kritischen Exegese für unsere eigene Existenz?

14 Vgl. MICHAEL BAIGENT – RICHARD LEIGH: *Als die Kirche Gott verriet*, 17–31: Mit Feuereifer für den Glauben.

15 HEINZ SCHÜRMANN: *Das Lukasevangelium*, II 531, merkt dazu an: «Falsch ist das Messiasbekenntnis (sc. des Petrus, d.V.) nicht, obgleich Luk es für recht unzulänglich erachtet.» Das ist milde ausgedrückt. Immerhin wird in 9,22 der Messiasbegriff des Petrusbekenntnisses ersetzt durch den Begriff des *Menschensohns*. Man kann nicht einfach sagen, es liege «die eigentliche Korrektur nicht im Titel, sondern in den inhaltlichen Bestimmungen: Leiden, Verwerfung, Tod, Auferweckung», wie WOLFGANG WIEFEL: *Das Evangelium nach Lukas*, 177, schreibt, denn die Leidensvorstellung paßt kaum zu den gängigen Vorstellungen von der triumphalen Herrschaft des «Messias», während sie mit den Menschensohnerwartungen schon eher zusammengeht. Tatsächlich müssen all diese «Titel» von der Person und dem Schicksal Jesu her neu interpretiert werden. Für *Lukas* wird HEINZ SCHÜRMANN: A.a.O., I 531, recht haben, wenn er feststellt, es sei dem Evangelisten wichtig, «daß es schon vorösterlich im Jüngerkreis das Christusbekenntnis gab, sosehr er auch weiß, daß dieses nachösterlich vertieft verstanden werden muß. Es gibt jedenfalls ein Bekenntniskontinuum über den österlichen Graben hinweg – mag es sich auch um eine Kontinuität in der Diskontinuität handeln.» Freilich besteht diese «Diskontinuität» in der genauen *Umkehrung* all der Vorstellungen, die einmal mit dem «Messias»- oder «Davids Sohn»-Titel verbunden waren.

Zum einen könnte es wirklich so gewesen sein, daß Jesus der Inhalt seiner Mission nicht von Anfang an derartig klar vor Augen stand, wie man es der Legende von der Versuchung durch den «Teufel» nach denken könnte. Anscheinend zögerte er, der Messias-Erwartung der Menge in seinen Tagen einfach zu widersprechen, und versuchte vielmehr, sie zu transformieren. Was sollte er auch anderes tun? Kann man Menschen, die ihre ganze Hoffnung auf eine bestimmte Vorstellung setzen, einfach erklären, sie hätten unrecht, sie folgten einer Illusion? Hat ein Seelsorger das Recht, statt Glauben Zynismus um sich her zu verbreiten? Keinem (psycho)therapeutisch Denkenden bleibt etwas anderes übrig, als mit den Sehnsüchten seiner «Patienten» konstruktiv umzugehen: er muß sie zu verändern trachten, indem er sie bestätigt, er muß sie verwesentlichen, indem er sie nach innen zieht, und eben dies scheint hier zu geschehen. Die Jünger erwarten einen machtpolitisch die Verhältnisse umstürzenden «Messias», doch Jesus nimmt sie bei der Hand und führt sie dazu, ihre eigene Existenz völlig neu zu begreifen.

Dies ist das zweite, wesentliche Moment dieser Stelle: wenn irgend man Jesus – gegen seinen ausdrücklichen Willen, nach seinem Tode – denn doch als den «König», den «Christus», den «Gesalbten des Herrn», als den «Allherrscher» anbeten will, dann im Grunde nur in dem Bewußtsein, daß der Mann aus Nazaret mit seiner Person all diese Bezeichnungen in ihr genaues Gegenteil gekehrt hat.

Oft in der kirchlichen Glaubenslehre hat man das «Eigentliche» der christlichen Botschaft in die «Unvergleichlichkeit» und «Unüberbietbarkeit» der Titel selber gesetzt; doch all die Benennungen von Herrschern als «Gottessöhnen» und «Gottkönigen» sind seit den Bildungen der ersten Hochkulturen im Neolithikum durchaus geläufig; sie tauchen allerorten auf, vom Zweistromland über die Niloase Ägypten bis hin zu den Tiefland-Maya der Neuen Welt[16], – sie sind «archetypisch» zu nennen. Das «Unver-

[16] Vgl. MIRCEA ELIADE: *Geschichte der religiösen Ideen*, I 79, zu der Sakralität des mesopotamischen Herrschers: «Der König anerkannte zwar den irdischen Charakter seiner Nachkommenschaft, wurde selbst aber als ‹Sohn der Götter› angesehen.» S. 80: «Dank dieser zweifachen Natur galt der König, zumindest metaphorisch, als Schöpfer von Leben und Fruchtbarkeit.» In Ägypten galt der Sonnentheologie nach der Pharao als Sohn des Sonnengottes Re; «da er aber dem verstorbenen Herrscher (= Osiris) nachfolgte, war er zugleich auch Horus.» (A. a. O., I 98–99) – Zur Entstehung des Königtums in *Mesoamerika* vgl. LINDA SCHELE – DAVID FREIDEL: *Die unbekannte Welt der Maya*, 92–95; demnach bildete vor allem die «soziale Ungleichheit» den «Kern des Problems..., für das die Maya nach einer Lösung suchten... Bei den Maya wurde das Königtum zur wichtigsten religiösen Repräsentanz und Legitimation der Adelskaste... Das Königtum löste die auf der Existenz des Sozialgefälles basierenden Probleme... indem es die widersprüchliche Natur der Privilegien in der Textur des Lebens selbst verankerte.» (A. a. O., 93)

gleichliche», das «Unüberbietbare» der Person und Botschaft Jesu liegt daher nicht auf der Ebene dieser menschheitlich verbreiteten und unabhängig voneinander immer wieder entstandenen Bilder, es liegt in der Art, wie Jesus die überkommenen Anschauungen neu interpretiert hat. «Königlich» ist nach ihm kein Mensch, der über andere herrscht durch Macht und Gewalt, «königlich» ist für ihn allein derjenige, der mit seiner Liebe «Macht» hat im Herzen eines anderen Menschen.

Lange Zeit hat man theologisch geglaubt, daß zumindest das Schicksal des *leidenden* «Christus» unvereinbar sei mit dem Triumphalismus der Königsideologien des Alten Orients; doch diese These ließ sich nur aufstellen und halten bei einer weitreichenden Unkenntnis (oder Verleugnung) der *archetypischen* Vorstellungen von einem König, der rituell die Fruchtbarkeit seines Landes begründen muß. In den Vegetationsreligionen gehörte gerade der Tod zu einem wichtigen Wesensmerkmal des Gottes, der, wie der ägyptische Osiris, der griechische Dionysos oder wie der phrygische Adonis-Attis, sterben mußte, um in Korn, in Wein oder in den Blüten des Frühlings zu neuem Leben aufzuerstehen, und der König repräsentierte kultisch sein Schicksal[17]; auch darin ist und war Jesus mithin nicht «originell». Wirklich neu an ihm ist einzig die Beantwortung der Frage, wofür es sich in Wahrheit lohnt, selbst die sichere Aussicht auf Leiden und Tod nicht zu scheuen, und diese Antwort läßt sich nur geben vollkommen außerhalb von Ritual und Magie. Das ehedem Naturhafte wandelt sich in der Person Jesu zu einem Symbol der Deutung des menschlichen Daseins. *Das* ist das «Neue» an ihm und seiner Botschaft. In der Begrifflichkeit der Religionsgeschichte vollzieht sich dieser Übergang gerade an den beiden Titeln dieses Textes: an den Worten «Messias» (9,20) und «Menschensohn» (9,22.26).

Auch die Vorstellung von der Ankunft des «Menschensohnes» entstammt dem Denken und Schrifttum der Apokalyptik in und außerhalb der

17 Vgl. HERBERT KÜHN: *Der Aufstieg der Menschheit*, 109–110: « Es ist der Kreislauf von Tod und Leben auf der Erde und im Menschen, der (sc. im 3. Jtsd. v. Chr. in Mesopotamien, d.V.) die Gestalt der Innin, der Großen Mutter und des Tammuz zur Grundlage der sumerischen Anschauung der Welt und der frühen Religion überhaupt erhebt. Keine Vorstellung wurzelt so tief wie diese. Die Wirkung dieses Gedankens ist so stark, daß das Alte Testament ihn an manchen Stellen aufnehmen konnte, daß er weiterlebt in der Gnosis, in den eleusinischen Mysterien und auch im Christentum. Es ist gerade die Größe des Christentums, daß es in der Lage war, alle diese uralten Blicke, Erkenntnisse und Sichten umzubilden in die große religiöse Form des Erlebens von Christus. Durch den Tod des Tammuz gewinnt die Menschheit Anteil an seiner göttlichen Natur und an der Natur der Muttergottes. Durch seinen Tod und seine Wiederauferstehung ist der Sinn alles Lebens gegeben, denn alles Leben besteht im Sterben und Wiedergeborenwerden.»

biblischen Literatur von der Mitte des 2. vorchristlichen Jahrhunderts an[18]. In *Daniel* 7,13.14 vor allem erschaut der Prophet in einem Traumgesicht, wie «einer kam mit den Wolken des Himmels wie eines Menschen Sohn» und vor den «Uralten» gebracht ward, der «ihm Macht, Ehre und Reich» gab, «daß ihm alle Völker ... dienen sollten. Seine Macht ist ewig und vergeht nicht, und sein Reich hat kein Ende», heißt es ausdrücklich[19]. Auch mit der Gestalt des «Menschensohnes» ist die Idee des Königtums Gottes verknüpft, doch steigt dieses «Königtum», bildlich gesprochen, vom Himmel auf die Erde nieder, es muß nicht nach David-Art mit sehr «irdischen» Mitteln erkämpft werden; und es umspannt in dem mythischen Bilde des «Menschensohnes» die ganze Menschheit auf eine zwanglose, gewaltfreie Weise. Symbolisch betrachtet, spricht sich in der Vision von der Herabkunft des «Menschensohnes» offenbar das Verlangen aus, es möchte «am Ende der Tage» – endgültig und für immer – die Menschlichkeit selbst alle Menschen «regieren»[20]. Die Art eines solchen «Regiments» der Humanität klingt in dem Wort «Menschensohn» ebenfalls an. Jeder, der es im Hebräischen oder Aramäischen hört, muß es sehr doppelsinnig vernehmen; er

[18] Zum «Menschensohn»-Titel vgl. J v N 565–572: «Für wen halten die Menschen den Menschsohn?» (Mt 16,13) Vgl. bes. die 2. Bildrede im *äthiopischen Henoch-Buch*, Kap. 45–47, in: GEORG BEER: *Das Buch Henoch*, in: Emil Kautzsch (Hg.): Die Pseudepigraphen des Alten Testaments, II 262–263: Das messianische Gericht: «Dieser Menschensohn ... wird die Könige und die Mächtigen von ihren Lagern und die Starken von ihren Thronen sich erheben machen; er wird die Zügel der Starken lösen und die Zähne der Sünder zermalmen. Er wird die Könige von ihren Thronen und aus ihren Königreichen verstoßen.» (46, 4–5, S. 263). Kap. 62–63, S. 271–273, wird das Gericht geschildert, mit diesem Ergebnis: «sie werden erschrecken, ihren Blick senken und Schmerz wird sie ergreifen, wenn sie jenen Mannessohn auf dem Throne seiner Herrlichkeit sitzen sehen werden. Die Könige und die Mächtigen und alle, die die Erde besitzen, werden rühmen, preisen und erheben den, der über Alles herrscht, der verborgen war. Denn der Menschensohn war vorher verborgen, und der Höchste hat ihn vor seiner Macht aufbewahrt und ihn den Auserwählten geoffenbart.» (Kap. 62, 5–7, S. 271) In dem späten *4. Esra-Buch*, Kap. 13, in: HERMANN GUNKEL: *Das vierte Buch Esra*, in: Emil Kautzsch (Hg.): Die Apokryphen und Pseudepigraphen des Alten Testaments, II 395–398, beschreibt das 6. Gesicht: den «Menschen» als «Welterlöser», der aus dem Herzen des Meeres aufsteigen und das Heer der versammelten Heiden vernichten wird. Vgl. auch EDUARD SCHWEIZER: *Jesus Christus*, 57–62: Der Menschensohn als der Kommende. Gerade weil Jesus «allen apokalyptischen Erwartungen gegenüber sehr zurückhaltend war» (a. a. O., 23), ist es unwahrscheinlich, daß Jesus einen «Menschensohn» in diesem Sinne erwartet hätte. Wohl aber könnte Jesus mit «Menschensohn» sein eigenes Schicksal beschrieben haben zwischen Erniedrigung und Erhöhung (a. a. O., 24–25).

[19] Vgl. NORMAN W. PORTEOUS: *Das Danielbuch*, 87–91; GERHARD VON RAD: *Theologie des Alten Testaments*, II 322–328: Daniel.

[20] Vgl. J v N 570–571.

weiß nicht sofort, ob hier jene Herrschergestalt der Apokalyptik gemeint sein soll oder nicht vielmehr das Menschsein in seiner Armseligkeit. So liest man zum Beispiel im Gebetbuch Israels die berühmten Worte: «Seh ich den Himmel, das Werk deiner Hände, den Mond und die Sterne, die du geschaffen, – was ist der Mensch, daß du seiner gedenkst, des Menschen Sohn, daß du seiner dich annimmst?» (Ps 8,4–5)[21] «Des Menschen Sohn» – das «Menschlein» – personifiziert als «Menschensohn»: deutlicher läßt sich in der Symbolsprache der Apokalyptik kaum sagen, wie das «Königtum Gottes» beschaffen ist, wenn der «Uralte» dem «Menschensohn» die «Herrschaft» der Welt anvertrauen wird. Weltherrschaft – wer das will, der muß den «Teufel» anbeten, so stellte es sich bereits in der Versuchung Jesu dar (Lk 4,5–7); in der Person des «Menschensohnes» hingegen gewinnt die Menschlichkeit selber Gestalt, und zwar in der Form eines universellen Mitleids vor allem mit der Ausgesetztheit und Ungeschütztheit des menschlichen Daseins; wenn sie herrscht, hat Gott selbst sein «Königtum» angetreten in den Herzen der Menschen.

Vieles spricht dafür, daß Jesus sich diesem «Menschensohn» auf das engste verbunden gefühlt hat: Was man von jenem erwartete, wollte er selbst in die Wirklichkeit setzen, und zwar nicht erst «am Ende der Tage», sondern «heute», wie er es in seiner Predigt in der Synagoge zu Nazaret von den Verheißungen des *Jesaja* verkündete (Lk 4,21). Das Bild des «Menschensohnes» ersetzte für ihn die Vorstellung von der Herrschaft des «Messias»[22]; oder anders gesagt: was die Menschen sich von dem «Sohn Davids» erhofften, konnte für ihn nur in der Person des «Menschen-Sohns» Wirklichkeit werden. Nur davon wollte er deshalb sprechen; denn nur so ließ sich die national-egoistische Fiktion der Messiastheologie ohne Enttäuschungen überwinden.

Hat Jesus sich dabei selber für den «Menschensohn» gehalten? Die Frage zählt zu den umstrittensten der neutestamentlichen Exegese; doch mit Blick auf die vorliegende Stelle kann man nur sagen: ja und nein. Er sagte, «es sei notwendig, daß der Menschensohn sehr leide» (9,22). Ein solcher Satz macht nur Sinn, wenn Jesus sich selber hier als «Menschensohn» bezeichnet. Wohl, man kann im Hebräischen beziehungsweise Aramäischen auch

21 Vgl. ARTUR WEISER: *Die Psalmen*, I 94–98.

22 CARSTEN COLPE: *hyiòs toȳ anthrōpoy* (Menschensohn), in: ThWNT, 403–481, S. 457, meint: «Nachdem zwischen Jesu Leidenserwartung und der Abfassung des Markus-Evangeliums die Theologie vom leidenden Menschensohn entstanden war …, will Markus sie wohl bewußt von 8,31 an mit der ersten Fassung der Leidensweissagung nach dem Messiasbekenntnis bei Cäsarea Philippi zur Geltung bringen.»

sagen: «der Menschensohn», um einfach von sich selber zu reden, so wie eine Frau zu ihren Kindern sagen kann: «Euere Mutter» und damit sich selbst meint. Doch auch dann, ja, gerade wenn Jesus hier im Bilde des Menschensohns von sich selbst spricht, wird offenbar, wie sehr er sich in seiner Person (in seiner Selbstbezeichnung) mit seiner Aufgabe (mit der Gestalt des «Menschensohns») identifiziert. In den Kommentaren wird im Zusammenhang mit dem «Menschensohn» durchweg von einem apokalyptischen «Hoheitstitel» gesprochen; doch genau das gegenteilige Verständnis ist Jesus eigen: nicht «Hoheit» und «Würde» offenbart in seinen Augen die Gestalt des «Menschensohns», sondern es ist für ihn vollkommen klar, was die Identifikation mit den Menschen in ihrer Armut und Armseligkeit bedeuten wird: nicht «Macht, Ehre und Reich», wie *Daniel* (7,14) glaubte, erwartet den «Menschensohn»; weit realistischer ist es, sich auf den tödlichen Widerspruch der Welt gegen den Willen zur Menschlichkeit einzustellen[23].

Schon bei den drei «Leidensweissagungen» im *Markus*-Evangelium (Mk 8,31; 9,31; 10,33.34) mag man sich fragen, ob sie in dieser Form von dem historischen Jesus überhaupt stammen können, – sie sind so präzis in den Details, daß sie erkennbar aus der Zeit nach Ostern stammen[24]; – eine weitere Legende zur Deutung des Lebens Jesu sind sie, kein Dokument *aus* seinem Leben. Doch so einfach sollte man sich die Sache nicht machen; denn worauf die Aussage der «Legende» der dreifachen Leidensweissagung Jesu hinausläuft, enthält eine erschütternde Einsicht: Wer versucht, in dieser Welt die Gestalt des «Menschensohnes» zu verwirklichen, der kann auf alles mögliche sich gefaßt machen, nur nicht auf «Erfolg» in äußerem Sinne. Wem es wenigstens irgendwie ernst ist mit einem Leben, das sich an den Grundevidenzen der Menschlichkeit orientiert, der wird die «Menschheit» in all ihren verfaßten und verfestigten Formen unweigerlich gegen sich aufbringen. Die Grundbedürfnisse eines jeglichen Menschseins – sie verdichten sich für Jesus in einem einzigen Wort, das sein Mystagoge *Paulus* bald schon als «Gnade» bezeichnen wird[25]; doch die zugrunde liegenden

[23] Vgl. J v N 589–607, zur Umprägung des Christus-Titels. RUDOLF BULTMANN: *Theologie des Neuen Testaments*, 32, meinte: «In den Leidensweissagungen ist freilich der jüdische Messias-Menschensohn-Begriff umgeprägt», aber «nicht von Jesus selbst, sondern von der Gemeinde».

[24] Bereits W. WREDE: *Das Messiasgeheimnis*, 82–98, wies nach, daß die Leidens- und Auferstehungs-Weissagungen Aussagen urchristlichen Glaubens darstellen; vgl. RUDOLF BULTMANN: *Die Geschichte der synoptischen Tradition*, 163.

[25] Vgl. RUDOLF BULTMANN: *Theologie des Neuen Testaments*, 289–292: Die *cháris* (sc. Gnade, d.V.) als Tat Gottes und als Ereignis.

Strukturen der gesellschaftlichen Wirklichkeit stellen zu allen Zeiten der menschlichen Geschichte das genaue Gegenteil davon dar: die gnadenlose Verwaltung der Einzelnen durch die Mächtigen und Reichen und die rücksichtslose Ausbeutung der Armen durch die «Gewinner», die «Sieger». Wer *dagegen* aufsteht im Namen der «Menschlichkeit, dessen Schicksal ist unwiderruflich besiegelt.

Man müßte nicht die Darstellung des *Lukas*-Evangeliums bis hierhin mitverfolgt haben, um nicht zu bemerken, wie jedes Wunder der Menschlichkeit, das Jesus wirkt, Zug um Zug die Widerstände gegen den «Menschensohn», dessen Idee er verwirklichen möchte, ins Tödliche treibt. An jeder Stelle, da er Freiheit schafft, stehen die Zwangsvorstellungen der «Hohen Priester» und der «Schriftgelehrten» (9,22), der Priester und der Theologen seiner Tage, ihm entgegen; und immer wieder muß er die Tabus der Synagoge brechen, um all die Menschen zu erreichen, die jenseits ihrer Mauern sich befinden. Was Wunder also, daß er selber fortan als Außenseiter, ja, als «outlaw» gelten wird? Sollte man wirklich glauben, Jesus sei so naiv gewesen, das nicht zu sehen? Wie es im einzelnen kommen würde, wußte auch er nicht; doch das Unglaubliche an seinem Leben ist die Tatsache, daß er, egal wie es kam, sich nicht von seinem Kurs abbringen ließ. Er wich nicht den Zentimeter zurück von dem Weg in die Konfrontation, die er für unausweichlich annahm und die er als solche auf sich nahm; und das Allerwichtigste dabei ist die Frage, woher er die Kraft dazu bekam. Die Antwort hier gibt Jesus sich selbst mit den Worten von der «Auferweckung» von den Toten (9,22). Doch was bedeutet das?

Es ist ein offenes Geheimnis, daß nicht wenige Theologen sich heute ihre Existenz durch Zweideutigkeiten aller Art erhalten. «Auferstehung» – das ist für sie eine Chiffre des «Aufständigseins» in dieser Welt, und natürlich können sie sich zum Beleg für diese Ansicht auf den unerhörten Aufruhr berufen, den der Mann aus Nazaret Punkt für Punkt mit seinen provokativen Aktionen erregt hat. Doch eben: Woher erhielt er die Kraft dazu? Keine theologische Konstruktion vermag das zu klären, solange sie nicht die Frage beantwortet, die jeder Mensch hat und haben muß, sobald er ein unvertauschbares Subjekt, eine individuelle Person ist: Was ist mein Leben angesichts des Todes[26]? An dieser Frage entscheidet sich alles, – eben deshalb

[26] Liest man ETHELBERT STAUFFER: *Jerusalem und Rom*, 113–122: Die jüdischen Ketzergesetze, so scheint es unmöglich zu glauben, daß Jesus *nicht* genau gewußt haben wird, wie die Schriftgelehrten und Pharisäer seine Lehren und Aktionen beurteilen würden; unmöglich auch, zu denken, er habe sich nicht immer wieder nach der Bedeutung und dem Sinn seines Lebens angesichts der absehbaren «Katastrophe» gefragt.

heißt es hier, Antwort zu geben auf Entweder-Oder: *Entweder* ist die Sprache von «Auferstehung» tatsächlich nur eine Chiffre für die Unabgegoltenheit menschlicher Hoffnung in der Geschichte, – für die unverzichtbare Widerständigkeit der menschlichen Existenz gegen die konkreten Verfaßtheiten des situativen Daseins, dann muß man des prinzipiell utopischen Charakters aller menschlichen Hoffnung geständig sein, und niemals wird man begründen können, woher jemand je die Kraft gewinnen könnte, sein kleines, begrenztes Leben für das schier Unerreichbare aufzuopfern. *Oder* es lohnt sich, alles zu wagen – selbst wenn nicht die geringste Aussicht besteht, im Rahmen der ablaufenden Geschichte das zu erreichen, was man Erfolg nennt –, im Hoffen darauf, daß der Tod *nicht* über den Wert unseres Lebens das letzte Wort erhält. *So* dachte Jesus, und so wich er dem Scheitern nicht aus. Von einem bestimmten Moment an konnte er gewiß in etwa voraussehen, was passieren würde, wenn er seinen Kurs weiter verfolgte: die religiösen Instanzen, alle, wie sie hier aufgezählt werden – die Ältesten, die Hohen Priester, die Schriftgelehrten: die Sadduzäer also zusammen mit den Pharisäern in seltener Eintracht –, würden alle ihre Gründe haben, ihn kaltzustellen. Die einen, weil sie jede Woge religiöser Begeisterung jenseits der verfeierlichten Tempelrituale schon aus politischen Gründen fürchteten, die anderen, weil sie seine Art, von Gott zu reden und ihn für ständige Gesetzesbrüche als Begründung in Anspruch zu nehmen, für gotteslästerlich erachteten. Doch das alles sehend, hatte Jesus gleichwohl keinen Grund, aufzugeben oder die Richtung zu ändern.

An dieser Stelle unterscheidet sich das religiöse Denken radikal vom politischen. Jeder, der in der Welt etwas erreichen will, muß «pragmatisch» kalkulieren, er muß sich den Umständen anpassen, er muß kompromißfähig bleiben, – er darf es niemals zum äußersten kommen lassen, denn wenn er stirbt, ist für ihn und seine Sache alles verloren! Jemand jedoch, der in dieser Welt die Wahrheit leben will – ohne Abstriche, bedingungslos –, kann nur so tun im Vertrauen auf ein unendliches Leben in Gott. Diese Hoffnung auf «Auferstehung» hat Jesus nicht selber «erfinden» oder «begründen» müssen, – sie bildete die geistige Atemluft, in welcher er aufwuchs[27]; was ihn auszeichnete, war auch hier die Existentialisierung der vorgegebenen Themen. «Auferstehung» – das war für die Ägypter ein for-

[27] Vgl. ALBRECHT OEPKE: *anístēmi* (auferstehen), in: ThWNT I 370: «Die allgemeine Auferstehungshoffnung in ihrer eschatologischen Form... ist... wohl nicht ohne persischen Einfluß zum Durchbruch gekommen. Sie wird erst faßbar Is 26,19... und Da 12,2..., um dann in der Apokalyptik immer umfassender hervorzutreten.» Vgl. auch Str. B. IV 2, 1166–1198: Allgemeine oder teilweise Auferstehung der Toten?

melhaft-magisches Geschehen[28]; ewiges Leben – das war für die Platoniker eine unzerstörbare geistige Substanz im Menschen[29]; für Jesus bedeutete der Glaube an ein Leben jenseits des Todes die Sinnmitte seines ganzen Daseins. In den pharisäisch und apokalyptisch gesonnenen Kreisen des Judentums erwartete man die «Auferstehung von den Toten» so, wie das Buch *Daniel* (12,1.2) sie beschreibt: wenn «Michael, der große Engelfürst», für das Volk Israel «eintreten» wird, es aus seiner Not zu erretten, dann würden «viele (sc. hebr.-aram. in der Bedeutung von «alle», d. V.)[30], die unter der Erde schlafend liegen, ... aufwachen, die einen zum ewigen Leben, die andern zu ewiger Schmach und Schande». Jesus ging es nicht um die Rettung Israels mit Hilfe himmlischer Heerscharen, und noch weniger wollte er erst das Ende der Welt abwarten, um mit dem richtigen Leben beginnen zu können; umgekehrt: wenn doch unser Leben ganz und gar in Gottes Händen liegt, warum dann aus Angst vor dem Tode etwas, das richtig ist, unterlassen? «Am dritten Tage werde er (sc. Jesus, der Menschensohn, d. V.) auferweckt» (9,22), – das ist keine sekundäre («nachösterliche») Hinzufügung zu der an sich realistischen «Risikoanalyse» seiner Lage, die Jesus hier vornimmt, das ist vielmehr das entscheidende Motiv dafür, keinerlei Risiko mehr zu scheuen und das Leben unerschrocken in der Art einzurichten, daß es unausweichlich so enden muß wie hier geschildert. Es ist der Glaube an die Auferstehung von den Toten, der Jesus den Mut verleiht, *vor* dem Tod

[28] Vgl. E. DREWERMANN: *Ich steige hinab in die Barke der Sonne*, 74–154: Ägyptische Visionen.

[29] Vgl. KARL VORLÄNDER: *Philosophie des Altertums*, I 99: «Die menschliche Seele teilt, wenngleich sie von der Gottheit unmittelbar geschaffen worden ist, die Eigenschaften der Weltseele. Sie ist wie diese ... in erster Linie Prinzip *des Lebens* als das *sich selbst Bewegende*. Steine werden bewegt; Pflanzen, Tiere und Menschen bewegen sich selbst, d. h. leben. Aus diesem physikalischen Begriff der Seele als Lebenskraft wird auch der ‹Beweis› für die Unsterblichkeit der Seele im (sc. platonischen Dialog, d.V.) ‹Phaidros› gewonnen. Über die *persönliche* Unsterblichkeit spricht sich die ‹Apologie› zweifelnd aus, das ‹Symposion› kennt nur eine solche der Menschheit, der (sc. platonische, d.V.) Dialog ‹Phaidon› glaubt sie nicht mit mathematischer Sicherheit ..., sondern nur hypothetisch ... beweisen zu können, für den großen Mythos endlich im (sc. platonischen Traktat, d.V.) ‹Staat›, Buch X ..., ist sie bloß sittliche Forderung.»
Vgl. PLATON: *Phaidros*, in: Sämtliche Werke, IV 7–60; DERS.: *Phaidon*, in: Sämtliche Werke, IV 7–66; DERS.: *Politeia* (Staat), in: Sämtliche Werke, III 67–310.

[30] Vgl. JOACHIM JEREMIAS: *polloí* (viele), in: ThWNT VI 536–545, S. 536: «Während im Griechischen ... (viele) sich von ... (alle) dadurch unterscheidet, daß es im Gegensatz zu einer Minderheit steht, also ausschließenden Sinn hat (viele, aber nicht alle), kann hebräisch ... (die vielen) ... einschließenden Sinn haben: *die* nicht zu zählenden *Vielen*, *die große Schar, alle* ... Dieser inkludierende Sprachgebrauch ist eine Folge davon, daß das Hebräische und das Aramäische kein Wort für ‹alle› besitzen.»

«richtig» zu leben, und es geht nur noch darum, deutlich zu machen, wie ein solches Leben beschaffen ist.

Die nachstehende Unterweisung an alle (9,23–27), die *Lukas* erneut der Vorlage des *Markus*-Evangeliums entnimmt (Mk 8,34–38; 9,1), hat von seiten der (römischen) Kirche eine vorwiegend asketische Auslegung gefunden – im Sinne einer vollkommenen Selbstunterdrückung, wie sie als tägliche «Kreuzesnachfolge» insbesondere den Ordensleuten und Klerikern zur Vorschrift auferlegt wird[31]. Im Zusammenhang mit der vorangegangenen Leidensweissagung bietet sich indessen eine ganz andere Deutung an. Die sich fortsetzende Frage lautet, wie jemand lebt, für den, nach Jesu Vorbild, der Tod, das «Kreuz», durchaus keinen Grund darstellt, irgend etwas, das ihm vor Gott und den Menschen als richtig und wichtig erscheint, zu unterlassen. Selbstredend kann es nicht darum gehen, einzelne spektakuläre Aktionen durchzuführen; worauf es ankommt, ist ein Lebensstil, der sich «Tag für Tag» (9,23) durchhält, indem er die Alltagswirklichkeit für jeden im «Volk» (Mk 8,34) verändert[32]. Gemeint ist mithin gerade nicht eine idealisierte Opferbereitschaft von «besonders Berufenen», gemeint ist etwas, das als im Grunde selbstverständlich von einem jeden gelebt werden kann und muß, der aus demselben Vertrauen heraus wie Jesus lebt[33]. Wohl ist das «Kreuztragen» schon bei *Lukas* zu einem Bild für eine radikale Verzichtbereitschaft geworden (Lk 14,27)[34]; doch statt darin einen Ausdruck

[31] Vgl. E. DREWERMANN: *Kleriker*, 180–187: Das festgelegte Gewissen oder: Der öffentliche Bußakt; 277–286: Die Wiedergutmachung der Tatsache des Daseins oder: Der frühkindliche Ursprung der klerikalen Opferideologie.

[32] JOSEF SCHMID: *Das Evangelium nach Lukas*, 168, weist gerade auf die Allgemeingültigkeit der Nachfolgeregeln hin: «Durch die Worte ‹zu allen› (V. 23) will Lukas die Allgemeingültigkeit der hier ausgesprochenen Forderung Jesu deutlich machen ..., daß die Pflicht der Leidensnachfolge nicht nur dem engsten Jüngerkreis, sondern allen Jüngern im weitesten Sinn des Wortes gilt. Durch den weiteren Zusatz ‹täglich› (ebenso 11,3 im Vaterunser) wird die Bereitwilligkeit der Preisgabe des Lebens als eine jederzeit geltende Verpflichtung erklärt... Doch wird das Wort Jesu durch diesen Zusatz wahrscheinlich im asketischen Sinne umgebogen.»

[33] Zu Recht betont KARL LÖNING: *Das Geschichtswerk des Lukas*, I 248: «Durch die Hinzufügung des Wortes ‹täglich› (sc. in 9,23d, d.V.) ... macht Lukas klar, daß er Kreuzesnachfolge nicht im Sinne des Martyriums versteht, sondern als Lebensweise, die sich aus dem Wissen um den Weg der Rettung ergibt.»

[34] In Lk 14,25–33 beschließt das Wort von 9,23 (in der Q-Version) die Forderung einer radikalen Loslösung von allen Familienangehörigen. Wie psychologisch fatal eine solche Forderung wirken kann, wenn sie in Form von Ordensregeln institutionalisiert wird, dazu vgl. E. DREWERMANN: *Kleriker*, 192–201: Die festgelegte Vergangenheit oder: Die Trennung von der eigenen Familie.

düsterer Selbstquälerei zu erblicken, sollte man sich vielmehr zu einer Freiheit erheben, die all die üblichen Fesseln der Angst abgeworfen hat.

«Wer nämlich sein Leben retten will, wird es verlieren. Wer aber sein Leben verloren gibt um meinetwillen, der wird es retten.» (9,24)[35]. Dieses Wort enthält eine zentrale Erfahrung: Eigentlich wissen wir ganz genau, wie zu leben wäre, doch dann kommt ein bißchen Angst, und wir machen alles anders. An der Seite Jesu hingegen können wir lernen, wie man die Angst überwindet; anders freilich ist es unmöglich, sich ihm anzuschließen. Entweder also folgen wir ihm oder wir folgen der Angst. Es gibt nur diese Alternative. Doch kann man dazwischen nicht wählen wie zwischen zwei gleichwertigen Möglichkeiten, – im Grunde handelt es sich um ein Entweder-Oder zwischen Leben und Tod beziehungsweise, genauer gesagt, um eine Wahl zwischen der Überwindung der Angst vor dem Tode oder der Erstarrung des Lebens in Angst.

Jeder weiß, wie Angst wirkt. Als ein Warnsignal vor Gefahren möchte sie, daß wir versuchen, unser «Leben zu retten» und uns in Sicherheit zu bringen. Alle Tiere folgen diesem Überlebensprogramm der Biologie, und auch wir Menschen handeln so – instinktiv. Aber im Unterschied zu den Tieren sind wir imstande, den Tod als letztlich unentrinnbar zu begreifen. Wir sind die einzige Spezies von Lebewesen auf dieser Erde, die nicht nur auf den Tod hin leben, sondern die mit dem Tode leben müssen. Jederzeit, so wissen wir, kann er an uns herantreten, und dieses Bewußtsein kann unser ganzes Leben in ein groteskes Sicherungssystem verwandeln. Es ist, wie wenn jemand eine wunderschöne Landschaft – gelegen zwischen den Bergen, durchzogen von einem Fluß mit kristallklarem Wasser, umsäumt von grünenden Wiesen, bestanden von kräftigen Buchen und hochwachsenden Pappeln – aus lauter Angst vor Raub und Gefahr umwandeln wollte in eine Festung, errichtet aus klobigen Steinen, schroffen Mauern und mit drohend in den Himmel sich reckenden Türmen. Im Diktat der Angst wird die Verteidigung des Lebens bald schon zum Ersatz für das Leben, die «Rettung» des Lebens zum Ziel aller Lebensvollzüge, und aus lauter Angst, das Leben zu verlieren, verliert man es am Ende wirklich: Man hört auf zu leben, man schließt sich ein in den Waffenkammern der Angst, man kommt zu nichts mehr, weil jeder Schritt ins Freie als lebensgefährlich betrachtet wird. Alles kreist um das eigene Ich – nichts macht so egozentrisch wie Angst –, doch dieses eigene Ich ist nichts anderes mehr als ein Spielball seiner verinnerlichten Spukgestalten – wie in der Geschichte von dem Beses-

[35] Vgl. zu diesem Wort, das *Lukas* aus Mk 8,35 übernimmt, Mk I 572–585: Mk 8,34-38: «Wer mir nachfolgen will ...»

senen von Gerasa (Lk 8,26–39), der sein Leben buchstäblich im Grabe verbrachte: ein vor Todesangst lebendig Toter!

Im Gegenüber der Allmacht der Angst kann man innerlich frei nur werden, wenn man zu jemandem Vertrauen genug findet, um das ständige Kreisen um sich selbst irgendwann dranzugeben. Endlich gibt es wieder wirkliche Aufgaben, Ziele und Inhalte, endlich geht es nicht mehr immer nur um mich selbst, endlich kann ich mich selber «vergessen», so wie man den Gedanken an ein schmerzendes Körperglied aufgeben kann, wenn der Schmerz allmählich nachläßt. Wie eine Erlösung kann das sein.

Verdeutlichen läßt sich dieser Wechsel von einem Unleben in Angst zu einem Leben, das den Tod nicht mehr fürchtet, an der Krankheitsfurcht etwa mancher hypochondrischer Patienten. Ständig sind sie in Sorge vor einer möglicherweise tödlichen Erkrankung: ihr Herzschlag – ist er nicht zu unregelmäßig? Die Atemwege – sind sie nicht chronisch belegt? Die Ausscheidungsorgane – sind da nicht karzinogene Prozesse im Gange? Es ist vollkommen sinnlos, gegen solche Sorgen mit «vernünftigen» Argumenten, mit medizinischen Auskünften, angehen zu wollen; all diese Ängste sind nur die – stets wechselnden – Konkretisierungen einer allgemeinen Lebensangst. Man hat Angst vor dem Tod, weil man nicht richtig lebt, und man lebt nicht richtig, weil man Angst hat vor dem Tod, – ein Teufelskreis. Doch dann kann es sein, daß das Gefühl der Angst weicht: eine glückliche Liebe – und die ganze Hypochondrie ist verflogen; eine begeisternde Zielsetzung – und es ist vorbei mit der inneren Erstarrung; eine sinnvolle Einbindung – und die ständige Selbstbeobachtung macht Platz einem Planen in Engagement und Verantwortung. Um Jesu willen (9,24) das Leben «verloren» zu geben bedeutet, die Angst um die Bedrohtheit des eigenen Lebens zu überwinden und, wie er, mit ihm, ganz einfach und umweglos zu machen, was menschlich stimmt[36].

Oder noch anders betrachtet: Angenommen, jemand hätte in den Strategien der Angst tatsächlich maximalen Erfolg – er brächte es so weit wie *Alexander der Große* (356–323, König ab 336), der die ganze Welt eroberte, getrieben von den Geistern einer grandiosen Para-

[36] Es ist von größter Bedeutung, gerade die Nachfolgeworte «therapeutisch», statt «asketisch» zu interpretieren. Einen Schritt in diese Richtung versucht FRANÇOIS BOVON: *Das Evangelium nach Lukas*, I 483, wenn er schreibt: «‹Sich selbst verneinen› bedeutet nicht, sich selbst hassen (vgl. 10,27), sondern, modern ausgedrückt, seine nichtauthentische Existenzweise verneinen, die stolze Fassade seiner Identität abbauen, sein eigentliches, nüchternes, fragiles Ich in der Beziehung zu Christus zum Vorschein zu bringen.» Und: «Jesus verlangt nicht das Leiden als solches, sieht aber voraus, daß sich die Liebe zu Gott wie die zum Mitmenschen (Lk 10,27-28) ohne Selbstopfer und Mitleiden nicht verwirklichen lassen.»

noia[37] –, würde er dann je zu sich selber kommen[38]? Würde er jemals etwas tun, das ihm, statt von der allgegenwärtigen Angst, diktiert würde von seinen ursprünglichen Neigungen und Gefühlen? Wie viele Menschen fliehen vor sich selbst in die Pose der Macht oder des Reichtums und sind am Ende nichts als leere Keramikschalen unter der elektronischen Überwachungsanlage eines Antiken-Museums! Es gibt nur *einen* Weg, glücklich zu werden: das ist, so zu leben, wie es innerlich stimmt, und sich nicht von der Angst verformen zu lassen. Was dann daraus wird, steht in Gottes Hand. Er wird es uns sagen am Tage, da wir ihm jenseits der Schranken des Todes begegnen.

Wenn bisher die Rede war von der Angst vor dem Tode, muß man freilich bedenken, daß der «Tod» viele Gesichter hat und in vielerlei Gestalt kommen kann. Wir würden den Tod als physisches Schicksal oft nicht derart fürchten, wenn mit ihm nicht – wie bei der Hinrichtung Jesu! – die Angst einherginge, von all den «Guten» und «Frommen» und «Vernünftigen» unter Hohn und Gelächter ins Nichts gestoßen zu werden. Fürchterlich ist ein Tod, der mit der sozialen Vernichtung von allem, was wir sind und gewollt haben, identisch ist und identisch sein soll. Davor schaudern wir erneut instinktiv zurück, und es ist diese soziale Angst vor der Ablehnung der Menge, die uns unter Umständen befiehlt, uns zu schämen für etwas, das eigentlich unsere Würde und unsere Größe ausmachen könnte. Am Ende haben wir wirklich Grund, uns vor uns selber zu schämen, weil die Angst vor sozialer Ächtung uns ständig das Gegenteil von dem tun läßt, was wir selber für richtig halten.

Der Maßstab, den Jesus hier geltend macht, ist wieder die Menschlichkeit. Sie versucht er zu leben, so rein irgend es geht; wer *davor* zurückschreckt aus Angst vor dem Mißfallen der Masse – weil es in den Augen der Meinungsmacher als «beschämend» und «unehrenhaft» bewertet wird oder, in Neudeutsch, als «Blauäugigkeit», als «Gutmenschentum», als «Sozialromantik», als «Populismus», als «Drückebergerei» … –, der mag es wohl dahin bringen, als «tüchtig» und «geschickt» zu Ruhm und Ehre und Macht zu gelangen, doch innerlich wird er nur zu genau wissen, daß er in keinen Spiegel schauen kann, ohne sich vor sich selbst schämen zu müssen. Es gibt eine andere «Herrlichkeit» (9,26) als die in den Augen anderer. Wer wir sind *vor*

[37] Vgl. SdB II 488–495: Alexander der Große.

[38] In 9,25 stellt *Lukas* nach FRANÇOIS BOVON: *Das Evangelium nach Lukas*, I 484–485, «den Allbesitz und das Sich-Verlieren nebeneinander. Der Drang, sein Leben zu retten, wird hier durch das Besitzstreben präzisiert, wobei ‹die Welt gewinnen› zusätzlich auch Macht einschließt.» Doch nun gilt es, psychologisch die Frage durchzuarbeiten, welch eine Angst die Flucht in Habmachtansprüche erzwingt.

Gott, ist unendlich viel wichtiger, als wie wir gesehen werden von anderen Menschen. Das Richtmaß aber, wie Gott uns sieht, ist das Bild, das er in uns hineingelegt hat, als er als Menschen uns schuf: Mythologisch gesprochen, ist es der «Menschensohn», der als «Richter» erscheinen wird[39].

Auch hier möchte Jesus auf gar keinen Fall, daß wir mit der anstehenden Entscheidung uns Zeit ließen, im Wahn, daß die «Ankunft» dieses «Menschensohns» ja erst «am Ende der Welt» stattfinden werde. Was wir für Menschen sind, entscheidet sich heute, entscheidet sich «Tag für Tag» (9,23), entscheidet sich mitten im Leben, und es ist inhaltlich identisch mit der Frage, wie wir zu der Person und der Botschaft Jesu selbst stehen. Mag es auch historisch unsicher sein, ob Jesus sich selbst in seinem irdischen Wirken bereits für den «Menschensohn» der Weissagungen *Daniel*s gehalten hat oder ob er auf den kommenden «Menschensohn» hinweisen wollte, in der Erwartung, von diesem bestätigt zu werden, oder ob er erst nach seinem Tode im Glauben der Urgemeinde mit diesem Menschensohn gleichgesetzt wurde[40], – fest steht, daß der Mann aus Nazaret mit seinen Worten und mit seinem Wirken eine Menschlichkeit vorlebte, die den Tod als ein Argument der Angst nicht länger mehr kennt. Jeder, der, wie er, all seine Hoffnung setzt in die Auferstehung bei Gott, beginnt so zu leben, daß der «Menschensohn», wenn er kommt, sich für ihn nicht schämen muß (9,26)[41], – daß er selbst sich nicht schämen muß angesichts der Stimme von

[39] Der «Menschensohn» als «Richter» ist das Thema in dem Gleichnis vom Großen Weltgericht; vgl. Mt III 222–244: Mt 25,31-46: Das große Weltgericht oder: Der einzig gültige Maßstab.

[40] Vgl. EDUARD SCHWEIZER: *Jesus Christus*, 57: «Ob erst die Gemeinde den Titel eingeführt hat oder ob Jesus einen anderen als Menschensohn erwartet oder sich selbst als den auf Erden wandernden Menschensohn, der einst zu Gott erhöht werden und im Gericht als Zeuge auftreten wird, betrachtet oder seine Rolle als künftigen Richter so beschrieben hat, jetzt (sc. nach Ostern, d.V.) tritt jedenfalls der Menschensohn in seiner endzeitlichen Rolle mehr und mehr in den Mittelpunkt des Denkens der Gemeinde. Dabei wird er ... eindeutig mit Jesus gleichgesetzt. Im kommenden Richter wird kein anderer als Jesus der Welt entgegentreten.»

[41] FRANÇOIS BOVON: *Das Evangelium nach Lukas*, I 485, erklärt: «Es braucht innere Festigkeit und Mündigkeit, sich nicht wie alle anderen zu benehmen, sondern eine eigene Meinung zu vertreten und Zivilcourage zu haben. Man schämt sich leicht bestimmter Beziehungen, die nicht zum Konsens gehören. In der Welt des Judentums wie des städtischen Hellenismus mußten die Christen dieses Schamgefühl überwinden.» – Wie eine christliche «Unverschämtheit» Gestalt gewinnen kann, zeigte sich beispielhaft in MARTIN NIEMÖLLER, als er 1950 die geheime Remilitarisierung Westdeutschlands öffentlich zu machen suchte und dafür von KONRAD ADENAUER zu hören bekam, er sei empört, «daß sich Herr Niemöller nicht gescheut hat, solche Behauptungen aufzustellen. – Ich bin der Überzeugung, daß jedes defätistische, fast könnte ich sagen, nihilistische Denken Sowjetrußland geradezu in die Hände arbeitet.» HANNES KARNICK – WOLFGANG RICHTER: *Niemöller. Was würde Jesus dazu sagen?*, S. 98–99.

Menschlichkeit, die er in sich trägt. Es ist zweifellos schlimm, zu sterben wie Jesus, – verhöhnt und verspottet von den Leuten der Tempelwache (Lk 22,63–65) und von der sensationsgierigen Meute des Volkes wie der stets gewaltlüsternen Soldateska (Lk 23,35–37); doch sollte das wirklich schlimmer sein, als «Tag für Tag» das eigene Wesen zu verhöhnen und zu verspotten?

Wenn es aber auch für viele trotzdem immer wieder einen Einwand bilden mag, Angst zu haben vor dem Tode, – kann es nicht zumindest «einigen» gelingen, im Vertrauen auf Jesus, in der Gewißheit der Auferstehung von den Toten, Gottes Wirklichkeit so zu leben, als ob es den Tod nicht mehr gäbe? Er spielt dann als Macht keine Rolle mehr. Er diktiert mit der Angst, die er verbreitet, nicht länger mehr die Gesetze des Lebens. Er treibt nicht länger mehr uns um und um. Dann wäre, bildlich gesprochen, «das Königtum Gottes» zu schauen, ohne den Tod «schmecken» zu müssen (9,27)[42]. Es ist ein Gedanke, der dem gesamten *Johannes*-Evangelium zugrunde liegen wird. «Bei Gott, ja, bei Gott», heißt es dort, «ich sage euch: Wer mein Wort hört und vertraut dem, der mich ausgesandt, hat unendliches Leben; ins Gericht kommt er nicht, sondern hinübergeschritten ist er vom Tod ins Leben.» (Joh 5,24)[43] Es mag sein, daß der Satz von der Ankunft des Königtums Gottes noch zur Lebenszeit einiger der Jünger für sich isoliert einmal das Ende der Welt tatsächlich als so nahe vorstellte, wie es *Paulus* in 1Thess 4,15–17 als ein «Wort des Herrn» ausgibt, daß «wir, die wir leben und übrigbleiben, ... entrückt werden auf den Wolken in die Luft, dem Herrn entgegen». *Markus* indessen schon glaubte so nicht mehr (Mk 9,1), und *Lukas* offenbar folgt ihm darin: Das Königtum Gottes zu sehen ist möglich, wenn jemand in einem Erleben rauschhaften Glücks zu erkennen beginnt, wer er ist und wozu er bestimmt ist! Davon erzählt die nachfolgende Geschichte von der Verklärung Jesu auf dem Berge.

[42] FRANÇOIS BOVON: *Das Evangelium nach Lukas*, I 486, meint: «Mk 9,1 überliefert einen Spruch, der auf die Parusie hinweist, speziell in seiner matthäischen Parallelfassung Mt 16,28. Lukas seinerseits verleiht dem Logion dadurch, daß er aus seiner markinischen Vorlage die Worte ‹in Macht gekommen› streicht, einen zu seiner Zeit erträglichen Sinn. Sein Blick überbrückt nicht mehr die Zeitspanne von der Gegenwart zum Eschaton, denn das Ende steht für ihn nicht mehr unmittelbar bevor. Was er der apokalyptischen Naherwartung abspricht, spricht er aber der Heilsgeschichte zu.» Will man für das «Sehen des Königtums Gottes» noch vor dem Tode nach einem Beispiel für die Art, wie *Lukas* es versteht, suchen, so bietet sich der greise Simeon in Lk 2,29.30 an.

[43] Vgl. Joh I 235–248: Joh 5,19-30: Auferstehung zum Leben.

Lk 9,28–36: Die Verklärung Jesu oder: Vom Glück, zu wissen, wer man ist

(vergleiche Mk 9,2–10; Mt 17,1–9)

28 Es geschah aber nach diesen Reden, etwa (nach) acht Tagen: da nahm
er beiseite Petrus, Johannes und Jakobus und stieg hinauf auf den Berg,
um zu beten. 29 Und es geschah, indem er betete, ward der Anblick sei-
nes Gesichtes anders und sein Gewand weiß blitzend. 30 Und da: zwei
Männer redeten mit ihm, das waren Moses und Elija, 31 die, erscheinend
in Herrlichkeit, seinen Ausgang ansagten, den er erfüllen werde in Jeru-
salem. 32 Petrus aber und die mit ihm, waren in schweren Schlaf gesun-
ken; als sie aber aufwachten, sahen sie seine Herrlichkeit und die zwei
Männer, die bei ihm standen. 33 Und es geschah, indem diese von ihm wi-
chen, hat Petrus zu Jesus gesagt: Gebieter, gut ist es, daß wir hier sind. So
laßt uns drei Zelte machen, dir eins, Moses eins und Elija eins, – unwis-
send, was er sagte. 34 Während er aber das sagte, bildete sich eine Wolke
und überschattete sie, und sie gerieten in Furcht, indem sie in die Wolke
eingingen. 35 Und eine Stimme geschah aus der Wolke, sprechend: Dies ist
mein Sohn, der Auserwählte (Lk 3,22; Gen 22,2; Jes 42,1; 44,2; Ps 2,7;
Mt 3,17; 12,18). *Ihn hört* (Dtn 18,15). 36 Und indem die Stimme geschah,
fand sich Jesus allein. Und sie schwiegen; keinem berichteten sie in jenen
Tagen von dem, was sie gesehen hatten.

Wenn schon die «Leidensweissagung» des «Menschensohns» vorhin für «nachösterlich» gelten mußte, dann sicher die Geschichte hier von der «Verklärung» Jesu, endet sie doch selber mit dem Bemerken: «Und sie schwiegen; keinem berichteten sie in jenen Tagen von dem, was sie gesehen hatten.» (9,36)[1] Offenbar wollte schon *Markus* damit begründen, daß diese Überlieferung, die Jesus in das Licht der «Auferstehung» getaucht sieht, erst nach dem Tode Jesu bekannt wurde (Mk 9,9). In der historisch-kritischen Exegese ist es üblich geworden, bei solch einer Feststellung stehen zu bleiben. Niemals aber wird man die religiöse Bedeutung einer Begebenheit begreifen, solange man sie von außen betrachtet – in diesem Falle aus der

1 MARTIN DIBELIUS: *Die Formgeschichte des Evangeliums*, 275, schreibt dazu: «Mitten in der Darstellung des Wirkens Jesu steht bei allen Synoptikern eine Erzählung, die vielleicht am deutlichsten von allen synoptischen Perikopen den Christus-Mythus zum Ausdruck bringt: *die Verklärung Jesu* Mk 9,2 ff.» Und S. 277: «Aus den … Texten geht mindestens das Bedürfnis des Erzählers hervor, dem Christus-Mythus innerhalb des Erdenlebens Raum zu schaffen.»

Sicht der «Jünger», aus der Sicht der «Urgemeinde», aus der Sicht judenchristlicher oder heidenchristlicher «Missionare» ... Was Gott zu sagen hat, ist als erstes eine Wahrheit für mich. Was also bedeutet die «Verklärung» Jesu *für Jesus selber*? Wie überhaupt kommt es zu einer solchen Erfahrung?

Sehen wir einmal davon ab, daß religiöse «Offenbarungserlebnisse» möglich sind in drogeninduzierten Bewußtseins«erweiterungen»[2] oder in epileptiformen Anfällen, wie es *Paulus* vor Damaskus widerfuhr (Apg 9,1–19a)[3]; die *mythische* Erzählung von der «Verklärung» auf dem «Berge» läßt sich nicht psychiatrisch oder neurosenpsychologisch erklären, sie läßt sich nur *symbolisch* verstehen als bildhafte Darstellung einer wesentlichen Wahrheit im menschlichen Leben, konzentriert hier auf die eine entscheidende Frage: Was bedeutet es, seine eigentliche Bestimmung im Leben zu entdecken?

Um «richtig» in dieser Welt leben zu können, muß man daran glauben, daß es ein Leben jenseits dieser Welt gibt. «Was darf ich hoffen?» überlegte IMMANUEL KANT (1724–1804), und er meinte, die Unsterblichkeit der Seele postulieren zu müssen[4], um subjektiv die Bedingung dafür zu finden, daß ein Mensch in sittlichem Sinne «gut zu sein» vermöge. In der Tat: «am dritten Tage werde er auferweckt» (Lk 9,22) – diese Zuversicht war es, die Jesus Kurs halten ließ selbst gegen die Angst vor dem sicheren Tod. Ineins

2 Vgl. E. DREWERMANN: *Atem des Lebens*, II 665–684: Neurologische Erklärungsansätze. – Bereits DAVID FRIEDRICH STRAUSS: *Das Leben Jesu*, § 102, Bd. II 256–263: Die natürliche Auffassung der Erzählung in verschiedenen Formen, hat «Vision» und «Traum» oder eine mißverstandene äußere Wahrnehmung als Erklärung der Geschichte ausgeschlossen, um sie als *Mythos* verständlich zu machen; er resümierte: «An diesem Beispiel läßt sich ... augenscheinlich zeigen, wie die natürliche Erklärung, indem sie die historische Gewißheit der Erzählungen festhalten will, die ideale Wahrheit derselben verliert, gegen die Form den Inhalt aufgiebt: wogegen die mythische durch Aufopferung des geschichtlichen Leibes solcher Erzählungen doch die Idee derselben, welche ihr Geist und Seele ist, erhält und rettet. War nämlich der natürlichen Erklärung zufolge der Lichtglanz um Jesum ein zufälliges optisches Phänomen, und die beiden Erschienenen entweder Traumbilder oder unbekannte Menschen: wo bleibt da die Bedeutung der Begebenheit? wo ein Grund, eine solche ideenlose, gehaltleere, auf gemeiner Täuschung und Aberglauben beruhende Anekdote in die Evangelien aufzunehmen? Dagegen, wenn ich, nach der mythischen Auffassung, in dem evangelischen Berichte zwar keine wirkliche Begebenheit finden kann, so behalte ich doch einen Sinn und Inhalt der Erzählung, weiß, was die erste Christengemeinde sich bei derselben gedacht, und warum die Verfasser der Evangelien ihr eine so wichtige Stelle in ihren Dankschriften eingeräumt haben.»

3 Vgl. E. DREWERMANN: *Atem des Lebens*, II 679–682, zu dem Bekehrungserlebnis Pauli.

4 IMMANUEL KANT: *Kritik der praktischen Vernunft*, 2. Buch, 2. Hauptstück, IV. Die Unsterblichkeit der Seele, als ein Postulat der reinen praktischen Vernunft, in: Werke, VII 252–254.

damit (und parallel dazu) harrt freilich noch eine weitere Frage ihrer Beantwortung, die KANT in die Form kleidete: «Was ist der Mensch?»[5] In der Sprache der Existenzphilosophie ausgedrückt: Wie finde ich heraus, wer ich selbst bin? Wozu lebe ich eigentlich? Wozu bin ich berufen? – In der vorangegangenen Erzählung richtete Jesus diese Frage nach sich selbst an seine Jünger; hier nun vernimmt er selber in einem überwältigenden Erlebnis eine gültige, die endgültige Antwort.

Wenn Gott zum Menschen spricht (oder in die menschliche Geschichte «eingreift»), so läßt sich eine solche Begebenheit nur vermitteln in Form einer mythischen Erzählung[6]; *Lukas* hingegen verwandelt die Szene, die ihm aus dem *Markus*-Evangelium vorliegt, in eine innere Erfahrung, die Jesus zuteil wird, «indem er betete» (9,29)[7]; ja, *Lukas* ergänzt das Bild noch durch eines seiner Lieblingsmotive: durch *das Gebet auf dem Berge*[8]. Schon nach der Heilung des Mannes mit der verdorrten Hand (Lk 6,6–11) schrieb *Lukas*, Jesus sei «hinaus auf den Berg» gegangen, «um zu beten» (Lk 6,12); damals diente das Gebet auf dem Berg zur Vorbereitung für die Sammlung der Zwölf; hier jetzt betet Jesus auf dem Berg um Klärung seiner eigenen Rolle unter den Menschen; auch daß er die drei: Petrus, Johannes und Jakobus, dazu mitnimmt (9,28), wie schon bei der Auferweckung der Tochter des Jairus (Lk 8,51), deutet – entsprechend dem psychologischen Schema von «drei plus eins» – auf einen Prozeß der inneren Ganzwerdung mit sich selbst hin.

So verstanden, ist «Berg» für *Lukas* der «Ort», an dem Jesus sich selbst

[5] Vgl. IMMANUEL KANT: *Anthropologie*, 1. Teil, 1. Buch, § 1, Werke, XII 407: «Daß der Mensch in seiner Vorstellung das Ich haben kann, erhebt ihn unendlich über alle anderen auf Erden lebende Wesen.»

[6] Vgl. TE I 87–92; KURT HÜBNER: *Die Wahrheit des Mythos*, 76–84: Die Deutung des Mythos als Erfassung des Numinosen.

[7] LUDGER FELDKÄMPER: *Der betende Jesus als Heilsmittler nach Lukas*, 125–128, arbeitet heraus, daß in Mk 9,29 «wenigstens eine indirekte Notiz über Jesu Gebet und dessen Macht» vorlag; demgegenüber stehe die «Gebetsnotiz Lk 9,28 f. … an einer sehr exponierten Stelle gleich zu Anfang des neuen Perikopenzusammenhanges. Wegen der engen kompositionellen Verknüpfung zwischen den Perikopen von der Verklärung und der Heilung des Besessenen wird man die Gebetsnotiz nicht nur in Verbindung mit der Szene ‹auf dem Berg› (9,29-36), sondern auch mit der Szene ‹am Berg› (9,37-43), nämlich dem Exorzismus sehen.»

[8] LUDGER FELDKÄMPER: *Der betende Jesus als Heilsmittler nach Lukas*, 135, betont: « Ausdrücklich sagt Lukas …, dass Jesus den Berg hinaufging, um zu beten.» «Gebet als auch Leiden/Erhöhung» seien Teil der Begriffsfelds des «hinaufgehens» bei Lukas.

vor Gott und *von* Gott her über seinen Auftrag klar wird[9], – sehr im Unterschied etwa zu *Matthäus*, für den Jesus bevorzugt vom Berge herab lehrt und wirkt (vgl. Mt 5,1; 15,29). Wie man sieht, ist die «Landschaft» des «heiligen Landes» in den Evangelien eine durch und durch symbolische Seelenlandschaft, in der die einzelnen Motive durch die redaktionelle Bearbeitung eine mitunter recht verschiedene Bedeutungsverleihung erfahren. In der Darstellung des *Lukas* erscheint sogar der Aufstieg zum Berge bereits als eine Art Vorbedingung für das Gebet[10]. Um sich Gott zu nähern, gilt es nach ihm offenbar, aus den «Niederungen» des Lebens herauszufinden und sich «empor»zuarbeiten zu einer «höheren» Sphäre der Lebensbetrachtung.

Berühmt geworden ist die mystische Abhandlung von JUAN DE LA CRUZ (1542–1591) über den *Aufstieg zum Berge Karmel*[11], als dessen erste Stufe er die Abtötung der Sinne beziehungsweise die Reinigung von den Leidenschaften erachtete, bis daß nach der Läuterung des Verstandes in die selbstlos liebende Seele das «dunkle Licht der Gottheit» hineinstrahle. Der spanische Mystiker beschrieb in diesem Traktat die Vereinigung der menschlichen Seele mit Gott jenseits des kirchlichen Dogmas, und er berührte damit zweifellos ein wichtiges Moment auch des Bergaufstiegs Jesu in der lukanischen Darstellung; andererseits hat Jesus niemals «asketisch» nach der Weise spanischer Mystiker in den Tagen der Gegenreformation die «Sinnlichkeit» «abtöten» wollen, – im Gegenteil: wir hörten schon, wie Zeitgenossen ihm vorwarfen, «ein verfressener Mensch, ein Weinsäufer, ein Freund von Zöllnern und Sündern» zu sein (Lk 7,34); nicht in «Entsinnlichung» bestand die «Mystik» des Juden aus Nazaret[12], sondern in der Sinnenfälligkeit Gottes in den Werken seiner Schöpfung; ihr begegnete er allerorten, ihr verlieh er Ausdruck in seinen unvergleichlichen Gleichnissen. Worauf aber dann bezieht sich das Motiv vom Aufstieg zum Berge?

9 WERNER FOERSTER: *óros* (Berg), in: ThWNT V 484, verband mit dem Gang «ins Gebirge» oder «auf den Berg» lediglich, daß Jesus «die Einsamkeit aufsuchte», und meinte, es deute «nichts darauf hin, daß die Evangelisten dem ‹Berg› durch die Ereignisse, die auf ihm geschahen, eine besondere Bedeutung zugemessen hätten.» Ein einfacher synoptischer Vergleich zeigt das Gegenteil.

10 Die Erhebung im Raum erscheint so als Bild für die Erhebung der Seele; vgl. Mk I 600–611: Noch einmal Mk 9,1-13: Die Verklärung Jesu oder: «Es redeten mit ihm Moses und Elias.» Bes. S. 601–603.

11 Vgl. JOHANNES VOM KREUZ: *Aufstieg zum Berge Karmel*, 1. Buch, 4. Kapitel: Ertötung der Begierden als notwendige Vorbedingung. Vgl. S. XXIV: Der symbolische Berg.

12 Vgl. GÜNTHER BORNKAMM: *Jesus von Nazareth*, 77–79: Leben in der Fremde; 108–114: Schöpfung und Welt.

Im mythischen Weltbild der Alten sind Berge nicht bloße Erhebungen im Raume, sondern Heiligtumsorte, an denen der Himmel der Erde nahe ist; Zentren der Welt sind sie – Himmelsachsen, wie der «Baum in der Mitte des Gartens» (Gen 3,3) zur «Zeit», als die Menschen noch eins waren mit Gott, mit sich selbst, mit den Tieren ...[13]; wieder dahin zu gelangen: zum Integrationspunkt des eigenen Herzens, ist Ziel einer solchen Wallfahrt zum Berge. Und das Gebet hoch droben, in der klaren Luft der Wahrheit, gilt einer solch wortlosen Öffnung zum Licht, zur Einheit von allem. «Und es geschah, indem er betete, ward der Anblick seines Gesichtes anders und sein Gewand weiß blitzend.» (9,29) Noch einmal betont *Lukas*, daß die Verwandlung Jesu im Gebete geschah, und sie wird für ihn sichtbar nicht so sehr in einem mysteriösen Erglänzen seiner Gewänder (vgl. Mk 9,3), sondern vor allem in einer Veränderung seines Gesichtes. Natürlich läßt sich dabei denken an den Glanz, der auf dem Antlitz des Moses lag: nachdem er oben auf dem Sinai geredet hatte mit der Gottheit «von Angesicht zu Angesicht», erstrahlte sein Antlitz derart hell, daß er es vor den Israeliten verhüllen mußte (Ex 34,29.33.35), – in 2 Kor 3,7 wird *Paulus* das Motiv mit Hilfe einer midraschartigen Auslegung deuten, um die «Herrlichkeit» Jesu als des Messias sichtbar zu machen. Auch die Wolke, in welche die Jünger laut *Lukas* hier eingehen (9,34), erinnert an die Wolke am Sinai, in welche Moses hineintrat (Ex 19,9; 34,5)[14]. Doch noch redet Gott nicht schon selber zu Jesus; die mit ihm reden und ihm alsdann «beistehen» (9,30.32), sind *Moses* und *Elija*. Ihre Botschaft ist es, die Jesus im Gebet hier auf überwältigende Weise hörbar wird.

[13] Zur mythischen Bedeutung des *Berges* vgl. SdB II 52; 512–513; MANFRED LURKER: *Die Botschaft der Symbole*, 294.

[14] ALBRECHT OEPKE: *nephélē* (Wolke), in: ThWNT IV 910–911, verweist auf die «Wolke» bei der Theophanie und sieht in ihr «das Zelt Gottes... und die Manifestation seiner Gegenwart, wie sie bes für die Endzeit verheißen ist (Apk 21,3 ...). Sie vertritt... eine Theophanie. Wen Gott in seinem Zelt verbirgt, der gehört aufs engste zu ihm (Ps 27,5). Wird Jesus mit den beiden Gottesboten der letzten Zeit (sc. Mose und Elija, d.V.) in die Wolke aufgenommen, so bedeutet dies, daß er die letzte Rettung bringt u daß er sie jetzt bringt.» MARTIN DIBELIUS: *Die Formgeschichte des Evangeliums*, 276, meinte: «für einen Augenblick nur zeigt sich Jesus als der, der er ist, im Gespräch mit jenen Propheten, die nicht eines natürlichen Todes gestorben sind, sondern jetzt schon in der Herrlichkeit leben. Um mit ihnen reden zu können, muß Jesus für einen Augenblick als himmlische Gestalt gleich jenen erscheinen. Darum wird er als Gottessohn offenbar: und diese ‹Epiphanie› wird (sc. Mk, d.V.) 9,3 beschrieben. Nun naht sich Gott selbst, in der Wolke gegenwärtig wie einst während des Wüstenzuges, und proklamiert die Gottessohnschaft Jesu... Die von der Himmelsstimme gesprochenen Worte deuten keineswegs auf Adoption, wie in der alten Form der Taufgeschichte. Denn Gottessohn ist Jesus schon, wenn er ‹epiphan› wird...»

Der Weg zurück in den verlorenen Garten Eden – für *Moses* bedeutete dies, die Kinder Israels aus der Knechtschaft in Ägypten herauszuführen in die Freiheit. *Elija* mußte feststellen, daß mitten im «gelobten Lande» Abhängigkeit und Entfremdung sich innerlich fortsetzen können in der Verehrung grausamer Götzen[15]. Die Freiheit des Menschen gegenüber der Unterdrückung und Ausbeutung durch andere Menschen und die Unmittelbarkeit des Menschen zu Gott in angstfreiem Vertrauen und Selbstbesitz – diese beiden sich wechselseitig bedingenden Visionen der Bibel treten an Jesus heran als verbindliche Botschaften Gottes, die er bittend vernimmt und betend in sich aufnimmt: als eine Erfahrung «in Herrlichkeit» (9,31), als ein Erlebnis vollkommenen Glücks[16].

Oft stellt sich die Frage, was «Glück» eigentlich sei, und die Mehrzahl der Antworten geht wohl hinaus auf ein «Wohlfühlglück»: gute Gesundheit, schönes Essen, Leben in angenehmen Verhältnissen ..., oder sie zielt auf die materiellen Voraussetzungen all solcher Vorzüge: ein Volltreffer in der Lotterie, eine Rettung aus «Un»glück ... Es leidet keinen Zweifel, daß solche Inhalte eine große Rolle spielen, wenn man «Glück *hat*»; doch glücklich *sein* ist etwas anderes. Bei allem Glück-haben bleibt ein Mensch abhängig von äußeren Umständen, die er nur begrenzt zu beeinflussen vermag; es sind ichfremde Faktoren, die darüber bestimmen, ob er «Glück» oder «Pech» hat. Das Leben aber ist kein «Glücksspiel». Wesentlich betrachtet, ist ein Mensch glücklich zu nennen, der sich gerade nicht an die Wechselfälle des Schicksals bindet, sondern der mit sich selbst in einer harmoni-

15 Zu der Bedeutung von «Mose und Elija» vgl. Mk I 603–609. JOACHIM JEREMIAS: *Mōysēs* (Moses), in: ThWNT IV 877–878, verweist auf den leidenden Moses als Typus Christi und meint: «In Moses und Christus stehen der Gottesbote des Alten und des Neuen Bundes, durch das gleiche Schicksal der Ablehnung und Verkennung verbunden, nebeneinander und doch zugleich Gesetz und Evangelium einander gegenüber.» Zur Gestalt des endzeitlichen *Elija* vgl. Str. B. IV 2, 764–798. JOACHIM JEREMIAS: *Ēlías* (Elija), in: ThWNT II 941, meint zusammenfassend: «Elias und Moses erscheinen ... auf dem Verklärungsberge als die beiden Vorläufer Jesu. Ihr Erscheinen hat, ebenso wie in Apk 11,3 ff., endgeschichtliche Bedeutung; es kündet den *Anbruch der Endzeit* an.» Zudem «dürfte ihr Erscheinen in der Verklärungsgeschichte zugleich die *Ankündigung* des Leidens Jesu bedeuten, dh die Leidensweissagung Mk 8,31 ff. bestätigen. So hat es jedenfalls die Sonderüberlieferung des Lk verstanden» (Lk 9,31). Vgl. in diesem Sinne auch Lk 24,18-24: die Schriftauslegung des Auferstandenen auf dem Gang nach Emmaus.

16 Bei der Veränderung des Gesichtes (9,29), die allerdings von seiner eigenen «Herrlichkeit» herrührt (9,32), sowie bei dem überirdischen Aufleuchten der Gewänder wird «Jesus deutlich mit Moses verglichen, dessen Antlitz nach Ex 34,29 f. von der göttlichen Herrlichkeit widerstrahlte (vgl. 2 Kor 3,13)», kommentiert HEINZ SCHÜRMANN: *Das Lukasevangelium*, I 556.

schen Verbindung steht[17]. Glück haben mag ein Mensch so viel, als er möchte, – er wird doch stets unglücklich bleiben, solange er nicht weiß, wer er selber ist und was er selber will; ja, es kann sein, daß ihm gerade das Maximum des Glück-habens: die Erfüllung all seiner Wünsche, zum ärgsten Übel gerät. In dem GRIMMschen Märchen *Der Arme und der Reiche* (KHM 87) zum Beispiel braucht der liebe Gott nur zu erfüllen, was die Unbedachtheit und Bösartigkeit dem reichen Manne an Bedürfnissen eingibt, um ihn auf die wirksamste Weise mit sinnloser Plage und andauerndem Unheil zu strafen. Nur jemand, der wie der arme Mann mit sich selber im Einklang ist, darf wirklich glücklich gepriesen werden. Nur ein solcher auch wird dazu beitragen können, andere Menschen zur Freiheit zu führen.

Da steht Jesus auf der Höhe des Berges und spürt in aller Entschiedenheit, was er mit seinem Leben anfangen soll, und dies wird all sein Glück sein: Menschen hinüberzugeleiten zu jenem «Ort», an welchem Gott selber gütig redet zum Herzen «Jerusalems» (Jes 40,2). Um ein solches Glück zu empfinden, muß man nicht gleich ein ganzes Volk aus der Fremdherrschaft führen – wie Moses Israel aus der Fron des Pharaos oder wie MAHATMA GANDHI (1869–1948) Indien aus der britischen Kolonialherrschaft; man muß nicht die gesamte überlieferte Religionsform des «Götzendienstes» zer-

[17] Vgl. SÖREN KIERKEGAARD: *Entweder – Oder*, 2. Teil, Gleichgewicht, 729: «Was heißt es aber, ästhetisch leben, und was heißt es, ethisch leben? ... das Ästhetische in einem Menschen ist das, wodurch er unmittelbar ist, was er ist; das Ethische ist das, wodurch er wird, was er wird.» Und S. 731: «Wer ... sagt, er wolle das Leben genießen, der setzt stets eine Bedingung, die entweder außerhalb des Individuums liegt, oder im Individuum ist, doch so, daß sie nicht durch das Individuum selbst ist.» Mit anderen Worten: das ästhetische Individuum ist wesentlich äußerlich bestimmt. Bereits den Augenblick der Wahl, da das Entweder – Oder des Ästhetischen und des Ethischen sichtbar wird, schildert KIERKEGAARD als ein Tabor-Erlebnis: «Wenn da alles still um einen geworden ist, feierlich wie in einer sternenklaren Nacht, wenn die Seele allein ist in der ganzen Welt, da zeigt sich vor ihr nicht ein ausgezeichneter Mensch, sondern die ewige Macht selbst, da tut gleichsam der Himmel sich auf, und das Ich wählt sich selbst, oder richtiger, es empfängt sich selbst. Da hat die Seele das Höchste gesehen, was kein sterbliches Auge zu sehen vermag und was nie mehr vergessen werden kann, da empfängt die Persönlichkeit den Ritterschlag, der sie für eine Ewigkeit adelt. Zwar wird der Mensch damit kein anderer als er zuvor gewesen, aber er wird er selbst; das Bewußtsein schließt sich zusammen, und er ist er selbst. Wie ein Erbe, und wäre er auch Erbe aller Schätze der Welt, sie doch nicht besitzt, bevor er mündig geworden ist, so ist selbst die reichste Persönlichkeit nichts, bevor sie sich selbst gewählt hat, und andererseits ist selbst das, was man die ärmste Persönlichkeit nennen müßte, alles, wenn sie sich selbst gewählt hat; denn das Große ist nicht, dieses oder jenes zu sein, sondern man selbst zu sein; und das kann ein jeder Mensch, wenn er es will.» (S. 727–728) – In der lukanischen Szene geschieht gerade dies, nur nicht durch eigenes Wollen, sondern durch ein Drittes jenseits von Ästhetik und Ethik, auf welches KIERKEGAARD im Grunde hinaus wollte: durch Religion.

stören – wie Elija den Baals-Kult Kanaans oder wie MOHAMMED (um 570–632) die Stein-, Mond- und Sternenkulte des Alten Arabien; es reicht vollkommen aus, Menschen frei zu machen von Menschenfurcht und sie heil zu machen von ihren Ängsten.

«*Moses*» hören wir reden und sehen wir neben uns stehen in jedem Augenblick, da wir hineingehen in die Gefangenschaft eines anderen Menschen: in seine wirtschaftliche Abhängigkeit etwa, die ihn zum Sklaven der Hypothekenzinsen seiner Bank macht, – vielleicht entschließt er sich, sein «Anwesen» abzustoßen, um sein «Unwesen» zu beenden und zum Wesentlichen zu finden, zum «Berg» in der «Mitte» der «Welt»; *oder* in seine Hörigkeit gegenüber der vermeintlichen Überlegenheit seines Chefs oder eines dominant auftretenden Kollegen, – vielleicht gewinnt er nach und nach ein Stück Vertrauen in seine eigenen Fähigkeiten und Möglichkeiten und muß dann den anderen nicht mehr als gar so ausschlaggebend überhöhen; *oder* in die unglückliche Ehe einer Frau, die sich von ihrem Mann tagaus, tagein benutzt und beschmutzt vorkommt, – vielleicht ist es nötig, sich von ihm zu trennen und, wie Israel beim Durchgang durch das Rote Meer (Ex 14,1–31), den Fuß in ein bis dahin gänzlich unbegehbares Gebiet zu lenken. In *all* den Momenten, da wir hineingehen in die Unterdrückung und Ausbeutung von Menschen und ihnen Freiheit schenken, beginnt «Moses» mit uns zu reden und uns zu begleiten ein Stück weiter in Richtung des Lands der Verheißung[18].

Und nicht anders «*Elija*»! Wie oft begegnen wir Menschen, die ihr ganzes Herz hängen an Gott, doch was ihnen für Gott gilt, ist so sichtbar nur das erweiterte und ins Absolute erhöhte Bild ihrer Mutter, ihres Vaters in Kindertagen, und sie werden darüber erst dann hinwegreifen können, wenn sie einem Menschen, der sie sehr liebhat, sich so weit zu öffnen vermögen, daß sie ihren eigenen Standort, ihre innere Mitte neu zu finden imstande sind. *Oder* wir treffen auf Menschen so voller Lebensangst, daß sie an alle möglichen äußeren Weisungen sich mit der Kraft der Verzweiflung zu klammern versuchen – wie Ertrinkende an die Planken eines zerborstenen Schiffes, und es kostet so viel, sie das eigene Schwimmen zu lehren, bis sie, gerettet, an Land sind, getragen in Gottes Hand. *Oder* wir lernen Menschen kennen, die es leid sind, sich von den Zwängen des Marktes, den Gesetzen des Geldes, dem Konsumrausch der Menge – kurz: von all den Götzen des modernen «Fruchtbarkeitskultes»! – noch länger vorschreiben zu lassen, was sie von ihrem eigenen Leben, von ihren Zukunftserwartun-

18 Vgl. TE II 379–392: Die Berufung des Mose.

gen, von ihren Sinnvorstellungen abtreten sollen, um endlich eintreten zu dürfen in die Tempel des «Baal». Ein unerhörtes Glück kann erblühen, wenn es uns gelingt, jemanden hören zu lassen auf den «Gott der Väter»[19], auf die Macht, die möchte, daß es uns gibt, und die wirksam ist in unserer persönlich gefundenen Wahrheit ...

Eins nur in all dem ist unmöglich in den Spuren des «Moses» und des «Elija»: mit dem Zornmut und mit der Gewalt, in denen Moses die Ausrottung ganzer Völker wie der Midianiter befahl (Num 31,1–18) oder mit denen Elija die Priester des fremden Gottes zu Hunderten mordete (1 Kön 18,40), Freiheit wirken zu wollen. Freiheit kann sich nur entfalten, wo *kein* Zwang ausgeübt wird, wo *nicht* im Gefälle der Macht etwas durchgesetzt werden soll, wo ein Mensch auf die leise Stimme in seinem eigenen Inneren zu achten anfängt und ihr langsam zu folgen lernt. Allein dieser sanfte Weg ist der des «Menschensohns».

Dafür freilich fällt die Gewalt, die jene zugunsten ihres Volkes und ihres Glaubens gegen andere übten und auf die Jesus bewußt Verzicht tut, auf ihn selber zurück. Denn das ist die eigentliche Botschaft, die *Lukas* – im Unterschied wieder zu *Markus* – in dem Auftreten der beiden großen Gestalten des Alten Testamentes, der Repräsentanten von «Gesetz» und «Prophetie», verkörpert findet: Sie sagen ihm «seinen Ausgang» an (9,31)[20]. Wer die Bibel liest mit «christlichen» Augen, der wird sie *so* verstehen, wie Jesus als der «Auferstandene» sie den Jüngern auf dem Wege nach Emmaus erklärt hat, wo er «beginnend bei Moses und all den Propheten ... ihnen in all den Schriften» auslegte, «was über ihn (da stand)» (Lk 24,27): «Mußte nicht dieses leiden der Messias und (gerade dadurch) eingehen in seine Herrlichkeit?» (Lk 24,26) Für seine Anhänger muß die Hinrichtung Jesu ein absoluter Schock gewesen sein; um damit weiterleben zu können, war es unumgänglich, Texte wie die vom «Gottesknecht» in (Deutero)*Jesaja* (Jes 50,4–11; 53,1–12) oder die Klagen des leidenden Gerechten in den *Psalmen* (vgl. Ps 22,1–32; 31,1–25; 69,1–37) auf das brutale Scheitern des Anliegens Jesu hin zu lesen; hinzu kamen die Vorstellungen der priesterlichen Theologie von dem Pessah-Lamm (Ex 12,1–28), dessen vergossenes Blut schon in Ägypten die tötungswillige Gottheit an den Häusern der Israeliten vorüberziehen ließ: offenbar mußte dieser «Gott» erst durch das Opfer eines Unschuldigen in seinem gerechten Zorne besänftigt werden, – ein Gedanke,

19 Vgl. ALBRECHT ALT: *Der Gott der Väter*, in: Kleine Schriften, I 1–78.

20 FRANÇOIS BOVON: *Das Evangelium nach Lukas*, I 496–497, notiert zu dem «Ausgang» Jesu, der Ausdruck sei «ein Euphemismus für den Tod, aber Lukas weiß, daß dieser nicht das letzte Wort Gottes ist.»

der auch der Vertreibung des «Sündenbocks» in die Wüste sowie einer Vielzahl anderer Opferrituale zugrunde liegt (Lev 16,3–28; vgl. Num 28,1–31; 29,1–39: die Gesetze über die regelmäßigen Opfer des Jahres). Schon *Paulus* deutete den Kreuzestod Jesu in diesem Sinne als «Sühne in seinem Blute» (Röm 3,25); für das *Johannes*-Evangelium galt Jesus bereits nach dem Zeugnis des Täufers als das «Lamm Gottes, das die Sünde der Welt hinwegträgt» (Joh 1,29)[21], und vor allem in den Worten Jesu über Brot und Wein im Abendmahl fand insbesondere *Matthäus* das Ausgießen des Bundesblutes «zur Vergebung der Sünden» dargestellt (Mt 26,26–28 in Parallele zu Mk 14,22–24; vgl. daneben 1 Kor 11,23–25 und Lk 22,19–20)[22]. In all diesen Zusammenhängen erblickte man Hinweise und Weissagungen auf den Kreuzestod Jesu: nicht gescheitert also war Jesus mit seiner Botschaft, als er auf Golgota starb, vielmehr erfüllte sich gerade in seinem Tode der Wille Gottes.

Von all diesen «Ansagen» aber erfahren nichts die drei Jünger, die Jesus auf den «Berg» mitnahm; denn: sie «waren in schweren Schlaf gesunken» (9,32)[23], ganz wie später am Ölberg, als Jesus Gott, seinen Vater, darum bittet, den «Kelch ... vorübergehen» zu lassen, und hinzufügt: «Doch nicht mein Wille, sondern der deine geschehe» (Lk 22,42); auch da sind sie «eingeschlafen», diesmal «vor Traurigkeit» (Lk 22,45). Mit einem Wort: die wirkliche innere Dramatik im Leben Jesu haben die Jünger als Zeitgenossen «verschlafen» und erst nachträglich begriffen beziehungsweise als ein für sie begreifbares Geschehen «rekonstruiert». Besagt das nun aber auch schon, daß die so entstandene mythisch-legendäre Konzeption des Evangelisten keinerlei historischen Wert besäße? Wie (fast) immer: nein! Es verhält sich vielmehr so, daß die Länge des Schattens an Leid, den der Karfreitag wirft, ein eindeutiger Beweis ist für den Stand der Sonne über einem morgendlichen Horizont.

Die Geschichte von der Verklärung – dafür spricht formgeschichtlich in der Tat alles – mag «nachösterlich» entstanden sein und ein typisches Bei-

21 Vgl. Joh I 66–86: Joh 1,19-34: Das Bekenntnis des Täufers.

22 Vgl. WOLFGANG TRILLING: *Das wahre Israel*, 32–33.

23 FRANÇOIS BOVON: *Das Evangelium nach Lukas*, I 497, sieht in dem Schlaf einen Ausdruck von «Zufriedenheit»: «Deshalb», meint er, «wählt Lukas das ... bekannte Motiv des Schlafes, das ihm vielleicht der markinische Getsemani-Text (Mk 14,37-42) suggeriert. Damit wird in der numinosen Verklärung weniger das Tremendum (sc. das Erschreckende, d.V.) als das Fascinosum ausgedrückt. Das ungewöhnliche Ereignis hat sie gleichsam hypnotisiert. Im Schlaf und im Traum glaubte der antike Mensch dem Göttlichen nahe zu sein ... Im Unterschied zu den schuldigen Jüngern von Getsemani (Mk 14,37-42) sind die Jünger (sc. hier, d. V.) nicht eingeschlafen, sondern vom Schlaf beschwert».

spiel für die «Theologie» der «Urgemeinde» zur Deutung des Todes Jesu bieten; doch geht daraus keinesfalls hervor, daß sie psychologisch nicht etwas vollkommen Richtiges und äußerst Bedeutsames ausspricht. Denn es ist schwer denkbar, wie Jesus jemals die Kraft hätte besitzen können, Menschen glücklich zu machen, ohne selber von einem tiefen Glücksgefühl geprägt gewesen zu sein. Niemand nimmt ein schweres Leid, das er über längere Zeit auf sich zukommen sieht, «freiwillig» auf sich, ohne dabei einer beglückenden Vision von Sinn und Erfüllung zu folgen. Und so läßt sich auch das gräßliche Geschehen auf dem «Kalvarienberg» nur begreifen von einem «berghohen» Erleben her, das beglückend genug war, um *innerlich* nie mehr verlorenzugehen.

Anscheinend ist es dies, was bereits *Markus* mit dem eigenartigen Motiv ausdrücken wollte, daß Petrus «drei Zelte» habe errichten wollen: «dir eins, Moses eins und Elija eins» (Mk 9,5), «unwissend, was er sagte», wie *Lukas* in grammatikalisch leicht «verbesserter» Form den *Markus*-Text übernimmt (9,33)[24]. Die – bei *Lukas* aus dem Schlaf erwachenden – Jünger möchten die Stunde des Glücks offenbar «unter Dach und Fach bringen», sie möchten sie festhalten und sich darin einrichten; es geht ihnen wie allen Menschen, die einen Augenblick vollkommener Beseligung nie mehr missen möchten. Und doch weiß man, daß «Berge» keine «Hochplateaus» sind, – es kann nicht fortan immer so weitergehen. Statt sich im Glück zu sonnen und auszuruhen, kommt es darauf an, nicht das Gefühl selbst, sondern die Vision, die es vermittelt, auf Dauer zu stellen und aus dem Moment des Erlebens einen Antrieb zum Handeln in der Zukunft abzuleiten: In gerader Linie wird der Weg vom Berg der Verklärung hinüberführen zum Berg der Vernichtung, vom Gefühl des Glücks zum Gipfel der Qual, vom «Tabor» nach Golgota.

Doch eben deshalb legt *Lukas* in dieser Szene so großen Wert auf die «Wolke». Sie gilt gemeinhin als Bild für die Aura des Göttlichen[25]; und so läßt sie sich bei *Markus* auch wohl noch verstehen: sie verhüllt und versinnbildlicht die Gottheit, die aus ihr redet (Mk 9,7). *Lukas* aber erzählt, daß die Jünger «in Furcht» gerieten, «indem sie in die Wolke eingingen» (9,34)[26]. Da betreten sie etwas für sie nicht Durchschaubares, etwas, dem sie

24 HEINZ SCHÜRMANN: *Das Lukasevangelium*, I 553, verweist vor allem auf die Anrede «Gebieter» (statt «Rabbi» in Mk 9,5) und meint: «Hier wird ... der wortmächtige ‹Sohn› sichtbar».

25 Vgl. FRANÇOIS BOVON: *Das Evangelium nach Lukas*, I 500: «Licht und Wolke, Blitz und Donner sind Begleitmotive der Theophanien»; vgl. Ex 13,21-22; 1 Kön 8,10; Ez 10,3.

26 FRANÇOIS BOVON: A.a.O., I 500 meint, die «Wolke» besage: «Achtung, Gott wird auftreten ... Die Jünger verstehen das und haben Angst vor Gott. Lukas hat ... das markinische Motiv (Mk 9,6-8) verschoben und expliziert.»

sich blind überlassen müssen, eine Sphäre, in der sie den nächsten Schritt vor den Füßen nicht planen können. Glück? Erfolg? Anerkennung? Ruhm? All diese Aussichten verhüllt hier der Nebel der Gottheit, die «Wolke des Nichtwissens», wie ein unbekannter englischer Mystiker des 14. Jhs. sich ausdrückte[27]. Wohl haben «Moses» und «Elija» Jesus «seinen Ausgang» angesagt (9,31), doch das haben die Jünger nicht miterlebt. Was sie vernehmen, ist eine Stimme, die ihnen «aus der Wolke» geschieht und ihnen kündet, wer Jesus *ist*: «Dies ist mein Sohn, der Auserwählte. Ihn hört.» (9,35)[28] Was in der Taufe nur Jesus allein durch eine Himmelsstimme mitgeteilt ward, das wird jetzt hörbar den Jüngern als ein göttlicher Auftrag, in ihm Gottes Wort selbst zu vernehmen[29]. Was immer im folgenden er wird erdulden müssen, – es wird ihm geschehen als dem «Knecht», als dem «Sohn Gottes» (Jes 42,1; 44,2).

Doch wieder: mehr noch als die Jünger muß eine Erfahrung wie diese Jesu Sicht auf sich selbst, auf sein eigenes Schicksal geprägt haben. *Markus* berichtet davon, Jesus habe beim Abstieg vom «Berge» den Jüngern befohlen, von dieser Begebenheit erst zu erzählen, «wenn der Menschensohn von

[27] Vgl. *Die Wolke des Nichtwissens*, 3. Kap., S. 22: «Erhebe dein Herz zu Gott mit demütiger Regung der Liebe und suche Ihn selbst und nicht Seine Gaben und sieh zu, daß du nicht willens seist, an etwas anderes zu denken als an Ihn».

[28] Zu der «Himmelsstimme» vgl. Str. B. I 125–134. Es handelt sich um eine *bath-qol* – eine «Tochter der Stimme», und man erklärt das rabbinisch so: «Man hört nicht die Stimme, die vom Himmel ausging, sondern aus dieser Stimme ging eine andere Stimme hervor; wie wenn ein Mensch mit Gewalt einen Schlag ausführt u. man hört einen zweiten Ton, der in der Ferne aus ihm (dem Schlag) hervorging ... – Hiernach ist die Bath-Qol gedacht als der Widerhall (Echo), der von einer Gottesstimme im Himmel ausgeht u. auf der Erde gehört wird. – Nachdem die prophet. Begabung mit den letzten Propheten in Israel aufgehört hat, ist man auf die Bath-Qol angewiesen. Dieser Ersatz der Prophetie ist aber kein vollwertiger; denn während das prophet. Wort unmittelbar vom heil. Geist (= Geist der Prophetie) ausging, redet Gott durch die Bath-Qol nur *mittelbar* zu Israel; sie ist eben nur *Widerhall* der Gottesstimme.» Deshalb wurde «ihr jede autoritative Bedeutung für die Entscheidung in halakhischen (sc. rechtsentscheidenden, d.V.) Fragen abgesprochen.» (125) – Zu dem Wort «Sohn Gottes» vgl. Str. B. III 15–22, wo vor allem die Bezeichnung des Messias als des Sohnes Gottes herausgearbeitet wird. – Bereits DAVID FRIEDRICH STRAUSS: *Das Leben Jesu*, II 272, sah richtig, daß die Stimme aus der Wolke «im ersten Theil die messianische Deklaration (ist), welche, aus Ps. 2,7. und Jes. 42,1. zusammengesetzt, schon bei Jesu Taufe vom Himmel erscholl; im zweiten Theil ist sie aus den Worten genommen, mit welchen Moses in ... Deuteronomium (18,15) ... den künftigen Messias ankündigt.»

[29] LUDGER FELDKÄMPER: *Der betende Jesus als Heilsmittler nach Lukas*, 144, meint: «Letztlich ist nicht zu übersehen, dass die betonte Aufforderung, auf Jesus zu hören, sich in einem Kontext befindet, der eingerahmt ist von dem Hinweis auf Jesu Worte (9,28.44 ...) über seinen eigenen (9,22.44) und seiner Nachfolger (9,23-27.46-50) Leidensweg. In diesem Zusammenhang ruft die Wolkenstimme dazu auf, vor allem dann auf Jesus zu hören, wenn er das Leidensgeheimnis erklärt. Das Leidensgeheimnis ist aber nicht der Inhalt einer theoretischen Lehre, sondern der Inhalt von Jesu Beten, und damit von Gott her angenommene Lebenswirklichkeit.»

den Toten auferstanden sei»; sie aber hätten sich gefragt, «was das sei: die Auferstehung von den Toten» (Mk 9,9.10). *Lukas* läßt den Hinweis auf die Auferstehung an dieser Stelle fort; dafür gibt er als jemand, der den *Markus*-Text vor Augen hat, eine erstaunliche Begründung für Art und Wert des Glaubens an die Auferstehung von den Toten: Jesu Glauben beinhaltet nicht (mehr), wie etwa im ägyptischen *Totenbuch* oder in den Texten der spätjüdischen Apokalyptik, eine Ansammlung phantastischer Ausmalungen weltjenseitiger Zustände, er gründet in einer einzigen vertrauensvollen Gewißheit: mögen auch bald schon «der Ältestenrat des Volkes, die Hohen Priester, die Schriftgelehrten» (Lk 22,66) ihn verurteilen, indem sie die Rede vom «Menschensohn» und von «Gottes Sohn» ins Gotteslästerliche verfälschen (Lk 22,69–71), mögen sie ihm auch wider alle Offensichtlichkeit Volksverhetzung und Aufruhr vorwerfen (Lk 23,2), mögen sie am Ende im Namen Gottes ihn für todesschuldig erklären und ihn der gräßlichsten Strafe: der Kreuzigung, anheimgeben (Lk 23,21–23), so bleibt doch unendlich viel wichtiger als all dies die Überzeugung, die sich in einem solchen Bild wie dem der Verklärung hier auf dem Berge ausspricht: daß Jesus in Wahrheit «Moses» und «Elija» auf seiner Seite hat und daß das, was er redet und tut, nichts anderes ist als gültiges Gotteswort. Das äußere Schicksal mag dahingehen unter dem Fluch der Priester, unter der Verfluchung der Theologen, – was ein Mensch wirklich ist, steht nicht bei diesen; das Urteil darüber steht allein bei Gott. – Daß dies so ist, bildet den wichtigsten Trost all der Verkannten, der Gottesnarren, der Ausgestoßenen, die bis in die Hölle des menschlichen Herzens hinabzusteigen sich getrauen, um auf dem Bodensatz von so viel abgelagertem Leid – Gott nahe zu sein. «Vater, deinen Händen anheim stelle ich meinen Geist» – so schildert (nach einem Wort aus Ps 31,6) *Lukas*, wie Jesus «mit lautem Schrei» stirbt (Lk 23,46). Daß der schmählichste Tod sei wie ein solches sich selber erfüllendes Gebet, das bewirkt einzig der Glaube an die Auferstehung von den Toten[30].

[30] Eben darin hatte RUDOLF BULTMANN: *Die Geschichte der synoptischen Tradition*, 278–281, recht, wenn er «diese Legende», die Geschichte von der Verklärung Jesu, für «eine ursprüngliche Auferstehungsgeschichte» ausgab, deren «Zurückdatierung… in das Leben Jesu» «als Weissagung der Auferstehung in bildhafter Form» habe dienen können. Die entscheidende Frage allerdings wird so nicht beantwortet, wie jemand in der Art Jesu in den Tod gehen kann; die *Voraussetzung* dafür bildet der Glaube an Auferstehung in einer solchen Erfahrungsdichte, daß der Mythos, der eine solche Erfahrung ahnen läßt, geschichtlich wahrer erzählt, als es die historisch korrekte Rückdatierungsthese der Erzählung von der Verklärung zu erklären vermag

Lk 9,37–43a: Die Heilung eines besessenen Knaben oder: Vom Ende endloser Verantwortung

(vergleiche Mk 9,14–29; Mt 17,14–21)

> 37 Es geschah aber am Tage darauf, als sie von dem Berge herabstiegen (Mk 9,9), begegnete ihm eine große Schar. 38 Und da: Ein Mann aus der Schar rief, sprechend: Lehrer, ich flehe dich an, blick her, her auf meinen Sohn, er ist ja mein einziger. 39 Denn da: ein Geist packt ihn, und plötzlich schreit er, und der verkrampft ihn mit Schaum (vor dem Mund), und kaum weicht er von ihm, – er reibt ihn ganz auf. 40 Und ich flehte deine Jünger an, sie sollten ihn austreiben, doch sie vermochten es nicht. 41 Da gab zur Antwort Jesus und hat gesagt: O (ihr) vertrauenslose und *verkehrte Gattung* (Dtn 32,5), wie lange noch soll ich sein bei euch? Führ deinen Sohn hierher. 42 Und noch während er herankam, riß ihn der Abergeist (hin und her) und zog ihn zusammen. Jesus aber herrschte den unreinen Geist an, und er heilte den Knaben und gab ihn seinem Vater wieder. 43a Da gerieten alle außer sich ob der Großartigkeit Gottes.

In gewissem Sinne muß man's bedauern, daß *Lukas* an den konkreten Krankheitsbeschreibungen in den Heilungsgeschichten des *Markus*-Evangeliums so wenig Interesse zeigt. Worauf *er* Wert legt, ist die Darstellung der «Großartigkeit Gottes» (9,43a), wie sie in Jesus sichtbar wird; doch dabei gehen wichtige Details, die zum Verständnis von Krankheit wie Heilung unerläßlich sind, unter, und eine im Grunde höchst sensible und komplexe Wechselbeziehung von Arzt und Patient[1] findet sich reduziert auf einen bloßen Machtbefehl gegen die «Geister» der Krankheit. So gewinnt die «Sakramentalisierung» und «Ritualisierung» der Heilungen, die Jesus an Kranken vornahm, an Bedeutung – auf Kosten der therapeutischen Fähigkeiten zu Einfühlung und Verstehen. Folgt man *Lukas*, so ist es an dieser Stelle wesentlich, daß Jesus den «unreinen Geist» «anherrscht» (9,42). Doch so einfach war es schon nicht in der Darstellung des *Markus*, und so einfach geht es wohl überhaupt nicht.

Was freilich auch *Lukas* als Krankheitsbild des zu heilenden Knaben hier vorschwebt, entspricht zweifellos dem, was seit alters her als Epilepsie bezeichnet wird. Schon die Heilung des «Besessenen» in der Synagoge zu Kafarnaum galt allem Anschein nach diesem «Anfallsleiden» (Lk 4,33–37), und was wir damals zu der «heiligen» (oder «verfluchten») Krankheit, zum

[1] Vgl. TE II 243–244: Die symbolische Antwort des Heilungsvorgangs.

«morbus sacer», gesagt haben, gilt auch jetzt. Deutlich spricht auch hier das Plötzliche, Heftige, die Krampfattacke, der Schaum vor dem Mund (9,39) für die gleiche Diagnose[2]. Wie aber begründet sie sich? HIPPOKRATES (um 460–um 370) sah in der Epilepsie eine hirnorganische Erkrankung[3], und so wenig er über deren Ursachen und Wirkungsweisen wissen konnte, so darf doch methodisch bereits sein Denkansatz als Beginn und Teil einer «aufgeklärten» Naturforschung gelten – ganz anders als die im Volke verankerte Einstellung der «Urkirche». Es war das Christentum, das die medizinische Vorgehensweise der Ärzte Griechenlands durch einen primitiven Geister- und Dämonenglauben über anderthalb tausend Jahre zurückgedrängt hat[4]. Erst im 20. Jahrhundert gelang es der Psychoanalyse zu zeigen, welche durch und durch menschlichen «Geister» ein Krankheitsgeschehen wie die Epilepsie hervorrufen und begleiten können; die Dämonologie der Kirchendogmatik, die in der Glaubenslehre Roms immer noch vehement verteidigt wird, muß deshalb zurückverwandelt werden in eine nur allzu menschliche Psychologie[5]; doch um sie zu verstehen, bedarf man in der vorliegenden lukanischen Erzählung unbedingt der Ergänzung durch das *Markus*-Evangelium (Mk 9,14–29)[6].

Gerade so viel übernimmt *Lukas* aus seiner Vorlage, daß hier ein Vater zu Jesus kommt und ihn um Hilfe für seinen Sohn bittet; damit das Flehen dieses Mannes noch verzweifelter wirkt, läßt er ihn sogar nicht nur sagen: «blick her, her auf meinen Sohn», sondern fügt noch hinzu: «er ist ja mein einziger» (9,38). Damit entsteht eine familiäre Konstellation, wie wir sie bereits antreffen konnten in der Geschichte von der Witwe in Nain und ihrem einzigen Sohn (Lk 7,12) sowie auch in der Geschichte von der Tochter des

[2] Zur *Epilepsie* vgl. E. DREWERMANN: *Atem des Lebens*, II 668–672.

[3] Vgl. H. GRENSEMANN: *Die hippokratische Schrift «Über die heilige Krankheit»*, Berlin 1968; HULDRYCH M. KOELBING: *Arzt und Patient in der antiken Welt*, 65–77: Hippokratische Wissenschaft: Krankheit als Naturvorgang, bes. S. 72–73.

[4] Vgl. Mk II 22–34, Anm. 8; vgl auch FRIEDRICH NIETZSCHE: *Der Antichrist*, Kap. 59, in: Götzendämmerung. Der Antichrist. Ecce Homo. Gedichte, S. 277–278. FRANÇOIS BOVON: *Das Evangelium nach Lukas*, I 510, notiert lakonisch: «Auch der sogenannte ‹Arzt› Lukas weiß nichts von der wissenschaftlichen Erklärung der Epilepsie.» Doch liegt – in dieser an sich schon erstaunlichen Tatsache – eine Erlaubnis, die Unkenntnis 2000 Jahre lang zum Dogma zu erheben?

[5] Vgl. *Catéchisme de l'Église Catholique* (Weltkatechismus), Nr. 1500–1513, die Begründung der «Krankensalbung»; es wird nicht entfernt auch nur der Versuch gemacht, den Auftrag Jesu an seine Jünger: «Kranke heilt» (Mt 10,8), mit den Erkenntnissen aus Psychoanalyse, Psychosomatik und Neurologie in Beziehung zu setzen; statt dessen beruft man sich auf Mk 6,13 – auf die «Dämonen»-Austreibung der Jünger (Nr. 1506).

[6] Vgl. Mk II 15–40: Mk 9,14-29: Die Vertreibung des reißenden Dämons.

Jairus (Lk 8,42); stets ist es bei *Lukas* der einzige Sohn, die einzige Tochter, die zum Leidwesen ihrer verzweifelten Eltern von Tod und Krankheit bedroht sind, und immer entsteht damit psychodynamisch eine charakteristische Konfliktlage, die es als unerläßlich erscheinen läßt, zuerst die Bedeutung der Mutter oder des Vaters zu relativieren beziehungsweise deren Grundeinstellung zu ändern[7]. So geschah es im übrigen schon bei der Heilung des Knechtes des römischen Hauptmanns (Lk 7,1–10), – auch ihn konnte Jesus erst dem Tod entreißen, nachdem er die Haltung seines militärisch denkenden Vorgesetzten umgestimmt hatte; hier jetzt, folgt man der Darstellung des *Markus*, muß Jesus erst einmal die panische Angst und den permanenten Fürsorgestreß des Vaters verringern.

Es lohnt, noch einmal sich die Auffassung in Erinnerung zu rufen, die SIGMUND FREUD (1856–1939) über die mögliche Psychogenese der (Hystero)Epilepsie entwickelt hat[8]. Danach sind es vor allem starke (ödipale) Aggressionen gegen den Vater, die im Anfall auf das eigene Körperich zurückgelenkt werden, um sie nicht an der als äußerst ambivalent empfundenen Vatergestalt ausagieren zu müssen. Schaut man sich daraufhin in der markinischen Form der Erzählung das Verhalten des epileptischen Knaben und seines Vaters an, so fällt gewiß als erstes auf, daß die ganze Verantwortung ausschließlich bei dem Vater liegt: Er ist es, der sich flehentlich und wortreich um Hilfe für seinen Jungen an Jesus wendet und ihm ebenso hilflos wie fassungslos das unheimliche Gebaren seines Sohnes vorträgt: Da packt immer mal wieder ein «Geist» diesen Jungen, «reißt ... ihn hin und her, daß er schäumt und schnarrt mit den Zähnen, und dann wird er ganz starr» (Mk 9,18). All die geschilderten Merkmale dürfen als klassische Symptome eines epileptischen Anfalls gelten: die Konvulsionen, der Schaum vor dem Mund, das Verbeißen der Zähne (oft einhergehend mit schweren Verletzungen der Zunge), die eintretende Starre ...[9] Es versteht sich, daß ein Vater, eine Mutter, deren Kind derart leidet, selber aufs ärgste in Mitleidenschaft gezogen sein werden: Sie müssen versuchen, immer von neuem das Unvorhersehbare vorherzusehen, das Unaufhaltsame aufzuhalten, das

[7] Diese Verstärkung der Problematik des *Vaters* bei *Lukas* macht gerade den psychologischen Hintergrund der Krankheit deutlich; wer ihn nicht beachtet, muß auch den Sinn der Aufforderung Jesu überhören, daß der Vater den Jungen zu ihm führen soll (9,41); so schreibt FRANÇOIS BOVON: *Das Evangelium nach Lukas*, I 511: «Vorausgesetzt ist, daß der Vater mit diesem Befehl einverstanden ist.»

[8] SIGMUND FREUD: *Dostojewski und die Vatertötung*, in: Gesammelte Werke, XIV 397–418.

[9] Vgl. EUGEN BLEULER: *Lehrbuch der Psychiatrie*, 328–367: Epilepsien, bes. S. 331–336: Der große epileptische Anfall.

Unbegreifbare zu begreifen, – wann wird es wieder kommen, wie läßt es sich mildern, worum eigentlich handelt es sich? Bohrende Fragen sind dies, die sich unablässig stellen und auf die es doch nie eine Antwort gibt. Vor allem: der epileptische Anfall geht zwar relativ rasch vorüber und schläft sich dann in einem stundenlangen Erschöpfungszustand nach und nach aus, doch er entwickelt sich vollkommen autonom und nimmt auf Ort und Umstände keinerlei Rücksicht, so daß es nicht selten infolge der krampfartigen Zuckungen zu schweren Verletzungen kommt. Es ist nicht möglich, vorsichtshalber alle Steine von der Straße zu räumen, alle spitzen und kantigen Gegenstände zu entfernen, um derlei zu verhindern; auch kann man die Welt nicht mit Decken ausschlagen, damit ein zu harter Aufprall abgefangen würde. Und doch müßte man gerade das tun! Schon aus lauter Sorge und Fürsorge muß man es zumindest versuchen!

Da herrscht eine ständige Angst vor dem, was – gleich schon, bald, ja, wann nun? – passieren wird: es ist ein Leben im Daueralarm mit dem unablässigen Zwang, etwas zu schützen, das sich gar nicht beschützen läßt, eine seelische Anspannung auf seiten der Eltern parallel zu der körperlichen Verspannung beim Anfall des Kindes; ein verkrampftes, ein krampfhaftes Dasein, in dem alle geraden Gefühle verbogen werden. Etwas Destruktives, etwas mutwillig Schädigendes liegt in dem Verhalten eines Epileptikers, etwas Extremes, das ihn mal «ins Feuer», mal «ins Wasser» wirft, «um ihn zu vernichten» (Mk 9,22)!

Und ganz besonders erschreckend: Man erkennt in solchen Momenten das eigene Kind nicht mehr wieder. Sein ganzes Wesen ist abrupt verändert, wie in Besitz genommen von einer fremden grausamen Macht, die es für Minuten in einen willenlosen Gegenstand verwandelt, um ihr Spiel mit ihm zu treiben. Alle rasch sich ausführenden, stoßweisen Bewegungen, alle muskulären Verkrampfungen sind für einen Beobachter assoziiert mit einem äußerst gewaltsamen Erleben: eine ungebärdige, ungerichtete Wut entlädt sich da, doch nicht gesteuert vom Ich des Kindes, sondern von einer fremden, unpersönlichen Macht – einem Dämon!

Es bleibt nicht aus, daß die Fürsorge für ein derart leidendes Kind auch auf seiten der Eltern Gefühle der Wut und der Abwehr hervorruft. Schon um den Jungen vor dem «(Un)Geist» in ihm zu schützen, wird der Vater versucht haben, gegen die Anfälle anzukämpfen; er wird bemüht gewesen sein, dessen Gliedmaßen festzuhalten, um das Krampfgeschehen buchstäblich in den Griff zu bekommen, er wird ihm offen wie insgeheim Vorwürfe gemacht haben für die mangelnde Selbstbeherrschung, und zugleich wird er doch gewußt haben, daß dieses Kind der verfluchten Krankheit so hilflos ausgeliefert ist wie er selber, der Vater. Fürsorge und Ohnmacht, Angst und Aussichtslosigkeit, Mitleid und Zorn – alle diese Gefühle müssen auf seiten des Vaters ein sehr widersprüchliches Verhalten erzwungen haben.

Und nun läßt sich natürlich darüber nachdenken, was in diesem Teufelskreis am Anfang stand: die Widersprüchlichkeit des Vaters oder die Widersprüchlichkeit des Jungen. Auch der Junge wird seinem Vater mit sehr zwiespältigen Gefühlen begegnet sein. Entsprechend den FREUDschen Annahmen wird er seinen Vater gleichzeitig geliebt und gehaßt, verehrt und verachtet, gesucht und gemieden haben[10], denn bei allem gutgemeinten Bemühen war dieser doch niemals so für ihn da, wie er ihn gebraucht hätte. Er war von ihm abhängig, ohne doch wirklich Halt bei ihm zu finden; er brauchte seine Hilfe, ohne ihn doch je als wirklich hilfreich zu erleben; er forderte seine Zuwendung ein und fand doch nur ein besorgtes Zuschauen. Er mag darüber enttäuscht, verärgert, erbost gewesen sein, er konnte es sich aber nicht leisten, seine Feindseligkeit offen zu artikulieren. Es ist ein sehr wichtiges Detail, das *Lukas* leider unterschlägt, wenn *Markus* berichtet, der «Geist», der den Jungen heimgesucht habe, sei ein «sprachloser» Geist gewesen (Mk 9,17) und «taub» noch dazu (Mk 9,25).

Ganz allgemein zählt die Verlangsamung der Motorik zu einem der Merkmale der Epilepsie. Insbesondere die Sprache von Epileptikern wirkt klebrig, stockend, zeitraubend, mit quälend langen Pausen zerdehnt, sonderbar emotionslos und eigenartig distanziert[11]; eine Überkontrolle scheint da zu herrschen, ohne daß erkennbar würde, was eigentlich kontrolliert werden soll, so als stellten gewisse Affekte und Gefühle, die dem Erleben sich durchaus nicht mitteilen, eine stete Gefahr dar. Kurz: der «gemütliche Rapport» ist empfindlich gestört. Schon nach relativ kurzen Kontakten sind deshalb nicht wenige Menschen froh, einen weiten Bogen um eine epileptische Persönlichkeit schlagen zu können. Der Betreffende aber wird immer von neuem die Erfahrung machen, den anderen lästig zu sein und ihnen auf die Nerven zu fallen; eine ständige Unsicherheit in all seinen Beziehungen breitet sich aus. Etwas Flehentliches, um Erlaubnis Bittendes liegt in der Form seiner Kontaktversuche, gepaart aber auch wieder mit einem ausge-

[10] Zu dem Begriff der «*Ambivalenz*» der Gefühle vgl. SIGMUND FREUD: *Zur Dynamik der Übertragung*, in: Gesammelte Werke, VIII 372–373.

[11] EUGEN BLEULER: *Lehrbuch der Psychiatrie*, 340, nennt das «epileptische Denken ... langsam und weitschweifig; Perseveration ist häufig; es hat etwas Unklares, Unbestimmtes»; ferner erwähnt er die «Umständlichkeit und Neigung zu Tautologie» sowie eine «klebrige Gefühlsduselei».

prägten Stolz und einem leicht verletzbaren Schamgefühl. All das gehört zu einer epileptischen Persönlichkeit.

Doch nun muß man im Verhältnis des Sohnes zu seinem Vater (und zu seiner Mutter) hinzunehmen, daß sie schicksalhaft aneinandergekettet sind, – sie können sich nicht ausweichen, sie können sich nicht entkommen; das Unglück, das sie gemeinsam umklammert, kann deshalb nur wie der Druck in einem beheizten Kessel immer mehr ansteigen – bis zur Explosion, bis zum nächsten Anfall. Dann ist der Druck heraus, dann ist die «Batterie» leer, dann braucht es erst eine gewisse Zeit, bis es sich erneut aufgestaut hat. Bis zum Übermaß gesteigert jedoch wird das alles durch die «Sprachlosigkeit» des «Geistes», der – bei *Markus* – den Knaben gepackt hält (Mk 9,17). Dieser Junge hat offenbar keine Befähigung, mit seinem Vater über die Gefühlszustände zu reden, die ihn so selbstzerstörerisch gefangen halten; er verfügt über kein Verfahren, eine eigene Meinung ihm gegenüber geltend zu machen; er ist außerstande, ihm selbst elementare Bedürfnisse mitzuteilen. Was ihm folglich bleibt, ist allein die Ersatzsprache des Symptoms[12]; in ihr drückt er aus, wie er fühlt – hin und hergerissen, wortwörtlich, hinein geworfen in Heiß und Kalt, immer extrem, immer ohne inneren Ausgleich, stets ohne Mittelweg. Leben und Tod, Himmel und Hölle, Gott und Teufel – dazwischen taumelt das Leben anscheinend schon in der Weltsicht des Vaters dahin. Ein Satan tobt sich aus in seinem Kind, ein Gott nur kann ihm noch helfen.

Was unter diesen Umständen geboten wäre, müßte sich eigentlich auf den Abbau der Sprachlosigkeit dieses Jungen konzentrieren. Fände er erst einmal einen Ort, von sich reden zu dürfen, so würde er auch seine widerstreitenden Gefühle besser kennenlernen und gegeneinander ausgleichen können; die inneren Spannungszustände sollten sich dann von allein reduzieren. Doch eine solche Vorgehensweise würde eine schon relativ erwachsene und selbständige Persönlichkeit voraussetzen, und eben davon kann im vorliegenden Fall nicht die Rede sein. Alle Aktionen gehen vom Vater dieses Jungen aus: Er ist es, der ihn zu Jesus bringt, er ist es, der Jesus die Lage erklärt, er ist es, der bittet und bettelt um mögliche Heilung. Um auf die Seelenlage dieses Jungen heilend Einfluß nehmen zu können, ist es daher als erstes angezeigt, die Haltung des Vaters selbst günstiger zu stimmen. Dieser Mann besteht nur aus Sorge, Angst und Verzweiflung, und solange das so

12 Vgl. SIGMUND FREUD: *Dostojewski und die Vatertötung*, in: Gesammelte Werke, XIV 404: «Die ‹epileptische Reaktion›... stellt sich... auch der Neurose zur Verfügung, deren Wesen darin besteht, Erregungsmassen, mit denen sie psychisch nicht fertig wird, auf somatischem Wege zu erledigen.»

bleibt, kommt es zu einer ständigen Gefühlsinfektion seines Kindes, das sich unter der Wahrnehmung eines solchen Vaters unvermeidbar als ebenso gefährdet wie gefährdend, als unberechenbar und als zu schwierig empfinden wird. Wie aber soll man einwirken auf diesen Vater?

Kaum ist das Kind in die Nähe Jesu gebracht worden, als der Junge auch schon auf ihn reagiert wie auf seinen Vater; in den Worten des *Markus*: «der Geist, sobald er ihn sah, zog ihn zusammen, daß er auf die Erde fiel und sich wälzte, schäumend.» (Mk 9,20) Was für *Markus* hier aussieht wie ein Angriff des «Teufels», in dessen Herrschaftsbereich Jesus eingedrungen ist, um ihn für Gott freizukämpfen[13], liest sich psychoanalytisch «einfacher» als eine Übertragung der aggressiven Gefühle des Jungen, die ursprünglich gegen seinen Vater gerichtet waren, nun auf die Person Jesu, der therapeutisch – vorübergehend – Vaterstelle für ihn einnimmt. Das Krankheitsgeschehen verlagert sich damit aus den innerfamiliären Konflikten in die Beziehung von Therapeut und Patient; – nur so läßt es sich in einen neuen Zusammenhang stellen, der es allererst durchschaubar und veränderbar macht.

Vorab allerdings ist es unerläßlich, sich die Situation selber schildern zu lassen. «Wie lange Zeit ist es (schon), daß dies ihm geschieht?» fragt Jesus den Vater. «Seit Kindertagen!» gibt dieser zur Antwort (Mk 9,21). Damit will *Markus* offenbar noch einmal auf die Schwere der Krankheit hinweisen: Nicht nur ihre aktuellen Ausbrüche sind schlimm, – so war es im Grunde schon immer! Die Krankheit hat sich längst chronifiziert und mechanisiert, und entsprechend schwer zu behandeln dürfte sie sein, – eine nicht gerade günstige Prognose. Andererseits liegt aber auch eine Art Anamneseerhebung in der Frage Jesu. Um die Sprachlosigkeit dieses Kindes zu verstehen, muß er sich von dem Vater erzählen lassen, wie die Kindheit des Jungen verlaufen ist und was seit Kindertagen sich in seinem Leben ereignet hat. Viele Gründe mögen sich so zu erkennen geben, die das ganze Ausmaß der Verstrickungen erahnen lassen, die dieses Kind gefangen halten, und vor allem mag dabei sichtbar werden, wie verwickelt die Beziehung zwischen Vater und Sohn all die Zeit über sich gestaltete. So viel jedenfalls zeigt sich Jesus jetzt ganz deutlich: Er muß mit dem Vater reden, wenn irgend der Sohn durch die Befähigung zu einer eigenen Sprache auf seine Krampfanfälle Verzicht tuen soll. Erst wenn der Vater sich in der ner-

[13] Vgl. Mk I 25–44: Der Kampf zwischen Satan und Gott oder: Die Bedeutung der Tiefenpsychologie für die Erfassung religiöser Wirklichkeit.

vösen Überspanntheit, in der Hysterie seiner Verzweiflungsausbrüche beruhigt, kann die (Hystero)Epilepsie seines Kindes abklingen.

Das Zauberwort, das Jesus hier ausspricht, ist prinzipiell und generell, – es ist eine total andere Weltsicht, die er gegen die Welt der Verzweiflung dieses Vaters in Geltung bringt. Wo dieser sucht nach einem fremden Helfer, der «etwas vermag» (Mk 9,22), kommt es Jesus darauf an, in Gott die Kraft zu finden, die heilend wirkt, und sie ist das genaue Gegenteil der Angst dieses Mannes: Vertrauen! «Alles ist möglich dem, der vertraut», sagt er (Mk 9,23), und es ist ein erschütternder Satz, wenn der Vater des Kindes Jesus hier «aufschreiend» anfleht: «Ich möchte vertrauen; hilf meinem Nicht-Vertrauen.» (Mk 9,24)[14] Dieser Mann zeigt sich entschlossen, alles zu tun, damit es nur seinem Sohn endlich besser geht. Doch wie schwierig ist es, Vertrauen zu lernen!

Mitunter finden sich Mütter, manchmal auch Väter, zu einer Psychotherapie bereit, die irgendwie ahnen, daß ihre Kinder – ungewollt – unter ihnen leiden, und die durch diesen Eindruck sich beunruhigt und herausgefordert fühlen; jedenfalls sind sie willens, sich für das Wohl ihres Kindes noch einmal selber in Frage zu stellen und an sich zu arbeiten. Die Entdeckung, die speziell auf diesen Mann wartet, muß ihm ausgesprochen paradox erscheinen: Man wird beim besten Willen unausweichlich alles verkehrt machen, wenn man getrieben wird von Angst. Das Beste deshalb, was der Vater hier für seinen Sohn tun kann, besteht darin, seine sorgenvolle Angst zu verringern. Sein Sohn leidet an Anfällen, ja, aber die gehen vorüber. Je ruhiger und zuversichtlicher er selber sich fühlt, desto ruhiger und zuversichtlicher auch wird es in der Seele seines Kindes werden. «Vertrauen» ist dabei natürlich nicht blind in die Gunst des Schicksals zu setzen; was Jesus anrät, ist nicht ein naturwüchsiger Optimismus nach der Devise: Kopf hoch und weiter so. Was er meint, ist dezidiert ein Vertrauen auf Gott: Egal, was passiert, – das Leben dieses Kindes steht ganz und gar in Gottes Hand. Es ist möglich und nötig, dieses Kind weiter zu umsorgen und zu versorgen, doch niemals so, als sei man in absolutem Maßstab für es letztzuständig und allein verantwortlich. Man darf und man muß das Leben dieses Jungen in die Führung und Fügung Gottes legen. *Das* bedeutet an dieser Stelle «Vertrauen». Es bewirkt, recht verstanden, ein Ende der ständigen Selbstüberforderung, es schafft eine außerordentliche Erleichterung, und es reduziert damit auch die elterlichen Gefühls-Ambivalenzen gegenüber

[14] Vgl. Mk II 24 ff.

ihrem Kinde; die latenten Aggressionen und Vorwürfe schwinden. Der Eindruck löst sich auf, daß «alles nur schlimm» sei.

Für den Jungen könnte, wenn das gelingt, eine ganz neue Entwicklung anheben. Endlich wäre er nicht mehr das Dauerproblem seiner Angehörigen, endlich stauten sich nicht mehr alle Konflikte wie reißende Bäche, die mit ihrem eigenen Treibgut Barrieren aufrichten, vor denen ihr Wasser über die Ufer tritt. Die Anspannung könnte sich legen, – wenn der Vater Vertrauen lernt. Für sehr viele, fast alle ernsten Erziehungsprobleme gilt dies: sie entwirren sich wie von alleine, wenn nur erst der dominante Elternteil zu Gelassenheit, Ruhe und Zuversicht findet. Auch für Jesus selber als «Therapeuten» gilt diese Einsicht: übernähme er für einen Kranken die «volle Verantwortung», erwartete er von sich das Entscheidende tun zu müssen, akzeptierte er für sich die Rolle eines Mannes, der «es» «vermag», so wäre er selber rasch am Ende seiner Kräfte, und seine eigene Unruhe und Erschöpfung übertrüge sich auf den Jungen ebenso, wie es bei dessen Vater bereits der Fall war. «Alles ist möglich dem, der vertraut» (Mk 9,23) – das verlangt auch und gerade von einem «Therapeuten», daß er das Maß an Verantwortung im Vertrauen auf Gott begrenzt. «Durch das Nicht-Machen ist alles gemacht», meinte der chinesische Weise LAOTSE (um 300 v. Chr.)[15]. So ist es. Nicht sich selber versteht Jesus als «Heiler», – es ist allein das Vertrauen auf Gott, das er selbst als «heilsam» erfahren hat und als heilend weitergibt.

Dann erst wendet Jesus sich an den Jungen, das heißt, er herrscht mit der ganzen Autorität seiner Person den sprachlosen und tauben Geist in ihm an, auszufahren und nie mehr hineinzufahren (Mk 9,25). Ein derart dirigistisches Verhalten ist in einer analytischen Psychotherapie geradezu verpönt, es kann aber unter Umständen angebracht sein, hier zum Beispiel, um zweierlei auf einmal zu erreichen: *Zum einen* muß Jesus mit Macht darauf dringen, daß die Kontaktblockaden – die Sprachlosigkeit und die Taubheit des unreinen Geistes – ein Ende finden. Es gilt, diesem Kind eine eigene «Mündigkeit» in seinem Leben zurückzugeben, und so wie es fortan damit rechnen darf, daß ihm zugehört wird, so wird auch seine Bereitschaft wachsen, den anderen, insbesondere seinen Eltern, wieder Gehör zu schenken. Die wechselseitige Sperre: «Ich habe euch nichts zu sagen, und deshalb habt Ihr

[15] LAOTSE: *Tao te king*, Nr. 3, S. 43: «Er (sc. der Berufene, d.V.) macht das Nichtmachen, / so kommt alles in Ordnung.» Nr. 57, S. 100: «Um die Welt zu gewinnen, / muß man frei sein von Geschäftigkeit.» « Wenn wir nichts machen, / so wandelt sich von selbst das Volk.»

auch mir nichts zu sagen», kann sich auf beiden Seiten lockern. *Zum anderen*: Indem der Junge aus dem frustrierenden Kreislauf der bisherigen Beziehung zu seinem Vater heraustritt, kann er zugleich die Bindung an seine Eltern ergänzen durch andere, neue Kontakte, die ein Mehr an Flexibilität erfordern, aber auch ermöglichen. So wie Jesus den «Geist» der Sprachlosigkeit und der Taubheit in dieser Geschichte zum «Ausfahren» zwingt, kann man sicher sein, daß er nach dieser letzten epileptischen Attacke, an deren Ende der Kranke «wie tot» daliegt (Mk 9,26), niemals mehr zurückkommen wird; und so vollendet Jesus die Heilung des Jungen: er «faßte ihn bei der Hand und richtete ihn auf, daß er *auferstand*» (Mk 9,27).

Von all dem hat *Lukas* im wesentlichen nur den Befehl an den «Abergeist» stehen lassen (9,42), dafür aber ein Motiv beibehalten, das *Markus* bereits überliefert: Der Vater des Knaben hatte sich zunächst an die Jünger um Hilfe gewandt, diese aber hatten den «Geist» nicht austreiben können (Mk 9,18; Lk 9,40), und Jesus hatte vorwurfsvoll ihre ganze Art als «vertrauenslos» kritisiert (Mk 9,19; Lk 9,41); das wiederholt den Vorwurf Jesu während der Stillung des Sturms auf dem See: «Wo (bleibt) euer Vertrauen?» hatte er da zu den Jüngern gesagt (Lk 8,25); hier jetzt ergänzt *Lukas* noch und läßt Jesus die «Art» seiner Jünger als «verkehrt» bezeichnen, wie Moses es tat, als er in seinem «Lied» unmittelbar vor seinem Tode das «verkehrte und verdrehte Geschlecht», das «tolle und törichte Volk» rügte, das sich nicht dankbar erzeige seinem Vater und Herrn, der es «gemacht» hat (Dtn 32,5.6)[16]. Was immer der Gott Israels für «sein» Volk getan hat, – in den Augen Jesu sollte es zumindest ein Verhältnis des Vertrauens zwischen Mensch und Schöpfer verbürgen.

Ein kleines Kabinettstück gelingt *Lukas* psychologisch allerdings am

[16] Zur Stelle meinte GERHARD VON RAD: *Das fünfte Buch Mose*, 140: «Hier präludiert das Gedicht eines seiner großen Themen, das Versagen Israels seinem Gott gegenüber.» Vgl. auch FRIEDRICH BÜCHSEL: *geneá* (Abkunft, Geschlecht), in: ThWNT I 660–663, S. 661, der meint: «*Dieses Geschlecht* ist zunächst zeitlich zu verstehen, es enthält aber immer eine verurteilende Nebenbedeutung ... Das Moseslied wird auf die messianische Zeit bezogen ... In der Rolle, die *geneá* in den Worten Jesu spielt, zeigt sich das Umfassende seiner Absicht – sie ist auf das Volksganze ... gerichtet – und seine Schätzung der Gemeinsamkeit in der Sünde.» ULRICH BUSSE: *Die Wunder des Propheten Jesus*, 265, verweist zu Recht darauf, daß die Anrede der vertrauenslosen und verkehrten Gattung «schlecht auf die Jünger» passe und «eine größere Menge» fordere, und er meint: «Der Exorzismus steht bei Lukas stellvertretend für alle bisherigen Wundertaten Jesu. Er dient ihm dazu, die Macht Jesu mit dessen Ohnmacht in der Passion zu konfrontieren. Nach Gottes Willen kann Jesus seine Herrlichkeit nur durch die Erniedrigung der Passion erreichen. Die Jünger, an die sich die Leidensaussage richtet, stehen in der Gefahr, die in seinen Wundertaten epiphan werdende Gottesmacht als gegenwärtige *dóxa* (sc. Herrlichkeit, d.V.) Jesu mißzuverstehen.»

Ende seiner Erzählung. Der Abschluß solcher «Wunder»geschichten ist zumeist darauf berechnet, die eingetretene Heilung zu bestätigen: Der Besessene von Gerasa zum Beispiel sitzt schließlich «bekleidet, vernünftig, zu Füßen Jesu» (Lk 8,35), die Tochter des Jairus kann wieder essen (Lk 8,55), – *hier* gibt Jesus den Knaben geheilt «seinem Vater wieder» (9,42). Etwas Vergleichbares kennen wir bereits von der Auferweckung des Jünglings von Nain: auch *den* gab Jesus «seiner Mutter» zurück (Lk 7,15) – ganz wie *Elija*, wie *Elischa*. Wenn die Heilung darin liegt, daß der Kranke, ja, der (lebendig) Tote wieder in eine bestätigende Beziehung zu seiner wichtigsten Kontaktperson treten kann, so bestand die Krankheit, der «Tod» offenbar in der Überfremdung und in der Zwiespältigkeit, die mit gerade dieser Beziehung verbunden gewesen waren[17]. Viel kann es wert sein in einer Psychotherapie, einen Jungen, ein Mädchen aus dem erdrückenden Einfluß seines Vaters, seiner Mutter herauszulösen, doch wirklich ans Ziel gelangt ist der Heilungsvorgang erst, wenn es möglich wird, eines Tages den Eltern «gefahrlos» und angstfrei neu zu begegnen, selbstbewußt ebenso wie respektvoll. So geschieht es, wenn Gott wirkt in den Taten des «Menschensohns»: sie helfen uns, Menschen zu werden, indem sie uns lehren, daß es genügt, «nur» Menschen zu sein.

[17] WALTER KIRCHSCHLÄGER: *Jesu exorzistisches Wirken aus der Sicht des Lukas*, 157, resümiert, «daß für Lukas auch in dieser Perikope die Darstellung des Dämonischen nicht im Vordergrund seines Interesses stand», vielmehr diene der Exorzismus «dem Verfasser zur Illustration» der «Grundaussage», «daß Jesus in seinem Wirken das Heil schenkt». Doch diese Feststellung ist so abstrakt, daß man sich fragt, wozu dann der «Handlungsstruktur» der Erzählung die Aufmerksamkeit zuteil werden soll, die KIRCHSCHLÄGER (S. 150–152) ihr berechtigterweise zumißt. Tatsächlich ist die Rückgabe des Sohnes an den Vater (9,42) zu lesen als *Bestätigung* der Heilung, und umgekehrt ist gerade die Vater-Sohn-Beziehung als Ursprung der Krankheit zu betrachten.

Lk 9,43b–50: Von wahrer Größe und Kleingeisterei oder: Das Kind und der Fremde

(vergleiche Mk 9,30–32; Mt 17,22.23 zu *Lk 9,43b–45*; Mk 9,33–37; Mt 18,1–5 zu *Lk 9,46–48*; Mk 9,38–41; Mt 10,42 zu *Lk 9,49–50)*

43b Während aber alle sich wunderten ob all dem, was er tat, hat er zu seinen Jüngern gesagt: 44 Steckt euch diese Worte in die Ohren: Der Menschensohn wird gewiß in Menschenhände ausgeliefert (9,22; 18,31–33; 24,7; Mk 8,31). 45 Doch verstanden sie diese Aussage nicht, es blieb verborgen vor ihnen, auf daß sie es nicht wahrnahmen, und sie fürchteten sich, ihn zu fragen nach dieser Aussage (18,34; 24,45).
46 Es zog aber der Gedanke in ihnen ein, das: wer wohl der Größte von ihnen sei (22,24). 47 Jesus aber, der um ihren Herzensgedanken wußte, nahm ein Kind herbei, stellte es neben sich 48 und sagte ihnen: Wer dieses Kind aufnimmt in meinem Namen, mich nimmt er auf; und wer mich aufnehmen wird, der nimmt den auf, der mich gesandt hat (Joh 13,20). Denn wer als der Kleinste unter euch allen bereitsteht, der ist ein Großer.
49 Geantwortet aber hat Johannes, er hat gesagt: Gebieter, wir sahen jemanden in deinem Namen Abergeister austreiben, und wir versuchten ihn zu hindern, weil er nicht mit uns zusammen nachfolgt. 50 Es hat aber gesagt zu ihnen Jesus: Hindert nicht. Ja, wer nicht gegen uns ist, für uns ist der (vgl. dagegen 11,23; Mt 12,30!).

Nach der Heilung des epileptischen Knaben, als «alle außer sich» waren «ob der Großartigkeit Gottes» (Lk 9,43a), hätte ein «vernünftiger» Beraterstab Jesus wohl dringend empfohlen, auf der Woge des Erfolgs weiterzu«surfen» und tunlichst den Wellenkamm abzureiten. Doch genau entgegengesetzt handelt Jesus: Nach *Markus* zieht er mit den Jüngern «quer durch Galiläa, doch er wollte nicht, daß jemand es bemerkte» (Mk 9,30); statt dessen lehrt er die Jünger «immer wieder», «der Menschensohn» werde «in Menschenhände ausgeliefert» (Mk 9,31; Lk 9,44; vgl. Mk 8,31; Lk 9,22)[1]. *Lukas* setzt diese Leidens«weissagung» sogar direkt in Widerspruch zu der staunenden Verwunderung der Menge über Jesu Taten

[1] Vgl. Mk II 41–52: Mk 9,30-37: Die zweite Leidensweissagung Jesu oder: Wer dieses Kind aufnimmt.

(9,43b.44)[2]. Nicht Ruhmsucht und Beifall, nicht Aufmerksamkeit und Anerkennung sind die Ziele Jesu, ja, in seinen Augen bedeutet es eine schlimme Verfehlung, in solchen Begriffen überhaupt zu denken. Was er in Wirklichkeit auf sich zukommen sieht, ist ein ganz anderes: Die Menschlichkeit, die er zu leben versucht, die Botschaft des «Menschensohns», wird von der Masse der Menschen als eine Bedrohung ihrer Vorstellung von «Recht» und «Ordnung» erlebt werden. Schon nach einer kurzen Phase der Aufgeregtheit über das vermeintlich «Spektakuläre» seines Auftretens und der Bewunderung über seine angeblichen «Wunderheilungen» werden sie begreifen, was eigentlich hier zur Entscheidung steht. Sobald es ernst wird, werden sie ihn psychisch wie physisch zu vernichten trachten.

Erneut greift *Lukas* auch an dieser Stelle den Hinweis Jesu auf die Auferstehung (Mk 9,31) nicht auf, offenbar um die «Blindheit» der Jünger so noch besser bekunden und hervorheben zu können[3]: sie sind gefangen in vollkommen «irdischen» Kategorien, und ehe sie nicht begreifen, welch eine Wandlung die Botschaft vom «Königtum» Gottes im Leben von Menschen bewirkt, besitzen sie durchaus die Sehnsucht noch nicht auf ein Leben *nach* dem Tode. Ihre erste «Einübung im Christentum» liegt deshalb darin, die Widersprüchlichkeit zu erfahren, die zwischen der Haltung Jesu und ihrer eigenen Einstellung besteht. Erst wer diesen Gegensatz als prinzipiell begreift, erst wer das Scheitern unter den gegebenen Bedingungen als notwendig versteht, erst wer die Anerkennung durch die Menge als Hindernis

2 HEINZ SCHÜRMANN: *Das Lukasevangelium*, I 572–573, stellt fest: «Das allgemeine Staunen ...– ein zweideutiges Verhalten – bezieht sich auf das gesamte Wirken Jesu ... Die ‹Taten› Jesu bestätigen das hoheitliche Gleichnis, das der Name ‹Menschensohn› birgt. Das nun erneut (vgl. schon V 22) offenbarte Leidensgeheimnis wäre wahrlich noch mehr zu ‹bestaunen› als seine Wundertaten! – Die folgende Offenbarung ist wieder nicht der ‹außer sich geratenden› und ‹staunenden› (V 43) Menge zugedacht, sondern nur den ‹Jüngern›, die sie eigentlich verstehen müßten (nach 8,10).» «Die starke Aufforderung, das folgende Wort Jesu zu hören, ruft eindringlich dazu auf und hebt gleichzeitig das zu Sagende in seiner Bedeutsamkeit heraus: Jesu Machttaten sollen die Jünger nicht irreführen; der Blick muß auf das bevorstehende Ausgeliefertwerden des Menschensohnes gerichtet sein! Eben dieses ist das zu offenbarende Geheimnis, das verstanden sein will!» «Die ‹Verhüllung› ... des Leidensgeheimnisses geschah durch Gott ... – freilich nur auf Zeit. Erst 24,7f. sollen die Jünger sich an Jesu Wort erinnern, und erst der Auferstandene selbst wird ihnen das göttliche Muß verständlich machen (24,25f. 44).»

3 HEINZ SCHÜRMANN: *Das Lukasevangelium*, I 573, begründet die Abweichung von *Markus* (Mk 9,31) an dieser Stelle damit, daß *Lukas* «den Gegensatz» zwischen der «Hoheit des Menschensohns» und dessen Auslieferung «in Menschenhände», d.h. in Sünderhände, «unverhüllt» habe herausstellen wollen. Demgegenüber meint FRANÇOIS BOVON: *Das Evangelium nach Lukas*, I 519: «Für die Streichung von Tod und Auferstehung ist vielleicht das Unverständnis der Jünger in V 45 der wichtigste Grund.»

auf dem Weg zur Wahrheit Gottes durchschaut, wird nach «Auferstehung», nach «Unsterblichkeit» so sehr verlangen, daß er anders als in einem solchen Glauben die Welt nicht mehr zu ertragen vermag[4]; und so erst wird er aus dem «Schlaf» erwachen, dem die Jünger an der Seite Jesu erlagen (vgl. Lk 9,32!): sie verstehen's nicht, sie verdrängen es, und sie wollen sich's, aus lauter Angst, auch gar nicht näher erklären lassen (9,45)[5]. Daß sie dabei einem Jesus «folgen», der völlig anders ist, als sie ihn in ihren Projektionen und Wunschphantasien sehen, spielt erkennbar für sie keine Rolle. – Das also ist möglich: Man kann zum engsten Jüngerkreis Jesu zählen – auf Grund eines Mißverständnisses! auf Grund eines perfekten Selbstbetrugs! und nicht zuletzt: auf Grund eines vollkommen falschen Motivs!

Gerühmt wird gern an den Jüngern, daß sie bei ihrer «Berufung» durch Jesus «alles» zurückgelassen hätten, um ihm zu folgen (Lk 5,11), wie es vor allem von jenen drei: Petrus, Jakobus und Johannes, berichtet wird (Lk 5,10). Doch speziell von Jakobus und Johannes erzählt *Markus*, die beiden Söhne des Zebedäus hätten Jesus gebeten, in seiner «Herrlichkeit» sitzen zu dürfen zu seiner Rechten und zu seiner Linken (Mk 10,37)[6]; offenbar sind sie Jesus durchaus nicht uneigennützig gefolgt, sondern um mit ihm, an seiner Seite, Macht und Ruhm zu gewinnen. Um ähnliche Vorstellungen kreisen auch hier die Gedanken der Jünger, und zwar allem Anschein nach ausnahmslos aller: es geht ihnen darum, «groß» zu werden und überhaupt die «Größten» zu sein, ja, sie liegen untereinander in Konkurrenz um die obersten Ränge im «Königtum» Gottes (9,46). Selbst im Abendmahlssaal werden diese Streitereien weitergehen (Lk 22,24) – unbelehrbar, egal, was ihnen Jesus zu sagen hat und gesagt haben wird.

Dieser Aberglaube scheint wirklich nicht ausrottbar: man könnte auch und gerade im Namen «Christi» all die alten Gepflogenheiten beibehalten und sogar noch ausdehnen. Die «Logik» dabei nimmt sich als schier unwiderleglich aus: Alles, was bislang schon erfolgreich war, als es nur darum ging, auf irdische Weise Geld und Gewinn zu machen, müßte jetzt noch verstärkt betrieben werden, wo es darauf ankommt, Gott gebührend zur Geltung zu bringen. Nichts ist schließlich wichtiger als die Sache Gottes. Ihr

[4] Vgl. E. DREWERMANN: *Ich steige hinab in die Barke der Sonne*, 46–73: Eine Dostojewskische Meditation oder: Lazarus, komm heraus! (Joh 11,43)

[5] HEINZ SCHÜRMANN: *Das Lukasevangelium*, I 573, meint: «Man ‹fürchtet› sich, um einen Kommentar zu bitten, wenn man eine unangenehme Eröffnung erwartet… Das Menschenherz verschließt sich vor dem Leidensgeheimnis.»

[6] Vgl. Mk II 129–147: Mk 10,32-45: Das Leid des Menschensohnes oder: Die Regenten der Völker und die Diener Gottes.

Gehör zu verschaffen muß deshalb oberste Priorität haben, und alle erdenklichen Mittel sollten für diesen erhabenen Zweck eingesetzt werden dürfen, – Skrupel sind da gänzlich fehl am Platze. Was der Sache Gottes dient, ist in sich selber sakrosankt ... Doch so zu denken bedeutet eine Perversion im ganzen. Denn: Sobald man die «Sache» Gottes zu organisieren beginnt, sobald man das Anliegen Jesu institutionalisiert, sobald man die «Nachfolge» «Christi» mit der Vergabe von kirchlichen Titeln und Ämtern verbindet, wird sich absolut gar nichts in der Geschichte der Menschheit verändern; man wird lediglich eine weitere Gruppe begründen, die im Konkurrenzkampf mit anderen Gruppen sogar noch rabiater und bedenkenloser in der Wahl ihrer Mittel vorgehen wird als alle «säkularen» Gruppen zuvor; denn sie dient ja Gott, denn sie vertritt ja Gott, denn sie ist ja Gott selber auf Erden[7]. Der absolute Gruppenegoismus trägt da das Firmenschild Gottes, und das «Gott-Logo» selbst erteilt allem, was bisher schon an Grausamkeit und Gewalt in der menschlichen Geschichte wütete, nicht nur die Absolution des Absoluten, sondern verpflichtet geradewegs dazu. Die Unmenschlichkeit plakatiert sich als Gottesdienst: – heilige Kriege, die Segnung von Waffen und immer wieder die unerträgliche Bigotterie, Gott anzuflehen um seinen Beistand für die eigenen Truppen[8]. Keine Religionsgemeinschaft auf Erden hat sich seit mehr als 1500 Jahren mit solch einer Mischung aus dogmatischer Starre, rigidem Fanatismus und aggressivem Machtwillen gegen alle anderen Glaubensrichtungen durchzusetzen versucht und vermocht wie die «christlichen» Kirchen, darunter in gerader Linie der Kirchenstaat Roms mit der absolutistischen Papstmonarchie an der Spitze[9]. Der Wille, der «Größte» zu sein um buchstäblich jeden

[7] Zu dem amtlich-beamteten «Christentum» als einem «Abgrund von Unwahrheit und Augenverblendung» vgl. immer wieder SÖREN KIERKEGAARD: *Der Augenblick*, in: Werkausgabe, II 456–458: «Deswegen ist nichts Gotte derart zuwider wie das amtliche Christentum und die Teilnahme daran unter der Behauptung, das heiße ihm dienen.» (457) Vgl. auch SÖREN KIERKEGAARD: *Der Augenblick*. A.a.O., 355–366: Wie Christus über das amtliche Christentum urteilt. – Vgl. demgegenüber zum Beispiel die Machenschaften des *Opus Dei* in der Schilderung von PETER HERTEL: *«Ich verspreche Euch den Himmel»*, 43–54: Der doppelte Boden und das Theater im schaurigen Halbdunkel; besondere Beachtung verdient ROBERT HUTCHISON: *Die heilige Mafia des Papstes*, 385–455: Gerechter Krieg, z.B. Kap. 34: Die kroatische Kriegsmaschinerie (S. 433–444); Papst JOHANNES PAUL II. rechtfertigte im Juli 1995 «die Verteidigung Bosniens offiziell mit der Lehre vom Gerechten Krieg» (S. 440).

[8] Vgl. KARLHEINZ DESCHNER: *Abermals krähte der Hahn*, Kap. 63 – Kap. 69: Die Stellung zum Krieg, S. 493–598.

[9] HERBERT KOCH: *Die Kirchen und ihre Tabus*, 123, fragt sogar, «ob es Zufall ist, dass in den christlichen Teilen der Welt rund um den Erdball und in großer Zahl die Diktatoren des 20. Jahrhunderts sämtlich Katholiken oder katholischer Herkunft waren.»

Preis und unter allen Umständen, bildet, mit frommen Staffagen kaschiert, den inneren Motor zur Erringung von «Weltherrschaft». Gerade der «Gegengeist» Gottes, den Jesus kategorisch zurückwies (Lk 4,6–8), noch ehe er sein erstes Wort an die Menschheit richtete, drängt sich da in die unmittelbare Nähe Jesu, ja, er verdrängt ihn, indem er an seine Stelle tritt. Auf diese Weise führt man die «Sache» Jesu zum «Siege», verführt von einem ganz und gar «weltlichen» Denken, ohne noch wissen zu wollen, daß ein «siegreiches» Christentum schlimmer ist als ärgstes «Heidentum»[10].

Charakteristischerweise kann der (Un)Gedanke des «Großseins», der Jesus schon im Kreise seiner Jünger Schritt für Schritt wie ein Schatten begleitete, so oft er auch auf den Weg ins Leid hinweisen mochte, von Einzelnen ebenso Besitz ergreifen wie von einem ganzen Kollektiv. Wie ein solches Zusammenspiel von Individual- und Gruppenpsychologie sich indessen auswirken muß, wenn es sich erst einmal «kirchlich» organisiert hat, kann nicht anders geraten als zu einer Satire der real existierenden Religion auf sich selbst. Besser verdeutlichen läßt sich ein solcher Zustand nicht, als ihn – wiederum – SÖREN KIERKEGAARD (1813–1855) in seiner Kampfschrift *Der Augenblick* zu Papier brachte. «Laß uns», schrieb er, «annehmen, es sei Gottes Wille, daß wir Menschen nicht in den Tiergarten fahren sollten. – Darauf könnte sich ‹der Mensch› natürlich nicht einlassen. Was würde da geschehen? Es geschähe folgendes: Der ‹Pfarrer› würde ausfindig machen: Wenn man z.B. den viersitzigen Holsteinerwagen segnete und über den Pferden das Kreuzzeichen schlüge, dann würde die Ausfahrt zu dem Tiergarten Gotte wohlgefällig werden. – Die Folge würde also sein, daß man ganz unverändert ebensooft in den Tiergarten führe wie jetzt, nur daß es nun etwas teurer geworden wäre, vielleicht 5 Reichstaler mehr kostete für Standespersonen, 5 Reichstaler dem Pfarrer, und 4 Schilling für die Armen. Aber dann würde der Tiergartenausflug auch den Reiz haben, daß er gleichzeitig Gottesdienst wäre. – Vielleicht verfielen auch die Pfarrer darauf, das Geschäft als Pferde- und Wagenverleiher selber zu machen: wenn es dann Gotte richtig wohlgefällig sein sollte, daß man in den Tiergarten fährt, so müßte der Wagen bei den Pfarrern geliehen sein, vielleicht müßte der Pfarrer dabei sein, vielleicht sogar – dann wäre es Gott ganz besonders wohlgefällig – ein Bischof Kutscher sein. Aber daß man diesen aller-allerhöchsten Gipfel der Gottwohlgefälligkeit erreichte, wäre so teuer, daß diese Art

[10] Vgl. SÖREN KIERKEGAARD: *Der Augenblick*, in: Werkausgabe, II 449–450: Menschen-Fischerei: «Ja, es zeigte sich, daß die erfolgreichste Heringsgesellschaft nicht im entferntesten einen solchen Gewinn machte.»

Gottesdienst nur denen vorbehalten sein könnte, die auch zufolge des vervollkommneten Christentums ... die einzigen sind, die es sich leisten können, Gott vollkommen wohlzugefallen, nämlich den Millionären.»[11]

Ein «Christentum», das es «zu etwas bringen» möchte, um «groß rauszukommen», ist nichts weiter als ein ritualisierter Feiertagsausflug in die Tierheit, kostümiert mit heiligen Gewändern, und wenn es schon in deutschen Landen – einzigartig auf der Welt – eine staatlich einzuziehende «Kirchensteuer» gibt, so sollte sie, schon zur Vereinfachung der bürokratischen Verwaltung und vor allem aus Gründen der Ehrlichkeit, tunlichst als ein Teil der Vergnügungssteuer abgeführt werden.

Freilich ist gegen diesen (Un)Geist mit satirischem Talent allein nicht ganz viel auszurichten. Jesus liebte es nicht nur, in Gleichnissen zu reden, mit Vorliebe drückte er sich in Symbolhandlungen aus: er arrangierte Szenen, die für sich selber sprachen. Und so setzt er hier gegen die religiös getarnte Großmannssucht der Jünger – ein Kind! *Das* stellt er «neben sich», um anzuzeigen, auf wessen Seite er selber steht und wen er auf seiner Seite sieht. Es ist eine sehr «persönliche» Argumentation, die er in dieser Gleichnishandlung darstellt. Wenn es eine «Rangordnung» im «Königtum» Gottes gibt, dann sind ganz oben auf die «Kleinen», die «Wehrlosen», die «Abhängigen», die «Hilfsbedürftigen», die «Armen», – die «Kinder». Sie verdienen die größte Beachtung; sie sind es, auf die hin alles sich ausrichten sollte; sie sind die machtvollsten «Auftraggeber», – und wer ihre oft wortlosen Hinweise als Anweisungen nimmt, der handelt so, wie Jesus es gemeint hat. In diesen «Kindern», in diesen «Kleinen», ist er selber gegenwärtig, und oft ist die Erinnerung an seine Art, zu denken und zu leben, schon Anlaß genug, sich selbst so zu verhalten, wie er es gelehrt hat. «Wer dieses (ein solches, d.V.) Kind aufnimmt in meinem Namen, mich nimmt er auf; und wer mich aufnehmen wird, der nimmt den auf, der mich gesandt hat.» (9,48)[12] Deutlicher kann man nicht sagen, was «Christsein» bedeutet: man trägt die Gesinnung Jesu im Herzen – man hat Gott aufgenommen in sein Leben –, wenn man ein Herz hat, wenn man sein Leben einsetzt für die «Kleinen», – wenn man begreift, daß man selber zu ihnen gehört.

Erneut also erleben wir diese totale «Umkehrung» der gewöhnlichen

[11] SÖREN KIERKEGAARD: *Der Augenblick*, in: Werkausgabe, II 560: Der Gottesdienst der Pfarrer.

[12] FRANÇOIS BOVON: *Das Evangelium nach Lukas*, I 521, meint zu der Aufnahme der «Kleinen»: «Es geht um die Annahme des Erwählten durch Gott, symbolisiert in der Annahme des Kleinen durch Jesus (V 47 und V 48b), sowie um die Annahme des Vaters ..., des Sohnes ... und auch des geringgeschätzten Mitmenschen durch die Glaubenden (V 48a).»

Grundhaltung mit, wie Jesus sie bereits in der «Feldrede» vornahm, als er die «Armen» glücklich pries (Lk 6,20b) und den «Reichen» sein «Wehe» entgegenschleuderte (Lk 6,24); im *Matthäus*-Evangelium wird Jesus in seiner letzten Lehrrede in dem Gleichnis vom Großen Weltgericht (Mt 25,31–46) denselben Gedanken zum Ausdruck bringen, indem er die Gestalt des «Menschensohnes» gleichsetzt mit all den Hungernden, Dürstenden, Fremden, Nackten, Kranken und Gefangenen an unserer Seite: «All diese bin ich», wird der «Menschensohn», wenn er «kommt in seiner Herrlichkeit» (Mt 25,31), den Menschen aller Völker der Welt offenbaren, und die Art, wie wir ihnen begegnet sind, wird dann darüber entscheiden, ob wir uns wiederfinden zur Rechten oder zur Linken des «Menschensohnes»[13], – ob Gott uns aufnimmt, weil wir Ihn «im Namen Jesu» in uns aufgenommen haben, oder ob wir selbst uns in eine «gottlose», «gnadenlose» Welt verstoßen fühlen, weil wir Ihn im Namen unseres Hochmuts verstoßen haben.

Insofern bedeutete es – ein weiteres Mal – einen schweren Fehler, die Worte Jesu im Sinne einer bloßen «Werkegerechtigkeit» nach Art eines ethischen Radikalismus (miß)zuverstehen. Wohl, es geht um ein anderes Handeln, doch die Möglichkeit dazu wird geboren aus einer veränderten Haltung: «dieses Kind» aufzunehmen vermag nur, wer das «Kind» in sich selbst angenommen hat[14]. Er wird es gelernt haben, sich selber nicht mehr zu verachten für all das, was ihm in einer «ungnädigen», rein auf Geld und Geltung berechneten Weltsicht als zu «klein», ja, als «mickrig» und «verächtlich» eingeredet wurde. «Klein» und «groß» mögen für die soziale Bewertung in der Psychologie der jeweiligen Gruppe bedeutsame Kriterien sein, – den Wert einer Person kann man mit diesen Begriffen nicht ermessen. Ob jemand zur Übereinstimmung mit sich selbst findet oder nicht, ob er wahr oder falsch lebt, ob er authentisch oder entfremdet existiert, – *das* sind relevante Maßstäbe im Umgang mit sich selbst, doch «groß» und «klein» kommt da nicht vor. Wie etwas nach außen wirkt, ist vollkommen sekundär gegenüber der Frage, wie etwas wirklich ist, – ob es innerlich stimmt oder nicht. Wie beim Spielen einer Harfe kommt es nicht darauf an, ob eine Saite groß oder klein, kurz oder lang ist, – sie muß nur an der richtigen Stelle in der richtigen Weise zum Schwingen gebracht werden, um ein

13 Vgl. Mt III 222–244: Mt 25,31-46: Das große Weltgericht oder: Der einzig gültige Maßstab, bes. S. 222–223; vgl. auch Str. B. IV 2, 1199–1212: Gerichtsgemälde aus der altjüdischen Literatur.

14 Vgl. Mk II 52–61: Noch einmal Mk 9,30-37: Die zweite Leidensweissagung Jesu und der Rangstreit der Jünger.

musikalisches Meisterwerk zur Aufführung zu bringen. Und eben dies: daß alles sein muß in seiner Eigenart, ist die beste Beschreibung für einen psychisch integrativen und anerkennenden, das heißt möglichst wenig abspaltenden und gewaltsamen Umgang mit sich selbst.

Klassisch zu nennen ist ANTOINE DE SAINT-EXUPÉRYS (1900–1944) Märchen *Der Kleine Prinz* aus dem Jahre 1943, das eine sehnsuchtsvolle Ahnung davon vermittelt, welche Evidenzen der Menschlichkeit wir von der Gestalt des Kindes wieder zu erlernen hätten, um den verzerrenden Karikaturen des Erwachsenenseins zu entrinnen[15]. Die Geschichte beginnt damit, daß ein Mann, den alle als Kind mit seinen Bildern von Schlangen, die Elefanten verschlingen, nie wirklich verstanden haben, sehr hoch «aufgestiegen» ist: er wurde zum «Flieger» – aber nun ist er in der «Wüste» abgestürzt; während seines Versuchs, sein Flugzeug zu reparieren, trifft er auf den Kleinen Prinzen, der von einem fremden Stern auf die Erde gekommen ist und insbesondere die großen Leute sehr sonderbar findet, weil sie keine Zeit mehr haben, weil sie glauben, sich alles kaufen zu können, weil sie in ihrer Egozentrik leben wie auf einem je eigenen Planeten, um ihrer Eitelkeit, ihrer Selbstzerstörung, ihrer Geldgier, ihrem Machtstreben, ihrem Verlangen nach Wissen ohne Weisheit, ihrer Pflichterfüllung ohne Sinn nachzugehen. SAINT-EXUPÉRY zeigt nicht, wie man diese «Erwachsenen» zu sich selber befreien könnte, er überläßt die Schlußfolgerungen, die aus der Betrachtung dieser Charaktermasken des normalen bürgerlichen Unglücks zu ziehen sind, einfach dem Leser selber; doch deutet er immerhin an, wie unsere Zivilisation sich als ganze verändern müßte, betrachteten wir sie einmal mit den Augen dessen, was «eigentlich» in uns angelegt ist. – Ganz in die gleiche Richtung weist MICHAEL ENDES (1929–1995) berühmtes im Jahre 1973 entstandenes Märchen von *Momo*[16]. Dieses Mädchen mit seinen Freunden ist den grauen Männern gefährlich, die diese Welt beherrschen, denn es läßt sich nicht zu dem Diebstahl der Lebenszeit verführen, der die Lebensgrundlage dieser Zeit-Zigarren rauchenden Großunternehmer bildet: Momo mag keine Puppen, die – wie der Mega-Verkaufsschlager Barbie – immer mehr an Kleidern und Ausstattungsgegenständen benötigen, um glücklich zu sein; sie hat in der Niemals-Gasse zu Meister Hora, dem Herrn der Zeit, gefunden, und sie wird, einfach indem sie das

[15] Vgl. E. DREWERMANN: *Das Eigentliche ist unsichtbar*, 22–39: Die Erwachsenen – Portraits der Einsamkeit.

[16] Vgl. MICHAEL ENDE: *Momo*, 17. Kap.: Große Angst und größerer Mut, S. 230–239: «Menschen ... sind längst überflüssig. Sie haben die Welt so weit gebracht, daß für ihresgleichen kein Platz mehr ist.» (S. 238)

Mädchen bleibt, das sie ist, die Herrschaft der grauen Männer beenden. Die Erlösung der Welt im Namen des Kindes – sie ist weit mehr als ein romantischer Traum; sie enthält eine Wahrheit, um die wir alle wissen und die wir nicht verleugnen können, ohne uns selbst zu betrügen.

Das «Kind» in sich aufzunehmen mag, je nach Ausgangspunkt, dabei sehr verschiedene Formen annehmen. Es kann bedeuten, daß jemand in einen Lebensablauf voller Pflichterfüllungen und abprüfbarer Leistungen Phasen der inneren Sammlung, der Einkehr und der Erholung einzufügen beginnt; es kann darauf hinauslaufen, wieder manche Dinge zweckfrei und spielerisch zu betreiben; es kann damit einhergehen, wieder Romane zu lesen, ein Theater zu besuchen oder sich seine Träume aufzuschreiben. In jedem Falle aber bedeutet die Aufnahme (oder die «Annahme») des «Kindes» psychologisch die Aufkündigung eines allzu frühen «Erwachsenwerdens» schon in Kindertagen, die Verweigerung des Großseinmüssens aus Überverantwortung seit den ersten Lebensjahren sowie den Verzicht auf all die Fluchtversuche vor möglicher fremder Kritik und der bitteren Realität eigener Minderwertigkeitsgefühle. In dem Bild des «Kindes» klingt jene unverschüchterte Angstfreiheit an, in welcher das «Paradies» der Kindheit noch reine Geborgenheit war – voller Zugewandtheit, Freude und Phantasie, in welcher es noch erlaubt war, Neues auszuprobieren und ohne das Gefühl der Bedrohung aus Versuch und Irrtum zu lernen, in welcher jeder Schritt in ein eigenes Leben noch begrüßt ward mit einem fast andächtigen Staunen ... – Wohlgemerkt, keines Menschen Leben stellt sich dar als ein reines «Paradies»; doch eben all der erlittenen Einbußen und Einbrüche wegen bedeutet die Aufnahme des «Kindes» in uns immer auch eine innere Verjüngung, eine seelische Reifung beziehungsweise eine tiefere Verwurzelung im Vertrauen auf Gott. Wir lernen uns selber allererst kennen, wenn wir unsere Kindheit noch einmal durchgehen und die damals verbotenen, unterdrückten, liegengebliebenen Wünsche und Anlagen in unserem Leben heute zulassen. Ein solcher milderer Umgang mit uns selbst läßt sich auch so ausdrücken: daß wir im Namen Jesu Gott in uns aufnehmen, weil wir in seiner Nähe uns ganz und gar angenommen fühlen dürfen in Gott. Und das Maß der Akzeptanz in uns selbst gibt zugleich den Radius vor, in dem wir fähig werden, auch andere Menschen zu akzeptieren.

Spätestens an dieser Stelle wieder meldet sich der Unterschied zu Wort, der zwischen Individualpsychologie und Gruppenpsychologie besteht, und es ist unerläßlich, daß Jesus seiner individuellen Argumentation des «Kindseins» eine Art kollektiver Gebrauchsanweisung hinzufügt. Ein organisiertes «Christentum» braucht hierarchische Strukturen mit Beamten, Titeln und Posten, und zwangsläufig wird es geleitet von dem Hauptinteresse jedes Sozialverbandes: seinem Eigenerhalt und seiner Durchsetzung im Konkurrenzvergleich mit anderen Gruppen[17]. Nur Menschen, die ihre Identität nicht wesentlich durch ihre Gruppenzugehörigkeit bestimmen, sondern im eigenen Sein, in Gott, gegründet sind, erhalten (sich) die Freiheit, auch Menschen außerhalb der eigenen Gruppe in ihrer Eigenart gelten zu lassen. Es ist – gerade bei der Auslegung des so «kirchen»bezogenen *Lukas*-Evangeliums – sehr wichtig, daß Jesus zu dieser Art von Menschen gehört und daß er auch seine Jünger nötigt, eine solche Freiheit sich zu erwerben. Nie kann einer Gruppe von Gläubigen im Sinne Jesu daran gelegen sein, im Status einer «Kirche» einen Monopolanspruch auf seine Botschaft zu erheben.

Da findet sich jemand, der mit Berufung auf Jesus «Abergeister» austreibt, der aber nicht dem Kreise der Jünger sich angeschlossen hat, und es ist – bezeichnenderweise wieder – der Zebedäus-Sohn Johannes, der Jesus diesen «Skandal» vorträgt und obendrein, wohl voll Stolz, davon zu berichten weiß, wie doch sie, die rechten Jünger, ihn daran «zu hindern» versuchten (9,49)[18]. Mag also auch etwas menschlich überaus Kostbares sich ereignen, gewirkt ausdrücklich sogar «im Namen Jesu», so ist es nach Jüngermeinung doch zu verbieten, weil es nicht im Rahmen ihres eigenen «Organisationsgefüges» stattfindet. «Außerhalb der Kirche ist kein Heil» – dieser Satz von Papst INNOZENZ III. (1198–1216) auf dem 4. Laterankonzil von 1215[19] bedeutet im Grunde, wie es sich hier schon im Kreise der Jünger Jesu abzeichnet: Außerhalb von uns hat es kein Heil zu geben! Jedenfalls sehen die Zwölf, einmal dazu ausersehen, einen Ort der sozialen Integration aller zu bilden, sich in der «christologischen» wie «ekklesiologischen» Pflicht, jede Heilung eines Menschen, die sich «im Namen Jesu» ereignen könnte, unter Verbot zu stellen, wenn sie nicht unter ihrer Aufsicht geschieht[20]. Da haben wir's also: «Christus» als Firmen-Logo, «Christus» als Patent-

[17] Vgl. RAYMOND BATTEGAY: *Der Mensch in der Gruppe*, I 69–72.

[18] HEINZ SCHÜRMANN: *Das Lukasevangelium*, I 578–579, sieht wohl richtig, wenn er schreibt: «Die Schwierigkeit des Johannes kommt aus einer ‹ekklesiologischen› Intoleranz.» «Es ist … damit zu rechnen, daß die Christusgnade außerhalb des Jüngerkreises wirksam ist.» «Der Herr wirkt in seinen verordneten Diensten, aber keineswegs nur in diesen – das ist die Lehre daraus.» Ja, man muß wohl fragen, welche «Dienste» Jesus denn «verordnet» hätte, die sich institutionalisieren und verbeamten ließen.

[19] DENZINGER – SCHÖNMETZER: *Enchiridion Symbolorum*, Nr. 802, S. 260.

[20] Der Satz geht bereits zurück auf CYPRIAN: *An Jubaianus*, in: Sämtliche Schriften, II 335–356, 24. Kap., S. 354–355, der erklärte, «daß es draußen (sc. außerhalb der römischen Kirche, d.V.) keine Taufe gibt und daß ein Sündennachlaß außerhalb der Kirche unmöglich ist».

anspruch, «Christus» als unveräußerliches Kircheneigentum, «Christus» als Immobilienbesitz – die gesamte Entwicklung der römischen Kirchenlehre blitzt da schlagartig auf wie eine Warnung über zwei Jahrtausende hin. Denn, natürlich, so kann es, so darf es nicht sein. Was einem Menschen guttut, was ihn heilt, was ihm zum Leben hilft, kann nur so wirken, weil es menschlich ist, – es gehört niemandem, es ist allgemein menschlich, es ist menschheitlich.

Diese menschlich verbindliche Wahrheit gilt im religiösen Erleben weit mehr noch als in anderen Gebieten, in denen sie gleichwohl schon hell genug aufleuchtet: Eine wissenschaftliche Entdeckung zum Beispiel, die Einsicht in einen fundamentalen Wirkmechanismus der Natur, das Begreifen eines universalen Zusammenhangs zwischen bis dahin getrennt scheinenden Phänomenen, sollte durch sich selbst auch die Einheit im Raume des Menschlichen fördern; von daher ist es ein Rückfall weit unterhalb der Bedingungen geistiger Erkenntnis, etwas, das die Natur als ganze durchzieht, fraktionieren und instrumentalisieren zu wollen zugunsten der Vermehrung von Privatvermögen und Firmenbesitz. Wir leben inzwischen allerdings in einer Zeit, in der man auf genveränderte Mäuse, auf genveränderten Mais Patentrechte erhebt, um damit auf unabsehbar lange Zeit Profite zu ziehen, – eine moralisch und juristisch im Grunde aberwitzige Situation. Doch wie absurd da erst der Gedanke, auf etwas menschlich Heilsames, auf etwas menschheitlich Gültiges sei ein Monopol zum Machtgewinn einer «Kirche» zu erheben! «So nicht», kann Jesus nur sagen; «errichtet nicht derartige Hindernisse. Umgekehrt: alles, was Menschen mit Glück und Liebe erfüllt, bestätigt und bestärkt doch das, was ich möchte! ‹Wer nicht gegen uns ist, für uns ist der.›» (9,50) Anders formuliert: Man kann Gott so wenig als «Eigentum» «vermarkten» wie die Sonne, wie den Wind, wie das Wasser – trotz all der Versuche bestimmter Firmen, Sonne, Wind und Wasser genauso in patentierbare Energiequellen zu verwandeln, wie man längst schon die «Rechte» auf Grund und Boden zur Handelsware erklärt hat, ohne sich im geringsten um die darauf lebenden Ureinwohner, Tiere oder Pflanzen zu bekümmern. Offenbar braucht man gerade den religiösen Hintergrund der Haltung Jesu, um die Wahrheit des berühmt gewordenen Satzes von JEAN-JACQUES ROUSSEAU (1712–1778) zu verstehen: «Die Erde gehört niemandem, ihre Früchte aber allen.»[21] So schon im Umgang mit materiellen Gütern, so erst recht in allem, was «Geist» ist.

Dabei stellen die Aufnahme des «Kindes» ebenso wie die Anerkennung

[21] Zit. n. JEAN ZIEGLER: *Die neuen Herrscher der Welt und ihre globalen Widersacher*, 94.

des fremden Exorzisten in gewissem Sinne nur zwei Folgerungen aus der «Leidensweissagung» Jesu dar. Gewiß, es geht weder um «Größe» noch um «Selbstausdehnung», – es geht um Menschlichkeit. Manchmal aber mag es in der Tat traurig stimmen, zu sehen, daß andere etwas übernehmen und weiterführen, das man selber entdeckt oder entwickelt hat; man möchte seinen eigenen Namen für alle Zeiten an diese Entdeckung, an diese Erfindung hängen und sie nutzen zum eigenen Ruhm; man möchte sich wehren gegen geistigen Diebstahl – gegen Produktpiraterie und Plagiatspraktiken. Doch so kann man es nicht machen mit dem Namen Jesu, und so kann man es auch nicht mit dem eigenen Namen machen. Jede Wahrheit gilt, weil sie wahr ist, – wer sie als erster «gefunden» oder formuliert hat, ist letztlich egal. «Christlich» ist nicht das, was so heißt, sondern das, was so ist, und das zeigt sich nicht an Formeln und Formularen, sondern an den Früchten (Lk 6,43–45).

Sagen wir so: Wer von Jesus gelernt hat, das «Kind» in sich wahrzunehmen und anzunehmen, wer von Jesus gelernt hat, die Welt zu sehen aus der Perspektive der «Kleinen», indem er auf eigene Großmanns-Ansprüche verzichtet, wer gelernt hat, entsprechend dem Vorbild Jesu Menschen zu helfen und sie zu heilen, der ist ein «Christ», gleichgültig, welch einer religiösen oder sozialen Bezugsgruppe er sich zugehörig fühlt. Getragen von diesem Vertrauen und geprägt von solch einer Toleranz sollte jede «Gemeinde» sein, die «im Namen Jesu» sich zusammenfindet.

Wie zur Zusammenfassung dieser Seite der Botschaft Jesu schrieb der russische Lyriker und Romancier BORIS PASTERNAK (1890–1960) einmal in einem Gedicht aus dem Sommer 1956 die folgenden Zeilen[22]:

> Berühmt zu sein ist nicht das Wahre.
> Das ist es nicht, was uns erhebt.
> Es lohnt nicht, daß man bange Jahre
> An alten Manuskripten klebt.
>
> Des Schaffens Sinn ist Selbsthingabe
> Und nicht Erfolg und lautes Schrei'n.
> Und Schmach ist's, ohne Wert zu haben,
> Ein Spruch in aller Mund zu sein.

[22] BORIS PASTERNAK: *Wenn es aufklart*, 9–10.

Nein, leben, nicht vom Stolz getrieben,
So leben, daß zu guter Letzt
Man auf sich zieht des Raumes Liebe,
Der Zukunft Ruhm vernimmt im Jetzt.

Und stehen lassen, was vergebens,
Im Schicksal, aber nicht im Werk;
Ganze Kapitel seines Lebens
Abtun mit einem Randvermerk;

In Unbekanntheit untertauchen
Und drin verbergen seinen Schritt,
Wie sich verbirgt in Nebelhauchen
Die Landschaft, bis man nichts mehr sieht.

Dein Weg wird auf lebendigen Fährten
Einst Andern Stuf' um Stufe klar,
Doch selber darfst du nie bewerten,
Was Sieg, was Niederlage war.

Und keinen Deut von dem aufgeben,
Was der Person gehören muß –
Lebendig bleiben, nichts als leben,
Nichts als lebendig, bis zum Schluß.

Lk 9,51–62: Die Ablehnung in Samaria oder: Vom Geist der Nachfolge

(vergleiche Mk 10,1; Mt 19,1 zu *Lk 9,51*; Mt 8,18–22 zu *Lk 9,57–62)*

51 Es geschah aber, indem die Tage seiner Hinwegnahme sich erfüllten, da richtete er sein Gesicht fest aus auf den Gang nach Jerusalem (13,22; 17,11).
52 Und er sandte Boten vor seinem Angesicht her, die gingen und kamen in ein Samariterdorf, um für ihn Vorbereitung zu treffen. 53 Doch sie nahmen ihn nicht auf, weil sein Angesicht war auf dem Gang nach Jerusalem. 54 Als aber die Jünger Jakobus und Johannes das sahen, sagten sie: Herr, willst du, so wollen wir sagen: *Feuer fahre vom Himmel herab und verzehre sie* (2 Kön 1,10–12). 55 Er aber wandte sich um und verwies sie. [55b 56a und sagte: Wißt ihr nicht, welches Geistes Kinder ihr seid? Der Menschensohn ist nicht gekommen, Menschenleben zu vernichten, sondern zu erhalten.] 56b Und sie gingen weiter in ein anderes Dorf.
57 Und während sie auf dem Wege wanderten, sagte jemand zu ihm: Ich will dir folgen, wohin du auch gehst. 58 Da sagte ihm Jesus: Die Füchse – Höhlen haben sie und die Vögel des Himmels Nester, der Menschensohn aber – nichts hat er, wo er den Kopf hinlegen könnte. 59 Zu einem anderen aber sprach er: Folge mir. Der aber sagte: Gestehe mir zu, erst fortzugehen, meinen Vater zu begraben. 60 Er aber sagte ihm: Laß die Toten begraben ihre Toten, du aber geh hin, vermelde das Königtum Gottes! 61 Es sagte aber noch ein anderer: Ich will dir folgen, Herr; erst aber gestehe mir zu, mich zu verabschieden von denen zu Hause. 62 Es sagte aber – zu ihm – Jesus: Niemand, der die Hand an den Pflug gelegt hat und blickt nach rückwärts, ist geeignet für das Königtum Gottes (14,33).

Schon das *Markus*-Evangelium stellt sich dar als eine nach vorn verlängerte Leidensgeschichte[1]; *Lukas* aber verstärkt noch diese Betrachtung, indem er in räumlicher Symbolsprache das gesamte öffentliche Wirken Jesu auf *ein* Ziel hin ausrichtet: Jerusalem. Alle Wege, die Jesus geht, führen dorthin – *schicksalhaft*, als «Erfüllung» (9,51; vgl. Lk 9,31), *willentlich*, indem er selber «sein Angesicht ... nach Jerusalem» richtet (9,53)[2]. Wieder ist dabei zu

1 Vgl. Mk I 45–80: Der Tod des Gottessohnes als Kaufpreis des Menschenlebens.

2 Die Gründe «für eine ... expositionelle Zäsur in Lk 951», darunter vor allem der Hinweis auf Jesu «Hinwegnahme» (Lk 24,50 ff.; Apg 1,3 ff.), hält REINHARD VON BENDEMANN: *Zwischen* dóxa *und* stayrós, 81, für nicht überzeugend; nicht zuletzt zeige sich, «daß eine Differenzierung der geographischen Verhältnisse – vor Lk 9,51 und nach Luk 9,51 – nicht gelingt.» (87) Problematisch müsse «unter der Annahme eines mit der Vorsendung von Boten (9,52 ... 10,1) begonnenen zielgerichteten Weges nach Jerusalem (9,51-53), auch die Ver-

sehen, welch unterschiedliche Bedeutung den gleichen Räumlichkeiten in den verschiedenen Evangelien verliehen wird. Für *Matthäus* ist «Jerusalem» die «Stadt» der «Mörder» Jesu (Mt 22,7)[3], und wenn man die matthäische Geschichtsallegorie des Gleichnisses vom königlichen Hochzeitsmahl (Mt 22,1–14) auflöst, so bestraft Gott schließlich die (un)heilige Stadt für die Ermordung seines Sohnes, indem er sie (durch die Truppen des römischen Generals Titus) niederbrennen läßt. Ganz anders *Lukas*: In seinem *Evangelium* ist «Jerusalem» der Ort der endgültigen Offenbarung Gottes, in seiner *Apostelgeschichte* ist es der Ort, von dem aus die Botschaft Jesu sich bis in die Welthauptstadt Rom hinein verbreiten wird. Stätte der Auferstehung und

meldung von deren *Rückkehr* in 10,17 erscheinen». (89); vielmehr sei das «Unterwegssein» Jesu «keinesfalls auf eine bestimmte Etappe im dritten Evangelium zu beschränken, die einem mit Lk 9,51 eröffneten ‹Reisebericht› konfiguriert». Lk 9,51 erweise «sich als kontextgebundene, grundsätzlich nicht isolierbare Einführung der... Erzählung von der Zurückweisung in dem samaritischen Dorf». (111) Die «episodische Zielangabe Jerusalem in Lk 9,51» sei von 9,31 her zu verstehen. «Daß auf dieser Zielangabe bereits im engeren Kontext nicht der bleibende Akzent ruht, zeigt sich daran, daß der lukanische Jesus in Lk 10,1 ein ‹flächendeckendes› Programm ins Auge faßt, das mit einer stringenten *Jerusalem*-Orientierung kaum vereinbar ist.» (111) *In summa*: «Nicht eine ‹Reise› zur ‹Entrückung› bzw. zu ‹Leiden und Tod› wird hier initiiert. Vielmehr wird markiert, daß der folgende Erzählzusammenhang auf 9,22 ff. rückbezüglich ist. In ihm erfüllt sich das, was als *dóxa* (sc. Herrlichkeit, d.V.) der *basileía* (sc. Gottesherrschaft, d.V.) auf dem Berg der Verklärung für den Leser sichtbar geworden ist.» (138) Nun ist es gewiß richtig, den Weg Jesu nach Jerusalem nicht als linear konzipiert sich vorzustellen, und es gibt auch wohl keine bestimmte Zäsur, von wo an dieser Weg in einer bis dahin nicht vorhandenen Entschlossenheit beginnen würde; das aber verstärkt im Grunde nur den Eindruck, daß *Lukas* das Leben Jesu in vielen Facetten unter die Einheit von «Herrlichkeit» und «Kreuz» gestellt sieht, und in seiner theologischen «Geographie» scheint es nicht falsch, den (Lebens)Weg Jesu im folgenden als ausgespannt zwischen dem Berg der Verklärung und dem Berg der Hinrichtung (in Jerusalem) zu betrachten. EDGAR MAYER: *Die Reiseerzählung des Lukas*, 69–74, S. 73, betrachtet denn auch nicht zu Unrecht die Himmelfahrt Jesu als das eigentliche Ziel der Reise nach Jerusalem. Zur Diskussion über den «Reisebericht» des *Lukas* vgl. in Übersicht WOLFGANG WIEFEL: *Das Evangelium nach Lukas*, 186–189. In jedem Falle scheint es schwierig, den literarischen Gattungsbegriff *Reisebericht Itinerar*, wie KLAUS BERGER: *Formgeschichte des Neuen Testaments*, 326, ihn für die *Apostelgeschichte* herausgestellt hat, auch auf die Konzeption des *Lukas*-Evangeliums anzuwenden. ARMIN DANIEL BAUM: *Lukas als Historiker der letzten Jesusreise*, 399, meint zwar, *Lukas* habe «seinen Lesern eine zwar nur grob umrissene, aber dennoch in sich schlüssige Reiseroute vorgeführt», und plausibel sei «auch seine Darstellung der von Jesus und seinen Begleitern verfolgten Reisestrategie, die es ihnen ermöglichte, ein bisher noch nicht systematisch erreichtes Gebiet in relativ kurzer Zeit evangelistisch zu durchdringen», doch gleich schon der Besuch in Samaria spricht gegen ein solches Konzept, abgesehen von der weitgehenden Unkenntnis der palästinensischen Landkarte bei *Lukas*.

[3] Vgl. Mt III 73–83: Mt 22,1-14: Das königliche Hochzeitsmahl oder: Wider die falsche Sicherheit.

des Neubeginns also ist für *Lukas* «Jerusalem». Gleichwohl führt der Weg Jesu dorthin als erstes ins Leid, wie gleich in der nächsten Szene deutlich wird.

Ein «Samariterdorf» (9,52) – rein geographisch liegt Samaria zwischen Galiläa im Norden und Judäa im Süden (vgl. *Tafel 1*); religionsgeschichtlich befindet es sich zwischen beiden Zonen wie Korn zwischen zwei Mühlsteinen. Das Territorium umfaßte einmal das sogenannte Nordreich («Israel»), das unter Jerobeam I. (926–907) sich vom Königtum Juda getrennt hatte; dieses Staatsgebilde bestand nur rund 200 Jahre lang: 722 wurde es von dem assyrischen König Salmanasser V. (726–722) erobert. In der so gebildeten assyrischen Provinz Samaria entstand durch Umsiedelungen anderer Völker eine Mischbevölkerung (vgl. 2 Kön 17,24–41), der die Juden im Süden nach dem babylonischen Exil Ende des 6. Jhs. v. Chr. die Rechtgläubigkeit absprachen und die sie nicht am Wiederaufbau des Tempels in Jerusalem beteiligten (Haggai 2,14; Esra 4,2), – ganz im Widerspruch zu den Hoffnungen, die Propheten wie *Ezechiel* (vgl. Ez 37,1–28) und *Jeremia* (vgl. Jer 3,18) auf eine Wiedervereinigung von Israel und Juda gesetzt hatten[4]. In den Tagen Jesu verehrten die Samariter Gott auf dem Berge Garizim, in der Nähe des heutigen Nablus, während der judäischen Bevölkerung im Süden der in Jerusalem gelegene Berg Zion als Zentrum der Gottesverehrung galt (vgl. Joh 4,20). Der Haß zwischen beiden Bevölkerungsteilen schien seit einem halben Jahrtausend unüberbrückbar[5]. Als Jesus im *Matthäus*-Evangelium die Zwölf in die Dörfer Galiläas aussendet, trägt er ihnen auf, «in eine Stadt der Samariter ... nicht» zu gehen (Mt 10,5)[6]; doch selbst wenn diese Anweisung historisch tatsächlich auf

[4] Vgl. KARL FRIEDRICH POHLMANN: *Der Prophet Hesekiel/Ezechiel, Kapitel 20–48*, 501–502: 37,15-19: «Juda» und «Israel» – ein Volk; ARTUR WEISER: *Der Prophet Jeremia*, 31. Zur Stellung des Judentums zu den Samaritern vgl. Str. B. I 538–560; MARTINA BÖHM: *Samarien und die Samaritai bei Lukas*, 116–117, verweist besonders auf die Konfliktschilderung in Esra 4: «In Esr 4,4 wird das Vorhaben, den Tempelbau ... zu stören, ... nicht etwa von der zurückgewiesenen samaritischen Elite ausgeführt.» (117)

[5] Vgl. Str. B. I 556–560: Gehässigkeiten, Feindseligkeiten, Disputationen u. Neckereien. FLAVIUS JOSEPHUS: *Jüdische Altertümer*, XVIII 2,2, Bd. 2, S. 509, berichtet zum Beispiel davon, daß Samariter Totengebeine im Jerusalem Tempel verstreuten. EDGAR MAYER: *Die Reiseerzählung des Lukas*, 205–206, vermerkt: «Das abweisende Verhalten der Samaritaner macht deutlich, daß Jesus auf seiner Reise nach Jerusalem noch nicht die Samaritanermission im Blick hat, sondern mit seiner Heilsbotschaft zuerst auf das Volk Israel und Jerusalem zugeht.»

[6] Vgl. Mt II 150–156: Mt 10,1-15: Der ursprüngliche Auftrag: Heilung und Rettung oder Verstockung und Untergang.

Jesus selbst zurückgehen sollte, muß sie nicht Samariter-feindlich zu verstehen sein; das Gleichnis Jesu jedenfalls vom barmherzigen Samariter (Lk 10,29–37) ist weit entfernt von einer solchen Gesinnung und macht begreifbar, warum man ihm sogar vorwerfen konnte, selber ein Samariter zu sein (Joh 8,48).

Unter diesen Umständen ist nicht ganz klar, was hinter der Zurückweisung Jesu durch die Samariter (in dem nicht weiter genannten Dorf) steckt: «weil sein Angesicht war auf dem Gang nach Jerusalem» (9,53) – das kann hindeuten auf die generelle Ablehnung Jesu als eines Juden von seiten der Samariter[7]. Selbst wenn er aus Galiläa kommt, ist er doch religiös dem Tempel in Jerusalem verbunden, und selbst wenn schon sein Lehrer, Johannes der Täufer, das Wort Gottes an dem judäischen Zentralheiligtum vorbei an die Menschen richtete und der Mann aus Nazaret ihm in der Art seines prophetischen Auftretens darin folgte, so sind derlei Differenzierungen natürlich nicht möglich in dem Umfeld uralter, verfestigter Vorurteile, die da lauten: «Samariter sind ‹unrein›», und: «Juden haben uns nichts zu sagen.» – Diese Stereotype übrigens währen bis heute: Die wenigen hundert noch lebenden Samariter werden auch in der Gegenwart von orthodoxen jüdischen Theologen betrachtet wie eine Spezies, die Gott gerechterweise zur Strafe dem Untergang preisgegeben habe, – «so unwichtig wie ein Eingeborenenstamm in der Südsee», hieß es vor Jahren in einer Diskussion im Hessischen Rundfunk; so besehen, haben «Samariter» eigentlich nicht existiert zu haben. – Man begreift, daß die Samariter, wenn sie vor 2000 Jahren schon so behandelt wurden, auf jeden mit Widerwillen reagierten, der «unterwegs nach Jerusalem» war (9,53). Es herrschte eine Lage, wie sie um 1965 – sogar noch vor dem «Sechs-Tage-Krieg» 1967 mit den ausgedehnten Besetzungen «heiligen Landes» durch die israelische Armee – ein jeder vorfand, der auf dem Landweg über Syrien oder Jordanien nach Israel einreisen wollte: er mußte sein Visum für Israel gut verstecken, um nicht als «ver-

[7] WOLFGANG WIEFEL: *Das Evangelium nach Lukas*, 189–190, schreibt: «Lukas weiß, daß zwischen Galiläa und Jerusalem Samaria liegt. Dieser Reiseweg ist für galiläische Pilger üblich», wie FLAVIUS JOSEPHUS: *Jüdische Altertümer*, XX 6,1, Bd. 2, S. 654–655, zeigt, «wenn auch nicht gefahrlos wegen des Gegensatzes zwischen Juden und Samaritanern. So ist hier der rechte Ort, von der Abweisung durch die Samaritaner zu sprechen. Die Stellung der Perikope am Anfang des Weges nach Jerusalem hat grundsätzliche Bedeutung. Wie Jesu erstes Auftreten in Nazareth zur Abweisung durch die Nazarethaner führt, so beginnt auch der Weg nach Jerusalem mit einer Abweisung.» – RUDOLF BULTMANN: *Die Geschichte der synoptischen Tradition*, 24, glaubt, es liege der Erzählung «ein Traditionsstück» zugrunde, «das aus den Missionserfahrungen der Gemeinde stammt». Zur Traditionsgeschichte von Lk 9,51-56 vgl. bes. HEINZ SCHÜRMANN: *Das Lukasevangelium*, II 1, 30–32.

dächtig» zu gelten. Ein Jude auf dem Wege nach Jerusalem – das wird zur Zeit Jesu genügt haben, um ausgesprochen unfreundliche Gefühle wachzurufen. Soweit aus der Sicht der Samariter.

Was indessen *Lukas* an dieser Stelle sagen möchte, hat geradewegs den umgekehrten Sinngehalt: Jesus *muß* von den Samaritern abgelehnt werden, um eben dadurch einzugehn in seine «Herrlichkeit»[8], wie der «auferstandene» Jesus den Jüngern auf dem Weg nach Emmaus auseinanderlegen wird (Lk 24,26). Es ist eine Sichtweise, wie sie, noch einen Schritt weiter, das *Johannes*-Evangelium zum Ausgangspunkt seiner Schilderung des «Christus» nehmen wird[9]. Ein solches Licht der Verklärung umstrahlte Jesus vorhin bereits in der Szene auf dem Berge (Lk 9,28–36), und es wird ihn umglänzen in all den «Erscheinungen», in denen er in seinem eigentlichen Wesen sich offenbaren wird; doch zwischen dem einen und dem anderen liegt (in der lukanischen Darstellung) eben der lange Weg nach «Jerusalem», und Schritt für Schritt muß er begangen werden.

Auf Ablehnung kann man im Grunde nur auf zwei Weisen antworten: mit Ärger oder mit der Suche nach den Gründen. Nach all dem, was wir speziell von Johannes und Jakobus im vorangegangenen Abschnitt gehört haben, kann es jetzt nicht wundernehmen, die beiden Zebedäus-Söhne als Prototypen einer äußerst aggressiven Reaktionsweise mitzuerleben. Sie hatten den Auftrag, Jesus in das Samariterdorf einzuführen; doch was sie mit ihrer Mission verbanden, war soviel wie ein «Gottesrecht» auf Zwangsmission mit Feuer (und mit Schwert).

Niemand wird einen Text wie diesen lesen können, ohne erschrocken darin eine Ahnung *von* und eine Mahnung *vor* dem Schlimmsten beschrieben zu finden, was die «Kirchen»geschichte mit Berufung auf den Mann aus Nazaret heraufführen wird. «Feuer fahre vom Himmel herab und ver-

[8] Vgl. GERHARD KITTEL: *dóxa* (Herrlichkeit), in: ThWNT II 235–258, bes. S. 251–252: Die *dóxa* Jesu: «Alle diese Aussagen betreffen die Verklärung des Erhöhten seit Ostern. Die Anwendung der Vokabel auf den Irdischen unterliegt starken Einschränkungen.... Bei Lk erscheint das Wort... in der Geburts- und in der Verklärungsgeschichte. Das Sichtbarwerden der *dóxa* bei der Geburt des Christus Lk 2,9 weist, ganz wie die Engelserscheinungen, auf seine Herkunft aus der Gotteswelt... Seine ‹Verklärung› ist Vorwegnahme seiner Eschatologie. Dabei ist freilich nur die Vokabel, nicht die Sache Sondergut des Lk.»

[9] Vgl. GERHARD KITTEL: *dóxa* (Herrlichkeit), in: ThWNT II 252: «Bei Johannes scheint das Bild (sc. der Verwendung des Wortes *dóxa*, d.V.) insofern anders, als mehrfach von der *dóxa* des irdischen Jesus die Rede ist. Das entspricht der zweifellos bei Johannes besonders ausgeprägten Neigung, das Leben Jesu von der Deutung des Erhöhten her zu beschreiben.» Vgl. auch RUDOLF BULTMANN: *Theologie des Neuen Testaments*, § 47: Die Offenbarung der *dóxa*, S. 402–412.

zehre sie» – wenn schon der Fanatismus eines *Elija* im Kampf Jahwes gegen «Baal» solche Züge annehmen mochte (1 Kön 18,1–46), wie sollte dann Jesus, der wiedergekehrte Elija (Lk 9,8; 9,19; 9,33), nicht ein Gleiches wirken dürfen, wirken müssen[10]? Und wie dann erst seine Jünger im Kampf für ihn! Gott ist die «Wahrheit», und wer Gott «vertritt», wer die Wahrheit «hat», wer die Wahrheit «ist», der muß einen jeden zu vernichten trachten, der sich ihr, der sich *ihm* widersetzt, der muß einen solchen ausrotten wie Unkraut im Acker (vgl. Mt 13,36–43), – es behindert das Reifen der Saat. «Herr, willst du, so wollen wir sagen» (9,54)[11]: Sie glauben sich gänzlich im Einklang mit dem Meister; wünscht er, befiehlt er die Lebend-Verbrennung von Menschen, die Zerstörung ihrer Häuser, die Auslöschung ihres Lebens und ihrer Lebensgrundlage, so werden sie entsprechend handeln. Sie sagen nur, was er gewollt hat, sie tuen nur, was er gesagt hat, – selbst sind sie lediglich ein Werkzeug in den Händen Gottes (oder dessen, was sie dafür halten).

Psychologisch kann man gar nicht oft genug auf die Gefahr hinweisen, die einer solchen Haltung zugrunde liegt. «Gehorsams»-Mentalität nennt man das. Da sind Menschen, die es subjektiv zweifellos gut meinen, doch was sie dann tuen, ist absolut weisungsabhängig. Befiehlt man ihnen, Brote

[10] Vgl. Str. B. IV 2, 764–798: Der Prophet Elias nach seiner Entrückung aus dem Diesseits, bes. S. 783: «Wir werden ... schließen dürfen, daß man in Elias, dem Gaditen, vor allem den Wegbereiter Gottes gesehen hat, d. h. dasjenige kreatürliche Werkzeug Gottes, das durch die Befreiung Israels von seinen Bedrückern dem Kommen Gottes zum Endgericht den Weg bahnen soll.» EDUARD SCHWEIZER: *Das Evangelium nach Lukas*, 111 meint: «Ihr (sc. des Jakobus und Johannes, d.V.) Vorschlag erinnert direkt an 2. Kön 1,10.12 und erweist ein erstaunliches Vertrauen auf Gottes Macht; aber Jesus ist kein Elija. Lukas übernimmt zwar eine Geschichte, die Jesu Wunder ähnlich wie die Elijas schildert (7,15; vgl. 4,25-27), gleicht aber von sich aus nirgends daran an. Die Abweisung der Jünger ist so scharf wie 9,21.42 (gegenüber einem Dämon!) und Mk 8,33. Der Versuchung, sich selbst durchzusetzen, muß am Anfang des Leidensweges besonders widersprochen werden.» «Selbstdurchsetzung» ist ein sehr mildes Wort für die extreme Gewaltbereitschaft der Jünger!

[11] GERHARD MAIER: *Lukas-Evangelium*, II 12, versucht, die Haltung der «Donnersöhne» (Mk 3,17) mit der «Begeisterung für Jesus» verständlich zu machen. «Ihr geliebter ‹Herr› sollte keine Schmach erdulden. Er war doch der Messias und Gottessohn!» Aber es bleibt dabei: «Nur gut, daß sie Jesus das letzte Entscheidungsrecht über ihre Bitte belassen.» Wie ganz anders demgegenüber die «Kirche» beschaffen war, die im 12./13. Jh. die Inquisition gegen Verdächtige und Unbotmäßige organisierte, beschreibt HENRY CHARLES LEA: *Geschichte der Inquisition im Mittelalter*, I 1–61: Die Kirche. Wie wenig diese Mentalität sich im Vatikan speziell in den Kreisen des *Opus Dei* geändert hat, die gerade dabei sind, die reale Macht der römischen Kirche zu übernehmen, zeigt ROBERT HUTCHISON: *Die heilige Mafia des Papstes*, Kap. 31: Machtausbau, S. 400–408, und Kap. 32: Die «Mantel und Kreuz»-Brigade, S. 409–421.

zu verteilen, dann verteilen sie Brote (Lk 9,10b–17), befiehlt man ihnen, Menschen in Flammen aufgehen zu lassen, dann lassen sie Menschen in Flammen aufgehen[12]. Es scheint, als hätten sie kein eigenes Gefühl, kein eigenes Gespür für Gut und Böse, kein eigenes Gewissen. Ihr sittlicher Maßstab liegt stets außerhalb von ihnen beziehungsweise er ist verinnerlicht in ihrem Herzen als eine übergeordnete Zwangsinstanz voller Gewalt, Sadismus und Unmenschlichkeit. Wer diesem ihrem Überich zu widersprechen wagt, beleidigt ohne weiteres ihr Ich, das mit jenem identisch ist; und so sind sie persönlich enragiert und parteilich engagiert, – eine fatale Mischung aus Revanche und Religion. Was an der Frage des Gesetzesverständnisses der «Pharisäer» und «Schriftgelehrten» bereits des mehrfachen sichtbar wurde, kommt jetzt bei den «Jüngern» Jesu (!) in seiner krassesten Form zum Vorschein: Menschen, die selbst nicht von innen heraus leben, können auch andere nicht leben lassen. Sie sind «Soldaten Christi», gemein und gefährlich, gleich, in welchen Gruppierungen – von den Tempelrittern bis zu den Henkern der heiligen Inquisition – sie sich organisieren und uniformieren. «Willst du» – dann werden sie den vermeintlichen Wunsch ihres «Herrn» ausführen als Befehl, und mag er noch so schrecklich sein.

Nur: *der* «Herr» will nicht! Er hat niemals gewollt und wird auch niemals wollen. Diese eine kleine Begebenheit im *Lukas*-Evangelium entzieht der Rechtspraxis der römischen Kirche über Jahrhunderte hin jegliche Grundlage. Man diente nicht dem «Herrn», als man heranging, Menschen zu versklaven, zu foltern und zu töten, man erhob lediglich den Jünger über den Lehrer (vgl. Lk 6,40), man bewies sich nur, daß es möglich ist – wie JOSEPH RATZINGER (geb. 1927) es als Präfekt der römischen Glaubenskongregation anläßlich eines rituellen Schuldeingeständnisses der Kirche im Jahr 2000 formulierte –, «aus übergroßem Eifer für die Wahrheit» die furchtbarsten Verbrechen zu begehen, und das im Namen dessen, der da Liebe predigte und Güte.

Der nächste Satz ist textkritisch sehr ungesichert, paßt inhaltlich jedoch vorzüglich in den Kontext – eine gelungene Konjektur: «Wißt ihr nicht, welches Geistes Kinder ihr seid?» soll Jesus vorwurfsvoll die Jünger gefragt haben (9,55b)[13]. Des Geistes Gottes Kinder glauben sie zu sein, des «Teu-

[12] Zur Psychologie solcher gehorsamsabhängiger Mörder im Dienste absoluter Zwecke vgl. ARNO GRUEN: *Der Wahnsinn der Normalität*, 78–83: Die Mörder mit gutem Gewissen; S. 139–159: Die Machtpolitik mächtiger Männer als Ausdruck innerer Leere.

[13] Vgl. EDUARD SCHWEIZER: *Das Evangelium nach Lukas*, 111: «Die Frage ‹wißt ihr nicht, welches Geistes ihr seid?› wie auch die Zufügung des Satzes aus Lk 19,10 fehlten in den ältesten Handschriften, sind aber zu Jesu Geist durchaus passende Interpretationen.»

fels» Geistes Kinder sind sie wirklich, – Erzeugnisse *des* Denkens, mit dem sich Jesus selber in der Wüste konfrontiert sah: so geht es denen, die Weltherrschaft wollen (Lk 4,6.7); – die Machtgier lehrt sie, unbarmherzig Grausamkeiten zu begehen, um überhaupt die angestrebte Herrschaft erringen zu können, und sind sie an die Macht gelangt, bedürfen sie nach innen wie nach außen ständiger Gewalt, um an der Macht zu bleiben. Sie nennen's Gott und deklarieren selbst den Krieg für einen «Gottesdienst»; ihr «Gott» hat sich verwandelt in ein blutbeschmiertes Ungeheuer, in einen «Dämon», in eine schiere Obsession. Das wirkliche Kriterium für «Gott», für Gegengott, die «Frucht» (Lk 6,43–44), an der man wahre Frömmigkeit von Wahn und Fanatismus unterscheiden kann, besteht in Jesu Augen einzig in gelebter Menschlichkeit. «Der Menschensohn», sagt er in dieser eingeschobenen Ergänzung, «ist nicht gekommen, Menschenleben zu vernichten, sondern zu erhalten.» (9,56a)[14] Es ist das einfache Prinzip, das ALBERT SCHWEITZER (1875–1965) als Kriterium für Gut und Böse auf den Umgang mit allen Lebewesen ausdehnte: «Die unmittelbarste Tatsache des Bewußtseins des Menschen lautet:», schrieb er, «‹Ich bin Leben, das leben will, inmitten von Leben, das leben will.› ... Wie in meinem Willen zum Leben Sehnsucht ist nach dem Weiterleben und nach der geheimnisvollen Gehobenheit des Willens zum Leben, die man Lust nennt, und Angst vor der Vernichtung und der geheimnisvollen Beeinträchtigung des Willens zum Leben, die man Schmerz nennt: also auch in dem Willen zum Leben um mich herum ... – Zugleich erlebt der denkend gewordene Mensch die Nötigung, allem Willen zum Leben die gleiche Ehrfurcht vor dem Leben entgegenzubringen wie dem seinen. Als gut gilt ihm: Leben erhalten, Leben fördern, entwickelbares Leben auf seinen höchsten Wert bringen; als böse: Leben vernichten, Leben schädigen, entwickelbares Leben niederhalten. Dies ist das denknotwendige, absolute Grundprinzip des Sittlichen.»[15]

Da wäre also eine Allverbundenheit mit allem Lebenden zu leben, und es gibt kaum einen Gedanken, der einleuchtender, faszinierender und tröstlicher sein könnte als dieser. Und doch – so paradox ist alles in der Lebens-

[14] HEINZ SCHÜRMANN: *Das Lukasevangelium*, II 1,28, meint: «Es ist – trotz aller Vollmachtsübertragung 9,1 – nicht Aufgabe der Jünger, das Sodom-Gericht an unbußfertigen Städten zu vollziehen, weil das Sache Gottes ist (vgl. 10,12.13 f. 15) ... Für sie hat die Regel der Feindesliebe (6,27 f.) zu gelten ... Zudem: Jesus zieht ja nicht als Richtender nach Jerusalem hinauf, sondern als *sōtēr* (sc. Retter, Heiland, d.V.), wie am Ende des Abschnitts 19,10 betont wird, und diese Reise nach Jerusalem bringt noch nicht die Gottesherrschaft (vgl. 19,11). (Das Gericht des Menschensohnes ist endzeitlich; vgl. 19,24-27.)»

[15] ALBERT SCHWEITZER: *Lesebuch*, 173; vgl. DERS.: *Kultur und Ethik*, 331–335; DERS.: *Aus meinem Leben und Denken*, 190–195.

wirklichkeit: wer diese Einheit leben möchte, riskiert als erstes Einsamkeit statt der erhofften Allgemeinsamkeit.

Da kommt zu Jesus jemand «auf dem Wege» und will ihm folgen, wohin er auch geht (9,57); doch Jesus warnt ihn förmlich mit den Worten: «Die Füchse – Höhlen haben sie und die Vögel des Himmels Nester, der Menschensohn aber – nichts hat er, wo er den Kopf hinlegen könnte.» (9,58)[16] Der Ausspruch war wohl einmal ein Weisheitswort über die Lage jedes «Menschen Sohns» in dieser Welt[17]: Jedes Tier ist eins mit seiner Umwelt, es ist instinktiv mit ihr verbunden und in ihr geborgen; es weiß ganz einfach stets schon, was zu tun ist, es gibt – natürliche Bedingungen vorausgesetzt – in seiner Welt nichts, was ihm völlig unbekannt erscheinen könnte. Einzig wir Menschen sind der Welt entwurzelt. Wir wissen, daß an jeder Kreuzung unseres Weges der Tod warten kann; wir haben aus dem Nischendasein eines bloßen Umweltwesens uns zu Weltbewohnern hochentwickelt[18], entbunden vom Gesetz des Augenblicks und Ortsbezugs. Die «Wallfahrt» Jesu nach «Jerusalem» bietet ein gutes Bild für diese unsere ganze Existenz: menschlich zu leben – das heißt, unterwegs sein, heimatlos sein, ausgesetzt in einer Welt, die uns niemals mehr «Mutter Erde» oder «Vater Himmel» werden wird.

Doch eben dadurch entsteht jetzt eine zweite Form der Heimatlosigkeit, und zwar nicht mehr der Menschen-Söhne gegenüber der Natur, sondern des «Menschensohnes» Jesus unter all den anderen Menschen[19]. Die Grau-

[16] Für *Lukas* meint «Menschensohn» «das hoheitliche Ich Jesu (das seine Hoheit freilich schon aus seiner Identität mit dem kommenden Weltenrichter bezieht», schreibt HEINZ SCHÜRMANN: *Das Lukasevangelium*, II 1,36; doch war ursprünglich mit «Menschensohn» wohl «der Mensch» gemeint.

[17] Vgl. RUDOLF BULTMANN: *Die Geschichte der synoptischen Tradition*, 27. HEINZ SCHÜRMANN: *Das Lukasevangelium*, II 1,37, hält dagegen, daß «nur in stärkster Übertreibung ... vom Menschen als solchem das Fehlen einer nächtlichen Ruhestätte behauptet werden» könne; doch eine *wesentliche* Aussage ist keine «Übertreibung».

[18] DESMOND MORRIS: *Das Tier Mensch*, 184–214: Mehr als nur leben.

[19] HEINZ SCHÜRMANN: *Das Lukasevangelium*, II 1, 37–38, meint zwar: «Eine Feindschaft, die dem Menschensohn – wie der ‹Weisheit› Gottes – die Heimat verweigert, darf in den Spruch Jesu wohl nicht eingetragen werden.» Doch dann fügt auch er hinzu: «Wohl aber hört man hier ein Ich reden, dessen ‹Hauslosigkeit› exzeptionell zu sein scheint.» Die Frage ist dann nur, warum, und sie beantwortet sich mit der Gegnerschaft und Fremdheit, die Jesus mit seiner Botschaft von der Wesensarmut der Menschen gerade bei den Besitzenden erregen mußte. Das Bild von den Tieren, die im Unterschied zu den Menschen wissen, wohin sie gehören, ist konventionell. So erklärte zum Beispiel der römische Volkstribun und Sozialreformer TIBERIUS GRACCHUS (162–133) bezüglich der Armen im Lande: «Die wilden Tiere, die in Italien hausen, haben ihre Gruben; jedes von ihnen weiß seine Lagerstätte, seinen Schlupfwinkel. Nur die, welche für Italien fechten und sterben (sc. die entlassenen Soldaten nach der Zerstörung Karthagos im Jahre 146 v. Chr., d.V.), können auf weiter nichts als Luft und Licht rechnen.» PLUTARCH: *Tiberius und Gaius Gracchus*, 9, in: Lebensbeschreibungen, V 193.

samkeiten, die Menschen selbst in der Natur erfahren, übernehmen sie wie selbstverständlich in die eigene Praxis; den Kampf ums Dasein steigern sie in unerhörte Höhen; sie leben wie die Tiere, nur ins Unendliche getrieben von den Ängsten, die sie im Bewußtsein reflektieren, durchtrieben in dem Pragmatismus einer Intelligenz, die sie als «Sieger» aus einem Meer von Leid emporgespült hat wie Gischt an den Strand, haltlose Gebilde, erschreckend ebenso in ihrer Zartheit und Zerbrechlichkeit wie auch in ihrer maßlosen Zerstörungswut, als wäre Menschsein ihnen nichts als eine Variante innerhalb der Tierheit, als eine Form, nur «tierischer denn jedes Tier zu sein»[20]. Wer *dagegen* ein Bild der Menschlichkeit zu setzen sucht in der Gestalt des «Menschensohns», der hat sie alle gegen sich, die «Menschen-Söhne», so lange jedenfalls, als sie sich noch als die «Gewinner» in dem elenden Getriebe nicht endender Grausamkeiten fühlen. «Heimisch» wird er nur sein bei denen, die selber Heimatlose sind, zu Hause nur bei allen Unbehausten, verstanden nur von den Randständigen. Die bürgerliche «Mitte», diese Zielgruppe der sogenannten Volksparteien, dieses Herzstück einer verspießbürgerlichten Volks«kirche», wird niemals einem Mann wie Jesus den Ort bieten, sein Haupt hinzulegen. Dort wird's ihm nicht zum Ausruhen, dort wirkt er selbst beunruhigend genug. So wie sie denkt er nicht.

Darum muß sich, vorweg gewarnt, ein jeder überlegen, worauf er sich eigentlich einläßt, wenn er sich dem «Weg» Jesu anschließt, – wenn er zu leben anfängt nach der «Methode» dieses «Menschensohns». Eine «Kirche» sei nötig, so wird von Kirchentheologen nicht minder gern behauptet als von atheistischen Soziologen, um den Menschen Halt und Orientierung zu bieten; die Menschen verlangten nun mal nach dem Erleben von «Gemeinde» und Gemeinsamkeit, von Ritual und Kult, von Zeremonien, die sie verzauberten. Doch selbst wenn dem wirklich so wäre: – dann wird an dieser Stelle nur noch klarer, daß Jesus durchaus nicht der Mann ist, um an ihm derlei Bedürfnisse der Massenseele zu befriedigen. Man kann nicht mit ihm gehen in dem Bestreben, geistig gut versorgt zu sein, als hielte man nun endlich doch das richtige Gebetbuch und die rechte Glaubenslehre in der Hand, darauf den Kopf gelegt man fortan alle Zeit gut schlafen könnte. Ganz im Gegenteil gilt es, den Widerspruch zur «Welt» – zur Natur genauso wie zur menschlichen Geschichte – in einer Radikalität zu leben, zu erleiden, daß es als Trost nur diesen einen Hinweis gibt: Er hat es vorgemacht,

[20] JOHANN WOLFGANG VON GOETHE: *Faust*, Prolog im Himmel, Vers 285–286, S. 17: «Er nennt's Vernunft und braucht's allein, / Nur tierischer als jedes Tier zu sein.»

und anders ist es nicht zu machen. «Erlösung» der «Welt» – das ist ein unendliches Leiden an all dem Unerlösten in der Welt, das ist der stete Gang hinüber nach Jerusalem, das ist die Unbeirrbarkeit, dran festzuhalten, daß Menschlichkeit die Existenzbedingung eines Menschen ist und eben nicht ein Endzeittraum im Land Utopia.

Es gibt ein zweites tiefes Mißverständnis in der Frage, wie man zu Jesus «zeitgleich» sich verhalten könne. Da beruft Jesus selber einen Mann und sagt ihm: «Folge mir. Der aber sagte: Gestehe mir zu, erst fortzugehen, meinen Vater zu begraben.» (9,59)[21] Man traut zunächst den eigenen Ohren nicht, wenn man Jesus darauf erwidern hört: «Laß die Toten begraben ihre Toten, du aber geh hin, vermelde das Königtum Gottes!» (9,60)[22] Kann man sich etwas Pietätloseres denken? Verstößt das nicht auf skandalöse Weise gegen die Pflicht eines jeden Kindes zu Respekt und Dankbarkeit gegenüber seinen Eltern, dem verstorbenen Vater, wie man zu sagen pflegt, «die letzte Ehre zu erweisen»? Wenn Jesus hier so rigoros, so provokant dagegen redet, so muß er schwere Gründe dafür haben, und solche lassen sich erahnen.

Wie erlebt jemand den Tod seines Vaters? Das kann sehr unterschiedlich sein, – die psychologische Ebene hat kaum etwas zu tun mit den nivellierenden Vorgaben der gesellschaftlichen Konvention, die bestimmen, wie man in einem solchen Falle sich benehmen soll. *Ein* Grund, sich gänzlich anders zu verhalten, kann in einer allzu engen Bindung liegen, etwa so: Ein Junge suchte immer wieder nach der Liebe seines Vaters, fand sie aber nicht. Der Vater war an sich untadelig; er setzte sich für hohe Ziele ein, er übernahm Aufgaben, die ihn völlig absorbierten, kurz, er war im Leben seines Kindes so präsent wie in der Nacht ein ferner Stern am Himmel, – zu sehen stets, zu greifen nie. Bewunderung und Leere, Hochachtung und Ent-

21 WOLFGANG WIEFEL: *Das Evangelium nach Lukas*, 193, schreibt: «Die von Lukas in Erweiterung der bei Matthäus vorliegenden Q-Fassung geschaffene Einleitung rückt die Szene in die Nähe der Berufungsgeschichten. Der Aufgeforderte ist zur Nachfolge bereit, will jedoch zuvor die Sohnespflicht wahrnehmen, die ihm der Tod des Vaters auferlegt ... Totenbestattung gilt überall in der Antike als elementare und selbstverständliche Pflicht der Pietät. In Israel besteht sie selbst für Priester und Leviten, die sich an keiner Leiche verunreinigen sollen. Sie entbindet vom Studium der Thora und allen Pflichtgeboten.»

22 EDUARD SCHWEIZER: *Das Evangelium nach Lukas*, 112, sieht darin einen «Hinweis auf Jesu Tod» und meint: «Der Mensch sehnt sich nach der Geborgenheit im Heim, wo man die Tür vor allen Anforderungen der anderen schließen kann; aber Jesus zieht nach Jerusalem zum Sterben. Er ist nur in Gott geborgen.» Das ist zwar richtig, erklärt aber nicht die rigorose Absage an die einfache Pflicht der Pietät; ein menschlich verstehbarer Sinn ergibt sich erst psychologisch.

täuschung gingen ineinander über und bildeten den Bodensatz für schwere Schuldgefühle. Darf man einen Vater kritisieren, der so strahlend dasteht? Doch ehrlich gestanden: ist es nicht fast eine Erleichterung, daß ein Mann endlich geht, der doch nie da war, wenn man ihn als Vater einmal benötigt hätte? Solche Gedanken auch nur wird kein anständiger Sohn sich je gestatten; er wird sie unterdrücken und vor allem: wieder gutzumachen suchen. Stirbt nun der Vater wirklich, werden die Ambivalenzgefühle festgeschrieben: man *darf* sich von dem Vater innerlich nicht lösen, so wie es in der Zeit, als er noch lebte, nicht die Erlaubnis gab, seine Nähe und seinen Beistand einzufordern. Jetzt müßte man selber sich ein Recht auf ein eigenes Leben zusprechen und sich innerlich von ihm lossagen, doch gerade das verhindern die Selbstvorwürfe für die Vorwürfe, die man zu Lebzeiten dem Vater machen mochte. Hat man nicht seinen Tod sich insgeheim gewünscht? War man nicht durch die eigene Herzlosigkeit ihm gegenüber die Mitursache für sein frühes Herzversagen?

Gefühle dieser Art zwingen das ganze Dasein in den Blick nach rückwärts und halten es mit einer nicht endenden Trauerarbeit fest in der Vergangenheit. «Laß die Toten begraben ihre Toten» heißt dann soviel wie: «Verbringe nicht Dein Leben in den Dämmerungen eines reinen Totenkultes. Lebe! Das darfst Du. Auch Dein Vater, wenn er mit Dir sprechen könnte, würde es erlauben, ja, gebieten. Ich glaube ihn ganz richtig zu verstehen, wenn ich an seiner Stelle zu Dir sage: Ich wollte Dich im Grunde glücklich sehen. Und es tut mir nachträglich sehr leid, daß ich so wenig für Dich da war. Nimm Dir die Zeit jetzt für Dich selbst, die Du bei mir vermissen mußtest. Und lerne aus den Fehlern, die ich offenbar begangen habe. Laß Raum bei allem, was Du tust, auch für Dich selbst. Es wäre falsch, wenn Du die Art der Selbstverleugnung, die Du bei mir gesehen hast, jetzt zähneknirschend weiter pflegen würdest. Geh in Dein Leben. Geh in Deine Freiheit. Es geht nicht mehr um mich. Du wirst mich wiederfinden – am Ende Deines Weges.»

Das «folge mir nach» beschreibt, in dieser Sicht, einen Aufbruch zu einem Leben in Selbständigkeit und eigener Verantwortung. An Jesu Seite gilt es, die kindliche Abhängigkeit, die Fesseln der Ambivalenzgefühle, die Blockaden von Angst und Schuld hinter sich zu lassen und in gewissem Sinne «erwachsen» zu werden.

Auf sonderbare Weise berührt sich dieses Motiv dadurch mit einer Einstellung, die sich religionspsychologisch wie eine innere Achse im *Lukas*-Evangelium durchhält. Es begann mit der Legende von dem 12jährigen Jesus im Tempel (Lk 2,41–52), als der soeben im Sinne des Gesetzes mündig Werdende seinen Eltern erklärte, sie brauchten ihn nicht mehr zu suchen, sie müßten wissen, daß er fortan «in dem Bereich» seines «Vaters» sich aufhalte. Der Eintritt ins Erwachsenenleben vollzog sich demnach bei Jesus selbst bereits in Form einer tiefen Bindung an Gott als den wahren «Vater» (vgl. Mt 23,9) und in Form einer tiefen Loslösung von seinem irdischen Vater. In die gleiche Richtung wies denn auch die – historisch durchaus glaubhafte – Absage Jesu an seine Mutter und an seine Brüder: «die das Wort Gottes hören und tun» – die seien ihm «Mutter» und «Brüder», erklärte er (Lk 8,21). Bei der (legendären) Auferweckung des Jünglings von Nain (Lk 7,11–17) sowie bei der Auferweckung der Tochter des Jairus (Lk 8,41–42.49–56) stand Jesus des weiteren vor der Aufgabe, den Einfluß der Elterngestalten zu neutralisieren, um ihr Kind aus dem «Totenreich» ins Leben zurückzuführen; und insbesondere bei der Heilung des besessenen Knaben (Lk 9,37–43a) wurde deutlich, daß die Befreiung des Jungen aus der Zerrissenheit seiner epileptischen Konvulsionen nur gelingen konnte, indem Jesus den Vater von seiner Angst befreite. «Es gibt keinen Tod» – diesen Glauben mußte Jesus dem Synagogenvorsteher vermitteln; das Leben eines Menschen steht in der Hand Gottes, – mit diesem Vertrauen entlastete er den verzweifelten Vater des epileptischen Jungen von seiner Überverantwortung.

Übereinstimmend verweisen demnach die Legenden über Jesus nicht anders als die historischen Erinnerungen an Jesus auf eine Grundhaltung, die menschlich wie religiös von zentraler Bedeutung ist. Die Religionskritik SIGMUND FREUDS (1856–1939) hat – mit Blick vor allem auf die durch und durch patriarchalen Strukturen der Kirche Roms – zu Recht den Verdacht, ja, den Vorwurf ausgesprochen, die christliche Frömmigkeit führe die Menschen nicht sowohl zur Reifung ihrer Persönlichkeit als vielmehr zu neurotischen Abhängigkeiten und Selbstwidersprüchen; die Religion selbst erschien dem Begründer der Psychoanalyse schließlich als eine kollektive Form des Ödipuskomplexes[23] – als eine Mischung von Vaterautorität und Vaterhaß, von Triebunterdrückung und Frauenfeindlichkeit, von Gehorsamszwang und Dialogverweigerung. Über 100 Jahre lang hat die kirchliche Apologetik nun schon versucht, diese Tatbestände zu bestreiten, die FREUD

[23] Vgl. SIGMUND FREUD: *Die Zukunft einer Illusion*, in: Gesammelte Werke, XIV 342–346. THEODOR REIK: *Dogma und Zwangsidee*, 125, schrieb ganz im Sinne FREUDS, es sei «das Dogma ein kollektives seelisches Produkt ..., die Zwangsidee aber eine psychische Erscheinung beim einzelnen.»

und seine Nachfahren in ihren Analysen so luzide untersucht haben[24]; doch auch wenn die Kirchenleitungen dabei dem «Seelenheil» ihrer «Gläubigen» in psychologischem Sinne offenbar recht gleichgültig gegenüberstehen, sollte zumindest das Vorbild Jesu sie zu einer Korrektur all der Verfälschungen nötigen, durch welche sich speziell die Kirche Roms erkennbar gegen die Absichten des Mannes aus Nazaret im Verlauf der letzten 1500 Jahre etabliert hat. Statt in einem patriarchalen Gottesbild die Ambivalenzen im Umgang mit irdischen Vätern zu verewigen, wollte Jesus die Menschen im Vertrauen auf die Eindeutigkeit der Güte Gottes zu sich selbst befreien. Gott nicht als «Komplex», sondern als Heilung, Religion nicht als Entfremdung, sondern als Freiheit, Frömmigkeit nicht als Unterwerfung, sondern als Entwurf eines persönlichen Lebens – diese Revolution des Mannes aus Nazaret findet sich klar sichtbar unterhalb des Stucks und der Tünche kirchlicher Übermalungen an jeder Stelle des Evangeliums, und es ist allzeit die Not der Menschen, die darauf verweist, indem sie gar keine andere Wahl haben, als Gott zu suchen nach der Weise Jesu.

Wie radikal es nötig sein kann, dem irdischen Vater zu widersprechen, um den «Vater im Himmel» zu finden, zeigt – noch einmal – das Leben des heiligen FRANZISKUS (1181/82–1226): Als sein Vater, rasend vor Wut ob der Verschleuderung seines Eigentums, seinen Sohn verwünschte und verfolgte, sprach FRANZISKUS vor der zusammengeströmten Menge: «Von nun an will ich frei sagen: Vater unser, der du bist im Himmel, nicht mehr: Vater Pietro Bernadone, dem ich nicht nur – schaut her! – sein Geld zurückerstatte, sondern auch meine Kleider zurückgebe. Nackt also will ich zum Herrn gehen!»[25] Vieles in der Haltung des Heiligen wird den Verdacht ödipaler, masochistischer Züge in psychoanalytischer Sicht nicht gänzlich auszuräumen vermögen; doch die Problemstellung selbst bleibt kirchengeschichtlich unverändert am Beginn der Neuzeit erhalten in der Person des Augustinermönchs MARTIN LUTHER (1483–1546), der sich nach der Lösung von seinem irdischen Vater auch von den Zwiespältigkeiten des Gottesbildes der Papstkirche befreite, um nach enormen inneren wie äußeren Kämpfen zu dem Gott der Gnade, den Jesus uns gebracht hat, zurückzufinden[26], – man

[24] Vgl. OSKAR PFISTER: *Das Christentum und die Angst*, S. XXXIX: «So kam ich allmählich zu den Grundzügen einer Religionspathologie, Religionstherapie und Religionshygiene.»

[25] THOMAS VON CELANO: *Leben und Wunder des heiligen Franziskus von Assisi*, 2. Lebensbeschreibung, 1. Buch, Kap. 7, S. 232–233.

[26] Vgl. RICHARD FRIEDENTHAL: *Luther*, 9–22: Bauernkind und Bergmannssohn, zur Kindheit des späteren Reformators; GERHARD WEHR: *Martin Luther*, 59: «Dieses beharrliche Dennoch des Festhaltens an Gott, selbst an dem um seiner Gerechtigkeitsforderung willen gehaßten Gott, ist das Erstaunliche und Beispielhafte an Luthers innerem Kampf.»

schaue nur auf dem Bild von LUCAS CRANACH DEM ÄLTEREN (1472–1553) die hart gewordenen Gesichtszüge der Eltern LUTHERS, vor allem seines Vaters HANS LUTHER (1459–1530), und man ahnt die Schwierigkeit, hinter diesen Augen, die zum ersten Mal ein Kind anschauen mit der Strenge eines «Gottes», das Bild des «Vaters» Jesu zu entdecken (*Tafel 8*); seither steht die «evangelische» Frömmigkeitshaltung der römischen Religionsform in einer eigenen kirchlichen Organisation gegenüber; doch die Frage ist nicht, ob jemand durch seine Gruppenzugehörigkeit «evangelisch» oder «katholisch» ist, die Frage lautet, inwieweit es jemandem gelingt, «jesuanisch» zu denken und ein «Christ» zu werden; bloß darauf kommt es an, und daran sollte keine «Kirche» einen Menschen hindern. Nur: zu dieser Unabhängigkeit muß man sich selbst das Recht herausnehmen, und das verweist auf eine weitere Schwierigkeit in der «Nachfolge» Jesu.

Da will tatsächlich jemand Jesus folgen, doch bittet er zuvor um die Verstattung, sich «von denen zu Hause» «verabschieden» zu dürfen (9,61). Er merkt nicht den Widerspruch, der in seiner Einstellung liegt; denn wenn etwas unmöglich ist, dann ist es, frei werden zu wollen mit Erlaubnis. Freiheit kann man sich nur selber nehmen; eine von fremd genehmigte Freiheit ist nur eine genehmere Form der Unfreiheit, eine verlängerte Kette für den Hund. Das eigentliche Problem des Dauerabschiednehmens ergibt sich indessen aus dem Gefühl, dem anderen weh zu tun, wenn man sich von ihm löst; wohl würde man sich von ihm trennen, wenn er es nur vertrüge, doch das traut man ihm nicht zu. Vielleicht aber tut man ihm damit unrecht, vielleicht unterschätzt man ihn und hat nur Angst vor der eigenen Courage? Ganz sicher jedenfalls kommt irgendwann der Zeitpunkt, an dem sich die Entscheidung für den Aufbruch nicht länger mehr aufschieben läßt, und dann kann es geradewegs gefährlich sein, sich weiter zu verzögern. – Das GRIMMsche Märchen *Der goldene Vogel* (KHM 57) zum Beispiel erzählt von einem Königssohn, der eine Prinzessin heimholen soll, um seinen Vater zu erlösen; schon hat er im Badehaus die Geliebte geküßt und will sie unverzüglich entführen, da bittet sie ihn, erst noch von ihren Eltern Abschied nehmen zu dürfen; der Königssohn gewährt es ihr, doch wie zur Strafe dafür wird er selbst verhaftet und in ein Gefängnis geworfen, aus welchem nur die Ratschläge seines tierischen Seelenbegleiters, eines Fuchses, ihn mit weisen Paradoxien nach und nach wieder herausführen können[27]. – Ganz

[27] Vgl. E. DREWERMANN: *Der goldene Vogel*, 45–49: Die Reinigung der Seele und das Verbot des Abschieds.

entsprechend lautet die Weisung, die Jesus dem Manne hier erteilt, ohne jeglichen «Abschied» nach vorne zu schauen.

Darin liegt zweierlei. *Zum einen* läuft es darauf hinaus, selber Entscheidungen zu treffen und zu diesen dann auch zu stehen. Wie lange es freilich braucht, einen Menschen zu dieser Fähigkeit einer inneren Geschlossenheit und Entschlossenheit zu begleiten, wird in dem überlieferten Jesus-Wort – erneut – mit keiner Silbe auch nur angedeutet; wiederum muß man nach der «Zeitzerdehnungsregel»[28] sich das Gemeinte im wirklichen Leben als das Resultat einer zumeist langwierigen Entwicklung vorstellen. Befehlen jedenfalls läßt sich «Selbständigkeit» nicht; sie kann nur reifen in der Nähe eines Beistands, der die Zuständigkeit für sich selbst vertrauensvoll genug vermittelt.

Und *zum zweiten*: Es gilt, den Blick von rückwärts endgültig nach vorn zu richten. Mangelnde Erlaubnis zugunsten eigener Zukunftsgestaltung und die daraus sich ergebende Rückwärtsgewandtheit der Lebenseinstellung – beides zusammen bildet geradewegs klassisch die Haltung des Traditionalismus. Auch in diesem Punkte geht die Themenstellung über das Private weit hinaus ins Grundsätzliche. Das «Traditionsprinzip» stellt speziell in der römischen Kirche eines der wichtigsten Wahrheitskriterien ihrer Dogmatik dar: für «wahr» kann da nur gelten, was «immer schon» gesagt und geglaubt wurde[29]. Die Dauer der Zeit, die imperiale Überlegenheit im Konkurrenzkampf mit anderen Ideen und Gruppen, das Überdauern in der Geschichte tritt da selbst auf als Erweis von Göttlichkeit[30]. Etwas wirklich Neues im Bruch mit der Vergangenheit ist im Umfeld einer solchen Den-

[28] TE I 226–228.

[29] Vgl. JOHANNES BRINKTRINE: *Einleitung in die Dogmatik*, 46, den Satz des hl. *Vinzenz von Lerin*; JOSEF RUPERT GEISELMANN: *Die Heilige Schrift und die Tradition*, 83, behauptet vom Traditionsprinzip der Kirche Roms: «die Offenbarungstradition ... ist von der echten Freiheit des Menschen getragen, weil ... getragen ... vom Wirken des Heiligen Geistes und von einem Lehramte, dem die Gabe der Unfehlbarkeit verliehen ist. Sie ist daher nicht eine zur Ruhe gekommene Revolution, sondern setzt allen Revolutionen ein Ende. An die Stelle der Revolution tritt bei ihr die Evolution des mit Jesus Christus gesetzten, absolut neuen geschichtlichen Anfangs: Jesus Christus, von dem wirklich gilt, was einst ein Papst von sich gesagt hat: Die Tradition bin ich.»

[30] Vgl. demgegenüber SÖREN KIERKEGAARD: *Der Augenblick*, Nr. 7, 5, in: Werkausgabe, II 458–463: Daß die «Christenheit» von Geschlecht zu Geschlecht eine Gesellschaft von Nichtchristen sei; und die Formel, nach der das zugeht, S. 462: «Der Witz liegt immer darin, den Ernst (selber Christ zu werden) wegzubekommen und statt dessen den tiefen Ernst (!) anzubringen, daß man andere zu Christen machen wolle.» Das Christentum fordert «Gleichzeitigkeit» der Existenz, nicht Traditionalismus; vgl. *Der Augenblick*, Nr. 8, 1, in: Werkausgabe, II 503–509.

kungsart schlechthin unmöglich. Wie aber soll «Erlösung» wirklich werden, wie soll das «Königtum» der Himmel je auf Erden sich entfalten können, wenn all die alten Ordnungen und Gewohnheiten und Trägheiten bestehen bleiben? Was Jesus wollte, war ein Neuanfang, so radikal, daß er ihn mit der Kraft von neuem Wein verglich, der neue Schläuche braucht, da er die alten notwendig zerreißen wird (Lk 5,37). Ganz ähnlich formuliert es Jesus jetzt in einem Bild vom Pflügen: Wer auf den steinigen, holperigen Äckern Galiläas den Blick nach hinten lenkt, kann keine geraden Furchen ziehen (9,62a)[31]. Anders gesagt: Wer immer noch liebäugelt mit dem Überkommenen, wer sucht nach Kompromissen und Genehmigungen, der mag als Theologe sich sein Leben wohl recht komfortabel und recht angenehm gestalten, doch ist er nicht «geeignet für das Königtum Gottes» (9,62b). Was insbesondere die «krummen Furchen» angeht: Da stand einmal Jesu Cousin am Jordan und verkündete: «es sei: das Krumme zu Geradem» (Lk 3,5)! Im Klartext: Aller politischer und wirtschaftlicher Pragmatismus mag uns lehren, nach links und rechts zu schauen, Umwege zu wählen, wenn nötig, einen Zickzack-Kurs zu steuern wie ein Rahsegler gegen den Wind, sich wie das Wasser zwischen den Bergen zu winden, um ans Meer zu gelangen, – man wird, vielleicht, auf diese Art zu Wasser und zu Lande tatsächlich weiterkommen, doch das «Königtum Gottes» kommt so nicht. Wie Jesus hier sein Antlitz richtet auf Jerusalem, so gilt es vielmehr, geradeaus zu sehen und zu gehen – ohne Abweichungen und Abstriche. Da heißt es, anzukommen – bei sich selber und bei Gott; von «weiterkommen» ist die Rede nicht.

Im Alten China erzählte der taoistische Autor LIÂ DSI (um 350 v. Chr.) einmal, daß Herzog Dschuang den Dschan Ho fragte: «Was muß man tun, um den Staat in Ordnung zu halten?» Der Weise erwiderte: «Ich verstehe nur, das eigene Selbst in Ordnung zu bringen; einen Staat in Ordnung zu bringen, verstehe ich nicht.» Herzog Dschuang wandte ein: «Wir haben die

[31] JOACHIM JEREMIAS: *Die Gleichnisse Jesu*, 194, erklärt dazu: «Der sehr leichte palästinensisch Pflug wird mit einer Hand regiert. Diese eine Hand, meist ist es die linke, muß gleichzeitig die senkrechte Stellung des Pfluges wahren, seine Tiefe durch Druck regulieren und ihn über im Wege stehende Felsen und Steine hinwegheben. Die andere Hand braucht der Pflüger, um die störrischen Ochsen mit dem etwa 2 m langen, an der Spitze mit einem ehernen Stachel versehenen Treibstock anzutreiben. Gleichzeitig muß der Pflüger, zwischen den Tieren hindurchblickend, ständig die Furche im Auge behalten. Diese primitive Art des Pflügens erfordert Geschick und konzentrierte Aufmerksamkeit. Wenn der Pflüger sich umblickt, wird die neue Furche schief. So muß, wer sich Jesus anschließen will, entschlossen sein, alle Brücken zur Vergangenheit abzubrechen und den Blick nur auf das kommende Gottesreich zu richten.» Vgl. auch Str. B. II 165–166.

Tempel unserer Ahnen übernommen und das Recht, dem Himmel zu opfern. Wir möchten lernen, wodurch Wir diese Stellung wahren können.» Da antwortete Dschan Ho: «Ich habe noch nie gehört, daß, wenn das eigne Selbst in Ordnung ist, der Staat in Verwirrung käme, und habe auch noch nie gehört, daß, wenn das eigene Selbst in Verwirrung ist, der Staat sich ordnen ließe. Die Ursache der Ordnung liegt also im eignen Selbst, und deshalb wage ich nicht, über ihre Wirkungen etwas zu sagen.»[32] Nicht wirken wollen – wahr sein ist die Haltung, die dem Königtum des Himmels nahe ist.

[32] LIÄ DSI: *Quellender Urgrund*, VIII 16, S. 170: Staatsmoral und Privatmoral.

Lk 10,1–24: Die Berufung der Zweiundsiebzig oder: Von Weisung und Wesen eines Jüngers Jesu

(vergleiche Mt 9,37–38; Joh 4,35; Mt 10,7–16; Mk 6,7–13 zu *Lk 10,1–12*; Mt 11,20–23 zu *Lk 10,13–15*; Mt 10,40; Joh 5,23; 13,20; 15,23 zu *Lk 10,16*; [Mk 16,17–18] zu *Lk 10,17–20*; Mt 11,25–27; 13,16–17 zu *Lk 10,21–24*)

1 Danach ernannte der Herr noch andere, zweiundsiebzig, und er sandte
sie zu zweit vor seinem Angesicht her in jede Stadt und Ortschaft, wohin
er selbst kommen wollte. 2 Er sagte aber zu ihnen: Die Ernte – groß, doch
Arbeiter – wenige! Erfleht also vom Herrn der Ernte, daß er Arbeiter aus-
werfe in seine Ernte. 3 Geht, da, ich sende euch wie Schafe inmitten von
Wölfen. 4 Tragt keinen Geldbeutel, keine Tasche, keine Sandalen (9,3;
22,35); niemanden unterwegs heißt willkommen. 5 Wenn ihr aber in eine
Wohnung geht, sagt zuerst: Friede diesem Hause. 6 Und wenn dort ein
Sohn des Friedens ist, wird euer Friede(nsgruß) auf ihm ruhen; wenn aber
nicht, wird er auf euch sich zurückbiegen. 7 In eben der Wohnung aber
bleibt, essend, trinkend das ihrige, denn: wert ist der Arbeiter seines Loh-
nes. Wechselt nicht von Wohnung zu Wohnung. 8 Und wenn ihr in eine
Stadt kommt und sie nehmen euch auf, eßt, was euch vorgesetzt wird.
9 Heilt die dort Kranken und sagt ihnen: Genaht ist euch das Königtum
Gottes. 10 Wenn ihr aber in eine Stadt kommen solltet und sie euch nicht
aufnehmen, so geht hinaus auf ihre Plätze und sprecht: 11 Sogar den
Staub, der uns anklebt von eurer Stadt an den Füßen, wischen wir euch
hin. Jedoch, das merkt: Genaht ist das Königtum Gottes (Mk 1,15). 12 Ich
sage euch: Für Sodom wird es an jenem Tage erträglicher sein als jener
Stadt (vgl. 11,32).
13 Wehe dir, Chorazin! Wehe dir, Betsaida! Denn wenn in (den Heiden-
städten) Tyrus und Sidon die Machttaten geschehen wären, die in euch
geschehen sind, längst in Sack und Asche sitzend wären sie umgekehrt.
14 Demnach: Tyrus und Sidon wird es erträglicher gehen beim Gericht als
euch. 15 Und du, Kafarnaum, *wolltest du nicht zum Himmel emporstei-
gen? Zum Totenreich mußt du hinabsteigen* (Jes 14,13–15; vgl. Ez 26,20).
16 Wer euch hört – mich hört er, und wer euch ablehnt – mich lehnt er ab.
Wer aber mich ablehnt, lehnt den ab, der mich gesandt hat.
17 Zurück aber kehrten die Zweiundsiebzig; voll Freude sagten sie: Herr,
sogar die Abergeister unterwerfen sich uns in deinem Namen (in deiner
Wesensart). 18 Gesagt aber hat er ihnen: Ich schaute: den Satan wie einen
Blitz aus dem Himmel gefallen. 19 Da, gegeben habe ich euch die Voll-
macht des *Tretens auf Schlangen* (Ps 91,13; Gen 3,15) und Skorpione und
auf alle Machttat des Feindes, und nichts wird euch, nein, niemals, scha-
den. 20 Jedoch darüber freut euch nicht, daß die Geister sich euch unter-
werfen, sondern freut euch, daß eure Namen aufgeschrieben sind in den
Himmeln.

[21] In eben der Stunde jubelte er im Heiligen Geist und hat gesagt: Ich preise dich, Vater, Herr des Himmels und der Erde, daß du dies vor Gebildeten und Vernünftigen verhüllt hast, und hast es enthüllt den Kindlichen! Ja, Vater, so fand es Huld vor dir. [22] Alles ist mir übergeben von meinem Vater (Joh 13,3), und niemand kennt, wer der Sohn ist, als nur der Vater, und wer der Vater ist, als nur der Sohn (Joh 7,29; 17,25) und wem immer der Sohn es enthüllen will. [23] Und zu den Jüngern gewandt, mit sich allein, hat er gesagt: Glücklich die Augen, die sehen, was ihr seht. [24] Denn ich sage euch: Viele Propheten und Könige wollten sehen, was ihr erblickt, und haben es nicht gesehen, und hören, was ihr hört, und haben es nicht gehört.

a) Die Aussendung der Zweiundsiebzig oder: Die Ernte des Friedens

Wer diese Erzählung von der Berufung und Aussendung der Zweiundsiebzig liest, der *soll* sich erinnern an die (fast) gleichartige Aussendung der Zwölf (Lk 9,1–6): sie bilden in der Abfolge des *Lukas*-Evangeliums sozusagen den «Kern» des Atoms, als dessen «Schale» nun die Zweiundsiebzig auftreten. Eigentlich sollten es Siebzig sein, wie es in einigen Lesarten denn auch überliefert wird[1]; denn niemand, der die Bibel einigermaßen kennt – so gut wie *Lukas* die *Septuaginta*, die Übersetzung des Alten Testaments ins Griechische durch die «Siebzig» –, kann die symbolische Gleichsetzung überlesen, die mit dem Motiv von der Auswahl der Zweiundsiebzig zwischen Jesus – und Moses (!) vorgenommen wird. Als Moses, erdrückt fast von all den zu regelnden Rechtsfällen am Sinai, auf den weisen Rat seines Schwiegervaters Jithros redliche, gottesfürchtige Männer als «Oberste» be-

[1] Str. B. II 166, sehen die 70 Jünger in «Analogie der 70 Ältesten Nu 11,16». HEINZ SCHÜRMANN: *Das Lukasevangelium*, II 1, 54, der die Zahl 70 nach einer Reihe früher Handschriften für «gut bezeugt hält», räumt freilich ein, daß «die häufige Zahl 70 eine erleichternde Abrundung der seltenen Zahl 72 sein könnte (auch aus den 72 Übersetzern des AT – vgl. Aristeasbrief 50.307 – wurden die LXX)»; vgl. PAUL WENDLAND: *Aristeasbrief*, in: Emil Kautzsch (Hg.): Die Apokryphen und Pseudepigraphen des Alten Testaments, II 9: die Zahl von 72 Übersetzern; II 30: die Zahl von 72 Tagen für die Übersetzung. Gleichwohl bevorzugt SCHÜRMANN die Zahl 70 «aus inneren Gründen als die ursprüngliche ..., wenn man im Text nämlich eine Anspielung an die 70 Ältesten von Ex 24,1.9; Num 11,16 findet». (A. a. O., S. 54) Die 72 werden auf die Anzahl der Völker von Gen 10 bezogen, doch auch hier herrscht dieselbe Unklarheit: der hebräische Masoretentext zählt 70, die griechische Septuaginta 72. «Sollte 70 nur die abgerundete Zahl für 72 sein?» fragt deshalb zu Recht WOLFGANG WIEFEL: *Das Evangelium nach Lukas*, 195.

stellte (Ex 18,13–27)[2], tat er einen ersten Schritt zu seiner Entlastung, aber auch zu einer hierarchischen Organisationsform des «Volkes»; als Israel dann aufbricht vom Gottesberg, wird die Zahl der «Siebzig» von den «Ältesten» bereits als eine feste Instanz vorausgesetzt (Ex 24,1); doch die theologische Bedeutung der «Siebzig» erhellt erst später, als Gott selber Moses gebietet, er solle unter den Ältesten und Amtsleuten Israels siebzig auswählen und sie zum heiligen Zelte bringen, damit Gott von dem Geist, der auf Moses ruht, auch auf sie lege (Num 11,16.17)[3]; was Gott, als Er redete mit dem Mann Moses «von Angesicht zu Angesicht» (Ex 33,11; Dtn 34,10), Seinem «Propheten» gebot, soll dieser weitergeben durch Übertragung Seines «Geistes»; und wenn damit nicht einfach ein archaisch-magisches Ritual der «Kraftverleihung» gemeint sein soll, so müßte es sich handeln um die Prägung einer größeren Gruppe durch die Geistesart eines Einzelnen, um die «Existenzmitteilung» persönlicher Begegnung und Formung also, um die Charakterbildung des einen durch die Gegenwart des anderen[4]. «Ich weiß nicht», sagte ein alt gewordener Landstreicher einmal, und er lächelte dabei schelmisch verschmitzt, «ich weiß nicht, was der da oben von mir will, aber ich lasse mir den Kontakt zu ihm von niemandem nehmen; nur – bei jeder Begegnung mit einem anderen Menschen meißelt er an mir herum, und ich möchte eines Tages wissen, wie ich in seinen Augen erscheine.» Dieses «Meißeln» Gottes, diese «Übertragung» des Geistes müssen wir versuchen in unserem Leben zu verstehen. Wählt Moses die Siebzig aus und legt auf sie dann von seinem Geist? Umgekehrt! «Gemeißelt» worden ist genug. In Wahrheit erkennt Moses, daß es «gottge-

2 Str. B. II 166, zitieren aus der rabbinischen Auslegung und folgern: («... Daß die 70 Mose gleichen sollen) das geht aus Ex 18,22 hervor».

3 MARTIN BUBER: *Moses*, in: Werke, II 189–190, hebt hervor: «Die Ruach (sc. der Geist, d.V.) ‹ist› über Mose; auf die ‹Siebzig› (die schon Exodus 24,1.9 auftretende Auslese) legt sie sich, wirkt sich zu vorübergehendem außerordentlichen Gebaren in ihnen aus, befähigt sie aber dadurch, daß sie einmal durch diesen Zustand, diese Umrührung und Erneuerung aller Kräfte, hindurchgegangen sind, Mose fortan das Volk ‹tragen› zu helfen. Mose selber bedarf solchen Durchgangs nicht; wen die Stimme angesprochen hat von Person zu Person, der ist Träger des Geistes geworden, eines ruhenden und steten Geistes ohne alles gewaltsame Wirken, eines Geistes, der eben nichts anderes ist als das Aufgenommensein in das dialogische Verhältnis zur Gottheit, in das Zwiegespräch ... Es ist nicht eine nachträgliche Geschichtsinterpretation, die sich in diesem Bilde äußert; es ist der Charakter der Geschichtsepoche selber, und zwar eben der, die mit Mose beginnt. Mose freilich erscheint als über die ‹Richter› und ihren Geist-Durchgang erhoben ... Denn Sendung ist Größeres als Amtsbegabung.»

4 In gerade dem Sinne, in dem SÖREN KIERKEGAARD: *Unwissenschaftliche Nachschrift*, 2. Teil, S. 821, schrieb: «das Christentum ist eine Existenz-Mitteilung, Christ zu werden oder fortzufahren es zu sein die Aufgabe».

prägte» Menschen gibt, die denken – mittlerweile – ganz wie er selbst, und die bestätigt er, indem er sie bestellt zu seinen Boten und Vertrauten. So Moses einst, so Jesus jetzt, – und doch dabei derart verschieden!

Zunächst die Ähnlichkeit. Schon als Jesus *die Zwölf* auswählte, geschah es nach einer «Nacht im Gebet zu Gott» (Lk 6,12), als die Erfüllung mithin einer göttlichen Weisung, und als er sie aussandte, gab er «ihnen Kraft und Vollmacht gegenüber den Abergeistern und zum Heilen von Krankheiten» (Lk 9,1). Die Analogie zur Gestalt des Moses und zu seiner Wirkung auf die Menschen könnte an dieser Stelle größer kaum sein: Der Zug des Moses hinüber (oder zurück) in das Land der Verheißung beginnt durch Jesus ganz neu, – allerdings hat seine Bedeutung sich entscheidend erweitert, und dies bereits macht einen wichtigen Unterschied aus: nicht um eine räumliche Bewegung handelt es sich, schon gar nicht um eine militärische Großaktion; was in Jesu Augen not tut, ist eine Wandlung der Gesinnung und der Gesittung vor Gott und den Menschen. Verheißen wird deshalb nicht die gewalttätige Besetzung und Besiedlung eines bewohnten Landes zugunsten eines einzelnen Volkes auf Kosten aller anderen Völker (Dtn 7,1–26), im Gegenteil: zu erhoffen steht die Versöhnung aller Menschen unter einem Gott, der seine Sonne aufgehen läßt «über Bösen und Guten» (Mt 5,45); das «Land», das es da zu «erobern» gilt, ist «Israel» selbst, wie es von Gott gemeint ist, – als der Beginn einer Rückführung der gesamten Menschheit in das verlorene Land Eden[5], in jenen Zustand, in dem ein jeder sich befände, lastete nicht der Fluch gnadenloser Angst auf ihm. *Das* zu zeigen war der Sinn der Aussendung der Zwölf: sie sollten die Menschen heilen von ihren Krankheiten und Abergeistern.

Die Aussendung der Zweiundsiebzig jetzt knüpft daran an. In ihrer Zahl erinnern sie, wie gesagt, an die siebzig Ältesten des Moses, und doch stellen sie etwas weit Wesentlicheres dar: Sie bilden gerade nicht den Instanzenzug eines sich etablierenden Rechts- und Verwaltungssystems ab, vielmehr sind sie die Sendboten, welche die Ankunft Jesu in den Dörfern Galiläas vorbereiten sollen. Sie sind durchaus keine Beamten, keine Titelträger, keine Repräsentanten von (Kirchen)Macht und (Ritual)Magie; sie sind Personen, die in ihrer Lebensauffassung und Lebensweise etwas von

[5] Die Berufung Abrahams in Gen 12,1-3 dient in der jahwistischen «Theologie» der Umkehrung der immer weiter um sich greifenden Entfremdung des Menschen und der Menschheit von Gott in der «Urgeschichte»; vgl. SdB I 322–323; dem Verlust des «Gartens Eden» entspricht so die «Verheißung» des «Landes». Vgl. auch MARTIN BUBER: *Biblisches Zeugnis*, in: Werke, II 1011–1024: Die Verheißung; vgl. DERS.: *Rabbi Nachman von Bratzlaw*, in: Werke, III 913–932: Ein Zaddik kommt ins Land.

der Art Jesu selbst erahnen lassen und vermitteln: «Wer euch hört – mich hört er», wird Jesus von ihnen und zu ihnen sagen (10,16). In Geltung bleibt dabei das schon bei der Aussendung der Zwölf anklingende rabbinische «Gesetz»: «Der Gesandte eines Mannes ist wie dieser selbst» (auf aramäisch: «sch^{e}lucho schäl adam k^{e}motho»)[6]; nur gilt es jetzt noch verstärkt: was einmal gemeint war als eine Rechtsregel der Diplomatie im Umgang mit den Delegaten eines fremden Königs, fungiert hier als Bild für die «Durchsichtigkeit» und Lauterkeit menschlicher Existenz entsprechend ihrer Berufung. Für Jesus eintreten und auftreten kann mithin nur, wer in irgendeiner Weise transparent bleibt auf ihn hin; er selbst, gewiß, ist nicht Jesus, aber es muß doch wichtige Merkmale in seiner Persönlichkeit geben, die so, wie sie sind, nicht wären ohne den Erfahrungshintergrund des Mannes aus Nazaret, und durch diese Wesenszüge seiner eigenen Person trägt er dazu bei, die «Ankunft» Jesu selber vorzubereiten.

Dabei hat Jesus in diesem Moment offenbar selbst den Eindruck, in einem absoluten Entscheidungsaugenblick zu stehen. Das Wort von der «Ernte» und den «Arbeitern» (10,2)[7] wird in der (katholischen) Kirche zumeist auf die (klerikalen) Mitarbeiter (die Priester) und die Gemeinde bezogen; die Vorstellung herrscht da, es gelte, die herangereifte Saat (die Menschen) vom Acker zu holen und in die Scheuer (die Kirche) einzufahren. In gewissem Sinne dachte wohl auch Jesus so, nur wiederum ganz anders: In den «Wundern», die er wirkte, und in den «Worten», die er sprach, war von Gottes Botschaft schon so viel «ausgesät» worden, wie er es in dem Gleichnis vom verschiedenen Acker (Lk 8,4–8) angedeutet hatte, und es war zu sehen, wie es hundertfache Frucht bringen würde. Gleichwohl wäre es ein folgenschweres Mißverständnis, anzunehmen, Jesus habe mit der «Ernte» der «Früchte» so etwas wie die Gründung einer Sammlungsbewegung seiner Anhänger gemeint; speziell in der Redaktion des *Lukas* ist an derlei von vornherein nicht zu denken, – man darf nicht vergessen, daß «sein» Jesus all die Zeit über bereits unterwegs ist nach «Jerusalem»; alles daher läuft hinaus auf eine Entscheidung, welche ganz Israel, welche die ganze Menschheit treffen muß.

[6] Vgl. KARL HEINRICH RENGSTORF: *apóstolos* (Gesandter), in: ThWNT I 427.

[7] Vgl. *Catéchisme de l'Église Catholique* (Weltkatechismus), Nr. 765, S. 168. So auch HEINZ SCHÜRMANN: *Das Lukasevangelium*, II 1,54-55: «Wie Lukas die ‹zwölf Apostel› 6,13.17 in eine Rolle bringen kann, die atl. den (70) Ältesten entspricht…, so kann er umgekehrt nun die Ältesten der ntl. Gemeinde hineindenken in Berufung und Funktion der ‹zwölf Apostel›.» Doch muß auch er anerkennen: «Der Text erzählt die Aussendung… in den Erdentagen Jesu». Alle Ableitungen für kirchliche Institutionen und Ämter überdehnen den Text bei weitem, ja, sie geraten notwendig in Kontrast dazu.

Vor allem aber deutet das Bild der «Ernte» selbst auf etwas Endzeitliches, Endgültiges hin, das keinerlei innergeschichtliche Planungen mehr zuläßt. In Jesu Augen ist Gott offenbar gerade dabei, durch ihn selber seine «Ernte» vorbereiten zu lassen. Die Vision Johannes' des Täufers taucht da wieder auf: es komme einer, «bei dem die Worfschaufel (schon) in der Hand ist, aufzuräumen seinen Dreschplatz und zu sammeln das Korn in seine Scheune, aber die Spreu» werde «er verbrennen in unauslöschbarem Feuer» (Lk 3,17). In der Predigt des Johannes malt sich das Weltbild der Apokalyptik mit der Szene von dem göttlichen Weltgericht: «Und ich sah, und siehe, eine weiße Wolke. Und auf der Wolke saß einer, der gleich war einem Menschensohn; der hatte eine goldene Krone auf seinem Haupt und in seiner Hand eine scharfe Sichel. Und ein andrer Engel kam aus dem Tempel und rief dem, der auf der Wolke saß, mit großer Stimme zu: Setze deine Sichel an und ernte; denn die Zeit zu ernten ist gekommen, denn die Ernte der Erde ist reif geworden. Und der auf der Wolke saß, setzte seine Sichel an die Erde, und die Erde wurde abgeerntet.» (Apk 14,14–16)[8]

Bilder und Anschauungen wie diese stecken zweifellos auch hinter der Gleichnisrede Jesu von der großen Ernte, die es einzubringen gelte[9]; und

[8] Vgl. JOACHIM JEREMIAS: *Die Gleichnisse Jesu*, 118–119: «Wie Hochzeit und Wein, so ist die Ernte festes Bild der Bibel für die Heilszeit.» Vgl. Ps 126,6; Joel 4,13. «Es ist so weit, sagt Jesus. Nicht zu säen, sondern zu ernten sendet er seine Jünger aus. Die Felder sind weiß (Joh 4,35); Saat und Ernte fallen zusammen (4,36).» Vgl. auch *Thomas-Evangelium*, Nr. 73.

[9] Das Bild der «Ernte» trägt an sich deutlich apokalyptische Züge. WOLFGANG WIEFEL: *Das Evangelium nach Lukas*, 197, sieht wohl richtig, wenn er meint: «Die Größe der Ernte, bei der Lukas gewiß an die Weite des Missionsfeldes gedacht hat, mag ursprünglich die drängende Zeit eingeschlossen haben. Angesichts dessen ist die Zahl der Arbeiter zu gering. Die Bitte, zu der die Jünger aufgefordert werden, anerkennt, daß die Ernte Gottes Sache ist.» JOHANNES M. NÜTZEL: *Jesus als Offenbarer Gottes nach den lukanischen Schriften*, 140, ist nach wie vor zuzustimmen, wenn er sagt: «Das durch Jesus bevollmächtigte Wirken der Sendboten ist ‹Erntearbeit›, d.h. es bedeutet eschatologisches Gericht... Die Charakterisierung der Verkündigungstätigkeit der Sendboten als Erntearbeit weckt Assoziationen zur Gerichtsankündigung der Täufers (Lk 3,17) unter dem Bild der Trennung von Spreu und Weizen, das mit dem der Ernte verwandt ist.» Dieser Sinngehalt geht unter, wenn HEINZ SCHÜRMANN: *Das Lukasevangelium*, II 1, 59 meint: «Was hier ‹Ernte› ist, darf nicht von einer vorgegebenen – atl. und spätjüdisch-apokalyptischen – Bedeutung des Bildes aus erklärt, sondern muß von der Gesamtintention des Logions her verstanden werden. Dieses zielt aber auf Abhilfe einer ‹*kirchlichen*› *Notlage*... Damit klafft», wie er selber zugibt, «in der Aussage des Wortes eine kräftige ‹eschatologische Differenz›... Ernte ist hier... ‹kirchliche›, nicht ‹eschatologische› Heimholung». Diese Sicht mag begrenzt für die lukanische Redaktion zutreffen, doch kaum für das ursprüngliche Erntewort; exegetisch ergibt sich bei SCHÜRMANN eine nahezu unkritische Rückführung der bestehenden Strukturen der (römischen!) Kirche auf die Situation Jesu bei der «Sammlung» Israels.

doch gilt es gerade hier zu sehen, wie in seiner Botschaft die alten Vorstellungen umgeprägt werden. Schon bei der Predigt des Täufers von der «Umkehr» war das so: nicht sittliche Anstrengungen im Angesicht des heranrückenden göttlichen Strafgerichts verlangte Jesus, sondern wenn *er* von «Umkehr» sprach, so verstand er darunter die Wandlung einer Welt der Angst und Aggression in eine Sphäre des Vertrauens und Vergebens. Auch die «Ernte», die Jesus bei der Aussendung der Zweiundsiebzig in Aussicht stellt, bedeutet geradewegs das Gegenteil der johanneischen Strafandrohungen.

Am deutlichsten wird diese Tatsache in dem Gleichnis vom Unkraut im Weizen (Mt 13,24–30)[10], in dem Jesus seine Jünger ausdrücklich davor warnt, das Endgericht Gottes selber in die Hand zu nehmen: Da waren einmal Knechte, erzählt Jesus, die den Acker ihres Herrn vom Unkraut säubern wollten; doch ihr Herr sprach: «Nein, nimmermehr, beim Zusammenlesen des Unkrauts würdet ihr zugleich damit den Weizen ausreißen. Laßt beides zusammen wachsen bis zur Ernte.» (Mt 13,29.30) Erst zur Zeit der Ernte dann werden die «Erntearbeiter» das Unkraut sammeln und es in Bündel binden, um es zu verbrennen, den Weizen aber werden sie in die Scheune bringen (Mt 13,29–30). Hier jetzt sendet Jesus selber die Zweiundsiebzig in die Ernte, doch eben nicht zu dem Zwecke, das «Unkraut» vom «Weizen» oder die «Spreu» vom «Korn» zu trennen, sondern um die Menschen vorzubereiten auf sein eigenes Kommen, auf seine Botschaft vom Königtum Gottes.

Indirekt gibt er seinen Jüngern damit gleich dreierlei mit auf den Weg:
1) sagt er: «Spielt Ihr Euch nicht auf als apokalyptische Racheengel und Erntehelfer des göttlichen Gerichtes. Das steht Euch nicht zu, – Johannes, Jakobus, hört es genau: Ihr habt nicht zu richten über Samariter, nicht über Israeliten, nicht über irgendeinen der Menschen (vgl. Lk 6,37–42; 9,52–56). Ihr habt Gott nicht vorzugreifen.»
2) sagt er: «Fühlt Euch nicht durch Eure Sendung im Besitz eines Machtanspruchs über andere; Ihr seid nicht die Inhaber einer Dienststelle im Rang von Hofbeamten. Das Königtum Gottes, das Ihr verkündet, ist das gerade Widerspiel aller staatsähnlichen Organisationsformen. Boten seid Ihr, wie die Propheten Gottes Boten waren, um in einem Entscheidungsaugenblick

[10] Vgl. Mt II 283–299: Mt 13,24–43: Ausrotten oder Wachsenlassen – was eigentlich macht Gott mit uns?

menschlicher Geschichte sein Wort auszurichten[11]. Das Bleibende ist Gott, Ihr seid buchstäblich nur Vorübergehende.»
Und 3) sagt er: «Setzt, sechsmal verbreitert jetzt, die Botschaft fort, die mit der Aussendung der Zwölf begonnen hat (Lk 9,1–6). Die ‹Kraft ... zum Heilen von Krankheiten› gab ich ihnen (Lk 9,1); Ihr jetzt tragt dieses Angebot zum Heil noch einmal vor. Denn Ihr stellt's zur entscheidenden Wahl, Ihr bringt's zur endgültigen Klärung, – entweder nimmt man es an oder es ist ein für allemal zu spät.»

Was die Zahl der Zweiundsiebzig angeht, so darf sie – auf Grund der textkritischen Regel von der schwierigeren Lesart[12] – für ursprünglicher gelten als die Zahl Siebzig; sie bedeutet eben nicht einfach eine «Wiederholung» des mosaischen Exodus, sondern sie stellt ihrer Zahlensymbolik nach eine Multiplikation des Sendungsauftrags der Zwölf dar: dasselbe also, nur noch verstärkt, nur noch dringlicher; im apokalyptischen Denken wird schließlich die Zahl Zwölf, mit Zwölf vertausendfacht, die Zahl der Hundertvierundvierzigtausend ergeben, «die erkauft sind von der Erde» (Apk 14,3)[13]; doch wiederum ist in der *Geheimen Offenbarung* der Sinngehalt der Zahlensymbolik ein konträr verschiedener zu dem, was Jesus wollte: In der *Geheimen Offenbarung* sammeln sich an der Seite des (geopferten)

[11] EUGEN BISER: *Der Freund*, 124, bemerkt sehr schön zu dem «Zentralbegriff der Botschaft Jesu» vom «Reich Gottes»: «Er spricht von Gott, doch so, daß dadurch die menschlichen Verhältnisse auf einen neuen Nenner gebracht und zu ihren größten Möglichkeiten aufgerufen werden. Er meint die Ausrichtung alles Bestehenden auf Gott, aber nicht im Sinne einer Unterwerfung unter seine Macht; er meint eine Ordnung, aber nicht nach Art eines Herrschaftssystems; er meint einen Lebensraum, aber keine Gemeinschaft von Beherrschten. Weil er seine Ordnung der der Welt zugewandten Liebe Gottes verdankt, wird in diesem Lebensraum der andere als Bereicherung, nicht als Begrenzung empfunden, gerät der Freiheitsbereich des einen nicht in Kollision mit dem des anderen, ergänzen sich die Interessen, statt einander zu widerstreiten, entsteht Verbundenheit und nicht nur Kooperation ... Jesus spricht von keinem Traum, sondern von einer Wirklichkeit, die hier und heute beginnt, auch wenn sie sich erst in der Endzeit vollendet.» – RUDOLF SCHNACKENBURG: *Gottes Herrschaft und Reich*, 72, betonte sehr zu Recht: «Jesus geht es nicht um eine gesellschaftliche Revolution, auch nicht um eine fortschreitende Evolution auf ein irdisches Friedensreich hin, sondern um die Revolutionierung des Menschen selbst, damit er am kommenden Gottesreich teilnahmen könne.»

[12] Vgl. HEINRICH ZIMMERMANN: *Neutestamentliche Methodenlehre*, 47. Die Zahl 72 wird gedeutet als «Anspielung auf die 72... Heidenvölker von Gen 10 LXX (MT, sc. der hebr. Masoretentext, d.V.: 70) – und damit auf die spätere Heidenmission»; doch HEINZ SCHÜRMANN: *Das Lukasevangelium*, II 1, 54, wendet zu Recht ein, daß «eine paarweise Sendung ... ja nur 36 (35) Heidenvölker erreichen» würde, «was die Anspielung aufhebt».

[13] Vgl. WILHELM BOUSSET: *Die Offenbarung Johannis*, 379–383: Das Lamm und die 144000.

«Lammes» all diejenigen, «die sich mit Frauen nicht befleckt haben, denn sie sind jungfräulich; die folgen dem Lamm nach, wohin es geht. Diese sind erkauft aus den Menschen als Erstlinge für Gott und das Lamm, und in ihrem Mund wurde kein Falsch gefunden; sie sind untadelig» (Apk 14,4–5). Jesu Anliegen hingegen ist erkennbar gerade nicht – wie etwa in der Gemeinde der Essener von Qumran[14] – die Sammlung der Heiligen der letzten Tage, ein Gericht also zwischen den moralisch-gesetzlich Belohnenswerten und den moralisch-gesetzlich Strafenswerten; der Maßstab, der in seinen Augen Menschen in die Nähe oder Ferne Gottes rückt, ist einzig die Barmherzigkeit des Umgangs miteinander. «Werdet barmherzig, wie euer Vater barmherzig ist.» (Lk 6,36) – Dieses zentrale Wort der «Feldrede» Jesu ist in keiner Weise vereinbar mit dem rigiden Rigorismus der Gesetzestreuen; es ist vollkommen verschieden von dem Gerichtsgedanken der Täuferpredigt.

Auch Jesus geht es mithin um eine Entscheidung auf Sein oder Nichtsein, doch auf einer vollkommen anderen Grundlage: Wenn Gottes Wesen Geltung haben soll, bedeutet das nicht mehr und nicht weniger als eine Umformung der Existenz im ganzen. An einen jeden richtet sich daher die Frage, was er will. – Im Bild gesprochen: Da steht im April 1945 auf dem Gleise einer schlesischen Großstadt der letzte Zug, der noch fahren kann, ehe die Rote Armee den Ort einnehmen wird; es handelt sich um die allerletzte Möglichkeit, sich in einen der Waggons hineinzuretten und mitzufahren, oder aber es gibt kein Entkommen mehr. Doch wohlgemerkt: in dieser Weise sieht die Lage nur jemand, der ausschließlich an dem Wohl und Wehe der Frauen und Kinder, der Kranken und alten Leute, – der *Menschen* interessiert ist. Den nationalsozialistischen Parteigängern, den chauvinistischen Endsieggewinnern, den unverbrüchlichen Hurrapatrioten müssen all die Flüchtlinge als Drückeberger, Defaitisten und Deserteure vorkommen, die aus Angst vor den vorrückenden Kommunisten als Verräter gnadenlos und unnachsichtig aufgehängt oder an die Wand gestellt gehören. – Alles läuft auch in solch einer Situation auf ein Entweder–Oder hinaus: Siegt jetzt die Menschlichkeit über den Durchhaltewillen, so verbleibt immerhin eine Chance zum Überleben in Freiheit; oder aber es triumphiert der Durchhaltewillen über die Menschlichkeit, dann wird die Vernichtung total sein. Kapitulation und Rettung oder Weitermachen bis zum Untergang – eins von

[14] Vgl. z.B. *Sektenkanon*, 1QS IV 22, JOHANNES MAIER: *Die Texte vom Totem Meer*, I 28: «Um Einsicht zu schenken den Rechtschaffenen im Wissen des Höchsten und die Weisheit der Söhne des Himmels denen zu lehren, die vollkommen wandeln. Denn sie hat Gott erwählt zum ewigen Bund.»

beidem ist jetzt nur noch möglich. – Die Zweiundsiebzig, die Jesus hier ausschickt, sollen gewissermaßen den Standpunkt der zum Heilen ausgesandten Zwölf – der Ärzte hinter der Frontlinie und der Sanitäter auf dem Schlachtfeld – für alle ersichtlich machen: der «Krieg» ist verloren; drum kann es jetzt nicht mehr gehen um die Wahrung soldatischer Tugenden wie Tapferkeit und Treue, wie Gehorsam und Loyalität, es kann jetzt nur noch gehen um die Rettung möglichst vieler in einer Haltung einfacher Menschlichkeit und unverstellten Mitleids.

Wenn also Jesus die Zweiundsiebzig in die Dörfer Galiläas schickt, so um endgültig eine solche «Kapitulation» anzusagen. Nach seiner Auffassung ist es nicht länger möglich, an dem moralischen Standpunkt festzuhalten, wir könnten gut sein, einfach weil wir «gut» sein wollen, und wir hätten deshalb ein Recht, ja, die Pflicht, all die «Versager»: die «Unordentlichen», die «Zöllner und Sünder» (Lk 5,30; vgl. Lk 7,34; 15,2; 19,7), im Namen Gottes aus der Gemeinschaft mit Gott auszuweisen. In Wirklichkeit bedürfen wir allesamt der Vergebung Gottes, und nur in seiner Liebe gewinnen wir die Fähigkeit zur Güte und zum Guten. Das Königtum Gottes kann deshalb nichts anderes sein als die Integration aller; und wer *die* verweigert, verpaßt in der Starrheit seiner erzwungenen Rechtlichkeit für sich und alle, die so sind wie er, die einzige noch verbleibende Rettung. Entweder–Oder! Nachdem die Zwölf die heilende Macht des Vertrauens auf Gott sichtbar gemacht haben, sollen nunmehr die Zweiundsiebzig «zu zweit» (10,1), wie es dazu gehört, eine Zeugenaussage als glaubwürdig erscheinen zu lassen[15], die «Ernte» ansagen: – die Zeit der Entscheidung ist da.

Was hier als äußerster Gegensatz von Leben und Tod auf dem Spiel steht, verdeutlicht Jesus selbst in seinem Aussendungsbefehl: «Ich sende euch», spricht er, «wie Schafe inmitten von Wölfen» (10,3). Mit den «Schafen» verbindet die Bildersprache der Fabel seit jeher eine Haltung der Friedfertigkeit, Gutmütigkeit und Zusammengehörigkeit, während die «Wölfe» für Grausamkeit, Mordlust und Todesangst stehen[16]. Jesus meint hier aber nicht nur, daß die «Wölfe» die «Schafe» nicht anfallen sollen, – daß also ein «Tierfriede» eintritt, wie er im Paradies einmal bestand und wie *Jesaja* ihn als Zustand des neuen Himmels und der neuen Erde in Aussicht gestellt hat:

[15] Vgl. Dtn 19,15: «Es soll kein einziger Zeuge gegen jemanden auftreten wegen irgendeiner Missetat oder Sünde, was für eine Sünde es auch sei, die man tun kann, sondern durch zweier oder dreier Zeugen Mund soll eine Sache gültig sein.»

[16] Vgl. Äsop: *Fabeln*, Nr. 35: Der Hund und der Wolf, in: Fabeln von Äsop und Äsopische Fabeln des Phädrus, S. 31; Nr. 71: Der Hirte und der Wolf, S. 48–49; Nr. 94: Das Böcklein und der Wolf, S. 60; Nr. 106: Der Wolf und das Schaf, S. 66.

«Wolf und Schaf sollen beieinander weiden», schrieb er (Jes 65,25; vgl. Jes 11,6)[17]. Sondern: als «Schafe» sollen die Zweiundsiebzig die «Wölfe» von ihrer Wesensart befreien, und Jesus sieht die Verheißung des *Jesaja* erfüllt, indem er voraussetzt, daß die «Wölfe» begreifen werden, auch sie könnten überhaupt nicht anders leben denn als «Schafe»! Steht es so, bedeutet es das Ende des «Herausbeißens» der Verletzbaren, der Wehrlosen, der Schwachen; es ist identisch mit dem Anfang einer neuen Welt.

Ganz wie die Zwölf schon (Lk 9,3) sollen auch die Zweiundsiebzig nichts auf den Weg mitnehmen – «keinen Geldbeutel, keine Tasche, keine Sandalen» (10,4), zum Zeichen wohl ihrer Ungeschütztheit beziehungsweise ihres Vertrauens[18]; doch *Lukas* sieht darüber hinaus die Ausgesandten Jesu jetzt in einer Lage, die mit der des *Elischa*-Knechts Gehasi vergleichbar ist: seinerzeit schickte der Prophet ihn in Eile voraus zu dem gerade verstorbenen Sohn der Frau von Schunem; zwar übergab er ihm dabei seinen eigenen Stab, doch untersagte er ihm, auf dem Wege jemanden zu grüßen (2 Kön 4,29), ganz wie Jesus es hier tut (10,4)[19]. Eine solche Anweisung enthält ganz offenkundig einen massiven Regelverstoß gegenüber den Minimalforderungen der Höflichkeit und des Anstands, sie macht aber *eines* deutlich: der Auftrag Jesu verträgt nicht die geringste Zeitverzögerung. Es eilt – ganz wie bei einem Notarztwagen: Er darf sich nicht mehr an die Verkehrsordnung halten, oder vielmehr: zu jeder Straßenverkehrsordnung gehört die

[17] Vgl. HEINZ SCHÜRMANN: *Das Lukasevangelium*, II 1, 62: «Das Logion V 3b will nicht – wie Mt 10,16b – zu kluger Vorsicht mahnen. Jesus sandte die Siebzig damals zwar schutzlos, ohne Schwert (vgl. dagegen 22,36), aber doch nicht... ohne Zuversicht gebende Zusage: Sie müssen sich nicht ‹fürchten› (Lk 12,4-7.11-12a par); sie werden erleben, daß Heilszeit ist».

[18] HEINZ SCHÜRMANN: *Das Lukasevangelium*, II 1, 65, meint zu den Ausrüstungsverboten: «Eine rigorose Armut soll die Sendlinge... kennzeichnen, eine Armut, welche einen solch zeichenhaft-demonstrativen Charakter hat... Die alles Notwendige zubringende nahende Basileia (sc. Gottesherrschaft, d.V.) zeigt sich darin an (vgl. Lk 6,20f.).» – Auf einen womöglich noch weit wichtigeren Aspekt verweisen Str. B. I 565: «Man soll auf den Tempelberg nicht mit einem Stock, nicht in Schuhen, nicht mit dem Geldgürtel..., nicht mit bestaubten Füßen gehen.» Gemeint sein könnte, daß Jesus den Heiligtumsraum Gottes nicht im Jerusalemer Tempel erblickt, sondern in den Menschen, denen die Botschaft der Gottesherrschaft gilt. Das wäre eine Haltung, wie MARTIN BUBER: *Der Weg des Menschen nach der chassidischen Lehre*, in: Werke, III 738, sie schildert: «Rabbi Mendel von Kozk überraschte einst einige gelehrte Männer, die bei ihm zu Gast waren, mit der Frage: ‹Wo wohnt Gott?› Sie lachten über ihn: ‹Wie redet Ihr! Ist doch die Welt seiner Herrlichkeit voll!› Er aber beantwortete die eigene Frage: ‹Gott wohnt, wo man ihn einläßt›.»

[19] Vgl. Str. B. II 166: «Das Grußverbot..., falls es der Eile dienen will, ähnelt am meisten demjenigen in 2 Kg 4,29.»

Vorschrift, Wagen, die mit Blaulicht und Signalhorn fahren, durchzulassen, – da könnte ein Hirninfarkt auf Hilfe warten, und Minuten, ja, Sekunden entscheiden über alles. Bei der Aussendungsrede Jesu an die Zweiundsiebzig steht mit ganz entsprechendem Ernst das Schicksal der gesamten Welt zur Endentscheidung an.

Gleichwohl könnte man denn doch in der Eile der Jünger Jesu, in ihrer Konzentration auf das Wesentliche, in ihrer Verweigerung jeglicher Art von Plauderei und «Small talk», immer noch einen Akt der Unhöflichkeit, ja, der Menschenfeindlichkeit erblicken. Daran wäre zumindest so viel richtig, daß niemand sich auf die Behäbigkeit gemütlicher Unterhaltungen wird einlassen können, der die bürgerliche Alltagswelt derart in Frage stellt, wie Jesus es hier tut. Mit Stammtischreden, mit Klön Snacks und mit mediengerechten TV-Talks kann man nicht Gott zur Sprache bringen. Und trotzdem ist das, was Jesu Jünger in die Häuser tragen sollen, *Friede*. Wenn Engel anläßlich der Geburt Jesu «Friede in Menschen des (göttlichen) Wohlgefallens» ankündigten (Lk 2,14), so ist die Zeit, da diese Botschaft wirklich wird, nunmehr gekommen. Nicht Engel des Strafgerichtes Gottes sind mithin die Zweiundsiebzig; ihr Auftrag ist's, die Friedensengel von den Fluren Betlehems nun in den Dörfern Galiläas zu vertreten[20]: die «Ernte», die hier ansteht, zeigt, wie weit gereift durch Jesu Wirken die Saat Gottes ist. Mehr, als bereits geschehen, ist nicht möglich, aber auch nicht nötig. Jetzt richtet die Frage sich an jeden Einzelnen, wieweit er selbst ein Mensch ist, der an Gottes Gnade glauben kann.

Manche Sozialtheorien besagen, daß die Religion gesellschaftlich etwas durch und durch Unproduktives, Unnützes, Parasitäres darstelle, und ganz falsch ist diese Meinung nicht. Der «Wert» der Religion kann nicht in der Verwertbarkeit ihrer Ideen liegen – zugunsten des Profits oder zur Profilierung von Personen und Parteien; die Religion hat ihren «Nutzen» darin, daß sie überhaupt nicht «nützt»[21]. Sie ist notwendig, doch nützlich ist sie nicht. Ihr Sinn liegt gerade darin, daß sie Räume öffnet, in denen man Menschen nicht mehr fragt, wozu man sie gebrauchen kann; wer wissen will, in welche Verwendungs- und Verwertungszusammenhänge sich Menschen wohl noch einordnen oder «vermitteln» lassen, der kann den Status von

[20] Zu dem «Friedensgruß» vgl. Str. B. I 380–385; 569–570. Der Gruß galt als Ehrenbezeugung, seine Unterlassung als Geringschätzung; einen Gruß nicht zu erwidern bedeutete eine schroffe Brüskierung. Sklaven stand ein Gruß nicht zu. Hier soll gelten, was Spr 3,17 sagt: «Ihre Wege sind liebliche Wege, und alle ihre Steige sind Frieden.»

[21] Vgl. E. DREWERMANN: *Hat der Glaube Hoffnung?*, 11–19: Religion nützt nichts oder: Von Buddha, Laotse und der Bergpredigt.

Entfremdung und von Entpersönlichung nur verstärken. Es braucht daher ganz dringend die Unbrauchbarkeit des Religiösen: um Menschen zu sich selbst zurückzuführen, daß sie zu ihrem «Frieden» finden, bedarf es dringend eines «Hauses», in welchem Menschen zweckfrei leben können, – gemocht in ihrem Wesen, erwünscht in ihrem Dasein, nicht erst auf Grund ihrer erbrachten Leistung. Zu Asylstätten der Menschlichkeit, zu Gnadenorten Gottes werden solche Häuser, – und in solche sollen die Jünger Jesu all die Wohnungen verwandeln, in denen man sie aufnimmt (10,5.6)[22]. Sie tuen damit etwas äußerst «Nützliches»: sie heilen Kranke, wie die Zwölf, sie sagen an: «Genaht ist euch das Königtum Gottes.» (10,9)[23] Doch sie tun dies, weil sie selbst nichts «Nützliches» erreichen wollen, weil sie zwecklos und frei in Gottes Händen ruhen, weil sie zufrieden sind mit dem, was ihnen «vorgesetzt wird» (10,8)[24]. Und eben deswegen tun sie, *sind* sie das Allerwichtigste im Leben: sie lassen leben und gewähren Leben, sie setzen frei, sie breiten um die Menschen eine Atmosphäre von Wohlwollen und «Wohlgefallen»; darum «verdienen» sie spontane Dankbarkeit und Herz-

22 EDUARD SCHWEIZER: *Das Evangelium nach Lukas*, 114–115, schreibt eindringlich: «Der Zuspruch des endgültigen, den Menschen heil machenden ‹Friedens› (2,14!) ist so real gedacht, daß er (wie der Geist, 4. Mose 11,25; 2. Kön 2,15 auf Menschen) auf einem Haus bleiben oder zu den Jüngern zurückkehren kann. Man müßte die Realität des Friedens oder Unfriedens über einem Haus sehen und werten lernen ... Weil es um solche Entscheidungen geht, setzt die Verkündigung auch beim einzelnen Haus, ja beim einzelnen ‹Sohn des Friedens›, bei dem von Gottes Frieden überwundenen Menschen an (vgl. ‹Menschen des Wohlgefallens› 2,14). Der Ausdruck kennt keine Parallelen (vgl. nur Ps 41,9: wörtlich ‹Menschen meines Friedens›). Hat Jesus ihn geprägt und als Jude unter ‹Frieden› das allumfassende Heil verstanden?»

23 JOHANNES M. NÜTZEL: *Jesus als Offenbarer Gottes nach den lukanischen Schriften*, 146, meint, mit Blick auf Lk 10,18, den «Satanssturz»: «Nein, die Gottesherrschaft ist in der Zeit der Kirche nicht nur ‹Realität in himmlischer Transzendenz›, sie ist erfahrbar gegenwärtig im heilschaffenden Wirken der Sendboten Jesu. Ihr Wirken trägt bei zum Sturz Satans, freilich in der Vollmacht Jesu.» WOLFGANG WIEFEL: *Das Evangelium nach Lukas*, 198, schreibt ähnlich, doch anders akzentuiert: «Mit Tat und Wort der Boten, die Jesu Kommen vorbereiten sollen, kündigt sich die nahe gekommene Gottesherrschaft an. Die Stelle entspricht einem Verständnis, in dem die Gottesherrschaft mit Jesus gleichgesetzt wird.» «Im öffentlichen Wirken steht die Heilung der Kranken vor der Botschaft voran.»

24 WOLFGANG WIEFEL: *Das Evangelium nach Lukas*, 198, meint: «Die Aufenthaltsregel richtet sich sowohl gegen die Bedenklichkeit, die es vermeidet, in einem gastfreundlichen Hause länger zu bleiben, als auch gegen das stete Suchen nach einem neuen Quartier ... Der Gast darf alles genießen, was ihm vorgesetzt wird, er ist also von der Sorge um die Speisegebote befreit.»

lichkeit, deren sie wert sind wie «der Arbeiter seines Lohnes» (10,7)[25]. Es ist ein Geben und ein Nehmen – ein lebendiges Wiedereintauchen in die Erfahrung der «wunderbaren Brotvermehrung» (Lk 9,10b–17): ein jeder gibt, was er vermag, und es tauscht sich aus in Freiheit. In einer Welt in «Frieden» endet das Denken in «Verdiensten» auf der Basis von erbrachten und von zu erbringenden Leistungen; umgekehrt: die Auflösung des Leistungszwangs ist gerade das, was in der Dimension des Religiösen wesentlich enthalten ist.

Das Angebot der Boten Jesu ist in diesem Sinne ebenso umfassend wie grundlegend: Alles verändert sich für den, der sie in sein «Haus» «aufnimmt»; doch wer das nicht tut, handelt wie ein Skorbut-Kranker, der die mitgebrachten Zitrusfrüchte ablehnt: an den Folgen seiner Mangelernährung wird er elend zugrunde gehen, vielleicht sogar ohne zu wissen, warum. Mangel an Liebe – er ist so «normal», wer wollte da an Krankheit denken? Und wie soll man vor allem in Israel einen solchen Mangel bemerken, wo doch die Überzeugung herrscht, man *befinde* sich längst im «Königtum Gottes», – nur die Römer müßten halt noch abziehen?

b) Die unbedingte Entscheidung oder: Der Weheruf über die galiläischen Städte

Die folgenden Sätze zählen zweifellos zu den erschreckendsten des ganzen Neuen Testamentes. Derselbe Mann, der kam, die krank Darniederliegenden zu heilen mit der Macht der Güte, derselbe auch, der in der «Feldrede» noch sagte, man dürfe über Menschen sich nicht im Gericht erheben (Lk 6,37–42), – wie kann der derart lieblos und verurteilend jetzt über all die sprechen, die seine Sendboten «nicht aufnehmen» (10,10)? Wie bei der Aussendung der Zwölf weist Jesus die Zweiundsiebzig an, im Falle, daß man sie nicht aufnimmt, «den Staub ... an den Füßen» ihnen hinzuwischen (10,11)[26]. Das «Königtum Gottes» wird kommen, meint Jesus, so oder so, keinerlei Ablehnung vermag daran etwas zu ändern; nur für die Menschen,

25 Diese Versorgungsregel entspricht 1 Kor 9,14: «So hat auch der Herr befohlen, daß, die das Evangelium verkünden, sich vom Evangelium nähren sollen.» Und Gal 6,6: «Wer aber unterrichtet wird im Wort, der gebe dem, der ihn unterrichtet, Anteil an allem Guten.»

26 Den Staub von den Füßen zu schütteln war eine Erfordernis nach dem Betreten von Heidenland, «weil man (sc. dort, d.V.) überall Grabstätten vermutete ... Schüttelte man daher den Staub einer Stadt von den Füßen ab, so drückte man damit aus, daß man den Ort dem Gebiet der Heiden gleichstelle u. mit seinen Bewohnern keine Gemeinschaft habe.» Str. B. I 571.

die sich verweigern, ergibt sich daraus eine Katastrophe – schlimmer als die des Untergangs von Sodom (und Gomorra, vgl. Gen 19,24–25.28), der Städte, die Gott vernichtete der unerhörten sexuellen Ausschweifungen wegen sowie infolge der Mißachtung des elementaren Gebotes der Gastfreundschaft gegenüber Fremden; damals hatte Jahwe seine eigenen Boten zu den Bewohnern dieser Städte gesandt, die aber hatten sie vergewaltigen («sodomisieren») wollen (Gen 19,1.5). Übler, möchte man meinen, kann es nicht kommen. In Jesu Augen aber ist die Zurückweisung seiner Boten sowie die Absage des Königtums Gottes noch weit folgenschwerer als die schlimmsten Verfehlungen, die in der Bibel verzeichnet stehen: «an jenem Tage» (10,12), das heißt am «Tag des Herrn», wie die Propheten den Gerichtstag Gottes nennen[27], werde die Strafe Gottes, sagt er, schrecklicher noch ausfallen, als sie über die verfluchten Städte niederging, von denen nichts geblieben ist als eine schreckliche Sage an den Gestaden des Toten Meeres.

Aussagen wie diese können und müssen in der Tat irritierend wirken, stehen sie doch auf den ersten Blick in vollkommenem Gegensatz zu den Worten und Taten Jesu sonst. Soll jetzt also doch wieder über Menschen hergegangen werden mit entsetzlichen Strafandrohungen, herausgestoßen in enttäuschter Ungeduld und zorniger Empörung? Weiß nicht jeder, daß Menschen sich nicht von jetzt auf gleich, von heut auf morgen, im Handumdrehen ändern lassen? Bestand nicht gerade in dieser Erwartung der «Fehler» des Täufers? Ein Moment enormer «Ungeduld» liegt zweifellos in jeder «Naherwartung» umfassenden Heils, wie auch und gerade Jesus sie gehegt hat; inhaltlich aber verdeutlicht gerade sein schockierend anmutender Vergleich mit dem Schicksal von Sodom, was er hier sagen will: Schlimm war, was sich in der verfluchten Stadt ereignete, – es war ein abartiger Höhepunkt von Wollust und von Willkür, ein Gipfel maßloser Enthemmung und Triebhaftigkeit; und doch wird alle Schuld ins Unendliche getrieben, wenn man die Voraussetzungen ständiger Gier und Gewalt bewußt bejaht und die Einsicht weigert, wie völlig unhaltbar das ist, was bürgerlich für ganz «normal» gehalten wird. Dieselben Leute, die über «Sodom» zu Recht entsetzt sich geben, solange es als individuelles Fehlverhalten in Erscheinung tritt, rücken in ihren kollektiven Überzeugungen doch nicht den Deut ab von dem «Prinzip» der Trägheit: alles soll so wei-

[27] Zum «Tag des Herrn» vgl. GERHARD VON RAD: *Theologie des Alten Testaments*, II 133–137, der in der eschatologischen Vorstellung der Propheten von Jahwes Gerichtstag eine Kriegstheophanie aus «alten Zeiten» erblickt, die nun in die Zukunft verlegt und auf alle Völker erweitert gedacht wird.

tergehen – nur keinen «Umsturz», nur keine Abweichung vom Althergebrachten, nur nichts «Radikales»; wie es bisher war, ist es doch nicht so schlecht gewesen ... Dagegen steht notwendig eine Botschaft, die das Wort der «Engel» vom «Wohlwollen» und vom «Frieden» Gottes ernst nimmt. Sie kann, transponiert in die Gegenwart, eine Welt nicht für akzeptabel finden, in der man jedem 18jährigen, nur weil er ein Junge ist, beibringt, wie er am effizientesten mit den technischen Mitteln seiner Zeit beliebig viele Menschen töten kann; in der die Bereitschaft zum Krieg als politischer «Option» mit gigantischen Rüstungsausgaben und Kriegsvorbereitungen «offengehalten» wird; in der es keinerlei Bedenken erregt, an reich gedeckten Tischen wie der reiche Prasser in Jesu Gleichnis (Lk 16,19–31) sich gütlich zu tun, während draußen vor der Tür andere an Hunger und Krankheiten elend sterben; in der die Reichen zur Vermehrung ihres Reichtums skrupellos Geschäfte machen, mit denen sie die Armut ihrer Mitmenschen sogar noch auszubeuten trachten (vgl. dagegen Lk 6,34; 14,12–14); in der ... den Beispielen struktureller, systemimmanenter Unmenschlichkeit endlos weitere hinzuzufügen sind.

«Sodom» – das soll, wenn man so will, für eine perverse Ausnahme gelten, die immer noch nach moralisch-rechtlichen Maßstäben beurteilbar, das heißt *ver*urteilbar zu sein hat; die Normalität von «Sodom» aber erhält sich nicht zuletzt durch die Mechanik eben der Gesetze und Moralvorstellungen, die all den bürgerlichen Wertungen von «gut» und «böse», «anständig» und «unanständig», «recht» und «schlecht» zugrunde liegen. Ein Moral- und Rechtssystem, das Mitleid mit Menschen regelrecht verbietet und das Verständnis mit Verlorenen geradezu untersagt, ist in der Tat unendlich schrecklicher als alle Schreckenstaten Sodoms. Eine göttliche Gerechtigkeit ohne Güte – das sind nicht mehr nur die (armen) «Teufel», in die wir Menschen uns verwandeln können, das ist die Hölle hier auf Erden. Davor kann man in der Tat nur warnen in Begriffen, die so dramatisch sind, wie die Gerichtsszenarien der Apokalyptik. Endgültig alles steht hier auf dem Spiel. Denn der Friede hat letztlich nur einen Feind: Menschen, die nicht einmal merken wollen, wie sie ihre Menschlichkeit im Krieg verlieren; die Güte hat letztlich nur einen Gegner: Menschen, die unter Berufung auf ihre eigene Gesetzestreue keine Gnade kennen; das Wohlwollen hat letztlich nur einen Widersacher: Menschen, die sich weigern, an den Willen zum Guten im Menschen zu glauben. Nichts kann Gott derart entgegenstehen als die Strukturen der Gewalt, die in den Paragraphen aller staatlichen Gesetzgebung bis heute als rechtsgültig eingeschrieben sind. AUGUSTINUS (354–430) sah in diesem Punkt ganz richtig: das Königtum der Himmel ist das Gegenmodell zu den «Königreichen» dieser Erde[28], so unterschieden wie Schaf von Wolf, wie Abel von Kain, wie Pro Asyl und Amnesty von einer Räuberbande. «Kainiten», die ihre Konflikte kennen, lassen sich bekehren; doch unbelehrbar, unbekehrbar sind all die guten Bürger, die sich am Strande eines Meers an Leid breitbeinig in die Sonne legen und vermeinen, Gottes Güte scheine just auf sie herab ...

Historisch mag es sein, daß die Weherufe über *Chorazin* und *Betsaida* im öffentlichen Wirken Jesu das Ende des «galiläischen Frühlings» markieren, wie man die frohe Anfangszeit genannt hat, als sich noch nicht die Widerstände formierten und die Verdächtigungen sich verschärften[29]. Für *Lukas* sind auch dies Worte der «Erntezeit». Was je in Chorazin geschah, wissen wir nicht, – der Ort wird nur erwähnt als Warnung vor einem ewigen Zuspät; Betsaida immerhin hat *Lukas* selber zu der Stadt erklärt, in der die Brotvermehrung stattgefunden habe (Lk 9,10b)[30], und damit macht er deutlich, worin nach seiner Meinung die Tragik Jesu gründet: Mehr mußte nicht, mehr konnte nicht geschehen, als – der Legende nach – in dem Verteilen der Nahrung an die Fünftausend zum Ausdruck kam; da ging eine Woge des Mitleids durch die Herzen der Menschen; niemand mehr hielt voller Angst fest, was er hatte; er gab dem anderen von dem, was er besaß und was jener brauchte; der Hunger trennte nicht mehr die Menschen, er einte sie in wunderbarer Solidarität, – der «Teufel» mit seinem Konzept des Nie-genug, des «Man muß Steine in Brot verwandeln» (Lk 4,3) schien endgültig widerlegt. Er hatte seine Macht verloren. Wie aber, wenn dieses Wunder der Herzensverwandlung (nicht eigentlich der «Brotvermehrung») doch nicht für wahr genommen wird? Wenn die Macht der Gewohnheit die alten Verteilungskämpfe in endlosen Wiederholungsschleifen wieder heraufbeschwört? Wenn letztlich alles sich so weiterdrehen soll wie bisher?

Es ist so einfach, nur zu tun, was im Gesetz des Moses steht: man entrichtet seine Abgaben nach Vorschrift, man erfüllt möglichst korrekt seine Pflichten, und dann hat man alles richtig gemacht, dann ist man ein guter

[28] Vgl. AURELIUS AUGUSTINUS: *Gottesstaat*, IV 4, in: Ausgewählte Schriften, I 192–193. Vgl. auch MARTIN DIBELIUS: *Jesus*, 53: «Wer damals ‹Reich Gottes› sagt, weiß, daß diese Welt nicht Gottes Welt ist.»

[29] So läßt GERHARD KROLL: *Auf den Spuren Jesu*, 263–269, Jesus sich sozusagen gleich vom «Tabor» als dem Berg der «Verklärung» hinüberbewegen zum Laubhüttenfest nach Jerusalem. Vgl. auch ETHELBERT STAUFFER: *Jesus*, 69–71: Der Sommer in Galiläa.

[30] Vgl. HEINZ SCHÜRMANN: *Das Lukasevangelium*, I 512: «Die ‹Stadt› Bethsaida-Julias ... nennt Luk, weil er davon Mk 6,45 und 8,22 gelesen hat ..., aber auch darum ..., weil er damit 10,13 vorbereiten kann.»

Mensch, dann garantiert Gott Glück und Segen als gerechten Lohn für das Geleistete. Aber: Kann es nicht sein, daß Menschen, die über Gott niemals in dieser starren Form unterrichtet wurden, weit weniger verfestigt sind und darum viel fähiger zu Mitleid und zu Menschlichkeit? Von Anfang an, gleich in der ersten Szene seines öffentlichen Wirkens, in seiner «Grundsatzrede» in der Synagoge seines Heimatortes Nazaret, wies Jesus hin auf jene Witwe in «Sarepta bei Sidon» (Lk 4,26), die *Elija* mit ihrem letzten Mehl und Öl speiste (1 Kön 17,1.9–24), und er erntete dafür tödlichen Haß (Lk 4,28–29). Jetzt aber wird's zur Gewißheit: Syrophönizier, Heiden, vermeintlich gottlose Menschen, wenn sie nur menschlich handeln, unirritiert von den Tausenden Vorschriften aus der mündlichen Tradition der Rabbinen, werden sich wesentlich leichter tun, den Weg Jesu zu gehen, – «längst in Sack und Asche sitzend wären sie umgekehrt.» (10,13)[31] Mit dem in «Sack und Asche *sitzen*» spielt *Lukas* (abweichend von Mt 11,21) auf die Predigt des *Jona* in der «Blutstadt» der Assyrer (Nah 3,1), in Ninive, an, – sie führte dazu, daß der König von seinem Throne herabstieg und sich zu den büßenden Bürgern in den Straßenstaub setzte (Jon 3,6)[32]. MARTIN LUTHER (1483–1546) bemerkte dazu, daß *ein* Prophet, gesandt nach Ninive, Gehör fand, während Dutzende von Propheten an «Israel» scheiterten[33].

Feststellungen wie diese hat man als theologischen Antijudaismus gebrandmarkt, und das wären sie auch, wenn man den bestehenden Konflikt als «typisch jüdisch» verstehen wollte, – doch das ist er keinesfalls, er ist «typisch menschlich». Exemplarisch für die Menschen aller Zeiten und Zonen ist er als eine Entscheidungsfrage auf Leben und Tod lediglich sichtbar geworden in der Person Jesu und in der Auseinandersetzung mit der Frömmigkeitshaltung seines Volkes in seinen Tagen. Bereits die Geschichtsallegorie von den ungetreuen Weinbergpächtern im *Markus*-Evangelium erzählt davon, wie Gott immer wieder «Knechte» (Propheten) in seinen

[31] Zum Bußetun in Sack und Asche vgl. HEINZ SCHÜRMANN: *Das Lukasevangelium*, II 1, 80: «Vielleicht denkt Lukas ... an ein ‹Sitzen› ... auf einem groben Bußteppich (vgl. Jes 58,5; Est 4,3 ...), Asche wurde aufs Haupt gestreut (Jos 7,6; Ez 27,30), oder man setzte sich hinein (Jer 6,26; Ijob 2,8), wie Lukas ... wohl aus Q weiß. Die Buße aber, die Jesus erwartete, war die Umkehr (Mk 1,14 f.), wäre die Annahme seiner Botschaft und seiner Boten gewesen, die in der ‹Aufnahme› der Sünder signifikativ geworden wäre.»

[32] Vgl. E. DREWERMANN: *Und der Fisch spie Jona an Land*, 49; 52–53.

[33] Vgl. ARTUR WEISER: *Das Buch der zwölf Kleinen Propheten*, I 223: «Wie groß ist der Unterschied zwischen dem Verhalten der Heiden und der Reaktion Israels, das die vielfältigen Bußmahnungen seiner Propheten in den Wind geschlagen hatte!» MARTIN LUTHER: *Von der babylonischen Gefangenschaft der Kirche*, in: Werke, II 218, moniert die Bußlehre der römischen Kirche, die Jona 3,5 so deutet, als hätten die Leute von Ninive «die Gnade wegen der Zerknirschung ihres Herzens und ihrer Demut erlangt».

«Weinberg» (Israel) sendet, bis daß jene sogar noch seinen Sohn (Jesus) erschlagen, um sich selber in den Besitz des «Weinbergs» zu bringen (Mk 12,1–12)[34]. – Wann fangen Menschen an, menschlich zu leben, statt in Angst und Gier ihr im Grunde mörderisches Dasein weiterzuführen? Wann akzeptieren sie überhaupt, daß es hier etwas radikal Neues zu beginnen gibt? Die Gottversicherten, die Gottesbesitzer brauchen nicht mehr zu lernen, sie kennen die Wahrheit seit alters her; drum, daß nichts Neues sie mehr erreichen kann. Die Heidenstädte Tyrus und Sidon stehen von daher Gott näher als diese frommen Gottesverwalter und Gottesverhinderer; ihnen ergeht es «erträglicher» im «Gericht» Gottes als den Städten in Galiläa, sagt Jesus (10,14)[35].

Dabei richten sich gerade gegen den alten Stadtstaat Tyrus die Fluchworte des Propheten *Ezechiel* aus einer Zeit, da er im 6. Jh. v. Chr. den Phöniziern übelnahm, daß sie nach der Zerstörung Jerusalems durch die Babylonier den Ausfall des Handels auf dem Landweg für prosperierende Geschäfte zur See auszunutzen verstanden[36]: In seinen Augen stellte dieses merkantile Kriegsgewinnlertum einen Akt unverzeihlichen Hochmuts dar, den Gott ahnden werde, indem er die Stadt «hinabfahren» lasse «in die steinerne Gruft» (Ez 26,20)[37]. Ähnlich hatte bereits *Jesaja* das allmächtig scheinende Babel als Inkarnation des Willens gekennzeichnet, gottgleich zu werden, ja, göttlicher an Macht zu sein als Gott: «Ich will in den Himmel steigen und meinen Thron über die Sterne Gottes erhöhen», so kennzeichnete der Prophet diese Gesinnung. «Ich will auffahren über die hohen Wolken und gleich sein dem Allerhöchsten.» (Jes 14,13–14)[38] Damit ist neben der unbarmherzigen Starre einer falsch verstandenen Gesetzesfrömmigkeit ein zweites, paralleles Thema angesprochen, das sich mit *Kafarnaum* verbindet: die Haltung eines Stolzes, der sich über Gott zu stellen sucht. Wieso?

Kafarnaum, das Fischerdorf am See Gennesaret, hat in der Darstellung

34 Mk II 233–246: Mk 12,1-12: Das Gleichnis von den ungetreuen Weinbergpächtern.

35 Zu den Gerichtsworten über Chorazin und Betsaida meint HEINZ SCHÜRMANN: *Das Lukasevangelium*, II 1, 80: «Das Völkerorakel der Propheten schlägt nun Israel ins Gesicht ... Von Tyrus und Sidon ... weiß Lukas aus seinen Tagen Besseres zu berichten (Apg 27,3); vgl. auch schon die Tage Jesu Lk 4,26; 6,17.»

36 Vgl. KARL-FRIEDRICH POHLMANN: *Der Prophet Hesekiel/Ezechiel, Kap. 20–48*, 378.

37 Vgl. a. a. O., 381.

38 Vgl. OTTO KAISER: *Der Prophet Jesaja, Kap. 13–39*, S. 25–38, S. 34–36: Jes 14,12-15: Der mißglückte Aufstieg in den Himmel. Die Bilder erinnern an die ugaritische Erzählung von der Geburt der Götter Schachar und Schalim, des Morgen- und Abendsterns. Vgl. HANS WILHELM HAUSSIG (Hg.): *Wörterbuch der Mythologie*, I 306–307.

des *Lukas* mehr Worte Jesu gehört und «Wunder» der Heilung gesehen als jeder andere Ort in Galiläa. In der Synagoge dort hatte Jesus im Gottesdienst einen «Besessenen» geheilt (Lk 4,31–37); in dieser Stadt hatte er die Schwiegermutter des Simon vom Fieber befreit (Lk 4,38–39) und noch am Abend eine Fülle von Heilungen gewirkt (Lk 4,40–41). Nach ausgedehnten Wanderungen durch die Dörfer Galiläas dann war er zurückgekehrt in «seine» Stadt und hatte den Knecht des römischen Hauptmanns vor dem Tode bewahrt (Lk 7,1–10). In einer jeden solchen Begebenheit hatte sich gezeigt, welch eine Macht die Güte und die Sanftmut besitzen, Vertrauen zu bilden, und über welch eine Kraft das Vertrauen verfügt, Ängste zu bannen, die seelisch wie körperlich schwere Krankheiten verursachen. Was in «Kafarnaum» zur Entscheidung anstand, war mithin die «Wahl», wie man auf Angst zu antworten gedenkt.

In der Bibel berichtet die sogenannte «Sündenfallerzählung» (Gen 3,1–7)[39] auf dramatische Weise davon, wie es der «Schlange» im Paradies gelingt, mit einer einzigen Frage nach Gott, mit einer einzigen Infragestellung Gottes Angst zu legen in das Herz der Frau: Sobald auch nur das Mißtrauen heraufzieht, Gott könnte wirklich so sein, wie die Schlange es mutmaßt – er schüfe eine Welt voller Freude, nur um sie dem Menschen vorzuenthalten, ja, er stünde auf der Stelle bereit, den Menschen zu töten, im Falle er sein Verbot übertritt –, so bricht zwangsläufig Angst aus nach allen Seiten: Angst vor der Strafgewalt Gottes, Angst vor einer todbringenden Welt, Angst vor sich selbst und den Verlockungen des Verbotenen. Es ist der Vorschlag der Schlange, das göttliche Gebot schlechtweg zu ignorieren, um selber zu sein wie Gott, wissend Gutes und Böses. Der Mensch tut's und wird «wissend» um seine «Nacktheit»! Es ist das einzige Gebot, das Gott dem Menschen erlassen mußte: niemals hätte er erkennen sollen, wie übel es ist, nur Geschöpf zu sein ohne die Einheit mit seinem Schöpfer. Über alles, was «gut» ist in der Verbindung mit Gott, legt es sich jetzt wie ein Fluch: an Gott zweifelnd müssen die Menschen fortan leben ohne den Hintergrund seines bejahenden Willens, ohne das Gefühl seines «Wohlgefallens». Aus lauter Angst von Gott getrennt, existieren die Menschen fortan nur noch in Angst, am meisten in der Angst vor dem Tode (Gen 3,19), aber auch vor der Liebe (Gen 3,16), auch vor der Mühsal des alltäglichen Daseins (Gen 3,18.19), auch vor der umgebenden Natur (Gen 3,14). Feindschaft und Feindseligkeit, Scham und Verachtung, Ungeborgenheit und Ungehaltenheit bilden nunmehr die Grundgefühle des Lebens und erzeugen

[39] Vgl. SdB I 53–78.

seelische Krankheitszustände voller Unglück und Leid. Werden zu wollen «wie Gott» (Gen 3,5) gilt seither als der Kern aller Selbstverfehlung und «Sünde», und es ist dies denn auch genau der Vorwurf, den *Ezechiel* gegen das «heidnische» Tyrus erhob; und doch handelt es sich dabei keinesfalls einfach um originäre Haltungen von «Hochmut» und «Stolz»; was so erscheint, ist vielmehr ganz deutlich eine Reaktion auf die hereinbrechende Krise einer Angst, die – einmal von der «Schlange» in die Seele gelegt – das ganze menschliche Dasein durchzieht.

Und so steht es hier in «Kafarnaum» zur Entscheidung: Aus ziehen die Zweiundsiebzig, Israel und damit die ganze Menschheit zurückzuführen in das verlorene Paradies Gottes, zurück in eine Daseinsform, welche die Angst stets schon überwunden hat durch das Gehaltenwerden in einem tieferen Vertrauen; und in all den «Wundern», die Jesus in Kafarnaum wirkte, indem er die Macht von Kränkung und Krankheit überwand durch die Art seiner Zuwendung und seines Zutrauens, klopfte er im Grunde an die Pforte zum Eingang des «Paradieses». Das Königtum Gottes – es ist da, sobald sich die Herzen der Menschen auftun, – und es läge so nah! Was jedem der «Kranken» guttut, – warum sollten es die «Gesunden» verweigern? Sie «müssen» es nur so lange verweigern, als sie die latente Angst in all ihren Haltungen und Verhaltensweisen weiter mit dem «adamitischen» (menschheitlichen) «Sein-wollen-wie-Gott» beantworten. Nur dann – dann aber wirklich – müssen sie «zum Himmel emporsteigen» (10,15)[40], und was *Ezechiel* vor mehr als einem halben Jahrtausend dem phönizischen Tyrus als Fluchwort entgegenschleuderte, das trifft nun in vollem Umfang – Kafarnaum! Ja, schlimmer: Tyrus (und Sidon) hätte(n) an Kafarnaums Stelle längst sich bekehrt, – sie waren nur einfach eine Aufgipfelung des «Normalen» ohne eine für sie erkennbare Alternative; «Kafarnaum» aber hätte von Jesus hören können, hätte an seinen Heilungen sehen müssen, wie die Welt sich verändert zum Guten, zum Gütigen – im Vertrauen auf Gott! Statt dessen aber beruft man sich in «Israel» auf Gott, um die alte Angstreligion in ihrer verfestigten Form unbeirrt fortsetzen zu können; wenig später wird man die eigene Perversion sogar ins Prinzipielle hineintreiben und erklären, daß all die «Wunder» der Menschlichkeit, die Jesus wirkte im Vertrauen auf Gott, Werke des Teufels seien, – eine unheimliche, verführe-

[40] Zu Recht stellt HEINZ SCHÜRMANN: *Das Lukasevangelium*, II 1, 81, fest, daß diese «harten *Gerichtsworte*» «die Verkündigung Jesu in die Nähe der Androhungen des Täufers bringen (vgl. Lk 3,7-8a.8b.9 par)», doch verabsäumt er es, thematisch den *Unterschied* herauszuarbeiten, der die Botschaft Jesu von der des Täufers absolut trennt und damit auch das Entscheidungsmoment radikalisiert.

rische Hexerei und schwarze Magie, etwas Dämonisches, vor dem man sich hüten müsse (Lk 11,14–23). Wie in «Betsaida», das – in der «Lokalisierung» des *Lukas* – die Menschlichkeit des Teilens weigerte zugunsten der Unkultur des Habens, wird auch für «Kafarnaum» die Katastrophe unabwendbar sein, wofern es weiter den Religionsersatz gottgleicher Perfektions- und Leistungsideale im Status einer wahnhaften «Gesundheit» an die Stelle einer vermenschlichten Frömmigkeitshaltung von Freiheit und Vertrauen rückt. Die Geschichte vom römischen Hauptmann und seinem Burschen – welch eine Chance zur Öffnung ging da verloren!

c) Die Rückkehr der Zweiundsiebzig oder: Statt unter dem Teufel in Gottes Hand

Wohlgemerkt spielt es in all dem nicht die geringste Rolle, persönlich «Erfolg» zu haben. Die Zweiundsiebzig kehren zurück «voll Freude», daß «sogar die Abergeister» sich in Jesu Namen «unterwerfen» (10,17)[41]; sie stehen offenbar in der Gefahr, diese Tatsache zur Aufblähung ihres Ich, zur «Egoinflation»[42], zu nutzen. Richtiges mischt sich da mit Falschem. *Richtig* in Jesu Augen ist die Erfahrung, daß der «Teufel» seine Macht verloren hat, – in weniger mythische Begriffe übersetzt: daß der Teufelskreis von Angst und Selbstabsicherung, von Minderwertigkeitsgefühl und Selbstüberhöhung, von Nichtigkeitsgedanken und Vernichtungswünschen aufgebrochen worden ist. Die Bilder, in denen Jesus diesen seinen Eindruck schildert, entstammen erneut der apokalyptischen Vorstellungswelt: Die *Geheime Offenbarung* (Apk 12,7–9) etwa erzählt, daß ein Kampf im Himmel stattgefunden habe zwischen dem «Erzengel» Michael, dessen Name («Wer-ist-wie-Gott») bereits wie ein Schlachtruf wirkt, und dem «Satan», der aus dem «Himmel», also aus seiner weltüberragenden Machtfülle, herabgeschleudert

[41] JOHANNES M. NÜTZEL: *Jesus als Offenbarer Gottes nach den lukanischen Schriften*, 143–144, meint: «Das Austreiben von Dämonen ‹im Namen Jesu› kann ... nicht einfach nur verstanden werden als ‹unter Aussprechen des Namens Jesu›, sondern setzt die Bevollmächtigung Jesu voraus. Dies... wird... Apg 19,11-16 sogar thematisiert, wo sehr drastisch klargemacht wird, daß das Aussprechen des Namens Jesu ohne die Zugehörigkeit zu ihm keineswegs exorzistische Wirkung besitzt.» Besser sollte man «Namen» als «Wesensart» verstehen, um alle magischen, aber auch «ekklesiologischen» Mißverständnisse auszuräumen. Vgl. HANS BIETENHARD: *ónoma* (Name), in: ThWNT V 276: «Indem die Jünger in seinen (sc. Jesu, d.V.) Wirkungsbereich gestellt sind..., können sie nun ihrerseits in seinem Namen, und d h nicht nur in seinem Auftrage, sondern auch in *seiner Kraft* handeln.»

[42] LEOPOLD SZONDI: *Triebpathologie*, I 106, setzte «Ichausdehnung» (Egodiastole) gegen «Icheinengung» (Egosystole) als die «wichtigste Triebdialektik im Ich». Zu dem Begriff des «Inflationsraumes» vgl. a. a. O., 141–142.

worden sei auf die Erde[43]; seither, muß man denken, ist der «Teufel» ein «irdischer» Gegner, mit dem man sich auseinandersetzen kann in Form ganz natürlicher, sagen wir: rein psychologischer Mittel. «Ich schaute:» sagt Jesus, «den Satan wie einen Blitz aus dem Himmel gefallen.» (10,18)[44]

Ein Satz wie dieser klingt auf phantastische Weise archaisch, ja, er mutet geradewegs paranoisch an, – jemand, der sich in unseren Tagen derart verlautbaren würde, müßte gewärtigen, über kurz oder lang in der Psychiatrie zu landen. Doch Jesus lebte in seiner Zeit ganz selbstverständlich in dem Weltbild der Apokalyptik: Teufel und Engel, Gericht und Weltuntergang, Hölle und Himmel – das alles waren für ihn vertraute Vorstellungsinhalte, die er weder erfinden mußte noch abschaffen mochte; er dachte in diesen Begriffen, und er drückte sich aus in diesen Begriffen, – daran war nichts Originelles[45]. Das wirklich Neue, das umstürzend Andere, das er zu bringen

[43] Vgl. WILHELM BOUSSET: *Die Offenbarung Johannis*, 339–346, zu Apk 12,7-17: «Zu der Vorstellung, daß der Drache ... mit Gewalt den Himmel zu stürmen sucht, finden sich Parallelen in der persischen Mythologie (Ahriman stürmt am Anfang der Weltgeschichte den Himmel und wird abgeschlagen ...), in der Mythologie der Manichäer ..., der Mandaeer ... ferner im griechischen Apollomythus ... An den persischen Mythus vom Sturm Ahrimans gegen den Himmel erinnert ferner *slav. Henoch* 29,4 f.» Vgl. N. BONWETSCH, S. 28.

[44] EDUARD SCHWEIZER: *Das Evangelium nach Lukas*, 117, erwägt, ob «eine Erfahrung Jesu» hier wiedergegeben werde, «ähnlich den alttestamentlichen Prophetenvisionen und vor allem der Mk 1,10 berichteten (‹er sah die Himmel sich öffnen›) ..., in der sich die Gegenwart des endzeitlichen Gottesreiches (11,20; 17,21) bildhaft ausprägt ... Dann hätte Jesus schon die vom Satan befreite, neu unter Gottes Herrschaft gebrachte Schöpfung geschaut und ihre Wirklichkeit in seinem Handeln erfahren. Das könnte sogar das Nebeneinander der ‹endzeitlichen› Aussagen über das Gottesreich und der ‹weisheitlichen› über das Vertrauen in Gottes gute Schöpfung (z. B. 12,6 f.) erklären.» Die «Vision» selber ist so zu verstehen wie *Die Himmelfahrt Moses*, 10,1, in: CARL CLEMEN: *Die Himmelfahrt des Moses*, in: Emil Kautzsch (Hg.): Die Apokryphen und Pseudepigraphen des Alten Testaments, II 327: «Und dann wird sein Regiment über all› seine Kreatur erscheinen; / dann wird der Teufel ein Ende haben, / und die Traurigkeit wird mit ihm hinweggenommen werden.» Die folgenden Worte sprechen dann von der Rache des höchsten der Engel und dem Zorn Gottes «wegen seiner Kinder» (10,3); daß hier das «Ende» des «Teufels» als Wegnahme der «Traurigkeit» (der Verzweiflung, der Hoffnungslosigkeit, des Zerbrechens des Daseins) gesehen wird, ist ein Gedanke, der äußerst hilfreich sein sollte, Jesu «Vision» und Botschaft zu begreifen.

[45] GÜNTHER BORNKAMM: *Jesus von Nazareth*, 61, schreibt richtig, Lk 10,18 klinge wie «das Wort eines Visionärs ... Aber nirgends redet Jesus sonst wie ein apokalyptischer Seher, der zum Himmel entrückt den Sturz der dämonischen Gewalten und den Anbruch der messianischen Herrlichkeit schon zu schauen bekommt und die Geheimnisse des letzten Weltendramas von einem der himmlischen Geister sich deuten läßt. Was Jesus von diesen Sehern unterscheidet, ist, daß er selbst in das Kampffeld eintritt, in seinen Worten und Taten der Sieg Gottes über den Satan geschieht und die Zeichen des Sieges aufgerichtet werden. In ihm selbst ist der Stärkere da, der dem Regiment des Satans ein Ende macht und ihm seine Beute entreißt (Mk 3,27).»

kam, zeigt sich in der je eigenen Verwendung, die er von den vorgegebenen mythischen Bildern gemacht hat, und zwar so: Ein Satan, der auf die Erde gefallen ist, hat aufgehört, eine weltüberragende Größe zu sein; er ist ein «armer» Teufel geworden! Ein einziges Wort, ganz dem Mythos entstammend, entmythisiert damit die gesamte Apokalyptik. Denn was die *Geheime Offenbarung* als ein göttliches, überweltliches und überzeitliches Drama schildert, wird jetzt zu einer ganz persönlichen Erfahrung: Jesus selber hat – in der mythischen Erzählung von seiner Versuchung in Lk 4,1–13 – erlebt, wie man den «Teufel» loswerden kann, und in jeder seiner «Wunder»heilungen hat er gesehen, wie er diese Erfahrung eines reinen Vertrauens auf Gott an die verängsteten Seelen anderer Menschen weiterzugeben vermochte. Aus einem Geschehen «an sich», das über den Menschen verhängt scheint wie in der Mythologie der Griechen das Walten des Schicksals oder die Ratschlüsse der Götter, wird somit etwas dem Menschen Zugängliches, ja, Zuhandenes, und wieder ist es äußerst wichtig, zu verstehen, wie diese neu gewonnene Herrschaft über den «Drachen», über «die alte Schlange» (Apk 12,9), sich ausüben läßt.

In der «Sündenfallerzählung» der Bibel spricht Gott zur «Bestrafung» Adams und Evas einen dreifachen Fluch über die Menschen und einen Fluch über die Schlange aus: sie wird fortan auf dem Bauch kriechen und Staub fressen müssen (Gen 3,14), und zudem wird «Feindschaft» gesetzt zwischen Mensch und «Tier»: die «Frau» wird nach dem Kopf der «Schlange» treten, diese aber wird nach der Ferse der Frau schnappen (Gen 3,15), das heißt: der Kampf gegen die Angst, die sich in der «Schlange» verkörpert, wird endlos weitergehen; immer, wenn jemand nach ihr tritt, um sie zu vernichten, setzt er sich ihrem Gegenangriff aus, – eine endlos quälende Pattsituation; immer, wenn jemand meint, ein für allemal ihrer Herr geworden zu sein, muß er miterleben, daß er die Spirale von Gewalt und Gegengewalt, von Terror und Gegenterror, von technischen Errungenschaften und psychischen Gefangenschaften nur wieder um eine Windung weitergedreht hat[46]. Ganz falsch ist es deshalb, wenn die Dogmatik der römischen Kirche ausgerechnet in dieser Bibelstelle, die den schier unentrinnbaren Kreislauf von Angst und Angstverbreitung als einen ewigen Fluch vor aller Augen stellt, eine Heilsweissagung ausgesprochen findet, die in geheimnisvollen Worten auf Maria als die «Mutter Gottes» und die Mittlerin

[46] Vgl. SdB I 87–97: Das bestrafte Leben (Gen 3,14-19).

unserer Erlösung hinweise[47]. – Auf die Worte Jesu hier aber läßt sich sehr wohl der Beginn einer endgültigen Erlösung gründen: Da gibt Jesus den Zweiundsiebzig (und mit ihnen jedem Menschen) die «Vollmacht», auf Schlangen und Skorpione zu treten «und auf alle Machttat des Feindes», und dies ohne jeden Schaden (10,19)[48].

Gedacht ist hier nicht mehr an ein Treten *nach* «der» «Schlange», gemeint ist hier die Fähigkeit, über Schlangen und Skorpione, die sich im Sandboden versteckt halten, gefahrlos hinweggehen zu können. Was Jesus seinen Jüngern hier schenkt, ist eine Fähigkeit, die das *Markus*-Evangelium in einem mythischen Bild beschreibt: wie Jesus des Nachts, als die Jünger in einem Boot auf dem See Gennesaret unter Gegenwind das «Land» zu gewinnen suchen, über die Wasser wandelnd zu ihnen kommt (Mk 6,45–52)[49]; *Matthäus* hat dieser Szene den Seewandel des Petrus hinzugefügt (Mt 14,22–33)[50] und damit auf seine Weise erläutert, wie das «Treten auf Schlangen» zu verstehen ist: In der Symbolsprache der Mythen ist die «Schlange» oft nur eine andere Bildgestalt für die schlangenartig sich windenden Wasserläufe oder für das Meer, das mit seinem ungeheueren «Rachen» alles zu verschlingen droht[51]; in jedem Falle steht die «Schlange» für die Angst, die jederzeit im Untergrund der Nichtigkeit und Kontingenz des menschlichen Daseins lagert[52]; und nun zeigt sich, daß es nicht möglich ist, mit äußeren Maßnahmen diese Grundbefindlichkeit im Inneren «in den Griff» zu bekommen; die einzige verbleibende Rettung ist der Weg des Petrus «über die Wasser ... zu Jesus» (Mt 14,29): Hört er den Wind und sieht er die Wogen, so wird die Welt ihm erscheinen wie ein geöffneter Schlangenrachen, – der bodenlose Abgrund unter seinen Füßen wird ihn verschlingen; oder er geht unverwandt zu auf die Person, die wie vom anderen Ufer her auf ihn zukommt, – dann wird er inmitten derselben Welt sich von der Hand Jesu getragen und «herausgezogen» fühlen, dann kann er über

[47] Vgl. SdB I 89; die falsche Exegese von Gen 3,14-19 als «Protoevangelium» wird (immer noch!) vertreten in *Catéchisme de l'Église Catholique* (Weltkatechismus), Nr. 410; 411; in gewissem Sinne hängt die ganze «Mariologie» daran.

[48] Vgl. Str. B. II 168–169, die als Grundstelle Ps 91,13 ansehen. Vgl. auch Mk II 723–740: Ein Nachwort: Mk 16,9-20: Die Himmelfahrt Jesu und die Sendung der Jünger.

[49] Vgl. Mk I 441–450: Mk 6,45-46: Jesus begegnet den Jüngern auf dem Meer.

[50] Vgl. Mt II 324–338: Mt 14,13-36: Brotvermehrung und Seewandel oder: Von Halt und Lebensinhalt.

[51] Vgl. SdB II 69–87: Die naturmythologische Bedeutung der Schlange.

[52] SdB III, S. L – LI.

die Wellen hinweggehen, dann hat «alle Machttat des Feindes» (10,19)[53] nichts Bedrohliches mehr an sich, freilich: nur weil und solange das Vertrauen währt, mit dem eigenen Dasein in Gottes Händen geborgen zu sein.

Genau dieser Gedanke ist es denn auch, mit dem Jesus die Rückmeldung der Zweiundsiebzig nach deren Aussendung kommentiert: Nicht daß ihnen «die Geister sich ... unterwerfen», sollte sie freuen, sondern daß ihre «Namen aufgeschrieben sind in den Himmeln» (10,20)[54]. Menschlich wie therapeutisch ist diese Einstellung fundamental. Wer auch immer einem anderen Menschen zu helfen versucht, über seine Angst «hinwegzugehen» (oder: durch seine Angst hindurchzugehen), wird das nur zu tun vermögen, insoweit er in sich selbst gefestigt ist; seine ganze «Festigkeit» aber gründet nicht in ihm, sie kommt zustande einzig durch die Grundhaltung eines Vertrauens, das in sich selber eine religiöse Dimension besitzt. Solange eine Mutter, ein Lehrer, ein Ehemann, ein Therapeut der Meinung ist, daß er «verantwortlich», «zuständig» und «kompetent» dem Leben eines anderen gegenübersteht, wird er sehr bald erschrocken sein über all das Unwägbare und Unberechenbare im Leben dieses Menschen; er kennt sich nicht aus, er kann für nichts garantieren, er kann nur begleiten, begütigen und beruhigen, doch um das zu tun, muß er selber ruhig geworden sein in einer Güte, die ihn begleitet. Mit einem Wort: der Zeitpunkt kommt mit aller Sicherheit, da er all seine ehrlich gemeinte Sorge um den anderen einem Anderen wird anvertrauen müssen; daß auch und gerade das Leben des Kindes, des Freundes, des Gefährten, des Gemahls, des Patienten bei Gott steht, ist für jeden, der ernsthaft sich engagiert, der wohl wichtigste Halt, ja, die Bedingung schlechthin, sich überhaupt zu engagieren. Nicht das «Wirken-Wollen», sondern das «Aufgeschriebensein» «in den Himmeln» (= bei Gott) ist das Entscheidende. Es ist die Erfüllung einer Verheißung, die der Prophet *Maleachi* für den großen und schrecklichen Tag des Herrn (Mal 3,23) in

[53] WOLFGANG WIEFEL: *Das Evangelium nach Lukas*, 200, notiert dazu: «der himmlische Sieg über den Satan... hat seine irdische Auswirkung darin, daß Jesus den Jüngern Herrschaft über die bösen Mächte und Schutz vor ihren Anschlägen gibt.»

[54] Die «Erwählung» durch Gott, die in Dan 12,1 begegnet, findet sich auch in Hen 104,1-2, in: GEORG BEER: *Das Buch Henoch*, in: Emil Kautzsch (Hg.): Die Apokryphen und Pseudepigraphen des Alten Testaments, II 307: «Ich schwöre euch, ihr Gerechten, daß die Engel im Himmel vor der Herrlichkeit des Großen euer zum Guten gedenken; eure Namen sind vor der Herrlichkeit des Großen aufgeschrieben. Seid guter Hoffnung! Denn zuerst wart ihr der Schande durch Unglück und Not preisgegeben, aber nun werdet ihr wie die Lichter des Himmels leuchten und scheinen; die Pforte des Himmels wird euch aufgethan sein.» Auch Phil 4,3 und Apk 3,5; 13,8; 20,15 teilen diese Vorstellung vom «Eingeschriebensein im Buch des Lebens». Vgl. bes. Str. B. II 169–176.

Aussicht gestellt hat: «die Gottesfürchtigen trösten sich untereinander: Der Herr merkt und hört es, und es wird vor ihm ein Gedenkbuch geschrieben für die, welche den Herrn fürchten und an seinen Namen gedenken» (Mal 3,16)[55]. Menschen mögen über uns urteilen, wie immer sie wollen; daß wir das, was wir sind, einzig Ihm verdanken, und daß das, was wir tun, seinen Wert hat einzig bei Ihm, das ist unser Trost und Grund aller Treue.

d) Das Glaubensbekenntnis Jesu oder: Vom Kindsein vor dem Vater

Jesus selber erlebt das so. Laut *Lukas* wird er in «eben der Stunde» (10,21), da er zu seinen Jüngern spricht, von einer Woge der Freude und der Dankbarkeit ergriffen; im Grunde kehrt er damit in *die* Erfahrung zurück, die am Anfang seines öffentlichen Auftretens stand: die Vision, die geschah, als Johannes ihn taufte: – da «sah er den Himmel» sich öffnen «und herabsteigen den Heiligen Geist, körperlich, wie eine Taube, auf ihn und eine Stimme aus dem Himmel» sagte zu ihm: «Du bist mein Sohn, der geliebte, an dir habe ich Gefallen gefunden.» (Lk 3,21.22) Dieses Ausgangserlebnis verdichtet sich nun in die persönlichste, in die subjektivste, in die lyrischste Selbstaussage, welche die Evangelien kennen: «Alles ist mir übergeben von meinem Vater, und niemand kennt, wer der Sohn ist, als nur der Vater, und wer der Vater ist, als nur der Sohn und wem immer der Sohn es enthüllen will.» (10,22) Diese Sätze sind in ihrem Wortlaut der Sprache des *Matthäus*- wie des *Lukas*-Evangeliums so fremd, daß es scheint, als seien sie aus Überlieferungen des *Johannes*-Evangeliums (vgl. Joh 7,29; 13,3; 16,28; 17,25) in die – viel frühere – Logienquelle eingedrungen und als hätten *Matthäus* (Mt 11,27) und *Lukas* (10,22) sie von dort in ihr Evangelium übernommen[56].

[55] Vgl. KARL ELLIGER: *Das Buch der zwölf Kleinen Propheten*, II 216–217.
[56] Vgl. MARTIN DIBELIUS: *Die Formgeschichte des Evangeliums*, 281–284: «Das Wort weicht bekanntlich völlig vom synoptischen Typus der Worte Jesu ab. Der christologische Inhalt, die Konzentration auf das Ich des Redenden in der dritten Strophe, die mystische Responsion in der zweiten, das durchaus nicht evangelische Ideal der ‹Ruhe› – alles dies weist dem Text seinen religionsgeschichtlichen Ort außerhalb der Jesus-Sprüche zu. Aber was noch wichtiger ist: der ganze Text dient der *Selbstempfehlung* des Redenden und der von ihm gebrachten Offenbarung. Man lasse sich nicht durch die Form der ersten Strophe täuschen: ‹ich danke dir, Vater, daß du dies vor Weisen und Klugen verborgen und den Unmündigen geoffenbart hast.› Dies ist nur dem Wortlaut nach ein Dankgebet, dem Wesen nach aber eine Predigt von den wahren Empfängern der Offenbarung, eine Predigt, aus der sich die Art dieser Offenbarung ergibt – und damit ist nun in der Tat das Evangelium Jesu aufs schönste getroffen. Die Gebetsform hat nur den Wert einer Demonstration, etwa so

Doch egal, woher die Worte kommen, sie treffen das Grundempfinden Jesu auch historisch womöglich besser, als eine biographische Reminiszenz es jemals zu tun vermöchte. Wenn man sich nur erst frei macht von den seinshaften (ontischen) Interpretationen des Verhältnisses von «Vater» und «Sohn» (innerhalb der «dreifaltigen» Gottheit und innerhalb der «Inkarnation» des «Logos»), wie sie in der kirchlichen Dogmengeschichte mit Hilfe der griechischen Metaphysik vorgenommen wurden, dann steht man existentiell tief erschüttert vor dem wirklichen «Glaubensbekenntnis» Jesu in Gestalt eines Gebetes aus Lobpreis und Dankbarkeit.

Das ganze Geheimnis der Person Jesu liegt in dieser Entdeckung, versöhnt zu sein *mit* Gott, angeredet zu sein *von* Gott als «mein Sohn», *Kind sein* zu können also vor Seinen Augen. Aller Zwang, alle Fremdbestim-

wie in dem berühmten Gebet Jesu am Grabe des Lazarus Joh 11,41 f., das nur ‹um des umherstehenden Volkes willen› gesprochen wird, damit ihm Jesu enge Verbindung mit dem Vater sichtbar werde. Auch die zweite Strophe unseres Textes bringt eine Selbstempfehlung; denn sie dient dazu, den ‹Sohn› als den ausschließlichen Träger der Offenbarung zu verkünden: ‹Alles ist mir übergeben von meinem Vater.› Im selben Zeichen steht auch die dritte Strophe, die in der Anrede an ‹Mühselige und Beladene› und in der Forderung von Sanftmut und Demut dem Evangelium wieder so gleichartig ist. Ihr wesentlicher Inhalt liegt doch in der Konzentration auf den, der spricht und der das ‹sanfte Joch› auflegt. Dieser aber ist nicht der Lehrer, der von der engen Pforte geredet und manchen mit harten Forderungen eher abgeschreckt als angelockt hat. Sondern diese Verbindung von Selbstempfehlung und Predigtaufruf ist das typische Kennzeichen des göttlichen oder halbgöttlichen Offenbarungsträgers in der hellenistischen Frömmigkeit, also einer mythischen Person. In diesen Formen reden Göttersöhne und Wundermänner, die der Welt das einzig wahre Heil versprechen … Der, dem man solche Worte in den Mund legt, hat nicht als Lehrer des Volkes oder einer Schuld Heimatrecht auf Erden. Sondern er kommt, selbst von anderer Abkunft und Art, zu den Menschenkindern, um sie aus dem Verderben herauszuführen, das in ihrer Art begründet liegt. Es ist die typische Heilslehre der Gnosis, die sich hier kundtut. Die Erlösergestalt dieser Heilslehre aber ist göttlicher Natur und kosmischer Art: ein mythisches Wesen.» – Ähnlich klingt es in *Oxyrhynchos-Papyrus 1*, Zeile 11–22: «Es spricht Jesus: Ich trat (auf) / inmitten der Welt, / und in Fleische erschien ich / ihnen und fand al- / le trunken und / keinen fand ich dur- / stig unter ihnen, und es müht / sich (oder: es empfindet Schmerz) meine Seele um / die Menschenkinder, / weil sie blind sind in ihrem Her- / zen und (nicht) se- / hen.» In: JOACHIM JEREMIAS: *Oxyrhynchos-Papyrus I*, in: Edgar Hennecke: Neutestamentliche Apokryphen, I 67. Vgl. auch *die Oden Salomos*, 9,1-3.6.12, in: W. BAUER: *Die Oden Salomos*, in: Edgar Hennecke: Neutestamentliche Apokryphen, II 588–589: «Öffnet eure Ohren, / so will ich zu euch reden. Gebet mir eure Seele, / daß auch ich euch meine Seele geben kann. / Das Wort des Herrn und seine Willensregungen / (sind) ein heiliger Gedanke, den er gedacht hat über seinen Christus. / … Denn ich verkündige Frieden euch, seinen Heiligen, / daß alle, die (darauf) hören, nicht im Kampfe fallen werden. / … Denn ihr (Eingetragenwerden in das) Buch, das ist der Sieg, der euch (winkt); / und er sieht euch vor sich und will, daß ihr erlöst werdet.»

mung, alle Ambivalenz des Gottesbildes fällt somit dahin in der einen Gewißheit, von Gott im eigenen Dasein gemocht und geliebt zu sein.

«Ich habe mir das nie vorstellen können», erzählte einmal eine Frau, – «ich, als etwas, das bejahenswert ist! Seitdem ich denken kann, habe ich in mir eine Art Pflicht zur Selbstverachtung gespürt, der Umstände meiner Geburt wegen. Ich mußte mich für mein Dasein schämen, weil meine Mutter sich schämte, mich empfangen zu haben von einem Mann, den es beschämt hätte, wäre sein Name öffentlich geworden.» Dieser Frau war es stets so vorgekommen, als wenn alle Menschen um sie herum mit ihren moralischen Wertungen ihr den Himmel verstellten, bis daß sie irgendwann einmal diese Worte der Taufe Jesu interpretiert fand: «Aber du bist doch mein Sohn.» Sie gewann den Mut, diesen Satz sich selber sagen zu lassen, so als hätte Jesus selbst ihn ihr geschenkt. «In dem Moment», fuhr sie fort, «herrschte eine unglaubliche Mischung aus Erstaunen und Beglückung in mir. Ich hörte ein Wort, das ich noch nie gehört und auch nie hätte glauben können. Doch jetzt erreichte es mich. Ich durfte leben! So etwas wie mich durfte es geben! Gott hörte auf, das Sprachrohr der Verneinung anderer Leute zu sein. Endlich drang Sein eigenes Wort zu mir durch. Endlich entdeckte ich Ihn als eine leise, verborgene Stimme in mir selbst, die mir versicherte, ich dürfte mich annehmen und damit zugleich meine Mutter mit all ihrer Not und ihrem guten Willen und auch meinen Vater mit all seiner Furcht vor der Meinung der Menge. Gott gewann selber die Züge, die meine Mutter, die mein Vater hätten aufweisen mögen. Gott selber ward mir zur ‹Mutter›, zum ‹Vater›, und es antwortete in mir alles, aufspringend wie die emporschießende Fontäne eines Geysirs; eine rauschhafte Wärme stieg in mir auf, eine ungeheuere Energie wurde wach. Ich hatte etwas erfahren, das mir niemand mehr nehmen konnte. Es war, als hätte mir jemand mein ganzes Leben, meine Kindheit, meine Jugend, zurückgeschenkt. Bis dahin hatte ich mir eine Duldung im Dasein zu verschaffen gesucht mit äußerer Anpassung und passablen Noten in der Schule, später im Studium, – ich mußte ‹groß› sein, weil ich mir so ‹klein› vorkam. Endlich durfte ich einfach so sein, wie ich bin. Der ganze Kampf und Krampf um die Rechtfertigung meiner Existenz fiel fort. Seither frage ich mich nur noch, wie ich dieses Gefühl eines Augenblicks, diese Gewißheit einer intuitiven Erkenntnis, auf Dauer stellen kann.»

Auch im Leben Jesu scheint durchaus nicht immer eine Jubelstimmung wie hier geherrscht zu haben; doch die Evidenz des Moments der Taufe hat ihn offenbar nie mehr verlassen. Gott ist nicht nach Gelehrtenart zu ergrübeln und zu ergründeln, – schon in der Legende von dem zwölfjährigen

Jesus im Tempel (Lk 2,41–52) tauchte dieses Motiv auf: Nur wer sich die Evidenz seiner Kindheit nicht stehlen läßt durch den Intellektualismus und das Verstandeswissen der Gottesdozenten, der Theologen, wird die Neugier und die Kreativität, die Begeisterungsfähigkeit und den Idealismus, das sichere Gefühl für Unrecht und Unmenschlichkeit, kurz: die Leidenschaft des Religiösen, nicht verlieren. Dieses wunderbare «Kind Gottes» zu sein hat Jesus nie aufgehört – im Widerspruch zu den Infantilismen so vieler unter den «Gebildeten und Vernünftigen». Die väterliche Güte Gottes zeigt sich nur den «Kindlichen» (10,21)[57], so daß, wer immer glaubt, nach «Erwachsenenart»: wissend, fertig und festgelegt, Gott in einen Lieferanten von Titeln, Ämtern und Pöstchen verwandeln zu können, an Ihm auf schlimme Weise scheitern wird. Alles, was von Gott sich weitergeben läßt, entsteht im Feld eines solchen Vertrauens und einer solchen Vertrautheit. Wie anders sollte «Liebe» sich beschreiben lassen als in der Art, wie Jesus es hier tut: als ein Gefüge des «Kennens» und «Erkanntseins», als eine Einheit der Geborgenheit im Vertrauen eines Kindes in die Wesensart seines Vaters, der

[57] Sehr schön schrieb ADOLF VON HARNACK: *Das Wesen der Christentums*, 45: «Also an die Elenden, Kranken und Armen hat er (sc. Jesus, d.V.) sich gerichtet; aber nicht als Moralist und ohne eine Spur weichmütiger Sentimentalität. Er teilt die Übel nicht in Fächer und Gruppen ein; er fragt nicht lange, ob der Kranke die Heilung ‹verdient›; er ist auch weit entfernt, mit dem Schmerz oder mit dem Tode zu sympathisieren. Er sagt nirgendwo, daß die Krankheit heilsam und das Übel gesund sei. Nein – er nennt Krankheit Krankheit und Gesundheit Gesundheit. Alles Übel, alles Elend ist ihm etwas Fürchterliches; es gehört zum großen Satansreich; aber er fühlt die Kraft des Heilandes in sich… – Aber noch ist nicht das Letzte gesagt. Das Gottesreich kommt, indem er heilt; es kommt vor allem, indem er Sünde vergibt. Hier erst ist der volle Übergang zum Begriff des Reiches Gottes als der innerlich wirkenden Kraft gegeben. Wie er die Kranken und Armen zu sich ruft, so ruft er auch die Sünder; dieser Ruf ist das entscheidende.» – Zu dem Begriff der «Kindlichen» vgl. auch GEORG BERTRAM: *nēpios* (unmündig), in: ThWNT IV 923: «… das Jesuswort (sc. von den Kindlichen, d.V.) ist nicht Folge von Erfahrungen, die er (sc. Jesus, d.V.) und seine Jünger gemacht hätten, sondern die darin ausgesprochene Erkenntnis vom Wesen des Evangeliums ist grundlegend für die Predigt und für das Verhalten des Herrn. Weil Gott es so gewollt hat, weil es dem Wesen seiner Offenbarung so entspricht, hat Jesus sich nicht in Macht, Reichtum und Weisheit gehüllt, sondern ist niedrig, arm und gering geworden und ist zu denen gegangen, die selbst… (sc. Kindliche, d.V.) waren. In seinem Kommen wird an Kindern und Geringen, an Armen und Sündern die ganze Größe der göttlichen Gnade offenbar.»

gar nicht anders sein kann denn väterlich (10,22)[58]? Nur aus diesem Empfinden heraus denkt, fühlt, lehrt, handelt Jesus; es ist für ihn das Passepartout zum Verständnis der gesamten Welt.

In der Theologie der römischen Kirche herrscht bis heute die Vorstellung, daß Gott sich als «Schöpfer» erkennen lasse aus seiner «Schöpfung»; um erklären zu können, warum es die Welt gibt und warum es sie so gibt, wie sie ist, glaubt man, mit Hilfe des Kausalsatzes Gott als oberste Ursache aufweisen (oder beweisen) zu können[59]. Das Problem, das sich daraus ergibt, stellt sich gleich doppelt: mit dem Fortschritt der modernen Naturwissenschaften wird Gott als «Ursache» nicht länger mehr zur Naturerklärung benötigt, und vor allem: die Welt ist in den Mechanismen ihres Ablaufs von einer derart monströsen Gleichgültigkeit und Sinnlosigkeit, daß es schwerfällt, sie als das Werk eines gütigen und weisen Gottes anzusehen[60]. Gerade umgekehrt tritt es in der Erfahrung Jesu zutage: Er preist Gott, den «Vater», für die «Weisheit», es grundsätzlich mit den Kleinen, den Schwachen, den Kranken, – den «Kindern» zu halten, wie er es bereits tat in der Auseinandersetzung mit den Pharisäern und Schriftgelehrten, die sich nicht taufen ließen von Johannes dem Täufer (Lk 7,35). Es ist diese Evidenz einer väterlichen Güte, die ihn Gott erkennen läßt als «Herrn des Himmels und der Erde» (10,21)[61]. Nicht durch eine noch so gelehrte Erkenntnis der Welt findet man Gott, umgekehrt: als «Schöpfung» lernt man die Welt überhaupt erst kennen durch die Erkenntnis Gottes als einer gütigen, väterlichen (mütterlichen) Macht im Hintergrund der Weltwirklichkeit; erst so auch gewinnt man den Mut, den vorgegebenen Programmen der Selbstdurchsetzung und des Kampfs ums Dasein in der Natur sich *nicht* anzuschließen und die Existenz des Menschen auf eine neue Grundlage zu stellen.

Es ist der Punkt, an welchem die Haltung Jesu im *Lukas*-Evangelium (und schon der Logienquelle, vgl. Mt 11,25–27) sich gänzlich deckt mit dem zentralen Anliegen der «Theologie» *Pauli*, der (mit Berufung auf Jes

58 Vgl. JOACHIM JEREMIAS: *Abba*, in: Abba, 56–67: Die Vateranrede in den Gebeten Jesu.

59 Vgl. DENZINGER – SCHÖNMETZER: *Enchiridion Symbolorum*, Nr. 1806 (3026), wo im Jahre 1870 auf der 3. Sessio des 1. Vatikanischen Konzils mit dem Anathem belegt wird, wer sagen wollte, «daß Gott, der eine und wahre, unser Schöpfer und Herr, durch das, was geworden ist, mit dem natürlichen Licht der menschlichen Vernunft *nicht* mit Sicherheit erkannt werden könne.»

60 Vgl. E. DREWERMANN: *... und es geschah so*, 130–144: Was theologisch nicht mehr geht und wie es (vielleicht) weitergeht; S. 761–773: Vom Zusammenbruch der rationalen Gotteserkenntnis aus der Natur.

61 Vgl. a. a. O., 812–829: Vier paradoxe Gründe, an Gott als Person zu glauben.

29,14) schrieb: «Ich will zunichte machen die Weisheit der Weisen, und den Verstand der Verständigen will ich verwerfen. Wo sind die Klugen? Wo sind die Schriftgelehrten? Wo sind die Weisen dieser Welt? Hat nicht Gott die Weisheit der Welt zur Torheit gemacht?» (1 Kor 1,19–20) Die Erkenntnis der Naturgesetze, die «Weisheit» der «Welt» werden niemals zu etwas anderem führen, als die Verhaltensgewohnheiten festzuschreiben, die in den Strategien der Evolution angelegt sind; danach handelten die «Herrscher dieser Welt», als sie «den Herrn der Herrlichkeit kreuzigten» (1 Kor 2,8); die Weisheit Gottes aber liegt in der Art, wie jedes Kind die Welt vorfinden möchte, um sie als menschlich erleben zu können, und da ist eine einzige Gefühlsregung des Mitleids unendlich viel mehr wert als alle neunmalklugen Erklärungen, warum es unter Umständen einen unverantwortlichen Luxus darstellt, sich ein «Zuviel» an Mitleid mit den Notleidenden zu erlauben.

Insofern bedeutet die Person Jesu in der Tat einen absoluten Einschnitt innerhalb der menschlichen Geschichte. Schon in seiner Äußerung über Johannes den Täufer hatte Jesus davon gesprochen, daß «der Kleinste im Königtum Gottes ... größer» sei als er, der Größte «unter den Weibsgeborenen» (Lk 7,28); hier nun ergänzt er diese Aussage: Was er «bringt» als «die Heilsbotschaft vom Königtum Gottes» (Lk 8,1), ist eigentlich die Erfüllung der Sehnsucht aller Menschen, der «Propheten» nicht minder als der «Könige» (10,24)[62], der «Visionäre» nicht anders als der «Realisten», – «*viele*» Propheten und Könige ist wieder in der Bedeutung von «alle» zu nehmen. Es gibt keinen Menschen, der nicht im Grunde Verlangen trüge nach einer Welt des Friedens, der Freiheit und der Gerechtigkeit; doch immer wieder halten wir aus lauter Angst den Preis für zu hoch: heilende Güte, verstehende Geduld, umfassende Vergebung, ein Ende des Kampfs um das vermeintliche Recht, eine Menschlichkeit ohne die Grenzen von Nation, Religion, Region und Konfession – das mutet, wenn's drauf ankommt, denn doch als allzu kühn an, da werden selbst die Seher kurzsichtig und die Macher kurzschlüssig. Doch schaut man die Menschen in ihrer Verlorenheit an mit den Augen Jesu, so leuchtet ein jedes seiner Worte hell und klar ein,

[62] Der Vers könnte auf Jes 52,13-15 anspielen, wo «Völker und Könige» ihren Mund vor ihm, dem Knecht Gottes, zuhalten werden, wenn sie seine unerhörte Ankündigung vernehmen; doch dann müßten «die Völker» durch «die Propheten» ersetzt worden sein, ohne den Bezug zu dem «Gottesknecht» aufzugeben, der in Mt 13,17, wo an die Stelle der «Könige» die «Gerechten» getreten sind, gänzlich verschwunden ist; vgl. WOLFGANG WIEFEL: *Das Evangelium nach Lukas*, 206.

etwa sein: «Glücklich ihr Armen ...» (Lk 6,20b) In einer Welt zu leben, die geprägt ist von lauterer Güte und Mitleid, – eine größere Freude kann es nicht geben. Und diese Freude bleibt an der Seite Jesu nicht länger ein Traum. Das Königtum Gottes – es ist so wirklich, wie Jesus selbst wirklich war, wirklich ist, wirklich wird in unserem eigenen Leben.

Lk 10,25–37: Das oberste Gebot und das Gleichnis vom barmherzigen Samariter oder: Von Gottes- und von Menschenliebe

(vergleiche Mk 12,28–34; Mt 22,34–40 zu *Lk 10,25–28*)

25 Und da, ein Gesetzeslehrer stand auf, ihn zu prüfen, sprechend: Lehrer,
was muß ich tun, um ewiges Leben zu erben? 26 Er aber hat zu ihm ge-
sagt: Im Gesetz – was steht geschrieben? Wie liest du? 27 Er aber hat ge-
antwortet, er hat gesagt: *Liebe den Herrn, deinen Gott, aus deinem ganzen Herzen, mit deiner ganzen Seele und mit deiner ganzen Kraft* und
mit all deinem Denken (Dtn 6,5; 10,12; Jos 22,5), und *deinen Nächsten wie dich selbst* (Lev 19,18). 28 Gesagt da hat er ihm: Richtig hast du ge-
antwortet. *Tu das, und du wirst leben* (Lev 18,5).

29 Der aber, im Willen, sich zu rechtfertigen, hat zu Jesus gesagt: Und,
wer ist mein Nächster? 30 Das griff Jesus auf, er hat gesagt: Ein Mensch
stieg hinab von Jerusalem nach Jericho und fiel unter Räuber; die zogen
ihn aus und prügelten ihn wund; dann machten sie sich davon und ließen
ihn halbtot zurück. 31 Zufällig aber stieg ein Priester hinab auf demselben
Weg; er sah ihn – und ging vorüber. 32 Desgleichen auch ein Levit: er kam
zu dem Ort, auch er sah – und ging vorüber. 33 Ein Samariter aber, der
unterwegs war, kam eben dahin, auch er sah – und ward von Mitleid
gerührt. 34 Er trat hinzu und verband seine Wunden, indem er Öl und
Wein darauf goß; dann hob er ihn auf sein Reittier, brachte ihn zu einem
Wirtshaus und versorgte ihn. 35 Ja, am anderen Morgen zog er zwei
Denare heraus und gab sie dem Wirt und sagte: Versorge ihn, und was ir-
gend du dazu aufwendest, – ich, beim Zurückkommen, gebe es dir
zurück.

36 Wer von diesen Dreien scheint dir der Nächste dessen geworden, der in
die Hände der Räuber gefallen? 37 Der aber hat gesagt: Der die Barm-
herzigkeit an ihm getan hat. Gesagt hat ihm Jesus: Geh, und auch du tue
desgleichen.

a) Der ethische und der religiöse Standpunkt oder: Von Gesetz und Gnade

«Vor Gebildeten … verhüllt … und … enthüllt den Kindlichen» (Lk 10,21) – dieses Motiv, das bereits mit der Geschichte von dem zwölfjährigen Jesus im Tempel begann, als er «inmitten der Lehrer» saß, «ihnen zuhörend und sie befragend» (Lk 2,46–47), setzte sich in jener Szene fort, da Jesus ein Kind nahm und es neben sich stellte, – zum Gegenbild des Machtwillens und Ehrgeizes seiner Jünger (Lk 9,46–48). Die «Pharisäer und ihre Schriftgelehrten» (Lk 5,30) aber standen und stehen mit ihrer Art von Theologie an jeder Stelle Jesus entgegen, und die «Infragestellung» ihrer Lehren durchzieht das ganze Evangelium. Da heilte Jesus einen Gelähmten, indem er ihm die Sünden nachließ, sie aber erblickten darin eine «Gotteslästerung», da nur Gott «Sündennachlaß» bewirken könne (und dürfe) (Lk 5,21); dasselbe Thema klang an im Hause des Pharisäers Simon, als Jesus der Dirne die Sünden vergab (Lk 7,36–50).

Schon an solchen Stellen zeigt sich ein Grundwiderspruch: Alles ethische Denken legt den Menschen fest auf seinen freien Willen und bindet sein freiheitliches Handeln an bestimmte moralische Satzungen; alles bürgerlichrechtliche Denken wird sich um den Begriff der Gerechtigkeit zentrieren und ein System von Lohn und Strafe einfordern; und alle religiösen Vorstellungen, in deren Mittelpunkt Gott als oberster Gesetzgeber und Richter thront, werden diesem Postulate folgen: wenn irgend es darin so etwas geben kann wie *Gnade*, dann allenfalls als eine wohl zu begründende Ausnahme. In dieser Sicht haben Menschen einander nicht «Sünden» zu vergeben, sie haben im Namen Gottes und entsprechend dem Wortlaut seiner Gesetze die Strafen zu verhängen und zu vollstrecken, die für die jeweiligen Normenverstöße vorgesehen sind.

Es ist dies die Stelle, an welcher der Jude aus Nazaret die jüdische Religion von innen her reformieren beziehungsweise revolutionieren möchte und an welcher es definitiv nicht länger möglich ist, in ihm einen weiteren jüdischen Gesetzesinterpreten in Fortsetzung und Übereinstimmung mit anderen Gesetzeslehrern zu erblicken; in diesem Punkte sind die Ansichten und die Absichten Jesu umstürzend und radikal. Denn der Gott Jesu denkt gar nicht daran, zu strafen und zu verstoßen, er möchte heilen und helfen, er möchte das Verlorene suchen und zurückholen, so wie Jesus selber es wenig später in dem Doppelgleichnis von dem verlorenen Schaf und von der verlorenen Drachme (Lk 15,1–10) erzählen wird; persönlich sieht er sich beauftragt, als «Arzt» zu den Kranken zu gehen und die «Sünder zur Umkehr» zu rufen, wie er beim Mahl mit den «Zöllnern» gegenüber den wie üblich protestierenden «Pharisäern und ihren Schriftgelehrten» erklärt hat (Lk 5,30–32).

Verstehen, Begleiten, Begütigen, Ermutigen – *Begnadigen*, das war für Jesus deshalb nicht das Ausnahmsweise des göttlichen Handelns, das war für ihn die Grundlage der ganzen menschlichen Existenz. Schaut man nach, wie es denn kommt, daß Menschen etwas «Böses» tun oder gar «böse» werden, so liegt das sicher nicht an ihrem «bösen Trieb»[1] oder an ihrem

[1] Vgl. Str. B. IV 1, 466–483: Der gute u. der böse Trieb.

«bösen Willen»[2], es entspringt einem Grundgefühl der Angst, der Abgelehntheit und der Ausgeschlossenheit, es entstammt dem Empfinden, nicht gut genug zu sein; wer also einem solchen Menschen helfen will, der muß strikt davon lassen, ihn zu verurteilen und abstrafen zu wollen, vielmehr muß er versuchen, die basalen Minderwertigkeitsgefühle, die Neigungen zu Selbstverachtung und zu Selbstvernichtung sowie die Fehlanpassungen an die soziale Umwelt abzubauen, und das kann er nur durch emotionale Wärme, Achtung, Akzeptation, Wertschätzung, Bejahung, – durch Zuwendung und Zugetansein. Wenn *das* «Gnade» heißt, ist sie die Grundvoraussetzung dafür, in moralischem Sinne allererst «gut» sein zu können.

Alle Menschen leben aus diesem einen gemeinsamen Ursprung. Darum gibt es keine «Rechte», die man gegeneinander in Geltung bringen könnte, keine «Gerechtigkeit», die man als Strafmaß gegen einen anderen durchkämpfen dürfte. Da alle leben aus Vergebung, ist ein jeder nicht nur befugt, dem andern zu vergeben, er kann gar nicht anders als weiterzugeben, woraus er selber existiert. Gott darf nicht länger dazu mißbraucht werden, zwischen den Menschen Zäune zu errichten; Gott, wie Jesus ihn sah, ist die Wurzel der Einheit aller Menschen: an ihn zu glauben ist identisch damit, Menschen einzuladen und zu integrieren; es ist das Gegenteil aller theologischen Abgrenzungsversuche und Rechthabereien.

Wer die Botschaft Jesu von der absoluten Zugewandtheit Gottes in dieser Weise der Haltung der «Pharisäer» und «Gesetzeslehrer» gegenüberstellt, kann leicht dahin mißverstanden werden, daß er das Christentum als eine «Liebesreligion» dem Judentum (und dem Islam) als einer «Gesetzesreligion» entgegensetzen wolle. Doch es geht nicht um die dogmatisierte oder organisierte Selbstdarstellung der «christlichen» Kirchen gegenüber der jüdischen Synagoge (oder der islamischen Umma), es geht um eine entscheidende Vertiefung in der Sicht auf die menschliche Wirklichkeit. Wer erst einmal wahrnimmt, wie hilfsbedürftig Menschen in Wahrheit sind, in dessen Herzen wird ein Mitempfinden wach, das ihn auf immer immun hält gegen die Grabenkriege aller etablierten Religionen um gewisse Vormachtstellungen. Er plant nicht, Ideologien und Systeme durchzusetzen, wie es die «großen» Leute lieben, er folgt vielmehr der «kindlichen» Stimme seines unmittelbaren Gefühls, das ihn lehrt, den Menschen gerecht zu werden in

[2] Vgl. dazu IMMANUEL KANT: *Die Religion innerhalb der Grenzen der bloßen Vernunft*, in: Werke, VIII 680–688: 1. Stück, III. Der Mensch ist von Natur böse; S. 734–740: 2. Stück, 2. Abschnitt: Von dem Rechtsanspruch des bösen Prinzips auf die Herrschaft über den Menschen, und dem Kampf beider Prinzipien miteinander.

ihrer Not, statt eine göttliche «Gerechtigkeit» gegen sie anzurufen oder geltend zu machen (vgl. Mt 5,20).

b) Ein Gottesbild, das Menschlichkeit behindert, oder: Das Beispiel des Sabbatgebots

Erzählt hat *Lukas* schon davon, wie Jesus den Pharisäern mit ihrer strengen Fastenforderung das Bildwort von dem «Bräutigam» entgegenhielt (Lk 5,34): in seinen Augen war es schlechterdings verkehrt, den Menschen einen Gott vorzusetzen, der asketische Opfer und Selbsteinschränkungen von ihnen verlangt; solange Menschen, um Gott zu gefallen, Vorleistungen erbringen müssen, indem sie durch Glücksverzicht sich für ihre begangenen Sünden selbst bestrafen, so lange wird ein solcher Gott den Menschen Angst machen und ihnen in seiner absoluten Machtfülle höchst ambivalent erscheinen; und vor allem: ein solcher Gott wird notgedrungen mit Seiner starren Strenge die Ihm glaubenden Menschen an ihrer Menschlichkeit hindern. So zeigte es sich denn auch, als die Jünger Jesu am Sabbat Ähren ausrissen, um das Korn zu essen, – für die «Pharisäer» ein unerhörter Vorgang, ein klarer Verstoß gegen Gottes Gebot; für Jesus aber offenbarte ihre Einstellung nur, daß sie Gott nicht wirklich verstanden hatten: Wie sollte denn Gott etwas befehlen wollen, das Menschen hindert, ihre eigene Vernunft walten zu lassen und das Nächstliegende zu tun? «Herr über den Sabbat ist der Mensch(ensohn)», erklärte Jesus (Lk 6,5). Was Gott sagt, dient demnach dem menschlichen Glück und der menschlichen Erfüllung, oder im Umkehrschluß: tut es so nicht, ist es nicht von Gott gesagt. – Ganz entsprechend fragte Jesus gleich in der nächsten Szene «die Schriftgelehrten und die Pharisäer», «ob erlaubt ist am Sabbat Gutestun oder Böswirken, Lebenretten oder Vernichten» (Lk 6,7.9), und er heilte demonstrativ am Sabbat einen Mann mit einer verdorrten Hand (Lk 6,10). Etwas Ähnliches wird sich wiederholen, wenn Jesus im «Haus eines der führenden Pharisäer am Sabbat» einen Wassersüchtigen heilt (Lk 14,1–6), und von Fall zu Fall wird der Konflikt sich ausweiten ins Prinzipielle, ins für Jesus Tödliche (vgl. Lk 6,11; 19,47; 20,19; 22,2); doch war diese Polarisierung offenbar unvermeidlich.

Daß Gott als (metaphysischer) Garant von Gesetz, Besitz und Ordnung angesehen wird, ist gewiß das Übliche in so gut wie allen Gesellschaften; die Aura des Sakrosankten verleiht den Verhaltensnormen des Zusammenlebens und der Rechtsprechung der Vermögenden einen Schutzbereich des Undiskutierbaren und Unangreifbaren, sie schenkt ihnen den Charakter des Unveränderbaren und zeitlos Gültigen, und sie umkleidet sie mit dem Eindruck des Objektiven, des an und für sich Gültigen. Auch für Jesus bot das Vertrauen auf Gott die Grundlage des Miteinanders aller Menschen, aber anders, weil weit persönlicher. In seinen Augen war Gott nicht dafür da, die Einrichtungen von Kirche und Staat zu legitimieren und eine bestimmte Tradition und Konvention zu sanktionieren; für Jesus bildete Gott das Gegenüber eines alles rettenden Vertrauens, das er den Zerbrechenden, den Untergehenden, den über Bord Gespülten wie eine Rettungsleine in die Sturzsee ihrer Verzweiflung zuwerfen mochte, im Wissen, daß diese «Leine» in dieser Welt im letzten nichts anderes sein konnte als seine eignen Arme und sein Gehaltensein in Gott.

Eben deswegen stellte «Religion» für Jesus nicht den ideologischen Überbau dar, der irgendwie nötig scheint, um in der Gesellschaft für Ruhe und Ordnung zu sorgen, sondern sie bot ihm die unbedingte Voraussetzung dafür, Menschen das Gefühl ihrer Berechtigung wiederzugeben. Dies ist der Kern seiner ganzen Botschaft: Selbst als «Schöpfer», selbst als «Gesetzgeber» entdeckt sich Gott einzig durch die Macht seiner Liebe, so wie ein Kind seine Mutter als den Ursprung seines Lebens, als die maßgebende Autorität seines Daseins ganz allein erkennen wird an ihrer Mütterlichkeit, – kein noch so eindeutiges Ergebnis eines Gentests kann das Vertrauen in diese wechselseitig gewachsene Verbundenheit ersetzen, keine Erziehungsmaßnahme kann die Schäden ausgleichen, die innerseelisch durch Irritationen in diesem zentralen Punkte entstehen; sie abzuarbeiten, um die Menschen wieder mit Gott zu versöhnen, wurde daher wie selbstverständlich zu dem Hauptanliegen Jesu.

Unter dieser Voraussetzung erst wird begreifbar, was eigentlich sich in dem nachstehenden Gespräch zwischen zwei Menschen begibt, deren einer Gott als «Gesetzeslehrer» (10,25), deren anderer Gott als «Kind» gegenübersteht. Zu Recht läßt sich darauf hinweisen, daß auf die Frage des «Gesetzeslehrers» nach dem Hauptgebot in den Tagen Jesu auch ein Mann wie Rabbi *Hillel* (1. Jh. v. Chr. – 1. Jh. n. Chr.) eine ähnliche Antwort gegeben hätte: Gott zu lieben «aus deinem ganzen Herzen» – entsprechend einem Zitat aus Dtn 6,5 – und «deinen Nächsten wie dich selbst» – entsprechend Lev 19,18. Andererseits – wenn die Antwort Jesu gewissermaßen «typisch» für das Denken der Schriftgelehrten seiner Tage gewesen wäre, hätte die Frage sich gar nicht erst zu stellen brauchen. Vor allem aber die Art, in der Jesus die beiden «Gebote» der Gottes- und der Menschenliebe als Einheit begreift, stellt allemal etwas bahnbrechend Neues dar. Die Rede von den «Geboten» hebt sich in seiner Antwort selber auf zugunsten einer Evidenz der Menschlichkeit, wie sie in dieser Weise noch nie war.

c) Die absolute Einheit von Gottes- und von Menschenliebe

Der Ausgangspunkt, den das Gespräch zwischen dem Gesetzeslehrer und Jesus nimmt, ist in höchstem Grade merkwürdig und ambivalent; denn *Lukas* unterstellt, der Gesetzeslehrer habe Jesus die Frage vorgelegt, um «ihn zu prüfen» (10,25), um ihm also eine Fangfrage anzutragen, die ihn eines Auslegungsfehlers oder sogar einer Verfälschung der Tora überführen könnte; im *Markus*-Evangelium (Mk 12,28) hatte man viel eher den Eindruck, der Gesetzeslehrer habe durch die vorangegangenen Reden Jesu Vertrauen in dessen Kompetenz gewonnen[3]. Andererseits läßt *Lukas* den Gesetzeslehrer in der Einleitung dieses Gesprächs (10,25) mit derselben Dringlichkeit fragen, wie er es bei *Markus* in der Geschichte vom reichen Jüngling vorfand: «um ewiges Leben zu erben» (Mk 10,17)[4]. Das setzt ein Denken voraus, wonach Gott einem Menschen die Auferstehung von den Toten, das ewige Leben, nur schenkt als Belohnung für sein Rechtverhalten in Erdentagen. Gottes Gerechtigkeit gilt im pharisäischen Judentum seit den Tagen der Makkabäer im 2. Jh. v. Chr. als ein Hauptgrund, an ein Leben nach dem Tod zu glauben (vgl. 2 Makk 7,9.23.37)[5]. Diese Vorstellung enthält gewiß etwas menschheitlich Gültiges, Hoffnungsvolles, sie verknüpft sich zugleich aber mit einer juridischen Maximalforderung, ganz wie sie jedem Gesetzesdenken innewohnt: wenn eine ganze Ewigkeit davon abhängt, wie korrekt Menschen auf Erden die Regeln der Tora befolgt haben, dann liegt auf allem Tun des Menschen die Last der Unendlichkeit, dann ist jede Kleinigkeit beschwert mit dem Gewicht der Ewigkeit, und so möchte – laut *Lukas* – der Gesetzeslehrer, Fangfrage hin, Fangfrage her, sich denn doch auch versichern, auf dem Wege zur Ewigkeit Gottes nichts falsch zu machen. Oder aber – es bleibt zwiespältig – er schützt die existentielle Dringlichkeit seiner Frage nur vor, um Jesus zu einer Antwort zu zwingen[6]; gleichviel, Jesus wird auf diese Weise genötigt, seine Lehre auf die denkbar einfachste Weise zusammenzufassen; und darin zeigt diese Geschichte wirklich eine gewisse Verwandtschaft zu Rabbi *Hillel*.

Von diesem nämlich wird in jener schon erwähnten Geschichte erzählt,

[3] Vgl. HEINZ SCHÜRMANN: *Das Lukasevangelium*, II 1, 130: «Lukas gibt dem Doppelgebot der Liebe ... einen unerhörten Akzent, wenn er es durch die Frage einleitet, wie ‹das ewige Leben› zu erlangen sei. Dadurch wird der folgende Disput der theologischen Unverbindlichkeit enthoben und für den Leser in den Horizont der bedeutsamen (vgl. V 42) Heilsfrage gerückt.»

[4] Vgl. Mk II 115–128: Mk 10,17-31: Von Armut und Reichtum.

[5] Vgl. U. KELLERMANN: *Auferstanden in den Himmel. 2. Makkabäer 7 und die Auferstehung der Märtyrer*, Stuttgart 1978.

ein Proselyt habe ihn gebeten, ihm die ganze Tora in einer Zeit zu erläutern, während der er auf einem Bein stehen konnte; zuvor war er bei dem gestrengen Rabbi *Schammai* (1. Jh. v. Chr. – 1. Jh. n. Chr.) gewesen, doch der hatte ihn ärgerlich fortgejagt, erbost darüber, daß er ernsthaft habe glauben können, das mosaische Gesetz sei etwas so Einfältiges, daß, um es zu begreifen, keinerlei Anstrengung erfordert sei[6]. *Hillel* aber antwortete bündig mit der «goldenen Regel»: «Was dir verabscheuungswürdig ist, füge auch keinem anderen zu. Das ist die Gesamtheit der Thora, der Rest ist ein Kommentar darüber. Jetzt geh hin und lerne».[7] Ein ähnlicher Satz wird auch von Jesus in der «Bergpredigt» des *Matthäus* überliefert, wenn er dort sagt: «Alles nun, was ihr wollt, daß euch die Menschen tun, das tut auch ihr ihnen ebenso. Das ist ja das Gesetz und die Propheten.» (Mt 7,12)[8] Dem Wortlaut nach ist das identisch mit der Aussage *Hillel*s, und doch ist das, was Jesus an dieser Stelle hier vermittelt, in doppeltem Sinne entscheidend anders.

Zum einen: Jesus referiert eben nicht einfach die «goldene Regel» als Konsens des ethischen Bewußtseins aller Religionen und Kulturen, als eine Art «Weltethos» also. Seiner Meinung nach gibt es keine Ethik ohne Religion, eben weil ein Mensch in moralischem Sinne nicht «gut» sein kann ohne das Gefühl einer grundlegenden Geborgenheit im Dasein, wie sie nur in Gott sich finden läßt. Eben deshalb antwortet er auf die Frage des Gesetzeslehrers: «was muß ich tun?» gerade nicht mit ethischen Anweisungen zum richtigen Handeln. Als erstes ist durchaus nichts zu «tun», sondern – ganz wie in der Lehre MARTIN LUTHERS (1483–1546) – zu «glauben»[9], und zwar nicht im Sinne eines «Für-wahr-Haltens» bestimmter Lehrinhalte, sondern in der Haltung eines «kindlichen» Vertrauens, das sich in Gott festmacht.

Das Problem stellt sich ähnlich wie in der Rezeptionsgeschichte der Zehn Gebote (Ex 20,2–17): auch da herrscht im allgemeinen die Auffassung, der sittliche Inhalt des Dekalogs sei «irgendwie» für alle Menschen in Geltung, losgelöst von der religiösen Verbindlichkeit und persönlichen Aneignung

[6] Vgl. Str. B. I 357, zu dem Ausspruch SCHAMMAIS.

[7] Str. B. I 900: «Die alte Synagoge hat 613 Einzelsatzungen … in der Tora gezählt, u. zwar 248 Gebote … u. 365 Verbote». Zu dem Ausspruch HILLELS vgl. Str. B. I 907.

[8] Vgl. Mt I 606–621: Mt 7,12: Die Goldene Regel. Eine Reihe von Parallelen zur «Goldenen Regel» finden sich bei ETHELBERT STAUFFER: *Die Botschaft Jesu damals und heute*, 40.

[9] Vgl. MARTIN LUTHER: *Disputation über des Menschen Vermögen und Willen ohne die Gnade* (1516), in: Luther Deutsch. Die Werke Luthers, I 345–354, S. 348, 2. These: «Der von der Gnade Gottes ausgeschlossene Mensch kann seine Gebote keineswegs halten noch sich … zur Gnade bereiten, sondern er bleibt notwendigerweise unter der Sünde.»

der ersten drei Gebote; mehr noch, seit den Tagen der Säkularisation und der Trennung von Staat und Kirche ist die Auffassung offiziös, daß die Ethik, die «Humanität», in jeder Gesellschaft allen verpflichtend auferlegt sei, mithin absolut gelte, wohingegen das Prinzip der Religionsfreiheit die Beziehung zu Gott als etwas nur persönlich Entscheidendes, also Relatives erscheinen läßt. Tatsächlich bedeutete es in der abendländischen Kulturgeschichte einen wichtigen Schritt auf dem Weg zur Demokratie, daß nicht länger mehr der Dogmatismus einer bestimmten religiösen Institution zur Zwangsvorschrift für die Bürger eines Staates erhoben werden konnte, – man verhinderte ein für allemal ein Staatskirchentum, bei dem eine bestimmte Religion oder Konfession unter staatlicher Protektion imstande sein würde, Menschen- und Bürgerrechte nur in Übereinstimmung mit ihr zu gewähren. Schon um die Zehn Gebote in unser heutiges Denken zu übertragen, muß man das Bild Gottes von den Beschränktheiten einer bloßen Stammesgottheit lösen und es, entsprechend der Botschaft der großen israelitischen Propheten, erweitern zu dem väterlichen (mütterlichen) Hintergrund im Leben aller Menschen[10]. Erst dann wird deutlich, daß man unbedingt vorab von Gott sprechen muß, um allererst die Voraussetzungen für ein moralisches Handeln zu begründen. Nicht ideologisch-dogmatisch, wohl aber existentiell bietet die Religion, indem sie das notwendige Vertrauen schafft, die Basis aller Ethik.

Und gerade so spricht hier auch Jesus. Gefragt nach dem «richtigen» Handeln, stellt er als Grund und Bedingung alles ethischen Verhaltens die Beziehung zu Gott voran. Damit greift er die wichtigste religionspsychologische Erfahrung des ganzen biblischen Monotheismus auf: daß die menschliche Person zu ihrer Einheit nicht finden kann unter einem Himmel verschiedener Götter, die alle etwas anderes und in sich so Widersprüchliches von ihm verlangen wie Aphrodite (Venus) und Ares (Mars), wie Athene (Minerva) und Poseidon (Neptun), wie Apoll (Phoibos) und Dionysos (Bacchus). Nur in der Einheit Gottes erhält ein Mensch die Möglichkeit, eine einheitliche, in sich geschlossene Persönlichkeit auszubilden, und nur im Gegenüber eines Gottes, der in sich eine einheitliche und geeinte Persönlichkeit aufweist, läßt sich zu Einheit und Einverständnis gelangen.

Ein wichtiger Punkt wird bei der Begründung ethischer Forderungen allermeist übersehen: es ist nicht möglich, «Freiheit» und «Vernunft» im Menschen einfach als gegeben vorauszusetzen, um darauf die Postulate der Moral zu errichten; damit ein Mensch über sich selber in «Freiheit» verfü-

[10] Vgl. E. DREWERMANN: *Die Zehn Gebote*, 33–36.

gen kann, muß er die verschiedenen Schichten und Anteile seiner Seele bis zu einem bestimmten Grad integriert haben, und das ist offenbar der Grund, warum wirklich als «Hauptgebot» gelten muß: Gott, den Herrn, zu lieben «aus deinem ganzen Herzen, mit deiner ganzen Seele und mit deiner ganzen Kraft und mit all deinem Denken» (10,27a). «Gott, der Herr» – das bedeutet, nichts auf Erden für letztgültig und absolut zu nehmen. Eine tiefe Ruhe kann sich bilden in diesem Bewußtsein des Unterschieds zwischen dem, was uns «unbedingt angeht», wie PAUL TILLICH (1886–1965) sich ausdrückte[11], und dem, was nur bedingt uns berührt. An Gott müsse man schon deshalb glauben, weil er das einzige sei, was man sein Leben lang lieben und verehren könne, meinte FJODOR MICHAILOWITSCH DOSTOJEWSKI (1821–1881)[12]. Daß da etwas ist, in dessen Gegenwart das eigene Herz sich sammelt, ordnet und zentriert, ist die Erfahrung aller Frömmigkeit.

So kommentierte der islamische Mystiker AL-HALLADSCH (gest. 922) den Vers 106 aus der 37. Sure des *Koran*: «Wahrlich, dies ist die deutliche Heimsuchung» mit den Worten:

In meinem Herzen kreisen
  alle Gedanken um Dich,
Anders nicht spricht die Zunge
  als meine Liebe zu Dir.

[11] Vgl. PAUL TILLICH: *Auf der Grenze*, 136–137: «Ein Sein, das aus seiner essentiellen Natur heraus lebt, ist sich selbst Gesetz. Es folgt seiner natürlichen Struktur. Das aber trifft auf die menschliche Situation nicht zu. Der Mensch hat sich seinem essentiellen Sein entfremdet, daher erscheint ihm der moralische Imperativ als Gesetz. Moralismus ist Gesetzlichkeit.» «Ein Moralgesetz, das anerkannt ist, ist drückender als alle positiven Gesetze, und zwar gerade, weil es verinnerlicht ist.» «Das Gesetz bringt uns in eine paradoxe Situation: es befiehlt, was bedeutet, daß es gegen uns steht. Aber es befiehlt uns etwas, das wir nur leisten können, wenn das Gesetz *nicht* gegen uns steht, wenn wir einig sind mit dem, was uns befiehlt... Gesetzlichkeit treibt entweder zur Selbstgefälligkeit... oder zur Verzweiflung... zu Pharisäismus oder Zynismus». «In der Gnade sind zwei Elemente vereinigt: die Überwindung der Schuld und die Überwindung der Entfremdung. Das erste Element erscheint in der Theologie als ‹Vergebung der Sünden›... Das zweite Element erscheint in der Theologie als ‹Wiedergeburt›».

[12] Vgl. FJODOR MICHAILOWITSCH DOSTOJEWSKI: *Die Dämonen*, 3. Teil, 7. Kap., 3, S. 692: «Viel wichtiger als das eigene Glück ist es für den Menschen zu wissen und jeden Augenblick zu glauben, daß es irgendwo bereits ein vollendetes und ruhiges Glück gibt, und zwar für alle und für alles... Das ganze Gesetz des menschlichen Daseins besteht nur darin, daß der Mensch immer in der Lage ist und die Fähigkeit hat, sich vor dem unermeßlich Hohen zu beugen. Wenn man die Menschen dieses unermeßlich Hohen beraubte, so wären sie nicht imstande zu leben und würden vor Verzweiflung sterben.»

Wenn ich nach Osten mich wende,
strahlst Du im Osten mir auf;
Wenn ich nach Westen mich wende,
stehst vor den Augen Du mir.
Wenn ich nach Oben mich wende,
bist Du noch höher als dies;
Wenn ich nach Unten mich wende,
bist Du das Überall hier.
Du bist, der allem den Ort gibt,
aber Du bist nicht sein Ort;
Du bist in allem das Ganze,
doch nicht vergänglich wie wir.
Du bist mein Herz, mein Gewissen,
bist mein Gedanke, mein Geist,
Du bist der Rhythmus des Atems;
Du bist der Herzknoten mir.[13]

Schöner, als es hier geschieht, läßt sich nicht ausdrücken, wie «Herz» und «Seele», «Kraft» und «Denken», wie alles Fühlen, alle Sehnsucht, alles Streben, alle Überzeugung in Gott sich vereinigen oder wie, anders gesagt, Gott diese Einheit *ist*.

Doch nun *zum zweiten*: Indem auf diese Weise Gott und Mensch auf das innigste miteinander verschmolzen sind, ergibt sich wie von selbst, daß der Gott, von dem da die Rede geht, nichts fordern noch verkörpern kann, das irgendwie sich gegen das Mitleid mit Menschen richten würde. Im Sinne Jesu kann man Gott nicht dienen, wenn man Seine Worte starr und unlebendig gegen die konkrete Not von Menschen geltend macht; so etwas ehrt nicht Gott, es mißversteht und mißbraucht Ihn, es beleidigt Sein Wesen, das die Liebe ist. In der Radikalität, mit der Jesus diese Auffassung gegen die «Schriftgelehrten» seiner Zeit (und aller Zeit!) vertrat, zeigt sich denn auch ein substantieller Unterschied zu dem Denken, das sogar im Kreise Rabbi *Hillel*s herrschte, verdeutlicht noch einmal an dem Streitpunkt, der in den Kontroversen der Evangelien einen so breiten Raum einnimmt: an der Frage der Sabbatheiligung.

Hillel entstammte einer jüdischen Familie, die aus Babylonien nach Jerusalem ausgewandert war, so daß er bei Schemajah und Avtalyon studieren konnte; nur mit Mühe vermochte er seine Familie zu ernähren; als er

[13] ANNEMARIE SCHIMMEL: *Al-Halladsch – «O Leute, rettet mich vor Gott»*, 121.

einmal an einem Freitag kein Geld hatte, um einen Lehrvortrag bezahlen zu können, stieg er auf das Dach, um durch die Luke zuzuhören; dort fand man ihn am Sabbatmorgen halb erfroren, so daß er sich kaum bewegen konnte und zu sterben drohte. Da trugen Schemajah und Avtalyon ihn in die Stube und zündeten trotz des Sabbatgebotes (vgl. Ex 35,3) ein Feuer an, denn, so sprachen sie, er sei es wert, daß für ihn der Sabbat einmal nicht befolgt werde[14]. – Da gibt die Treue eines Gesetzesschülers den menschlich rechtfertigenden Grund dafür ab, eine Ausnahme von der Strenge des Sabbatgebotes zu machen, obwohl nach dem mosaischen Gesetz die Todesstrafe auf seine Übertretung steht (Ex 31,14.15!). Das ist zweifellos im Sinne Jesu gedacht und gehandelt, aber es ist gebunden an die ausnahmsweise «Würdigkeit» eines Menschen, es begründet sich nicht aus der generellen Hilfsbedürftigkeit des Menschen und schon gar nicht aus der Wesensart Gottes, wie Jesus sie sieht. Für den «Vater» Jesu ist es absurd, die Menschen nach ihren moralischen Qualitäten zu bewerten, um sie bei untadeligem Wohlverhalten mit einer Ausnahme vom Sabbatgesetz zu prämieren. Umgekehrt: alle Gebote Gottes müssen sich vereinbaren lassen *mit* oder begrenzen lassen *an* der Not von Menschen. Denn: Gottes Wille kann es nur sein, Menschen zu helfen. Es gibt keine von Gott unabhängige Ethik, vielmehr Gott selbst ist der Grund für das mögliche Gutsein des Menschen, und er ist dies fundamental durch seine Güte, nicht durch seinen gesetzgebenden Willen, so wie – noch einmal – eine Mutter ihrem Kind als erstes all ihre Zuwendung schenkt, ehe sie ihm vor diesem Hintergrund bestimmte Regeln des Zusammenlebens beibringen wird.

Der *Codex Cantabrigiensis* (Codex D) aus dem 5./6. Jh. enthält, in Erweiterung der Geschichte des *Lukas* vom Ährenraufen am Sabbat (Lk 6,1–5), ein kurz gefaßtes Paradigma, das tatsächlich dem Denken Jesu von der Menschlichkeit Gottes sehr nahe kommt; es heißt dort: «An demselben Tage sah er einen Mann am Sabbat eine Arbeit verrichten. Da sagte er zu ihm: Mensch! Wenn du weißt, was du tust, bist du selig. Wenn du es aber nicht weißt, bist du verflucht und ein Übertreter des Gesetzes.»[15] Wie das mosaische Gesetz Verstöße gegen Sabbatheiligung ahndete, zeigt sich in Num 15,32–36: «Als die Israeliten in der Wüste waren, fanden sie einen Mann, der Holz auflas am Sabbattage. Und die ihn dabei gefunden hatten, wie er Holz auflas, brachten ihn zu Moses und Aaron und vor die ganze Gemeinde. Und sie legten ihn gefangen, denn es war nicht klar bestimmt,

[14] Vgl. Str. B. II 419–420.

[15] JOACHIM JEREMIAS: *Unbekannte Jesusworte*, 61.

was man mit ihm tun sollte. Der Herr aber sprach zu Moses: Der Mann soll des Todes sterben; die ganze Gemeinde soll ihn steinigen draußen vor dem Lager. Da führte die ganze Gemeinde ihn hinaus vor das Lager und steinigte ihn, so daß er starb, wie der Herr dem Moses geboten hatte.» – Demgegenüber konstituiert Jesus nicht einfach eine «würdige Ausnahme», er formuliert vielmehr aus Anlaß des Arbeiters am Sabbat ein klares Interpretationsprinzip, und zwar, wie es zu ihm gehört, als ein Entweder–Oder: «zwei Freiheiten gibt es gegenüber göttlicher Ordnung und heiliger Sitte: Die eine ist die herrliche Freiheit, die Freiheit der Kinder Gottes, die Freiheit derer, die frei sind in ihrem Gewissen, weil sie gebunden sind durch die Liebe ... die andere ist die Freiheit der Empörer, die Freiheit derer, die geschlagen sind in ihrem Gewissen. Denn (so könnte man in Anlehnung an Röm 14,23 sagen): Alles, was nicht aus der Liebe ist, das ist Sünde. Weißt du, was du tust? fragt Jesus den Mann. Auf den Beweggrund des Handelns kommt alles an. Bist du frei im Gewissen – oder geschlagen im Gewissen?»[16] «Jesus sagt: Es kann der besondere Fall eintreten, daß jemand den Feiertag entheiligt, gebunden in seinem Gewissen an den lebendigen Gott, weil Gott ihm eine Tat helfender Liebe auftrug. Selig, wer so den Feiertag entheiligt! Aber wer ihn entheiligt aus Leichtfertigkeit und Gleichgültigkeit, ist verflucht.» Also gilt: «Wenn du verstanden hast, warum ich den Sabbat brach, als ich den Mann mit der verdorrten Hand (Mk 3,1ff. par.), die gekrümmte Frau (Lk 13,10ff.), den Wassersüchtigen (14,1ff.) am Sabbat heilte; wenn du den Sabbat brichst, um jemandem zu helfen; wenn du es weißt, daß für die Kinder Gottes über allen Geboten das der Liebe steht – dann bist du selig! Aber ... wenn du aus Frivolität und Frechheit handelst – dann ‹bist du verflucht und ein Übertreter des Gesetzes›.»[17]

Das Entscheidende, das sich am Beispiel der Auslegung des Sabbatgebotes an dieser Stelle in aller Deutlichkeit zeigt, ist die absolute Einheit von Gottesliebe und Menschenliebe. Wer Gott liebt, findet Ihn als eben jene Macht, die unterschiedslos jeden einzelnen unter den Menschen liebt, und wer versucht, einen einzelnen Menschen durch seine Not hindurchzutragen, der wird sich jederzeit getragen und bestätigt fühlen dürfen durch Gott; er wird in Gott die Menschen lieben und in den Menschen Gott – beides untrennbar voneinander.

Allerdings gehört zu einer solchen Einstellung die Unabhängigkeit und Entscheidungsfreiheit eines Ich, das stark genug ist, die Rigidität des Über-

[16] A. a. O., 64.
[17] A. a. O., 63–64.

ich hinter sich zu lassen. Und eben in dieser Frage steht es wirklich auf Entweder–Oder: Für die «Schriftgelehrten», so sahen wir Stelle um Stelle, ist Gott identisch mit Seinen «Gesetzen», Er ist der Garant und der Stabilisator einer Überich-Religiosität ohne innere Freiheit, ohne persönliche Verantwortung; für Jesus hingegen steht Gott auf der Seite des Ich; Er verlangt geradezu, daß Seine Gebote situativ, kreativ und flexibel ausgelegt werden; Er ist selber als Grund des Vertrauens die Überwindung der Angst. Die Einheit von Gottesliebe und Menschenliebe, die Jesus in dieser Art lehrte, besteht darin, daß die freie Entfaltung der Persönlichkeit als das Ziel aller Frömmigkeit verstanden wird und werden muß.

d) Von Selbstliebe und Nächstenliebe

Die Entfaltung des Ich bildet denn auch gleichermaßen die Voraussetzung für das «Gebot», zu lieben «deinen Nächsten wie dich selbst» (10,27). Nur jemand, der mit sich selber nicht auf Kriegsfuß steht, kann sich auch positiv zu anderen verhalten. Freilich muß man bedenken, wie vielfältig gebrochen und widersprüchlich das Seelenleben eines Menschen sein kann. Die Transaktionsanalyse[18] unterscheidet vier mögliche Beziehungsformen, deren erste beschreibt, wie jemand ständig signalisieren kann: «Ich bin o. k. – du bist nicht o. k.» Eine solche Persönlichkeit braucht förmlich die Abwertung der anderen, um sich selber aufzuwerten, – wie soll sie da die anderen «lieben» können? Ein anderer wiederum verhält sich nach dem Muster: «Ich bin nicht o. k. – du bist nicht o. k.» Er überträgt die Selbstablehnung eins zu eins auf alle anderen, sein Negativismus hat sich generalisiert. Doch auch die dritte Haltung ist nicht unbedenklich; nach der Devise: «Ich bin nicht o. k. – du bist o. k.» pflegt jemand ständig alle anderen zu loben, stellt sich selber aber immerzu in den Schatten. In dieser Gesinnung «liebt» er nicht die anderen, er möchte lediglich, indem er ihnen huldigt, geduldet werden, er sieht die anderen nicht, wie sie wirklich sind, er fürchtet sie und fühlt sich nur zu klein, um sie zu attackieren, er unterwirft sich ihnen, um von ihnen nicht verworfen zu werden; seine gesamten Beziehungen sind angst- und aggressionsgetönt, so daß eine echte Sympathie und Harmonie sich nicht bilden kann. Nur wer sich selber einigermaßen gelten läßt und anerkennt, wird auch die Menschen seiner Umgebung gelten lassen und

18 ERIC BERNE: *Was sagen Sie, nachdem Sie «Guten Tag» gesagt haben?* München 1975; zur Darstellung der Transaktionsanalyse vgl. TE I 456–473.

anerkennen, entsprechend der vierten Beziehungsform: «Ich bin o.k. – du bist o.k.»

Natürlich steht hinter jeder dieser vier Ich-Einstellungen eine entsprechende Biographie, und so ist klar, daß es hier in moralischem Sinne durchaus nichts zu befehlen und zu «gebieten» gibt; um einen Menschen dahin zu begleiten, daß er seine Selbstablehnung und Selbstverachtung ablegt, braucht es nicht selten einen langen Weg neuer Erfahrungen mit sich selber und mit anderen, die seinen zur Gewohnheit geronnenen Negativismus zu korrigieren vermögen. – Doch spricht man, statt von einem zweiten «Hauptgebot», von einer zentralen Lebensregel, so ist die psychologische Wahrheit unübersehbar, die sich in der wechselseitigen Verwiesenheit von «Selbstliebe» und «Nächstenliebe» ausspricht. Wohlgemerkt geht es dabei nicht um die Illusion, es könnten «Egoismus» und «Altruismus» miteinander vereinbar werden. «Egoismus» ist gerade nicht der Ausdruck eines ruhigen Selbstwertgefühls, sondern eine überwertige und einseitige Wahrnehmung der eigenen Interessen auf Kosten anderer, und der Grund dafür liegt allemal in dem Gefühl einer abgründigen Bedrohtheit und in dem Unvermögen, inmitten einer feindgetönten Welt auf dem Verhandlungswege mit anderen vernünftige Kompromisse einzugehen. «Altruismus» wiederum, obwohl moralisch meist sehr positiv bewertet, erscheint psychologisch nicht selten als eine Form der Selbstvermeidung und der Flucht vor sich selber. In Wirklichkeit führt der eine wie der andere «-ismus» in die Irre; was bleibt, ist die sichere Tatsache, daß (nur) ein innerlich ausgewogener Mensch mit anderen in ein verträgliches, sogar liebevolles Verhältnis zu treten vermag; und wieder ist es dabei die religiöse Dimension der menschlichen Existenz, die ein solches seelisches Gleichgewicht allererst ermöglicht. So wie Gottes- und Menschenliebe untrennbar zusammengehören, so bilden Selbst- und Nächstenliebe eine Einheit.

Von daher kann man nicht anders sagen, als daß jede Auslegung der Worte Jesu, die zu Selbstunterdrückung und zu Masochismus führt, an einer zentralen Stelle der Botschaft Jesu unrecht tut. Geradewegs monströs zeigt sich ein solches «Mißverständnis» (wenn nicht der bewußte Mißbrauch) der Worte Jesu zum Beispiel in der Begründung der Zölibatsvorschrift für die Kleriker der römischen Kirche: da werden die Amtsdiener der Kirche – mit Berufung auf den Eunuchenspruch in Mt 19,11.12 – verpflichtet, um der «größeren» Gottesliebe willen der Liebe zu einer Frau zu entsagen. Genau darin, daß es eine solche Alternative *nicht* gibt, nicht geben *darf*, bestand im Kern die Verkündigung Jesu[19]. Es war vor nun bereits einem halben Jahrtausend unvermeidbar, daß die Rückkehr zum Evangelium in den Kirchen der Reformation die entsprechenden Bestimmungen Roms revidierte und damit geistesgeschichtlich wie religionspsychologisch einen wichtigen Schritt in die Neuzeit vollzog[20], und es muß umgekehrt als unglaublich erscheinen, daß der Machtwille Roms unbelehrbar bis heute an Ordnungsprinzipien aus der Zeit des beginnenden Kirchenabsolutismus im 11. Jh. festhält. Man liebt Gott nicht «mehr», man liebt ihn überhaupt nicht, man verehrt einen römischen Götzen, wenn man die Liebe zu einem Menschen in Qual und Selbstquälerei, in Sünde und Schuld taucht.

e) Die Frage nach dem Nächsten oder: Die Umkehrung der Perspektive

Doch, «wer ist mein Nächster?» Die Frage stellt der Schriftgelehrte, um «sich zu rechtfertigen» (10,29), das heißt wohl, um mit einem neuen «Problem» die Berechtigung seiner Eingangsfrage zu unterstreichen. «Liebe deinen Nächsten wie dich selbst» – dieses Zitat aus Lev 19,18 bietet in seinen Augen noch keine erschöpfende Antwort, denn der Begriff des «Nächsten» ist nicht eindeutig definiert. Folgt man dem Wortlaut des mosaischen Gesetzes, so ist die Frage allerdings entschieden: der «Nächste» ist der Volksgenosse, der jüdische Mitbürger, der Glaubensbruder, allenfalls auch der Fremde, der in Lev 24,22 dem Einheimischen rechtlich gleichgestellt wird[21];

[19] Vgl. SCHALOM BEN-CHORIN: *Bruder Jesus*, 98–106: Jesus und die Frauen, S. 98: «Wir dürfen … nicht das asketische Ideal christlicher Anachoreten und Mönche mit dem Leitbild eines Rabbi aus der Zeit Jesu identifizieren.» S. 99: «Es mag sich wirklich etwas von dem Erlebnis dieser neuen Gemeinschaft, die den Jüngern selbst sehr befremdlich vorkommen mußte, in dem Wort aus dem Galater-Brief (3,28) spiegeln: ‹Hier ist nicht Mann noch Weib, denn ihr seid allzumal *Einer* in Christus Jesus.› Gewiß stellt diese Aussage des Paulus eine spätere Dogmatisierung eines spontanen Gemeinschaftserlebnisses dar, dessen lebendige Mitte Jesus gewesen sein muß.»

[20] Vgl. MARTIN LUTHER: *Ein Urteil Luthers über die Klostergelübde* (1521), in: Luther Deutsch. Die Werke Luthers in Auswahl, II, 318: Nr. 73: «Denn das Neue Testament ist ein Reich der Freiheit und des Glaubens.» Nr. 74: «Wie es also das Gesetz und des Gesetzes Werke nicht duldet, so (duldet es) auch nicht ihre Gelübde und ihr Ordensleben.» S. 319: Nr. 92: «Jetzt … legen … Männer Gelübde ab, und zwar auf ewig, um immer Kinder zu bleiben.»

[21] Vgl. HEINRICH GREEVEN: *plēsion* (nahebei), in: ThWNT VI 312–313: «Ohne Frage bezeichnen die hier (sc. in Lev 19,16-18, d.V.) vorkommenden Termini … die *Genossen des Bundes*, die Glieder der Gemeinde, die teilhaben an Erwählung und Bund und den damit gegebenen Pflichten und Rechten. Das Gebot der ‹Nächstenliebe› gilt damit Lv 19,18 zunächst eindeutig gegenüber den Genossen des Jahwebundes, nicht ohne weiteres gegen-

auf alle Nicht-Juden oder außerhalb der jüdischen Volksgemeinschaft Lebenden ist der Begriff demnach nicht anwendbar, für sie gilt daher auch nicht das Gebot der «Nächsten»-Liebe – oder doch? Und wer im Volk der Juden soll als «Nächster» gelten? Natürlich nicht unterschiedslos alle – oder doch? Wo also endet meine Verantwortung? Fragen über Fragen; allerdings: sie alle sind in Jesu Augen falsch gestellt! Denn sie versuchen, «objektiv» die «Nähe» und die «Ferne» zwischen Menschen festzulegen, – nach dem Grad der Blutsverwandtschaft etwa, nach der ethnischen und religiösen Zugehörigkeit mehr oder minder; nicht nach dem Gefühl der Verbundenheit mit einem anderen, das ein Mensch innerlich empfindet, soll sich also sein Verhalten richten, sondern nach einem möglichst engmaschigen Netz von Verbindlichkeiten und Verpflichtungen gegenüber den Stammesgenossen, und das zu erstellen und festzuschreiben ist der Sinn all der schriftgelehrten Bemühungen. Doch in einer solchen Welt subjektloser Verordnungen entfällt jedes Motiv zur «Nächstenliebe»; in einer solchen Welt mag jemand seine Pflicht tun, doch sind für ihn die anderen Menschen, so besehen, nichts weiter als die Erfüllungsgegenstände seiner Gesetzestreue. Aus der «Nächstenliebe» wird da eine Art bürokratische Dienstanweisung, in der nach Ableistung des anstehenden Falles der Ruf erschallt: «Der Nächste, bitte!» Indessen kann die Frage von vornherein nicht lauten, wer mir vom Gesetz als «Nächster» aufgetragen wird, die Frage stellt sich gerade andersherum: Wem fühle ich mich selbst am meisten nahe oder, noch richtiger, wem komme ich selbst in meinem Handeln am «nächsten»? – Wie also richte ich mich aus nach dem, was er am dringlichsten braucht? Wie füge ich am dichtesten mich ein in seine Not? Wie kann ich mich so verhalten, daß es seinen Bedürfnissen am besten entspricht und gerecht wird?[22]

über allen Menschen. Es wird freilich ... Lv 19,34 auch im Blick auf den ... im Lande wohnenden Fremden verbindlich gemacht (vgl. Dt 10,19) ... Damit enthält das Gebot schon eine entscheidende Ausweitung, aus der man freilich auf eine darin eingeschlossene Begrenzung schließen könnte: ... der nicht im Lande wohnende, durchreisende Fremde wird nicht einbezogen. Es geht eben dem Gesetz um für die damaligen Verhältnisse bestimmbare und faßbare ‹Rechtspersonen›.» «Spätere jüdische Rechtsauslegung hat eine ausdrückliche *Begrenzung des Liebesgebotes* vorgenommen; sie läßt es nur für Israeliten und Vollproselyten ... gelten und schließt den Samaritaner, den Fremden, d h Ausländer und den ... Beisassen, der sich innerhalb von 12 Monaten nicht der jüdischen Gemeinde angeschlossen hat, aus.» Vgl. auch JOACHIM JEREMIAS: *Die Gleichnisse Jesu*, 201: «Jesus ... soll sagen, wo er innerhalb der Volksgemeinschaft die Grenzen der Liebespflicht zieht.»

22 HEINRICH GREEVEN: *plēsion* (nahebei), in: ThWNT VI 315: «Was hier (sc. in Mt 5,43-48, d.V.) formal als radikale Einschränkung des Begriffs ‹Nächster› und als Übersteigerung des Liebesgebotes erscheint, ist im Grunde eine Umkehrung der Fragestellung: Der Mensch, der

«Wer», fragt Jesus am Ende seines Gleichnisses, «scheint dir der Nächste dessen geworden, der in die Hände der Räuber gefallen?» (10,36)[23] Damit hat sich die Frage gänzlich umgekehrt. Sie geht jetzt aus vom eigenen Fühlen und Denken, von der eigenen Zuständigkeit und Verantwortung, von mir selbst als dem Subjekt meines Handelns. Das persönliche Mitleid und die Konsequenzen, die sich daraus ergeben, bestimmen darüber, inwieweit ich die Kluft zwischen mir und dem anderen überwinde. Der «andere», wohlgemerkt, ist jetzt nicht länger mehr der «Volksgenosse» beziehungsweise der Angehörige der jüdischen Glaubensgemeinschaft, – jeder Mensch, gleich welcher Nation oder Religion, kann einem anderen Menschen nahe kommen, mithin zu seinem «Nächsten» werden. Aus einer Quisquilie, aus einer «Qashe»[24] in der Auslegung des mosaischen Gesetzes, ist unter Jesu Händen mithin ein allgemein menschliches Problem geworden. «Nächstenliebe», anders gesagt, ist ab sofort keine «innerjüdische Angelegenheit» mehr, sie ist der Ausweis eines jeden Menschen in seiner Menschlichkeit. In gerade dieser Intention erzählt Jesus denn auch die nachfolgende Geschichte von dem barmherzigen Samariter.

f) Die Geschichte vom barmherzigen Samariter oder: Wo wohnt der liebe Gott?

Eigentlich ist das Gleichnis Jesu nicht einfach die Fortsetzung der Diskussion um das Hauptgebot; vielmehr beantwortet es zum Thema «Nächstenliebe» mittelbar eine noch andere, weit wichtigere Frage: Wie kann ich «ewiges Leben ... erben?» fragte der Schriftgelehrte (10,25); «wie finde ich

präzis wissen will, wen er zu lieben habe und wen nicht, wird nun nach seiner vermeintlichen Liebe gefragt, mit der er so ökonomisch umgehen will, während sie doch mit unwiderstehlicher Gewalt aus ihm hervorbrechen und zu ihrer Tat finden müßte. Sie ist in ihrem Wesen nach zuerst nicht Handeln, sondern Sein, nämlich Gotteskind-Sein.»

[23] A.a.O., ThWNT VI 315: «Mit provozierender Eindeutigkeit ist..., daß der Hilfsbedürftige ein Jude, der Barmherzige aber ein Samariter ist. Hier findet die hinter Mt 5,43-48 stehende Umkehrung der Frage nach der Definition des ‹Nächsten› in aller Form statt.» Und S. 316: «Daß nicht vorher bestimmt werden kann, wer der Nächste ist, sondern daß es sich im Lebensvollzug jeweils eindeutig genug ergibt, geht aus der Erzählung... hervor... Was der ‹Nächste› ist, kann man nicht definieren, man kann es nur sein.»

[24] Vgl. HEINZ SCHÜRMANN: *Das Lukasevangelium*, II 1, 131: «Der ‹Gesetzeslehrer› fragt nicht mehr (wie par Mk) nach dem ‹ersten Gebot›, sondern nach dem heilsnotwendigen Tun (Aor. – sc. Aorist, d.V.). Er zeigt sich dabei aber nicht ernstlich an seinem persönlichen Heil interessiert; er stellt aus Distanz... eine theoretisch-theologische Frage.»

zu Gott?» ist die Frage eines jeden Gottsuchers, und sie stellt sich gerade in dieser Erzählung Jesu. Wie aber wird im Rahmen einer geordneten und verordneten Religionsform die Antwort auf eine solche Frage von seiten der diensttuenden Gottesverwalter und der diensthabenden Gottesbeamten ausfallen? «Mein lieber Gläubiger», werden sie sagen, «daß Du Gott suchst, ist zweifellos recht gut und schön, nur solltest Du Dich um Himmels willen nicht getrauen, auf diese Deine so bedeutsame Frage selber eine Antwort zu wagen. Das wäre ja die reine Vermessenheit! Wie könntest denn Du, ein nicht-studierter Mann, ein ausgewiesener Laie auf dem Gebiete des Göttlichen, eine Kompetenz in derart diffizilen Dingen beanspruchen! Nein, mein Lieber, in Fragen, welche die ganze Ewigkeit betreffen, muß man sicher gehen, da braucht es der Expertise eines Experten, – Du verstehst. Und solche Gottesexperten haben wir ja. Nicht umsonst bezahlen wir ihr Studium, daß sie uns korrekt in allen Fragen von Gebet, Opfer und Ritual unterweisen. Die Priester – die wissen, was man machen muß, um Gottes Segen vom Himmel zu holen. Und dann die Gesetzeslehrer! Die wissen nicht nur, was da in den heiligen Schriften steht, die wissen auch, wie man's versteht. Die kennen die Varianten der Auslegungskunst aus Jahrhunderten, und sie gehen damit um wie Schachspieler: Du gibst ihnen eine bestimmte Stellung vor, und sie sagen Dir genau, welche Züge Du machen mußt, um gegen Gott nicht zu verlieren. Halte Dich an die akkreditierten Autoritäten. Unternimm nur nichts auf eigene Faust. In Sachen der Ewigkeit können die kleinsten Fehler fatale Konsequenzen nach sich ziehen. Darum: äußerste Vorsicht!»

Auf diese Weise machen Priester und Theologen sich in der Tat unentbehrlich. Ihre ganze Macht gründet in der Beruhigung der Angst vor Gott, und *die* pflegen sie, wie das Militär die Angst vor einem potentiellen Gegner, – nur so läßt sich seine Existenzberechtigung, ja, seine wachsende Bedeutung für die «Sicherheit» des Landes nachweisen. Im Schatten der Angst vor Gott bleiben die Menschen unter der Herrschaft der Priester und Theologen stets abhängig und gehorsam wie unmündige Kinder, entfremdet bis hinein in das Heiligtum ihrer Seele. Wenn Jesus Gott, seinen «Vater», dafür pries, daß Er nur den «Kindlichen» sich enthüllt habe (Lk 10,21), so meinte er zweifellos genau das Gegenteil solch eines psychischen Infantilismus: Menschen, die sich *nicht* voller Furcht manipulieren lassen, sondern voller Vertrauen dem Mitgefühl ihres Herzens folgen. Ob er es will oder nicht, seiner ganzen Haltung nach ist Jesus deshalb der geborene Feind dieser Gottesexperten, dieser Virtuosen zwangsneurotisch-sadistischer Schlachtungen und wortreicher Ritualformeln, dieser Begriffsjongleure, die jede Zuversicht in Gottes Güte ersetzen durch ihr Sicherungssystem kontrollierter Korrektheit. Er muß sie nicht einmal angreifen und bekämpfen, wie er es allerdings wenig später (Lk 11,37–54) massivst noch tun wird; es genügt, daß er mit der Selbstverständlichkeit seines «kindlichen» Urteilsvermögens ihren ganzen Vermittlungsdienst einfach als überflüssig, als hinderlich, als schädlich offenlegt. Wie aber auch nicht!

«Wo wohnt der liebe Gott?» Die Antwort aller judäischen Priester wird lauten: «Im Tempel», so, wie sie es im Buche *Ezechiel* vorgemacht haben. Da hatte der Prophet in einer großen Vision den neu errichteten Tempel geschaut wie ein steingewordenes Paradies mit Quellströmen und Fruchtbäumen, die vor Krankheit und Tod zu schützen vermögen (Ez 47,7–9); die Priester aber phantasierten die Szene in der Weise weiter, daß sie Gott mit dem Sonnenaufgang durch den Osteingang Einzug halten ließen in Sein Heiligtum; und dann verschlossen sie die Osttüre, auf daß die Gottheit für alle Zeiten wohnhaft bleiben sollte in ihrem Tempel – als der Privatgefangene der Priesterreligion sozusagen (Ez 43,1–5; 44,2)[25]. Und was haben sie von diesem Häftling ihrer Herrschaftsansprüche seither gelernt? – Das erzählt Jesus in diesem Gleichnis.

Da kehrt ein Priester von seinen gottesdienstlichen Obliegenheiten zurück nach Hause, auf der Straße, die von Jerusalem in die Palmenoase von Jericho hinabführt, und kommt vorbei an einem Schwerverletzten, den Räuber ausgeplündert und halbtot dort haben liegen lassen. Der Priester sieht den Mann – er wird sich später nicht herausreden können mit Unwissenheit –, doch geht er willentlich und entschlossen vorüber. Es muß durchaus nicht sein, daß er ein kaltherziger Mensch ist, er unterliegt in Wahrheit einer höheren Notwendigkeit, die sein Verhalten nicht nur entschuldigt, sondern ihm geradewegs zur Pflicht auferlegt, darf doch ein Priester entsprechend dem Wortlaut von Lev 21,1–4 selbst im Privatleben, auch außerhalb des Kultdienstes, niemals die Leiche eines Menschen berühren, ausgenommen allein die allernächsten Familienangehörigen[26]. Der Mann am Wegesrand ist nur erst «halbtot» (10,30), – noch fiele er nicht unter das

[25] Vgl. KARL-FRIEDRICH POHLMANN: *Der Prophet Hesekiel/Ezechiel, Kap. 20–48*, 570–572; 583; HANS FERDINAND FUHS: *Ezechiel*, II 240–241; 245–246, findet «diese theologische Konzeption höchst problematisch. Jahwe wird den Tempel nicht mehr ... verlassen. Ihm ist der Rückweg buchstäblich verbaut.»

[26] MARTIN NOTH: *Das dritte Buch Mose*, 134: «Praktisch handelte es sich dabei (sc. in Lev 21,1-4, d.V.) etwa um die Besorgung des Leichnams für die Bestattung oder vielleicht auch nur um das Eintreten in einen Raum oder ein Haus, in dem jemand gestorben war und der Leichnam vor der Bestattung noch lag.»

«Reinheitsgesetz»; doch natürlich – er könnte jeden Augenblick sterben, und diese Gefahr, unkoscher vom Gottesdienst nach Hause zurückzukehren, wiegt offenbar schwerer, als daß hier ein Mensch in Todesgefahr schwebt! Gott will es! Das Gesetz will es! Das langt!

Es fällt nicht leicht, sich eine Geschichte auszudenken, die antiklerikaler sein könnte als diese. Sie wirft nicht unbedingt ein schlechtes Licht auf diesen Priester als einzelnen; wie er denkt, wie er fühlt, davon erfahren wir kein Wort, – darauf kommt es hier nicht an. Denn eben darin liegt das Ungeheuerliche: dieser Mann tritt einzig auf als Priester; sein Priestersein hat sein Personsein völlig absorbiert; er selber existiert nicht mehr in seinem Amt; – sein Ich ist verschwunden im Überich, um dieses Begriffsmodell der Psychoanalyse noch einmal anzuwenden. Und wir sehen in geradezu krasser Brutalität: ein Mensch, der selber nicht lebt, kann auch einem anderen nur begegnen als der leibhaftige Tod im Vorübergang. Menschlichkeit – sie ist verdampft in den Weihrauchwolken beim Rezitieren rituellen Singsangs und im Fettqualm der verbrannten Opfertiere. «Die Priester sagen Euch, Gott wohne im Tempel», erklärt Jesus hier zwischen den Zeilen, «ich aber sage: Wo diese sind, kann jener nicht sein. Ein Gott, der Menschen zwingt, an Menschen in Not vorüberzugehen, mag der rechte sein, um im Tempel sitzend seine Schlacht- und Brandopfer entgegenzunehmen, doch was hat dieser Priestergott mit dem ‹Vater› der ‹Kindlichen› zu tun? Überlegt nur selbst, wo Ihr vermutet, Gott anzutreffen!»

Noch ehe Jesus die Antwort darauf gibt, läßt er in den Spuren des «Priesters» einen Leviten folgen. Ein solcher steht nicht unter den strengen Bestimmungen aus Lev 21,1–4[27], er hätte durchaus die Erlaubnis, sich mit einem Toten, erst recht mit einem «Halbtoten» abzugeben, doch auch er

[27] Vgl. JOACHIM JEREMIAS: *Die Gleichnisse Jesu*, 202: «Während dem Priester nach dem Wortlaut von Lev. 21,1 ff. auch im Alltag jede Berührung einer Leiche (mit Ausnahme der allernächsten Blutsverwandten) untersagt war, hatte der Levit nur im kultischen Dienst rein zu sein. Wanderte der Levit, wie der Priester Lk 10,31, von Jerusalem nach Jericho, so hinderte ihn nichts daran, einen ‹Toten am Wege› zu berühren. Man muß also, will man auch ihn von rituellen Rücksichten bestimmt sein lassen, annehmen, daß er sich auf dem Wege nach Jerusalem zum Dienst am Tempel befand. Der Text (V. 32) schließt diese Annahme nicht aus.» Allerdings pflegten die diensttuenden Wochenabteilungen «geschlossen nach Jerusalem heraufzuziehen. War er ein Nachzügler? Oder gehörte er zu den wenigen Oberleviten, die ständig am Tempel Dienst taten? Man sieht: es ist schwierig, den Leviten von rituellen Besorgnissen geleitet sein zu lassen.» Str. B. II 183, meinen denn auch: «Jesus wendet sich nicht gegen das pietätlose Verhalten des Priesters u. Leviten einem *Toten* gegenüber, sondern gegen ihr herzloses Verhalten, das einem *Lebenden* Hilfe vorenthält.» MARTINA BÖHM: *Samarien und die Samaritai bei Lukas*, 100, verweist auf die heiligen Bezirke am Ga-

müßte dazu irgendwie vom Wege «abweichen», und warum sollte er das tun? Der Priester ist das Vorbild, die Musterausgabe des Religiösen; wie er es macht, muß man es machen, und es kann nicht schaden, immer noch ein bißchen korrekter zu sein, als man muß, – priesterlicher als ein Priester, päpstlicher als der Papst. In solchen Gedanken geht auch er vorüber an dem dringend der Hilfe bedürftigen Menschen am Wegesrand, wähnend, die Weisungen Gottes gerade dadurch zu befolgen. Die Treue zu Gott oder das Mitleid mit einem Menschen – dazwischen meinen die Gottesbeamten wählen zu müssen, und eben dieses Entweder-Oder: Gott *oder* die Menschlichkeit, verrät die ganze Perversion ihrer Frömmigkeitshaltung.

Aller guten Dinge sind drei – vor allem in volksnahen Erzählungen, und so stünde zu erwarten, daß nun als drittes ein «Mann vom Lande», einer der verachteten Gesetzesunkundigen (vgl. Joh 7,49), auftreten würde, um durch sein Verhalten beispielgebend den einzig richtigen Ausweg aus jener schriftgelehrten falschen Alternative aufzuzeigen. Doch wenn Jesus jetzt in der letzten Steigerung seines Gleichnisses einen Samariter auf die Bühne seiner Geschichte ruft, so erzeugt er damit bewußt einen Skandal. Wir erfuhren schon anläßlich der Erzählung von dem Aufenthalt Jesu in Samaria (Lk 9,52–56), wie verfeindet die Volksgruppen der Juden und der Samariter sich seinerzeit gegenüberstanden. FLAVIUS JOSEPHUS (37/38–um 100) berichtet sogar, daß zwischen 6 und 9 n. Chr. Samariter den Tempelplatz während eines Pessahfestes mit menschlichen Gebeinen verunreinigt hätten[28]. Wenn ein judäischer Priester kultisch «unrein» wird, im Falle er einen Verstorbenen berührt, dann kann ihr Gott wohl nicht länger mehr wohnen an einem Ort, der unrein wird durch das Verstreuen von Totengebein, – so der Gedanke der Samariter. Ein Gott aber, der sich vertreiben läßt durch den Kontakt mit Toten, wie sollte der ein Gott der Lebenden sein können, – was für ein Gott sollte das überhaupt sein?

So sakrilegisch diese Samariter auch denken mögen, so sicher ist doch, daß sie die ganze Idee von dem judäischen Kult- und Ritualgott nicht wie

rizim und auf das Kultpersonal, das die Anlage erforderte; sie folgert: «So ist damit zu rechnen, daß die in Lk 10,30-35 auftretende Triade Priester – Levit – Samarites mindestens bei mit den konkreten Verhältnissen vertrauten Adressaten Assoziationen kultischer Konkurrenz, kultischen Alleinanspruchs und Differenzen ... in der Interpretation der Tora hervorgerufen hat.»

28 Vgl. FLAVIUS JOSEPHUS: *Jüdische Altertümer*, XVIII 2. Kap., 2, Bd. 2, S. 509 – Zu Recht verweist deshalb WERNER MONSELEWSKI: *Der barmherzige Samariter*, 138, darauf, daß es auslegungsgeschichtlich «auch in der Moderne fast immer um den Universalismus der Nächstenliebe geht», ja, auch «um das Gebot der Feindesliebe.»

ein Brett vor dem Kopf mit sich herumtragen; und diese Freiheit von der Autorität der Priester und der Schriftgelehrten macht es ihnen allererst möglich, nicht nur ihre Augen zu öffnen, sondern ihr Herz, ihre Hand: Auch der Samariter sah den Verletzten «– und ward von Mitleid gerührt» (10,33). Auf wirklich vorbildliche Weise tut er alles, was er kann: Nicht nur daß er am Ort dem Verletzten Erste Hilfe leistet, er sorgt auch auf eigene Kosten für eine mehrtägige Unterbringung des ausgeplünderten Kranken in einer Herberge; und einem Mann wie diesem Samariter schenkt sogar der Wirt Vertrauen: wenn er zurückkommt, wird er ihm ganz sicher die bis dahin angefallenen Zusatzkosten erstatten (die der Wirt, genauso sicher, recht großzügig zu seinen Gunsten verrechnen wird).

Drei Fragen gleichzeitig sind damit beantwortet.

Zum ersten: Wie verhalten sich Menschenliebe und Gottesliebe zueinander? Die Antwort kennen wir bereits, finden sie in diesem Gleichnis aber noch einmal eindrucksvoll bestätigt: Beide sind untrennbar eins; es gibt keine Gottesliebe auf Kosten der Menschenliebe; und wer die Befolgung eines Gebotes, das auf Gott zurückgeführt wird, höher stellt als das Gebot der Menschlichkeit, der mißversteht Gott, der schädigt die Religion, der schändet sich selbst.

Und *zum zweiten*: «Wenn Du fragst: ‹Wie finde ich Gott?›, so höre nicht auf die Autoritäten der verfaßten Religion, auf die Priester und Theologen; folge vielmehr Deinem eigenen Herzen. Du wirst Gott nicht finden, wo sie ihn als ihren Gefangenen halten, Du findest ihn einzig dort, wo ein Mensch mit Mitleid hinübergeht in das Leid eines anderen Menschen.»

Und *zum dritten*: «Du fragst: ‹Wer ist denn mein Nächster?› und willst damit den Kreis Deiner Verantwortung auf Dein eigenes Volk beschränken und dann noch einmal innerhalb Deines Volkes einen möglichst engen Radius schlagen. Aber so geht es nicht. Gott ist überall dort, wo Menschen leiden und wo Menschen mit Menschlichkeit darauf antworten. Welcher ethnischen oder religiösen Herkunft diese Menschen sind, spielt dabei absolut keine Rolle; Gott ist der ‹Vater› aller Menschen, und Er ist so weit, wie der Himmel, der sich unterschiedslos über alle wölbt. Jedes Volk mag seine Religion, seine Tradition und seine Konvention haben, doch Gott ist weder ein ‹Volksgeist› noch ein Voodoogeist, Er ist auch nicht die Unantastbarkeit bestimmter überkommener Gewohnheiten noch die Sakrosanktheit vermeintlich «heiliger» Beschlußfassungen in der Gegenwart. Er ist die sanfte Stimme, die Du hören kannst, wenn Du ganz Deinem Herzen folgst. Ein würdigerer, wahrerer Gottesdienst läßt sich in alle Zeit nicht denken als das einfache ‹Gebot› der Menschlichkeit. Und sie ist möglich einem jeden, eben

Abb. 8: OTTO THÄMER (1892-1975), *Der Samariter*, 1927

– weil auch er ein Mensch ist. Wie nahe Du ihm kommst in seiner Not, das macht Dich selbst zum ‹Nächsten› dieses Menschen.»

Worum es letztlich geht, ist ein Gefühl kreatürlichen Mitleids, wie es in Abb. 8, dem Bild von OTTO THÄMER (1892–1975): *Der Samariter* aus dem Jahre 1927 (Öl auf Sperrholz, 91 x 122,5 cm, Städtisches Museum Flensburg), dargestellt ist[29]: Inmitten einer kargen Landschaft hält da ein Mann, niedergekniet, ähnlich dem weitverbreiteten Motiv der Pietà, einen völlig entkleideten, erschöpften oder schon bewußtlosen Mann in seinen Armen, während hinter ihm als drittes ein Pferd mit seinem mächtigen Leib, den Kopf dienstwillig gesenkt, die beiden vor der Trostlosigkeit und Einsamkeit der umgebenden Wüste zu beschirmen scheint. Vor Gott sind wir, wesentlich betrachtet, allesamt nichts anderes als arme Tiere; wer dies begreift, ergreift ein Stück von Seiner Gnade.

[29] OTTO THÄMER: *Der Samariter*, 1927, in: Dialog der Kreaturen. Tier und Mensch in der europäischen Malerei, Abb. 49. – ADOLF JÜLICHER: *Die Gleichnisreden Jesu*, 590, läßt es offen, ob das Reittier ein Pferd oder Maulesel war und ob «der Samariter vorher selber geritten war und nun zu Fuss nebenherging.»

Lk 10,38–42; 11,1–13: Die Gebetslehre Jesu oder: «Wenn ihr betet, sprecht: Vater!»

(vergleiche Joh 11,1; 12,1–3 zu *Lk 10,38–42*; Mt 6,9–13 zu *Lk 11,1–4*; Mt 7,7–11 zu *Lk 11,9–13*)

[38] Indem sie weiterwanderten, kam er in ein Dorf. Eine Frau mit Namen
Marta nahm ihn auf in die Wohnung. [39] Und sie hatte eine Schwester,
Maria gerufen, und die hatte sich hingesetzt zu Füßen des Herrn und
hörte sein Wort; [40] Marta aber war abgelenkt mit vielem Dienen. So trat
sie hinzu und sagte: Herr, kümmert es dich nicht, daß meine Schwester al-
lein mich hat dienen lassen? Sage ihr doch, daß sie mit mir anfaßt! [41] Als
Antwort aber gesagt hat ihr der Herr: Marta, Marta, du sorgst dich und
beunruhigst dich um vieles. [42] Weniges aber ist nötig – nur eins! Maria
hat doch den guten (hebr: den besten) Teil gewählt, der ihr nicht genom-
men werden soll.
11[1] Und es geschah, indem er irgendwo im Gebet war, wie er ausruhte,
hat einer seiner Jünger zu ihm gesagt: Herr, lehre uns zu beten, wie auch
Johannes gelehrt hat seine Jünger. [2] Da hat er ihnen gesagt: Wenn ihr
betet, sprecht:
Vater!
Geheiligt werde Dein Name (was Du bist, das gelte).
Dein Königtum komme (was Du wirkst, das komme).
[3] Unser Brot für morgen gib uns diesen Tag.
[4] Und laß uns nach unsere Sünden,
denn auch wir lassen nach jedem, der uns schuldig wird.
Und führe uns nicht in Versuchung (22,40).
[5] Und er hat gesagt zu ihnen: Wer von euch wird einen Freund haben, zu
dem er gehen wird um Mitternacht, und er spräche zu ihm: Freund, borg
mir drei Brote, [6] da doch mein Freund sich eingestellt hat von unterwegs
zu mir und ich nichts habe, was ich ihm vorsetzen werde, – [7] und jener
von drinnen spräche als Antwort: Bereite mir keine Beschwerden, – schon
ist die Türe verriegelt, und meine Kindlein sind bei mir im Bett, ich kann
nicht aufstehen und dir geben. [8] Ich sage euch: Wenn er auch nicht ihm
gibt und (dazu) aufsteht wegen seines Freundseins, – wegen seiner Un-
verschämtheit gewiß wird er sich erheben und ihm geben, so viel er be-
darf (18,5).
[9] Und so sage ich euch: Bittet, und es wird euch (von Gott) gegeben wer-
den. Sucht, und ihr werdet finden. Klopft, und es wird euch geöffnet. [10]
Denn: Jeder Bittende empfängt, und der Suchende findet, und dem Klop-
fenden wird geöffnet (13,25). [11] Wen denn von euch, als seinen Vater,
wird bitten ein Sohn um einen Fisch, daß er etwa statt eines Fisches eine
Schlange ihm geben wird? [12] Oder auch: er wird ihn bitten um ein Ei, –
wird er ihm einen Skorpion geben? [13] Wenn nun ihr, die ihr beständig bös
seid, Gaben, gute, zu geben wißt euren Kindern, um wieviel mehr wird

euer Vater vom Himmel her Heiligen Geist geben denen, die ihn bitten (Joh 14,13)?

Die Geschichte vom barmherzigen Samariter (Lk 10,29–37) vorhin konnte den Eindruck erwecken, als sei die Art eines «christlichen Lebens» gebunden an ein aktives, verantwortliches Handeln, – Christsein als Tun. Diese Auffassung ist nicht ganz falsch, aber sie ist auch nicht ganz richtig, und strenggenommen ergibt bekanntlich eine halbe Wahrheit eine ganze Unwahrheit. Die «ganze» Wahrheit lautet, daß ein rechtes Tun die «Frucht» (Lk 6,44) eines rechten Seins ist, – etwas, das sich von innen, organisch, ergibt, so wie ein Apfel oder eine Birne an den Zweigen eines Obstbaumes reift. Ein großer Fehler jedenfalls bestünde darin, das «Tun» als etwas moralisch Erzwingbares zu betrachten, das unter allen Umständen einzufordern und abzuleisten wäre, ganz egal, mit was für einem Menschen man es zu tun hat. Wie jemand handelt, erwächst aus seiner Persönlichkeit, – ein «Priester», der ganz verschmolzen ist mit seinen Ritualfunktionen, handelt eben anders als ein «Samariter», der es sich leisten kann, als Privatperson aufzutreten. *Das* im Grunde zeigte das Gleichnis Jesu. Wie also wird man eine eigenständige Persönlichkeit? Auf diese Frage antwortet – in Überleitung und Einleitung zu Jesu «Gebetslehre» im *Lukas*-Evangelium – die Erzählung von Maria und Marta.

1) Maria und Marta oder: Vom Segen des Hörens vor dem Handeln

Ein Kennzeichen von Menschen, die wirklich etwas zu sagen haben, ist ihr Unvermögen, irgend etwas als banal zu betrachten. So wie es für einen Dichter kein Geschehen, für einen Maler keinen Gegenstand gibt, die zu «einfach» wären, um erzählerisch oder zeichnerisch als bedeutsam dargestellt zu werden, so gibt es auch für Jesus keine Begebenheit, die nicht etwas Wesentliches zur Anschauung bringen könnte.

Da kommt er «in ein Dorf» (10,38), in dem ein Schwesternpaar: Maria und Marta, wohnt. Die Namen dieser beiden Schwestern tauchen im *Johannes*-Evangelium auf als die der Schwestern des Lazarus, wohnhaft in Betanien (Joh 11,1.2; 12,1–3)[1]; Maria soll dort die Frau gewesen sein, die

[1] Das «Dorf» in 10,38 wird gern mit Betanien identifiziert. Vgl. GERHARD KROLL: *Auf den Spuren Jesu*, 278–279: «Das Dorf des Lazarus und seiner Schwestern Maria und Martha lag weiter westlich von der heutigen Ortschaft el-Azarije auf dem südlichen Ausläufer des

Jesus die Füße salbte, wie es in Lk 7,37–38 erzählt wurde; doch gerade diese Frau schildert *Lukas* als eine Dirne, und er sah in ihr ganz gewiß nicht die Schwester eines Freundes Jesu. Auch daß *Lukas* die Szene nicht näher lokalisiert, macht deutlich, daß er die Tradition nicht kennt, nach welcher die beiden Schwestern in Betanien – in Judäa, schon in der Nähe Jerusalems! – gelebt haben sollen. Dafür nimmt *Lukas* in Kauf, daß sein Jesus, indem er bei den beiden offenbar alleinstehenden Schwestern einkehrt, neuerlich einen Skandal heraufbeschwört: er, der «Prophet», findet nichts dabei, sich in eine Situation zu begeben, die sittenstrenge Menschen für durchaus zweideutig halten könnten[2]. Doch der Jesus des *Lukas*-Evangeliums trägt nirgendwo Scheu, sich auf Frauen einzulassen (vgl. Lk 8,1–3); warum also sollte er die Einladung der «Frau mit Namen Marta» zurückweisen (10,38)[3]? Eben weil der Umgang mit Frauen für Jesus keinerlei Problem darstellte, kommt es im Hause der beiden Schwestern zu einer ganz anders thematisierten, höchst lehrreichen Szene.

Wie im Orient bis heute üblich, lädt man einen Gast nicht ein, ohne auf jede erdenkliche Weise für seine Bequemlichkeit und seine Bewirtung zu

Ras esch-Schijah, an dessen Fuße die Reste eines alten Dorfes freigelegt wurden.» Die Entfernung nach Jerusalem betrug etwa 2,7 km, in Richtung Jericho. Der Ort dürfte mit Ananja identisch sein, das in Neh 11,32 erwähnt wird, und hieß ursprünglich Bet-Heni oder Bet-Ania. Doch warnt HEINZ SCHÜRMANN: *Das Lukasevangelium*, II 1, 154–155, zu Recht: «Man sollte nicht – aus Joh 12,1; 11,1.18 – harmonisierend schließen, Jesus sei hier schon in Betanien. 10,1.3 legt aber auch nicht nahe, (nach 9,56) noch an ein Samariterdorf zu denken. Man darf auch Lazarus hier nicht aus Joh 11; 12,1 f. als Bruder eintragen. Der luk Text bietet keinen Anlaß, Maria mit der salbenden Frau Mk 14,3-9 ... (erst Joh 12,1-8 trägt die beiden Schwestern – nach einer Vorlage wie Lk 10,38-42? – dort ein), mit der Sünderin 7,36-50 oder mit der Maria aus Magdala (8,2) zu identifizieren.»

2 SCHALOM BEN-CHORIN: *Bruder Jesus*, 100, meint: «Das Schwesternpaar Maria und Martha wurde oft typologisch gesehen, Maria, die kontemplative, und Martha, die aktive. Gerade aber der Kontemplativen neigt Jesus zu, und hier liegt wohl das Neue in der Beziehung Jesu zu den Frauen seiner Umgebung. Die dienende Frau ist im zeitgenössischen Judentum nicht selten. Bis heute hat sich in observanten Kreisen die Vorstellung erhalten, daß eine Frau, die einem Schriftgelehrten, einem Rabbi, treu dient, dadurch an den Verdiensten teilhat, die er sich durch sein Studium für die Ewigkeit erwirbt. Die Jüngerin aber, die nur den Worten des Meisters lauscht, ist ungewöhnlich, wenn auch nicht ohne Parallele. Man denke nur an Beruria, die gelehrte Frau des Rabbi Meir (sc. um 150, d.V.).»

3 ELISABETH MOLTMANN-WENDEL: *Jesus, feministisch gesehen*, in: Johannes Thiele (Hg.): Jesus, 125, resümiert: «Jesus – aus der Frauenperspektive gesehen – zeigt eine in der Christologie kaum gesehene Seite seiner Menschlichkeit: seine Beziehungsfähigkeit, die Notwendigkeit, mit Menschen in schöpferischem Austausch zu treten, aber auch die Tragik, an ihnen zu scheitern. Sichtbar wird dabei, daß er mit anderen – vor allem mit Frauen – schon hier eine nicht-hierarchische, auf Gegenseitigkeit beruhende Gemeinschaftsordnung praktizierte.»

sorgen. Marta hat die Einladung Jesu ausgesprochen, und so ist sie es, die sich die «Haushaltspflichten» der Gastfreundschaft angelegen sein läßt. Aber wieder: da möchte Marta alles richtig machen, und sie macht im Grunde alles falsch, denn sie ist dabei, eine wunderbare, einmalige Chance zu verpassen; sie folgt nicht ihrem eigentlichen Wunsch, Jesus bei sich zu haben, sie folgt ihrem Pflichtgefühl, sie erfüllt die Ansprüche ihres Überich, sie handelt nicht situationsgerecht, sie agiert im Grunde narzißtisch – vorbei an sich selbst und an allen Beteiligten, einzig in dem Bemühen, am Ende mit sich selber «zufrieden» sein zu können, das heißt, sich in Übereinstimmung mit ihren verinnerlichten Standards einer perfekten Gastgeberin gebracht zu haben. Doch muß das alles so sein? Will sie wirklich Jesus nur als Anwendungsfall und als Zeugen ihrer Qualitäten als Hausfrau benutzen? Natürlich nicht. Wie aber dann?

Wie stark Marta unter Druck steht, zeigt sich in dem Vorwurf, den sie indirekt gegen ihre Schwester richtet, ja, den sie auch auf Jesus selber legt: «Herr, kümmert es dich nicht, daß meine Schwester allein mich hat dienen lassen?» (10,40a)[4] Was da psychologisch abläuft, ist wirklich sehr lehrreich. Normal wäre es, daß Marta ihre Schwester Maria beizeiten selber um Hilfe bitten würde, – doch das tut sie nicht; vielmehr projiziert sie in Jesus, den «Herrn», all ihre Überich-Forderungen hinein, – sie handelt ihm gegenüber so, wie sie es anscheinend seit Kindertagen schon als Pflicht auferlegt bekam, und sie glaubt dabei offenbar, daß Jesus selber es genau so befiehlt, – daß sie in allem mithin nicht ihren eigenen, sondern seinen Weisungen folgt. Eben deswegen verfügt sie auch über keinerlei Erlaubnis, das Maß ihrer Verpflichtungsgefühle selber zu reduzieren oder einen Teil ihrer Aufgaben an ihre Schwester zu delegieren; es muß Jesus sein, der aus Gründen einer gerechteren Lastenverteilung für sie Partei ergreift. Verpflichtung wie Entlastung – beides verlegt Marta in den «Herrn» hinein.

Mutmaßen kann man deshalb in etwa, weswegen sie Jesus überhaupt eingeladen hat: Sie begegnet in ihm, darf man denken, ihrem Überich – aber im Umkehrbild: Jesus verkörpert gerade *das Gegenteil* der Strenge ihres Vaters. Er verbreitet nicht das ewige «Du mußt» und «Du sollst» und «sonst droht Dir Entsetzliches», er wirkt tröstlich, er spricht begütigend, und so sucht sie seine Nähe, um bei ihm einen Ort zu finden, an dem sie ausruhen

[4] HEINZ SCHÜRMANN: *Das Lukasevangelium*, II 1, 157, vermerkt: «Marta als Gastgeberin ‹dient›, indem sie inzwischen für Jesus die Mahlzeit richtet…, was nach den Maßstäben ihrer dienstbereiten Gastlichkeit mehr als zwei Hände verlangt hätte. Dieses ‹Sorgen› wird … als übergroß gekennzeichnet, um abgewertet werden zu können: ein Kontrastgemälde zu der ruhig lauschend zu Füßen des Kyrios sitzenden Maria.»

kann. Andererseits aber läuft in ihr das alte Verpflichtungsprogramm ungehemmt weiter, und so geht sie nicht zu ihm, um sich ohne Vorleistungen in *seine* Sphäre hineinzubegeben, sondern sie versucht, ihn in *ihre* gewohnte Welt einzufügen, das heißt, sie überträgt auf ihn das gesamte Gefälligkeitsprogramm, das sie seit Kindertagen bei ihrem Vater gelernt hat; dabei hofft sie zugleich, daß er in seiner Autorität als Vaterersatz die ungerechte Aufgabenverteilung beende, wonach ihre (jüngere?) Schwester (als das Nesthäkchen?) vermeintlich alle Vorteile im Leben genießt, wohingegen sie (die ältere?) als Wellenbrecher den Wogen der elterlichen Erwartungen standzuhalten hat.

Da kann also jemand einem anderen alle nur erdenkliche Freundlichkeit entgegenbringen und wartet doch unbewußt nur darauf, dieser andere möge ihm endlich die Erlaubnis erteilen, einmal nichts mehr tun zu müssen, auch nicht für ihn, und so zweckfrei leben zu dürfen wie die eigene «Schwester». Und wirklich: genau das tut Jesus, aber er tut es – wiederum – anders, tiefer als gewünscht oder auch nur als geahnt. Auf Martas Ansinnen geht er erst gar nicht ein, – es liefe lediglich auf die Bestätigung und Verfestigung einer an sich schon unmenschlichen Fehleinstellung hinaus, wollte er auch Maria noch zu seiner Dienstmagd nehmen und auf das Zwangsprogramm einer korrekten «Gastfreundschaft» nach Marta-Art verpflichten. Statt dessen hat Jesus offenbar mit Maria bereits begonnen, das zu tun, weswegen *er* der Einladung gefolgt ist: die persönliche Begegnung zu pflegen und sich im Gespräch auszutauschen – oder auch gemeinsam zu versenken in einem alles umschließenden Schweigen, lauschend auf die leise Stimme im eigenen wie in des anderen Innern. Drum wird er Maria gerade nicht sagen, was Marta von ihm erwartet: «daß sie mit ... anfaßt» (10,40). Im Gegenteil! Es ist an Marta, zu lernen, daß es etwas «Besseres» gibt, als eine zwischenmenschliche Beziehung nur in Tun und Pflichterfüllung zu gestalten[5].

«Wenn Du mich einlädst, Marta», scheint Jesus zu sagen, «so übe einfach zu tun, was Du ursprünglich wolltest. Ursprünglich wolltest Du gewiß nicht einen strapaziösen Abend, angefüllt mit Dienstleistungen, verbringen, und

[5] HEINZ SCHÜRMANN: *Das Lukasevangelium*, II 1, 159, verweist mit Recht darauf, daß man «den guten Teil» in 10,42 «nicht komparativ als ‹das Bessere› verstehen» darf, «weil hier nicht eine bessere Verhaltensweise einer weniger guten gegenübergestellt wird. Es gilt, zwischen zwei alternativen Verhaltensweisen zu wählen: Zum Hören des Wortes des Herrn gibt es keine konkurrenzfähige Alternative (vgl. schon 10,23 f.) ... Der ‹gute Teil› ist das Aufgeschriebensein des ‹Namens› im Himmel (10,20).» – «Der gute Teil» ist ein Übersetzungssemitismus, da das Semitische keine Steigerungsformen kennt, so daß «der Positiv ... im Sinn eines Komparativs (Superl.) stehen» kann; FRIEDRICH BLASS: *Grammatik des neutestamentlichen Griechisch*, § 245, S. 153.

Dein Protest dagegen ist vollkommen berechtigt. Nur löst Du Dein Problem nicht damit, daß Du es auf Deine Schwester überträgst, um es gewissermaßen mit ihr zu teilen. Wenn all Deine Arbeit wirklich auf mich gemünzt ist, so nimm einfach zur Kenntnis, daß ich sie weder brauche noch möchte. Sie steht uns nur im Wege. Bei jedem Wort, das eine Fortsetzung finden könnte, springst Du auf und fängst an, Wasser herbeizuschleppen, Wasser heiß zu machen, die Herdstelle zu säubern, Geschirr bereitzustellen, Mehl zu verrühren usw. Du selber kommst dabei zu nichts und ich eigentlich auch nicht. Ich bin doch nicht Deiner Einladung gefolgt, um Dich in der Rolle der tüchtigen Hausfrau zu bewundern. Laß jetzt alles mal stehen und liegen; setz Dich hin und tu gar nichts. Dann wirst Du bald merken, wie Dein eigentlicher Wunsch sich realisiert. Du mußt gar nichts machen. Du brauchst nur dazusein. Nicht Deine Dienstleistungen, – Dich suche ich, indem ich Dich besuche.»

Gemeinhin gilt diese Erzählung von Marta und Maria als eine Typologie zweier alternativer Konzepte von Arbeit und Gebet: der «vita activa» und der «vita contemplativa»[6] – der handelnden und der betrachtenden Lebensführung –, doch sie ist mehr: sie veranschaulicht die Art, in welcher Jesus Menschen heilte, indem er ihnen ein Stück Himmel auf die Erde holte. Sie schildert gerade nicht, wie Menschen ihr Leben zwischen Machen und Meditieren aufzuspalten haben, sondern sie bietet an, innezuhalten und ein sinnlos gewordenes Tun zu ersetzen durch ein ruhiges Verweilen; sie erzählt von einer möglichen Synthese des Daseins oder, genauer, von der Begründung allen Tuns in einem in sich gesammelten Sein.

[6] Vgl. HEINZ SCHÜRMANN: *Das Lukasevangelium*, II 1, 161: «Seit Origenes bis in die Neuzeit wurde in die Erzählung weithin … der griechische Gegensatz vom aktiven und kontemplativen Leben eingetragen, welche Deutung im Mittelalter schon die Spiritualität der Mendikanten (sc. Bettelorden, d.V.) mit ihrem Ideal der ‹vita mixta› (sc. des gemischten Lebens, d.V.) zu hinterfragen suchte». – Zur Gestalt der Marta in der christlichen Legende vgl. JACOBUS DE VORAGINE: *Die Legenda aurea*, 513–517; dort gilt sie als Schwester der Maria Magdalena und des Lazarus. «Man findet nirgends, daß sie einen Mann habe gehabt, oder daß sie irgend Gemeinschaft mit Männern hatte. Sondern sie diente dem Herrn als eine edle Wirtin.» (S. 513) Nach der Himmelfahrt Jesu wurde sie der Legende nach zur Missionarin und Drachentöterin; auch erweckte sie bei Avignon einen Jüngling von den Toten auf, der beim Versuch, ihre Worte besser zu verstehen, im Fluß ertrunken war. Auch in solchen Taten blieb sie die «aktive». – JOSEF SUDBRACK: *Beten ist menschlich*, 186–198: Beten und Tun: Feier und Arbeit, S. 188, betont, «daß die Ausdeutung der Martha-Maria-Perikope (Lk 10,38-42) als Vorzug des Sitzens der Maria vor dem Herrn, des Betens und des kontemplativen Lebens, exegetisch falsch ist … sicher ist mit dieser Geschichte … keine Geringschätzung des aktiven Lebens gemeint, wie sie in der griechischen Geistigkeit schon vor Platon üblich war».

Wie es möglich ist, das ewige «Ich-muß-doch-noch-Machen» aufzugeben und von der damit verbundenen Unruhe frei zu werden, hat wie keine andere Religion der *Taoismus* im Alten China zu lehren vermocht. LAOTSE (um 300 v. Chr.) schreibt über den «Berufenen» einmal: «Er macht das Nichtmachen, so kommt alles in Ordnung.»[7] Wie das zu verstehen ist, zeigte sich, als zu LAOTSES geistigem Weggefährten DSCHUANG DSI (um 350 v. Chr.) einmal ein Mann kam, der sich darüber beklagte, daß sich in seiner Heimat niemand um ihn kümmere und niemand nach ihm frage, so daß er sich dortselbst als «ein Fremdling» «und ausgestoßen aus der Gesellschaft» empfand. DSCHUANG DSI antwortete ihm: «Habt Ihr denn noch nie vernommen, wie der höchste Mann sein Leben führt? Er vergißt seinen Leib und kümmert sich nicht um seine Sinne. Ziellos schwebt er jenseits des Staubes der Welt und wandelt im Beruf des Nichts-Tuns. Das heißt: handeln, ohne sich darauf zu verlassen, herrschen, ohne den Herrn zu spielen. Daß Ihr Euren gesunden Leib habt und alle Eure Glieder beisammen, daß Ihr nicht in der Blüte Eurer Jahre ein vorzeitiges Ende gefunden habt oder taub und blind, lahm und hinkend geworden seid, sondern es darin ebensogut habt wie die andern, ist das nicht auch ein Glück? (Wenn Ihr das bedenkt), was habt Ihr da noch Muße, Euch über den Himmel zu beklagen?»[8] DSCHUANG DSI versuchte mit dieser Lehrrede, den Mann darin zu unterweisen, wie man die Selbstverkrampfung, den inneren Zwang, das angestrengte, zielfixierte Handeln aufgibt zugunsten eines innerlich geschlossenen, stimmigen Tuns. «Wenn man die richtigen Schuhe hat», erklärte er einem anderen Mann, «so vergißt man seine Füße; wenn man den richtigen Gürtel hat, vergißt man die Hüften. Wenn man in seiner Erkenntnis alles Für und Wider vergißt, dann hat man das richtige Herz; wenn man in seinem Innern nicht mehr schwankt und sich nicht nach andern richtet, dann hat man die Fähigkeit, richtig mit den Dingen umzugehen. Wenn man erst einmal so weit ist, daß man das Richtige trifft und niemals das Richtige verfehlt, dann hat man das richtige Vergessen dessen, was richtig ist.»[9]

So wollte DSCHUANG DSI den Mann dahin bringen, daß er einverstanden würde mit dem, was er war, statt andauernd «wirken» zu wollen und sich damit nur selber immer mehr zu entgleiten. Später indessen warf er sich vor, zu ihm so geredet zu haben; er hatte ihm eine Lehre vorgetragen, die dieser (noch) gar nicht verstehen konnte und die ihn deshalb nur weiter verwirren

[7] LAOTSE: *Tao te king*, Nr. 3, S. 45: «Er (sc. der Berufene, d.V.) macht das Nichtmachen, / so kommt alles in Ordnung.»
[8] DSCHUANG DSI: *Südliches Blütenland*, Buch XIX, Nr. 13, S. 205–206.
[9] A. a. O., XIX 12, S. 205.

würde. Seinen Schülern gegenüber erläuterte er seinen Fehler mit den folgenden Worten: «Es kam einmal ein Vogel, der ließ sich nieder auf dem Anger vor der Hauptstadt von Lu. Der Fürst von Lu hatte eine Freude an ihm und brachte Schlachtopfer dar, um ihn zu füttern, und ließ herrliche Musik machen, um ihn zu ergötzen. Aber der Vogel wurde traurig und blickte ins Leere. Er aß nicht und trank nicht. Das kommt davon, wenn man einen Vogel hegen will nach seinem eigenen Geschmack. Will man einen Vogel hegen nach dem Geschmack des Vogels, so muß man ihn nisten lassen in tiefen Wäldern, man muß ihn schwimmen lassen auf Flüssen und Seen, ihn fressen lassen nach seinem Belieben und ihn frei lassen auf der Ebene. Nun kam dieser Mann zu mir, ein unbegabter und unwissender Mensch, und ich habe mit ihm gesprochen über das LEBEN des höchsten Menschen. Das ist, wie wenn man eine Spitzmaus im Pferdewagen führen oder eine Wachtel mit Glocken und Pauken ergötzen wollte. Der Mann muß notwendig einen Schrecken bekommen haben.»[10]

Alles «Gemachte» in diesem Sinne ist etwas Aufgesetztes, Ungefügtes, Gewaltsames; das Nicht-Gemachte demgegenüber ist das von innen sich wie von selbst Ergebende, das Ungezwungene, das spontan Zutreffende. Spontan zutreffend wäre es gewesen, wenn Marta sich mit ihrer Schwester zu Jesus gesetzt und seine Gegenwart in sich aufgenommen hätte. Ihre herzliche Freude über die gemeinsame Zeit mit ihm wäre ein weit größeres Geschenk gewesen als alle noch so gut gemeinte «Fürsorge». Um sich wohl zu fühlen, muß man nichts «machen», es genügt, sich selber wahrzunehmen, und man wird merken, daß die meisten Ziele, die man mit seinen Anstrengungen erreichen wollte, sich entweder erübrigen oder sich wie von selbst vermitteln. In so gut wie allen menschlich relevanten Beziehungen und Aufgabenstellungen wird es sich so verhalten. Dafür ein weiteres Beispiel.

Eine Mutter klagt darüber, daß sie mit ihrer neun Jahre alten Tochter sich schwertut. Jeden Morgen das gleiche Spiel: «Steh auf!» Sie steht nicht auf. «Zieh Dich an!» Sie zieht sich nicht an. «Pack Deine Sachen für die Schule!» Sie packt nicht ihre Sachen für die Schule. «Räum Dein Zimmer auf!» Sie räumt nicht ihr Zimmer auf. «Alles muß ich zehnmal sagen, und am Ende mach' ich es schon selber», stöhnt diese Frau. Soll sie jetzt einfach das Nicht-Machen machen – im Sinne von: «Mach, was Du willst!»? Natürlich nicht. Doch klar ist, daß in dem Verhältnis zwischen ihr und ihrer Tochter seit langem die Verantwortlichkeiten nicht klar verteilt sind. Sie selber gibt sich alle Mühe, für ihre Tochter zu sorgen, und sie nimmt ihr

[10] A. a. O., XIX 13, S. 206.

dabei viel Arbeit ab, die diese selbst übernehmen könnte; andererseits behelligt sie das Mädchen mit einer Reihe eigener seelischer Konflikte und verlangt eine Einfühlung und ein Verständnis von ihr, wie es sogar ihr Mann nicht selten vermissen läßt. Unter diesen Umständen muß sie ihre Tochter verwöhnen wie ein kleines Kind, zur Belohnung dafür, daß diese im Grunde gar kein Kind sein darf, sondern auftreten muß wie die Freundin und frühreife Partnerin ihrer Mutter; die Mutter wiederum spielt äußerlich die Erwachsene und Verantwortliche gegenüber ihrer Tochter, ohne doch für sich selber wirklich «erwachsen» und «verantwortlich» zu sein. Eine brauchbare Lösung des Konflikts ergäbe sich nur, wenn die Mutter mehr in sich selber ruhte, wenn sie viel öfter einfach nur da wäre und geordnet ihren eigenen Angelegenheiten nachginge, statt immer wieder mit nervösen und überreizten Einzelaktionen und Korrekturmaßnahmen noch weiter für Streß und Verwirrung zu sorgen. Es wäre zweifellos die «Maria»-Seite in ihr, die den «besseren» Part abgeben würde beziehungsweise die auch den Auftritt der «Marta» als wohltuend und hilfreich gestalten könnte.

Worauf es ankommt, ist die Fähigkeit, etwas *ganz* zu tun. Wenn das «oberste Gebot» vorhin noch lautete, Gott «aus ... ganzem Herzen» zu lieben (Lk 10,27), so handelt es sich jetzt gewissermaßen um die Auswirkung dieser Haltung im praktischen Leben; und das eine bleibt dem anderen untrennbar verbunden. Da hört jemand, wie hier Maria dem «Herrn», einem anderen aufmerksam zu, er versetzt sich in seine Gedanken und in seine Gefühle, – er ist «voll präsent», wie man sagt; kann man dieses Zuhören und dieses Verweilen dann nicht auch als ein stilles *Beten* verstehen? Oder: da sitzt jemand am Ufer eines Sees und schaut hinaus auf die schimmernden Wellen, wie sie eine nach der anderen an den Uferrand schlagen; ein anderer betrachtet die Veilchen an einem sonnenbeschienenen Steinhang, oder er hebt seine Augen auf zu den ziehenden Wolken am Himmel, – liegt nicht in all diesem Verweilenden, Zuwendenden und Erhebenden ein Moment des Absoluten? Nur jedenfalls wer es lernt, sich innerlich leer und frei zu machen, wer in diesem Sinne das «Nicht-Machen» macht, gewinnt jenes Vertrauen, das ihn mit Gott und sich selber in Einheit setzt, und diese Einheit der Seele klingt wie die wohlgestimmten Saiten einer Harfe, auf denen Gott im Gebet seine eigenen ewigen Lieder anstimmt.

2) Das Vater(unser)

a) Vater!

Es ist ein sich durchhaltendes Anliegen des *Lukas*, Jesus selber zu zeigen als Betenden[11]. Bereits die zentrale Vision, die Jesus während der Taufe am Jordan zuteil wurde, geschah – laut *Lukas* –, als er betete (Lk 3,21); abweichend von seiner Vorlage in Mk 1,9–11, stellt der Evangelist *Lukas* es als eine Gebetserfahrung dar, daß Jesus «eine Stimme aus dem Himmel» vernahm, die ihm sagte: «Du bist mein Sohn, der geliebte, an dir habe ich Gefallen gefunden.» (Lk 3,22) Die entscheidende Erfahrung Jesu von der unbedingten Güte Gottes kam demnach zustande im Gebet oder geradewegs durch das Gebet. Gewiß, als seinen «Vater» hatte bereits der Zwölfjährige Gott im Tempel gefunden (Lk 2,49), doch bestätigt als «Sohn» fühlte er sich erst durch seine Berufung am Jordan. Gott, der Vater, – das ist für Jesus der Grund seines Gebetes und die Bestätigung seines Gebetes. Auch die Berufung der Zwölf ergab sich nach *Lukas* aus der Mitte eines Gebetes, in dem Jesus eine Nacht auf dem Berge in der Einsamkeit verbracht hatte (Lk 6,12). Aus einem Gebet heraus richtete Jesus denn auch an die Zwölf die Frage, wer er in ihren eigenen Augen und in den Augen der Leute sei (Lk 9,18); die Antwort, die Gott selber ihm gab, ward ihm zuteil wiederum in einem Gebet auf dem Berge (Lk 9,28.29), als *Moses* und *Elija* mit ihm redeten und erneut eine Stimme aus dem Himmel ihn ansprach als «mein Sohn» (Lk 9,35). Das erste Gebet, das *Lukas* Jesus «im Heiligen Geist» als ein Dankgebet sprechen ließ, redete Gott ganz entsprechend denn auch an als «Vater» und fügte hinzu: «Herr des Himmels und der Erde» (Lk 10,21).

In all dem lebt der Jesus des *Lukas*-Evangeliums seinen Jüngern selber vor, was er ihnen aufträgt: «daß sie allezeit beten müßten und nicht nachlassen» (Lk 18,1). Insbesondere fordert Jesus sie auf zu beten, um nicht in Versuchung zu kommen (Lk 22,40), und selber betet er in der äußersten Krise in Getsemane: «Vater, wenn du willst, laß diesen Kelch an mir vorübergehen. Doch nicht mein Wille, sondern der deine geschehe.» (Lk 22,42) Wie sehr *Lukas* dabei die Vater-Anrede als den Kern der Gebetshaltung Jesu betrachtet, zeigt sich in dem Moment seines Todes: Als Jesus stirbt, legt *Lukas* ihm ein Wort aus Ps 31,6 in den Mund, doch als Gebetsanrede fügt

[11] WILHELM OTT: *Gebet und Heil*, 94–99: Das Vorbild des betenden Jesus, hat (S. 95–97) im synoptischen Vergleich die Gebetsstellen bei *Lukas* denen bei *Markus* und *Matthäus* gegenüberstellt: Lk 3,21; 5,16; 6,12; 9,18; 9,28 f.; 10,21; 11,1; 22,32; 22,41-45; (23,34); 23,46.

er eigens noch hinzu: «*Vater*, deinen Händen anheim stelle ich meinen Geist.» (Lk 23,46) Gott, der «Vater», – das stellt im *Lukas*-Evangelium mithin den Hintergrund des ganzen bewußten Lebens Jesu dar. Und gerade so auch unterweist er hier seine Jünger in dem Gebet, welches das Herz der Frömmigkeitshaltung eines jeden «Christen» ausmacht.

Das *Vater(unser)* wird von *Lukas* eingeführt als ein Gebet im Kreis der Jesus-Jünger, in Analogie, aber auch in Abgrenzung zum Kreise der Johannes-Jünger (11,1)[12], freilich ohne daß deutlich würde, wodurch das «Gebet des Herrn» sich von dem Gebet des Täufers unterscheidet; dafür hebt *Matthäus* hervor, daß die Haltung jenes Gebetes, das Gott anredet als «Vater», so viel Vertrauen atmet, daß es sich erübrigt, wie die «aus den Völkern» (die Heiden) viele Worte zu machen, «denn es weiß Gott, euer Vater, was ihr nötig habt, vor dem, daß ihr ihn bittet» (Mt 6,7.8)[13]. *Lukas* bietet keine solche einführende Erklärung zu der Gebetsanrede Gottes als «Vater», und doch zeigen all die Stellen seines Evangeliums, die auf die Art des Betens Jesu zu sprechen kommen, daß er die Auffassung des *Matthäus* vollkommen teilt: Gott, der «Vater, (der) Herr des Himmels und der Erde» (Lk 10,21), ist jedem Menschen, der an Ihn sich wendet, so nah, wie nur irgend ein Vater (eine Mutter) seinem (ihrem) Kinde sein kann, und Er ist, gerade aus der Sicht des «Kindes» betrachtet, zugleich so machtvoll und so groß, wie es nötig ist, um in seiner Hand das Leben aller Menschen zu bergen.

[12] EUGEN BISER: *Glaubensbekenntnis und Vaterunser*, 138–139, schreibt: «Daß Jesus ein großer Beter war, wird von den Evangelien dadurch unterstrichen, daß sie ihn ganze Nächte im Gebet verbringen (Mk 1,35) und entscheidende Ereignisse seines Lebens, angefangen von der Taufe (Lk 3,21) und der Verklärung (9,29) bis hin zu seinem Ringen in Getsemani (Mt 26,36), betend erleben lassen.» «Durch den Tod des Täufers sah sich Jesus an dessen Verkündigung verwiesen, die in der Proklamation des als Anbruch des Endgerichts verstandenen Gottesreiches gipfelte (Mt 3,2)... Für ihn... war dieser (sc. der Reich-Gottes-Gedanke, d.V.) aber nur das Gefäß, das mit dem ‹neuen Wein› seines Sohnesbewußtseins gefüllt werden mußte.» Auch eine neue Art zu beten entstand dadurch. – Zum Vorbild des betenden Jesus im *Lukas*-Evangelium vgl. WILHELM OTT: *Gebet und Heil*, 94–99: «Es fällt auf, wie sehr viel mehr als die beiden anderen Synoptiker Lukas Jesus als Beter vorstellt. Daß Lukas damit nicht nur ein biographisches oder christologisches Interesse verfolgt, zeigt deutlich Lk 11,1, wo Lukas einen solchen Bericht vom Beten Jesu zum Anlaß der Übergabe des VU (sc. Vaterunsers, d.V.) macht.» (S. 97)

[13] Vgl. Str. B. I 403: «Über die Frage, ob langes oder kurzes Beten den Vorzug verdiene, hat man (sc. unter den Rabbinen, d.V.) verschieden geurteilt.» Vgl. aber GUSTAF DALMAN: *Die Worte Jesu*, I 286: «Schon Pred. 5,1 werden für das Gebet ‹wenig Worte› gefordert, weil Gott im Himmel wohnt und es sich für den Menschen auf Erden nicht anders ziemt.» Ähnlich auch Sir 7,14. Doch diese Begründung der «wenigen Worte» im Gebet enthält das Gegenteil der Aufforderung Jesu: im einen Fall *darf* man nicht viele Worte machen, im anderen Falle braucht man es nicht.

Vor allem: auch wenn das *Vater(unser)* schon in der frühen Kirche – zumindest in der griechisch sprechenden Gemeinde – das jüdische *Schema*^{c} (das «Höre» Israel, Dtn 6,4–9)[14] ersetzte und, wie dieses, dreimal am Tage gebetet wurde (*Didachē*, 8,3)[15], so ist es doch trotz seiner rituellen Verwendung, beginnend mit seiner Anrede, ein ganz und gar persönliches Gebet. Und wie denn auch nicht!

Die ganze Zeit über haben wir gesehen, wie intensiv die Kraft der Persönlichkeit Jesu die Verhältnisse und die Vorschriften seiner Zeit (und aller Zeit) in Religion und Gesellschaft umformt ins Angstüberwindende, ins Heilende, und stets haben wir betont, daß die Person Jesu sich formte, ja, überhaupt erst ermöglichte im Gegenüber der Person Gottes, – in jenem ganz persönlich gesprochenen Gebet, von dem *Paulus* schreibt (vgl. Röm 12,12; Kol 4,2). Ganz sicher begnügte Jesus sich nicht damit, die (hebräischen) Gebete des Schema^{c} und der Thephilla zu rezitieren; letztere wurde in der Nachmittagsstunde gebetet, und sie lautet in der wohl ältesten Fassung ihrer Preisungsformel:

> Gepriesen seist du, *Herr*,
> (unser Gott und Gott unserer Väter),
> Gott Abrahams, Gott Isaaks und Gott Jakobs,
> großer, mächtiger und furchtbarer Gott,
> höchster Gott, Herr Himmels und der Erde,
> unser Schild und Schild unserer Väter,
> (unser Vertrauen in allen Geschlechtern).
> Gepriesen seist du, *Herr*, Schild Abrahams.[16]

Die Anrede Gottes als «Herr Himmels und der Erde» ist auch in der Preisung Jesu in Lk 10,21 enthalten, nur daß *Lukas* gerade dort ganz im Sinne Jesu betont das Wort «Vater» vorangestellt hat; es ist in der Tat diese Anrede Gottes, die als das kostbarste Vermächtnis Jesu an die Menschheit gel-

[14] Vgl. dazu Str. B. IV 1, 189–207: Das Sch^{e}ma^{c}: «Das Sch^{e}ma^{c} besteht aus drei Pentateuschabschnitten. Der erste Teil … umfaßt Dt 6,4-9; der zweite Teil … Dt 11,13-21 … u. der dritte Teil Nu 15,37-41 … Das Ganze aber führt den Namen Sch^{e}ma^{c} nach dem Anfangswort des ersten Abschnitts. Wie der Inhalt der genannten drei Schriftstellen zeigt, will das Sch^{e}ma^{c} nicht ein Gebet, sondern ein Bekenntnis sein. Als solches ist es auch vom Judentum zu allen Zeiten angesehen worden. Es ist das Grundbekenntnis Israels zu dem *einen* Gott und zu seinen Geboten.»

[15] Vgl. *Didache oder Apostellehre*, in: Die Apostolischen Väter, S. 11.

[16] Vgl. JOACHIM JEREMIAS: *Neutestamentliche Theologie*, I 183.

ten darf und die auch dem Gebet der Christenheit, dem *Vater(unser)*, seinen Namen gegeben hat.

Das *Vater(unser)* war im Ursprung ein aramäisch formuliertes Gebet; das zeigt nicht allein die Vater-Anrede («Abba»), sondern auch die Anknüpfung an die Du-Bitten des *Qaddisch*, der aramäischen Doxologie am Ende der individuellen Teile des jüdischen Gottesdienstes[17], sowie speziell die Worte von «Schuld» und «verschulden»[18]. Anders gesagt: Jesus betete so persönlich, wie er lebte, und so übergab er in dem *Vater(unser)* seinen Jüngern – uns! – ein *in seiner Muttersprache* gehaltenes Gebet; im syrischen Ma^{c}alula kann man heute noch hören, wie es klingt, wenn aramäisch redende Christen dieses Herzensgebet ihres Herrn im ursprünglichen Wortlaut andächtig nachsprechen. In seiner Urform dürfte es – in etwa – so gelautet haben:

Abba,	Vater,
jitqaddasch sch^{e}makh,	geheiligt werde dein Name,
thethe malkuthakh.	es komme dein Königtum.
Lachman d^{e}limchar	Unser Brot von morgen
habh lan joma den.	gib uns diesen Tag.
usch^{e}boq lan chobajin	Und laß uns nach die Schulden,
k^{e}disch^{e}baqnan	wie wir vergeben

17 Vgl. JOACHIM JEREMIAS: *Das tägliche Gebet im Leben Jesu und in der ältesten Kirche*, in: Abba, 76; vgl. DERS.: *Neutestamentliche Theologie*, I 192–193: «Die älteste für uns erreichbare Form dieses vielgesprochenen Gebetes lautet: «Verherrlicht und geheiligt werde sein großer Name, in der Welt, die er nach seinem Willen schuf. Er lasse herrschen seine Königsherrschaft zu euren Lebzeiten und zu euren Tagen und zu Lebzeiten des ganzen Hauses Israel in Eile und Bälde.
Gepriesen sei sein großer Name von Ewigkeit zu Ewigkeit.
Und darauf saget Amen.
Das *Qaddiš* ist ein eschatologisches Gebet. Beide Bitten haben dasselbe vor Augen: den Herrschaftsantritt Gottes ... So wird es sein, wenn Gott seine Herrlichkeit offenbart: seinem Namen wird gehuldigt werden und seiner Herrschaft wird sich alles unterwerfen. Es sind also Inthronisationsmotive, die das *Qaddiš* verwendet. Entsprechend sind die beiden Du-Bitten des Vaterunsers zu verstehen. Sie bitten um das Kommen der Stunde, in der Gottes Heiligkeit sichtbar wird und er seine Herrschaft antritt. Die gegenwärtige Welt steht unter der Herrschaft des Satans; die Bosheit triumphiert. Aus dieser Tiefe der Not heraus schreien die Jünger Jesu um die Überwindung des Satans und die Offenbarung der Königsherrschaft Gottes ... Die beiden Du-Bitten sind Ausdruck des Vertrauens auf Gottes Verheißung und Barmherzigkeit; wer sie spricht, läßt die Anliegen des Alltags zurück und wirft sich, umgeben von Bosheit und Dunkelheit, ganz auf Gott.»

18 JOACHIM JEREMIAS: *Das tägliche Gebet im Leben Jesu und in der ältesten Kirche*, in: Abba, 76.

l^{e}chajabajin.	unseren Schuldnern.
w^{e}la tha^{e}elinnan	Und nicht führe uns
l^{e}nisjon.	in Versuchung[19].

Mit dieser ganz eigenen Art zu beten hat Jesus «das Gebet aus dem liturgischen Raum der sakralen Sprache» herausgenommen «und ... es mitten in das Leben, mitten in den Alltag hinein» gestellt[20]. Wenn *Matthäus* das *Vater(unser)* abgrenzt von der angstbesetzten «Vielrederei» der Heiden (Mt 6,7.8), so unterscheidet *Lukas* das Beten Jesu vor allem von der Rezitiererei der Priester, die in ihrem objektiven Ritualdienst gerade das Wichtigste vermeiden und verbieten: aufzureifen zu einer eigenen Person (vgl. Lk 10,31!).

Insbesondere die Anrede Gottes mit *Abba* ist «in der gesamten jüdischen Gebetsliteratur ohne jede Analogie»[21]; sie ist ganz und gar kennzeichnend für Jesu eigenste Art zu beten. Was sich darin ausdrückt, versteht man am besten, wenn man die Lautmalerei des Wortes auf sich wirken läßt, – es ist die Lallform, mit der ein Kind seinen Vater anredet, eine Nachbildung der Anrede *imma* für die Mutter[22]: «Papa» und «Mama» klingen auch im Munde eines deutschen Kindes (und eines jeden Kindes auf Erden) ganz ähnlich. Es sind die ersten Laute überhaupt, die ein Kind mit der Umwelt verbinden, und es sind Anreden voller Vertrauen und Geborgenheit. Wohl kann das Wort *Abba* seine Bedeutung ausweiten auf «mein Vater» und «unser Vater», man kann damit respektvoll auch einen alten Mann anreden[23], jedoch «ging ... das Wissen um die Herkunft von *abba* aus der Sprache des Kleinkindes nie verloren. ‹Erst wenn ein Kind den Geschmack des Weizens kostet (d.h. wenn es entwöhnt wird), lernt es *abba* und *imma* sagen (d.h. das sind die ersten Laute, die es plappert)›, heißt es im Talmud.»[24] Wohl war «die Anrede des Vaters mit *abba* in Jesu Tagen nicht

[19] JOACHIM JEREMIAS: *Neutestamentliche Theologie*, I 191; DERS.: *Das Vater unser*, in: Abba, 160. – Für gewöhnlich wird die lukanische Fassung des Vaterunsers für die ursprünglichere gehalten und die Fassung bei *Matthäus* (Mt 6,9-13) als eine Erweiterung betrachtet; umgekehrt versucht es WILHELM OTT: *Gebet und Heil*, 112–123, darzustellen; doch ist es denkbar, daß ein Evangelist ein Gebet wie das Vater(unser) aus dem Munde Jesu «kürzt»?

[20] JOACHIM JEREMIAS: *Das tägliche Gebet im Leben Jesu*, in: Abba, 77.

[21] JOACHIM JEREMIAS: *Abba*, in: Abba, 59.

[22] A.a.O., 59–60.

[23] A.a.O., 61.

[24] A.a.O., 61.

mehr auf die Kleinkindersprache beschränkt … Vielmehr hatte die … Bedeutungsausweitung von *abba* zur Folge gehabt, daß auch die erwachsenen Kinder ihren Vater im Alltag nicht mehr mit *abhi* (sc. mit der reichsaramäischen und biblisch-hebräischen Anredeform, d. V.), sondern mit *abba* anredeten.»[25] Doch auch so verbleibt die Anrede *Abba* ganz und gar im Rahmen der alltäglichen Familiensprache, und eben das war wohl der Grund, warum die jüdische Gebetsliteratur es geradezu vermied, «den Vokativ *abba* auf Gott» zu übertragen[26].

«Aber auch die Anwendung von *abba* auf Gott in der *Aussageform* wurde bewußt vermieden.»[27] Einzig *ein* (berühmt gewordenes) Beispiel existiert, in dem *Abba* auf Gott bezogen wurde, und es spielt im Leben von *Chanin ha-nechba*, einem Enkel von *Choni dem Kreiszieher*, so genannt, weil er einen Kreis zog, den er nicht zu verlassen gelobte, bis Gott es würde regnen lassen; im Jahre 65 v. Chr. wurde er ermordet, wie FLAVIUS JOSEPHUS (37/38–um 100) berichtet[28]; die Lebenszeit seines Enkels dürfte also gegen Ende des 1. vorchristlichen Jahrhunderts anzusetzen sein. Zu diesem schickte man in Dürrezeiten einmal Schulkinder, «die den Saum seines Mantels anfaßten und zu ihm sagten: ‹Väterchen, Väterchen, gib uns Regen (*abba, abba, habh lan mitra)*!› Er sprach vor Ihm (Gott): ‹Gebieter der Welt, tue es doch um dieser willen, die noch nicht unterscheiden können zwischen einem *abba*, der Regen geben kann, und einem *abba*, der keinen Regen geben kann›.»[29] Auch diese Worte verwenden *Abba* nicht als Gebetsanrede für Gott, doch nennen sie Gott *Abba* – betont in der Kindersprache. Und eben dies ist das Besondere in der Gebetsanrede Jesu, die seine Gebetshaltung so gut verdeutlicht wie nichts sonst. «Ein neues Beten bricht (sc. hier, d. V.) an. Jesus redet mit seinem Vater so selbstverständlich, so innig, aus solcher Geborgenheit, wie das Kind mit seinem Vater spricht. Dieses neue Beten hat zum Kennzeichen, daß es vom Danken beherrscht ist»[30], wie sich in dem Jubelruf in Lk 10,21 zeigt: den «Kindlichen» hat

[25] A. a. O., 61.
[26] A. a. O., 62.
[27] A. a. O., 62.
[28] A. a. O., 62–63; vgl. Str. B. IV 1, 110–111; FLAVIUS JOSEPHUS: *Jüdische Altertümer*, XIV 2,1, Bd. 2, S. 209–210, zum Tode Chonis (Onias).
[29] JOACHIM JEREMIAS: *Abba*, in: Abba, 63.
[30] JOACHIM JEREMIAS: *Das tägliche Gebet im Leben Jesu*, in: Abba, 78; vgl. DERS.: *Abba*, in: Abba, 63: «Es war etwas Neues und Unerhörtes, daß Jesus es gewagt hat, diesen Schritt zu vollziehen (sc. ‹Gott mit diesem familiären Wort› Vater ‹anzureden›, d.V.) Er hat so mit Gott geredet, wie das Kind mit seinem Vater, so schlicht, so innig, so geborgen. Das Abba der Gottesanrede Jesu enthüllt das Herzstück seines Gottverhältnisses.»

Gott sich selber, sein Geheimnis, kundgetan, und die «Kindlichen» sind es, die es wagen, ihn anzureden als *Abba*. Das ist die ganze Art und schon der ganze Inhalt des Gebetes, das Jesus an dieser Stelle seine Jünger lehrt.

Und diese haben es verstanden, indem sie seinen «Geist» annahmen, – *Paulus* etwa, wenn er schreibt: «Daß ihr wirklich Gottes Kinder seid – Gott hat den Geist seines Sohnes in unsere Herzen gesandt, der Abba, lieber Vater, ruft.» (Gal 4,6) Und: «Während wir Abba, lieber Vater, rufen, bestätigt der Geist (Gottes) unserem Geist, daß wir Gottes Kinder sind.» (Röm 8,15b–16)[31] «Schlichter gesagt: jedes Mal – so sagt Paulus an beiden Stellen übereinstimmend seinen Lesern –, wenn ihr Abba ruft, vergewissert euch Gott: ihr seid wirklich meine Kinder, ihr könnt euch fest darauf verlassen. Wie sehr sich die Gemeinden des Neuen bewußt waren, das ihnen mit dem Abba-Ruf geschenkt war, geht daraus hervor, daß sie das Fremdwort in ihre Gebete aufnahmen. Das Vorrecht, das Abba Jesu zu wiederholen, bedeutete ihnen die Vorweggabe der Erfüllung der Verheißung: ‹Ich werde euch Vater sein und ihr werdet mir Söhne und Töchter sein› (2 Kor 6,18 = 2 Sam 7,14, frei zitiert).»[32]

Die Tragweite dieser Erfahrung läßt sich an zwei anderen möglichen Einstellungen gegenüber dem Göttlichen aufzeigen, die bereits in der Antike bekannt und verbreitet waren, doch die in unseren Tagen wieder an Bedeutsamkeit zu gewinnen scheinen: an manchen Konzepten einer «mystischen» Frömmigkeitshaltung unter Aufgabe der Person des Menschen und (oder) an den Vorstellungen eines heroischen Atheismus bzw. Pantheismus unter Verneinung des Personseins Gottes.

Bereits das Alte Indien kannte eine Form der Mystik, die mit der Gebetshaltung Jesu durchaus vereinbar wirkt: das *Bhakti-Yoga*, eine Verschmelzung zwischen Gott und der Seele des Menschen in einem Feld der Liebe. Insbesondere der Vishnuismus und der Shivaismus erblickten in der *bhakti*, in der Gottesliebe beziehungsweise in der gläubigen Ergebenheit, das entscheidende Mittel zur Erlösung durch die Gnade des Weltenherrn[33]. Ähnlich wie in «mystischer» Deutung das *Hohelied* als ein Liebeslied zwi-

[31] Vgl. JOACHIM JEREMIAS: *Abba*, in: Abba, 66.

[32] A. a. O., 67.

[33] Vgl. HEINRICH ZIMMER: *Philosophie und Religion Indiens*, 362: «Beide (der Herr und das Ich) werden als Zweiheit aufgehoben im Brahman-Atman, der weder Gestalt, Name, Persönlichkeit, noch die frommen Erhebungen des Herzens hat.» Es ist, wie Krishna in der *Bhagavadgita* (IX 29) spricht: «Für alle Wesen bin Ich der Gleiche. Mir ist keiner verhaßt noch lieb. Wer aber sich selbst Mir weiht (und anvertraut) in voller Hingabe (*bhakti*) – der ist in Mir und Ich bin in ihm.» Vgl. *Bhagavadgita*, übers. v. Robert Boxberger, S. 63.

schen Mensch und Gott verstanden werden kann[34], so wurde vor allem die Liebe zwischen der Hirtin Radha und dem Gott Krishna, einer Inkarnation Vishnus, als Ausdruck der *bhakti* verstanden[35]. Hören wir nur einmal, wie der Brahmane CANDIDAS (zw. 14. u. 16. Jh.) die Liebe Radhas zu Krishna beschreibt:

Geliebter, du mein Odem, du mein Leben,
In dessen Dienst ich Leib und Seele mein,
Stamm, Namen, Ehre, Kräfte hingegeben,
Du Dunkler, bist des Weltalls Herr allein,
Zu dem die Yogis sich anbetend kehren.
Ich bin ein Hirtenmädchen, arm und klein,
Und weiß nicht, Herr, wie soll ich dich verehren.

Mein Ich vergaß ich in der Liebe Meer,
Ich opferte mich ganz zu deinen Füßen,
Du bist mein Pfad, du einzig bist mein Herr,
Dich anzuschauen will mein Geist genießen.
Die Welt mag sagen, daß ich schmutzig sei,
Das will ich als ein Unglück nicht beklagen,
Die Schmach um dich gleicht einer Perlenreih',
Die es ein Glück ist um den Hals zu tragen.

Ob rein ich bin, ob nicht, du weißt es nur,
Ich selber weiß nicht, was mir gut und schlecht ist. –
Spricht Candidas: Herr, folg' ich deiner Spur,
Mir Gut' und Schlechtes, beides gleich und recht ist.[36]

Es ist ein Gesang nicht nur von der liebenden Einheit der Seele mit Gott, sondern auch von der Integration der Seele – von Gutem und Schlechtem – in der Liebe. Auch die Liebesmystik, wie sie im Abendland von MECHTHILD

[34] Vgl. HERBERT HAAG: *Wenn er mich doch küßte* ..., 10–11, der sich – zu Recht – für den «realistischen» Sinn dieser Sammlung von Liebesliedern einsetzt.

[35] FREDERIC SPIEGELBERG: *Die lebenden Weltreligionen*, 606, definiert «Bhakti» als: «Die Lehre, daß die rechte Haltung im Angesicht des Letztendlichen in hingebungsvoller Liebe und Anbetung besteht. In ihren Ausfaltungen reicht diese Haltung von ekstatischer Kontemplation bis hin zum körperlichen Liebesakt.»

[36] HELMUT VON GLASENAPP: *Indische Geisteswelt*, Bd. 1, 220.

VON MAGDEBURG (ca. 1206–1282)[37] oder von TERESA VON AVILA (1515–1582)[38] besungen wurde, ist voller erotischer Anspielungen, – sie wirkt vielschichtiger, «ausgereifter», «erwachsener» als die Haltung der «Kindlichen», wie Jesus sie nannte, zu ihrem (himmlischen) «Vater»; doch dieser Eindruck trügt, bildet doch die Erfahrung eines tiefen Vertrauens zweifellos die Grundlage jeder Liebesbeziehung, und so ist Jesu Beziehung zu Gott als *Abba* absolut für ursprünglicher und umfassender zu nehmen als alle Gottesminne in der Mystik Indiens oder des Abendlandes. Gebet und Liebe sind im Wesen ein und dasselbe: Stets fühlen Liebende sich miteinander verbunden in einem Empfinden von Andacht und Vergegenwärtigung – wie im Gebet der Gläubige mit Gott; das eine ist vom anderen nicht zu trennen: Jeder Betende liebt und jeder Liebende betet in einem steten inneren Dialog zwischen Ich und Du.

Von daher ergibt sich eine wichtige Konsequenz für die aktuelle religiöse Diskussion. Um *das erste* religiöse Mißverständnis auszuräumen: die Gebetshaltung Jesu läßt sich auf keinen Fall mit all den «mystischen» Ansätzen verbinden, die – unter buddhistischem Einfluß oder unter Rekurs auf manche (mißverstandenen?) Äußerungen MEISTER ECKHARTS (ca. 1260–1328)[39] – dem Menschen ebenso wie Gott das Personsein absprechen möchten, ja, die geradezu mit der Absicht einhergehen, die Personalität Gottes wie des Menschen zu überwinden. Es sei dahingestellt, inwieweit dabei bestimmte Meditationserfahrungen, die neurologisch gut erklärbar sind, fälschlich als Einbrüche einer «transzendenten» Wirklichkeit verobjektiviert werden[40]; es genügt, in unserem Zusammenhang die Feststellung zu treffen, daß mit der Gebetshaltung Jesu eine solche Form der «Mystik»

[37] Vgl. MECHTHILD VON MAGDEBURG: *Das fließende Licht der Gottheit*, 2. Buch 5, S. 94: «Du leuchtest in meiner Seele / Wie die Sonne auf dem Golde. / Herr, wenn ich in Dir ruhen darf, / Ist meine Wonne überreich. / Du kleidest Dich mit meiner Seele, / Bist selber auch ihr nächstes Kleid. Daß dem ein Scheiden sollte sein / Ist mehr als alle Herzenspein. Wolltest Du mich heftiger minnen, / Käm ich ganz gewiß von hinnen, / Wo ich Dich ohne Unterlaß / Nach Wunsche könnte minnen. / Nun hab ich Dir gesungen, / Noch ist es mir nicht gelungen – / Wolltest *Du* mir singen, Dann müßte es mir gelingen.»

[38] Vgl. THERESIA VON JESU: *Die Seelenburg*, 6. Wohnung, 9. Hauptstück, 15, S. 187: «das Sicherste ist, nichts anderes zu wollen, als was Gott will, der uns besser kennt und uns mehr liebt als wir uns selbst.»

[39] Vgl. MEISTER ECKHART: *Predigten und Schriften*, S. 191–197: Warum wir sogar Gottes ledig werden sollen. Predigt über Matthäus 5,3: «Und darum bin ich meine eigene Ursache meinem Wesen nach, das ewig ist – nicht aber meinem *Werden* nach, das zeitlich ist.» S. 196.

[40] Vgl. E. DREWERMANN: *Atem des Lebens*, II 665–684: Neurologische Erklärungsansätze.

schlechterdings nicht zu vereinbaren ist. Beten, lieben, verschmelzen in Vertrauen – das ist nur möglich unter Personen, wobei Jesu Dankgebet über die «Kindlichen» geradewegs voraussetzt, daß die Person eines Menschen sich wesentlich formt im Gegenüber der Person Gottes, – so wie die eines Kindes sich bildet im Gegenüber der Mutter (und des Vaters).

Und auch *das zweite* religiöse Mißverständnis über die Beziehung zum Göttlichen scheitert an der kindlichen Anrede Gottes als *Abba* im Gebet Jesu: Die «Entpersönlichung» Gottes (oder besser: *des* Göttlichen als Neutrum) in manchen «mystisch» sich gebenden Ansätzen läuft, wenn Worte einen Sinn machen, auf eine Vergöttlichung des Universums nach Art des «Universismus» in der chinesischen Weltdeutung[41] oder des Pantheismus in der abendländischen Philosophiegeschichte hinaus. Am eindeutigsten in diesem Punkte gab sich die griechisch-römische Lehre der Stoa. Ein Mann wie SENECA (um 4 v. Chr. – 65 n. Chr.) war sich vollkommen im klaren darüber, daß man zu der «Natur», die er mit Gott gleichsetzte, nicht beten kann. «Nicht braucht man zum Himmel zu erheben die Hände», schreibt er an *Lucilius*; «nahe ist dir der Gott, mit dir ist er, in dir ist er.»[42] Vor allem die modernen Naturwissenschaften mit ihrer Intention, einen durchgehenden Erklärungszusammenhang in dem Wirken der Natur aufzufinden, erheben die Einheit von «Geist» und «Materie», von «Seele» und «Gehirn», von «Gott» und «Kosmos» letztlich zur Grundlage ihrer Weltsicht. In allen pantheistischen (oder atheistischen) Welterklärungen existiert die «Natur» nicht als eine «Schöpfung» Gottes, – sie ist selber «Gott». Wie aber gelangt ein Mensch überhaupt zu der Überzeugung, die Welt als «Schöpfung» betrachten zu dürfen, ja, zu müssen? Diese Frage richtet sich ebenso an den Schöpfungsglauben des Alten Testamentes wie an die christliche «Schöpfungstheologie».

Stets nämlich herrschte in der Theologiegeschichte die Vorstellung, daß sich vor allem die «höheren» Erscheinungen der Welt (wie Leben, Bewußtsein, Sprache etc.) gar nicht anders erklären ließen als durch das «Eingreifen» Gottes beziehungsweise durch die planvolle Ordnung, die Gott im Akt der Schöpfung den Dingen eingegeben habe[43]. Doch abgesehen von den wachsenden Möglichkeiten der Naturwissenschaften, die behaupteten

41 Vgl. HELMUTH VON GLASENAPP: *Die nichtchristlichen Religionen*, 94–114: Chinesischer Universismus.

42 L. ANNAEUS SENECA: *An Lucilius*, IV 41,1, in: Philosophische Schriften, III 324/325; vgl. JOACHIM JEREMIAS: *Das tägliche Gebet im Leben Jesu*, in: Abba, 68.

43 Vgl. E. DREWERMANN: *Atem des Lebens*, II 388–439: Die philosophisch theologische Frage oder: Zur Herkunft des Geistes.

«Wunder» der Welt einfacher und geschlossener begreifbar zu machen als durch eine Kette positiver Willensentschlüsse Gottes, bleibt die Unmöglichkeit, von der Welteinrichtung her, wie sie sich uns zeigt, auf einen «weisen», «gütigen» und «mächtigen» Gott zu schließen[44]. Zu viel des Grausamen, Gleichgültigen und Sinnlosen scheint in der Welt auf, als daß nicht ARTHUR SCHOPENHAUER (1788–1860) zuzustimmen wäre: Wie soll jemals das unendliche Meer an Leid, der entsetzliche Zwang des Tötens und Getötetwerdens in den Grundgesetzen des Erhalts allen Lebens mit dem Bild eines Gottes vereinbar sein, der sich in seiner «Liebe» den Geschöpfen habe «offenbaren» wollen[45]? In Wahrheit verhält es sich gerade umgekehrt: Erst wer, wie der Jesus des *Lukas*-Evangeliums, Gott als «Vater» entdeckt, der erkennt ihn auch als «Herrn des Himmels und der Erde» (Lk 10,21). Selbst die Gebetsworte der jüdischen Thephilla lassen sich erst wirklich sprechen unter der Voraussetzung der absoluten «Väterlichkeit» Gottes.

Gesehen haben im Judentum diesen Zusammenhang sehr klar manche Rabbinen des *Chassidismus*, den man in gewissem Sinne geradewegs als eine Gegenbewegung zu BARUCH SPINOZAS (1632–1677) Gleichsetzung von Gott und Natur verstehen kann[46]. «Warum», fragen die Schüler, «heißt es (in Gen 1,1): Im Anfang schuf *die Gottheit* Himmel und Erde, warum heißt es nicht: *Jahwe*?» Und der Rabbi antwortet: «Weil Jahwe, der persönliche Gott, sich durch die Schöpfung zur Gottheit (zu ‹Elohim›) allererst besonderte.» Was wir erkennen können, wenn wir von der Welt aufzusteigen suchen zum «Himmel», ist stets nur eine unpersönlich erscheinende Macht (oder «Vernunft»), ist «Elohim», eine Gottheit, kein Gott; doch hinter diesem Erscheinungsbild abweisender Kälte gibt sich dem Vertrauen suchenden Menschen als das Gegenüber seines Verlangens der hebräische Jahwe als Person, als «Vater» zu erkennen. Das Christentum teilt durchaus nicht den Schöpfungsoptimismus, der in der ganz und gar irdisch ausgerichteten

44 E. DREWERMANN: ... *und es geschah so*, 130–144: Was theologisch nicht mehr geht und wie es (vielleicht) weitergeht.

45 A. a. O., 259–262: Die Welt des Dionysos; vgl. ARTHUR SCHOPENHAUER: *Die Welt als Wille und Vorstellung*, 2. Bd., 1. Hälfte, Kap. 1: Zur idealistischen Grundansicht, S. 3–22.

46 Vgl. BENEDICT DE SPINOZA: *Die Ethik*, 1. Teil, Von Gott, Definitionen, Nr. 6, S. 4: «Unter Gott verstehe ich das unbedingt unendliche Wesen, das heißt die Substanz, die aus unendlich vielen Attributen besteht, deren jedes ewige und unendliche Wesenheit ausdrückt.» Lehrsatz 18, S. 24–25: «Alles, was ist, ist ... in Gott und muß durch Gott begriffen werden; und folglich ist ... Gott die Ursache der Dinge, die in ihm sind. ... Sodann kann es außerhalb Gottes keine Substanz geben, das heißt ... kein Ding, das außerhalb Gottes in sich ist ... Gott ist also die inbleibende Ursache aller Dinge, aber nicht die übergehende.»

Frömmigkeitshaltung des Judentums angelegt ist; doch um so mehr muß(te) es den Grundansatz der Personalität Gottes im Jahwe-Glauben weiterentwickeln, vertiefen, verwesentlichen, um im Vertrauen auf Gott als den «Vater» den Menschen zu *erlösen* von all seiner Daseinsangst und Verzweiflung inmitten einer sonst vollkommen disparat und desperat sich darbietenden Welt.

Auf seine Weise hat vor nun schon 130 Jahren der amerikanische Romancier und leidenschaftliche Gottsucher HERMAN MELVILLE (1819–1891) in seinem Versepos *Clarel* die wachsende Spannung zwischen Naturwissenschaft und Glaube aufgegriffen und dabei eindrucksvoll die bleibende Sehnsucht des Menschen nach einem «väterlichen» Weltenhintergrund hervorgehoben, indem er den «modernistischen» Priester Derwent sagen läßt:

> die Wissenschaft befaßt sich
> Nur mit der Natur, das ist nicht Gott;
> Nie hat sie Antwort auf unsre Bitten,
> Oder wenn doch, spottet sie bloß über den Erdenkloß.
> Rufe dem Echo zu – es gibt das Wort zurück,
> Das du gesandt; wie gut gedeiht der Farn
> Um die Ruine des Bethauses
> Im Wald; der christliche Kirchturm
> wirft einen Schatten noch – Türkisches Minarett:
> Seht daran die Gleichgültigkeit.
> Dies ist durchgängig so. Wird Wissenschaft denn,
> Die allein mit diesem Ding, namens Natur,
> Beschäftigt ist, jemals dem Menschen
> Eine einz'ge Hoffnung bringen?
> Es ist der Abba-Vater, den wir suchen,
> Nicht der Urheber.[47]

Genau so ist es. Einzig ein Gott, der jenseits dieser Welt schweigender Einsamkeit und unbarmherziger Vergänglichkeit jeden Einzelnen der Menschen in seiner Individualität bestätigt und bejaht, antwortet auf die fundamentale Infragestellung unserer Existenz, wie gerade die moderne Naturwissenschaft sie wohl sichtbar machen, doch nicht schließen kann. Ohne den Glauben an Gott als den «Vater», ganz so wie Jesus ihn uns betend lehrte, blieben wir Waisenkinder, die dazu verurteilt sind, niemals ihre

[47] HERMAN MELVILLE: *Clarel*, XXV: Der Dominikaner, S. 261.

Eltern, niemals das Gefühl der Geborgenheit in ihrer Obhut kennenlernen zu können. Ohne den Beistand eines personalen Gottes müßten wir entweder unsere eigene Persönlichkeit verleugnen oder wir stünden mit ihr auf absurde Weise der Unpersönlichkeit des ganzen Universums gegenüber, umlagert von Gegenständen und Geräten, ohne Sinn und Antwort. – Ein Beispiel aus der Verhaltenspsychologie von Tieren bereits kann zeigen, was gemeint ist mit diesem «Primat des Personalen» vor dem Objektalen beziehungsweise mit der «Dimension des Dialogischen» vor dem Instrumentellen, mit der Erfahrung Gottes als *Abba* vor allem Welthaften.

In den 50er Jahren des 20. Jhs. wurden in den USA monströse Versuche mit Primaten durchgeführt, um herauszufinden, was den Tieren wichtiger sei: Nähe oder Nahrung, Geborgenheit oder Versorgtsein, Wärme oder Überlebenswille[48]. Das Resultat war erschütternd, nicht zuletzt deshalb, weil es auch für unsere Situation inmitten der Welt außerordentlich aussagekräftig ist. Es zeigte sich nämlich, daß bereits ein Affenjunges unbedingt Erfahrungen braucht, die sich nach und nach zu dem Erleben seiner «Mutter» zusammensetzen, um überhaupt die Tatsache seiner Existenz in dieser Welt akzeptieren und sich dieser Welt zuwenden zu können. Ohne einen solchen «mütterlichen» Hintergrund allen Erlebens verrinnt das Dasein in Angst und Zerstörung, in Brutalität und Gewalt, – in Ichverlorenheit statt Ichgeborgenheit. Noch einmal gesagt: Nur wer, wie der Jesus des *Lukas*-Evangeliums (Lk 10,21), von Gott als dem «Vater» ausgeht, wird die Welt der «Herrschaft» Gottes unterstellt finden; nur der auch wird sich derart getragen fühlen, daß es ihm möglich wird, sich inmitten dieser unpersönlichen und unmenschlichen Welt als Person, als Mensch, zu bewahren. Die Gebetsanrede Jesu – sie ist der Schlüssel unserer Vermenschlichung, die einzige Form von «Mystik», die der Herausforderung unseres Menschseins standzuhalten vermag.

Ein Mann, der wie kaum ein anderer unter den «Gläubigen» gelitten hat an der unsäglichen Blutmühle dieser Welt, war REINHOLD SCHNEIDER (1903–1958); gerade deshalb besitzen seine Worte zum *Vater(unser)* ein besonderes Gewicht, wenn er schreibt: «Das Vaterunser beginnt mit einem großen Trost; wir dürfen Vater sagen. In diesem einen Wort ist die ganze Erlösungsgeschichte enthalten. Indem wir Gott unseren Vater nennen, befehlen wir ihm alles an, unser Sein und unsere Unrast, unsere Sorgen und Erwartungen und unsere Arbeit; es kann nichts sein im Leben des Kindes, das der Güte des Vaters nicht anvertraut werden soll, keine Not, die nicht die

[48] Vgl. E. DREWERMANN: *Atem des Lebens*, I 668–670; II 902–905.

Hoffnung auf Seinen Beistand hat ... Nun ist alles gut; der Himmel antwortet uns, Gott ist unser Vater; wir sind beschützt.»[49] «Beten heißt ..., dieses Strömen der Gnade fühlen; wir erschließen uns, indem wir uns beugen und anbefehlen, dann wird alles gut. Ein Hereinwirken ereignet sich; es ist nicht mehr sehr wichtig, ob wir unser Anliegen nennen, unsere Sorgen aussprechen; im Grunde übersteigt unsere Not doch unser Vermögen zu sprechen; denn in unserem ganzen Sein, in unserem Tun und Denken sind wir auf Gott angewiesen und ohne Ihn verloren ... Das ist ja das ... Geheimnis des Vaterunsers, daß es unser ganzes Sein und unsere ganze Not und Hoffnung umfaßt.»[50]

Damit ist auch gesagt, daß die Gebetsanrede Jesu «*Abba*» sich nicht ergibt aus den Projektionen eines infantilen, ödipal fixierten Bewußtseins. Nicht wenige Menschen sind, die das *Vater(unser)* nicht beten können, schon weil das Wort sie unweigerlich erinnert an so viel Bedrückendes und Verstörendes im Umkreis ihres menschlichen Vaters in Kindertagen; anderen ergeht es nicht besser, wenn man die Rede vom «Vater» (psychologisch korrekter) ersetzt durch das Bild der «Mutter». Bezogen auf Gott kann es beim Sprechen vom «Vater» (oder von der «Mutter») indessen nicht um geschlechtsspezifische Eintragungen von «männlich» oder «weiblich» in das Wesen Gottes gehen; es gilt vielmehr, was bereits in der Legende vom zwölfjährigen Jesus im Tempel (Lk 2,41–52) sichtbar wurde und sich dann fortsetzte bis hinein in die Geschichte von der Auferweckung des Jünglings von Nain (Lk 7,11–17) oder der Tochter des Jairus (Lk 8,41.42.49–56): da öffnet sich der Himmel (vgl. Lk 3,21) zu einer Sphäre des Vertrauens jenseits aller individuell-biographischen Verstellungen, imstande, auch und gerade das zu heilen, was im Schatten der Mutter oder des Vaters in Kindertagen an Angst und an Mißtrauen grundgelegt wurde. Freilich, für die real existierenden «Kirchen» bleibt es eben deshalb eine religionspsychologisch zentrale Frage, ob sie die Gottesanrede *Abba* dazu nutzen, den «Patriarchalismus» ihres eigenen Macht- und Verwaltungsapparates an dem absoluten und einzigartigen Vatersein Gottes zu überwinden, oder ob sie – im Amt etwa eines «Heiligen Vaters» – das Göttliche mißbrauchen zur ideologischen Selbstüberhöhung. «‹Vater› nennt niemanden von euch auf Erden», mahnt Jesus die Jünger. «Einer nämlich ist euer Vater, der himmlische.» (Mt 23,9) Jeder, der als Psychotherapeut einen Patienten von seinem «Mutter-» oder «Vaterkomplex» zu befreien sucht, wird dieses

[49] REINHOLD SCHNEIDER: *Das Kreuz in der Zeit*, 9.
[50] A.a.O., 10–11.

Hineinwachsen in den «mütterlichen» oder «väterlichen» Hintergrund des Daseins unterstützen müssen und voller Dankbarkeit begleiten[51]. Er wird spüren, wie die Egozentrik der Angst schwindet und das Ich hörender, «gehorsamer» wird. Nach innen wie nach außen ist das Gebet ein Weg der Befreiung.

So beschrieb ein Autor, der wie kaum ein anderer unter den Schrecken seiner Vaterangst darum gerungen hat, den Gott Jesu Christi wiederzufinden[52], SÖREN KIERKEGAARD (1813–1855), wie das Gebet ihn zunehmend veränderte:

> Als mein Gebet immer andächtiger
> und innerlicher wurde,
> da hatte ich immer weniger
> und weniger zu sagen.
>
> Zuletzt wurde ich ganz still.
> Ich wurde, was womöglich ein
> größerer Gegensatz zum Reden ist,
> ich wurde ein Hörer.
>
> Ich meinte erst,
> Beten sei Reden.
> Ich lernte aber,
> daß Beten nicht nur Schweigen ist,
> sondern hören.
>
> So ist es:
> Beten heißt nicht,
> sich selbst reden hören,
> beten heißt,
> still werden und still sein
> und warten,
> bis der Betende Gott hört.

[51] Vgl. SIGMUND FREUD: *«Selbstdarstellung»*, in: Gesammelte Werke, XIV 65–73: «In jeder analytischen Behandlung stellt sich ohne Dazutun des Arztes eine intensive Gefühlsbeziehung des Patienten zur Person des Analytikers ein, die in den realen Verhältnissen keine Erklärung finden kann.» (S. 67)

[52] JOAKIM GARFF: *Kierkegaard*, 34–39: Verpfuschen.

b) Geheiligt werde Dein Name

Schon hier, gleich in der ersten *Vater(unser)*-Bitte wird deutlich, wie wir beim Beten nicht eigentlich selber reden, sondern hören sollen, was da in uns spricht. «Dein Name» – das ist das zentrale Thema des zweiten Gebotes des Dekalogs: «Trage nicht *Seinen*, deines Gottes Namen auf das Wahnhafte», wie MARTIN BUBER (1878–1965) Ex 20,7 übersetzt[53]. Wenn dieser «Name» *Abba* heißt, wie soll man da nicht wünschen, daß die Erfahrung, die Gott so benennen läßt, auf immer und für alle gelten möge? «Aus dem Überfluß des Herzens redet der Mund», hieß es schon in Lk 6,45b; und so ist es wirklich der «Vorrat an Gutem des Herzens» – aus dem ein «guter Mensch» «Gutes» hervorholt (Lk 6,45a) –, der sich im Munde Jesu in der Anrede Gottes mit «Vater» fortsetzt.

Im Grunde werden an dieser Stelle die ersten zwei Gebote Israels noch einmal gänzlich neu interpretiert. «Ich bin der *Herr*, dein Gott ... Du sollst keine anderen Götter neben mir haben», damit beginnt der Dekalog (Ex 20,2.3). «Ihr sollt nicht falsch schwören bei meinem Namen und den Namen eures Gottes nicht entheiligen», heißt es wie zur Erklärung dieses Gebotes des weiteren in Lev 19,12, doch natürlich geht es bei der «Heili-

53 MARTIN BUBER: *Was soll mit den Zehn Geboten geschehen?* (1929), in: Werke, II 899. – Str. B. I 408–409, verweisen darauf, daß in den ersten Vaterunser-Bitten nicht Gelöbnisse vorliegen («wir wollen deinen Namen heiligen»), auch keine Gebetswünsche («möge dein Name geheiligt werden»), «sondern wirkliche Bitten, deren Erfüllung von Gott erwartet wird. Daß Jesus nicht die nächstliegende, Gott direkt auffordernde Bittform gewählt hat: ‹Heilige deinen Namen ...›, wird seinen Grund darin haben, daß jeder Schein vermieden werden soll, als wollte der Beter Gott gewissermaßen an die Pflicht erinnern, die er gegen sich selbst ... habe ... daher die neutrale, passive oder intransitive Form». – Am nächsten steht dieser zurückhaltenden Sprechweise Jesu das *Qaddisch des Gottesdienstes*, das für relativ alt gehalten wird und das Jesus womöglich als Kind schon zu beten gelernt hat. «Dieses Gebet beginnt mit den Worten: ... ‹verherrlicht u. geheiligt werde sein großer Name in der Welt, die er nach seinem Willen geschaffen hat› .... eine Bitte liegt vor, daß Gott seinen großen Namen verherrlichen u. heiligen wolle. Das folgt mit Notwendigkeit aus der Fortsetzung der Bitte: ‹Und er lasse sein Reich herrschen u. seine Erlösung sprossen›.» Die Wendung «Geheiligt werde sein Name» ist «völlig gleichbedeutend ... mit: ‹Heilige deinen Namen.›» GUSTAF DALMAN: *Die Worte Jesu*, I 304, verweist auf den außerkanonischen Talmudtraktat Sopherim (Gesetzeslehrer) XIV 12, wo das hebräische Gebet vor der Gesetzesverlesung erwähnt wird, das dem Qaddisch in der Synagoge sehr nahesteht: «Über allen sei erhöht und geheiligt und gepriesen – der Name des Königs über alle Könige, der Heilige, gebenedeit sei er, in den Welten, die er geschaffen hat.» S. 305: «Dem Wortlaut des Qaddisch ist eine Formel verwandt, die der Babylonier Jechezkeel bei gefallenem Regen verwandte ... ‹Erhöht und geheiligt und gepriesen werde dein Name, unser König, über jeden einzelnen Tropfen, den du uns fallen läßt.›»

gung» des Gottesnamens nicht nur um ein Verbot des Meineids. Gemeint ist vielmehr die «Lästerung» des Namens Gottes, die Verfluchung Gottes, das Sakrileg; – wer *das* tut, «wer des *Herrn* Namen lästert, der soll des Todes sterben; die ganze Gemeinde soll ihn steinigen. Ob Fremdling oder Einheimischer, wer den Namen Gottes lästert, soll sterben.» (Lev 24,16)[54] Wie anders klingt diese Drohung, mit welcher der Gott am Sinai seinen Machtanspruch geltend macht, im Vergleich zu der innigen Anrede, mit welcher der Gott Jesu sich ansprechen läßt. Es ist unmöglich, mit dem *Vater*-Namen Gottes eine solche Strafandrohung zu verbinden; denn wenn wirklich ein Mensch Gott fluchen sollte, wie *ver*flucht muß er dann sein ganzes Dasein fühlen? Es sind gerade die ernst meinenden, die tief religiösen Menschen, die derart an Gott scheitern können, – wie beispielsweise *Jeremia*, als er sich selbst verwünschte: «Weh mir, meine Mutter, daß du mich geboren, gegen den jedermann hadert und streitet im ganzen Lande» (Jer 15,10), das waren seine Worte. «*Herr*, du hast mich verführt, und ich ließ mich verführen. Du bist mir zu stark gewesen und hast gewonnen; aber ich bin darüber zum Spott geworden täglich, und jedermann verlacht mich.» (Jer 20,7)[55] So oder ähnlich werden alle die sprechen, die sich von Gott prostituiert, vergewaltigt und dann dem Gespött preisgegeben fühlen. Würde ein «Vater» sie nicht verstehen – gerade diese, seine Treuesten? Jesus selber wird es auf paradoxe Weise ähnlich ergehen. Er, den man als einen zweiten *Jeremia* betrachtete (vgl. Mt 16,14), wird hingerichtet werden wegen «Lästerung» (Mk 14,64); er, der seine Jünger zu beten lehrte um der «Heiligung» des «Namens» Gottes willen, wird sterben müssen wegen «Verunehrung» des Gottesnamens, – dafür, daß er den «Vater»-Gott ineins sah mit dem «Menschen-Sohn» und seiner Ankunft (Mk 14,62)[56].

Aber nun umgekehrt: «Trage nicht Seinen, deines Gottes Namen auf das Wahnhafte», – wann je in Kirche und Gesellschaft hätte man danach ge-

[54] MARTIN NOTH: *Das dritte Buch Mose. Leviticus*, 157, nimmt «überkommenes älteres Gut» in den Rechtssätzen von Lev 24,15-22 an. Die Einleitungsformel Lev 24,15a «wird hier zitiert um ihres ersten Satzes... willen, der das Lästern des Namens Jahwes zu den ‹todeswürdigen Verbrechen› zählt... Dieser grundlegende Satz wird zitiert, weil die ‹charismatische› Entscheidung im vorliegenden Fall zu ihm die Ausführungsbestimmung bringt, daß er auch auf Fremde anzuwenden ist... Vorangestellt ist noch in V. 15b der allgemeine Satz, daß ‹jedweder›, also auch der Fremde, die Folgen einer ‹Gottesverfluchung› tragen muß.»

[55] Vgl. ARTUR WEISER: *Der Prophet Jeremia, Kap. 1–25, 14*, S. 131–134: Jer 15,10-18: Die Klage des Propheten; S. 169–174: Jer 20,7-13: Klage- und Dankgebet.

[56] Vgl. Mk II 525–544: Mk 14,53-65: Kaiphas oder: «Es ist besser, wenn einer stirbt, als das Volk.»

handelt! Wohl, selbst die Staaten des («christlichen») Abendlandes geben vor, in ihren Ordnungen auf den Zehn Geboten zu fußen; doch MARTIN BUBER schrieb bereits im Jahre 1929: «Wenn die Gesellschaft in ihrer Vermoralisierung und Verjurisierung der Zehn Gebote nur nicht behauptet, daß das Produkt – also das des Ich und des Du beraubte Ich-zu-dir – noch die Zehn Gebote sei, ist gegen ihre Tätigkeit nichts einzuwenden, da ja nicht zu erdenken ist, wie sie anders ihr Dasein fristen könnte ... Wenn aber die Gesellschaft sich unterfinge, ihre stimmlose Moral und ihr gesichtsloses Recht für eben dasselbe, für das Wort, nur zeitgemäß aus dem überholten abergläubigen Drum und Dran hervorgeschält, auszugeben, dann wäre etwas geschehen, was noch nicht geschehen ist; und vielleicht wäre es dann für die Gesellschaft zu spät zu merken, daß es einen gibt, der es sich verbittet, von Bütteln und Henkern bedient zu werden.»[57] Die «Ordnung», die im «Namen» Gottes wächst, entspringt ganz und gar der persönlichen Beziehung zwischen dem ewigen Ich Gottes und dem Menschen, der von ihm sich angeredet weiß. Diese Erfahrung spricht sich aus in der Person und Botschaft Jesu, – und sie ist urjüdisch.

Denn auch und gerade das Wort *Herr* aus dem Munde des Gottes am Sinai ist nur die lautliche Umschreibung für das Tetragramm, für den unaussprechlichen Jahwe-Namen (JHWH). Was *er* bedeutet, sagt Gott dem *Moses* am brennenden Dornbusch: Voller Selbstzweifel weiß der Mann Gottes nicht mehr, ob er, bei dem Versuch, die Israeliten herauszuführen aus Ägypten, seinem Volk zum Gefährten der Befreiung oder zum Führer in den Untergang werden wird[58]; Gott aber offenbart ihm seinen Namen – wie wieder BUBER übersetzt – als «Der ich bin da» (Ex 3,14)[59]. «Du wirst», kann man das Wort paraphrasieren, «niemals wissen, Moses, wer ich bin, und niemals wird es einen theologischen Begriff geben, um mein Wesen auszudrücken. Doch wissen mußt Du dies: In Deinem Leben wird es niemals eine Lage geben, in der ich Dir nicht nahe wäre. Niemals mehr mußt Du Dich alleine fühlen. Niemals mehr mußt Du Dich verstoßen fühlen. Niemals mehr mußt Du Welt und Umwelt als allmächtig ansehen. Was immer Dir begegnen wird, – ich bin doch da! Das ist mein ‹Wesen›, und so werde ich Dir begegnen und Dir zugewandt sein.» Dieser begegnende Gott in sei-

[57] MARTIN BUBER: *Was soll mit den Zehn Geboten geschehen?*, in: Werke, II 899.

[58] Vgl. TE II 379–392: Die Berufung des Mose (Ex 3; 4), S. 379–381.

[59] MARTIN BUBER: *Moses*, in: Werke, II 58–65: «‹Ehjeh, Ich-werd-da-sein oder Ich-bin-da schickt mich zu euch› ... Das Ehjeh ist kein Name, man kann den Gott nie so benennen; nur dieses eine Mal, in diesem einen Moment der Übermittlung seines Wortes darf und soll Mose die Selbsterfassung des Gottes als Namen in den Mund nehmen.»

ner Zugewandtheit – er ist es, dem im Sterben Jesus als dem *Vater* sich selber übergeben wird (Lk 23,46). «Jahwe» – «Der ich bin da» – und «Vater»: – vom Ursprung her drückt sich darin die gleiche Haltung zwischen Anrede und Antwort, zwischen «Offenbarung» und «Gebet», zwischen der zugesagten Gegenwart des Göttlichen und der Vergegenwärtigung eines Menschen aus; so ist's, wenn Jesus seinen Vater zärtlich «Abba» nennt; – doch einzig Jesus lehrte so zu beten.

«Geheiligt werde Dein Name» – das ist die Bitte, im Vertrauen auf Gott niemals sich verleiten zu lassen, im Feld der Angst, in dem Gefühl der Gottesferne, etwas als Gottersatz herzunehmen. Das ist die Bitte, wenn's drauf ankommt, Gott nicht zu verraten an das eigene Wunschdenken, an die Psychologie der Masse, an die Vergnügungssucht der Menge, an die Interessen der Machthaber und Machtheber. Das ist die Bitte, ganz egal, wie tief hinein in Widerspruch und Widerstand, wie abgründig in Feindschaft und Feindseligkeit es führen mag, diese Versicherung innerer Begleitung niemals zu vergessen.

Was alles wurde nicht schon und was alles wird nicht noch mit «Gott» bezeichnet! Überall, wo ein Mensch sich hinstellt vor einen anderen und sich zu seinem Maßstab setzt – «ich bin Dein Vater, bin Dein Gatte, bin Dein Meister, bin Dein Arbeitgeber, bin Dein Spieß» –, wird Gott gelästert, indem man selbst «Gott» spielt oder indem man bei dieser Posse mitspielt. Überall, wo jemand etwas zu besitzen vorgibt, was «absolut», «total» und «garantiert» beruhigen, trösten, führen, heilen soll, maßt er sich Wissen, Weisheit, Macht und Möglichkeiten an, über die ganz allein Gott verfügt, – da wird Gott gelästert, indem man Seine Attribute handhabt als die eigenen. Doch immer dort, wo eines Menschen Herz durchsichtig bleibt in seiner Liebe, hinweisend auf den Ursprung seines eigenen Vertrauens, vermittelnd, statt verstellend, verbindend, statt verhindernd, – da ehrt, da «heiligt» er den Namen Gottes.

Ohne den Gott, der sich offenbart als «Der ich bin da», erleben Menschen die Welt zerrissen zwischen den vergöttlichten und sich bekämpfenden Daseinsmächten in der Natur draußen ebenso wie in dem eigenen Herzen, – hin- und hergetrieben zwischen Re und Apophis, zwischen Eros und Thanatos, zwischen Venus und Mars, zwischen Quetzalcoatl und Tezcatlipoca; doch der Name Gottes als «Der ich bin da» macht die menschliche Person präsent und mit sich einig; wenn Gott so heißt, erhalten alle Menschen ihren eigenen, ganz individuellen Namen geschenkt; und wenn Gottes Wesen unverwechselbar ist in seinem «ich bin da», so ist es auch des Menschen Da-sein. Anders, schrieb in seiner Vaterunser-Auslegung der Dichter und Beter REINHOLD SCHNEIDER, «tritt der Mensch aus allen Bindungen heraus; die Welt ist (sc. dann, d. V.) ein Ding, seinen Händen überliefert, daß er es ausbeute. Wann aber wäre er mit seiner Beute zufrieden? Das Wesen des Dämons ist es ja, ein ziehender Strudel zu sein; es ist eine hinreißende Leere, die sich nicht füllen läßt. So werden dem Menschen auch die Menschen zum Ding, und immer weniger werden bleiben, die noch die andern als Dinge ergreifen können.»[60] «Geheiligt werde Dein Name! Dieses Wort tiefster Ehrfurcht verkündet ein Gesetz ... Geheiligt soll Gottes Name werden durch das ganze Tun des Menschen, sein Gebet und seine Arbeit, sein Wachen und Ruhen; und was immer Menschen verbindet, soll eine Heiligung sein. Über aller Liebe stehen diese Worte, sie einzufordern und zu verwandeln. Es ist keine Barmherzigkeit, keine Gerechtigkeit, die nicht ergriffen ist von diesem Gebot; ... die einander vertrauen sollen, müssen sich finden in diesem Wort; die ein Bündnis schließen, sollen es sprechen, sonst wird ihr Bund zerfallen ... Es entscheidet über ein jedes Wort von Menschenhand, ob es der Heiligung dient oder nicht; seinem Tun das Gepräge der Heiligung zu geben, ist das höchste Vorrecht des Menschen; es macht ihn erst zu dem, was er ist.»[61]

c) Dein Königtum komme

«Geheiligt werde Dein Name» – das klingt «tief religiös» (oder «rein ideell») und muß doch ohne die nachfolgende Bitte «Dein Königtum komme» gänzlich mißverstanden bleiben. Gewiß, Vertrauen, Liebe, Mitleid – das alles wird mit Gottes Hilfe im Herzen eines Menschen reifen, – dann aber «redet der Mund aus des Herzens Überfluß» (Lk 6,45), dann aber wird ein «Baum ... an seiner eigenen Frucht erkannt» (Lk 6,44), dann aber drängt das Innere darauf, das Äußere zu wandeln. Ein Gott, der nur im «Inneren» verbliebe, ein Herz- und Herdgott nur, ein Kloster- und ein Kirchenherr, ein Gott des Meinens und des Scheinens, möchte der Inbegriff romantischer Idyllen sein, – der Gott, den Jesus glaubte und erhoffte, ist er nicht. Das «Königtum Gottes», das Jesus uns zu bringen kam, erweist sich gerade darin, daß die Macht der «Väterlichkeit» Gottes sich als stärker zeigt denn alle Dämonie der Angst. «Wenn», spricht er unmittelbar nach der «Gebetslehre» im *Lukas*-Evangelium, «mit dem Finger Gottes ich die Abergeister austreibe, so ist doch zu euch gelangt das Königtum Gottes!» (Lk

[60] REINHOLD SCHNEIDER: *Das Kreuz in der Zeit*, 18.
[61] A. a. O., 19–20.

11,20) Den Zweiundsiebzig noch hatte er aufgetragen: «Heilt die ... Kranken und sagt ihnen: Genaht ist euch das Königtum Gottes.» (Lk 10,9)

In diesem Kontext ist die Bitte um das «Kommen» des «Königtums» Gottes als erstes ein Flehen darum, daß es gelingen möge, der inneren Zerrissenheit eines Menschen in den konvulsivischen Zuckungen seiner Selbstwidersprüche Herr zu werden (Lk 4,33–37) oder des Fiebers einer Frau, die in ihrer Übererwartung und Übererregung nicht Ein noch Aus weiß (Lk 4,38–39)[62]. «Herr werden» – das hört sich dabei an wie «anherrschen» (Lk 4,35.39; vgl. Lk 8,24; Lk 9,42), das stellt sich dar als Machtausübung, das wirkt, wie würde hier ein König eingeführt in seine Würde und sein Recht, und wirklich ist es so – und ist doch so ganz anders.

Es ist so anders, weil es Jesus absolut nicht darauf ankommt, selber Herrschaft auszuüben und Macht für sich zu erobern; wollte er dies – das war vor Beginn seines öffentlichen Wirkens das tiefstgründige Ergebnis seiner Selbstprüfung (Lk 4,5–8) –, so würde er des «Teufels» Herrschaft festi-

[62] Str. B. I 408, verweisen auf die «gleiche zurückhaltende, vorsichtige Sprechweise ... im ‹Qaddisch des Gottesdienstes›, einem Gebet, das allgemein für alt gehalten wird. Dieses Gebet beginnt mit den Worten ... ‹verherrlicht u. geheiligt werde sein Name in der Welt, die er nach seinem Willen geschaffen hat›.» Das entspricht dem Gebet Jesu. Vgl. 409–410: «Wenn die ersten drei Bitten des Vaterunsers (sc. in Mt 6,9, d.V.) die Bitte an Gott aussprechen, daß er seinen Namen heiligen u. sein Reich kommen lassen und seinen Willen zur Durchführung bringen wolle, so liegt darin zugleich mitausgesprochen, daß Gott die Menschen zu einem Verhalten bringen wolle, das der Heiligung seines Namens u. dem Kommen seines Reiches u. der Durchführung seines Willens nicht widerspricht, sondern entspricht ... Es fragt sich nur, ob dieser Gedanke an das Verhalten der Menschen auch formell z B bei der 1. Bitte mitenthalten sein kann in den Worten: ‹Geheiligt werde dein Name›. Auch hierüber erhalten wir erwünschten Aufschluß aus einem altjüdischen Gebet. Das Qaddisch der Rabbinen hebt mit den Worten an: ... ‹verherrlicht u. geheiligt werde sein großer Name, der die Welt erneuern u. die Toten beleben u. die Lebenden erlösen u. die Stadt Jerusalem erbauen wird› usw. Hier wird keine Bitte an Gott ausgesprochen, daß er seinen großen Namen verherrlichen und heiligen wolle, sondern *Israel* wird zur Verherrlichung u. Heiligung des göttl. Namens aufgefordert ... Wir sehen also, daß im Qaddisch des Gottesdienstes mit ‹geheiligt werde sein Name› Gott gebeten wird, seinen Namen zu heiligen, u. daß im Qaddisch der Rabbinen mit denselben Worten Israel zur Heiligung des göttl. Namens aufgefordert wird. Warum sollte da nicht beides zus.gefaßt sein können in der Bitte ...: ‹heilige deinen Namen u. laß ihn geheiligt werden von den Menschen!› – Auch die 2. u. die 3. Bitte (sc. im Vaterunser von Mt 6,9.10, d.V.) umfassen beides, sowohl daß Gott sein Reich kommen lasse u. seinen Willen zur Durchführung bringe, als auch daß Gott die Menschen zur Annahme seines Reiches u. zur Anerkennung seines Willens bereit mache. Der Gedankenfortschritt aber in den ersten drei Bitten ist dieser: wo Gott seinen Namen in der Welt heiligt, da erkennt die Menschheit die Herrschaft Gottes an, u. wo die Herrschaft Gottes zur Anerkennung gelangt, da kann Gott seinen Willen, der ein Gnadenwillen ist, zum Heil der Welt ausführen.»

gen, so würde er das Widerspiel von Gottes «Königtum» betreiben, so müßte er sich selbst verraten mitsamt der Quelle seines eigenen und eigentlichen Lebens. Nur weil er *nicht* sich selber will, fließt es durch ihn hindurch wie Sonnenlicht hereinflutet durch Fensterscheiben, – er läßt die Sonne sehen, weil er selber keinen Schatten wirft, und so treibt er «mit Gottes Finger» Abergeister aus, so läßt er Gottes Hand die fieberheiße Stirne streifen oder an das Herz des Kranken rühren, so bringt er Gott zur «Herrlichkeit» im Aufstrahlen des Glücks in den Augen der Geheilten. Und diese «Herrlichkeit» allein ist Gottes «Herrschaft» und sein «Königtum»[63]. Wo Menschen zu sich selbst aufwachsen, geschieht ihr Reifen ähnlich dem der Schneeglöckchen und Krokusse im Frühling: es ist allein die längere Dauer des alltäglichen Lichteinfalls, die sie aufs anmutigste sich entfalten läßt. So auch die Menschen: Auf Gottes «Acker» (vgl. Lk 8,4–8) wird es hell für sie im Umraum seiner Liebe, die sie möchte, wie sie sind, und *sie* ermutigt sie dahin, die Form des Wesens, das in ihnen ruht, zu wagen. Der Wagemut von Menschen, die Vertrauen leben, bis daß es heilsam wird und heilend, ist der «Ort», an dem sich Gottes «Königtum» erzeigt.

Doch kann man Menschen heilen, ohne zugleich durch- und abzuarbeiten, was im Raume von Gesellschaft und Geschichte sie kränkt und krank macht, stört und zerstört, schändet oder schädigt? Kein Mensch lebt isoliert für sich, – er atmet ein und aus, er ißt und scheidet aus, er tauscht sich aus mit Stoffen und mit Inhalten, die physisch wie psychisch ihm – für kurze Zeit – den Selbsterhalt ermöglichen. Alles Unheilvolle wirkt nicht minder auf ihn ein als alles Heilende, und umgekehrt: alles Heilende im Herzen eines Menschen wirkt heilend sich auch aus auf die Menschen seiner näheren Umgebung und alles Unheilvolle gleichermaßen. Richtig bemerkte deshalb MARTIN BUBER zu dem Begriff des «Königtums Gottes», daß diese Vorstellung «über die Aktualität des Glaubensverhältnisses hinaus» «an der ganzen Fülle des Daseins Ernst machen» wolle[64]. Dabei orientierte BUBER sich als jüdischer Bibelinterpret und Theologe – natürlich – an dem «Unbedingtheitsanspruch» des Gotteskönigtums «der ganzen Volkswirklichkeit gegenüber»[65]. Er schrieb: «Den Bereich, in dem der Einzelne als solcher mit der Ausschließlichkeit lebensmäßig Ernst zu machen sucht, dürften wir als

[63] Zu dem Begriff der «Gottesherrschaft» vgl. in diesem Zusammenhang noch einmal GUSTAF DALMAN: *Die Worte Jesu*, I 90–95: Die Gottesherrschaft ist eine Zuständlichkeit, innerhalb deren Menschen sich befinden.

[64] MARTIN BUBER: *Königtum Gottes*, in: Werke, II 647.

[65] A.a.O., II 646.

den ethischen bezeichnen, wenn wir nur die Ethik durchaus nicht mehr in theoretischer oder praktischer Isolierung, sondern schlechthin als den persönlichen Werkbereich der Ausschließlichkeit zu fassen vermöchten. Dasselbe gilt für das Volk von der Politik. Die Strebung, die Ganzheit seines Lebens von seiner Beziehung zum Göttlichen bauen zu lassen, kann ein *Volk* gar nicht anders verwirklichen, als indem es auch sein politisches Sein und Tun dem Einfluß dieser Beziehung öffnet, die Grenze dieses Einflusses also nicht von vornherein, grundsätzlich zieht, sondern sie nur im Gang der Realisierung immer wieder erfährt oder vielmehr erleidet. – ... *Die geschichtsgeläufige Trennung von Religion und Politik ist hier im realen Paradox aufgehoben.*»[66]

BUBERS Verständnis vom «Königtum» Gottes ist wegweisend geworden, indem es die vor allem bei Politikern, dann aber auch bei Kirchen«führern» üblich gewordene Trennung von «Privat» und «Öffentlich», von «Religion» und «Staat», von «Gesinnung» und «Verantwortung», von «Idealismus» und «Realismus» als biblisch illegitim wieder bewußtgemacht hat. Auch und gerade die Botschaft des Juden Jesus vom «Königtum» Gottes mißversteht von Grund auf, wer da glaubt, sie durch derlei Abgrenzungen zwischen Persönlichem und Gesellschaftlichem zugunsten eines machtpolitischen Pragmatismus neutralisieren zu dürfen. Andererseits liegt ein entscheidender Unterschied im Auftreten Jesu gegenüber den alttestamentlichen Propheten gerade darin, daß Jesus weder «politisch»[67] noch «ethisch» dachte; was er zu sagen hatte, verlangt nach unerhörten politischen und ethischen Konsequenzen, doch diese ergeben sich nur, weil er die

[66] A. a. O., II 647.

[67] So bemängelt JOSEPH KLAUSNER: *Jesus von Nazareth*, 550–551: «Der Idealtyp der jüdischen Bibel ist der Prophet *Jeremias*: ein Prediger der Sittlichkeit, aber auch ein politischer Führer und großer Vorkämpfer seines Volkes. Der Idealtyp des Talmud ist *Hillel* der Ältere: nicht minder als Jesus Träger einer hohen Moral, demütig, friedliebend und menschenfreundlich, aber kein Kämpfer oder politischer Führer. Trotzdem bezog er das ganze sozialnationale Leben des Volkes in seine Lehre ein.» Demgegenüber meint er S. 552 von Jesus, dieser habe außer seiner Ethik dem Volke nichts gegeben. «Er sorgte nicht für die Verbesserung des irdischen Lebens oder der Zivilisation. Die Rezeption seines Systems hätte also bedeutet, sich von der nationalen und menschlichen Kultur in ihrem vollen Umfange zurückziehen: vom Rechtsleben, von der Wissenschaft, von der Politik, die alle drei in der Halacha (sc. dem Rechtssystem, d.V.) der Pharisäer und Tannaiten (sc. der Schriftgelehrten im 1. u. 2. Jh. n. Chr., d.V.) ihren Platz gefunden hatten, sowie vom Leben im Staate und vom Privateigentum in fast all seinen Formen.» Ein entscheidender Durchbruch im jüdisch-christlichen Dialog läge in der Einsicht, daß Jesus auch keine «Ethik» bringen wollte; sein «System» bestand in nichts anderem als in einer neuen religiösen Grundhaltung, die allerdings alle «Politik» und «Ethik» zu verwandeln vermag.

«Gottesherrschaft» ganz und gar in die «Väterlichkeit» Gottes setzte. Alles Grausame, alles Gewaltsame, alles Ausbeuterische, alles Ungerechte ist in sich selbst inakzeptabel für jeden, der sich von Gott als seinem «Vater» behütet und bestätigt fühlt; ein solcher *erwartet* und verlangt und arbeitet mit allen Kräften darauf hin, die Faktoren des Destruktiven auszuschalten oder zumindest abzumildern. Jesus war nicht eigentlich «politisch» motiviert, doch gerade dadurch schuf er die Voraussetzungen, um die bestehenden national verengten Strukturen des Politischen fundamental in Richtung einer universalen, *nicht* ethnisch abgegrenzten Form der Menschlichkeit zu öffnen; er war genauso wenig «ethisch» motiviert, doch gerade dadurch schuf er die Voraussetzungen, um die Forderung des Ethischen durch die Entdeckung der absoluten Notwendigkeit von «Gnade» und «Vergebung» allererst erfüllbar zu machen. Er riß die Abgrenzungen nieder, innerhalb derer die verselbständigten Teilbereiche der bürgerlichen Gesellschaft ihr Eigenleben führen – wie heutigentags etwa die «Wirtschaft» auf Kosten der Umwelt oder des «Sozialen» bei gleichzeitig steigenden, gigantischen Ausgaben für Projekte in Rüstung, Raumfahrt und «Forschung», die im wesentlichen nur der Selbstvergrößerung einzelner Konzerne und Unternehmen dienen; was Jesus sagte, setzt demgegenüber in aller Klarheit voraus, daß eine Gemeinschaft von Menschen nur menschlich bleiben und damit Dauer und Bestand besitzen kann, wenn Themen wie Gerechtigkeit für alle, Gewaltverzicht nach innen wie nach außen, Frieden durch Abrüstung, Schutz und Schonung der Natur, aus der wir kommen und in der wir leben, sich einheitlich und kohärent in *allen* Wirklichkeitsbereichen des individuellen wie des kollektiven Lebens geltend machen.

Zu Ende ist damit das schizophrene Auseinanderbrechen des Menschen in ganz verschiedene und widersprüchliche Rollenvorschriften[68]: hier soll er familiär sich geben, da soldatisch, hier als ein Ehemann, da als Geschäftsmann, hier als Kumpane, da als Konkurrent, mal als sensibel, mal als skrupellos, mal feinnervig, mal «cool», mal locker und gemütlich, mal eisern durchgreifend und gnadenlos. Die Überwindung der Aufspaltungen ist im «Königtum Gottes» jedoch nicht das Ergebnis absurder Rivalitätskämpfe und feindlicher Fusionen von Verwaltungs- und Machtstrukturen, – im Mittelalter etwa zwischen Papst und Kaiser, Landesherrn und Bischof, bis

[68] Vgl. ARNO GRUEN: *Falsche Götter*, 113–116: Das Zeitalter der Psychopathen und Bürokraten: «Der Psychopath mit einem nach außen verlagerten Sein strebt die momentane Kontrolle über den anderen an. Der Bürokrat verteidigt den Status quo, um seinen Zusammenhalt und seine Existenz zu schützen.» (S. 113)

hin zur Bildung grotesker Hybridformen von geistlicher und weltlicher Macht wie «Pontifex maximus», «Fürsterzbischof» oder «allerchristlichster König»; sie ist, im Gegenteil, nichts weiter als eine auf Gott vertrauende Haltung, die sich in den unterschiedlichsten Situationen und Aufgabenstellungen als identisch durchhält und bewährt.

Jesus selber wird, was er mit dem «Königtum Gottes» meint, im *Lukas*-Evangelium einmal verdeutlichen an dem Erleben des jederzeit möglichen Todes (vgl. Lk 12,16–21: Das Gleichnis vom reichen Kornbauern): Wie anders würden wir uns verhalten, wenn wir wüßten, daß wir heute nacht noch würden sterben müssen? Plötzlich entdeckten wir die Sinnlosigkeit all der Gegensätze, der Auseinandersetzungen, der Kämpfe – um was? Ein kurzer Besuch auf dem städtischen Friedhof kann zeigen, wie es in Wahrheit sich verhält: Da liegen die Gräber von hochgestellten Stadt- und Staatsbeamten neben den Gräbern russischer Kriegsgefangener, von Pfarrern und Ordensschwestern neben denen von Einzelnen oder ganzen Familien mit ihren Kindern; wohl kann die Ausstattung der Gräber wie auch ihre Pflege sich beträchtlich unterscheiden in Geschmack wie Aufwand, doch alle Differenzen fallen letztendlich dahin angesichts der einen sicheren Tatsache: daß alle, die da liegen, teilhaben an dem gleichen Schicksal. Über sie alle wölbt derselbe Himmel sich, auf sie herab fällt ein und derselbe Regen, darüber hin weht unterschiedslos stets derselbe Wind. Diese Wesenseinheit aller in dem einen gemeinsamen Los liegt offen zutage. Wie also dann den Garten des Menschlichen durchfurchen mit Unebenheiten und Brüchen, die gegeneinander geltend gemacht werden sollen, als wären sie endgültig und letztgültig?

Wenn es zum «Ende» geht, wenn der «Menschensohn» «kommt in seiner und des Vaters Herrlichkeit» (Lk 9,26), wird die einzig wichtige Frage sich stellen nach unserer Menschlichkeit, wie Jesus es in dem letzten seiner Gleichnisse im *Matthäus*-Evangelium, in dem Bild von dem großen Weltgericht, dargelegt hat (vgl. Mt 25,31–46)[69]: Haben wir unserem Mitgefühl mit menschlicher Bedürftigkeit und Not Grenzen gezogen oder ist es uns gelungen, diese Grenzen zu überwinden? Einzig *das* wird die Frage sein. Wo der Blick auf die Friedhöfe in der Gestaltung der Grabstelen und in der Vornehmheit der Monumente womöglich doch noch gewisse (Standes)Unterschiede gewahren mag, ebnet in den Grüften der Tod sie ganz sicher ein. Und was an der Außenseite das «Ende», sollte in wesentlicher Betrachtung

[69] Vgl. Mt III 222–244: Mt 25,31-46: Das große Weltgericht oder: Der einzig gültige Maßstab.

den Anfang eines wahren Lebens bilden: das Erleben, daß wir wirklich «Söhne» und «Töchter» des «Vaters, des in den Himmeln», sind durch ein Erbarmen, das sich hernieder senkt auf alle und auf alles (Mt 5,45). Klar ist: Wer so zu leben beginnt, gehört zum «Königtum Gottes», und er ist «größer» (Lk 7,28) als alles, was nach den Meßsystemen dieser «Welt» sonst noch für «groß» (oder für «schwer» = amerik.: reich) befunden wird.

Wenn es so steht, ergibt sich wie von selbst, daß Gottes Königtum unmöglich «subsistieren» (wesentlich zur Erscheinung kommen) kann in einer «Kirche», wie es die «Kirche» Roms von sich behauptet[70]. Im Gegenteil, wer begreift wie grenzenlos die Haltung ist, die in das «Königtum der Himmel» (Mt 5,10) führt, der weiß, daß keine Mitgliedschaft in irgendeiner verfaßten religiösen Organisation verwechselt werden darf mit der Mitgliedschaft in diesem «Reich», das einzig Gottes ist, – so grenzenlos wie Er, so geisterfüllt wie Er, so gänzlich unsichtbar wie Er, so gegenwärtig überall wie Er. Um Gott zu finden, wie ihn Jesus lebte, gilt es, dem zeit- und raumbedingten Zufall der kulturellen Kontingenz, der Treugläubigkeit bloßer Tradition entschieden zu entsteigen, um frei zu werden für den Atem Gottes, der in allen Menschen weht, gleich, welcher Region und Religion, welch einer Konfession und Nation sie sind. Es ist so einfach, nur «katholisch» zu sein oder nur «evangelisch» oder nur «christlich» oder nur «jüdisch» oder nur ..., doch «Christ» zu werden – das ist fast unmöglich und ist dennoch das einzige, worauf es wirklich ankommt. «Welche Religion ich bekenne?» fragte sich FRIEDRICH SCHILLER (1759–1805) in den *Xenien* (den «Sinngedichten») und gab sich selbst zur Antwort: «Keine von allen, / Die du mir nennst! – Und warum keine? – Aus Religion.»[71] Es ist ganz so, wie Jesus es am Beispiel des fremden Exorzisten bereits vorgemacht hat (Lk 9,49–50): Nicht welcher Gruppe jemand angehört, ist wesentlich vor Gott, nur was Du für ein Mensch bist, zählt.

Nun aber vergleiche man diese Haltung Jesu nur einmal mit der Praxis

[70] So erklärte die vatikanische Kongregation für die Glaubenslehre am 10.7.2007: «Christus hat eine einzige Kirche ‹hier auf Erden verfaßt› und sie als ‹sichtbare Versammlung und geistliche Gemeinschaft› gestiftet, die seit ihrem Anfang und durch die Geschichte immer da ist und immer da sein wird und in der allein alle von Christus eingesetzten Elemente jetzt und in Zukunft erhalten bleiben. Dieses ist die einzige Kirche Christi, die wir im Glaubensbekenntnis als die eine, heilige, katholische und apostolische bekennen ... Diese Kirche, in dieser Welt als Gemeinschaft verfaßt und geordnet, subsitiert (sc. existiert wesenhaft, d.V.) in der katholischen Kirche, die vom Nachfolger des Petrus und von den Bischöfen in Gemeinschaft mit ihm geleitet wird.» Westfalen-Blatt, 26, Juli 2007: Katholische Lehre und «andere Kirchen».

[71] FRIEDRICH SCHILLER: *Klassische Gemeinschaft*, in: Werke, II 248.

der römisch-katholischen Kirche. «Die Deutsche Bischofskonferenz (DBK) lehnt gemeinsame Gebete von Katholiken und Muslimen und Juden bei gemischt-religiösen Feiern entschieden ab. Das geht aus dem schriftlichen Bericht zum Abschluß der DBK-Frühjahrsvollversammlung in Würzburg hervor, den der scheidende Konferenzvorsitzende Kardinal Karl Lehmann ... vorstellte ... Wegen der Bedenken gegen gemeinsame Gebete sollen die kirchlichen ‹Leitlinien für multireligiöse Feiern von Christen, Juden und Muslimen› bis zum Sommer eine neue Fassung bekommen.» So steht es gerade in der Zeitung[72]. Die Frage stellt sich wie von selbst: Hat diese Gesinnung der Abgrenzung und Ausgrenzung, hat diese Verordnungswut, hat dieser Durchsetzungswille irgend etwas zu tun mit der Universalität der Menschlichkeit, die Jesus als das einzig gültige Kriterium des «Königtums Gottes» gelten ließ? Hören wir dazu noch einmal den protestantischen Theologen HEINZ ZAHRNT (1915–2003), der am Ende seiner LUTHER-Biographie schrieb: «Wichtiger als die Einheit der Kirche bleibt die Frage nach der Wahrheit Gottes und nach den Nöten der Welt. Wenn die Kirchen wirklich von der Wahrheit Gottes ergriffen sind und sich entsprechend für die Nöte der Zeitgenossen interessieren, dann brauchen sie sich um ihre kirchliche Einheit keine spezielle Sorge zu machen. Angesichts von so viel Angst und Streit in der Welt sollte die Christenheit sich durch die Erkenntnis ermutigen lassen, daß Gott in jedem Falle größer und das Leben der Menschen wichtiger ist als aller Kirchenstreit um den richtigen Glauben. – Wenn die Christenheit seit den Tagen der Alten Kirche betet: ‹Es vergehe die Welt, und es komme Dein Reich!›, dann bittet sie damit indirekt auch um das Vergehen der Kirchen. Am Ende aller Religionsgeschichte steht nicht der Sieg des Christentums, schon gar nicht der Katholiken oder der Protestanten, sondern das Reich Gottes, in das alle Religionen und Kirchen eingehen werden. ... Darum: Es vergehe die Kirche – und es komme Dein Reich!»[73] Eine «Kirche», die nicht zum Ziel hat, aufzugehen im Königtum Gottes, kann sich auf Jesus nicht berufen; sie steht einzig für sich selbst und steht damit der *Vater(unser)*-Bitte um Gottes Königtum im Wege. Die Hoffnung auf das Königtum Gottes ist die gleiche, die *Paulus* mit der «Auferstehung» Jesu als dem endgültigen Sieg über den letzten Feind, den Tod, verbunden sah: «Wenn», schreibt er, «alles ihm (sc. Gott, dem Vater, d. V.) untertan sein wird, dann wird auch der Sohn selbst untertan sein dem, der ihm alles unterworfen hat, damit Gott sei alles in allem.» (1 Kor 15,28)

[72] Westfalen-Blatt, 15. Febr. 2008, dpa.
[73] HEINZ ZAHRNT: *Martin Luther*, 235.

«Was bleibt denn schon von mir?» fragte ein Mann, der all sein Leben lang versucht hatte, für den Schutz der Tiere und für den Frieden und für die Hilfe an den Obdachlosen, an den Aussiedlern und Asylanten, für Amnesty, für Pro Asyl – für alles irgend Menschliche sich nach Kräften einzusetzen. Er war niemals ein «großes Tier» geworden, er hat niemals das erlebt, was man gemeinhin als «Erfolg» bezeichnet, er konnte in keiner Weise darauf zählen, der «Nachwelt» etwas zu vermachen, das sich auf ein Piedestal hätte stellen lassen, – keine Eintragung im Lexikon, keine Erwähnung auf einer Internet-Seite; man würde ihn nicht gerade vermissen, wenn er die Welt verließe. Er war durchaus kein Christ im Kirchensinne; und doch erinnerte er sich eines Jesus-Wortes aus der «Bergpredigt» des *Matthäus*-Evangeliums: «Ihr seid das Salz der Erde.» (Mt 5,13)[74] «Ja, wie denn?» sagte er. «Soll ich darauf bestehen, daß dieses Körnchen Salz, das ich im Meer des Lebens bin, seine Gestalt bewahrt? Wohl ist es ein Gebilde noch von kristalliner Schönheit, und doch genügt ein Tropfen warmen Wassers, um es aufzulösen. Nicht daß es bleibt, – daß man es schmeckt, das muß genügen. Wenn nur wenigstens *das* gelänge, wäre das Leben nicht vergeblich.» Aller Trost und alle Hoffnung unseres Lebens liegt darin, daß wir auf immer Gottes sind, *angesichts* der Gräber, *jenseits* der Gräber, – in Ewigkeit.

d) Unser Brot für morgen gib uns diesen Tag

Die uneingeschränkte Zusammengehörigkeit aller Menschen – wenn darin das «Königtum Gottes» gründet, steht die menschliche Geschichte gerade jetzt vor einer Entscheidung, welche den Worten Jesu nach 2000 Jahren eine unerhörte Aktualität verleiht und die insbesondere die Bitte um das tägliche Brot geradewegs als eine Konsequenz aus der Bitte um die Ankunft des Königtums Gottes erscheinen läßt.

Die Einheit aller Menschen – das war ein Gedanke, der in den Tagen Jesu politisch Gestalt gewonnen hatte in der Machtausdehnung des römischen Imperiums. Alle Menschen unterstanden gleichermaßen den Gesetzen Roms – als *Bürger* Roms, wofern die Landesherren, in deren Territorium sie leb-

[74] Vgl. Mt I 428–433: Mt 5,13-16: Das Salz der Erde und das Licht der Welt oder: Bilder von Gemeinde.

ten, sich dem Herrschaftsanspruch der Caesaren unterwarfen[75]. Kann aber Recht hervorgehen aus dem Diktat militärischer Gewalt? An diesem Widerspruch wird Rom zugrunde gehen. Das Gesetz der Macht ist das genaue Gegenteil der Macht des Gesetzes, – schon deshalb mußte Jesus sich von Anfang an verwahren gegen das Ansinnen, Weltherrschaft anzustreben (Lk 4,5–8); doch selbst noch die allergerechteste und allergesetzmäßigste Welt wäre Jesus als ein Albtraum der Unmenschlichkeit erschienen, weil ihr kein Mitleid innewohnt. Die Basis des Zusammenlebens bildete in seinen Augen das Mitgefühl mit den in Not Befindlichen, und Rechtsbestimmungen, die sich daran prinzipiell oder in konkreten Situationen nicht ausrichteten, galten ihm als schlechterdings inakzeptabel. Gegen die Globalisierung der Gewalt glaubte er an die universale Gültigkeit von Güte, – an die Väterlichkeit Gottes, die Gestalt und Macht gewinnt im Menschen. Weltherrschaft *oder* Gottesherrschaft, die Königreiche der Welt (Lk 4,5) *oder* das Königtum der Himmel, die «Ordnung» der «Großen» *oder* die Einsicht der «Kindlichen» (Lk 10,21) – dazwischen hat er sich auf Entweder–Oder entschieden.

Wie richtig dieser Standpunkt ist, zeigt sich an einer Tatsache, die leider unverändert geht quer durch die menschliche Geschichte: an dem Vorhandensein von Hunger und Elend in großen Teilen der Bevölkerung über Jahrhunderte und Jahrtausende hinweg. Solange das ordnungspolitische Denken in Gesellschaft und Wirtschaft sich wesentlich auf das «Recht der Stärkeren», auf die Idee des «freien Marktes» und des «freien Wettbewerbs» gründet, wird sich die Freiheit der Erfolgreichen stets auf der Unfreiheit der Unterlegenen aufbauen[76]. In einer Welt globaler Konkurrenz ist Mitleid allenfalls als Ausnahme, als Luxusphänomen geduldet, niemals aber als Grundlage für das Zusammenleben aller vorgesehen. So werden Not und Armut, Hunger und Elend nicht verschwinden, sondern im Ge-

[75] Vgl. DIETER MEDICUS: *Civitas*, in: Der Kleine Pauly, I 1198–1199: Die «Stellung als *civis Romanus*, also das römische Bürgerrecht, ... wird erworben 1) Durch Geburt von röm. Eltern, die in gültiger Ehe leben ... 2) Durch Freilassung, doch ... gewährt die so erlangte *civitas Romana* nicht die vollen politischen Rechte. 3) Durch Einzel- oder Gruppenverleihung, so vor allem nach dem Bundesgenossenkrieg an alle Italiker. Besonders mit Caesar und Augustus nehmen solche Verleihungen ein erhebliches Ausmaß an ... 4) Automatisch auf Grund von Spezialgesetzen durch bestimmte Verdienste um die römischen Interessen.»

[76] Ein Autor, der wie kaum ein anderer die wechselseitige Feindseligkeit der Menschen in festgefügten Gesellschaften in den Mittelpunkt seiner Geschichtsbetrachtung gestellt hat, war GIACOMO LEOPARDI: *Das Massaker der Illusionen*, 171: «Der Haß des Menschen auf den Menschen ist so stark, der Schaden, der in einer festgefügten Gesellschaft unweigerlich daraus entsteht, so groß, daß die Trennung in verschiedene Völker und die Feindseligkeit zwischen Volk und Volk unter den Bedingungen einer solchen Gesellschaft für das Menschengeschlecht eher nützlich als schädlich sind.»

genteil, sie werden sich ins Ungeheuere auswachsen. Auch das stellte für Jesus noch vor Beginn seines öffentlichen Wirkens eine zentrale «Versuchung» dar: das weltweite Problem des Hungerns aus der Welt schaffen zu wollen durch Verwandlung von «Steinen» in «Brot» (Lk 4,3.4) – durch die Herstellung von immer mehr Nahrungsmitteln. Und liegt es nicht wirklich nahe zu denken, der Hunger werde, wenn nur erst Überfluß an allen materiellen Gütern herrschte, von ganz alleine enden? Doch wie man sieht: Er wird es nicht und kann es nicht, solange von der Steigerung der Produktivität stets nur ein kleiner Kreis von «Gewinnern» den Profit in maximalen Höhen nach dem Konkurrenzprinzip des «Wer kann es noch besser» für sich selbst einstreicht. Das Problem liegt nicht darin, daß wir zu wenig produzierten, es liegt darin, daß es zu wenig Menschen gibt, die zu gerechtem Teilen fähig und bereit sind. Nicht die «Steine» im Acker, sondern die Versteinerung der Herzen der Menschen macht das Hunger-Problem unlösbar, – die Geschichte von der wunderbaren Brotvermehrung (Lk 9,10b–17) verlieh gerade dieser Überzeugung Ausdruck.

Gleichwohl favorisieren im «christlichen» Europa bis heute am meisten die «christlich» sich nennenden politischen Parteien das herrschende kapitalistische Wirtschaftssystem – zugunsten der «Mitte» ihrer bürgerlichen Klientel, wie sie glauben, in Wahrheit jedoch zur exorbitanten Geldvermehrung der ohnehin schon Superreichen. Und was ist das Resultat? «Nach Angaben des Finanzmagazins *Forbes* gab es im Jahre 2007 weltweit 946 Milliardäre, deren Vermögen allein im Jahr 2006 um 35 Prozent auf 3,5 Billionen Dollar gestiegen war. In Deutschland leben etwa 35 Milliardäre, die zusammen 245 Milliarden US-Dollar besitzen. Allein die Aldi-Brüder nennen dabei Reichtümer in Höhe von 37,5 Milliarden US-Dollar ihr eigen. Die Familie Quandt kommt auf 24 Milliarden US-Dollar. – Im Durchschnitt sind wir alle reich. Das private Geldvermögen in Deutschland beläuft sich auf knapp fünf Billionen Euro. Rechnet man die Sachvermögen – Immobilien, Betriebsvermögen, Jachten, Autos usw. – dazu, erhält man die sagenhafte Zahl von zehn Billionen Euro. Tendenz schnell wachsend! Allein das Geldvermögen hat sich seit 1991 mehr als verdoppelt.»[77]

Wer solche Nachrichten vernimmt, kann kaum anders denken, als daß die Deutschen endgültig im Schlaraffenland – oder im Paradiese? – angekommen seien, und das *soll* er denn auch glauben. Dann aber reibt er sich die Augen und muß etwas ganz anderes feststellen. «Zwar besitzt im statistischen Durchschnitt jeder Haushalt in Deutschland ein Vermögen von

[77] SARAH WAGENKNECHT: *Geld ist genug da*, in: Junge Welt, 21.12.07, Nr. 296, S. 3.

etwa 200 000 Euro. Aber die reale Verteilung ist extrem ungleich. Zwei Drittel der deutschen Bevölkerung verfügen über wenig oder gar kein Vermögen. Dagegen besitzen allein die reichsten zehn Prozent der Haushalte mehr als zwei Drittel des gesamten Vermögens. Und mehr als ein Viertel des Geldvermögens befindet sich in den Händen der reichsten 0,5 Prozent der Bevölkerung. – Vor allem der Superreichtum der ‹oberen Zehntausend› hat exponentiell zugenommen. Dafür sorgen zum einen die Gesetze des Kapitalismus. So kommt die aktuelle Gewinnexplosion bei Unternehmen vor allem dem reichsten einen Prozent der deutschen Bevölkerung zugute, in deren Depots sich über 70 Prozent der von Haushalten gehaltenen Aktien stapeln.»[78] Allein eine höhere Besteuerung von Unternehmergewinnen – nebst einer strengeren Bestrafung ihrer Steuerflucht ins Ausland – könnte deshalb den realen Hunger in Deutschland wirksam bekämpfen und so den rund 7 Millionen Familien, die Insolvenz anmelden müssen, sowie den etwa 15 Millionen Hartz IV-Empfängern einschließlich etwa 2,5 Millionen Kindern mit einem Bezugsrecht von 2,50 € pro Tag für Nahrungsmittel nachhaltig helfen; doch die wirtschaftliche und politische Macht, «big business» und «big power», sind derzeit viel zu eng miteinander verflochten, als daß auf dem Wege einer sozialfreundlicheren Gesetzgebung an dem exponentiell wachsenden Reichtum der Reichen und der gleichermaßen wachsenden Armut der Armen irgend etwas geändert werden könnte. «Unser Brot für morgen gib uns diesen Tag», – dieses Gebetswort ist unter derartigen Umständen eine durch und durch revolutionäre Bitte, die Gott nicht etwa anfleht um ertragreichere Ernten, sondern um die Erweichung der steinernen Herzen von Menschen in Mitgefühl und Menschlichkeit[79].

Dabei halten durch die Globalisierung der kapitalistischen Wirtschaftsform derzeit eigentlich nur die Zustände der «Dritten Welt» mit ihrem Auseinanderbrechen von Arm und Reich Einzug in die «Erste Welt», mit all den Folgen, die sich aus den ganz normalen Strategien kapitalistischen Wirtschaftens ergeben: aus der Politik des Lohndumpings, aus den ständigen Rationalisierungsmaßnahmen des «Outsourcings» ganzer Industriezweige in «Billiglohnländer», aus der Umwandlung riesiger Mengen von Betriebs-

[78] A. a. O.,

[79] GUSTAF DALMAN: *Die Worte Jesu*, I 321–334, meint: «Als biblisches Vorbild für die Bitte im Vaterunser läßt sich Spr. 30,8 aufführen, wo der Beter den Wunsch ausspricht: ‹Armut und Reichtum gib mir nicht, nähre mich mit dem mir festgesetzten Brot.›» (S. 329) «Im Achtzehnbittengebet gehört hierher Nr. 9, die Bitte um ein fruchtbares Jahr, in welche die Bitte um Tau bzw. Regen je nach der Jahreszeit eingeschaltet wird. ‹Sättige die Welt aus deiner Güte›, heißt es darin, und es ist klar, daß nicht das Bedürfnis des Einzelnen, sondern der Gesamtheit eines Volkes darin Ausdruck findet.» (S. 331) Vgl. Str. B. IV 1,212.

kapital des investiven Sektors in Spekulationskapital für Börsen- und Devisengeschäfte usw. Trotz ständiger Steuererhöhungen wird auf diese Weise die «öffentliche Hand» nur immer ärmer, so daß für «Dienstleistungen», die allen zugute kommen sollten, wie Schulen und Universitäten, Krankenhäuser und Altenheime, Polizei und Justiz, Verkehr und Post, Energieerzeugung und Müllabfuhr ...einfach «kein Geld» mehr da ist. Das Paradox ist demnach ganz real: je mehr die verfügbare Geldmenge volkswirtschaftlich zunimmt, desto weniger steht sie der Allgemeinheit zur Verfügung.

Dabei muß man bemerken, daß die Entwicklung, die derzeit in Deutschland als einem Land der «Ersten Welt» stattfindet, in den Ländern der «Dritten Welt» in geradezu brutaler Weise eskaliert. Nehmen wir nur das zentrale Credo der neoliberalen Wirtschafts«ordnung», das Dogma: «Die Globalisierung nutzt allen», und vergleichen es mit der Wirklichkeit. JEAN ZIEGLER schreibt dazu: «... die Gebieter des Finanzkapitals (häufen derzeit) persönliches Vermögen in einer Größenordnung an, wie es vor ihnen kein Papst, kein Kaiser und kein König jemals geschafft hat. – So kommt es, dass die 225 größten Privatvermögen der Welt sich zusammen auf 1000 Milliarden belaufen. Diese Summe entspricht den gesamten Jahreseinkünften der 2,5 Milliarden ärmsten Menschen des Planeten, das sind rund 40 Prozent der Weltbevölkerung. – Die von den 15 reichsten Menschen der Erde gehaltenen Vermögenswerte übertreffen das Bruttoinlandsprodukt (BIP) sämtlicher subsaharischer Staaten mit Ausnahme Südafrikas. – Der Umsatz von General Motors ist höher als das BIP von Dänemark, der von Exxon Mobil höher als das BIP von Österreich. – Der Umsatz jeder einzelnen der 100 mächtigsten transnationalen Privatgesellschaften der Erde übertrifft den Gesamtexport der 120 ärmsten Länder. – Die 200 mächtigsten multinationalen Gesellschaften kontrollieren 23 Prozent des Welthandels. – Wohin man blickt, ist krasseste Ungleichheit an der Tagesordnung ... – In Brasilien halten gerade einmal 2 Prozent der Grundbesitzer 43 Prozent des Ackerlandes. 4,5 Millionen Familien von Landlosen irren, elend und erniedrigt, auf den Straßen dieses riesigen Landes umher. – Im Jahre 2002 vereinnahmten 20 Prozent der Weltbevölkerung über 80 Prozent der Reichtümer der Erde, besaßen über 80 Prozent der in Betrieb befindlichen Kraftfahrzeuge und verbrauchten 60 Prozent der genutzten Energie. Die unteren 20 Prozent, mehr als 1 Milliarde Männer, Frauen und Kinder, müssen sich 1 Prozent des weltweiten Einkommens teilen.»[80]

Mit solchen Aufzählungen des Elends ließe sich endlos fortfahren; das

[80] JEAN ZIEGLER: *Die neuen Herrscher der Welt*, 59–60.

Entscheidende jedoch ist längst unbestreitbar: Die Globalisierung des kapitalistischen Wirtschaftssystems führt die Menschen gerade nicht zusammen, sondern sie spaltet sie und treibt sie gegeneinander in einen endlosen Kampf ums Überleben. Dazu noch ein paar Einzelheiten: «Ein 3200 Kilometer langer Grenzstreifen, bestückt mit Wachttürmen, Stacheldrahtzäunen und unüberwindlichen Hindernissen, trennt (sc. heute, d. V.) die USA von Mexiko. Nach amtlichen Angaben der amerikanischen *Boarder Guards* sind im Jahre 2001 an dieser Grenze 491 Menschen zu Tode gekommen ... Die meisten dieser Hungerflüchtlinge ertrinken in den reißenden Fluten des Rio Bravo, verdursten in der Wüste von Arizona oder werden von den Grenzschützern oder von texanischen Polizisten getötet. – Tausende von birmanischen, chinesischen, kambodschanischen Flüchtlingsfamilien treffen jeden Monat auf die MG-Posten der Polizei an den Grenzen zu Singapur. – Von den Bergen des irakischen, türkischen oder iranischen Kurdistan, aus den Elendsvierteln von Minsk, Karatschi oder Kiew, aus den Beinhäusern Moldawiens kommen jedes Jahr Hunderttausende von Familien, die sich zu den reichen Metropolen Westeuropas durchzuschlagen suchen. Einige schaffen es manchmal sogar, wie durch ein Wunder. – Aus den Ländern Schwarzafrikas ergießt sich eine fast ununterbrochene Flut von Habenichtsen in die Sahara. Ihr Traum? Die Küsten des Mittelmeers, und dann Europa. Viele kommen in der Straße von Gibraltar ums Leben.»[81] All das

[81] A. a. O., 62–63. – In Erinnerung an die lukanische Erzählung von der Geburt Jesu in Betlehem hat ERICH FRIED (in: *Zur Zeit und zur Unzeit*, 1001) die gleiche Feststellung «weihnachtlich» (oder «adventlich») so formuliert:

> Bethlehem heißt auf deutsch
> Haus des Brotes
> Jetzt ist wieder ein Kind verhungert
> Jetzt ist wieder ein Kind verhungert
> Diesen Satz kannst du sagen
> sooft du willst
> während du ihn sagst
> verhungert wieder ein Kind
> denn du brauchst zu dem Satz
> etwa zweieinhalb Sekunden
> Das ist ungefähr richtig
> denn 12 Millionen Kinder
> verhungern in einem Jahr
> Jetzt ist wieder ein Kind verhungert
> Halt: Das stimmt nicht
> in Wirklichkeit sind es viel mehr
> gezählt werden hier nur die Kinder

im Alter von unter fünf Jahren
Die älteren Kinder
sind gar nicht mitgerechnet
auch nicht die Väter und Mütter
die gleichfalls verhungern
Verglichen etwa
mit dem Kindermord des Herodes
zu Bethlehem
sind auch 12 Millionen schon viel
Doch es gibt größere Zahlen
zum Beispiel Rüstungsausgaben:
derzeit fünfhundertfünfzig
Milliarden Dollar im Jahr
Das geben die Herren der Welt aus
in einem Jahr
zu ihrem Schutz vor einander
und jedes Jahr wird es mehr
Auch König Herodes hat damals
die Kinder in Bethlehem
sterben lassen
um seine Herrschaft zu schützen
550 Milliarden
durch 12 Millionen Kinder
das ergibt pro verhungertes Kind
125 Dollar am Tag
Mit weniger als
einem einzigen Dollar pro Tag
hätte keines von diesen Kindern
verhungern müssen
Und auch wenn wir nicht nur die Kleinsten
sondern alle Hungernden nehmen
kommen auf jeden von ihnen
150 Dollar im Monat
Nur kommt dieses Geld nicht wirklich
zu diesen Menschen
Nicht 150 Dollar
im Monat für jeden der hungert
und nicht 125
täglich für jedes Kind
unter fünf Jahren das hungert
sondern gar nichts: Darum sterben sie weiter
Herodes wollte sich schützen
wie die Herren von heute – doch er
ließ in Bethlehem nur eine Handvoll
Kinder sterben
Keine 12 Millionen im Jahr
Jetzt ist wieder ein Kind verhungert
Und Bethlehem heißt auf deutsch
Haus des Brotes

ist allgemein bekannt, – man kann nicht sagen, daß dieser Teil der Wirklichkeit in den Nachrichten bewußt verschwiegen würde. Doch das bloße Wissen um die «Kosten» der Globalisierung erzeugt bis heute nicht jenen Gesinnungswandel, den der Mann aus Nazaret vor 2000 Jahren herbeiführen wollte. «Unser Brot für morgen gib uns diesen Tag», – mit dieser Bitte wollte Jesus eine Weltsicht ermöglichen, in welcher die Einheit der Menschheit im «Königtum Gottes» Wirklichkeit würde; entstehen sollte dadurch das genaue Gegenteil der derzeitigen Art von «Globalisierung», die letztlich auf nichts weiter hinausläuft als auf den erbarmungslosen Konkurrenzkampf aller gegen alle, in dem die Wirtschaftsstrategen die gesamte Menschheit fragmentieren in bloße Kampfatome zur Durchsetzung ihrer rein egoistischen Interessen.

Dabei dachte Jesus in seiner *Vater(unser)*-Bitte offensichtlich gerade an jene Menschen[82], die nichts von alledem zu tun vermögen, was von den Reichen dieser Welt ihnen von früh bis spät gepredigt wird: sie sollten in «Eigenverantwortung» für ihre «Zukunft», für ihr «Alter», für ihre «soziale Absicherung» sorgen. Die Bitte um das «Brot für *morgen*» umfaßt ihr ganzes Hoffen, – weiter reicht ihr Horizont nicht. Diese Menschen vor

[82] Vgl. JOACHIM JEREMIAS: *Das Vater-Unser*, in: Abba, 165: «Auch die Brotbitte und die Vergebungsbitte gehören aufs engste zusammen. Das zeigt sich schon formal darin, daß beide, im Unterschied zu den Du-Bitten, zweigliedrig sind. Wenn es richtig ist, daß die beiden Du-Bitten an das Qaddiš anknüpfen, so ergibt sich, daß der Ton ganz auf dem Neuen liegt, das Jesus hinzufügt, eben auf den beiden Wir-Bitten. Sie bilden das Kernstück des Vater-Unsers, auf das die beiden Du-Bitten hinführen wollen.» S. 167: «... die Bitte um das ‹Brot für morgen› ... reißt nicht den Alltag und die Königsherrschaft Gottes auseinander, sondern sie umfaßt die Totalität des Lebens. Sie umgreift alles, was Jesu Jünger brauchen für Leib und Seele. Sie schließt das tägliche Brot mit ein, aber sie begnügt sich nicht mit ihm. Sie erbittet, daß in der Profanität des Alltags die Kräfte und Gaben der kommenden Welt Gottes wirksam sein mögen in allem, was Jesu Jünger tun». «Erst wenn man erkannt hat, daß die Brotbitte um das Brot im Vollsinn bittet, um das Lebensbrot, kommt der Gegensatz ‹morgen – heute› zur vollen Geltung. Dieses ‹heute›, das am Ende der Bitte steht, hat den ganzen Ton. In einer Welt der Gottesferne und des Hungers und Dürstens dürfen Jesu Jünger es wagen, dieses ‹heute› zu sprechen: Jetzt schon, hier schon, heute schon gib uns das Lebensbrot.» – Auf den durchaus «irdischen» Bezug der Brotbitte verweist HEINZ SCHÜRMANN: *Das Lukasevangelium*, II 1, 195: «‹Das Brot für morgen gib uns heute› – so mag ein armer Mann beten, dessen Familie Nahrung für den folgenden Tag braucht, die er ‹heute› als Tagelohn erarbeiten muß.»

Augen, richtet Jesus bewußt das Wort an uns[83]: «unser Brot ... gib uns» (11,3), – *so* lehrt er uns zu beten! Nur solidarisch, soll das zweifelsohne heißen, kann es in dieser Welt des Elends und der Armut überhaupt ein «morgen» für alle geben. Und schon ein solches «morgen» wäre viel, ja, in gewissem Sinne alles.

Manche unter den Kirchenvätern glaubten, das Wort vom «Brot für morgen» (aramäisch: lachman d^e^limchar) aus dem Griechischen (epi-usios) mit «überwesentlich» (von epí – darauf, und die usía – Wesen) übersetzen zu sollen; so erblickten sie in diesem Wort einen Hinweis auf das Brot der «Eucharistie», auf den «Leib des Herrn» (im Sinne von Joh 6,22–51)[84]. Doch wenn von Gottes Gegenwart in Jesu Nähe wirklich die Rede sein soll, dann nicht weil sich durch das Gebet des *Vater(unser)*s oder der Worte des Pessah «Brot» (und «Wein») in Jesu «Leib» (und «Blut») verwandeln wür-

[83] Str. B. I 420, übersetzen: «Unser nötiges Brot gib uns heute» im Sinne von: das zum Leben notwendige oder zureichende Brot.» Einen anderen, wenngleich nicht gegensätzlichen Sinn legt das *Nazaräerevangelium* nahe, in: PHILIPP VIELHAUER: *Judenchristliche Evangelien*, in: Edgar Hennecke (Hg.): Neutestamentliche Apokryphen in deutscher Übersetzung, I 95; HIERONYMUS schrieb in seinem *Matthäus-Kommentar* zu Mt 6,11 und in seinem *Traktat über Ps 135*: «In dem sogenannten Evangelium nach den Hebräern habe ich an Stelle von ‹zum Dasein notwendig› gefunden ‹mahar›, das heißt morgig, so daß der Sinn ist: ‹Unser morgiges› – das heißt zukünftiges – ‹Brot gib uns heute›.» JOACHIM JEREMIAS: *Das Vater-Unser*, in Abba, 166, meint: «In der Tat bezeichnet das Wort ‹morgen› im Spätjudentum nicht nur den nächsten Tag, sondern auch den großen Morgen, nämlich die Endvollendung. Nun wissen wir aus den alten Überlieferungen des Vater-Unsers, daß das ‹Brot für morgen› in der alten Kirche ... in dem Sinn ‹Brot der Heilszeit›, ‹Brot des Lebens›, ‹himmlisches Manna› verstanden worden ist. Lebensbrot und Lebenswasser sind seit Urzeiten Symbole des Paradieses, Umschreibung der Fülle aller leiblichen und geistlichen Gaben Gottes. Dieses Lebensbrot ist gemeint, wenn Jesus davon redet, daß er in der Vollendung mit seinen Jüngern essen und trinken werde (Lk. 22,30), daß er sich gürten und die Seinen bei Tisch bedienen werde (Lk. 12,37) mit dem gebrochenen Brot und dem gesegneten Kelche (Mt. 26,29). Die eschatologische Ausrichtung aller übrigen Bitten des Vater-Unsers spricht dafür, daß auch die Brotbitte eschatologischen Sinn hat, d.h. daß sie das Lebensbrot erfleht.»

[84] So auch JOACHIM JEREMIAS: *Das Vater-Unser*, in: Abba, 167: «Für Jesus waren irdisches Brot und Lebensbrot nichts Gegensätzliches. Im Bereich der Königsherrschaft Gottes sah er alles Irdische als geheiligt an. Seine Jünger gehören der neuen Welt Gottes an; sie sind der Welt des Todes entrissen (Mt. 8,22). Das wirkt sich in ihrem Leben bis in die letzten Bereiche aus. Es zeigt sich in ihren Worten (5,21f.33-37), es zeigt sich in ihren Blicken (5,28), es zeigt sich in der Art, wie sich die Menschen auf der Straße grüßen (5,47), es zeigt sich auch in ihrem Essen und Trinken ... Man kann sich diese Heiligung des Lebens am besten klarmachen an den Mahlzeiten Jesu. Das Brot, das er darreichte, wenn er mit den Zöllnern und Sündern zu Tisch lag, war alltägliches Brot und doch mehr: Lebensbrot.» Vgl. E. DREWERMANN: *Die Spirale der Angst*, 282–337: Ein Geschehen jenseits des Machbaren – das Ritual der Versöhnung als menschheitliches Psychodrama.

den, wie es die Sakramentenlehre der römischen Kirche darlegt, sondern weil – wie in der Erzählung von der Brotvermehrung (Lk 9,10b–17) – auf Jesu Wort hin sich die Menschen auf eine Art zusammentun, daß es in ihrem «Sozialkörper» keine Stellen der «Unterversorgung» mehr gibt. Das wichtigste Kriterium jedenfalls für die Nähe des «Königtums Gottes» ist darin gelegen, ob einer von uns noch hungern oder gar verhungern muß. Und umgekehrt: Solange die Slums an den Rändern der Großstädte gleich Krebsgeschwüren wachsen und immer mehr Menschen bei dem Versuch, dem Getto ihres Elends zu entkommen, sterben müssen, solange die Ausbeutung der Armen durch die Reichen immer skrupelloser voranschreitet und wir global einen Krieg nach dem anderen führen, um mit allen Mitteln – sei es wirtschaftlich durch Zugriff auf die Rohstoffe und Handelsrouten dieser Erde oder psychologisch durch Diffamierung zivilisatorisch unterlegener Kulturen – unseren Luxus und die Dekadenz unserer Lebensart zu verteidigen gegen den Andrang der Armen und Rechtlosen aus der «Dritten Welt», so lange entfernen wir uns täglich ein Stück mehr von Gottes Königtum, so lange beten wir nicht richtig, so lange hören wir nicht Gott und wohl auch nicht uns selbst.

e) Und laß uns nach unsere Sünden ...

Die Bitte um das «tägliche Brot», so daß es für morgen noch reicht – so daß es ein Morgen überhaupt gibt –, sie leitet aus der Sicht der «kleinen Leute» ganz selbstverständlich über in das Flehen um den Nachlaß der allfälligen Schuld(en). Morgen früh wird sich die Sonne strahlend rot über dem Horizont erheben, doch dieses Schauspiel majestätischer Schönheit wird leicht verdunkelt durch die Furcht so mancher, daß um die gleiche Zeit, da wärmend mit ihren Strahlen die Sonne in das Fenster kommt, auch der Gerichtsvollzieher an die Türe klopfen kann, und er wird eintreten so eiskalt wie der Tod, so gleichgültig wie das Gesetz, so grausam, wie das beamtete Desinteresse an allem Persönlichen nur irgend sein kann. Er wird ganz einfach seine Pflicht tun, wenn er, mit einem Schuldschein in der einen und einem Gerichtsbeschluß in der anderen Hand, Haus und Hof pfändet, wenn er die ganze Familie von dem Ort vertreibt, den ihre Eltern, ihre Großeltern schon ihre Heimat nannten, wenn er sie alle ganz wortwörtlich in die Wüste jagt.

In einer Diskussion über das kapitalistische Geld- und Wirtschaftssystem erklärte einmal ein Rechnungsprüfer der EU in Brüssel – ein ehrlicher Mann, der eine Reihe von «Unterschleifungen» bereits aufgeklärt hatte –:

«Als Jesus sagte: ‹Vergib uns unsere Schuld›, meinte er nicht: ‹Vergib uns unsere Schulden›. Das darf man nicht verwechseln.» Er wehrte und verwahrte sich dagegen, eine monetäre Ordnung zu akzeptieren, die – wie die mosaische – jedwede Zinsnahme verbietet, damit die Geldbesitzer sich nicht an der Zahlungsunfähigkeit ihrer Kreditnehmer auch noch bereichern können. Doch genau das und noch weit mehr hat Jesus sagen wollen[85]. Tatsächlich heißt es sogar wörtlich im *Vater-unser* des *Matthäus*-Evangeliums: «Und laß uns nach unsere Schulden» (Mt 6,12), – die Einzahl: «unsere Schuld» ist eine Ungenauigkeit mancher deutschen Wiedergabe, und sie darf keinesfalls vergessen machen, daß mit der Bitte um Vergebung unserer Schuld Jesus *alles* meint, worin wir irgend «schuldig» werden können. Die finanziellen Engpässe und Ausweglosigkeiten sind darin allemal enthalten, auch wenn es wahr ist, daß «Schuld» vor Gott und vor den Menschen unendlich tiefer und weiter reichen kann, als es sich in der Geldform austauscht. Von «Sünden» spricht deshalb auch *Lukas* (11,4), um die zentral religiöse Dimension der *Vater(unser)*-Bitte hervorzuheben[86]. Im Umgang mit Geld schon ist es nicht legitim, mit Krediten Geschäfte zu machen und sogar die Laufzeiten mit Zusatzzahlungen (mit «Zinsen») zu belasten; doch wenn es um moralische Verfehlungen und ihre Folgen geht, gerät der Ausdruck «Schuld» in

[85] Vgl. die Forderung Jesu, Geld zu leihen ohne Erwartung von Rückzahlung (Lk 6,34) oder bei einem Mahl all die einzuladen, die keine Gegeneinladung aussprechen können (Lk 14,12-14), oder bei einem Gerichtsstreit lieber eine Verständigung zu suchen (Lk 12,58-54) als den «Rechts»weg zu beschreiten.

[86] Str. B. I 421, verweisen darauf, daß auch das «Achtzehnbittengebet ... die Bitte um Vergebung der Sünden an 6. Stelle» enthält; in der palästinensischen Rezension lautet die Bitte: «Vergib uns ..., unser Vater, denn wir haben gegen dich gesündigt; tilge und entferne unsre Verfehlungen ... vor deinen Augen weg, denn deine Barmherzigkeit ist groß. Gepriesen seist du, Jahve, der viel vergibt.» JOACHIM JEREMIAS: *Das Vater-Unser*, in: Abba, 168, hebt den Bezug zum Endgericht hervor und meint: «Diese Bitte blickt auf die große Abrechnung, der die Welt entgegengeht, die Enthüllung der Majestät Gottes im Endgericht. Jesu Jünger wissen um ihre Verstrickung in Sünde und Schuld; sie wissen, daß nur Gottes gnädige Vergebung sie retten kann. Aber sie erbitten sie nicht nur für die Stunde des letzten Gerichtes, sondern wieder bitten sie, daß ihnen Gott heute schon die Vergebung schenken möge ... Messiaszeit ist Vergebungszeit, Vergebung ist die Gabe der Heilszeit schlechthin. Gib sie uns, lieber Vater, heute schon, hier schon!» Man könnte auch sagen, daß Menschen gar nicht leben können, die ihrer Schuld vor Gott bewußt geworden sind, dürften sie nicht auf Vergebung hoffen. – GOTTFRIED SCHILLE: *Grundzüge des Gebetes nach Lukas*, in: Claus Bussmann – Walter Radl (Hg.): Der Treue Gottes trauen, 223, meint: «Lukas denkt gern an eine bestimmte Schuld (Apg 7,60 der bevorstehende Mord an Stephanus) oder an die (häufiger: durch die Taufe) abgelöste Schuld.» Doch dann anerkennt er: «Von einer uns ständig anhaftenden Schuld, um deren Löschung immer wieder neu gebeten werden muß», rede das Vaterunser und «das Stück Lk 17,3 f.».

einen total anderen Zusammenhang, in dem die ganze Rechnerei in Soll und Haben sinnlos wird; nicht mehr was jemand «muß» und «hat», steht jetzt zur Frage, sondern was er ist und warum er gerade so ist, *das* bestimmt seine Taten. Nicht die Verhältnisse, – sein eigenes Verhalten wird jetzt zum Problem. Und noch eindringlicher stellt sich die Aufgabe, herauszufinden, *wer* er ist und wie er gerade so geworden ist; diese Frage findet ihre Antwort nicht länger mehr im Gegenüber der Gesellschaft, sondern allein im Gegenüber Gottes, und so kommt alles darauf an, in welcher Weise er Gott glaubt.

Gott als Gesetzgeber – wenn es dabei bleibt, verwaltet er die Ordnung der «Gerechtigkeit»: er lohnt, er straft, er wägt das Leben eines Menschen ab nach Gut und Böse, er ist die Idealgestalt des sozialen Rechtssystems, das keinerlei Ausnahmen kennt; ein solcher Gott verkörpert das, was GEORG WILHELM FRIEDRICH HEGEL (1770–1831) das sittlich Allgemeine nannte: – den objektiven sittlichen Gehalt, die geistige Substanz des gesellschaftlichen Zusammenlebens, die gültige Bestimmung der Einheit aller, die in jedem Einzelnen kraft seiner eigenen Vernunft sich als Verpflichtung setzt[87]. Ein solcher Gott tritt mit der eigenen Person zurück hinter die Rationalität seiner «Gebote». Muß er noch als «Person» geglaubt werden? Genügt nicht BARUCH DE SPINOZAS (1632–1677) «Schicksalsliebe», in welcher das Naturgesetz und das Moralgesetz ein und dasselbe sind[88]? Es war die zentrale Erfahrung bereits der jüdischen Propheten, daß es vor Gott nicht genügt, zu denken und zu fühlen und zu handeln, wie es die Allgemeinheit möchte[89]. Das «Allgemeine» kann das Grundverkehrte sein; ein Mensch muß sich verantworten als einzelne Person im Gegenüber Gottes,

[87] GEORG WILHELM FRIEDRICH HEGEL: *Grundlinien der Philosophie des Rechts*, § 260, S. 221: «Der Staat ist die Wirklichkeit der konkreten Freiheit; die *konkrete Freiheit* aber besteht darin, daß die persönliche Einzelheit und deren besondere Interessen sowohl … die *Anerkennung ihres Rechts für sich* … haben, als sie durch sich selbst in das Interesse des Allgemeinen teils *übergehen*, teils mit Wissen und Willen dasselbe, und zwar als ihren eigenen *substantiellen Geist* anerkennen und für dasselbe als ihren *Endzweck tätig* sind, so daß weder das Allgemeine ohne das besondere Interesse, Wissen und Wollen gelte und vollbracht werde, noch daß die Individuen bloß für das letztere als Privatpersonen leben und nicht zugleich in und für das Allgemeine wollen und eine dieses Zwecks bewußte Wirksamkeit haben.»

[88] BARUCH (BENEDICT) DE SPINOZA: *Die Ethik*, 1. Teil, Lehrsatz 35, S. 39: «Alles, wovon wir begreifen, daß es in Gottes Gewalt steht, ist mit Notwendigkeit.» Daraus folgt, «daß alles von Gott vorher bestimmt ist, und zwar nicht durch Freiheit des Willens oder durch ein unbedingtes Gutdünken, sondern durch Gottes unbedingte Natur oder unendliche Macht.»

[89] Vgl. TE II 371–372: Der Widerspruch zum Volk oder: Die Einsamkeit des Propheten.

– des Einen, des absoluten Ich, des Subjekts, das niemals zum Objekt werden kann. Religiosität als Dialog von Ich und Du[90] – das erst schafft die Voraussetzung dafür, sich selber als Subjekt zu wagen. In dieser Tradition steht zweifellos auch die gesamte Botschaft des «Propheten», für den man Jesus hält (vgl. Lk 9,8.19); doch überschreitet der Mann aus Nazaret sie prinzipiell in einer unerhörten Konsequenz: Kein Mensch wird seine eigene Person, wird seine individuelle Freiheit, wird sich selbst in eigener Verantwortung riskieren können, solange er befürchten muß, für jeden Irrtum, jeden Fehltritt, jeden Normverstoß bestraft zu werden. Er wird im Gegenteil versuchen, auf eine zwangsneurotisch anmutende Weise nur ja im Sinne des Gesetzes alles ganz «richtig» zu machen, als wäre seine Personalität nichts weiter als ein aktenkundiges Automaton, als eine Marionette, als ein Roboter. Persönlichkeit und Freiheit, mithin die Fähigkeit zu sittlicher Verantwortung, können nur reifen in dem Vertrauen auf etwas ganz anderes, als was das Wort «Gerechtigkeit» bezeichnet: – Vergebung! Unbedingte, voraussetzungslose Vergebung! Gnade!

Was passiert, wenn das Vertrauen in Vergebung *nicht* gegeben ist, malt in der Bibel bereits die Geschichte von Kain und Abel (Gen 4,1–10) mit gräßlichen Folgen aus[91]: Menschen, die sich verstoßen fühlen wie alle Kinder Evas, werden sich abmühen, durch Leistung und durch Opfer ihre verlorene Akzeptanz zurückzugewinnen; wenn aber nur der «Beste», der «Erste», das nötige «Ansehen» der Gottheit auf sich zieht, wächst das Gefühl der Frustration und Aggression; eine derartige Welt der permanenten Konkurrenz um die Berechtigung der eigenen Existenz ist unausweichlich mörderisch, – so erzählt es diese erste Geschichte der Menschheit jenseits von Eden; alles strafrechtliche Verfolgen und Verurteilen – alle Mittel und Verfahren eines «Rechtsstaates» – versagen notwendig im Kampf gegen das «Böse», das im Menschen liegt; einzig ein neu geschenktes Gefühl der Anerkennung und der Akzeptanz kommt dagegen auf, und eben das wollte Jesus in diese Welt zurücktragen. «Gott ist anders, als Ihr Ihn Euch vorstellt», sagt er mittelbar. «Selbst den Mörder Kain hat Er zu schützen versucht, statt ihn abzuurteilen (Gen 4,15). Und Ihr müßt Kain an dem Fluchtort suchen, bis zu dem das eigene Schuldgefühl ihn getrieben und vertrieben hat; Ihr müßt mit ihm den Weg zurückgehen, auf dem er Gott verloren glaubte und sich darüber selbst verlor. Und vor allem: Ihr müßt ihm all die Worte wieder sagen, die er im Getto seiner Angst durchaus nicht mehr vernehmen konnte: daß Gott ihn, Kain, nicht minder liebt als Abel,

[90] Vgl. TE II 355–363: Prophetien und Propheten oder: Visionen zwischen Ich und Du.
[91] Vgl. SdB I 117–134: Der Streit um Gottes Segen (Gn 4,1-8).

seinen Bruder.»[92] Es ist ein Therapieversuch, der an die Wurzel unseres Daseins geht.

Selbst *Lukas*, wenn er von den «Sünden» spricht, die Gott vergeben möge, bezieht sich noch auf das Erscheinungsbild einzelner Verhaltensweisen. *Paulus* hingegen, dem *Lukas* geistig nahe steht, betrachtet ganz zu Recht «die Sünde» – in der Einzahl – als eine einheitliche Macht, die nicht nur hier und da sich auswirkt, wie etwa in der jüdischen Lehre vom «bösen Trieb»[93], sondern die den Menschen versklavt in allem, was er tut[94]. Von der Knechtschaft der Sünde und von deren Sold, dem Tode, spricht er deshalb (Röm 6,22.23)[95] und beschreibt damit einen Teufelskreis, den alle Gesetzlichkeit nur immer weiter antreibt, statt ihn zu durchbrechen. *Er*lösen kann uns daraus einzig *Gnade*; allein sie ist es, die den Menschen frei macht und ihn sich selbst zurückgibt.

Im Grunde ist die Bitte um Vergebung daher *absolut*: «Alles», besagt sie, «lieber Vater, mußt Du uns vergeben, weil wir sonst nicht leben können. Du *mußt* uns ganz umfangen, in allem, was wir sind, nicht erst in dem, was wir im Einzelfalle tun. Nur wenn Du zu uns hältst, vermögen wir uns selber durchzuhalten. Um an das Gute in uns selbst zu glauben, brauchen wir Deine Güte und das Vertrauen, das Du in uns setzt; um uns nicht selber aufzugeben, müssen wir wissen, daß Dir an uns gelegen ist. Daß es Dich gibt, Du lieber Vater, macht, daß es uns geben darf, mit inbegriffen auch unsere Schwächen, Fehler und Verfehlungen. Nur so entrinnen wir der Hölle der Unberechtigtheit des Seins.»

Wie die Erfahrung dieser *Vater(unser)*-Bitte um Vergebung positiv sich auswirken kann, zeigte sich, als Jesus den Gelähmten heilte, indem er ihm die «Sünden» «nachgelassen» hat (Lk 5,20). Jesus fragte ihn nicht danach, was er getan hatte, er erkundigte sich nicht einmal nach den Inhalten der

92 Vgl. SdB I 134–147: Das verfluchte Leben (Gn 4,9-16), bes. S. 141–143.

93 Vgl. Str. B. IV 1, 466–483: Der gute u. der böse Trieb. WOLFGANG WIEFEL: *Das Evangelium nach Lukas*, 216–217, verweist zu Recht darauf, daß *Lukas* das allgemeinere Wort «Schulden» in Mt 6,12 durch das «im Griechischen eindeutigere» Wort «Sünde» ersetzt.

94 Vgl. WALTER GRUNDMANN: *Die Sünde im NT*, in: ThWNT I 305–320, S. 306: «Sünde ist Weggehen aus dem Vaterhaus, ist Gottlosigkeit und Gottesferne, die sich auswirkt in einem Leben in der Welt, sowohl in ihrer Lust als in ihrem Schmutz.» Vgl. Lk 15,18.21. «Das durch Jesu Kommen ausgelöste Geschehen ist die Erkenntnis dieser Sünde und die Umkehr zu Gott.» S. 313: «Der Sündenbegriff und das Sündenverständnis des Paulus ist bestimmt durch seine eigene... Erfahrung... Seine Sünde ist die Verfolgung der Gemeinde Gottes... Diese... aber war die letzte Konsequenz seines eingeschlagenen Heilsweges der Eigengerechtigkeit durch Gesetzeswerke».

95 Vgl. OTTO KUSS: *Der Römerbrief*, 394: «Die Kriegsherrin Sünde zahlt mit dem ewigen Tod. Demgegenüber schenkt Gott ewiges Leben als sein Gnadengabe.»

Schuldgefühle, er spürte nur, daß dieser Mann, aus lauter Angst, dies und das falsch zu machen, in eigener Verantwortung durchaus nichts mehr zu unternehmen wagte; und er verhielt sich deshalb wie ein jeder gute Psychotherapeut: Er bewertete seinen Klienten nicht nach «Gut» und «Böse», er warf ihm nicht vor, was er früher einmal getan hatte, er urteilte nicht über ihn, er legte die Meßlatte fremder Bewertungen einfach beiseite und bemühte sich, von innen her sich in ihn einzufühlen und seine Sorgen, seine Ängste, seine Verstellungen, so gut es ging, als solche zu verstehen.

Ein solches «Nachlassen» von all dem, was nicht stimmt, bedeutet keinesfalls, es «gut» zu finden oder zu «rechtfertigen»; es bedeutet lediglich, den anderen mit seiner Person so anzunehmen, wie er ist, und die Situation zu begreifen, in der er sich befindet, um so die Möglichkeiten freizusetzen, die darin enthalten sind. Auf diese Weise lernte der «Gelähmte», sich selber wieder zu «bewegen». Im Gegenüber Jesu gewann er den Glauben an sich selbst zurück, indem er spürte, wie sehr dieser Fremde an ihn glaubte; und wirklich tat Jesus so nicht auf Grund bestimmter überraschender Informationen, er hielt es nur für unvorstellbar, daß Gott jemals einen Menschen «abschreiben» oder «verloren» geben würde. Deshalb fühlte er selbst sich aufgerufen, denen nachzugehen, die nach den Wertungen des Allgemeinen für «abgetan» oder «verloren» galten.

«Laß uns nach unsere Sünden» ist insofern eine Bitte, die uns *ganz* umfaßt, nicht unser Tun nur, sondern unser Sein; sie greift eine Erkenntnis über die Grundlage des Lebens aller Menschen auf, und eben deshalb gilt sie als allumfassend. Man kann sie nicht für sich allein aussprechen, ohne den Menschen neben sich, ohne die Menschen alle miteinzubeziehen. Da ist ja niemand, dem es anders ginge! Die Geschichte von der «Sünderin» (Lk 7,36–50) bereits wies mit Macht auf diese Wahrheit hin: Wir alle leben einzig aus Vergebung; wie könnten wir da wechselseitig uns mit Schuldvorwürfen überhäufen? Wieviel an Liebe und an gutem Willen kann in dem enthalten sein, was auf den ersten Blick als «schamlos» und «verächtlich» erscheint? Wieviel an ehrlichem Bemühen steckt in den Ausbrüchen von Wut, Enttäuschung und Verzweiflung, die wir so leicht als «kriminell» erachten? Und wieviel an Hilflosigkeit, Verwirrung und an tiefgreifenden Störungen im Aufbau der Persönlichkeit bildet die Ursache für das, was man juristisch als «Straftatbestand» bezeichnet? «Richtet nicht» (Lk 6,37) – diese Mahnung gegen Ende der «Feldrede» drückt eine Grundwahrheit unseres Lebens aus.

Nur so erfaßt man die innere Logik in der Bitte des *Vater(unser)*s im Evangelium des *Lukas*: «laß uns nach unsere Sünden», schreibt er, – «denn auch wir lassen nach jedem, der uns schuldig wird» (11,4a). Man kann –

rein philologisch – in der Wendung «denn auch wir vergeben» eine Fehlübersetzung des aramäischen «*k^edisch^ebaqnan*» erblicken; – der Wortlaut in Mt 6,12, «wie auch wir (hiermit) nachlassen», gibt wohl den ursprünglichen Sinngehalt korrekter wieder[96]. Und doch – was *Lukas* sagen will, läßt Jesu Bitte um Vergebung ein Stück weit tiefer noch verstehen. Die Worte bei *Matthäus* lesen sich nach Art eines Vorsatzes oder auch eines Vorschlages gegenüber Gott: «Wenn Du uns vergibst», scheinen sie zu besagen, «so geloben wir Dir hiermit, auch unseren Schuldnern – alles! – zu vergeben»; bei *Lukas* klingt es demgegenüber so, als erwarte die Bitte um Vergebung eine Art Belohnung für die Tatsache, daß wir einander stets schon zu vergeben pflegen. Doch natürlich weiß *Lukas*, daß dem keinesfalls so ist, und so meint er es auch nicht; «denn auch wir» soll wohl heißen: «Wir alle leben aus Vergebung» – *das* ist die Grunderfahrung, und aus ihr ergibt sich für *Lukas* allererst die Folgerung: «Gott, lieber Vater, bitte, übe Milde und vergib uns!»

Sagen wir so: Die Erfahrung göttlicher Vergebung macht unzweideutig klar, was es bedeutet, als ein Mensch zu leben, und wenn wir erst mal merken, wie es um uns steht – wie zerbrechlich, fehlbar und verletzbar ein jeder von uns ist und wir alle sind –, steigt es zum Himmel auf als ein Menschheitsgebet um Amnestie und Begnadigung, um die Erlaubnis und «Berechtigung» zum Sein (in LUTHERS Sprache: um «Rechtfertigung»)[97]. Fortan darf es uns geben, und dieses *Dürfen* ist so grundlos und so grenzenlos, wie alles, was wahrhaft von Gott ist. Nicht mehr: «ich muß», ab jetzt heißt es: «ich darf – ich kann, ich möchte – leben!» Die zwanghafte Frömmigkeitshaltung pedantischer Korrektheit aus permanenter Strafangst öffnet sich

[96] JOACHIM JEREMIAS: *Neutestamentliche Theologie*, I 195, schreibt: «Also geht unser Vergeben dem Vergeben Gottes voran, ist es das Vorbild für Gottes Vergebung (Mt ....) bzw. ihre Begründung (Lk ....)? Das richtige Verständnis des ... (sc. wir haben vergeben, d.V.) ergibt sich aus einer sprachlichen Beobachtung ... (sc. wir haben vergeben, d.V.) geht auf aramäisches *šebaqnan* zurück und dieses ist als *perfectum coincidentiae* gemeint, so daß zu übersetzen ist: ‹wie auch wir *hiermit* unseren Schuldnern vergeben›. Der Nachsatz der zweiten Wir-Bitte ist also eine Selbsterinnerung an das eigene Vergeben, eine Erklärung der Bereitschaft, Gottes Vergebung weiterzugeben. Diese Bereitschaft ist, wie Jesus immer wieder betont, die unerläßliche Vorbedingung für die Vergebung Gottes.» HEINZ SCHÜRMANN: *Das Lukasevangelium*, II 1, 198–199, reißt diese Einheit von passiver und aktiver Vergebung auseinander, wenn er schreibt: «Der Vergebungsbitte ist eine *Vergebungsbeteuerung* beigefügt, formal ein störender, inhaltlich ein ärgerlicher Zusatz in der sonst so prägnanten Gebetskette.» «Aufdringlicher als bei Mt .... ist im luk Text die eigene Vergebung – als bereits erfüllte Bedingung der Vergebung Gottes ... herausgestellt.» Das ist richtig und falsch zugleich.

[97] Vgl. MARTIN LUTHER: *Vorlesung über den Römerbrief*, in: Luther Deutsch. Die Werke Luthers in Auswahl, 1. Bd., 125: «Wer ... demütig für sich selbst die Gerechtigkeit ablehnt und sich vor Gott als Sünder bekennt, verherrlicht (damit) durchaus Gott, daß er allein ist.»

endlich zu einer Einstellung hilfreichen Verstehens und gütiger Begleitung. Wer einmal so fühlt, wie es – der Legende nach – Jesus am Jordan tat, als statt der «*gerechterweise*» anstehenden «Sintflut» die Himmelsstimme zu ihm sprach: «(Aber) du bist (doch) mein Sohn» (Lk 3,22), – dessen Lebensgrundlage kehrt sich vollkommen um; der weiß, daß er lebt einzig im Erbarmen Gottes; und nicht nur ihm – *allen* ergeht es so.

Was diese Bitte um Vergebung freilich kosten mag, wird sich in Jesu Leben bald schon selber zeigen, – man darf niemals vergessen, daß «sein Angesicht» ist «auf dem Gang nach Jerusalem» (Lk 9,53), als er die Jünger derart unterweist. Er heilt die Kranken und sieht darin das «Königtum Gottes» «genaht» (Lk 10,11), um dessen Ankunft er im *Vater(unser)* betet; doch seine Gegner begreifen völlig richtig, daß er mit seiner Haltung des Helfens statt des Strafens, des Heilens statt des Verurteilens all das zum Einsturz bringt, worin sie bislang ihren Stolz und ihre Sicherheit zu setzen gewillt waren. In ihren Augen ist sein Gott der Güte eine Wahnidee, der allerschlimmste aller «Abergeister», eine Form von Besessenheit durch eine *idée fixe*. Gleich in der nächsten Szene werden sie Jesus vorwerfen, daß er im Bündnis mit dem «Teufel» die Abergeister austreibe (Lk 11,15). Entgegen der institutionellen und traditionellen Verfestigung des Religiösen, die er für krankmachend und todbringend hält, für eine Kollektivneurose[98] in der Sprache SIGMUND FREUDS (1856–1939), für eine Perversion des Gottesbildes theologisch ausgedrückt, macht Jesus sich indessen in dem Gebet zu seinem «Vater» bedingungslos fest an dem Gott der unbedingten Gnade. Alles läuft deshalb darauf hinaus, diesen Glauben an Vergebung festzuhalten gegen den Verurteilungswillen der «Gerechten». Doch dieser Konflikt kann nur immer weiter eskalieren – bis hin zu jener Szene, da sie es geschafft haben: bis hin zur Kreuzigung Jesu. Es sind die Römer, die sie durchführen, in der gräßlichen Technik ihrer monströsen Menschenschinderei, auf die sie sich in tausendfacher Praxis so virtuos verstehen; die «Gerechten» aber werden froh und erleichtert darin das Urteil ihres Gottes glauben, steht doch geschrieben im Gesetz: «Wenn jemand eine Sünde getan hat, die des Todes würdig ist, und wird getötet und man hängt ihn an ein Holz, soll sein Leichnam nicht über Nacht an dem Holz bleiben, sondern du sollst ihn am selben Tag begraben – denn ein Aufgehängter ist verflucht bei Gott –, auf

[98] Vgl. SIGMUND FREUD: *Massenpsychologie und Ich-Analyse*, in: Werke, XIII 102: «In der Kirche – wir können mit Vorteil die katholische Kirche zum Muster nehmen – gilt wie im Heer … die … Vorspiegelung (Illusion), daß ein Oberhaupt da ist – in der katholischen Kirche Christus, in der Armee der Feldherr, – das alle Einzelnen der Masse mit der gleichen Liebe liebt. An dieser Illusion hängt alles.»

daß du dein Land nicht unrein machst, das dir der *Herr*, dein Gott, zum Erbe gibt.» (Dtn 21,22.23) Es wird *Paulus* sein, der eben darin, daß ein jeder, der am Holz hängt, verflucht sei und daß Jesus mit seinem Kreuzestod «zum Fluch wurde für uns», die Erlösung «von dem Fluche des Gesetzes» sah, «damit der Segen Abrahams unter die Heiden komme» (Gal 3,13.14)[99]. Der «Segen Abrahams» – das ist die Umkehrung der «Sündenfallerzählung»[100], das ist die Neubegründung unseres Daseins einzig und allein in Gottes Gnade, gültig für alle Menschen, ausnahmslos, gerade und insbesondere für die «Schuldigen».

Die am meisten «Schuldigen» aber – das waren für Jesus all diejenigen, die ihn selbst «schuldig» sprachen, das waren all diejenigen, die sich in ihrem Eigenwert gehoben fühlten durch den Anblick des sadistischen Schauspiels seiner Hinrichtung, das waren all die stets nur allzu tötungswilligen Soldaten, gedrillt und routiniert in der Ausübung des Schlächterhandwerks. Gilt auch diesen gegenüber das lukanische «denn auch wir lassen nach jedem, der uns schuldig wird» (11,4a)? *Es gilt*, nur wie tief im Vertrauen zu Gott muß ein Mensch verankert sein, um sterbend so zu sprechen! Als der Diakon Stephanus für sein Bekenntnis zu dem «Menschensohn» gesteinigt wurde, sprach er, ganz wie es Jesus tat Gott gegenüber, gewandt aber an Jesus selber: «Herr, ... nimm meinen Geist auf» (Apg 7,59; vgl. Lk 23,46; Ps 31,6); dann fiel er auf die Knie und rief laut, ganz im Geist Jesu und entsprechend dem Wortlaut der lukanischen *Vater(unser)*-Bitte: «Herr, rechne ihnen diese Sünde nicht an.» (Apg 7,60) Und sicher: ganz genau so dachte Jesus, und ganz genau so starb er selber. Von daher überliefern eine Reihe wichtiger «westlicher» Handschriften aus dem 4./5. Jh. eine sekundäre Erweiterung der lukanischen Darstellung des Sterbens Jesu: «Vater, laß es ihnen nach, denn sie wissen nicht, was sie tun», soll Jesus im Moment seiner Kreuzigung gebetet haben (Lk 23,34)[101]. «Unwis-

[99] Vgl. HEINRICH SCHLIER: *Der Brief an die Galater*, 136–142: «Nun der Fluch des Gesetzes erschöpft war, brach in ihm, in Jesus Christus, der Segen Abrahams über die Völker aus, der im verheißenen Geist besteht und im Glauben an den gegenwärtigen Christus empfangen wird.» (S. 142)

[100] Vgl. SdB I 319–320.

[101] Vgl. WOLFGANG WIEFEL: *Das Evangelium nach Lukas*, 396: «Die Vielzahl textkritischer Abweichungen unterstreicht auf ihre Weise die Aufmerksamkeit, mit der diese Perikope behandelt wurde.» Lk 23,34 wird vor allem von der Koinēgruppe, dem byzantinischen Reichstext aus dem 3. Jh., bezeugt. «Die Fürbitte Jesu», meint WIEFEL, «ist aus inhaltlichen Gründen ... als ursprünglich anzusehen. Ihre Auslassung könnte sich aus einer antijudaistischen Tendenz erklären; man sah in den Kreuzigern Jerusalemiten und wollte sie angesichts von V. 29 f. nicht durch die Fürbitte Jesu entlastet sehen.»

senheit» – das macht in der *Apostelgeschichte* auch Petrus für die Hinrichtung des «Christus» geltend: «Nun, liebe Brüder», sagt er, «ich weiß, daß ihr's aus Unwissenheit getan habt wie auch eure Oberen.» (Apg 3,17) Da geht es wirklich nicht mehr um «Erklärung» und «Beschönigung». Da öffnet sich die Tür zum Kellerschacht der Seele, und es wird klar: Das Schlimmste noch, was Menschen tuen, kann geschehen aus blindem Eifer – aus Verblendung! Da war ein Licht, so blendend hell, daß es für immer vor den Augen dunkel wurde. Sie haben sich schrecklich geirrt, doch was sie taten, war wie die Einlösung von etwas, das im *Johannes*-Evangelium Jesus selbst bereits vorausgesehen hatte: «Es kommt eine Stunde», so sagte er, «da jeder, der euch tötet, denkt, er verrichte (damit) einen Gottesdienst.» (Joh 16,2)

So gut wie immer wird es möglich sein, gerade in den verheerendsten Verfehlungen etwas zu finden, das einem irregegangenen Willen, einem verstörten Streben nach Wahrheit, einem bitter gewordenen Idealismus tiefer Überzeugungen entstammt; wie oft und wie begütigend aber muß man die Augen eines Menschen beschirmen, bis daß der grelle Blitz der Angst nicht länger ihm die ganze Welt umnachtet und irgendwann, in einem milderen Licht, die Wirklichkeit sich schöner, menschlicher und weniger bedrohlich zeigt? – Noch einmal jenes richtungweisende Beispiel: Als am 11. Sept. 2001 die Twin Towers in New York einstürzten und rund 3000 Menschen unter sich begruben, sagte der DALAI LAMA (geb. 1935): «Dies ist eine große Chance der Nicht-Gewalttätigkeit.»[102] Nur wenn wir, Jesus nachfolgend, den Gründen nachgehen, die ins Verbrechen führen, werden wir vergeben können, und nur durch die «furchtbare Macht der Sanftmut», wie FJODOR MICHAILOWITSCH DOSTOJEWSKI (1821–1881) sich ausdrückte[103], wird die Welt befriedet werden.

f) Und führe uns nicht in Versuchung

Angesichts der Auseinandersetzungen, die auf seinem weiteren Gang nach «Jerusalem» warten – und die auf jeden unvermeidbar zukommen, der sich ihm anschließt –, wird es verständlich, daß die Bitte Jesu um Vergebung unserer (Daseins)Schuld hinüberleitet zu der flehentlichen Bitte: «Und führe uns nicht in Versuchung.» (11,4b)

102 Vgl. CNN-Interview vom 19. Sept. 2001.

103 FJODOR MICHAILOWITSCH DOSTOJEWSKI: *Der Idiot*, 3. Teil, Kap. 6, S. 384: «Man sagt, Sanftmut sei eine furchtbare Macht.»

Wie – kann denn Gott uns in Versuchung führen? hört man häufig fragen; muß es nicht heißen: «führe uns *in der* Versuchung»? Die Irritation ist nicht gering; eine Gottheit, die selbst versucherisch auftritt, – wie soll man eine solche von einem Teufel unterscheiden? Es trägt nicht zur Beruhigung bei, es macht die Sache eigentlich nur schlimmer noch, wenn darauf hingewiesen wird, daß der Gott des Alten Testamentes sehr wohl Menschen in Versuchung zu führen beliebt, – Abraham zum Beispiel, als er ihm zur Prüfung seines «Gehorsams» auftrug, den eigenen Sohn zu «opfern» (Gen 22,1–19), oder die Israeliten, die er an dem Bitterwasser von Mara auf die Probe stellte: zeigten sie sich gegenüber seinen Gesetzen gehorsam, so würde er ihnen keine Krankheiten auferlegen wie vordem den Ägyptern (Ex 15,25.26). Auch das Umgekehrte kann sein, daß Israel seinen Gott «versucht», indem es seiner «Stimme nicht gehorcht» (Num 14,22). Entsprechend dieser Vorstellung führt Gott Menschen in «Versuchung», um festzustellen, inwieweit seine Gebote und Befehle eingehalten werden oder ob es an der Zeit ist, strafend einzuschreiten; Menschen ihrerseits stellen Gott auf die Probe, indem sie seine Strafmaßnahmen geradezu als Gottesbeweis herausfordern[104]. In all dem scheint ein durch und durch archaisches Gottes-

[104] Vgl. HEINRICH SEESEMANN: *peīra* (Versuchung), in: ThWNT VI 32–33: Der Mensch versucht Gott. S. 30–31: «Die 6. Bitte (sc. des Vaterunsers, d.V.) hat keine Berührung mit Ps 139,23, wo der Beter Gott um Erprobung seines Herzens bittet... Es geht hier in keiner Weise um eine Erprobung. Der Herr lehrt seine Jünger vielmehr, Gott anzurufen, daß er seine Hand nicht von ihnen abziehe und sie vor der Versuchung durch widergöttliche Mächte bewahren möge. Dabei geht es allerdings nicht an, die Bitte nur in Jesu Naherwartung des Endes begründet zu sehen und in ihr nur eine Bitte um Bewahrung in oder von den eschatologischen Drangsalen zu verstehen. So sehr es sicherlich auch um diese Nöte und Drangsale geht, so wird ein allgemeineres auf jede Not und Drangsal bezogenes Verständnis sinnentsprechender sein.» Demgegenüber hebt JOACHIM JEREMIAS: *Neutestamentliche Theologie*, I 195–196, hervor, daß die «Versuchung» «die letzte große Endanfechtung meint. Was sodann das Prädikat... (sc. führe mich nicht hinein, d.V.) anlangt, so könnte der griechische Wortlaut so klingen, als ob Gott es sei, der in Versuchung führt. Schon Jak 1,13 wird diese Deutung abgewiesen. Daß sie in der Tat den Sinn nicht trifft, zeigt der Vergleich mit einem jüdischen Morgen- und Abendgebet, an das Jesus vielleicht sogar anknüpft: ‹Bring mich nicht in die Gewalt der Sünde, / nicht in die Gewalt der Schuld / und nicht in die Gewalt der Versuchung / und nicht in die Gewalt von Schändlichen!› – Hier hat das Kausativum ‹bring mich nicht›, wie die Parallelzeilen zeigen, eindeutig permissiven Sinn: ‹Laß nicht zu, daß ich anheimfalle›. So ist auch das... (sc. führe nicht hinein, d.V.) der Schlußbitte des Vaterunsers gemeint: ‹Laß nicht zu, daß wir der Anfechtung anheimfallen!› Jesu Jünger bitten nicht, daß ihnen die Anfechtung erspart bleiben möge. Die Schlußbitte ist vielmehr gemeint als Bitte um Bewahrung vor dem Erliegen in der eschatologischen Anfechtung.» HEINZ SCHÜRMANN: *Das Lukasevangelium*, II 1, 201, meint demgegenüber, daß die «vor dem Ende zu erwartende» «Versuchungszeit» durch das Verständnis Jesu von der Königsherrschaft Gottes «so sehr ‹soteriologisch verbalisiert› und ‹theo-logisch personali-

bild auf: ein Gott, der Menschen erst mal auf die Probe stellen muß, um nachzusehen, wie mit ihnen zu verfahren sei, wirkt denn doch sehr vermenschlicht; und vor allem: so unsicher ein solcher Gott selbst auftritt, so ungewiß muß er den Menschen bleiben; mit derart mythisch eingefärbten Zügen kann er niemals das Vertrauen auf sich ziehen, das in der Gebetsanrede Jesu: «(Lieber) Vater» sich ausspricht. Wie aber kann dann Jesus selbst die Jünger unterweisen, sie möchten darum beten, daß Gott sie nicht in «Versuchung führe»? Die Paraphrase hilft nicht weiter, es sollte heißen: «und führe uns in der Versuchung» oder auch: «und laß uns nicht fallen in der Versuchung» – denn so heißt es eben nun mal nicht. Sollte aber Jesus wirklich Gott zugetraut haben, er würde archaisch-dämonische Experimente mit seinen Kindern veranstalten? – Es ist wie allerorten in den Evangelien: Jesus lebt und denkt in den Begriffen, die ihm biblisch vorgegeben sind, er teilt das Weltbild des Spätjudentums, in dem er aufgewachsen ist, – gleichzeitig aber geht er mit den gängigen Vorstellungen in einer ganz eigenen Art und Weise um; er filtert das Ängstigende heraus, er lenkt das projektiv nach außen (in die Natur, in die Gesellschaft, in die Machtstrukturen) Verlagerte nach innen und nimmt ihm dadurch seine entfremdende und entpersönlichende Wirkung. So denn auch hier.

«Und führe uns ...» – das ist der eigentliche Teil dieses Gebetsworts, und es greift zurück auf eine der ältesten Gottesvorstellungen der hebräischen Religionsgeschichte überhaupt, als den viehzüchtenden Nomaden in den kühlenden Stunden der Nacht vor allem der Mond als ein Führungs- und Wegegott zur Seite stand[105]; in seinem milden Scheine erlebten sie jene Ge-

siert›» gewesen sei, «daß für Jesus die apokalyptische Vorstellung (vgl. Offb. 3,10) von dem dem Kommen der Basilaia (sc. Gottesherrschaft, d.V.) vorhergehenden Peirasmos (sc. der Versuchung, d.V.) – trotz Mk 13,7 ff. und Lk 22,28 – keine besondere Bedeutung gehabt» habe. Doch das entspricht nicht den Erfahrungen, die bereits Jesus selbst bei seiner Botschaft machen mußte. – In seinen eindrucksvollen Predigten zum Vaterunser schrieb unter dem Eindruck des Zweiten Weltkriegs HELMUT THIELICKE: *Das Gebet, das die Welt umspannt*, 126: «Es geht bei der Versuchung ... darum, daß wir durch kleine und große Ereignisse unseres Lebens, durch kleine Liebhabereien und große Leidenschaften dahin gebracht werden können, die Verbindung mit dem Vater zu verlieren.»

105 Vgl. MARTIN BUBER: *Moses*, in: Werke, II 144: «Ursprünglich war er (sc. Jahwe, d.V.), was man einen Weggott genannt hat. Die Funktion eines Weggottes, der die wandernden Nomadenscharen und die Karawanen schützend durch die Wüste geleitet, hat in Mesopotamien der Mond, der Gott, ‹der den Weg eröffnet›, mit seinen Helfern, in Syrien neben ihm der Abendstern ausgeübt ... Es ist gewiß nicht ohne Belang, daß der Name der Stadt Haran, die neben Ur der Hauptsitz des mesopotamischen Mondkults war, der Stadt, in der Abraham sich von seiner Sippe trennt, ‹Weg, Karawane› bedeutet und wohl den Ort bezeichnet, ‹wo die Karawanen sich treffen und von wo sie ausziehen›.»

borgenheit und jenes Begleitetwerden, das den Kern aller Religion ausmacht. Schon die Griechen wußten, daß der Mond nur ein Stein am Himmel ist (ohne zu verstehen, wie er dahin kommen und dort verbleiben konnte)[106] und somit kein Gott, – doch die religiöse Sehnsucht des Menschen nach Halt und nach Schutz ist in sich berechtigt: es zeigt sich nur um so mehr, daß wir, um als Menschen leben zu können, unsere Existenz in einem Gegenüber verankern müssen, das selber kein Teil der Welt und kein Objekt der Natur ist, – in der Person Gottes. «Führe uns» – das heißt: «Bleibe bei uns, Deinen Kindern, lieber Vater; geh nicht von uns fort, sondern zeige uns den Weg. Wie oft wissen wir nicht mehr weiter, wie oft wissen wir nicht wohin! Du überblickst diese Welt, eben weil Du selber ihr nicht angehörst; Du weißt, was uns hilft, um als Menschen zu leben, eben weil Du unendlich viel mehr bist und uns zu sagen hast, als was wir im Raum der Natur zu erkennen vermögen. Breite Du Dein Licht vor unseren Füßen, damit wir nicht stolpern oder den Weg verfehlen. Schau zu uns herab und umgib uns mit Deinem Glanz. Erfülle unsere Gedanken und öffne unsere Augen und laß uns wandeln auf den Wegen Deiner verlockenden Schönheit.»

Was Jesus – zumindest nach dem Selbstverständnis des *Lukas*-Evangeliums – *nicht* gemeint haben wird, ist eine Bitte darum, daß Gott es ihm ersparen möge, versucht zu werden und versuchbar zu sein. Selber schreibt der Evangelist – in Anlehnung an die *Markus*-Vorlage (Mk 1,12.13) –, Jesus sei «geführt» gewesen «im Geist in der Wüste ..., versucht vom Teufel» (Lk 4,1.2); *Markus* hatte davon gesprochen, der Geist (Gottes) habe Jesus «in die Wüste» *hinausgetrieben* (Mk 1,12); die Versuchung «vom Satan» lokalisierte er zwar dort (Mk 1,13), doch ohne einen unmittelbaren Zusammenhang zwischen dem einen und dem anderen herzustellen; es ist *Lukas*, der ausdrücklich Jesus von Gott in Versuchung «geführt» werden läßt, und so zeigt sich an dieser Stelle am klarsten, wie es gemeint ist: Bei der «Versuchung» Jesu in der Wüste ging es um eine Zerreißprobe der gesamten Existenz, um ein Ringen um Gott: wann redet Sein «Geist», wann spricht Sein «Gegen»Geist? Was ist von Ihm, was ist vom «Teufel»? Wann dient man diesem, wann dient man jenem? Eine «Versuchung», in die Gott «hineinführt», ist eine, die von Gott selber ausgeht, die also damit anfängt, daß

106 ANAXAGORAS (499/98–428/27) beispielsweise wurde 433/32 wegen Religionsfrevels der Prozeß gemacht, weil er behauptet hatte, die Sonne sei eine glühende Gesteinsmasse – kein Gott; HERMANN DIELS: *Die Fragmente der Vorsokratiker*, 84.

jemand Gott meint, daß er das Gute will, daß er die Wahrheit sucht, daß aber gerade dann alles ins Schwankende und Zweideutige «führt»: Man will, wie etwa Jesus in der Wüstenszene, den Menschen helfen in ihrem Hunger und in ihrem Elend; doch wie kann man das? Es kann so leicht geschehen, daß die besten Absichten in die Irre führen! Und *wer* vor Jesus – Menschen wie BUDDHA, LAOTSE oder wie SOKRATES ausgenommen – wäre auch entfernt nur fähig gewesen, es als eine «teuflische Versuchung» zu erkennen, «Steine in Brot verwandeln» zu wollen (Lk 4,3), – mithin ein zentrales Problem der Menschheitsgeschichte rein materiell, folglich genau am falschen Ende, anzufassen? Oder: muß man, um etwas Entscheidendes zu verbessern, nicht die sozialen und machtpolitischen Verhältnisse in Staat und Gesellschaft endlich gerechter und menschlicher ordnen? Wieder: wer (außer den Genannten) hätte schon erkannt, daß in dem scheinbar so Richtigen und Berechtigten eine Falle, eine «teuflische Versuchung» steckt, ja, daß man vor dem Satan sich niederwerfen muß, um all die Macht sich zu verschaffen, die allererst nötig ist, die Welt auf diese Art zu ändern (Lk 4,6.7)? Und sogar im Kern des Religiösen: wie «sicher» darf man rituell, dogmatisch, Gottes sein, damit nicht Gottesdienst zu Götzendienst entartet, damit Sein Wort nicht *gegen* Ihn gebraucht wird (Lk 4,9.10)[107]?

In diese Krise (in diese «Versuchung») *mußte* Jesus, so meint *Lukas* offenbar, von Gott «hineingeführt» werden, um sein eigenes Bild zu klären. Alles, was in der Religionsgeschichte sonst als «Gott» bezeichnet wird, stand damals auf dem Prüfstand: all die strukturell verfestigte Angst in den Verwaltungsregularien der Priester sowie in den Denk- und Handlungsanweisungen der Gesetzeslehrer, all die garantierten «Wahrheiten» in den «alten Schläuchen» der sakrosankten Überlieferungen (vgl. Lk 5,37), all die engmaschigen Festlegungen äußeren Verhaltens, die Oberflächlichkeit im Urteilen und die Leichtfertigkeit im Verurteilen anderer, – Jesus hatte es in «der Versuchung», in die Gott ihn selber führen mußte, auszufiltern. Und

[107] So bezeichnete SÖREN KIERKEGAARD das Christentum der «Christenheit» als Heidentum und nannte es eine «abgefeimte Niedertracht»: «Was in der Welt sichtbar ist und dann als abscheulich, niederträchtig gestempelt wird, kann entsetzlich genug sein; aber es verschlägt nur wenig gegen das Abgefeimte, das – abgefeimt – gerade als das Gegenteil der Niedertracht gilt. Es steht hiermit wie mit dem, was man ‹himmelschreiende Sünde› nennt; die himmelschreiendste Sünde ist eben die, welche – abgefeimt – sich den Anschein der Heiligkeit zu geben weiß, so daß von ihr am allerwenigsten gesagt werden kann, daß sie gen Himmel schreie, was sie doch in einem andern Sinne gerade deswegen tut, mit der Lautlosigkeit der Heuchelei himmelschreiender als das Himmelschreiende.» *Der Augenblick*, in: Werkausgabe, II 563–564.

dennoch, nein, gerade deshalb lehrt er jetzt die Jünger, so zu beten: «führe uns nicht in Versuchung». Geklärt hat sich für ihn das Gottesbild zu der Vision der absoluten Güte, die Gott selber ist, – der «liebe Vater», dessen «Königtum» darin besteht, helfend und heilend auf die «Kranken» zuzugehen, in denen jeder Gesunde sich ein Stück weit selber wiederfindet, und mit den Hungernden das «Brot» zu teilen und einander alle Schulden «nachzulassen». Die Kern-«Versuchung», in die Gott gleichwohl noch führen könnte, besteht darin, diese alles erlösende Vision, dieses Vernehmen der Himmelsstimme während der «Verklärung» auf dem Berge (Lk 9,35), durch gegenteilige Erfahrungen von neuem zu zersplittern[108].

Denn sicher, ganz genauso wird es kommen, wie Jesus oft genug bereits gesagt hat und noch sagen wird (Lk 9,22; 9,43b–45; 17,25; 18,31–33): «der Menschensohn wird ... in Menschenhände ausgeliefert» werden (Lk 9,44), und er wird «verworfen von den Ältesten, den Hohen Priestern, den Schriftgelehrten» (Lk 9,22); das Eintreten für Gott, wie er in Wahrheit ist, wird all die Religionsvertreter des offiziellen Gottesdienstes auf den Plan rufen und ganz buchstäblich: um Gottes willen, in eine Auseinandersetzung auf Sein und Nichtsein, auf Leben und Tod, auf Alles oder Nichts hineinführen; doch das allein ist nicht schon die «Versuchung». Versucherisch hingegen muß es werden, wenn gerade in diesem Ringen um die Güte Gottes das Vertrauen in Ihn nachzulassen droht: die Übermacht des organisierten Religionssystems ist so erdrückend, die ausgefeilten Argumentationsmuster sind so verbreitet, die Strafandrohungen sind so vernichtend in der Hand der Gegner, – kann man all dem tatsächlich unbegrenzt standhalten, ohne daß etwas in einem selber bricht? ohne daß Gott am Ende selbst als ohnmächtig, wie gar nicht existent, wie eine fromme Einbildung erscheint? ohne daß das Gefühl der äußersten Vergeblichkeit von allem sich wie ein dunkler Schatten über die ganze Erde legt? Und dies alles wird man als um so tödlicher erleben, als die Gegner so durchschaubar in ihren wirklichen

[108] So knüpfte die zweite Leidensankündigung (Lk 9,43b-45) wie eine logische Folge an die Verklärungsgeschichte in Lk 9,28-36 und an die Geschichte von der Heilung des epileptischen Knaben in Lk 9,37-43a an; die erste Leidensweissagung (Lk 9,22) bildete (nach markinischem Vorbild) die Korrektur des «Messias»bekenntnisses Petri in Lk 9,20 und leitete zur «Verklärung» über. Mann kann also sagen: die «Herrlichkeit» Gottes (Lk 9,32), die auf dem «Berge» in Jesus sichtbar wurde, setzt sich in der «Ebene» heilend fort – bis zur Hinrichtung in Jerusalem! In diesem Paradox liegt die eigentliche «Versuchung» oder «Erprobung». Vgl. HEINRICH SEESEMANN: *peîra* (Versuchung), in: ThWNT VI 35: «das Wesen der Versuchung bleibt sich (sc. gegenüber Lk 4,9.10, d.V.) gleich: Jesus soll seinem messianischen Auftrag untreu werden.»

Motiven sind: in ihrer Verlogenheit und Faulheit, in ihrer Karrieresucht und Eitelkeit, – in ihrer zur Schau gestellten Heuchelei.

Man hat in der «Versuchung», von der Jesus hier im *Vater(unser)* spricht, so etwas sehen wollen wie die Erschütterungen, die im Weltbild der Apokalyptik mit dem Untergang der Welt verbunden sind[109]. In dem apokalyptischen Flugblatt, das *Markus* – wohl mit Bezug auf den Untergang Jerusalems im Jahre 70 – aufgreift[110], sagt Jesus wirklich: «Wenn nicht der Herr die Tage (sc. der Drangsal, d. V.) verkürzt hätte, kein lebend Wesen würde gerettet.» (Mk 13,20) Diese Drangsal, die *Daniel* (Dan 12,1) für das Ende der Tage voraussah, könnte in der Tat die «Krise» sein, aus der gerettet zu werden einmal den Inhalt der *Vater(unser)*-Bitte bildete (vgl. Lk 17,22–37). Doch wieder bliebe man mit einer solchen historisch-kritisch womöglich zutreffenden Lesart in den Netzen mythischer Geschichtsvorstellungen gefangen, die sich zur Gegenwart nicht öffnen wollen. Nur dies wird klar, daß es in diesen Worten Jesu sicher nicht um irgendwelche «sittlichen» Versuchungen (durch den «bösen Trieb»[111]: durch die vitalen Affekte, durch Sexualität, Machtgier und dergleichen) geht; aber interpretiert man das Bild vom Untergang der Welt im Sinne der Apokalyptik nur einmal «jesuanisch» genug, so steht tatsächlich *alles* auf dem Spiel in diesem einen zentralen Inhalt: Wie glaubt man Gott? Kann man Jesus – trotz allem, was auf Erden sich ereignet, trotz allem, was passieren *muß* in dieser Welt, gerade *weil* man ihm zu folgen sucht –, bedingungslos die unbedingte Güte Gottes glauben?

«Führe uns nicht in Versuchung», dieses Gebet besagt: «Laß, lieber Vater, Dein Bild, das Du selber uns geschenkt hast, niemals in unserer Seele durch die Macht der Umstände und durch die Schwachheit unseres Herzens sich verdunkeln. Laß diese Zuversicht in Deine Güte und in Dein Erbarmen niemals schwinden. Laß uns die Welt, die Du uns neu eröffnet hast, nie mehr verlieren, komme, was da wolle. Laß uns Dich festhalten – und dann verlaß uns nicht!»

Wer sich mit allem, was er ist, auf Gottes Seite stellt – des Vater-Gottes, den uns Jesus brachte –, der wird unweigerlich ins Äußerste getrieben wer-

[109] Vgl. GERHARD SEESEMANN: *peĩra* (Versuchung), in: ThWNT VI 30: Die Verbindung von Versuchung und Gericht: «Jesus weist Mk 13,22 Par darauf hin, daß in der letzten Zeit (vor dem Gerichtstag Gottes ... (sc. Lügenmessiasse, d.V.) und ... (sc. Lügenpropheten, d.V.) auftreten werden ... Neben diesen versucherischen Zeichen und Wundern werden Mk 13 Par die versucherischen Leiden der Endzeit geweissagt.»

[110] Vgl. RUDOLF PESCH: *Naherwartungen*, 207–223: Ein apokalyptisches Flugblatt; dazu zählt er Mk 13,6.22.7b.8.12.13b-17.18?19-20a.24-27.

[111] Vgl. Str. B. IV 1, 466–483: Der gute u. der böse Trieb.

den: «Sie werden an euch Hand anlegen und euch verfolgen, wobei sie euch ausliefern an die Synagogen und Kerker, abgeführt zu Königen und Stadthaltern» (Lk 21,12), – auch den eigenen Jüngern stellt Jesus ein solches Schicksal in Aussicht; doch eben deshalb lehrt er sie jetzt dieses Gebet: «Führe uns nicht in Versuchung.» Das heißt: «Laß uns, wenn es drauf ankommt, in der Lage, auf die wir uns vertrauend Deiner Führung und um Deinetwillen eingelassen haben, nicht allein. Wir möchten zu Dir stehen, Du unser Vater, unser Leben, unsere Liebe, unsere Zukunft, – und, bitte, steh uns bei.»

Bis wohin eine solche Art zu beten reichen kann, läßt sich vielleicht am Beispiel des Widerstands der Weißen Rose 1943 zeigen. HANS SCHOLL (geb. 1918) und SOPHIE SCHOLL (geb. 1921) wurden am 18. Februar 1943 in der Münchner Universität beim Verteilen von Flugblättern verhaftet und nach dem Todesurteil des Volksgerichtshofs am 22. Februar 1943 hingerichtet durch Enthauptung. Im Jahr 2005 hat MARC ROTHEMUND (geb. 1968) die letzten Tage der Geschwister SCHOLL anhand der noch erhaltenen Protokolle authentisch in einem Spielfilm nachzuzeichnen versucht, bemüht um die Klärung der Frage, was in Menschen vor sich geht, die für das, was sie denken und fühlen, unverfälscht einstehen. Man wirft ihnen «Hochverrat, Wehrkraftzersetzung und Feindbegünstigung» vor; dabei waren sie nicht einmal prinzipiell pazifistisch gesonnen, sie wünschten nur, «den Krieg zu überstehen, ohne sein Geschöpf zu werden», und sie wußten, was alle wissen konnten: daß Nazi-Deutschland nach Stalingrad den Krieg gegen Rußland, Großbritannien und die USA «mit mathematischer Sicherheit» nicht gewinnen, nur verlieren konnte; deshalb, so meinten sie, müsse der Krieg durch passiven Widerstand abgekürzt werden, um unzählige sinnlose Opfer zu verhindern. Sie wußten auch um die Verbrechen der Großdeutschen Wehrmacht in den besetzten Gebieten, um die Deportation und die geplante Vernichtung der jüdischen Mitbürger, um die systematische Ausrottung von geistig Behinderten und erblich Kranken; sie hofften auf die Rückkehr der Freiheit in Deutschland und in ganz Europa, sie setzten auf ein Ende des «Untermenschentums» mitten in Deutschland in den Tagen der Rechtlosigkeit, der Angst und der Diktatur. Aber: was gab ihnen die Kraft, zu glauben an «Gott, das Gewissen und das Mitgefühl», wie SOPHIE SCHOLL in jenem Film sagt? Es ist ihr Gebet, das sie stark sein läßt: «O Herr, ich kann nur stammeln vor Dir, ich kann nur mein Herz Dir entgegenhalten. Doch Du hast uns geschaffen, und unruhig ist unser Herz, bis es ruht in Dir.»[112] Oder

[112] Zitiert nach AURELIUS AUGUSTINUS: *Bekenntnisse*, I 1, in: Ausgewählte Schriften, VII 1.

wie sie vor dem Gefängnispfarrer betet: «Verwandle diese Erde in einen guten Acker. Laß wenigstens die Sehnsucht wachsen nach ihrem Schöpfer, den sie so oft nicht sehen will.» Und der Gefängnispfarrer, segnend, sagt: «Niemand hat eine größere Liebe, als der sein Leben läßt für seine Freunde.[113] Gott sei mit Dir.» Es sind diese Gedanken, die Sophies Gewissen stark machen gegen das Gesetz. «Gesetze ändern sich, das Gewissen nicht.» – «Es war nicht vergebens», versichern einander bei ihrer letzten Begegnung die beiden Geschwister sowie der mit ihnen verbündete Innsbrucker Widerständler CHRISTOPH PROBST (geb. 1919), und: «Die Sonne scheint noch.» Doch in welchem Sinne? Geändert haben am Lauf der Dinge werden sie nichts. Millionen Menschen werden noch sterben, und das Massenmorden auf den Schlachtfeldern der Geschichte wird überhaupt erst richtig anheben; Gott wird wie stumm sein in all der Zeit. Die Dinge werden weiter ihren gräßlichen Gang gehen. Und doch blieb es den Geschwistern SCHOLL erspart, von Gott «in Versuchung geführt» zu werden. «Wir sind stolz auf Euch», sagt zu SOPHIE beim Abschied ihr Vater, und ihre Mutter streichelt sie über die trennende Schranke hinweg. «Wir werden uns wiedersehen.» Dieses Gefühl begleitet sie bis in den Tod, das Empfinden, etwas Richtiges getan zu haben. Gott hatte sie geführt bis zur Hinrichtung, doch eben nicht «in Versuchung». Selbst wenn scheinbar das ganze deutsche Volk in Gestalt des «Volksgerichtshofs» sie als nichtswürdige Defaitisten verurteilte, so wußten sie sich doch unbeirrt auf Gottes Seite – und sogar auf Seite des Deutschlands, das nach ihnen kommen würde. In ihrem Schicksal wurde wahr, was Jesus im *Markus*-Evangelium in seiner «apokalyptischen» Rede den Jüngern versprach: «wenn man euch hinschleppt zur Auslieferung, sorgt euch nicht vorher: Was sollt ihr reden?, sondern was immer euch (von Gott) gegeben wird in jener Stunde, das redet! Denn nicht ihr seid die Redenden, sondern der heilige Geist.» (Mk 13,11)

Die Bitte «und führe uns nicht in Versuchung» hat aber auch noch eine andere, fast gegenteilige, beinah sogar vermessen anmutende Bedeutung, gerichtet an all die, welche das eigene Gewissen gerade nicht freispricht, sondern im Gegenteil, an all die, welche das eigene Gewissen schuldig spricht: sie haben sich verführen lassen – nicht von Gott, sondern von Schwachheit und von Selbsteinschüchterung, von falschen Rücksichtnahmen oder von rücksichtslosen Triebbedürfnissen, sie sind von dem Weg abgewichen, den sie eigentlich selbst hätten gehen wollen, sie haben sich an

113 Zitiert nach Joh 15,13; vgl. Joh II 150–165: Joh 15,1-17: Ich bin der Weinstock, ihr seid die Rebzweige oder: Bleibt in mir wie ich in euch.

ihren eigenen Überzeugungen schwer vergangen, wie Judas beispielsweise, als er seinen Herrn verriet und sich – nach einer Legende im *Matthäus*-Evangelium – aus Verzweiflung darüber schließlich das Leben nahm (Mt 27,3–10)[114]. Vielleicht das Allerschwierigste, aber auch das Allertröstlichste ist es, *als Schuldiger* gegen den Schuldspruch aller und sogar gegen den Schuldspruch des eigenen Gewissens das Vertrauen aufrechtzuerhalten, daß Gott uns unsere Schuld vergibt, selbst wenn sie noch so schwer wiegt. «Laß, Vater, uns an Deine Güte glauben», so lautet dann unser Gebet, «selbst wenn unser Vergehen und Versagen diesen Glauben fast als eine unverschämte Verwegenheit erscheinen lassen mag. Laß es mit uns nie dahin kommen, daß wir inmitten unserer Verlorenheit Dir nicht mehr glauben können, ja, daß wir denken, auch von Dir vergessen und verworfen worden zu sein. Laß uns den Glauben nie verlieren, daß Du unser Vater bist und bleibst – für immer und trotz allem. Denn ohne diesen Glauben müßten wir uns selbst verloren geben, da wir, allein mit uns, von Anfang an verloren sind.»

g) Das Vater(unser) – mitzubeten

Ein Gebet kann man nicht «auslegen» außer in der Absicht, es in Andacht nachzusprechen und in eigenen Worten mitzubeten. Um seinen Sinn sich selber einzuprägen, muß man im eigenen Herzen seinen Klang zu variieren suchen, so wie ein Schall in einer Schlucht im Echo sich an den Wänden des Gebirges bricht; und irgendwann wird mit dem Hören jene KIERKEGAARDsche Stille eintreten, die alles wahre Beten im Geiste Jesu auszeichnet, – beginnt es doch mit diesem Urwort des Vertrauens:

> **Vater,**
> lieber Vater!
> Du Grund allen Vertrauens,
> Du Halt in aller Angst,
> Du Wunsch und Wille meines Daseins,
> Du Kraft, die macht,
> daß ich mich selber mögen kann,
> Du Lehrer und Erzieher meiner Fähigkeit zu lieben,
> Du Brücke über alle Einsamkeit,

114 Vgl. Mt III 245–268: Mt 26,1-75; 27,1-66: Der ewige Karfreitag; Mk II 422–449: Mk 14,10-21: Judas oder: Fürbitte für einen Verzweifelten.

Du leise Melodie in jedem Wort der Zärtlichkeit,
Du, der begleitet, ohne je im Weg zu stehn,
Du, der mich in mein eignes Leben treten läßt,
Du Bindung, die mich frei macht.
Du ganz Umfangender,
Du Bergender,
Du sanfter Starker,
in dessen Arme ich mich fallen lassen kann,
Du Ort zum Ausruhn,
Du fester Kern in allem, was zerfällt,
Du immer neu begütigend, beruhigend und bestätigend
zu mir in allen Sorgen Redender,
Du wirst mir nachgehn, wenn ich mich verlaufe,
Du wirst mich suchen, wenn ich mich verloren habe,
Du wirst mit Deiner Hand mit schützen,
Du wirst mit Deinem Arm mich stützen,
Du ewige Liebe,
Du, mein Vater.

Geheiligt werde Dein Name

Du, der Du da bist, überall und immer,
Du ständig Gegenwärtiger,
Du Unverwechselbarer,
Du ganz Anderer,
Du Unfaßbarer und doch Herzergreifender,
Du immer Ansprechbarer und doch Unaussprechlicher,
Du Naher und Geheimnisvoller,
Du Einfacher, der alle Widersprüche heilt,
Du, der bezeichnet wird in jedem Wort der Liebe,
laß mich Dich glauben als den wahren Grund der Welt,
laß mich Dich finden in der Kälte und der Ödnis allen Seins,
laß mich Dich aufnehmen,
wie eine Harfensaite ihren Ton,
wenn sie die Finger eines Spielers streifen,
laß mich Dich fühlen in der Sehnsucht meines Herzens,
laß mich Dich sehen in den Bildern meiner Seele,
und bitte,
laß die Glut meines Verlangens nach einer anderen Welt

als die der Gier und der Gewalt
niemals verlöschen.
Laß mich niemals die Hoffnung richten auf etwas,
das Du nicht selber bist,
Du Leuchtturm meiner Ausfahrt,
Du Hafen meiner Heimkehr,
Du Stern der Nacht, der mir die Richtung zeigt,
Du, mit dem schönsten aller Namen:
Abba, lieber Vater,
Du, mein Ein und Alles.

Dein Königtum komme

So werde denn die Erde
in Deiner Güte, Vater,
zu einem Reich der Menschlichkeit.
Du Macht der Liebe und des Mitleids im Herzen aller Wesen,
Du Energie des Reifens und der Zuversicht,
Du Kraft der Zähigkeit und der Geduld,
Du stiller Friede in der Ruhe Deiner Gegenwart,
heile die Wirrungen der Seele wie des Leibes,
besänftige den Aufruhr unserer Angst,
fang Du uns auf im Abgrund der Verzweiflung.
Du weißt:
Es herrscht derselbe Schmerz im Körper einer Katze
wie in den gichtigen Gliedern einer Greisin.
Es herrscht dasselbe Leid im Herzen eines herrenlosen Hundes
wie in der Einsamkeit des elternlosen Kindes.
Es herrscht dieselbe Furcht im Fliehen der Gazellen
wie im Herzrasen ständig Unterlegener.
Doch Du, der Herrscher und der Schöpfer aller Dinge,
lehr uns ein Mitgefühl mit allem, was da lebt.
Laß Deine Wirklichkeit sich offenbaren
im Überwinden aller Schranken.
Führ uns zurück in jene Sphäre des Vertrauens,
in welcher einzig Du bestimmend bist.
Und schenk uns Augen
für die Schönheit und die Würde aller Menschen,
deren ein jeder ist wie ein noch unentdecktes Königskind.

Du unser aller Vater,
Du Leiter und Du Lenker allen Lebens,
behüte alles Fühlende mit Deinem Mitgefühl.

Unser Brot für morgen gib uns diesen Tag

Dein Mitleid kennt die Qual des Hungers und des Elends,
die schwarze Wand der Mattigkeit und der Erschöpfung,
die kalte Atemluft des Todes, –
nein, lieber Vater,
laß uns niemals einverstanden sein mit einer Welt,
in welcher Millionen Menschen
nicht zu leben wissen.
Laß uns Dich sehen
in dem hohläugigen Blick des Ausgemergelten,
öffne die Engherzigkeit unserer Sorgen
und schenke uns die Fähigkeit des Teilens
statt des Tötens.
Nur wir
können inmitten der gesamten Schöpfung,
das grausige Gesetz des Kampfs ums Dasein
durch Mitleid mildern.
Nur wir
können uns weigern,
Tiere zu töten,
um uns Nahrung zu beschaffen,
wie sie selbst es müssen.
Doch dazu brauchen wir
die Vision Deines Königtums,
die Evidenz der Güte und des Nicht-Verletzens.
Unendlich mehr noch als nach Brot
hungern die Wesen
nach Schonung und nach Milde.
Denn einzig davon leben wir.
Drum, lieber Vater,
sättige Du unser Herz
mit Deiner Liebe.
Tröste die Einsamen,
führe die Suchenden

und erfülle das Glück der sich Findenden
schon heute mit einem Vorgeschmack der Seligkeit,
mit einer Ahnung Deiner Wirklichkeit und Deines Wesens,
mit einem Aufschauen zu der Herrlichkeit des Himmels,
in welchem die Liebenden ewig sind
und der Tod nicht mehr sein wird.

Und laß uns nach unsere Sünden, denn auch wir lassen nach jedem, der uns schuldig wird

Ach, Vater, lieber Vater,
wie sollen wir im Spiegel Deiner Wahrheit
uns bewähren?
Wie sollen wir dem Maßstab Deiner Menschlichkeit
genügen?
Wie sollen wir der Richtschnur Deines Rechts
entsprechen?
Du weißt um unsere Fehlbarkeit,
Du kennst unsere Schwachheit,
Du spürst die Schwingungen der Angst in unserer Seele.
Du siehst vor Dir das Zaudern und das Zögern,
wo wir zupacken und uns entscheiden müßten.
Du siehst vor Dir das Ausweichen,
vernimmst die endlos langen Litaneien unserer Ausreden,
wo Dein Wort selbst so hörbar
wie eine Sturmglocke
in unserer Seele läutet.
Und doch verstehst Du uns.
Und doch vergibst Du uns
nicht nur die Fehler,
die wir haben und begehen,
vor allem, daß wir *fehlen*, –
daß wir nicht da sind,
wo wir am meisten nötig wären.
Du, der da ist,
der «ich bin da»,
mußt immer neu
mit Deiner Gegenwart
die Fehlbarkeit und das Verfehlen unseres Daseins

auszugleichen trachten.
O richte uns
und alle Menschen
auf
am Leitseil Deiner Liebe.
Durch sie
gib uns die Kraft
zur Ehrlichkeit,
zur Selbsterkenntnis und
zur Reifung,
zur Selbstidentität
des Menschen,
den Du einst geschaut hast,
als Du uns erschufst.
Nur weil Du uns vergibst,
dürfen wir sein,
nur weil Du mit uns gehst,
geht's mit uns weiter.
Und so:
mach unser Herz so weit,
wie sich Dein Himmel breitet
bis hin zum Horizont
und weiter, weiter,
bis das Firmament
zum Himmel wird,
bis daß wir werden,
wie Du selber bist
in Deiner Güte
und in Deinem Willen,
zu verstehen
und zu vergeben
alles.

Und führe uns nicht in Versuchung

Was Du dadurch heraufführst,
ist eine neue Welt,
wie einzig Du
sie schenken kannst.

Darinnen streue uns
wie Samen aus
auf Deinem Acker
voller Steine.
Ja, führe uns hinein
in jene Wirklichkeit,
die Du jetzt als Dein Königtum heraufführst.
Doch bitte,
bitte,
laß uns
auf dem Weg dahin
stets glauben an das Licht,
auch wenn die Nacht nicht enden will.
Laß uns auf immer Liebe glauben,
selbst wenn sie so ohnmächtig scheint
und so verloren
in dieser Welt der triumphierenden Gewalt.
Laß uns die Macht des Wassers spüren,
das mit dem steten Tropfen der Geduld
den stärksten Stein besiegt.
Heile in unseren Herzen
die ständige Infarktgefahr
der Überanstrengung,
der bitteren Enttäuschung,
des wachsenden Zynismus,
der Verzweiflung.
Ja, führe uns in Deine Welt.
Führe Dein Reich herauf.
Doch,
bitte,
führe uns nicht in Versuchung.

3) Vom vertrauensvollen Beten oder: Von dem Geschenk der Liebe

(vergleiche Mt 7,7–11)

[5] Und er hat gesagt zu ihnen: Wer von euch wird einen Freund haben, zu dem er gehen wird um Mitternacht, und er spräche zu ihm: Freund, borg mir drei Brote, [6] da doch mein Freund sich eingestellt hat von unterwegs zu mir und ich nichts habe, was ich ihm vorsetzen werde, – [7] und jener von drinnen spräche als Antwort: Bereite mir keine Beschwerden; – schon ist die Türe verriegelt, und meine Kinder sind bei mir im Bett, ich kann nicht aufstehen und dir geben? [8] Ich sage euch: Wenn er auch nicht ihm gibt und (dazu) aufsteht wegen seines Freundseins, – wegen seiner Unverschämtheit gewiß wird er sich erheben und ihm geben, so viel er bedarf (18,5). [9] Und so sage ich euch: Bittet, und es wird euch (von Gott) gegeben werden. Sucht, und ihr werdet finden. Klopft, und es wird euch geöffnet. [10] Denn: Jeder Bittende empfängt, und der Suchende findet, und dem Klopfenden wird geöffnet (13,25). [11] Wen denn von euch, als seinen Vater, wird bitten ein Sohn um einen Fisch, daß er etwa statt eines Fisches eine Schlange ihm geben wird? [12] Oder auch: er wird ihn bitten um ein Ei, – wird er ihm einen Skorpion geben? [13] Wenn nun ihr, die ihr beständig bös seid, Gaben, gute, zu geben wißt euren Kindern, um wieviel mehr wird euer Vater vom Himmel her Heiligen Geist geben denen, die ihn bitten (Joh 14,13)?

Was Jesus meint, wenn er uns lehrt, Gott anzureden mit den Worten «Abba – lieber Vater», erläutert er in einem Gleichnis, das nur *Lukas* überliefert, sowie in einer Rede, die sich ähnlich bei *Matthäus* findet (Mt 7,7–11): Bei jedem irdischen «Abba» kann man davon ausgehen, daß er die Wünsche seines Kindes zwar hört, doch sicherlich nicht immer erhört, – er wird die Begrenztheit seiner Möglichkeiten, wenn nicht gar seine eigenen Interessen, geltend machen; zudem wird er seine Erziehungsaufgabe unter anderem darin erblicken, das «Realitätsprinzip» zu vertreten, an dem gemessen manche der kindlichen Wunschvorstellungen als ganz und gar illusionär erscheinen müssen.

Anders bei Gott. Er ist so grenzenlos wie unsere Bedürftigkeit. Er wird uns *alles* geben, was wir brauchen. Er muß uns nicht zurückweisen, weil wir uns nicht in sein Konzept einfügen ließen. Wir müssen Ihn nur bitten, – alles wird Er uns schenken und ermöglichen, wenn wir nur «allezeit beten ... und nicht nachlassen», wie *Lukas* selber später eine andere Gleichniserzählung Jesu zu demselben Thema einleiten wird (Lk 18,1; vgl. 1 Thess 5,17)[115]. Diese Überzeugung von dem alles gewährenden Hintergrund unseres Lebens bildet den Kern der ganzen Botschaft Jesu, und er «begründet» sie auf seine Art: mit einem Bild aus dem Leben der «einfachen» Leute. Eine Erfahrung schildert er, die jeder machen kann und die so selbstverständlich und plausibel ist, daß sie eine ganz feste Zuversicht in unserem Herzen gegenüber Gott erzeugen kann. Es geht um eine Bettlerweisheit: Selbst Menschen, die durchaus nicht immer freundlich sind und oft unter recht eingeengten Verhältnissen zu leben haben, werden doch herumzukriegen sein, wenn man ihnen nur intensiv und lange genug zusetzt; wie wird es da erst bei Gott sein, der keine solchen Stimmungsschwankungen und Einengungen kennt, wenn man ihn intensiv und lange genug angeht? Jesus erzählt dieses Gleichnis in eben jenem grenzenlosen Vertrauen zu Gott, das er mit diesem Gleichnis geweckt, bestärkt und bestätigt sehen möchte.

Wie sicher Jesus sich des Beistands Gottes fühlte und wie gewiß er glaubte, daß Gott uns stets erhören werde, zeigt sich allein schon daran, daß er sein «Gleichnis» in rhetorische Fragen kleidet, deren Antworten bereits feststehen, wenn man sie in dieser Weise formuliert: «Wer von euch» – das heißt soviel wie: «Könnt Ihr Euch vorstellen ...?» – Natürlich nicht! Allerdings scheint bei der Übersetzung der Rede Jesu aus dem Aramäischen ins Griechische (wieder!) ein Mißverständnis unterlaufen zu sein: die Frage selber richtet sich erkennbar an das Selbstverständnis jedes Hörers, – er selber wird danach gefragt, wie er wohl handeln würde in einer Lage wie der hier geschilderten, – ganz so, wie Jesus später das Gleichnis vom verlorenen Schaf einleiten wird mit der Wendung: «Welch ein Mensch (wer von euch), der hundert Schafe hat ...» (Lk 15,4) – Ursprünglich könnte der lange Fragesatz an dieser Stelle einmal so formuliert gewesen sein: «Könnt Ihr Euch vorstellen, daß, wenn jemand von Euch einen Freund hat und dieser um Mitternacht zu ihm kommt und zu ihm sagt: ‹Freund, borge mir drei Brote, da mein Freund auf der Reise zu mir gekommen ist und ich ihm nichts vorzusetzen habe›, daß dann jener von drinnen antwortet: ‹Laß mich in Frieden ...›? Nicht wahr, selbst wenn er nicht aus Freundschaft aufsteht und ihm gibt, wird er (schon) wegen der Zudringlichkeit des Bittenden bezie-

[115] Die bleibende Bedeutung dieser Worte erläutert JOSEF SUDBRACK: *Beten ist menschlich*, 28: «Es ist eben leichter, irgendwelche organisatorischen Veränderungen in die Wege zu leiten als die Zentralhaltung des Christen, sein Gebet, sein christliches Leben neu zu formulieren und zu inspirieren.» «Also nicht: je politisch aktiver, je kulturell attraktiver, je liturgisch oder biblisch moderner, desto wirksamer und desto starker von der modernen Gesellschaft beachtet; sondern umgekehrt: je mehr die eigene, über die Anliegen von Gesellschaft und Staat hinausreichende, transzendente Mitte betont wird, desto wirksamer wird die Religion für die Gesellschaft.»

hungsweise wegen seiner Unverschämtheit aufstehen und ihm geben, soviel er braucht.»[116] Der «jemand», von dem da die Rede geht, lädt jeden Hörer ein zu überlegen, ob es möglich wäre, daß er selber sich in gleicher Lage anders verhalten würde; – es ist nicht möglich. Schon damit die Kinder nicht aufgeweckt und alle Angehörigen für lange Zeit um ihre Nachtruhe gebracht werden, wird jeder einen derart hartnäckigen Bittsteller auf das leiseste und schnellste loszuwerden versuchen, indem er rasch erledigt, was er will.

Dabei spielt es ersichtlich keine nennenswerte Rolle, daß auch der Bittsteller sich anders kaum verhalten kann, als er es tut, – er steht unter der Pflicht der Gastfreundschaft; daß er schließlich bekommt, was er benötigt, liegt einzig daran, daß er seinen Freund zu nachtschlafender Zeit empfindlich stört. Und dieser Zug der Erzählung enthält bereits eine zentrale Aussage: «Fürchtet Euch nicht», sagt Jesus damit indirekt, «Ihr könntet Gott mit Eurem Bitten lästig fallen und würdet deshalb abgewiesen. Genau das Gegenteil ist richtig: Bittet nur immerzu; tragt Gott nur Eure Herzensnöte vor, – Er wird sie um so mehr erhören, als Ihr Ihn bestürmt! Er wird Euch lieben schon für das Vertrauen, mit welchem Ihr Euch an Ihn wendet, – Er ist doch Euer *wahrer* Vater; Er ist das, was ein ‹Vater› hier auf Erden sein sollte, von allen Beimischungen und Verzerrungen gereinigt und ins Unendliche erweitert. Gott, unser aller lieber Vater, freut sich über nichts mehr als darüber, daß Ihr Euch an Ihn wendet – vertrauensvoll, nicht immer wieder irritiert durch Angst und Schuldgefühle.»

Bewundernswert ist, wie Jesus diese seine Überzeugung von der unbedingten, absoluten «Väterlichkeit» Gottes seinen Hörern in das Herz redet. Die Schilderung, wie eine palästinensische Familie in ihrer kleinen, einzimmrigen Behausung die Nacht verbringt, setzt allgemein vertrautes Kolorit voraus; bekannt sind im Dorfe auch die Familienverhältnisse, – man weiß, wer Brot genug in Vorrat hat[117]. Drei Fladen – das ist die Ration pro Mahlzeit und Person[118]; und dieses «Brot für morgen» (Lk 11,3) wird nach Möglichkeit gebacken früh am Morgen, bevor die eigentliche Mahlzeit

[116] JOACHIM JEREMIAS: *Die Gleichnisse Jesu*, 158.

[117] A.a.O., 157.

[118] A.a.O., 157. – BERNHARD HEININGER: *Metaphorik, Erzählstruktur und szenisch-dramatische Gestaltung in den Sondergutgleichnissen bei Lukas*, 101, nimmt an, Lk 11,8 sei «sekundär hinzugewachsen», denn (S. 100): «Kein Freund wird sich so, wie es in V. 7 geschildert ist, verhalten. Ganz im Gegenteil. Gerade aufgrund der Freundschaft wird er der Bitte entsprechen.» Doch JOACHIM JEREMIAS: *Die Gleichnisse Jesu*, 158, meint wohl richtiger: «nicht der Bittende (so der Lukas-Zusammenhang), sondern der im Schlaf gestörte Freund steht im Mittelpunkt der Erzählung. Nicht von der Beharrlichkeit des Bittens, sondern von der Gewißheit der Erfüllung der Bitte handelt das Gleichnis.»

(Fisch, Fleisch, Gemüse) zubereitet werden muß. Der Mann hier gibt aus lauter Ärger seinem «Freunde» gleich «so viel er bedarf» (11,8), nicht also nur die drei erbetenen Fladenbrote, und vermeidet es damit, auch noch über weitere Forderungen verhandeln zu müssen. So ist's nun mal mit Habenichtsen. Wann je bittet ein Bettler schon um das, was er tatsächlich brauchen würde! Er müßte fürchten, seine «Zielperson» mit allzu hoch gestellten Erwartungen bereits im voraus zu verschrecken. Also ersucht er – erst einmal – um «eine kleine Gabe», um dann, wenn sie gewährt wird, weiter zuzulegen. Das weiß natürlich dieser «jemand», – das weiß *jeder* unter Jesu Hörern. Doch damit begreift er, auf Gott bezogen, noch einmal etwas Unerhörtes: «Halte Dich nicht zurück nach Bettlerart», besagt dieses Moment im Gleichnis Jesu, «bitte Ihn gleich um alles, was Du brauchst. Wage es bei Ihm, ‹unverschämt› zu sein. Für Ihn bist Du mit Deinen Bitten nie ein ‹Bettler›; denn vergiß das nicht: Du bist sein Kind! Wenn ein Kind seinen Vater anbettelt, so nur als Ausdruck eines tiefen, nie enttäuschbaren Vertrauens; es demütigt sich nicht dabei, es lernt nur seinen Vater tiefer kennen und darin auch sich selber als ‹Kind› dieses Vaters. Indem Du aussprichst, was Du willst, wird auch Dir selber deutlicher, was Du tatsächlich als Geschenk erwartest, was Du dringend benötigst, was Du am liebsten hättest. Drum: bitte zu Gott, Er wird Dir geben.»

In der Komposition und in der redaktionellen Überleitung des *Lukas* liest es sich jetzt, wie wollte Jesus sein eigenes Gleichnis deuten, wenn es nun weitergeht: «Und so sage ich euch: Bittet, und es wird euch von Gott gegeben werden», und dann, nach der Regel der verstärkenden Dreizahl, noch zweimal bildlich ausgedrückt: «Sucht, und ihr werdet finden. Klopft, und es wird euch geöffnet.» (11,9)[119] Ist es nicht eine sprichwörtliche Volksweisheit: «(Je)der Bittende empfängt, und der Suchende findet, und dem Klopfenden wird aufgetan» (11,10)? Gemeint war wohl einmal: «*Nur* wer bittet, kann bekommen, nur der Suchende wird finden, und nur wenn jemand anklopft, wird er (vielleicht) erleben, daß ihm jemand aufmacht.»[120] Hier

[119] Str. B. I 458, zitieren die rabbinische Mahnung, an das Sch^{e}ma^{c} das Achtzehn-Bitten-Gebet anzuschließen, denn sonst verhalte es sich wie mit «dem Freunde eines Königs, der kam u. an die Tür des Königs klopfte... Dieser ging hinaus, um zu erfahren, was er wollte. Da fand er, daß er sich (inzwischen) entfernt hatte; auch er entfernte sich.» Da klingt das Motiv vom beharrlichen Anklopfen an, – aber wie sehr unterscheidet sich doch das Anliegen Jesu von dieser ritualisierten Denkweise!

[120] Str. B. I 458, greifen einen allgemein gehaltenen Satz auf, «doch ohne Beziehung auf das Beten:... Wenn ein Mensch dir sagt: ‹Ich habe mich abgemüht u. nicht gefunden›, so glaube ihm nicht... Diese Worten gelten jedoch nur vom Torastudium; im Handel u. Wandel aber kommt es auf den göttl. Beistand... an.»

aber wird aus dieser Allerweltsaufforderung zu einem couragierten Bitten eine Versicherung der absoluten Vertrauenswürdigkeit Gottes. Und noch einmal, nach Art eines Doppelgleichnisses, läßt *Lukas* seinen Jesus in einem zweiten Bildwort sagen: «Wen denn von euch, als seinen Vater, wird bitten ein Sohn um einen Fisch, daß er etwa statt eines Fisches eine Schlange ihm geben wird?» (11,11)[121] Wieder muß man diesen Satz «vereinfachen»: «Könnt Ihr Euch vorstellen, Ihr gäbet Euerem Sohn, wenn er Euch als Vater um einen Fisch bittet, eine Schlange?»[122] Oder statt eines Eies einen Skorpion (11,12)?

Menschen mögen noch so «böse» sein (11,13), – es bleiben selbst dann eine Reihe von – sogar biologisch vorgegebenen – Handlungsbereitschaften übrig, die den Schutz der eigenen Kinder – biologisch gesprochen: der eigenen «Gene» – gebieten; und diese Momente der Großzügigkeit und der Liebe selbst im Raum der Evolution gilt es, religiös zu isolieren, zu universalisieren und zu verabsolutieren, um Gott zu finden. So absolut haltlos die menschliche Existenz in dieser Welt erscheint, so absolut notwendig zur Begründung unseres Daseins ist eine unbedingte Liebe, die möchte, daß wir sind. Nichts im Raume der Natur macht unser individuelles Sein erklärbar, – es wird hervorgebracht durch ein Spiel rein zufälliger Umstände, das ist alles; einen hinreichenden Grund für unser Leben, eine Berechtigung, eine Bestätigung unserer Person gewinnen wir allein im Gegenüber einer Macht, die jenseits der Notwendigkeiten der Natur in Freiheit uns bejaht. Sie muß uns *alles* sein, weil wir sonst gar nicht wären beziehungsweise, wenn schon seiend, gar *nichts* wären. Ohne die *absolute* «Väterlichkeit» Gottes blieben wir ausgesetzte, heimatlose und verwaiste Wesen, mit einer Sehnsucht ausgestattet, die uns, wie Süchtige, immer von neuem in einen leeren Himmel greifen ließe. Jedes Gebet zu Gott, zu «unserem lieben Vater», stellt uns diesen Zusammenhang vor Augen, und nur ein Bittgebet, dessen Vertrauen keine Grenzen kennt, ist unserer Not und Gottes Größe angemessen.

[121] JOACHIM JEREMIAS: *Die Gleichnisse Jesu*, 89, zählt die Worte von «Stein und Schlange (Mt. 7,9 f. vgl. Lk. 11,11 f.)» zu den Doppelgleichnissen.

[122] Vgl. JOACHIM JEREMIAS: *Die Gleichnisse Jesu*, 102: «... das *Gleichnis* bzw. *Bildwort in Frageform* ... will den Hörer durch die Anrede zu einer emphatischen Stellungnahme provozieren ... Jeder wird die Frage: ‹Könnt Ihr Euch vorstellen, daß jemand von Euch seinem Sohn, der ihn um ein Stück Brot bittet, einen Stein gibt?› (Mt. 7,9) mit leidenschaftlicher Entrüstung ablehnen!»

Darum muß Jesus in gewissem Sinne sagen: «Jeder Bittende empfängt.» (11,10)[123]

Doch stimmt diese Versicherung auch wirklich? Ist sie nicht maßlos kühn? Wird sie nicht allerorten widerlegt durch oft recht bittere, weil gegenteilige Erfahrungen? Da haben Menschen, ganz wie Jesus hier empfiehlt, den Himmel angefleht, er möge dies und das gewähren, bewahren möge er vor diesem oder jenem, und es blieb aus, was sie so dringend brauchten, es kam genau so, wie sie es befürchtet hatten. – Und auch vom andern Ende her: Hat Beten einen Sinn, wenn man sich vorstellt, was Jesus sonst doch auch sagt: daß unser «himmlischer Vater» schon weiß, was wir benötigen (Mt 6,32), vor dem, daß wir ihn bitten? Müssen wir Gott erst sagen, was wir brauchen? Und ist es wirklich sinnvoll, zu denken, Er gewähre alles, worum wir Ihn ersuchen? «Wenn Gott die Gebete der Menschen erfüllen würde», meinte skeptisch bereits EPIKUR (341–270 v. Chr.), «wären schon lange alle Menschen zugrunde gegangen, da sie andauernd viel Schlimmes gegeneinander erbitten.»[124] Im Krieg beten die einen um den Sieg ihrer Truppen zugunsten einer Sache, die *sie* für «gerecht» halten, während ihre Gegner genau dasselbe tun, – der «Endsieg» beider wäre die Vernichtung ihrer aller. Sollte, statt auf Gottes bereitwillige Erfüllung aller Bitten ihre Hoffnung zu setzen, die Menschheit den Göttern unter diesen Umständen nicht am meisten dafür danken, daß sie so viele Bitten einfach überhören? Wer von den Sterblichen, gerade wenn er sich in Not befindet, besäße schon den Abstand, der doch nötig wäre, um zu ermessen, was tatsächlich eine segensreiche Bitte ist?

[123] Treffend bemerkte THEODOR ZAHN: *Das Evangelium des Lucas*, 452: «Als ihren *Freund* sollen die Jünger Gott um alles bitten, was sie bedürfen. Tiefer begründet und unerschütterlicher als Freundschaft ist das Verhältnis des Kindes zum *Vater*, unter dessen Bild Jesus V. 11-13 das Verhältnis seiner Jünger zu Gott darstellt, um jedes Mißtrauen aus ihrem Gebet zu verbannen. Er tritt damit dem Argwohn entgegen, daß Gott dem Beter anstatt der zur Erhaltung seines Lebens notwendigen Gaben etwas ganz Anderes, nur scheinbar der Bitte Entsprechendes, in der Tat ... Nutzloses ... oder ... Gefährdendes ... geben könnte. Zu solchem Argwohn kann auch der fromme Beter sich versucht fühlen infolge der Erfahrung, daß Gott ihm nicht immer eben das gibt, was er erbeten hat, sondern anderes, was ihm zunächst nutzlos oder schädlich scheint. Dieses ... Mißtrauen kann auch durch das Gefühl erweckt oder verstärkt werden, daß man nicht würdig sei, Gottes fürsorgende Liebe ... zu erfahren. Dagegen hilft dem Jünger nur der Glaube, daß er an Gott einen Vater hat, der als solcher es nicht lassen kann, seinem Kinde, das sich nicht selbst helfen und ernähren kann, barmherzige Liebe zu erweisen (Ps 103,13).» Die Zusage, die Jesus hier macht, ist bedingungslos und total. Vgl. ADOLF JÜLICHER: *Die Gleichnisreden Jesu*, II 43: «Der Glaube Jesu an die Gebetserhörung ... wusste nichts von Bedingungen und Einschränkungen.»
[124] EPIKUR: *Von der Überwindung der Furcht*, 137.

Lukas, ganz offensichtlich, hat dieses Problem erkannt und auf seine Art gelöst. Wo *Matthäus* schreibt, Gott werde «Gutes geben denen, die ihn bitten» (Mt 7,11), setzt *Lukas*, es werde Gott «vom Himmel her Heiligen Geist geben denen, die ihn bitten» (11,13); und mit dieser Verheißung, die an das Gedankengut des *Johannes*-Evangeliums gemahnt (Joh 14,13), verändert *Lukas* den Sinn der Gebetshaltung Jesu ganz entscheidend oder, richtiger ausgedrückt, er macht ihn allererst in ganzer Klarheit sichtbar[125]. Denn wozu Jesus wirklich einlädt, wäre auf arge Weise mißverstanden, wollte man, so wie es «wörtlich» klingt, darin die Garantie prompter Gebetserfüllungen in allen Lebenslagen sehen. Als es darauf ankommt, in eigener Sache, in der Stunde von Getsemane, wird Jesus selbst seinen «Vater» bitten: «wenn du willst, laß diesen Kelch an mir vorübergehen. Doch nicht mein Wille, sondern der deine geschehe» (Lk 22,42; vgl. Mk 14,36), – so wie es denn schon in dem *Vater-unser* bei *Matthäus* heißt (Mt 6,10). Gewiß, die Ölbergszene ist eine Legende[126], die zeigen will, wie Jesus in den Tod

[125] Vgl. WOLFGANG WIEFEL: *Das Evangelium nach Lukas*, 218: «Matthäus hat als Inhalt der göttlichen Gaben ... (sc. Güter, d.V.). Lukas interpretiert sie als ... (sc. Heiligen Geist, d.V.). Was dort (sc. Mt 7,11, d.V.) noch allgemein (auch im Sinne irdischer Güter) aufgefaßt werden kann, bekommt bei Lukas den für ihn kennzeichnenden pneumatologischen Akzent. Letztes Ziel des Gebetes ist die durch den Geist gewirkte Gemeinschaft mit Gott, die der Mensch sich nicht selbst verschaffen kann.» EDUARD SCHWEIZER: *pneŷma* (Geist), in: ThWNT VI 407–408, meint: «Die Korrektur (sc. von ‹Güter› in ‹Geist›, d.V.) liegt Lukas schon deswegen nahe, weil für ihn ... (sc. Güter, d.V.) als irdische Güter leicht suspekt sind (12,18 f.); sie zeigt aber, daß für ihn der Geist die Gabe schlechthin ist, die dem Glaubenden in der Gemeinde Jesu zukommt ... Markus und Matthäus sahen den Geist als eschatologisches Ereignis ... Lukas weiß, daß die alttestamentlichen Weissagungen, die dem Volk der Endzeit den Geist verheißen (Nu 11,29! ...), erfüllt sind.» WILHELM OTTO: *Gebet und Heil*, 108, vermerkt tendenziell zutreffend: «Die Bitte um irdische Gaben, die für Matthäus (sc. in Mt 7,7-11, d.V.) selbstverständlich ist, ist bei Lukas nicht nur hier verdrängt; sie scheint bei ihm auch sonst nicht recht aufkommen zu können, erscheint fast ... diskriminiert, wie der irdische Besitz ... überhaupt.» HEINZ SCHÜRMANN: *Das Lukasevangelium*, II 1, 219, verkennt das Gewicht, das die Korrektur der Gebetshaltung bei *Lukas* besitzt, wenn er schreibt: «In bedrängter Zeit muß ... (sc. der Heilige Geist, d.V.) helfen (12,12). Lukas schaut schon ... auf die Zeit ..., in der die Geistbitte nachösterlich ihre bleibende Aktualität (sc. in der Taufkatechese! d.V.) behält ... Lukas weiß, daß der Geist nachösterlich verliehen wird.»

[126] MARTIN DIBELIUS: *Die Formgeschichte des Evangeliums*, 213, meinte, «mit ‹legendarem› Inhalt» habe «erst Lukas» die Szene von Getsemane erfüllt, «aber unter Verzicht auf die Dreiheit der Gebetsakte»; ursprünglich habe die Geschichte «ihren Höhepunkt» gehabt «in dem Gegensatz zwischen Jesu schmerzhafter Ergebung in Gottes Willen» (vgl. Mk 14,36) «und dem ahnungslosen Schlaf der Jünger, die von der ‹Stunde› nichts wissen.» RUDOLF BULTMANN: *Die Geschichte der synoptischen Tradition*, 288, hielt die Szene von Getsemane für eine «ursprüngliche Einzelgeschichte ganz legendarischen Charakters». S. 289: «Für die Geschichte der Tradition ist charakteristisch, daß die Szene durch Lk oder einen seiner Abschreiber durch das völlig legendarische Stück 22,43 f. vermehrt worden ist.»

geht, um den Ratschluß seines «Vaters» zu erfüllen; doch gerade so wird offenbar, wie man die Haltung betenden Vertrauens, die Jesus lebte und vermitteln mochte, in sich aufnehmen sollte: Es geht beim Beten nicht darum, daß Gott schon tut, was wir gern hätten, es geht darum, daß wir es lernen, Ihm zu sagen, was wir auf der Seele tragen, und dann in Seinen Willen uns zu fügen.

So oft schon haben wir die Grundeinstellung Jesu als eine «therapeutische» beschrieben. Das gilt jetzt, an den lyrischsten Stellen seiner Selbstmitteilung, da er erläutert, wie er selber im Gegenüber Gottes sich versteht, am allermeisten: Wenn er vom Beten spricht, geschieht es durchaus ähnlich einer Psychotherapie. Da wird ein Arzt zu seinem Patienten sagen: «Versuchen Sie, alles zu sagen, was Sie denken, fühlen, träumen, – möglichst unzensiert, so wie es Ihnen kommt; halten Sie nichts zurück. Gehen Sie einfach davon aus, daß Sie für das Geschenk Ihres Vertrauens nicht zurückgewiesen oder angeschuldigt werden.» Der Therapeut muß keinesfalls all das, was ihm dann vor- und angetragen wird, begrüßen oder «richtig» finden; im Gegenteil, er hofft gerade – und weiß wohl aus Erfahrung –, wie rasch sich Wünsche und Absichten ändern können, wenn man sie nur erst sagen darf. Es ist, wie wenn in einer Lehmschicht eine Quelle austritt: zunächst führt sie ein noch sehr trübes Wasser voll gelösten Materials mit sich, doch nach und nach, je mehr das Wasser sprudelt, reinigt die Quelle sich, indem sie fließt. Ganz so im Herzen eines Menschen, der, hin und her gerissen zwischen Angst und Hoffnung und zwischen ganz verschiedenen Zielsetzungen, vieles als «Wunsch», ja, schon als «Plan» empfindet, was sich rasch reinigt oder eine ganz neue Richtung nimmt, wenn nur der Druck von innen nachläßt. Man solle, meinte SIGMUND FREUD (1856–1939) deshalb, in einer Psychotherapie noch keinerlei Entschlüsse fassen, sondern erst den Prozeß der Klärung bis zum Schluß abwarten.

Ganz so wird es geschehen mit jemandem, der im Vertrauen Jesu betet: Indem er alles, was ihn aufwühlt und bedrängt, in Gottes Hände legt, läutert und klärt es sich fast wie von selbst. Das Ängstigende ist nicht länger mehr bedrängend, die Reaktionen auf die Angst treten zurück, Gefühle von Protest und Zorn beruhigen sich, – betend legt sich der Sturm, wie auf dem See, als Jesus seine Jünger fragte: «Wo (bleibt) euer Vertrauen?» (Lk 8,25) Beten vollzieht sich in der Haltung eben eines solchen Vertrauens, und im letzten liegt die Erfüllung aller Bitten in dem Geschenk, das Gott uns macht, indem Er «vom Himmel her Heiligen Geist» uns sendet (11,13) und gerade dadurch unser Vertrauen zu Ihm stärkt: Wir fühlen uns in Ihm geborgen. Wir fangen an, innerlich ruhig zu sein. Wir lösen uns von all den

Ich-Fixierungen. Wir werden weit in Freiheit. Wir lernen, unverzerrt und objektiv die Wirklichkeit zu sehen. Wir geben vieles auf, was nicht mehr wichtig scheint. Wir kommen auf Gedanken und Erwägungen, die wir noch niemals hatten. Betend wie «Kinder» werden wir «erwachsen». Wir reifen auf zu unserem wahren Wesen. Unsere Einstellung zu Gott, zur Welt und zu den Menschen, mit denen wir zusammen leben, wird der Haltung Jesu ähnlicher. – Das heißt: Gott gibt uns «Heiligen Geist» als die Erfüllung alles Bittens, aller Bitten. Es ist, wie wenn ein Kind in den Vorweihnachtstagen sich einen langen Wunschzettel ausdenken würde, was alles ihm das «Christkind» auf den Gabentisch zu legen hätte; was es in Wahrheit möchte, sind nicht die Schühchen und der Ball und eine neue Puppe, was es in allen Wünschen sucht, das ist die Liebe seiner Eltern, das ist das Hintergrundgefühl, selber gemocht zu sein.

Eine solch «geläuterte», «erwachsene» Form des Betens spricht sich vorbildlich in der «Lebensbitte» aus, die der französische Dichter ANTOINE DE SAINT-EXUPÉRY (1900–1944) einmal so formuliert hat:

Ich bitte nicht um Wunder und Visionen, Herr,
sondern um die Kraft für den Alltag!
Lehr mich die Kraft der kleinen Schritte:

Mach mich findig und erfinderisch,
im täglichen Vielerlei und Allerlei
rechtzeitig meine Erkenntnisse und Erfahrungen zu notieren,
von denen ich betroffen bin.

Mach mich griffsicher in der richtigen Zeiteinteilung,
schenke mir das Fingerspitzengefühl, um herauszufinden,
was erstrangig und was zweitrangig ist.

Laß mich erkennen, dass Träume nicht weiterhelfen,
weder über die Vergangenheit noch über die Zukunft.
Hilf mir, das Nächste so gut wie möglich zu tun
Und die jetzige Stunde als die wichtigste zu erkennen.

Bewahre mich vor dem naiven Glauben,
es müßte im Leben alles glatt gehen.
Schenke mir die nüchterne Erkenntnis,
dass Schwierigkeiten, Niederlagen, Mißerfolge, Rückschläge

eine selbstverständliche Zugabe zum Leben sind,
durch die wir wachsen und reifen!

Erinnere mich daran,
dass das Herz oft gegen den Verstand streikt.
Schick mir im rechten Augenblick jemand, der den Mut hat,
mir die Wahrheit zu sagen!
Ich möchte dich und die anderen immer aussprechen lassen.
Die Wahrheit sagt man nicht sich selbst, sie wird einem gesagt.

Du weißt, wie sehr wir der Freundschaft bedürfen.
Gib, dass ich diesem schönsten, schwierigsten,
riskantesten und zartesten Geschäft des Lebens gewachsen bin.

Verleihe mir die nötige Phantasie,
im rechten Augenblick ein Päckchen Güte,
mit oder ohne Worte, an der richtigen Stelle abzugeben.

Mach aus mir einen Menschen,
der einem Schiff im Tiefgang gleicht,
um auch die zu erreichen, die «unten» sind.

Bewahre mich vor der Angst,
ich könnte das Leben versäumen.
Gib mir nicht, was ich mir wünsche,
sondern was ich brauche.

Lk 11,14–26: Wes Geistes Kind? oder: Woran erkennt man Gottes Wirken?

(vergleiche Mt 12,22–30; Mk 3,22–27 zu *Lk 11,14–23*; Mt 12,43–45 zu *Lk 11,24–26*)

14 Und er war dabei, einen Abergeist auszutreiben, und der war stumm.
Es geschah aber: als der Abergeist ausgefahren war, mitmal redete der
Stumme, und es verwunderten sich die Scharen. 15 Einige aber von ihnen
haben gesagt: Mit Beelzebul, dem Vorsteher der Abergeister, treibt er die
Abergeister aus! 16 Andere aber, um ihn zu prüfen, ersuchten ihn um
einen Beweis vom Himmel (11,29; Mk 8,11; Mt 12,38). 17 Er aber, im
Wissen um ihre Überlegungen, hat ihnen gesagt: Jedes Königreich, das ge-
spalten ist gegen sich selbst, verwüstet, und Haus fällt auf Haus. 18 Und
drum: wenn der Satan gegen sich selbst gespalten ist, wie sollte da sein
Königtum Bestand haben? – weil ihr sagt, mit Beelzebul triebe ich die
Abergeister aus! 19 Wenn doch ich mit Beelzebul die Abergeister aus-
treibe, – eure Söhne: mit wem treiben die aus? Deswegen werden diese
über euch Richter sein. 20 Wenn aber mit dem Finger Gottes (Ex 8,15) ich
die Abergeister austreibe, so ist doch zu euch gelangt das Königtum
Gottes! 21 Wenn der Starke, schwer gerüstet, seinen Hof behütet, bleibt in
Frieden (unversehrt) sein Bestand. 22 Wenn aber ein Stärkerer als er
kommt und ihn besiegt, entreißt er ihm die Rüstung, auf die er vertraute,
und verteilt seine Beute. 23 Wer nicht mit mir ist, der ist gegen mich, und
wer nicht mit mir sammelt, der zerstreut (vgl. dagegen 9,50!).
24 Wenn aber ein unreiner Geist ausfährt aus einem Menschen, schweift
er durch wasserlose Stätten auf der Suche nach Ruhe; findet er sie nicht,
spricht er: Zurückkehren will ich in mein Haus, von wo ich ausgefahren
bin. 25 Kommt er dann und findet (es) gefegt und aufgeräumt, 26 dann
geht er hin und nimmt hinzu sieben andere Geister, schlimmer als er sel-
ber; die fahren ein und beziehen die Wohnung. Da wird das Ende eines
solchen Menschen ärger als der Anfang (Joh 5,14).

Mit dem ihm eigenen assoziativen Gespür für inhaltliche Verknüpfungen fügt *Lukas* unmittelbar an die «Gebetslehre» Jesu die Austreibung eines «Abergeistes» an, «und der war stumm». (11,14) Der Zusammenhang, der sich auf diese Weise herstellt, läßt die vorangegangene Unterweisung zum Beten in sich selbst als eine Form von «Therapie» erscheinen[1]: sie öffnet den

[1] Es ist schwer begreifbar, wie WOLFGANG WIEFEL: *Das Evangelium nach Lukas*, 219, schreiben kann: «Eine sachliche Zuordnung von Gebetsbelehrung und Dämonenaustreibung ist kaum zu erkennen.» Völlig unter geht in dieser Äußerung die Tatsache, daß der «Abergeist» *stumm* ist, den Jesus hier austreibt (Lk 11,14), während die Gebetslehre zuvor gerade den Mund der Menschen öffnen wollte. Redaktionsgeschichtlich zutreffend dürfte

Angstverstummten den Mund, sie schenkt die Worte wieder, um das bis dahin «Unaussprechliche» sich selbst bewußtzumachen, sie verleiht «Redefreiheit» (Hebr 10,35)[2] anstelle der gesellschaftlich verordneten Tabus. Wer erst einmal beginnt, in Jesu «Geist» (Lk 11,13) mit Gott zu reden, der wird

indessen die Vermutung sein, «die Abfolge» sei «bereits in der Vorlage des Lukas enthalten» gewesen; denn: «im wesentlichen folgte er seit 11,1 ff. Q, so daß mit einem größeren Zusammenhang 11,1-4.9-32 (bzw. 36) zu rechnen ist, in dem der aus Q stammende Stoff dominiert.» (S. 219) HEINZ SCHÜRMANN: *Das Lukasevangelium*, II 1, 224, sieht den Zusammenhang von Gebetslehre und Dämonenaustreibung an sich richtig, verbiegt aber den psychologischen Inhalt ins «Sakramentale», wenn er schreibt, «daß Lukas nicht nur vom Werben Jesu um Israel erzählen will, sondern auch die Christen seiner (und unserer) Gemeinden angeredet sein läßt: Die Mahnung an die *Massen* seiner Zeit 11,14-26 ist so in die *Jünger*unterweisungen 11,1-13 und die Aufforderung V 28, Gottes Wort zu hören und zu bewahren, eingebunden, daß man auch diese – solcherweise ‹eingeklemmte› – ‹durchsichtige› Volksrede Jesu *hintergründig lesen* muß: Nach Ostern müssen sich die Christen nicht nur beim Hören von 11,1-13 und 11,28 in besonderer Weise angesprochen fühlen, sondern auch von 11,14-26: Sie sollen sich nicht nur an ihre baptismale Gebetskatechese (sc. die Gebetsunterweisung bei der Taufvorbereitung, d.V.), sondern auch an die in der Taufe geschehende Befreiung aus der Macht des Satans und an die geschenkte pneumatische (sc. geistgewirkte, d.V.) Macht über den Satan (vgl. schon Lk 10,18 f.) erinnern.» An die Stelle der psychischen Erfahrung ist damit ein Konstrukt sakramentaler Vermittlung und dogmatischer Setzungen getreten. So heißt es S. 227 denn auch: «Es ist… nicht zufällig, daß es ein Taubstummer ist, der hier exorzisiert wird: Im Zusammenhang mit 11,1-13 und 11,14-36 sollen christliche Leser sich an ihre Taufe rückerinnern. Erst aus der Macht der Dämonen befreit, kann der Mensch den Gebetsaufforderungen 11,(1-4)5-8.9-13 Folge leisten.» Das wäre richtig, wenn es eine Anleitung böte, die «Taubstummheit» als seelische Erkrankung durchzuarbeiten, statt sie sakramental zu exorzisieren. Was die Kirchenpraxis angeht, so erscheint insbesondere bei der pflichtgemäßen *Kinder*taufe die Teufelsaustreibung selbst für fromme Kirchgänger als eine schwer erträgliche und unbegreifbare Zumutung, abgesehen davon, daß nicht zu sehen ist, wie die «baptismale Pneumaverleihung» an drei Wochen alte Kinder irgendein Problem im späteren Leben lösen könnte, außer man übersetzte die *Bilder* in existentielle Erfahrungen. Von diesen, nicht von deren ritualisierten Ableitungen sollte deshalb die Rede sein. – Die Entgegensetzung des göttlichen Geistes (Lk 11,13) und des «Abergeistes» jetzt in Lk 11,14 entspricht der Denkweise der *Sektenrolle* von Qumran, wo es in 1 Q S III 17–23, heißt: «Er (sc. Gott, d.V.) schuf den Menschen zur Beherrschung der Welt und setzte ihm zwei Geister, um in ihnen zu wandeln bis zur festgesetzten Zeit Seiner Heimsuchung. Das sind die Geister der Wahrheit und des Unrechts. An der Stätte des Lichts ist der Ursprung der Wahrheit und aus der Quelle der Finsternis der Ursprung des Unrechts. In der Hand des Fürsten der Lichter liegt die Herrschaft über alle Söhne des Rechts, auf den Wegen des Lichtes wandeln sie. In der Hand des Engels der Finsternis liegt alle Herrschaft über die Söhne des Unrechts, auf den Wegen der Finsternis wandeln sie. Durch den Engel der Finsternis geschehen die Verirrungen aller Söhne des Rechts, all ihre Sünden, ihre Vergehen, ihre Verschuldung und ihre treulosen Taten geschehen durch seine Herrschaft, gemäß Gottes Geheimnis, im Verlauf seiner Zeit.» JOHANN MAIER: *Die Texte vom Toten Meer*, I 26–27.

[2] HERMANN STRATHMANN: *Der Brief an die Hebräer*, 136; 137, übersetzt das griechische Wort *parrēsía* mit «Zuversicht», es hat aber eigentlich die Bedeutung «Redefreiheit», «Freimütigkeit», «Mut» (zum Reden), «Öffentlichkeit».

auch Worte finden, um die Furcht vor fremder Verurteilung zu bannen. Nur – was, nach allem uns von *Lukas* schon Berichteten, wird zu erwarten stehen, wenn solch ein «Heilungswunder» sich ereignet?

Da hat man einem Menschen beigebracht, sich ständig selbst zu widersprechen, um den gesellschaftlichen Standards zu entsprechen[3]; – er hat den «Abergeist» der Selbsteinschränkung und Selbstunterdrückung so sehr verinnerlicht, als sei er zum Verwechseln eins mit ihm, und eben dafür, daß er aufgehört hat, selbst zu sein, belohnte man ihn mit gesellschaftlicher Akzeptanz: Er galt für «gut», wenn er, *weil* er den Mund hielt, weil er darauf Verzicht tat, eine eigne Meinung zu entwickeln, weil er voll Angst dabeisaß, freundlich lächelnd, und jedes Wort vermied, das ihn hätte verraten können. Wie anders jetzt, wenn er zu reden wagt! Man wird darin nicht eine «Heilung» sehen, sondern eine Anstiftung zum Aufruhr, nicht etwas «Gutes», sondern «Böses», nicht Gott am Werk, sondern «Satan». Wohl, daß der «Stumme» krank war, daß er litt, konnte auch den Menschen in seiner Umgebung nicht verborgen bleiben, – das war ein Zustand, der auch ihnen irgendwie unheimlich, ja, «dämonisch» vorkam, aber es fügte sich doch ein in ihre Welt, an die sie vorbehaltlos glaubten; daß die von ihnen akzeptierte «Ordnung» selber die Ursache für eine Vielzahl seelischer Erkrankungen wie diese Stummheit bilden könnte, das war für sie natürlich das schier Undenkbare. Wenn also jetzt der ehedem «teuflisch» Verstummte die Fesseln sprengt und gegen das Tabu zu reden anhebt, kann dies in ihrer Vorstellung nur daran liegen, daß hier die eine «Teufelei» ersetzt wird durch eine noch viel größere, und wer dazu imstande ist, der muß sich im Instanzenzug der «Teufel» schon «teuflisch» gut auskennen; so etwas kann ja nicht geschehen ohne Mitwissen und Duldung des allerobersten der «Teufel», des Beelzebul[4]; mit dem also muß Jesus in Verbindung stehen, durch

[3] Vgl. E. DREWERMANN: *Atem des Lebens*, II 231–248: Der ganz alltägliche Wahnsinn oder: Die Schizophrenie der Gesellschaft.

[4] Str. B. I 631, meinen: «Die Lesart Beelzebub (… ‹Fliegengott›) ist, weil durch Rücksichtnahme auf 2 Kg 1,2 ff. entstanden, mit den besten handschriftl. Zeugen abzulehnen. Es bliebe auch unerklärlich, weshalb man dem Obersten der Dämonen gerade den Namen jener ekronitischen Gottheit von 2 Kg 1,2 ff. gegeben hätte.» Allerdings gilt (S. 632): «Die Erklärung des Namens ist streitig. Man faßt *Beelzebul* entweder als eine rein lautliche, für *griechische* Zungen leichter auszusprechende Umformung von *Beelzebub* … Bei dieser Erklärung bleibt die Frage unbeantwortet, wie es kam, daß gerade der Philistergott B. dem Satan seinen Namen gab. – Oder man deutet *Beelzebul* = … ‹Herr der Wohnung›, d. h. des Gebietes, in welchem die Dämonen hausen … – Oder man deutet *Beelzebul* = … ‹Mistgott›, u. beruft sich dafür auf die jüdische Gepflogenheit, Gegenstände u. Handlungen, die mit dem Götzendienst etwas zu schaffen hatten, durch leichte Umformung ihrer Bezeichnungen lächerlich u. verächtlich zu machen.»

dessen Hilfe hat er offensichtlich seine Macht erlangt; mit einem Wort: er ist ein Hexer, ein Schwarzmagier, ein Satansdiener und ein Teufelsanbeter! Er, von dem wir wissen, wie tief er es ablehnte, sich vor dem «Teufel» zu verbeugen (Lk 4,7.8), muß nun, kaum daß er seine Jünger unterweist, Gott «kindlich» genug anzubeten, den Vorwurf hören, er, wenn er spräche: «Lieber Vater» (Lk 11,2), bete in Wirklichkeit zum Satan. Und dem sei er nun übergeben! Er möge selbst zur Hölle fahren! In einer Welt, die derart aus den Fugen ist, kann Menschlichkeit, muß wahre Frömmigkeit so wirken. Da geht ein Riß durch die Gesellschaft, und die Frage ist allein, wie man den drohenden Zerbruch abwenden, wie man den Zustand *vor* dieser Erschütterung des scheinbar fest Gefügten restaurieren kann. In jedem Falle müßte Jesus sich legitimieren, um dem Vorwurf einer «teuflischen» Verschwörung zu entgehen. Aber wie?

Er müßte – welch ein Vorschlag! – «einen Beweis vom Himmel» liefern (11,16), er müßte gerade das tun, was er von Anfang an als eine «teuflische» Versuchung abgewiesen hat (Lk 4,9–12): er müßte Gott zu magischem Mirakeldienst mißbrauchen. Die Forderung der Leute ist bei ihrer Einstellung so zwangsläufig wie deren Ablehnung durch Jesus, begreift man *seine* Einstellung[5]. Er hat des Stummen Mund geöffnet einzig mit jener Macht, die wirklich «vom Himmel her» kommt (Lk 11,13), – indem er einen Raum schuf, der Vertrauen zuließ und an dem die Menschenangst sich überwinden ließ. Ein solches «Wunder» ist nur möglich, wenn es gelingt, einen Menschen zu begleiten bis zu dem Punkt, da er sich selber zutraut, als Einzelner etwas Einmaliges und Einzigartiges sagen zu dürfen und zu sollen. In eine derartige Sphäre des Vertrauens kann jemand nur gelangen im Gegenüber Gottes, wenn er sich angenommen fühlt im absoluten und vom Absoluten; und eben so kommt es zu einem Umsturz, wie er sich stets ereignet, sobald jemand aufhört, seine Umgebung als allmächtig zu betrachten, – sobald er davon läßt, die Allgemeinheit für Gott selbst zu hal-

[5] KARL HEINRICH RENGSTORF: *sēmeīon* (Zeichen), in: ThWNT VII 233–234, stellt fest: «Es ist immer nur von (irgend) einem ... (sc. Zeichen, d.V.) ... die Rede, niemals von einer Mehrzahl ... Die Forderung stammt ... aus schriftgelehrten Kreisen ... so ergibt sich als Sinn der ‹Zeichen›-Forderung an Jesus: Er soll dafür sorgen, daß Gott, in dessen Namen er wirkt, ihn eindeutig als von ihm autorisiert ausweise. Die so geforderte Legitimierung erfolgt demgemäß so, daß Gott im Blick auf Jesus etwas tut oder geschehen läßt, was jeden Zweifel an seiner göttlichen Vollmacht ins Unrecht setzt.» «Letztlich betrifft sie somit die Frage nach dem Recht oder dem Unrecht seiner (sc. Jesu, d.V.) Unmittelbarkeit zu Gott ... Aus der Schau des Kerygmas (sc. der Verkündigung Gottes durch Jesus, d.V.) tastet sie ... Gottes Freiheit an, sofern sie ihm die eigenen Grundsätze über das aufnötigen möchte, was sein darf und was nicht.»

ten. Genau das aber will «die Allgemeinheit»: sie setzt sich selber gegenüber jedem Einzelnen als letztverbindlich, sie beansprucht selber, «Gott» zu sein, sie ist entschlossen, den Bereich des Religiösen zu handhaben und zu verwalten als ihr Instrument. Drum hat ihr «Gott» nur das zu sagen, was sie selber hören will, worin sie selber sich bestätigt fühlt, was ihrem Selbstbild schmeichelt und es für sakrosankt erklärt.

Da ist ein Mensch befreit von seiner Menschenfurcht, die ihn verstummen ließ; sie aber dürfen dieses «Wunder» reiner Menschlichkeit nicht als Erweis des Göttlichen betrachten, im Gegenteil, sie müssen Gott, der doch die Freiheit ist, einengen auf den Raum ihrer Verfügbarkeit; sie sind es ab sofort, die festlegen, nach welchen Spielregeln sich Gott auf ihrer Bühne darzustellen hat; und dieses Possenstück gesellschaftlicher «Religion» nennen sie Gottesdienst.

Es gibt deshalb – erneut – nur das Entweder–Oder, vor welches Jesus seine Zeitgenossen nicht anders als die Menschen aller Zeiten stellt: Entweder ist die Menschlichkeit, die einen Einzelnen heil werden läßt, in sich ein gültiges Kriterium des Göttlichen oder man setzt das Göttliche in die unmenschliche Vergöttlichung der menschlichen Gesellschaft. Man muß sich hier entscheiden. Denn eins geht nicht: den sozialen Zusammenhalt weiter zu gründen auf eklatante Widersprüche, indem man das Zerstörerische in den Regeln des Zusammenlebens für ganz «in Ordnung» deklariert und umgekehrt alles, was Menschen zu sich selber führen könnte, als «teuflisch» diffamiert. Nein, wenn ein Mensch geheilt wird im Widerspruch zur öffentlichen «Ordnung», dann ist die öffentliche «Ordnung» offensichtlich nicht «in Ordnung», dann ist sie unmenschlich und in sich selber krankmachend und «teuflisch», und es trägt keinen Nutzen, das Heilende selbst zu verteufeln, nur um im alten Gleise von Kirche, Staat und Bürgertum fortfahren zu können.

Das «Argument», das Jesus gegen diese ganze Denkweise vorbringt, geht von der Vorstellungswelt der Hörer aus: Da ist ein Reich des Satans, das Gottes «Königtum» (11,20) diametral entgegensteht, und es ist in sich hierarchisch aufgegliedert wie der Hofstaat der Engel im Himmel[6]; wenn es nun

[6] WERNER FOERSTER: *daímōn* (Dämon), in: ThWNT II 18, verweist darauf, «daß die Dämonen (sc. im NT, d.V.) ihre relative Selbständigkeit, die sie im ganzen Spätjudentum haben, verloren haben. Sie sind im NT dem Satan ganz untergeordnet … Im NT gibt es zwei große Reiche, das Reich des Fürsten dieser Welt und das Reich Gottes. Satan kämpft mit aller Macht gegen das Gottesreich; da bleibt für Sonderinteresse an den untergeordneten Helfern in diesem Kampf kein Raum, wie für die Engel nicht, so auch für die Dämonen nicht … Daß diese unbedingte Unterordnung der Dämonen unter den Satan etwas Neues

möglich ist, daß eine Krankheit, etwas «Übles», das selbst von Übel (und vom Üblen, sprich: vom «Teufel») ist, «besiegt wird mit der Macht des Teufels», dann müßte das Reich «Satans» selbst «gespalten» sein «gegen sich selbst» (11,17); es müßte dann so etwas herrschen wie eine permanente Revolution. So aber ist das Böse nicht. Es ist kein nur flüchtiges Augenblicksphänomen. Es hat eine innere Struktur, es agiert nach System, es besitzt eine eigene Konsistenz und Konsequenz. Sagen wir so: Wer in der Welt der Angst verharrt, wird alles tun in Angst; wer aus Vertrauen lebt, wird alles wirken aus Vertrauen. Entweder–Oder! Man kann das Böse nicht handhaben, um damit das Böse zu besiegen, im Gegenteil: wer das versucht, wird wieder nur «Satan» «anbeten» und des «Teufels» Macht vergrößern. Die Zukunft jedenfalls gehört denjenigen, die wissen, wenn sie «Abergeister» austreiben, daß sie es nur tun können in der Kraft des Guten, und diese kommende Generation, «eure Söhne» (11,19)[7], wird den traditionellen Standpunkt der Konservativen als irrig überführen. Was sich dann zeigen wird, kann man freilich schon heute wissen: Wo irgend Menschen geheilt werden «mit dem Finger Gottes», durch eine Menschlichkeit, die sie hinüberführt in jenen Raum der absoluten Würde ihrer selbst, da «ist ... zu euch gelangt das Königtum Gottes!» (11,20)[8]

Und noch etwas kann man da sehen: daß der Südwind «stärker» ist als das Eis und die Güte «stärker» als die Angst und die Macht des Vertrauens «stärker» als die Macht der Krankheit. Das Zusammentreffen aber, das dazu vonnöten ist, läßt sich wohl wirklich seelisch wie sozial nur darstellen nach der Weise einer kriegerischen Handlung, eines Kampfes (11,21.22)[9], und man muß eindeutig Partei ergreifen. Jetzt kehrt der Satz sich um, mit welchem Jesus vordem noch den fremden Exorzisten tolerierte: «wer nicht

ist, wird besonders deutlich aus der Beezebulperikope (Mk 3,20 ff par), wo die Gegner von *einem* Dämonenfürsten Beezebul sprechen... und Jesus stillschweigend in seiner Erwiderung dafür Satan einsetzt und auf die Unmöglichkeit eines geteilten Satansreiches hinweist. Mit dieser Einordnung verliert das Wirken der Dämonen den Charakter des Gelegentlichen und relativ Harmlosen, den es besonders bei den Rabbinen vielfach gehabt hat.» Vgl. WERNER FOERSTER: *beezebúl*, (Beelzebul) in: ThWNT I 605.

[7] Str. B. IV 1, 533–534, zeigen, daß «unter den menschlichen Beherrschern der Dämonenwelt... König Salomo» obenan steht.

[8] GUSTAF DALMAN: *Die Worte Jesu*, I 119: «Da ist es die Macht Jesu über die Dämonen, worin die Gottesherrschaft auch für das äussere Auge erkennbar kommt, hier erscheint sie in der Wirkungskraft des Wortes unsichtbar, aber deshalb nicht minder gewaltig.»

[9] Eben davon spricht WERNER FOERSTER: *daímōn*, in: ThWNT II 18: «An seine Stelle (sc. des Gelegentlichen und Harmlosen im Wirken der Dämonen nach rabbinischer Vorstellung, d.V.) tritt der entschlossene Kampf».

gegen uns ist, für uns ist der.[10]» (Lk 9,50) Wohl ist es wahr: wer irgend Menschen heilt, ist ein Gefährte und ein Bündnispartner Jesu; doch gegen alles Kranke und Krankmachende, gegen all die Repräsentanten von Angst und Außenlenkung muß man sich wehren. Hier gilt: «Wer nicht mit mir ist, der ist gegen mich, und wer nicht mit mir sammelt, der zerstreut.» (11,23)[11] Innerlich gilt das ebenso wie äußerlich, im Umgang mit sich selbst nicht anders als im Umgang mit den anderen, – Entschiedenheit und Entschlußkraft sind das, was in solchen Worten Jesus fördert und auch fordert.

Warum ein Kompromiß an dieser Stelle sich nicht schließen läßt, begreift man ohne weiteres, wenn man bedenkt, was jener «Stumme» auf dem Weg der Heilung wohl durchgemacht haben wird. Die ganze Auseinandersetzung: was da «göttlich» ist, was «teuflisch», die ganze Umwertung von «Gut» und «Böse», der ganze Widerstreit gegen die alte Macht der Angst, die niedergekämpft werden muß durch stärkeres Vertrauen, – all das muß ja als erstes sich im Herzen dieses Mannes zugetragen haben, noch ehe er die Fähigkeit zu seiner eigenen Sprache wiederfand; alles, was Jesus hier zur Selbstbegründung seines Wirkens vorträgt, ist deshalb auch zu lesen als Begründung und Beschreibung des Prozesses, der in dem Kranken selbst die «Austreibung» des «Abergeistes» möglich machte. Wie oft wird er sich haben fragen müssen, wem er jetzt folgen soll: den Vorschriften, die er seit Kindertagen in sich aufgenommen hat, oder diesen so neuen Vorstellungen, die sich in Jesu Nähe bilden und die doch etwas in ihm selbst berühren, das zutiefst von «Gottes Finger» in seine Seele eingeschrieben ist. Immer wieder

[10] HEINZ SCHÜRMANN: *Das Lukasevangelium*, II 1, 244, meint: «Es ist schwer, hier nicht wenigstens nebenher an Lk 4,5 f.... zu denken und an das weltbeherrschende Imperium Romanum, das Lukas dort als vom *diábolos* (sc. Teufel, d.V.) ‹besessen› vorstellt, zumal V 21 sich die trügerische Pax Romana (sc. der römische Siegfriede, d.V.) anzudeuten scheint.» Das ist richtig, doch damit wird ein grundlegendes Problem zeitgeschichtlich verengt: In Lk 4,5 geht es um «*alle* Reiche» der Welt, keinesfalls nur um das römische.

[11] WALTER KIRCHSCHLÄGER: *Jesu exorzistisches Wirken aus der Sicht des Lukas*, 232, verweist darauf, daß in Lk 11,18 ausdrücklich der Gottesherrschaft die Satansherrschaft gegenübergestellt werde. «Im Wirken Jesu wird letztere gebrochen, die Herrschaft Gottes aber aufgerichtet. *V 21-22* illustrieren diesen Gedanken in einem Bildwort. Der Text schließt mit einer Abgrenzung Jesu gegenüber seinen Gegnern (*V 23*). Das grundsätzliche Logion zeigt, daß die konkrete Frage nur Anlaß für eine tiefergreifende Auseinandersetzung... im Hinblick auf die Person Jesu ist.» – Str. B. I 635–636, meinen zwar: «Der Sinn der Worte (sc. in Lk 11,23, d.V.) ist klar: wer nicht mit mir das Reich Gottes fördert, schädigt es.» Sie halten aber für möglich, «daß die Worte vom Sammeln u. Zerstreuen in Jesu Mund ursprünglich in der speziellen Bedeutung von Zurückhalten u. Gehenlassen des Fußes gemeint waren, so würde der Sinn von Mt 12,30 (sc. und von Lk 11,23, d.V.) sein: Wer nicht bei mir ausharrt, der macht viele Wege u. verliert sich.»

wird es zu diesem Kampf gekommen sein zwischen der «schwer gerüsteten» Angst (11,21) und der «Entrüstung» und «Abrüstung» (11,22) von seiten dieses neu zu gewinnenden Vertrauens in die eigenen Möglichkeiten[12].

Doch eben deshalb gibt es in dem ganzen Heilungsvorgang keine Unentschiedenheit, keine Neutralität, kein inneres Leerbleiben mehr. Haltlos und schweifend auf der Suche, wo er an Nichtigem, an «wasserlosen Stätten», sich festmachen und sich beruhigen könnte (11,24), war dieser «Geist» des «Stummen» wohl schon immer[13]. Er traute sich nicht, selbst zu sein, er flüchtete aus Angst sich in die anderen, und die Gefahr ist deshalb groß, erneut und noch verstärkt – gleich siebenfach (11,26) – nach einer kurzen Zeit der Freiheit rückfällig zu werden. Wie oft wird *eine* Form der Abhängigkeit nur eingetauscht gegen eine noch ärgere!

Ein Mädchen beispielsweise sucht der Unfreiheit, wie sie es sieht, in ihrem Elternhause zu entkommen und gerät dabei an einen Mann, der sie nur demütigt und ausbeutet, und doch wagt sie es nicht, diesem «Vater-Nachfolger» sich zu entziehen. Zu sagen hat sie bei ihm noch weit weniger als ehedem bei ihrem Vater; alles hat sich für sie verschlechtert und verschlimmert, und was für einen Augenblick aussehen mochte wie ein Schritt in die richtige Richtung, bestraft sich jetzt mit einem riesigen Rückschritt. Es ist, psychoanalytisch gesprochen, das «Überich» – die Sammlung aller alten Schuldgefühle –, das nach einer kurzen Zeit der Unruhe, des Suchens, des Empfindens tiefer Leere, zur Wiederaufnahme der alten Unterwerfungsgesten zwingt.

«Du darfst den Weg zu Deiner ‹Mündigkeit› nicht halbherzig in Angriff nehmen», besagen deshalb diese Worte Jesu über die Gefahr der Rückkehr der «Dämonen». Sie sind wie Warnungen, gerichtet an den eben erst Geheilten[14]. Spricht man, statt von den sieben «bösen» oder «unreinen» (11,24) «Geistern», von Geisteshaltungen, von Ängsten und von Wider-

12 HANS CONZELMANN: *Die Mitte der Zeit*, 99, betont: «Das Reich des Satans wird bekämpft, das Reich Gottes ist da, d. h. nun: es geschehen durch Jesus die Werke, deren Sinn in Lc 4,18-21 angezeigt ist.» Das hebe freilich «die futurische Eschatologie nicht auf ... Erst die Parusie (sc. die Wiederkunft Jesu, d.V.) bringt das Reich selbst, von dem das Jetzige ein *Bild* ist.» (S. 98)

13 ANTON JIRKU: *Die Dämonen und ihre Abwehr im Alten Testament*, in: Von Jerusalem nach Ugarit, 32–39 (40–47), zählt verschiedene Wüstendämonen auf und resümiert, «die hebräische Anschauung von der Wüste als dem Aufenthaltsort von Dämonen» decke sich «mit der babylonischen, besser gesagt: sumerisch-babylonischen.» S. 37 (45).

14 WALTER KIRCHSCHLÄGER: *Jesu exorzistisches Wirken aus der Sicht des Lukas*, 235, notiert: «Nach ihrer Austreibung sind die Geister nicht vernichtet, sondern suchen ein neues Wirkungsfeld. Der Text will davor warnen und zur Achtsamkeit aufrufen.»

ständen, ersetzt man mithin die «Dämonologie» der Bibel durch eine Psychologie der unbewußten Mechanismen in der Seele eines Menschen, so ist der Sinn dieser Vermahnung Jesu überdeutlich: Es gilt, nicht mit dem ersten Schritt der «Mundöffnung»[15] sich zu beruhigen; es kommt darauf an, zu erkennen, mit was für einem Dämon man es eigentlich zu tun hat: dieser «Geist» hilfloser Haltsuche, diese suchtartige Getriebenheit, sich festzuhalten, egal wo, – das ist man selber! Und es ist keinesfalls schon so, als sei der Spuk jetzt, wo man all das einsieht, auch bereits vorüber. Es ist vielmehr damit zu rechnen, daß die alten Selbsteinwände, daß das Unvermögen, mit sich selber etwas anzufangen, daß das Gefühl der Sinnleere, wenn man nunmehr auf sich gestellt ist, förmlich danach verlangen, es möchte endlich wieder alles sein wie früher. Darum ist es so wichtig, dem eigenen Leben einen eigenen Inhalt, eine eigene Beauftragung, eine eigene Erfüllung zu verleihen beziehungsweise sie in der eigenen Existenz als immer schon vorhanden zu vernehmen. Nicht daß es «ruhig» und «geordnet» weitergeht wie bisher, steht fortan zu erwarten, nur daß es wahrer, «reiner» und in sich geschlossener, mit einem Worte: «mündiger» geschieht, ist zu erhoffen. Doch wo sich das verwirklicht, ist in der Tat das «Königtum Gottes» gekommen (11,20).

[15] Die «Mundöffnung» war im Alten Ägypten ein zentraler Ritus bei der Wiederbelebung der Mumie eines Verstorbenen. Zur Herkunft des Rituals schreibt JAN ASSMANN: *Tod und Jenseits im Alten Ägypten*, 408–431: Die Riten der Mundöffnung am Grabeingang (S. 409): «Keine Quelle (sc. für das Ritual der Mundöffnung, d.V.) ist älter als das Neue Reich. Das Ritual selbst aber muß wesentlich älter sein. Viele Sprüche daraus sind bereits in den Pyramidentexten des Alten Reiches belegt, und viele Szenen weisen ein Vokabular und eine Form auf, die auf eine noch ältere Zeit verweisen, vielleicht die Zeit der ersten beiden Dynastien, in der die Herstellung von Götterstatuen eine derart bedeutungsvolle Handlung darstellte, daß sie zur Bestimmung von Jahresnamen verwendet wurde.»

Lk 11,27–36: Vom Leuchten aus innen oder: Mehr als Salomo und Jona

(vergleiche Mt 12,38–42; Mk 8,11–12 zu *Lk 11,29–32*; Mt 5,15; Mk 4,21 zu *Lk 11,33*; Mt 6,22–23 zu *Lk 11,34–36*)

27 Es geschah aber bei diesem seinem Sprechen: Auf hob die Stimme eine
Frau aus der Schar und hat ihm gesagt: Glücklich der Leib, der dich ge-
tragen, und Brüste, die du gesogen (vgl. dagegen 23,29). 28 Er aber hat
gesagt: Nun doch, glücklich die Hörer des Gottesworts und seine Behü-
ter (8,15.21)!
29 Als aber die Scharen (weiter) herandrängten, unterfing er sich zu sagen:
Diese Gattung ist eine böse Gattung. Einen Beweis sucht sie (11,16), doch
ein «Beweis» wird ihr nicht gegeben werden außer dem Hinweis des
Jona. 30 Denn wie Jona den Niniviten ein Hinweis ward, so wird auch der
Menschensohn für diese Gattung sein. 31 Eine Königin des Südlands wird
auferweckt werden beim Gericht mit den Männern dieser Gattung – und
das Gericht über sie sprechen; denn: sie kam von den Grenzen der Erde,
(bloß) um die Weisheit Salomos zu hören. Doch da: mehr als Salomo (ist)
hier! 32 Männer von Ninive werden aufstehen im Gericht mit dieser Gat-
tung – und das Gericht über sie sprechen (10,12); denn: sie kehrten um
auf die Verkündigung des Jona hin. Doch da: mehr als Jona hier!
33 Niemand steckt eine Leuchte an und stellt sie in einen verborgenen
Winkel, auch nicht unter den Scheffel, sondern auf den Leuchter, damit
die Eintretenden das Schimmern erblicken (8,16). 34 Die Leuchte des
Leibs ist das Auge. Wenn dein Auge heil ist, ist auch dein ganzer Leib
hell. Wenn es aber krank ist, (ist) auch dein Leib finster. 35 Schau also,
daß das Licht in dir nicht Finsternis ist. 36 Wenn nun dein Leib ganz hell
ist, unteilhaftig des Finstern, wird er hell sein ganz, wie wenn die Leuchte
mit hellem Schein dich umlichtet.

Wes Geistes Kind ein Mensch ist, zeigt sich am Vorzeichen der Klammer, die sich unsichtbar um seine Existenz legt: lebt er aus Angst oder lebt er aus Vertrauen, – daran entscheidet sich der Inhalt all dessen, was er ist und tut: dient es dem Aufbau oder der Zerstörung der Person, wirkt es integrativ oder dissoziativ, trägt es zur Reifung bei oder zu Stagnation, Fixierung und Regression? Entlang solcher Kriterien verläuft der wahre Unterschied von «Gut» und «Böse»; und das wohl wichtigste Erkenntnismerkmal einer in sich gelösten, von sich selber frei gewordenen Persönlichkeit ist ihre Fähigkeit, sich objektiv auf die Gegebenheiten anderer einlassen und einstellen zu können, – sie dreht sich nicht, von Angst getrieben, ständig um sich selber. Von dieser Art, nach allem, was wir wissen, war offenbar die Wesensart des «Christus».

Schon daß wir ihn so nennen, markiert ein Paradox. Das «christliche» «Glaubensbekenntnis» besteht förmlich in der Erklärung, daß Jesus der «Messias» (griechisch: der «Christus», der «Gesalbte», der «König») sei; und richtig: wem die Person und Botschaft Jesu mehr bedeutet als alles sonst auf Erden, dem ist der Mann aus Nazaret «der König», – will sagen: der Mittelpunkt der Sinnauslegung seines Daseins, der Zielpunkt und das Vorbild seines Handelns, die Motivationsgrundlage seiner Einstellung zum Leben. Jesus als «Christus» zu «bekennen» kann daher niemals heißen, ihn dogmatisch zu verfeierlichen, es heißt vielmehr, sein Leben nach ihm auszurichten oder, richtiger noch, sich von ihm immer mehr führen und formen zu lassen. Anderenfalls droht augenblicklich die Tragödie, die in jeder verfaßten Religionsform angelegt ist: Man delegiert den «Glauben» an die Verleihung eines Titels, man verformt, was eine persönliche Beziehung sein müßte, in ein Registratur- und Beamtenverhältnis, man setzt seine Selbstachtung in die Hochschätzung einer historischen Gestalt – fortan ist man als «Christ» etwas Besonderes –, doch je wichtiger es im Sinne der Kirchendoktrin wird, herauszufinden, wer dieser Andere war, desto unwichtiger wird es für das einzelne «Kirchenmitglied», wer es selber ist.

Bemerkenswerterweise ist es gerade diese «Hymnisierung» und «Enthusiasmierung» des Daseins, die Jesus regelmäßig als einen Grundirrtum im Verhältnis zu sich selbst zurückweist. Schon am Ende der «Bergpredigt» (Mt 7,21–23) beziehungsweise der «Feldrede» (Lk 6,46) hat er rundheraus erklärt, es gehe nicht darum, ihn als «Herrn» zu «bekennen», allein darauf komme es an, zu tun, was er sagt. Als der reiche Jüngling (Mk 10,17.18) – oder, wie *Lukas* (18,18) schreibt, «ein Vorsteher» – zu Jesus kommt und ihn anredet mit: «Guter Meister», korrigiert ihn Jesus auf der Stelle: «Was nennst du mich gut? Keiner ist gut denn einer: Gott.» (Lk 18,19) Auf Ihn sich zu beziehen ist das Wesentliche; alle Verfeierlichung fremder Personen hingegen läuft hinaus auf eine gefährliche Ablenkung vom Ernst der eigenen Existenz.

In diese Grundauffassung fügt sich bestätigend auch Jesu Antwort auf den Lobpreis dieser unbekannten «Frau aus der Schar» (11,27), die den Worten nach seine Mutter «glücklich» preist[1]. Sie tut es in der einfachsten

[1] HEINZ SCHÜRMANN: *Das Lukasevangelium*, II 1, 255, meint: «Der Makarismus (sc. die Seligpreisung, d.V.) V 27b muß in seinem Wortlaut und in seiner Tiefenschicht befragt werden: Die Frau in der Menge preist letztlich Jesus, wenn sie formelhaft seine Mutter nennt ... Die Antwort Jesu aber überhört das und nimmt Stellung zu ihrem Lobpreis, insofern dieser dem Wortlaut nach seiner Mutter galt. Dabei lenkt die Umschreibung (‹Leib›, ‹Brüste› ...) den Blick auf die leibliche Mutterschaft Mariens», – um zu sagen, daß es um die biolo-

Weise: «biologisch». Da sollen Schoß und Brüste der Frau «selig» sein, die einen solchen Sohn wie Jesus zur Welt gebracht und aufgezogen haben. Daß Jesus ist, wie er ist, und wirkt, wie es seinem Wesen entspricht, wird hier den Worten nach gewertet als das Produkt bestimmter Gene und als das Resultat guter Ernährung in der frühen Kindheit. Fügt man hinzu, daß der Einfluß der Mutter sich natürlich nicht nur in der Biogenese, sondern auch in der Psychogenese ihres Kindes geltend macht, so zeigt sich, wie «modern» und zeitlos aktuell das Mißverständnis ist, das Jesus an diesem so sympathisch wirkenden weiblichen Lob zurechtrücken muß, und das in gleich drei Punkten.

Zum einen liefe es auf einen schweren Fehler hinaus, den Menschen als Ergebnis bloßer Naturprozesse zu betrachten; stünde es so, könnte niemand für das, was er als Mensch und als Person selbst ist: Wohl könnte – wie diese Frau hier Jesus – ein Mensch dann einen anderen dafür bewundern, was für ein Kunstwerk die Natur in ihm hervorgebracht hat, doch bliebe sein Verhältnis zu ihm rein «ästhetisch». Ganz so, wie jemand die formvollendete Schönheit einer Filmschauspielerin bestaunt (oder beneidet), kann man natürlich auch die hohe geistige Begabung, die «Genialität» eines Menschen, respektvoll anerkennen; doch den Charakter eines Menschen, sein Wesen als Person, *darf* man so nicht betrachten, als handele es sich dabei um eine Mitgift der «Natur», die jenem anderen geschenkt, nur einem selber halt versagt geblieben wäre; ethisch und religiös muß es darum zu tun sein, selbst so zu werden wie der «Christus», um ein «Christ» zu sein, oder, bezogen etwa auf den Islam, befriedet in Allah zu werden wie Mohammed, um ein «Muslim» zu sein. Angesichts einer solchen Forderung klingt es nach einer bloßen Ausrede, die Existenzweise des Vorbildlichen und Verbindlichen auf einen bloßen Zufall der Natur zurückzuführen.

Ein *zweiter* Fehler ist unmittelbar in dem Glauben gelegen, die «Verwandtschaft» beziehungsweise die «Zusammengehörigkeit» von Menschen sei wesentlich durch biologische Abstammung bestimmt und in diesem

gische Tatsache der Mutterschaft nicht geht. Damit ist die «Mariologie» der katholischen Theologie eigentlich am Ende; um doch noch eine Notbrücke zu bauen, fügt SCHÜRMANN: A. a. O., II 1, 256 gleichwohl hinzu: «Der Evangelist, der über Maria 1,28.30.38.42.45.48; 2,19.51; Apg 1,14 schrieb, würde diese (sc. die Mutter Jesu, d.V.) gewiß nicht aus der Preisung der Hörer des Wortes ausgeschlossen haben. Erst bei einer gewissen Wertung der Mutter macht bereits die Bildhälfte des Wortes überbietend deutlich, welcher Wert den treuen Bewahrern des Wortes Jesu hier zugesprochen ist.» Ausführungen dieser Art verkennen, daß es auch in den legendären und mythischen Zügen, in denen *Lukas* von der «Mutter» Jesu erzählt, nicht um die historische Person der Mutter Jesu geht, sondern um eine Art Wesensportrait Jesu als des «Erlösers».

Sinne sei nun auch Maria zu preisen als die Mutter Jesu. Genau darum kann es religiös nicht gehen. Man muß sich nur an jene Szene erinnern, da die Mutter und die Brüder zu Jesus kamen, um ihn, wie man vermuten muß, nach Nazaret zurückzuholen (Lk 8,19.20; Mk 3,31.32); Jesus gab ihnen zur Antwort: «Meine Mutter und meine Brüder sind diese, die das Wort Gottes hören und tun.» (Lk 8,21; vgl. Mk 3,33–35) Wie «verwandt» ein Mensch einem anderen ist, entscheidet sich an der Übereinstimmung der Lebensauffassung und an der Gemeinsamkeit der Lebensführung, nicht an der «Blutsverwandtschaft»; wie Menschen zu Gott stehen, das bestimmt, wie nahe sie einander und wie nah sie Jesus stehen.

Und *ein drittes* geht daraus hervor: Indirekt widerlegt Jesus mit seiner Antwort ein Mißverständnis, das der griechische Text, eben weil man ihn mit «griechischen» Augen liest, fast unvermeidbar provoziert, das jedoch im «Hebräischen» wohl gar nicht erst entsteht. Wenn so massiv die Rede geht vom Körper einer Frau, die ein Kind zur Welt bringt und es in die Welt begleitet, so scheint es klar, daß sie gewiß auch als Person gemeint und angesprochen ist; vor allem die katholische Kirche hat denn auch an Stellen wie diesen Argumente für ihre Lehre über Maria (für ihre «Mariologie») zu sammeln versucht. In Wirklichkeit aber möchte diese Frau gar nicht von Jesu Mutter reden; ihr Lob gilt ausschließlich und wesentlich ihm selbst.

Wenn im hebräischen Denken eine *Wesens*aussage von etwas gemacht werden soll, so spricht man gern von seinem Anfang, von seiner Entstehung, um zu sagen: es war «schon immer» so, es ist «prinzipiell» so, es war noch niemals anders[2]. In Ps 51,7 zum Beispiel klagt ein Beter, er sei als Sünder schon geboren worden und seine Mutter habe ihn in Sünden empfangen; «wörtlich» gelesen, will er damit sein eigenes Fehlverhalten mit einer Art genetischen Defekts oder mit der Macht der Umstände entschuldigen, in Wahrheit aber möchte er ganz offensichtlich seine Schuld als etwas darstellen, das sich wie notwendig aus seiner ganzen Wesensart ergeben *mußte*; indem er von der «Mutter» spricht, meint er sein eigenes Wesen. – Oder: als *Saul* (König von 1012–1004) entdeckt, daß sein Sohn Jonathan freundschaftliche Beziehungen zu David unterhält, fährt er ihn mit den Worten an: «Du Sohn einer ehrlosen Mutter.» (1 Sam 20,30) – «Du Sohn einer aufrührerischen Hure», wäre die treffendere Übersetzung, denn was der König

[2] Vgl. SdB, I, S. XVIII – XXXI: Das Selbstverständnis der j(ahwistischen) Urgeschichte als einer Anfangserzählung.

seinem Sohn vorwirft, ist Rebellion, Untreue und Verrat –, mit keinem einzigen Gedanken ist er bei diesem Vorwurf an den Sohn bei seiner Frau; von ihr redet er nur, um die Wesensverderbtheit und die Grundverkommenheit seines Sohnes in ihrem ganzen Ausmaß zum Ausdruck zu bringen. «Bei Deiner Geburt hat sich eine Natter mit einem Skorpion verpaart», kann man noch heute auf arabisch sagen, um ein ähnliches Ergebnis in Worte zu fassen.

In genau der Art muß man – vom positiven Ende her – die Seligpreisung dieser Frau begreifen: «In Deinem ganzen Wesen bist Du hoch zu rühmen», will sie sagen, «weil Du so viel an Segen um Dich her verbreitest. Ein durch und durch von Gott Gesegneter bist Du, und danken muß man Gott, daß es Dich gibt.» Dann aber ist die Antwort Jesu nur um so eindeutiger zu verstehen: «Glücklich sind – allein – die, welche das Wort Gottes hören und hüten.» (11,28)[3] Nicht der Lobpreis Jesu, nur wie man selber lebt, ist von Belang. Stets verweist Jesus die Menschen auf sich selbst zurück, in ihrer Freude hier, in ihrer Trauer später, als er die Frauen, die sein Los beklagen auf dem Weg zur Hinrichtung, vermahnt, nicht über ihn, sondern über sich selbst und über ihre Kinder Tränen zu vergießen; denn dann werde man sagen: «Glücklich ... die Leiber, die nicht geboren, die Brüste, die nicht genährt haben.» (Lk 23,29) – Selbst wenn Jesu konsequentes Leben für Gott ihn in den Tod führt, – immer noch besser ist es, als so zu leben, daß es in Wahrheit kein Leben ist. Und umgekehrt: Glücklich zu nennen ist der, dem das Wort Gottes zum «Brot» wird (Lk 4,4).

In die gleiche Richtung geht dann auch die Mahnung an die Menge (an «die Scharen»; 11,29), sich nicht einer existentiell nichtigen Neugier hinzugeben. Es ist so simpel, es kostet menschlich gar nichts, sich in Sachen Religion zu «informieren» oder mit dabei zu sein bei irgendwelchen «Events» und «Spektakeln, im ganzen aber in der Psychologie der Masse zu verhar-

[3] Richtig sah THEODOR ZAHN: *Das Evangelium des Lucas*, 465: «An oberflächlicher, nichts verbürgender Bewunderung Jesu fehlt es ... nicht. Das zeigt der laute Ausruf des Weibes aus dem Volk (27), das aus Anlaß der ernsten Rede, auf welche die Ankläger nichts zu erwidern wissen, die Mutter selig preist, die solchen gewaltigen ... Prediger geboren und gesäugt hat. Das klingt fast wie Neid aus dem Munde eines Weibes, der solch› ein Sohn, wenn sie seine Mutter wäre, eben nur ein Gegenstand mütterlicher Eitelkeit sein würde. Im milden Ton berichtigt Jesus (28) diese immerhin freundlich gemeinte Äußerung des Beifalls ganz im Sinne des von Lc bereits früher (8,21) mitgeteilten Urteils über seine wahren Anverwandten. Nicht um Bewunderung seiner hohen Begabung ist es ihm zu tun, sondern darum, daß man das Wort Gottes, welches er predigt, höre und bewahre (6,46-49; 8,15.18.21).»

ren; die gesamte Geistesart dieser «Gattung» Mensch[4] nennt Jesus «böse», – ein Wort, das (wieder) nicht moralisch gemeint ist, sondern an dieser Stelle soviel bedeutet wie «sinnlos», «widersinnig», – «absurd». Bereits als Jesus den stummen «Abergeist» austrieb und einige ihm vorwarfen, allein im Bündnis mit «Beelzebul, dem Vorsteher der Abergeister», sei er dazu imstande (Lk 11,15), forderten etliche von ihm «einen Beweis vom Himmel» (Lk 11,16); jetzt, nachdem der Vorwurf der Komplizenschaft mit dem «Satan» durchgearbeitet ist, greift er auch dieses Ansinnen auf, indem er es in einen biblischen Zusammenhang stellt: Von welcher Art wohl waren all die «Zeichen» Gottes? Stets waren es Hinweise, nie «Beweise», – solche gab es nicht und kann es auch nicht geben; sie müßten Gott zu einem Objekt nachprüfbarer Untersuchungen entwürdigen. Da müßte etwas sein, das schlechterdings erklärbar wäre nur mit einem «Eingriff» Gottes, – mit einem «Wunder» wider alle menschenmögliche Vernunft. So aber ist Gott nicht. Er widerlegt nicht seine eigene Welt, Er korrigiert nicht die Natur, die Seine Schöpfung ist, Er macht sich nicht zu einem Teil der Welt, zu einem Gegenstand, zu einer Ursache inmitten anderer Faktoren; mit einem Wort: Gott findet man nicht durch Abschreiten oder Zergliedern der Kausalkette naturhafter Erscheinungen, als eine Ausnahme vom Normalen beziehungsweise als das Ungewöhnliche im Rahmen des Gewohnten. Gott ist der Sinnzusammenhang von allem, der Grund der ganzen Existenz, oder Er ist nicht Gott. Wenn man also nach «Spuren» sucht, um Ihn zu finden, so bieten sich nach biblischem Zeugnis zwei Erfahrungen dafür an.

Da ist zum einen die Sehnsucht nach Einsicht und nach Weisheit, nach Sinnfindung und Sinnerfüllung. Die Symbolfigur schlechthin für «große

[4] In dieser Weise versteht das Wort von «diesem Geschlecht» KARL HEINRICH RENGSTORF: *sēmeīon* (Zeichen), in: ThWNT VII 234, wenn er mit Bezug zu Lk 11,29 schreibt: «Das ist es denn auch letztlich, was aus denen, die die ‹Zeichen›-Forderung erheben, eine … (sc. böse Menschenart, d.V.) … macht – eine Gemeinschaft, die sich dadurch von Gott löst, daß sie sich in ihrem Urteil und in ihrem Handeln von Gott emanzipiert.» FRIEDRICH BÜCHSEL: *geneá* (Geburt, Abstammung, Generation), in: ThWNT I 661, meint: «*Dieses Geschlecht* ist zunächst zeitlich zu verstehen, es enthält aber immer eine verurteilende Nebenbedeutung. Diese tritt an die erste Stelle, wenn es statt ‹das Geschlecht› heißt: *das ehebrecherische* … Mk 8,38, oder *das böse* Mt 12,45; Lk 11,29, oder *das böse und ehebrecherische* Mt 12,39; 16,4; oder *das ungläubige und verkehrte* Geschlecht Mt 17,1 (Lk 9,41; Mk 9,19 …) … Mt 17,17 geht vielleicht zurück auf das Moseslied Dt 32,20 … *hē geneà haýtē* (sc. dieses Geschlecht, d.V.) ist, wie die regelmäßige Nachstellung von *haýtē* (sc. diese, d.V.) zeigt, Wiedergabe des rabbinischen *haddor hassäh* (sc. das Geschlecht, dieses, d.V.). In der Rolle, die *geneá* in den Worten Jesu spielt, zeigt sich das Umfassende seiner Absicht – sie ist auf das Volksganze, nicht auf einzelne gerichtet – und seine Schätzung der Gemeinsamkeit in der Sünde.» Statt von dem «Volksganzen» sollte man allerdings besser von «dieser Spezies Mensch» sprechen.

Weisheit und Verstand» (1 Kön 5,9) ist in der Bibel *Salomo* (König von 965–926), der laut Legende «weiser war als alle Menschen» (1 Kön 5,11), so daß man «aus allen Völkern kam», «zu hören die Weisheit Salomos» (1 Kön 5,14); das Verlangen aber nach Erkenntnis ist personifiziert in der legendären Königin von Saba[5], die bei ihrem Besuch des Herrschers auf dem Throne Israels (1 Kön 10,9) feststellen mußte, daß er «Weisheit und Güter» weit mehr noch besaß, als ihr berichtet worden war (1 Kön 10,7). Den Grund für diesen Reichtum im inneren wie äußeren legte ein Traum, in welchem Salomo der *Herr* erschien und ihn aufforderte, zu erbitten, was Er ihm geben solle (1 Kön 3,5); der aber flehte Gott an um die Gabe eines gehorsamen Herzens und um das Verstehen dessen, «was gut und böse ist» (1 Kön 3,9). So sehr spätere Zeiten auch in ihren rückwärtsgewandten Phantasien und Projektionen von der Prachtentfaltung dieses «Davidssohnes» schwelgen werden, so konzentriert die religiöse Deutung sich doch ganz auf diesen einen Inhalt aller «Weisheit»: zu verstehen, daß alles Glück und alle Schönheit darin liegt, den Hintergrund der unbedingten Güte Gottes als des Inbegriffs des «Guten» niemals zu verlieren, und daß alles Unheil, alles «Böse», gerade darin seinen Ursprung hat, in eine Welt der Gnadenlosigkeit hineingestoßen zu werden, die dieses Grundgefühls entbehrt.

Vom «Südland» her, «von den Grenzen der Erde», quer durch die arabische Wüste, lobt Jesus hier (11,31), begab die Königin von Saba sich zu Salomo, um teilzuhaben an dieser Erkenntnis. Ein solches Suchen nach Wahrheit, ein solches Ungenügen an der vorfindbaren Welt der Oberflächlichkeit, der Eindimensionalität, der ständigen Verdrängungen mit der Bilanz einer vollkommen falschen Lebensweise, ein solcher Aufbruch nach einem ganz Anderen ist angelegt in jedem Menschen, und diese unverfälschte Gottessehnsucht ist unendlich viel mehr wert als die Behäbigkeit der Gottversicherten, die mit verschränkten Armen dastehn und bestimmen

[5] Für die Hauptstadt des Sabäerreiches gilt der Tell unter dem heutigen Marib. «Man weiß nicht genau, wie alt die Metropole des Sabäerreiches ist... Aber neuere Forschungen des Deutschen Archäologischen Instituts haben ergeben, daß Marib mit Sicherheit schon um 1500 vor Christus, wenn nicht schon früher besiedelt war. Fest steht bisher ohne Zweifel, daß das Sabäische Reich in der zweiten Hälfte des ersten Jahrtausend vor Christus seine Blütezeit erlebte. Während dieser Zeit beherrschen die Sabäer mehr oder weniger das gesamte Küstengebiet im Südwesten Arabiens, einschließlich der benachbarten Landschaften. Entlegene Gebiete dieses großen Reiches, wie etwa die Kolonie westlich des Roten Meeres in Afrika, ließen die Sabäer von Vasallenkönigen regieren.» VOLKER PANZER: *Audienz bei der Königin von Saba*, in: Gottfried Kirchner (Hg.): Terra-X, 68. Berühmt geworden sind die Dammanlagen von Marib, die im 6. Jh. v. Chr. aufgeführt wurden, um die Wasser der Regenzeit optimal zu nutzen (a. a. O., 74–80).

wollen, unter welchen Bedingungen sie vielleicht doch bereit sein könnten, Gott als «gegeben» anzuerkennen. Über diese «Gattung» Mensch werden bei der Auferweckung von den Toten all diejenigen zu «Gericht» sitzen, die, wie die Königin von Saba, sich auf die Suche gemacht haben (11,31)[6]. Wenn etwas vor Gott gilt, dann dies: Da ist eine Menschlichkeit, die in allen Menschen lebt und die Jesus in der Gestalt des «Menschensohnes» hier in sich selbst als Zeichen setzt und für sich selbst in Anspruch nimmt[7], – doch steht er mit seiner Haltung der Menschenart, von der er spricht, so fremd gegenüber wie einstmals *Jona* den Bewohnern der Stadt Ninive[8].

Der «Hinweis», das «Zeichen», das *Jona* in der märchennahen Erzählung, die in der Bibel seinen Namen trägt, für «Ninive» bedeutete, für diese «Blutstadt» der Assyrer (Nah 3,1), bestand in der Ansage des Gerichts: «Noch vierzig Tage, und Ninive ist nicht mehr.» (Jona 3,4)[9] Es war eine

[6] HEINZ SCHÜRMANN: *Das Lukasevangelium*, II 1, 281–282, bemerkt: «Auch die Verkündigung der Auferweckung des ‹Menschensohnes›, dieses grundlegenden Heilszeichens Gottes, impliziert Gerichtsverkündigung: Bei erneuter Ablehnung des nachösterlichen Heilsangebotes verschärft sich die Gefährdung für Israel (und auch für die Christen).»

[7] HEINZ SCHÜRMANN: A. a. O., II 1, 282, hört als «Nebensinn» von 11,30, «daß der als irdischer Menschensohn ‹verleugnete› Jesus (vgl. 12,8 f.) als auferweckter und in der Zeit der Kirche pneumatisch wirkender Menschensohn (vgl. 12,10) als ‹Zeichen des Widerspruchs› auch viele ‹zu Fall› bringen wird (vgl. Lk 2,34) und damit dann wie von selbst auch der zur Parusie (sc. Wiederkehr, d.V.) zu erwartende Weltenrichter erkannt werden muß, an dem sich das Endschicksal entscheidet.» «Es entspricht der ‹Ekklesiologie› des Lukas, seiner Vorstellung von der erst nachösterlichen Transformation des Gedankens vom Gottesvolk, daß durch die Auferweckung Jesu der Generation, die ihn abgelehnt und ans Kreuz gebracht hatte, erneut eine Bekehrungschance gegeben wird ... Ablehnung des irdischen Menschensohnes damals konnte noch vergeben werden, nicht aber mehr das Sich-Versagen gegenüber der geistmächtigen nachösterlichen Verkündigung vom auferweckten und erhöhten Kyrios (sc. Herrn, d.V.), nicht mehr eine nachösterliche ‹Geist-Lästerung›.» In solchen Worten wird aus den Worten vom «Menschensohn» und von der Hoffnung auf «Auferstehung» ein kirchlich-dogmatisches Lehrsystem, das als «geistmächtig» vorgestellt wird ohne den Hauch auch nur von Begeisterung. Anders, wenn man die Botschaft des «Menschensohnes», die Lebensform wahrer Menschlichkeit, in Verbindung setzt zu dem Glauben, daß der Tod nicht das letzte Wort über den Wert eines Menschen spricht; dann begreift man die Aufregung auf Leben und Tod, von der hier die Rede geht.

[8] Vgl. E. DREWERMANN: *Und der Fisch spie Jona an Land*, 42–53.

[9] Zum «Zeichen des Jona» vgl. KARL HEINRICH RENGSTORF: *sēmeīon* (Zeichen), in: ThWNT VII 231–232, der meint, «daß der Spruch (sc. Lk 11,29 f., d.V.) Jona als denjenigen kennzeichnet, in dem Gott selbst auf sich als mit dem Propheten gegenwärtig und durch ihn und sein Bußwort wirksam hinweist.» JOACHIM JEREMIAS: *Jonas*, in: ThWNT III 413, sieht in Lk 11,30 den Vergleichspunkt mit Jesus «auf Seiten des Jonas darin gegeben, daß er den *Niniviten zum Zeichen wurde* – offensichtlich dadurch, daß er als der aus dem Inneren des Seeungeheuers Errettete vor sie trat ..., daß er als der aus den Toten Errettete *diesem Geschlecht* vor Augen gestellt werden wird. Nach Lk besteht also das alte wie das neue Jonaszeichen in der *Legitimierung des Gottgesandten* durch die *Errettung aus dem Tode.*»

Predigt würdig Johannes' des Täufers, wenn dieser bereits «die Axt an die Wurzel der Bäume gelegt» sah (Lk 3,9); doch anders als die Pharisäer und die Gesetzeslehrer, die, *Lukas* zufolge, des Täufers Botschaft verwarfen (Lk 7,30), fanden sogar die Zöllner zu ihm (Lk 7,29), – und ähnlich verhielt es sich, laut Legende, auch mit den Einwohnern von Ninive. Es ist so einfach, aus «israelitischer» Sicht, aus der Perspektive der «Erwählten», der «Orthodoxen», der in «Ordnung» Befindlichen, sich vor Gott hinzustellen und so zu tun, als verfügte man schon über die Kriterien, um im voraus zu wissen, wie Gott sich zu verhalten gedenke; aber ein einziger Augenblick wirklicher Erschütterung, ein einziger Moment tiefer Betroffenheit, eine Schrecksekunde, in welcher die Fragwürdigkeit von allem, was wir sind und tun, aufbricht wie der Krater eines schlafend liegenden Vulkans, kann unendlich viel mehr vor Gott besagen als alle konventionellen und kollektiven Selbstversicherungen, es im großen Haufen schon nicht falsch machen zu können[10].

Die Königin von Saba und die Bewohner von Ninive – die sich Aufmachende und die sich Bekehrenden –, Salomo und Jona – der Weise, der sich suchen läßt, und der Prophet, der ausgesandt wird –, sie stehen für einen Wechsel der Lebensauffassung und Lebensführung im ganzen. «Bis dahin glaubte ich», sagte zum Beispiel ein recht erfolgreicher Unternehmer, «mit Menschen spielen zu können, – mit ihrer Bewunderung, mit ihrer Zuneigung, mit ihrem Vertrauen; ich gefiel mir so sehr in der Rolle des Mannes, der die anderen nach Belieben für sich ‹tanzen› lassen kann, der sie beeindruckt, der sie nach seinem Willen formt. In meinen Augen war ich ein Prometheus, der sich die Menschen schafft als seine Spiel- und Werkzeuge. Und das wäre wohl endlos so weitergegangen, wäre nicht der Tag gekommen, der mich beinahe umgebracht hätte. Es griff mir ans Herz, ganz wörtlich, ein Infarkt, und ich spürte, wie alles sich drehte, ein Schwindel, ein Taumel, ein Nebel vor den Augen, und dann dieser stechende Schmerz. Nichts würde mehr so weitergehen, das wußte ich; aber wie es weitergehen würde, davon hatte ich keine Ahnung. Ich lag im Bett, und es tauchten immer neue Szenen auf, – peinliche, blamable Szenen, Situationen, auf die ich früher stolz gewesen wäre und für die ich mich jetzt in den Boden schämte. Da stand ich, überheblich, anmaßend, aufgebläht und eitel, und ich sah mich plötzlich aus der Sicht der Frau, über die ich von oben herab eine spöttische

[10] Gerade dieser Eindruck einer göttlichen Sicherheit im Verurteilen anderer wird für Jona selber zu einer Form der Widersetzlichkeit gegen einen Gott, der willens ist, selbst Ninive zu vergeben. Vgl. E. DREWERMANN: *Und der Fisch spie Jona an Land*, 50–55.

Bemerkung gemacht hatte, des Mannes, an dessen Fähigkeiten ich wie nebenbei schwere Zweifel geäußert hatte, meiner eigenen Frau, die ich, wie man so sagt, fest im Griff zu haben glaubte. Was war ich nur für ein Geck, was für ein Fatzke, was für ein Scharlatan gewesen; ich fühlte mich so schwach, so energielos, und neben mir am Bett saß meine Frau und las mir die Briefe von Mitarbeitern und von Freunden vor, die mir gute Besserung wünschten. Ich hätte sie alle umarmen mögen allein für die Tatsache, daß ich noch lebte und daß ich unter ihnen weilen durfte. Ich habe nie wirklich an Gott geglaubt, ich weiß auch jetzt nicht, ob ich es tue, ich weiß nur, daß sich in mir alles verändert hat, und ja, ich bete darum, daß es immer so bleiben möge. Es ist, als hätte ich zum ersten Mal begonnen, richtig zu leben. Nur: was war denn dann all das, was ich vorher gemacht habe?»

Von dieser Art sind all die Wallfahrten zur Weisheit, sind all die reumütigen Kehrtwendungen angesichts der Katastrophe, sind all die Daseinsaugenblicke, da jemand seinen «Salomo» antrifft oder getroffen wird von seinem «Jona». «Doch da», sagt Jesus, «mehr als Jona (ist) hier!» (11,32)[11] Es ist erneut der Punkt, der ihn von seinem «Verwandten», vom Täufer Johannes, unterscheidet. Auch von dem konnte er sagen, er sei der Größte «unter den Weibsgeborenen», «doch der Kleinste im Königtum Gottes» sei «größer als er» (Lk 7,28). Alle wirkliche Veränderung kommt ja nicht zustande durch intellektuelle Erkenntnis, mag sie auch noch so klug sein, oder durch moralische Einsicht, mag sie auch noch so streng sein; wirklich zu ändern beginnt sich das Leben eines Menschen erst, wenn es zur «Weisheit» findet im Gewand der Güte und zum Bewußtsein seiner selbst im milden Licht der Liebe. Einzig darin besteht das «Königtum der Himmel», das Jesus in die Welt zu bringen kam.

Es gibt ein Wort, das *Lukas* schon einmal benutzt hat, um anzuzeigen, wie es wirkt, wenn jemand Jesu Botschaft von der unbedingten Güte Gottes in sich aufnimmt: es ist, wie wenn ein Licht am Hauseingang den «Eintretenden» leuchten würde (Lk 8,16; 11,33)[12]. Da strömt ein Glanz hervor, der auch den anderen den Weg weist, bei sich zu Hause anzukommen. Es ist,

[11] JOACHIM JEREMIAS: *Jonas*, in: ThWNT III 411, bemerkt dazu: «*Die Buße der Niniviten* wird den ungläubigen Juden als Warnung und Drohung vorgehalten ... Ein Doppeltes gibt der Drohung (sc. von Lk 11,32, d.V.) besondere Schärfe: dort Heiden, hier Israel; dort nur ein Prophet, hier der, der über allen Propheten steht.»

[12] JOACHIM JEREMIAS: *Die Gleichnisse Jesu*, 63, stellt fest: «In der lukanischen Fassung (sc. des Bildworts von der Lampe, d.V.) spiegelt sich (sc. gegenüber Mt 5,15, d.V.) die hellenistische Bauweise ... und – die Missionssituation der Kirche.» Insgesamt wird in Lk 11,33-36 «das ursprünglich selbständige (vgl. Mt. 6,22 f.) Bildwort vom Auge als Leuchter des Körpers (V. 34-36) ... zur Deutung des Bildwortes vom Leuchter (V. 33)». (A.a.O., 94)

will *Lukas* mit dem nachfolgenden Ausspruch der Logienquelle sagen, ganz wörtlich eine Frage der «Optik», der Welt«anschauung», des «Auges»: Wie «heil», wie «hell» ist unsere Sicht der Dinge? Es geht nicht einfach nur um die psychologisch wichtige Gegebenheit der sich selbst erfüllenden Prophezeiungen[13], daß jemand, der negativ denkt, mit hoher Wahrscheinlichkeit einem günstigen Ausgang seiner Aktivitäten selber im Wege steht, und daß jemand, der positiv denkt, mit hoher Wahrscheinlichkeit ein günstiges Ergebnis seiner Anstrengungen erzielen wird; es gilt vielmehr, mit der eigenen Existenz ins «Licht» zu treten, «wie wenn die Leuchte mit hellem Schein dich umlichtet» (11,36). «Du bist mein Sonnenschein», sagt man zu einem solchen Menschen, dessen Nähe das Herz weit macht und ein Gefühl von Glück und Dankbarkeit erzeugt. Eine solche Gestimmtheit stellt sich vor allem in Augenblicken starker Verliebtheit ein: man sehnt sich nach dem anderen, und die Spannung löst sich, ist man endlich wieder beieinander. Wie aber, wenn ein Mensch beginnt, aus dem Gefühl der Liebe zu leben? wenn er die Liebe glaubt und festhält als die Grundlage des Daseins? Dann wird er diesen Glauben um sich her verbreiten und selber leuchten wie ein Licht im Dunkeln. Er wird Vertrauen setzen in einen Menschen, der es aufgegeben hat, an sich zu glauben: gegen dessen Resignation wird er Hoffnung hegen, und zwar nicht, weil er die Leistungsfähigkeit und den Durchsetzungswillen des anderen mit psychologischen Tricks neu zu verstärken vermöchte, sondern weil ihm wesentlich an der Person des anderen gelegen ist, – weil er sie ins «rechte Licht» stellt, indem er sie *wesentlich* betrachtet mit den Augen Gottes, – nicht funktional also, nicht nach den Maßstäben menschlicher Erwartungen. Er bringt zum Leuchten, was in dem anderen von innen stimmt; er streichelt den Ruß fort, der sich bei all dem Rauch erstickten Lebens auf dem Bild seiner Seele abgelagert hat; er holt die Leuchte hervor, die unter dem «Scheffel» verlöschen müßte[14]. Er glaubt an Gott, wie Jesus es tat, und das ist der Grund, warum er nicht aufhört, an den Menschen zu glauben, auf den er sich wesentlich einläßt.

[13] Das Konzept von der «selffullfilling prophecy» hat psychoanalytisch eine Vorform gefunden etwa in GUSTAV HANS GRABER: *Charaktertypen und ihr Schicksal*, 102–118: Typ des neurotisch-depressiven Charakters.

[14] ADOLF JÜLICHER: *Die Gleichnisreden Jesu*, II 83, sieht den Sinn des Bildwortes von der Lampe darin: «mit ihrem Lichtbesitz sollen sie (sc. die Jünger, d.V.) das Licht der Welt sein, oder wie es heisst, vor den Menschen leuchten.» S. 84: «Dem Jesus der Synoptiker ist es noch selbstverständliche Voraussetzung, dass ‹die Menschen› das Gute nicht nur als gut erkennen und mit Gott in Verbindung bringen, sondern auch sich daran erfreuen und dafür dankbar sind, dass das Schauen guter Werke so und für sich die höchste werbende Kraft ausübt.»

Lk 11,37–54; 12,1: Rede gegen die Pharisäer und Schriftgelehrten oder: Von der Doppelbödigkeit des Religiösen

(vergleiche Mt 15,1–9; Mk 7,1–13 zu *Lk 11,37–54*; Mt 16,5–6.11–12; Mk 8,14–15 zu *Lk 12,1*)

[37] Doch bei diesem Sprechen bittet ihn ein Pharisäer, daß er bei ihm zu Mittag esse. Er trat ein, er legte sich nieder. [38] Der Pharisäer aber, wie er (es) sah, verwunderte sich, da er nicht zuerst sich wusch vor dem Essen.

[39] Gesagt aber hat der Herr zu ihm: Also, ihr Pharisäer! Das Äußere des Bechers und der Schüssel reinigt ihr, euer Inneres aber strotzt von Raffsucht und Bosheit. [40] Ihr Unverständigen, hat nicht der das Äußere machte, auch das Innere gemacht? [41] Im Gegenteil daher: Den Inhalt gebt als Almosen, und da: alles ist rein für euch (Mt 23,25–26)! [42] Aber wehe euch, den Pharisäern! Denn ihr verzehntet die Minze und die Würzraute und alles Gartengewächs, doch ihr geht vorbei am Rechtsempfinden, an der Liebe Gottes! Das aber muß man tun, doch jenes nicht lassen (Mt 23,23). [43] Wehe euch, den Pharisäern. Denn ihr liebt den ersten Sitz in den Synagogen, auch die Begrüßung auf den Marktplätzen (20,46; Mt 23,6.7). [44] Wehe euch! Denn ihr seid wie verdeckte Gräber, und die Menschen, die darauf herumgehen, wissen es nicht (Mt 23,27–28).

[45] Als Antwort aber sagt einer der Gesetzeslehrer ihm: Lehrer, mit solchen Worten schmähst du auch uns! [46] Er aber hat gesagt: Auch euch, den Gesetzeslehrern – wehe! Denn ihr belastet die Menschen mit schwer zu tragenden Lasten, doch selber – mit einem eurer Finger (auch nur) rührt ihr nicht an die Lasten (Mt 23,4). [47] Wehe euch! Denn ihr baut die Gedenkstätten der Propheten, eure Väter aber haben sie getötet. [48] Drum, Zeugen seid ihr: übereinstimmt ihr mit den Taten eurer Väter; denn diese töteten sie, ihr aber baut (Mt 23,29–32)! [49] Deshalb: Auch die Weisheit Gottes hat gesagt: Ich werde zu euch senden Propheten und Apostel («Sendboten»), und von denen werden sie (immer wieder) etliche töten und verfolgen, [50] auf daß zurückgefordert werde das Blut all der Propheten, das vergossen ward von Grundlegung der Welt an, von dieser Gattung, [51] vom Blute Abels bis zum Blut des Sacharja, der zugrunde gerichtet ward zwischen Opferaltar und (Tempel)Haus (2 Chr 24,20.21). Ja, ich sage euch: Zurückgefordert wird es von dieser Gattung (Mt 23,34–36).

[52] Wehe euch, den Gesetzeslehrern, denn beiseitegeschafft habt ihr den Schlüssel der Erkenntnis. Ihr selber seid nicht hineingekommen, und die hineinkommen wollen, habt ihr gehindert (Mt 23,13).

[53] Und so: als er von dort weggegangen, fingen die Schriftgelehrten und die Pharisäer an, ihn furchtbar draufzuhaben und ihm auf den Mund zu schauen bei weiterem, [54] indem sie ihn belauerten, um irgend etwas zu erjagen aus seinem Munde. 12 [1] Indessen, als sie zusammendrängten zu

Tausenden, die (ganze) Schar, so daß sie einander niedertraten, unterfing er sich, zu seinen Jüngern zu sagen: Nehmt euch in acht vor dem Sauerteig, das heißt der Angeberei, der Pharisäer.

Kann es sein, daß jemand eingeladen wird und sich dann derart provokant «daneben»benimmt? Erst verstößt er wie mutwillig gegen die einfachsten Regeln von Anstand und Hygiene, und dann findet er es auch noch richtig, in einer Kette von zusammenhanglosen Vorwürfen seinen Gastgeber zu beleidigen, als wenn er nur auf die Gelegenheit gewartet hätte, seiner aufgestauten Wut endlich freien Lauf zu lassen! Natürlich ist das ganze historisch so nicht denkbar. Es ist *Lukas*, der die Einladung Jesu durch einen Pharisäer selber schafft, um daran Gelegenheit zu nehmen, eine Liste überlieferter Jesus-Worte gegen die Pharisäer und Schriftgelehrten aufzuführen[1]. Die «Pharisäer» (und «Schriftgelehrten») konkretisieren redaktionell somit die «böse Gattung» Mensch (Lk 11,29), die Jesus vorhin noch am Beispiel Ninives vor dem «Gericht» Gottes gewarnt hatte (Lk 11,32). Bemerkenswert in der lukanischen Rahmung der Jesusworte ist – wohl auch historisch glaubwürdig – die Tatsache, daß der Evangelist die Gegnerschaft Jesu gegenüber der Gruppe der Pharisäer nicht in einer persönlichen Antipathie begründet sieht – im Gegenteil: immer mal wieder kommt es in seiner Darstellung zu an sich freundlichen Kontakten –; für *Lukas* ist der Konflikt gänzlich religiös motiviert, und *das* gilt es auch in der Auslegung

[1] HEINZ SCHÜRMANN: *Das Lukasevangelium*, II 1, 304, meint, *Lukas* wolle den Abschnitt 11,37-54 «noch in Zusammenhang mit der Redesituation vor der Menge (VV 14.27.29) verstanden wissen ..., so daß wir *11,29-54 im Sinne des Lukas als einheitlichen Abschnitt* über ‹dieses Geschlecht› verstehen sollen ...: Während dem Israel der Zeit Jesu, ‹diesem Geschlecht› (VV 29.31 f.), in 11,29-36 warnend und mahnend das Gericht angedroht wurde ..., kündigen nunmehr die Weherufe gegen die Pharisäer und Gesetzeslehrer, in denen ‹dieses Geschlecht› (vgl. VV 50.51), das damalige Israel, ‹institutionell› zur Darstellung kam, bereits drohend das Gericht an.» Wie aber soll man zwischen «Warnung vor» und «Drohung mit» dem «Gericht» unterscheiden, und was eigentlich ist das Thema, das zwischen Jesus und «diesem Geschlecht» als wesentlich für alle Zeiten auf Leben und Tod, auf Heil und Unheil ausgetragen wurde und dann – natürlich – auch von den Jüngern Jesu aufgegriffen werden mußte? – Redaktionell geht das Motiv der rituellen Handwaschung vor dem Essen auf Mk 7,2.5 zurück; die Antwort Jesu aber entnimmt *Lukas* der Q-Quelle. Zu der ganzen Szene meint SCHÜRMANN: A. a. O., II 1, 311: «Daß hier – beim Mahl! – ... etwas Grundsätzlicheres geschieht als nur eine unhöfliche Verletzung der Gastfreundschaft, wird am Ende VV 53 f. deutlich werden ... Vielleicht will der Evangelist seinen nachösterlichen Lesern ... verdeutlichen, daß schon durch Jesu Mahlstiftung zwischen dem offiziellen Judentum und den ... Christen ‹das Tischtuch zerschnitten› wurde.» Der Konflikt ergab sich in Wirklichkeit aber aus den «Sündermahlzeiten» Jesu, nicht aus der (nachösterlichen!) «Mahlstiftung» der «Eucharistie».

deutlich hervorzuheben. Mag die Kontroverse sich auch an einfachen «Benimm»regeln entzünden, ihr eigentliches Thema ist prinzipieller Natur. Wenn es soeben noch die Mahnung Jesu war, ins Licht zu treten und «das Licht in dir» (Lk 11,35) zum Vorschein zu bringen, so geht es jetzt zunächst um die Bedeutung des Inneren gegenüber dem Äußeren.

Auslöser des Streits ist in der Tat das – hygienisch begründbare – Händewaschen vor dem Essen[2] sowie die Reinigung der Eßgeräte[3]; doch so harmlos dieses Thema scheint, – der Sprengstoff liegt bereit. Denn entsprechend den pharisäischen Vorstellungen handelt es sich hier eben nicht um bloße Sauberkeitsvorschriften, sondern um religiös-kultische Reinheitsbe-

2 Str. B. I 695, notieren: «Die rituelle Abspülung (nicht Waschen) der Hände, um die es sich Mt 15,2 (sc. par Lk 11,38, d.V.) handelt, ... bedeutet ... ‹hinaufbringen›, nämlich Wasser auf die Hände =, die Hände durch Begießen abspülen›». Als Schriftgrund für diese Regelung wurde Lev 15,11 angesehen; oder man «erklärte die Anordnung des Händeabspülens aus dem Bestreben, die Bestimmungen über das Essen der profanen Speisen denjenigen anzunähern, die für das Essen der Hebe (sc. des Opferanteils, der dem Priester zustand, etwa die rechte Keule beim Dankopfer, d.V.) ... bestanden.» Dieses Begießen der Hände war üblich vor und nach Tisch. S. 698: «Das Abspülen der Hände erfolgte durch ein zweimaliges Begießen, das erste u. das zweite Wasser genannt ... Zum Begießen bediente man sich eines Gefäßes; die hohle Hand dazu zu benutzen, war verboten.» S. 699: «Damit die Hände durch das Abspülen wirklich rituelle Reinheit gewannen, hatte man besonders auf folgendes zu achten: Erstens: Beim erstmaligen Begießen darf sich nichts an der Hand befinden, was etwa das Herauskommen des Wassers an irgendeine Stelle der Hand verhinderte. Zweitens: Derjenige, der seine Hände abspült oder abspülen läßt, muß mit seiner Intention das begleiten, was an ihm geschieht. Drittens: Nach der Theorie erstreckt sich die Unreinheit der Hand bis an das Handgelenk; das erste auf die Hand gebrachte Wasser nimmt die Unreinheit von der Hand, wird aber selbst dadurch unrein; der zweite Wasserguß reinigt nicht die Hand ..., sondern vielmehr das erste an der Hand zurückgebliebene Wasser, aber nur bis hin zum Handgelenk, nicht darüber hinaus.» Um zu verhindern, daß das erste (unrein gewordene) Wasser vom Arm über das Handgelenk auf die rein gewordene Hand zurückfloß, «wurde empfohlen, die Hände beim Abspülen so zu halten, daß die Fingerspitzen nach oben zeigten u. das Handgelenk unten lag.» S. 704: «In den babylonischen Schulen» neigte man zu der Meinung, «daß nur das Abspülen der Finger nötig sei.» Es scheint ebenso bemerkenswert wie kennzeichnend, daß gerade dieser von Jesus vehement bekämpfte Ritualismus den Priestern der katholischen Kirche bei der Feier des «Meßopfers» anläßlich des Empfangs der «Opfergaben» (die längst keine mehr sind!) zur Reinheitsvorschrift gemacht wird.

3 Str. B. I 934–935, zeigen «die peinliche Genauigkeit» auf, «mit der man auf die Reinheit von Geräten (Gefäßen) achtete». Zum Beispiel: «Bei allen Gefäßen sind zu unterscheiden die Außenseiten, das Innere u. der Henkel ... Wenn z B die Hände rein sind u. die Außenseiten eines Bechers unrein, u. man faßt den Henkel an, so hat man nicht zu befürchten, daß die Hände durch die Außenseiten des Bechers unrein werden. Hat man aus einem Becher, dessen Außenseiten unrein sind, getrunken, so hat man nicht zu befürchten, daß das Getränk im Munde durch die Außenseite des Bechers unrein wird u. wiederum seinerseits den Becher unrein macht.»

stimmungen. Etwas, das, säkular betrachtet, durchaus sinnvoll sein kann, wird dadurch ideologisch überhöht, als sei es selbst entscheidend für das Verhältnis zwischen Gott und Mensch; eine an sich vernünftige Sitte bläht sich da auf zur Forderung gottgegebener Sittlichkeit; die Tradition setzt sich als Religion, – etwas durch und durch Relatives behauptet sich als absolut, und das, was absolute Geltung haben sollte, verschwindet hinter bloßem Mummenschanz. Wenn diese Perversion des Religiösen sich in den Tagen Jesu – und des *Lukas* – festmachen konnte an den «Pharisäern», dann stehen diese insgesamt für den Typ einer Gefahr, die in jeder organisierten Religionsform virulent ist. Stets ist es einfacher, ein Reglement der äußeren Gesittung zu befolgen, als eine innere Gesinnung auszuprägen, und das Ergebnis ist allüberall dasselbe: ein Mißverhältnis zwischen Schein und Sein, ein Bruch zwischen außen und innen, eine Form der Selbstdarstellung, die auf groteske Weise sich selber widerlegt.

Doch bevor *Lukas* dieses Thema aufgreift, malt er ein Bild, wie es ihn wohl am meisten quält: Da gibt es Leute, die nach außen hin die Etikette stilvoll pflegen, und dies um so ungenierter, als sie es sich leisten können, denn sie schwimmen im Geld, – ihr «Inneres ... strotzt» nur so «von Raffsucht und Bosheit» (11,39)[4]. In diesem Vorwurf zeigt sich, daß die «Pharisäer» im *Lukas*-Evangelium die Negativ-Gestalt all dessen abgeben, was religiös verwerflich ist, inklusive der sozialen Komponente, die *Lukas* selbst besonders wichtig ist[5]. – Versetzen wir uns, um das Anliegen des *Lukas* zu verstehen, nur einmal für einen Augenblick in unseren Tagen in einen Kreis der Arrivierten und der Etablierten, und wir sehen vor uns, was die Welt des Deutschen Fernsehens von früh bis spät einer immer größeren Schar ausgebeuteter und entfremdeter Menschen als narkotisierenden Traum anbietet: Da treten Leute auf, die scheinbar immer auf der Sonnen-

4 FRITZ RIENECKER: *Das Evangelium des Lukas*, 297, meint: «Jesus hält den Pharisäern *drei* Sünden vor, die in den Augen Gottes ihre ganze Schein-Frömmigkeit wertlos machten: a) die Heuchelei (Vers 39-41); b) den Ehrgeiz (Vers 42-43); c) den schädlichen Einfluß, den sie mit ihrer Schein-Frömmigkeit auf das ganze Volk ausübten (Vers 44)» Str. B. IV 1, 334–352: Die Pharisäer u. Sadduzäer in der altjüdischen Literatur, erwähnen zum Beispiel die «Schläge der Pharisäer» (337–338) – Ratschläge, die darauf hinauslaufen, Witwen und Waisen um den Lebensunterhalt zu bringen.

5 HEINZ SCHÜRMANN: *Das Lukasevangelium*, II 1, 311, urteilt: «Den Vorwurf von Q (vgl. Mt 23,25b), von Lukas ungemein verschärft, kann man in dieser Form nicht Jesus zuschreiben.» RUDOLF BULTMANN: *Die Geschichte der synoptischen Tradition*, 118–119, hielt den Kern der Weherufe Lk 11,43.46.52.42. (39.) 44.47 par Mt 23, (4.6) 13.23.25.27.29 bzw. Mk 12,38-40 indessen für ursprünglich, verwies aber auf die «schriftstellerische ... Komposition ..., die als solche sekundär ist, wie man aus der Siebenzahl schließen muß und daraus, daß schon in Q Mt 23,34-36 par Lk 11,49-51 mit den Weherufen verbunden war.»

seite stehen, die jeden Wunsch, den ihnen ihre Langeweile eingibt, sich mühelos erfüllen können, die an *einem* Nachmittag bei einem Einkaufsbummel für eine einzelne Handtasche mal eben 25 000 Euro oder Dollar auf den Tisch hinblättern, Leute, die den Morgen bereits beginnen mit Sekt, Seelachs und Kaviar, Leute, die genau wissen, wie man einen Hummer tranchiert oder was für eine Garderobe man benötigt, um der nächsten Einladung Folge leisten zu können, – es ist unmöglich, nach außen hin perfekter gestylt, gedressed, performed zu sein; doch schaut man in ihr Herz, so ist es einsam und verwaist und jedes Inhalts bar; äußerlich hübsch zurechtgemacht wie Puppen, vegetieren sie innerlich dahin unter dem Zwang, niemals zu altern, niemals zu leben, niemals zu sein; hin- und hergerissen zwischen Leidenschaft und Sucht, müssen sie den inneren Hohlraum ihrer herausgeputzten Hülle un-ablässig mit allen möglichen Desideraten füllen; das Vakuum ihrer Existenz beginnt, schamlos, skrupellos, bösartig, alles Leben um sie herum voller «Gier» in sich hineinzusaugen, andere Menschen ausnutzend und ausbeutend bis zu deren kalt kalkuliertem Ruin, ihren Lebensraum ausplündernd und ausschlachtend bis zu seiner völligen Zerstörung.

Man lese nur, wie *Lukas* es in *seinen* Tagen konnte, aus der Feder des römischen Konsuls und Dichters PETRONIUS ARBITER (gest. 66 n.Chr.) die Satire von dem *Gastmahl des Trimalchio*, in dem ein reich gewordener Emporkömmling eine Gesellschaft gibt, um seinen Prunk, seine Verschwendungssucht und seine Ausschweifung zu demonstrieren[6], und man wird die Süffisance empörend finden, mit der, scheinbar zu allen Zeiten, die «Oberschicht» sich mästet am Unglück derer, die ihr ausgeliefert sind. Gerechterweise müssen wir betonen, daß ein solches Verhalten durchaus nicht als Hauptkennzeichen der «Pharisäer» damals gelten darf; trotzdem: es gibt, meint *Lukas*, nur einen Weg der «Reinigung» all dieser Menschen: sie müßten ihren «Inhalt» – ihr «Gehalt» wie den «Anhalt» ihres Herzens – «als Almosen» geben (11,41)[7]. Sie müßten so etwas empfinden wie Mitleid und wie

[6] Vgl. PETRONIUS: *Das Gastmahl des Trimalchio*, 54: «Der erste Hausgott heißt Kerdos, Gott des Gewinnes, der zweite Felicio, Gott des Glückes, und der dritte Lucron, Gott des Betruges.»

[7] GUSTAF DALMAN: *Die Worte Jesu*, I 50, meint: «Das ‹Reinigen› des mit Raub gefüllten Bechers konnte nur in seiner ‹Ausleerung› bestehen, und dies deutete Lukas auf ein ‹Verschenken› des Inhalts, dem Sinne Jesu ganz entsprechend.» Zudem läßt sich «das, was darin ist» (der «Inhalt») in Lk 11,41 auch als «das Vorhandene» verstehen. FRIEDRICH HAUCK; *katharós* (rein), in: ThWNT III 428, Anm. 76, meint dementsprechend: «Nach Lk wirkt das Weggeben des Vorhandenen ... durch Wohltat eine umfassende und erst voll gültige Reinheit.» Er schreibt (a.a.O., III 428): «Die vom Judentum gepflegte kultisch-rituelle Reinheit ist nach Jesu Urteil vollkommen ungenügend, da sie am äußerlich Dinghaften hängen bleibt

Menschlichkeit. – Ein Mann, der so getan hat, ist beispielsweise und beispielgebend der ehemalige Filmschauspieler KARLHEINZ BÖHM (geb. 1928), der auf ungläubiges Staunen stieß, als er eines Tages verkündete, er werde aus der Welt der High Society aussteigen und sein Leben nunmehr den Armen in Äthiopien widmen; ein Schauspieler als Freund der Menschheit – konnte das etwas anderes sein als eine neue Rolle, um sich interessant zu machen? Es war und wurde etwas anderes. Die Bewegung «Menschen für Menschen» entstand, von der BÖHM selber jetzt, nach mehreren Jahrzehnten, sagen kann, sie sei für viele in Not «mehr als ein Tropfen auf dem heißen Stein»[8].

Noch tiefer in die religiöse Problematik der Äußerlichkeit führt der nun nachfolgende Punkt des «Sittenspiegels» falscher Frömmigkeit – ein Vorwurf, der sich ebenfalls schon in der Logienquelle findet, die auch dem *Matthäus*-Evangelium vorlag (Mt 23,25.26) –: Wenn es schon um Geld geht, so läßt sich das Gottesverhältnis offenbar am allereinfachsten durch eine Art Religionstaxe in Ordnung bringen. Da sind bestimmte Waren, die man auf dem Markt ersteht, zu «verzehnten»[9], – eine Vorform der Kir-

... Die Reinheit der nt.lichen Gemeinde ist demgegenüber persönlicher, sittlich religiöser Art. Sie besteht in der vollen, rückhaltlosen Hingabe an Gott, welche das Herz erneuert... Die Reinheit des Herzens tritt der vom Pharisäismus übermäßig geschätzten Reinheit der Hände als die vor Gott einzig wertvolle gegenüber.» HANS JOACHIM DEGENHARDT: *Besitz und Besitzverzicht in den lukanischen Schriften*, 58, resümiert: «In jedem Fall wird statt des Erraffens und maßlosen Genießens die Wohltätigkeit gefordert, die den Armen und ihrer Not helfen soll. Bei solchem Handeln ist die Frage nach rein und unrein nicht mehr wichtig.»

[8] KARLHEINZ BÖHM: *Mehr als ein Tropfen. Eine Bilanz von Menschen für Menschen*, München 1997; DERS.: *Mein Leben. Suchen, Werden, Finden*, München 2008.

[9] Vgl. Str. B. I 932: «Der Verzehntung unterlagen nach Dt 14,22 f. die Erträge an Korn, Most und Öl. Die rabbin. Auslegung hat den Kreis der zehntpflichtigen Bodenerzeugnisse namentl. durch Einbeziehung der Hülsenfrüchte u. Grünkräuter erweitert». Vgl. Str. B. IV 2, 640–697: Die Abgaben von den Bodenerzeugnissen, bes. S. 650: «Der erste Zehnte... sollte vorschriftsmäßig *nach* den Erstlingsfrüchten u. *nach* der Priesterhebe ausgesondert werden.» S. 668: «Nach der Absonderung des ersten Zehnten für die Leviten wurde auf Grund von Dt 14,22 ff. u. Lv 27,30 f. aus den verbliebenen Früchten noch ein weiterer Zehnt ausgeschieden... Dieser zweite Zehnte verblieb jedoch dem Besitzer mit der Bestimmung, ihn gelegentlich der Festwallfahrt in Jerusalem zu verzehren. Der zweite Zehnte war also eine Zwangssparkasse, aus der der Festaufenthalt in Jerusalem bestritten werden sollte.» S. 678: «Der Armenzehnte..., auch wohl... ‹dritter Zehnt› genannt, hat seinen Schriftgrund an Dt 14,28 f.: Am Ende von drei Jahren (d. h. im letzten Jahr der dreijährigen Periode) sollst du den ganzen Zehnten deines Ertrags in jenen Jahr herausnehmen u. in deinen Toren niederlegen; dann komme der Levit, denn er hat kein Teil noch Erbe neben dir, u. der Fremdling (= Proselyt nach rabbinischer Auffassung) u. die Waise u. die Witwe in deinen Toren, u. sie mögen sich satt essen... Der Armenzehnte war hiernach in der siebenjährigen Brachperiode zweimal zu entrichten, u. zwar im dritten u. im sechsten Jahr, während das siebente Jahr, das Brachjahr, in welchem die Bestellung der Äcker unterblieb, von allen Fruchtzehnten frei blieb.»

chensteuer, die – singulär auf Erden – in Deutschland schon im Kaiserreich üblich geworden ist, um sich in alle Zeiten schadlos zu halten für die Enteignungen von Kirchen«eigentum» in den Tagen der Säkularisation[10]. Das System funktioniert ebenso simpel wie sinnwidrig: Wer Kirchenmitglied sein will, muß die Kirchensteuer entrichten; tut er das, so ist und bleibt er – katholisch gesprochen – ein Glied am «Leibe Christi»; tut er das nicht, zieht er als «Tatstrafe» sich automatisch die Exkommunikation zu. Was immer jemand sonst macht – er mag, mit Unterstützung der Kirche (!), einen Krieg vom Zaun brechen wie *Adolf Hitler* (1889–1945) 1941 gegen Sowjet-Rußland, er mag, wie der «Caudillo» *Francisco Franco* (1892–1975) zwischen 1936 und 1939, einen grausamen Bürgerkrieg gegen eine rechtmäßig gewählte, doch sozialistische Regierung führen –, er wird, selbstredend, ein Mitglied der römischen Kirche bleiben; zahlt er jedoch in Deutschland nicht die Kirchensteuer oder schädigt er in Spanien die Kirchenmacht, hat er nicht länger Teil am «Leibe Christi»!

Es ist an dieser Stelle hier der deutliche Protest Jesu, daß eine solche Denkweise abstrus ist. Nicht ob und wieviel Geld jemand der Priesterschaft entrichtet, besagt etwas über sein Verhältnis zu Gott; was wirklich zählt, ist seine Lebensform, sein «Rechtsempfinden», sein Gespür für Gottes Liebe (11,42)[11]. Wohl sieht *Lukas* keinen unvereinbaren Gegensatz zwischen der «Kirchenzucht» des «Zehnten» und einer Lebensführung in Mitleid und in Menschlichkeit, doch klar ist ihm, worauf es wirklich ankommt: Kann es nicht sein, daß jemand, betroffen von der Not der Menschen in der «Dritten Welt» und zutiefst enttäuscht von der protzigen Prachtentfaltung der Kirche Roms, seine Kirchensteuer umwidmet zum Beispiel für KARLHEINZ BÖHMS «Menschen für Menschen»? Dann würde er nicht mehr im Kir-

[10] HORST HERRMANN: *Die Kirche und unser Geld*, 81: «Warum zahlen die Bundesländer (sc. in Deutschland, d.V.) Steuern an die Kirche? Haben sie bei der Kirche etwas auf Pump gekauft? Nein, sie zahlen, weil sie eine Art Erbe angetreten haben ... Sie haben die Folgen der ‹Säkularisation› zu tragen, jener Enteignung von Kirchengut aus dem Jahr 1803, für die noch immer Entschädigung an die Kirche zu zahlen ist.» Die Frage stellt sich natürlich, wie die Kirche zum größten Grundbesitzer in deutschen Landen hat aufsteigen können; dazu vgl. S. 82–90. Wie die «Entschädigung» sich rechnet, dazu vgl. S. 90–96. Wie die Kirche durch die sogenannte «Konstantinische Schenkung» sich im 8. Jh. «mit ungeheuren territorialen Zusagen» auf Grund einer bloßen Geschichtsfälschung versorgen konnte, dazu S. 82–90: Mit welchen Mitteln die Kirche wohl an Grund und Boden gekommen ist?

[11] Vgl. WOLFGANG WIEFEL: *Das Evangelium nach Lukas*, 228: «Die Zehntforderung stellt vor die Frage, was Gott gehört. Entscheidend ist nicht allein die pharisäische Überbewertung des Zehnten, sondern daß die Verzehntung zum Vorwand geworden ist, durch die der Mensch selbst sich Gott entzieht, wenn er versäumt, das Rechte zwischen den Menschen zu tun.»

chensinne als «Christ» gelten dürfen, doch ohne Zweifel: er wäre es, er *würde* es. Der Jesus des *Lukas*-Evangeliums in jedem Falle würde ihm zustimmen!

Ein weiteres zeitübergreifend skandalträchtiges Merkmal aller organisierten Religion greift *Lukas* in seiner Rede gegen die Pharisäer und die Schriftgelehrten auf: das hierarchische Beamtentum. Nichts dagegen, daß eine sozial komplexe Gruppierung bestimmte gestaffelte Entscheidungsebenen benötigt, um funktionsfähig zu bleiben[12]; doch etwas völlig anderes ist es, die – zeitlich variablen – Organisationsformen einer religiösen Gemeinschaft für etwas unveränderlich von Gott Gegebenes zu erklären; – die Grenzziehung zwischen den Kirchen der Reformation und dem römischen Katholizismus etwa verläuft bis heute entlang der unterschiedlichen Auffassung von Kirchenamt und Priestertum[13]. Wenn erst einmal ein Bischof glauben macht, im Verband aller anderen Bischöfe und in der Einheit mit dem Bischof Roms, dem Papst, die «Amtsgnade» der «Unfehlbarkeit» in allen «Glaubens- und Sittenfragen» zu besitzen, wird aus dem Glauben an Gott erkennbar eine Ideologie der bloßen Machtausübung. Ab sofort hat man dann eine Kirche, die geführt wird von Eminenzen und von Exzellenzen, von einem Heiligen Vater und seinen Hochwürdigen Vätern, von Oberen, von Dekanen und Monsignori, von Domkapitularen und Geistlichen Räten, – von lauter Leuten, die im Stolz auf ihre Titel und auf ihre Rangabzeichen genau das tuen, was Jesus, wie sie selber wissen (!), sicher nicht gewollt hat. Der ganz «natürliche» Narzißmus der kleinen Unterschiede, die Selbst-gefälligkeit der ersten Plätze «in den Synagogen», all «die Be-

[12] Vgl. GEORGE CASPAR HOMANS: *Theorie der sozialen Gruppe*, 149–150: Soziale Rangeinstufung; 150–154: Soziale Rangeinstufung und Aktivität; 154–155: Soziale Rangeinstufung und Interaktion.

[13] Vgl. *Catéchisme de l'Église Catholique* (Weltkatechismus), Nr. 1539–1543, wo die Kleriker als ein «Königtum von Priestern» (Ex 19,6) im Neuen Bundes vorgestellt werden. Dagegen betonte bereits MARTIN LUTHER: *Von der Freiheit eines Christenmenschen*, in: Luther Deutsch. Die Werke Luthers in Auswahl, II 261: «Es ist dem Wörtlein ‹Priester›, ‹Pfaffe›, ‹geistlich› und dergleichen Unrecht geschehen, daß sie von dem allgemeinen Haufen auf den kleinen Haufen bezogen worden sind, den man jetzt den ‹geistlichen Stand› nennt. Die heilige Schrift gibt keinen andern Unterschied, als daß sie die Gelehrten oder Geweihten ... nennt ... Diener, Knechte, Verwalter, die da den andern Christus, den Glauben und christliche Freiheit predigen sollen ... Aber nun ist aus der Haushaltung eine ... weltliche, äußerliche, prächtige, furchtbare Herrschaft und Gewalt geworden.» M. a. W.: man hat funktionale Unterschiede im Zusammenleben des «allgemeinen Priestertums» der Gemeinden ideologisch zu einem absoluten Unterschied von «Laien» und Klerikern erhoben, um Macht und Ansehen zu gewinnen, ärger, als es bei weltlichen Amtsinhabern zu sein pflegt.

grüßungen auf den Marktplätzen» (11,43)[14], das ganze System der öffentlichen Ehrungen auf Grund von Ämtern und von Pöstchen verfälscht die Religion zu einem Instrument persönlichen Ehrgeizes und privaten Machtkalküls, zu einem Maskenzug der Eitelkeiten, zu einem Karneval der Heuchelei.

Man höre nur, wie der ehemalige Vorsitzende der «Glaubenskommission» der katholischen Kirche in Deutschland, Kardinal WETTER, auf BR III Anfang 2008 treuherzig versichert, daß es bei der letzten Papstwahl derart zugegangen sei: Die Kardinäle knieten betend vor dem Bild des Jüngsten Gerichtes von MICHELANGELO (1475–1564) in der Sixtinischen Kapelle, und der Heilige Geist erleuchtete sie, den Besten unter ihnen zu wählen. Bestimmt, so war es ... Die «ersten Plätze» – das sei, erläuterte vor Jahr und Tag ein «Opus dei»-naher Weihbischof Österreichs, so nötig wie ein Lokomotivführer im Zug: es muß ihn geben, doch er tut nur seinen Dienst bei der Beförderung der Fahrgäste. – Ja, aber hat man je gesehen, daß ein Lokführer erst einmal ein Defilee am Bahnsteig abnähme, ehe er die «Lok» bestiege, daß ihm wie selbstverständlich weit mehr Geld zur Verfügung stünde als allen seinen Fahrgästen, daß er in jeder Form umgeben wäre mit dem Ruch von Weihrauchwolken statt wie auf einer alten Tenderlok von Ruß und Wasserdampf?

Es ist, wie mitunter wohl versucht wird, absolut nicht möglich, die Kritik des lukanischen Jesus an den Pharisäern als «Antijudaismus» zu bezeichnen, nur um den Verdacht niederzuschlagen, gerade die gegenwärtige Kirchenverfassung erweise sich, gemessen an den Worten Jesu, als schlechterdings illegitim[15]. Man muß im *Lukas*-Evangelium sich nur erinnern, wie etwa Petrus im Augenblick des reichen Fischfangs, von «Schauder ... umfangen», sich wünschte, Jesus möchte von ihm fortgehen, denn «ein sün-

[14] Vgl. Str. B. I 915: «Die Gelehrten haben hiernach in den Synagogen nicht inmitten des übrigen Volkes gesessen, sondern haben bevorzugte Plätze innegehabt. Vielleicht hat das Streben nach Ehrenplätzen in den Synagogen in Jesu Tagen seinen Anfang genommen.»

[15] Auch dazu noch einmal MARTIN LUTHER: *Von der Freiheit eines Christenmenschen*, in: Luther Deutsch. Die Werke in Auswahl, II 262: «Aus dem allen lernen wir, daß es nicht genug gepredigt sei, wenn man Christi Leben und Werk obenhin und nur als eine Historie und Chronikengeschichte predigt ... Ihrer sind ... viele, die Christus so predigen und lesen, daß sie ein Mitleid über ihn zum Ausdruck bringen, mit den Juden zürnen oder sonst mehr kindische Weise darinnen üben. Aber er soll und muß so gepredigt sein, daß mir und dir der Glaube daraus erwachse und erhalten werde.» Demgegenüber betont HEINZ SCHÜRMANN: *Das Lukasevangelium*, II 1, 317, es handele sich in Lk 11,43 um «eine spätere Polemik (nach 70), die die Gemeinde von der schriftgelehrten Tora-Auslegung lösen wollte». Als ob man damit das Problem los würde!

diger Mensch» sei er, und wie auf diese Erkenntnis seiner Haltlosigkeit, seiner Fehlbarkeit, seiner Bedürftigkeit hin Jesus ihn berief zum Ersten seiner Jünger (Lk 5,1–11), und man wird die Bedeutung der «letzten» und der «ersten» Plätze im «Königtum Gottes» in alle Zeiten nie mehr mißverstehen können. Die «Kirche» – eine verpaßte, eine verpatzte Chance zu einer Revolution, durch welche die Person höher gestellt worden wäre als die Institution, das Ich maßgebender als das Überich, die Ehrlichkeit wichtiger als die Ehrung, die Wahrheit wesentlicher als die Wirkung... – eine solche Erkenntnis drängt sich unweigerlich auf bei der Lektüre des *Lukas*-Evangeliums.

Am allerschlimmsten freilich ist, daß diese Art von «Gottesdienst» nichts weiter sein soll als ein schön lackierter Tod. *Lukas* konnte sich aus den entsprechenden Worten der Logienquelle anscheinend keinen rechten Reim mehr machen: «ihr seid wie verdeckte Gräber», schreibt er, «und die Menschen, die darauf herumgehen, wissen es nicht.» (11,44)[16] Aber auch so erhält sich noch ein Rest von dem ursprünglich wohl einmal Gemeinten: Die ganze Frömmigkeit der «Pharisäer» ist inwendig tot; sie erlaubt kein wirkliches Leben; den «Gläubigen» indessen fällt das nicht auf, – sie gehen buchstäblich darüber hinweg! Schon dieses Motiv ist überaus provokant. Doch die Formulierung bei *Matthäus* ist noch weit packender und wirkt originärer, indem Jesus dort den Pharisäern und den Schriftgelehrten den Vorwurf entgegenschleudert, sie glichen «getünchten Grabmälern, die von außen frisch erscheinen, innen aber strotzen ... von Totenknochen und allem Unreinen.» (Mt 23,27)[17] Man denke nur: All die schön dekorierten Gottesdienst-Feierlichkeiten, die vergoldeten Kirchen und Altäre, die kostbaren Kelche und Monstranzen, die prachtvoll bestickten Paramente, die kunstvoll gestalteten Fenster, Skulpturen und Gemälde, die getragene musikalische Umrahmung der Worte Jesu mit Knabenchören, – all das, besagt

[16] Vgl. Str. B. I 936: «Die Gräber wurden im Frühjahr mit Kalk getüncht, damit sie jedermann als solche kenntlich würden. Praktische Bedeutung hatte die Einrichtung namentlich für Priester, indem sie ihnen die Möglichkeit bot, sich von Gräbern als Stätten der Unreinheit fernzuhalten.» *Lukas* denkt an Grabstätten, die unkenntlich sind und deshalb Gefahr machen, unrein zu werden (Num 19,16). Eben deshalb schüttelte man sich den Staub von den Füßen (Lk 10,11), wenn man aus dem Heidenland zurück nach Israel kam. HEINZ SCHÜRMANN: *Das Lukasevangelium*, II 1, 317, bemerkt treffend: «Den Pharisäern wird hier nicht nur eigene innere Unreinheit vorgeworfen, sondern auch darüber hinaus Verbreitung von Unreinheit», allerdings nicht nur «durch ihre schädliche Lehre», sondern durch ein ritualisiertes, doktrinäres, äußerlich verrechtlichtes und autoritär-hierarchisches Religionssystem, das an die Stelle der Freiheit des Ich eine Fülle von Zwängen im Überich setzt.

[17] Vgl. Mt III 161–174: Mt 23,13-36: «Ihr gleicht getünchten Gräbern...»

dieser Ausspruch, ist nichts als die Tünche, als der Stuckgips auf einer Totenkammer, die mit ihrem Modergebein gerade nach dem kultischen Verständnis der Pharisäer selber «unrein» macht vor Gott. Es spricht vieles dafür, daß Jesus eben diesen irrwitzigen Gegensatz formulieren wollte: Die so sehr um ein «koscheres» Gottesverhältnis bemühte Frömmigkeitshaltung der Pharisäer vertreibt sogar nach ihrem eigenen kultisch-rechtlichen Denken Gott weg von dem Grab, in das sie sich selbst verirrt haben und in das auch Ihn einzuschließen sie verbissen weiter sich bemühen.

Im Jahre 1971 war es der italienische Regisseur FEDERICO FELLINI (1920–1993), der in seinem sehr persönlich gehaltenen Film *Fellinis Roma* diese Gräberexistenz der verfaßten römischen Kirche in Szene gesetzt hat: Während einer päpstlich-vatikanischen Modenschau verwandeln sich die in roten Roben Fahrrad fahrenden Kardinäle nach und nach in Totenskelette[18]; – es muß nur so weitergehen, heißt die Botschaft dieser Filmsequenz, und es trägt sich selbst zu Grabe. Ein ähnlicher Eindruck war 1960 bereits ELIAS CANETTI (1905–1994) in seinem Essay *Masse und Macht* gekommen, als er die Kirche Roms am Beispiel ihrer Prozessionen als einen funebren Tanz zur Verfeierlichung des Todes und zur «Abtötung» des «Fleisches» beschrieb[19]. Weiter noch war vordem der österreichische Dichter ÖDÖN VON HORVÁTH (1901–1938) gegangen, als er im Jahre 1931 in seinem Theaterstück *G'schichten aus dem Wienerwald* die ganze Doppelbödigkeit einer Gesellschaft beschrieb, die, durch und durch katholisch, eintritt für den Wert der Familie und schon deshalb die unehelich zur Mutter gewordene Marianne der materiellen Ausbeutung und der moralischen Verurteilung in einem Nacht- und Nacktlokal preisgibt; die eigene Großmutter, bigott und traditionsbewußt, wird ihr Enkelkind in einer Winternacht ans offene Fenster stellen und erfrieren lassen, Marianne aber wird endlich dem sadistischen, doch nach den Wertmaßstäben dieser Kreise untadeligen Metzger Oskar in die Ehe gegeben werden[20], – die Ordnung der gekälkten Gräber wird damit wiederhergestellt sein, die Prozessionen «drüberhin» können ungestört voranschreiten.

[18] FEDERICO FELLINI (Reg.): *Fellinis Roma*, Italien 1971; vgl. HARTMUT WREDE u. a.: *Die Chronik des Films*, 402.

[19] Vgl. ELIAS CANETTI: *Masse und Macht*, 172–176, der die Klöster- und Ordensgemeinschaften der (römischen) Kirche geradewegs als «Massenkristalle» bezeichnet: «Sie enthalten die eigentlichen Christen», die den anderen schon durch die Kleidung zeigen sollen, was «wahre» Christen sind (S. 176).

[20] ÖDÖN VON HORVÁTH: *Geschichten aus dem Wiener Wald*, in: Gesammelte Werke, I 157–251.

Man möchte einen solchen Zustand, wenn er sich über Jahrhunderte hin selber konserviert und mumifiziert, als eine ausgemachte «Heuchelei» betrachten, doch das wäre nicht korrekt; die Sachlage ist schlimmer. Ein «Heuchler» weiß zumindest noch, was in der «Grabkammer» des eigenen Herzens an Fäulnis und Verwesung eingeschlossen ist; richtige «Pharisäer» aber wissen wirklich nicht, wie tödlich das ist, was sie tun (vgl. Lk 23,34!); ihre Verdrängungsmechanismen funktionieren routiniert. Sie «heucheln» nicht, sie stellen etwas dar, das sie nicht sind, – sie stellen dar, *daß* sie nicht sind, daß sie *nichts* sind als eine hohle Selbstdarstellung unter dem Zwang des Überich, ein Straßenzug von POTEMKINschen Dörfern, von «Palästen der Winde», wie man den Fassadenbau des Hava Mahal in Jaipur aus der Zeit der Maharadschas des 18. Jhs. nennt. Der Konflikt ist nicht subjektiv bewußt, – er besteht selber in der Subjektlosigkeit einer bloßen Theaterfrömmigkeit.

Doch nun kommen den psychologisch Unwissenden die theologisch Wissenden zu Hilfe: die Schriftgelehrten, die Hofideologen, die Theologen, – Leute, die all ihre Gelehrsamkeit und all ihre Intelligenz darauf verwenden, sich und der ganzen Welt den Nachweis zu erbringen, daß ihre vorgegebenen Doktrinen mit vorgeblichen Beweisen sich erhärten ließen. Die «Pharisäer» sind «nur» die treu Gläubigen; die «Schriftgelehrten» aber sind die «Arrangeure» dieser Art von «Glauben». Ihre Einrede provoziert eine kategorische Verschärfung in diesem Monolog der Abrechnung Jesu mit einer «Religions»form, die Gott ermordet und den Menschen ihre Seele stiehlt: «Lehrer, mit solchen Worten schmähst du auch uns!» (11,45)[21] Aber ja, Ihr Schriftgelehrten, gerade Euch! Nur gut, daß Ihr es hört und merkt!

Die folgenden drei Vorwürfe, die Jesus gegen die Kaste der Schriftgelehrten richtet, wären erneut vertan, verstünde man sie nur als eine zeitbedingte Kritik an gewissen historischen Gegebenheiten, anstatt sie zu lesen als eine Kampfansage an die Mißstände, die in jeder Religion zu gewärtigen sind, sobald in ihr ein Stand von «Schriftgelehrten» sich tonangebend durchsetzt. *Zum ersten*: «ihr belastet die Menschen mit schwer zu tragenden Lasten, doch selber – mit einem eurer Finger (auch nur) rührt ihr nicht

[21] EDUARD SCHWEIZER: *Das Evangelium nach Lukas*, 132, mutmaßt: «Der Gesetzeskundige wird vielleicht eingeführt, weil neben der Lebensweise V. 46 auch die Lehre getroffen werden soll, geht es doch um die viel grundsätzlichere Frage der Geltung der Schrift. Die Vorschriften stehen ja in der Bibel! Darum wird der Satz Mt 23,4 jetzt in die Weherufe hineingenommen. Lukas löst das Problem etwa wie Apg 15,10 f.: nach der schriftgelehrten Auslegung kann keiner mehr diese Gebote erfüllen; nur fehlt der ausdrückliche Hinweis auf ‹die Gnade des Herrn› hier. Er ist im Ganzen des Evangeliums zu finden.»

an die Lasten.» (11,46)[22] Auch dieser Satz entstammt der Logienquelle, wie ein Vergleich mit dem *Matthäus*-Evangelium zeigt, nur ist er bei *Lukas* richtiger adressiert: eben nicht an die Pharisäer *und* Schriftgelehrten, wie in Mt 23,4, sondern ausschließlich und speziell an diese Gruppe der Gotteserklärer, – wirkliche «Pharisäer» versuchen, *jede* Last zu tragen, die man ihnen als «Gesetz» vorschreibt.

Nehmen wir zur Verdeutlichung in der Gegenwart nur die klerikale Oberschicht der Kirche Roms. Kein Lebensbereich sollte seit dem nun fast 1000 Jahre geltenden Zölibatsgesetz den Priestern und Ordensleuten[23] unter päpstlicher Herrschaft hermetisch verschlossener sein als der Umgang mit der menschlichen Sexualität; doch in gerade dieses Metier haben sie die dämonische Domäne ihres Expertentums verlegt: Wie wird eine Ehe geschlossen, wie – falls es gar nicht zu verhindern ist – wird sie geschieden? Wie darf man als Mann und Frau zusammenkommen, und in welcher Form ist es – wieder: wenn überhaupt – erlaubt, unerwünschten «Kindersegen» zu verhüten? Ab wann ist es eine «schwere Sünde», sexuelle Gefühle «freiwillig» hervorzurufen? Wie haben Menschen sich zu verhalten, die homosexuell sind? Auf all diese Fragen – und viele andere – wissen aufs genaueste Antwort zu geben die zur Ehelosigkeit verpflichteten Priester der römischen Kirche. Alle anderen, gemessen an diesen «Fachleuten», haben buchstäblich für «Laien» zu gelten. Und warum wissen gerade in diesen Fragen der Sexualmoral so gut Bescheid die Priester der katholischen Kirche? Nun eben, weil sie selbst von all den Gesetzen, die sie da erlassen, kein

[22] Vgl. Str. B. I 911–912: «Bei diesen drückenden Lasten wird man in erster Linie an die kleinlich genauen halakhischen (sc. aus der mündlichen Überlieferung stammenden rechtlichen, d.V.) Bestimmungen zu denken haben, mit denen die rabbinische Auslegung die einzelnen, in das Leben des Volkes tief eingreifenden Gebote belastet hatte, wie z B die Gebote über Reinheit u. Unreinheit, über Zehnten u. Heiliges, über Fasten u. Beten, über Heiligung der Sabbat- und Feiertage u. dgl.; sodann aber auch an die sog. Verhütungsvorschriften, mit denen man die biblischen Gebote wie mit einem Zaun umgeben hatte, um sie so vor Übertretung zu sichern. So fügte man z B den Lv 18,6 ff. zur Ehe verbotenen Verwandtschaftsgraden überall nach oben u. unten noch einen zweiten Grad hinzu ...; um die Mischehen mit Heiden zu verhindern, unterband man ... jeglichen Verkehr mit Nichtisraeliten ... Diese Vorbeugungstheorie wird bereits von den ‹Männern der Großen Synagoge› empfohlen; befolgt ist sie von der alten Synagoge wohl zu allen Zeiten». Von daher «war es einem ungelehrten Juden ... einfach unmöglich, die schier zahllosen Sätze der Schriftgelehrten zu kennen, geschweige denn zu beobachten. Wenn man aber die Befolgung dieser rabbinischen Satzungen der der biblischen Gebote gleichwertig machte, waren schwere Gewissenskonflikte gerade für zartere religiöse Gemüter unvermeidlich.»

[23] Vgl. dazu KARLHEINZ DESCHNER: *Das Kreuz mit der Kirche*, 158–161: Die Gründe für das Zölibat; 161–186: Die Unterdrückung der Priesterehe.

einziges auf sich selber anzuwenden brauchen. Säße, wie etwa in den Kirchen der Reformation, eine Gruppe von «Laien» im «Ältestenrat» einer Pfarrgemeinde, im «Presbyterium», und erließe auch nur einmal eine «Dienstanordnung», nach welcher der von ihnen bestellte Pastor sich zu richten hätte, – die Kirche Roms sähe die Welt untergehen, denn wirklich, die Welt solcher «Schriftgelehrten» *ginge* unter.

Und weiter so, *zum zweiten*, – wieder ein zentraler Vorwurf gegen all den organisierten «Gedächtniskult» einer Kirche der Jahresfeierlichkeiten, der Heilig- und der Seligsprechungen: «ihr baut die Gedenkstätten der Propheten, eure Väter aber haben sie getötet. Drum, ... übereinstimmt ihr mit den Taten eurer Väter; denn diese töteten sie, ihr aber baut!» (11,47–48)[24] Im *Matthäus*-Evangelium ist, wie zur Erklärung, noch eingefügt: «(Ihr) sagt: Wären wir in den Tagen unserer Väter, wir würden nicht ihre Komplizen am Blute der Propheten. Somit bezeugt ihr euch selber, daß ihr Söhne von Prophetenmördern seid.» (Mt 23,30–31)

Womöglich haben wir, die Christen in Deutschland, sogar besonderen Grund, Sätze wie diese auf uns selber zu beziehen; denn die Gedenkbauten und die Gedächtnisfeierlichkeiten zur Erinnerung und Mahnung insbesondere an die Verbrechen der Nationalsozialisten an den deutschen und europäischen Mitbürgern jüdischer Herkunft oder an die Opfer des Krieges vermehren sich gerade in den letzten zwei Jahrzehnten immer mehr: Straßennamen, Erinnerungstafeln, Museen ... stets waltet die Vorstellung, daß wir, hätten wir in jenen Tagen gelebt, derartige Greueltaten nicht begangen hätten. Doch es ist so einfach, etwas zu verurteilen, das von unseren «Vätern» verübt wurde, und es ist eine nicht unbedenkliche Vorgehensweise, sich ein eigenes gutes Gewissen zu schaffen, indem man mit Abscheu hindeutet auf die gewissenlosen Handlungen vergangener Zeiten. Um wirk-

[24] Vom *Topos* des Prophetenmordes spricht O. H. STECK: *Israel und das gewaltsame Geschick der Propheten*, 1967. Zu dem Bau monumentaler Grabdenkmäler vgl. Str. B. I 937–939. – SÖREN KIERKEGAARD: *Der Augenblick*, Nr. 8, in: Werkausgabe, II 507, betrachtete das Prinzip der «Gleichzeitigkeit» als «Rattenpulver ... für die Dozenten, dies Ungeziefer, welches recht eigentlich das Christentum verdorben hat, die Dozenten, diese edlen Männer, welche die Gräber der Propheten bauen, *objektiv* deren Lehre vortragen, Leiden und Tod der Herrlichen – vermutlich objektiv und stolz auf dies Objektive, da das Subjektive Kränklichkeit, Gehabe ist – zu Gewinst machen, aber – natürlich – mit Hilfe des gepriesenen Objektiven – sich selber heraushalten, weit entfernt von allem, was auch nur im entferntesten dem gleichen könnte, daß man leidet in Gleichheit mit den Herrlichen, oder dem, daß man leidet, wie man gelitten hätte, falls man in der Gleichzeitigkeit die Herrlichen anerkannt hätte als das, was sie waren. – Die Gleichzeitigkeit ist das Entscheidende.» Vgl. a. a. O., 361–366.

lich «Reue» zu zeigen, müßte man die Motive begreifen, die hinter den Untaten damals standen, und man müßte den Nachweis erbringen, daß sie in der Gegenwart keine Rolle mehr spielen. Doch anders, ganz anders verhält es sich wirklich.

Alljährlich zum Beispiel versucht eine Gruppe bei Paderborn unter dem Namen «Blumen für Stukenbrock» Anfang August an die – man weiß es nicht – 30 000 oder 60 000 russischen Soldaten zu erinnern, die dort im sogenannten «Strafgefangenenlager» nach 1941 unter elendesten Bedingungen zugrunde gegangen sind[25]. Damals, als es geschah, führte der Bischof der Ortskirche Reden über Menschen, die im bolschewistischen Atheismus «unter das Niveau der Tiere gesunken seien»[26], und gab damit der Naziideologie von den slawischen «Untermenschen» noch seinen theologischen Segen. Daran freilich erinnert (sich) heute kaum jemand mehr in der Kirche von Paderborn. Die alljährliche Gedenkfeier in Stukenbrock wird denn auch vorwiegend besucht von Vertretern «linker» Gruppierungen; mitunter aber zeigt auch die Landesregierung Interesse an dem «Gedenken», und dann läßt sie dort Reden halten des Inhalts, wir müßten verhindern, daß derlei Unrecht je wieder geschehe, also, daß wir weltweit notfalls mit militärischen Mitteln vorgehen müßten gegen Gewalt und Unterdrückung. Aus der Erinnerung an einen Krieg, der zwischen 20–25 Mio. Sowjetbürgern das Leben gekostet hat, soll und darf nicht werden eine Mahnung zu Abrüstung und zur Beseitigung des Militärs, es soll daraus werden ein Motiv, genauso weiterzumachen wie bisher, also nunmehr «Deutschland

[25] Vgl. KARL HÜSER – REINHARD OTTO: *Das Stammlager 326 (VI K) Senne 1941–1945*, 48–54: Aufnahme und Registrierung der Kriegsgefangenen im Stalag; 54–63: Die Aussonderung und Ermordung bestimmter Gruppen von Kriegsgefangenen; 64–68: Der Umgang des Stammpersonals und der Wachmannschaften mit den sowjetischen Kriegsgefangenen. Eines Häftlings «zusammenfassendes Urteil lautet: «Stalag (sc. Strafgefangenenlager, d.V.) 326 wurde auf unseren Knochen gebaut. Jedes seiner Ziegel, jede Baracke, jeder Meter Stacheldrahtzaun ist begossen mit russischem Blut. Sie brachten uns durch Hunger, Kälte, erschöpfende Arbeiten, Krankheiten und Folter um. Sie hetzten uns mit Hunden, erschossen unsere Kameraden.» (S. 67)

[26] KARLHEINZ DESCHNER: *Die Politik der Päpste im 20. Jahrhundert*, II 147–148, läßt Erzbischof LORENZ JÄGER «das Schmähwort vom slawischen ‹Untermenschen›» gebrauchen; doch so war es nicht gemeint; vielmehr fügte der geistliche Würdenträger der katholischen Kirche dem nationalsozialistischen Rassenwahn noch eine theologische «Begründung» hinzu; aus einer biologischen Tatsache (ein Slawe zu sein) wurde so eine absolute Anklage; der «Untermensch» mutierte zum «Untertier». *Hirtenbrief* zur Fastenzeit 1942, in: Amtsblatt Paderborn, Nr. 3, 11. Febr. 1942, 17. Das hindert nicht, daß nach 1945 sich die Kirchen bescheinigten, Widerstand geleistet zu haben; vgl. ERNST KLEE: «*Die SA Jesu Christi*», 158–167: «Mit ganzem Herzen Widerstand und Abwehr».

am Hindukusch zu verteidigen», – überall dort, wohlgemerkt, wo so sensible Fragen wie die nach politischen Einflußsphären und wirtschaftlich gesicherten Energieressourcen tangiert werden. Wir gedenken der Opfer vergangener Kriegsverbrechen mithin nicht, um den Krieg aus der Welt zu schaffen, sondern um die alten Verhaltensgewohnheiten in neuer Kostümierung fortsetzen zu können. Wohl, jeder weiß: Das Töten von Menschen ist nicht das Retten von Menschen, doch längst sind wir wieder dabei, das Töten zu lernen wie einen Job, der zu tun ist wie andere auch, ja, wir erleben gerade, wie die USA Privatfirmen wie «Blackwater», geführt von dem zum Katholizismus konvertierten *Erik D. Prince* (geb. 1969), als «Sicherheitsdienstleister» verdingen, – Profikiller für einen Sold, der um ein Vielfaches höher liegt als der Salär gewöhnlicher Soldaten[27]. Und dieses Schlächterhandwerk reden wir dann schön als Übernahme von Verantwortung und als friedenschaffende Maßnahme.

Oder: Wir bedauern und verabscheuen die rassistische Fremdenfeindlichkeit der Nazis, die Judenpogrome, die Mißhandlungen der Sinti und Roma; wie aber verhalten wir uns gegenüber den Menschen, die auf der Flucht vor Hunger und Verfolgung derzeit nach Europa zu gelangen suchen? Wir errichten nicht gerade, wie die USA an der Grenze zu Mexiko, einen 1000 Meilen langen Zaun, versehen mit all den Vorkehrungen, die ihn undurchdringlich machen sollen, – wir umgeben Europa vielmehr mit einem Schutzzaun aus Paragraphen und Gesetzen, die uns die üblich gewordene «Abschiebepraxis» als ganz legal, ja, als legitim hinstellen. Wir hätten damals anders gehandelt? Nicht, solange wir der Vergangenheit gedenken, nur um mit bestem Gewissen die alten Fehler von neuem zu begehen. Vor allem, man wird die Vergangenheit so lange nicht los, als man sich davor schützt, die erschreckende Verführbarkeit der Massenpsychologie im eigenen Erleben sich bewußtzumachen. Könnte ein faschistisches System in unserer heutigen politischen «Kultur» wirklich nicht mehr wiederkehren? – Im Jahre 1967 setzte – wie zum Gegenbeispiel – ein kalifornischer Lehrer eine Schulklasse einem berühmt gewordenen gruppendynamischen Experiment aus, das die Entstehungsbedingungen des Nationalsozialismus psychologisch simulieren sollte: das Gefühl kollektiver Gefährdung, das Selbstbild eines elitären Sendungsauftrags, das Empfinden, Teil einer absolut notwendigen Auseinandersetzung zu sein und unter Einsatz aller Mittel ein (welt)bedeutendes Resultat erzwingen zu müssen, – all diese Faktoren

27 Vgl. JEREMY SCAHILL: *Blackwater*, 31–49: Der kleine Prince; 241–249: Todesschwadronen, Söldner und die «Salvador-Option».

machten die Schüler zu Handlungen bereit, in denen eine bestimmte Art von Idealismus sich auf charakteristische Weise mit einer verbrecherisch zu nennenden Skrupellosigkeit mischte; unter der Regie von DENNIS GANSEL (geb. 1973) wurde 2008 der Stoff in dem Film *Die Welle* aufgegriffen[28]. Wir müßten die Verbrechen der Vergangenheit betrachten als eine Möglichkeit der Gegenwart im eigenen Herzen, um sie hinter uns zu bringen. Was wirklich nottäte, wäre die Stärkung des Individuellen, die Ausbildung des Persönlichen, die Schärfung der Kritikfähigkeit gegenüber dem Zwang zu «unbedingter» Solidarität und Kameradschaft, – etwas, dem unsere Mediengesellschaft nicht gerade günstig gegenübersteht.

Doch, mag man sagen, alles das spielt sich ab vorwiegend im Raum der *politischen* «Gedächtniskultur» und «Vergangenheitsbewältigung», nicht im Raum des Religiösen, von dem in den Worten Jesu in Wahrheit die Rede geht. Nun denn, wie steht es um «die Weisheit Gottes», die immer wieder «Propheten und Apostel» senden wird (11,49), nur um von «dieser Gattung» Mensch (11,50) verfolgt und getötet zu werden? Natürlich sind diese Formulierungen schon der Logienquelle als jene Form von Geschichtstheologie zu betrachten, in welcher die frühe Kirche bereits im *Markus*-Evangelium die Geschichte Israels als eine einzige Verweigerungsgeschichte interpretierte, – etwa in der Allegorie von den Weinbergpächtern, die all die Knechte des Grundbesitzers verprügeln, schänden und töten (Mk 12,1–12); auch dort wird mit der Vernichtung jener ungetreuen Bauern gedroht (Mk 12,9)[29], so wie hier mit der Rückforderung all des vergossenen Blutes von

[28] Die Filmgeschichte geht zurück auf das Buch von MORTON RHUE: *Die Welle*, das resümiert (S. 161): «Ein Geschichtskurs ist kein wissenschaftliches Labor. Man darf nicht mit Menschen experimentieren.» Die ständige Gefährdung des Abgleitens in die Massenpsychologie schildert HARALD WELZER: *Täter*, 68–75: Das «Dritte Reich» als normatives Modell, S. 75: «Sozialpsychologisch betrachtet scheint es so zu sein, als genüge eine Kombination aus Gratifikationen, die einer Mehrheit aufgrund unveränderlicher Merkmale verliehen werden, und Beraubungen, die einer Minderheit ebenfalls aufgrund unveränderlicher Merkmale angetan werden, um einen Prozeß in Gang zu setzen, in dem staatliche Politik und tätige Teilhabe der Mitglieder der Volksgemeinschaft eine soziale Ausgrenzungsdynamik starten, deren prinzipielle Grenzenlosigkeit schließlich in die Vernichtung der einen durch die anderen führt. Tötungsbereitschaft entsteht in diesem dynamischen Vorgang erst – aber sie wird am Ende so wirksam, dass Menschen zu Mördern werden, die es nur kurze Zeit zuvor nie für möglich gehalten hätten, dass das passieren könnte.»

[29] EDUARD SCHWEIZER: *Das Evangelium nach Lukas*, 133, hebt betont hervor: «Das ist in keiner Weise antisemitisch (sc. antijudaistisch, d.V.). Lukas nimmt ja ein jüdisches Weisheitswort auf.» Str. B. I 943, zitieren: «Jeremia sprach zu Gott: Ich kann nicht wider sie (die Israeliten) weissagen; welcher Prophet wäre ihnen erstanden, den sie nicht zu töten gesucht hätten?!» Vgl. auch EDUARD SCHWEIZER: *Das Evangelium nach Matthäus*, 290.

den Tagen Abels an bis hin zur Ermordung des Priestersohns Sacharja, den sie auf Befehl des Königs Joasch (802–787) steinigten (2 Chr 24,20.21). Doch besieht man sich die menschliche Geschichte und darinnen die Geschichte der Religionen überhaupt, – wann je hätte sie sich anders dargestellt denn als eine endlose Fortsetzung des Brudermords an «Abel»?

Was zum Beispiel ist es mit all den Menschen, die aus Gewissensgründen den Dienst in der Großdeutschen Wehrmacht verweigerten, wie – als einzige geschlossene Gruppe – die Zeugen Jehovas, und lieber im Konzentrationslager umkamen, als in «unbedingtem Gehorsam auf den deutschen Führer» den unbedingten Friedenswillen des Evangeliums zu verraten? Was ist es mit all denen, die unter Lebensgefahr desertierten, um, soviel wie an ihnen lag, das Massenmorden zu verhindern? Keine der «christlichen» Kirchen leistete seinerzeit ihnen Beistand; im Gegenteil: selbst noch danach, in den Tagen der Wiederaufrüstung der Bundesrepublik im Jahre 1956, bekam die katholische Kirche es fertig zu erklären, kein Katholik habe das Recht, sich auf sein Gewissen zu berufen und den Wehrdienst zu verweigern. Elf Jahre nach dem Zweiten Weltkrieg hatte man schon wieder Tritt gefaßt; das wiederum hinderte dieselbe Kirche nicht, im Jahre 2007 einen aufrichtigen Mann wie FRANZ JÄGERSTÄTTER (1907–1943) seligzusprechen, der lieber in den Tod ging, als sich in das Massaker der Tötung von Hunderttausenden von Menschen hineinziehen zu lassen[30]. Müßte nicht eine solche Kirche ein tiefes Entsetzen darüber empfinden, diesem ihrem «Gesandten» Gottes im entscheidenden Augenblick nicht beigestanden, sondern an seiner Hinrichtung sich moralisch mitschuldig gemacht zu haben? Müßte sie nicht zumindest jetzt, über ein halbes Jahrhundert später, denselben Mut aufbringen wie er und erklären, daß die heutigen Kriege, genau wie damals, nicht für «Christus» oder für die «Freiheit», sondern um geostrategischer und ökonomischer Ziele willen geführt werden? So aber kaschiert man mit einem feierlichen «Gedenken» nur die eigene Feigheit. – «Die Kirche», sagt einmal in GEORGES BERNANOS' (1888–1948) *Tagebuch eines Landpfarrers*

[30] GEORG DENZLER – VOLKER FABRICIUS: *Christen und Nationalsozialisten*, 224, zitieren zustimmend den Benzberger Kreis und dessen Ablehnung der Erklärung des Sekretariates der Deutschen Bischofskonferenz vom 28. Apr. 1979, in der es hieß, «totalitäre Systeme könnten, nachdem sie sich etabliert haben, nicht mehr bekämpft werden.» Statt dessen betont der Benzberger Kreis, «daß ‹diejenigen, die den Weg des Widerstandes gegangen sind, dieses Wagnis meist allein und in der Regel ohne Rückendeckung – oft genug gegen den erklärten Willen der kirchlichen Institution – auf sich genommen haben.› Deswegen dürften jene Männer und Frauen, z. B. … Jägerstätter …, heute von der Obrigkeit ‹nicht in Anspruch genommen werden, um den entschuldigenden Nachweis zu liefern, daß ‹die Kirche› dem Nationalsozialismus Widerstand geleistet habe›.»

der Dekan von Blangermont, «erhebt nur eine sehr kleine Zahl von ausnahmehaften Gerechten zur Ehre der Altäre, und zudem meist lange nach ihrem Tod, Gerechte, deren Lehre und heldisches Beispiel ... den gemeinsamen Schatz der Gläubigen ausmachen, wobei den Gläubigen aber, wie Sie wohl beachten wollen, keineswegs gestattet ist, ohne Beaufsichtigung aus diesem Schatz zu schöpfen. Daraus folgt ..., daß jene bewundernswürdigen Menschen den kostbaren Weinen gleichen, die ganz langsam gut werden und dem Winzer sehr viel Mühe und Sorge bereiten, damit sie schließlich den Gaumen seiner Urenkel erfreuen.»[31] So ähnlich ist es.

Oder noch anders, noch herausfordernder gesagt mit Worten von ERICH FRIED (1921–1988). Kein Staatsgast, der heute, wenn er Israel besucht, nicht pflichtgemäß nach Yadwaschem (yad = Hand, Denkmal; schem = Name; zur Erinnerung der Opfer der Schoa) geführt würde, um der Verbrechen der Nazis zu gedenken. Man sollte meinen, daß ein Staat, der zur Heimat vieler geworden ist, die den Greueln des NS-Regimes entkommen konnten, sich geradewegs auszeichnete durch eine antirassistische und an den Menschenrechten orientierte Politik. Doch wie jeder – spätestens an den Okkupationspraktiken nach den Eroberungen des 6-Tage-Krieges von 1967 in den besetzten Palästinensergebieten – feststellen muß, ist das Gegenteil der Fall, und zwar derart brutal, daß der österreichisch-jüdische Dichter und unbeirrbare Friedensfreund ERICH FRIED schrieb:

«... Ihr habt eure Toten verloren
denn eure Toten
das waren die Opfer der Mörder
die Gerechten die Unterdrückten:
Die Machtlosen die Verfolgten
die ermordeten Widerstandskämpfer
und ihre Kinder
das waren eure Toten.

Jetzt aber seid ihr Machtanbeter und Mörder geworden
und werft Bomben auf eure Opfer wenn sie sich wehren
Ihr vertreibt die Machtlosen aus ihren niederen Hütten
Ihr kommt rasselnd in rasenden Panzern
Ihr laßt Sprühgift

[31] GEORGES BERNANOS: *Tagebuch eines Landpfarrers*, 2. Teil, S. 77.

aus euren Flugzeugen regnen
nieder auf unsere Felder ...
Glaubt ihr denn eure Toten würden euch
wiedererkennen ...»[32]

Und ein *drittes* – ein Kardinalvorwurf gegen alle «akademische» Theologie: «Wehe euch, den Gesetzeslehrern, denn beiseitegeschafft habt ihr den Schlüssel der Erkenntnis. Ihr selber seid nicht hineingekommen (sc. ins Königtum Gottes, d. V.), und die hinein kommen wollen, habt ihr gehindert.» (11,52)[33] – «Wehe ... euch, ... ihr schließt das Königtum der Himmel vor den Menschen zu», heißt es, krasser noch, in Mt 23,13. «Erkenntnis» Gottes – sie ist einzig möglich in der persönlichen Begegnung; doch genau das verhindert, ja, verbietet eine «Theologie», die mit System alle Fragen des Existierens umformt in Doktrinen des Dozierens, die den Faktor der Subjektivität konsequent ausklammert zugunsten einer «Objektivität», die nichts ist als der gruppendynamisch auf dem kleinsten gemeinsamen Nenner ermittelte offiziöse Konsens, die nicht darauf angelegt ist, persönliche Entfaltung zu fördern, als vielmehr die Angleichung des Persönlichen an das «Allgemeine» zu fordern.

Wohl den meisten, die heute «Theologie» studieren, wird es so ergehen wie jener Religionspädagogin, die nach acht Semestern vielfältiger Vorlesungen, Seminare, Wochenendveranstaltungen und Übungen rundum erklärte, all die Sehnsucht und Begeisterung endgültig verloren zu haben, die sie als Mädchen einmal im Herzen trug. «Im Grunde weiß ich heute gar nicht mehr, woran ich glaube», klagte sie. «Gesehen habe ich, daß die Dozenten selber an nichts glauben. Sie erzählen, wie es zu der Vorstellung von Gott gekommen sein könnte, doch Gott existiert nicht für sie selbst; sie sprechen vom Jenseitsglauben der Religionen und von dem ‹Osterereignis› Christi, aber in Wahrheit kennen sie nur eine ‹Auferstehung ins Diesseits›; wenn ich Betriebswirtschaftslehre studiert hätte wie meine Freundin, wüßte ich jetzt wenigstens irgendwie, was sich in diesem Sinne ‹erhoffen› ließe.

[32] ERICH FRIED: *Höre Israel*, zit. n. FELICIA LANGER: *Zorn und Hoffnung*, 213.

[33] Es war SÖREN KIERKEGAARD: *Wie Christus über das amtliche Christentum urteilt*, in: Werkausgabe, II 357–366, der die Pose des religiösen «Dozenten» insgesamt als Lüge und «Heuchelei» entlarvte. «Ja, das Sonntagschristentum und die ungeheure Zunft der handeltreibenden Pfarrer muß ja wie rasend werden über eine solche Rede (sc. wie Lk 11,48, d.V.), die mit einem einzigen Wort alle Läden zumacht, dieses ganze königlich bevollmächtigte Gewerbe kassiert, und nicht bloß das, sondern vor solchem Gottesdienst warnt als vor Blutschuld.» (S. 363)

Und das Schlimmste: Niemand scheint religiös irgend etwas zu vermissen; alles geht seinen Gang. Man macht seine Scheine, man tritt den Schuldienst an, – wofür? Wer will das schon wissen?»

Nicht anders als dieser Religionspädagogin widerfährt es den Kirchenbesuchern. Wenn sie jeden Sonntag, wie die katholische Kirche es unter Androhung einer «schweren Sünde» immer noch vorschreibt, zur Messe kommen, werden sie im Verlauf vieler Jahre Hunderte von Predigten zu allen möglichen Themen des Kirchenjahres vernommen haben, – und all das Reden, soviel steht für sie selbst fest und für jeden, der ihnen zuschaut, bleibt absolut wirkungslos. Es weckt keine Hoffnung, es trocknet keine Tränen, es regt weder an noch regt es auf, es verbreitet ein Gefühl lethargischer Langeweile – FELLINIS Skelette, CANETTIS Totentanz im Status der «Verkündigung». Am Ende hat man Menschen, die Religion haben, ohne religiös zu sein, die von Gott reden, ohne Ihn zu berühren oder von Ihm ergriffen zu sein, die eine jenseitige Welt «bezeugen» sollen, während ihnen dieses «Jenseits» lediglich als eine Projektion der Unzufriedenheit mit einem Diesseits vorkommt, an dem zu leiden sie kraft ihrer eigenen gesellschaftlichen Wohlversorgtheit wohl kaum je Gefahr laufen.

Doch was erwartet man? Jede organisierte Religionsform muß die metaphysische Beunruhigung zu entschärfen trachten, die doch dazu gehört, ein Mensch zu sein. Die elementar aufbrechenden Fragen nach dem Sinn der ganzen ungeheuerlichen Veranstaltung, die wir das Leben nennen, das für jeden Fühlenden unvermeidbare Leiden an der unsäglichen Qual und Quälerei des Daseins, die für jeden Denkenden stupende und monströse Absurdität so vieler Schicksalsschläge, Nöte und Katastrophen im Raume der Natur nicht anders als im Laufe der Geschichte – all das erstickt unter der goldgewirkten Decke der immer schon parat liegenden Fürbitten, Spruchweisheiten, Glaubensbekenntnisse, Redensarten, Floskeln und Ausflüchte! Jede echte und ehrliche Bewegung des Geistes – eingefangen in den Spinnwebenfallen dieser «Geistlichen», weggeschlossen hinter den Mauern von Gotteshäusern, die unter dem Vorwand, Gott «präsent» zu setzen, Ihn fernhalten von allem wirklichen Leben, versiechend in einem priesterlichen Gottverhinderungssystem, das unter dem Anschein, zu «vermitteln» zwischen Gott und den Menschen, in Wirklichkeit Gott «erörtert» und «verortet» im Verstörenden, Zerstörenden, – im religiös schlechterdings Ungehörigen.

Man braucht gar nicht noch einmal all die Kontrollvorschriften, Zwänge, Abhängigkeiten und Entfremdungen heraufzubeschwören, denen Jesus bei seinem Kampf gegen die «Schriftgelehrten» auf Schritt und Tritt begegnen mußte; in unseren Tagen genügt, bezogen auf das Kirchenchristentum, ein einziges *Experimentum crucis*: Man stelle nur die Frage, was geschehen würde, wenn dieser Abschnitt aus dem *Lukas*-Evangelium just einer solchen sonntäglichen Feiertagsgemeinde in die Ohren gepredigt würde? Kein Stein mehr bliebe auf dem anderen! Da «zeugte» Gott selbst gegen diese Art von «Gottesdienst», da «zeugte» Christus gegen diese Art von «Christentum», da «zeugte» Gottes «Weisheit» gegen diese Art von «Wissenschaft» und Gottgelehrsamkeit. Der Pastor stünde da als Scharlatan und Volksbetrüger, der Herr Dozent als eitler Geck im Reiche Liliput, die Kirchendiener als genau die «Gattung» Mensch, gegen die Gott nun aufsteht zum Gericht ... Doch eben diese Demaskierung, diese Depotenzierung, diese Demolierung all der «getünchten Gräber», all der «Erstplatzsitzer», all der lebenden Sperrzäune auf dem Weg zum Königtume Gottes – das war und ist die Botschaft Jesu.

Was Wunder, daß «die Schriftgelehrten und die Pharisäer» nach dieser Rede Jesus «furchtbar draufzuhaben» beginnen und «ihm auf den Mund ... schauen bei weiterem ..., um irgend etwas zu erjagen aus seinem Munde» (11,53.54)[34]! Man muß wissen, worauf man sich einläßt, wenn man dem Mann aus Nazaret folgt. Immer noch herrscht die Vorstellung, es genüge, sich – auf dem Petersplatz, an den «Wallfahrtsorten», bei dem «Open-air-Event» eines «Pilgerbesuchs» – «zu Tausenden» zusammenzudrängen und sich wechselseitig auf die Füße zu treten, um zu der «Schar» oder «Gemeinde» Jesu zu zählen (12,1a)[35]. Doch an jeder nur denkbaren Stelle vertritt Jesus ersichtlich das Gegenteil. Penetrant warnt er vor den Massenaufläufen, er will keinen Gottesdienst, der protzig dasteht wie eine Kumuluswolke am Sommerhimmel, er möchte die Identität der Existenz, nicht die Identifizierung mit der Meinung der Mehrheit. Und eben deshalb warnt er hier vor dem «Sauerteig» der Pharisäer.

[34] WOLFGANG WIEFEL: *Das Evangelium nach Lukas*, 230, ist zuzustimmen: «Die beiden Schlußverse (sc. 11,53-54, d.V.) sind redaktionell gestaltet (vgl. 6,11; 19,47; 20,19 f.).» Auch HEINZ SCHÜRMANN: *Das Lukasevangelium*, II 1, 330, meint: «Der Hinweis auf den bevorstehenden Tod Jesu wäre der luk Redaktion zuzutrauen.» Doch geht es hier jenseits der Redaktionsgeschichte um eine Auseinandersetzung auf Sein oder Nichtsein: ob man die «Religion» lebt *oder* lehrt!

[35] Gerade die Umwandlung des Allerpersönlichsten, der Beziehung zu Gott, in etwas Massenweises ist das Ende aller religiösen Wahrheit. Vgl. SÖREN KIERKEGAARD: *Tagebücher*, V 290–292: Geschwätz – Mißhandlung durch das Gelächter – Verfolgung durch Publikum: «So wird dem Publikum der Tyrann, einer, der sich heuchlerisch darunter versteckt, daß er niemand ist – und so kommt denn das Meuchelmörderische auf... Publikum ist auf die niederträchtigste Weise Macht; Macht ebenso wie Wanzen oder Gestank, was stets den Vorteil hat, daß es dem Mißhandelten die Würde versagt.» (S. 291)

Was damit einmal gemeint war, ist nicht ganz klar, – das Wort ist in Mk 8,15 inhaltlich nicht erklärt, sondern nur zum Stichwort «Brot» (und «Brot»vermehrung) aufgenommen worden; zudem ist die Rede dort nicht nur vom «Sauerteig» der Pharisäer, sondern auch vom «Sauerteig» des Herodes. Den Bezug auf Herodes hat *Matthäus* ebenso fortgelassen wie *Lukas*, doch setzt *Matthäus* dafür die «Sadduzäer» ein, und er deutet das Bild vom «Sauerteig» als Umschreibung für die «Lehre» dieser beiden wichtigen Gruppen im Judentum zur Zeit Jesu (Mt 16,6.11–12). *Markus* liegt es näher, an eine Haltung des «Unglaubens» zu denken, die stets nur aus ist auf äußere «Zeichen» und «Beweise» (Mk 8,17–21; vgl. Lk 9,7–9; 11,16.29; 23,8); *Lukas* indessen deutet den «Sauerteig ... der Pharisäer», entsprechend den gerade geäußerten Vorwürfen, als «Angeberei» (12,1b)[36], und diese Anklage trifft ins Innere. Wenn es in der Pessahnacht notwendig war, ungesäuertes Brot bei dem zentralen Fest des Exodus Israels zu verwenden (Ex 12,18–20; 1 Kor 5,6–8), so ist «Sauerteig» genau der Stoff, der alles «profan» macht und «Heiliges» verhindert[37]. Die «Angeberei», die – der lukanische – Jesus hier den Pharisäern vorhält, besteht nicht darin, daß sie die Religion nicht wirklich ernst nähmen, sondern darin, daß sie den Ernst der Religion in die Ableistung von Äußerlichkeiten legen. Wie etwas sich nach außen hin darstellt, wie es mit dem Regelwerk äußerer Vorschriften übereinstimmt, wie es in der Korrektheit des äußeren Sich-Verhaltens in Erscheinung tritt, – diese Kernfrage einer «pharisäischen» Frömmigkeitshaltung verdirbt die gesamte Grundeinstellung. Wie ein bißchen Sauerteig ausreicht, um ein ganzes Brot zu durchsäuern, so genügen schon

[36] Für gewöhnlich spricht man von «Heuchelei», doch dazu gehört, streng genommen, das subjektive Wissen um die Falschheit des nach außen zur Schau Getragenen; «Angeberei» ist eine Form der Selbstdarstellung, die subjektiv ihre Falschheit nicht begreift, während sie den Außenstehenden um so deutlicher sichtbar ist. Den Grund des Vorwurfs der «Angeberei» (Heuchelei) an die Adresse der «Schriftgelehrten» hat wiederum SÖREN KIERKEGAARD: *Tagebücher*, V 39–40: Objektivität – Heuchelei, erfaßt: «Man macht das Christentum zu einer objektiven Lehre; das Objektive ist die Hauptsache: dadurch entzieht man sich jeder existentiellen Anstrengung (der Richtung: subjektiv zu werden).» (S. 39)

[37] Str. B. I 728–729, verweisen mit Bezug zu Mt 16,6 darauf, daß der «Sauerteig» ein Bild für die «Lehre» der Pharisäer sei. Auch EDUARD SCHWEIZER: *Das Evangelium nach Lukas*, 132, meint, «Heuchelei» sei «ursprünglich deutlich auf falsche Lehre bezogen». Doch gibt er zu: «Das ist hier (sc. in 12,1, d.V.) und 13,15 auch eingeschlossen; aber 12,56 (und 6,42 Q; auch 1. Petr 2,1) sieht Heuchelei nicht nur bei den pharisäischen Gegnern Jesu. Lukas denkt ... eher an ein inkonsequentes Leben». Die eigentliche «Heuchelei» liegt freilich nicht in einer bestimmten Lehre, sondern in der gesamten Umwandlung des Lebens ins Lehren, des Existierens ins Dozieren, des Subjektiven ins Objektive, des Persönlichen ins Beamtete.

geringfügig anmutende Konzessionen an diesen Ungeist der Äußerlichkeit, um eine ganze Religion zu durchsetzen und vor Gott «unbrauchbar» zu machen. Man muß sich davor hüten – prinzipiell und total, nicht anders als Jesus den bösen Geist in der Wüste kategorisch zurückwies, als dieser Steine in «Brot» verwandelt sehen wollte. «Nicht vom Brot allein lebt der Mensch», antwortete ihm Jesus damals (Lk 4,3.4). Nur geistig, nur innerlich, nur persönlich, nur existentiell eins mit sich selbst läßt sich leben vor Gott oder richtiger: in Gott, mit Gott, durch Gott. Nur so beginnt sein «Königtum», wie Jesus es sah und ersehnte.

Legenden von Abbildungen und Bildtafeln

Abb. 1: Die Geburt des Pharaos

In neun Szenen ist hier der Mythos der göttlichen Geburt des Pharaos festgehalten.

1) Der ibisköpfige Götterbote Thot führt den Gott Amun zu der auserwählten Königinmutter. In seiner Hand hält Amun als Heilszeichen das *w3ś*-Zepter, der ziselierte Bart kennzeichnet ihn als Gott. Die mächtige Federnkrone verweist auf seine Natur als Gott des Geistes und des Windes. Thot trägt eine Schärpe über seiner Brust, die ihn als lesekundigen Weisheitsgott ausweist. Beide Götter tragen neben dem Brustschmuck einen Schurz mit einem Tierschweif, offenbar in Erinnerung an ihre Herkunft aus vorgeschichtlicher Zeit. Soeben erhebt Thot die Rechte, um seine Rede an Amun eindrucksvoll zu unterstreichen.

2) Der Gott Amun und die Königin Iahmes haben auf einem Mattenbett Platz genommen, dessen Enden durch Löwenköpfe verziert sind. «Unterstützt» wird die zärtliche Beiwohnung der Liebenden durch zwei Genien, deren Kopfschmuck (ein Schild mit zwei Pfeilen) ihnen den Namen Hemuset verleiht. In dem Augenblick, da die Königin zur Mutter des Gottessohnes wird, trägt sie die Geierhaube der thebanischen Göttin Mut, die an der Stirn in die Uräusschlange ausläuft. Der Gott und die Königin berühren einander leicht mit den Händen, wobei Amun das Anch-Kreuz des Lebens in den Atem von Iahmes hält und in ihren Schoß das Zeichen für Heil (*w3ś*) und Leben legt. Sublimer läßt sich eine heilige Hochzeit nicht darstellen.

3) Der Gott Amun trägt dem widderköpfigen Schöpfergott Chnum die Formung des neu zu gebärenden Königskindes auf.

4) Chnum bildet auf der Töpferscheibe aus Lehm den Leib und die Seele (Ka) des göttlichen Kindes, deren Leben von Heket, dem weiblichen Pendant des Chnum, dargereicht wird. Heket ist froschköpfig, steht doch der Frosch gern als Symbol für den Übergang von Wasser (Nichtsein) zu Land (Sein); in der Spätzeit ist er ein Symbol der Wiedergeburt (M. LURKER: *Götter und Symbole der Alten Ägypter*, 72).

5) Entsprechend der biblischen Szene von der Verkündigung des Engels Gabriel in Nazaret, tritt der Götterbote (der «Engel») Thot zu Iahmes und preist sie als Gottesgemahlin mit den Worten: *sm3.jt Ḥr,* Genossin des Horus, *mrj.t-f*, seine Geliebte, *ḏd.t (j)ḫ.t nb.t*, die spricht, was auch immer, *jrj.tw n-ś*, es wird ihr getan; *m3³.t b3*, die den Widder (Chnum) sieht, *mrj.t d3wt.t b3*, die Geliebte, die Entsprechende des Widders, *ᶜ3 n rpᶜt.t*, der groß ist gegenüber der Fürstin, *wr.t jm3.wt*, die groß ist an Liebenswürdigkeit, *wr.t ḥs.wt*, die groß ist an Lobwürdigkeit, *ḥnhw.t nḏm jb*, die Herrin der Fröhlichkeit des Herzens. – Das enganliegende Trägerkleid der Königin betont die Jungfräulichkeit ihres Leibes.

6) Chnum und Heket, der Schöpfergott und die Lebenspenderin, der eine mit dem Anch-Kreuz des Lebens, die andere mit dem Zepter des Heils in der Hand, geleiten die Königin in das Geburtszimmer. Die Königin trägt erneut die Geierhaube; sehr diskret ist der Zustand ihres Leibes angedeutet.

7) Glücklich hält die Königinmutter, auf dem Kopf eine spezielle Geburtshaube, den neugeborenen Gottessohn in ihren Armen; eine Amme kniet vor ihr, das Kind zur Pflege in Empfang zu nehmen, während Genien ihr mit beiden Händen das Anch-Kreuz entgegenhalten. «Unterstützt» wird die Königinmutter von zwei Genien, die auf ihrem Kopf

und in ihren Händen, in Gedanken und Werken also, ihr Leben *(ᶜnḫ)*, Gesundheit *(śnb)* und Ewigkeit *(ḏ.t)* wünschen und bereiten.

8) Die gütige Himmelskuh, Hathor, die Göttin der Liebe, stellt dem Windgott Amun den neugeborenen Gottkönig vor, seinen Sohn, und Amun (an)erkennt ihn: «Du mein leiblicher Sohn» *(s3 n ẖ.t-j)*.

9) Der an Leib und Seele neugeborene Sohn Gottes, der neue Herrscher über Ober- und Unterägypten, wird den Göttern des Landes vorgestellt. Der göttliche Anspruch seiner Herrschaft begleitet bereits seine Geburt. «Du warst es», lautet ein entsprechendes Gebet an Amun, «der ihn als König verkündete, als er ein Kind war. Mögest du ihn (nun) zum Herrscher ... der beiden Länder über die Untertanen einsetzen! Gib ihm ein Königtum von Millionen von Jahren, indem sein ganzer Leib vollkommen ist mit Heil und Gesundheit. Stelle deine Krone auf seinem Haupte fest, indem er auf deinem Throne sitzt. Die Schlange ‹groß an Zauberkraft›, sie gesellt sich zu (seiner Stirn), die zwischen seinen beiden Augenbrauen ist.» (G. ROEDER: *Ägyptische Mythen und Legenden*, 336–337) Vgl. E: BRUNNER-TRAUT: *Altägyptische Märchen*, 77–87; W. SEIPEL: *Staat und Gesellschaft*, in: A: Eggebrecht (Hrsg.): Das Alte Ägypten, 117–195, S. 122–123; G. ROEDER: *Ägyptische Mythen und Legenden*, 239–251. – Vgl. die Ausführungen auf S. 74–75.

Abb. 2: oben: Die Geburt des Buddha, unten: Mahamayas Traum
Formal am nächsten kommt der lukanischen Darstellung von der Geburt Jesu gewiß die *buddhistische* Legende von der Geburt des Buddha, die damit beginnt, zunächst die *Jungfräulichkeit* der Mutter *in, während* und *nach* der Geburt des Erlösers der Welt zu betonen: «Wenn der zukünftige Buddha in den Mutterleib (sc. aus dem Himmel der Tusita-Götter, d. V.) herabgestiegen ist, da entsteht bei der zukünftigen Buddha-Mutter kein Gedanke an Männer, der irgend etwas mit Sinnlichkeit zu tun hat, und unzugänglich ist des zukünftigen Buddha Mutter für jede Mannesleidenschaft.» Wie die Muttergottes der Christen, ist die Mutter des Buddha an Leib und Seele «makellos», ohne Sünde, ohne Krankheit, frei von körperlichen Gebrechen. Ein Relief aus Bharhut, ca. 2. Jh. v. Chr., zeigt, wie der Mutter des Buddha, Mahamaya, im Traum ein weißer Elefant erscheint, von dem sie ihr Kind empfängt, ähnlich wie die (Mutter) Erde «schwanger» wird durch den Regen, den die (weißen) Wolken am Himmel über sie ausschütten. So blieb die Mutter des Buddha «jungfräulich» *vor* der Geburt, doch bewahrte sie ihre Jungfrauenschaft auch durch die wunderbare Art des Geburtsvorgangs, wie ein Relief aus Gandhara, ca. 2. Jh. n. Chr., zeigt (Indian Museum, Calcutta). «Nur stehend gebiert des zukünftigen Buddha Mutter den zukünftigen Buddha ... Vier Göttersöhne nehmen ihn auf und stellen ihn vor die Mutter hin: ‹Sei beglückt, o Herrin! Ein Gewaltiger ist dir als Sohn geboren.›» Unbeschmutzt von Fruchtwasser, Blut oder Schleim, vollkommen rein, schreitet der zukünftige Buddha alsdann mit den Füßen in sieben langen Schritten vorwärts, «blickt nach allen Himmelsrichtungen und spricht das wuchtige Wort: ‹Vorzüglichster bin ich in dieser Welt! Erster bin ich in dieser Welt!›» «Wenn der zukünftige Buddha aus der Mutter Leib hervortritt, dann erscheint in der Welt ... ein unermeßlich erhabener Glanz, übersteigend selbst der Götter Götterpracht.» «Als aber ... Prinz Vipassi (sc. der zukünftige Buddha, d. V.) geboren war, da zeigte man dem König Bandhuma an: ‹Ein Sohn, o König, ist dir geboren. Den möge der König sehen.› Und es sah ... der König Bandhuma den Prinzen Vipassi. Und als er ihn gesehen hatte, ließ er zeichenkundige Brahmanen hervorrufen und sprach so: ‹Mögen die verehrten zeichenkundigen Brahma-

nen den Prinzen sehen!› Und es sahen ... die zeichenkundigen Brahmanen den Prinzen Vipassi. Nachdem sie ihn gesehen hatten, sprachen sie zum König Bandhuma so: ‹Beglückt, o König, seist du! Ein großer Mann, o König, ist dir als Sohn geboren! ... Dieser Prinz nämlich, o König, ist mit den zweiunddreißig Kennzeichen des großen Mannes begabt, und dem hiermit begabten großen Manne stehen ausschließlich zwei Wege offen›»: entweder er wird das häusliche Leben wählen und ein weltbeherrschender Gesetzeskönig sein bis zur Weltmeergrenze in Gerechtigkeit, oder er wird in die Hauslosigkeit ziehen und als ein Vollerwachter den Kreislauf des Leids, das Gesetz des Karmas, überwinden. (Mahapadana-Suttanta – Die große Lehrrede über Legenden, in: PAUL DAHLKE: *Buddha. Die Lehre des Erhabenen*, 70–71)

Dieser buddhistische Text enthält neben der jungfräulichen Geburt, dem Lichtschein am Himmel, dem Empfang durch die Götter (ähnlich der ägyptischen Mythe von der Geburt des Pharaos bzw. dem Gesang der Engel in der Bibel) sowie dem Motiv von dem sonnengleichen *raschen* Heranwachsen und Umhergehen des Gotteskindes vor allem den in der Legende häufigen Zug, daß das künftige Schicksal des neugeborenen Gottkönigs unter dem Einfluß himmlischer Kräfte im voraus verkündet wird – ganz und gar in Parallele zu der Ansage der Engel auf den Fluren von Betlehem (Lk 2,10.11) und der Prophezeiung von Simeon und Hanna (vgl. Lk 2,21–38). – Vgl. die Hinweise auf S. 78, 146.

Tafel 1 in: SAMUEL TERRIEN: *Länder der Bibel.* Illustrationen von William Bolin, München – Zürich 1958, S. 65.

Tafel 2: A.a.O., S. 66.

Tafel 3: Maria und Kind
POMPEO BATONI (1708–1787): Die heilige Familie, Musée des Beaux Arts, Nizza

Unter den zahlreichen Bildern der Madonna mit dem Kind zeichnet sich dieses durch seine Schlichtheit und Innigkeit aus. Wir sehen nicht eine Himmelskönigin fernab vom gewöhnlichen Leben, sondern eine Frau aus dem Volke mit bäuerlicher Frisur. Ihre Anmut und Würde liegt in den fein geschnittenen Zügen ihres Gesichts – in den sanft fließenden Konturen von Stirn, Nase und Mund, in der hoch geschwungenen Braue über dem zärtlich auf ihr Kind herabblickenden Auge, in dem offen sich darbietenden Hals und der Schulter, an welcher das Jesuskind Halt sucht, um dem Antlitz seiner Mutter ganz nah zu sein. Das Kind hebt sich zur Mutter empor, ihrem Blick entgegen, ihre Wange mit der Stirn berührend. Ganz ruhig hat Maria ihre rechte Hand auf seinen Rücken gelegt. Sie drückt es nicht an sich, sie hebt es nicht hoch, sie gewährt ihm einfach mit ihrer Gegenwart den Raum, zu sein und sich zu entfalten. Ihr blauer Mantel, den sie über ihren Schoß gebreitet hat, wirkt wie ein Stück vom Himmel mitten auf Erden. Ganz leicht nur berührt sie die Zehen ihres Kindes, wie wenn sie das weiße Laken, in das es gehüllt war, ausbreiten wollte für den Weg seiner ersten Schritte ins Leben. Man spürt: Dieses Kind wird das Bild seiner Mutter im Herzen tragen, so wie es in dieser Szene getragen wird an ihrem Herzen, eingeschlossen in einen Kreis von Zuneigung und Zuwendung. Dieser Kreis, der sich formt aus seinem eigenen Körper und dem Arm der Madonna, wird ihm das stets gegenwärtige Bild jener Liebe sein, die Gott selber ist. Nie etwas anderes hat er gewollt, als in dieser Gestalt ins menschliche Leben zu treten. – Dem entspricht auch das Bild seines (Pflege)Vaters.

Die Bibel in den abgearbeiteten Händen Josefs erscheint wie eine Stütze, um dem schwer gewordenen Kopf einen Ort zum Ausruhen zu schenken. Lächelnd, die Stirn in die Falten staunenden Fragens gelegt, schaut dieser Mann mit dem schütteren Haar seine jugendliche Frau und ihr Kind an – er selber wie ein Gebet stummen Dankes. Denn all seine Sehnsucht hat sich nunmehr erfüllt: Gott ist uns nahe. – Vgl. die Hinweise auf S. 150.

Tafel 4: ERNST BARLACH (1870–1938): Der Wüstenprediger (1912), Holz (Eiche), 65,7 x 21,2 x 17,6 cm, Ernst Barlach Haus, Hamburg; vgl. EVA CASPERS: Ernst Barlach Haus, München – London – New York 2000, 61. – Vgl. die Beschreibung auf S. 187.

Tafel 5: IWAN KRAMSKOJ (1837–1887): Christus in der Wüste (1872), Öl auf Leinwand, 180 x 210 cm. – Nicht ein «Teufel» versucht Jesus auf dem Bild des russischen Malers, vielmehr wird Christus gezeigt in einem absoluten Entscheidungsaugenblick zwischen «Sein oder Nichtsein», wo er wählen muß: «wird er nach links oder nach rechts gehen, für den Herrgott einen Rubel nehmen oder dem Bösen keinen Fußbreit nachgeben», wie KRAMSKOJ selber in einem Brief zu seinem Bild vermerkt. In sich versunken, erschöpft von dem 40tägigen Fasten, hat Jesus Platz genommen inmitten einer Wüstenei aus Steinen. Nicht «Hunger» ist es, was ihn quält, vielmehr erscheint er als der einzig Lebende in einer Welt der Härte, Fremdheit, Einsamkeit und Ausgesetztheit, er, der doch kommt, das «Licht» zu bringen: die Sanftmut, die Geborgenheit, das Angenommensein, die Zugehörigkeit. Soeben dämmert über der noch im Schatten daliegenden Welt das Frührot eines Sonnenaufgangs, – Ausdruck der Hoffnung und Erwartung einer Zukunft, welche die «Nacht» vertreiben wird. Dabei hat der Christus KRAMSKOJS nichts von Jubel und Triumph an sich, es ist vielmehr, als sammelte er alles Leid und allen Schmerz in seiner Seele, um sie für alle Zeit den Menschen zu ersparen. Deutlich vermittelt er in seiner riesig wirkenden Gestalt zwischen oben und unten, zwischen Himmel und Erde, zwischen Firmament und Finsternis, zwischen Zeit und Ewigkeit. Das Zentrum des gesamten Bildes markieren dabei seine Hände, die er betend gefaltet hält. Nur in der inneren Verbundenheit mit Gott als seinem «Vater» gewinnt er jene Kraft, der «unteren Welt» standzuhalten und den Übergang in die «obere Welt» zu wagen und uns allen zu ermöglichen. Vgl. TATJANA KARPOWA: Kramskoj, Iwan Nikolajewitsch, in: Rußlands Seele. Ikonen, Gemälde, Zeichnungen aus der staatlichen Tretjakow Galerie Moskau, 16. Mai – 26. August 2007, Kunst- und Ausstellungshalle der Bundesrepublik Deutschland, Bonn 2007, Kat. Nr. 45, S. 217; S. 308–309. – Vgl. die Ausführungen auf S. 211–212.

Tafel 6: HIERONYMUS BOSCH (um 1450–1516): Das jüngste Gericht (1504), Triptychon, 136 x 247 cm, Wien, Akademie; der linke Flügel zeigt die Erschaffung, den Sündenfall und die Vertreibung der Menschen aus dem Paradies. Ausschnitt. Vgl. ROGER H. MARIJNISSEN: Hieronymus Bosch. Das vollständige Werk, unter Mitwirkung von Peter Ruyffelaere, Antwerpen 2000, 221; 222. – Vgl. die Ausführungen auf S. 215.

Tafel 7: LUCAS CRANACH DER ÄLTERE (1472–1553): Christus und Maria oder Maria Magdalena (um 1515–1520), Mischtechnik auf Pergament und Eichenholz, 34,3 x 52,7 cm, in: Cranach der Ältere, Städel Museum, Frankfurt am Main, 23. November – 17. Februar 2008, S. 242–243. – Vgl. die Beschreibung auf S. 528.

Tafel 8: LUCAS CRANACH DER ÄLTERE (1472–1553): Bildnis Hans Luthers, Bildnis Margaretha Luthers, 37,5 x 24,5 cm, Wittenberg 1527, in: Cranach der Ältere, Städel Museum, Frankfurt am Main, 23. November – 17. Februar 2008, S. 264–265. – Die beiden Portraits könnten entstanden sein anläßlich eines Besuchs der Eltern des Reformators in Wittenberg. Der damals 68jährige Vater hatte sich – drei Jahre vor seinem Tode – bereits aus den Geschäften mit seiner Kupferhütte im Mansfeldischen zurückgezogen, durch die er relativ wohlhabend geworden war; CRANACH zeigt ihn «als einen durchsetzungsfähigen, ein wenig verschmitzten Menschen, der mit dem Erreichten zufrieden ist und sein kann». Die geschwungenen Haare und der breite Pelzkragen verleihen ihm einen gewissen bürgerlichen Respekt. Die Mutter wirkt ausgezehrt von «den Strapazen der neunfachen Mutterschaft», doch «gleichfalls mit sich selber im Reinen», – «ein würdiges, gelasseneres Gegenstück zu Albrecht Dürers ausdrucksvoller Kohlezeichnung seiner kranken Mutter von 1514». – Der Reformator selber hatte zwei Jahre zuvor geheiratet, und so könnte man meinen, er habe sich, wie seine Eltern, mit den bürgerlichen Vorstellungen von Erfolg und Leistung einverstanden erklärt. Doch genau das war nicht der Fall. Wie ERIK H. ERIKSON: Der junge Mann Luther, 266–267, hervorhebt, «setzte bei Luther» im «Januar 1527» «der langwierigste Zustand von Angst und Depression ein, während dessen er seine Freunde wiederholt bat, seine Rechtfertigung durch den Glauben zu bestätigen». ERIKSON begründet diesen Gemütszustand mit der typischen «Krise eines ideologischen Führers», die «naturgemäß» dann eintrete, «wenn er feststellen muß, was seine Rebellion ... für Einbildungskraft, Wirklichkeitsbegriff und Gewissen der Masse gewesen ist». Doch dahinter sieht er zu Recht die nie gänzlich erledigte Auseinandersetzung Luthers mit seinem Vater sich fortsetzen (vgl. a.a.O., 3. Kap.: Gehorsam – wem?, S. 53–105). «Soviel», schreibt er, «läßt sich über die vaterbestimmte Seite von Martins Kindheitsdilemma sagen: Er stand einem Vater gegenüber, der von seiner rohen Überlegenheit fragwürdigen Gebrauch machte; der andere dazu bringen konnte, sich moralisch unterlegen zu fühlen, ohne selbst ganz in der Lage zu sein, seine eigene moralische Überlegenheit zu rechtfertigen. Einem Vater, mit dem er nicht vertraut werden und von dem er auch nicht lassen konnte. Wie hätte er sich solchem Vater unterwerfen können, ohne entmannt zu werden – wie hätte er sich gegen ihn auflehnen können, ohne den Vater zu entmannen?» (A.a.O., 71) Um in die «Normalität» der «Welt» hineinzufinden, mußte LUTHER seinen Vater *überwinden*, indem er *hinter* ihm als seinen *wahren* Vater (im Sinne Jesu, im Sinne Pauli) Gott entdeckte. Indem er *seinen* Vaterkomplex durch den Glauben an die unbedingte Güte Gottes auflöste, befreite er zugleich die Gläubigen der Kirche von ihrer Entfremdung im Patriarchalismus der Papstkirche. In den Worten ERIKSONS: «Millionen von Jungen stehen diesen Problemen gegenüber und lösen sie in der einen oder anderen Weise. Sie leben, wie Captain Ahab in Melvilles ‹Moby Dick› sagt, mit halbem Herzen, mit einer Lunge – und die Welt ist deshalb um so ärger für sie. Bisweilen jedoch ist ein einzelner aufgerufen (von *wem*, wissen nur die Theologen, von *was*, nur schlechte Psychologen), sein individuelles auf die Ebene eines universalen Patientseins zu heben und zu versuchen, für alle zu lösen, was er nicht für sich allein zu lösen vermochte.» (A.a.O., 71–72) Vgl. die Ausführungen auf S. 718.

Verzeichnis der zitierten Literatur

(zitiert stets nach der letztgenannten Ausgabe)

1) Philosophie

Ernst Bloch: Das Prinzip Hoffnung (geschrieben 1938–1947, durchges. 1953 und 1959), 3 Bde., Frankfurt/M. (stw 3) 1959

Ernst Bloch: Religion im Erbe. Eine Auswahl aus seinen religionsphilosophischen Schriften, hg. v. Jürgen Moltmann, München–Hamburg (Siebenstern Tb. 103) 1970

Albert Camus: L'Homme révolté, Paris 1951; dt.: Der Mensch in der Revolte, übers. v. Justus Streller, nachbearb. v. Georges Schlocker unter Mitarbeit von François Bondy, Reinbek 1956

Marcus Tullius Cicero: De re publica librorum sex quae manserunt, hg. v. K. Ziegler, [7]1969; dt.: Über den Staat, übers. v. W. Sontheimer, Stuttgart (reclam 7479/80) 1963

Hermann Diels: Die Fragmente der Vorsokratiker, nach der von Walther Kranz hg. 8. Aufl., mit Einführungen und Bibliographien von Gert Plamböck, Hamburg (rk 10) 1957

Epikur: Von der Überwindung der Furcht. Katechismus – Lehrbriefe – Spruchsammlung – Fragmente, eingel. u. übertr. von Olof Gigon (Zürich 1949; [3]1983), München (dtv 2164) 1983

Erasmus von Rotterdam: Querela Pacis undique gentium ejectae profligataeque – Die Klage des Friedens, der von allen Völkern verstoßen und vernichtet wurde, in: Ausgewählte Schriften, Ausgabe in acht Bänden, lateinisch-deutsch, hg. v. Werner Welzig, Bd. 5, übers., eingel. u. angem. v. Gertraud Christian, Darmstadt 1968, 359–451

Joakim Garff: SAK. Sören Aabye Kierkegaard. En Biografi, Kopenhagen 2000; dt.: Sören Kierkegaard. Biographie aus dem Dän. v. Herbert Zeichner und Hermann Schmid, München–Wien 2004

Georg Wilhelm Friedrich Hegel: Die Vernunft in der Geschichte (1822 und 1828: Erster Entwurf; 1830: Zweiter Entwurf. 1826/27: Zusätze aus dem Wintersemester) Hamburg (Philos. Bibl. 171 a) [5]1955, hg. v. Johannes Hoffmeister

Georg Wilhelm Friedrich Hegel: Philosophie der Geschichte, hg. v. F. Brunstäd, mit einer Einf. v. Theodor Litt, Stuttgart (reclam 4881–85) 1961

Georg Wilhelm Friedrich Hegel: Vorlesungen über die Philosophie der Religion, mit einem Vorw. v. Philipp Marheineke, in: Sämtliche Werke. Jubiläumsausgabe in 20 Bden., hg. v. Hermann Glockner, 2 Bde., Stuttgart–Bad Cannstatt (Bd. 15/16) [4]1965

Georg Wilhelm Friedrich Hegel: Grundlinien der Philosophie des Rechts oder Naturrecht und Staatswissenschaft im Grundrisse, mit Hegels eigenhändigen Notizen in seinem Handexemplar und den mündlichen Zusätzen, hg. und eingel. v. Helmut Reichelt, Frankfurt/M.–Berlin–Wien (Ullstein Tb. 2929) 1972

Georg Wilhelm Friedrich Hegel: Vorlesungen über die Ästhetik, mit einer Einf. hg. v. Rüdiger Bubner, Erster und zweiter Teil, Stuttgart (reclam 7976) 1977; Dritter Teil: Die Poesie, Stuttgart (reclam 7985) 1977

David Hume: Dialogues concerning Natural Religion (1779), ed. J. V. Price, Oxford 1976; dt.: Dialoge über natürliche Religion, übers. u. hg. v. Norbert Hoerster, Stuttgart (reclam 7692) 1981, biobliogr. erg. 2004

Immanuel Kant: Kritik der praktischen Vernunft (Riga 1788), in: Werke in 12 Bden., hg. v. Wilhelm Weischedel, Bd. 7, Frankfurt/M. 1968, 103–302

Immanuel Kant: Die Metaphysik der Sitten. Erstes Blatt: Die Metaphysik der Sitten; zweites Blatt: Metaphysische Anfangsgründe der Rechtslehre (Königsberg 1797 A; 1798 B), in: Werke in 12 Bden., hg. v. Wilhelm Weischedel, Bd. 8: Schriften zur Ethik und Religionsphilosophie, 2, Frankfurt/M. 1968, 305–634
Immanuel Kant: Die Religion innerhalb der Grenzen der bloßen Vernunft (Königsberg 1793 A; 1794 B), in: Werke in 12 Bden., hg. v. Wilhelm Weischedel, Bd. 8: Schriften zur Ethik und Religionsphilosophie, 2, Frankfurt/M. 1968, 645–879
Immanuel Kant: Zum ewigen Frieden. Ein philosophischer Entwurf (Königsberg [2]verm. 1796), in: Werke in 12 Bden., hg. v. Wilhelm Weischedel, Bd. 11: Schriften zur Anthropologie, Geschichtsphilosophie, Politik und Pädagogik, 1, Frankfurt/M. 1964, 191–251
Immanuel Kant: Anthropologie in pragmatischer Hinsicht (Königsberg 1798 A; 1800 B), in: Werke in 12 Bden., hg. v. Wilhelm Weischedel, Bd. 12, Frankfurt/M. 1968, 395–690
Sören Kierkegaard: Furcht und Zittern. Dialektische Lyrik von Joh. de Silentio, Kopenhagen 1843; übers. v. Liselotte Richter, in: Kierkegaards Werke in 5 Bden., in neuer Übertragung und mit Kommentar vers. v. Liselotte Richter, Bd. 3, Reinbek (rk 89) 1961
Sören Kierkegaard: Entweder–Oder. Teil I und II (1843), unter Mitwirkung von Niels Thulstrup und der Kopenhagener Kierkegaard-Gesellschaft hg. v. Hermann Diem u. Walter Rest, aus dem Dän. v. Heinrich Fauteck, München (dtv 30134) [7]2003
Sören Kierkegaard: Philosophische Brosamen (1844) und Unwissenschaftliche Ergänzung (1846), übers. v. B. u. S. Diderichsen, eingef. v. Hermann Diem, München (dtv) 1976
Sören Kierkegaard: Das Buch über Adler (1847), neugeordnet und aus dem Dän. übers. v. Hayo Gerdes, in: Gesammelte Werke, hg. v. Emanuel Hirsch u. Hayo Gerdes, 36. Abteilung (Köln 1962), Gütersloh (Siebenstern Tb 629) 1986
Sören Kierkegaard: Die Krankheit zum Tode. Eine christliche psychologische Entwicklung zur Erbauung und Erweckung, von Anti-Climacus, Kopenhagen 1849; übers. v. Liselotte Richter, in: Kierkegaards Werke in 5 Bden., in neuer Übertragung und mit Kommentar vers. v. Liselotte Richter, Bd. 4, Reinbek (rk 113) 1962
Sören Kierkegaard: Einübung im Christentum, von Anti-Climacus, hg. v. S. Kierkegaard, Kopenhagen 1850, übers. v. Emanuel Hirsch, in: Werkausgabe in 2 Bden., Bd. 2, Düsseldorf–Köln 1971, 9–307
Sören Kierkegaard: Eine erbauliche Rede. Die Sünderin (Luk. 7,37 ff. (1850), in: Gesammelte Werke, 27., 28. u. 29. Abteilung: Erbauliche Reden 1850/51. Zur Selbstprüfung der Gegenwart anbefohlen. Urteilt selbst, übers. v. Emanuel Hirsch, Düsseldorf 1953, 1–16
Sören Kierkegaard: Zur Selbstprüfung der Gegenwart anbefohlen (1851), in: Gesammelte Werke, 27., 28. u. 29. Abteilung: Erbauliche Reden 1850/51. Zur Selbstprüfung der Gegenwart anbefohlen. Urteilt selbst, übers. v. Emanuel Hirsch, Düsseldorf 1953, 41–120.
Sören Kierkegaard: Der Augenblick (1854–1855), übers. v. Hayo Gerdes, in: Werkausgabe in 2 Bden., Bd. 2, Düsseldorf–Köln 1971, 309–567
Sören Kierkegaard: Wie Christus über das amtliche Christentum urteilt (Kopenhagen 1855), in: Werkausgabe in 2 Bden., Bd. 2: Einübung im Christentum. Der Augenblick, übers. v. Emanuel Hirsch u. Hayo Gerdes, Düsseldorf–Köln 1971, 355–366
Sören Kierkegaard: Zur Selbstprüfung der Gegenwart anbefohlen. Erbauliche Reden 1850/51. Urteilt selbst, übers. v. Emanuel Hirsch, in: Gesammelte Werke und Tagebücher, hg. v. Emanuel Hirsch und Hayo Gerdes (Gütersloh, Siebenstern Tb. 622, 2002), Simmerath 2003
Sören Kierkegaard: Die Leidenschaft des Religiösen. Eine Auswahl aus Schriften und Tagebüchern, aus dem Dän. v. Heinz Küpper, eingel. v. Liselotte Richter, Stuttgart (reclam 7783/84) 1953

Sören Kierkegaard: Die Tagebücher 1835–1855, ausgew. u. übertr. von Theodor Haecker, München 1953
Sören Kierkegaard: Die Tagebücher, 5 Bde., ausgew., neugeordn. u. übers. v. Hayo Gerdes, Düsseldorf–Köln, 1. Bd.: 1962; 2. Bd.: 1963; 3. Bd.: 1968; 4. Bd.: 1970; 5. Bd.: 1974
Giacomo Leopardi: Das Massaker der Illusionen, ausgew. u. komm. von Mario Andrea Rigoni, aus dem Italien. von Sigrid Vagt, Frankfurt/M. (Die andere Bibliothek) 2002
Friedrich Nietzsche: Der Antichrist (1888), in: Götzendämmerung. Wagner-Schriften. Der Antichrist. Ecce Homo. Gedichte, mit einem Nachw. v. Walter Gebhard, Stuttgart (Kröners Taschenausgabe, Bd. 77) 81990, 189–283
Friedrich Nietzsche: Ecce Homo (1888), in: Götzendämmerung. Wagner-Schriften. Der Antichrist. Ecce Homo. Gedichte, mit einem Nachw. v. Walter Gebhard, Stuttgart (Kröner Tb. 77) 81990, 291–409
Platon: Phaidon, in: Sämtliche Werke in 6 Bänden, in der Übers. v. Friedrich Schleiermacher mit der Stephanusnumerierung hg. v. Walter F. Otto, Ernesto Grassi u. Gert Plamböck, Bd. III, Reinbek (rk 27, 27a) 1958, 7–66
Platon: Politeia (Staat), in: Sämtliche Werke in 6 Bänden, in der Übers. v. Friedrich Schleiermacher mit der Stephanusnumerierung hg. v. Walter F. Otto, Ernesto Grassi u. Gert Plamböck, Bd. III, Reinbek (rk 27, 27a) 1958, 67–312
Platon: Phaidros, in: Sämtliche Werke in 6 Bänden, in der Übers. v. Friedrich Schleiermacher mit der Stephanusnumerierung hg. v. Walter F. Otto, Ernesto Grassi u. Gert Plamböck, Bd. IV, Reinbek (rk 39) 1958, 7–60
Jean Paul Sartre: Critique de la raison dialectique, précedé de Question de méthode, Tome 1.: Théorie des ensembles pratiques, Paris 1960; dt.: Kritik der dialektischen Vernunft. 1. Bd.: Theorie der gesellschaftlichen Praxis, übers. v. Traugott König, Reinbek 1967
Max Scheler: Der Formalismus in der Ethik und die materiale Wertethik (1913/1916), Bern 4(durchges., mit neuem Sachregister) 1954
Arthur Schopenhauer: Die Welt als Wille und Vorstellung, 2. Bd., welcher die Ergänzungen zu den vier Büchern des ersten Bandes enthält, in: Sämtliche Werke, Bd. 3, nach der 1. von Julius Frauenstädt besorgten Gesamtausgabe neu bearb. u. hg. v. Arthur Hübscher, Wiesbaden 21949
Arthur Schopenhauer: Preisschrift über die Grundlage der Moral, nicht gekrönt von der Königlich Dänischen Societät der Wissenschaften, zu Kopenhagen, am 30. Januar 1840, in: Sämtliche Werke, hg. v. Arthur Hübscher, Bd. 4: Schriften zur Naturphilosophie und Ethik, Wiesbaden 31972
Arthur Schopenhauer: Parerga und Paralipomena: kleine philosophische Schriften, 2 Bde., in: Sämtliche Werke, nach der 1. v. Julius Frauenstädt besorgten Gesamtausgabe neu bearb. u. hg. v. Arthur Hübscher, Bd. 5, Wiesbaden 1946; Bd. 6, Wiesbaden 1947
Albert Schweitzer: Aus meinem Leben und Denken (1931), Frankfurt–Hamburg (Fischer Tb. 18) 1952
Albert Schweitzer: Kultur und Ethik (1923). Sonderausgabe mit Einschluß von: Verfall und Wiederaufbau der Kultur, München 1960
Albert Schweitzer: Lesebuch, hg. von Harald Steffahn, München 1984
Lucius Annaeus Seneca: Ad Maricam de Consolatione – Trostschrift an Marcia, in: Philosophische Schriften, lat.-dt.; lat. Text von A. Bourgery u. R. Waltz (1959 und 1961), hg. v. Manfred Rosenbach; übers., eingel. u. mit Anm. vers. von Manfred Rosenbach, 1. Bd., Darmstadt 31980, 313–395
Lucius Annaeus Seneca: Ad Lucilium Epistulae morales – An Lucilius Briefe über Ethik, in: Philosophische Schriften, lat.-dt., lat. Text v. François Prêchac, hg. v. Manfred Rosen-

bach; übers., eingel. u. mit Anm. vers. v. Manfred Rosenbach, Bd. 3 u. 4, Darmstadt 1974; 1984
Benedict de Spinoza: Die Ethik nach geometrischer Methode dargestellt (1677), Übers., Anm. u. Register v. Otto Baensch, eingel. v. Rudolf Schottländer, Hamburg (Philos. Bibl. Bd. 92) 1955
Karl Vorländer: Philosophie des Altertums. Geschichte der Philosophie I, bearb. v. Erwin Metzke, Anh. «Quellentexte» ausgew. v. Ernesto Grassi und Eckhard Keßler, Reinbek (rde 183–184) 1963

2) Systematische Theologie, betrachtende Texte, Mystik

Anselm von Canterbury: Cur Deus homo – Warum Gott Mensch geworden, Lateinisch-deutsch, besorgt und übers. von Franciscus Salesius Schmitt, Darmstadt 1956
Schalom Ben-Chorin: Bruder Jesus. Der Nazarener in jüdischer Sicht (München 1967), München (dtv 1253) 1977
Eugen Biser: Der Freund. Annäherungen an Jesus, München (SP 981) 1989
Eugen Biser: Glaubensbekenntnis und Vaterunser, eine Neuauslegung, Düsseldorf 1993
Dietrich Bonhoeffer: Werke, hg. v. Eberhard Bethge u. a., 17 Bde. (München 1986–1991), Gütersloh 1992–1999
Johannes Brinktrine: Einleitung in die Dogmatik. Vorlesungen an der Erzbischöflichen Philosophisch-theologischen Akademie zu Paderborn. Als Manuskript gedruckt, Paderborn 1951
Johannes Brinktrine: Die Lehre von der Menschwerdung und Erlösung, Paderborn 1959
Johannes Brinktrine: Die Lehre von der Mutter des Erlösers, Paderborn 1959
Johannes Brinktrine: Die Lehre von den heiligen Sakramenten der katholischen Kirche, 2 Bde., Paderborn 1961
Martin Buber: Zwei Glaubensweisen (1950), in: Werke, 1. Bd., München–Heidelberg 1962, 650–782
Martin Buber: Geltung und Grenze des politischen Prinzips (1953), in: Werke, 1. Bd.: Schriften zur Philosophie, München–Heidelberg 1962, 1095–1108
Martin Buber: Was soll mit den Zehn Geboten geschehen? Antwort auf eine Rundfrage (1929), in: Werke, 2. Bd.: Schriften zur Bibel, München–Heidelberg 1964, 895–899
Martin Buber: Biblisches Zeugnis (hebr.: 1945; dt.: 1950), in: Werke, 2. Bd.: Schriften zur Bibel, München 1964, 991–1029
Martin Buber: Geschehende Geschichte (1933), in: Werke, Bd. 2: Schriften zur Bibel, München–Heidelberg 1964, 1031–1036
Martin Buber: Der Weg des Menschen nach der chassidischen Lehre (1948), in: Werke, 3. Bd.: Schriften zum Chassidismus, München 1963, 712–738
Martin Buber: Rabbi Nachman von Bratzlaw (1906), in: Werke, 3. Bd.: Schriften zum Chassidismus, München 1963, 895–932
Catéchisme de l'Église Catholique («Weltkatechismus»), Paris 1992
Codex des Kanonischen Rechtes, lat.-dt. Ausgabe, hg. im Auftr. der dt. Bischofskonferenz, übers. durch die Gruppe: W. Aymarus ..., Kevelaer 1983
Henricus Denzinger – Adolfus Schönmetzer: Enchiridion Symbolorum, Definitionum et Declarationum de Rebus Fidei et Morum, Freiburg–Rom–Barcelona [32]1963
Rainer Dillmann: Das Eigentliche der Ethik Jesu. Ein exegetischer Beitrag zur moraltheologischen Diskussion um das Proprium einer christlichen Ethik, Mainz (Tübinger Theologische Studien, Bd. 23) 1984

Eugen Drewermann: Strukturen des Bösen. Die jahwistische Urgeschichte in exegetischer, psychoanalytischer und philosophischer Sicht, 3 Bde., Paderborn 1976–1978

Eugen Drewermann: Sünde und Neurose. Versuch einer Synthese von Dogmatik und Psychoanalyse, in: Psychoanalyse und Moraltheologie, 1. Bd.: Angst und Schuld, Mainz (1982) [11]1992, 128–162

Eugen Drewermann: Glauben in Freiheit oder Tiefenpsychologie und Dogmatik, Bd. 1: Dogma, Angst und Symbolismus, Solothurn–Düsseldorf 1993

Eugen Drewermann: Hat der Glaube Hoffnung? Von der Zukunft der Religion am Beginn des 21. Jahrhunderts, Düsseldorf–Zürich 2000

Eugen Drewermann: Ein Mensch braucht mehr als nur Moral. Über Tugenden und Laster, Düsseldorf–Zürich 2001

Eugen Drewermann: Die Zehn Gebote. Zwischen Weisung und Weisheit, Gespräche mit Richard Schneider, Düsseldorf 2006

Meister Eckhart: Predigten und Schriften. Ausgew. u. eingel. v. Friedrich Heer, Frankfurt/M.–Hamburg (Fischer Tb. 124) 1956

Gustav Ermecke: Zur ethischen Begründung der Todesstrafe heute. Vortrag beim Antritt des Rektorats und zur Eröffnung des Studienjahres 1958/59 der Philosophisch-Theologischen Akademie zu Paderborn, gehalten am 17. Okt. 1958, Paderborn 1959

Josef Rupert Geiselmann: Die Heilige Schrift und die Tradition. Zu den neueren Kontroversen über das Verhältnis der Heiligen Schrift zu den nichtgeschriebenen Traditionen, Freiburg–Basel–Wien (Quaestiones Disputatae 18) 1962

Romano Guardini: Der Herr. Betrachtungen über die Person und das Leben Jesu Christi, Würzburg 1951

Johannes B. Hirschmann: Ja zu Gott im Dienst an der Welt. Vorträge, Aufsätze, Predigten, mit einer Einleitung von Wolfgang Rhein, hg. v. Johannes Beutler, Elselore Boecker, Walther Casper, Wolfgang Rhein, Würzburg 1984

Kurt Hübner: Die Wahrheit des Mythos, München 1985

Johannes vom Kreuz: Aufstieg zum Berge Karmel, nach der neuesten kritischen Ausg. aus dem Span. übers. v. Ambrosius a Sancta Theresia, in: Sämtliche Werke in 5 Bden., 1. Bd., München (1925) [5](unverändert) 1957

Ernst Käsemann: Der Ruf der Freiheit, Tübingen [4]1968

Katholischer Erwachsenenkatechismus. Das Glaubensbekenntnis der Kirche, hg. von der Deutschen Bischofskonferenz, übernommen von der Österreichischen Bischofskonferenz am 3. Juli 1985, Verband der Diözesen Deutschlands 1985

Jean Lasserre: La Guerre et l'Évangile, Paris 1953; dt.: Der Krieg und das Evangelium, übers. v. Gerhard Markhoff und Walter Dignath, München 1956

Martin Luther: Vorlesung über den Römerbrief (1515/1516), in: Luther Deutsch. Die Werke Luthers in Auswahl, hg. v. Kurt Aland, Bd. 1: Die Anfänge, Göttingen (UTB 1656) 1991, 107–262

Martin Luther: Vorlesung über den Galaterbrief (1516/1517), in: Luther Deutsch. Die Werke Luthers in Auswahl, hg. v. Kurt Aland, Bd. 1: Die Anfänge, Göttingen (UTB 1656) 1991, 263–291

Martin Luther: Disputation über des Menschen Vermögen und Willen ohne die Gnade (1516), in: Luther Deutsch. Die Werke Luthers in Auswahl, hg. v. Kurt Aland, Bd. 1: Die Anfänge, Göttingen (UTB 1656) 1991, 345–354

Martin Luther: Von der babylonischen Gefangenschaft der Kirche (1520), in: Luther Deutsch. Die Werke Luthers in Auswahl, hg. v. Kurt Aland, Bd. 2: Der Reformator, Göttingen (UTB 1656) 1991, 171–238

Martin Luther: Von der Freiheit eines Christenmenschen (1520), in: Luther Deutsch. Die

Werke Luthers in Auswahl, hg. v. Kurt Aland, Bd. 2: Der Reformator, Göttingen (UTB 1656) 1991, 251–274
Martin Luther: Ein Urteil Luthers über die Klostergelübde (1521), in: Luther Deutsch. Die Werke Luthers in Auswahl, hg. v. Kurt Aland, 2. Bd.: Der Reformator, Göttingen (UTB 1656) 1991, 313–322
Martin Luther: Brief an seinen Vater Hans Luther. 21. November 1521, in: Luther Deutsch. Die Werke Luthers in Auswahl, hg. von Kurt Aland, Bd. 2: Der Reformator, Göttingen (UTB 1656) 1991, 323–329
Martin Luther: Der Große Katechismus 1529, in: Luther Deutsch. Die Werke Martin Luthers in Auswahl, hg. v. Kurt Aland, Bd. 3: Der neue Glaube, Göttingen (UTB 1656) [4](erw.) 1983, 11–150
Martin Luther: Vom unfreien Willen (1525), in: Luther Deutsch. Die Werke Luthers in Auswahl, hg. v. Kurt Aland, Bd. 3: Der neue Glaube, Göttingen (UTB 1656) [4](erw. 1983) 1991, 151–335
Martin Luther: Ein Sendbrief vom Dolmetschen (1530), in: Luther Deutsch. Die Werke Luthers in Auswahl, hg. v. Kurt Aland, Bd. 5: Die Schriftauslegung, Göttingen (UTB 1656) 1991, 79–92
Martin Luther: Deutsche Auslegung des Vaterunsers für die einfältigen Laien (1519), in: Luther Deutsch. Die Werke Luthers in Auswahl, hg. v. Kurt Aland, Bd. 5: Die Schriftauslegung, Stuttgart (1963) [4]1990, 204–273
Martin Luther: Das Magnificat verdeutscht und ausgelegt (1521), in: Luther Deutsch, hg. v. Kurt Aland, Bd. 5: Die Schriftauslegung, Göttingen (UTB 1656) 1991, 274–340
Martin Luther: Vermahnung zum Sakrament des Leibes und Blutes unsers Herrn (1530), in: Luther Deutsch. Die Werke Luthers in Auswahl, hg. v. Kurt Aland, Bd. 6: Kirche und Gemeinde, Göttingen (UTB 1656) 1991, 103–137
Martin Luther: Die Tischreden, in: Luther Deutsch. Die Werke Luthers in Auswahl, hg. v. Kurt Aland, Bd. 9, Göttingen (UTB 1656) 1991
Mechthild von Magdeburg: Das fließende Licht der Gottheit, eingef. v. Margot Schmidt, mit einer Studie von Hans Urs von Balthasar, Einsiedeln–Zürich–Köln 1955
Philipp Melanchthon: Loci communes, 1521, lat.-dt., übers. u. kom. v. Horst Georg Pöhlmann, Gütersloh [2](durchges. u. korr.) 1997
Jürgen Moltmann: Theologie der Hoffnung. Untersuchungen zur Begründung und zu den Konsequenzen einer christlichen Eschatologie, München 1966
Reinhold Schneider: Das Kreuz in der Zeit. Das Vaterunser. Der Kreuzweg. Die sieben Worte am Kreuz, Freiburg 1947
Reinhold Schneider: Rechenschaft. Worte zur Jahrhundertmitte, Einsiedeln (Christ heute–2. Reihe, 4. Bändchen) 1951
Dorothee Sölle: Der Mensch zwischen Geist und Materie. Warum und in welchem Sinne muß die Theologie materialistisch sein?, in: Luise Schottroff – Wolfgang Stegemann (Hg.): Der Gott der kleinen Leute. Sozialgeschichtliche Bibelauslegung, Bd. 2, München [2]1979, 15–36
Josef Sudbrack: Beten ist menschlich. Aus der Erfahrung unseres Lebens mit Gott sprechen, Freiburg–Basel–Wien (Herder Tb. 465) 1973
Gerd Theißen: Der Schatten des Galiläers. Historische Jesusforschung in erzählender Form, München 1986
Theresia von Jesu: Die Seelenburg. Mit einem Anhang: Gedanken über die Liebe Gottes / Rufe der Seele zu Gott / Kleinere Schriften, übers. u. bearb. v. Aloysius Alkofer, München–Kempten (Sämtliche Schriften, Bd. 5) (1937) [3](unverändert) 1960

Helmut Thielicke: Das Bilderbuch Gottes. Reden über die Gleichnisse Jesu, Stuttgart (1957) [2]1958

Helmut Thielicke: Das Gebet, das die Welt umspannt. Reden über das Vaterunser aus den Jahren 1944/45. Mit einem Dialog über die Frage: Wie war der Nationalsozialismus in Deutschland möglich, Stuttgart (1953), [13](durchges. u. erw.) 1973

Helmut Thielicke: Das Lachen der Heiligen und Narren. Nachdenkliches über Witz und Humor, Basel–Wien 1974

Paul Tillich: Auf der Grenze. Aus dem Lebenswerk Paul Tillichs, Stuttgart (Siebenstern Tb. 3) 1962

Die Wolke des Nichtwissens. Ein anonymes englisches Werk des 14. Jahrhunderts, erstmals ins Deutsche übers. v. Elisabeth Strakosch, eingel. v. Endre von Ivánka, Einsiedeln 1958

Alois Wolkinger: Wehrdienst, in: Hans Rotter – Günter Virt (Hg.): Neues Lexikon der christlichen Moral, Innsbruck–Wien 1990, 853–857

Jörg Zink: Meine Gedanken sind bei dir, Stuttgart 1984

3) Exegese

a) Hilfsmittel und Übersetzungen

Kurt Aland (Ed.): Synopsis Quattuor Evangeliorum. Locis parallelis evangeliorum apocryphorum et patrum adhibitis, Stuttgart 1964

Die Bibel nach der Übersetzung Martin Luthers. Bibeltext in der (zw. 1957–1984) revidierten Fassung von 1984, hg. von der Evangelischen Kirche in Deutschland, Stuttgart 1985

Die Zürcher Bibel. Die Heilige Schrift des Alten und des Neuen Testamentes, Zürich 1942, [17]1980 hg. v. Kirchenrat des Kantons Zürich

M. Black: An Aramaic Appoach to the Gospels and Acts, Oxford [3]1967

Friedrich Blass: Grammatik des neutestamentlichen Griechisch (1896), bearb. v. Albert Debrunner (1913), Göttingen [7](umgearb. u. verm. 1943) [12]1965, mit einem Ergänzungsheft von David Tabachowitz

Martin Buber: Die fünf Bücher der Weisung. Fünf Bücher des Moses, verdeutscht in Gemeinschaft mit Franz Rosenzweig. Im Anhang die Beilage: Zu einer neuen Verdeutschung der Schrift, von Martin Buber, Köln–Olten (Die Bücher der Neunzehn, Bd. 159) 1968

Martin Buber: Bücher der Geschichte, verdeutscht in Gemeinschaft mit Franz Rosenzweig, Köln–Olten 1956

Martin Buber: Bücher der Kündung, verdeutscht in Gemeinschaft mit Franz Rosenzweig, Köln–Olten 1958

Martin Buber: Die Schriftwerke, Köln–Olten (neubearb.) 1962

Martin Buber: Die Schrift und ihre Verdeutschung (1936), in: Werke, 2. Bd.: Schriften zur Bibel, München 1964, 1093–1186

Gustaf Dalman: Grammatik des jüdisch-palästinensischen Aramäisch. Nach den Idiomen des palästinensischen Talmud, des Onkelostargum und Prophetentargum der Jerusalemischen Targume, Leipzig [2](erw.) 1927; Neudruck: Darmstadt 1960

Eugen Drewermann: Die vier Evangelien, Düsseldorf 2004

K. Elliger – W. Rudolph (Hg., unter Mitarbeit von H. P. Rüger u. J. Ziegler): Biblia Hebaica Stuttgartensia, Stuttgart 1977

Julius Fürst: Hebräisches und chaldäisches Schul-Wörterbuch über das Alte Testament, Leipzig (1842), Neuer Abdruck 1884

Wilhelm Gesenius: Hebräisches und aramäisches Handwörterbuch über das Alte Testament, bearb. v. Frants Buhl [17](1915), Heidelberg–Berlin–Göttingen 1962

L. H. Grollenberg: Atlas van de Bijbel, Amsterdam; dt.: Bild-Atlas zur Bibel; dt. Ausg. v. Hermann Eising, Vorw. v. Johannes Hempel, Gütersloh (1957) [4]1962
Josef Kürzinger (Übers. u. Hg.): Das Neue Testament, in: Die ganze heilige Schrift des Alten und Neuen Testamentes. Mit über 550 Farbbildern einschließlich Karten und Plänen, Aschaffenburg 1979
Gerhard Lisowski: Konkordanz zum Hebräischen Alten Testament, nach dem von Paul Kahle in der Biblia Hebraica edidit Rudolf Kittel besorgten Masoretischen Text. Unter Mitwirkung von Leonhard Rost, Stuttgart [2]1958
Robert Morgenthaler: Statistik des neutestamentlichen Wortschatzes, Frankfurt/M. 1958
Nestle – Aland: Novum testamentum Graece, post Eberh. Nestle et Erw. Nestle ed. B. et K. Aland, M. Black, C. M. Martini, B. M. Metzger, A. Wikgren, Stuttgart [27](korrigierter Druck) 2001
Das Neues Testament unsers Herrn und Heilandes Jesu Christi, in: Die Bibel oder die ganze Heilige Schrift des Alten und Neuen Testaments nach der deutschen Übersetzung Martin Luthers, neu durchges. nach dem vom Deutschen Evangelischen Kirchenausschuß genehmigten Text, Stuttgart 1929
Alfred Schmoller: Handkonkordanz zum Griechischen Neuen Testament (Text nach Erwin Nestle), Stuttgart [12](unveränderter Abdruck der erweiterten 7. Aufl.) 1960
Septuaginta. Id est Vetus Testamentum graece iuxta LXX interpretes edidit Rahlfs, 2 Bde., Stuttgart (1935) 1962
Fridolin Stier (Übers.): Das Neue Testament, aus dem Nachlaß herausgegeben von Eleonore Beck, Gabriele Miller und Eugen Sitarz, München 1989
Samuel Terrien: Länder der Bibel. Illustrationen von William Bolin, München –Zürich 1958
Georg Benedict Winer: Grammatik des neutestamentlichen Sprachidioms als sichere Grundlage der neutestamentlichen Exegese, 7. verb. u. verm. Aufl. besorgt v. Gottlieb Lünemann, Leipzig 1867

b) Artikel und Kommentare zum Alten Testament

Albrecht Alt: Der Gott der Väter (1929), in: Kleine Schriften zur Geschichte des Volkes Israel, 3 Bde., München [3]1963, I 1–78
Walter Beltz: Gott und die Götter. Biblische Mythologie, Berlin–Weimar 1975
Martin Buber: Moses (1954), in: Werke, 2. Bd.: Schriften zur Bibel, München 1964, 9–230
Martin Buber: Der Glaube der Propheten (holländ. 1940, hebr. 1942, dt. 1950), in: Werke, 2. Bd.: Schriften zur Bibel, München–Heidelberg 1964, 231–484
Martin Buber: Königtum Gottes (1932), in: Werke, 2. Bd.: Schriften zur Bibel, München–Heidelberg 1964, 485–723
Eugen Drewermann: Ich lasse Dich nicht, Du segnest mich denn. Predigten zum 1. Buch Moses, hg. v. Bernd Marz, Düsseldorf 1994
Eugen Drewermann: Und der Fisch spie Jona an Land. Das Buch Jona tiefenpsychologisch gedeutet, Düsseldorf–Zürich 2001
Walther Eichrodt: Der Prophet Hesekiel, Göttingen (Das Alte Testament Deutsch, Teilband 22,1: Kapitel 1–18; Teilband 22,2: Kapitel 19–48) 1959
Karl Ellinger: Das Buch der zwölf Kleinen Propheten, 2. Bd.: Die Propheten Nahum, Habakuk, Zephanja, Haggai, Sacharja, Maleachi; Göttingen (Das Alte Testament Deutsch, Teilband 25) [3](neubearb.) 1956
Hans Ferdinand Fuhs: Ezechiel, 1. Bd.: 1–24; 2. Bd.: 25–48, Würzburg (Die neue Echter Bibel) [2]1986; [2]1988
Hermann Gunkel: Schöpfung und Chaos in Urzeit und Endzeit, Gießen [2]1930

Herbert Haag – Katharina Elliger: Wenn er mich doch küßte. Das Hohelied der Liebe, mit Gemälden von Marc Chagall, Solothurn–Düsseldorf 1994
Hans Wilhelm Hertzberg: Die Bücher Josua, Richter, Ruth; Göttingen (Das Alte Testament Deutsch, Teilband 9) ²(durchges.) 1959
Anton Jirku: Die Dämonen und ihre Abwehr im Alten Testament (1912), in: Von Jerusalem nach Ugarit. Gesammelte Schriften, ergänzt durch neue Anmerkungen und Tafeln, Graz 1966, 1–107
Otto Kaiser: Der Prophet Jesaja, Kap. 1–12, Göttingen (Das Alte Testament Deutsch, Teilband 17) 1963
Otto Kaiser: Der Prophet Jesaja. Kapitel 13–39, Göttingen (Das Alte Testament Deutsch, Teilband 18) ³(durchges.) 1983
Ulrich Kellermann: Auferstanden in den Himmel. 2. Makkabäer 7 und die Auferstehung der Märtyrer, Stuttgart (Stuttgarter Bibelstudien 95) 1978
Martin Noth: Geschichte Israels (1950) Göttingen, ²(neu bearb.) 1954; ⁵1963
Martin Noth: Das zweite Buch Mose. Exodus, Göttingen (Das Alte Testament Deutsch, Teilband 5) 1961
Martin Noth: Das dritte Buch Mose. Leviticus, Göttingen (Das Alte Testament Deutsch, Teilband 6) 1962
Annemarie Ohler: Mythologische Elemente im Alten Testament. Eine motivgeschichtliche Untersuchung, Düsseldorf 1969
Karl-Friedrich Pohlmann: Das Buch des Propheten Hesekiel (Ezechiel), mit einem Beitr. v. Thilo Alexander Rudnig, (Das Alte Testament Deutsch, Teilband 22/1 und 22/2), 1. Bd.: Kap. 1–19, Göttingen 1996; 2. Bd.: Kap. 20–48, Göttingen 2001
Norman W. Porteous: Das Danielbuch, aus dem Engl. v. Walter Beyerlin u. Rudolf Walz, Göttingen (Das Alte Testament Deutsch, Teilband 23) 1962
Gerhard von Rad: Theologie des Alten Testaments, 1. Bd.: Die Theologie der geschichtlichen Überlieferungen Israels, München 1957; 2. Bd.: Die Theologie der prophetischen Überlieferungen Israels, München 1960
O. H. Steck: Israel und das gewaltsame Geschick der Propheten. Untersuchungen zur Überlieferung des deuteronomistischen Geschichtsbildes, Neukirchen (WMANT 23) 1967
Artur Weiser: Das Buch der zwölf Kleinen Propheten, 1. Bd.: Die Propheten Hosea, Joel, Amos, Obadja, Jona, Micha; Göttingen (Das Alte Testament Deutsch, Teilband 24) ³1959
Artur Weiser: Der Prophet Jeremia (Das Alte Testament Deutsch, Teilband 20/1 und 20/2), 1. Bd.: Kap. 1–25,14 Göttingen ⁴(neubearb.) 1960; 2. Bd.: Kap. 25,15–52,34, Göttingen ³(neubearb.) 1960
Artur Weiser: Die Psalmen (Das Alte Testament Deutsch, Teilband 14: Die Psalmen, 1. Teil: Psalm 1–60; Teilband 15; Die Psalmen, 2. Teil: Psalm 61–150), Göttingen ⁶1963
Wolfgang Werner: Studien zur alttestamentlichen Vorstellung vom Plan Jahwes, Berlin–New York 1988
Claus Westermann: Das Buch Jesaja. Kapitel 40–66, Göttingen (Das Alte Testament Deutsch, Teilband 19) 1966
Ernst Würthwein: Die Bücher der Könige, 1. Bd.: Das erste Buch der Könige, Kapitel 1–16, Göttingen–Zürich (Das Alte Testament Deutsch, Teilband 11,1) ²(durchges. u. überarb.) 1985; 2. Bd.: Die Bücher der Könige. 1. Kön. 17–2. Kön. 25, Göttingen (Das alte Testament Deutsch, Teilband 11,2) 1984

c) Quellentexte und Kommentare zum Judentum

Der *Aristeasbrief*, übers. u. eingef. von Paul Wendland, in: Emil Kautzsch (Hg.): Die Apokryphen und Pseudepigraphen des Alten Testaments, 2. Bd.: Die Pseudepigraphen des Alten Testaments (Tübingen 1900), Darmstadt 1962, 1–31

Die Apokalypsen des *Baruch*, übers. u. hg. v. Emil Kautzsch, in: Emil Kautzsch (Hg.): Die Apokryphen und Pseudepigraphen des Alten Testaments, 2. Bd.: Die Pseudepigraphen des Alten Testament (Tübingen 1900), Darmstadt 1962, 402–457

Das vierte Buch *Esra*, übers. u. hg. v. Hermann Gunkel, in: Emil Kautzsch (Hg.): Die Apokryphen und Pseudepigraphen des Alten Testaments, 2. Bd.: Die Pseudepigraphen des Alten Testaments (Tübingen 1900), Darmstadt 1962, 331–401

Martin Hengel: Die Zeloten. Untersuchungen zur jüdischen Freiheitsbewegung in der Zeit von Herodes I. bis 70 n. Chr., Leiden 1961

Martin Hengel: Judentum und Hellenismus. Studien zu ihrer Begegnung unter besonderer Berücksichtigung Palästinas bis zur Mitte des 2. Jh.s v. Chr., Tübingen (Wissenschaftliche Untersuchungen zum Neuen Testament, 10) ²(durchges. u. erg.) 1973

Das Buch *Henoch*, übers. u. hg. v. Georg Beer, in: Emil Kautzsch (Hg.): Die Apokryphen und Pseudepigraphen des Alten Testaments, 2. Bd.: Die Pseudepigraphen des Alten Testaments (Tübingen 1900) Darmstadt 1962, 217–310

Das *Slavische Henochbuch*, hg. u. übers. v. N. Bonwetsch, Göttingen (Abhandlungen der königl. Gesellsch. der Wissenschaften, philolog.-histor. Klasse, Neue Folge Bd. 1. Aus den Jahren 1896–1897, Nr. 3) 1896, in: Unveränderter Nachdruck, Kraus Reprint, Göttingen 1970

Die *Himmelfahrt Moses*, hg. v. Carl Clemen, in: Emil Kautzsch (Hg.): Die Apokryphen und Pseudepigraphen des Alten Testaments, 2. Bd.: Die Pseudepigraphen des Alten Testaments, (Tübingen 1900) Darmstadt 1962, 311–331

Flavius Josephus: Jüdische Altertümer, übers. u. mit Anm. versehen v. Heinrich Clementz, 2 Bde. (Köln 1959), Wiesbaden (Fourier Verlag) Wiesbaden

Flavius Josephus: Der jüdische Krieg, übertr. u. eingel. v. Hermann Endrös, 2 Bde., München (GGTb. 1642–1643; 1644–1645) 1966

Das Buch der *Jubiläen*, hg. v. E. Littmann, in: Emil Kautzsch (Hg.): Die Apokryphen und Pseudepigraphen des Alten Testaments, 2. Bd.: Die Pseudepigraphen des Alten Testaments, (Tübingen 1900) Darmstadt 1962, 31–119

Das Buch *Judith*, übers. u. hg. v. Max Löhr, in: Emil Kautzsch (Hg.): Die Apokryphen und Pseudepigraphen des Alten Testaments, 1. Bd.: Die Apokryphen des Alten Testaments (Tübingen 1900) Darmstadt 1962, 147–164

Das *Leben Adams und Evas*, hg. v. C. Fuchs, in: Emil Kautzsch (Hg.): Die Apokryphen und Pseudepigraphen des Alten Testaments, 2. Bd.: Die Pseudepigraphen des Alten Testaments, (Tübingen 1900) Darmstadt ²1962, 506–528

Eduard Lohse (Hg.): Die Texte aus Qumran. Hebräisch und deutsch. Mit masoretischer Punktation, Übersetzung, Einführung und Anmerkungen, München 1964

Johann Maier: Die Texte vom Toten Meer. Bd. 1: Übersetzung; Bd. 2: Anmerkungen, München–Basel 1960

Die *Psalmen Salomos*, übers. u. hg. v. Rudolf Kittel, in: Emil Kautzsch (Hg): Die Apokryphen und Pseudepigraphen des Alten Testaments, 2. Bd.: Die Pseudepigraphen des Alten Testaments (Tübingen 1900), Darmstadt 1962, 127–148.

Die *Sibyllinen*, hg. von Friedrich Blaß, in: Emil Kautzsch (Hg.): Die Apokryphen und Pseudepigraphen des Alten Testaments, 2. Bd.: Die Pseudepigraphen des Alten Testaments, (Tübingen 1900), Darmstadt 1962, 177–217

Hermann L. Strack – Paul Billerbeck: Kommentar zum Neuen Testament aus Talmud und Midrasch, 5 Bde., München, I 1922, II 1924, III 1926, IV 1 1928; IV 2 1928, V (hrsg. v. J. Jeremias, bearb. v. K. Adolph) 1956, VI (hrsg. v. J. Jeremias in Verb. mit K. Adolph) 1961

Der babylonische Talmud, ausgew., übers. u. erkl. von Reinhold Mayer, München (GGTb. 1330–1332) 1963
Die *Testamente der zwölf Patriarchen*, der Söhne Jakobs, hg. v. Emil Kautzsch, in: Emil Kautzsch (Hg.): Die Apokryphen und Pseudepigraphen des Alten Testaments, 2. Bd.: Die Pseudepigraphen des Alten Testaments (Tübingen 1900), Darmstadt 1962, 458–506
Roland de Vaux: Les Institutions de l' Ancien Testament, Paris 1958/1960; dt.: Das Alte Testament und seine Lebensordnungen, 1. Bd.: Fortleben des Nomadentums. Gestalt des Familienlebens. Einrichtungen und Gesetze des Volkes, übers. v. Lothar Hollerbach, Freiburg [2](durchges.) 1964; 2. Bd.: Heer und Kriegswesen. Die religiösen Lebensordnungen, übers. v. Ulrich Schütz, Freiburg 1962
Michael Wise – Martin Abegg, Jr. – Edward Cook: The Dead Sea Scrolls. A new Translation, San Francisco 1996; dt.: Die Schriftrollen von Qumran. Übersetzung und Kommentar. Mit bisher unveröffentlichten Texten, übers. v. Anne Stegmeier u. a., hg. v. Alfred Läpple (1997), Augsburg 1999

d) Artikel und Kommentare zum Neuen Testament. Apokryphe und frühchristliche Schriften

Johannes Behm: *nēstis* (Fasten), in: Theologisches Wörterbuch zum Neuen Testament, Bd. 5, hg. v. Gerhard Kittel, Stuttgart 1942, 925–935
Schalom Ben-Chorin: Bruder Jesus. Der Nazarener in jüdischer Sicht (München 1967), München (dtv 1253) 1977
Schalom Ben-Chorin: Mutter Mirjam. Maria in jüdischer Sicht, (München 1971) München (dtv 1784) 1982
Klaus Berger: Formgeschichte des Neuen Testaments, Heidelberg 1984
Georg Bertram: *nēpios* (unmündig), in: Theologisches Wörterbuch zum Neuen Testament, Bd. 4, hg. v. Gerhard Kittel, Stuttgart 1942, 913–925
Hans Dieter Betz: Jesus als göttlicher Mensch (1968), in: Alfred Suhl (Hg.): Der Wunderbegriff im Neuen Testament, Darmstadt (Wege der Forschung, Bd. 295) 1980, 416–434
Wolfgang Beyer: *episképtomai* (hinsehen), in: Theologisches Wörterbuch zum Neuen Testament, Bd. 2, hg. v. Gerhard Kittel, Stuttgart 1935, 595–619
Hans Bietenhard: *ónoma* (Name), in: Theologisches Wörterbuch zum Neuen Testament, Bd. 5, hg. v. Gerhard Friedrich, Stuttgart 1954, 242–283
Günther Bornkamm: Jesus von Nazareth, Stuttgart (UB 19) 1956
Wilhelm Bousset: Die Offenbarung Johannis, Göttingen [6](neubearb.) 1906; Göttingen (Neudruck) 1966
Friedrich Büchsel: *geneá* (Geschlecht), in: Theologisches Wörterbuch zum Neuen Testament, Bd.1, hg. v. Gerhard Kittel, Stuttgart 1933, 660–663
Rudolf Bultmann: Jesus (Tübingen 1926), Nachw. v. Walter Schmithals, München–Hamburg (Siebenstern Tb. 17) 1964
Rudolf Bultmann: Die Geschichte der synoptischen Tradition ([2]1931), Göttingen (Forschungen zur Religion und Literatur des Alten und Neuen Testaments, Neue Folge, 12. Heft) [5]1961
Rudolf Bultmann: *thánatos* (Tod), in: Theologisches Wörterbuch zum Neuen Testament, Bd. 3, hg. v. Gerhard Kittel, Stuttgart 1938, 7–25
Rudolf Bultmann: *pisteýō* (glauben), in: Theologisches Wörterbuch zum Neuen Testament, Bd. 6, hg. v. Gerhard Friedrich, Stuttgart 1959, 197–230
Rudolf Bultmann: Theologie des Neuen Testaments (1958), Tübingen [3](durchges. u. erg.) 1961

Rudolf Bultmann: Jesus Christus und die Mythologie. Das Neue Testament im Licht der Bibelkritik, Hamburg (Furche 47) 1964
J. Carmichael: The Death of Jesus, London 1963; dt.: Leben und Tod des Jesus von Nazareth, Frankfurt 1968
Carsten Colpe: *hyiòs toȳ anthrōpoy* (Menschensohn), in: Theologisches Wörterbuch zum Neuen Testament, Bd. 8, hg. v. Gerhard Friedrich, Stuttgart 1967, 403–481
Gustaf Dalman: Die Worte Jesu mit Berücksichtigung des nachkanonischen jüdischen Schrifttums und der aramäischen Sprache, Bd. 1: Einleitung und wichtige Begriffe. Mit Anhang: A. Das Vaterunser. B. Nachträge und Berichtigungen, (Leipzig 1930) Darmstadt 1965
Martin Dibelius: Jesus (1939), 3. Aufl. mit einem Nachtrag von Werner Georg Kümmel, Berlin (Sammlung Göschen Bd. 1130) 1960
Martin Dibelius: Die Formgeschichte des Evangelismus, hg. von Günter Bornkamm, Tübingen [4](durchges., mit Nachtrag von Gerhard Iber) 1961
Didachē oder Apostellehre, in: Die Apostolischen Väter, aus dem Griech. übers. v. Franz Zeller, München (BKV 35) 1918, 1–16
C. H. Dodd: The Parables of the Kingdom, London (revised) 1938
C. H. Dodd: The Interpretation of the Fourth Gospel, London 1963
Eugen Drewermann: Tiefenpsychologie und Exegese, Bd. 1: Die Wahrheit der Formen. Traum, Mythos, Märchen, Sage und Legende (1984), Olten [8]1990; 2. Bd.: Wunder, Vision, Weissagung, Apokalypse, Geschichte, Gleichnis (1985), Olten [6]1990
Eugen Drewermann: Das Markusevangelium. Bilder von Erlösung, 2 Bde. (1988), Düsseldorf–Zürich [6]2003
Eugen Drewermann: Das Matthäus-Evangelium. Bilder der Erfüllung, 3 Bde., Olten–Freiburg 1992–1995
Eugen Drewermann: Jesus von Nazareth. Befreiung zum Frieden. Glauben in Freiheit, Bd. 2, Düsseldorf–Zürich (1996) [6]2001
Eugen Drewermann: Das Johannesevangelium. Bilder einer neuen Welt, 2 Bde., Düsseldorf 2003
Josef Ernst: Johannes der Täufer. Interpretation – Geschichte – Wirkungsgeschichte, Berlin–New York (Biblische Zeitschrift für Neutestamentliche Wissenschaft, Bd. 53) 1989
Friedrich Fenner: Die Krankheit im Neuen Testament. Eine Religions- und Medizingeschichtliche Untersuchung, Leipzig (Untersuchungen zum Neuen Testament, Heft 18) 1930
Paul Fiebig: Jüdische Wundergeschichten des neutestamentlichen Zeitalters, 1911
Werner Foerster: *Beezebúl* (Beezebul), in: Theologisches Wörterbuch zum Neuen Testament, Bd. 1, hg. v. Gerhard Kittel, Stuttgart 1933, 605–606
Werner Foerster: *daímōn* (Dämon), in: Theologisches Wörterbuch zum Neuen Testament, Bd. 2, hg. v. Gerhard Kittel, Stuttgart 1935, 1–21
Werner Foerster: *diábolos* (Teufel), in: Theologisches Wörterbuch zum Neuen Testament, Bd. 2, hg. v. Gerhard Kittel, Stuttgart 1935, 74–78: Die spätjüdische Satansauffassung; S. 78–80: Die nt.liche Satansanschauung
Werner Foerster: *kýrios* (Herr), in: Theologisches Wörterbuch zum Neuen Testament, Bd. 3, hg. v. Gerhard Kittel, Stuttgart 1938, 1081–1098: D. «Herr» im Spätjudentum; E. *kýrios* im NT.
Werner Foerster: *óros* (Berg), in: Theologisches Wörterbuch zum Neuen Testament, Bd. 5, hg. v. Gerhard Friedrich, Stuttgart 1954, 475–486
Joachim Gnilka: Die Verstockung Israels. Is 6,9-10 in der Theologie der Synoptiker, München (Studien zum Alten und Neuen Testament 3) 1961

Manfred Görg: Immanuel, in: Manfred Görg – Bernd Lang (Hg.): Neues Bibel-Lexikon, Lieferung 7, 1992
Heinrich Greeven: *plēsion* (nahebei), in: Theologisches Wörterbuch zum Neuen Testament, Bd. 6, hg. v. Gerhard Friedrich, Stuttgart 1959, 309–316
Walter Grundmann: *hamartía* (Sünde), in: Theologisches Wörterbuch zum Neuen Testament, Bd. 1, hg. von Gerhard Kittel, Stuttgart 1933, 305–320: Die Sünde im NT
Walter Grundmann: *dýnamis* (Kraft), in: Theologisches Wörterbuch zum Neuen Testament, Bd. 2, hg. v. Gerhard Kittel, Stuttgart 1935, 286–318
Friedrich Hauck: *katharós* (rein), in: Theologisches Wörterbuch zum Neuen Testament, Bd. 3, hg. v. Gerhard Kittel, Stuttgart 1938, 427–434: Rein und unrein im NT
Alkuin Heising: Die Botschaft der Brotvermehrung. Zur Geschichte und Bedeutung eines Christusbekenntnisses im Neuen Testament, Stuttgart (Stuttgarter Bibelstudien, Nr. 15) 1966
Edgar Hennecke: Neutestamentliche Apokryphen in deutscher Übersetzung, 3. völlig neubearb. Aufl. hg. v. Wilhelm Schneemelcher, 1. Bd.: Evangelien, Tübingen 1959; 2. Bd.: Apostolisches, Apokalypsen und Verwandtes, Tübingen 1964
Der Hirt des Hermas (um 150 n. Chr.), in: Die Apostolischen Väter, aus dem Griechischen übers. v. F. Zeller, München (BKV 35) 1918, 171–289
Paul Hoffman: Studien zur Theologie der Logienquelle, Münster (Neutestamentliche Abhandlungen, NF 8) [3](durchges.) 1971
B. van Iersel: Die wunderbare Speisung und das Abendmahl in der synoptischen Tradition, in: Novum Testamentum 7 (1964) 169 ff.
Joachim Jeremias: *ábyssos* (Abgrund), in: Theologisches Wörterbuch zum Neuen Testament, Bd. 1, hg. v. Gerhard Kittel, Stuttgart 1933, S. 9
Joachim Jeremias: *Ēlías* (Elija), in: Theologisches Wörterbuch zum Neuen Testament, Bd. 2, hg. v. Gerhard Kittel, Stuttgart 1935, 930–943
Joachim Jeremias: *Jonas*, in: Theologisches Wörterbuch zum Neuen Testament, Bd. 3, hg. v. Gerhard Kittel, Stuttgart 1938, 410–413
Joachim Jeremias: *Mōysēs* (Mose), in: Theologisches Wörterbuch zum Neuen Testament, Bd. 4, hg. v. Gerhard Kittel, Stuttgart 1942, 852–878
Joachim Jeremias: *polloí* (viele), in: Theologisches Wörterbuch zum Neuen Testament, Bd. 6, hg. v. Gerhard Friedrich, Stuttgart 1959, 536–545
Joachim Jeremias: *paĩs theoȳ* (Gotteskind, Gottesknecht) in: Theologisches Wörterbuch zum Neuen Testament, Bd. 5, hg. v. Gerhard Friedrich, Stuttgart 1954, 676–717
Joachim Jeremias: Jesu Verheißung für die Völker, Stuttgart (1956) [2]1959
Joachim Jeremias: Die Gleichnisse Jesu, Göttingen (1947), [6](neubearb.) 1962
Joachim Jeremias: Jerusalem zur Zeit Jesu. Eine kulturgeschichtliche Untersuchung zur neutestamentlichen Zeitgeschichte, Göttingen [3](neubearb.) 1962
Joachim Jeremias: Unbekannte Jesusworte. Unveränderter Nachdruck der 3., unter Mitwirkung von Otfried Hofius völlig neu bearbeiteten Aufl., Gütersloh [4]1963
Joachim Jeremias: Die Briefe an Timotheus und Titus. Hermann Strathmann: Der Brief an die Hebräer, Göttingen (Das Neue Testament Deutsch, Teilband 9) 1970
Joachim Jeremias: Neutestamentliche Theologie, 1. Teil: Die Verkündigung Jesu, Gütersloh 1971
Joachim Jeremias: Abba (1954), in: Abba. Studien zur neutestamentlichen Theologie und Zeitgeschichte, Göttingen 1966, 15–67
Joachim Jeremias: Das tägliche Gebet im Leben Jesu und in der ältesten Kirche (1963), in: Abba. Studien zur neutestamentlichen Theologie und Zeitgeschichte, Göttingen 1966, 67–80

Joachim Jeremias: Zur Hypothese einer schriftlichen Logienquelle Q (1930), in: Abba. Studien zur neutestamentlichen Theologie und Zeitgeschichte, Göttingen 1966, 90–92
Joachim Jeremias: Die Lampe unter dem Scheffel (1940), in: Abba. Studien zur neutestamentlichen Theologie und Zeitgeschichte, Göttingen 1966, 99–102
Joachim Jeremias: Der Gedanke des «Heiligen Restes» im Spätjudentum und in der Verkündigung Jesu (1949), in: Abba. Studien zur neutestamentlichen Theologie und Zeitgeschichte, Göttingen 1966, 121–132
Joachim Jeremias: Das Vater-Unser im Lichte der neueren Forschungen (1962), in: Abba. Studien zur neutestamentlichen Theologie und Zeitgeschichte, Göttingen 1964, 152–171
Joachim Jeremias: Die Bergpredigt (1959), in: Abba. Studien zur neutestamentlichen Theologie und Zeitgeschichte, Göttingen 1966, 171–189
Adolf Jülicher: Die Gleichnisreden Jesu. 2 Teile in einem Band (Tübingen 1910), Darmstadt 1976
Gerhard Kittel: *aichmálōtos* (Kriegsgefangener), in: Theologisches Wörterbuch zum Neuen Testament, 1. Bd., hg. v. Gerhard Kittel, Stuttgart 1933, 195–197
Gerhard Kittel: *dóxa* (Herrlichkeit), in: Theologisches Wörterbuch zum Neuen Testament, 2. Bd., hg. v. Gerhard Kittel, Stuttgart 1935, 235–258
Joseph Klausner: Jesus von Nazareth. Seine Zeit, sein Leben und seine Lehre, Jerusalem [3](erw.) 1952
Gerhard Kroll: Auf den Spuren Jesu. Sein Leben – Sein Wirken – Seine Zeit, Leipzig [12](erw.) 2002
Otto Kuss: Der Römerbrief, Regensburg [2](unverändert) 1963
Johannes Lehmann: Jesus-Report. Protokoll einer Verfälschung (Düsseldorf 1970), Düsseldorf (Knaur 301) 1973
Eta Linnemann: Gleichnisse Jesu. Einführung und Auslegung, Göttingen [6](durchges. u. erg.) 1975
Eduard Lohse: *hyiós* (Sohn), in: Theologisches Wörterbuch zum Neuen Testament, Bd. 8, hg. v. Gerhard Friedrich, Stuttgart 1965, 358–363: Palästinensisches Judentum
Eduard Lohse: *hyiós David* (Davidssohn), in: Theologisches Wörterbuch zum Neuen Testament, Bd. 8, hg. v. Gerhard Friedrich, Stuttgart 1967, 482–492
Gerhard Maier: Matthäus-Evangelium, 2 Teile, Neuhausen–Stuttgart (Edition C-Bibelkommentare, B 1 u. B 2) 1979–1980
Harald von Mendelssohn: Jesus – Rebell oder Erlöser. Die Geschichte des frühen Christentums, (Hamburg 1981) München (dtv 10722) 1987
Eduard Meyer: Ursprung und Anfänge des Christentums, 3 Bde., Stuttgart–Berlin 1921
Rudolf Meyer: *óchlos* (Menge, Schar) in: Theologisches Wörterbuch zum Neuen Testament, Bd. 5, hg. v. Gerhard Friedrich, Stuttgart 1954, 582–590
J. D. Michaelis: Einleitung in die Schriften des Neuen Bundes, 1. Bd., 1788
Otto Michel: *telōnēs* (Zöllner), in: Theologisches Wörterbuch zum Neuen Testament, Bd. 8, hg. v. Gerhard Friedrich, Stuttgart 1965, 88–106
Elisabeth Moltmann-Wendel: Jesus feministisch gesehen, in: Johannes Thiele (Hg.): Jesus. Auf der Suche nach einem neuen Gottesbild, Düsseldorf–Wien (Econ Tb. 26107) 1993
Das Nazaräerevangelium, in: Philipp Vielhauer: Judenschriftliche Evangelien, in: Edgar Hennecke: Neutestamentliche Apokryphen in deutscher Übersetzung, 3. völlig neubearb. Aufl. von Wilhelm Schneemelcher, 1. Bd.: Evangelien, Tübingen 1959, 90–100
Nikodemusevangelium, Pilatusakten und Höllenfahrt Christi, hg. v. F. Scheidweiler, in: Edgar Hennecke (Hg.): Neutestamentliche Apokryphen in deutscher Übersetzung, 3. völlig neu bearb. Aufl., hg. v. Wilhelm Schneemelcher, 1. Bd.: Evangelien, Tübingen 1959, 330–360

Die *Oden Salomos*, hg. v. W. Bauer, in: Edgar Hennecke: Neutestamentliche Apokryphen in deutscher Übersetzung, 3. völlig neubearb. Aufl. hg. v. Wilhelm Schneemelcher, 2. Bd.: Apostolisches. Apokalypsen und Verwandtes, Tübingen 1964, 576–625

Albrecht Oepke: *anístēmi* (auferstehen), in: Theologisches Wörterbuch zum Neuen Testament, Bd. 1, hg. v. Gerhard Kittel, Stuttgart 1933, 368–372

Albrecht Oepke: *báptō* (taufen), in: Theologisches Wörterbuch zum Neuen Testament, Bd. 1, hg. v. Gerhard Kittel, Stuttgart 1933, 527–544

Albrecht Oepke: *nephélē* (Wolke), in: Theologisches Wörterbuch zum Neuen Testament, Bd. 4, hg. v. Gerhard Kittel, Stuttgart 1942, 904–912

Oxyrhynchos-Papyrus I, hg. von Joachim Jeremias, in: Edgar Hennecke: Neutestamentliche Apokryphen in deutscher Übersetzung, 3. völlig neubearb. Aufl. hg. v. Wilhelm Schneemelcher, 1. Bd.: Evangelien, Tübingen 1959, 66–70

Rudolf Pesch: Naherwartungen. Tradition und Redaktion in Mk 13, Düsseldorf 1968

Rudolf Pesch: Das Markusevangelium, 2 Bde., Freiburg–Basel–Wien (Herders Theologischer Kommentar zum Neuen Testament, Bd. 2), 1. Teil [4](durchges., mit 2. Nachtr.) 1981; 2. Teil [3](erneut durchges. Aufl., mit einem Nachtrag) 1984

Peter Pokorný: Die Zukunft des Glaubens. Sechs Kapitel über Eschatologie, Stuttgart (Arbeiten zur Theologie, Bd. 72) 1992

Gottfried Quell: *hamartánō* (sündigen), in: Theologisches Wörterbuch zum Neuen Testament, Bd. 1, hg. von Gerhard Kittel, Stuttgart 1933, 267–288: Die Sünde im AT

Karl Heinrich Rengstorf: *apostéllō* (senden), in: Theologisches Wörterbuch zum Neuen Testament, Bd. 1, hg. v. Gerhard Kittel, Stuttgart 1933, 397–448

Karl Heinrich Rengstorf: *dōdeka* (zwölf), in: Theologisches Wörterbuch zum Neuen Testament, Bd. 2, hg. v. Gerhard Kittel, Stuttgart 1935, 321–328

Karl Heinrich Rengstorf: *sēmeĩon* (Zeichen), in: Theologisches Wörterbuch zum Neuen Testament, Bd. 7, hg. v. Gerhard Friedrich, Stuttgart 1964, 199–268

S. A. Resch: Aussercanonische Paralleltexte zu den Evangelien, I–IV, Leipzig 1893–1897

Heinrich Schlier: Der Brief an die Galater, Göttingen (Kritisch-exegetischer Kommentar über das Neue Testament, 7. Abtl., 12. Aufl.) 1949

Rudolf Schnackenburg: Die Kirchen im Neuen Testament. Ihre Wirklichkeit und theologische Deutung, ihr Wesen und Geheimnis, Freiburg–Basel–Wien (Quaestiones disputatae, Nr. 14) 1961

Rudolf Schnackenburg: Gottes Herrschaft und Reich. Eine biblisch-theologische Studie, Freiburg–Basel–Wien [3]1963

Luise Schottroff: Gewaltverzicht und Feindesliebe in der urchristlichen Jesustradtion, in: Jesus Christus in Historie und Theologie, Tübingen (Festschrift für Hans Conzelmann) 1975, 197–223

Luise Schottroff – Wolfgang Stegemann: Jesus von Nazareth – Jesus der Armen, Stuttgart–Berlin–Köln–Mainz (Urban Tb. 639) 1978

Heinz Schürmann: Traditionsgeschichtliche Untersuchungen zu den synoptischen Evangelien, Düsseldorf 1968

Heinz Schürmann: Gottes Reich – Jesu Geschick. Jesu ureigener Tod im Licht seiner Basileia-Verkündigung, Freiburg–Basel–Wien 1983

Albert Schweitzer: Geschichte der Leben-Jesu-Forschung (1913; 1906 unter dem Titel: Von Reimarus zu Wrede); Neudruck: München–Hamburg (Siebenstern Tb. 77–80), 2 Bde., eingel. v. J. M. Robinson, 1966

Eduard Schweizer: *pneŷma* (Geist), in: Theologisches Wörterbuch zum Neuen Testament, Bd. 6, hg. v. Gerhard Friedrich, Stuttgart 1959, 394–453: Das Neue Testament

Eduard Schweizer: *hyiós* (Sohn), in: Theologisches Wörterbuch zum Neuen Testament, Bd. 8, hg. v. Gerhard Friedrich, Stuttgart 1965, 364–395: Neues Testament
Eduard Schweizer: Jesus Christus im vielfältigen Zeugnis des Neuen Testaments, Hamburg (Siebenstern-Tb. 126) 1968
Eduard Schweizer: Das Evangelium nach Matthäus, Göttingen (Das Neue Testament Deutsch, Teilband 2) 1986
Heinrich Seesemann: *peīra* Versuchung), in: Theologisches Wörterbuch zum Neuen Testament, Bd. 6, hg. v. Gerhard Friedrich, Stuttgart 1959, 23–37
Ethelbert Stauffer: Jerusalem und Rom im Zeitalter Jesu Christi, Bern–München (Dalp Tb. 331) 1957
Ethelbert Stauffer: Jesus. Gestalt und Geschichte, Bern (Dalp Tb. 332) 1957
Ethelbert Stauffer: Die Botschaft Jesu damals und heute, Bern (Dalp Tb. 333) 1959
Ethelbert Stauffer: Christus und die Caesaren. Historische Skizzen (1948), München–Hamburg (Siebenstern Tb. 83–84) [7](erw.) 1966
Hartmut Stegemann: Die Essener, Qumran, Johannes der Täufer und Jesus. Ein Sachbuch, Freiburg–Basel–Wien 1993
Hermann Strathmann: Der Brief an die Hebräer, Göttingen (Das Neue Testament Deutsch, Teilband 9) 1970, 69–158
David Friedrich Strauss: Das Leben Jesu, kritisch bearbeitet, 2 Bde., Tübingen 1835–1836; Reprographischer Nachdruck, Tübingen 1984
Gerd Theißen: Das Neue Testament, München (br 2192) (2002) [3]2006
Das *Thomas-Evangelium*, übersetzt aus dem Koptischen von Ernst Haenchen, in: Kurt Aland (Hg.): Synopsis Quattuor Evangeliorum, Stuttgart 1964, Appendices, 517–530
Gottfried Traub: Die Wunder im Neuen Testament (1907), in: Alfred Suhl (Hg.): Der Wunderbegriff im Neuen Testament, Darmstadt (Wege der Forschung, Bd. 295) 1980, 120–176
Wolfgang Trilling: Das wahre Israel. Studien zu Theologie des Matthäusevangeliums, München [3](umgearb.) 1964
Heinz-Dietrich Wendland: Ethik des Neuen Testamentes. Grundrisse zum Neuen Testament, Göttingen (Neues Testament Deutsch, Ergänzungsreihe, Bd. 4) [2]1975
Michael Wolter: «Gericht» und «Heil» bei Jesus von Nazareth und Johannes dem Täufer. Semantische und pragmatische Beobachtungen, in: Jens Schröter – Ralph Brucker (Hg.): Der historische Jesus. Tendenzen und Perspektiven der gegenwärtigen Forschung, Berlin–New York (Beihefte zur Zeitschrift für die neutestamentliche Wissenschaft, Bd. 114) 2002, 355–392
W. Wrede: Das Messiasgeheimnis in den Evangelien. Zugleich ein Beitrag zum Verständnis des Markusevangeliums, Göttingen 1901 ([4]1969)
Heinrich Zimmermann: Neutestamentliche Methodenlehre. Darstellung der historisch-kritischen Methode (1967), neubearb. v. Klaus Kliesch, Stuttgart [7]1982

e) Artikel und Kommentare zum Lukas-Evangelium

Daniel Alberto Ayuch: Sozialgerechtes Handeln als Ausdruck einer eschatologischen Vision. Zum Zusammenhang von Offenbarungswissen und Sozialethik in den lukanischen Schlüsselreden, Altenberge (Münsteraner Theologische Abhandlungen, Bd. 54) 1989
Michael Bachmann: Jerusalem und der Tempel. Die geographisch-theologischen Elemente in der lukanischen Sicht des jüdischen Kultzentrums, Stuttgart–Berlin–Köln–Mainz (Beiträge zur Wissenschaft vom Alten und Neuen Testament, 6. Folge, Heft 9) 1980
Armin Daniel Baum: Lukas als Historiker der letzten Jesusreise, Wuppertal–Zürich 1993
Paul Bemile: The Magnificat within the Context and Framework of Lukan Theology. An

Exegetical Theological Study of Lk 1,46-55, Frankfurt/M.–Bern–New York (Regensburger Studien zur Theologie, 34) 1986

Reinhard von Bendemann: Zwischen *dóxa* und *stayrós*. Eine exegetische Untersuchung der Texte des sogenannten Reiseberichts im Lukasevangelium, Berlin–New York (Beihefte zur Zeitschrift für die neutestamentliche Wissenschaft und Kunde der älteren Kirche, Bd. 101) 2001

Thomas Bergholz: Der Aufbau des lukanischen Doppelwerkes. Untersuchungen zum formalliterarischen Charakter von Lukas-Evangelium und Apostelgeschichte, Frankfurt a. M.–Berlin–Bern–New York–Paris–Wien (Europäische Hochschulschriften, Reihe XXIII, Theologie, Bd. 545) 1995

Will J. Bernard – Peter van 't Riet: Lukas, de Jood. Een joodse inleiding op het Evangelie van Lukas en de Handelingen der Apostelen, Kampen 1984

Peter Böhlemann: Jesus und der Täufer. Schlüssel zur Theologie und Ethik des Lukas, Cambridge (Society for New Testament Studies. Monograph Series 99) 1997

Martina Böhm: Samarien und die Samaritai bei Lukas. Eine Studie zum religionshistorischen und traditionsgeschichtlichen Hintergrund der lukanischen Samarientexte und zu deren topographischer Verhaftung, Tübingen (Wissenschaftliche Untersuchungen zum Neuen Testament, 2. Reihe, Bd. 111) 1999

Lukas Bormann: Recht, Gerechtigkeit und Religion im Lukasevangelium, Göttingen (Studien zur Umwelt des Neuen Testaments, Bd. 24) 2001

François Bovon: Aktuelle Linien lukanischer Forschung (1976), übers. v. Albert Frey, in: Lukas in neuer Sicht. Gesammelte Aufsätze, Neukirchen-Vluyn 1985, 9–43

François Bovon: Das Evangelium nach Lukas, 1/2/3, Zürich–Düsseldorf–Neukirchen-Vluyn (Evangelisch-Katholischer Kommentar zum Neuen Testament III) 1989, 1996, 2001

Ulrich Busse: Das Nazareth-Manifest Jesu. Eine Einführung in das lukanische Jesusbild nach Lk 4,16-30, Stuttgart (Stuttgarter Bibelstudien 91) 1977

Ulrich Busse: Die Wunder des Propheten Jesus. Die Rezeption, Komposition und Interpretation der Wundertradition im Evangelium des Lukas, Stuttgart (Forschung zur Bibel) ^{2}(verb. u. erg.) 1979

Ulrich Busse (u. a.): Jesus zwischen arm und reich. Lukas-Evangelium, Stuttgart (Bibelauslegung für die Praxis 18) 1980

Claus Bussmann: Lukas – Augustinus – Gutiérrez. Drei Antworten auf die Frage nach dem Verhältnis des Christentums zur Politik, in: Claus Bussmann – Walter Radl (Hg.): Der Treue Gottes trauen. Beiträge zum Werk des Lukas. Für Gerhard Schneider, Freiburg–Basel–Wien 1991, 361–375

Mark Coleridge: The Birth of the Lukan Narrative. Narrative as Christology in Lukas 1–2, Sheffield (Journal for the Study of the New Testament Supplement Series, 88) 1993

Hans Conzelmann: Die Mitte der Zeit. Studien zur Theologie des Lukas (1954), Tübingen (Beiträge zur historischen Theologie 17) ^{6}(verb. u. erg.) 1977

Anton Dauer: Johannes und Lukas. Untersuchungen zu den johanneisch-lukanischen Parallelperikopen Joh 4,46-54/ Luk 7,1-10 – Joh 12,1-8/Lk 7,36-50; 10,38-42 – Joh 20,19-29/Luk 24,36-49, Würzburg (Forschung zur Bibel) 1984

Anton Dauer: Beobachtungen zur literarischen Arbeitstechnik des Lukas, Frankfurt a. Main (Athenäums Monografien: Theologie; Bd. 79: Bonner Biblische Beiträge) 1990

Hans-Joachim Degenhardt: Lukas – Evangelist der Armen. Besitz und Besitzverzicht in den lukanischen Schriften. Eine traditions- und redaktionsgeschichtliche Untersuchung, Stuttgart 1965

Rainer Dillmann – César Mora Paz: Das Lukas-Evangelium. Ein Kommentar für die Praxis, Stuttgart 2000

Wolfgang Dietrich: Das Petrusbild der lukanischen Schriften, Stuttgart–Berlin–Köln–Mainz (Beiträge zur Wissenschaft vom Alten und Neuen Testament, Neue Folge, Heft 14) 1972
Michael Dömer: Das Heil Gottes. Studien zur Theologie des lukanischen Doppelwerkes, Köln–Bonn (Bonner Biblische Beiträge, Bd. 51) 1978
Eugen Drewermann: Dein Name ist wie der Geschmack des Lebens. Tiefenpsychologische Deutung der Kindheitsgeschichte nach dem Lukasevangelium, Freiburg–Basel–Wien 1986
Wilfried Eckey: Das Lukasevangelium. Unter Berücksichtigung seiner Parallelen, Teilband 1: Lk 1,1-10,42; Teilband 2: Lk 11,1-24,53, Neukirchen-Vluyn 2004
Josef Ernst: Das Evangelium nach Lukas, Regensburg (Regensburger Neues Testament) 1977
Josef Ernst: Herr der Geschichte. Perspektiven der lukanischen Eschatologie, Stuttgart (Stuttgarter Bibelstudien 88) 1978
Josef Ernst: Lukas. Ein theologisches Portrait, Düsseldorf 1985
Josef Ernst: Der Spruch von den «frommen» Sündern und den «unfrommen» Gerechten (Lk 7,29f). Geschichte und Deutung eines umstrittenen Logions, in: Claus Bussmann – Walter Radl (Hg.): Der Treue Gottes trauen. Beiträge zum Werk des Lukas. Für Gerhard Schneider, Freiburg–Basel–Wien 1991, 197–213
Josef Ernst: Lukasevangelium. Stationen am Wege des Heils, Paderborn (Bonifatius/Kontur, Bd. 8717) 1995
Ludger Feldkämper: Der betende Jesus als Heilsmittler nach Lukas, St. Augustin (Veröffentlichungen des Missionspriesterseminars St. Augustin bei Bonn, Nr. 29) 1978
Helmut Flender: Heil und Geschichte in der Theologie des Lukas, München (Beiträge zur evangelischen Theologie, Bd. 41) 1965
Albert Fuchs: Sprachliche Untersuchungen zu Matthäus und Lukas. Ein Beitrag zur Quellenkritik, Rom (Analecta Biblica 49) 1971
Klaus Gamber: Jesus Worte. Eine vorkanonische Logiensammlung im Lukas-Evangelium, Regensburg (9. Beiheft zu den Studia Patristica et Liturgica) 1983
Heiner Ganser-Kerperin: Das Zeugnis des Tempels. Studien zur Bedeutung des Tempelmotivs im lukanischen Doppelwerk, Münster (Neutestamentliche Abhandlungen, Neue Folge, Bd. 36) 2000
Richard Glöckner: Die Verkündigung des Heils beim Evangelisten Lukas, Mainz (Walberberger Studien. Theologische Reihe, Bd. 9) o. J. (1975)
Hugo Gressmann: Das Weihnachtsevangelium auf Ursprung und Geschichte untersucht, Göttingen 1914
Hugo Gressmann: Vom reichen Mann und armen Lazarus. Eine literaturgeschichtliche Studie mit ägyptologischen Beiträgen von Prof. Dr. G. Möller, in: Abhandlungen der preußischen Akademie der Wissenschaft, philos.-hist. Klasse Nr. 7, 1918, 46–62
Christoph Heil: Lukas und Q. Studien zur lukanischen Redaktion des Spruchevangeliums Q, Berlin–New York (Beihefte zur Zeitschrift für die neutestamentliche Wissenschaft, Bd. 111) 2003
Bernhard Heininger: Metaphorik, Erzählstruktur und szenisch-dramatische Gestaltung in den Sondergutgleichnissen bei Lukas, Münster (Neutestamentliche Abhandlungen, Neue Folge, Bd. 24) 1991
Anita Herbarth: «Gott hat sein Volk heimgesucht». Eine form- und redaktionsgeschichtliche Untersuchung zu Lk 7,11-17: «Die Erweckung des Jünglings von Nain», Heidelberg (Dissertation an der Albert-Ludwig-Universität Freiburg) 1977
Traugott Holtz: Untersuchungen über die alttestamentlichen Zitate bei Lukas, Berlin (Texte und Untersuchungen zur Geschichte der altchristlichen Literatur, Bd. 104) 1968

Friedrich Wilhelm Horn: Glaube und Handeln in der Theologie des Lukas, Göttingen (Göttinger Theologische Arbeiten, Bd. 26) 1983
Joachim Jeremias: Die Sprache des Lukasevangeliums. Redaktion und Tradition im Nicht-Markusstoff des dritten Evangeliums, Göttingen 1980
Henk J. de Jonge: Sonship, Wisdom, Infancy: Luce II. 41-51a, in: New Testament Studies 24 (1978), 317–354
Thomas Kaut: Befreier und befreites Volk. Traditions- und redaktionsgeschichtliche Untersuchung zu Magnifikat und Benediktus im Kontext der vorlukanischen Kindheitsgeschichte, Frankfurt/M. (Theologie, Bonner Biblische Beiträge, Bd. 77) 1990
Gerhard Kehnscherper: Von Jeremia zu Jesus von Nazareth. Die Ausrufung des Halljahres und das Kommen des Reiches Gottes – eine sozialethische Untersuchung zu Lukas 4,16-30, hg. von der Redaktion der Wissenschaftlichen Zeitschrift der Ernst-Moritz-Arndt-Universität Greifswald, 1973
Hee-Seong Kim: Die Geisttaufe des Messias. Eine kompositionsgeschichtliche Untersuchung zu einem Leitmotiv des lukanischen Doppelwerks. Ein Beitrag zur Theologie und Intention des Lukas, Frankfurt/M.–Berlin–Bern–New York–Paris–Wien (Studien zur klassischen Philologie, Bd. 81) 1993
Walter Kirchschläger: Jesu exorzistisches Wirken aus der Sicht der Lukas. Ein Beitrag zur lukanischen Redaktion, Klosterneuburg (Österreichische Biblische Studien, Bd. 3) 1981
Günter Klein: Die Berufung des Petrus, in: Zeitschrift für Neutestamentliche Wissenschaft 58 (1967) 1–44; neu in: Gesammelte Aufsätze zum Neuen Testament, München (Beiträge zur Evangelischen Theologie, Bd. 50) 1969, 11–48
Günter Klein: Lukas 1,1-4 als theologisches Programm (1964/1969), in: Georg Braumann (Hg.): Das Lukas-Evangelium. Die Redaktions- und Kompositionsgeschichtliche Forschung, Darmstadt (Wege der Forschung, Bd. 280) 1974, 170–203
Hans Klein: Barmherzigkeit gegenüber den Elenden und Geächteten. Studien zur Botschaft des lukanischen Sondergutes, Neukirchen-Vluyn (Biblisch-Theologische Studien, 10) 1987
Hans Klein: Lukasstudien, Göttingen (Forschungen zur Religion des Alten und Neuen Testaments, Bd. 209) 2005
Klaus Kliesch: Apostelgeschichte, Stuttgart (Stuttgarter Kleiner Kommentar. Neues Testament 5) 1991
Matthias Klinghardt: Gesetz und Volk Gottes. Das lukanische Verständnis des Gesetzes nach Herkunft, Funktion und seinem Ort in der Geschichte des Urchristentums, Tübingen (Wissenschaftliche Untersuchungen zum Neuen Testament, 2. Reihe, Nr. 32) 1988
Erich Klostermann: Das Lukasevangelium, Tübingen (Handbuch zum Neuen Testament, 5) ^{3}(unv. Nachdr. der 2. Aufl.) 1975
Manfred Korn: Die Geschichte Jesu in veränderter Zeit. Studien zur bleibenden Bedeutung Jesu im lukanischen Doppelwerk, Tübingen (Wissenschaftliche Untersuchungen zum Neuen Testament, 2. Reihe, Nr. 51) 1993
Jacob Kremer: Lukasevangelium, Würzburg (Die neue Echter Bibel. Kommentar zum Neuen Testament mit der Einheitsübersetzung) ^{2}1992
Gabriel Kyo – Seon Shin: Die Ausrufung des endgültigen Jubeljahres durch Jesus in Nazaret. Eine historisch-kritische Studie zu Lk 4,16-30, Bern–Frankfurt/M.–New York–Paris (Europäische Hochschulschriften: Reihe 23, Theologie; Bd. 378) 1989
René Laurentin: Structure et Théologie de Luc I–II, Paris; dt.: Struktur und Theologie der lukanischen Kindheitsgeschichte, übers. v. P. W. Arnold, Geleitwort Karl Hermann Schelkle, Nachtrag Josef Gewiess: Die Marienfrage Lk 2,34, Stuttgart 1967
Karl Löning: Das Geschichtswerk des Lukas. Bd. 1: Israels Hoffnung und Gottes Geheim-

nis, Stuttgart–Berlin–Köln (UTB 455) 1997; Bd. 2: Der Weg Jesu, Stuttgart–Berlin–Köln (UTB 456) 2006
Gerhard Lohfink: Die Sammlung Israels. Eine Untersuchung zur lukanischen Ekklesiologie, München (Studien zum Alten und Neuen Testament, Bd. 39) 1975
Ernst Lohmeyer: Galiläa und Jerusalem bei Lukas (1936), in: Georg Braumann (Hg.): Das Lukas-Evangelium. Die Redaktions- und Kompositionsgeschichtliche Forschung, Darmstadt (Wege der Forschung, Bd. 280) 1974, 7–12
Ulrich Luck: Kerygma, Tradition und Geschichte Jesu bei Lukas (1960), in: Georg Braumann (Hg.): Das Lukas-Evangelium. Die Redaktions- und Kompositionsgeschichtliche Forschung, Darmstadt (Wege der Forschung, Bd. 280) 1974, 95–114
Gerhard Maier: Lukas-Evangelium, 2 Teile, Neuhausen–Stuttgart (Edition C: B, Bibelkommentare, Bd. 4/5) 1991/1992
Edgar Mayer: Die Reiseerzählung des Lukas (Lk 9,51-19,10): Entscheidung in der Wüste, Frankfurt/M.–Berlin–Bern–New York–Paris–Wien (Europäische Hochschulschriften, Reihe 23, Bd. 554) 1996
Chester Charlton McCown: Gospel Geography. Fiction, Facts, and Truth (1941); dt.: Geographie der Evangelien. Fiktion, Tatsache und Wahrheit, übers. v. Anna Sannwald, in: Georg Braumann (Hg.): Das Lukas-Evangelium. Die Redaktions- und Kompositionsgeschichtliche Forschung, Darmstadt (Wege der Forschung, Bd. 280) 1974, 13–42
Paul S. Minear: Luke's Use of the Birth Stories (1966); dt.: Die Funktion der Kindheitsgeschichten im Werk des Lukas, übers. v. Hartmut Stegemann, in: Georg Braumann (Hg.): Das Lukas-Evangelium. Die Redaktions- und Kompositionsgeschichtliche Forschung, Darmstadt (Wege der Forschung, Bd. 280) 1974, 204–235
Kiyoshi Mineshige: Besitzverzicht und Almosen bei Lukas. Wesen und Forderung des lukanischen Vermögensethos, Tübingen (Wissenschaftliche Untersuchungen zum Neuen Testament, 2. Reihe, Bd. 163) 2003
Alexander Mittelstaedt: Lukas als Historiker. Zur Datierung des lukanischen Doppelwerkes, Tübingen (Texte und Arbeiten zum neutestamentlichen Zeitalter, 43) 2006
Ulrike Mittmann-Richert: Magnifikat und Benediktus. Die ältesten Zeugnisse der judenchristlichen Tradition von der Geburt des Messias, Tübingen (Wissenschaftliche Untersuchungen zum Neuen Testament, 2. Reihe, 90) 1996
Werner Monselewski: Der barmherzige Samariter. Eine auslegungsgeschichtliche Untersuchung zur Lukas 10,25-37, Tübingen (Beiträge zur Geschichte der biblischen Exegese, Bd. 5) 1967
Robert Morgenthaler: Lukas und Quintilian. Rhetorik als Erzählkunst, Zürich 1993
Gudrun Muhlack: Die Parallelen von Lukas-Evangelium und Apostelgeschichte, Frankfurt a. Main–Bern–Las Vegas (Theologie und Wirklichkeit, Bd. 8) 1979
Christoph Gregor Müller: Mehr als ein Prophet. Die Charakterzeichnung Johannes des Täufers im lukanischen Erzählwerk, Freiburg–Basel–Wien–Barcelona–Rom–New York (Herders Biblische Studien, Bd. 31) 2001
Paul-Gerhard Müller: Lukas-Evangelium, Stuttgart (Stuttgarter Kleiner Kommentar, NT 3) 1984
Gottfried Nebe: Prophetische Züge im Bilde Jesu bei Lukas, Stuttgart–Berlin–Köln (Beiträge zur Wissenschaft vom Alten und Neuen Testament, 7. Folge, Heft 7) 1989
Ernst Nellessen: Zeugnis für Jesus und das Wort. Exegetische Untersuchungen zum lukanischen Zeugnisbegriff, Köln–Bonn (Bonner Biblische Beiträge, Nr. 43) 1976
Johannes M. Nützel: Jesus als Offenbarer Gottes nach den lukanischen Schriften, Würzburg (Forschung zur Bibel, Bd. 39) 1980
Barbara Ort: Die Kindheitsgeschichte Jesu nach Lukas in der Geschichte der Katechese.

Eine Untersuchung der katholischen katechetischen Literatur des deutschen Sprachraums für die Zeit von 1777–1967, dargestellt an Lk 1,26-38: 2,1-20; 2,41-52, Frankfurt/M.–Bern–Las Vegas (Europäische Hochschulstudien, Reihe XXIII Theologie, Bd. 90) 1977
Wilhelm Ott: Gebet und Heil. Die Bedeutung der Gebetsparänese in der lukanischen Theologie, München (Studien zum Alten und Neuen Testament, Bd. 12) 1965
Carl Heinz Peisker: Texte zur Predigt. Texte, Zitate, Gedanken zur Predigt, zu Bibelstudium und Unterricht, Bd. 3: Lukas- Johannes, Wuppertal 1977
Rudolf Pesch: Der reiche Fischfang. Lk 5,1-11 / Joh 21,1-14. Wundergeschichte – Berufungserzählung – Erscheinungsbericht, Düsseldorf (Kommentare und Beiträge zum Alten und Neuen Testament) 1969
Bertram Pittner: Studien zum lukanischen Sondergut. Sprachliche, theologische und formkritische Untersuchungen zu Sonderguttexten in Lk 5-19, Leipzig (Erfurter Theologische Schriften, Nr. 18) 1991
Eckhard Plümacher: Lukas als hellenistischer Schriftsteller. Studien zur Apostelgeschichte, Göttingen (Studien zur Umwelt des Neuen Testaments, Bd. 9) 1972
Petr Pokorný: Theologie der lukanischen Schriften, Göttingen (Forschungen zur Religion und Literatur des Alten und Neuen Testaments, Heft 174) 1998
Walter Radl: Das Lukas-Evangelium, Darmstadt (Erträge der Forschung, Bd. 261) 1988
Walter Radl: Der Ursprung Jesu. Traditionsgeschichtliche Untersuchungen zu Lukas 1–2, Freiburg–Basel–Wien–Barcelona–Rom–New York (Herders Biblische Studien, Bd. 7) 1995
Karl Heinrich Rengstorf: Das Evangelium nach Lukas, Göttingen (NTD 3) 1975
Martin Rese: Alttestamentliche Motive in der Christologie des Lukas, Gütersloh (Studien zum Neuen Testament, Bd. 1) 1969
Fritz Rienecker: Das Evangelium des Lukas, Wuppertal (Wuppertaler Studienbibel) ^{8}1979
M. Rösel: Die Jungfrauengeburt des endzeitlichen Immanuel. Jesaja 7 in der Übersetzung der Septuaginta, in: Jahrbuch für biblische Theologie 6, 1991, 135–151
Dietrich Rusam: Alles muss(te) erfüllt werden. Intertextualität im lukanischen Doppelwerk, Evangelisch-Theologische Fakultät der Universität Bonn, 2001
Dietrich Rusam: Das Alte Testament bei Lukas, Berlin–New York (Beihefte zur Zeitschrift für die neutestamentliche Wissenschaft und die Kunde der älteren Kirche, Bd. 112) 2003
Gottfried Schille: Grundzüge des Gebetes nach Lukas, in: Claus Bussmann – Walter Radl (Hg.): Der Treue Gottes trauen. Beiträge zum Werk des Lukas, Freiburg–Basel–Wien 1991, 215–228
Günther Schiwy: Weg ins Neue Testament. Kommentar und Material. 1. Bd.: Das Evangelium nach Matthäus, Markus und Lukas, Würzburg 1965
Adolf Schlatter: Das Evangelium des Lukas. Aus seinen Quellen erklärt, Stuttgart (^{2}1960) ^{3}1975
Josef Schmid: Das Evangelium nach Lukas, Regensburg (Regensburger Neues Testament, 3. Bd.) ^{4}(durchges.) 1960
Walter Schmithals: Das Evangelium nach Lukas, Zürich (Zürcher Bibelkommentare NT 3,1) 1980
Dieter Schneider: Der Geist, der Geschichte macht. Geisterfahrung bei Lukas, Neukirchen-Vluyn 1992
Gerhard Schneider: Der Zweck des lukanischen Doppelwerks (1977), in: Lukas, Theologe der Heilsgeschichte. Aufsätze zum lukanischen Doppelwerk, Bonn (Bonner Biblische Beiträge, Bd. 59) 1985, 9–30
Gerhard Schneider: Jesu geistgewirkte Empfängnis (Lk 1,34f). Zur Interpretation einer chri-

stologischen Aussage (1971), in: Lukas, Theologe der Heilsgeschichte. Aufsätze zum lukanischen Doppelwerk, Bonn (Bonner Biblische Beiträge, Bd. 59) 1985, 86–97
Günter Scholz: Gleichnisaussage und Existenzstruktur. Das Gleichnis der neueren Hermeneutik unter besonderer Berücksichtigung der christlichen Existenzstruktur in den Gleichnissen des lukanischen Sonderguts, Frankfurt/M.–Bern–New York (Europäische Hochschulschriften, Reihe 23, Theologie, Bd. 214) 1983
Heinz Schürmann: Das Lukasevangelium. 1. Teil: Kommentar zu Kap. 1,1-9,50, Freiburg–Basel–Wien (Herders Theologischer Kommentar zum Neuen Testament, Bd. III) [2](durchges.) 1981
Heinz Schürmann: Das Lukasevangelium, 2. Teil, 1. Folge. Kommentar zu Kapitel 9,51–11,54, Freiburg–Basel–Wien (Herder Theologischer Kommentar zum Neuen Testament, III 2) 1994
Heinz Schürmann: Zur Kompositionsgeschichte der Redenquelle. Beobachtungen an der lukanischen Q-Vorlage, in: Claus Bussmann – Walter Radl (Hg.): Der Treue Gottes trauen. Beiträge zum Werk des Lukas. Für Gerhard Schneider, Freiburg–Basel–Wien 1991, 325–342
Eduard Schweizer: Das Evangelium nach Lukas (NTD 3), Göttingen (1993) 2000
Hans Jörg Sellner: Das Heil Gottes. Studien zur Soteriologie des lukanischen Doppelwerks, Berlin–New York (Beihefte zur Zeitschrift für die neutestamentliche Wissenschaft, Bd. 152) 2007
Klemens Stock: Jesus – die Güte Gottes. Betrachtungen zum Lukas-Evangelium, Innsbruck–Wien 1984
Alois Stöger: Das Evangelium nach Lukas, 1. Teil, Düsseldorf (Geistliche Schriftlesung, 3) 1964
Jens-W. Täger: Der Mensch und sein Heil. Studien zum Bild des Menschen und zur Sicht der Bekehrung bei Lukas, Gütersloh (Studien zum Neuen Testament, Bd. 14) 1982
Charles H. Talbert: Literary Patterns, Theological Themes, and the Genre Luke-Acts, Missoula (Mont.) 1974
Malcolm Tolbert: Leading Ideas of the Gospel of Luke (1967); dt.: Die Hauptinteressen des Evangelisten Lukas, übers. v. Hartmut Stegemann, in: Georg Braumann (Hg.): Das Lukas-Evangelium. Die Redaktions- und Kompositionsgeschichtliche Forschung, Darmstadt (Wege der Forschung, Bd. 280) 1974, 337–353
Hans-Jürgen van der Minde. Geschichtliches Denken und theologische Implikationen bei Lukas und in den Damaskusschriften, in: Claus Bussmann – Walter Radl (Hg.): Der Treue Gottes trauen. Beiträge zum Werk des Lukas. Für Gerhard Schneider, Freiburg–Basel–Wien 1991, 343–360
Jules de Vaux und Raymond Deville: Les Témoins du Fils de Dieu – L' Évangeliste du Sauveure; dt.: Die Zeugen des Gottessohnes. Die Frohbotschaft nach Markus, Matthäus und Lukas, dt. v. Alice Baum, Düsseldorf (Die Welt der Bibel) 1958
Günter Wasserberg: Aus Israels Mitte – Heil für die Welt. Eine narrativ-exegetische Studie zur Theologie des Lukas, Berlin–New York (Beihefte zur Zeitschrift für die neutestamentliche Wissenschaft und die Kunde der älteren Kirche, Bd. 92) 1998
Werner Wiater: Komposition als Mittel der Interpretation im lukanischen Doppelwerk, Bonn (Inauguraldissertation, Universität Bonn) 1972
Wolfgang Wiefel: Das Evangelium nach Lukas, Berlin (Theologischer Handkommentar zum Neuen Testament, III) 1988
Paul Winter: Magnificat and Benedictus Maccabean Psalms?, in: Bulletin of the J. Rylands Library 37 (1954), 328–347
Theodor Zahn: Das Evangelium des Lucas, Dresden–Erlangen (Kommentar zum Neuen Te-

stament, Bd.: 3 (Leipzig 1913), [3](durchges.) 1920; neu hg. mit einem Geleitwort von Martin Hengel, Wuppertal 1988

4) Geschichte

a) Kirchengeschichte und Kirchenvätertexte

Aurelius Augustinus: De civitate Dei (413–426); dt.: Des hl. Kirchenvaters Aurelius Augustinus 22 Bücher über den Gottesstaat, aus dem Lat. übers. v. A. Schröder, in: Augustinus' ausgew. Schriften, Bd. 1 u. 2, eingel. v. J. N. Espenberger, Kempten–München (Bibliothek der Kirchenväter 15–16) 1911; 1914

Aurelius Augustinus: Vorträge über das Evangelium des hl. Johannes, übers. u. eingel. v. Thomas Sprecht, 3 Bde., in: Des heiligen Kirchenvaters Aurelius Augustinus ausgewählte Schriften aus dem Lateinischen übersetzt, Bde. 4–6, Kempten–München, (Bibliothek der Kirchenväter 8; 11; 19) 1913–1914

Aurelius Augustinus: Bekenntnisse, aus dem Lat. v. Alfred Hoffmann, in: Des heiligen Kirchenvaters Aurelius Augustinus ausgewählte Schriften aus dem Lateinischen übersetzt, Bd. 7, Kempten–München (Bibliothek der Kirchenväter, Bd. 18) 1914

Michael Baigent – Richard Leigh: The Inquisition, London 1999; dt.: Als die Kirche Gott verriet. Die Schreckensherrschaft der Inquisition, übers. v. Andrea Kamphuis, Bergisch-Gladbach 2000

Basilius: Brief an Amphilochus über Kanones, in: Des heiligen Kirchenlehrers Basilius des Großen ausgew. Schriften, aus dem Griech. übers., mit Einl. u. Anm. vers. v. Anton Stegmann, 2 Bde., München (Bibliothek der Kirchenväter, Bd. 46 und Bd. 47) 1925, I 187–214

Ernst Bloch: Thomas Müntzer als Theologe der Revolution (München 1921, erg. 1969), Frankfurt/M. (stw 551) 1985

Gerhard Brendler: Thomas Müntzer. Geist und Faust, Berlin 1989

Peter Bürger: Hiroshima, der Krieg und die Christen, Düsseldorf 2005

Cyprian: An Donatus, in: Des heiligen Kirchenvaters Caecilius Cyprianus sämtliche Schriften, aus dem Lat. übers. v. Julius Baer, 2 Bde., Kempten–München (Bibliothek der Kirchenväter, Bd. 34 und Bd. 60) 1918 und 1928, I 33–55

Cyprian: An Jubaianus, in: Des heiligen Kirchenvaters Caecilius Cyprianus sämtliche Schriften, aus dem Lat. übers. v. Julius Baer, 2 Bde., Kempten–München (Bibliothek der Kirchenväter, Bd. 34 und Bd. 60) 1918 und 1928, II 335–356

Georg Denzler – Volker Fabricius: Christen und Nationalsozialisten. Darstellung und Dokumente. Mit einem Exkurs: Kirche im Sozialismus, Frankfurt/M. (Fischer Tb. 11871) 1993

Karlheinz Deschner: Abermals krähte der Hahn. Eine Demaskierung des Christentums von den Evangelisten bis zu den Faschisten (Stuttgart 1962), Reinbek (rororo 6788) 1972

Karlheinz Deschner: Kriminalgeschichte des Christentums, 1. Bd.: Die Frühzeit. Von den Ursprüngen im Alten Testament bis zum Tod des hl. Augustinus (430), Reinbek 1986

Karlheinz Deschner: Das Kreuz mit der Kirche. Eine Sexualgeschichte des Christentums, München (Heyne Sachbuch 19/16) [12](erw. u. aktualisiert) 1989

Karlheinz Deschner: Die Politik der Päpste im 20. Jahrhundert. Erweiterte, aktualisierte Neuausgabe von «Ein Jahrhundert Heilsgeschichte» I und II, 2 Bde. in einem Band, Reinbek 1991

Franz von Assisi: Die Werke. Sonnengesang, Testament, Ordensregeln, Briefe. – Die Blümlein,

übers. v. Wolfram von den Steinen und Max Kirschstein, mit einem Essay «Zum Verständnis der Werke» und einer Bibliogr. v. Wolfram von den Steinen, Reinbek (rk 34) 1958
Richard Friedenthal: Luther. Sein Leben und seine Zeit, München 1967
Hedwig Fritzen: Elisabeth von Thüringen, in: Peter Manns (Hg.): Die Heiligen in ihrer Zeit, 2 Bde., Mainz 1966, II 116–118
Josef Glazik: Damian Deveuster, in: Peter Manns (Hg.): Die Heiligen in ihrer Zeit, 2 Bde., Mainz 1966, II 526–529
Hubertus Halbfas: Das Christentum, Düsseldorf 2004
Adolf von Harnack: Das Wesen des Christentums (1900), mit einem Geleitwort von Wolfgang Trillhaas, Gütersloh (GTB 227) 1977
Adolf von Harnack: Die Mission und Ausbreitung des Christentums in den ersten drei Jahrhunderten, Wiesbaden [4](verb. u. verm.) 1924
Horst Herrmann: Die Kirche und unser Geld. Daten, Tatsachen, Hintergründe, Hamburg 1990
Peter Hertel: «Ich verspreche Euch den Himmel». Geistlicher Anspruch, gesellschaftliche Ziele und kirchliche Bedeutung des Opus Dei, Düsseldorf [3](durchges. u. erg.) 1991
Robert Hutchison: Their Kingdom come, New York 1996; dt.: Die heilige Mafia des Papstes. Der wachsende Einfluß des Opus Dei, aus dem Amerik. v. Harald Stadler, München 1996
Irenäus: Des heiligen Irenäus fünf Bücher gegen die Häresien, aus dem Griech. übers. v. E. Klebba, 2 Bde., Kempten–München (Bibliothek der Kirchenväter 3–4) 1912
Jacobus des Voragine: Die Legenda aurea (geschr. zw. 1263–1273), aus dem Lat. übers. v. Richard Benz, Heidelberg [8]1975
O. Kaiser: Lukas, in: Peter Manns (Hg.): Die Heiligen in ihrer Zeit, 2 Bde., Mainz 1966, I 77–78
Hanne Karnick – Wolfgang Richter: Niemöller. Was würde Jesus dazu sagen? Eine Reise durch ein protestantisches Leben. Ein Film-Bilder-Lesebuch, Köln [2]1988
Martin Luther King: Where do we go from there, New York 1967; dt.: Wohin führt unser Weg. Chaos – oder Gemeinschaft, übers. v. Hildegard Jany, Wien–Düsseldorf 1968
Ernst Klee: »Die SA Jesu Christi". Die Kirche im Banne Hitlers, Frankfurt/M. (Fischer Tb. 4409) 1989
Herbert Koch: Die Kirchen und ihre Tabus. Die Verweigerung der Moderne, Düsseldorf 2006
Sebastian Kuhlmann: Martin Niemöller. Zur prophetischen Dimension der Predigt, Leipzig (Arbeiten zur Praktischen Theologie, Bd. 39) 2008
Henry Charles Lea: Geschichte der Inquisition im Mittelalter (1887), autorisierte Übersetzung, bearbeitet von Heinz Wieck u. Max Rachel, rev. u. hg. v. Joseph Hansen, 3 Bde., Nördlingen 1987
Alfred Loisy: L' Evangile et l' Église, 1902
Heinrich Missalla: Wie der Krieg zur Schule Gottes wurde. Hitlers Feldbischof Rarkowski. Eine notwendige Erinnerung, Oberursel 1997
Origenes: Acht Bücher gegen Celsus, aus dem Griech. übers. v. Paul Koetschau, in: Des Origenes ausgewählte Schriften, Bd. 2 u. 3, München (Bibliothek der Kirchenväter Bd. 52 u. 53) 1926, 1927
Reinhold Schneider: Philipp der Zweite oder Religion und Macht (Olten 1949), in: Gesammelte Werke, hg. v. Edwin Maria Landau, Frankfurt/M. (st 1412) 1987
Günter Stemberger: 2000 Jahre Christentum. Illustrierte Kirchengeschichte in Farbe mit mehr als 1300 Farbbildern und kirchengeschichtlichem Lexikon, Salzburg 1983
Heinrich Süselbeck: «Es gehen mir täglich mehr Rätsel auf ...» Dietrich Bonhoeffer und die

Bibel, in: Günter Brakelmann – Traugott Jähnichen (Hg.): Dietrich Bonhoeffer – Stationen und Motive auf dem Weg in den politischen Widerstand, Münster (Zeitansage. Schriftenreihe der Evangelischen Akademikerschaft Westfalen und der Evangelischen Stadtakademie Bochum, hg. v. Manfred Keller, Bd. 2) 2005, 75–87

Tertullian: Über den Götzendienst, in: Tertullians ausgew. Schriften, übers., mit Lebensabriß und Einleitungen vers. v. Heinrich Kellner, 1. Bd., Kempten–München (Bibliothek der Kirchenväter, Bd. 7) 1912, 137–174

Theresia Martin: Briefe, 2 Teile, Trier 1955

Thomas von Celano: Leben und Wunder des Heiligen Franziskus von Assisi, eingef., übers. u. komm. v. Engelbert Grau, Werl (Franziskanische Quellenschriften, Bd. 5) ^{4}(neubearb.) 1988

Anton Vögtle: Joseph, in: Peter Manns (Hg.): Die Heiligen in ihrer Zeit, 2 Bde., Mainz 1966, 49–52

Gerhard Wehr: Martin Luther. Mystische Erfahrung und christliche Freiheit im Widerspruch, Schaffhausen 1996

Heinz Zahrnt: Martin Luther in seiner Zeit – für unsere Zeit, Bildredaktion von Hans Dollinger, München 1983

Zeno von Verona: Traktate (Predigten und Ansprachen), aus dem Lat. übers. u. eingel. v. Andreas Bigelmaier, München (Bibliothek der Kirchenväter, 2. Reihe, Bd. 10) 1934 (Reprint 1977)

b) Kulturgeschichte, Profangeschichte, Zeitgeschichtliches

Gar Alperovitz: The decision to use the atomic bomb and the architecture of an American myth, New York 1995; dt.: Hiroshima. Die Entscheidung für den Abwurf der Bombe, übers. v. Edith Nerke u. a., Hamburg 1995

Karlheinz Böhm: Mehr als ein Tropfen. Eine Bilanz von Menschen für Menschen, München 1997

Karlheinz Böhm: Mein Leben. Suchen, Werden, Finden, München 2008

Jean-Pierre Cartier: La première guerre mondiale, 1. Bd.: 1914–1915; 2. Bd.: 1916–1918, Paris 1982; 1984; dt.: Der Erste Weltkrieg, 1914–1918, aus dem Franz. v. Ulrich Friedrich Müller, München–Zürich 1984

Noam Chomsky: Necessary Illusions. Thought control in Democratic Societies, Toronto 2002; dt.: Media Control. Wie die Medien uns manipulieren, aus dem Amerik. v. Michael Haupt (Leipzig 2003), München (SP 4653) 2006

Noam Chomsky: Failed States. The Abuse of Power and the Assault on Democracy, New York 2006; dt.: Der gescheiterte Staat, übers. v. Gabriele Gockel, Bernhard Jendricke und Thomas Wollermann, München 2006

Wilhelm Dietl: Schwarzbuch Weißes Haus. Außenpolitik mit dem Sturmgewehr, unter Mitarbeit von Katrin Wahl, Erftstadt 2004

Eugen Drewermann: Der tödliche Fortschritt. Von der Zerstörung der Erde und des Menschen im Erbe des Christentums, Regensburg (1981), ^{6}(erw. u. aktualisiert) 1990

Will Durant: The Story of Civilization. Caesar and Christ, Vol. IV–V, The Age of Faith I–II, 1935; dt.: Weltreiche des Glaubens, in: Will und Ariel Durant: Kulturgeschichte der Menschheit, Bd. 5: Weltreiche des Glaubens. übers. v. Ernst Schneider, Frankfurt/M.–Berlin–Wien (Ullstein 36105) 1981

Will und Ariel Durant: The Story of Civilization, Vol. XI. The Age of Napoleon I–II (Kap. 1–14), 1967; dt.: Kulturgeschichte der Menschheit, Bd. 17: Die Französische Revolution und der Aufstieg Napoleons, übers. v. H. Roland Floerke, red. v. Hans Dollinger, München (Ullstein Nr. 36117) 1982

Rainer Fabian (Text) und Hans Christian Adam: Bilder vom Krieg. 130 Jahre Kriegsfotografie – eine Anklage, Hamburg (Stern-Buch) 1983, Geleitwort von Helmut Gollwitzer
Michel Foucault: Histoire de la Folie, Paris 1961; dt.: Wahnsinn und Gesellschaft. Eine Geschichte des Wahns im Zeitalter der Vernunft, übers. v. Ulrich Köppen, Frankfurt/M. 1996
Eric Frey: Schwarzbuch USA, Frankfurt/M. 2004
Robert u. Evamaria Grün (Hg.): Die Eroberung von Peru. Pizarro und andere Conquistadoren 1526–1712. Die Augenzeugenberichte von Celso Gargia, Gaspar de Carvajal, Samuel Fritz, Tübingen–Basel 1973
Karl-Heinz Harenberg – Marc Fritzler (Hg.): No war. Krieg ist nicht die Lösung, Mr. Bush, München (Knaur 77711) 2003
Horst Herrmann: Die Kirche und unser Geld. Daten, Tatsachen, Hintergründe, Hamburg 1990
Karl Hüser – Reinhard Otto: Das Stammlager 326 (VI K) Senne 1941–1945. Sowjetische Kriegsgefangene als Opfer des Nationalsozialistischen Weltanschauungskrieges, Bielefeld 1991
Hans-Christian Huf: Es war der Krieg aller Kriege – Der westfälische Friede, in: Hans Christian Huf (Hg.): Mit Gottes Segen in die Hölle. Der Dreißigjährige Krieg, München 2003, 370–379
Sabine Jaberg mit Vorstand der Arbeitsgemeinschaft für Friedens- und Konfliktforschung (AFK): Prävention statt Präventivkrieg! – Plädoyer für zivile Konfliktbearbeitung im Kampf gegen den Terrorismus, in: Karl-Heinz Harenberg – Marc Fritzler (Hg.): No War. Krieg ist nicht die Lösung, Mr. Bush, München (Knaur 77711) 2003, 206–234
Joshua Key mit Lawrence Hill: A Deserter 's Tale. The Story of an Ordinary Soldier Who Walked Away from the War in Iraq, New York 2007; dt.: Ich bin ein Deserteur. Meine Flucht als Soldat im Irakkrieg und meine Flucht aus der Armee, übers. v. Anne Emmert, Hamburg 2007
Reymer Klüver: Dicke Luft in der Zelle, Rekordverdächtige 2,24 Millionen Menschen sitzen in den USA in Haft und die Kurve ragt steil nach oben, in: Süddeutsche Zeitung, 18. Juli 2007
Herbert Kühn: Der Aufstieg der Menschheit, Frankfurt–Hamburg (Fischer Tb. 82) 1955
Felicia Langer: Fury and Hope (1991); dt.: Zorn und Hoffnung. Autobiographie, aus dem Hebr. v. Barbara Linner u. Michael C. Sternheimer, Göttingen (Lamuv Tb. 193) 1996
Geiko Müller-Fahrenholz: In göttlicher Mission. Politik im Namen des Herrn – Warum George W. Bush die Welt erlösen will. Vorw. v. Eugen Drewermann, München (Knaur Tb. 77722) 2003
Ingo Niebel: Kreuzritter Francos. Vatikan spricht «Opfer republikanischer Gewalt» selig. Die von spanischen Faschisten ermordeten Geistlichen werden ignoriert, in: Junge Welt, Montag, 29. Okt. 2007, Nr. 251, S. 3
Martin Noth: Geschichte Israels, Göttingen (1950), ^{5}(unverändert) 1963
Heribert Prantl: Der Terrorist als Gesetzgeber. Wie man mit Angst Politik macht, München 2008
Leopold von Ranke: Deutsche Geschichte im Zeitalter der Reformation, (1839–1847), hg. v. Willy Andreas, 2 Bde., Wiesbaden (Vollmer Verlag) o. J.
Riverbend: Bagdad Burning. Ein Tagebuch, übers. aus dem Engl. v. Eva Bonné, St. Pölten–Salzburg 2006
Jeremy Scahill: Blackwater. The Rice of the World's Most Powerful Mercenary Army, New York 2007; dt.: Blackwater. Der Aufstieg der mächtigsten Privatarmee der Welt, aus dem Engl. v. Bernhard Jendricke u. Rita Seuß, München 2008

Ralph Schulze: Reise der Verzweifelten, in: Neue Westfälische, Nr. 140, 18.6.08
Jürgen Todenhöfer: Warum tötest Du, Zaid?, München 2008
Rolf Uesseler: Krieg als Dienstleistung. Private Militärfirmen zerstören die Demokratie, Berlin 2006), [3](aktualisiert u. erw.) 2008
E. E. Vardiman: Nomaden. Schöpfer einer neuen Kultur im Vorderen Orient, Wien–Düsseldorf 1977
Luise Wagner-Roos und Reinhard Barth: Es war ein Hauen und Stechen – Das Inferno der Schlachten, in: Hans-Christian Huf (Hg.): Mit Gottes Segen in die Hölle. Der Dreißigjährige Krieg, München 2003, 228–253.
Harald Welzer: Klimakriege. Wofür im 21. Jahrhundert getötet wird, Frankfurt/M. 2008

5) Religionsgeschichte, Ethnologie und Archäologie

a) nichtchristliche Hochreligionen, Alter Orient, Mythologie

Jan Assmann: Tod und Jenseits im Alten Ägypten, München 2001
Jan Assmann: Die Zeugung des Sohnes. Bild, Spiel, Erzählung und das Problem des ägyptischen Mythos, in: J. Assmann – W. Burkert – F. Stolz (Hg.): Funktionen und Leistungen des Mythos. Drei altorientalische Beispiele, Freiburg (CH) – Göttingen (Orbis Biblicus et Orientalis, 48) 1982, 13–61
Jan Assmann: Stein und Zeit. Mensch und Gesellschaft im alten Ägypten, München 1991
Margaret Barker: An extraordinary gathering of Angels, London 2004; dt.: Engel. Himmlische Boten in Kunst und Religion, übers. v. Gabriele Gockel u. Sonja Schuhmacher, München 2005
Winfried Barta: Untersuchungen zur Göttlichkeit des regierenden Königs, München–Berlin (Münchner Ägyptologische Studien, Heft 32) 1975
Jürgen von Beckerath: Handbuch der ägyptischen Königsnamen, Berlin (Münchner Ägyptologische Studien, Heft 20) 1984
Bhagavadgita. Das Lied der Gottheit, aus dem Sanskrit übers. v. Robert Boxberger, neu bearb. u. hg. v. Helmuth von Glasenapp, Stuttgart (reclam 7874/75) 1955
John Bowker (Ed.): The Oxford Dictionary of World Religions, Oxford 1997; dt.: Das Oxford-Lexikon der Weltreligionen, übers. u. bearb. v. Karl-Heinz Golzio, Düsseldorf 1999
Hellmut Brunner: Abriß der mittelägyptischen Grammatik. Zum Gebrauch in akademischen Vorlesungen (1960), Graz [2](erw. u. verb.) 1967
Hellmut Brunner: Die Geburt des Gottkönigs. Studien zur Überlieferung eines altägyptischen Mythos, Wiesbaden (Ägyptologische Abhandlungen 10) [2]1976
Emma Brunner-Traut: Altägyptische Märchen, übertragen u. bearb. v. E. Brunner-Traut, Düsseldorf–Köln 1963
Emma Brunner-Traut: Pharao und Jesus als Söhne Gottes (1961), in: Gelebte Mythen. Beiträge zum altägyptischen Mythos, Darmstadt 1981, 34–54
Emma Brunner-Traut: Pharaonische Lebensweisheit, eingel., übers. u. komm., Freiburg (Lebensweisheit der Alten Ägypter) 1985; Freiburg–Basel–Wien (Herder Spektrum (4089) 1992
Angelo und Alfredo Castiglioni: Adams schwarze Kinder. Bei den letzten Naturvölkern Afrikas, unter Mitarbeit von Carlo Jacazzi; aus dem Ital. v. Hanny Bezzola, Vorw. v. Eike Haberland, Zürich 1977
Franz Cumont: Die Mysterien des Mithra. Ein Beitrag zur Religionsgeschichte der römischen Kaiserzeit, autorisierte dt. Ausg. v. Georg Gehrich, Darmstadt [5](3. verm. u. durchges. Aufl., besorgt durch Kurt Latte) 1981

Paul Dahlke: Buddha. Die Lehre des Erhabenen, aus dem Palikanon ausgew. u. übertr. (Berlin 1920), München (GGTb. 622–623) 1960
A. Dihle: Die Goldene Regel, Göttingen (Sitzungsbericht der Akademie der Wissenschaften in Wien 7) 1962
Eugen Drewermann: Ich steige hinab in die Barke der Sonne. Alt-Ägyptische Meditationen zu Tod und Auferstehung in bezug auf Joh 20/21, Düsseldorf–Zürich (1989) [7]2001
Dschuang Dsi: Südliches Blütenland. Das wahre Buch vom südlichen Blütenland, aus dem Chines. v. Richard Wilhelm (1912), Düsseldorf–Köln 1972
Adolf Erman: Ägypten und ägyptisches Leben im Altertum, neu bearb. v. Hermann Ranke (Tübingen 1923), Vorw. v. Arne Eggebrecht, Hildesheim 1981
Adolf Erman: Die Religion der Ägypter. Ihr Werden und Vergehen in vier Jahrtausenden, Berlin–Leipzig 1934
Charles A. Eastman: Ohijesa. Jugenderinnerungen eines Sioux-Indianers, übers. v. Elisabeth Friedrichs, Buchschmuck und Anmerkungen von Frederick Weygold (Hamburg [4]1913), neu hg. und mit Nachw. vers. v. Dietrich Leube, Frankfurt/M. 1976
Charles A. Eastman: Winona. Indianergeschichten aus alter Zeit, übers. v. Elisabeth Friedrichs, Buchschmuck und Anmerkungen von Frederick Weygold (Hamburg 1920), neu hg. u. mit Nachw. vers. v. Dietrich Leube, Frankfurt/M. 1977
Mircea Eliade: Das Heilige und das Profane. Vom Wesen des Religiösen, aus dem Franz., Hamburg (rde 31) 1957
Mircea Eliade: Histoire des croyances et des idées religieuses. I: De l' âge de la pierre aux mystères d' Éleusis, Paris 1976; dt.: Von der Steinzeit bis zu den Mysterien von Eleusis, übers. v. Elisabeth Dorlap, Freiburg–Basel–Wien 1978
Leo Frobenius: Das Zeitalter des Sonnengottes, Berlin 1904
Mahatma Gandhi: Freiheit ohne Gewalt, eingel., übers. u. hg. v. Klaus Klostermeier, Köln 1968
Mahatma Gandhi: Worte des Friedens, hg, u. eingel. von Maria Otto, Freiburg–Basel–Wien 1984
Mahatma Gandhi: Die Lehre vom Schwert und andere Aufsätze aus den Jahren 1919–1922, hg. u. eingel. von Wolfgang Sternstein, Oberwil bei Zug (nach: Jung Indien. Aufsätze aus den Jahren 1919 bis 1922, ausgew. v. Romain u. Madeleine Rolland, Erlenbach–Zürich 1924) 1990
Felix Genzmer: Die Edda, 2. Bd.: Götterdichtung und Spruchdichtung, eingel. v. A. Heusler, übertr. v. Felix Genzmer, Düsseldorf–Köln (Thule. Altnordische Dichtung und Prosa, hg. v. Felix Niedner und Gustav Neckel, Bd. 2) 1963
Helmuth von Glasenapp: Indische Geisteswelt. Eine Auswahl von Texten in deutscher Übersetzung, Bd. 1: Glaube und Weisheit der Hindus (1951); Bd. 2: Weltliche Dichtung, Wissenschaft und Staatskunst der Hindus (1958), Sonderausgabe in einem Band, Baden-Baden (Holle Verlag) o. J.
Helmuth von Glasenapp: Die nichtchristlichen Religionen, Frankfurt/M. (Das Fischer Lexikon, Nr. 1) 1957, neu durchges. 1959
Manfred Görg: Mythos, Glaube und Geschichte. Die Bilder des christlichen Credo und ihre Wurzeln im alten Ägypten, Düsseldorf 1992
John Gray: Near Eastern Mythology, Middlesex 1969; dt.: Mythologie des Nahen Ostens, übers. v. Julia Schlechta, Wiesbaden (Vollmer Verlag) o. J.
Elmar R. Gruber – Holger Kersten: Der Ur-Jesus. Die buddhistischen Quellen des Christentums, München 1994
Vanamali Gunturu: Mahatma Gandhi. Leben und Werk, München (Diederichs Gelbe Reihe, Bd. 152: Indien) 1999

Peter Habermehl: Dämon, in: Hubert Cancik – Burkhard Gladigow – Matthias Laubscher: Handbuch religionswissenschaftlicher Grundbegriffe, Bd. 2, Stuttgart–Berlin–Köln 1990, 203–207

Hans Wilhelm Haussig (Hg.): Wörterbuch der Mythologie, 1. Abt.: Die antiken Kulturvölker, Bd. 1: Götter und Mythen im Vorderen Orient, Stuttgart 1965

Rainer Hannig: Großes Handwörterbuch Ägyptisch-Deutsch (2800–950 v. Chr.), Mainz (Kulturgeschichte der antiken Welt, Bd. 64) 1995

Peter Heine: Zinsen/Zinsnehmer, in: Adel Theodor Khoury – Ludwig Hagemann – Peter Heine: Islam-Lexikon, 3 Bde., Freiburg–Basel–Wien (Herder Spektrum 4036) 1991, III 769–770

Walter Hirschberg (Hg.): Wörterbuch der Völkerkunde, Stuttgart (Kröner Tb. 205) 1965

Erik Hornung: Das Totenbuch der Ägypter, eingel., übers. und erl. v. Erik Hornung, Zürich–München 1979

Adel Theodor Khoury: Teufel, in: Adel Theodor Khoury – Ludwig Hagemann – Peter Heine: Islam Lexikon, 3 Bde., Freiburg–Basel–Wien (Herder Spektrum 4036) 1991, III 706–707

Adel Theodor Khoury: Mohammed, in: Adel Theodor Khoury – Ludwig Hagemann – Peter Heine: Islam Lexikon, 3 Bde., Freiburg–Basel–Wien (Herder Spektrum 4036) 1991, II 543–566

Rudolf Kaiser: Die Erde ist uns heilig. Die Reden des Chief Seattle und anderer indianischer Häuptlinge, Freiburg–Basel–Wien (Herder Spektrum 4079) 1992

Der Koran, übers. v. Rudi Paret, Stuttgart–Berlin–Köln [5]1989

Der Koran. Kommentar und Konkordanz von Rudi Paret, mit einem Nachtrag zur Taschenbuchausgabe, Stuttgart–Berlin–Köln [4]1989

Joachim Kügler: Pharao und Christus? Religionsgeschichtliche Untersuchung zur Frage einer Verbindung zwischen altägyptischer Königstheologie und neutestamentlicher Christologie im Lukasevangelium, Bodenheim (Bonner Biblische Beiträge, Bd. 113) 1997

Laotse: Tao te king. Das Buch des Alten vom Sinn und Leben, übers. v. Richard Wilhelm (1910), Düsseldorf–Köln (1957) 1972

Gerardus van der Leeuw: Phänomenologie der Religion, Tübingen [4]([2]durchges. u. erw. 1956) 1977

Liä Dsi: Quellender Urgrund. Die Lehren der Philosophen Liä Yü Kou und Yang Dschu, aus dem Chines. v. Richard Wilhelm, Düsseldorf–Köln 1972

Manfred Lurker: Götter und Symbole der Alten Ägypter, Bern–München 1974; München (Goldmann Sachbuch 680) o. J.

Manfred Lurker: Die Botschaft der Symbole. In Mythen, Kulturen und Religionen, München 1990

Bronislaw Malinowski: Magic, Science and Religion. And other Essays, New York 1948; dt.: Magie, Wissenschaft und Religion, in: Magie, Wissenschaft und Religion. Und andere Schriften, übers. v. E. Krafft-Bassermann, eingel. v. T. Luckmann, Frankfurt 1973, 1–74

Siegfried Morenz: Gott und Mensch im alten Ägypten, Leipzig (Zürich–München) [2](erw.) 1984

Erich Neumann: Die große Mutter. Eine Phänomenologie der weiblichen Gestalten des Unbewußten, Olten–Freiburg (1974) [5]1981

Wilfried Nölle: Wörterbuch der Religionen. Die Glaubenslehren der Völker, München (GGTb. 642–643) 1960

Hermann Oldenburg: Buddha. Sein Leben. Seine Lehre, Seine Gemeinde (1881), hg. v. Helmuth von Glasenapp, München (GGTb. 708–709) 1961

Osho: I Say unto you, 1995; dt.: Ich aber sage euch. Osho spricht über Jesus-Worte aus dem Neuen Testament, übers. v. Sw. Prem Arhat u. Ma Prem Kalpa, Zürich 1995
Volker Panzer: Audienz bei der Königin von Saba – Verschollene Wüstenreiche im Orient, in: Gottfried Kirchner (Hg.): Terra-X. Rätsel alter Weltkulturen. Neue Folge, Frankfurt/M. 1986, 52–100
Marvin H. Pope – Wolfgang Röllig: Syrien. Die Mythologie der Ugariter und Phönizier, in: Hans Wilhelm Haussig (Hg.): Wörterbuch der Mythologie, 1. Abt.: Die Alten Kulturvölker, Bd. 1: Götter und Mythen im vorderen Orient, Stuttgart 1965, 217–314
Georges Posener: Dictionnaire de la civilisation Égyptienne; dt.: Lexikon der ägyptischen Kultur, übers. v. Jürgen u. Irmgard von Beckerath, Wiesbaden (Löwit-Verl.) o.J.
Käthe Recheis – Georg Bydlinski (Hg.): Weißt Du, daß die Bäume reden. Weisheit der Indianer, ausgew. u. übertr., mit Begleittexten von Lene Mayer-Skumanz und Originalfotos von Edward S. Curtis (Wien 1993), München 1995
Günther Roeder (Übers.): Mythen und Legenden um ägyptische Gottheiten und Pharaonen, Zürich (Die Ägyptische Religion in Texten und Bildern, Bd. 2) 1960
Irmtraud Schaarschmidt-Richter: Der ostasiatische Blick. Berge – Gerüst der Landschaft, Gerüst der Welt, in: Hans Gercke (Hg.): Der Berg. Eine Ausstellung des Heidelberger Kunstvereins, 20. Okt. 2002–19. Jan. 2003, Heidelberg 2002, 33–41
Linda Schele – David Freidel: A Forest of Kings. The Untold Story of the Ancient Maya, New York 1990; dt.: Die unbekannte Welt der Maya. Das Geheimnis ihrer Kultur entschlüsselt, übers. v. Johann George Scheffner, München 1990
A. Schimmel: Zahlensymbolik. I.: Religionsgeschichtlich, in: Die Religion in Geschichte und Gegenwart. Handbuch für Theologie und Religionswissenschaft, hg. v. Kurt Galling, 6. Bd., Tübingen [3](völlig neu bearb.) 1962, 1861–1863
Annemarie Schimmel: Der Islam. Eine Einführung, Stuttgart (reclam 8639) 1990
Annemarie Schimmel: Al-Halladsch – «O Leute, rettet mich vor Gott». Texte islamischer Mystik (1985), Freiburg–Basel–Wien (Herder Spektrum 4454) 1995
Kurt Schmidt: Buddhas Reden. Majjhimamikaya. Die Sammlung der mittleren Texte des buddhistischen Pali-Kanons, in kritischer, kommentierter Neuübertragung, Reinbek (rk 87–88) 1961
Erika Schott: Die Namen der Pharaonen, Göttingen 1989
Siegfried Schott (Übers.): Altägyptische Liebeslieder. Mit Märchen und Liebesgeschichten, Zürich (Die Bibliothek der Alten Welt), 1950
V. Schou-Pedersen: Überlieferungen über Johannes den Täufer (1940), in: Geo Widengren (Hg.): Der Mandäismus, Darmstadt (Wege der Forschung, Bd. 167) 1982, 206–226
W. Seipel: Staat und Gesellschaft, in: Arne Eggebrecht (Hg.): Das Alte Ägypten, München 1984, 117–196
Frederic Spiegelberg: Living Religions of the World, Englewood Chiffs, N.J. 1956; dt.: Die lebenden Weltreligionen, übers. v. Dora Fischer-Barnicol, Frankfurt/M. (st 1305) 1977
Ernst Waldschmidt: Die Legende vom Leben des Buddha. In Auszügen aus den heiligen Texten. Aus dem Sanskrit, Pali und Chinesischen übers. u. eingef. v. E. Waldschmidt (Berlin 1929) Graz 1982
Otto Wolff: Indiens Beitrag zum neuen Menschenbild. Ramakrishna – Gandhi – Sri Aurobindo, Reinbek (rde 56) 1957
Heinrich Zimmer: Philosophies of India, New York 1951; dt.: Philosophie und Religion Indiens, übers. u. hg. v. Lucy Heyer-Grote (Zürich 1961), Frankfurt/M. (stw 26) [2]1976

b) Griechenland und Rom

Diogenes Laertios: Leben und Meinungen berühmter Philosophen, aus dem Griech. v. O. Apelt, neu hg. v. K. Reich, Hamburg ²1967

H. Grensemann: Die hippokratische Schrift «Über die heilige Krankheit». Ars Medica: Texte und Unters. zur Quellenkunde der alten Medizin, 2. Abt.: Griech.-lat. Med., Bd. 1, Berlin 1968

Herodot: Historien, 9 Bücher, übers. v. Josef Feix, Wiesbaden (Vollmer Verlag) o. J.

Herodot: Historien, übers. v. Eberhard Richtsteig, Gesamtausgabe in 5 Bden., München (GGTb 751, 767, 777, 787,797) 1961

Homer: Odyssee, aus dem Griech. übers. u. komm. v. Kurt Steinmann, Nachw. v. Walter Burkert, mit 16 Illustrationen von Anton Christian, Zürich 2007

Karl Kerényi: Das Urkind in der Urzeit, in: Karl Kerényi – Carl Gustav Jung: Das Göttliche Kind. In mythologischer und psychologischer Beleuchtung, Amsterdam–Leipzig (Albae Vigiliae VI/VII) 1940

Karl Kerényi: Der göttliche Arzt. Studien über Asklepios und seine Kultstätten, Darmstadt (1956) ³1975

Karl Kerényi: Die Mythologie der Griechen. Bd. 1: Die Götter- und Menschheitsgeschichten. 2. Bd.: Die Heroen-Geschichten, München (dtv 1345; 1348) 1966

Kerl Kerényi: Zeus und Hera. Urbild des Vaters, des Gatten und der Frau, Leiden (Studies in the History of Religions, 20) 1972

Huldrych M. Koelbing: Arzt und Patient in der Antiken Welt, Zürich–München 1977

Titus Livius: Römische Frühgeschichte. 1. Bd.: Roms Königszeit und der Kampf um die Vorherrschaft in Mittelitalien; 2. Bd.: Die Einigung Mittelitaliens durch Rom, ausgew. u. übertr. v. Josef Feix, München (GGTb 675; 831) o. J.

Lukian: Gespräche der Götter und Meergötter, der Toten und der Hetären, in Anlehnung an Christoph Martin Wieland übers. u. hg. v. Otto Seel, Stuttgart (reclam 1133) 1967

Dieter Medicus: Civitas, in: Konrat Ziegler – Walther Sontheimer u. Hans Gärtner (Hg.): Der Kleine Pauly. Lexikon der Antike, Bd. 1, (München 1975) München (dtv 5963) 1979, Sp. 1198–1199

Reinhold Merkelbach: Mithras, Königstein/Ts. 1984

Publius Ovidius Naso: Metamorphosen, übers. u. hg. v. Hermann Breitenbach, eingel. v. I. P. Wilkinson (Zürich 1958), Stuttgart (reclam 356–357–357 a-f) 1975

Pausanias: Beschreibung Griechenlands, übers. u. hg. v. Ernst Meyer, 2 Bde., (Zürich 1954), München (dtv 6008, 6009) 1972

Petronius: Das Gastmahl des Trimalchio – Eumolpos, Der Dichter und Sänger, übertr. u. erl. v. Georg Dorminger, München (GGTb. 646) 1960

Philostratos (ca. 210 n. Chr.): Apollonius von Tyana, übers. v. E. Baltzer, Rudolstadt 1833

Philostratos: Das Leben des Apollonios von Tyana, griech.-dt., hg., übers. u. erl. v. Vroni Mumprecht, München 1983

Gaius Plinius Caecilius Secundus – Plinius der Jüngere: Briefe. Epistularum Libri. Auswahlausgabe, lateinisch-deutsch, ausgew. und auf der Grundlage der Ausgabe von Helmut Kasten neu übersetzt und herausgegeben von Rainer Nickel, Düsseldorf–Zürich 2000

Plutarch: Lebensbeschreibungen. Gesamtausgabe in 6 Bden., übers. v. Johann Friedrich Kaltwasser (1799–1806), in der Bearb. v. Hanns Floerke (1913), revid. u. mit biogr. Anh. vers. v. Ludwig Kröner, München (GGTb. 1430/31 – 1440/41) o. J., Theseus und Romulus, I 30–103; Numa, I 141–176; Alexander IV 264–345; Tiberius und Gaius Gracchus, V 185–222

Will Richter: Schwein, in: Konrat Ziegler – Walther Sontheimer u. Hans Gärtner (Hg.): Der Kleine Pauly. Lexikon der Antike, 5. Bd., (München 1975) München (dtv 5963) 1979, 43–47
Will Richter: Ziege, in: Der Kleine Pauly, Lexikon der Antike, bearb. u. hg. v. Konrat Ziegler, Walter Sontheimer u. Hans Gärtner, Bd. 5, (München 1975) München (dtv 5963) 1979, 1529–1533
D. B. Saddington: Roman Military and Administrative Personnel in The New Testament, in: ANRW II 26.3 (1996) 2409–2435
Gaius Suetonius Tranquillus: Leben der Caesaren – De vita Caesarum, übers. u. hg. v. André Lambert (Zürich 1955), München (dtv 6005) 1972
Tacitus: Historien, ed. Joseph Borst unter Mitarbeit von Helmut Hross u. Helmut Borst, in: Annalen. Historien. Dialog, Wiesbaden (Vollmer Verlag) o. J.
Vergil: Hirtengedichte (Eklogen), übers. u. erläutert v. Harry C. Schnur, Stuttgart (reclam 637) 1968
Vergil: Aeneis, unter Verwendung der Übertragung Ludwig Neuffers übers. u. hg. v. Wilhelm Plankl, unter Mitw. v. Karl Vretska, Stuttgart (reclam 221) 1976
Paul Veyne: Das Römische Reich, in: Philippe Ariès und Georges Duby (Hg.): Histoire de la vie privée, 1. Vol.: De l' Empire romain à l' an mil, Paris 1985; dt.: Geschichte des privaten Lebens. 1. Bd.: Vom Römischen Imperium zum Byzantinischen Reich, übers. v. Holger Fliessbach (Frankfurt/M. 1989) Augsburg 1999, 19–228
Hans Volkmann: Herrscherkult, in: Konrat Ziegler – Walther Sontheimer u. Hans Gärtner (Hg.): Der Kleine Pauly. Lexikon der Antike, (München 1975) München (dtv 5963) 1979, Bd. 2, 1110–1112

6) Empirische Anthropologie, Naturwissenschaft, Wirtschaftslehre

John D. Barrow: Pi in the Sky, New York 1992; dt.: Ein Himmel voller Zahlen. Auf den Spuren mathematischer Wahrheit, übers. v. Anita Ehlers, Heidelberg–Berlin–Oxford 1994
Rudolf Bilz: Paläoanthropologie. Der neue Mensch in der Sicht einer Verhaltensforschung, Bd. 1, Frankfurt/M. 1971
Carleton S. Coon: The Story of Man, 1954; dt.: Die Geschichte des Menschen, übers. v. Modeste zur Nedden Pferdekamp, Köln–Berlin 1970
Helmut Creutz: Das Geld-Syndrom. Wege zu einer krisenfreien Marktwirtschaft, Frankfurt/M.–Berlin (Ullstein Tb. 35456) 1994
Robert u. Barbara Decker: Volcanoes, New York–Oxford 1981, 1989; dt.: Vulkane. Abbild der Erddynamik, übers. v. Bettina Klare, Heidelberg–Berlin–New York 1992
Eugen Drewermann: ... und es geschah so. Die moderne Biologie und die Frage nach Gott. Glauben in Freiheit, Bd. 3: Religion und Naturwissenschaft, 2. Teil: Biologie und Theologie, Zürich–Düsseldorf 1999
Eugen Drewermann: Atem des Lebens. Die moderne Neurologie und die Frage nach Gott. Glauben in Freiheit, Bd. 3: Religion und Naturwissenschaft, 4. Teil: Neurologie und Theologie, 1. Bd.: Das Gehirn. Grundlagen und Erkenntnisse der Hirnforschung, Düsseldorf 2006; 2. Bd.: Die Seele. Zwischen Angst und Vertrauen, Düsseldorf 2007
F. G. Dreyfus: Wirtschaftsgeschichte. III. Kirchliche, in: Die Religion in Geschichte und Gegenwart. Handbuch für Theologie und Religionswissenschaft, hg. v. Kurt Galling, 6. Bd., Tübingen [3](völlig neu bearb.) 1962, 1755–1763
Silvio Gesell: An die Lebenden. Gedanken von Silvio Gesell, eingel. u. zusammengestellt von Friedrich Salzmann, (Bern 1945), Heidelberg 1948

Henri J. Hugot – Maximilien Bruggmann: Zehntausend Jahre Sahara. Bericht über ein verlorenes Paradies, aus dem Franz. v. Claus Braun u. Suzanne Haas, Luzern 1976
Naomi Klein: The Shock Doctrine. The Rise of Disaster Capitalism, New York 2007; dt.: Die Schock-Strategie. Der Aufstieg des Katastrophen-Kapitalismus, aus dem Engl. v. Hartmut Schickert, Michael Bischoff u. Karl Heinz Siber, Frankfurt/M. 2007
Günther Moewes: Aller Reichtum braucht Schuldner, in: Humanwirtschaft, 36. Jg., Mai/Juni 2005, S. 10–15
Desmond Morris: The Human Animal, London 1994; dt.: Das Tier Mensch, aus dem Engl. v. Hasso Rost, Köln 1994
Volker Sommer: Die Affen. Unsere wilde Verwandtschaft, Hamburg 1989
Sarah Wagenknecht: Geld ist genug da, in: Junge Welt, 21.12.07, Nr. 296, S. 3
Max Weber: Die protestantische Ethik und der Geist des Kapitalismus (1905), in: Gesammelte Aufsätze zur Religionssoziologie, Bd. 1 (Tübingen 1920), [7]1978, 17–206
Max Weber: Die Wirtschaftsethik der Weltreligionen. Vergleichende religionssoziologische Versuche (1913–1919), in: Gesammelte Aufsätze zur Religionssoziologie, Bd. 1 (Tübingen 1920), [7]1978, 237–573; Bd. 2 (Tübingen 1921) [6]1978, 1–378
Max Weber: Der Beruf zur Politik. Erstdruck: Politik als Beruf. Geistige Arbeit als Beruf, vier Vorträge vor dem Freistudentischen Bund. 2. Vortrag, 1919; [4]1964; Abdruck in: Max Weber: Soziologie. Weltgeschichtliche Analysen. Politik, hg. u. erl. v. J. Winckelmann, eingel. v. E. Baumgarten, Stuttgart (Kröner Tb. 229) [4](erneut durchges. u. verb.) 1968, 167–185
Jean Ziegler: Les nouveaux Maîtres du Monde et ceux qui leur résistent, Paris 2002; dt.: Die neuen Herrscher der Welt und ihre globalen Widersacher, aus dem Franz. v. Holger Fliessbach, München 2002
Jean Ziegler: L'Empire de la honte, Paris 2005; dt.: Das Imperium der Schande. Der Kampf gegen Armut und Unterdrückung, übers. v. Dieter Hornig, München 2005

7) Tiefenpsychologie, Psychosomatik, Psychiatrie und Sozialpsychologie

Alfred Adler: Menschenkenntnis (Vorträge in Wien 1926), Frankfurt/M. (Fischer Tb. 6080) 1966
Adriane Andreas u. a.: Gesundheit. Der neue große Familien-Ratgeber, München 1998
Raymond Battegay: Der Mensch in der Gruppe. Bd. 1: Sozialpsychologische und dynamische Aspekte, Bern–Stuttgart [2](verb.) 1968; Bd. 2: Allgemeine und spezielle gruppenpsychotherapeutische Aspekte, Bern–Stuttgart [1]1967
Andreas Beck: Wunderheilungen in der Medizin? Ein Versuch der Klärung, Konstanz 2004
Eric Berne: What do you say after you say Hello? Beverly Hills 1972; dt.: Was sagen Sie, nachdem Sie «Guten Tag» gesagt haben? Psychologie des menschlichen Verhaltens, übers. v. W. Wagemuth, München (Kindler Tb. 2192) 1975
Rudolf Bilz: Der Vagus-Tod (1966), in: Die unbewältigte Vergangenheit des Menschengeschlechts. Beiträge zu einer Paläoanthropologie, Frankfurt/M. 1967, 242–276
Eugen Bleuler: Lehrbuch der Psychiatrie, Berlin–Heidelberg–New York [11](umgearb. v. Manfred Bleuler) 1969
Elias Canetti: Masse und Macht (Düsseldorf 1960), Frankfurt/M. (Fischer Tb. 6544) 1980
Christina Detig-Kohler: «Bedürfnis nach Nähe – und zugleich Angst davor», in: Katharina Jung – Mathias Jung: Die aufgekratzte Seele. Neurodermitis. Wissen, behandeln, mit der Krankheit leben, Zürich 1991, 121–129

Eugen Drewermann: Das Mädchen ohne Hände. Grimms Märchen tiefenpsychologisch gedeutet (1981), Düsseldorf–Zürich [13](erw. u. mit neuer Bildausstattung) 2004
Eugen Drewermann – Ingritt Neuhaus: Der goldene Vogel. Märchen Nr. 57 aus der Grimmschen Sammlung, Solothurn–Düsseldorf (1982) [9]1993
Eugen Drewermann: Das Eigentliche ist unsichtbar. Der Kleine Prinz tiefenpsychologisch gedeutet (1984), Freiburg–Basel–Wien [20](Herder Spektrum 5890) 2005
Eugen Drewermann: Kleriker. Psychogramm eines Ideals, Olten–Freiburg (1989) [8]1990
Eugen Drewermann: Die Spirale der Angst. Der Krieg und das Christentum. Mit vier Reden gegen den Krieg am Golf, Freiburg–Basel–Wien (Herder Spektrum 4003) [5]1993 (Titel der Originalausgabe: Der Krieg und das Christentum. Von der Ohnmacht und Notwendigkeit des Religiösen, Regensburg 1991)
Annemarie Dührssen: Psychogene Erkrankungen bei Kindern und Jugendlichen. Eine Einführung in die allgemeine und spezielle Neurosenlehre, Göttingen (1954) [6]1967
Erik H. Erikson: Young Man Luther. A Study in Psychoanalysis and History, New York 1958; dt.: Der junge Mann Luther. Eine psychoanalytische und historische Studie, übers. v. Johanna Schiche, Reinbek (rororo 6733–6734) 1970
Sándor Ferenczi: Ohne Sympathie keine Heilung. Das klinische Tagebuch von 1932, hg. v. Judith Dupont (Journal clinique, Paris 1985), eingel. v. Michael Balint, Nachw. v. Pierre Sabourin, Einl. u. Nachw. aus dem Franz. v. Roger Lewinter, Frankfurt/M. 1988
Viktor E. Frankl: Ärztliche Seelsorge. Grundlagen der Logotherapie und Existenzanalyse, vom Autor durchges. u. verb. Neuaufl., Wien [7]1965 (Stuttgart 1975), München (Kindler, Geist und Psyche, 2157) o. J.
Anna Freud: Das Ich und die Abwehrmechanismen (1936), München (Kindler, Geist und Psyche, 2001) o. J.
Anna Freud: Normality and Pathology in Childhood. Assessments of Development, New York 1965; dt.: Wege und Irrwege in der Kinderentwicklung, Stuttgart 1968
Sigmund Freud: Studien über Hysterie (1895), in: Gesammelte Werke, Bd. 1, London 1952, 75–312
Sigmund Freud: Zur Dynamik der Übertragung (1912), in: Gesammelte Werke, Bd. 8, London 1945, 364–374
Sigmund Freud: Aus der Geschichte einer infantilen Neurose («der Wolfsmann») (1918), Gesammelte Werke, Bd. 12, London [1]1947, 27–157
Sigmund Freud: Massenpsychologie und Ich-Analyse (1921), in: Gesammelte Werke, Bd. 13, London 1940, 71–161
Sigmund Freud: Das Ich und das Es (1923), in: Gesammelte Werke, Bd. 13, London 1940, 235–289
Sigmund Freud: Eine Teufelsneurose im siebzehnten Jahrhundert (1923), in: Gesammelte Werke, Bd. 13, London 1940, 315–353
Sigmund Freud: «Selbstdarstellung» (1925), in: Gesammelte Werke, Bd. 14, London 1948, 31–96
Sigmund Freud: Die Zukunft einer Illusion (1927), in: Gesammelte Werke, Bd. 14, London 1948, 323–380
Sigmund Freud: Dostojewski und die Vatertötung (1928), in: Gesammelte Werke, Bd. 14, London 1948, 397–418
Sigmund Freud: Über die weibliche Sexualität (1931), in: Gesammelte Werke, Bd. 14, London 1948, 515–537
Sigmund Freud: Der Mann Moses und die monotheistische Religion (1937), in: Gesammelte Werke, Bd. 16, London [1]1950, 101–246
Erich Fromm: Zur Psychologie des Verbrechers und der strafenden Gesellschaft (1931), in:

Gesamtausgabe, hg. v. Rainer Funk, Bd. 1: Analytische Sozialpsychologie, Stuttgart 1980, 11–30
Erich Fromm: Die sozialpsychologische Bedeutung der Mutterrechtstheorie (1934), in: Gesamtausgabe, hg. v. Rainer Funk, Bd. 1: Analytische Sozialpsychologie, Stuttgart 1980, 85–109
Erich Fromm: The Heart of Man. Its Genius for Good and Evil, 1964; dt.: Die Seele des Menschen. Ihre Fähigkeit zum Guten und zum Bösen, übers. v. Liselotte und Ernst Mickel, in: Gesamtausgabe, hg. v. Rainer Funk, Bd. 2: Analytische Charaktertheorie, Stuttgart 1980, 159–268
Erich Fromm: The Sane Society (1955); dt.: Wege aus einer kranken Gesellschaft, übers. v. Liselotte und Ernst Mickel, in: Gesamtausgabe, hg. v. Rainer Funk, Bd. 4: Gesellschaftstheorie, Stuttgart 1980, 1–254
Erich Fromm: Der Sabbat (1927), in: Gesamtausgabe, hg. v. Rainer Funke, Bd. 6: Religion, Stuttgart 1980, 1–9
Erich Fromm: Die Entwicklung des Christusdogmas. Eine psychoanalytische Studie zur sozialpsychologischen Funktion der Religion (1930), in: Gesamtausgabe, hg. von Rainer Funk, Bd. 6: Religion, Stuttgart 1980, 11–68
Erich Fromm: Psychoanalysis and Religion, 1950; dt.: Psychoanalyse und Religion, übers. v. Elisabeth Rotten, überarb. v. Rainer Funk, in: Gesamtausgabe, hg. v. Rainer Funk, Bd. 6: Religion, Stuttgart 1980, 226–292
Erich Fromm: The Anatomy of Human Destructiveness (1973); dt.: Anatomie der menschlichen Destruktivität, übers. v. Liselotte und Ernst Mickel, überarb. v. Renate Oetker-Funk, in: Gesamtausgabe, hg. v. Rainer Funk, Bd. 7: Aggressionstheorie, Stuttgart 1980
Erich Fromm: Man – Woman, 1951; dt.: Mann und Frau, übers. v. Liselotte und Ernst Mickel, in: Gesamtausgabe, hg. von Rainer Funk, Bd. 8: Psychoanalyse, Stuttgart 1981, 387–400
Gustav Hans Graber: Charaktertypen und ihre Schicksale in tiefenpsychologischer Praxis und Sicht, München (GGTb. 2786) 1971
Arno Gruen: Der Wahnsinn der Normalität. Realismus als Krankheit: eine grundlegende Theorie zur menschlichen Destruktivität, München (dtv 35002) [4](durchges.) 1992
Arno Gruen: Falsche Götter. Über Liebe, Haß und die Schwierigkeit des Friedens (Düsseldorf–Wien–New York 1991), München (dtv 35059) 1993
Th. A. Harris: I'm o.k. – you're o.k.: a practical guide to transactional analysis, New York 1967; dt.: Ich bin o.K. – Du bist o.k. Wie wir uns selbst besser verstehen und unsere Einstellung zu anderen verändern können. – Eine Einführung in die Transaktionsanalyse, übers. v. I. Brender (Hamburg 1973), Reinbek (rororo 6916) 1975
Annemarie Heigl-Evers: Die Gruppe unter soziodynamischem und antriebspsychologischem Aspekt, in: Hans G. Preuss (Hg.): Analytische Gruppenpsychotherapie. Grundlagen und Praxis, München–Berlin–Wien 1966, 44–72
George Caspar Homans: The Human Group, New York 1950; dt.: Theorie der sozialen Gruppe, übers. v. Rolf Grüner, Köln–Opladen 1960
Ernst Jones: Die Empfängnis der Jungfrau Maria durch das Ohr (1914), in: Zur Psychoanalyse der christlichen Religion, Nachw. v. Helmut Dahmer, Frankfurt/M. (Literatur der Psychoanalyse) 1970, 37–128
Ernest Jones: Eine psychoanalytische Studie über den Heiligen Geist (1922), in: Zur Psychoanalyse der christlichen Religion, Nachw. v. Helmut Dahmer, Frankfurt/M. (Literatur der Psychoanalyse) 1970, 129–143
Carl Gustav Jung: Symbole der Wandlung. Analyse des Vorspiels zu einer Schizophrenie.

(Eine Neubearbeitung von «Wandlungen und Symbole der Libido», 1912), in: Gesammelte Werke, Bd. 5, Olten 1973
Carl Gustav Jung: Die psychologischen Grundlagen des Geisterglaubens (1919), in: Gesammelte Werke, Bd. 8: Die Dynamik des Unbewußten, Olten–Freiburg 1971, 339–360
Carl Gustav Jung: Geist und Leben (1926), in: Gesammelte Werke, Bd. 8: Die Dynamik der Unbewußten, Olten 1971, 361–383
Carl Gustav Jung: Das Grundproblem der gegenwärtigen Psychologie (1931), in: Gesammelte Werke, Bd. 8: Die Dynamik des Unbewußten, Olten 1971, 385–406
Carl Gustav Jung: Über die Archetypen des kollektiven Unbewußten (1934), in: Gesammelte Werke, Bd. IX 1: Die Archetypen und das kollektive Unbewußte, Olten–Freiburg 1976, 11–87
Carl Gustav Jung: Zur Psychologie des Kindarchetypus, in: Karl Kerényi - C. G. Jung: Das Göttliche Kind. In mythologischer und psychologischer Beleuchtung, Amsterdam–Leipzig (Albae Vigiliae VI/VII) 1940; Nachdruck in: Carl Gustav Jung: Werke, IX 1: Die Archetypen und das kollektive Unbewußte, Olten–Freiburg 1976, 163–195: Zur Psychologie des Kindarchetypus
Carl Gustav Jung: Über das Unbewußte (1918), in: Gesammelte Werke, Bd. 10: Zivilisation im Übergang, Olten–Freiburg 1974, 15–42
Carl Gustav Jung: Der archaische Mensch (1930), in: Gesammelte Werke, Bd. 10: Zivilisation im Übergang, Olten 1974, 67–90
Carl Gustav Jung: Psychologie und Religion (1939), in: Gesammelte Werke, Bd. 11: Zur Psychologie westlicher und östlicher Religion, Olten 1971, S. 1–117
Carl Gustav Jung: Versuch einer psychologischen Deutung des Trinitätsdogmas (1948), in: Gesammelte Werke, Bd. 11: Zur Psychologie westlicher und östlicher Religion, Olten–Freiburg 1971, 119–218
Carl Gustav Jung: Zum Problem des Christussymbols. Aus einem Brief an einen katholischen Geistlichen, 1953, aus dem Engl. übers. v. A. Jaffé, in: Gesammelte Werke, Bd. 11: Zur Psychologie westlicher und östlicher Religion, Olten–Freiburg 1971, 681–685
Carl Gustav Jung: Mysterium Coniunctionis. Untersuchungen über die Trennung und Zusammensetzung der seelischen Gegensätze in der Alchemie, unter Mitarbeit von Marie-Louise von Franz, in: Gesammelte Werke, XIV 1–2, Olten–Freiburg 1971. Ergänzungsband: «Aurora consurgens». Ein dem Thomas von Aquin zugeschriebenes Dokument der alchemistischen Gegensatzproblematik, von Marie-Louise von Franz, in: Gesammelte Werke, XIV 3, Olten–Freiburg 1971
Reinhart Lempp: Frühkindliche Hirnschädigung und Neurose. Die Bedeutung eines frühkindlichen exogenen Psychosyndroms für die Entstehung kindlicher Neurosen und milieureaktiver Verhaltensstörungen, mit einem Geleitwort v. Heinrich Meng, Bern–Stuttgart (Bücher der Werdenden, 2. Reihe, Bd. 10) 1964
Tilmann Moser: Der Erlöser der Mutter auf dem Weg zu sich selbst. Eine Körperpsychotherapie, Frankfurt/M. 1993
Oskar Pfister: Das Christentum und die Angst, ^{2}1944, mit einem Vorwort von Thomas Bonhoeffer; Neudruck: Olten 1975; Berlin (Ullstein Tb. 35219) 1985
Otto Rank: Der Mythus von der Geburt des Helden. Versuch einer psychologischen Mythendeutung, Leipzig–Wien (Schriften zur angewandten Seelenkunde, 5. Heft) ^{2}(verb.) 1922
Theodor Reik: Dogma und Zwangsidee. Eine psychoanalytische Studie zur Entwicklung der Religion (1927), eingel. v. Yorick Spiegel und Joachim Scharfenberg, Stuttgart–Berlin–Köln–Mainz (Urban Tb. 601) 1973

Theodor Reik: Der eigene und der fremde Gott. Zur Psychoanalyse der religiösen Entwicklung (Wien 1923), mit einem Vorwort v. Alexander Mitscherlich, Frankfurt/M. (st 221) 1975

Morton Rhue: The Wave, New York 1981; dt.: Die Welle. Bericht über einen Unterrichtsversuch, der zu weit ging, aus dem Amerik. v. Hans-Georg Noack (1985), Ravensburg (Ravensburger Tb. 58008) 1997

Harald Schultz-Hencke: Der gehemmte Mensch. Entwurf eines Lehrbuches der Neo-Psychoanalyse (1940), Stuttgart ²1947; Nachdruck: Stuttgart 1965

Harald Schultz-Hencke: Das Problem der Schizophrenie. Analytische Psychotherapie und Psychose, Stuttgart 1952

Werner Schwidder: Hemmung, Haltung und Symptom, in: Fortschritte der Psychoanalyse. Internationales Jahrbuch zur Weiterentwicklung der Psychoanalyse, 1. Bd., Göttingen 1964, 115–128

Ernst August Stemmann: «Die Neurodermitis ist keine eigentliche Hautkrankheit», in: Katharina Jung – Mathias Jung: Die aufgekratzte Seele. Neurodermitis. Wissen, behandeln, mit der Krankheit leben, Zürich 1991, 111–120

Leopold Szondi: Triebpathologie, 1. Bd.: Elemente der exakten Triebpsychologie und Triebpsychiatrie, Bern 1952

Harald Welzer: Täter. Wie aus ganz normalen Menschen Massenmörder werden. Unter Mitarbeit von Michaela Christ (Frankfurt/M. 2005), Frankfurt/M. (Fischer Tb. 16732) 2007

Philip Zimbardo: The Lucifer Effect. How good people turn evil, London–Sydney–Auckland–Johannesburg 2007

8) Belletristik, Malerei, Musik und Film

Tschingis Aitmatow: Belyi parachod (Posle skazki), 1970; dt.: Der weiße Dampfer. Nach einem Märchen, aus dem Russ. v. Charlotte Kossuth; Nachw., übers. v. Friedrich Hitzer, (Zürich 1979) Zürich (UT 25) 1992

Äsop: Fabeln, in: Äsop und Äsopische Fabeln des Phädrus, übers. v. Wilhelm Binder und Johannes Siebelis, München (GGTb 591) o. J.

Werner Bergengruen: Meines Vaters Haus. Gesammelte Gedichte, hg. v. N. Luise Hackelsberger, Zürich–Hamburg 1992, 2004

Georges Bernanos: Sous le Soleil de Satan, 1926; dt.: Die Sonne Satans, übers. v. Friedrich Burschell und Jakob Hegner, Hamburg (rororo 16) 1950

Georges Bernanos: Journal d' un Curé de Campagne, Paris 1936; dt.: Tagebuch eines Landpfarrers, übers. v. Jakob Hegener, Zürich 1975

Wolfgang Borchert: Draußen vor der Tür. Ein Stück, das kein Theater spielen und kein Publikum sehen will (1946), in: Das Gesamtwerk, hg. v. Michael Töteberg unter Mitarbeit von Irmgard Schindler, Reinbek 2007, 115–192

Beat Brechbühl: Der geschlagene Hund pißt an die Säulen des Tempels. Alte und neue Gedichte, Zürich (detebe 24) 1972

Dan Brown: The Da-Vinci-Code, New York 2004

Georg Büchner: Der Hessische Landbote. Gegenüberstellung der Fassungen von Juli und November 1834, in: Werke und Briefe, hg. von Karl Pörnbacher, Gerhard Schaub, Hans-Joachim Simm und Edda Ziegler, Münchner Ausgabe, (München 1988) München (dtv 2202) ²1990, 39–65

Georg Büchner: Lenz (1839), in: Werke und Briefe, Münchner Ausgabe, hg. v. Karl Pörn-

bacher, Gerhard Schaub, Hans-Joachim Simm und Edda Ziegler, (München 1988); München (dtv 2202) [2]1990, 135–158
Eva Caspers: Ernst Barlach Haus. Prestel-Museumsführer, München–London–New York 1998
Lucas Cranach der Ältere (1472–1553), Städel Museum, Frankfurt am Main, 23. Nov.–17. Febr. 2008
Dialog der Kreaturen. Tier und Mensch in der europäischen Malerei, Paderborn, Städtische Galerie in der Reithalle Schloß Neuhaus, 22.8.–2.11.1997, Katalog Nr. 49: Otto Thämer (1892–1975): Der Samariter (1927), Öl auf Sperrholz, 91 x 122,5 cm, Städtisches Museum Flensburg
Fjodor Michailowitsch Dostojewski: Prestuplenie i nakazanie (1866), dt.:Schuld und Sühne (1866), aus dem Russ. übertr. v. Werner Bergengruen, München (Droemer) o. J.
Fjodor Michailowitsch Dostojewski: Idiot (1868); dt.: Der Idiot, übers. v. K. Brauner, München (GGTb 361–362) 1958
Fjodor Michailowitsch Dostojewski: Besy (1872); dt.: Die Dämonen, übers. v. Gregor Jarcho, München (GGTb 575–577) 1959
Fjodor Michailowitsch Dostojewski: Bratja Karamazovy, 1880; dt.: Die Brüder Karamasoff, übers. v. Karl Noetzel, München (GGTb. 478–479; 480–481) 1958
Eugen Drewermann: Das Eigentliche ist unsichtbar. Der Kleine Prinz tiefenpsychologisch gedeutet (1984), Freiburg–Basel–Wien (Herder Tb. 5890) [20]2005
Eugen Drewermann: Die kluge Else. Rapunzel. Grimms Märchen tiefenpsychologisch gedeutet, Olten–Freiburg (1986) [5]1991
Eugen Drewermann: Moby Dick oder: Vom Ungeheuren, ein Mensch zu sein. Melvilles Roman tiefenpsychologisch gedeutet, Düsseldorf–Zürich 2004
Alexaandre Dumas: La Dame aux camélias, 2 Bde., Paris 1848; dt. Die Kameliendame, übers. v. D. Flake (Leipzig 1907), Hamburg 1965
Johann Peter Eckermann: Gespräche mit Goethe in den letzten Jahren seines Lebens (1823–1832). Mit 48 Abbildungen, hg. v. Otto Schönberger, Stuttgart (bibliogr. erg.) 1998
Günter Eich: Botschaften des Regens, Frankfurt/M. 1955
Joseph von Eichendorff: Geistliche Gedichte, in: Ausgewählte Werke, hg. v. Paul Stapf, 2 Bde., Wiesbaden (Vollmer-Verl.) o. J., 1. Bd.: Gedichte und Romanzen. Ahnung und Gegenwart, 267–317
Michael Ende: Momo oder die seltsame Geschichte von den Zeit-Dieben und von dem Kind, das den Menschen die gestohlene Zeit zurückbrachte. Ein Märchen-Roman, mit Illustrationen von Claus Danner (Stuttgart–Wien 1973), München (Heyne Allgemeine Reihe Nr. 01/10134) 1996
Federico Fellini (Reg.): Fellinis Roma, Italien 1971
Lion Feuchtwanger: Die Söhne (Amsterdam 1935), Frankfurt/M. (Fischer Tb. 5710) 1982
Lion Feuchtwanger: Die Jüdin von Toledo (Berlin–Weimar 1954), Frankfurt/M. (Fischer Tb. 5732) 1983
Erich Fried: Höre Israel, Frankfurt/M. 1978
Erich Fried: Es ist was es ist, Berlin (1983) 1996
Erich Fried: Zur Zeit und zur Unzeit, Berlin 2001
Dennis Gansel (Reg.): Die Welle, Deutschland 2008
Khalil Gibran: The Prophet, aus dem Engl. v. Ellen Schepp-Winter, (Olten 1973), Düsseldorf 2005
Johann Wolfgang von Goethes Gedichte, hg. u. komm. von Erich Trunz, München (Goethes Werke, Bd. 1, Hamburger Ausgabe) [10]1974

Johann Wolfgang von Goethe: Faust. Der Tragödie erster und zweiter Teil, Urfaust, hg. u. komm. v. Erich Trunz, München (Goethes Werke, Bd. 3, Hamburger Ausg.) 101976
Robert Graves: King Jesus: dt.: König Jesus, übers. v. F. G. Pincus, Darmstadt–Genf, o. J.
Alfred Grimm: Joseph und Echnaton. Thomas Mann und Ägypten, Mainz 1992
Brüder Grimm: Deutsche Sagen. Vollständige Ausgabe, nach dem Text von 31891, mit der Vorrede zu 11816 und 21818, mit einer Vorbemerkung von Hermann Grimm, Nachw. v. Lutz Röhrich, zwei Bände in einem Band, (Zürich 1974) Stuttgart (Parkland) o. J.
Brüder Grimm: Kinder- und Hausmärchen. Vollständige Ausgabe, mit einer Einleitung von Hermann Grimm und der Vorrede der Brüder Grimm zur 1. Gesamtausgabe von 1819, mit 184 Textillustrationen zeitgenössischer Künstler, (Zürich 1975) Stuttgart (Parkland) o. J.
Rudolf Hagelstange: Venezianisches Credo und andere Gedichte, München 1981
Knut Hamsum: Hunger (1890), aus dem Norweg. v. J. Sandmeier und S. Angermann (1958), München (dtv 11398) 1982
Harenberg Opernführer. Der Schlüssel zu 500 Opern, ihrer Handlung und Geschichte. Mit CD-Empfehlungen der «Opernwelt»-Redaktion Dortmund 4(überarb.) 1997
Friedrich Hebbel: Mein Wort über das Drama (1843), in: Hebbels Werke in 10 Teilen, hg. v. T. Poppe, 8. Teil: Ästhetische und kritische Schriften, Berlin–Leipzig–Wien, Stuttgart (Deutsches Verlagshaus Bong u. Co.) o. J., 35–62
Hermann Hesse: Stufen. Gedichte 1895–1941, ausgew. von Hermann Hesse, Frankfurt/M. (sv 342) 1970
Hermann Hesse: Siddhartha. Eine indische Dichtung (geschrieben 1919–1922), Montagnola 1950; Frankfurt/M. (sv 227) 1975
Ödön von Horváth: Geschichten aus dem Wiener Wald. Volksstück in drei Teilen (1931), in: Gesammelte Werke, hg. v. Traugott Krischke u. Dieter Hildebrandt, 4 Bde., Bd. 1: Volksstücke. Schauspiele, Frankfurt/M. 1970, 157–251
Victor Hugo: Les Misérables, Paris 1862; dt.: Die Elenden, aus dem Franz. v. Paul Wiegler und Wolfgang Günther (Berlin 1983), München (dtv 8518) 2000
Reinhold Jaretzky: Lion Feuchtwanger, mit Selbstzeugnissen und Bilddokumenten dargestellt, Reinbek (rm 50334) (1984) 62003
Erich Kästner: Kurz und bündig. Epigramme, (Zürich 1950) München (dtv 11013) 31995
Erich Kästner: Lärm im Spiegel. Mit Zeichnungen von Rudolf Grossmann, (Leipzig 1929) München (dtv 11004) 1996
Franz Kafka: Sämtliche Erzählungen, (Berlin 1935),hg. v. Paul Raabe, Frankfurt (Fischer Tb. 1078) 1969
Tatjana Karpowa: Kramskoj, Iwan Nikolajewitsch, in: Rußlands Seele. Ikonen, Gemälde, Zeichnungen aus der staatlichen Tretjakow Galerie Moskau, 16. Mai–26. August 2007, Kunst- und Ausstellungshalle der Bundesrepublik Deutschland, Bonn 2007, 308–309
Heinrich von Kleist: Prinz von Homburg (1821), in: dtv-Gesamtausgabe in 8 Bden. (nach: Sämtliche Werke und Briefe Kleists, hg. v. Helmut Sembdner, München, 2verm. u. rev. 1961), München 1964, Bd. 3: Dramen, 3. Teil, 214–289
Heinrich von Kleist: Michael Kohlhaas (1810), in: dtv-Gesamtausgabe in 8 Bden. (nach: Sämtliche Werke und Briefe Kleists, hg. v. Helmut Sembdner, München 2verm. u. rev. 1961), München 1964, Bd. 4: Erzählungen, 5–93
Käthe Kollwitz: Schmerz und Schuld: eine motivgeschichtliche Betrachtung. Ausstellung aus Anlaß des 50. Todestages von Käthe Kollwitz und zum Gedenken der 50. Wiederkehr des Endes des Zweiten Weltkriegs, hg. vom Käthe-Kollwitz-Museum, red. v. Gudrun Fritsch u. a., Berlin 1995
Paul Konrad Kurz: Wem gehört die Erde? Neue religiöse Gedichte, Mainz 1984

Stanley Kubrick (Reg.): Full metal jacket, USA 1987
Salcia Landmann: Der jüdische Witz. Soziologie und Sammlung (1960). Vollständig neu bearbeitete und wesentlich ergänzte Ausgabe, Düsseldorf [13](vollst. neu) 1988, [2]2000
Heinrich Mann: Der Untertan (1919; Berlin 1946), mit einem Nachwort und Materialienanhang von Peter-Paul Schneider, Frankfurt/M. (Fischer Tb. 10168) 1991
Thomas Mann: Joseph und seine Brüder. Roman in 4 Teilen (Stockholm–Amsterdam 1948), Frankfurt/M.–Hamburg (Fischer Tb. 1183–85) 1971
Roger H. Marijnissen: Hieronymus Bosch. Das vollständige Werk, unter Mitwirkung von Peter Ruyffelaere, Antwerpen 2000
Anthony de Mello: The Prayer of the Frog, 1988; dt.: Warum der Schäfer jedes Wetter liebt. Weisheitsgeschichten, übers. v. Ursula Schottelius, Illustrationen v. Jules Stauber, Freiburg–Basel–Wien 1988
Herman Melville: Moby Dick. Or, The Whale, London–New York 1851; dt.: Moby Dick, übers. v. Matthias Jendis (München–Wien 2001), München (btb 72731) 2003, Nachw. v. Daniel Göske, S. 869–920; Anmerkungen v. Daniel Göske, S. 921–1027
Herman Melville: Clarel. A Poem and Pilgrimage in the Holy Land (1876), London–Bombay–Sidney 1924; dt.: Clarel. Gedicht und Pilgerreise im Heiligen Land, übers., komm. u. mit Nachwort vers. v. Rainer G. Schmidt, Salzburg–Wien 2006
Thomas M. Messer: Edvard Munch, aus dem Engl. v. Herbert Schuldt, Köln 1976
Eduard Mörike: Gedichte, in: Werke, hg. v. Hansludwig Geiger, Wiesbaden (E. Vollmer Verl.) o.J., 5–207
Wolfgang Amadeus Mozart: Die Zauberflöte. Oper in zwei Aufzügen. Dichtung von Emanuel Schikaneder (1791). Im Anh. Szenen aus Der Zauberflöte zweiter Teil. Ein Fragment von Johann Wolfgang von Goethe; hg. u. eingel. v. Wilhelm Zentner, Stuttgart (reclam 2620) 1962
Erich Mühsam: Trotz allem Mensch sein. Gedichte und Aufsätze, hg. v. Jürgen Schiewe u. Hanne Maußner, Stuttgart (reclam 8238) 1984
Novalis: Geistliche Lieder (1799–1800), in: Novalis Werke, hg. u. komm. v. Gerhard Schulz, München [2](neubearb.) 1981, 55–73
Boris Pasternak: Wenn es aufklart. Gedichte 1956–1959, dt. Nachdichtung, Anmerkung und Nachwort v. Rudolf-Dietrich Keil (Frankfurt/M. 1960, überarb. u. erg.) Frankfurt/M. (Fischer Tb. 9566) 1988
Nathaniel Philbrick: In the Heart of the Sea. The Tragedy of the Whaleship Essex, New York 2000; dt.: Im Herzen der See. Die letzte Fahrt des Walfängers Essex, übers. v. Andrea Kann und Klaus Fritz, München 2000
Donald A. Prater: European of Yesterday. A. Biography of Stefan Zweig, Oxford 1972; dt.: Stefan Zweig. Das Leben eines Ungeduldigen, übers. v. Annelie Hohenemser, (München–Wien 1981) Frankfurt/M. (Fischer Tb. 5619) 1984
Daniel Czepko von Reigersfeld: Sexcenta Monodisticha Sapientium («Sechshundert Zweizeiler für Weise»), in: Geistliche Schriften, hg. v. Werner Milch, Breslau 1930
Rainer Maria Rilke: Das Stunden-Buch. 1. Buch: Das Buch vom mönchischen Leben (1899); 2. Buch: Das Buch von der Pilgerschaft (19o1); 3. Buch: Das Buch von der Armut und vom Tode (1903), in: Sämtliche Werke, hg. vom Rilke-Archiv, besorgt von Ernst Zinn, 1. Bd.: Gedichte, 1. Teil, Frankfurt/M. 1955, 249–366
Rainer Maria Rilke: Das Buch der Bilder (1902 und 1906), in: Sämtliche Werke, hg. vom Rilke-Archiv, besorgt von Ernst Zinn, 1. Bd.: Gedichte. 1. Teil, Frankfurt/M. 1955, 367–477
Rainer Maria Rilke: Der neuen Gedichte anderer Teil (1908), in: Sämtliche Werke, hg. vom

Rilke-Archiv, besorgt von Ernst Zinn, 1. Bd.: Gedichte. 1. Teil, Frankfurt/M. 1955, 555–642

Rainer Maria Rilke: Duineser Elegien (1912/1922), in: Sämtliche Werke, hg. vom Rilke-Archiv, besorgt von Ernst Zinn, 1. Bd.: Gedichte. 1. Teil, Frankfurt/M. 1955, 683–726

Rainer Maria Rilke: Sammlung der verstreuten und nachgelassenen Gedichte aus den Jahren 1906 bis 1926, in: Sämtliche Werke, hg. vom Rilke-Archiv, in Verbindung mit Ruth Sieber-Rilke, besorgt von Ernst Zinn, Bd. 2: Gedichte. Teil 2, Frankfurt/M. 1974

Lisa Rogak: The Man Behind The Da-Vinci-Code, Kansas City 2005; dt.: Dan Brown. Der Mann hinter dem Da-Vinci-Code, übers. v. Claudia Piras, Hamburg (rororo 62151) 2006

Antoine de Saint-Exupéry: Terre des Hommes (1939); dt.: Wind, Sand und Sterne, übers. v. Henrik Becker, in: Gesammelte Schriften, 3 Bde., (Düsseldorf 1959), München (dtv 5959) 1978, I 175–340

Antoine de Saint-Exupéry: Le Petit Prince, New York 1943, dt.: Der Kleine Prinz, aus dem Franz. v. Grete und Josef Leitgeb, Düsseldorf 1956

Antoine de Saint Exupéry: Le Petit Prince (New York 1943); dt.: Der Kleine Prinz, mit den Zeichnungen des Verfassers, übers. v. Grete und Josef Leitgeb, in: Gesammelte Schriften in 3 Bden., München (dtv 5959) 1978, I 489–579

Walter Scherf: Lexikon der Zaubermärchen, Stuttgart (Kröner Tb. 472) 1982

Friedrich Schiller: Klassische Gemeinschaft. Freundschaft mit Goethe, in: Werke in 2 Bden., hg. v. Paul Stapf, Bd. 2: Gedichte. Erzählungen. Zur Philosophie und Geschichte. Übersetzungen. Bearbeitungen, Wiesbaden (Tempel-Klassiker) o.J., 118–257

Hans-Rüdiger Schwab (Hg.): Geistliche Gedichte. Eine Anthologie deutscher religiöser Lyrik von den Anfängen bis zur Gegenwart, Frankfurt/M. (it 668) 1983

William Shakespeare: The Tragedy of Hamlet, Prince of Denmark, London 1604; dt.: Hamlet, Prinz von Dänemark, übers. v. August Wilhelm Schlegel, in: Sämtliche Werke in einem Band, Wiesbaden (R. Löwit) o.J., 800–830

Alexander Solschenizyn: Rakowje korpus, London 1968; dt.: Krebsstation. Roman in zwei Büchern, aus dem Russ. v. Christiane Auras, Agathe Jais u. Ingrid Tinzmann, (Neuwied–Berlin 1969), 2 Bde., Reinbek (rororo 1395; 1437) 1971, mit einem Vorw. v. Heinrich Böll

Bram Stoker: Dracula, London 1897; dt.: Dracula, aus dem Engl. v. Wulf H. Bergner, München (Heyne-Tb. 526–527) ^{7}1970

Rabindranath Tagore: Gitanjali, nach der engl. Prosaübersetzung, die der Dichter von seinen in Bengali verfaßten Liedern selbst veranstaltet hat, übers. v. G. M. Muncker u. A. Haas, Vorw. v. Amiya Chakravarty, Freiburg 1958

Leo Tolstoj: Wovon die Menschen leben, 1881, übers. v. Alexander Eliasberg, in: Sämtliche Erzählungen, hg. v. Gisela Drobla, 3 Bde., Frankfurt/M. (Insel Verlag) 1961, II 386–412

Gert Tolzien: Nazarener, in: Kindlers Malerei Lexikon, Bd. 14: Begriffe II, hg. v. Kurt Fassmann, Zürich 1985, 179–180

Franz Werfel: Das lyrische Werk, hg. v. A. D. Klarmann, Frankfurt 1967

Ernst Wiechert: Der Hauptmann von Kapernaum (geschrieben 1928/1929), in: Die großen Erzähler. Deutsche Erzähler des 20. Jahrhunderts, Bd. 2, ausgew. v. Rolf Hochhuth, Gütersloh (Bertelsmann Lesering) o.J., 187–199

Gero von Wilpert: Goethe-Lexikon, Stuttgart (Kröner Tb. 407) 1998

Hartmut Wrede (u.a.): Die Chronik des Films. In Zusammenarbeit mit dem Deutschen Institut für Filmkunde Frankfurt/M., Gütersloh–München 1994

Helmut Zwanger (Hg.): Gott im Gedicht. Eine Anthologie zur deutschsprachigen Lyrik von 1945 bis heute, Tübingen 2007

Eugen Drewermann

In Vorbereitung:

Das Lukasevangelium
Bilder erinnerter Zukunft – Band 2
Lk 12,2–24,53
Ca. 900 S. mit 8 Farbtafeln
ISBN 978-3-491-21007-3

Die Apostelgeschichte
Ca. 900 S. mit 8 Farbtafeln
ISBN 978-3-491-21009-7

Das Matthäusevangelium
Bilder der Erfüllung
Erster Teil: 848 S. mit 4 Farbtafeln
ISBN 978-3-530-16891-4
Zweiter Teil: 648 S. mit 4 Farbtafeln
ISBN 978-3-530-16892-1
Dritter Teil: 432 S. mit 4 Farbtafeln
ISBN 978-3-530-16893-8

Das Markusevangelium
Bilder von Erlösung
Erster Teil: 656 S. mit 4 Farbtafeln
ISBN 978-3-530-16871-6
Zweiter Teil: 796 S. mit 4 Farbtafeln
ISBN 978-3-530-16872-3

Das Johannesevangelium
Bilder einer neuen Welt
Erster Teil: Kap. 1–10
496 S. mit farbigem Bildteil
ISBN 978-3-491-50102-7
Zweiter Teil: Kap. 11–21
440 S. mit farbigem Bildteil
ISBN 978-3-491-50103-4

Die vier Evangelien
Übersetzt von Eugen Drewermann
464 S. mit 8 S. Bildteil
ISBN 978-3-491-50106-5
Die überzeugende Übersetzung von Eugen Drewermann lädt zum Schmökern und Studieren ein.

Tiefenpsychologie und Exegese
Band I: Die Wahrheit der Formen
Traum, Mythos, Märchen,
Sagen und Legende
576 S. ISBN 978-3-530-16855-6

Band II: Die Wahrheit der Werke und der Worte
Wunder, Vision, Weissagung,
Apokalypse, Geschichte, Gleichnis
851 S. ISBN 978-3-530-16856-3

»Drewermann führt ins Thema ein, indem er sehr gründlich und sachkundig, aber auch sehr lesbar die mythischen Elemente in Traum, Märchen und Legende vergleicht, dann die tiefenpsychologische Technik und Anwendung für den Laien verständlich beschreibt und die Regeln und Techniken der Auslegung darstellt. Es gelingt ihm dabei eine sehr klare Analyse. Auch wer gar nicht im Sinn hat, sich mit der Bibel zu befassen, wird diesen Band mit großem Gewinn lesen.«
Süddeutscher Rundfunk
(zu Tiefenpsychologie und Exegese, Band 1)